Curso de Direito do Trabalho

1ª edição — março, 2015
2ª edição — janeiro, 2016
3ª edição — março, 2017
4ª edição — fevereiro, 2018

Georgenor de Sousa Franco Filho

Desembargador do Trabalho de carreira do Tribunal Regional do Trabalho da 8ª Região.
Doutor em Direito pela Faculdade de Direito da Universidade de São Paulo. Doutor Honoris Caus *e*
Professor Titular de Direito Internacional e de Direito do Trabalho da Universidade da Amazônia.
Presidente Honorário da Academia Brasileira de Direito do Trabalho e Membro da Academia Paraense de Letras.

Curso de Direito do Trabalho

4ª edição

Inclui Índice Alfabético-Remissivo

Atualizado pela Lei n. 13.467/2017 e pela Medida Provisória n. 808/2017

LTr®

LTr®
EDITORA LTDA.

Rua Jaguaribe, 571
CEP 01224-003
São Paulo, SP – Brasil
Fone (11) 2167-1101
www.ltr.com.br
Fevereiro, 2018

Produção Gráfica e Editoração Eletrônica: LINOTEC
Projeto de Capa: FABIO GIGLIO
Impressão: BOK2

Versão impressa: LTr 5949.9 — ISBN: 978-85-361-9538-4

Versão digital: LTr 9317.6 — ISBN: 978-85-361-9569-8

Dados Internacionais de Catalogação na Publicação (CIP)
(Câmara Brasileira do Livro, SP, Brasil)

Franco Filho, Georgenor de Sousa

Curso de direito do trabalho / Georgenor de Sousa Franco Filho. – 4. ed. – São Paulo : LTr, 2018.

"Atualizado pela Lei n. 13.467/2017 e pela medida provisória n. 808/2017"
Bibliografia

1. Direito do trabalho 2. Direito do trabalho – Brasil I. Título.

18-12259 CDU-34:331(81)

Índice para catálogo sistemático:
1. Brasil : Direito do trabalho 34:331(81)

Um homem se humilha
Se castram seu sonho
Seu sonho é sua vida
E a vida é trabalho
E sem o seu trabalho
Um homem não tem honra
E sem a sua honra
Se morre, se mata
Não dá pra ser feliz
(versos de *Guerreiro menino*, de Fagner)

À memória de meus Pais,
Hermínia e Georgenor Franco,
a saudade é o relógio da memória.
Ao meu trio familiar,
Elza, Carolina e Georgenor Neto,
sempre.

Sumário

Parte II

Direito Coletivo do Trabalho

Prefácio à Quarta Edição

O ano de 2017 foi um ano atípico para o Direito do Trabalho brasileiro. É sabido que a nossa CLT precisava passar por mudanças, atualizando-se com o mundo do trabalho e com a realidade que está se impondo em todos os cantos do planeta.

Alguém precisava tomar a iniciativa e, finalmente, ela foi tomada. O Poder Executivo encaminhou ao Congresso Nacional projeto de lei que, ali, sofreu inúmeras alterações e acabou transformado em lei, a Lei n. 13.467 de 13 de julho de 2017. Essas modificações na legislação trabalhista começaram a vigorar 120 dias após sua publicação, e, agora, estão presentes no dia a dia da vida brasileira. Seguiu-se, em 14 de novembro, três dias após iniciar a vigência da primeira reforma, outras modificações, representadas pela Medida Provisória n. 808/2017.

Este Curso de Direito do Trabalho está atualizado pela nova ordem jurídica que se impôs ao Brasil. Foram muitas e foram profundas as mudanças. Certamente, nos anos correntes, inúmeras alterações ainda devem ser feitas. Serão ajustes necessários para atender aos reclamos gerais da sociedade. Uma coisa devemos ter certeza: era preciso atualizar o que existia. A esse fim, necessário assumir os riscos e *deixar fazer*.

A doutrina ainda não está firme nas suas apreciações, e tudo representa um mundo novo e revolucionário, repentinamente alterado, sem uma prévia assinalação, o que deixou a todos surpresos e angustiados. O mesmo se diga com relação à jurisprudência: os tribunais ainda não tiverem oportunidade de apreciar questões envolvendo matérias complexas da nova ordem jurídica trabalhista que está posta no Brasil. Isto ocorrerá nos próximos tempos.

É inegável que não possuem relevância as posições ideológicas ou tendências contrárias. O novo ordenamento que está posto não é o ideal. Mas precisava ser feito para, então, podermos ajustá-lo e adequá-lo à nossa realidade. A hora é de recolher as pedras e tentar construir melhorias para o país, e não as atirar novamente.

Nesta quarta edição, as matérias tratadas foram atualizadas, tanto a Parte I (Direito Individual do Trabalho), como a Parte II (Direito Coletivo do Trabalho), com atenção aos comandos da Lei n. 13.467/17 e da Medida Provisória n. 808/17, inclusive ampliando o índice alfabético-remissivo a fim de facilitar a pesquisa e a consulta.

Almejo que essas alterações ajudem nosso povo e espero que as considerações que formulo neste livro sejam úteis para a compreensão das mudanças e seus possíveis efeitos.

Reitero minha gratidão à LTr Editora Ltda. e confio que dias melhores hão de vir para o Brasil.

Belém, janeiro, 2018

Georgenor de Sousa Franco Filho

Prefácio à terceira edição

Nesta terceira edição, atualizamos este Curso de Direito do Trabalho, não apenas no que se refere ao atual Código de Processo Civil de 2015, como também no atinente às diversas normas legais que passaram a vigorar nesse período (2016). Ademais, incluímos referências às eventuais mudanças que podem ocorrer proximamente no Brasil, inclusive no relativo à prevalência do negociado sobre o legislado e às decisões do STF no que pertine à desaposentação/reaposentação.

Ampliamos o estudo acerca de alguns assuntos, e acrescentamos o índice alfabético-remissivo, que facilitará a localização dos temas a serem pesquisados.

Almejamos que este Curso esteja servindo a sua finalidade maior que é a de proporcionar o estudo e a pesquisa sistematizada do Direito do Trabalho.

Eventuais equívocos - errar é humano! - existiram e existirão, pelo que esperamos a compreensão dos leitores.

Por fim, permanece a reiteração de nosso agradecimento aos queridos amigos da LTr Editora Ltda., que, agora, publica essa terceira edição.

Belém, janeiro, 2017

Georgenor de Sousa Franco Filho

Prefácio à segunda edição

Um livro que se escreve e publica é como um filho que, gerado, vemos nascer. Isto todo mundo sabe e não é novidade alguma. Assim é o sentimento quando vemos a 1ª edição de um livro nosso. Acredito seja dessa maneira com todos os autores.

A segunda edição, e certamente as que se seguirem, é um alerta para a necessidade de permanente atualização, de correções de equívocos anteriores, de ajustes indispensáveis, de ampliação do conteúdo primitivo, de, muitas vezes, revisão de pensamento e opinião.

O objetivo é sempre o de prover o leitor com um texto mais consentâneo com a realidade, mais claro nas exposições, mais atual na matéria examinada e nas considerações que efetuamos.

Por isso mesmo, efetuamos uma ampla revisão no texto primitivo. Corrigimos muitos deslizes que, à primeira leitura, não foram observados. Retiramos incorreções. Aperfeiçoamos assertivas.

Essas providências, na medida do possível, tentamos fazer para esta segunda edição deste *Curso de Direito do Trabalho*. Erros continuarão a existir porque a obra humana é falha. Perfeita apenas a obra de Deus.

Ampliamos boa parte dos temas examinados anteriormente e que precisavam de maior sustentação. Incorporamos um novo capítulo (n. XXIII) para cuidar de mobilidade humana e relações de trabalho, considerando a globalização da economia. Acrescentamos outros itens, apreciando temas que não haviam sido objeto de comentário anterior e, nessa linha, encontram-se seguro-desemprego, abono salarial, base de cálculo do adicional de insalubridade e Estatuto da Pessoa com Deficiência, dentre outros assuntos.

A facilidade com que se costuma legislar no Brasil, muita vez para adequar nosso corpo legal ao modelo econômico do momento, modifica muito e rapidamente todas as coisas. Daí, algumas manifestações do pensamento serem igualmente alteradas, justamente porque o Direito não é estático e tem sua maior fonte formadora na própria sociedade. Essa a razão pela qual algumas propostas da primeira edição apresentam-se alteradas na de agora.

No mais, resta agradecer novamente a LTr Editora que, nos recebendo de novo, oferece a segunda edição deste CURSO, esperando que continue a merecer a acolhida anterior.

Belém, outubro.2015

Georgenor de Sousa Franco Filho

Prefácio

A obra que tenho o privilégio de apresentar, pode-se dizer que nasceu de uma pergunta despretensiosa que formulamos ao festejado autor, por ocasião de seu inspirado discurso proferido na concorrida sessão de posse do magistrado Rodolfo Pamplona Filho, em Salvador, no dia 04.03 corrente na Presidência da Academia Brasileira de Direito do Trabalho.

A pergunta foi no sentido de saber se na ocasião em que atingia o ápice da carreira de professor e magistrado não estaria cogitando publicar o seu manual contendo a sistematização de toda a sua obra, construída no magistério junto à Universidade da Amazônia.

Assim, porque a ideia de reunir toda a experiência adquirida nos longos anos de magistério consiste num fecho de ouro e numa oportunidade gloriosa de reunir grande parte de sua experiência profissional.

Georgenor de Sousa Franco Filho me respondeu, prontamente, que realmente seria uma ideia a ser cogitada. Passados alguns dias recebi uma carta sua dizendo que já tinha antes pensado mesmo no assunto e boa parte dos trabalhos já estavam reunidos no que se chamaria "Curso de Direito do Trabalho".

Com impressionante eficiência o autor, pouco antes de uma viagem a Tel Aviv de férias, me enviava um suculento sumário do seu "Curso de Direito do Trabalho", no qual nada faltava porque a abordagem ampla e completa trata de todos os aspectos relevantes do Direito do Trabalho. Ao mesmo tempo, me pedia aceitar o encargo que muito me dignifica de fazer o prefácio da obra, na verdade grandiosa, sistematizada e didática como interessa a um país como o Brasil.

Desde logo, me pus então a esquadrinhar o seu formidável trabalho no magistério e na carreira brilhante de magistrado.

Na verdade, conhecia boa parte dos seus trabalhos, pois o ilustre autor realizou o curso de Doutorado em nossa Universidade de São Paulo. Fui convidado a fazer parte da Comissão Examinadora, razão pela qual pude testemunhar o seu surpreendente entusiasmo e sua competência sob a orientação do Prof. Vicente Marotta Rangel. A tese final do doutorado levou a Comissão Examinadora a aprová-la por unanimidade com a nota 10 (dez). A proclamação do resultado causou comoção no corpo de colegas e pessoas gradas que assistiam ao concurso.

Para alcançar esse êxito, raro na USP, teve de enfrentar todas as dificuldades que aqueles que vêm de longe a São Paulo, em busca de aperfeiçoamento cultural, padecem longe de sua família, contando no caso apenas com a parceria de sua dedicada esposa, advogada nos foros do Pará, e de seus dois filhos menores, vencendo os longos períodos de curso e atividades.

À medida que revia sua impressionante produção científica, fazia notar sua impecável linha ética a tudo atendendo, embora atropelado pelos encargos judiciais e sociais da Presidência do Tribunal Regional do Trabalho da 8ª Região, que reúne os Estados do Pará e do Amapá.

O denodado professor a nada faltava, participando das reuniões, congressos, reuniões sem fim exigidas pelo exercício da Presidência do Tribunal, sem descurar de obrigações de amoroso pai de família.

Sua obra política e jurídica é enorme. Dos 37 livros que escreveu individualmente, os mais importantes são: *Imunidade de jurisdição trabalhista dos entes de Direito Internacional Público*, que recebeu o Prêmio "Oscar Saraiva" do Tribunal Superior do Trabalho (São Paulo: LTr, 1986); *Relações de trabalho na Pan-Amazônia: a circulação de trabalhadores*, a sua Tese de Doutorado na Faculdade de Direito da Universidade de São Paulo (São Paulo: LTr, 1996); *Competência Internacional da Justiça do Trabalho* (São Paulo: LTr, 1998), e os dezessete volumes de *Direito do Trabalho no STF*, coletânea de julgados da Suprema Corte, série iniciada em 1998.

Ao lado disso, está um conjunto expressivo de participações como coordenador pelo menos de oito obras, inclusive em homenagem aos juristas Orlando Teixeira da Costa, Roberto Araújo de Oliveira Santos e Alice Monteiro de Barros, todas com o selo da LTr Editora.

As obras em coautoria também são ricas e variadas, chegando a 32 livros, além de diversos verbetes do *Dicionário Brasileiro de Direito do Trabalho*, aos quais devem ser acrescentados mais 24 prefácios.

Não é de estranhar, portanto, que o conjunto de sua produção deva ser qualificado de "formidável". Essas referências são um retrato de que o livro que ora se publica constitui um monumento de glória pessoal.

O panorama dos pensamentos e das letras brasileiras, menos por seu principal veículo de expressão que foi sempre os seus dons de oratória, tem conteúdo, essencialmente jurídico, político, e é tão volumosa que escapa da acepção de "obra literária". É mais do que isso. Vai além disso, porque mostra atuação continuada sem se falar na peculiar eficiência de coexistência de inteira atuação na presidência das entidades de direito do trabalho, dentre as quais se destaca o festejado exercício da Presidência da Academia Brasileira de Direito do Trabalho.

A obra é muito valorizada por rica bibliografia e por denso conteúdo enriquecido pelas belezas e méritos de seu estilo claro e fácil de ser compreendido.

Na verdade, a compreensão e valorização de sua obra se devem a sua vida e formação cultural extraordinária que não se limita a discussões jurídicas, porém se estendem as concepções filosóficas e políticas.

Não se deve esquecer que a crescente demanda do ensino jurídico precisa corresponder a uma concepção da metodologia do aprendizado das opções que devem ser oferecidas ao concluinte do bacharelado ou doutorado.

A formação adequada precisa conceber um profissional criativo, com capacidade crítica e condições de contínua reciclagem para enfrentar os desafios de um futuro incerto e enigmático.

É claro que a maior parte da formação do jurista envolve um núcleo comum, destinado à formação mínima de todos os profissionais de direito. Mas, como anota o ilustre magistrado Renato Nalini, no seu livro sobre o ensino do direito, são múltiplos os aspectos do aprendizado de direito. Em alguns países existe uma instituição única destinada à preparação do advogado, promotor e juiz, como ocorre no Japão. O mesmo órgão forma a categoria única dos magistrados.

No caso do Brasil, a Portaria Ministerial n. 1.886, de 30.12.1994, contribuiu para a determinação das diretrizes curriculares e conteúdo mínimo do curso jurídico, estendendo-se a uma visão lúcida dos requisitos e conteúdos recomendáveis.

A aludida Portaria foi, sem dúvida, uma reação às deficiências do ensino do direito (*vide* José Renato Nalini, "O futuro das profissões jurídicas", Ed. Oliveira Mendes, 1998), que escutou as críticas sobre as deficiências do ensino de direito e inspirando a criação de Escolas de advocacias, do Ministério Público e de juízes.

Ao autor não faltou a consciência de todas essas responsabilidades do professor na Escola que serve as diversas especializações. É importante que em todas as áreas jurídicas se medite também sobre o conjunto de competências exigíveis ao operador do direito futuro. Dele depende a preservação da justiça humana, como instrumento de resolução dos conflitos, tão criticado ultimamente, sufocado pelo volume que resulta do "demandismo desenfreado".

Ao autor, cuja obra tive a feliz oportunidade de conhecer melhor, não escapou a plena consciência dessas responsabilidades tanto que alcançou exemplar prestígio entre os alunos e professores.

Para terminar, poderíamos repetir as expressões de Rui Barbosa:

"É nobre, é sonoro e é sinfônico, apreciar o verbo da oração, nos escritos de qualidade."

Parabéns!

Cássio Mesquita Barros

Professor Titular aposentado de Direito do Trabalho da Universidade de São Paulo.
Ex-membro da Comissão de Peritos da OIT por 16 anos. Presidente da Fundação Arcadas.
Associado Emérito do Instituto dos Advogados do Estado de São Paulo.
Presidente Honorário da Academia Brasileira de Direito do Trabalho.

Preâmbulo

Em 1972, iniciei meu curso de Direito da Faculdade de Direito do Largo da Trindade, em Belém do Pará, onde nasci. Em 1975, com quatro anos de curso, conforme permitia a legislação da época, obtive meu Bacharelado. Em 1979, assumi, por concurso público, o magistério superior, lecionando Direito Internacional na Universidade da Amazônia (UNAMA). Em 1980, ingressei por concurso na magistratura do trabalho da 8ª Região, e passei a ter convivência direta com Direito do Trabalho. Em 1989, fui fazer meu Doutorado em Direito Internacional na Faculdade de Direito do Largo de São Francisco, em São Paulo, e uni os dois ramos em busca do Direito Internacional do Trabalho. Em meados de 1990, ingressei na Academia Brasileira de Direito do Trabalho, cuja Presidência assumi em 2004, quando já definitivamente vinculado, apaixonado e envolvido pelo Direito do Trabalho.

Pois bem! Ao longo desses anos todos, tenho escrito vários livros, proferido diversas palestras, ministrado alguns cursos, em cidades do Brasil e, eventualmente, no exterior. Foi assim que, a partir de avaliar minha produção, entendi ser a hora adequada de, porque me sinto com razoáveis conhecimento e experiência (mais esta que aquele), escrever um *Curso de Direito do Trabalho*, onde, dentro de minhas limitações, pudesse expor meus pontos de vista sobre assuntos de interesse geral sobre essa importante disciplina jurídica, e, a partir de janeiro de 2013, dispus-me a essa missão, agora finalmente concluída. Devo a Deus, na Sua infinita misericórdia, ter completado este sonho, várias vezes interrompido, quase desistido, mas, enfim, acabado. Enfim, pude plantar a semente.

A obra está dividida em duas partes, com o total de vinte e oito capítulos. A Parte I é dedicada ao Direito Individual do Trabalho quando trato dos aspectos mais conhecidos da relação de trabalho. Nos primeiros capítulos (1 a 4), cuido das noções preliminares do Direito do Trabalho, da importância do Direito Internacional do Trabalho, da evolução do Direito Constitucional do Trabalho, enfatizando os direitos sociais da Constituição de 1988, e do relevante papel do Direito Administrativo do Trabalho.

A partir do capítulo 5 aprecio as diversas formas de contratação de mão de obra humana e de seus reflexos. Examino o contrato individual de trabalho (que também pode ser chamado de *contrato de emprego*), os contratos afins e outros tipos de contratos. Adiante, cuido do exercício de diversas profissões, de variadas formas de contratação, de trabalho no estrangeiro e para os entes de Direito Internacional Público. Em seguida, são tratados os sujeitos da relação de emprego, seus direitos e deveres, as alterações nas condições de trabalho, a suspensão, interrupção e extinção do contrato e seus efeitos. Após, examino o aviso-prévio, aposentadoria, garantia de emprego e danos ao trabalhador.

O capítulo 14 é dedicado à remuneração e salário, e os capítulos 15, 16 e 17 destinei-os ao trabalho da mulher e do menor e ao trabalho decente. Em seguida, no capítulo 18, os diversos aspectos da duração do trabalho (horário, intervalos, jornadas especiais), e, nos seguintes (capítulos 19 a 22), abordo férias, FGTS, meio ambiente do trabalho e o instituto da prescrição, respectivamente.

A Parte II deste livro é dedicada ao Direito Coletivo do Trabalho, dividida em seis capítulos, onde são estudados liberdade e organização sindicais, conflitos trabalhistas e suas soluções extrajudiciais e dissídio coletivo, afora alguns comentários sobre o futuro das relações coletivas de trabalho.

Em apertada síntese, é o conteúdo deste livro, que, penso e almejo, possa ser útil aos operadores do Direito, aos estudantes universitários, aos profissionais da área (advogados, magistrados, membros do Ministério Público, professores) e a todos àqueles que se interessam pelo trabalho humano de modo geral, acreditando que possa servir aos que prestam o Exame da Ordem ou pretendem participar de concursos públicos.

Manifesto minha estima permanente por ilustres e eminentes amigos que, ao longo dos anos, o Direito do Trabalho nos aproximou: de São Paulo, Cássio Mesquita Barros, que foi meu professor no Largo de São Francisco, examinador em meu Doutorado e generosamente prefacia este livro; Nelson Mannrich e Pedro Paulo Teixeira Manus; do Paraná, Luiz Eduardo Gunther; da Bahia, José Augusto Rodrigues Pinto e Rodolfo Pamplona Filho; do Rio de Janeiro, João de Lima Teixeira Filho; de Pernambuco, Sérgio Torres Teixeira; do Rio Grande do Norte, Bento Herculano Duarte Neto; das Minas Gerais, a saudade de Alice Monteiro de Barros; do Pará, a lembrança de Joaquim Lemos Gomes de Souza, que me abriu as portas do magistério superior; dentre os tantos e tantos amigos que, com a graça de Deus, fui ganhando.

Agradeço a acolhida da LTr Editora, que tem publicado a maioria de meus livros, pelo meu saudoso e sempre lembrado amigo Armando Casimiro Costa, a quem chamava de Mecenas do Direito do Trabalho, e de seus diletos filhos Armandinho e Manoel. Homenageio, de modo extremamente afetuoso, pessoas que me são particularmente caras, todas realizando a viagem definitiva: Orlando Teixeira da Costa, que me fez amar o Direito do Trabalho; Arnaldo Lopes Süssekind, que me incentivou a produzir cada vez mais nesse ramo do Direito; Amauri Mascaro Nascimento, meu professor no Doutorado, em São Paulo, que me abriu as portas dos eventos nacionais e internacionais nos quais tenho atuado.

Dedico esta obra à memória de meus pais, Georgenor e Hermínia de Sousa Franco, e ao meu mundo íntimo-familiar, minha mulher, Elza, companheira de mais de 35 anos, e meus filhos, Carolina e Georgenor Neto. Deles sempre recebi apoio e compreensão indispensáveis para realizar atividades como as que resultaram neste *Curso*.

Finalmente, na linha de um antigo ditado popular, se não existirem flores, pelo menos terá valido a intenção da semente...

Belém, verão de 2014.

GEORGENOR DE SOUSA FRANCO FILHO

Principais Siglas e Abreviaturas

A

Ac. – Acórdão
ACT – Acordo coletivo de trabalho
ADCT – Ato das Disposições Constitucionais Transitórias
ADIN – Ação declaratória de inconstitucionalidade
ADPF – Arguição de descumprimento de preceito fundamental
Art(s). – artigo(s)

C

c/c – combinado com
CCP – Comissão de Conciliação Prévia
CCT – Convenção coletiva de trabalho
CDC – Código de Defesa do Consumidor
CEF- Caixa Econômica Federal
Cf. – conforme
CIPA – Comissão Interna de Prevenção de Acidentes
cit. – citado
CLT – Consolidação das Leis do Trabalho
CNPS – Conselho Nacional de Previdência Social
CPC – Código de Processo Civil (Lei n. 13.105, de 16.03.2015)
CR – Constituição da República
CTN – Código Tributário Nacional
CTPS – Carteira de Trabalho e Previdência Social

D

Dec. – Decreto
DIEESE – Departamento Intersindical de Estatística e Estudos Socioeconômicos
D.J. – *disc-jockey*
DJ – Diário da Justiça
DOU – Diário Oficial da União
DUDH – Declaração Universal dos Direitos Humanos

E

EC – Emenda Constitucional
ECA – Estatuto da Criança e do Adolescente
ed. – edição

F

FGTS – Fundo de Garantia do Tempo de Serviço

I

INSS – Instituto Nacional da Seguridade Social

L

LC – Lei Complementar

LDB – Lei de Diretrizes e Bases da Educação

LICC – Lei de Introdução ao Código Civil

LINDB – Lei de Introdução às normas do Direito Brasileiro

LPBPS – Lei dos Planos de Benefícios da Previdência Social

M

MERCOSUL – Mercado Comum do Sul

Min. – Ministro

MP – Medida Provisória

M.Tb. – Ministério do Trabalho

MTE – Ministério do Trabalho e Emprego

N

n. – número

NCPC – Novo Código de Processo Civil (Lei n. 13.105, de 16.03.2015)

NR – Norma Regulamentadora

O

Ob. – Obra

OGMO – Órgão Gestor de Mão de Obra

OIT – Organização Internacional do Trabalho

OJ – Orientação Jurisprudencial

ONU – Organização das Nações Unidas

P

p./p. – pagina(s)

PEC – Proposta de Emenda Constitucional

PL – Projeto de Lei

PLS – Projeto de Lei do Senado

PN – Precedente Normativo

PPE – Programa de Proteção ao Emprego

R

RE – Recurso extraordinário

REsp. – Recurso especial

RO – Recurso ordinário

ROAR – Recurso ordinário em ação rescisória

RPS – Regulamento da Previdência Social

RR – Recurso de revista

S

SBDI-1 – Subseção 1 Especializada em Dissídios Individuais
SBDI-2 – Subseção 2 Especializada em Dissídios Individuais
SDC – Seção de Dissídios Coletivos
SE – Seção Especializada
SESI – Serviço Social da Indústria
SESC – Serviço Social do Comércio
SENAI – Serviço Nacional de Aprendizagem Industrial
SENAR – Serviço Nacional de Aprendizagem Rural
SRTE – Superintendência Regional do Trabalho e Emprego
STF – Supremo Tribunal Federal
STJ – Superior Tribunal de Justiça

T

Trad. – Tradução
TRT – Tribunal Regional do Trabalho
TST – Tribunal Superior do Trabalho

V

v. – ver
v.g. – verbi gratia

Parte I

Direito Individual do Trabalho

Capítulo I

INTRODUÇÃO AO DIREITO DO TRABALHO

1. ASPECTOS PRELIMINARES

1.1. CONCEITO

Direitos humanos são todos aqueles positivados no plano internacional, sobretudo os que cuidam de liberdade e igualdade. Quando esses direitos estão constitucionalizados, isto é, incorporados ao ordenamento interno, chamamos de direitos fundamentais. Daí, temos dois aspectos: o conteúdo desses direitos são os mesmos (*v.g.*, direito à vida é humano e fundamental); o âmbito em que se consagram, todavia, são diferentes (*v.g.*, internacional e interno).

Ademais, assinalemos, como Patrick Wachsmann, que *les droits de l'homme sont donc un universalisme (its s'adressent à tous les hommes, sans distinction), Ils ne sont pas universels*[(1)], até porque certas peculiaridades humanas (fundamentos religiosos, culturais etc.) colocam-se, em determinadas regiões, em posição diametralmente oposta àquela preconizada pelo direito habitualmente consagrado. Veja-se, para tanto, as distinções da cultura ocidental comparada à oriental.

Embora criticada por muitos renomados doutrinadores, costuma-se apresentar os direitos humanos divididos por gerações. Valério Mazzuoli, por exemplo, entende que não é exato falar em gerações, mas, adiante, admite a junção de uma a outra[(2)]. E há autores que preferem chamar de *dimensões*, por entender que se trata de terminologia mais adequada, a fim de identificar uma nova concepção de universalidade dos direitos fundamentais[(3)].

As *dimensões* dos direitos humanos poderiam ser identificadas em três. A dimensão da liberdade, consagrada nas Constituições francesa e americana. A da igualdade, que aparece nas Constituições do México e de Weimar. A da fraternidade, contemplando os direitos transindividuais, por meio das constituições do segundo pós-guerra.

A classificação geracional, que não deve representar nenhuma condição preferencial de direitos, ou de eliminação do anterior pelo posterior, serve apenas de identificação histórica da consagração do direito humano na sociedade internacional, identificação, cronologicamente, o seu surgimento e nada além disso.

Na verdade, a um direito anterior é agregado um novo direito, ampliando-se, dessa forma, o leque de garantias que merecem proteção internacional e interna.

Assim, podemos identificar pelo menos cinco gerações de direitos humanos[(4)], a saber:

- primeira geração: são direitos de liberdade existentes no Estado liberal, quando este tem uma postura negativa (*non facere*) ante os direitos, como, dentre outros, à vida e à liberdade. Sua consagração ocorreu com a Revolução Francesa, no final do século XVIII;

(1) WACHSMANN, Patrick. *Les droits de l'nomme*. 5. ed. Paris: Dalloz, 2008. p. 49-50.

(2) MAZZUOLI, Valério de Oliveira. *Curso de direitos humanos*. São Paulo: Método, 2014. p. 48.

(3) LEITE, Carlos Henrique Bezerra. *Manual de direitos humanos*. 3. ed. São Paulo: Atlas, 2014. p. 84.

(4) Outras considerações acerca dessas gerações, v. o nosso *Avaliando o direito do trabalho*. São Paulo: LTr, 2010. p. 15-21.

- segunda geração: são os direitos de igualdade, existentes no Estado social, do qual se exige uma postura positiva de fazer (*facere*), devendo garantir, *v.g.*, direito à saúde, à educação, ao emprego. Esses direitos surgiram, sobretudo, na segunda metade do século XIX, principalmente após a Encíclica *Rerum Novarum*, de Leão XIII;
- terceira geração: são chamados de direitos de solidariedade ou de fraternidade, que são direitos difusos, dentre os quais direitos à paz, ao desenvolvimento, ao meio ambiente(5). Seu aparecimento pode ser identificado com o final da segunda guerra mundial, no século XX;
- quarta geração: apresenta-se em duas versões, sem a mesma fonte de origem, mas apareceram em épocas próximas. Temos, de um lado, direito à democracia, à informação e ao pluralismo; e, de outro, direito à manipulação genética, à mudança de sexo, à clonagem, à genética. Ressaltamos: embora surgidos em momentos próximos, possuem origens absolutamente distintas. Ambas as versões sugiram próximas. O primeiro em meados do século XX e o segundo, por volta dos anos 60.
- quinta geração: são os que chamamos direitos subjetivos. Esses direitos apareceram nos últimos anos. Referem-se a respeito, amor, ética, serenidade, felicidade. Esses temas não são novos no cotidiano da humanidade. Deles trataram Aristóteles, Spinoza, e, mais recentemente, Bobbio. O direito à busca da felicidade figura nas Constituições dos Estados Unidos e da França e é enfaticamente tratado no Reino do Butão. As Nações Unidas estudam formas de adotar a Felicidade Interna Bruta (FIB) para substituir o Produto Interno Bruto (PIB)(6). Esses direitos, nessa nova fase da humanidade, começaram a surgir mais fortemente no início do século XXI.

É na segunda geração, dos direitos de igualdade, que encontramos os direitos econômicos, culturais e sociais, inclusive o direito do trabalho e seus consectários.

Importa assinalar, com realce, que, como lembra Pontier:

> *Ia plupart des droits etl ibertés de Ia personne n'ont été affirmés que récemment parce qu'ils découlent des nouveltes possibilites scientifiques et techniques, et de I'évolution des idées sur Ia liberte*(7).

O Direito ao Trabalho, com efeito, é um direito humano fundamental de segunda geração, que exige postura afirmativa (*facere*) do Estado, sendo indispensável à sobrevivência do homem, como está no Livro do Gênesis (3, 17).

No conceito objetivista, trata-se de um conjunto de normas jurídicas (leis, contratos coletivos etc.) que regulam relações oriundas de prestação de serviço, subordinado ou não, abrangendo preparação do trabalhador, organização profissional, relações jurídicas entre as partes e com o Estado, bem como suas consequências mediatas e imediatas.

As suas denominações foram várias. Foi *Direito Operário*, como utilizou a Constituição da República (CR) de 1937 (art. 16, XVI). Na Itália, foi chamado de *Diritto Industriali* (Direito Industrial). O saudoso Cesarino Júnior queria que se chamasse de *Direito Social*(8). Como decorrência das corporações de ofício foi chamado de *Direito Corporativo*. No entanto, Direito do Trabalho é a denominação consagrada internacionalmente.

Algumas correntes existem para definir Direito do Trabalho. As três principais, na lembrança de Bueno Magano, são:

- corrente subjetivista: trata-se de direito de um determinado grupo conforme sua atividade.
- corrente objetivista: seria um conjunto de normas regulando trabalho subordinado ou equivalente.
- corrente mista: é o conjunto de normas regulando relação de trabalho, com vistas à melhoria de condições de vida do trabalhador(9).

---

(5) Para Carlo Amirante, direitos à paz e ao meio ambiente salubre são direitos de quarta geração (*in Introduzione*. *In* DENNINGER, Erhard. *Diritto dell'uomo e legge fondamentale*. Trad. Riegert & Amirante. Turim, G. Giappichelli, 1994, p. XLVII).

(6) Sobre direito à felicidade, v. adiante, nesta Parte. V., também, TOMAZ, Carlos Alberto Simões de. *Direito à felicidade*. Belo Horizonte: Folium, 2010.

(7) PONTIER, Jean-Marie. *Droits fundamentaux et libertés publiques*. 4. ed. Paris: Hachette, 2010. p. 73.

(8) CESARINO JUNIOR, Antônio Ferreira. *Direito social*. São Paulo: LTr, 1980. p. 35.

(9) MAGANO, Octavio Bueno. *Manual de direito do trabalho* (I). 4. ed. São Paulo: LTr, 1991. p. 60 *passim*.

Quanto à natureza jurídica, alguns entendem que o Direito do Trabalho é um ramo do direito privado. Outros, no entanto, dizem tratar-se de um *tertius genus* porque é público e privado ao mesmo tempo.

Esta, certamente, é a corrente mais adequada porquanto o Direito do Trabalho moderno reúne normas autônomas, fruto da vontade das partes (trabalhadores e tomadores de serviço em geral), e outras do Estado, que age mediante normas tutelares de proteção à dignidade do homem enquanto trabalhador.

1.2. FUNDAMENTOS

O Direito do Trabalho possui fundamentos ideológico/espiritual e histórico.

O **fundamento ideológico/espiritual** está consubstanciado na Doutrina Social da Igreja. As suas bases foram lançadas pela encíclica *Rerum Novarum* (Coisas Novas), de Leão XIII, a 15.03.1891.

Segundo a totalidade da doutrina, a razão fundamental para Leão XIII editar a *Rerum Novarum* decorreu da realidade constatada de uma tremenda desigualdade entre os homens e consequente exploração dos menos favorecidos pelas classes dominantes. Daí o fundamento ideológico/espiritual do Direito do Trabalho fundar-se nos ensinamentos papalinos, fruto da razão mesma de ser da Igreja Católica Romana, que prega a igualdade entre os homens e a necessidade de redução da pobreza com melhor distribuição de recursos e tratamento mais justo e digno aos seres humanos.

Paralelamente a esses sólidos argumentos, existe, a nosso ver, um fundamento considerável, de ordem político-econômica. O *risorgimento*, iniciado nos primórdios do século XVIII na península itálica, alcançou sua culminância com os movimentos de unificação que foram de 1859 até a anexação de Roma, então capital dos Estados Pontifícios, ao Reino da Itália já unificada, a 20.09.1870.

Perdeu o Papado os aproximadamente 41.000 km^2 do território conhecido como *Patrimonium Petri* (Patrimônio de São Pedro), onde o Sumo Pontífice exercia soberania temporal. Com isso, Pio IX considerou-se prisioneiro nas muralhas do Vaticano, um bairro no centro de Roma, transformada em capital do Reino.

Pio IX também recusou aceitar a Lei das Garantias, de 13.05.1871, que tentava minimizar o mal-estar das relações da Igreja com o Estado laico. Essa situação perdurou até 11.02.1929, quando o Benito Mussolini e o Papa Pio XI assinaram os tratados de Latrão, fazendo recuperar a soberania temporal da Santa Sé sobre o Vaticano, as Igrejas de Roma e Castelgandolfo.

Com efeito, a partir de 1870, não foi boa a situação político-econômica da Igreja de Roma: perdeu soberania temporal, perdeu poder e não mais dominava as terras de antes. Por isso, entendemos que havia mais uma razão para que a Igreja adotasse postura impactante nas relações sociais da segunda metade do século XIX, e nada melhor que uma carta papal que apontasse a necessidade de grandes e profundas mudanças nas relações entre capital e trabalho e, com isso, resgatar, pelo menos politicamente, o prestígio que perdera com a unificação dos Estados Pontifícios ao reino da Itália.

Esta, a nosso ver, é outra razão importante (a político-econômica) que justificou a edição da *Rerum Novarum*.

O **fundamento histórico** decorre da Revolução Francesa, trazendo a pregação do liberalismo, e, na sua esteira, a Lei *Le Chapelier*, proibindo as associações de trabalhadores. O projeto apresentado ao alvorecer desse novo momento da história combateu as corporações e, como escreve Norbert Oslzak referindo-se às intenções de seu autor:

> *Il s'agit bien de défendre la nouvelle souveraineté nationale face aux résurgences des corps intermédiaires. Le Chapelier intervent au nom de principes constitutionnels généraux qui sont encore rappelés dans le premier article de son projet:*
>
> *'L'anéantissement de toutes les espéces de Corporation des citoyens du même état et profession étant une des bases fondamentals de la constitution française, il est défendu de les rétablir de fait, sous quelque prétexte et quelque forme que se soit'*[10].

(10) OSLZAK, Norbert. *Histoire du droit du travail*. Paris: Economica, 2011. p. 26.

Esse marco histórico pregando a autonomia da vontade acabou por causar danos ao lado mais fraco, o trabalhador, até Robert Owen, na sua fábrica de tecidos, em New Lamark, na Escócia, preconizar as primeiras regras protetoras, seguido do manifesto de Marx e Engels, na defesa do proletário.

Desses passos, junto com as razões ideológico-espirituais introduzidas pela *Rerum Novarum*, advêm as bases fundamentais do moderno Direito do Trabalho.

Do liberalismo revolucionário caminhou-se para a tutela do Estado, adotando uma legislação social por vezes rígida, criticada porque estaria prejudicando o andamento da economia, daí estar o mundo hoje vivendo passos largos na direção da ampla flexibilização das normas trabalhistas que pode acabar chegando à total desregulamentação, que será o retorno ao liberalismo exacerbado do passado.

1.3. FORMAÇÃO HISTÓRICA

Luisa Galantino escreve que *il diritto romano clássico fa rientrare il rapporto di lavoro nello schema della locatio conductio res (o servi), perché l'attività é prestata dallo schiavo considerato come res*[(11)].

Muito antes da revolução industrial, era possível falar em escravidão, que, no Brasil, existiu até 1888, quando foi abolida pela Lei n. 3.383, de 13 de maio daquele ano (Lei Áurea), mas não em Direito do Trabalho.

Do Direito Romano, apareceu a locação de mão de obra, que tanto podia ser de serviços (*locatio operarum*) como de obras, o agora contrato de empreitada (*locatio operis faciendi*), aquela como origem do que é hoje uma relação de emprego[(12)]. Figura do Direito Civil, fez-se presente no Direito do Trabalho brasileiro em seus primórdios, e suas regras estavam no Código Civil de 1916.

Seguiu-se a servidão, presente no feudalismo da Idade Média, onde os servos da gleba pagavam aos senhores feudais a corveia, uma espécie de imposto representado por parte de sua produção rural em troca da terra que ocupação e da proteção que lhes era dada. Ainda hoje, semelhante à servidão, é encontrada em algumas regiões brasileiras, como na Amazônia, onde é chamada de aviamento, e no Peru e na Colômbia, tema que será tratado adiante (v., adiante, Capítulo XVII, n. 3).

Ainda na Idade Média, as corporações de ofício, que tiveram grande atuação, com sua estrutura hierarquizada: mestres (os donos das oficinas), companheiros (os trabalhadores que recebiam pagamento pela atividade desenvolvida) e aprendizes (menores que aprendiam ofícios ou profissões).

O principal marco histórico do Direito do Trabalho é encontrado na Revolução Francesa, de 1789, que consagrou a completa desproteção do trabalhador, aplaudindo uma autonomia da vontade fictícia.

A liberdade teórica da Revolução Francesa pregava igualdade apenas formal, e consagrava uma desigualdade real. O liberalismo do *laisser faire, laisser passez* recomendava a não intervenção, e a nação era mero assistente. Fracassou o liberalismo, e o surgimento de uma legislação tutelar, protetora do operariado, fez nascer o Estado protetor.

Apareceram leis, especialmente a Lei *Le Chapelier*, a 17.6.1791, na França, proibindo coalizões, que eram uniões concertadas destinadas à defesa de direitos ou interesses dos trabalhadores, e terminaram as corporações de ofício,

Na primeira metade do século XIX, despontaram ideias de internacionalizar a legislação social e trabalhista, e a Revolução Industrial promoveu importantes mudanças na economia, demonstrando que a desigualdade pela diferença afeta emprego e procura de emprego. Muitas mudanças ocorreram com a introdução da máquina a vapor, inventada em 1775 por James Watt substituindo o trabalho escravo e a servidão. Foi nessa época que surgiu a primeira preocupação para minorar os males da classe trabalhadora: um controle de jornada, com gradual redução de horas extras exageradas.

O socialismo utópico, pregado no início, acompanhado do materialismo histórico assentado no Manifesto Comunista de Marx e Engels, influenciaram a 1ª Internacional da Associação Internacional dos Trabalhadores, realizada em Genebra, em 1866, quando foi adotada resolução pedindo uma legislação social internacional.

A doutrina socialista rapidamente se expandiu, e, na sua esteira, Bismark implantou, em 1883, o sistema do seguro social.

---

(11) GALANTINO, Luisa. *Diritto del lavoro*. 11. ed. Torino: G. Giappichelli, 2001. p. 22. (grifo original)

(12) V. SUSSEKIND, Arnaldo Lopes. *Curso de direito do trabalho*. 2. ed. Rio de Janeiro: Renovar, 2004. p. 6.

A preocupação com a criação de regras trabalhistas intensificou-se. E, como corolário, sucessivos congressos ocorreram na Europa. Na França, foi criado o *Conseil des prud'hommes*, através da Lei de 18.3.1806, completada por decreto de 11 de junho de 1809, para promover a conciliação e eventualmente o julgamento de pequenas disputas que ocorressem nas empresas, como observado por Norbert Olszak[13]. Em seguida, em 1927, na Itália, foi adotada a *Carta del Lavoro.*

Em 1890, a Conferência de Berlim, que não era diplomática, reuniu representantes de treze países da Europa que adotaram um protocolo sobre idade mínima para emprego e várias recomendações a partir de projeto apresentado por Daniel Le Grand.

Em 1897, realizou o Congresso de Bruxelas, de natureza científica, que adotou projeto para criar uma associação internacional, e que, mesmo com a queda do governo da Bélgica, serviu de embrião para a Associação Internacional de Proteção Legal dos Trabalhadores, de natureza privada, que foi criada na Basileia, a 01.05.1900.

Reunindo trabalhadores dos Estados Unidos da América, França e Inglaterra, foi a realizada a Conferência de Leeds, em 1916, ocasião em que foi pedido que, no tratado de paz que selasse o final da primeira grande guerra mundial, fosse aberto espaço para cuidarem da situação dos trabalhadores.

Finalmente, em 1917, ocorreu a Conferência de Berna, que antecedeu à criação da Organização Internacional do Trabalho (OIT). Nessa oportunidade, proibiu-se o trabalho noturno para a mulher na indústria e foi reconhecida a insalubridade, sendo proibido o manuseio de produtos químicos.

A partir desse momento, era possível pensar em uma organização internacional que cuidasse de questões trabalhistas, o que veio a ocorrer no fim da 1ª Guerra, com a criação da OIT, de que cuidaremos adiante (v., nesta Parte, Capítulo II).

Antes disso, surgiram as primeiras grandes reformas sociais, introduzidas na Inglaterra por Robert Owen. Considerado o pai da cooperativas, Owen criou as *trade unions* na Inglaterra, inspirando os primeiros regulamentos de fábricas, tendo adotado um em sua fábrica de tecidos em New Lamark, no início do século XIX. Dentre as mudanças que introduziu, ressalte-se a limitação para jornada de crianças, além de ter escrito um *memoire* ao Congresso de Aix-la-Chapelle, em 1818, propondo normas sobre questões trabalhistas.

Robert Owen é um dos mais importantes nomes da história do Direito do Trabalho e, segundo Valticos, não pretendia uma regulamentação internacional, tendo apenas preconizado uma ação internacional no campo do trabalho e sugerido adoção de normas internas nas fábricas da época[14], como as que implantara nas suas, o que, ao que parece, poderia ser o mais prático e imediato então.

Na França, outros nomes se destacam. Blanqui sugeriu, na primeira metade do século XIX, a celebração de tratados entre Estados sobre questões sociais, e Loius René Villerme, na mesma época, propôs fossem negociados acordos entre fabricantes.

Destaque especial deve ser dado ao francês Daniel Le Grand, considerado o precursor da OIT. Foi quem propôs uma lei internacional do trabalho, encaminhando um projeto nesse sentido aos governos dos países industrializados. Eram cinco os principais pontos de seu projeto: limitação da jornada de trabalho, direito ao descanso dominical, controle do trabalho noturno, permissão para apenas maiores de doze anos ingressarem no mercado de trabalho e proibição do trabalho para crianças menores de doze anos.

Esses temas, que demonstram preocupação com temas individuais, também foram as primeiras preocupações do Congresso de Berlim, de 1890, e a Lei Francesa de 1841 limitou em oito anos a idade mínima para admissão.

Ademais, a forma de administrar igualmente mudou. Iniciaram-se com o taylorismo desenvolvido por Frederick Taylor, pai da administração científica, propugnando pela organização racional do trabalho, a fim de obter acréscimo significativo no nível operacional.

Depois foi o fordismo de Henry Ford, adotado na sua *Ford Motor Company*, como modelo de produção em massa implantado no início de 1914, automatizando sua fábrica de veículos, mediante o uso de técnicas tayloristas, como padronização e simplificação.

Seguiu-se o toyotismo da Toyota, embora criado nos Estados Unidos da América pelo americano Taiichi Ohno, que se identifica como um modo de organização produtiva que ganhou projeção global, com base no princípio *just in time* (produzir apenas o necessário).

---

(13) OLSZAK, N.. Ob. cit., p. 41

(14) VALTICOS, Nicolas. *Derecho internacional del trabajo*. Trad. Maria José Triviño. Madrid: Tecnos, 1977. p. 30.

Mais tarde, o volvismo, criado pelo indiano Emti Chavanmco, na Suécia, aparece como um sistema de administração empresarial altamente informatizado, com a participação direta dos trabalhadores e intensa colaboração sindical.

Hoje em dia, vivemos no *gatismo*, de Bill Gates, o criador da *Microsoft*, onde tudo – ou quase – é informatizado e o ser humano começa a ser apenas mais uma peça nessa complexa engrenagem.

1.4. PRINCÍPIOS

Princípio é o ponto de partida, sintetiza Amauri Mascaro Nascimento[15]. E assim é porque é o marco inicial de tudo na vida e, nas ciências em geral, a base em que se fundará um ramo do conhecimento.

Princípios gerais do direito são aqueles comuns a todos os ramos dogmáticos ou a grande parte deles, na lição de Pinho Pedreira, que, em seguida, destaca a existência de princípios particulares de uma disciplina jurídica, e a essa regra não foge o Direito do Trabalho, adotando o que chamou de princípios especiais do direito do trabalho, porque o vocábulo 'especial' é o antônimo de geral[16].

Na síntese de Jorge Luiz Souto Maior, *os princípios são importantes componentes do sistema, auxiliando, decisivamente, na formação e na interpretação das normas jurídicas*[17].

Os princípios caracterizadores do Direito do Trabalho são vários. Os principais são: o protetor; o da primazia da realidade; o da irrenunciabilidade de direitos; o da continuidade da relação de emprego; e o da boa-fé.

O **princípio protetor**, certamente o mais importante, e, na definição de Pinho Pedreira, é *aquele em virtude do qual o Direito do Trabalho, reconhecendo a desigualdade de fato entre os sujeitos da relação jurídica de trabalho, promove a atenuação da inferioridade econômica, hierárquica e intelectual dos trabalhadores*[18]. Boa parte da doutrina, como lembram Américo Plá Rodriguez[19] e Alfredo J. Ruprecht[20], admite que está consubstanciado em três regras básicas. A primeira é a *in dubio pro operario*, segundo a qual sempre se aplica a regra mais benéfica ao trabalhador. A segunda é a da norma mais favorável, porque, em havendo conflito hierárquico de normas, prevalecerá aquela que for mais favorável ao trabalhador. A última é a da condição mais benéfica, cuidando da aplicação temporal da norma, segundo a qual a nova não prejudica a anterior, se esta for mais benéfica.

No relativo à norma mais favorável, é regra consagrada no art. 9, 8, da Constituição da OIT, e que Valerio Mazzuoli considera uma homenagem ao princípio *pro homine*[21], que *abre as possibilidades de o julgador decidir com mais justiça um caso concreto, sem restar 'preso' a critérios previamente definidos de solução de antinomias*[22].

Em paralelo, Mazzuoli, referindo-se ao princípio *pro homine*, acentua que:

> *é o principio de interpretação obrigatório para todos os tratados de direitos humanos, sem que o resultado da aplicação de uma norma internacional (em detrimento de outra, internacional ou interna) pode restar indesejável, por ser menos protetora. Aqui também tem lugar (por guardar íntima conexão com o princípio* pro homine*) o princípio da vedação do retrocesso, segundo o qual as normas (internacionais ou internas) de proteção devem assegurar sempre mais direitos às pessoas, não podendo retroceder na meta da máxima efetividade dos direitos humanos*[23].

O **princípio da realidade** decorre da expressão de Mário de La Cueva, um dos grandes nomes do Direito do Trabalho do continente, que disse que o contrato de trabalho é um contrato-realidade[24], porque não importa a forma de sua celebração desde que as evidências demonstrem à saciedade a existência do liame empregatício, consoante, no Brasil, está consagrado pelo art. 456 da Consolidação das Leis do Trabalho (CLT).

---

(15) NASCIMENTO, Amauri Mascaro. *Curso de direito do trabalho*. 15. ed. São Paulo: Saraiva, 1998. p. 286.

(16) PINHO PEDREIRA DA SILVA, Luiz de. *Principiologia do direito do trabalho*. Salvador, Contraste, 1996. p. 13.

(17) SOUTO MAIOR, Jorge Luiz. *O direito do trabalho com instrumento de justiça social*. São Paulo: LTr, 2000. p. 290.

(18) PINHO PEDREIRA DA SILVA, L. de P.. *Idem*. p. 28.

(19) PLÁ RODRIGUEZ, Américo. *Princípios de direito do trabalho*. Trad. Wagner D. Giglio. São Paulo: LTr, 1993. p. 42-3.

(20) RUPRECHT, Alfredo J. *Os princípios do direito do trabalho*. Trad. Edilson Alkimin Cunha. São Paulo: LTr, 1995. p. 14.

(21) MAZZUOLI, Valério de Oliveira. *Interação das convenções e recomendações internacionais da OIT no Brasil e sua aplicação sob a perspectiva do princípio 'pro homine'*. In: *Revista de Direito do Trabalho. São Paulo*, (152): 25, 2013.

(22) MAZZUOLI, V. de O.. Art. cit., p. 27

(23) MAZZUOLI, V. de O.. *Curso de direitos humanos*. 2. ed. São Paulo: Método, 2015. p. 234-5.

(24) DE LA CUEVA, Mario. *El nuevo derecho mexicano del trabajo* (I). 6. ed. México: Pórrua, 1980. p. 195.

O **princípio da irrenunciabilidade** de direitos consagra que existem algumas normas que não podem ser derrogadas pela vontade das partes. São princípios universais de natureza protetiva, tipo aqueles que resultaram da doutrina social da Igreja, consubstanciada nas linhas traçadas pela Encíclica *Rerum Novarum*, como igualdade salarial, organização sindical, descanso, seguridade social. Anota Souto Maior que, apesar de se tratar o Direito do Trabalho de um direito que *não comporta, em princípio, a faculdade de disponibilidade de direitos por ato voluntário do empregado (art. 9º da CLT)*[25], devemos distinguir os diferentes alcances da renúncia, conforme o momento de sua realização: não há renúncia prévia à contratação; admitem-se, apenas como exceção, renúncias durante a relação de trabalho; admitem-se, também, mas com menores restrições, após o término do vínculo[26].

O **princípio da continuidade da relação de emprego** é sempre favorável ao empregado, destinado a preservar-lhe o emprego e dar-lhe segurança e alguma garantia econômica, daí o contrato de trabalho por prazo indeterminado ser, como veremos adiante (v., nesta Parte, Capítulo V, n. 2.3.2), a regra geral desse tipo de contratação[27]. Esse sentido, embora ainda carente de regulamentação, tem o inciso I do art. 7º da Constituição, que pretende defender a vedação da dispensa arbitrária ou sem justa causa. Nessa linha de manutenção do contrato, o Tribunal Superior do Trabalho (TST) editou a Súmula n. 212:

> SÚMULA N. 212 do TST – DESPEDIMENTO. ÔNUS DA PROVA – O ônus de provar o término do contrato de trabalho, quando negados a prestação de serviço e o despedimento, é do empregador, pois o princípio da continuidade da relação de emprego constitui presunção favorável ao empregado.

O **princípio da boa-fé** é aplicável a todos os ramos do Direito e a todos os atos da vida humana. Tanto é assim que a Convenção de Viena sobre o Direito dos Tratados, de 23.05.1969[28], ao cuidar da observância de tratados, refere, no art. 26 (*Pacta sunt servanda*), que: Todo tratado em vigor obriga as partes e deve ser cumprido por elas de boa-fé. Envolve princípios éticos, muitas vezes subjetivos e altamente expressivos para a vida e o relacionamento interpessoal. À boa-fé liga-se a confiança, como assinalado por Eduardo Milléo Baracat[29].

André Comte-Sponville define boa-fé como uma atitude de sinceridade, veracidade e franqueza, oposta à mentira, hipocrisia, duplicidade, rechaçando, assim, dissimulações e artifícios, e todas as demais formas possíveis de má-fé[30]. Agir de boa-fé é agir dignamente, não omitir verdades, nem encobrir realidades.

Atuar de boa-fé importa mesmo em limitar a própria vontade, de modo a não prejudicar terceiros. Doutrina Francisco Rossal de Araújo que,

> *O princípio do* honeste vivere *- mínimo de lealdade, honestidade, veracidade, coerência e probidade - afasta a tese da intangibilidade do consentimento. O princípio da boa-fé funciona como limitador da autonomia da vontade, adequando a declaração volitiva a limites éticos e resguardando o equilíbrio contratual*[31].

Com efeito, podemos identificar duas formas de boa-fé: a subjetiva e a objetiva. A boa-fé subjetiva refere à conduta íntima da pessoa, a lealdade de seu modo de agir, dentro de uma consciência de que está agindo corretamente. A objetiva é a exteriorização de comportamento, a demonstração externalizada de atitudes confiáveis, honestas, segundo uma conduta social adequada.

1.4.1. Fases do princípio da boa-fé

Em matéria trabalhista, a boa-fé pode ser vista desde a **fase pré-contratual**, aquela que antecede a concretização do contrato de trabalho, quando não se deve admitir o abuso da liberdade de não contratar, como, por exemplo,

---

(25) SOUTO MAIOR, J. L. Ob. cit., p. 299.

(26) *Ibidem*, p. 298.

(27) Por todos, PLÁ RODRIGUEZ, A. Ob. cit., p. 144.

(28) A Convenção de Viena foi ratificada pelo Brasil 40 anos após sua conclusão, com reserva aos arts. 25, que cuida de *Aplicação Provisória* de tratados, e 66, tratando de *Processo de Solução Judicial, de Arbitragem e de Conciliação* para os fins do § 3º do art. 65, relativo ao *Processo Relativo à Nulidade, Extinção, Retirada ou Suspensão da Execução de um Tratado*. Foi promulgada pelo Decreto n. 7.030 de 14.12.2009.

(29) BARACAT, Eduardo Milléo. *A boa-fé no direito individual do trabalho*. São Paulo: LTr, 2003. p. 177 *passim*.

(30) COMTE-SPONVILLE, André. *Pequeno Tratado das Grandes Virtudes*. São Paulo: Martins Fontes, 2004. p. 214.

(31) ARAÚJO, Francisco Rossal de. *A boa-fé no contrato de emprego*. São Paulo: LTr, 1996. p. 32.

chamar a um candidato a emprego para realizar uma entrevista para conclusão dos requisitos para sua contratação, com todas as despesas por conta do candidato, e, depois, sem motivo razoável, não o contratar. Em hipótese que tal, haverá necessidade de ressarcimento de danos emergentes, que foram os gastos do pretendente no seu deslocamento, como solicitara o possível empregador.

Durante a existência do contrato de trabalho (**fase contratual**), a boa-fé está presente na observância criteriosa das tarefas que forem cometidas ao empregado e no indispensável respeito com o subordinado que deve ter o empregador. A violação dessas regras, seja por qualquer um deles, ensejará a ruptura do vínculo de emprego, com amparo nos arts. 482 e 483 da CLT, conforme o caso.

Finalmente, terminado o contrato, persistirá a boa-fé, na sua **fase pós-contratual** pela indispensável necessidade do agora ex-empregado conservar os segredos da empresa, como certas técnicas de produção de determinado produto, e do ex-empregador de não divulgar notícias desabonadoras daquele trabalhador.

1.5. CONTEÚDO

O Direito do Trabalho pode ser dividido de acordo com seu conteúdo em cinco ramos: individual, coletivo, público, internacional e processual.

O Direito Individual cuida das relações individuais de trabalho e, essencialmente, da relação de emprego subordinado. O Direito coletivo trata das relações coletivas de trabalho, envolvendo, sobretudo, a atividade sindical. O Direito público é representado pela atividade legislativa do Estado e pela atuação dos seus órgãos de fiscalização. O Direito Internacional reúne as normas internacionais do trabalho aprovadas pela comunidade internacional, com ênfase para as que tenham sido ratificadas pelo Brasil. Finalmente, o Direito Processual, que cuida das normas de processo do trabalho e supletivamente das regras do processo civil que lhe sejam compatíveis (art. 769 da CLT).

2. RELAÇÕES COM OUTROS RAMOS DA CIÊNCIA JURÍDICA E DO CONHECIMENTO

Possui o Direito do Trabalho estreita relação com diversos ramos do conhecimento, inclusive com outros segmentos da ciência jurídica. Elencamos, abaixo, os principais.

- Economia – realiza exame das questões relativas a distribuição de renda, consumo, compra/venda, salário/remuneração;
- Sociologia – promove a avaliação do *status* social e das relações humanas;
- Medicina do trabalho – cuida da saúde do trabalhador;
- Engenharia do trabalho – estuda aspectos da ergonomia;
- Psicologia do trabalho – examina os efeitos do assédio moral sobre o trabalhador;
- Direito Internacional Público – cuida dos tratados internacionais que tratam de matéria trabalhista;
- Direito Internacional Privado – refere aos conflitos de leis no tempo e no espaço;
- Direito Constitucional – versa sobre a constitucionalização do Direito do Trabalho;
- Direito Administrativo – refere à atuação das fiscalização do M.Tb. bem como trata dos empregados públicos (aqueles que prestam serviços ao Estado e são regidos pela legislação trabalhista comum);
- Direito Processual Civil – é a principal fonte subsidiária do processo do trabalho;
- Direito Civil – é a origem do Direito do Trabalho e fonte subsidiária do direito material do trabalho (art. 8º, parágrafo único, da CLT);
- Direito Empresarial – é o antigo Direito Comercial, e é importante no que refere às questões falimentares e os efeitos da falência e da recuperação judicial nas relações de trabalho;
- Direito Fiscal – refere às contribuições social e sindical, bem como ao PIS e ao imposto sobre a renda;
- Direito Penal – cuida, dentre outros, dos crimes contra organização do trabalho, trabalho forçado e crimes contra a administração da Justiça;
- Direito Ambiental – trata do meio ambiente do trabalho.

3. FONTES

As fontes do Direito do Trabalho podem ser materiais e formais. As materiais são todos os fatores que concorrem para o surgimento de uma norma jurídica: sociais, econômicos, culturais, políticos, históricos, ideológicos.

As fontes formais são a manifestação concreta das fontes materiais. No Direito do Trabalho, podem ser classificadas de duas formas: quanto à origem, sendo autônomas e heterônomas; quanto à abrangência, podendo ser nacionais, internacionais e supranacionais.

As fontes autônomas são as que surgem da manifestação livre de vontade dos interlocutores sociais, fruto da autonomia privada coletiva, como os acordos e as convenções coletivas de trabalho.

As heterônomas são as normas editadas pelo Estado, como a Constituição e as leis.

As nacionais são aquelas criadas e adotadas em um determinado país, aplicáveis em seu território.

As internacionais são representadas pelos tratados internacionais bi ou multilaterais, inclusive os adotados no âmbito da OIT.

As supranacionais, por fim, são as normas de Direito Comunitário, adotadas no âmbito da União Europeia, tanto os tratados constitutivos, como os regulamentos, as diretivas e as decisões aprovadas para vigorar entre os Estados membros.

3.1. FONTES FORMAIS NO DIREITO BRASILEIRO

Passemos ao exame das fontes formais do Direito do Trabalho no Brasil.

Constituição – traça os parâmetros mínimos do Direito do Trabalho, e, no caso da atual, especialmente, nos arts. 7º, 8º, 9º e 10, além do art. 114, que cuida da competência da Justiça do Trabalho. A atual Constituição brasileira, de outubro de 1988, profundamente emendada e remendada, com mais de uma centena de emendas ordinárias e de revisão[32], apresenta-se, a nosso ver, oposta a ideia de Lassale, quando, após discorrer sobre a forma de criação de uma constituição e as dificuldades de sua alteração, assinala: *todos esses fatos demonstram que, no espírito unânime dos povos, uma Constituição deve ser qualquer coisa de mais sagrado, de mais firme e de mais imóvel que uma lei comum*[33].

Leis complementares e ordinárias – têm o papel de regular determinadas situações. A principal lei trabalhista brasileira é a CLT, aprovada em 01.05.1943 (Decreto-lei n. 5.452), pelo então Presidente Getúlio Vargas, e, atualmente, ao contrário do que muitos ainda insistem, não pode ser considerada um diploma ultrapassado, tamanha a quantidade de reformas que tem sofrido ao longo dos seus mais de setenta anos de existência.

Atos normativos – são regulamentos e portarias emanadas do Poder público. Assim, por exemplo, as Normas Regulamentares que cuidam das normas de segurança, higiene e saúde do trabalhador.

Sentença normativa – trata-se de manifestação da Justiça do Trabalho, em sede de dissídio coletivo. Os direitos reconhecidos em sentença normativa, todavia, não se aplicam se não forem renovados, e o TST, através de seus precedentes normativos, tem limitado o poder normativo da Justiça do Trabalho, do qual a sentença normativa é o melhor exemplo.

Acordo Coletivo e Convenção Coletiva de Trabalho – são normas negociadas diretamente pelos interlocutores sociais, e os direitos reconhecidos somente se aplicam durante sua vigência, deixando de existir se não forem renovados. Dizia Carnelutti que essa forma autônoma, em suas duas apresentações, tem *corpo de contrato e alma de lei*. A partir da entrada em vigor da Lei n. 13.467, de 13.07.2017, essas normas autônomas ganharam novos contornos no Brasil, como iremos referir mais adiante (v. Parte II), com a consagração do negociado sobre o legislado, especialmente pelas regras contempladas nos arts. 611-A e 611-B da CLT.

Jurisprudência – é representada pelas decisões dos tribunais em matéria trabalhista. Não são obrigatórias, mas, por disciplina judiciária, devem ser observadas, sobretudo se já representarem entendimento Sumulado dos tribunais superiores. Quando se tratar de súmula vinculante do STF (art. 103-A, da Constituição), existe obrigatoriedade de observân-

---

(32) Até 14 de dezembro de 2017, a Constituição de 1988 havia sofrido 99 Emendas ordinárias e seis de revisão, totalizando 105 ECs, que importa em praticamente quatro emendas a cada ano (em 29 anos de vigência, exatas 3,62% emendas/ano).

(33) LASSALLE, Ferdinand. *O que é uma Constituição?*. São Paulo: Leme, 2016. p. 15.

cia pelos juízes de graus inferiores. Em matéria trabalhista, são importantes especialmente as Súmulas e as Orientações Jurisprudenciais (OJ) do Pleno e das Seções Especializadas (SBDI-1, SBDI-2 e SDC) do TST.

Sentença arbitral – é a decisão proferida em sede de juízo arbitral, que prescinde de homologação para ser mandada aplicar.

Equidade – origina-se do latim *aequitas* e é a capacidade de decidir uma questão *ex aequo et bono*, com temperança, tratando-se da aplicação razoável da lei, dentro de critérios de bom senso e de justiça comum.

Princípios gerais de Direito – são regras habitualmente praticadas e indispensáveis à convivência das pessoas, assentes na Constituição, como os princípios da boa-fé, da dignidade da pessoa humana, dos valores sociais do trabalho, do direito adquirido e da igualdade, dentre outros.

Regulamento da empresa – é a norma interna de determinada empresa, de observância obrigatória pelas partes, podendo ser bilateral, quando elaborado conjuntamente por empregador e empregados, ou unilateral, quando oriundo da vontade única do empregador.

Costume – trata-se de prática obrigatória e comum de um determinado povo, e que evolui naturalmente com as mudanças naturais da sociedade.

Doutrina – é a obra dos principais e mais renomados juristas brasileiros e estrangeiros sobre Direito do Trabalho.

4. APLICAÇÃO

A aplicação da norma jurídica deve seguir uma hierarquia piramidal, a *stufenbautheorie* defendida por Hans Kelsen. Para o fundador da Escola de Viena, o ápice dessa pirâmide é a *Grud Norm*, a norma suprema, que será a norma internacional, ensinando *la norma básica del orden jurídico internacional es también la última razón da valide de los órdenes jurídicos nacionales*(34).

Abaixo dela se encontram as normas internas, e a principal, ou fundamental, é a Constituição, na melhor interpretação que se pode inferir do art. 46 da Convenção de Viena sobre Direito dos Tratados, de 1969, que cuida de nulidade de tratado, e dispõe:

> 1. Um Estado não pode invocar o fato de que seu consentimento em obrigar-se por um tratado foi expresso em violação de uma disposição de seu direito interno sobre competência para concluir tratados, a não ser que essa violação fosse manifesta e dissesse respeito a uma norma de seu direito interno de importância fundamental.
>
> 2. Uma violação é manifesta se for objetivamente evidente para qualquer Estado que proceda, na matéria, de conformidade com a prática normal e de boa-fé.

Abaixo da Constituição estão as leis, aí se incluindo lei complementar, lei ordinária, lei delegada, medida provisória, decreto legislativo e decreto. Em seguida, as portarias e as resoluções.

É importante ressaltar que as normas de Direito do Trabalho têm aplicação imediata, mas sempre devem respeitar as regras constitucionais do direito adquirido, do ato jurídico perfeito e da coisa julgada, que também constam do art. 6º da Lei de Introdução às Normas do Direito Brasileiro (LINDB).

Ademais, as leis brasileiras, por força do art. 5º, XXXVI, da Constituição, não retroagem, o que importa no principal indicativo para o direito intertemporal. Importa dizer que a lei nova terá aplicação ao direito não consumado, ou seja, aquele que ainda é mera expectativa de direito.

Dentre os princípios que envolvem a aplicação das normas trabalhistas o prevalente é o da norma mais favorável ao trabalhador, que, no entanto, apresenta duas exceções bem nítidas.

A primeira se refere à flexibilização das normas protetoras, em decorrência de negociação coletiva, como previsto nos incisos VI, XIII e XIV do art. 7º da Constituição, significando um passo bastante expressivo no sentido de substituir o legislado pelo negociado, que é uma discussão não muito recente da doutrina visando a privilegiar e fortalecer as entidades sindicais. Essa discussão tornou-se mais acirrada após a promulgação da Lei n. 13.467/2007, que introduziu muitas mudanças na CLT e em outros diplomas legais, inclusive a ampla adoção da preferência pelas normas negociadas pelos interlocutores sociais.

---

(34) KELSEN, Hans. *Principios de derecho internacional público*. Trad. Caminos & Hermida. Buenos Aires: El Ateneo, 1965. p. 355.

Recordemos que, desde quando os direitos trabalhistas passaram a ser tutelados pelo Estado, tratou-se de cogitar de flexibilizar as relações de trabalho e, mais avançadamente, de desregulamentar essas mesmas relações.

Flexibilizar significa, na doutrina de Robortella,

> *o instrumento de política social caracterizado pela adaptação constante das normas jurídicas à realidade econômica, social e institucional, mediante intensa participação de trabalhadores e empresários, para eficaz regulação do mercado de trabalho, tendo como objetivos o desenvolvimento econômico e o progresso social*[35].

Desregulamentar importa, como ensina Amauri Mascaro Nascimento, em

> *política legislativa de redução da interferência da lei nas relações coletivas de trabalho, para que se desenvolvam segundo o princípio da liberdade sindical e a ausência de leis do Estado que dificultem o exercício dessa liberdade, o que permite maior desenvoltura do movimento sindical e das representações de trabalhadores, para que, por meio de ações coletivas, possam pleitear novas normas e condições de trabalho em direto entendimento com as representações empresariais ou com os empregadores*[36].

Zygmunt Bauman, crítico das mudanças deste século, diz que a flexibilização é o nome politicamente correto da frouxidão de caráter[37], e a desregulamentação é a palavra da hora e o princípio estratégico louvado e praticamente exibido pelos detentores do poder[38].

Dentro desse processo, o atual art. 620 da CLT contempla a prevalência das normas adotadas em acordos coletivos de trabalho como sendo superiores às abraçadas por convenções coletivas de trabalho, o que é bem mais adequado que a norma pretérita porquanto aquelas atendem a um número mais reduzido de trabalhadores e, portanto, observam de maneira mais adequada a necessidade do grupo específico. Diz o dispositivo consolidado:

> Art. 620. As condições estabelecidas em acordo coletivo de trabalho sempre prevalecerão sobre as estipuladas em convenção coletiva de trabalho.

No que refere à aplicação temporal, a regra do Direito do Trabalho está contemplada no art. 5º, XXXVI, da Constituição, preservando o direito adquirido, o ato jurídico perfeito e a coisa julgada. Ademais, os preceitos trabalhistas possuem aplicação imediata, consoante se infere do art. 912, da CLT, dispondo:

> Art. 912. Os dispositivos de caráter imperativo terão aplicação imediata às relações iniciadas, mas não consumadas, antes da vigência desta Consolidação.

A questão referente à aplicação temporal da lei em matéria trabalhista ganhou vulto desde novembro de 2017, quando começaram a vigorar as novas regras introduzidas na legislação trabalhista pela Lei n. 13.467/2017. Se é certo que não se aplicam aos contratos extintos antes de 11 de novembro de 2017 e se aplicam a todos os celebrados após essa data, quando começaram a vigorar, os questionamentos surgem para os contratos que estavam em vigor antes e permanecem depois. Basicamente duas correntes existem a respeito. A primeira entende que se trata de norma que não pode ser aplicada retroativamente, pena de violar o art. 468 consolidado, promovendo uma alteração danosa no pacto laboral, havendo sua incidência apenas nos novos contratos. A segunda é diametralmente oposta, no sentido de que as mudanças se aplicam imediatamente, observando-se, no particular o art. 912 da CLT.

A MP n. 808/2017, editada 72 horas após a vigência da Lei n. 13.467/2017, parece ter resolvido essa discussão, dirimindo-a no sentido de mandar dar aplicação imediata às novas regras aos contratos vigentes. É que o art. 2º dessa Medida dispõe expressamente:

> Art. 2º O disposto na Lei n. 13.467, de 13 de julho de 2017, se aplica, na integralidade, aos contratos de trabalho vigentes.

---

(35) ROBORTELLA, Luiz Carlos Amorim. *O moderno Direito do Trabalho*. São Paulo: LTr, 1994. p. 97.

(36) NASCIMENTO, Amauri Mascaro. *Curso ... cit.*, 19. ed., 2004. p. 156-7.

(37) BAUMAN, Zygmunt. *Capitalismo parasitário*. Trad. Eliana Aguiar. Rio de Janeiro: Zahar, 2010. p. 34.

(38) BAUMAN, Z.. *Comunidade: a busca por segurança no mundo atual*. Trad. Plínio Dentzien. Rio de Janeiro: Zahar, 2003. p. 42.

Quanto à aplicação espacial, prevalece o princípio da territorialidade, como consagra o art. 651, da CLT:

> Art. 651. A competência das Juntas de Conciliação e Julgamento [Varas do Trabalho] é determinada pela localidade onde o empregado, reclamante ou reclamado, prestar serviços ao empregador, ainda que tenha sido contratado noutro local ou no estrangeiro.

Ocorrendo conflito espacial, a norma que deverá prevalecer é a do local da prestação do serviço, aplicando o adágio *lex loci executionis*, conforme o art. 198 do Código de Direito Internacional Privado (Código Bustamante), que o Brasil ratificou em 1929, e que era consagrado pela Súmula n. 207 do TST, que foi cancelada em 2012. De acordo com a norma internacional, é territorial a legislação sobre acidentes do trabalho e proteção social do trabalhador (art. 198). O trabalho no estrangeiro será objeto de exame nesta obra, mais adiante (v., nesta Parte, Capítulo VII, n. 6).

No que tange ao aspecto prescricional, a Constituição fixou, no art. 7º, XXIX, em cinco anos até dois da ruptura do vínculo, os limites para o trabalhador buscar seus direitos na Justiça do Trabalho. Outras considerações sobre aspectos gerais da prescrição serão feitas adiante (v., nesta Parte, Capítulo XXII).

5. DIREITO DO TRABALHO NO BRASIL

Após sua descoberta, o Brasil aplicava todas as normas do Direito português. Com efeito, no período colonial, não havia regras trabalhistas, mas apenas os comandos que emergiam das Ordenações Filipinas, Manuelinas e Afonsinas.

Ingressando no Império, com a Constituição de 1824 terminam as corporações de ofício. Permaneceu a escravidão negra, que se estendeu até ser extinta pela Lei n. 3.383, de 13.05.1888, e surgiu uma lei sobre prestação de serviço e algumas normas no antigo Código Comercial de 1850.

O Código Civil de 1916 regulou a locação de serviços, um embrião do que seria a futura relação de emprego.

Em 1923, foi sancionada a Lei Elói Chaves, que marca o início da Previdência Social em nosso país, com a criação da caixa de aposentadoria e pensões dos ferroviários.

Iniciado o primeiro Governo Vargas, foi criado, em 1930, o Ministério do Trabalho, Indústria e Comércio, e, em seguida, surge a lei sindical apresentada por Lindolfo Collor, que marca o início de legislação mais efetiva.

Adiante, cuidaremos da evolução constitucional do Direito do Trabalho no Brasil (v., nesta Parte, Capítulo III).

Em 01.03.1943, foi adotada a CLT, organizada por comissão constituída à época do Ministro Alexandre Marcondes Filho, e da qual foi último sobrevivente o insigne Ministro Arnaldo Lopes Süssekind, falecido em junho de 2012.

Nos anos que se seguiram, muitos aperfeiçoamentos ocorreram, merecendo realce, pelos seus efeitos, a nosso ver, negativos, a criação do Fundo de Garantia do Tempo de Serviço (FGTS), como demonstraremos adiante (v., nesta Parte, Capítulo XX), e que, com a Constituição de 1988, tornou-se o único regime para proteger o empregado brasileiro contra dispensa, e a própria Constituição, que contemplou um grande elenco de direitos, muitos dos quais, lamentavelmente, ainda são normas meramente programáticas à falta de lei que as implemente efetivamente, como o principal deles, que impede a dispensa arbitrária ou sem justa causa (art. 7º, I).

De tantas pequenas alterações que, pouco a pouco, foram alterando o texto primitivo da CLT e a sua copiosa legislação extravagante, a mais profunda, certamente, foi a oriunda da Lei n. 13.647/2007, em mais de meia centena de pontos altamente relevantes do Direito do Trabalho brasileiro, dando às normas protetoras uma feição altamente liberal e, em muitas aspectos, como iremos assinalar ao longo deste livro, vulnerando princípios que informam esse ramo do Direito e conquistas de longa data do trabalhador brasileiro. Com ela, a Medida Provisória (MP) n. 808, de 14.11.2017, reformando parte do que havia sido reformado. Seus defensores entendem, no entanto, que se trata de alinhar o Brasil com o mundo moderno, fazendo a adequação da legislação nacional às mudanças ocasionadas pela globalização e pela economia de mercado.

Capítulo II

DIREITO INTERNACIONAL DO TRABALHO

1. AUTONOMIA E FINALIDADE

O papel do Direito Internacional do Trabalho revela a importância do Direito Internacional para o Direito do Trabalho, situando as diversas atividades que têm sido desenvolvidas no sentido de dar maior abrangência a esse ramo do Direito Internacional Público, ao qual se aplicam regras de superdireito, que compõem o Direito Internacional Privado, para fins de solucionar conflitos de leis trabalhistas no espaço[(39)].

Discute-se acerca de sua autonomia, e prevalece a corrente no sentido de que lhe seja negada essa condição, porque seus princípios e métodos são os mesmos do Direito Internacional Público, apesar da posição de De La Cueva[(40)], embora possua peculiaridades que o diferenciam de outros ramos, como, *v. g.*, a composição tripartite da OIT e os mecanismos de controle que possui, como a Comissão de Peritos na aplicação de Convenções e Recomendações Internacionais do Trabalho.

A finalidade precípua do Direito Internacional do Trabalho é a proteção do trabalhador para universalizar os princípios de justiça social e promover a cooperação internacional a fim de melhorar suas condições de vida. Pelas alterações que se processam no mundo de hoje, tem adquirido novas dimensões, dadas pela Declaração da Filadélfia que substituiu o art. 427 do Tratado de Versalhes de 1919 e ampliou a competência inicial da OIT, pelos arts. XXIII a XXV da Declaração Universal dos Direitos Humanos (DUDH) de 1948 e pelo Pacto Internacional de Direitos Econômicos, Sociais e Culturais[(41)]. Assim, hodiernamente, abrange também cooperação técnica em formação profissional, administração do trabalho, combate ao desemprego e ao subemprego, seguro-social, meio ambiente do trabalho, integração dos povos indígenas, reforma agrária e política social das transnacionais.

2. ORGANIZAÇÃO INTERNACIONAL DO TRABALHO (OIT)

Fruto de desenvolvimento gradual da necessidade de proteger o trabalhador, foi criada, em 1919, na Parte XIII do Tratado de Versailles, a OIT. Buscando inspiração na doutrina social da Igreja, no sentido de promover o advento de leis para melhorar as condições econômica e social do trabalhador, preocupa-se com a sua desproteção, fruto do liberalismo do *laisser-faire, laisser-passer*, defendendo o advento de uma legislação internacional, protetora do operariado, respeitando as peculiaridades e a soberania de cada Estado membro.

A OIT é uma pessoa jurídica de Direito Internacional Público, formada por Estados, com personalidade jurídica própria, integrando o sistema das Nações Unidas como agência especializada. Tem sede em Genebra, na

---

(39) V. VALLADÃO, Haroldo Teixeira. *Direito Internacional privado* (III). Rio de Janeiro: Freitas Bastos, 1978. p. 91-111; SÜSSEKIND, A. L. *Conflito de leis trabalhistas*. Rio de Janeiro: Freitas Bastos, 1979.

(40) DE LA CUEVA, M. Ob. cit. *(I)*, p. 29-30.

(41) Promulgado no Brasil pelo Decreto n. 591, de 06.07.1992.

Suíça, e goza de imunidade de jurisdição e de execução por força de Convenção sobre privilégios e imunidades das agências especializadas das Nações Unidas (Nova York, 21.11.1947)[(42)].

2.1. PRINCÍPIOS DA OIT

Boa parte dos doutrinadores costuma indicar que os princípios do Direito Internacional do Trabalho estão elencados na Declaração da Filadélfia de 10.5.1944. A rigor, trata-se do elenco dos princípios que norteiam a atividade da OIT. Tanto é assim que o art. I de seu tratado constitutivo enuncia: *A Conferência reafirma os princípios fundamentais sobre os quais repousa a Organização, principalmente os seguintes*, passando a explicitar os seus (da OIT) quatro mais importantes princípios:

a) o trabalho não é uma mercadoria;

b) a liberdade de expressão e de associação é uma condição indispensável a um progresso ininterrupto;

c) a penúria, seja onde for, constitui um perigo para a prosperidade geral;

d) a luta contra a carência, em qualquer nação, deve ser conduzida com infatigável energia, e por um esforço internacional contínuo e conjugado, no qual os representantes dos empregadores e dos empregados discutam, em igualdade, com os dos Governos, e tomem com eles decisões de caráter democrático, visando o bem comum.

Todos encontram-se, a nosso ver, envolvidos por outro, mais amplo e, portanto, mais abrangente: o princípio do respeito aos direitos humanos, que é obrigatório na medida em que, os respeitando, as dificuldades da convivência entre os homens necessariamente serão abrandadas.

De qualquer sorte, *en passant,* temos que o *trabalho não é uma mercadoria,* quando pretende tirar o caráter meramente mercante do trabalho, dando valor digno, forma igual para dar dignidade ao homem.

As *liberdades de expressão e de associação* destinam-se a garantir a livre manifestação da vontade do trabalhador e o direito de criar sindicatos e a eles se associar ou não, lembrado, a 15.5.1891, pelo Papa Leão XIII na *Rerum Novarum*. É nessa linha que o Brasil se encontra, tendo como um de seus fundamentos *o pluralismo político* (art. 1º, V, da Constituição), ao qual se alinham as liberdades de expressão (art. 5º, IX) e de associação (art. 5º, XVII), inclusive sindical (art. 8º, *caput*).

A *penúria* é a pobreza crítica, que gera desigualdade social. Aqui, certamente reside um dos maiores problemas da humanidade nos dias correntes. A Declaração lembra que essa condição é um perigo para a prosperidade geral, significando que se trata de um mal para todos. A pobreza, que gera desigualdade, conduz à exclusão social, como se já não bastasse, sobretudo, para os países menos aquinhoados (especialmente os africanos) a exclusão digital em que se encontram seus habitantes.

O princípio derradeiro, o quarto, é a *luta contra a carência*, que deve proporcionar a aproximação de governos e de representantes das categorias econômica e profissional para, democraticamente, avaliarem seus problemas conjuntos e as formas de sua solução, visando o bem da humanidade.

2.2. ESTRUTURA E AÇÃO DA OIT

É da OIT que emanam as principais e mais influentes normas de Direito Internacional do Trabalho. Organismo Internacional que é, possui uma estrutura básica formada pela Conferência Internacional do Trabalho, pelo Conselho de Administração e pela Repartição Internacional do Trabalho, consoante o art. 2º de sua Constituição.

A Conferência Internacional do Trabalho reúne-se anualmente no mês de junho, possuindo composição tripartite. Com efeito, as delegações de cada Estado são formadas por quatro delegados, com direito a quatro votos, sendo, dois representantes do Governo, um dos empregadores e um dos trabalhadores (arts. 1º, 3º e 4º da Constituição da OIT).

O Conselho de Administração é igualmente tripartite. Possui 56 integrantes, sendo 28 representando governos, quatorze, empregadores, e outros quatorze, trabalhadores (art. 7º, 1º, da Constituição da OIT). Seu mandato

(42) Ratificada pelo Brasil, e promulgada pelo Decreto n. 52.288, de 24.07.1964. V., a respeito, o nosso *Competência Internacional da Justiça do Trabalho*. São Paulo: LTr, 1998.

é de três anos, e inclui representantes dos dez países de maior importância industrial, a saber: Alemanha, Brasil, China, Estados Unidos da América, França, Índia, Itália, Japão, Reino Unido e Rússia.

A Repartição Internacional do Trabalho é a secretaria de Organização, o seu braço técnico-administrativo, dirigida por um Diretor-Geral e sediada em Genebra, oferecendo ajuda técnica aos Estados membros, subsidiando o Instituto Internacional de Estudos Sociais e o Centro Internacional de Aperfeiçoamento Profissional e Técnico, de Turim. Ademais, a ela incumbe compilar e distribuir todas as infrações sobre a regulamentação internacional das condições de vida e de trabalho dos trabalhadores, e elaborar os documentos necessários sobre os pontos da ordem do dia das reuniões da Conferência (art. 10 da Constituição da OIT).

Dentre as diversas comissões que existem na OIT, merece destaque a Comissão de Peritos na Aplicação de Convenções e Recomendações Internacionais do Trabalho. Essa Comissão de Peritos, criada em 1926, possui vinte membros, juristas de reconhecida capacidade, sendo órgão técnico-jurídico, que examina comunicações e relatórios dos Estados dirigidos à Repartição Internacional do Trabalho sobre a observância das convenções e das recomendações adotadas pela Conferência.

A Comissão de Peritos possui dois tipos de controle, a saber: (1) o de eficácia, quando identifica se as convenções estão sendo aplicadas, e (2) o de legalidade, acerca das violações que esses tratados tenham eventualmente sofrido. A finalidade da Comissão é a de obter dos Estados membros o cumprimento da Constituição da OIT, aplicação de convenções ratificadas e a adoção de disposições das recomendações e das outras convenções. Atua através de demanda direta, quando há pedido para o Estado adotar as medidas que recomenda, e de contato direto, realizado entre a autoridade do Estado membro e o Diretor Geral da Repartição, tendo apresentado ótimo resultado na América Latina, África, Ásia e Caribe, com a existência de conselheiros regionais.

Os atos internacionais que emanam da OIT possuem duas formas: as convenções internacionais do trabalho e as recomendações internacionais do trabalho. Até julho de 2015, existiam 189 convenções, que são fonte formal do direito, sujeitas à ratificação, sendo aprovadas por 2/3 dos delegados à Conferência (art. 19, 2º, da Constituição da OIT). As recomendações, até a mesma data, eram 203, sendo fonte material, porquanto não são ratificadas, servindo, na lição de Süssekind,

> *de inspiração e modelo para a atividade legislativa nacional, os atos administrativos de natureza regulamentar, os instrumentos de negociação coletiva e os laudos de arbitragem voluntária ou compulsória dos conflitos coletivos de interesse, neste último caso compreendidas as decisões dos tribunais do trabalho dotados de poder normativo*[43].

Pelo Brasil, que integra a OIT desde 1919, até novembro de 2017, 96 convenções haviam sido ratificadas tendo sido denunciadas 14, estando 80 em vigor, outras duas ainda não estão vigendo (Convenções ns. 93 e 109)[44]. O processo interno para vigência de convenções internacionais do trabalho é o mesmo dos tratados internacionais em geral. Encontra-se regulado na Constituição de 1988. Cabe ao Presidente da República celebrá-las, pessoalmente ou através de seu representante plenipotenciário (art. 84, VIII). Em seguida, o Congresso Nacional referenda o ato do Executivo (art. 49, I), que o promulga e manda publicar no órgão oficial, efetuando o depósito dos instrumentos correspondentes perante o Diretor Geral da Repartição. Ao Judiciário cabe aplicar a norma, sendo de observar que a atual Constituição prestigia os tratados internacionais, pelo relevo que lhes dá no seu art. 5º, § 2º, *verbis:*

> § 2º Os direitos e garantias expressos nesta Constituição não excluem outros decorrentes do regime e dos princípios por ela adotados, ou dos tratados internacionais em que a República Federativa do Brasil seja parte.

Impende assinalar que, posteriormente à EC n. 45, de 30.12.2004, embora as convenções internacionais do trabalho cuidem claramente de direitos humanos, não foi observado o quorum adotado pelo § 3º do art. 5º da Constituição, que mencionada emenda acrescentou, na ratificação de nenhuma delas, que, então, continuam a ter o mesmo nível de lei federal, o que é, de todo, lamentável.

Tem o Direito Internacional do Trabalho demonstrado grande preocupação com a situação do trabalhador no mundo atual além dos limites estritos da OIT.

---

(43) SUSSEKIND, A. L. *Direito internacional do trabalho.* 3. ed. São Paulo: LTr, 2000. p. 181.

(44) Cf. <http://www.ilo.org/dyn/normlex/es/f?p=1000:11200:0::NO:11200:P11200_COUNTRY_ID:102571>. Acesso em: 7 dez. 2017.

3. PRINCÍPIOS DO DIREITO INTERNACIONAL DO TRABALHO

A doutrina não tem destacado princípios específicos para o Direito Internacional do Trabalho, além daqueles que são princípios da OIT.

Recorrendo à Declaração da Filadélfia, constatamos que ali se encontra um dos princípios fundantes do Direito Internacional do Trabalho: o princípio da justiça e da política social. A ele se agregam os que entendemos como corolário deste: princípio da igualdade de direitos e oportunidades; princípio do respeito aos direitos humanos; e, princípio da solução pacífica de conflitos. Igualmente se ajuntam os princípios da proteção e da boa-fé, que examinamos no Capítulo I desta Parte.

3.1. PRINCÍPIOS DA JUSTIÇA E DA POLÍTICA SOCIAL

Os princípios da justiça e da política social atuam conjuntamente. Referindo-se à Convenção n. 117 da OIT, Valticos assinala que:

> *toda politica deberá tener, em primer lugar, al bien estar y al desarrollo de la población y a estimular sus propias aspiraciones para lograr el progreso social, porque, ao cabo, el mejoramiento del nível de vida há de considerarse como el objetivo principal de los planes de desarrollo económico*[(45)].

O princípio da justiça social consiste em admitir que o Estado deve atender às reivindicações e desejos da sociedade no sentido de garantir, promover e reduzir efetivamente as desigualdades sociais, proporcionando, verdadeiramente, dignidade a todos os seres humanos.

Sua origem remonta a meados do século XIX quando foi constatada a efetiva desigualdade social, decorrente do fracasso da ideal de igualdade pregada pós queda da Bastilha em França. Aos mais fracos não se atribuía nenhuma proteção e nenhuma garantia. Certamente Victor Hugo é quem melhor retratou esse triste quadro seguinte à revolução francesa no célebre romance *Os miseráveis*, de 1862.

Unem-se nessa justiça social os aspectos político e econômico, justamente porque o que se pretende é eliminar, ou pelo menos reduzir as desigualdades econômicas e sociais.

Um dos principais teóricos da justiça distributiva é John Rawls, que assinala que a justiça social (que corresponderia à justiça distributiva) é um

> *conjunto de princípios para escolher entre várias formas de ordenação social que determinam essa divisão de vantagens e para selar um acordo sobre as partes distributivas adequadas. Esses princípios são os princípios da justiça social: eles fornecem um modo de atribuir direitos e deveres nas instituições básicas da sociedade e definem a distribuição apropriada dos benefícios e encargos da cooperação social*[(46)].

Fundada em noções de moral e política, a Justiça social encontra seu significado maior em uma sociedade justa e equitativa, que, segundo Rawls, está fundada em dois princípios básicos: 1) garantia das liberdades fundamentais para todos e 2) igualdade equitativa de oportunidades; e pretendendo duas prioridades: 1) liberdade desigual para os que tem liberdade menor; 2) aumento de oportunidade para os que possuem oportunidade menor quando existir uma desigualdade de oportunidades[(47)].

Ao Direito Internacional do Trabalho, nesse aspecto, cabe, por meio de seus mecanismos de atuação (tratados, declarações, recomendações), adotar o princípio da justiça social, objetivando eliminar discriminações sociais, proporcionando melhor qualidade de vida, mais justa distribuição de renda, gerando mais empregos, reduzindo as desigualdades, tudo diretamente vinculado ao princípio da política social. Razão pela qual os dois princípios devem caminhar conjuntamente em busca do mesmo ideal.

---

(45) VALTICOS, Nicolas. *Derecho internacional del trabajo*. Trad. Maria Jose Triviño. Madrid: Tecnos, 1977. p. 353.

(46) RAWLS, John. *Uma teoria da justiça*. Trad. Almiro Pisetta e Lenita M. R. Esteves. São Paulo: Martins Fontes, 2000. p. 5.

(47) RAWLS, J.. *Idem*, pp. 333-4.

3.2. PRINCÍPIO DA IGUALDADE DE DIREITOS E OPORTUNIDADES

Colhamos o ensinamento de Pinho Pedreira:

> *A adoção do princípio da igualdade no Direito do Trabalho foi retardada pela consideração de que ele só se justifica no direito público, em virtude da necessidade de limitação do Estado, que, no exercício do seu* **jus imperii**, *tinha a possibilidade de cometer arbitrariedades contra os cidadãos. Não poderia, entretanto, esse princípio ser transportado para o direito privado, porque neste os sujeitos se encontram em posição de paridade e a aplicação do princípio da igualdade violaria a autonomia privada e a liberdade contratual*[(48)].

Essa lição indica a visão liberal que se pretendeu, no final do século XVIII e primeiras décadas do século XIX, atribuir ao Direito do Trabalho. O Estado interveio, passando *a exercer sua verdadeira missão, como órgão de equilíbrio,como orientador da ação individual, em benefício do interesse coletivo, que era, em suma, o próprio interesse estatal*, como doutrina Segadas Vianna[(49)].

Exemplo da intervenção para igualar está na atividade legislativa da OIT, representada, sobretudo, pela Convenção n. 111, adotada na 42ª Conferência Internacional do Trabalho, em 25.06.1958, em Genebra. Tratado de discriminação em matéria de emprego e ocupação, esta convenção está vigendo desde 15.06.1960, e é um dos tratados fundamentais da Organização.

Aliada à igualdade está a não discriminação. A Convenção n. 111 objetiva exatamente excluir a discriminação para proporcionar a igualdade de direitos e oportunidades. Assim, devemos entender por discriminação:

> *toda distinção, exclusão ou preferência, com base em raça, cor, sexo, religião, opinião política, nacionalidade ou origem social, que tenha por efeito anular ou reduzir a igualdade de oportunidade ou de tratamento no emprego ou profissão;*

e

> *qualquer outra distinção, exclusão ou preferência que tenha por efeito anular ou reduzir a igualdade de oportunidade ou tratamento no emprego ou profissão, conforme pode ser determinado pelo País-membro concernente, após consultar organizações representativas de empregadores e de trabalhadores, se as houver, e outros organismos adequados (art. 1º, a e b).*

Objetivando proporcionar efetiva igualdade de oportunidade e de acesso ao emprego, devem os países adotar políticas nacionais para promover, adequadamente, as condições necessárias a esse desiderato, eliminando toda a discriminação nesse sentido (art. 2º).

3.3. PRINCÍPIO DO RESPEITO AOS DIREITOS HUMANOS

A preocupação com a defesa dos direitos humanos não é recente. A Magna Carta de João Sem Terra deles tratou, como também o fizeram as Declarações da Independência dos EUA e a Francesa de Direitos do Homem e do Cidadão. Em 1948, foram consagrados internacionalmente com a Declaração das Nações Unidas, e tornados efetivamente obrigatórios de observância a partir de 1966, com os Pactos de Direitos Civis e Políticos e de Direitos Econômicos, Sociais e Culturais.

Valério Mazzuoli elenca as características dos direitos humanos, que, por si só, revelam sua importância e sua indispensabilidade para a busca da dignidade da pessoa humana, que, no Brasil, é um dos fundamentos da República (art. 1º, III da Constituição).

Essas características são: historicidade, universalidade, essencialidade, irrenunciabilidade, inalienabilidade, inexauribilidade, imprescritibilidade, e vedação do retrocesso[(50)]. Bezerra Leite acrescenta, ainda, a indivisibilidade, a interdependência e a interrelacionalidade[(51)].

---

(48) *PINHO PEDREIRA DA SILVA, L.. Ob. cit.*, p. 185.

(49) VIANNA, José de Segadas *et alii*. *Instituições de direito do trabalho (I)*. 22. ed. São Paulo: LTr, 2005. p. 38.

(50) MAZZUOLI, V. de O.. *Curso de direitos humanos*. 2. ed. São Paulo: Método, 2015. p. 31-3.

(51) BEZERRA LEITE, Carlos Henrique. *Manual de direitos humanos*. 3. ed. São Paulo: Atlas, 2014. p. 39-40.

Em apertada síntese, esses princípios têm o seguinte significado:

- Historicidade = os direitos humanos foram surgindo gradualmente com o decorrer da existência da humanidade;
- Universalidade = todos os seres humanos, sem exceção, por sua condição mesma são titulares desses direitos;
- Essencialidade = também pode ser chamado de indispensabilidade, porque os direitos humanos são essenciais para proporcionar vida digna às pessoas;
- Irrenunciabilidade = nem o próprio titular dele pode abrir mão dos direitos humanos;
- Inalienabilidade = os direitos humanos são indisponíveis, não podendo ser transferidos a terceiros;
- Inexauribilidade = são expansíveis porque podem ser ampliados em qualquer tempo;
- Imprescritibilidade = eles não desaparecem ou se esgotam com tempo;
- Vedação do retrocesso = esses direitos conservam a tendência de sempre agregar mais meios de seu reforço e garantia, jamais retroagindo para sofrer reduções;
- Indivisibilidade = todos esses direitos, independente da espécie, têm garantia de observância;
- Interdependência e interrelacionalidade = todos formam um bloco coeso e indissociável, garantindo-se reciprocamente.

Ora, o Direito Internacional do Trabalho cuida da vida humana, no que respeita às atividades de cada qual, para sua subsistência e dos seus, avaliando, em nível internacional, formas adequadas para reduzir desigualdades, minimizar sofrimentos, garantir razoáveis condições de sobrevivência.

Com efeito, essa preocupação com os direitos humanos, no âmbito do Direito Internacional do Trabalho, faz revelar-se mais evidente quando se constata seu novo dimensionamento, não mais apenas as condições de trabalho e os direitos previdenciários, mas para além, cuidando de direitos humanos relacionados com trabalho, desemprego, reflexos sociais das questões econômicas, política social das transnacionais, reforma agrária, atenção aos vulneráveis, formação técnico-profissionalizante, combate ao desemprego e ao subemprego, meio ambiente do trabalho e outros temas correlatos, como apontado por Arnaldo Süssekind(52).

3.4. PRINCÍPIO DA SOLUÇÃO PACÍFICA DE CONFLITOS

Dentre as funções principais do Direito do Trabalho encontra-se a de pacificar as divergências decorrentes das relações de trabalho. No âmbito do Direito Internacional do Trabalho, busca-se implementar mecanismos eficientes para superar conflitos, mediante a utilização de instrumentos harmônicos que, levando em conta a mobilidade humana (v., nesta Parte, Capítulo XXIII) tão crescente nos dias correntes, aplique formas pacíficas para solucionar essas dificuldades de convivência e de inter-relacionamento.

A procura de soluções pacíficas de controvérsias é expressamente referida no preâmbulo da Constituição brasileira, da mesma forma como nossas relações internacionais são regidas também por esse princípio (art. 4º, VII).

São diversos os instrumentos que podem ser divididos em dois grandes grupos: os autônomos e os heterônomos. Os primeiros buscam solução pela atuação efetiva das partes, algumas vezes com a participação de um terceiro, que lhe incentiva a encontrar o remédio para a divergência. É o caso da negociação direta, da conciliação e da mediação.

As soluções heterônomas necessitam da intervenção de um agente externo, que as partes escolhem ou a ele se submetem espontaneamente. Assim os casos da arbitragem e da solução jurisdicional.

Todos esses mecanismos servem para compor conflitos trabalhistas. Da OIT podem ser recolhidos bons exemplos de incentivo a sua prática, como a Convenção n. 98, adotada em 1949, vigente no Brasil desde 18.07.1951, sobre a aplicação dos princípios do direito de sindicalização e da negociação coletiva, preconizada no art. 4º, e a Convenção n. 154, adotada em 1981, vigente em nosso país desde 11.8.1983, sobre o fomento da negociação coletiva, com indicações precisas sobre o procedimento a ser adotado nessa fase.

---

(52) SÜSSEKIND, Arnaldo Lopes. *Direito internacional do trabalho*. 3. ed. São Paulo: LTr, 2000. p. 24.

4. APLICAÇÃO DO DIREITO INTERNACIONAL DO TRABALHO

Ao contrário do que se pode imaginar, em um primeiro momento, o Direito Internacional do Trabalho não cuida apenas e tão somente das regras (convenções e recomendações) criadas no âmbito da OIT. Vai para além.

Desde 1948, pelo menos, existe patente essa preocupação. Assim, a DUDH contém quatro dispositivos fundamentais para dar a verdadeira dimensão do Direito do Trabalho. Embora não esteja sujeita a ratificação, porque não se enquadra como tratado internacional *stricto sensu*, mas apenas uma declaração de princípios que devem ser observados amplamente pela sociedade internacional, seus trinta artigos são de imenso valor moral.

O art. XXIII da DUDH consagra o direito ao trabalho (n. 1), a igualdade de remuneração (n. 2), o seu caráter satisfativo das necessidades do trabalhador e sua família (n. 3), além do reconhecimento do sindicato, que podem ser fundados livremente e ao qual toda pessoa pode se filiar (n. 4).

O art. XXIV da Declaração cuida de repouso, lazer, férias e jornada de trabalho.

O art. XXV trata de direito à saúde, bem-estar, alimentação, vestuário, alojamento, assistência médico-social, além de segurança em caso de desemprego, doença, invalidez, viuvez e velhice, dentre outros (n. 1). No n. 2, dá-se proteção à maternidade e à infância.

Nessa linha, pormenorizando os direitos declarados em 1948, do Pacto Internacional de Direitos Econômicos Sociais e Culturais, assinado juntamente com o Pacto Internacional de Direitos Civis e Políticos, em 1966, devemos referir cinco dispositivos.

O art. 6º, que cuida de direito do trabalho (n. 1), ressalta a importância de serem adotados programas de orientação técnica e profissional a fim de melhorar o acesso do trabalhador ao mercado de trabalho (n. 2).

O art. 7º realça quatro aspectos. O primeiro diz respeito à remuneração justa, sem distinção de qualquer natureza, especialmente em razão de sexo, proporcionando uma existência digna. O segundo refere à necessidade de existirem condições adequadas de higiene e segurança. O terceiro preconiza o incentivo às promoções na empresa, por antiguidade e por *aptidão individual*, que se assemelha às promoções pelo critério de merecimento. Finalmente, é reconhecido direito a repouso, lazer, jornada de trabalho limitada, férias remuneradas e remuneração em dias de feriado.

O Direito Coletivo do Trabalho é objeto do art. 8º. Lá está consagrado o direito de formar sindicatos e se filiar a essas associações, sem restrições de espécie alguma (n. 1), bem como formar federações e confederações e filiar-se a organizações sindicais internacionais (n. 2). Após, reconhece o direito de os sindicatos se organizarem livremente (n. 3), bem como o direito de greve, que poderá ser regulado por lei (n. 4). Restrições, porém, são previstos no art. 8º, 2, quanto às forças armadas, polícia e autoridades da administração pública (enquadrando-se, nesta última, dirigentes de órgãos públicos do Poder Executivo, parlamentares do Poder Legislativo e Magistrados do Poder Judiciário).

Os arts. 9º e 10 tratam de aspectos ligados à seguridade social, à proteção do trabalho da mulher e do menor, prevendo, o primeiro, a necessidade de existir seguros sociais.

No art. 10, além de ser reconhecida a importância da instituição familiar (n. 1), prevê-se proteção à mulher gestante, inclusive com direito à licença-maternidade (n. 2), e a necessidade também de proteger crianças e adolescentes, seja dando-lhe trabalho compatível, seja limitando a idade para fins de ingresso no mercado de trabalho (n. 3).

Assim, como se constata, afora o papel altamente relevante da OIT, existem outros temas no Direito Internacional do Trabalho que têm merecido tratamento especial, e que não se limitam à DUDH e ao Pacto de 1966.

Portanto, diversos tratados internacionais foram celebrados em várias oportunidades, tanto no âmbito do Direito Internacional geral, como do Direito Internacional Americano, e visam, de uma ou de outra forma, conforme seus objetivos específicos, proteger a pessoa do trabalhador, a mostrar a verdadeira abrangência do Direito Internacional do Trabalho. É o caso, v. g., das seguintes convenções: Refugiados (Genebra, 1951), Asilo Territorial (Caracas, 1954), Asilo Diplomático (Caracas, 1957, Relações Diplomáticas (Viena. 1961), Relações Consulares (Viena, 1963), Estatuto dos Refugiados (Nova York, 1967) e Estatuto dos Apátridas (Nova York, 1954), dentre muitas outras.

A circulação internacional de trabalhadores, com o problema do trabalhador migrante, é tema que tem ensejado múltiplas conferências e diversas manifestações legislativas internacionais, mesmo porque envolvem em torno de 115 milhões de pessoas, segundo dados da OIT, incluindo 25 milhões de refugiados. Por isso, é uma preocupação que tem motivado importantes debates relativamente aos problemas das imigrações, sobretudo das irregulares, em número cada vez mais elevado. Esses fluxos geram graves problemas, dentre os quais os seguintes: trabalhadores clandestinos ocupando postos no mercado de trabalho do Estado territorial; os seus acompanhantes igualmente procurando o setor laboral para desenvolver; o crescimento das demandas nos serviços de educação e saúde, aumentando o número de enfermidades; a ampliação da quantidade de pessoas subempregadas e o assustador crescimento da economia informal; a incidência de baixos salários porque há mais oferta de mão de obra; a ocorrência de remessa de divisas pelos clandestinos para o exterior (o país de origem); a redução dos níveis de segurança pública, e, em consequência, o aumento do número de delitos. Algumas soluções têm sido propostas, incluindo a celebração de acordos regionais, bilaterais ou multilaterais; a redução das diferenças econômicas e sociais e a transferência de tecnologia, sem dúvida a grande barreira.

Com efeito, na União Europeia, que alcançou seu ponto mais destacado com o Tratado de Maastricht de 07.02.1992, o Direito Comunitário ensejou o advento da Resolução n. 1.612/1968, que cuida de livre circulação de trabalhadores, consagrando, dentre outros, os seguintes princípios: não discriminação para acesso a emprego e não discriminação em seguridade social. Neste particular, foi aprovada a Resolução n. 1.408/1971, que cuida de seguro social com os benefícios previdenciários sendo devidos sem discriminação. Mais recentemente, foram adotadas importantes diretivas sobre licença-paternidade, sobre o Conselho de Trabalho Europeu e sobre trabalho a tempo parcial, esta vigente desde dezembro de 1997, prevendo férias remuneradas, aposentadoria, benefícios (deduções e bonificações) e oportunidades.

A 13.12.2007, foi assinado o Tratado de Lisboa, alterando o Tratado de Maastricht e o Tratado de Roma de 1957, que passou a chamar-se Tratado sobre o Funcionamento da União Europeia. As mudanças operadas pelo documento de Lisboa são profundas no que respeita ao campo decisório no ambiente europeu, quanto ao Conselho da União Europeia, o aumento do Parlamento Europeu e, especialmente, tornar juridicamente vinculativa a Carta dos Direitos Fundamentais. Seu principal objetivo é reforçar a eficiência e a legitimidade democrática da União, melhorando sua ação, em complemento ao processo surgido com os Tratados de Amsterdam, de 1997, e de Nice, de 2001.

Atualmente, a questão da mobilidade humana na Europa, inclusive de trabalhadores, é objeto do Acordo de Schengen, de 14.06.1985, que criou o *Espaço Schengen*, abrangendo boa parte dos países da União Europeia (v., acerca de mobilidade humana, nesta Parte, Capítulo XXIII).

Na América do Sul, destaque especial tem merecido o Mercado Comum do Sul (Mercosul), mecanismo de aproximação criado pelo Tratado de Assunção de 26.03.1991, reunindo Argentina, Brasil, Paraguai e Uruguai, atualmente na fase de união aduaneira. Como estados associados, dele fazem parte, desde 1996, o Chile, desde 1997, a Bolívia, desde 2003, o Peru, e, a partir de 2004, também Colômbia, Equador e Venezuela.

O Mercosul tem tido mais preocupação com os aspectos econômicos da integração que com os sociais. Apesar disso, foi constituído o Subgrupo de Trabalho 10 (SGT-10), que tem desempenhado papel razoável, realizando alguns estudos no sentido de buscar mecanismos para harmonização de normas trabalhistas.

Dentro desse tema, importantíssimo tratado foi assinado no âmbito das Nações Unidas, a Convenção sobre o Trabalhador Migrante, aprovada pela Resolução AG/ONU n. 158 (XLV), de 18.12.1990, vigente desde 01.07.2003, que, lamentavelmente, mereceu pouco mais de vinte ratificações, e de Estados que não possuem maior expressão como países de imigração. Cuida da proteção do trabalhador migrante e de seus familiares, sendo importante para nosso país, considerando a extensa faixa de fronteira terrestre que possui o Brasil.

A realização, em 1993, em Viena, da Conferência Mundial sobre Direitos Humanos, cuidou da eliminação das formas de discriminação sobre imigrante, propugnando pela ratificação da Convenção sobre Trabalhador Migrante, mencionada acima. Em 1994, no Cairo, a Conferência sobre População e Desenvolvimento tratou do controle do crescimento demográfico, das migrações internacionais, propondo meios para criar empregos locais visando reduzir a circulação internacional de trabalhadores, igualmente demonstrando a necessidade de reagrupar famílias de imigrantes. Mais recentemente, em 1996, em Istambul, teve lugar a Conferência sobre Assentamentos Humanos (*Habitat* 2), que adotou Declaração onde prega a necessidade da redução da pobreza, de implementação de reforma agrária, do aumento da aplicação de recursos em programas sociais, de desenvolvimento sustentado, e da preservação do patrimônio cultural.

No processo de globalização que enfrentam os dias correntes, o Direito Internacional do Trabalho tem se dedicado, igualmente, a um campo específico, relativo à atuação das transnacionais, tendo a OIT adotado a Declaração

Tripartite de Princípios das Empresas Multinacionais e da Política Social, de novembro de 1977[53]. Igualmente, cresce a preocupação com os efeitos da automação e o surgimento de novas formas de atividade, como o teletrabalho, e está havendo uma reavaliação dos mecanismos de proteção do emprego, passando agora a preocupação a ser com a existência de ocupações que permitam uma subsistência digna para a pessoa humana. É que estão a se flexibilizar as normas trabalhistas e ocorre uma adaptação das relações de trabalho às relações econômicas modernas, com a retirada do Estado da atividade econômica comum.

5. A QUESTÃO DA SUPRALEGALIDADE

De uns tempos para cá, quando se passou a falar de modo mais veemente de direitos humanos, a influência europeia (Constituições da Alemanha (art. 24, I), da Itália (art. 11), de Portugal (arts. 8º e 16) e da Espanha (arts. 9º, 2º e 96, I), fez com que se cogitasse de direito supralegal[54].

Sobreveio a Emenda Constitucional n. 45/2004, que pretendeu mudanças para o Judiciário e também acrescentou dois parágrafos ao art. 5º da Lei Maior, especialmente o § 3º, e constatamos que, até junho de 2014, apenas uma, e não mais que uma, Convenção Internacional havia sido aprovada pelo Congresso Nacional com o *quorum* especial. Trata-se da Convenção sobre os Direitos das Pessoas com Deficiência e de seu Protocolo Facultativo, assinada em Nova Iorque, em 30.03.2007, aprovada pelo Decreto Legislativo n. 186, de 09.07.2008, promulgada pelo Decreto n. 6.949, de 25.08.2009[55], fato esquecido pela mídia não tendo, até onde se sabe, merecido qualquer divulgação realmente expressiva, embora existam registros recentes de sua aplicação.

Acrescente-se, por igual, que a Convenção de Viena sobre o Direito dos Tratados, de 1969, que o Brasil igualmente ratificou depois de muitas décadas tramitando no Parlamento, em seu art. 27, determina que nenhum Estado pactuante *pode invocar as disposições de seu direito interno para justificar o inadimplemento de um tratado.*

A partir do julgamento do HC n. 94.013-SP, de 10.2.2009, Relator: Min. Carlos Britto, o STF mudou completamente sua posição, consagrando o princípio da supralegalidade. Cuidava-se da aplicação do Pacto da Costa Rica, na parte referente à prisão de depositário infiel, e o relator assentou que a validade interna dessa norma internacional decorre do § 2º do art. 5º da Constituição, que

> prevalece como norma supralegal em nossa ordem jurídica interna e, assim, proíbe a prisão civil por dívida. Não é norma constitucional – à falta do rito exigido pelo § 3º do art. 5º –, mas a sua hierarquia intermediária de norma supralegal autoriza afastar regra ordinária brasileira que possibilite a prisão civil por dívida.

Encontramo-nos, então, diante de um quadro que coloca, de um lado, os critérios cronológicos e da especialidade, e os tratados internacionais sobre direitos humanos em nível de lei federal. De outro lado, os tratados ratificados com o quorum especial do art. 5º, § 3º, da Constituição que, como lembramos, existe apenas um único caso no Brasil, até junho de 2015.

É profundamente estranha essa atitude do Congresso Nacional. Nos últimos dez anos (2004 a 2014), cinco CITs foram aprovadas pelo Congresso Nacional após a Emenda n. 45/2004 estar em vigor, e os instrumentos de ratificação devidamente depositados pelo Brasil, que são: Convenção n. 151, sobre Direito de Sindicalização e Relações de Trabalho na Administração Pública, de 1978; Convenção n. 167, sobre a Segurança e Saúde na Construção, de 1988; Convenção n. 176, sobre segurança e saúde nas minas, de 1995; Convenção n. 178, relativa à Inspeção das Condições de Vida e de Trabalho dos Trabalhadores Marítimos, de 1996; e Convenção n. 185, sobre os Documentos de Identidade da gente do mar (revista), de 2003. Nenhuma delas obteve quorum especial. Assim, ou invocamos a supralegalidade, ou simplesmente temos cinco CITs, sobre direitos humanos em seu sentido mais estrito, que devem ser aplicadas no confronto com os critérios cronológico ou da especialidade, o que é, de todo, lamentável.

---

(53) V., a respeito, o nosso *Negociação coletiva transnacional*. *In* FRANCO FILHO, Georgenor de Sousa (coord.). *Curso de Direito coletivo do trabalho (estudos em homenagem ao Ministro Orlando Teixeira da Costa)*. São Paulo: LTr, 1998. p. 291-307.

(54) V., a respeito, o voto convergente do Min. Gilmar Mendes no RE 466.343-1-SP (Banco Bradesco S/A *vs.* Luciano Cardoso Santos), Rel.: Min. Cezar Peluso. Disponível em: <http://redir.stf.jus.br/paginadorpub/paginador.jsp?docTP=AC&docID=595444>. Acesso em: 13 jul. 2014.

(55) Cf. <http://www.planalto.gov.br/ccivil_03/Constituicao/quadro_DEC.htm>. Acesso em: 15 jul. 2014.

Demais disso, consideremos que as Convenções anteriormente adotadas pelo Brasil, quando versarem sobre direitos humanos *stricto sensu*, e a maioria das CIT cuida desse tema, devem ser aplicadas considerando a supralegalidade.

6. APLICAÇÃO DAS CITS NA JUSTIÇA DO TRABALHO

Todos os Tribunais Regionais aplicam CITs e o TST também. Pesquisando, na Internet, pode ser encontrada a jurisprudência dessas 25 Cortes. O resultado é intrigante. Poucas convenções são utilizadas. Algumas sequer são imaginadas pelos julgadores nacionais. Outras repetem-se em quase todos os tribunais.

As três mais aplicadas são as seguintes: Convenção n. 132 – 17 tribunais; Convenção n. 98 – 14 tribunais; Convenção n. 155 – 13 tribunais. As demais registram menos de dez Regionais aplicando-as, o que demonstra pouco interesse no seu uso. Tanto que, ao concluir, afirmamos a necessidade de aplicarmos as Convenções da OIT ratificadas pelo Brasil com maior frequência, considerando, no entanto, que o principio do *favor laboris*, insculpido no art. 19, 8, da Constituição dessa Organização, deverá sempre estar presente quando houver necessidade de se decidir quando diante de eventual multiplicidade de normas que regulem determinado caso concreto(56).

(56) Os dados se referem a julho de 2014. Outras informações acerca da posição dos Tribunais Trabalhistas brasileiros quanto à aplicação das CITs constam de nosso artigo *Convenções da OIT e sua vigência no Brasil*, resultado de palestra proferida na I Semana Institucional do TRT da 2ª Região (São Paulo), a 15.8. 2014, e publicada na Revista do Direito Trabalhista – RDT (Brasília), v. 10, p. 4-8, 2014. Em 2016, organizamos, juntamente com Valério de Oliveira Mazzuoli, coletânea de dezessete artigos de juristas brasileiros analisando a arte sobre a aplicação, no Brasil, das Convenções Internacionais do Trabalho, com percucientes comentários desses especialistas sobre as convenções ns. 81, 87, 98,132,138,148, 151, 155, 158, 182 e 189 (v. *Direito internacional do trabalho. O estudo da arte sobre a aplicação das convenções internacionais da OIT no Brasil.* São Paulo: LTr, 2016).

Capítulo III

DIREITO CONSTITUCIONAL DO TRABALHO

1. CONSTITUCIONALIZAÇÃO DO DIREITO DO TRABALHO

Também chamado de *constitucionalismo social*, é o momento histórico, surgido após a Primeira Guerra Mundial, em que as normas trabalhistas, antes leis ordinárias comuns, foram constitucionalizadas e incluídas nas Leis Fundamentais de muitos países.

As duas primeiras Constituições a adotarem essa postura foram a mexicana de Querétaro, de 1917, e a alemã de Weimar, de 1919. A primeira mais analítica que a segunda, que foi influenciadora da maioria das constituições sociais.

Observa Mario de La Cueca, após considerar as muitas modificações que ocorreram em seguida à revolução francesa, os resultados dessas alterações: un proceso que culminó primero en América en la Declaración de derechos sociales de nuestra Constitución de 1917 y más tarde en Europa, en la Constitución alemana de Weimar de 1919; en esos dos ordenamentos, el derecho del trabajo superó definitivamente el pasado y se presentó a los hombres como un derecho de la classe trabajadora para los trabajadores[57].

Embora pioneira, não foi a Constituição mexicana, com os 31 incisos do art. 123, a principal influenciadora do Direito do Trabalho que se seguiu. De La Cueva recorda que

> la Constitución de Weimar, y en general, el derecho del trabajo de aquellos años veintes, creó en Europa el principio de la igualdad jurídica del trabajo y del capital, pues desde entonces, de forma imperativa, las condiciones de trabajo se fijaron por acuerdos entre los sindicatos y los empresarios[58].

Lembra Antonio Cantaro que *la Costituzione do Weimar del 1919 fu letta e vissuta, all'epoca, come una risposta consapevole alla solenne 'Dichiarazione dei diritti del popolo fatta dal Congreso dei soviet del gennaio 1919'* (sic) [1918]. E, acentua, *il'unica risposta plausibille di fronte all'impasse e alla crisi del liberalismo ottocentesco, della visione liberale dell'economia, della politica, dello Stato, della giustizia.*[59]

No Brasil, as nossas sete Constituições revelaram altos e baixos para a proteção dos direitos do trabalhador, como veremos em seguida, sendo a atual considerada a que maior número de direitos trabalhistas consagrou, embora muitos ainda permaneçam como normas meramente programáticas. Aqui, como de resto em grande parte dos países da América do Sul, tem se expandido o constitucionalismo social, garantindo o império da lei sobre o poder dos governantes.

2. EVOLUÇÃO CONSTITUCIONAL NO BRASIL

Vejamos o tratamento que, ao longo do Brasil independente, mereceu o Direito do Trabalho em nível constitucional.

---

(57) DE LA CUEVA, M. Ob. cit., p. 5.

(58) *Ibdem*, p. 21.

(59) CANTARO, Antonio. *Il secolo lungo: lavoro e diritti nella storia europea*. Roma, Ediese, 2006, p. 18. O mesmo autor destaca, adiante, que Weimar foi uma resposta europeia à Declaração soviética de 1918 (p. 55).

2.1. CONSTITUIÇÃO DE 1824

A Constituição Política do Império do Brasil, elaborada por um Conselho de Estado e outorgada pelo Imperador D. Pedro I, em 25.03.1824, tinha 179 artigos. Foi nosso primeiro Código Político Máximo, e a mais duradoura de todas as nossas Constituições, seguindo o modelo europeu de liberalismo. Não contemplava regras protetoras aos direitos trabalhistas. À época, predominava a escravidão e, recém-independentes, ainda estávamos sob a influência das Ordenações portuguesas.

O último artigo da Carta Imperial cuidava, dentre outros aspectos, da inviolabilidade dos direitos civis e políticos (art. 179, *caput)*, garantia qualquer gênero de trabalho, cultura, indústria ou comércio, desde que não ofendesse costumes públicos, segurança e saúde dos cidadãos (inciso XXIV) e abolia, certamente a nota mais relevante, as Corporações de Ofícios, seus Juízes, Escrivães e Mestres (inciso XXV), medida que na Europa ocorrera com a Lei *Le Chapelier*, em 1791.

2.2. CONSTITUIÇÃO DE 1891

Sobreveio a República e com ela nossa segunda Constituição, a da República dos Estados Unidos do Brasil, de 24.02.1891, elaborada por um congresso constituinte e contemporânea à Encíclica *Rerum Novarum*, de Leão XIII, que, como vimos, lançou as bases da doutrina social da Igreja.

Liberal, silenciou sobre direito do trabalho. Profundamente individualista, nos moldes da Constituição americana que a influenciou, limitou-se apenas a permitir a livre associação (art. 72, § 8º) e a garantir o livre exercício de qualquer profissão moral, intelectual e industrial (§ 24), direitos conservados pela Emenda Constitucional (EC) de 03.09.1926, praticamente uma nova constituição.

2.3. CONSTITUIÇÃO DE 1934

A Assembleia Constituinte convocada durante a ditadura Vargas elaborou a Constituição promulgada a 16.07.1934, de conotação social-democrática, e, no art. 113, garantia a inviolabilidade de direitos, inclusive aquele concernente à subsistência, com o n. 34 afirmando que *a todos cabe o direito de prover à própria subsistência e à de sua família, mediante trabalho honesto*, amparando o Poder público as pessoas indigentes.

Constituição evoluída para a época, a de 1934 introduziu o título IV tratando *Da ordem econômica e social*, admitindo o reconhecimento de sindicatos e associações profissionais, adotando o pluralismo sindical (art. 120). Para os direitos trabalhistas foi dedicado o art. 121, devendo a lei promover o amparo à produção e estabelecer condições de trabalho na cidade e no campo, para proteger socialmente o trabalhador e os interesses econômicos do país.

Esse art. 121 foi muito expressivo. Seu § 1º contemplava a isonomia salarial, o salário mínimo, a jornada de trabalho de oito horas/dia, restrições ao trabalho do menor, repouso semanal, férias anuais remuneradas, indenização por dispensa sem justa causa, assistência e previdência a maternidade, velhice, invalidez, acidente de trabalho e morte, regulamentação de todas as profissões e reconhecimento das convenções coletivas de trabalho.

Além desses direitos, outros temas foram tratados, como o trabalho agrícola (§ 4º), a organização de colônias dessa natureza (§ 5º) e a situação do trabalhador migrante (§§ 6º e 7º).

O grande fruto da Constituição de 1934 foi a criação da Justiça do Trabalho, como integrante do Poder Executivo, vinculada ao então Ministério do Trabalho, Indústria e Comércio (art. 122), com seus órgãos possuindo composição paritária, nem sequer exigida formação jurídica, bastante ser pessoa de experiência e notória capacidade moral e intelectual (parágrafo único).

2.4. CONSTITUIÇÃO DE 1937

A Constituição de 1934 teve, porém, vida curta. Vargas implantou um regime ditatorial e outorgou uma Carta, a 10.11.1937, conhecida como *Polaca*. Durante quase cinco anos, vigeu em plenitude, apesar de ser profundamente restritiva da liberdade. A partir do Decreto n. 10.358, de 31.08.1942, quando foi declarado estado de guerra no Brasil contra as potências do Eixo (Alemanha, Itália e Japão), o dispositivo que tratava dos direitos trabalhistas (art. 137) foi suspenso, mantido apenas o art. 136, que considerava *o trabalho um dever social*, que deveria ser exercido honestamente, da mesma forma com o de livre circulação no território brasileiro e o de a pessoa poder exercer de sua atividade regular (art. 122, § 2º).

Antes da suspensão de 1942, o art. 137 conservava vários artigos do Diploma de 1934, sendo que repouso semanal foi fixado aos domingos, foi criada licença anual remunerada por ano de serviço, estabilidade no emprego, garantia do contrato de trabalho em caso de sucessão e reconhecida a assistência administrativa e judicial por entidade de classe.

Extremamente corporativista, seu art. 138, também suspenso em 1942, reconhecia a liberdade de associação profissional e sindical, adotando a unicidade sindical. Deveria o sindicato ser reconhecido formalmente pelo Estado, que lhe forneceria uma *carta patente*, exercendo funções delegadas pelo Poder Público, tendo igualmente implantado o imposto sindical (hoje, contribuição sindical).

Ademais, foi mantida, ainda fora do Poder Judiciário, a Justiça do Trabalho (art. 139, 1ª parte), que havia sido criada na Constituição anterior, tendo a greve e o *lock out* sido *declarados recursos antissociais nocivos ao trabalho e ao capital e incompatíveis com os superiores interesses da produção nacional* (art. 139, 2ª parte).

2.5. CONSTITUIÇÃO DE 1946

Finda a Segunda Guerra Mundial e redemocratizado o Brasil, a Assembleia Constituinte reunida no Rio de Janeiro aprovou nova Constituição a 18 de setembro de 1946, que *encerrava um conteúdo social que a colocava entre as mais completas do mundo*, conforme Segadas Vianna, um dos constituintes de então[(60)].

A Justiça do Trabalho passou a integrar o Poder Judiciário (art. 94, V), e os direitos trabalhistas foram tratados, exemplificativamente, no art. 157: salário mínimo regionalizado, isonomia salarial, adicional noturno, participação nos lucros das empresas conforme lei, limitação da jornada diária em oito horas, repouso semanal agora remunerado, férias anuais também remuneradas, higiene e segurança do trabalho, proteção ao trabalho do menor e à mulher gestante, percentagem entre trabalhadores brasileiros e estrangeiros, estabilidade e indenização por dispensa imotivada, reconhecimento das convenções coletivas de trabalho, assistência sanitária, hospitalar e médica preventiva e aos desempregados, previdência social, seguro contra acidente de trabalho, igualdade entre trabalho manual, técnico e intelectual.

Por outro lado, foi reconhecido o direito de greve (art. 158) e a livre associação profissional ou sindical, mantida, nesse aspecto, à semelhança da Carta de 1937 (art. 159).

2.6. CONSTITUIÇÃO DE 1967

Em 1964, um golpe militar instituiu regime de exceção no Brasil. Apesar disso, um congresso constituinte aprovou, a 24 de janeiro de 1967, nova constituição, que viria a ser modificada pela Emenda Constitucional n. 1, de 17.10.1969, editada pelos membros da Junta Militar, que muitos chamam de *Constituição de 1969*.

Entre os arts. 158 e 159 da Constituição de 1967 e os arts. 166 e 167 da Emenda Constitucional n. 1/69 as diferenças são mínimas. O seguro acidente de trabalho do inciso XVII do art. 158 da primeira não permaneceu com a Emenda n. 1 e a Emenda Constitucional (EC) n. 18, de 1981, acrescentou o inciso XX relativo a aposentadoria de professores.

Os direitos trabalhistas eram os mesmos da Constituição de 1946, com raras e não profundas modificações. A grande alteração, de efeitos expressivos nas relações de emprego no Brasil, foi a criação do Fundo de Garantia do Tempo de Serviço, o FGTS, que acabou substituindo a indenização por antiguidade e, por corolário, a estabilidade decenal.

Não houve nenhuma modificação expressiva quanto à atividade sindical (arts. 159 e 166).

2.7. CONSTITUIÇÃO DE 1988

Atualmente em vigor, e com seu texto original profundamente alterado por sucessivas emendas, a Constituição de 1988 é a mais extensa de todas, sendo excessivamente analítica e com muitas normas programáticas que, até agora, ainda não foram objeto de regulamentação.

---

(60) SÜSSEKIND, A. L. *et alii*. *Instituições de direito do trabalho* (I). 22. ed. São Paulo: LTr, 2005. p. 77.

Certamente representa um grande avanço no sentido de democratizar os direitos sociais e pretender ser mais socializadora que as anteriores.

Uma de suas mais importantes emendas foi a n. 45, de 2004, que criou o Conselho Nacional de Justiça (CNJ) (arts. 92, I-A, e 103-B), permitiu a adoção da súmula vinculante pelo STF (art. 103-A), constitucionalizou a garantia da celeridade para o julgamento de processos judiciais (art. 5º, LXXVIII), determinou a quarentena de antigos magistrados para exercerem a advocacia (art. 96, parágrafo único, V), e criou o triênio de atividade jurídica para ingresso na magistratura, dentre outros (art. 93, I, II e IV), além de ter tratado da competência da Justiça do Trabalho, embora, a nossa ver, sem efetivamente ampliar, como deveria ter feito, sua área de atuação.

3. DIREITOS SOCIAIS

O art. 6º da Constituição, alterado pelo EC n. 64, de 2010, tem a seguinte redação:

> Art. 6º São direitos sociais a educação, a saúde, a alimentação, o trabalho, a moradia, o lazer, a segurança, a previdência social, a proteção à maternidade e à infância, a assistência aos desamparados, na forma desta Constituição.

São os onze direitos que, em tese, todos os brasileiros devem possuir, observando que o direito ao trabalho inclui também o direito ao emprego (trabalho subordinado).

Com efeito, será mediante a rigorosa implementação dos direitos sociais que estão contemplados no art. 6º da Constituição que outro direito poderá ser alcançado: o da felicidade, e, sendo assim, os direitos à educação, saúde, alimentação, trabalho, moradia, lazer, segurança, previdência social, proteção à maternidade, proteção à infância e assistência aos desamparados são indispensáveis à realização desse direito maior, que passamos a examinar.

A seguir, iremos comentar os direitos sociais insculpidos ou a insculpir (caso do direito à felicidade) no art. 6º constitucional.

3.1. DIREITO À EDUCAÇÃO

O direito à educação está contemplado pelo art. 6º desde 1988, e, segundo dados do Ministério da Educação, em 2010, 51,5 milhões estavam matriculados no ensino básico, 31 milhões no ensino fundamental, pouco mais de 8,3 milhões no ensino médio, e menos de seis milhões no ensino superior[(61)].

Segundo o art. 205 da Constituição, *educação, direito de todos e dever do Estado e da família*, a par de normas internas que completam o pensamento do constituinte de 1988, sobretudo a Lei de Diretrizes e Bases da Educação (LDB), de 1996, além de tratados internacionais, incorporados ao ordenamento jurídico brasileiro, como o Pacto Internacional de Direitos Econômicos, Sociais e Culturais, de 1966, e a Convenção sobre os Direitos da Criança, de 1989.

Ademais, conforme a Lei n. 8.069, de 13.06.1990, que é o Estatuto da Criança e do Adolescente (ECA), devem ser aplicadas medidas que visem a proteção dos direitos desses menores, inclusive matrícula e frequência obrigatória em estabelecimento oficial de ensino fundamental (art. 101, III, do ECA).

3.2. DIREITO À SAÚDE

A Constituição de 1988 foi a primeira dentre as constituições brasileiras a considerar o direito a saúde como direito social fundamental, e, dentro do capítulo da seguridade social, é direito de todos e dever do Estado, através de políticas públicas adequadas (art. 196 da Constituição), enquanto a previdência social destina-se a atender a sociedade na recuperação das suas carências de saúde, dentre outras (vejam-se os incisos I e II do art. 201 do Texto de 1988).

Esse direito está estritamente vinculado com os direitos dos trabalhadores, como se constata das referências constantes dos incisos XXII (redução dos riscos inerentes ao trabalho, por meio de normas de saúde, higiene e segurança), XXIII (adicional de remuneração para aqueles que trabalham em atividades penosas, insalubres ou perigosas) e XXXIII (proibição de trabalho a menores em horário noturno e em atividades perigosas e insalubres).

---

(61) Disponível em: <http://www.brasil.gov.br/educacao/2011/02/educacao>. Acesso em: 12 abr. 2014.

3.3. DIREITO À ALIMENTAÇÃO

A inserção do direito à alimentação no elenco dos direitos sociais constitucionais ocorreu com a EC n. 64, de 2010.

A Lei n. 11.346, de 15.09.2006, que é a Lei Organização da Segurança Alimentar e Nutricional (LOSAN), criou o Sistema Nacional de Segurança Alimentar e Nutricional (SISAN).

É a LOSAN que estabelece composição, definições, princípios, diretrizes e objetivos desse sistema, através do qual, contando com a participação da sociedade civil organizada, o poder público formula e implementa políticas, planos, programas e ações para assegurar efetivamente esse direito social.

Nessa linha, foi criado o Programa *Fome Zero*, por meio do qual o Governo Federal pretende reduzir os índices de fome, desnutrição e pobreza extrema, a qual se alinha o Programa *Bolsa Família*, criado pela MP n. 143, de 2003, convertida na Lei n. 10.836, de 09.01.2004, inspirado no anterior *Bolsa Escola*, que surgiu sob a inspiração da Profa. Ruth Cardoso, mulher do então Presidente Fernando Henrique Cardoso.

É de notar que, segundo a Organização das Nações Unidas para a Alimentação e Agricultura (FAO), apenas 5% da população brasileira são considerados subalimentados, muito menos que a Namíbia, que apresenta 42,3%[(62)].

3.4. DIREITO AO TRABALHO

Este direito está garantido pela Constituição em seu art. 6º, quando são elencados os direitos sociais, e os arts. 7º a 11 contemplam os principais direitos para os trabalhadores que desenvolvem atividades sob a égide da legislação brasileira.

A existência do direito ao trabalho não garante, todavia, o acesso de todas as pessoas a esse mercado, cada vez mais seletivo e exigente. Leis são destinadas ao amparo dos trabalhadores e de suas famílias, para minimizar danos decorrentes de atividades insalubres ou perigosas, adoção de salário possivelmente justos, embora ainda aquém de garantir uma vida realmente digna e saudável.

Ademais, em abril de 2013, a taxa de desemprego era de 5,8% no Brasil[(63)]. É certo que serão necessárias pesquisas frequentes para avaliar esse grau, e não apenas uma única e ilusória verificação que, certamente, não servirá para identificar a realidade mais duradoura.

O que tem sido verificado é o crescimento, a exemplo dos demais países da comunidade internacional, do mercado de trabalho informal, onde milhares de pessoas não possuem nenhuma espécie de proteção ou de garantias mínimas. Geralmente, esse fenômeno decorre da grande mobilidade de mão de obra humana, dos processos interno e externo de migração, da escassez de postos de trabalho regulares, da carência de conhecimentos por parte dos trabalhadores, face a exigência do mercado, atualmente, de todos possuírem pelo menos conhecimentos fundamentais de informática. Afinal, como é reconhecidamente sabido, o mais simples emprego necessita agora que ser ocupante saiba as noções básicas dessa tecnologia.

3.5. DIREITO À MORADIA

Quanto à moradia, a população da rua aumenta a cada dia, com esse crescimento devem ser agregados uso de tóxico, marginalidade crescente, pequenos e grandes atos de delinquência. Um estudo feito pela Fundação Instituto de Pesquisas Econômicas (FIPE) identificou mais de 13,5 mil moradores de rua em São Paulo em 2009, aumento expressivo em relação aos 8.076 constadas em 2000, sendo que 94,9% pernoitavam nas ruas e apenas 3,8%, em albergues[(64)].

---

(62) Disponível em http://www.fao.org/hunger/es/. Acesso em: 15 fev. 2016.

(63) Disponível em: <http://noticias.r7.com/economia/noticias/taxa-de-desemprego-no-brasil-sobe-a-5-8-em-abril-ibge-20130523.html>. Acesso em: 12 abr. 2014.

(64) Disponível em: <http://webcache.googleusercontent.com/search?q=cache:zwvDAaltDL0J:www.prefeitura.sp.gov.br/cidade/secretarias/upload/direitos_humanos/13-08-30%2520PPT%2520FIPE%2520-%2520Censo%25202009%2520e%2520levantamento%25202010.ppt+&cd=2&hl=pt-BR&ct=clnk&gl=br>. Acesso em: 12 abr. 2014.

Acrescentado pela EC n. 26/2000, o direito à moradia era, desde 1988, consagrado como direito aos trabalhadores urbanos e rurais, por força do inciso IV do art. 7º da Constituição, que estabelece destinar-se o salário mínimo também a atender necessidade de moradia do trabalhador e sua família.

Dentro dessa linha, deve ser considerada a necessidade da promoção de Políticas Públicas de habitação e organização do solo urbano de modo adequado porque indispensáveis ao desenvolvimento de cidades preocupados com os problemas ambientais e, portanto, dentro de padrões sustentáveis.

Ademais, é competência comum da União, dos Estados, do Distrito Federal e dos Municípios a promoção de programas de construção de moradias e melhorias das condições habitacionais, a teor do art. 23, IX, da Constituição.

3.6. DIREITO AO TRANSPORTE

A EC n. 90, de 15.9.2015, acrescentou, no rol de direitos sociais do art. 6º da Constituição, o direito a transporte. É provável que o constituinte derivado tenha querido referir-se a transporte coletivo urbano, incluindo trem, ônibus e metrô. No entanto, não devemos esquecer os demais meios de transporte, inclusive as considerações acerca das diversas formas de mobilidade humana, que merecem necessário cuidado e são importantes na vida das pessoas e no seu convívio social. Sobre mobilidade humana, cuidaremos adiante, no Capítulo XXIII desta Parte.

3.7. DIREITO AO LAZER

O direito ao lazer, inserido no art. 6º acima, inclui também o direito ao entretenimento e o direito de praticar esportes, aquele certamente mais amplo que este, porquanto o abrange. Seriam como gênero e espécie.

O que vem a ser o direito ao lazer? Devemos entender como aquele que possui a pessoa humana de usar seu tempo livre em atividades e ações que lhe sejam prazerosas, não necessariamente relacionados com seu trabalho, porquanto deve ser aquele disponível para a convivência familiar, prática esportiva ou alguma atividade artística, intelectual ou simplesmente ócio.

Conforme Amauri Mascaro Nascimento,

> o lazer atende à necessidade de libertação, de compensação da vida contemporânea e é uma resposta à violência que se instaurou na sociedade, ao isolamento, à necessidade do ser humano de encontrar-se consigo e com o próximo, sendo essas, entre outras, as causas que levam a legislação a disciplinar a duração do trabalho e os descansos obrigatórios[(65)].

3.7.1. *Formas mais usuais de entretenimento*

O entretenimento abrange, dentre outros, o turismo, que proporciona a circulação de muitos milhões de dólares e que é excelente fonte geradora de empregos; os espetáculos teatrais, em todos os seus gêneros, que promovem divulgação do trabalho de autores e atores; os bares e restaurantes, que incrementam a prestação de serviços e o consumo de alimentos e bebidas; e as atividades caseiras, tais como assistir televisão, ler, escrever, conversar em família, pequenas coisas simples que fazem bem e ajudam no dia a dia.

Quanto ao turismo, observamos que, até dezembro de 2013, foram registrados 135.745.599 de passageiros em voos nacionais circulando nos 63 aeroportos administrados pela Infraero no Brasil[(66)]. Além disso, cidades como São Paulo, Rio de Janeiro, Belo Horizonte, Curitiba, Florianópolis e Fortaleza possuíam uma centena ou mais hotéis[(67)], donde resulta não somente as evidências do aumento do número de trabalhadores formais, como também o fluxo de turistas.

Dentre essas atividades, inclui-se o surgimento, em escala ascendente, de centros de compras, denominados *shoppings centers*, tendo o STF decidido pela sua utilidade, também por proporcionar aumento das

---

(65) NASCIMENTO, Amauri Mascaro. *Curso de direito do trabalho*. 24. ed. São Paulo: Saraiva, 2009. p. 488.

(66) Disponível em: <http://www.infraero.gov.br/images/stories/Estatistica/2013/ret/dez.pdf>. Acesso em: 14 abr. 2014.

(67) Disponível em: <http://www.dadosefatos.turismo.gov.br/export/sites/default/dadosefatos/outros_estudos/meios_hospedagem/downloads_meios_hospedagem_economia/Relatorio_Executivo_-_Meios_de_Hospedagem_-_Estrutura_de_Consumo_e_Impactos_na_Economia.pdf>. Acesso em: 14 abr. 2014.

atividades comerciais e maior segurança a seus frequentadores, como consta da ementa do RE 119.258-SP, relatado pelo Min. Ilmar Galvão, a 30.06.1992[(68)].

3.7.2. *Prática do desporto*

O constituinte brasileiro, inspirado pelo direito ao lazer, inseriu, no Título VIII, *Da Ordem Social*, o Capítulo III, tratando *Da educação, da cultura e do desporto*, destinando a este último a seção III, cujo art. 217 consagra, *verbis:*

> *Art. 217.* É dever do Estado fomentar práticas desportivas formais e não formais, como direito de cada um, observados:
>
> I – a autonomia das entidades desportivas dirigentes e associações, quanto a sua organização e funcionamento;
>
> II – a destinação de recursos públicos para a promoção prioritária do desporto educacional e, em casos específicos, para a do desporto de alto rendimento;
>
> III – o tratamento diferenciado para o desporto profissional e o não profissional;
>
> IV – a proteção e o incentivo às manifestações desportivas de criação nacional.
>
> § 1º O Poder Judiciário só admitirá ações relativas à disciplina e às competições desportivas após esgotarem-se as instâncias da justiça desportiva, regulada em lei.
>
> § 2º A justiça desportiva terá o prazo máximo de sessenta dias, contados da instauração do processo, para proferir decisão final.
>
> § 3º O Poder Público incentivará o lazer, como forma de promoção social.

A outra vertente do direito ao lazer faz com que se constate a prática regular de atividades desportivas em geral, por meio de entidades regularmente constituídas, com apoio empresarial, ampla divulgação pela mídia, premiação dos vencedores, servindo, também, de meio lúdico para expressivo segmento da população.

Da mesma forma, as práticas aleatórias, realizadas sem nenhuma regra maior, de acordo com critérios pessoais de cada qual, desnecessários controles outros, se não a própria vontade. São aquelas realizadas em logradouros públicos, tipo praças e parques, sem conotação de disputa ou premiação, sem concorrência, mas apenas com sentido lúdico, e muita vez de tratamento de saúde, necessário ao ser humano.

Manuel Gonçalves Ferreira Filho escreve: *atribui-se ao Estado o dever de fomentar as práticas desportivas, formais ou não formais. Estas, com efeito, contribuem para a higidez do povo*[(69)]. Esse dever, contudo, não deve ser considerado exclusividade do Estado. Este possui um imenso leque de tarefas e atividades a desenvolver em prol da sociedade. Logo, a missão pode e deve ser desenvolvida por toda a comunidade, não apenas na dependência de apoio estatal.

A rigor, fomentar, do latim *fomentare*, significa, gramaticalmente, incentivar, estimular, promover o desenvolvimento, o progresso de alguma atividade. Com efeito, adotando meios de facilitação da prática geral do desporto, o Estado, em todas as suas esferas, contribui para melhorar a condição de vida da população, inclusive, nesse aspecto, do trabalhador brasileiro.

A respeito desse direito ao desporto, Luiz Alberto David Araújo e Vidal Serrano assinalam que *sua regulamentação... tem diversas facetas*[(70)], enumerando, dentre outras, as seguintes: 1) incentivo ao lazer e às práticas despor-

---

(68) É a seguinte a ementa do julgado: *ADMINISTRATIVO. LEIS NS. 4.798/80 E 5.424/84, DA MUNICIPALIDADE DE CAMPINAS, QUE INSTITUÍRAM, EM FAVOR DOS ESTABELECIMENTOS CONHECIDOS COMO "CENTROS DE COMPRAS", REGIME DE FUNCIONAMENTO DIVERSO DO PREVISTO PARA O COMÈRCIO TRADICIONAL. ALEGADA AFRONTA AO PRINCÍPIO DA ISONOMIA. Irrogação improcedente, tendo em vista as marcantes características que distinguem os dois regimes de exploração da atividade mercantil, bastando verificar que o comércio nos chamados* "shopping centers", *diferentemente do tradicional, por situar-se em zonas periféricas das cidades, não contribui para a degradação das condições de vida das populações destas, já que não provoca excesso de concentração urbana, não acarreta o desconforto da poluição ambiental, nem congestiona o tráfego. Ademais, além de oferecer, sem ônus para o Poder Público, segurança a seus frequentadores, não se limita a uma opção confortável de compras, constituindo também uma atração especial para os interessados em lazer e recreações, comodidades que ficariam fora do alcance dos que trabalham, se houvesse coincidência de horários. Tratamento legal distinto para situações tão diferenciadas não configura afronta ao princípio da isonomia. Recurso não conhecido* (DJ de 21.08.1992, p. 12.786).

(69) FERREIRA FILHO, Manoel Gonçalves. *Curso de direito constitucional.* 18. ed. São Paulo: Saraiva, 1990. p. 313.

(70) ARAUJO, Luiz Alberto David & NUNES JUNIOR, Vidal Serrano. *Curso de direito constitucional.* 5. ed. São Paulo: Saraiva, 2001. p. 407.

tivas, formais e não formais; 2) prioridade na destinação de recursos públicos; e 3) fomento e preservação de áreas verdes e institucionais para favorecimento da prática desportiva(71).

Esses três aspectos, a nosso ver, têm grande relevância. O incremento das atividades não formais, ou informais, são de grande importância porque aproximam as pessoas independentemente de qualquer outra condição, especialmente as informais, onde se conjugam dois aspectos: este e o de estímulo a áreas verdes, como será apontado abaixo (v., nesta Parte, Capítulo XXI, n. 4).

A destinação dos recursos públicos, conquanto prioritária, não deve ser entendida como *exclusiva* ou *preferencial*. Nesse particular, entendo que saúde e saneamento, ao lado da educação, são mais prioritárias.

As áreas verdes ganham especial cuidado porque sua existência envolve a conservação do meio ambiente, hoje tão vulnerado por um desenvolvimento descontrolado e apressado que tem causado danos muitas vezes irreversíveis para a vida no planeta. Nessas áreas verdes conservadas, práticas informais de desporto são incentivadas, individual e coletivamente, levando pessoas de todas as idades a lazer que lhes satisfaz e a uma aproximação muito mais e efetiva com familiares e amigos, máxime em finais de semana, após a azáfama do labor dos outros dias.

Envolvendo esses três pontos, insere-se, no direito ao lazer, o direito à prática do esporte, tanto que deve ser incentivado pelo Estado (§ 3º do art. 217). E Zainaghi elucida que *o esporte, sem dúvida alguma, além de ter caráter competitivo e de proporcionar a prática de exercícios físicos, traz, ainda, funções higiênica, educativa, hedonítica, biológica, e de promoção social, constituindo-se, outrossim, numa conduta lúdica de forte alcance psicossomático*(72). No particular, ressalte-se que, no mundo hodierno, conturbado, poluído e *apressado*, o *stress* toma conta das pessoas e atividades dessa natureza servem de paliativo para reduzir os desgastes naturais, inclusive ajudando na recuperação das pessoas para a labuta diária.

3.7.3. Dois casos específicos: menores e idosos

Existem, no direito brasileiro, duas situações que ensejam um exame em separado.

Trata-se de duas categorias que mereceram do legislador infraconstitucional um tratamento específico no que refere ao direito ao lazer: de um lado, os menores (as crianças e os adolescentes), de outro, os idosos, os que possuem mais de sessenta anos de idade.

No que refere aos primeiros, o ECA destaca, em seu art. 4º, que:

> Art. 4º É dever da família, da comunidade, da sociedade em geral e do poder público assegurar, com absoluta prioridade, a efetivação dos direitos referentes à vida, à saúde, à alimentação, à educação, ao esporte, ao lazer, à profissionalização, à cultura, à dignidade, ao respeito, à liberdade e à convivência familiar e comunitária.

O art. 59 do mesmo diploma, por sua vez, atribui a promoção do esporte e do lazer aos municípios, mediante repasse de recursos da União e dos Estados federados(73).

Interessante observar que, mesmo os menores infratores possuem essas garantias, conforme o art. 90 c/c art. 94, inciso XI, do ECA, mediante entidades governamentais e não governamentais que sofrem fiscalização do Estado (art. 95 e seguintes, do ECA).

Aliás, em caso de internação, que é medida privativa de liberdade (art. 121, *caput*, do ECA), ainda assim é garantido ao adolescente: *realizar atividades culturais, esportivas e de lazer* (art. 124, XII, do ECA). Note-se: apenas ao adolescente se aplica a medida privativa de liberdade, sendo este aquele que possui entre 12 e 18 anos de idade (art. 2º, *caput*, do ECA).

Finalmente, cabe ao Poder Judiciário, atuando através de varas especializadas da infância e da adolescência, fornecer autorização para o menor frequentar locais de lazer ou participar de eventos similares (art. 149, incisos I e II, do ECA).

Por outro lado, a Lei n. 10.741, de 01.10.2003, Estatuto do Idoso, consagra, no art. 3º, *verbis*:

---

(71) *Ibidem*, p. 407-8.

(72) ZAINAGHI, Domingos Sávio. *Os atletas profissionais de futebol no direito do trabalho*. São Paulo: LTr, 1998. p. 20-1.

(73) *Art. 59. Os municípios, com apoio dos estados e da União, estimularão e facilitarão a destinação de recursos e espaços para programações culturais, esportivas e de lazer voltadas para a infância e a juventude.*

> Art. 3º É obrigação da família, da comunidade, da sociedade e do Poder Público assegurar ao idoso, com absoluta prioridade, a efetivação do direito à vida, à saúde, à alimentação, à educação, à cultura, ao esporte, ao lazer, ao trabalho, à cidadania, à liberdade, à dignidade, ao respeito e à convivência familiar e comunitária.

Essa inserção do idoso é incentivada através de um desconto para assistir eventos de lazer em geral e de acesso preferencial nos locais de realização, proporcionando entretenimento a custo mais reduzido. Contempla o art. 23 do Estatuto:

> Art. 23. A participação dos idosos em atividades culturais e de lazer será proporcionada mediante descontos de pelo menos 50% (cinquenta por cento) nos ingressos para eventos artísticos, culturais, esportivos e de lazer, bem como o acesso preferencial aos respectivos locais.

Entidades governamentais e não governamentais poderão manter unidades de atendimento aos idosos, inclusive com a obrigação de promover atividades educacionais, esportivas, culturais e de lazer (art. 60, IX, do Estatuto).

Como se constata, menores e idosos ganharam proteção especial do legislador brasileiro o que, para um país jovem e onde o tempo de vida tem aumentado, é um bom sinal.

3.8. DIREITO À SEGURANÇA

Este direito está contemplado desde 1988 pelo art. 6º da Constituição, e o *caput* do art. 5º e o art. 144 da nossa Lei Fundamental consideram a segurança pública dever do Estado, direito e responsabilidade de todos, devendo ser exercida para a preservação da ordem pública e da incolumidade das pessoas e do patrimônio, embora, nesse particular, nosso país seja um dos mais perigosos e inseguros dentre todos os integrantes da sociedade internacional.

De acordo com o Escritório das Nações Unidas sobre Drogas e Crimes, o estudo global de homicídios 2011, com informações de 207 países, colocou o Brasil em terceiro lugar no índice de criminalidade na América do Sul, registrando 22, 7 assassinatos por cem mil habitantes, superado pela Venezuela, com 49 mortes, e Colômbia, com 33, 4 mortes por cem mil habitantes[(74)].

Também na América do Sul, o Brasil é mais seguro apenas que a Venezuela. De 132 países pesquisados, nosso país ocupa o 122º lugar segundo o Índice de Progresso Social, isto é, o 11º país mais inseguro do mundo[(75)].

3.9. DIREITO À PREVIDÊNCIA SOCIAL

O direito à Previdência Social é de todo o trabalhador, chamado de segurado, e representado por uma série de benefícios e serviços oferecidos pelo Instituto Nacional do Seguro Social (INSS).

Existem seis espécies de segurados:

1. os empregados, que são os normalmente contratados por empresas regulares;
2. os domésticos, que prestam serviços em residência, sem finalidade lucrativa;
3. os avulsos, que desenvolvem atividades na área portuária;
4. os contribuintes individuais, que trabalham por contra própria sem vínculo de emprego;
5. os segurados especiais, que são os trabalhadores rurais e os pescadores artesanais;
6. e os facultativos, todos maiores de dezesseis anos, sem renda própria, e que contribuem voluntariamente para a Previdência Social.

Os benefícios previdenciários, de acordo com o Regulamento da Previdência Social, aprovado pelo Decreto n. 3.048, de 06.05.1999, compreendem benefícios e serviços classificados quanto ao destinatário:

I. quanto ao segurado:
   a) aposentadoria por invalidez;

---

(74) Disponível em: <http://www2.camara.leg.br/camaranoticias/radio/materias/PALAVRA-DE-ESPECIALISTA/405148--BRASIL--OCUPA-3%C2%B0-LUGAR-EM-INDICE-DE-CRIMINALIDADE-NA-AMERICA-DO-SUL---BLOCO-2-(1732).html>. Acesso em: 14 abr. 2014.

(75) Disponível em: <http://www.socialprogressimperative.org/pt/data/spi#map/countries/com4/dim1,com4,dim2,dim3>. Acesso em: 15 fev. 2016.

b) aposentadoria por idade;
c) aposentadoria por tempo de contribuição;
d) aposentadoria especial;
e) auxílio-doença;
f) salário-família;
g) salário-maternidade;
h) auxílio-acidente;

II. quanto ao dependente:
a) pensão por morte;
b) auxílio-reclusão;

III. quanto ao segurado e dependente:
a) reabilitação profissional.

3.10. DIREITO DE PROTEÇÃO À MATERNIDADE E À INFÂNCIA

Esse direito tem fundamento principal no direito à vida, e trataremos da proteção dada à mulher adiante (v., nesta parte, Capítulo XV), ao examinarmos sua condição como trabalhadora, especialmente durante e após o parto.

Da mesma forma, em frente (v., nesta parte, Capítulo XVI), cuidaremos da proteção à criança e ao adolescente e das garantias do trabalho do menor.

3.11. DIREITO DE ASSISTÊNCIA AOS DESAMPARADOS

O direito social que garante assistência aos desamparados está contemplado no art. 203, V, da Constituição, como uma prestação continuada, representada por um salário mínimo de benefício mensal devida à pessoa deficiente ou idosa, que não possuam meios de prover sua própria subsistência ou que seja provida por sua família.

É nesse sentido o art. 20 da Lei n. 8.742, de 07.12.1993, a Lei Orgânica da Assistência Social (LOAS), que, quanto ao idoso, destaca que se trata da pessoa com 65 anos ou mais de idade, e, no art. 24, cuida dos programas de assistência social. No que tange àqueles voltados para idosos e os destinados à integração de deficientes (sobre deficientes, v., adiante, Capítulo VII, n. 8), deverá haver articulação com o benefício em apreço.

3.12. DIREITO À FELICIDADE

Tramitou no Congresso Nacional a PEC n. 19/2010, de autoria do Senador Cristovão Buarque, que pretendia incluir no art. 6º também o direito à busca da felicidade, por influência do direito à felicidade que está consagrado em constituições de países orientais (Butão, Coreia do Sul e Japão), tema que teve sua importância destacada em resolução aprovada em 2011, pela Assembleia Geral das Nações Unidas. Teria sido muito bom para o Brasil, mas foi arquivada a 18.3.2015, considerando que, a 26.12.2014, finalizara a 54ª Legislatura do Parlamento brasileiro[76].

Com isso, todos os direitos sociais passam a ser *essenciais à busca da felicidade*. Se implementados, darão chance ao *direito social à felicidade*, que, assim, será o maior de todos, porque representará o somatório deles.

Não é novidade. A 04.07.1776, a Declaração da Independência dos Estados Unidos registrava, no seu preâmbulo *que todos os homens foram criados iguais, foram dotados pelo Criador de certos direitos inalienáveis, que entre estes estão a vida, a liberdade e a busca da felicidade*.

Procurar essa condição de felicidade, então, é um direito reconhecido ao homem, pelo menos ao habitante dos Estados Unidos, formalmente desde 1776.

Com efeito, o ato de procurar a felicidade, quando garantida essa busca em norma legal, enseja admitir a existência de um *direito a felicidade*, que é o corolário da busca realizada. Poderão dizer os mais afoitos que se trata de uma utopia. Uma inovação desnecessária. Existem, porém, alguns aspectos desse *direito à felicidade* que devemos considerar.

---

(76) Cf. <http://www25.senado.leg.br/web/atividade/materias/-/materia/97622>. Acesso em: 31.8.2015.

O que é felicidade? Se defini-la é difícil, entendê-la e senti-la certamente não é. Felicidade é um substantivo feminino, originário do latim *felicitate*, de *felicitas*, oriundo de *felix*, designado no Dicionário Aurélio como *qualidade ou estado de feliz; ventura, contentamento*[(77)]. Na Grécia antiga, usavam a palavra *eudaimonia* – o prefixo *eu* (bem) seguido pelo substantivo *daimon* (espírito) –, significando *ter um espírito bom.*

3.12.1. *A doutrina da felicidade*

A humanidade, há séculos, vem se preocupando com a felicidade, numa busca grandiosa de mecanismos e instrumentos que possam justificar sua existência e fundamentar sua importância, conquanto sua consagração como direito oponível a todos e exigido de todos esteja ocorrendo lenta e gradualmente.

Não devemos ser tão céticos quanto Michael Foley, no sentido de que *na prática é tão difícil encontrar um testemunho útil de felicidade quanto uma teoria convincente. Diferentemente de seu oposto, a depressão, a felicidade é avessa a definições*[(78)].

Para Aristóteles, a felicidade é a finalidade da natureza humana. Escreveu que, *se qualquer coisa possuída pela humanidade é uma dádiva dos deuses, é razoável supor que a felicidade seja uma concessão divina*[(79)]. A felicidade é um certo tipo de atividade da alma[(80)].

Na Holanda, no século XVI, Spinoza, um cristão novo panteísta, fala em afeto. Em Ética, uma de suas principais obras, escreveu:

> *Por afeto compreendo as afecções de agir do corpo, pelas quais a sua potência de agir é aumentada ou diminuída, estimulada ou refreada, e, ao mesmo tempo, as ideias dessas afecções.*
>
> *Assim, quando podemos ser a causa adequada de alguma dessas afecções, por afeto compreendo uma ação; em caso contrário, uma paixão*[(81)].

Adiante, Spinoza acentuava que *ninguém pode desejar ser feliz, agir e viver bem sem, ao mesmo tempo, desejar ser, agir e viver, isto é, existir em ato*, demonstrando que *o desejo de ser feliz ou de viver e agir bem etc. é a própria essência do homem*[(82)].

Schopenhauer, no século XVIII, chamou de *Eudemonismo* aquilo que entendia como a arte de ser feliz, assinalando que, *desenvolver uma atividade, dedicar-se a algo ou simplesmente estudar são coisas necessárias à felicidade do ser humano*[(83)]. Aliás, o grego *eudaimonia* pode ser traduzido como *florescimento*. Foley, inclusive, lembra que *nada como uma palavra grega para dar peso intelectual*[(84)].

Certamente, é o preconceito que gera as grandes dificuldades para se alcançar a verdadeira felicidade, máxime considerando, como lembra Bobbio, que a consequência principal do preconceito é a discriminação, que é uma diferenciação injusta ou ilegítima, violadora do princípio da igualdade entre os homens[(85)], que as constituições modernas consagram.

Essas mudanças proporcionam, evidentemente, novos mecanismos para encontrar a felicidade. Nesse sentido, Hannah Arendt escreveu:

---

(77) FERREIRA, Aurélio Buarque de Holanda. *Novo dicionário da língua portuguesa.* 2. ed. 32. impr. Rio de Janeiro: Nova Fronteira, 1986. p. 767.

(78) FOLEY, Michael. *A era da loucura.* Trad. Eliana Rocha. São Paulo: Alaude, 2011. p. 13.

(79) ARISTÓTELES. *Ética a Nicômaco.* Trad. Edson Bini. 3. ed. Bauru: Edipro, 2009. p. 54.

(80) *Idem*, p. 55.

(81) SPINOZA. *Ética.* Trad. Tomaz Tadeu. 3. ed. Belo Horizonte: Autêntica, 2010. p. 163.

(82) Trata-se da Proposição 21 da Parte IV da Ética (SPINOZA. *Idem*, p. 291).

(83) Assim o início da Máxima 30 (SCHOPENHAUER, Arthur. *A arte de ser feliz.* Trad. Marion Fleischer *et alii.* São Paulo: Martins Fontes, 2005. p. 72).

(84) FOLEY, M. Ob. cit., p. 14.

(85) BOBBIO, Norberto. *Elogio da serenidade.* Trad. Marco Aurélio Nogueira. São Paulo: Unesp, 2002. p. 107.

o que a era moderna esperava de seu Estado, e o que esse Estado realizou de fato em ampla medida, foi a liberação dos homens para desenvolverem suas energias socialmente produtivas, para produzirem em comum os bens necessários a uma vida 'feliz'[(86)].

Gilles Lipovetsky, em Paris, chamou de paradoxal a felicidade referindo-se ao hiperconsumismo dos dias correntes[(87)].

Zygmunt Bauman, o polonês que desenvolveu o que pode ser chamado de "teoria líquida", demonstra aspectos importantes da mudança de comportamento da humanidade, certamente buscando formas de felicidade, como deixar a fase *sólida* da modernidade para a *líquida*, na qual as mudanças comportamentais são rápidas demais a fim de se adaptar às próprias mudanças do mundo[(88)].

Essa preocupação de Bauman se sustenta, sobretudo quando escreve que,

> na vida de contínua emergência, as relações virtuais levam a melhor facilidade sobre a coisa real. O mundo *off-line* convida os jovens a estar em constante movimento. Mas solicitações deste tipo de pouco adiantariam se não fosse a capacidade, baseada na eletrônica, de multiplicar os encontros interindividuais, transformando cada um deles num ato rápido, superficial, de tipo *use e jogue fora*. Relações virtuais são equipadas com a tecla *delete* e com *antispam*, mecanismos que protegem das consequências incômodas (e sobretudo dispendiosas em termos de tempo) das interações mais profundas[(89)].

É uma evidência do nosso cotidiano, perdendo, em muitas coisas, a verdadeira e duradoura oportunidade de felicidade ampla.

Sustentamos o direito ao amor, sem procurar fundamento em outras fontes, que não fosse a nossa própria visão de mundo. Muitas críticas recebemos por isso. Pensamos que não se registraram mais fortemente os argumentos para o que denominamos quinta geração dos direitos humanos, a dos direitos subjetivos. O direito a ter sentimentos, ao amor, à serenidade (de que fala Bobbio), ao afeto (tratado por Spinoza), à felicidade (que Constituições estão contemplando).

Naquela oportunidade, escrevemos:

> *Hodiernamente, pode-se falar de uma novíssima quinta geração. A ela, chamarei de direitos subjetivos, que são os direitos a ter sentimentos. Esses sentimentos são, dentre outros, direito ao respeito, direito ao amor, direito à dignidade. Tais valores representam um plus para a Humanidade. Não se trata de respeitar por temor, mas respeitar por querer bem. Não se quer amor, como o amor carnal, senão aquele amor de caridade. Não se imagina dignidade com tratamento especial de reverências, mas sim como garantia de um standard minimum para a vida humana.*
>
> *Essa geração tem ganhado força nos últimos tempos. De um lado, as pessoas têm acorrido às igrejas de todos os matizes para curar os males da alma; organizações não governamentais (ONGs) surgem a cada dia, destinadas a prestar serviços beneficentes de ajuda ao próximo; os homens começam a ser mais solidários e preocupados com os outros homens. De outro, perde-se a vergonha de ter fé, as pessoas se sentem mais humanas, pouco a pouco o ódio e as disputas dão lugar ao amor e às divisões.*
>
> *Reconquista-se o sentimento maior da humanidade, tão bem demonstrado por S. Paulo, na Epístola aos Colossenses: amor é o vínculo da perfeição (Cl. 3, 14).*
>
> *Pensamos que essa novíssima geração é a síntese de todas as outras e a maior e mais importante de todas elas. Surge (re-surge) agora, com mais força e vigor do que antes, porque a humanidade passou a sentir-se necessária a ela própria*[(90)].

---

(86) ARENDT, Hannah. *A promessa da política*. Trad. Jerome Kohn. 3. ed. Rio de Janeiro: Difel, 2010. p. 200.

(87) LIPOVETSKY, Gilles. *A felicidade paradoxal: ensaio sobre a sociedade do hiperconsumismo*. Trad. Maria Lúcia Machado. São Paulo: Companhia das Letras, 2007. p. 366 *passim*.

(88) BAUMAN, Zygmunt. *Tempos líquidos*. Trad. Carlos Alberto Medeiros. Rio de Janeiro: Zahar, 2007. p. 7.

(89) BAUMAN, Z. *Capitalismo parasitário cit*. p. 67.

(90) FRANCO FILHO, Georgenor de Sousa. *Os tratados sobre direitos humanos e a regra do art. 5º, § 3º, da Constituição do Brasil*. *In*: CASELLA, Paulo Borba & RAMOS, André de Carvalho. *Direito Internacional: homenagem a Adherbal Meira Mattos*. São Paulo: Quartier Latin, 2009. p. 525-6.

Pensamos que a que defendemos não se superou, nem se cometia erro ou equívoco, ou estaria havendo ausência de fundamentos juridicamente adequados. A questão, hoje, parece ser mais de convencimento de uma nova realidade que o mundo passou a enfrentar. A rigor, uma realidade que estava escondida, guardada no íntimo de cada qual e que passou a ser exteriorizada de diversas formas, inclusive, como tem sido muito demonstrado por sociólogos e economistas, como consumismo, ou seja, *serei tanto mais feliz quanto mais puder consumir*, poderá ser a expressão mais moderna da humanidade atual.

3.12.2. *Direito constitucional à felicidade*

O tema, afora as abordagens doutrinárias, tem sido objeto de apreciação legal, e alguns diplomas constitucionais consagram esse direito. Japão, Coreia do Sul e Butão, por exemplo, no que, aparentemente, poderia ser chamado de *coisa de budista*, com alguns querem.

O art. 13 da Constituição do Japão de 03.11.1946 prescreve que todas as pessoas têm direito à busca pela felicidade, desde que não interfira no bem-estar público ou comum, incumbindo ao Estado, mediante leis e atos administrativos, criar os mecanismos necessários para proporcionar as condições por atingir a felicidade. O dispositivo consigna:

> Article 13. All of the people shall be respected as individuals. Their right to life, liberty, and the pursuit of happiness shall, to the extent that it does not interfere with the public welfare, be the supreme consideration in legislation and in other governmental affairs.

O art. 10 da Carta da Coreia do Sul, adotada a 17.07.1948, estatui que todos têm direito à busca da felicidade, vinculando esse direito ao dever do Estado em confirmar e assegurar os direitos humanos das pessoas:

> *Article 10. [Dignity, Pursuit of Happiness]*
>
> *All citizens are assured of human worth and dignity and have the right to pursue happiness. It is the duty of the State to confirm and guarantee the fundamental and inviolable human rights of individuals.*

A Constituição do Reino do Butão, de 18.07.2008, é, das existentes e que cuidam desse tema, a mais rica em pormenores. Foi no Butão que se criou a *Felicidade Interna Bruta* (FIB), também chamado de Índice Nacional de Felicidade Bruta (INFB) ou *Felicidade Nacional Bruta* (FNB) ou Índice Nacional da Felicidade (INF), usando indicadores sobre situação econômica, bem-estar, cultura, comunidade, educação, saúde, ecologia, padrão de vida e qualidade de governo, para identificar o grau de felicidade da população.

O preâmbulo da Constituição do Butão assinala, no 2º *considerandum*, o comprometimento com a felicidade permanente das pessoas, nos seguintes termos:

> *SOLEMNLY pledging ourselves to strengthen the sovereignty of Bhutan, to secure the blessings of liberty, to ensure justice and tranquillity and to enhance the unity, happiness and well-being of the people for all time.*

Por seu turno, cria o art. 9º, 2, da Constituição o novo índice, o da Felicidade Nacional Bruta ou Índice Nacional da Felicidade, como um dos princípios que regem o Estado, buscando uma *boa qualidade de vida para o povo do Butão* (art. 9º, 1). O art. 9º, 2, consigna: Ouvir

2. *The State shall strive to promote those conditions that will enable the pursuit of Gross National Happiness* (grifamos).

O art. 20, 1, daquela Carta garante, na mesma linha, que o Governo (Poder Executivo) deverá garantir a felicidade do Estado de promover as condições necessárias para a paz, segurança e bem-estar do povo, nos seguintes termos:

> *1. The Government shall protect and strengthen the sovereignty of the Kingdom, provide good governance, and ensure peace, security, well-being and happiness of the people (grifamos).*

Aponta Michael Foley, acerca da iniciativa butanesa, que *o país não está melhor que outras na capacidade de resistir a tendências lamentáveis. Como um porta-voz tristemente concordou: 'no século passado, um jovem que fosse consultado a identificar um herói invariavelmente escolheria o rei – mas hoje o escolhido seria o astro do rap 50 Cent'*[91].

(91) FOLEY, M. Ob. cit., p. 12-3.

Data venia, essas tendências lamentáveis, que realmente preocupam todos os estudiosos da atualidade, é resultado do próprio espírito de modernidade, que virtualizou o mundo, seduzido pela mídia e pelas técnicas da informação que eliminam barreiras e aproximam e manipulam os seres humanos, *pelas nuvens*, mas não os aproximam fisicamente.

3.12.3. Índice de felicidade no reino do Butão

Em se considerando direito fundamental, imperioso que existam parâmetros e elementos avaliadores do grau de felicidade de um povo. No Reino do Butão, por força de mandamento constitucional, transcrito acima (art. 9º, 2), o mencionado índice da *Felicidade Interna Bruta* possui nove dimensões ou variáveis básicas, as quais se desdobram em 73 indicadores específicos.

Essas variáveis são:

1. Bom padrão de vida econômica;
2. Gestão equilibrada do tempo, ou seja, uso do tempo;
3. Bons critérios de governo, de administração da coisa pública;
4. Educação de qualidade;
5. Boa saúde;
6. Vitalidade comunitária ou relacionamento na comunidade;
7. Qualidade do meio ambiente ou proteção ambiental;
8. Acesso à cultura; e,
9. Bem-estar psicológico[92].

São esses nove itens que se desmembram em 73 variáveis específicas, procurando identificar as condições da população, objetiva e subjetivamente, a fim de encontrar o FIB que, ao cabo, é semelhante ao IDH (Índice de Desenvolvimento Humano).

Eis os indicadores:

I. INDICADORES DE PADRÃO DE VIDA

– basicamente cuidam de aspectos físicos e patrimoniais da estrutura familiar, a saber:

1. renda domiciliar (ganhos mensais da família);
2. renda suficiente para suprir as necessidades diárias (valor necessário para as despesas familiares diárias);
3. insegurança alimentar (tipo de alimentação consumida na família, no que respeita a qualidade dos alimentos);
4. possuir casa própria (visa incrementar a construção de residências próprias, evitando locação);
5. quantos quartos (número de aposentos, conforme a quantidade de membros da família);
6. comprar roupas de segunda mão;
7. dificuldade em contribuir para as festas da comunidade;
8. postergar reparos urgentes e manutenção de seu ambiente familiar (moradia).

II. INDICADORES DE USO DE TEMPO

– são apenas dois, embora pudessem, no nosso ponto de vista, incluir também horas de lazer e de convivência familiar:

1. total de horas trabalhadas;
2. quantidade de horas de sono.

III. INDICADORES DE BOA GOVERNABILIDADE

---

(92) Disponível em: <http://www.dhnet.org.br/direitos/indicadores/felicidade/butao_cria_fib.pdf>. Acesso em: 19 jul. 2014.

– referem-se às atitudes dos governantes, postura ética dos dirigentes, garantias mínimas de direitos fundamentais, inclusive nos meios de comunicação (embora refira-se apenas à imprensa):
  1. performance do Governo Central em reduzir as diferenças entres ricos e pobres;
  2. performance do Governo Central no combate à corrupção;
  3. direito de liberdade de expressão e opinião;
  4. não discriminação baseada em raça, sexo, religião, língua, política ou outras formas;
  5. confiança nos Ministérios Centrais;
  6. confiança na administração *dzongkhag* (do Distrito);
  7. confiança na imprensa.

IV. INDICADORES DE EDUCAÇÃO

– poderiam ser mais perfeitos e mais aprofundados, porém deve ser considerada a realidade local, com um grau reduzido de formação acadêmica, no entanto, observe-se que há preocupação com a preservação das tradições locais:
  1. nível de educação;
  2. taxa de alfabetização;
  3. capacidade de compreensão;
  4. histórico da alfabetização (conhecimento sobre lendas locais e histórias folclóricas).

V. INDICADORES DE SAÚDE

– cuidam de aspectos gerais de preservação da saúde da população:
  1. autorelatos do estado de saúde;
  2. longo prazo de deficiência;
  3. saúde nos últimos trinta dias;
  4. índice de Massa Corpórea;
  5. conhecimento sobre as formas de transmissão do vírus HIV/Aids;
  6. tempo de amamentação exclusiva para as crianças;
  7. a distância percorrida a pé até o centro de saúde mais próximo.

VI. INDICADORES DE VITALIDADE COMUNITÁRIA

– referem-se a segurança, solidariedade, convivência familiar e com os mais próximos:
  1. sentimento de confiança em relação aos vizinhos;
  2. vizinhos se ajudam dentro da comunidade;
  3. trabalho de intercâmbio com os membros da comunidade;
  4. socialização com os amigos;
  5. os membros de sua família realmente se cuidam entre si;
  6. seu desejo era não fazer parte desta família;
  7. os membros de sua família discordam muito entre si;
  8. existe muita compreensão em sua família;
  9. sua família tem recursos reais para lhe proporcionar conforto;
  10. quantidade de parentes que vivem na mesma comunidade;
  11. vítima de crime;
  12. sentimentos de segurança com relação a danos humanos;
  13. sentimento de inimizade na comunidade;
  14. quantidade de dias dedicados ao voluntariado;
  15. quantidade de doações financeiras;
  16. disponibilidade para apoio social.

VII. INDICADORES ECOLÓGICOS

– são extremamente genéricos, com ressalva do item dedicado a método de eliminação de resíduos, mas poderiam consignar elementos sobre meios para conservação do meio ambiente e para o desenvolvimento sustentável:

1. poluição dos rios;
2. erosão do solo;
3. método de eliminação de resíduos;
4. nomes e espécies de plantas e animais;
5. cercas vivas (árvores) ao redor de sua fazenda ou casa.

VIII. INDICADORES CULTURAIS

– neste aspecto, chama atenção para a grande preocupação com os costumes e as tradições locais, o que, aliás, se repete em outros indicadores. Ademais, é notável a sensibilidade para alguns comportamentos subjetivos (mentir, brincar, respeitar as outras pessoas):

1. qual a primeira língua a falar;
2. frequência com que brinca com jogos tradicionais;
3. aptidão para *Zorig Chusum*;
4. importância da disciplina (*Drig*) para as crianças;
5. ensinar as crianças a importância da imparcialidade para com ricos, pobres, diferente estatuto etc.;
6. conhecimento da máscara e de outras festas realizadas em *tshechus*;
7. importância da reciprocidade;
8. matar;
9. roubar;
10. mentir;
11. mau comportamento sexual;
12. quantidade de dias que reservou durante o ano para os festivais da comunidade.

IX. INDICADORES DE BEM-ESTAR PSICOLÓGICO

– repete-se aqui, por outro viés, a preocupação com o interior de cada ser humano. São relevantes os itens que devem ser pesquisados, mas, certamente, os resultados obtidos, dado o caráter extremamente pessoal e subjetivo de alguns (*v. g.* egoísmo, inveja, calma, compaixão, generosidade), dificilmente representam a realidade:

1. questionário geral sobre saúde;
2. frequência de orações;
3. frequência de meditação;
4. levar em conta o carma na vida cotidiana;
5. egoísmo;
6. inveja;
7. calma;
8. compaixão;
9. generosidade;
10. frustrações;
11. consideração de cometer suicídio(93).

O FIB é desenvolvido em duas etapas. A primeira é a de identificação, quando se busca uma linha de corte para cada um dos indicadores. A seguinte é a de agregação, onde se identificam as lacunas da felicidade do povo. A partir daí, operações aritméticas terminam por identificar os percentuais de falta de felicidade.

---

(93) Disponível em: <http://www.compendiosustentabilidade.com.br/compendiodeindicadores/indicadores/default.asp?paginaID=26&conteudoID=313&it_idioma=0>. Acesso em: 14 abr. 2014.

Algumas das conclusões do FIB indicam que os homens são usualmente mais felizes do que as mulheres, e, dos doze *Dzonkhags* (distritos), alguns dos mais felizes são Dagana, Thimphu e Gasa; o menos feliz é Samdrup Jonkhar[94].

3.12.4. Índice de felicidade no Brasil e nas Nações Unidas

Esse FIB, se vier a ser implantado mundialmente pela ONU, poderá representar um novo viés para o bem-estar da comunidade internacional e sinalizar novos rumos para o mundo do Direito, máxime quando aponta insistentemente para a preservação do meio ambiente.

É que as Nações Unidas estudam mecanismos para substituir o Produto Interno Bruto (PIB) pelo FIB, e, com isso, ajudar a melhor identificar o Índice de Desenvolvimento Humano (IDH). Em outras palavras, parece que a humanidade começa a ver – ou a se ver – mais humana, e menos materialista, mais social, e menos econômica.

De outro lado, felicidade e amor são semelhantes, mas este deve ser verdadeiro e livre de qualquer materialidade. A jurisprudência brasileira tem sinalizado alguma coisa a respeito e nesse sentido. O RE 757.411-MG, julgado no Superior Tribunal de Justiça (STJ) e da relatoria do Min. Fernando Gonçalves, abordou tema semelhante[95]. Nele, o filho, autor da ação, pretendia haver uma indenização *in pecunia* por não ter recebido, como achava ter direito, o *amor de seu pai*. O pai, réu, foi o vencedor, porque não se pode valorar o amor paternal.

O Relator do aresto concluiu:

> *Por certo um litígio entre as partes reduziria drasticamente a esperança do filho de se ver acolhido, ainda que tardiamente, pelo amor paterno. O deferimento do pedido, não atenderia, ainda, o objetivo de reparação financeira, porquanto o amparo nesse sentido já é providenciado com a pensão alimentícia, nem mesmo alcançaria efeito punitivo e dissuasório, porquanto já obtidos com outros meios previstos na legislação civil, conforme acima esclarecido.*
>
> *Desta feita, como escapa ao arbítrio do Judiciário obrigar alguém a amar, ou a manter um relacionamento afetivo, nenhuma finalidade positiva seria alcançada com a indenização pleiteada.*
>
> *Nesse contexto, inexistindo a possibilidade de reparação a que alude o art. 159 do Código Civil de 1916, não há como reconhecer o abandono afetivo como dano passível de indenização.*
>
> *Diante do exposto, conheço do recurso e lhe dou provimento para afastar a possibilidade de indenização nos casos de abandono moral*[96].

Em outras palavras, amor não se compra nem se valora em moeda corrente. Conquista-se dia a dia para assim se alcançar a felicidade pessoal[97].

Mudou o STJ, todavia, seu entendimento. Ao julgar o REsp 1.159.242-SP, relatado pela Min. Nancy Andrighi, no qual a autora acionou seu pai, após ter obtido reconhecimento judicial da paternidade, por ter sofrido abandono material e afetivo durante a infância e adolescência. A Corte entendeu direito à autora, reduzindo apenas o valor da compensação pelo abandono[98].

---

(94) Disponível em: <http://www.grossnationalhappiness.com/articles/>. Acesso em: 14 abr. 2014.

(95) Trata-se do Recurso Especial n. 757.411 – MG (2005/0085464-3) (V. de P. F. de O. F. vs A. B, F. (MENOR) assistido por: V. B, F). Relator: RELATOR : MINISTRO FERNANDO GONÇALVES. A ementa do julgado consigna: *RESPONSABILIDADE CIVIL. ABANDONO MORAL. REPARAÇÃO. DANOS MORAIS. IMPOSSIBILIDADE. 1. A indenização por dano moral pressupõe a prática de ato ilícito, não rendendo ensejo à aplicabilidade da norma do art. 159 do Código Civil de 1916 o abandono afetivo, incapaz de reparação pecuniária. 2. Recurso especial conhecido e provido.* Disponível em: <https://ww2.stj.jus.br/revistaeletronica/Abre_Documento.asp?sLink=ATC&sSeq=2114211&sReg=200500854643&sData=20060327&sTipo=5&formato=PDF>. Acesso em: 14 abr. 2014.

(96) Disponível em: <https://ww2.stj.jus.br/revistaeletronica/Abre Documento.asp?sLink=ATC&sSeq=2022397&sReg=200500854643&sData=20060327&sTipo=51&formato=PDF> Acesso em: 14 abr. 2014.

(97) V. o interessante artigo *Pós-modernidade, espiritualidade e o direito à felicidade*, de José Affonso Dallegrave Neto, abordando aspectos inclusive da influência religiosa nos diferentes graus de felicidade (*in* FERREIRA, Abner *et alii* (orgs.). *Direito e cristianismo*. v. 2 – *Novos desafios*. Rio de Janeiro: Betel, 2017. p. 222-249.

(98) REsp 1.159.242-SP, de 24.4.2012, com a seguinte ementa: *CIVIL E PROCESSUAL CIVIL. FAMÍLIA. ABANDONO AFETIVO. COMPENSAÇÃO POR DANO MORAL. POSSIBILIDADE. 1. Inexistem restrições legais à aplicação das regras concernentes à responsabilidade civil e o consequente dever de indenizar/compensar no Direito de Família. 2. O cuidado como valor jurídico objetivo está incorporado no ordenamento jurídico brasileiro não com essa expressão, mas com locuções e termos que manifestam suas diversas desinências, como se observa do art. 227 da CF/88. 3. Comprovar que a imposição legal de cuidar da prole foi descumprida*

A ONU, pela Resolução n. 281(LXVI), de 28.06.2012, proclamou o dia 22 de março como o Dia Internacional da Felicidade, fazendo remissão à anterior Resolução n. 309 (LXV), de 19.06.2011, propugnando adoção de medidas em prol da busca da felicidade e do bem-estar geral. O preâmbulo dessa Resolução exorta que essa busca é um objetivo humano fundamental, reconhece que felicidade e bem-estar são aspirações universais na vida dos seres humanos de todo o mundo e também a necessidade de que o crescimento econômico tenha enfoque mais inclusivo, equitativo e equilibrado, promovendo desenvolvimento sustentável, erradicação da pobreza e felicidade e bem-estar de todos os povos.

Anualmente, a ONU divulga o Relatório Mundial de Felicidade(99), escrito por um grupo de especialistas independentes, e cujas opiniões não refletem necessariamente as da organização.

O primeiro relatório foi publicado em 2012, e o de 2017 apontou o Brasil como o 22º país mais feliz do planeta. Da América do Sul, é superado apenas pelo Chile. Os mais felizes são Noruega, Dinamarca, Irlanda, Suécia e Finlândia. E, dos 155 países avaliados, os menos felizes são, em ordem decrescente, Tanzânia, Burundi e República Centro Africana, esta com índice de apenas 2.693.

Os critérios para essa aferição são menores que os adotados no Butão, e que referimos acima, sendo, basicamente: desempenho da economia (medido pelo PIB *per capita*), assistência social, expectativa de vida saudável, liberdade de escolha, grau de generosidade e percepção de corrupção e distopia, que é um país hipotético reunindo os outros critérios, com a pior situação.

3.12.5. Encontro da felicidade

Provavelmente a felicidade que busca a maioria das pessoas nos dias atuais possa ser resumida na visão de Bauman e Lipovetsky, que têm estudado, sobre diversos ângulos, os problemas que enfrenta a humanidade. O resumo poderá ser localizado numa única e perigosa palavra: consumismo.

É que hoje, diferentemente do passado, as pessoas têm dado preferência às coisas mais *plastificadas*, voláteis, *líquidas* (para usar a expressão de Bauman), numa busca desenfreada pelo nada, como bem apontado por Lipovetsky(100).

A busca da felicidade, proposta como emenda à Constituição do Brasil, deve ser entendida não apenas no seu sentido subjetivo. Se fosse assim, poderia ser submetida a críticas profundas, inclusive a da desnecessidade legislativa, num país em que se legisla para tudo, por tudo, e, inúmeras vezes, não se cumpre nada. Poderia até mesmo ser chamada de *emenda cômica*.

A PEC deve ser vista, sim, como mola propulsora de uma reavaliação de postura de governantes e governados (especialmente daqueles), no sentido de que devem ser efetivados aqueles direitos sociais consagrados no art. 6º constitucional.

Significa, em outros termos, que a felicidade no Brasil pode ser alcançada, mas, para esse fim, que é recomendável a adoção de critérios objetivos para aferir a verdadeira existência desse sentimento no meio do povo.

Nesse aspecto, os indicadores do Reino do Butão, com os necessários ajustes para a realidade brasileira, podem servir de modelo. Além disso, outros elementos podem ser adotados, porquanto há grandes diferenças não apenas culturais e sociais, como geográficas, ambientais, econômicas, políticas e até antropológicas entre os dois países.

---

implica em se reconhecer a ocorrência de ilicitude civil, sob a forma de omissão. Isso porque o non facere, *que atinge um bem juridicamente tutelado, leia-se, o necessário dever de criação, educação e companhia – de cuidado – importa em vulneração da imposição legal, exsurgindo, daí, a possibilidade de se pleitear compensação por danos morais por abandono psicológico. 4. Apesar das inúmeras hipóteses que minimizam a possibilidade de pleno cuidado de um dos genitores em relação à sua prole, existe um núcleo mínimo de cuidados parentais que, para além do mero cumprimento da lei, garantam aos filhos, ao menos quanto à afetividade, condições para uma adequada formação psicológica e inserção social. 5. A caracterização do abandono afetivo, a existência de excludentes ou, ainda, fatores atenuantes – por demandarem revolvimento de matéria fática – não podem ser objeto de reavaliação na estreita via do recurso especial. 6. A alteração do valor fixado a título de compensação por danos morais é possível, em recurso especial, nas hipóteses em que a quantia estipulada pelo Tribunal de origem revela-se irrisória ou exagerada. 7. Recurso especial parcialmente provido.* Disponível em: <https://ww2.stj.jus.br/processo/revista/documento/mediado/?componente=ATC&sequencial=15890657&num_registro=200901937019&data=20120510&tipo=5&formato=PDF>. Acesso em: 14 abr. 2014.

(99) O Relatório está disponível em: http://worldhappiness.report/# Happiness2017. Acesso em: 01.04.2017.

(100) LIPOVSTSKY, Gilles. *A era do vazio*. Trad. Therezinha Monteiro Deutsch. Barueri: Manolo, 2005. p. 65 *passim*.

No mundo em que vivemos, existe nova era, cuja denominação correta ainda não sabemos, mas tentamos identificar quando, anteriormente, afirmamos:

> Esse tempo pode se identificar como uma nova era cujo surgimento podemos estar vivenciando. Uma era que pode ser chamada de Nuclear ou Atômica, ou Espacial, ou da Informática, ou da Informação, ou da Internet, ou da Cibernética, ou Computadorizada, ou Digital, ou Virtual, ou Midiática. Não importa. O novo nome será dado pelos mecanismos midiáticos que são influenciados pelos grandes nomes da humanidade presente[101].

Essa era de muitas denominações pode ganhar mais uma: da felicidade ou, tristemente, consumista. Na linha do pensamento de Serge Latouche, em seu *pequeno tratado*, o homem precisa encontrar o decrescimento, isto é, crescer interiormente e poupar-se de destruir-se a si próprio[102].

De acordo com os indicadores adotados no Butão, os padrões de felicidade humana devem ser obtidos, afora os aspectos subjetivos, mediante obtenção de resultados concretos que reflitam melhores condições de vida para a sociedade.

Em 2012, foi verificado, e divulgado pela Fundação Getúlio Vargas, que o IFF (Índice de Felicidade Futura) do Brasil atingiu 8,6, superando países como Dinamarca (8,1), Irlanda (8), Suíça (7,8), Reino Unido (7,7) e Áustria (7,5). Os piores índices foram detectados em países como Grécia (5,3), Portugal (5,2), Macedônia (5) e República Árabe da Síria (4,7)[103]. Com esses dados, não é difícil concluir que o povo brasileiro, apesar dos pesares, se considera feliz futuramente.

4. DIREITOS TRABALHISTAS INDIVIDUAIS E COLETIVOS

Materialmente, existem, expressos na Constituição, direitos trabalhistas individuais e coletivos. Os primeiros cuidam das relações individuais de trabalho. Os últimos tratam das questões associativas de trabalhadores e patrões, inclusive e especialmente as sindicais, de representação de trabalhadores nas empresas, dos conflitos coletivos de trabalho e suas soluções.

O art. 7º cuida dos direitos individuais e destina aos trabalhadores urbanos e rurais, exemplificativamente, um elenco de 34 direitos, alguns dos quais, mas não todos, também estendidos aos trabalhadores domésticos. Diz a Constituição:

> Art. 7º São direitos dos trabalhadores urbanos e rurais, além de outros que visem à melhoria de sua condição social:
>
> I – relação de emprego protegida contra despedida arbitrária ou sem justa causa, nos termos de lei complementar, que preverá indenização compensatória, dentre outros direitos;
>
> II – seguro-desemprego, em caso de desemprego involuntário;
>
> III – fundo de garantia do tempo de serviço;
>
> IV – salário mínimo, fixado em lei, nacionalmente unificado, capaz de atender a suas necessidades vitais básicas e às de sua família com moradia, alimentação, educação, saúde, lazer, vestuário, higiene, transporte e previdência social, com reajustes periódicos que lhe preservem o poder aquisitivo, sendo vedada sua vinculação para qualquer fim;
>
> V – piso salarial proporcional à extensão e à complexidade do trabalho;
>
> VI – irredutibilidade do salário, salvo o disposto em convenção ou acordo coletivo;
>
> VII – garantia de salário, nunca inferior ao mínimo, para os que percebem remuneração variável;
>
> VIII – décimo terceiro salário com base na remuneração integral ou no valor da aposentadoria;
>
> IX – remuneração do trabalho noturno superior à do diurno;
>
> X – proteção do salário na forma da lei, constituindo crime sua retenção dolosa;

(101) FRANCO FILHO, G. de S. *O trabalho intelectual na era da informação*. *In*: Revista do Direito Trabalhista, Brasília, 17(6):4, jun. 2011.

(102) LATOUCHE, Serge. *Pequeno tratado do decrescimento sereno*. Trad. Claudia Berliner. São Paulo: Martins Fontes, 2009. p. 6 *passim*.

(103) Disponível em: <http://economia.uol.com.br/ultimas-noticias/infomoney/2012/03/08/brasileiros-tem-o-mais-alto-indice-de--felicidade-futura-do-mundo.jhtm>. Acesso em: 14 abr. 2014.

XI – participação nos lucros, ou resultados, desvinculada da remuneração, e, excepcionalmente, participação na gestão da empresa, conforme definido em lei;

XII – salário-família pago em razão do dependente do trabalhador de baixa renda nos termos da lei;

XIII – duração do trabalho normal não superior a oito horas diárias e quarenta e quatro semanais, facultada a compensação de horários e a redução da jornada, mediante acordo ou convenção coletiva de trabalho;

XIV – jornada de seis horas para o trabalho realizado em turnos ininterruptos de revezamento, salvo negociação coletiva;

XV – repouso semanal remunerado, preferencialmente aos domingos;

XVI – remuneração do serviço extraordinário superior, no mínimo, em cinquenta por cento à do normal;

XVII – gozo de férias anuais remuneradas com, pelo menos, um terço a mais do que o salário normal;

XVIII – licença à gestante, sem prejuízo do emprego e do salário, com a duração de cento e vinte dias;

XIX – licença-paternidade, nos termos fixados em lei;

XX – proteção do mercado de trabalho da mulher, mediante incentivos específicos, nos termos da lei;

XXI – aviso-prévio proporcional ao tempo de serviço, sendo no mínimo de trinta dias, nos termos da lei;

XXII – redução dos riscos inerentes ao trabalho, por meio de normas de saúde, higiene e segurança;

XXIII – adicional de remuneração para as atividades penosas, insalubres ou perigosas, na forma da lei;

XXIV – aposentadoria;

XXV – assistência gratuita aos filhos e dependentes desde o nascimento até 5 (cinco) anos de idade em creches e pré-escolas;

XXVI – reconhecimento das convenções e acordos coletivos de trabalho;

XXVII – proteção em face da automação, na forma da lei;

XXVIII – seguro contra acidentes de trabalho, a cargo do empregador, sem excluir a indenização a que este está obrigado, quando incorrer em dolo ou culpa;

XXIX – ação, quanto aos créditos resultantes das relações de trabalho, com prazo prescricional de cinco anos para os trabalhadores urbanos e rurais, até o limite de dois anos após a extinção do contrato de trabalho;

XXX – proibição de diferença de salários, de exercício de funções e de critério de admissão por motivo de sexo, idade, cor ou estado civil;

XXXI – proibição de qualquer discriminação no tocante a salário e critérios de admissão do trabalhador portador de deficiência;

XXXII – proibição de distinção entre trabalho manual, técnico e intelectual ou entre os profissionais respectivos;

XXXIII – proibição de trabalho noturno, perigoso ou insalubre a menores de dezoito e de qualquer trabalho a menores de dezesseis anos, salvo na condição de aprendiz, a partir de quatorze anos;

XXXIV – igualdade de direitos entre o trabalhador com vínculo empregatício permanente e o trabalhador avulso.

Parágrafo único. São assegurados à categoria dos trabalhadores domésticos os direitos previstos nos incisos IV, VI, VII, VIII, X, XIII, XV, XVI, XVII, XVIII, XIX, XXI, XXII, XXIV, XXVI, XXX, XXXI e XXXIII e, atendidas as condições estabelecidas em lei e observada a simplificação do cumprimento das obrigações tributárias, principais e acessórias, decorrentes da relação de trabalho e suas peculiaridades, os previstos nos incisos I, II, III, IX, XII, XXV e XXVIII, bem como a sua integração à previdência social.

Os arts. 8º, 9º, 10 e 11 cuidam dos direitos coletivos, nos seguintes termos:

Art. 8º É livre a associação profissional ou sindical, observado o seguinte:

I – a lei não poderá exigir autorização do Estado para a fundação de sindicato, ressalvado o registro no órgão competente, vedadas ao Poder Público a interferência e a intervenção na organização sindical;

II – é vedada a criação de mais de uma organização sindical, em qualquer grau, representativa de categoria profissional ou econômica, na mesma base territorial, que será definida pelos trabalhadores ou empregadores interessados, não podendo ser inferior à área de um Município;

III – ao sindicato cabe a defesa dos direitos e interesses coletivos ou individuais da categoria, inclusive em questões judiciais ou administrativas;

IV – a assembleia geral fixará a contribuição que, em se tratando de categoria profissional, será descontada em folha, para custeio do sistema confederativo da representação sindical respectiva, independentemente da contribuição prevista em lei;

V – ninguém será obrigado a filiar-se ou a manter-se filiado a sindicato;

VI – é obrigatória a participação dos sindicatos nas negociações coletivas de trabalho;

VII – o aposentado filiado tem direito a votar e ser votado nas organizações sindicais;

VIII – é vedada a dispensa do empregado sindicalizado a partir do registro da candidatura a cargo de direção ou representação sindical e, se eleito, ainda que suplente, até um ano após o final do mandato, salvo se cometer falta grave nos termos da lei.

Parágrafo único. As disposições deste artigo aplicam-se à organização de sindicatos rurais e de colônias de pescadores, atendidas as condições que a lei estabelecer.

Art. 9º É assegurado o direito de greve, competindo aos trabalhadores decidir sobre a oportunidade de exercê-lo e sobre os interesses que devam por meio dele defender.

§ 1º A lei definirá os serviços ou atividades essenciais e disporá sobre o atendimento das necessidades inadiáveis da comunidade.

§ 2º Os abusos cometidos sujeitam os responsáveis às penas da lei.

Art. 10. É assegurada a participação dos trabalhadores e empregadores nos colegiados dos órgãos públicos em que seus interesses profissionais ou previdenciários sejam objeto de discussão e deliberação.

Art. 11. Nas empresas de mais de duzentos empregados, é assegurada a eleição de um representante destes com a finalidade exclusiva de promover-lhes o entendimento direto com os empregadores.

No Ato das Disposições Constitucionais Transitórias (ADCT), o constituinte de 1988 inseriu regras para dispor sobre direitos contemplados nas disposições permanentes e que, mesmo anos depois de sua promulgação, continuam sendo as reguladoras desses direitos. Diz o art. 10:

Art. 10. Até que seja promulgada a lei complementar a que se refere o art. 7º, I, da Constituição:

I – fica limitada a proteção nele referida ao aumento, para quatro vezes, da porcentagem prevista no art. 6º, "*caput*" e § 1º, da Lei n. 5.107, de 13 de setembro de 1966[(104)];

II – fica vedada a dispensa arbitrária ou sem justa causa:

a) do empregado eleito para cargo de direção de comissões internas de prevenção de acidentes, desde o registro de sua candidatura até um ano após o final de seu mandato;

b) da empregada gestante, desde a confirmação da gravidez até cinco meses após o parto.

§ 1º Até que a lei venha a disciplinar o disposto no art. 7º, XIX, da Constituição, o prazo da licença-paternidade a que se refere o inciso é de cinco dias.

§ 2º Até ulterior disposição legal, a cobrança das contribuições para o custeio das atividades dos sindicatos rurais será feita juntamente com a do imposto territorial rural, pelo mesmo órgão arrecadador.

§ 3º Na primeira comprovação do cumprimento das obrigações trabalhistas pelo empregador rural, na forma do art. 233, após a promulgação da Constituição, será certificada perante a Justiça do Trabalho a regularidade do contrato e das atualizações das obrigações trabalhistas de todo o período.

5. COMPETÊNCIA DA JUSTIÇA DO TRABALHO

Observe-se, ainda, que a Constituição cuida de matéria relativa à competência da Justiça do Trabalho que é tema do processo constitucional do trabalho. A redação atual, modificado o texto primitivo pela EC n. 45/2004, é a seguinte:

Art. 114. Compete à Justiça do Trabalho processar e julgar:

I – as ações oriundas da relação de trabalho, abrangidos os entes de direito público externo e da administração pública direta e indireta da União, dos Estados, do Distrito Federal e dos Municípios;

---

(104) Atualmente, trata-se de Lei n. 8.306, de 11.05.1990.

II – as ações que envolvam exercício do direito de greve;

III – as ações sobre representação sindical, entre sindicatos, entre sindicatos e trabalhadores, e entre sindicatos e empregadores;

IV – os mandados de segurança, *habeas corpus* e *habeas data*, quando o ato questionado envolver matéria sujeita à sua jurisdição;

V – os conflitos de competência entre órgãos com jurisdição trabalhista, ressalvado o disposto no art. 102, I, "o";

VI – as ações de indenização por dano moral ou patrimonial, decorrentes da relação de trabalho;

VII – as ações relativas às penalidades administrativas impostas aos empregadores pelos órgãos de fiscalização das relações de trabalho;

VIII – a execução, de ofício, das contribuições sociais previstas no art. 195, I, "a", e II, e seus acréscimos legais, decorrentes das sentenças que proferir;

IX – outras controvérsias decorrentes da relação de trabalho, na forma da lei.

§ *1º* Frustrada a negociação coletiva, as partes poderão eleger árbitros.

§ *2º* Recusando-se qualquer das partes à negociação coletiva ou à arbitragem, é facultado às mesmas, de comum acordo, ajuizar dissídio coletivo de natureza econômica, podendo a Justiça do Trabalho decidir o conflito, respeitadas as disposições mínimas legais de proteção ao trabalho, bem como as convencionadas anteriormente.

§ *3º* Em caso de greve em atividade essencial, com possibilidade de lesão do interesse público, o Ministério Público do Trabalho poderá ajuizar dissídio coletivo, competindo à Justiça do Trabalho decidir o conflito.

Por oportuno, deve ser assinalado que a aplaudida ampliação da competência da Justiça do Trabalho, muito ao contrário do que parece, revelou-se um amordaçamento desse segmento do Judiciário.

Reconhecidamente, no Brasil, a Justiça do Trabalho é a única competente para cuidar de todos os temas que envolvam relação de trabalho de toda e qualquer natureza. No entanto, são tantas as restrições impostas pelo art. 114 a partir da EC n. 45/2004, retirando, inclusive, uma de suas maiores tradições: foi suprimida a indispensabilidade da conciliação, porque, se antes a falta de propostas conciliatórias, especialmente a derradeira, importaria em nulidade do processo, a conciliação, obrigatória no passado, é, no máximo, facultativa no presente. Porque a expressão *conciliar e julgar* do texto primitivo do art. 114 da Lei Fundamental foi substituída por *processar e julgar*. *Modus in rebus*, os arts. 764, 846 e 850 da CLT, que cuidam expressamente da exigência de conciliação restam superados, tornando-se mera faculdade do magistrado. A recomendação de tentar conciliar em qualquer fase (art. 764) não é mais exigível. A primeira (art. 846) e sobretudo a segunda proposta conciliatória (art. 850), que o juízo era obrigado a formular, passaram a ser coisas do passado.

No que respeita aos servidores públicos, interpretação dada pelo Excelso Pretório os excluiu da competência da Justiça do Trabalho a de *processar e julgar* ações que envolvam esses entes, mantendo-a, como no texto original de 1988, passando a ser, conforme as situações, da competência das Justiças Federal ou Estadual comuns[105].

O texto que resultou da EC n. 45/2004 é texto extenso e profundamente restritivo, como se demonstrará adiante.

As relações sindicais em geral são limitadas àquelas do inciso III, não cabendo para disputas intersindicais nem para as relativas a questões internas envolvendo diretos do sindicato, mas apenas representatividade.

A apreciação de pedido de *habeas corpus* (inciso IV), cabível para depositário infiel, restou superada com a Súmula Vinculante n. 25.

É igualmente incompetente para cuidar de ações que envolvam falsidade testemunhal perante a Justiça do Trabalho. A competência continua da Justiça Federal comum. Quando se tratar da ocorrência de crimes contra a organização do trabalho, objeto dos arts. 197 a 207 do Código Penal vigente, se for apenas a apuração do crime, nada obsta que o Juiz do Trabalho possa fazê-lo, mas a aplicação da pena é competência da Justiça Federal, conforme prevê o art. 109, VI, da Constituição.

---

(105) ADIn 3.395-6-DF, de 5.4.2006 (Associação dos Juízes Federais do Brasil – AJUFE e Associação Nacional dos Magistrados Estaduais – ANAMAGES *vs.* Congresso Nacional). Rel.: Min. Cezar Peluso (DJ n. 75, Seção 1, de 19.4.2006, p. 5).

Ademais, os conflitos de competência, mesmo tratando de matéria trabalhista, não são para todos os temas, porque o próprio inciso V já excepciona, em hipótese plenamente justificável[(106)].

Porém, não existe para decidir sobre competência geral de temas de matéria trabalhista (examinar, por exemplo, sobre ser ou não relação de trabalho ou de consumo, aplicando, no que couber, o Código de Defesa do Consumidor (CDC – Lei n. 8.078, de 11.09.1990). Temas dessa natureza têm sido levados a exame do Superior Tribunal de Justiça.

Quanto à indenização por dano moral ou dano patrimonial, referida no inciso VI, incluí as decorrentes de acidente de trabalho, como decidiu o Excelso Pretório[(107)], mas o acidente propriamente dito continua sendo competência da Justiça comum estadual[(108)]. Com as alterações provocadas pela Lei n. 13.467/2017 e pela MP n. 808/2017, considere-se o dano moral referido na Constituição também como dano extrapatrimonial.

No que refere à execução de contribuição previdenciária decorrente de sentença trabalhista (inciso VIII), não se estendeu a toda a matéria previdenciária, mesmo todos sabendo que o Direito Previdenciário tem origem no próprio Direito do Trabalho.

Quanto aos temas processuais relativos aos direitos coletivos, serão objeto de exame na Parte II desta obra, Direito Coletivo do Trabalho.

---

(106) É a regra do art. 102 que consagra:

Art. 102. Compete ao Supremo Tribunal Federal, precipuamente, a guarda da Constituição, cabendo-lhe:

I – processar e julgar, originariamente:

o) os conflitos de competência entre o Superior Tribunal de Justiça e quaisquer tribunais, entre Tribunais Superiores, ou entre estes e qualquer outro tribunal;

(107) CC 7204-1-MG, de 29.6.2005. Relator: Min. Carlos Ayres de Brito. (Tribunal Superior do Trabalho *vs.* Tribunal de Alçada do Estado de Minas Gerais. Interessados: Vicente Giacomini e Banco Bemge) (DJ n. 236, Seção 1, de 9.12.2005, p. 5).

(108) RE 371.866-5-MG, de 4.3.2005. Relator: Min. Celso de Mello. (Mineração Morro Velho Ltda. *vs.* Idemar Marcolino de Almeida) (DJ n. 55, DE 22.3.2005, p. 77).

Capítulo IV

DIREITO ADMINISTRATIVO DO TRABALHO

1. ÓRGÃOS DE FISCALIZAÇÃO DO TRABALHO

Observa Nelson Mannrich que são equivalentes as expressões *Fiscalização do trabalho* e *Inspeção do Trabalho*, sendo esta a preferida inclusive porque é a adotada pela OIT[109].

Em 1919, no Tratado de Versalhes, quando foi criada a OIT, o art. 427, n. 9, previu que cada Estado deveria organizar um serviço de inspeção do trabalho. Pode ser situado aí o embrião do que é hoje realizado no âmbito das atuais Superintendências Regionais do Trabalho e Emprego (SRTE) no Brasil. E a OIT adotou, em 1947, a Convenção n. 81, que trata de inspeção do trabalho na indústria e comércio, que o Brasil ratificou a 25.04.1958, denunciou em 1971, mas essa ratificação foi revigorada pelo Decreto n. 95.461, de 11.12.1987.

No Brasil, a preocupação com o tema é anterior a Versalhes, porque o Departamento Nacional do Trabalho foi criado em 1918, e, de acordo com o art. 626 da CLT, cabe ao M.Tb. a fiscalização do cumprimento da normas de proteção do trabalho.

Em outras palavras, nenhum outro ente do Poder Público no Brasil, inclusive a Justiça do Trabalho e o Ministério Público do Trabalho, possui poder fiscalizador, destinado apenas e exclusivamente ao M.Tb., que detém o monopólio dessa atividade.

2. MINISTÉRIO DO TRABALHO (M.Tb.) E SUAS ATRIBUIÇÕES

Cabe ao M.Tb. realizar a inspeção nos locais de trabalho, através dos Auditores-Fiscais do Trabalho, conforme os comandos que emergem dos arts. 626 e 642 da CLT, que cuidam de fiscalização, atuação e imposição de multas administrativas.

A Convenção n. 81 da OIT trata da inspeção do trabalho na indústria e no comércio, e está vigendo no Brasil. Em nosso país, essa tarefa é desenvolvida pelo M.Tb. O mesmo tema é objeto da Convenção n. 129, igualmente ratificada por nós, que cuida da inspeção na agricultura.

Ao realizar essa atividade, os agentes públicos desempenham papel de alta relevância, e, como destaca Valentin Carrion,

> *o artifício, ardil, simulação, desacato, embaraço, ou resistência à ação fiscalizadora elevam até o grau máximo as multas, devendo-se levar em contra, como atenuante ou agravante, a situação econômica e os meios ao alcance do infrator*[110].

---

(109) MANNRICH, Nelson. *Fiscalização do trabalho*. *In:* RODRIGUES PINTO, José Augusto; MARTINEZ, Luciano & MANNRICH, Nelson (coords.). *Dicionário brasileiro de direito do trabalho*. São Paulo: LTr, 2013. p. 206.

(110) CARRION, Valentin. *Comentários à CLT*. 38. ed. São Paulo: Saraiva, 2013. p. 576.

3. FISCALIZAÇÃO DO TRABALHO

Trata-se de uma atividade de natureza administrativa, desempenhada pelo Estado brasileiro através de órgãos próprios, integrantes do M.Tb., ao qual incumbe a fiscalização do trabalho, inclusive do trabalho portuário, bem como aplicação das sanções previstas em normas legais ou coletivas (art. 27, XXI, *c*, da Lei n. 10.683, de 28.05.2003).

É relevantíssima a importância da fiscalização do trabalho para o resguardo da vida humana. Lima Teixeira Filho destaca que

> *o papel da fiscalização do trabalho cresce de importância quando sabemos que o brasileiro não alcançou ainda aquele estágio de cultura cívica que o faço ter especial respeito pela ordem jurídica e pelo cumprimento da lei. Ainda há muito cidadão e muito empresário supondo que burlar a lei, em vez de delito, é uma demonstração de superioridade ou de inteligência*(111).

O Regulamento de Inspeção do Trabalho, aprovado pelo Decreto n. 4.552, de 27.12.2002, atribui aos Auditores-Fiscais do Trabalho a tarefa de realizar as inspeções do trabalho, que, a teor do art. 9º desse Regulamento, serão promovidas em todas as empresas, estabelecimentos e locais de trabalho, públicos ou privados, estendendo-se aos profissionais liberais e instituições sem fins lucrativos, bem como às embarcações estrangeiras em águas territoriais brasileiras.

O auditor-fiscal do trabalho, cuja atividade não tem natureza jurisdicional, somente poderá iniciar sua fiscalização após se identificar (art. 630 da CLT), tendo livre acesso a todas as dependências da empresa (art. 630, § 3º, da CLT), podendo, se houver resistência, solicitar assistência das autoridades policiais (art. 630, § 8º, da CLT). Nessa oportunidade, verificará a aplicação, pela empresa visitada, da legislação trabalhista, e, de modo especial, das regras referentes à segurança, saúde, medicina e higiene do trabalho, zelando pela fiel observância das normas orientadoras editadas pelo M.Tb.

Aos auditores-fiscais também cabe realização de plantão, destinado a atividades internas de orientação a patrões e empregados.

É previsto na CLT o critério da dupla visita para ser lavrado o auto de infração (art. 627), cabível quando ocorrer promulgação ou expedição de novas leis, regulamentos ou instruções ministeriais, sendo que, com relação exclusivamente a esses atos, será feita apenas a instrução dos responsáveis; ou em se realizando a primeira inspeção dos estabelecimentos ou dos locais de trabalho, recentemente inaugurados ou empreendidos.

É critério dispensado, porém, em casos de reincidência, resistência ou embaraço à fiscalização, ou de ausência de registros regulares de seus empregados.

Esse critério da dupla visita encontra exceção na hipótese da aplicação de multa de R$ -3.000,00 ao empregador que mantiver empregado não registrado devidamente, acrescido de igual valor em cada reincidência, consoante o art. 47 e § 2º da CLT, com a alteração da Lei n. 13.467/2017, sendo no limite de R$ -800,00, em caso de microempresa ou empresa de pequeno porte (§ 1º).

Note-se que todas as empresas são obrigadas a possuir o livro intitulado *Inspeção do Trabalho*, conforme modelo será aprovado pelo M.Tb. (art. 628, § 1º, da CLT), no qual o agente da inspeção registrará sua visita ao estabelecimento, declarando a data e a hora do início e término da mesma, bem como o resultado da inspeção, nele consignando, se for o caso, todas as irregularidades verificadas e as exigências feitas, com os respectivos prazos para seu atendimento, e, ainda, de modo legível, os elementos de sua identificação funcional (§ 2º do mesmo artigo).

A inspeção do trabalho pode ser realizada em quatro modalidades:

- fiscalização dirigida – aquela que é planejada pelo agente do Estado;
- fiscalização indireta – quando dentro da previsão de uma programação especial;
- fiscalização imediata – específica para verificar riscos para segurança e saúde do trabalhador; e,
- fiscalização por denúncia – realizada a partir da existência de uma queixa prévia.

Ademais, por ocasião dessas fiscalizações, detectada alguma irregularidade, devem ser aplicadas multas. A partir do auto de infração, no prazo de dez dias a empresa deverá apresentar, perante a SRTE, sua defesa (art. 636, da CLT).

Mantida a penalidade, caberá recurso ao Judiciário, com competências às Varas do Trabalho com jurisdição onde se encontra o estabelecimento para apreciar a questão (art. 114, VII, da Constituição).

---

(111) SÜSSEKIND, A. L. *et alii*. Instituições... cit. (II), 22. ed., p. 1.301.

CAPÍTULO V

CONTRATO DE TRABALHO

1. AS DISTINTAS FORMAS DE RELAÇÕES DE TRABALHO

As *relações de trabalho* referem-se a todo tipo de prestação humana com ou sem subordinação a outrem.

Existe *relação de consumo* que é regulada no Código de Defesa do Consumidor (CDC – Lei n. 8.078/1990), cujo objeto é determinado produto (compra de um bem, por exemplo) ou um serviço específico. Neste aspecto, entendemos que se a prestação for feita por trabalhador autônomo, como os profissionais liberais (médicos, engenheiros, advogados), existirá relação de trabalho e a competência será da Justiça do Trabalho, aplicando-se as normas do Código Civil, como prevê o art. 5º da CLT.

Quando nos deparamos com o consumidor de uma mercadoria adquirida em um estabelecimento comercial, a relação com o vendedor é de consumo, porque este aparece como preposto do proprietário (seu empregador), enquanto a relação entre vendedor e o dono da empresa é de emprego.

Há, igualmente, *relação estatutária*, que é a de trabalho desenvolvido por servidores do Estado, admitidos por concurso público ou ocupantes de cargo em comissão. No âmbito federal, é regida pela Lei n. 8.112, de 11.12.1990.

A *relação de emprego* tem seu conceito legal no art. 442 da CLT, *verbis*:

> Art. 442. Contrato individual de trabalho é o acordo tácito ou expresso, correspondente à relação de emprego.
>
> Parágrafo único. Qualquer que seja o ramo de atividade da sociedade cooperativa, não existe vínculo empregatício entre ela e seus associados, nem entre estes e os tomadores de serviços daquela.

Em outros termos, a relação de emprego é caracterizada pela existência de um contrato de trabalho entre as partes, embora mais adequado fosse chamar de *contrato de emprego*.

1.1. FASES DA CONTRATAÇÃO

A relação de emprego pode ser dividida em três fases: antes da contratação ou pré-contratação (quando o trabalhador regra geral está desempregado, e portanto fragilizado), durante a vigência do contrato (quando o trabalhador tem temor de perder seu emprego) e pós-contratual, aquela quando o trabalhador deixa o emprego (quando não há mais o que temer, podendo negociar livremente seus direitos).

Sendo assim, nos dois primeiros (o antes e o durante), pode-se questionar acerca da vulnerabilidade do trabalhador para garantir seus direitos trabalhistas pela posição inferior em que se encontra, o que não sucede na terceira ocasião (depois de deixar o emprego).

Comentando sobre indisponibilidade de direitos trabalhistas, Amauri Mascaro Nascimento destaca:

> *Quando parte da doutrina sustenta que o crédito trabalhista não pode ser cedido, refere-se não a todos os créditos trabalhistas, mas, apenas, aos* ***créditos de natureza salarial e no curso do contrato individual de trabalho****. Não*

está se referindo aos créditos não-salariais pagos na extinção do vinculo de emprego. O direito do trabalho admite, com restrições, a renúncia dos créditos trabalhistas, que é mais do que a cessão, desde que se verifique no momento ou após a rescisão do contrato individual o trabalho" (grifamos)[(112)]

A pré-contratação é a fase que suscita mais debates quanto aos seus efeitos. Podemos dividi-la em cinco etapas.

A primeira inicia com o anúncio de vagas, que deve apenas indicar critérios técnicos de admissão para determinada atividade, utilizando linguajar claro e preciso. Quaisquer referências a dados íntimos a serem fornecidos pelo possível futuro empregado devem ser evitados, tais como idade, gênero, preferências políticas, religiosas e sexuais, dentre outras que possam demonstrar violação da sua intimidade.

Segue-se a segunda etapa, a nosso ver, a mais importante, que é a entrevista, o primeiro encontro pessoal e oficial entre quem pretende contratar e quem pretende ser admitido. Nessa oportunidade, jamais devem ser formuladas perguntas sobre as mesmas preferências referidas acima, da mesma forma como sobre origem étnica, familiar, uso de substâncias químicas, informações sobre tendências ideológicas, filiação sindical, gravidez ou informações íntimas do candidato.

A terceira etapa é a documental, momento em que devem ser solicitados os documentos comprobatórios do candidato. De acordo com a função que vai ocupar, podem ser pedidos seus diplomas, carteiras funcionais, comprovantes de experiências profissionais anteriores. Há, todavia, documento que não devem ser exigidos, do tipo declaração de antecedentes criminais, certidões negativas de processos cíveis, criminais e trabalhistas, declarações de renda ou negativas de SPC, SERASA e entidades afins, boletins escolares ou prontuários médicos.

A quarta etapa pré-contratual chama-se *punctuação*. Neste momento, os futuros empregador e empregado negociam as condições efetivas do contrato a ser celebrado: jornada de trabalho a ser cumprida, inclusive intervalos, salário e forma de pagamento, fornecimento de transporte, uso de uniformes ou EPI, enfim, tudo aquilo que deverá, para garantia de ambos, ser consignado nas diversas cláusulas do contrato de trabalho.

A quinta etapa é de efetiva promessa de contratação, quando são solicitados os documentos indispensáveis para a admissão do trabalhador, inclusive, seu exame admissional, entrega de CTPS para anotação, entrega de uniformes e EPI (se for o caso) e marcação do dia de início de atividade. Segue-se o momento da assinatura do contrato por ambas as partes.

No dia assinalado, o candidato comparecerá regularmente e dará início ao seu trabalho como ajustado e ai passa à segunda fase, a da efetiva contratação com a regular vigência do contrato de emprego. Porém, se, na data aprazada, a expectativa de obtenção de emprego resultar frustrada, evidente que estará caracterizado dano ao trabalhador, violada sua dignidade enquanto pessoa humana. Esse dano *in re ipsa* é presumido porque decorrência de ato omissivo patronal, ensejando direito à reparação adequada.

2. CONTRATO INDIVIDUAL DE TRABALHO

A CLT conceitua contrato individual de trabalho como sendo *o acordo tácito ou expresso, correspondente à relação de emprego* (art. 442 da CLT).

O ideal seria chamar *contrato de emprego*, como destacou, no passado, José Martins Catharino, no que foi seguido por Amauri Mascaro Nascimento, Alice Monteiro de Barros, Luciano Martinez, e muitos outros juristas brasileiros, e que alguns doutrinadores costumam chamar de "contrato de trabalho *stricto sensu*", usando a expressão de Délio Maranhão[(113)].

Conservaremos a denominação *contrato individual de trabalho* (ou simplesmente *contrato de trabalho*), porque é a adotada na legislação trabalhista brasileira, sempre celebrado por duas partes: o empregador, que toma os serviços, e o empregado, que empresta a mão de obra em troca de salário. Eventualmente, até pela grande semelhança que os aproxima, chamaremos de *contrato de emprego*.

(112) NASCIMENTO, Amauri Mascaro. *Curso de direito do trabalho*. 24. ed. São Paulo: Saraiva, 2009. p. 698.

(113) SÜSSEKIND, A. L. *et alii*. *Instituições*... cit. (*I*). 22. ed., p. 241.

2.1. CARACTERÍSTICAS DO CONTRATO DE TRABALHO

São cinco as características do contrato de trabalho subordinado, os elementos que o distinguem de outro tipo qualquer de trabalho:

- sinalagmático – existem obrigações contrárias e equivalentes para as partes: o empregado dá sua força de trabalho; o empregador paga-lhe o salário;
- de trato sucessivo – decorre de sua natureza contínua, de duração geralmente ilimitada no tempo. E a sua não eventualidade, porque a prestação de serviço do empregado se dá normalmente por prazo indeterminado, o que faz o contrato ser duradouro;
- *intuitu personae* – é o caráter de pessoalidade do contrato. Nunca o empregado é uma pessoa jurídica, mas sempre uma pessoa física, uma pessoa singular, perfeitamente identificável como tal. Quando um empregador contrata um empregado, não quer interposta pessoa, mas aquela pessoa determinada;
- onerosidade – o salário é a contraprestação do empregador ao empregado pelo trabalho despendido a seu favor. Não se trata de um ônus patronal, mas de justa retribuição, a medida em que este deve responder pela remuneração do obreiro e os encargos sociais decorrentes da contratação e dos frutos que recebe a partir do trabalho desenvolvido;
- subordinação jurídica – é o mais importante elemento caracterizador da condição de empregado. Entende-se como tal aquela condição exclusiva do empregado de receber e cumprir ordens ao empregador, que lhe cuida das atividades, lhe autoriza cumprimento de jornada regular e suplementar, que lhe retribui pecuniariamente os serviços dispensados. O empregador possui dever de direção, de controle, de aplicação de penas disciplinares, e, do lado oposto, os deveres dos empregados de obediência, diligência e fidelidade[114].

2.2. CLASSIFICAÇÃO DO CONTRATO DE TRABALHO

Podem existir cinco classificações de contrato de trabalho: quanto à forma de celebração, quanto ao prazo de duração, quanto ao local da prestação, quanto ao número de empregados e quanto ao seu objeto.

Quanto à forma de celebração, possui três espécies: escrito, verbal ou tácito, conforme prevê o art. 443, *caput*, da CLT. A forma escrita, certamente a mais solene, reconhece expressamente a relação do liame empregatício. Contudo, as duas outras formas (verbal e tácita) são perfeitamente admissíveis considerando, na expressão que se repete de Mario de La Cueva, ser o contrato de trabalho um *contrato-realidade*, que, portanto, pode ser provado, em juízo, por todos os meios lícitos.

Quanto ao prazo de duração, a regra geral é o contrato por prazo indeterminado (art. 442 da CLT), porque o pressuposto é de que a relação de emprego tenha caráter duradouro, podendo ainda ter seu prazo de validade determinado. Esse caráter de indeterminação, como Plá Rodriguez explica, não significa tratar-se de *contrato por toda a vida* ou *vitalício* ou *eterno*, porque o trabalhador pode dar por terminada a relação quando lhe convier, o que não seria hipótese do primeiro, que só terminaria com a morte de uma das partes, ou do segundo, que teria uma terminação prevista (*o término da vida de trabalho do trabalhador*)[115], ou do terceiro, que importaria mesmo em transmissão do pacto para os herdeiros e sucessores do empregado.

Além dos contratos por prazo indeterminado ou por prazo determinado, a Lei n. 13.467/17 introduziu novo tipo de contrato de prestação de trabalho descontínuo, que é o trabalho intermitente (art. 443, final, da CLT).

No quadro abaixo, demonstramos os principais tipos de ajuste temporal de contratação e as previsões legais de cada um:

Contrato	Previsão legal
contrato estipulado por até dois anos	art. 445, da CLT
contrato de experiência	art. 445, parágrafo único, da CLT
contratos de safra	Lei n. 5.889, de 08.06.1973

(114) N. sent.: SÜSSEKIND, A. L. *et alii*. *Idem (I)*. p. 247 *passim*.

(115) PLÁ RODRIGUEZ, A. Ob. cit., p. 145.

Contrato	Previsão legal
contratos de pequeno prazo	Lei n. 5.889, de 08.06.1973
contrato do atleta profissional	Lei n. 9.615, de 24.03.1998
contrato de obra ou serviço certo	Lei n. 2.959, de 17.11.1958
contrato de aprendizagem	art. 428 da CLT
contrato de artistas e técnico em espetáculos de diversões	Lei n. 6.533, de 24.05.1978
contrato de trabalho intermitente	arts. 443, § 3º, e 452-A, da CLT

Fonte: FRANCO FILHO, G. de S. *Contratos de trabalho por prazo determinado. A garantia do emprego da gestante. In:* FRANCO FILHO, G. de S. *Trabalho da mulher (homenagem a Alice Monteiro de Barros)*. São Paulo: LTr, 2009. p. 180.

No que tange **ao local da prestação** temos:

- trabalho prestado no estabelecimento do empregador – trata-se da modalidade mais comum. Ocorre no interior da empresa;
- trabalho em serviços externos – é aquele realizado fora da empresa, geralmente não estando o trabalhador sujeito a controle de horário;
- trabalho no domicílio do empregado – é o realizado na própria casa onde o empregado reside. Não é sujeito à fiscalização direta nem a controle de horário de jornada;
- teletrabalho – também é chamado de trabalho remoto ou a distância, envolvendo tecnologia da informação, e que examinaremos adiante (v., nesta Parte, Capítulo VII, n. 1).

Quanto ao número de empregados, o contrato pode ser individual, quando celebrado entre o empregador e um empregado, ou coletivo, se for celebrado com grupo de empregados ou através de sindicato.

Quanto ao **objeto do contrato de trabalho**, pode ser lícito, ilícito ou proibido. Lícito é aquele celebrado com observância de todas as prescrições legais, que não viola a ordem pública e os bons costumes. Ilícito é o que viola expressa previsão legal, como a prática de alguma contravenção (tráfico de drogas, jogo do bicho etc). Proibido é o defeso em lei, como o trabalho do menor de14 anos de idade em qualquer hipótese.

2.3. TIPOS COMUNS DE CONTRATO DE TRABALHO

2.3.1. *Por prazo indeterminado*

Como apontado, trata-se da regra geral dos contratos de trabalho o seu caráter de indeterminação. A maioria desses pactos é regida pelas normas trabalhistas complementares à CLT, e que serão examinados, em pormenores, ao longo desta obra.

Existem, porém, algumas regras esparsas, cuidando de contrato de trabalho avulso, avulso não portuário, temporário, de aprendizagem e rural e outros, que veremos mais tarde.

2.3.2. *Por prazo determinado*

O contrato por prazo determinado é exceção prevista no art. 443, § 1º, da CLT, caracterizada, basicamente, pela transitoriedade, podendo, nos termos do § 2º do mesmo artigo, ser:

a) de serviço cuja natureza ou transitoriedade do trabalho justifique a predeterminação do prazo;

b) de atividades empresariais de caráter transitório; e,

c) de contrato de experiência.

Esse tipo de contrato pode ser celebrado por até dois anos (art. 445 da CLT), e, nesse período, pode ser prorrogado uma única vez (art. 451 da CLT), e, se um novo contrato por prazo determinado for celebrado, deverá mediar pelo menos seis meses em relação ao anterior, sob pena de ser considerado um único por prazo indeterminado (art. 452 da CLT).

Não se trata de renovação de contrato, mas de sua prorrogação. Daí, adotando a lição de Nelson Mannrich,

> *impõe-se distinguir prorrogação de renovação. A primeira implica dilatação, ampliação do espaço de tempo ainda não findo, para que se continue fazendo o que antes de terminar o prazo se fazia, sem solução de continui-*

dade. Na renovação, ao contrário, ocorre interrupção, de forma a restabelecer o contrato inicial que havia sido extinto. Em outras palavras, renovar um contrato de trabalho significa celebrar um novo, ainda que mantidas as características do inicial, enquanto que prorrogar significa ampliar o prazo inicial do contrato, antes de seu término(116).

2.3.2.1. *De experiência*

O contrato de experiência é celebrado por até noventa dias, conforme o art. 445, parágrafo único, da CLT. Significa que poderá ser feito por menos dias, mas só pode sofrer uma prorrogação (até somar os noventa dias), pena de se indeterminar seu prazo de validade.

Importantíssimo lembrar que são exatos noventa dias, e não três meses como alguns confundem. Assim, um contrato celebrado para viger de 01 de junho a 31 de agosto, embora atinja apenas três meses, não será de experiência, mas por prazo indeterminado, por se tratar de uma contratação por 92 dias.

Acrescente-se que não é pertinente a celebração de novo contrato experimental pelo mesmo empregador após haver vencido o primeiro. O trabalhador que é contratado por experiência pela segunda vez, na verdade está sendo, nessa outra oportunidade, contratado por prazo indeterminado.

Outro ponto que deve ser anotado: o trabalhador contratado por experiência tem, sim, direito à anotação em sua CTPS, aos recolhimentos previdenciários, às férias com acréscimo de 1/3 constitucional e 13º salário proporcionais, não sendo correto informar ao obreiro que, por se tratar de uma *experiência*, não existam esses direitos trabalhistas.

Nos contratos por prazo determinado, qualquer que seja sua modalidade, em ocorrendo despedida antecipada, sem motivação, o empregado terá direito a receber a metade da remuneração até final (art. 479 da CLT), inclusive no de experiência.

2.3.2.2. *Por obra certa*

Trata-se de uma espécie de contrato por prazo determinado. Acha-se regulado pela Lei n. 2.959, de 17.11.1956, e somente pode ser celebrado por construtor que exerça essa atividade em caráter permanente que, para fins deste tipo de contato, será constituído empregador (art. 1º).

Quando o trabalhador é contratado por obra ou serviço certo, seu ajuste terminará ao concluir o serviço, ficando garantido, se empregado há mais de doze meses no serviço, indenização por tempo de trabalho (art. 478 da CLT), com 30% de redução (art. 2º da Lei n. 2.959/1956).

Trata-se da indenização forfetária, que alguns entendem ter sido substituída pelo FGTS, dando direito ao empregado dispensado também aos 40% de multa por dispensa imotivada, se esta ocorrer antes de concluído o serviço. O *forfait* é expressão de origem francesa que importa em o empregador ter a obrigação de pagar os salários independentemente dos resultados das atividades do empregado.

2.3.2.3. *Para acréscimo de empregados*

Este tipo de contrato por prazo determinado é objeto da Lei n. 9.601, de 21.01.1998, regulamentada pelo Decreto n. 2.490, de 04.02.1998.

Origina-se de normas coletivas autonomamente negociadas (acordos ou convenções coletivas de trabalho), em qualquer atividade desenvolvida pela empresa ou estabelecimento, para admissões que representem acréscimo no número de empregados (art. 1º, *caput*).

No instrumento normativo, as partes poderão prever indenização para caso de rescisão antecipada do contrato de trabalho, por iniciativa de qualquer das partes e multa por descumprimento das suas cláusulas (art. 1º, § 1º).

O § 4º contempla as garantias de emprego de gestante, do dirigente sindical, inclusive suplente, do empregado dirigente de Comissão Interna de Prevenção de Acidentes (Cipa), do empregado acidentado, nos termos do art. 118 da Lei n. 8.213, de 24 de julho de 1991, impossibilitando a rescisão antes do vencimento do prazo.

---

(116) MANNRICH, N. *A modernização do contrato de trabalho*. São Paulo: LTr, 1998. p. 153.

Neste aspecto, entendemos que, com relação à gestante, sua garantia de emprego se projeta para além, seguindo a empregada durante todo o período da licença.

A contratação em comento deve observar limites que ficam consignados nos instrumentos normativos, mas não podem ultrapassar percentuais cumulativos (art. 3º), cuja média mensal será apurada com a soma do número de empregados com vínculo empregatício por prazo indeterminado de cada dia do mês, dividido com a do número de dias do mês respectivo; e a média semestral da soma das médias mensais com divisor seis (parágrafo único). Os percentuais são:

- 50% de trabalhadores para a parcela inferior a cinquenta empregados;
- 35% de trabalhadores, para a parcela entre cinquenta e 199 empregados; e
- 20% de trabalhadores, para a parcela acima de duzentos empregados.

Como não se aplica o art. 451 da CLT, este tipo de contrato de trabalho pode ser prorrogado mais de uma vez, e sua duração será de no máximo dois anos, como expressamente prevê o art. 3º do decreto regulamentador.

Finalmente, o art. 5º da Lei registra um incentivo, no sentido de que as empresas que adotarem contratações desse tipo terão preferência para obter recursos dentro dos programados dos estabelecimentos federais de crédito, como o Banco Nacional de Desenvolvimento Econômico e Social (BNDES).

2.3.2.4. *De trabalho temporário*

O OIT aprovou, em 1949, a Convenção n. 96, relativa a supressão gradual das agências de colocação com fins lucrativos, e o Brasil a ratificou, mas a 14.01.1973 a denunciou. Essa denúncia decorreu da promulgação, a 03.01.1974, da Lei n. 6.019, permitindo o trabalho temporário em nosso país. A Convenção n. 96 foi revisada e, hoje, encontramos a Convenção n. 181 sobre as agências de emprego privadas, adotada pela OIT em 19.06.1997, e que o Brasil ainda não ratificou.

No trabalho temporário, constata-se a existência de uma relação envolvendo três sujeitos:

- a empresa prestadora de serviços, que é a pessoa física ou jurídica urbana, que disponibiliza a outras empresas, em caráter temporário, trabalhadores qualificados, que serão por ela remunerados e assistidos (art. 4º);
- a empresa tomadora de serviços, também chamada de cliente, que necessita desse trabalhador temporário para atender essa excepcionalidade, e é subsidiariamente responsável em caso de inadimplemento da prestadora, inclusive sua falência (art. 16); e,
- o trabalhador temporário, que é a pessoa física, formalmente empregado da empresa prestadora de serviços, e trabalhando para a tomadora de sua mão de obra.

Para esse tipo de trabalho são exigidas algumas condições:

- ser prestado por pessoa física à pessoa jurídica (art. 2º, 1ª parte);
- atender necessidade transitória de substituição de seu pessoal regular e permanente ou a acréscimo extraordinário de serviços (art. 2º, 2ª parte);
- duração máxima de três meses, prorrogável mediante autorização do M.Tb., autorização essa dispensável se o contrato for por período inferior a esses três meses (art. 10);
- o contrato de trabalho será sempre escrito, com o motivo da necessidade do trabalhador temporário e a forma de remuneração (art. 9º);
- regularização da empresa prestadora perante o INSS, cuja comprovação poderá ser solicitada pela empresa tomadora (art. 14).

Impende, porém, uma observação, a nosso ver grave, através da Portaria M.Tb. n. 789, de 01.07.2014, a duração máxima desse tipo de contratação foi estendida para nove meses. Isto já ocorria anteriormente, mas por mais três meses, no tempo da Portaria M.Tb. n. 66, de 24.05.1974. Em ambos os casos, uma ampliação inadequada, porque injusto esse tipo de contratação.

O trabalhador temporário pode ser transformado, futuramente, em empregado da empresa tomadora de serviços se esta resolver contratá-lo diretamente, sendo defesa a inserção de cláusula de reserva que vede essa contratação (art. 11, parágrafo único).

A lei brasileira dá ao trabalhador temporário os seguintes direitos (art. 12 e § 1º):

a) remuneração equivalente à dos empregados de mesma categoria da empresa tomadora, garantida, em qualquer hipótese, a percepção do salário mínimo;

b) jornada diária de oito horas, remuneradas as horas extraordinárias não excedentes de duas, com acréscimo de 50%;

c) férias proporcionais, face o contrato ser, de início, de no máximo três meses;

d) repouso semanal remunerado;

e) adicional por trabalho noturno;

f) indenização por dispensa sem justa causa ou término normal do contrato, correspondente a 1/12 do pagamento recebido;

g) seguro contra acidente do trabalho;

h) proteção previdenciária; e

i) registro da condição de temporário na Carteira de Trabalho e Previdência Social (CTPS) do trabalhador.

Sendo o trabalhador temporário vítima de acidente, a empresa tomadora deverá comunicar a sua ocorrência, considerando que o local de trabalho pode ser o local onde há a prestação do serviço ou a sede da empresa de trabalho temporário (art. 12, § 2º).

As faltas graves podem envolver o trabalhador e a empresa prestadora de serviços temporários ou a empresa tomada, e são as inseridas nos arts. 482 e 483 da CLT.

O contrato celebrado entre as empresas tomadora e prestadora pode ser apresentado, pela primeira, aos auditores-fiscais do M.Tb. por solicitação destes, para fins de fiscalização. E a prestadora poderá ser solicitada a apresentar o contrato firmado com o trabalhador e comprovante das recolhimentos previdenciários (art. 15).

Por fim, estrangeiros com visto provisório de permanência não podem ser trabalhadores temporários (art. 17), nem a empresa prestadora de serviços poderá cobrar qualquer importância do trabalhador, seja a que título for, salvo os descontos expressamente previstos em lei (art. 18), sendo da Justiça do Trabalho a competência para dirimir os litígios que envolvem esse tipo, a nosso ver, pernicioso de prestação de serviço, dada a grande semelhança que tem com a locação de mão de obra humana, já extirpada de nosso ordenamento jurídico.

Guarda extrema semelhança com a terceirização, que trataremos adiante (v., nesta Parte, Capítulo VII, n. 3) e com a figura da *marchandage*, altamente condenável pela mais respeitada doutrina trabalhista.

2.3.3. *De trabalho rural*

O trabalho rural é regulado pela Lei n. 5.889, de 08.06.1973, e, supletivamente, pela CLT, sendo aplicáveis, no que couber, também, as Leis ns. 605, de 05.01.1949, 4.090, de 13.07.1962, 4.725, de 13.07.1965, com as alterações da Lei n. 4.903, de 16.12.1965, e os Decretos-leis ns. 15, de 29.07.1966; 17, de 22.08.1966 e 368, de 19.12.1968.

A relação de trabalho rural envolve empregado rural e empregador rural. Aquele é, por definição legal, toda pessoa física que, em propriedade rural ou prédio rústico, presta serviços de natureza não eventual a empregador rural, sob a dependência deste e mediante salário (art. 2º da Lei n. 5.889/1973), tendo todos os direitos contemplados no *caput* do art. 7º da Constituição. O empregador rural é a pessoa física ou jurídica, proprietário ou não, que explore atividade agroeconômica, em caráter permanente ou temporário, diretamente ou através de prepostos e com auxílio de empregados (art. 3º da mesma lei), incluindo-se também a exploração industrial em estabelecimento agrário (§ 1º).

Quando se trata de grupo de empresas, embora autônomas, a responsabilidade é solidária em relação a seus empregados (art. 3º, § 2º).

No que refere a intervalos de jornada de trabalho, o art. 5º da Lei n. 5.889/1973 prevê sua necessidade quando a jornada for superior a seis horas e, se interjornada, de no mínimo onze horas consecutivas (art. 5º).

O trabalho noturno, que é proibido ao menor de dezoito anos (art. 8º do mesmo diploma), é distinto para as atividades rurais. Tratando-se de lavoura, será noturno aquele executado entre 21 horas de um dia e cinco horas do dia seguinte. Sendo na pecuária, o horário noturno é das vinte horas de um dia até quatro horas do dia subsequente (art. 7º), recebendo o trabalhador nessas condições adicional de 25% sobre a remuneração normal (parágrafo único). Note-se: sobre a remuneração, incluindo-se, portanto, todos os acréscimos que eventualmente tenham ocorrido.

São permitidos descontos nos ganhos do rurícola: até 20% de moradia e 25% de alimentação, além de adiantamentos em dinheiro, tudo devidamente autorizado pelo trabalhador. Porém, o art. 9º aponta o salário mínimo como base de cálculo. Como a Súmula Vinculante n. 25 proíbe esse tipo de vinculação, entendemos que o cálculo deve ser efetuado considerando o salário contratual do obreiro. No atinente à moradia, se for coletiva, deverá ser dividido o *quantum* proporcional ao número de empregados que ali habitem, devendo o imóvel ser desocupado em trinta dias do rompimento do vínculo empregatício.

No atinente à prescrição de direitos, a do rurícola é idêntica à do urbano, não prevalecendo mais a regra do art. 10 da Lei n. 5.889/1993. Agora, a prescrição é de cinco anos durante a relação de emprego, e até dois anos após sua extinção (art. 7º, XXIX, da Constituição). Nesse particular, a mudança foi prejudicial para o trabalhador rural. Melhor andava o inciso XXIX antes da reforma introduzida pela EC n. 28, de 25.05.2000. É que a alínea *b* previa apenas o biênio prescricional após o término do pacto laboral, nos mesmos termos da Lei n. 5.889/1993, além de uma comprovação quinquenal de cumprimento das obrigações trabalhistas que o empregador deveria fazer.

A situação do trabalho rural não se assemelha à do urbano, inclusive, no mínimo, pela distância entre o local de trabalho e/ou de residência do obreiro e aquele onde existe uma Vara do Trabalho onde possa procurar seus direitos, além das dificuldades naturais de deslocamento. A retirada da comprovação quinquenal, se pode ser admitida, não deveria ter limitado a esses últimos cinco anos a busca dos direitos do trabalhador rural. As circunstâncias do trabalho rural são diversas daquelas do urbano.

O empregado rural tem direito a percepção do salário mínimo, sendo que ao menor de dezesseis anos de idade é assegurado pelo menos metade daquele estabelecido para o adulto (art. 11 da Lei n. 5.889/1973).

Durante o período de aviso-prévio dado pelo empregador ao empregado, que é o mesmo do urbano, o rurícola tem direito a se ausentar um dia do local, sem prejuízo de seu salário integral, a fim de buscar outro trabalho (art. 15).

Na propriedade rural que possuir mais de cinquenta famílias de trabalhadores de qualquer natureza, deve existir uma escola de ensino fundamental, gratuita, para os filhos dos empregados, com turma de no máximo quarenta crianças em idade escolar, cuja matrícula é compulsória, exigida apenas a apresentação da certidão de nascimento, que deve ser obtida, se não houver, com a ajuda do empregador (art. 16 e parágrafo único).

Encontramos, na relação de trabalho rural, um contato específico, chamado *contrato de safra,* geralmente utilizado para plantio e colheita e cuja duração dependente de variações estacionais da atividade agrária (art. 14, parágrafo único), tendo o safrista direito ao FGTS, substitutivo da indenização prevista no art. 14, *caput*, além de todos os demais direitos a que teria o trabalhador rural comum, na proporção do período de vigência de seu contrato.

Criado em 2007, pela MP n. 410, o *contrato de trabalho rural de pequeno prazo* foi consagrado pela Lei n. 11.718, de 20.06.2008, que acrescentou o art. 14-A à Lei n. 5.889/1973.

Este novo tipo de contrato de trabalho rural será sempre escrito (§ 3º, n. II) e destina-se a atividades de natureza temporária, limitado a dois meses no período de um ano, pena de sua indeterminação (§ 1º), e será formalizado com a inclusão do trabalhador na Guia de Recolhimento do FGTS e Informações à Previdência Social (GFIP), anotação em sua CTPS e nos registros de empregado do contratante.

Poderá celebrar este tipo de contrato o produtor rural pessoa física, proprietário ou não, que explore diretamente atividade agroeconômica, sendo garantindo ao empregado contratado nesses termos os mesmos direitos do rurícola comum.

Por fim, nas regiões onde existir cultura secundária (plantação subsidiária ou intercalar), a cargo do empregado rural, deverá ser celebrado contrato em separado, observando que o resultado dessa plantação não pode ser considerado como parte da remuneração do trabalhador (art. 12 e parágrafo único).

2.3.4. *Em tempo parcial*

As mudanças introduzidas na CLT pela Lei n. 13.467/2017 atingiram, também, o contrato de trabalho em regime de tempo parcial. Como sabido, esse tipo de contrato de trabalho em tempo parcial tem menor duração semanal que o contrato regular.

Originalmente, a duração da jornada de trabalho em tempo parcial não excedia a vinte e cinco horas semanais, mas agora passou para até vinte e seis ou trinta horas semanais, quando poderá ou não haver acréscimo de horas suplementares semanais, estando regulado pelo art. 58-A, sendo revogados os arts. 59, § 4º, 130-A e parágrafo único, e 143, § 3º, todos da CLT.

As primeiras regras brasileiras sobre esse regime apareceram com a MP n. 1.709, de 06.08.1998, e, a MP n. 2164-41, de 24.08.2001. Desde novembro de 2017, a regulação dessa atividade ganhou novos contornos (outras considerações sobre o regime de tempo parcial, v., abaixo, Capítulo XVIII, n. 4.3).

2.3.5. *Trabalho intermitente*

Essa modalidade de trabalho intervalado foi criada a partir da Lei n. 13.467/2017, aparecendo no art. 443 da CLT como um dos tipos de contrato individual de trabalho que se admite no Brasil.

É na parte final do *caput* do art. 443 da CLT que está a alusão a um outro tipo de contato de emprego: o contrato de trabalho intermitente, esses contratos ultraflexíveis que, no Reino Unido, são chamados de *zero-hour contract*.

Como referimos acima (n. 2.1), em todos os pactos de trabalho os traços caracterizadores são os que enumeramos. Porém, quando nos referimos ao contrato de trabalho intermitente defrontamos com uma situação atípica.

No § 3º do art. 443 da CLT encontramos a definição legal desse tipo de contrato de trabalho, nos seguintes termos:

> § 3º Considera-se como intermitente o contrato de trabalho no qual a prestação de serviços, com subordinação, não é contínua, ocorrendo com alternância de períodos de prestação de serviços e de inatividade, determinados em horas, dias ou meses, independentemente do tipo de atividade do empregado e do empregador, exceto para os aeronautas, regidos por legislação própria.

Esse contrato deve ser sempre celebrado por escrito, e registrado na CTPS do trabalhador, independentemente de previsão em acordo coletivo de trabalho ou convenção coletiva de trabalho (*caput* do art. 452-A). Deverá esse registro consignar identificação, assinatura e domicílio ou sede das partes, entendendo-se como tal a residência do trabalhador e a sede do estabelecimento em que desenvolverá suas atividades intermitentes (art. 452-A, n. I).

Outro registro que deve ser efetuado é o do valor da hora ou do dia de trabalho, observados os limites do salário mínimo vigente, sendo garantido o adicional noturno (inciso III), que deve corresponder a valor superior à hora diurna e será igual ou maior que aqueles dos empregados contratados normalmente que exerçam a mesma função (§ 12). Isto afasta a possibilidade de, em tese, ser negociado adicional noturno inferior ao fixado em lei.

Note-se que o sistema brasileiro é diferente daquele existente em Portugal, como apontaremos abaixo, onde o salário do trabalhador intermitente dependerá de negociação coletiva.

A prestação do trabalho nas condições que se considera de intermitência admite sua determinação em horas, dias ou meses, ou seja, o empregado pode ser contratado para trabalhar por quatro horas, ou quinze dias ou dois meses, dependente da atividade que vai desenvolver. Receberá pelo tempo efetivamente trabalhado, não recebendo pelo período inativo, ao contrário do direito português que prevê uma compensação, como mencionaremos adiante.

2.3.5.1. *Tratamento no direito comparado*

Novidade no Brasil, o trabalho intermitente existe mundo afora. Na Europa, embora também exista na França e na Alemanha, colhemos dois exemplos para exame: Portugal e Itália.

Em Portugal, o atual Código do Trabalho (Lei n. 7/2009 de 12 de fevereiro) cuida, nos arts. 157 a 160, do trabalho intermitente, que somente pode ser admitido em empresa que exerça atividade com descontinuidade ou intensidade variável, quando as partes podem acordar que a prestação de trabalho seja intercalada por um ou mais períodos de inatividade, e o contrato não pode ser celebrado por prazo certo ou contratação temporária (art. 157).

O contrato deve ser celebrado por escrito, indicando a jornada anual de trabalho ou o número de dias de trabalho durante o ano, e, se o contrato não for escrito ou não consignar esses registros, será tido como contrato sem inatividade, o mesmo sucedendo quando a jornada registrada for superior a um contrato por tempo completo (art. 158), o que importa em um contrato de trabalho comum.

De acordo com o art. 159, o período de prestação de trabalho intermitente deve ser estabelecido pelas partes de modo consecutivo ou intercalado, registrando o início e o final de cada período de labor, sendo registrado o tempo de antecedência de no mínimo vinte dias que o empregador deve ter para informar ao trabalhador do início do período de trabalho, pena de falta grave patronal, período esse que deve ser, anualmente, de seis meses, quatro dos quais consecutivos.

Em Portugal, o trabalhador intermitente tem direito a uma compensação retributiva pelo período em que estiver inativo, cujo valor deve ser estabelecido em negociação coletiva ou, na falta, no valor de 20% da remuneração básica correspondendo ao período similar de atividade (art. 160, 1).

No que refere às férias e à gratificação de Natal, devem ser calculados considerando a média dos valores recebidos nos doze meses anteriores, ou pelo período de duração do contrato, se menor (art. 160, 2).

Nos períodos de inatividade, o trabalhador intermitente pode exercer outras atividades e todos os direitos, deveres e garantias das partes permanecem, salvo o que se refere ao efetivo trabalho (art. 160, 3 e 4).

Na Itália, o regramento do trabalho intermitente é o que consta do Decreto Legislativo n. 81/2015, cuidando da reorganização dos tipos contratuais. Segundo esse decreto, o trabalhador intermitente somente exerce atividades quando for necessário, mediante contrato escrito, podendo ser estipulado em duas situações: 1) necessidades previstas em normas coletivas autônomas em períodos predeterminados da semana, mês ou ano; e 2) por menores de 24 anos ou mais de 55 anos, deve, no primeiro caso, a intermitência terminar até a pessoa completar 25 anos.

A legislação italiana prevê, ainda, que o contrato de trabalho intermitente é permitido por um período não superior a quatrocentos dias, considerando três anos, exceto nos setores de turismo, vida pública e entretenimento. Prazo superior a quatrocentos dias torna o contrato por prazo indeterminado.

2.3.5.2. *Formas de prestação do trabalho intermitente*

Originalmente, o *caput* e os §§ 1º a 9º do art. 452-A da CLT brasileira contemplavam os diversos aspectos desse tipo de contratação. A MP n. 808/2017 ampliou o elenco legislativo. Agora, o *caput* e os quinze parágrafos do art. 452-A e também os arts. 452-B a 452-H são dedicados a regular o trabalho intermitente.

Vejamos, a seguir, algumas das peculiaridades desse novo tipo de contratação.

Com efeito, no prazo de três dias corridos antes do início da prestação de serviços, o empregador convocará o empregado, por qualquer meio de comunicação eficaz, informando qual será a jornada a cumprir (§ 1º). Não cuida a lei de explicitar o *meio eficaz* para essa convocação, sendo de todo recomendável que seja através de algum instrumento físico ou virtual que possa efetivamente provar esse comunicado. Observe-se que o prazo da lei brasileira é mais exíguo que o adotado pelo Código do Trabalho de Portugal.

Recebido o aviso para comparecer ao trabalho, o empregado terá o prazo de 24 horas (e não mais um dia útil) para responder ao chamado, presumindo-se, no silêncio, que se recusou atender a convocação (§ 2º), e essa recusa tácita (ou mesmo recusa expressa) não descaracteriza a subordinação para fins do contrato de trabalho intermitente (§ 3º).

Impende observar que essa contagem de prazo pelo empregado deixa de ter a incompreensão do texto original. Não há mais falar em *dia útil*. A nova regra refere a 24 horas. Considerando esses novos elementos, sendo um empregado convocado para trabalhar no dia 10 (6ª-feira), sua convocação deve ser recebida até o dia 7 (3ª-feira; três dias antes do início da atividade), e deve ser respondida até o dia 8 (4ª feira; um dia após receber o chamado). Como a nova norma refere à contagem em horas (24 horas), recomendável que o empregado registre, no documento de convocação, o horário do recebimento do chamado, porque sua manifestação deve ocorrer até exatas 24 horas após, pena de, no silêncio, ser presumida sua recusa (§ 2º).

Havia regra na Lei n. 13.467/2017 no sentido de aplicar multa pecuniária por violação do pactuado. Era o § 4º, estipulando que, em sendo aceita a oferta, e qualquer das partes descumprindo o avençado sem justo motivo, a outra parte receberia, em trinta dias, multa de 50% calculada sobre o valor da remuneração que seria devida, permitida a compensação por igual prazo. Significava que, convocado pelo empregador e aceita à convocação, se uma das partes desfizesse o ajuste sem motivo justificado, deveria pagar ao outro, em trinta dias, o valor que seria devido ao empregado como remuneração, pela metade. Tratava-se de uma multa que qualquer uma das partes deveria à outra pela inadimplência. Poderia, todavia, essa penalidade ser compensada pelo empregado mediante a prestação de trabalho nas mesmas condições no período seguinte de trinta dias. Não existe mais essa regra que, provavelmente, sequer chegou a ser aplicada, considerando ter vigorado por apenas incríveis 72 horas, face a edição da MP n. 808/2017.

No contrato de trabalho intermitente, as partes podem consignar os locais de prestação de serviço, os turnos para os quais poderá ocorrer convocação do empregado e as formas e instrumentos destinados à convocação e resposta para a prestação de serviços, bem como a forma de reparação recíproca por danos causados pelo cancelamento de serviços agendados (art. 452-B da CLT).

2.3.5.3. *Pontos polêmicos*

Não padecem muitas dúvidas sobre o caráter altamente precarizador do trabalho intermitente, além das que apontamos acima. A polêmica em torno de sua criação no Brasil e de sua aplicação é extensa e envolve muitos pontos interessantes.

Aspecto altamente criticável é o que se refere a ter o período de inatividade como um momento sem direitos para o trabalhador, antes constante do § 5º do art. 452-A: *O período de inatividade não será considerado tempo à disposição do empregador, podendo o trabalhador prestar serviços a outros contratantes.* Era a mesma regra existente no Direito português.

Agora, o art. 452-C cuida do tema, dispondo:

> Art. 452-C. Para fins do disposto no § 3º do art. 443, considera-se período de inatividade o intervalo temporal distinto daquele para o qual o empregado intermitente haja sido convocado e tenha prestado serviços nos termos do § 1º do art. 452-A.
>
> § 1º Durante o período de inatividade, o empregado poderá prestar serviços de qualquer natureza a outros tomadores de serviço, que exerçam ou não a mesma atividade econômica, utilizando contrato de trabalho intermitente ou outra modalidade de contrato de trabalho.
>
> § 2º No contrato de trabalho intermitente, o período de inatividade não será considerado tempo à disposição do empregador e não será remunerado, hipótese em que restará descaracterizado o contrato de trabalho intermitente caso haja remuneração por tempo à disposição no período de inatividade.

O § 2º do art. 452-C trata dos efeitos da inatividade, trazendo referência ao direito do trabalhador prestar serviços a outros contratantes para o § 1º.

Assim, ao não considerar tempo à disposição do empregador, quando inativo, fica este liberado de qualquer obrigação contratual. O contrato de trabalho está suspenso, sem que exista qualquer ônus recíproco. Nem o trabalhador deve trabalhar para o empregador, nem este deverá pagar qualquer importância, à falta da reciprocidade necessária. Importa, então, que o empregado ficará desprovido de qualquer espécie de proteção, sequer a da seguridade social, face à inexistência de, no período de inatividade, qualquer espécie de contribuição social, salvo se houver prestado serviços a terceiros, a outros que contratem sua força de trabalho. Os direitos do obreiro em um contrato dessa natureza não lhes gerará alguma garantia pelo período em que não estiver efetivamente trabalhando. Afinal, ele estará, em relação a esse empregador, em ociosidade absoluta.

Temos, repita-se, que o período de inatividade nada mais é do que o tempo em que o empregado ficar na inércia, isto é, sem trabalhar (e sem receber salário). Poderá, todavia, trabalhar para terceiros, por qualquer forma de contratação, inclusive outro contrato de trabalho intermitente. E, o mais grave e lamentável, quando inativo, repita-se, esse trabalhador nada receberá e, consequentemente, não haverá recolhimento para a Previdência Social (o que impactará nos seus direitos previdenciários), nem na sua conta vinculada de FGTS (o que repercutirá no seu futuro).

Precariza-se grandemente o trabalho humano com essa disposição, ainda que se considere que o trabalhador pode prestar serviços a outros contratantes. No entanto, essas condições lhes retira muito da sua tranquilidade e deve ser bem fixado que, caso não sejam rigorosamente observadas as regras para a celebração desse tipo de contrato e da convocação do empregado, parece claro que será considerado nulo o pacto e reconhecido por prazo indeterminado a sua duração, nos moldes adotados pela legislação da Itália, quando extrapola o limite temporal fixado.

Destacamos esses dois pontos porque, reportando aos traços habitualmente caracterizadores do contrato individual de trabalho, realçamos, além da natural subordinação jurídica, a onerosidade e a continuidade.

Como visto, ao exame das regras que dispõem sobre o trabalho intermitente no Brasil, que nenhum desses dois traços está presente nesse tipo diferente de ajuste.

Dispõe o § 6º do art. 452-A quando se processará o pagamento da remuneração do trabalhador. No texto primitivo, aquele da Lei n. 13.467/2017, seria quando finalizado cada período de prestação de serviço intermitente. Na redação dada pela MP n. 808/2017, será na data acordada para o pagamento, observada a regra do § 11, de que, se a convocação do empregado for por período superior a um mês, as parcelas não podem estipular período superior, contando-se a partir do primeiro dia de trabalho do período.

A redação do dispositivo é péssima, mas deve ser entendido que, se o trabalho for por mais de um mês, ao final de cada mês devem ser pagas remuneração, repouso remunerado e adicionais legais. As demais parcelas (férias proporcionais com acréscimo de 1/3 e 13º salário) devem ser pagas ao final desse período de convocação. Em outras palavras, o valor correspondente às férias proporcionais o empregado receberá, mas não as gozará. Além disso, deverá existir recibo de pagamento contendo discriminadamente os valores de cada parcela paga (§ 7º).

O art. 452-H contempla regra específica quanto ao FGTS, nos seguintes termos:

> Art. 452-H. No contrato de trabalho intermitente, o empregador efetuará o recolhimento das contribuições previdenciárias próprias e do empregado e o depósito do FGTS com base nos valores pagos no período mensal e fornecerá ao empregado comprovante do cumprimento dessas obrigações, observado o disposto no art. 911-A.

Assim, tomemos o exemplo de um engenheiro, contratado de forma intermitente, por uma construtora, sendo ajustado que poderia ser chamado, dentro dos prazos legais, sempre que se fizesse necessário, para fiscalizar o andamento de obras da empresa construtora. Em um mês, ele trabalhou o total de vinte dias, iniciado em uma segunda-feira e finalizado em um sábado. Receberá, ao final, a remuneração correspondente aos vinte dias, mais 1/12 de férias com acréscimo de 1/3, 1/12 de 13º salário e dois repousos semanais remunerados, além dos comprovantes de depósito de FGTS e de contribuição previdenciária do período. O trabalho intermitente desse mês foi concluído.

Adiante, o § 9º do art. 452-A prevê:

> § 9º A cada doze meses, o empregado adquire direito a usufruir, nos doze meses subsequentes, um mês de férias, período no qual não poderá ser convocado para prestar serviços pelo mesmo empregador.

Estaria havendo um conflito entre este dispositivo (§ 9º) e as férias proporcionais referidas no § 6º, inciso II, anterior? Entendemos que não. O empregado contratado de forma intermitente tem, por lei, direito a receber o valor das férias proporcionais do período de convocação, acrescidas de um terço, e, quando inativo, nada receberá, nem gozará as férias como deve ser. A cada ano que esse tipo de contrato complete, terá direito a *usufruir* (diz a letra da lei) de um mês regular de férias, e, a nosso ver, necessariamente com direito à sua remuneração integral. Não se pode admitir de outra forma, porque ninguém pode aproveitar férias sem recursos, e, se sua convocação não ocorrer todos os meses, evidente que não recebeu, no ano vencido, os duodécimos correspondentes a doze meses como qualquer trabalhador tem direito. O tema é controvertido, mas estamos convencidos de que esse é o entendimento menos injusto no trato desse tipo de ajuste.

Assinale-se que, quando gozando as férias anuais, não poderá ser convocado por esse empregador para nenhum serviço, mas poderá, evidentemente, trabalhar para outros. Ao cabo, essa, parece, é a única compensação desse tipo de contrato de trabalho. Ademais, deve ser aduzido que, de acordo com o § 10, em reforço ao que pensamos, as férias do empregado contratado nesse sistema pode ser usufruída em até três períodos, conforme o art. 134, da CLT, mediante prévio acordo com o empregador. É o caso do exemplo do engenheiro, acima. Cabe observar, todavia, que a doutrina é majoritária no sentido de admitir que essas férias de um mês não devem ser remuneradas, mas apenas usufruídas (gozadas)[117], como assinalamos acima.

Reitere-se: pelo § 9º mencionado, a cada ano que esse tipo de contrato complete, terá direito o empregado a um mês regular de férias, com direito à sua remuneração integral, quando não poderá ser convocado por esse empregador para nenhum serviço, mas poderá, evidentemente, trabalhar para outros. Significa, *ultima ratio*, que receberá os duodécimos dos períodos intermitentes de atividade, e, ao cabo de doze meses, os valores integrais das

(117) Por todos, v. COLUMBU, Francesca. *O trabalho intermitente na legislação laboral italiana e brasileira*. *In*: Revista dos Tribunais. São Paulo, 106(984):298, out.2017.

férias anuais remuneradas acrescidas do terço constitucional. Serão, pela letra da lei, férias proporcionais e mais férias integrais. Em resumo, o trabalhador intermitente tem direito a duas espécies de férias: as proporcionais, correspondendo aos períodos em que efetivamente trabalhar, que apenas receberá *in pecunia*; e a integral após cada período aquisitivo de doze meses, quando, além de receber *in pecunia*, também terá direito aos dias de ociosidade.

Deve ser registrado que, no trabalho intermitente, por ser absolutamente incompatível, não se aplica o direito do trabalhador de *vender* um terço de férias, não sendo aplicável a esse tipo de contrato a regra do art. 143 da CLT.

Um encargo foi retirado do empregador, quando se tratar de acidente de trabalho envolvendo trabalhador intermitente. Consoante o § 13 do art. 452-A, o auxílio-doença será custeado pela Previdência Social desde a data do início da incapacidade do segurado, desobrigado o empregador do pagamento dos quinze primeiros dias, da mesma forma como a licença-maternidade (§ 14). É a mesma linha seguida pela legislação do empregado doméstico. A diferença, porém, é que os recolhimentos do doméstico para a Previdência Social são permanentes e no caso de emprego intermitente, esses dependerão de ter havido trabalho e recolhimentos para ser segurado. No entanto, pensamos que essa regra pode ser interpretada de maneira a preservar a dignidade do trabalhador que, enfermo, estando inscrito no sistema previdenciário, mesmo sem contribuições regulares (sendo seu contrato de trabalho intermitente), terá direito ao benefício.

A reforma introduzida pela MP n. 808/2017 tratou da rescisão do contrato de trabalho intermitente, que não era objeto da Lei n. 13.467/2017. Criou-se a figura da rescisão tácita, decorrente do fato de o empregador não convocar o empregado por período igual ou superior a um ano, contados de uma dentre três datas: (1) a da celebração do contrato; (2) a da última convocação, e, (3) a do último dia da prestação de serviços, a que for mais recente (art. 452-D).

Salvo as hipóteses de cometimento de falta grave pelo empregado (art. 482, da CLT) ou pelo empregador (art. 483 seguinte), quando o contrato se resolve por justa causa, quando o contrato de trabalho intermitente for extinto (art. 452-E), o trabalhador tem direito às verbas rescisórias semelhantes à da rescisão por acordo (art. 484-A), sem direito ao benefício do seguro-desemprego (§ 2º do art. 452-E).

O aviso-prévio é devido na hipótese de trabalho intermitente, mas sempre será indenizado (art. 452-F, § 2º), devendo ser lembrado que seu cálculo, como os das demais verbas rescisórias, deverá considerar a média dos valores recebidos pelo empregado no curso do contrato (*caput* do art. 452-F), tendo em conta apenas os meses em que houve prestação de trabalho nos últimos doze meses ou na vigência do contrato, se por prazo menor (§ 1º do mesmo artigo).

Do lado previdenciário, o auxílio-doença é devido a partir da data do início da incapacidade do trabalhador (§ 13 do art. 452-A) e o salário-maternidade será pago diretamente pela Previdência Social, sem a intermediação patronal (§ 14 do mesmo artigo).

Por fim, criou o art. 452-G uma outra forma de quarentena para o empregado que, anteriormente, era contratado por prazo indeterminado e que foi dispensado. Até 31 de janeiro de 2020, ficará proibido de ser contratado por esse antigo empregador na modalidade de trabalho intermitente, considerando o prazo de dezoito meses (um ano e meio) a partir da data da demissão. Essa regra intertemporal deixará de produzir seus efeitos na data expressamente assinalada.

2.4. CONTRATOS AFINS

2.4.1. *De trabalho avulso*

Quanto ao trabalho portuário, era regulado pela Lei n. 8.630/1993, revogada pela MP n. 595, de 06.12.2012, que foi convertida na Lei n. 12.815, de 05.06.2013, que ganhou o apelido de "Lei dos Portos", e continua a ser prevista a atuação do trabalhador avulso nos portos brasileiros, através de contrato com a intermediação do Órgão Gestor de Mão de Obra (OGMO), com o qual, todavia, não haverá nenhuma relação de emprego (art. 32).

Na definição legal, avulso é quem, sindicalizado ou não, presta a diversas empresas, sem vínculo empregatício, serviços de natureza urbana ou rural definidos no regulamento (Decreto n. 3.048/1999), com intermediação obrigatória do sindicato da categoria ou do órgão gestor de mão de obra (Lei n. 8.213/1991, art. 11, VI).

Seus direitos são idênticos aos do trabalhador comum, aquele com vínculo empregatício, consoante determina o art. 7º, XXXIV, da Constituição.

Os traços caracterizados do trabalho avulso são: livre prestação do serviço, pluralidade de seus tomadores, indispensável intermediação do OGMO, que não possui fins lucrativos e é considerado de utilidade pública (art. 39) ou sindicato, e a curta duração do trabalho.

É sempre desenvolvido em portos, cuidando de embarque e desembarque de mercadorias. O § 1º do art. 40 da Lei n. 12.815/2013 define as diversas atividades que os avulsos podem desempenhar, a saber:

> I – capatazia: atividade de movimentação de mercadorias nas instalações dentro do porto, compreendendo o recebimento, conferência, transporte interno, abertura de volumes para a conferência aduaneira, manipulação, arrumação e entrega, bem como o carregamento e descarga de embarcações, quando efetuados por aparelhamento portuário;
>
> II – estiva: atividade de movimentação de mercadorias nos conveses ou nos porões das embarcações principais ou auxiliares, incluindo o transbordo, arrumação, peação e despeação, bem como o carregamento e a descarga, quando realizados com equipamentos de bordo;
>
> III – conferência de carga: contagem de volumes, anotação de suas características, procedência ou destino, verificação do estado das mercadorias, assistência à pesagem, conferência do manifesto e demais serviços correlatos, nas operações de carregamento e descarga de embarcações;
>
> IV – conserto de carga: reparo e restauração das embalagens de mercadorias, nas operações de carregamento e descarga de embarcações, reembalagem, marcação, remarcação, carimbagem, etiquetagem, abertura de volumes para vistoria e posterior recomposição;
>
> V – vigilância de embarcações: atividade de fiscalização da entrada e saída de pessoas a bordo das embarcações atracadas ou fundeadas ao largo, bem como da movimentação de mercadorias nos portalós, rampas, porões, conveses, plataformas e em outros locais da embarcação; e
>
> VI – bloco: atividade de limpeza e conservação de embarcações mercantes e de seus tanques, incluindo batimento de ferrugem, pintura, reparos de pequena monta e serviços correlatos.

Na forma do art. 32 da mesma lei, os operadores portuários devem constituir em cada porto organizado um OGMO, que terá a responsabilidade de:

> I – administrar o fornecimento da mão de obra do trabalhador portuário e do trabalhador portuário avulso;
>
> II – manter, com exclusividade, o cadastro do trabalhador portuário e o registro do trabalhador portuário avulso;
>
> III – treinar e habilitar profissionalmente o trabalhador portuário, inscrevendo-o no cadastro;
>
> IV – selecionar e registrar o trabalhador portuário avulso;
>
> V – estabelecer o número de vagas, a forma e a periodicidade para acesso ao registro do trabalhador portuário avulso;
>
> VI – expedir os documentos de identificação do trabalhador portuário; e
>
> VII – arrecadar e repassar aos beneficiários os valores devidos pelos operadores portuários relativos à remuneração do trabalhador portuário avulso e aos correspondentes encargos fiscais, sociais e previdenciários.

Privilegiando o negociado sobre o legislado, o OGMO ficará dispensado de intervir na relação entre trabalhadores e tomadores de serviço se houver contrato, acordo ou convenção coletiva de trabalho (parágrafo único do art. 32, da Lei n. 12.815/2013).

Quem pune o avulso tem poderes para repreender verbalmente ou por escrito, suspender o registro por período variando de dez a trinta dias e mesmo cancelar esse registro é o OGMO, a quem também incumbe promover cursos visando o aperfeiçoamento desses trabalhadores, cuidar da arrecadação e repasse de contribuições relativas a cancelamento de registro e aposentadoria voluntária; arrecadar contribuições para seu custeio; cuidar do respeito ao meio ambiente de trabalho (saúde, higiene e segurança); e formular propostas para a melhoria das condições de trabalho (art. 33 da *Lei dos Portos*).

Acerca de responsabilidade, será do avulso a integral responsabilidade por prejuízos que cause aos tomadores de seus serviços ou a terceiros (art. 33, § 1º), não cabendo qualquer ônus ao OGMO, que, no entanto, é solidariamente responsável, juntamente com os operadores portuários, pela remuneração desses trabalhadores (art. 33, § 2º), cujo pagamento poderá ser previamente garantido se os avulsos solicitarem e o OGMO exigir do operador portuário (art. 33, § 3º). E ao OGMO incumbe organizar e manter o registro dos avulsos, o que depende de seleção prévia e inscrição no cadastro dos habilitados a desempenhar tarefas específicas mediante treinamento que lhe proporcione habilitação profissional (art. 41 da *Lei dos Portos*).

Deve ser observado que a negociação coletiva entre as entidades representativas dos avulsos e dos operadores portuários fixará remuneração, definirá funções, composição dos ternos e demais condições do trabalho nos portos brasileiros (art. 43).

Os conflitos no ambiente portuário devem ser resolvidos através de comissão paritária formada no âmbito do OGMO (art. 37), e, se impossível uma composição, devem recorrer à arbitragem de ofertas finais. Essa forma de solução de conflitos é adotada, no caso dos avulsos, para questões individuais, podendo servir para temas coletivos.

Geralmente, costuma-se falar em arbitragem em matéria coletiva, face o que consigna o art. 114, § 1º, da Constituição, tema que será tratado adiante (v. Parte II, Capítulo IV, n. V). Aqui, se cuida da relação específica do avulso.

Celebrado o compromisso arbitral, as partes não podem desistir do uso do mecanismo, devendo escolher os árbitros (sempre em número ímpar), e o laudo arbitral é título executivo extrajudicial (art. 37, §§ 1º a 3º).

O grande problema, e a nosso ver inconveniência, é que a arbitragem de ofertas finais pressupõe que a atuação do árbitro ou do tribunal arbitral fique restrita à opção entre as duas propostas (ofertas) informadas no compromisso pelas partes. A Lei n. 10.101, de 19.12.2000, que cuida da participação dos trabalhadores nos lucros ou resultados da empresa, adota o mesmo critério arbitral, e apresenta a definição legal dessa espécie de arbitragem, no § 1º do art. 4º, *verbis*:

> § 1º Considera-se arbitragem de ofertas finais aquela em que o árbitro deve restringir-se a optar pela proposta apresentada, em caráter definitivo, por uma das partes.

Como se constata, não há, na arbitragem de ofertas finais, a flexibilidade para o *juiz privado* proferir sua decisão.

Aos trabalhadores portuários avulsos ou com vínculo de emprego por prazo determinado toca a realização dos trabalhos de capatazia, estiva, conferência de carga, conserto de carga, bloco e vigilância de embarcações, nos portos organizados (art. 40).

A lei cria uma espécie de reserva de mercado, na medida em que apenas avulsos registrados podem ser contratados com vínculo de emprego por prazo indeterminado (art. 40, § 2º). Entendemos, *data venia*, que essa disposição é discriminatória à medida em que impede o ingresso de outras pessoas nesse tipo de atividade.

É bem de ver, todavia, que se encontra em consonância com a Convenção n. 137 da OIT, que cuida das repercussões sociais dos novos métodos de manutenção nos portos, ratificada pelo Brasil. Essa convenção prevê que *os trabalhadores portuários registrados terão prioridade na obtenção de um trabalho nos portos* (art. 3º, 2), resulta a indispensabilidade do registro no OGMO para a contratação como empregado.

Assim, para compatibilizar o princípio da não discriminação com as previsões internacional (Convenção n. 137 da OIT) e interna (Lei n. 12.815/2013), recomendável que se adote a proporção de 50% para contratações de trabalhadores empregados e avulsos, aqueles não sem necessidade de prévio registro.

Por outro lado, o **adicional de risco** previsto na Lei n. 4.860, de 26.11.1965, tem disposições aplicáveis aos empregados das administrações de portos organizados, sob qualquer regime de exploração, conforme o art. 14.

O art. 14 da Lei n. 4.860/1965 dispõe:

> Art. 14. A fim de remunerar os riscos relativos à insalubridade, periculosidade e outros porventura existentes, fica instituído o "adicional de riscos" de 40% (quarenta por cento) que incidirá sobre o valor do salário-hora ordinário do período diurno e substituirá todos aqueles que, com sentido ou caráter idêntico, vinham sendo pagos.

Com efeito, apenas os empregados de administrações portuárias têm direito, excluindo-se os avulsos, incorrendo o legislador no lamentável equívoco de incluir, num só adicional (o de riscos), dois outros taxativamente (insalubridade e periculosidade) e quantos mais exemplificativamente (art. 14, § 5º), quando, na verdade, o obreiro deveria ter direito a um para cada atividade que desenvolvesse, como será apontado adiante (v., nesta Parte, Capítulo XIV, n. 4), quando trataremos da possibilidade de acumular os dois adicionais (insalubridade e periculosidade).

No caso do *adicional de risco*, esse *plus* salarial deve ser pago de acordo com o tempo de exposição do trabalhador ao ambiente que prejudica sua saúde, dentro da área do porto, conforme define a Lei n. 4.860/65, não fazendo jus a nenhum outro adicional a título similar. Por outro lado, sua incidência é apenas sobre o salário-hora ordinário diurno, e não sobre a remuneração do empregado, e, através de normas coletivas autônomas (acordos ou convenções coletivas de trabalho), tem sido estendido a outras categorias, o que ocorre, mais frequentemente, com os vigilantes ou empregados em empresas de segurança, desde que usem arma de fogo e tenham se submetido a cursos específicos.

De outro lado, o Decreto n. 8.033, de 27.06.2013, que regula a atual Lei dos Portos, dedica o Capítulo VI ao Fórum Permanente para Qualificação do Trabalho Portuário e do Sine-Porto. Esse fórum dedica-se, de modo especial, a cuidar dos processos novos de movimentação de carga e de operação de aparelhos e equipamentos portuários (art. 39, I). Sua composição reúne representantes do Poder Executivo, de entidades empresariais e de trabalhadores.

O Sine-Porto, por sua vez, é o Sistema Nacional de Emprego de uso facultativo na área dos portos, funcionando como um banco de dados com o fim de organizar a identificação e a oferta de mão de obra qualificada para o setor (art. 40). Observe-se, porém, que o § 3º do art. 40 dá preferência aos avulsos inscritos no OGMO para acesso a programas de formação ou qualificação profissional, tanto no âmbito do Sine-Porto, como no Pronatec, que é o Programa Nacional de Acesso ao Ensino Técnico e Emprego, objeto da Lei n. 12.513, de 26.10.2011, o que parece ser uma nota que prejudica a igualdade de tratamento a todos os que pretendem ingressar no trabalho portuário no Brasil. É certo que se trata de ponto positivo para esse tipo de atividade, mas que seria mais bem ajustado se aberto a todos os pretendentes de acesso a essa modalidade de trabalho

A mesma norma criou os Conselhos de Autoridade Portuária (CAP) que serve como um centro para debater diretrizes e objetivos dos portos organizados, e encontrar soluções para seus problemas, com representantes do Estado e das partes interessadas (empresas e trabalhadores). Essa composição paritária é positiva, mas os resultados das discussões servem apenas de propostas, porquanto a atividade desse CAP é meramente consultiva.

2.4.2. De trabalho avulso não portuário

Fora da área portuária, existiam (e ainda existem) trabalhadores que realizam carga e descarga de qualquer espécie de mercadorias, de embarcações em geral, caminhões e outros meios de transporte de cargas e materiais de todas as naturezas, que geralmente ficam postados às proximidades dos locais onde as atividades se desenvolverão, aguardando chamado para esse fim, recebendo a paga pela tarefa realizada e nada mais. Essa atividade era desenvolvida pelo chamado *chapa,* denominação que deixou de existir a partir da Lei n. 12.023, de 27.08.2009, que criou a figura do trabalhador avulso não portuário, em contraposição ao primeiro, usando o local de trabalho como critério distintivo.

Esse avulso não portuário na verdade é um eventual urbano especial. É o antigo *chapa*, um trabalhador sem vínculo empregatício e sem proteção alguma, que antes se colocava às proximidades dos locais onde costumeiramente eram feitas carga e descarga de mercadorias diversas, e era convocado sem critério para a tarefa, recebia uma quantia qualquer pelo esforço despendido, ia embora, retornava no dia seguinte, fazia as mesmas coisas, e assim repetia dia após dia a rotina do trabalho sem nenhuma espécie de benefício. Chamava-se de *chapa.* Caso fosse à Justiça do Trabalho postular seus direitos, invariavelmente era declarada a inexistência de relação de emprego, e, por corolário, nada lhe era devido[118].

A Lei n. 12.023/2009 tentou resgatar essa injustiça, mas apenas com relação ao *chapa,* que passou a ser *trabalhador avulso não portuário*, denominação bem mais adequada do que *eventual*, ainda que adjetivado de *especial.*

Com efeito, não regulamentou o legislador o trabalho urbano eventual em geral, porque há atividades, como as dos encanadores, pintores e pedreiros que realizam pequenas reformas em residências, que, embora necessitem de regulação mínima, são considerados pequenos empreiteiros, albergados pelo art. 652, *a*, III, da CLT, e não se confundem com trabalho subordinado nos limites que se pode admitir a esse tipo de atividade.

Apenas tratou do *chapa*, que, a rigor, sempre foi uma espécie distinta do *avulso*, com a diferença, injusta, de que não gozava de proteção alguma. E estabeleceu, nessa atividade agora regulamentada, dois tipos de trabalho:

---

(118) Como tantos decidiram, assim também julgamos: Ac. TRT 8ª Reg. 1ª T RO-01375-2006-007-08-00-1, de 07.08.2006 (Cibrasa Cimento do Brasil *vs.* Alexsandro Oliveira de Lira e Euzébio Alves de Oliveira), cuja ementa dispõe: *RELAÇÃO DE EMPREGO. INEXISTÊNCIA. CHAPA. Se as próprias testemunhas do reclamante declararam que, se não cumprissem os horários de trabalho, eram substituídos por outros trabalhadores, afastando a existência de pessoalidade e subordinação jurídica na prestação dos serviços, não há que se falar em empregado, mas chapa, porque ausentes os elementos caracterizados da relação de emprego.*

o que tem vínculo empregatício regular, cujas regras de prestação de serviço são as da CLT, e o intermediado pelo sindicato de classe, que passa a ser regulado pela nova lei.

A Lei n. 12.023/2009 registra que *as atividades de movimentação de mercadorias em geral exercidas por trabalhadores avulsos... são aquelas desenvolvidas em áreas urbanas ou rurais sem vínculo empregatício, mediante intermediação obrigatória do sindicato da categoria, por meio de Acordo ou Convenção Coletiva de Trabalho para execução das atividades* (art. 1º).

O art. 263 da Instrução Normativa RFB n. 971, de 13 de novembro de 2009, no inciso II, define o avulso não portuário como sendo

> aquele que presta serviços de carga e descarga de mercadorias de qualquer natureza, inclusive carvão e minério, o trabalhador em alvarenga (embarcação para carga e descarga de navios), o amarrador de embarcação, o ensacador de café, cacau, sal e similares, aquele que trabalha na indústria de extração de sal, o carregador de bagagem em porto, o prático de barra em porto, o guindasteiro, o classificador, o movimentador e o empacotador de mercadorias em portos, assim conceituados nas alíneas "b" a "j" do inciso VI do art. 9º do RPS.

Pelo art. 1º da Lei n. 12.023/2009 se tem que o avulso não portuário terá que estar albergado por um sindicato, que negociará as normas coletivas. Não significa que seja obrigatória sua filiação porque, se fosse, estaria sendo violado o *caput* do art. 8º da Constituição, no entanto, esse trabalhador necessita, por disposição legal, estar registrado ou cadastrado no sindicato.

Nessa linha, observe-se que há clara distinção entre trabalhador registrado e trabalhador cadastrado. Aquele é o que tem preferência na designação para o labor, aplicando-se, por analogia, as Leis ns. 8.630/1993 (art. 26) e 9.719/1998 (art. 4º). Este passa a integrar uma espécie de cadastro de reserva, ou uma lista de espera, não se confundindo com filiação sindical e, por consequência, não havendo falar em violação do art. 5º, § 2º, da Lei n. 12.023/2009.

Assim deve ser entendido porque registro ou cadastramento não significam filiação. Aliás, o mencionado § 2º do art. 5º assinala:

> § 2º A identidade de cadastro para a escalação não será a carteira do sindicato e não assumirá nenhuma outra forma que possa dar ensejo à distinção entre trabalhadores sindicalizados e não sindicalizados para efeito de acesso ao trabalho.

Há dois tipos de trabalhador que podem desenvolver a atividade que a lei regula. Um é aquele com vínculo empregatício, regido normalmente pela CLT, empregado regular da empresa tomadora do seu serviço ou de uma terceirizada que faça suas vezes nesse mister. O outro é sem vínculo de emprego, sujeito do regime do trabalho avulso, cuja contratação se dá através de seu sindicato de classe. É o que indica o art. 3º.

As atividades que esse avulso não portuário poderá desenvolver são, segundo o art. 2º, as seguintes: cargas e descargas de mercadorias a granel e ensacados, costura, pesagem, embalagem, enlonamento, ensaque, arrasto, posicionamento, acomodação, reordenamento, reparação da carga, amostragem, arrumação, remoção, classificação, empilhamento, transporte com empilhadeiras, paletização, ova e desova de vagões, carga e descarga em feiras livres e abastecimento de lenha em secadores e caldeiras; operações de equipamentos de carga e descarga; e pré-limpeza e limpeza em locais necessários à viabilidade das operações ou à sua continuidade.

Ao sindicato de classe toca negociar, autônoma e coletivamente, como prevê o art. 5º, VI, com o lado patronal acerca das condições prevista no parágrafo único do art. 1º: remuneração, definição de funções, composição de equipes e demais condições de trabalho.

Ademais, cabe ao sindicato, a teor do art. 4º, elaborar a escala de trabalho e as folhas de pagamento dos trabalhadores avulsos, com a indicação do tomador do serviço e dos trabalhadores que participaram da operação, devendo informar, com relação a estes, os respectivos números de registro ou cadastro no sindicato; tipo de serviço e turnos de trabalho; e também os valores remuneratórios de cada qual, inclusive: repouso remunerado, FGTS, 13º salário, férias remuneradas acrescidas do 1/3 constitucional, e, se for o caso, adicional noturno e horas extraordinárias. Esses valores serão repassados aos trabalhadores 72 horas após terem sido arrecadados (art. 5º, III).

A rigor, funciona como um *OGMO não portuário*, porque também tem outros deveres, como consigna o art. 5º, a saber: divulgar amplamente as escalas de trabalho dos avulsos, com a observância do rodízio entre os trabalhadores; proporcionar equilíbrio na distribuição das equipes e funções, visando à remuneração em igualdade de condições de trabalho para todos e a efetiva participação dos trabalhadores não sindicalizados; exibir para os tomadores da mão de obra avulsa e para as fiscalizações competentes os documentos que comprovem o efetivo pagamento das remunerações devidas aos trabalhadores avulsos; e, zelar pela observância das normas de segurança, higiene e saúde no trabalho.

O trabalho avulso não portuário é, como visto, intermediado pelo sindicato, e a empresa tomadora de serviços tem uma série de deveres. Dentre eles, o recolhimento dos valores devidos ao FGTS, acrescido dos percentuais relativos a 13º salário, férias, encargos fiscais, sociais e previdenciários, observando o prazo legal, e o repasse ao sindicato dos valores devidos pelos serviços prestados ou dias trabalhados, acrescidos dos montantes relativos a repouso remunerado, 13º salário e férias com o 1/3 constitucional, para viabilizar o pagamento do trabalhador avulso, bem como os percentuais referentes aos adicionais extraordinários e noturnos, o que deverá ser feito em até 72 horas úteis do encerramento do trabalho requisitado, significando que o trabalhador deverá receber seus ganhos em até seis dias após a finalização da tarefa.

Permanecem dependentes de decreto regulamentador os temas relativos à liberação das parcelas referentes ao 13º salário e às férias depositadas nas contas individuais vinculadas e o recolhimento do FGTS e dos encargos fiscais e previdenciários, o que, certamente, causa prejuízos a esses trabalhadores, apesar da Instrução Normativa RFB n. 971/2009.

Por outro lado, a responsabilidade objetiva foi critério adotado para garantir os direitos pecuniários dos trabalhadores avulsos não portuários. O art. 8º prevê:

> Art. 8º As empresas tomadoras do trabalho avulso respondem solidariamente pela efetiva remuneração do trabalho contratado e são responsáveis pelo recolhimento dos encargos fiscais e sociais, bem como das contribuições ou de outras importâncias devidas à Seguridade Social, no limite do uso que fizerem do trabalho avulso intermediado pelo sindicato.

Se esse dispositivo cuida da solidariedade com relação à Seguridade Social e a outros encargos devidos a entidades públicas (são encargos fiscais e sociais), o art. 5º, § 1º, prevê que serão responsáveis, pessoal e solidariamente, os dirigentes da entidade sindical caso não ocorra, em 72 horas, o repasse da remuneração devida ao trabalhador, que deve ter sido recebida pelo sindicato nas 72 horas anteriores, a partir de concluído o trabalho.

A lei igualmente revela preocupação com a segurança e a saúde do trabalhador, na medida em que torna obrigação das empresas tomadoras do trabalho avulso o fornecimento de equipamentos de proteção individual e a observância das regras pertinentes.

A atribuição dos auditores-fiscais do trabalho de verificar o cumprimento e observância das normas de proteção do trabalhador, constante da CLT, que inclui autuar e impor multas, permanece com relação ao trabalho avulso não portuário (art. 10, parágrafo único, da Lei n. 12.023/2009), sendo o valor da multa administrativa fixado em R$ 500,00 por trabalhador prejudicado (art. 10, *caput*).

Ao final, a Lei n. 12.023/2009, que começou a viger trinta dias após publicada (art. 12), não se aplica ao avulso portuário, como expressamente declara seu art. 11.

No que refere às possíveis ações na Justiça do Trabalho, que, sem dúvida alguma, é competente para esse tipo de demanda (art. 7º, XXXIV, c/c art. 114, I, da Constituição), os pontos a realçar são: as multas administrativas impostas pelo M.Tb. devem ser cobradas no 1º grau da Justiça do Trabalho; as ações de cobrança das remunerações dos avulsos devem ser ajuizadas contra o sindicato representativo e, solidariamente, contra a tomadora dos serviços, o mesmo ocorrendo com a pretensão relativa às demais parcelas trabalhistas.

Os aspectos mais relevantes da Lei n. 12.023/2009 são os seguintes:

a) foi criada a figura do trabalhador avulso não portuário, ficando regulada a atividade do *chapa*, que não se confunde com trabalhador eventual, tendo, por certo, expressivo alcance social;

b) é indispensável existir um sindicato para intermediar a contratação do avulso não portuário, incumbindo a este especialmente a indicação do trabalhador e o recebimento e posterior pagamento da remuneração devida;

c) o repasse dos valores devidos aos trabalhadores avulsos não portuários, pelo sindicato da categoria, deve ocorrer em no máximo seis dias após finalizado o serviço (art. 5º, III, c/c art. 6º, II).

d) os dirigentes sindicais são responsáveis, pessoal e solidariamente, juntamente com a entidade gremial, pela inobservância do repasse dos valores devidos aos trabalhadores (art. 5º, § 1º); e,

e) é reconhecida a responsabilidade solidária (não subsidiária) da empresa tomadora dos serviços para fins de preservar os ganhos do obreiro (art. 8º), sendo ela também a única responsável pelo fornecimento de EPIs e cumprimento das normas de segurança no trabalho (art. 9º).

Existem diversos sindicatos já criados e em atividade, como, por exemplo, o Sindicato Profissional dos Trabalhadores na Movimentação e Ensacamento de Mercadorias e de Cargas e Descargas em Geral de Campinas e Região (SINTRACAMP)[119], o Sindicato dos Trabalhadores na Movimentação de Mercadorias em Geral de Patrocínio (MG), que obteve, por doação do Município, área de mais de 300m² para construção de sua sede[120], e o Sindicato dos Trabalhadores no Movimento de Mercadorias de Uberlândia (MG)[121]. A realidade, porém, fora das regiões sul e sudeste do Brasil, no restante do país, é que os *chapas* (os avulsos não portuários) continuam relegados a plano inferior, sobrevivendo em lamentável economia submersa, que não lhes dá efetiva garantia de espécie alguma.

2.4.3. *Autônomo*

Por definição legal (art. 11, V, *h*, da Lei n. 8.213/1991), considera-se autônomo a pessoa física que, por conta própria, exerce atividade econômica de natureza urbana, com fins lucrativos ou não.

As características do trabalho desenvolvido autonomamente são:

– ausência de subordinação, na medida em que o autônomo não está submetido a controle ou fiscalização de quem contrata seus serviços;

– continuidade, porque o trabalho autônomo não se exaure com um único ato, sendo duradouro; e,

– habitualidade, porque a atividade desenvolvida é sempre a mesma.

Regra geral, os trabalhadores autônomos podem ser confundidos, pela liberdade com que atuam, com os profissionais liberais, tipo advogados e médicos.

Como autônomo também se enquadram o vendedor ambulante (camelô), o diarista e o *flanelinha*, que serão vistos adiante.

Lembremos, porém, que existe uma chamada *zona cinzenta* no Direito do Trabalho, que costuma colocar certos trabalhadores sem o reconhecimento de subordinação que lhes garantiria inúmeros direitos trabalhistas. Nela encontramos os representantes comerciais, que, regulados pela Lei n 4.886/65, em muitas oportunidades são apenas empregados subordinados de um determinado produtor.

De igual, os cabeleireiros e manicures e assemelhados, os trabalhadores intelectuais, os motoristas de táxi, os motoqueiros responsáveis por entregas, os corretores (inclusive os de imóveis), cujos traços caracterizadores da atividade podem revelar sua condição de verdadeiros empregados, dependendo, nesse particular, das provas apresentadas e da sensibilidade do julgador.

É imperioso, todavia, ressalvando nosso entendimento pessoal, destacar a regra introduzida pelo art. 442-B da CLT, decorrente da Lei n. 13.467/2017, e, 72 horas após, alterada pela MP n. 808/2017. Dispõe o *caput* desse artigo, na redação vigente:

> Art. 442-B. A contratação do autônomo, cumpridas por este todas as formalidades legais, de forma contínua ou não, afasta a qualidade de empregado prevista no art. 3º desta Consolidação.

Isto nos leva a admitir que, a partir dessa disposição, será profundamente difícil e, consequentemente, raro, identificar claramente a fraude no contrato de autônomos, porquanto, como se infere, cumprida a formalidade da celebração do contrato reconhecendo a autonomia, a lei afasta a possibilidade de reconhecer relação de emprego como define o art. 3º da CLT.

---

(119) Dissídio coletivo envolvendo esse sindicato e 104 entidades patronais de São Paulo foi examinado pelo TST, ao apreciar o recurso ordinário interposto pelo Sindicato da Indústria da Construção Civil de Grandes Estruturas no Estado de São Paulo (Sinduscon) (Proc. TST-RODC-1699/2004-000-15-00.5, Rel.: Min. Maurício Godinho Delgado, DJ 24.10.2008), quando ainda não vigia a Lei n. 12.023/2009.

(120) Cf. <http://www.dianewsnoticias.com.br/novo/index.php?option=com_content&view=article&id=2599%3Acamara-fecha-reunioes-extraordinarias-de-2011-com-aprovacao-de-dois-projetos-&catid=37%3Apolitica&Itemid=54>. Acesso em: 14 abr. 2014.

(121) Cf. <http://www.trabalhoavulso.com.br/Sindicatos/minasgerais.htm>. Acesso em: 7 maio 2014.

Foi suprimida a expressão *com ou sem exclusividade,* constante da primitiva redação do *caput* do art. 442-B, passando seu § 1º a consignar que:

> § 1º É vedada a celebração de cláusula de exclusividade no contrato previsto no *caput.*

E, em complemento, o § 2º elucidou que:

> § 2º Não caracteriza a qualidade de empregado prevista no art. 3º o fato de o autônomo prestar serviços a apenas um tomador de serviços.

Significa que autônomo conservará essa condição ainda que seja *autônomo de um único tomador de seus serviços,* e se o contrato de trabalho de autônomo consignar cláusula de exclusividade, esse trabalhador não perderá essa condição. Ou seja, continuará autônomo e a cláusula deverá ser declarada nula.

Além desses §§ 1º e 2º, mais cinco outros foram acrescentados pela MP n. 808/2017, esclarecendo o § 3º que:

> § 3º O autônomo poderá prestar serviços de qualquer natureza a outros tomadores de serviços que exerçam ou não a mesma atividade econômica, sob qualquer modalidade de contrato de trabalho, inclusive como autônomo.

Esse parágrafo faculta ao trabalhador contratado como autônomo ser admitido também como empregado regular ou mesmo como autônomo em outro tomador de seus serviços, irrelevante a atividade econômica que este exerça.

O autônomo pode, segundo o § 4º, recusar-se a realizar atividade solicitada pelo contratante, sujeitando-se, todavia, à aplicação de cláusula penal que esteja prevista no contrato.

Visando a dispor sobre o que chamamos acima de *zona cinzenta* no Direito do Trabalho, a MP n. 808/2017 parece ter agido com excessivo rigor com determinadas atividades. É o que o § 5º do art. 442-B possui a seguinte redação:

> § 5º Motoristas, representantes comerciais, corretores de imóveis, parceiros, e trabalhadores de outras categorias profissionais reguladas por leis específicas relacionadas a atividades compatíveis com o contrato autônomo, desde que cumpridos os requisitos do *caput*, não possuirão a qualidade de empregado prevista o art. 3º.

O dispositivo em apreço relaciona, exemplificativamente, algumas atividades (motoristas, representantes comerciais, corretores de imóveis e parceiros) e se reporta a *trabalhadores de outras categorias profissionais.* A tanto, basta que sejam regulados por leis específicas que tenham alguma relação com atividade autônoma. Acrescenta que, se cumpridos os requisitos do *caput* do art. 442-B, esses trabalhadores não serão empregados.

As formalidades legais são: a existência de um contrato escrito, ser o contratado pessoa física, que esse trabalho seja realizado por conta própria, desenvolvendo atividade econômica de natureza urbana, podendo ter ou não finalidade lucrativa, que são requisitos constantes do art. 11, V, *h*, da Lei n. 8.213/1991. O que o novo comando legal determina é que é irrelevante a exclusividade, ou mesmo o exercício da mesma atividade da empresa contratante. Preenchidos esses requisitos, o trabalhador assim contratado deverá ser considerado autônomo.

Assim deve ser entendido, também, porque o § 7º assinala que essa condição de autônomo permanecerá mesmo que a atividade seja relacionada com o negócio da empresa contratante, como que tentando, por esse viés, legalizar a pejotização, instituto que abordaremos adiante (v. nesta Parte, Capítulo VII, n. 2).

No entanto, é relevante o disposto no § 6º, assinalando que:

> § 6º Presente a subordinação jurídica, será reconhecido o vínculo empregatício.

Examinando com bastante cautela, essa redação leva-nos a uma conclusão: o autônomo será tão autônomo quanto a ausência de liberdade de seu trabalho. Se for identificada qualquer forma de controle, qualquer ordem de comando, qualquer forma de cumprimento de atividade, esse *autônomo* deverá ser considerado empregado. O diferencial é justamente a subordinação jurídica.

Assinalamos esse aspecto que é muitas vezes o que se passa no exercício de diversas atividades, como corretor de imóveis (que atua com exclusividade e, sobretudo, recebendo ordens da contratante, não podendo delas se afastar), ou o parceiro, aquele que trabalha, v.g., em salões de beleza (que é mascarado de autônomo, mas na verdade não goza da mínima autonomia).

O art. 442-A e seus parágrafos podem refletir em várias atividades profissionais, muitas das quais comentamos nesta obra, mas não devem ser interpretados de forma a admitir que qualquer profissão possa ter esse caráter de autonomia. Se ruim a MP n. 808/2017 ao tratar do tema, pelo menos o § 6º poderá permitir a correção de possíveis injustiças, cabendo à Justiça do Trabalho atuar, quando provocada, para corrigir esses lamentáveis equívocos.

2.4.3.1. Motorista Uber

Uma espécie diferenciada de motorista de táxi merece especial atenção justo porque é muito questionada a sua condição de autônomo ou de subordinado. Trata-se daquele que trabalha utilizando um aplicativo (*E-hailing*) disponível para celulares que conecta motorista a passageiros, oferecendo um serviço semelhante ao táxi tradicional.

Esse aplicativo foi criado pela empresa Uber, uma multinacional norte-americana, fundada em 2009, que presta serviços eletrônicos, e que chegou ao Brasil em 2014.

Existem cinco espécies de Uber, destacando-se o UberX, que é seu principal serviço, disponível para carros, e o Uber Black, para carros de luxo de cores prata ou preto com tarifas elevadas. Os demais cuidam de transporte de animais, bagagens e bicicletas.

A questão principal, além da disputa entre os motoristas de táxi regular e os de táxi *uber*, é acerca da existência ou não de relação de emprego entre o motorista e a empresa Uber, que administra o aplicativo, e que pode ser alegado existir entre os dois um contrato de parceria.

Parece ser difícil o controle regular das atividades dos motoristas Uber, porque teriam, em tese, total liberdade de escolher quando e onde se conectariam ao aplicativo para atender possíveis passageiros, usariam seus próprios veículos e receberiam a maior parte do valor da corrida realizada. Importaria, então, em inexistência de subordinação.

No entanto, os preços das corridas não são fixados pelos motoristas, que precisam estar devidamente cadastrados; o pagamento é efetuado por meio de cartão de crédito à Uber que repassa a parte dos motoristas; estes, por seu vez, devem possuir um veículo de luxo e sempre estar vestidos com roupa social completa (terno e gravata). Embora não cumpram horário, é recomendado que mantenham o aplicativo no modo *on-line*, e, ao não proceder dessa forma, podem ser penalizados.

Nos Estados Unidos, a Justiça americana está demonstrando tendência a reconhecer a relação de emprego[(122)]. No Brasil, existem notícias de ações em vias de ajuizamento na Justiça do Trabalho[(123)].

Considerando os argumentos aduzidos pela própria empresa Uber e as características que se verifica na realidade do trabalho desenvolvido, será possível reconhecer vínculo empregatício entre a empresa Uber e os motoristas que usam seu aplicativo?

Precisamos considerar o surgimento de novas formas de trabalho, muitas, como esta, decorrentes das novas tecnologias que mudaram a vida das pessoas. Trata-se de uma inovação disruptiva que leva a sociedade a uma readaptação e a reavaliação de seus costumes tradicionais.

Tendo em vista os traços caracterizadores da relação de emprego, parece que na relação Uber X motorista o que existe não é um contrato de parceria, mas sim um vínculo empregatício bem delineado.

Com efeito, temos a subordinação representada pelo submissão dos motoristas às regras da Uber; a não eventualidade pelo cumprimento de jornada mínima de trabalho sem o que o motorista pede o acesso ao uso do aplicativo; a pessoalidade, pela impossibilidade de transferir os trabalhos a outro motorista, sem cadastramento prévio; e a remuneração decorrente da transferência de parte do pagamento efetuado pelo cliente, em cartão de crédito, à Uber para o motorista.

Esta é uma realidade nova no mundo do trabalho que exige cautela e detido exame de prova quando for submetido ao exame do juiz.

---

(122) Cf. <http://g1.globo.com/economia/noticia/2016/08/juiz-dos-eua-rejeita-tentativa-de-acordo-do-uber-com-motoristas.html>. Acesso em 31.10.2016.

(123) Cf. <http://www.em.com.br/app/noticia/economia/2016/09/19/internas_economia,805379/ex-motorista-do-uber-em-bh-vai-a--justica-pedir-direitos-trabalhistas.shtml>. Acesso em 31.10.2016.

2.4.4. *Vendedor ambulante*

O comerciante de rua, que desenvolve uma economia informal ou clandestina, em uma banca improvisada instalada em algum logradouro público, sobretudo nas grandes cidades, e que também recebe as denominações *camelô* ou *marreteiro*, é o vendedor ambulante. Inegável reflexo do desemprego, o vendedor ambulante não está sem trabalho, mas está vivendo uma condição que poderia ser chamada de *subemprego*, ou, o que me parece mais indicado, *subtrabalho,* dada sua condição de clandestino.

Habitualmente, a imprensa brasileira noticia conflitos entre autoridades do Estado e os ambulantes, ocasionados pela atuação de fiscais, conhecidos popularmente como *rapas*, que objetiva coibir as muitas atividades irregulares que são praticadas nesse tipo de trabalho.

O que mais se tem constatado, aqui e no exterior, é a venda de produtos contrabandeados e de qualidade duvidosa, comercialização de outros pirateados ou falsificados, violação a direitos do autor, e, muitas vezes, produtos roubados e/ou furtados.

Vão, porém, além as irregularidades. Falta de pagamento de tributos, o que revela sonegação fiscal e concorrência desleal em relação aos comerciantes regulares; uso inadequado do espaço público, dificultando o deslocamento das pessoas; utilização irregular de água e energia elétrica da rede pública; venda de alimentos de procedência duvidosa, sem condições de consumo regular (prazo vencido e sem conservação), causando danos à saúde das pessoas.

Por serem irregulares, não há qualquer norma que os proteja. Assim, não possuem quaisquer direitos trabalhistas. No entanto, nada impede que um vendedor ambulante possa vir a ser acionado por um seu ajudante na banca de vendas dos produtos que comercializa. Em ocorrendo situação dessa natureza, esse ajudante poderá ter todos os direitos de um empregado subordinado comum.

2.4.5. *Diarista*

Por diarista entenda-se aquele que presta serviço de natureza não contínua, por conta própria, a pessoa ou família no âmbito residencial desta, sem fins lucrativos, e que é trabalhador autônomo para fins previdenciários.

Há uma proximidade muito grande entre o empregado doméstico e o diarista. Assim, os elementos caracterizadores principais são: o doméstico é um serviço contínuo; o diarista, embora continuado, é intermitente; admite-se que o doméstico trabalha pelo menos três a seis dias na semana; o diarista geralmente trabalha duas vezes semanalmente na mesma residência; o salário do doméstico é pago por semana, quinzena ou mês; o *pro labore* do diarista é pago ao final da jornada do dia, mesmo porque poderá não querer mais trabalhar nos demais. Impende destacar que, com a Lei Complementar n. 150, de 1.6.2015, ficou expressamente previsto que empregado doméstico é quem trabalha subordinadamente mais de dois dias (art. 1º), resultando, então, que serão diaristas apenas quem trabalha até dois dias.

Diaristas podem ser faxineiros, passadeiras, jardineiros, babás, cozinheiros, mordomos, tratadores de piscina, acompanhantes de idosos e enfermos e os chamados *folguistas*, que são os substitutos dos empregados efetivos nas suas folgas.

Existem situações, todavia, em que podem se caracterizar como relação de emprego. Sendo diarista e comparecendo duas vezes por semana ao trabalho onde ajuda quem o contratou na confecção de produtos para venda em final de semana, esse trabalhador será empregado comum, porque aí está presente finalidade lucrativa. Ou seja, sempre que estiver demonstrada a finalidade lucrativa da atividade patronal, o diarista será empregado subordinado comum, não sendo considerado nem doméstico, nem diarista no seu sentido comum.

Ademais, se a presença do diarista for ininterrupta, três ou mais vezes na semana, fazendo atividades de limpeza, *v. g.*, estará caracterizada a relação como de empregado doméstico. A LC n. 150, de 1.6.2015, que dispõe sobre o contrato de trabalho doméstico, admite como diarista quem trabalha até dois dias em atividade não lucrativa, no âmbito residencial (v., sobre trabalho doméstico, nesta Parte, Capítulo VI, Parte 18).

2.4.6. *Eventual*

Por definição legal (art. 11, v. g, da Lei n. 8.213/1991), entende-se como trabalhador eventual *aquele que presta serviço de natureza urbana ou rural em caráter eventual, a uma ou mais empresas, sem relação de emprego.*

São características do trabalho eventual: ser descontínuo, de pouca duração e referente a um evento certo. Como se constata, não há habitualidade.

Importa, com efeito, que são atividades específicas, desenvolvidas em caráter esporádico, sem subordinação, embora onerosas, não existindo qualquer vínculo empregatício.

São trabalhadores eventuais o encanador chamado para reparos em uma residência; o eletricista que vai fazer modificações na instalação elétrica de um escritório; o chaveiro que comparece para trocar uma fechadura danificada.

Caso clássico é o de garçons chamados para atender em determinado evento. Nesse particular, aliás, os garçons não perdem a característica de eventuais quando contratados por empresas especializadas para encontros específicos, ou por grandes clubes, quando são realizadas comemorações com um número muito elevado de participantes. Esses profissionais são contratados apenas para o que se costuma chamar de *função*, continuando com sua condição de trabalhador eventual, não havendo falar em relação de emprego subordinado.

2.4.7. *Estagiário*

2.4.7.1. *Evolução legislativa*

A Lei n. 6.494, de 07.12.1977, introduziu a figura do estagiário no Direito brasileiro, autorizando estágios somente para estudantes universitários ou técnicos profissionalizantes, regulamentada pelo Decreto n. 87.497, de 18.08.1982, atualizado pelos Decretos ns. 89.467, de 21.03.1984, e 2.080, de 26.11.1996. Após, foi atualizada pela Lei n. 8.859, de 23.03.1994, e pela Medida Provisória n. 1.952/1924, de 26.05.2000, e a MP n. 2.164/1941, de 24.8.2001, estendeu a prerrogativa de estagiários também para estudantes do ensino médio regular (colegial). Esse o razoavelmente longo emaranhado legislativo da história passada do instituto do estágio no Brasil: duas leis ordinárias, três decretos, duas medidas provisórias reeditadas ao todo 65 vezes. Em apertada síntese: setenta diplomas legais. E, em rima pobre: muita legislação para pouca solução, remédio brasileiro para não resolver problema.

Atualmente, a Lei n. 11.788, de 25.09.2008, é o diploma que cuida da matéria, revogando todos os anteriores. Pelo menos, nesse ponto, os principais destinatários da norma, os *estagiários*, especialmente os que não forem alunos de Direito, terão menos dificuldade de entender o que são, seus direitos e seus deveres.

Estágio, por definição legal, é *ato educativo escolar supervisionado, desenvolvido no ambiente de trabalho, que visa à preparação para o trabalho produtivo de educandos que estejam frequentando o ensino regular em instituições de educação superior, de educação profissional, de ensino médio, da educação especial e dos anos finais do ensino fundamental, na modalidade profissional da educação de jovens e adultos* (art. 1º da Lei n. 11.788/2008).

2.4.7.2. *Natureza jurídica*

Amauri Mascaro Nascimento ensina que é *uma modalidade especial de contrato de qualificação profissional com objetivos pedagógico e de formação de profissional em diferentes áreas do conhecimento*[124]. Logo é diferente do contrato de trabalho, onde o traço de subordinação é a principal nota caracterizadora.

O contrato de estágio não possui natureza salarial e, quando verdadeiro, não gera vínculo de emprego, devendo ser firmado mediante termo de compromisso entre o estudante-estagiário, a entidade concedente e a instituição de ensino de origem do aluno (art. 3º, II).

O destaque principal é o fato de o estágio proporcionar preparação para o trabalho produtivo (art. 1º), fazer parte do projeto pedagógico do curso *e* integrar o itinerário de formação do estudante (§ 1º), preparando para o trabalho (§ 2º).

Em outros termos, esses traços peculiares importam em que o estudante de Direito não poderá fazer estágio no serviço ambulatorial de uma empresa, nem o estudante de engenharia civil dentro um centro de montagem de automóveis, nem o estudante de medicina nuclear prestando estágio na sala de audiências de uma Vara da Justiça do Trabalho. Haverá absoluta incompatibilidade com o seu curso de origem, motivo principal do estágio, para aperfeiçoar seu conhecimento.

---

(124) NASCIMENTO, A. M. *Curso*... cit., 24. ed. p. 788.

É a identificação da natureza jurídica do contrato que revelará tratar-se ou não de estágio, ser ou não um simples contrato comum de emprego.

2.4.7.3. *A prestação do estágio*

O estagiário é a pessoa física que estiver regularmente matriculada, como aluno, em cursos vinculados ao ensino público ou particular, de educação superior, de ensino médio, de educação profissional ou de educação especial.

A sua contratação opera-se mediante a assinatura de um Termo de Compromisso, conhecido como *contrato de estágio*, celebrado pela parte concedente, pela instituição de ensino e pelo próprio estagiário ou seu representante legal (art. 3º, II).

Importante observar que a Lei n. 11.788/2008 fixa limites para o número de estagiários por parte concedente. A finalidade é justamente a de não fazer substituir o empregado regular (com os ônus de sua manutenção) por um *empregado* travestido de estagiário. Os limites, conforme o art. 17, são:

- de um a cinco empregados regulares: um estagiário;
- de seis a dez empregados: até dois estagiários;
- de onze a 25 empregados: até cinco estagiários;
- acima de 25 empregados: até 20% de estagiários.

Da legislação em vigor, verifica-se que o estágio regular deve observar pelo menos os seguintes requisitos: (1) empresas públicas ou privadas e profissionais liberais, aptos a proporcionar experiência prática a estudante (art. 9º, *caput*), podem contratar como (2) estagiários a partir de 16 anos de idade, porque a idade mínima para trabalhar (art. 7º, XXXIII, da Constituição), aqueles que (3) estiverem regularmente matriculados e frequentando cursos de educação superior, de ensino médio, de educação profissional de nível médio ou superior, escolas de educação especial ou o final do ensino fundamental (art. 3º, I); (4) não cria vínculo empregatício de qualquer natureza (art. 3º, *caput*), mas proporciona ao estudante possibilidade de, ao final do estágio, ser admitido como empregado regular; (5) o estagiário recebe bolsa de estágio mensal ou outra forma de contraprestação de serviços previamente acordada e auxílio-transporte (art. 12); (6) por liberalidade, as empresas podem conceder aos estagiários os benefícios assegurados aos empregados regulares referentes a transporte, alimentação e saúde (art. 12, § 1º); (7) o estagiário fará jus, obrigatoriamente, ao Seguro de Acidentes Pessoais oferecido pela empresa, durante o período em que estiver estagiando (art. 9º, IV); (8) o horário de prestação do estágio é livremente fixado, mas deve ser sempre compatível com a atividade escolar (art. 10), e observará limites diários e semanais (art. 10, I e II); (9) as contratações de estagiários não são regidas pela CLT; e (10) o estagiário não assina folha de pagamento na empresa, mas um recibo mensal de bolsa-estágio.

Acerca do limite da jornada, temos:

- quatro horas/dia ou vinte horas/semana para estudantes de educação especial e dos últimos anos do ensino fundamental;
- seis horas/dia ou trinta horas/semana para estudantes de ensino superior, educação profissional de nível médio e de ensino médio regular.

Se houver excessos nessa jornada, ainda que eventuais, o compromisso vai ganhando contornos diversos e transforma o estagiário em empregado, conforme prevê o art. 15 da Lei.

Um aspecto fundamental e, algumas vezes, esquecido: não basta o estagiário estar matriculado em algum estabelecimento de ensino dentre os elencados na lei. É fundamental a frequência. Noutras palavras, estudante-estagiário ausente das aulas não é estagiário porque perde o requisito mais importante que gerou o contrato celebrado.

2.4.7.4. *O recesso do estagiário*

Um dos temas mais importantes do estágio é o referente ao recesso que é regulado no art. 13 da Lei n. 11.788/2008:

> Art. 13. É assegurado ao estagiário, sempre que o estágio tenha duração igual ou superior a 1 (um) ano, período de recesso de 30 (trinta) dias, a ser gozado preferencialmente durante suas férias escolares.
>
> § 1º O recesso de que trata este artigo deverá ser remunerado quando o estagiário receber bolsa ou outra forma de contraprestação.

> § 2º Os dias de recesso previstos neste artigo serão concedidos de maneira proporcional, nos casos de o estágio ter duração inferior a 1 (um) ano.

Recesso é o nome das *férias* do estagiário. Para não chamar *férias*, que seria assemelhar demais ao trabalhador comum, o legislador usou um eufemismo: *recesso*. Isto não é novidade. No México, *v. g.*, chama-se de *setor não estruturado* para o trabalho informal.

Do próprio preceito, podem ser extraídos os principais requisitos para o recesso:

- trinta dias de recesso a cada período de um ano ou mais de estágio;
- gozo preferencialmente (não necessariamente) com as férias escolares;
- remuneração mantida no recesso como se prestando estágio estivesse;
- se inferior a um ano, direito a recesso proporcional.

Há muitos questionamentos que advêm do dispositivo acima transcrito. Admitamos que o estagiário tenha concluído o estágio com, *v. g.*, um ano e oito meses completos, sem ter gozado o recesso. Nesse caso, terá direito a trinta dias, mas deverá ser remunerado com o valor correspondente a um mês (referente a um ano), mais 8/12 (proporcionalidade dos oito meses), conquanto a lei trate da proporcionalidade para fim de gozo, e não para fim de remuneração.

Caso o estágio não alcance um ano de duração, seja de nove meses, *v. g.*, menos que um ano, portanto, o valor do recesso, que não existirá como ausência ao trabalho no estágio, será remunerado proporcionalmente em 9/12 (art. 13, *in fine*).

Não sendo o valor do recesso pago na época própria, caberá o pagamento dobrado, porque deve ser aplicada a mesma regra das férias do trabalhador comum. Vencido o período aquisitivo (um ano), expirado o ano seguinte para gozo do recesso, deve a concedente pagar em dobro o valor das férias com os duodécimos, se houver, igualmente dobrados.

Não pode o recesso ser superior a trinta dias, porque expresso no diploma legal. Poderá ser menor (proporcional), mas nunca superior.

Como a bolsa-estágio é facultativa (art. 12), pode haver estágio não remunerado e, nessa hipótese, nada receberá o estagiário quando do recesso, porque o § 1º do art. 13 da Lei expressamente prevê que somente será remunerado o estagiário que receber bolsa ou outra forma de contraprestação.

Dispõe o art. 15 da Lei n. 11.788/2008, *verbis*:

> Art. 15. A manutenção de estagiários em desconformidade com esta Lei caracteriza vínculo de emprego do educando com a parte concedente do estágio para todos os fins da legislação trabalhista e previdenciária.
>
> § 1º A instituição privada ou pública que reincidir na irregularidade de que trata este artigo ficará impedida de receber estagiários por 2 (dois) anos, contados da data da decisão definitiva do processo administrativo correspondente.
>
> § 2º A penalidade de que trata o § 1º deste artigo limita-se à filial ou agência em que for cometida a irregularidade.

Com efeito, se a entidade tomadora do estágio não conceder recesso em época própria, além do pagamento em dobro da remuneração, será configurada a ruptura do estágio e, a nosso ver, não estaremos mais diante de um contrato (compromisso) de estagiário, mas sim de um simples contrato de trabalho subordinado. É a previsão do *caput* do dispositivo. Caberá ao concedente o pagamento dobrado da remuneração do recesso (agora férias normais), bem como as parcelas trabalhistas devidas a um empregado comum, nos termos do art. 3º da CLT.

Por outro lado, se o estágio vier a ser rompido antes do prazo, por motivo causado pelo estagiário, perde ele direito ao recesso; se a causa for dada pelo tomador, deverá indenizar o estudante *in pecunia* pelo período de estágio realizado. Caso a tomadora não proceda dessa forma, estará rompido o estágio por falta do tomador e caracterizada relação de trabalho normal.

O recesso deve ser concedido logo após o período aquisitivo, preferencialmente coincidindo com as férias escolares do estagiário.

Na ocorrência de faltas, se injustificadas, podem ser compensadas no recesso, sem que, com isso, ocorra transformação do compromisso, mas, ao contrário, assinala a responsabilidade do futuro profissional.

Período de provas não se confunde com recesso. A *Lei do Estágio*, no art. 9º, VIII, prevê que o horário de provas é avisado, antecipadamente, pela entidade de onde o estagiário é oriundo. Por corolário, nos dias aludidos, haverá liberação do trabalho, mantida a remuneração. Ademais, não pode haver compensação nos dias de recesso. Não se trata de falta injustificada, mas de ausência expressamente prevista em lei.

Embora assemelhado às férias, o recesso do estagiário tem dois objetivos: dar-lhe repouso para recuperar-se para nova etapa de labor e coincidir com as suas férias escolares. Se houver uma divisão dos dias de recesso, como costuma ser feito com férias dos empregados normais, ou se vier a se cogitar da venda de 1/3 do período, estaremos fazendo incidir o art. 15 da Lei, e o termo de compromisso estará viciado.

A possível concessão do recesso fracionado, ou seja, a cada seis meses, quinze dias, não é expressamente proibida pela lei, porém, a intenção é coincidir com as férias escolares, logo não deve ocorrer o fracionamento.

Por fim, o pagamento do recesso deve ser formalizado mediante recibo formal, como o termo de compromisso é formal; deve ser na saída para gozar ou no momento em que o estágio for concluído.

2.4.7.5. *Responsabilidade no estágio*

Quem tem responsabilidade em relação do termo de compromisso do estágio e seus efeitos?

A essa questão, temos que o termo de compromisso deve ser assinado por três partes, e todas são igualmente responsáveis.

O estagiário deve cumprir suas obrigações, pena de ser dispensado do estágio.

A instituição de ensino pode ser responsabilizada diretamente pela violação das obrigações constantes do art. 7ª da Lei n. 11.788/2008, da mesma forma a parte concedente, relativamente às constantes do art. 9º.

Caso, todavia, estejamos diante de fraude à legislação trabalhista, onde o estagiário seja verdadeiramente um empregado subordinado, as penalidades estão consignadas no art. 15 da Lei: o reconhecimento da relação de emprego (*caput*) e a vedação de receber estagiários por dois anos, a partir da decisão definitiva proferida em processo administrativo correspondente (§ 1º).

2.4.8. *Por equipe*

Este tipo de contrato exige uma pluralidade de pessoas, integrantes da equipe, que irá desenvolver determinado trabalho e para cuja efetivação é indispensável a existência de um grupo de trabalhadores. Existe um liame de aproximação entre os trabalhadores, com identidade de interesses – efetuar uma determinada tarefa –, liderados pelo chefe da equipe.

Assim o contrato de equipe apresenta-se em duas modalidades, conforme a natureza dos membros do grupo: empregatícia ou autônoma.

Pode ser de natureza empregatícia, quando existe subordinação entre os integrantes da equipe e o tomador dos serviços, dono da obra, sendo celebrada, então, uma pluralidade de contratos, que se ligam por um contrato plúrimo.

Também pode ter natureza autônoma, quando inexiste essa subordinação, e, se provado algum vínculo, este forma-se diretamente entre o trabalhador e o chefe da equipe.

Rodrigues Pinto sintetiza:

> *trata-se de um negócio jurídico envolvendo, de um lado, um empregador e, de outro, uma pluralidade de empregados, estes, porém, enlaçados por uma unidade de interesse. Em consequência, não se formam tantas relações jurídicas quantos sejam os participantes do grupo e sim uma relação única, tendo por sujeito o próprio grupo*[(125)].

2.4.9. *Trabalho em cooperativas*

2.4.9.1. *Origem e regime jurídico*

Foi durante a Revolução Industrial, na Inglaterra, em 1841, que surgiu a primeira cooperativa, organizada por artesãos desempregados de uma manufatura de tecelagem próxima a Manchester, como noticia Irany Ferrari[(126)].

---

(125) RODRIGUES PINTO, J. A. *Curso de direito individual do trabalho*. 4. ed. São Paulo: LTr, 2000. p. 221-2.

(126) FERRARI, Irany. *Cooperativas de trabalho*. São Paulo: LTr, 1999. p. 17.

As primeiras cooperativas surgiram, no Brasil, ao tempo do Império. A Constituição de 1988 consigna, no art. 5º, XVIII:

> XVIII – a criação de associações e, na forma da lei, a de cooperativas independem de autorização, sendo vedada a interferência estatal em seu funcionamento;

Com isso, e enquanto não for aprovada outra lei, aquela a que se refere a Constituição é a Lei n. 5.764, de 16.12.1971, que definiu a política nacional de cooperativismo e instituiu o regime jurídico das sociedades cooperativas.

No Direito brasileiro, além desse diploma legal, o regime das cooperativas consta também dos arts. 1093 a 1096 do Código Civil de 2002.

No âmbito da OIT, não existem convenções a respeito, mas duas Recomendações cuidam da matéria. A Recomendação n. 127, de 21.06.1966, trata do papel das cooperativas no progresso econômico e social dos países em vias de desenvolvimento. A Recomendação n. 193, de 20.06.2002, versa sobre a promoção das cooperativas, incentivando políticas públicas para seu incremento.

2.4.9.2. *Definição*

A definição legal de cooperativa está no art. 4º da Lei n. 5.764/1971, que consigna se tratar de sociedade de pessoas, com forma e natureza jurídica próprias, de natureza civil, não sujeita a falência, constituída para prestar serviços aos associados, possuindo traços característicos distintos.

Sérgio Pinto Martins a define como a sociedade de pessoas que tem por objetivo a organização de esforços em comum para a consecução de determinado fim[(127)].

2.4.9.3. *Classificação*

As cooperativas podem ser classificadas em três modalidades: cooperativa de produção; cooperativa de consumo; cooperativa de crédito.

Quanto aos diversos tipos de atividades, podemos identificar treze tipos no Brasil, a saber: agrícolas, de transporte, de turismo e lazer, de saúde, de trabalho, agropecuário, compras, vendas, seguro, consumo, crédito, educacional; habitacional, mineral, casas populares, produção e de serviços, sendo as de trabalho, agropecuária e consumo as mais comuns.

As cooperativas de trabalho, também chamadas de cooperativa de mão de obra, não havendo restrição legal quanto ao seu objeto. Podem ser de dois tipos: lícita ou ilícita, conforme o tipo de trabalho que se propõe a desenvolver ou se visar a fraudar a legislação trabalhista.

2.4.9.4. *Normas civilistas*

As regras do Código Civil são de aplicação subsidiária ao regime das cooperativas (art. 1093), e uma sociedade cooperativa tem, conforme o art. 1.094, as seguintes características:

> I – variabilidade, ou dispensa do capital social;
>
> II – concurso de sócios em número mínimo necessário a compor a administração da sociedade, sem limitação de número máximo;
>
> III – limitação do valor da soma de quotas do capital social que cada sócio poderá tomar;
>
> IV – intransferibilidade das quotas do capital a terceiros estranhos à sociedade, ainda que por herança;
>
> V – quorum, para a assembleia geral funcionar e deliberar, fundado no número de sócios presentes à reunião, e não no capital social representado;
>
> VI – direito de cada sócio a um só voto nas deliberações, tenha ou não capital a sociedade, e qualquer que seja o valor de sua participação;

---

(127) MARTINS, Sérgio Pinto. *Cooperativas de trabalho*. 2. ed. São Paulo: Atlas, 2006. p. 51.

VII – distribuição dos resultados, proporcionalmente ao valor das operações efetuadas pelo sócio com a sociedade, podendo ser atribuído juro fixo ao capital realizado;

VIII – indivisibilidade do fundo de reserva entre os sócios, ainda que em caso de dissolução da sociedade.

A responsabilidade dos sócios é limitada ao valor de suas quotas na cooperativa e por prejuízo em operações sociais, nesse caso na proporção da participação do cooperado (art. 1.095, § 1º) ou ilimitada (§ 2º).

A lei material civil, por fim, determina que, se a lei especial for omissa, devem ser aplicadas, tanto quanto possível, as regras referentes à sociedade simples (art. 1.096).

2.4.9.5. *Objeto*

Desde que utilizem em sua denominação a expressão *cooperativa*, será considerada como tal qualquer sociedade que tenha por objeto qualquer gênero de serviço, operação ou atividade, como prevê o art. 5º, da Lei n. 5.764/1971.

2.4.9.6. *Ingresso*

Consoante prevê o art. 29, *caput*, da Lei n. 5.764/1971, qualquer pessoa pode ingressar em uma cooperativa se desejar utilizar os serviços que presta, preenchendo as condições estatutárias e aderindo a seus propósitos sociais. E nunca um associado de cooperativa terá, nessa condição, vínculo de emprego com ela (art. 90), embora, como qualquer empresa, uma sociedade dessa espécie possa ter seus empregados regulares (art. 91), submetidos às legislações trabalhista e previdenciária.

O órgão normativo da cooperativa possui poderes para restringir a admissão de associados àquelas que exerçam determinada atividade ou profissão ou estejam vinculados a determinada entidade (§ 1º).

Pessoas jurídicas podem ingressar nas cooperativas. Nas de pesca, de produtores rurais e de extrativistas a condição é a prática das mesmas atividades econômicas das pessoas físicas associadas (§ 2º), nas de eletrificação, irrigação e telecomunicações devem estar localizadas na respectiva área de operações (§ 3º).

Por outro lado, agentes de comércio e empresários que atuem no mesmo campo econômico da cooperativa nela não podem ingressar (§ 4º).

2.4.9.7. *Características*

Uma cooperativa possui um elenco de traços característicos, distintivos das demais espécies de sociedade. Sem qualquer pretensão exaustiva, referimos, a seguir, a alguns desses aspectos:

1) a adesão é voluntária e o número de associados é ilimitado;
2) o capital social é representado por quotas-partes limitadas e intransferíveis;
3) existe igualdade de voto e o critério da proporcionalidade somente pode ser utilizado excepcionalmente;
4) o *quorum* de funcionamento e deliberação da assembleia geral é tomado pelo número de associados;
5) salvo decisão da assembleia geral em contrário, as sobras líquidas do exercício retornam, na proporção das operações realizados pelo associado;
6) os fundos de reserva e de assistência técnica, educacional e social são indivisíveis;
7) é defesa atuação político-partidária da cooperativa;
8) é proibida discriminação religiosa, racial e social;
9) não existe cooperativa de pessoa jurídica, mas somente de pessoas físicas;
10) não existe relação de subordinação entre o cooperativado e a cooperativa. A relação é societária;
11) o cooperativado é segurado obrigatório individual da Previdência Social (art. 9º, § 15, IV, do RBPS);
12) não há subordinação entre o cooperativado e a empresa para a qual prestar serviços, donde não há jornada a cumprir, intervalos, assinatura de controle de frequência, nem está sujeito a fiscalização ou a punições;
13) deve ser dada assistência aos associados e, se possível, aos empregados da cooperativa; e,
14) a área de admissão de associados é limitada às possibilidades de reunião, controle, operações e prestação de serviços.

2.4.9.8. *Contribuição previdenciária de cooperativas*

A contribuição social previdenciária possui, segundo Océlio Morais,

> *natureza ... de crédito tributário, porque essas contribuições sociais destinam-se ao financiamento da Seguridade Social (e, nela, a previdência social), cujo objetivo é a proteção social, tarefa que incumbe ao Estado social, uma vez que está jungido à função vinculante do direito social fundamental à previdência. É disso, pois, que decorre a natureza tributária das contribuições sociais previdenciárias*[128].

Dentre as diversas contribuições sociais existentes há uma devida em face das atividades desenvolvidas por cooperativados e cooperativas de trabalho, como passamos a demonstrar.

As cooperativas são dotadas de natureza jurídica singular, para prestar serviços aos seus próprios sócios (art. 7º da Lei n. 5.764/71), objetivando reduzir as desigualdades existentes entre trabalhadores da mesma atividade em condições distintas de subsistência.

O Excelso Pretório, como guardião da Constituição, proclamou a inconstitucionalidade *incidenter tantum* do inciso IV do art. 22 da Lei n. 8.212/91, que é a lei de custeio da previdência social, por ofensa ao art. 195 constitucional, com repercussão geral. Ocorreu aquando do julgamento do RE 595.838-SP [129].

Trata-se da identificação base de cálculo para fins de incidência de contribuição previdenciária que empresas tomadoras de serviço devem recolher à previdência social, em decorrência da prestação de serviços de cooperados, desenvolvidos com a intervenção de cooperativas de trabalho.

Este julgado coloca pá de cal em divergência surgida em 1999, quando a Lei n. 9.876 inovou em relação ao fato gerador da contribuição previdenciária devida por empresas que contratam serviços de cooperados via cooperativa de trabalho.

O art. 22, inciso IV, da Lei n. 8.212/91, incluído pela Lei n. 9.876/99, apresentava, até então, o seguinte texto:

> Art. 22. A contribuição a cargo da empresa, destinada à Seguridade Social, além do disposto no art. 23, é de:
>
> (...)
>
> IV – quinze por cento sobre o valor bruto da nota fiscal ou fatura de prestação de serviços, relativamente a serviços que lhe são prestados por cooperados por intermédio de cooperativas de trabalho.

O aresto que examinou o tema está assim ementado:

> Recurso extraordinário. Tributário. Contribuição Previdenciária. Artigo 22, inciso IV, da Lei n. 8.212/91, com a redação dada pela Lei n. 9.876/99. Sujeição passiva. Empresas tomadoras de serviços. Prestação de serviços de cooperados por meio de cooperativas de Trabalho. Base de cálculo. Valor Bruto da nota fiscal ou fatura. Tributação do faturamento. *Bis in idem*. Nova fonte de custeio. Artigo 195, § 4º, CF.
>
> 1. O fato gerador que origina a obrigação de recolher a contribuição previdenciária, na forma do art. 22, inciso IV da Lei n. 8.212/91, na redação da Lei 9.876/99, não se origina nas remunerações pagas ou creditadas ao cooperado, mas na relação contratual estabelecida entre a pessoa jurídica da cooperativa e a do contratante de seus serviços.
>
> 2. A empresa tomadora dos serviços não opera como fonte somente para fins de retenção. A empresa ou entidade a ela equiparada é o próprio sujeito passivo da relação tributária, logo, típico "contribuinte"da contribuição.
>
> 3. Os pagamentos efetuados por terceiros às cooperativas de trabalho, em face de serviços prestados por seus cooperados, não se confundem com os valores efetivamente pagos ou creditados aos cooperados.
>
> 4. O art. 22, IV da Lei n. 8.212/91, com a redação da Lei n. 9.876/99, ao instituir contribuição previdenciária incidente sobre o valor bruto da nota fiscal ou fatura, extrapolou a norma do art. 195, inciso I, a, da Constituição, descaracterizando a contribuição hipoteticamente incidente sobre os rendimentos do trabalho dos cooperados, tributando o faturamento da cooperativa, com evidente *bis in idem*. Representa, assim, nova fonte de custeio, a qual somente poderia ser instituída por lei complementar, com base no art. 195, § 4º – com a remissão feita ao art. 154, I, da Constituição.

---

(128) MORAIS, Océlio de Jesus Carneiro. *Teoria da prescrição das contribuições sociais da decisão judicial trabalhista*. São Paulo: LTr, 2013, p. 65.

(129) RE-595.838-SP, de 23.4.2014. Rel.: Min. Dias Toffoli (ETEL Estudos Técnicos Ltda. vs. União. *Am. curiae*: ANAB – Associação Nacional das Administradoras de Benefícios). Cf. FRANCO FILHO, Georgenor de Sousa. *Direito do trabalho no STF*

5. Recurso extraordinário provido para declarar a inconstitucionalidade do inciso IV do art. 22 da Lei n. 8.212/91, com a redação dada pela Lei n. 9.876/99.

Por conta do resultado desse julgado, é provável que a ADI 2.594-DF (Rel.: Min. Teori Zavascki), ainda em tramitação no STF(130), tenha o mesmo desfecho, ou mesmo seja julgada prejudicada, em vista da repercussão geral existente no RE 595.383-SP. De toda sorte, em data posterior ao julgamento do referido RE, foi solicitada designação de data para julgamento da ADI.

Assim considerando, temos que antes da entrada em vigor da Lei n. 9.876/99, na sua redação originária, a Constituição admitia a incidência de contribuições sociais sobre folha de salários, faturamento e lucro, nos termos do art. 195, I, *verbis*:

> Art. 195. A seguridade social será financiada por toda a sociedade, de forma direta e indireta, nos termos da lei, mediante recursos provenientes dos orçamentos da União, dos Estados, do Distrito Federal e dos Municípios, e das seguintes contribuições sociais:
>
> I – dos empregadores, incidente sobre a folha de salários, o faturamento e o lucro.

Quando sobreveio a EC n. 20/1998, a redação passou a ser a seguinte:

> Art. 195. A seguridade social será financiada por toda a sociedade, de forma direta e indireta, nos termos da lei, mediante recursos provenientes dos orçamentos da União, dos Estados, do Distrito Federal e dos Municípios, e das seguintes contribuições sociais:
>
> I – do empregador, da empresa e da entidade a ela equiparada na forma da lei, incidentes sobre:
>
> a) a folha de salários e demais rendimentos do trabalho pagos ou creditados, a qualquer título, à pessoa física que lhe preste serviço, mesmo sem vínculo empregatício;
>
> b) a receita ou o faturamento;
>
> c) o lucro.

Após decisões do STF declarando a inconstitucionalidade de disposições constantes das Leis ns. 7.787/89 e 8.212/91, sobreveio a edição da LC n. 84/96, cujo art. 1º dispunha:

> Art. 1º Para a manutenção da Seguridade Social, ficam instituídas as seguintes contribuições sociais:
>
> I – a cargo das empresas e pessoas jurídicas, inclusive cooperativas, no valor de quinze por cento do total das remunerações ou retribuições por elas pagas ou creditadas no decorrer do mês, pelos serviços que lhes prestem, sem vínculo empregatício, os segurados empresários, trabalhadores autônomos, avulsos e demais pessoas físicas; e
>
> II – a cargo das cooperativas de trabalho, no valor de quinze por cento do total das importâncias pagas, distribuídas ou creditadas a seus cooperados, a título de remuneração ou retribuição pelos serviços que prestem a pessoas jurídicas por intermédio delas.

O inciso I acima teve questionado sua constitucionalidade, mas o STF entendeu que o comando estava em consonância com os termos da Lei Fundamental, conforme decidido no RE 228.321-RS, da relatoria do Min. Carlos Velloso.

A partir dai, foi sancionada a Lei n. 9.876/99, inserindo o inciso IV no art. 22 da Lei n. 8.212/91, que, no RE 595.838-SP, foi declarado inconstitucional.

A declaração de inconstitucionalidade desse dispositivo colocou fim aos questionamentos sobre a base de cálculo de contribuição social das empresas em face do trabalho desenvolvido por cooperativados, mediante a intermediação das respectivas cooperativas.

O STF, desde há muito, vinha entendendo que qualquer regulamentação por lei ordinária de matéria sujeita à normação por lei complementar, consoante comando constitucional, estaria violando o texto fundamental (131).

---

(130) Disponível em: http://www.stf.jus.br/portal/processo/verProcessoAndamento.asp?incidente=1991475. Acesso em 14.6.2015

(131) Dentre outros: RE 552.710-SC, Rel. Min. Marco Aurélio; RE 556.664-RS, Rel. Min. Gilmar Mendes; RE 559.991/SC, Rel. Min. Celso de Mello, v.g.

Com efeito, o dispositivo inquinado (art. 22, IV) concebeu nova fonte de custeio, que somente poderia ser instituída, assim, por lei complementar, conforme determina o § 4º do art. 195 da Constituição, na forma do art. 154, I, do texto constitucional.

Ora, o art. 22, IV, da Lei n. 8.212/91 instituiu uma contribuição previdenciária a cargo das empresas que contratam a prestação de serviços de cooperados por meio de cooperativas de trabalho, transferindo a responsabilidade pela obrigação tributária às empresas tomadoras dos serviços.

Nessa linha, as empresas tomadoras passaram à condição de contribuinte, deixando de ser fonte de retenção, nos moldes do art. 31, da Lei n. 8212/91 (132).

No caso do dispositivo declarado inconstitucional, existe uma relação entre cooperativa e cooperados não no sentido de intermediação de mão de obra, mas, ao contrário, trata-se de um grupo que se reúne em um regime de solidariedade, tal como preconizado no art. 3º, da Lei n. 5.764/71:

> Art. 3º Celebram contrato de sociedade cooperativa as pessoas que reciprocamente se obrigam a contribuir com bens ou serviços para o exercício de uma atividade econômica, de proveito comum, sem objetivo de lucro. (grifamos)

Ademais, embora sejam os sócios-cooperados que prestam serviços, é a própria cooperativa, que é uma sociedade de pessoas, que atua através deles, conforme expresso no art. 4º da mesma Lei n. 5.764/71, que destaca tratar-se de *sociedades de pessoas, com forma e natureza jurídica próprias, de natureza civil, não sujeitas à falência, constituídas para prestar serviços aos associados.* Tanto é assim que os usuários de seus serviços pagam à cooperativa que repassa aos seus sócios-cooperados os valores correspondentes às atividades que desenvolveram.

Ora, de acordo com a redação que a Lei n. 9.876/99 imprimiu ao dispositivo previdenciário, o fato gerador da contribuição não era, como deveria ser, a remuneração do cooperado, mas sim fundada no contrato entre a cooperativa e a empresa que contratava seus serviços, afastando qualquer vínculo jurídico entre o contratante e quem verdadeiramente lhe prestava o serviço, que era o cooperado.

Em seu voto, o relator, ao cuidar desse tratamento estranho, destacou:

> *É a própria cooperativa que assume a responsabilidade pela execução dos serviços, sendo os associados escalados para a execução dos serviços estranhos ao contrato.*

E, em seguida, apontou:

> *Com efeito, a base de cálculo é definida como o valor bruto da nota fiscal ou da fatura de prestação de serviços, englobando, assim, não só os rendimentos do trabalho que são repassados aos cooperados, mas também despesas outras que integram o preço contratado, como, por exemplo, a taxa de administração.*

É aqui que repousa o cerne da questão. O dispositivo inquinado mandou incidir a contribuição sobre o valor bruto da nota fiscal ou da fatura dos serviços, olvidando que deveria incidir apenas sobre o *quantum* que fosse recebido pelo cooperativado.

Em outras palavras, é impossível que a base de cálculo fosse mantida conforme a redação questionada, sobre os valores pagos a qualquer titulo. Deveria ser, como passou a ser com a declaração de inconstitucionalidade, sobre o valor da remuneração pelos serviços prestados pelo cooperativado, não incidindo sobre os montantes que as cooperativas de trabalho cobram/recebem pelos custos de sua manutenção, inclusive a estrutura necessária ao seu funcionamento e ao atendimento de seus associados.

A admitir esse procedimento, estaríamos diante de um claro *bis in idem*. Afinal, o dispositivo inserido pela Lei n. 9.876/99 na Lei n. 8.212/91 era uma nova fonte de custeio, e somente poderia ser instituída por lei complementar, com base no art. 195, § 4º, da Constituição.

---

(132) Dispõe o *caput* do art. 31:

Art. 31. A empresa contratante de serviços executados mediante cessão de mão de obra, inclusive em regime de trabalho temporário, deverá reter 11% (onze por cento) do valor bruto da nota fiscal ou fatura de prestação de serviços e recolher, em nome da empresa cedente da mão de obra, a importância retida até o dia 20 (vinte) do mês subsequente ao da emissão da respectiva nota fiscal ou fatura, ou até o dia útil imediatamente anterior se não houver expediente bancário naquele dia, observado o disposto no § 5º do art. 33 desta Lei.

Haveria, ademais, se mantida a regra inserta pela Lei n. 9.876/99, uma estranha igualdade entre a cooperativa (pessoa jurídica) e seus associados-cooperativados (pessoa física), o que é de todo inconcebível porque não se podem confundir as duas pessoas, cada qual com sua personalidade jurídica própria. E não se pode esquecer que o contrato celebrado entre cooperativa e terceiros prevê responsabilidade distinta da de seus associados, que pode ou não ser limitada, como se constata nos arts. 11 a 13 da Lei n. 5.764/71.

Considerando o decidido pelo STF, ficou assentado, definitivamente, que não se confundem cooperativa (pessoa jurídica) com cooperativados (pessoas físicas). A própria Constituição contempla, no art. 195, I, *a*, e § 4º, a distinção. É que, conforme a Lei Fundamental, a seguridade social é financiada por (art. 195)

> contribuições sociais: I – do empregador, da empresa e da entidade a ela equiparada na forma da lei, incidentes sobre: a) a folha de salários e demais rendimentos do trabalho pagos ou creditados, a qualquer título, à pessoa física que lhe preste serviço, mesmo sem vínculo empregatício.

Nessa linha, e tendo em conta a declarada inconstitucionalidade do inciso IV do art. 22 da Lei n. 8.212/91, que foi incluído pela Lei n. 9.876/99, não pode ser usado, como base de cálculo dessa contribuição previdenciária, o valor bruto da nota fiscal ou fatura de prestação de serviços, que engloba despesas operacionais, que não são apenas a remuneração devida aos cooperados. É porque não se confundem com esta as taxas de administração, os impostos, e as demais previsões da Lei n. 5.764/71, como referido acima.

Essa forma de cálculo somente seria possível se a norma que a criou tivesse sido uma lei complementar, o que não ocorreu. E vige, no Direito Tributário, o princípio da legalidade estrita, que importa depender de lei complementar a criação de uma nova base de cálculo. Da forma como ocorreu a alteração legal, vulnerou-se, por igual, o princípio da capacidade contributiva.

A esse fim, dois dispositivos constitucionais espancam quaisquer interpretações em sentido contrário. O § 4º do art. 195 dispõe:

> § 4º *A lei poderá instituir outras fontes destinadas a garantir a manutenção ou expansão da seguridade social, obedecido o disposto no art. 154, I.*

E esse art. 154, I, é o dispositivo que submete a criação de impostos como esse a uma lei complementar, ao determinar:

> Art. 154. A União poderá instituir:
>
> I – mediante lei complementar, impostos não previstos no artigo anterior, desde que sejam não-cumulativos e não tenham fato gerador ou base de cálculo próprios dos discriminados nesta Constituição;

A partir de então, em face dessa decisão do STF, volta a ter plena vigência o art. 1º, inciso II, da LC n. 84/1996, e cabe às cooperativas de trabalho o recolhimento, no valor de 15% do total das importâncias pagas, distribuídas ou creditadas a seus cooperativados, a título de remuneração ou retribuição pelos serviços que prestem a pessoas jurídicas por intermédio delas.

2.4.10. *Parassubordinação*

Segundo Rodrigues Pinto, *parassubordinação é uma circunstância de trabalho que, mesmo preservando o perfil de autônomo do trabalhador, prende-o tão fortemente às necessidades organizacionais da empresa, que acaba colocando-o num estágio muito próximo da subordinação do empregado*(133).

Esse caráter, digamos misto, que torna essa espécie de trabalho, na lição de Amauri Mascaro Nascimento, em:

> uma categoria intermediária entre o autônomo e o subordinado, abrangendo tipos de trabalho que não se enquadram exatamente em uma das duas modalidades tradicionais, entre as quais se situa, como a representação comercial, o trabalho dos profissionais liberais e outras atividades atípicas, nas quais o trabalho é prestado com pessoalidade, continuidade e coordenação. Seria a hipótese, se cabível, do trabalho autônomo com características assimiláveis ao trabalho subordinado(134).

---

(133) RODRIGUES PINTO, J. A. *Parassubordinação. In:* RODRIGUES PINTO, J. A., MARTINEZ, L. e MANNRICH, N. *Dicionário... cit.*, p. 313.

(134) NASCIMENTO, A. M.. *Curso...cit.*, 24. ed., 2009. pp. 457-458.

É na doutrina italiana que se encontram os argumentos mais sólidos a embasar a possibilidade da parassubordinação. Existindo uma colaboração coordenada e continuada, poderia existir a figura do contrato de trabalho parassubordinado, mas, dada a extrema semelhança com o trabalho subordinado tradicional, ensina Giovanni Nicolini:

> *Non è azzardato prevedere la ripetizione delle dispute qualificatorie, che hanno arricchito i repertori di giurusprudenza, sollevate a proposito della affermata o negata autonomia delle asserite prestazioni di lavoro parasubordinato massimamente coinvolgenti i contratti di agenzia e di rappresentanza commerciale* [135].

Alice Monteiro de Barros, a partir das lições colhidas no direito italiano, alerta, ao cabo, que *a institução do trabalho parassubordinado, ao lado do trabalho autônomo e do trabalho subordinado, implica, sem dúvida, redimensionamento do Direito do Trabalho*[136].

3. OUTROS TIPOS DE CONTRATO

3.1. DE PRESTAÇÃO DE SERVIÇOS

Regido pelo Código Civil, o contrato de prestação de serviços é a antiga locação de serviços, e aplica-se aos serviços prestados por trabalhadores autônomos e eventuais, que não estão albergados pelas leis trabalhistas, considerando-se que *toda a espécie de serviço ou trabalho lícito, material ou imaterial, pode ser contratada mediante retribuição* (art. 594).

Qualquer pessoa pode celebrar esse tipo de contrato, que, segundo Gagliano & Pamplona Filho, *pode ser encarado como um contrato de trabalho* lato sensu[137]. Se analfabeto um dos contratantes, poderá ser assinado a rogo ou subscrito por duas testemunhas (art. 595), e a retribuição do serviço, se não fixado no contrato, será objeto de arbitramento, conforme o costume do lugar, a duração e a qualidade do serviço (art. 596), além, evidente, de existir contrato de prestação de serviços celebrado tacitamente.

Especificamente quanto à duração, deve ser observado que esse tipo de contrato pode ser celebrado com validade de no máximo quatro anos (art. 598).

Um profissional liberal que atende em seu escritório, dentro de sua área de conhecimento e atuação, celebra um contrato dessa natureza e não um contrato de trabalho, porque, nesta hipótese, não existe subordinação.

Com efeito, sempre é indispensável que seja verificado se existe um poder diretivo acima do prestador de serviços. O médico que atenda em seu consultório, ou em um hospital, ou mesmo na residência do paciente, não será empregado dessa pessoa. Será um prestador de serviços que receberá honorários pelo trabalho despendido. Poderá, é certo, ser empregado do hospital, mas nunca de quem fez tratamento (o paciente) ou seus familiares. Da mesma forma, poderá ser empregado em caso de assistência domiciliar, remunerado por prazo determinado, na hipótese de que trata o art. 6º da Lei n. 3.999/1961. A mesma situação é identificada no exercício de outras modalidades de profissão, inclusive nas prestações de serviços autônomos e eventuais.

3.2. DE TRABALHO VOLUNTÁRIO

De acordo com o art. 1º da Lei n. 9.608, de 18.02.1998, o trabalho voluntário é considerado quando *a atividade não remunerada, prestada por pessoa física a entidade pública de qualquer natureza, ou a instituição privada de fins não lucrativos, que tenha objetivos cívicos, culturais, educacionais, científicos, recreativos ou de assistência social, inclusive mutualidade.*

Nesse tipo de serviço não há relação de emprego, nem obrigação trabalhista, previdenciária ou afim (parágrafo único do art. 1º), da mesma forma como exsurge o traço mais marcante desse tipo de contrato: a inexistência de onerosidade.

---

(135) NICOLINI, Giovanni. *Compendio di diritto del lavoro*. Pádua: Cedam, 2004. p. 37.

(136) BARROS, A. M.. *Curso... cit.* 6. ed. 2010. p. 291.

(137) GAGLIANO, Pablo Stolze & PAMPLONA FILHO, Rodolfo. *Novo Curso de Direito Civil (contratos em espécie)* (4-II). 7. ed. São Paulo: Saraiva, 2014. p. 277.

O serviço voluntário é prestado com a assinatura de um termo de adesão celebrado entre a entidade pública ou privada sem fins lucrativos, e o prestador de serviços, consignando objeto e condições do seu exercício (art. 2º), sendo ressarcido de despesas, previamente autorizadas que realize nas atividades que serão desenvolvidas (art. 3º).

Essas despesas, todavia, não caracterizam violação à não onerosidade. Referem-se a despesas realizadas com autorização, e esse tipo de trabalho pode ser enquadrado dentre aqueles gratuitos, onde a pessoa, desenvolvendo atividade voluntária, presta serviço de benemerência, assistência ou caridade a terceiros.

3.3. DE REPRESENTAÇÃO COMERCIAL

A Lei n. 4.886, de 09.12.1965, prescreve, no art. 1º:

> Art. 1º Exerce a representação comercial autônoma a pessoa jurídica ou a pessoa física, sem relação de emprego, que desempenha, em caráter não eventual por conta de uma ou mais pessoas, a mediação para a realização de negócios mercantis, agenciando propostas ou pedidos, para, transmiti-los aos representados, praticando ou não atos relacionados com a execução dos negócios.

Quem desenvolve essa atividade deve ser registrado no Conselho Regional correspondente (art. 2º), exigência indispensável para receber inclusive a remuneração como mediador de negócios comerciais (art. 5º).

Costuma ser verificada, em específicas situações, algumas fraudes à verdadeira representação comercial. Assim, não deve ser considerado representante comercial o trabalhador que:

1. Tiver obrigação de comparecer diariamente à empresa;
2. Necessitar cumprir roteiro de visitas;
3. Receber ordens de terceiros;
4. Ser fiscalizado e controlado no cumprimento de suas rotas e de metas a alcançar;
5. Ser exclusivo de uma única empresa.

Com efeito, se verificada a existência desses traços, há grande probabilidade do chamado *representante comercial* ser, na verdade, um empregado subordinado da empresa que, em tese, estaria representando, como sinalizamos acima. Alerte-se para os aspectos referentes à parassubordinação que examinamos no item 2.4.10 deste capítulo.

3.4. DE FRANQUIA

O contrato de franquia, ou de *franchising*, é objeto da Lei n. 8.955, de 15.12.1994, que surgiu nos EUA, em 1860, na *Singer Sewing Machine*, fabricante de máquinas de costura, a fim de expandir seus negócios e aumentar seu faturamento, mediante a implantação de pontos de vendas em todo o país com pouco investimento de capital.

Trata-se de uma pactuação entre franqueado e franqueador permitindo que aquele use a marca ou patente deste, bem como negocie seus produtos e serviços (inclusive tecnológicos) sem que haja qualquer tipo de vínculo empregatício entre os trabalhadores que contratar para a consecução desses objetivos e o franqueador.

O art. 2º dessa lei define franquia empresarial, nos termos seguintes:

> Art. 2º Franquia empresarial é o sistema pelo qual um franqueador cede ao franqueado o direito de uso de marca ou patente, associado ao direito de distribuição exclusiva ou semiexclusiva de produtos ou serviços e, eventualmente, também ao direito de uso de tecnologia de implantação e administração de negócio ou sistema operacional desenvolvidos ou detidos pelo franqueador, mediante remuneração direta ou indireta, sem que, no entanto, fique caracterizado vínculo empregatício.

As atividades administrativas desenvolvidas pela empresa franqueada não sofrem qualquer tipo de ingerência por parte da franqueadora. Esta exerce fiscalização na franqueada com o objetivo de preservar a imagem de sua marca, serviço ou produto, sem, todavia, imiscuir-se em quaisquer atos de gestão, como contratação e dispensa de empregados, fixação de horário de funcionamento e escala de serviços, valores de salários e outras gratificações.

Não há, com efeito, nenhuma subordinação jurídica entre os empregados da franqueada e o franqueador, que, assim, fica eximido de qualquer responsabilidade trabalhista.

Decisão nesse sentido tomou o Tribunal Regional do Trabalho (TRT) da 8ª Região, quando decidiu:

> CONTRATO DE FRANQUIA. VÍNCULO DE EMPREGO DIRETO COM A FRANQUEADORA. INEXISTÊNCIA. Comprovado nos autos tratar-se de contrato de franquia, forçoso é rejeitar a prejudicial suscitada pelo reclamante, uma vez que o contrato de franquia é regido pela Lei n. 8.955/94, que em seu art. 2º afasta expressamente a caracterização de vínculo empregatício e isenta a empresa franqueadora de qualquer responsabilidade quanto às obrigações trabalhistas inadimplidas pela franqueada. Apelo improvido.(138)

Esse é o entendimento bastante sedimentado do TST, inclusive afastando a possibilidade de responsabilidade subsidiária, a teor da Súmula n. 331 daquela Corte, de que servem como exemplos os dois arestos abaixo:

> CONTRATO DE FRANQUIA. RESPONSABILIDADE SUBSIDIÁRIA. INAPLICABILIDADE DA SÚMULA N. 331, IV, DO TST. A jurisprudência se consolida no sentido de não enquadrar a hipótese de franquia, que se exaure porventura na transferência de marca, patente ou expertise, na regra que protege o trabalhador em casos de subcontratação de mão de obra. Por isso, não cabe a incidência da Súmula n. 331, IV, do TST, tendo em vista tratar-se de autêntico contrato civil, cuja relação direta se estabelece entre as empresas, franqueada e franqueadora, e, não, entre esta e o trabalhador, ressalvada, por óbvio, a hipótese de fraude. Recurso de revista conhecido e provido.(139)
>
> RECURSO DE EMBARGOS INTERPOSTO NA VIGÊNCIA DA LEI N. 11.496/2007. RESPONSABILIDADE SUBSIDIÁRIA. FRANQUIA. SÚMULA N. 331, IV, DO TST. O contrato de franquia não se confunde com o fenômeno da terceirização de serviços, visto que o franqueador não se beneficia dos serviços prestados pelos empregados da empresa franqueada. De fato, o contrato de franquia, que se encontra regido pelas normas de direito civil, apenas objetiva transferir a terceiros conhecimentos técnicos e administrativos para fins de abertura de empreendimento comercial. Desta feita, não há como imputar ao franqueado, na forma da Súmula n. 331, IV, do TST, a responsabilidade subsidiária pelos débitos trabalhistas decorrentes da relação de emprego firmada entre o Reclamante e o franqueado. Precedentes da Corte. Recurso de Embargos conhecido e provido.(140)

Eventualmente, pode acontecer de o contrato de franquia esconder um contrato de emprego. Provada a fraude, aquele será considerado nulo e deve ser estabelecido o vínculo de emprego entre franqueador e franqueado, e, se for o caso, entre os empregados deste com o próprio franqueador.

3.5. DE EMPREITADA

Os arts. 610 a 625 do Código Civil cuidam da empreitada. Os traços mais distintivos desse contrato para o de trabalho é com relação aos sujeitos e ao objeto. Na empreitada, o empreiteiro pode ser pessoa física ou jurídica; no contrato de trabalho, o empregado sempre é pessoa física. A prestação do trabalho subordinado é o objeto do contrato de trabalho; na empreitada, o objeto é o resultado do trabalho. Naquele, há poder de direção do empregador. Neste, o contratante não interfere no trabalho do empreiteiro. Trata-se de um contrato de atividade, inconfundível com o contrato de emprego.

---

(138) Proc. TRT 8ª 4ª T. n. 0010133-73.2013.5.08.0010, de 25.03.2014 (Carlos Eduardo Santos Correa *vs.* J. D. Villas Boas – ME e Indústria e Comércio de Espumas e Colchões Belém Ltda.) Relatora: Pastora Leal. Disponível em: <http://pje.trt8.jus.br/segundo-grau/VisualizaDocumento/Publico/documentoSemLoginHTML.seam?idBin=eabf18eee30ae5019d83a0f1f631989a&idProcessoDoc=30a598d89026e8c858cc6b7f8a2970b1>. Acesso em: 9 maio 2014.

(139) Proc. TST 6ª T. RR 258100-56.2003.5.02.0202, de 06.06.2011. Rel.: Min. Augusto César Leite de Carvalho. Disponível em: <https://aplicacao5.tst.jus.br/consultaProcessual/consultaTstNumUnica.do?consulta=Consultar&conscsjt=&númeroTst=258100&digitoTst=56&anoTst=2003&orgaoTst=5&tribunalTst=02&varaTst=0202>. Acesso em: 14 abr. 2014.

(140) Proc. TST SDI-1E-RR-77/2005-001-02-00.8, de 19.11.2009. Rel.: Min. Maria de Assis Calsing. Disponível em: <http://aplicacao5.tst.jus.br/consultaunificada2/inteiroTeor.do?action=printInteiroTeor&format=html&highlight=true&númeroFormatado=E-RR%20-%207700-72.2005.5.02.0001&base=acordao&rowid=AAANGhAAFAAAxxDAAF&dataPublicacao=27/11/2009&localPublicacao=DEJT&query=%27contrato%20de%20franquia%27>. Acesso em: 14 abr. 2014.

Na empreitada, podem ser celebrados dois tipos de contrato, conforme prescreve o art. 610 da Lei Civil. Um é a empreitada apenas de trabalho ou de labor. Outro é a empreitada mista (trabalho e material).

Na empreitada mista, os riscos são todos do empreiteiro até a entrega da obra (art. 611 do Código Civil). Na de trabalho (ou de labor), também conhecida como *de mão de obra*, os riscos são todos do dono da obra (art. 612 do mesmo Código).

O art. 652 da CLT cuida da competência das atuais Varas do Trabalho para apreciar dissídios resultantes de contrato de empreitada (art. 652, *a*, II). Trata-se do pequeno empreiteiro, considerado como tal o operário ou artífice que trabalha por conta própria, direta e pessoalmente, geralmente sem auxiliar algum. Deve ser uma pessoa física, porque não admitiu o legislador pessoa jurídica nessa atividade específica.

Há uma aproximação muito grande entre o pequeno empreiteiro e o empregado subordinado. O que é necessário, a nosso ver, é ser criteriosamente examinado a cada caso é o limite de atuação do contratado e o papel do dono da obra. Havendo poder do dono da obra de fiscalizar, controlar e administrar o trabalho do empreiteiro haverá subordinação e este será empregado.

No entanto, agindo livremente, dentro dos limites contratados, seja com labor apenas, seja com trabalho e fornecimento de material, sem, porém, direção do dono da obra, não estará demonstrada qualquer relação de emprego. Note-se que *negar direção* é no sentido de negar o comando, mas sendo perfeitamente cabível emitir opiniões, sugestões e recomendações sobre o andamento de determinado serviço, sem interferência no modo de fazer da atividade contratado, donde pertinente reconhecer esse direito ao dono da obra.

3.6. DE SUBEMPREITADA

Este tipo de contrato (a rigor, de subcontrato) está previsto no art. 455 e parágrafo único da CLT.

> Art. 455. Nos contratos de subempreitada responderá o subempreiteiro pelas obrigações derivadas do contrato de trabalho que celebrar, cabendo, todavia, aos empregados, o direito de reclamação contra o empreiteiro principal pelo inadimplemento daquelas obrigações por parte do primeiro.
>
> Parágrafo único. Ao empreiteiro principal fica ressalvada, nos termos da lei civil, ação regressiva contra o subempreiteiro e a retenção de importâncias a este devidas, para a garantia das obrigações previstas neste artigo.

De plano, a CLT fixa a responsabilidade solidária do empreiteiro e do subempreiteiro.

Essa situação tem sido verificada em inúmeras ações na Justiça do Trabalho, sobretudo com o desaparecimento do subempreiteiro da localidade onde houvera sido contratado. O empreiteiro principal assume o ônus e, porque responde solidariamente, poderá exercer, posteriormente, e na Justiça Estadual comum, direito de regresso contra o subempreiteiro.

Feita desde logo essa consideração, verifica-se que, em ocorrendo contrato de subempreitada, o subempreiteiro responde pelas obrigações derivadas do contrato de trabalho que celebrar, cabendo, todavia, aos empregados, o direito de reclamação contra o empreiteiro principal pelo inadimplemento daquelas obrigações por parte do primeiro, tendo este direito de ação regressiva contra aquele e retenção de importâncias a ele devidas para garantir as obrigações trabalhistas inadimplidas.

Nesse particular, em sendo o empreiteiro (que era responsável solidário) também inadimplente, o dono da obra se tornará subsidiariamente responsável, respondendo pelos créditos dos trabalhadores credores do subempreiteiro.

Não se trata de *marchandage*, que é figura combatida e proibida em muitos ordenamentos jurídicos (França, México, Espanha, *v. g.*), guardando, nesse particular, alguma semelhança com o aviamento que ocorre na Amazônia.

3.7. DE MANDATO

O contrato de mandato é de natureza civil, regido pelo atual Código Civil (arts. 653 a 692), no qual uma pessoa (mandatário) prática atos ou administra interesse de outrem (o mandante), através de um instrumento que lhe confere poderes para esse fim, chamado de procuração (art. 653).

A grande diferença do mandato para o contrato de trabalho é que, no mandato, o mandatário representa o mandante, agindo em seu nome, conforme os poderes que recebeu, sem subordinação, que é o principal traço caracterizador do contrato de trabalho, podendo ser gratuito ou oneroso (art. 658), enquanto este sempre é oneroso.

De assinalar a observação de Nelson Mannrich quanto a outra diferença:

> *aponta-se a diversidade de natureza das atividades: o mandatário realiza atos jurídicos e o empregado atos materiais. O primeiro, entretanto, pode praticar também atos materiais, pressuposto da prática dos atos jurídicos. Isso, no entanto, não transforma, necessariamente, o mandato em contrato de trabalho, nem o procurador em empregado do mandante*[(141)].

Qualquer pessoa capaz pode outorgar procuração particular, preferencialmente com firma reconhecida porque o terceiro poderá exigir essa providência (art. 654 e §§), podendo haver substabelecimento (art. 655).

O mandato pode ser expresso ou tácito, verbal ou escrito (art. 656), com poderes gerais (que são apenas de administração – art. 661) ou especiais e expressos para praticar outros atos que exorbitem da simples administração (§ 1º), notando-se que atos praticados sem mandato ou com mandato com poderes insuficientes não produzem efeitos, salvo se expressamente ratificados (art. 662 e parágrafo único).

O art. 682 do Código Civil contempla as quatro hipóteses de término do mandato, nos seguintes termos:

> Art. 682. Cessa o mandato:
>
> I – pela revogação ou pela renúncia;
>
> II – pela morte ou interdição de uma das partes;
>
> III – pela mudança de estado que inabilite o mandante a conferir os poderes, ou o mandatário para os exercer;
>
> IV – pelo término do prazo ou pela conclusão do negócio.

Este mandato *extrajudicial*, que é o mais comum, é geralmente celebrado *ad negotia*, diverso de outra espécie de mandato, que é *ad judicia*.

O mandato judicial (ou *ad judicia*) é outorgado pela parte a seu advogado, para procurar em juízo, fica subordinado às regras processuais e, em caráter supletivo, às do Código Civil (art. 692), assinalando-se que, necessariamente, ao revogar os poderes que outorgou, no mesmo ato, a parte deve constituir outro advogado para defendê-la em juízo (art. 111 do novo Código de Processo Civil – NCPC), e, se for a renúncia por parte do procurador, este continuará, por mais dez dias, a patrocinar o mandante (art. 112 do NCPC).

3.8. DE CORRETAGEM

Cuida o Código Civil nos arts. 722 a 729 do contrato de corretagem. Por essa norma, conforme o art. 722:

> Art. 722. Uma pessoa, não ligada a outra em virtude de mandato, de prestação de serviços ou por qualquer relação de dependência, obriga-se a obter para a segunda um ou mais negócios, conforme as instruções recebidas.

O corretor pode ser pessoa física ou jurídica e o contrato que celebra é de resultado. Não é de atividade (como o de trabalho). Sua obrigação maior é fixada no art. 723:

> Art. 723. O corretor é obrigado a executar a mediação com diligência e prudência, e a prestar ao cliente, espontaneamente, todas as informações sobre o andamento do negócio.
>
> Parágrafo único. Sob pena de responder por perdas e danos, o corretor prestará ao cliente todos os esclarecimentos acerca da segurança ou do risco do negócio, das alterações de valores e de outros fatores que possam influir nos resultados da incumbência.

Existem vários tipos de corretores, de navios, de câmbio, de seguros, dentre outros, e de imóveis, estes regulados pela Lei n. 6.530, de 12.05.1978, e para os quais é exigido o título de Técnico em Transações Imobiliárias (art. 2º).

---

(141) MANNRICH, N. *A modernização no contrato de trabalho*. São Paulo: LTr, 1998. p. 134.

Geralmente, não há relação de emprego entre corretores e aqueles aos quais presta serviços (comitente). Porém, diversa é a situação em que o corretor de imóveis é vinculado permanentemente a uma determinada imobiliária, v. g.; ou um corretor de navios que trabalha em caráter permanente para o mesmo armador; ou o de câmbio que atua diretamente na comercialização de moeda estrangeira para uma mesma empresa desse ramo. As provas circunstanciais podem ensejar o reconhecimento de uma relação de emprego subordinado.

3.8.1. *Corretores de imóveis*

Conforme acentuamos acima, o corretor de imóveis, aquele que atua na venda de imóveis, pode ou não ser empregado subordinado da empresa que constrói e vende casas, apartamentos e similares.

A partir da Lei n. 13.097, de 29.01.2015, resultado da MP n. 656/2014, significativa mudança apareceu no art. 6º da Lei n. 6.530 de 12.05.1978. Com efeito, o art. 139 da Lei n. 13.097/2015 permite a associação de corretores de imóveis à imobiliárias, mantida a autonomia e sem geração de vínculo de emprego, ressalvando casos implícitos de fraude.

O § 2º do art. 6º reconhece que:

> § 2º – O corretor de imóveis pode associar-se a uma ou mais imobiliárias, mantendo sua autonomia profissional, sem qualquer outro vínculo, inclusive empregatício e previdenciário, mediante contrato de associação específico, registrado no Sindicato dos Corretores de Imóveis ou, onde não houver sindicato instalado, registrado nas delegacias da Federação Nacional de Corretores de Imóveis.

As condições desse contrato estão no § 3º, que inclui: (1) coordenação harmônica do desempenho de funções correlatas à intermediação imobiliária e (2) ajuste de critérios para a partilha dos resultados da atividade de corretagem, mediante obrigatória assistência da entidade sindical.

A fim de evitar possíveis fraudes aos direitos do corretor enquanto trabalhador pessoa física, o § 4º noticia que o contrato celebrado não importa em troca de serviços, pagamentos ou remunerações entre a imobiliária e o corretor de imóveis associado, salvo se estiverem presentes os elementos caracterizadores do vínculo empregatício, previstos no art. 3º da CLT.

Quando o Judiciário detecta a existência dos traços caracterizadores da redação empregatícia, este vínculo é reconhecido, como se constata do decidido pelo TRT da 8ª Região, assim ementado:

> CORRETORA DE IMÓVEIS. VÍNCULO EMPREGATÍCIO. CONFIGURAÇÃO. Constatado que a reclamante desempenhava suas atividades com subordinação, onerosidade, não eventualidade e pessoalidade, deve ser reconhecido o vínculo empregatício entre as partes.(142)

3.9. DE TRABALHO MULTIFUNCIONAL

O Projeto de Lei n. 190/2016 que tramita no Senado Federal acrescenta e altera dispositivos da CLT, cuidando do chamado *trabalho multifuncional*.

Esse tipo de trabalho significa que o empregado poderá exercer diversas atividades na empresa, simultaneamente àquela para a qual teria sido contratado especificamente, sem que se caracterize alteração unilateral no seu contrato de trabalho.

Certamente é uma evolução no meio dessas muitas mudanças (boas e más) que passam no dia a dia do mundo brasileiro do trabalho.

Segundo a proposta, será acrescentado o artigo na CLT, admitindo a contratação por especificidade ou predominância de função e por multifuncionalidade, ampliando a redação do parágrafo único do art. 468 consolidado para considerar que não será alteração unilateral do contrato de trabalho aquela da atividade do empregado para

(142) Proc. TRT 8ªR/ 4ªT./RO 0002613-53.2014.5.08.0131, de 8.3.2016 (Simone Trindade Mota vs. Nova Carajás – Construções e Incorporações Ltda.). Relator: Juiz Julianes Moraes das Chagas).

multifunção, "conforme for definido em acordo ou convenção coletiva de trabalho". Seria o art. 442-B, mas, com a reforma da Lei n. 13.467/2017, deverá passar a ser art. 443-C.

Ao pretender regular o que eventualmente ocorre nas relações de emprego, esse projeto quer modificar dois institutos importantes no Direito do Trabalho: desvio de função e acúmulo de funções (que cuidaremos adiante), quando resulta em aplicar, em benefício do trabalhador, a regra do art. 884 do Código Civil:

> Art. 884. Aquele que, sem justa causa, se enriquecer à custa de outrem, será obrigado a restituir o indevidamente auferido, feita a atualização dos valores monetários.

A proposta apresentada cria uma figura inovadora nas relações de trabalho subordinado, porque, pelo trabalho multifuncional, um empregado contratado, por exemplo, para caixa pode passar a supervisor de caixas sem ter acréscimo em seu salário, embora aumentada sua responsabilidade.

Para isso, segundo o projeto, bastará existir *acordo ou convenção coletiva de trabalho*. Ou seja, poderá ocorrer se o sindicato de classe dos trabalhadores concordar com a empresa ou com o sindicato patronal em negociar esse tipo de ajuste.

Observe-se que, quando o projeto fala em *acordo*, não se trata de acordo individual (diretamente entre empregado e patrão), mas em acordo coletivo (entre sindicato profissional e empresa).

Essa proposta é mais uma dentre as muitas que tramitam no Congresso Nacional visando, teoricamente, a modernização das relações de trabalho em nosso país. Neste caso, a nosso ver, fica constatada clara hipótese de precarização do trabalho.

Capítulo VI

EXERCÍCIO DE ALGUMAS PROFISSÕES

1. ATLETA PROFISSIONAL

1.1. HISTÓRICO DO DESPORTO NO BRASIL

De todos os esportes, nenhum é mais famoso e mais praticado no Brasil que o futebol. Sua prática começou no século XIX, trazido da Inglaterra. Jogava-se sem maior rigor, sem normas tutelares, primeiro em São Paulo, onde, no início do século XX, foi fundada a primeira Liga, e, posteriormente, espalhou-se por todo o país.

A legislação desportiva brasileira teve início com a criação do Conselho Nacional de Cultura, pelo Decreto-lei n. 526, de 01.07.1938, mas seu nascimento legal efetivo somente ocorreu com o Decreto n. 1.056, de 19.01.1939, criando a Comissão Nacional de Desportos, e as bases do desporto nacional foram implantadas com o Decreto n. 3.199, de 14.04.1941.

As relações entre jogador e clube desportivo somente ocorreram após a profissionalização, em 1930, com a lei da selva, representada pelo regulamento da Confederação Brasileira de Futebol (CBF), pelo qual o jogador dependia do clube.

Em 14.12.1973, foi promulgada a Lei n. 5.988, consagrando o direito de arena no art. 100, e, pela Lei n. 6.269, de 24.11.1975, foi instituído um sistema de assistência complementar ao atleta profissional.

O passe, velho e grave problema dos desportistas brasileiros, teve na Lei n. 6.354, de 02.09.1976, sua primeira norma, a cuidar da relação de trabalho do atleta profissional de futebol, que ficaria livre com 32 anos de idade e dez anos de atividade no mesmo clube. A Lei n. 12.395, de 16.03.2011, revogou a Lei n. 6.354/1976.

A Constituição de 1967, promulgada em momento de exceção da vida brasileira, atribuía à União competência exclusiva sobre matéria desportiva (art. 8º, XVII, *q*), tendo o Texto Fundamental de 1988 promovido a constitucionalização do desporto pelo art. 217, da mesma forma como o consagrou como direito fundamental (art. 5º, XXVII, *a*), bem como o lazer é incluído dentre os direitos sociais (art. 6º).

De outro lado, a competência legislativa agora é concorrente, porque dividida com as Unidades da Federação (União, Estado e Municípios) (art. 24, IX, da Constituição de 1988).

Posteriormente, em 1998, foi criado o Ministério de Estado do Esporte e Turismo, com competência para traçar a política nacional da prática desportiva, sua promoção no Brasil e no exterior, além de estimular, planejar, coordenar e supervisionar os planos e programas de incentivo aos esportes (art. 1º do Regulamento aprovado pelo Decreto n. 3.623, de 05.10.2000). Esse ministério foi desmembrado em dois: do Esporte e do Turismo, no ano 2013.

A fim de minimizar as dificuldades dos desportistas brasileiros, foi promulgada a Lei n. 8.672, de 06.07.1993, conhecida por *Lei Zico*, como referência ao Ministro do Esporte e Turismo de então, que era o ex-jogador de futebol Arthur Antunes Coimbra, o *Zico*. Previa, *inter alia*, que estando o salário do atleta atrasado três meses, o clube ficaria suspenso de competição (art. 22), mas, na prática, nada ocorreu, como o caso do Fluminense Futebol Clube, do Rio de Janeiro. A rescisão contratual dos jogadores era dificultada, tendo o TST cassado decisão do TRT da 18ª Região (Goiás) e liberado o jogador Marcelo. De outro lado, os menores somente poderiam desempenhar atividades com a assinatura do responsável; porém, diferente a realidade porque isso ocorria sem autorização, como o caso do jogador *Claudinho* e do clube Ponte Preta. E, quanto à Justiça Desportiva, suas decisões deveriam ser cumpridas em até noventa dias, todavia esse prazo nunca foi observado.

1.2. LEGISLAÇÃO BRASILEIRA SOBRE DESPORTO

A legislação brasileira sobre desporto é representada, pela Lei n. 9.615, de 24.03.1998, conhecida por Lei *Pelé*, em referência ao então Ministro do Esporte e Turismo Edson Arantes do Nascimento, o *Pelé*, e que já se encontra bastante alterada, regulamentada pelo Decreto n. 2.574, de 29.04.1998, e com as alterações introduzidas pela Lei n. 12.395, de 16.03.2011.

Consagra a Lei n. 9.615/1998 os princípios do desporto brasileiro, a saber: soberania, autonomia, democratização, liberdade, direito social, diferenciação, identidade nacional, educação, qualidade, descentralização, segurança e eficiência (art. 2º), apresentando-se em três manifestações: educacional, participação e rendimento (art. 3º).

Está o desporto organizado sob duas formas: modo profissional, com remuneração; e, modo não profissional, quando o atleta não recebe remuneração, nem há contrato de trabalho, mas pode receber incentivos materiais e patrocínio (art. 3º, parágrafo único), não havendo falar, em ambos os casos, em vínculo de emprego.

No desporto, encontramos atleta profissional, cuja atividade caracteriza-se pela celebração de contrato de trabalho, com remuneração pactuada, celebrado com entidade de prática desportiva, pessoa jurídica de direito privado (art. 28, *caput*). Por outro lado, esse tipo de contrato é sempre por prazo determinado, com vigência nunca inferior a três meses nem superior a cinco anos (art. 30).

Existe o atleta autônomo, que é o maior de dezesseis anos, sem vínculo de emprego com a entidade de prática desportiva, auferindo rendimentos por conta e por meio de contrato de natureza civil. Não há relação empregatícia e o vínculo é estabelecido apenas para participar de competição (art. 28-A e § 1º).

O art. 29 do mesmo diploma permite que a entidade de prática desportiva formadora do atleta, a partir de dezesseis anos de idade, poderá com ele celebrar o primeiro contrato especial de trabalho desportivo, cujo prazo não poderá ser superior a cinco anos.

O atleta não profissional em formação, que é maior de quatorze e menor de vinte anos, poderá receber auxílio financeiro da entidade de prática desportiva formadora, como bolsa de aprendizagem, sem que isto signifique relação de emprego (art. 29, § 4º).

No que é relativo ao atleta estrangeiro, para este exercer sua atividade é indispensável a obtenção de visto temporário de trabalho, que pode ser concedido por até cinco anos, prorrogáveis por idêntico período, uma só vez, nos termos do art. 46, § 1º, da Lei n. 9.615/1998.

Por outro lado, a suspensão do contrato pode ocorrer em duas hipóteses: por acidente de trabalho (art. 32, § 4º, I e II, do Decreto n. 2. 574/98) e por suspensão disciplinar, que pode ser por partida ou por prazo, consoante o Código Brasileiro Disciplinar de Futebol (CBDF) (arts. 204 e 206), imposta pela Justiça Desportiva que pode convertê-la em multa (art. 204, § 5º, do CBDF). A suspensão disciplinar importa em não pagamento de salário, podendo, a critério do empregador, o contrato ser prorrogado pelo prazo da punição, nas mesmas condições (art. 205 do mesmo Código). Bem de ver que, como o atleta praticou falta em ato pessoal, a perda de salário durante o período do cumprimento da pena justifica-se porque o clube também será privado dos eventuais sucessos que o atleta poderia proporcionar.

Grave questão é a dos atrasos no pagamento dos salários dos desportistas. De acordo com a Lei n. 9.615/1998, a mora salarial importará em dois tipos de sanções aplicadas pelo empregado desportista. É o *jus resistentiae* do empregado, e, estando o atleta com atraso de seus salários em dois ou mais meses, poderá se recusar a jogar (art. 32), e, ocorrendo a mora por três ou mais meses, o atleta é considerado liberado, ficando rescindido seu contrato (art. 31), fazendo jus a receber todos os seus créditos.

A Lei n. 9.615/1998 não regula a aposentadoria dos atletas, e, no particular, considerando as peculiaridades da atividade e tendo que a vida útil do desportista é menor que a do trabalhador comum, deveria haver lei própria e não a da Previdência Social geral porque a situação é diferente[143].

---

(143) SANTOS, Antônio Sérgio Figueiredo. *Prática desportiva*. Belo Horizonte: Inédita, 2001. p. 64-5.

Na trilha das omissões legislativas, verifica-se, também, que a norma existente não regula os calendários das atividades desportivas, e, às vezes, o atleta não tem direito a gozar da folga semanal, quer porque em seguidas partidas, quer porque em regime de concentração.

Atingindo em torno de 1.200 treinadores habilitados e 12.000 não habilitados, encontramos a figura do técnico profissional de futebol, de quem se exige formação superior, mediante habilitação em curso de educação física, havido como empregado da associação desportiva ou do clube de futebol que o contratar (arts. 1º e 2º da Lei n. 8.650, de 22.04.1993).

Ademais, nos termos do art. 88 da Lei n. 9.615/1998, os árbitros e os auxiliares de arbitragem, indispensáveis a qualquer disputa, são considerados trabalhadores autônomos, porque não possuem qualquer vínculo com as entidades desportivas.

A situação do árbitro de futebol, no entanto, poderia ter sido alterada com a Lei n. 12.867, de 10.10.2013, cujo art. 1º reconhece a profissão e diz que a mesma lei regulará, *sem prejuízo das disposições não colidentes contidas na legislação vigente*, donde remete à Lei n. 9.615/1998, tornando-se, nesse particular, desnecessário. Em seguida, o art. 2º diz o que está dito desde 1998 na *Lei Pelé*.

O art. 3º foi vetado e dispunha:

> Art. 3º A habilitação e os requisitos necessários para o exercício da profissão de árbitro de futebol serão definidos em regulamento próprio.

Era, ao que parece, o único dispositivo realmente útil desse diploma, mas o veto presidencial tomou por fundamento o inciso XIII do art. 5º da Constituição, acerca da liberdade do exercício de qualquer trabalho, ofício ou profissão que, segundo o Executivo, estaria sendo vulnerado.

Os constitucionalistas brasileiros caminham em uníssono quando examinam o inciso XIII do art. 5º da Constituição, anotando Luiz Alberto David Araújo e Vidal Serrano Nunes Junior que *caso seja editada uma lei regulamentando determinada profissão, o indivíduo que queira exercer tal atividade fica adstrito à observância das qualificações profissionais que o diploma vier a estabelecer*[(144)]. Essas exigências, todavia, devem ser razoáveis, porque, como recorda Manoel Jorge e Silva Neto, *a lei será inconstitucional quando os requisitos ou qualificações ao exercício de profissão, impostas de modo excessivo, determinarem, de fato, a impossibilidade de fruição do direito individual*[(145)].

Como se verifica, o veto que poderia não existir tornou desnecessária a lei, cujo art. 4º reconhece que é facultado aos árbitros de futebol organizar-se em associações profissionais e sindicatos, o que também despiciendo, porque o art. 8º, *caput*, da Constituição consagra a livre associação profissional ou sindical.

Adiante, o art. 5º admite que é facultado aos árbitros de futebol prestar serviços às entidades de administração, às ligas e às entidades de prática da modalidade desportiva futebol. Aqui, apesar de ser uma regra imprecisa, pode ser admitida a possibilidade de se ter reconhecida relação de emprego subordinado do árbitro de futebol às instituições que menciona. E, mais, abre-se o caminho para que os demais árbitros, de outros desportos, também possam ter idêntico tratamento, considerando o princípio da igualdade que a própria Constituição consagra. A jurisprudência trabalhista resolverá a matéria.

O último dispositivo, o art. 6º, cuida da validez temporal da norma, que começou a viger no dia 10.10.2013, quando de sua publicação.

1.3. PECULIARIDADES DAS QUESTÕES DESPORTIVAS

1.3.1. Passe

Um dos aspectos mais polêmicos e tormentosos da relação de trabalho dos atletas profissionais é o vínculo desportivo, chamado de passe, que é acessório do contrato de trabalho, a teor do art. 28, § 5º, da Lei n. 9.615/1998. Assim, terminada a vigência do contrato de trabalho, acaba o passe e o jogador fica livre. Todavia, a partir das mu-

---

(144) ARAÚJO, Luiz Alberto David & NUNES JUNIOR, Vidal Serrano. *Curso de direito constitucional*. 5. ed. São Paulo: Saraiva, 2001. p.119.

(145) SILVA NETO, Manoel Jorge e. *Curso de direito constitucional*. Rio de Janeiro: Lumen Juris, 2006. p. 509.

danças introduzidas pela Lei n. 12.395, de 2011, existem outras formas de término desse *passe*: pelo distrato, pelo pagamento da cláusula indenizatória desportiva ou da cláusula compensatória desportiva, pela rescisão decorrente do inadimplemento salarial, de responsabilidade da entidade de prática desportiva empregadora, pela rescisão indireta, ou pela dispensa imotivada do atleta.

A definição legal de passe constava do art. 11 da Lei n. 6.354/1976, revogado pela Lei n. 12.395/2011, como sendo a *importância devida por um empregador a outro pela cessão do atleta durante a vigência do contrato ou depois de seu término, observadas as normas desportivas pertinentes*.

No Brasil, o passe deixou de existir, no aspecto legal, três anos após a entrada em vigor da *Lei Pelé* (art. 28, § 2º, combinado com o art. 93), o que ocorreu no dia 26 de março de 2001. Sempre criticado, sobre ele escreveu Carlos Roberto Husek que, *vemos no passe um conteúdo escravocrata, contrário à ordem jurídica nacional e aos princípios que dela emanam*.

E prossegue:

> *Ora, por esse exótico instituto, o trabalhador não tem direito a escolher o seu emprego, não podendo discutir seu contrato de trabalho, cujas cláusulas são impostas pelo empregador, sob pena de impossibilitar o exercício profissional*(146).

A Lei n. 8.672/1993 (*Lei Zico*) não cuidava desse esdrúxulo instituto, que tem natureza indenizatória. Inexiste, na União Europeia, onde o fim do contrato está regulado em lei; mas existe na América Latina, sendo praticado, *v. g.*, também na Argentina. Cogitou-se de sua inconstitucionalidade, entretanto, inúmeros eram os seus defensores, sobretudo os dirigentes desportistas. Domingos Zainaghi, dentre outros, entende que *o passe não é inconstitucional porque não veda o livre exercício da profissão*(147). No entanto, como assevera Figueiredo Santos,

> *o país do melhor futebol do mundo abole, tardiamente, o 'passe', até então existente somente na relação de trabalho do atleta, mas não como evolução social, mas como dever de restabelecer a dignidade daquele que labora no meio futebolístico. É o restabelecimento do direito de cidadão em igualdade de condições com os demais trabalhadores brasileiros nesta particularidade*(148).

Havia, antes da entrada em vigor do art. 28, § 2º, da *Lei Pelé*, duas formas para o atleta poder ganhar o seu passe, isto é, o direito de escolher com quem e para quem trabalhar: 1) se ficasse um ano sem jogar; ou, 2) se houvesse atraso no pagamento de seu salário. Agora, felizmente, está o atleta (pelo menos, a maioria) livre ao término de seu contrato de trabalho, independendo da vontade do empregador anterior para ingressar em outra entidade desportiva.

O passe parece ser página virada na história do Direito Desportivo brasileiro. Com efeito, mais que uma vitória dos profissionais desse setor, o seu fim representa uma conquista da sociedade e o fortalecimento da democracia.

1.3.2. Direito de arena

A Constituição cuida da proteção do direito de imagem no art. 5º, X e XXVIII, *a*, assegurando *a proteção, nos termos da lei, às participações individuais em obras coletivas e à reprodução da imagem e voz humanas, inclusive em atividades desportivas*, e que, no caso dos atletas profissionais, deve ser analisado em conjunto com o art. 42, § 1º, da Lei n. 9.615/1998.

O direito de arena é o de captar, fixar, emitir, transmitir ou retransmitir imagem de espetáculo ou eventos desportivos de que participem, mediante distribuição de parte do preço total, de modo igual, aos atletas profissionais que atuaram no espetáculo ou no evento (art. 42 e § 1º, da Lei n. 9.615/1998). Atinge não apenas a imagem do atleta, mas igualmente o vestuário utilizado e eventuais emblemas que use como adorno. O *quantum*, então, que o clube ganha e transfere aos atletas pela exposição da imagem de cada qual, é acessório ao contrato de trabalho, sendo de 5% do valor recebido pela entidade desportiva, e que será repassado ao sindicato dos atletas profissionais e por estes distribuídos, em partes iguais aos participantes do espetáculo, como parcela de natureza civil, não trabalhista, portanto.

---

(146) HUSEK, Carlos Roberto. O fim do passe. *In*: *Magistratura & trabalho*. São Paulo, IX(39), fev./mar. 2011, p. 11.

(147) ZAINAGHI, D. S. Ob. cit., p. 116-7.

(148) SANTOS, A.S.F. Ob. cit., p. 29.

Antes da reforma da Lei n. 12.385, de 16.3.2011, assemelhava-se o direito de arena à gorjeta[149], compondo os cálculos dos recolhimentos de FGTS, do 13º salário, das férias e das contribuições sociais, não incidindo sobre os de aviso-prévio, de repouso semanal remunerado, de horas extras e de adicional noturno. Após, todavia, perdeu essa característica, porque a própria redação do dispositivo esclarece que sua natureza é civil, logo não incidindo para base de cálculo de nenhuma parcela de natureza trabalhista.

De observar que o art. 42 e seus parágrafos da Lei n. 9.615/1998, a exemplo do anterior art. 100, parágrafo único, da Lei n. 5.988/1973, cuida apenas dos participantes dos jogos, isto é, dos atletas *stricto sensu* que estejam em campo, excluindo bandeirinhas, reservas, gandulas, policiais e maqueiros, que igualmente participam, sobretudo os dois primeiros, do evento[150]. O mais grave, todavia, é que somente foi pretendido preservar a imagem do atleta profissional, esquecendo que os semiprofissionais também deveriam estar abrangidos pelo benefício da norma, mesmo porque, não raro, são objeto de atração dos aficionados do esporte. É uma omissão lamentável, como acentuado por Figueiredo Santos[151].

Introduzido pela Lei n. 12.395/2011, o art. 87-A distingue a natureza do contrato de desporto do contrato de imagem. Este é de natureza civil, com direitos, deveres e condições que não se misturam com aquele do contrato especial de trabalho desportivo. Apesar disso, o parágrafo único desse artigo, incluído pela Lei n. 13.155, de 4.8.2015, contempla regra que vincula os dois contratos, a medida em que o cálculo do valor correspondente ao uso da imagem do atleta não pode ser superior a 40% da sua remuneração total, que é a soma de seu salário com os montantes correspondentes ao direito ao uso de imagem. Diz o mencionado parágrafo único:

> Parágrafo único. Quando houver, por parte do atleta, a cessão de direitos ao uso de sua imagem para a entidade de prática desportiva detentora do contrato especial de trabalho desportivo, o valor correspondente ao uso da imagem não poderá ultrapassar 40% (quarenta por cento) da remuneração total paga ao atleta, composta pela soma do salário e dos valores pagos pelo direito ao uso da imagem.

1.3.3. *Bicho e luvas*

É o bicho o prêmio individual resultante do trabalho coletivo pago pela entidade empregadora ao atleta profissional empregado, previsto ou não no contrato de trabalho.

Pode ser em valores fixos ou variáveis, conforme a importância da competição, e possui natureza salarial, semelhante às luvas, segundo entendimento predominante no TST. Outra não pode ser a razão, mesmo porque vezes há em que o bicho com que são premiados os atletas é muito superior ao seu salário mensal.

As luvas são a importância paga ao atleta pela entidade na forma convencionada no contrato, consoante o art. 12 da revogada Lei n. 6.354/1976, que não está repetido na *Lei Pelé*. Continua sendo praticado no Brasil e possui natureza remuneratória, como forma de premiar o atleta eficiente.

1.3.4. *Concentração*

No Direito brasileiro, a concentração é uma peculiaridade do contrato de trabalho do atleta profissional do futebol, que, a teor do art. 7º, da antiga Lei n. 6.354/1976, deve ficar concentrado por período não superior a três dias por semana, a fim de atender competição amistosa ou oficial programada. Não se computaria o período da concentração na jornada semanal de trabalho do empregado.

A doutrina, no geral, entende que concentração não se assemelha à prontidão nem ao sobreaviso[152], notando-se que o ponto mais controvertido e questionado tem sido se seria ou não devido o pagamento de jornada extraordinária ao jogador concentrado. A jurisprudência diverge. Para o TST não há falar em sobrejornada, mas encontramos decisões em sentido oposto[153].

---

(149) Cf. ZAINAGHI, D. S. Ob. cit., p. 152.

(150) MELLO, A. M. Ob. cit., p. 41.

(151) SANTOS, A. S. F. Ob. cit., p. 52.

(152) Cf. BARROS, Alice Monteiro de. Lei Pelé. *In: Revista do Direito Trabalhista*. Brasília, 5(12):8, dez.1999; e, ZAINAGHI, D. S. Ob. cit., p. 91.

(153) É o caso do Proc. RO n. 1.079/1981 – TRT da 9ª Região (Paraná) (Acórdão n. 236/1982), Relator Juiz Indalécio Gomes Neto (DJPR de 26.02.1982).

Entendemos que existe esse direito, se não houver compensação do período em que o jogador estiver concentrado. Assim é, porque a jornada do atleta é igual a de qualquer trabalhador: 44 horas semanais, consoante mandamento constitucional. Dessarte, o excedente, seja qual for ou em quais circunstâncias ocorrer o evento, deve ser considerado extravagante, sendo, por corolário, devidas as horas excedentes às normais. Conquanto seja certo que, durante a concentração, o atleta também dorme e, evidente, que o tempo dispendido para esse fim não pode ser computado como sendo de trabalho, é igualmente correto afirmar que ele se encontra integralmente à disposição do empregador, impossibilitado de quaisquer outras atividades e distante do convívio familiar. Justamente tendo em conta as peculiaridades do contrato de trabalho do atleta é que devemos considerar que esse tempo deve ser computado para todos os fins, salvo se houver compensação em seguida.

1.3.5. Jornada de trabalho

Quanto à jornada de trabalho do atleta, permanece aquela do art. 7º, XIII, da Constituição, não podendo ser superior a 44 horas semanais.

Laborando em horário noturno (das 22 horas de um dia às cinco horas do dia seguinte) (art. 73, § 2º, da CLT), o atleta faz jus ao *plus* correspondente. Há divergência quanto a ser ou não devido o adicional noturno pelas peculiaridades da função. Entendemos que tem regular direito[154]. A uma, porque mandamento constitucional. A duas, porque a justificativa tentada por alguns de que há competições que se prolongam além das 22 horas não é motivo ensejador para *punir* o obreiro.

2. RADIOLOGISTA

A profissão de radiologista era regulada pela Lei n. 3.999/1961, juntamente com médicos e dentistas. Todavia, a Lei n. 7.394, de 19.10.1985, veio tratar especificamente do técnico em radiologia, cuidando dos operadores de raios X, que inclui as técnicas radiológicas, no setor de diagnóstico; radioterápica, no setor de terapia; radioisotópica, no setor radioisótopos; industrial, no setor industrial; e de medicina nuclear (art. 1º).

Essa Lei fixa a jornada de trabalho do técnico em radiologia em 24 horas/semanais (art. 14), e o salário dos profissionais é equivalente a dois salários mínimos da região, mais 40% referentes a risco de vida e insalubridade (art. 16).

Porém, a partir da Súmula Vinculante n. 4 do STF, tendo sido efetivamente proibida a vinculação do mínimo legal, o que, a rigor, já ocorrera desde o advento da Constituição de 1988 (art. 7º, IV), houve necessidade de ser criado um cálculo específico para quantificar esse salário mínimo desse profissional, como, de resto, passou a suceder com as demais profissões cujas leis que delas tratam adotaram o salário mínimo como padrão de base de cálculo.

Com efeito, a fim de evitar anomia, o STF, ao julgar a ADPF n. 151-DF, de 06.05.2011, entendeu que o salário mínimo dessa categoria seria o valor de dois salários mínimos vigentes na data do trânsito em julgado da decisão, reajustável anualmente consoante critérios gerais de reajuste salarial, e com isso estaria definitivamente desvinculado do salário mínimo legal[155].

---

(154) No mesmo sentido: BARROS, A. M. de. *Artigo cit.*, p. 7.

(155) É a seguinte a ementa dessa ADPF: *Arguição de Descumprimento de Preceito Fundamental. Direito do Trabalho. Art. 16 da Lei n. 7.394/1985. Piso salarial dos técnicos em radiologia. Adicional de insalubridade. Vinculação ao salário mínimo. Súmula Vinculante 4. Impossibilidade de fixação de piso salarial com base em múltiplos do salário mínimo. Precedentes: AI-AgR 357.477, Rel. Min. Sepúlveda Pertence, Primeira Turma, DJ 14.10.2005; o AI-AgR 524.020, de minha relatoria, Segunda Turma, DJe 15.10.2010; e o AI-AgR 277.835, Rel. Min. Cezar Peluso, Segunda Turma, DJe 26.2.2010. 2. Ilegitimidade da norma. Nova base de cálculo. Impossibilidade de fixação pelo Poder Judiciário. Precedente: RE 565.714, Rel. Min. Cármen Lúcia, Tribunal Pleno, DJe 07.11.2008. Necessidade de manutenção dos critérios estabelecidos. O art. 16 da Lei n. 7.394/1985 deve ser declarado ilegítimo, por não recepção, mas os critérios estabelecidos pela referida lei devem continuar sendo aplicados, até que sobrevenha norma que fixe nova base de cálculo, seja lei federal, editada pelo Congresso Nacional, sejam convenções ou acordos coletivos de trabalho, ou, ainda, lei estadual, editada conforme delegação prevista na Lei Complementar 103/2000. 3. Congelamento da base de cálculo em questão, para que seja calculada de acordo com o valor de dois salários mínimos vigentes na data do trânsito em julgado desta decisão, de modo a desindexar o salário mínimo. Solução que, a um só tempo, repele do ordenamento jurídico lei incompatível com a Constituição atual, não deixe um vácuo legislativo que acabaria por eliminar direitos dos trabalhadores, mas também não esvazia o conteúdo da decisão proferida por este Supremo Tribunal Federal. 4. Medida cautelar deferida.* (ADPF 151-DF, de 6.5.2011 (Confederação Nacional de Saúde, Hospitais e Estabelecimentos e Serviços – CNS vs. Presidente da Re-

3. MÉDICO

A Lei n. 3.999, de 15.12.1961, cuida do salário dos médicos (art. 1º). Trata, igualmente, dos cirurgiões-dentistas (art. 1º), e das atividades de auxiliar de laboratorista, radiologista e internos (art. 2º). Leis específicas passaram a cuidar dos cirurgiões-dentistas (Lei n. 5.081/1966) e dos técnicos em radiologia (Lei n. 7.394/1985).

O salário mínimo do médico (três vezes o salário mínimo nacional), a partir da Súmula Vinculante n. 4 do STF, deve ser fixado o mesmo critério reconhecido para os radiologistas, na ADPF n. 151-DF, mencionado acima.

Assim, *data venia* de opiniões diversas, entendemos que o salário profissional dessa categoria, como de todas as demais que, por disposição legal, são vinculadas ao salário mínimo comum, deve ser fixado considerando a data da publicação da Súmula Vinculante n. 4, que foi no dia 9 de maio de 2008, e, a partir de então, reajustado anualmente consoante critérios gerais de reajuste salarial, desvinculado definitivamente do salário mínimo legal. Essa regra somente deve deixar de ser aplicada se houver norma coletiva autônoma (convenção ou acordo coletivo de trabalho) fixando um salário profissional específico, desvinculado do mínimo. Adota-se, neste caso, a regra similar à da ADPF n. 151-DF mencionada anteriormente.

A Lei n. 3.999/1961 fixa que a remuneração do médico será igual àquela do local da contratação, sem redução de qualquer espécie, caso seja designado para trabalhar em outro local (art. 10). Por igual, cargos e funções de chefia de serviços médicos somente poderão ser exercidos por médicos habilitados (art. 15).

Quanto à jornada de trabalho dos médicos, dispondo que é de duas a oito horas/dia e dos auxiliares, de quatro horas (art. 8º), que poderá ser acrescida de no máximo duas horas extras, desde que haja acordo escrito ou motivo de força maior (§ 3º), tendo o médico direito a intervalo interjornada de dez minutos a cada noventa minutos de trabalho (§ 1º), vedado aos médicos auxiliares cumprirem jornada superior a 6 horas/dia se tiverem mais de um empregador (§ 2º).

O § 4º foi derrogado pela Constituição de 1988, porque previa percentual de 25% para remunerar a hora suplementar. Esse *plus* é, necessariamente, de pelo menos 50%. Quanto ao adicional noturno, a regra do art. 9º da Lei n. 3.999/1961 é a mesma da CLT: acréscimo de 20% sobre o valor da hora noturna.

4. DENTISTA

É a Lei n. 5.081, de 24.08.1966, que trata do exercício da odontologia no Brasil (art. 1º), desempenhado por um profissional de nível superior, chamado Cirurgião-Dentista, cujas atividades e proibições são tratadas nesse diploma.

Quanto ao salário profissional, foi mantido aquele objeto da Lei n. 3.999/1961, que, porque vinculado ao mínimo legal, e em vista do disposto na Súmula Vinculante n. 4, passou a ser o critério que apontamos acima, na linha da ADPF n. 151-DF, adequando-o a este caso concreto.

5. ENGENHEIRO E ENGENHEIRO-AGRÔNOMO

As profissões de engenheiro e engenheiro-agrônomo são objeto da Lei n. 5.194, de 24.12.1966, que também se reporta ao arquiteto, que possui lei própria (Lei n. 12.378, de 31.12.2010), juntamente com o urbanista, como veremos adiante.

O exercício dessas profissões depende de formação de nível superior, com o competente registro profissional no Conselho Regional da classe (art. 2º e parágrafo único).

A remuneração desses profissionais, fixada em no mínimo seis vezes o salário mínimo vigente (art. 6º), com a Súmula Vinculante n. 4 do STF, deve ser conforme indicado acima, isto é: fixado considerando aquele vigente a 09.05.2008, data da publicação da Súmula Vinculante n. 4, e, a partir de então, reajustado anualmente consoante

pública. *Animus Curiae*: Conselho Nacional de Técnicos em Radiologia – CONTER) e Federação Nacional dos Técnicos e Tecnólogos em Radiologia – FENATTR. Rel: Min. Joaquim Barbosa). Disponível em: <http://www.stf.jus.br/portal/processo/verProcessoAndamento.asp?incidente=2637147>. Acesso em: 15.4.2014.

critérios gerais de reajuste salarial, desvinculado definitivamente do salário mínimo legal, ate que sobrevenha lei ou norma coletiva autônoma a respeito, tomando por base o decidido na ADPF n. 151-DF.

6. ARQUITETO E URBANISTA

É a Lei n. 12.378/2010 que dispõe sobre as atividades de arquiteto e urbanista, elencando suas atribuições (art. 2º) e seu campo de atuação (parágrafo único).

Necessitam ter formação superior, sendo indispensável o registro no Conselho de Arquitetura e Urbanismo do Brasil (CAU) regional, e somente sociedade que tenha um gestor ou um empregado permanente nessas condições pode usar as expressões "arquitetura" ou "urbanismo" (art. 11), da mesma forma como nenhum projeto ou obra resultante do trabalho de um profissional dessa natureza pode sofrer qualquer alteração sem consentimento prévio e por escrito do titular dos direitos autorais (art. 16).

O salário desses profissionais é idêntico aos engenheiros e engenheiros-agrônomos, conforme a Lei n. 5.194/1966, ante a omissão da Lei n. 12.378/2010.

7. PROFESSORES

7.1. A ATIVIDADE DOCENTE

A educação é direito de todos e dever do Estado e da família, visando o desenvolvimento da pessoa, seu preparo para a cidadania e sua qualificação para o trabalho, como consagra a Constituição de 1988 (art. 205, *caput*). Para tanto, existe o ensino público e o ensino privado. Naquele, o Estado fornece escola de todos os níveis e professores que irão ministrar suas aulas e transmitir seu conhecimento aos que obtém acesso a esse tipo de educandário, normalmente grátis, sem qualquer ônus para o estudante. No ensino privado, o Estado autoriza o funcionamento de escolas também de todos os níveis, normalmente com fins lucrativos, que contratam professores e admitem alunos mediante pagamento de mensalidade.

Devemos entender professor, usando a definição de Alice Monteiro de Barros, como

> *o profissional, habilitado ou autorizado, que, por meio das atividades inerentes ao magistério, forma as gerações do país propiciando-lhes a educação básica e superior ou complementando-os a formação em curso de especialização técnico, preparatório ou profissionalizante, realizados em estabelecimentos de ensino público, privado, livre, ou ainda em outro estabelecimento que, embora não específico, proporcione essa formação*(156).

O ensino no Brasil acha-se regulado, precipuamente, pela Lei n. 9.394, de 20.12.1996, a Lei de Diretrizes e Bases da educação, conhecida pela sigla LDB, que estabelece as diretrizes e bases da educação nacional. A educação divide-se, então, em básica (incluindo educação infantil, e ensinos fundamental e médio) e superior (incluindo graduação e pós-graduação).

A atividade laborativa do professor é extremamente exigente. O controle emocional para conviver com dezenas de pessoas simultaneamente, o esforço mental de desenvolver habilidades e transmitir conhecimento, a apresentação pública que exige custo adicional são alguns dos fatores que, como costuma ser dito, engrandecem e enobrecem a missão do docente, como transmissor de conhecimentos e formador das gerações futuras.

Geralmente mal remunerado, seja no ensino público, seja no privado, apesar da regra determinante do art. 323 da CLT(157), costuma o professor ministrar aulas em mais de um estabelecimento de ensino, a fim de poder garantir

---

(156) BARROS, A. M. de. *Contratos e regulamentações especiais de trabalho*. 5. ed. São Paulo: LTr, 2012. p. 368.

(157) *Art. 323. Não será permitido o funcionamento do estabelecimento particular de ensino que não remunere condignamente os seus professores, ou não lhes pague pontualmente a remuneração de cada mês.*
Parágrafo único. Compete ao Ministério da Educação e Saúde fixar os critérios para a determinação da condigna remuneração devida aos professores bem como assegurar a execução do preceito estabelecido no presente artigo.

mínimo de qualidade de vida a si e sua família, e, para minimizar essas dificuldades, a CLT adotou regras regulatórias da atividade docente, como passamos a demonstrar.

Em um mesmo estabelecimento de ensino, o professor somente poderia ministrar quatro horas/aula corridas ou seis horas/aula intercaladas, conforme dispunha o art. 318 da CLT. A partir da Lei n. 13.415, de 16.02.2017, essa regra foi alterada, passando a consignar:

> Art. 318. O professor poderá lecionar em um mesmo estabelecimento por mais de um turno, desde que não ultrapasse a jornada de trabalho semanal estabelecida legalmente, assegurado e não computado o intervalo para refeição.

Assim, a jornada semanal do professor passou a ser de até oito horas diárias no mesmo estabelecimento, conforme o art. 7º, XIII, da Constituição, ficando superada a regra anterior. Continua sendo vedado, aos domingos, regência de turmas ou trabalho em exames (art. 319 da CLT).

Duas OJs do TST parece que se encontram em descompasso com a atual redação do art. 318. A OJ n. 206 prevê que ocorrendo excesso de jornada, a hora extra será remunerada a 50%. Com o novo texto, parece-nos que essa OJ perdeu sua utilidade, porquanto a todo o trabalhador a hora extraordinária será sempre remunerada com no mínimo 50% (art. 7º, XVI, da Constituição).

A outra é a OJ. 393 que cuida da garantia à percepção do salário mínimo integral na hipótese da jornada anterior de seis horas/aula. Como agora a jornada é de oito horas/aula, o mínimo já está automaticamente garantido.

Considerando a jornada em sala de aula é que se pode fixar a remuneração do professor, levando em conta o número de aulas por semana. Se o pagamento for mensal, será considerada o mês de quatro semanas e meia, e sendo descontadas, a cada mês, as faltas às aulas, exceto as verificadas por motivo de casamento ou luto pelo falecimento de cônjuge, pai ou mãe, ou filho. São as regras do art. 320 e §§ da CLT.

De notar, no entanto, que, ao contrário dos demais trabalhadores, os professores possuem benefício superior: as ausências mencionadas acima (gala e luto) são, cada uma, de nove dias (art. 320, § 3º, da CLT), enquanto para os demais, pelos mesmos motivos, admite-se que deixem de comparecer ao serviço dois dias consecutivos por motivo de falecimento e três dias também consecutivos em razão de casamento (art. 473, I e II, da CLT).

Esse tratamento revela-se injusto e desigual, vulnerando claramente o *caput* do art. 5º da Constituição, que reconhece a igualdade de todos perante a lei. O ideal não é afastar a aplicação do dispositivo aos professores, mas, ao contrário, adotar a regra do art. 320, § 3º, da CLT para todos os empregados, seja porque obedece o princípio da norma mais favorável, seja porque dará a todos igualdade de tratamento.

Havendo aumento do número de aulas nos horários marcados, o professor receberá, ao final do mês correspondente, o valor relativo às aulas excedentes (art. 321 da CLT).

Nos períodos de provas e exames escolares o valor da remuneração dos professores também observará o horário normal do período de aula (art. 322 da CLT). Caso, no período de exames, seja necessária prestação de mais de oito horas de trabalho diário, terá o professor direito a pagamento complementar de cada hora excedente no valor de uma hora/aula (art. 322, § 1º, da CLT), da mesma forma como, no período de férias, o professor somente poderá realizar exames (§ 2º do mesmo artigo).

O professor que recebe salário mensal à base da hora-aula, faz jus a 1/6 de acréscimo a título de repouso semanal remunerado, devendo o mês ser considerado de quatro semanas e meia (Súmula n. 351 do TST).

Conforme a OJ n. 244 do TST, é possível a redução da carga horária do professor em decorrência da diminuição do número de alunos, desde que não haja redução do valor da hora aula, que é igualmente a linha seguida pelo Precedente Normativo (PN) n. 78:

> PN-78 PROFESSOR. REDUÇÃO SALARIAL NÃO CONFIGURADA (negativo) – Não configura redução salarial ilegal a diminuição de carga horária motivada por inevitável supressão de aulas eventuais ou de turmas.

Muito frequente é a existência das chamadas *janelas* durante o período letivo diário. Trata-se de um intervalo entre uma e outra aula, geralmente utilizado aquando da montagem de horário, a fim de compatibilizar os tempos disponíveis de todos os docentes ou para não exercer os limites do art. 318 mencionado acima.

Em situações dessa natureza, o professor fica à disposição do empregador (a escola) e, portanto, deverá receber a paga correspondente à jornada cumprida como se em sala de aula estivesse. Um grande número de estabelecimentos de ensino descumpre essa regra, ficando o docente à disposição da escola sem nada a fazer e a receber também. Torna-se necessário o indispensável rigor no cumprimento do comando básico e genérico consignado no art. 4º da CLT:

> Art. 4º Considera-se como de serviço efetivo o período em que o empregado esteja à disposição do empregador, aguardando ou executando ordens, salvo disposição especial expressamente consignada.

Sendo o professor dispensado sem justa causa, durante as férias escolares ou ao final do ano letivo, terá direito ao pagamento dos salários correspondentes (art. 322, § 3º, da CLT), e o aviso-prévio não pode coincidir com o das férias escolares[158].

7.2. FALTAS DO PROFESSOR E REPOSIÇÕES DE AULAS

Na relação escola x professor x aluno, diversas situações podem ser vivenciadas. A falta de instalações adequadas, a ausência do professor, o descaso do estudante no cumprimento de suas tarefas, dentre outras, são algumas delas. Educar não é fácil; aprender, menos ainda.

Saúde é necessária para assistir aula e indispensável para ministrar aula. Aluno doente não aprende. Professor enfermo não ensina.

O valor social do trabalho está inserto no inciso IV do art. 1º da Constituição, como um dos fundamentos da República, e toda pessoa tem direito de trabalhar, autônoma ou subordinadamente, regido, no segundo caso, na atividade privada, pela CLT, ou na atividade pública, pelas leis reguladoras do serviço público.

Situados esses três importantes direitos sociais (educação, saúde e trabalho), examinemos um dos problemas que pode decorrer de um possível conflito entre eles. Imaginemos a hipótese seguinte: um professor, pelo período máximo de quinze dias, ficara ausente da sala de aula, onde deveria ministrar regularmente as disciplinas sob sua regência, não o fazendo em decorrência de doença que o levou a submeter-se à intervenção cirúrgica. Verificada que a carga horária da disciplina não havia sido cumprida, e já estando o professor restabelecido da enfermidade que o acometera, foi determinado que o mesmo procedesse à reposição das aulas faltantes, considerando que é obrigatória a frequência do professor nos dias de efetivo trabalho acadêmico e que o docente, nesse caso, estivera ausente e não cumprira a carga horária prevista, e para a qual os alunos haviam realizado o pagamento da mensalidade correspondente, a partir de contrato de prestação de serviço educacional regularmente celebrado.

Posto o problema, surgem várias indagações:

1) a responsabilidade pelo fornecimento da aula (produto) é da escola (fornecedor-empregador) ou do professor (empregado do fornecedor) ao consumidor (o aluno)?
2) quem é obrigado a repor as aulas faltantes é o próprio professor que estava enfermo?
3) em não sendo, a instituição de ensino deverá contratar, para os dias de ausência daquele, um substituto para ministrar as aulas desses dias faltantes?

Vejamos como encontrar uma solução a este tipo de dificuldade que certamente enfrentam escolas, professores e alunos, na relação que situamos acima, onde aparecem pelo menos três interesses aparentemente em conflito.

7.2.1. *As diversas situações legais*

Existem alguns diplomas legais que devem ser observados para tentar encontrar soluções a esses questionamentos. São normas legais conhecidas por suas siglas: LDB (Lei de Diretrizes e Bases da Educação), CLT (Consolidação das Leis do Trabalho), LPBPS (Lei dos Planos de Benefícios da Previdência Social), RPS (Regulamento da Previdência Social) e CDC (Código de Defesa do Consumidor).

---

(158) N. sent.: BARROS, A. M. de. *Contratos e regulamentações*... cit., p. 384.

De plano, logo, esclareça-se que existem três tipos de faltas: as **faltas abonadas** que são regularmente pagas pelo empregador (art. 473 da CLT); as **faltas justificadas**, quando a remuneração dos dias de ausência é facultativa; e as **faltas injustificadas**, quando o empregado terá descontados os dias de falta dos seus ganhos.

A LDB (Lei n. 9.394/1996) refere, no art. 47 e § 3º[(159)], a frequência de professores às aulas. Costumeiramente, os contratos individuais de trabalho celebrados entre escolas e professores determinam a obrigatoriedade de os professores cumprirem o conteúdo programático e a carga horária das disciplinas que estiverem regendo, sem especificar quaisquer exceções, inclusive as decorrentes de faltas abonadas.

Os níveis de ensino são, como referido, infantil, fundamental, médio e superior, seja o ensino público ou privado. Neste, os docentes brasileiros são contratados pelo regime da CLT, e sujeitos ao regime geral da previdência social geral, de que trata a Lei n. 8.213, de 24.07.1991, a LPBPS, regulada pelo Decreto n. 3.048, de 06.05.1999, o RPS, donde várias considerações podem ser feitas acerca do questionamento inaugural.

Observe-se que quando a LDB determina a frequência obrigatória dos professores às atividades acadêmicas jamais pretendeu revogar o art. 60 e seu § 3º da Lei n. 8.213/1991[(160)]. De acordo com esse dispositivo legal, o empregado que se ausentar do serviço por até quinze dias tem o seu contrato de trabalho interrompido (art. 471 e seguintes da CLT), se essa interrupção decorrer de doença, e quinze dias é o limite máximo, porque a partir do 16º dia inicia-se o benefício previdenciário. Isto significa que, *ultima ratio*, a regra do art. 60, § 3º, da LPBPS, combinado com o art. 471 consolidado, se aplica a faltas de cinco ou dez dias, por exemplo. Ausentando-se por mais de quinze dias, reitere-se, o contrato de trabalho estará suspenso, e os encargos passam a ser da Previdência Social geral e não da escola empregadora.

Em situação dessa natureza, as faltas do professor deverão ser abonadas, inclusive como tem sido objeto de negociação coletiva[(161)], embora, *data venia*, entendamos tratar-se de cláusula desnecessária porque decorre de expressa previsão legal.

Nesse passo, é preciso observar dois tipos distintos de relações jurídicas que estão presentes em situação dessa natureza.

A primeira é entre o empregador (a escola) e o empregado (o professor). A entidade de ensino tem, por mandamento legal (CLT, LPBPS e RPS), obrigação de abonar as faltas do empregado (professor) do período em que o contrato de trabalho esteve interrompido, sem que efetue qualquer espécie de desconto salarial (art. 60, § 3º, da Lei n. 8.213/1991). Com efeito, qualquer desconto salarial será ilegal. Se superior a quinze dias, o contrato estará suspenso, mas o docente não deixou de ser empregado da escola.

Quando o empregado retorna, tem direito a receber todas as vantagens de sua ausência (art. 471 da CLT[(162)]). E as faltas que o docente apresentou nessas condições o isentam de qualquer *reposição*, porque justificadas suas ausências plenamente. Se por mais de quinze dias, deve ser considerado em licença remunerada, enquanto durar o benefício (art. 476 da CLT).

A segunda relação jurídica é a existente entre o fornecedor de um serviço (a escola ou a instituição de ensino superior) e o tomador desse serviço (o corpo discente, os alunos do estabelecimento escolar). É uma relação típica de consumo, regida pelo CDC. Tem, na hipótese em comento, a escola obrigação de cumprir o contrato bilateral que celebrou com o aluno, fornecendo-lhe o cumprimento do conteúdo programático das disciplinas, e fazendo com que um docente ministre as aulas.

---

(159) *Art. 47. Na educação superior, o ano letivo regular, independente do ano civil, tem, no mínimo, duzentos dias de trabalho acadêmico efetivo, excluído o tempo reservado aos exames finais, quando houver.*

§ 3º. É obrigatória a frequência de alunos e professores, salvo nos programas de educação a distância.

(160) *Art. 60. O auxílio-doença será devido ao segurado empregado a contar do décimo sexto dia do afastamento da atividade, e, no caso dos demais segurados, a contar da data do início da incapacidade e enquanto ele permanecer incapaz.*

§ 3º. Durante os primeiros quinze dias consecutivos ao do afastamento da atividade por motivo de doença, incumbirá à empresa pagar ao segurado empregado o seu salário integral.

(161) Assim o caso da cláusula 50ª da Convenção Coletiva de Trabalho 2011/2012 celebrada entre o Sindicato dos Professores do Estado do Pará e o Sindicato dos Estabelecimentos Particulares de Ensino do Estado do Pará, a 8 de abril de 2011.

(162) *Art. 471. Ao empregado afastado do emprego, são asseguradas, por ocasião de sua volta, todas as vantagens que, em sua ausência, tenham sido atribuídas à categoria a que pertencia na empresa.*

O CDC (Lei n. 8.078/90) possui alguns dispositivos que costumam ser inseridos nos contratos de prestações de serviços educacionais: arts. 2º[163], 3º[164], 51, § 2º[165], e 54[166], dentre outros. Todos são normas de garantia ao consumidor (o aluno), cuidadosamente elaborados para atender, como sói acontecer, também os interesses do fornecedor (a escola). Nessas normas, como em todo o CDC, não há nenhum único registro acerca de empregado do fornecedor ser onerado por serviço que este se comprometeu fazer ou fornecer ao consumidor.

Em outros termos, é incorreto e ilegal que a escola (fornecedora de conhecimento para seus alunos e empregadora de seus professores) determine que um seu professor (que esteve afastado por motivo de saúde devidamente comprovado, por até quinze dias, ou em gozo de benefício previdenciário, se além desse período – seu empregado) proceda à reposição de aulas dos dias de ausência. Agindo assim, a escola, pensando que atende às exigências do consumidor (o aluno), violará as normas trabalhistas e previdenciárias.

Comentando o art. 66 do Estatuto do Magistério do Estado do Paraná (Lei Complementar n. 7/1976), onde consigna que, *ainda que tenha sofrido desconto em seus vencimentos, por faltas, não se ressarcirá o professor por aula, atividade de recuperação ministrada em obediência ao calendário escolar ou outras exigências de ensino*, Nilton Aparecido Stein escreveu:

> *O artigo diz respeito a faltas não justificadas, ou seja, aquelas que não são amparadas por atestado médico, o que não é o caso do professor que se ausentou por motivo de tratamento de saúde e estava amparado por atestado médico. E, adiante, pontuou: A administração escolar deve ter autonomia para gerenciar o processo administrativo de forma que o atendimento aos alunos não tenha prejuízos quanto ao processo de ensino-aprendizagem, assim dispor de condições para substituir o professor no dia de afastamento para tratamento de saúde*[167].

7.2.2. *A solução mais indicada*

Formulamos, acima, três questões que devem ser respondidas de modo bastante objetivo, após essas considerações, tal como colocadas, espancando dúvidas sobre esse tema:

1) a responsabilidade pelo fornecimento do produto (aula) é do fornecedor (escola) ao consumidor (o aluno), nos termos do CDC, decorrente de contrato de prestação de serviços educacionais, e não do professor, com o qual aquela mantém contrato de trabalho;

2) o professor enfermo que teve seu contrato interrompido e/ou suspenso não tem que repor aulas faltantes porque justificadas suas ausências, nos termos da CLT, da LPBPS e do RPS; e

---

(163) *Art. 2º Consumidor é toda pessoa física ou jurídica que adquire ou utiliza produto ou serviço como destinatário final.*

Parágrafo único. Equipara-se a consumidor a coletividade de pessoas, ainda que indetermináveis, que haja intervindo nas relações de consumo.

(164) *Art. 3º Fornecedor é toda pessoa física ou jurídica, pública ou privada, nacional ou estrangeira, bem como os entes despersonalizados, que desenvolvem atividade de produção, montagem, criação, construção, transformação, importação, exportação, distribuição ou comercialização de produtos ou prestação de serviços.*

§ 1º Produto é qualquer bem, móvel ou imóvel, material ou imaterial.

§ 2º Serviço é qualquer atividade fornecida no mercado de consumo, mediante remuneração, inclusive as de natureza bancária, financeira, de crédito e securitária, salvo as decorrentes das relações de caráter trabalhista.

(165) *§ 2º A nulidade de uma cláusula contratual abusiva não invalida o contrato, exceto quando de sua ausência, apesar dos esforços de integração, decorrer ônus excessivo a qualquer das partes.*

(166) *Art. 54. Contrato de adesão é aquele cujas cláusulas tenham sido aprovadas pela autoridade competente ou estabelecidas unilateralmente pelo fornecedor de produtos ou serviços, sem que o consumidor possa discutir ou modificar substancialmente seu conteúdo.*

§ 1º A inserção de cláusula no formulário não desfigura a natureza de adesão do contrato.

§ 2º Nos contratos de adesão admite-se cláusula resolutória, desde que a alternativa, cabendo a escolha ao consumidor, ressalvando-se o disposto no § 2º do artigo anterior.

§ 3º Os contratos de adesão escritos serão redigidos em termos claros e com caracteres ostensivos e legíveis, cujo tamanho da fonte não será inferior ao corpo doze, de modo a facilitar sua compreensão pelo consumidor.

§ 4º As cláusulas que implicarem limitação de direito do consumidor deverão ser redigidas com destaque, permitindo sua imediata e fácil compreensão.

(167) Disponível em: <http://www.appsindicato.org.br/include/paginas/artigo.aspx?id=3206>. Acesso em: 15.4.2014.

3) a instituição de ensino deverá contratar um professor substituto para os dias de ausência do professor enfermo, a fim de ministrar as aulas desses dias.

Assim deve ser porque, ocorrendo de um professor ausentar-se justificadamente, e deixando a escola de oferecer as aulas programadas aos discentes, estes têm direito a elas. A escola, por seu turno, considerando a interrupção legal do contrato de trabalho do seu empregado-professor por até quinze dias, ou suspensão, se por período superior, deverá contratar um docente substituto para o período em que o professor estará com o contrato interrompido e/ou suspenso, e esse substituto deverá ministrar as aulas previstas até o retorno do professor responsável que estava doente. Não pode ser esquecido, de maneira alguma, que o empregador assume perante terceiros o *risco do empreendimento*, como claramente dispõe o art. 2º da CLT.

Agindo dessa forma, rigorosamente dentro da lei, a escola dará cumprimento a sua obrigação, conforme a primeira situação jurídica posta: observará a norma celetista e as previdenciárias; e também dará obediência à segunda: atenderá (se fosse o caso) os discentes no oferecimento das aulas, cumprindo o contrato celebrado à luz do CDC.

Este deve sempre ser o caminho que as instituições de ensino brasileiras devem tomar: nem apenar o professor doente com reposições de aulas decorrentes de faltas que ele não deu causa (ninguém, em sã consciência, deseja ficar adoentado); nem explorar o aluno (ou seus responsáveis) que paga para ter aulas e não as tem por culpa da instituição que não contratou substituto.

8. TURISMÓLOGO

A Lei n. 12.591, de 18.01.2012, declara em sua ementa que *reconhece* a profissão de turismólogo e disciplina o seu exercício, porém, não reconhece nada (ementa não serve para aplicação em caso concreto, e somente na ementa é reconhecida a profissão) e não disciplina coisa alguma. Limita-se apenas a elencar as atividades que podem ser desenvolvidas por um turismólogo, no art. 2º, considerando o veto parcial aos arts. 1º, 3º e 4º, com fulcro no inciso XIII do art. 5º da Constituição, e, ainda assim, sem caráter de exclusividade no exercício desse mister. O outro artigo não vetado é o que cuida da validez temporal da lei, que começa a viger da data da sua publicação[(168)].

O artigo que bem pode ser chamado de sobrevivente ao veto é o art. 2º, que, em dezoito incisos, indica as atividades do turismólogo, mas que também não lhe garante exclusividade no exercício, a saber:

> I – planejar, organizar, dirigir, controlar, gerir e operacionalizar instituições e estabelecimentos ligados ao turismo;
>
> II – coordenar e orientar trabalhos de seleção e classificação de locais e áreas de interesse turístico, visando ao adequado aproveitamento dos recursos naturais e culturais, de acordo com sua natureza geográfica, histórica, artística e cultural, bem como realizar estudos de viabilidade econômica ou técnica;
>
> III – atuar como responsável técnico em empreendimentos que tenham o turismo e o lazer como seu objetivo social ou estatutário;
>
> IV – diagnosticar as potencialidades e as deficiências para o desenvolvimento do turismo nos Municípios, regiões e Estados da Federação;
>
> V – formular e implantar prognósticos e proposições para o desenvolvimento do turismo nos Municípios, regiões e Estados da Federação;
>
> VI – criar e implantar roteiros e rotas turísticas;
>
> VII – desenvolver e comercializar novos produtos turísticos;
>
> VIII – analisar estudos relativos a levantamentos socioeconômicos e culturais, na área de turismo ou em outras áreas que tenham influência sobre as atividades e serviços de turismo;

---

(168) Originou-se do PLS n. 290/01, e o veto ainda não foi apreciado pelo Congresso Nacional, cf. <http://www.senado.gov.br/atividade/materia/Consulta.asp?STR_TIPO=PLS&TXT_NUM=290&TXT_ANO=2001&SEL_TIPO_AUTOR=&TXT_AUTOR=&SEL_PARTIDO=&SEL_UF=&TXT_RELATOR=&TXT_ASSUNTO=&RAD_TRMT=T&SEL_TIPO_NORMA=&TXT_NUM_NORMA=&TXT_ANO_NORMA=&SEL_SITUACAO=&Tipo_Cons=8&hid_comissao=TOD+%2D+TODAS&hid_status=TOD+%2D+TODAS&ind_relator_atual=&sel_comissao=&tip_palavra_chave=&ind_status_atual=A&dat_situacao_de=&dat_situacao_ate=&txt_tramitacao=&dat_apresentacao_de=&dat_apresentacao_ate=&IND_COMPL=&FlagTot=1&orderby=6>. Acesso em: 15.4.2014.

IX – pesquisar, sistematizar, atualizar e divulgar informações sobre a demanda turística;

X – coordenar, orientar e elaborar planos e projetos de *marketing* turístico;

XI – identificar, desenvolver e operacionalizar formas de divulgação dos produtos turísticos existentes;

XII – formular programas e projetos que viabilizem a permanência de turistas nos centros receptivos;

XIII – organizar eventos de âmbito público e privado, em diferentes escalas e tipologias;

XIV – planejar, organizar, controlar, implantar, gerir e operacionalizar empresas turísticas de todas as esferas, em conjunto com outros profissionais afins, como agências de viagens e turismo, transportadoras e terminais turísticos, organizadoras de eventos, serviços de animação, parques temáticos, hotelaria e demais empreendimentos do setor;

XV – planejar, organizar e aplicar programas de qualidade dos produtos e empreendimentos turísticos, conforme normas estabelecidas pelos órgãos competentes;

XVI – emitir laudos e pareceres técnicos referentes à capacitação ou não de locais e estabelecimentos voltados ao atendimento do turismo receptivo, conforme normas estabelecidas pelos órgãos competentes;

XVII – lecionar em estabelecimentos de ensino técnico ou superior;

XVIII – coordenar e orientar levantamentos, estudos e pesquisas relativamente a instituições, empresas e estabelecimentos privados que atendam ao setor turístico.

O desempenho dessas atividades revela a necessidade de um mínimo de formação básica para o seu exercício. Afinal, a lei prevê emissão de laudos técnicos (inciso XVI), ministração de ensino técnico ou superior (inciso XVII), elaboração e análise de estatísticas (incisos VIII e XIX), dentre outros. Um leigo, sem qualquer espécie de formação, não será um bom profissional dessa área que cada dia se especializa mais. Acresce, ainda, que a indústria do turismo é uma das que mais perspectivas de crescimento possui em nosso país, e que deve ser incentivada sempre.

Por isso, parece-nos que a lei deixou a profissão de turismólogo bastante desprotegida, tornando inclusive desnecessários os cursos de formação superior que existem no Brasil.

Os vetos presidenciais foram muitos e fulminaram esse diploma, colocando em risco a própria profissão. O art. 1º, que foi vetado, contemplava exigências para o exercício da profissão, especialmente o que refere a uma formação específica. Tinha o seguinte teor:

> I – pelos diplomados em curso superior de Bacharelado em Turismo, ou em Hotelaria, ministrados por estabelecimentos de ensino superior, oficiais ou reconhecidos em todo o território nacional;
>
> II – pelos diplomados em curso similar ministrado por estabelecimentos equivalentes no exterior, após a revalidação do diploma, de acordo com a legislação em vigor;
>
> III – por aqueles que, embora não diplomados nos termos dos incisos I e II, venham exercendo, até a data da publicação desta Lei, as atividades de Turismólogo, elencadas no art. 2º, comprovada e ininterruptamente há, pelo menos, cinco anos.

Esse dispositivo apresentava várias vantagens, como passamos a demonstrar.

Primeira, fortalecia os cursos de Bacharelado em Turismo e Hotelaria, que existem desde 1971, quando surgiu o primeiro deles, na então Faculdade de Turismo do Morumbi, atual Universidade Anhembi-Morumbi, em São Paulo. Sem a exigência de formação específica, a tendência natural é o enfraquecimento e consequente desaparecimento desses cursos, deixando profissionais já formados com o diploma de graduação, mas sem a mínima garantia de preferência de acesso aos postos de trabalho. Afinal, qualquer leigo poderá ser turismólogo.

Observe-se, ademais, que várias disciplinas são encontradas nas grades curriculares desses cursos: Gestão Ambiental e Sustentabilidade, Gestão de Alimentos e Bebidas, Gestão de Serviços de Bares e Restaurante, Hotelaria Hospitalar e de Turismo de Saúde, História e Patrimônio Turístico Cultural, Políticas Públicas de Turismo, entre outras. Essas disciplinas é que oferecem a base teórica indispensável para o exercício adequado da profissão. É a formação específica que distingue o leigo, ou aquele que se aventura em uma dada atividade, daquele que estuda, dedica sua vida a formar e aperfeiçoar seus conhecimentos em determinado campo da atividade humana. Afinal, é o conhecimento que faz a diferença.

Segunda, a mesma preocupação se aplica aos diplomados em cursos no exterior, cujos certificados, no vetado inciso II acima, poderiam ser revalidados aqui. Ora, revalidados podem continuar sendo. A utilidade desse procedimento, todavia, será nenhuma. Afinal, para que revalidar um diploma que não servirá para nada do ponto de vista prático?

Terceira, era a possibilidade do reconhecimento do turismólogo provisionado, ou seja, uma categoria específica para garantir direito àqueles que, pelo menos cinco anos antes da publicação da Lei já exerciam a atividade, comprovação que deveria ser feita em 180 dias da publicação da Lei (art. 4º, igualmente vetado).

Procedimento semelhante a este existe, por exemplo, na Lei n. 9.696/1998, que regula o exercício das atividades dos profissionais de educação física. Em outros termos, não se justifica o veto de agora em profissão tão respeitável quanto a dos que atuam na área da educação física.

Igualmente vetado, o art. 3º cuidava do registro profissional, indispensável para o exercício das atividades elencadas no art. 2º (o sobrevivente).

Dois requisitos deveriam ser indispensáveis para o registro: comprovação de conclusão de curso superior de turismólogo (em instituição de ensino nacional ou, se estrangeira, apresentando a prova de revalidação do título) e apresentação da CTPS, expedida pelo M.Tb.

Em decorrência do veto, tornou-se despiciendo o registro no M.Tb. e, por corolário, não existe necessidade de possuir diploma algum. Qualquer pessoa poderá, a qualquer tempo, fazer o papel de turismólogo. Afinal, parte do próprio fundamento constitucional para o veto leva a isso: é livre o exercício de qualquer trabalho, ofício ou profissão. A parte final do inciso XIII do art. 5º, porém, foi esquecida...

De outro lado, no entanto, a CTPS permanece indispensável se o trabalhador for contratado por alguma empresa para exercer atividades tipo as elencadas no art. 2º sobrevivente, porquanto aí será empregado nos termos do art. 3º da CLT.

Nesse caso, o registro do empregado, tanto na CTPS quanto no livro de registro de empregados, poderá ser como turismólogo, caso as atividades que vá desenvolver sejam aquelas do art. 2º sobrevivente.

9. CABELEIREIRO, MANICURE E ASSEMELHADOS

A Lei n. 12.592, de 18.01.2012, versa sobre o exercício das atividades de cabeleireiro, barbeiro, esteticista, manicure, pedicuro, depilador e maquiador, porém praticamente todos os dispositivos foram vetados, à semelhança da lei do turismólogo.

Sobrou apenas o art. 1º que é um dispositivo que se limita a repetir o fato, como se fosse ela (a lei), que reconhecesse o que toda a sociedade mundial (a brasileira faz parte dela) já reconhece a dezenas de anos. Os outros dois dispositivos não têm maior relevância: cuidam do dia nacional desses profissionais (art. 5º), e a data da sua publicação e vigência (art. 6º), que é 18 de janeiro, que passa a ser o Dia Nacional, que não se trata de mais um desnecessário feriado.

O art. 1º admite o exercício no Brasil da atividade de cabeleireiro, barbeiro, esteticista, manicure, pedicuro, depilador e maquiador, fato que a transforma em lei sem qualquer motivo prático porque reconhece o exercício e somente isso.

O parágrafo único é de extrema obviedade, consignando que esses profissionais exercem *atividades de higiene e embelezamento capilar, estético, facial e corporal dos indivíduos*, e o art. 4º é necessário para alertar o cuidado com as atividades que a lei *deveria* regular, registrando que *deverão obedecer às normas sanitárias, efetuando a esterilização de materiais e utensílios utilizados no atendimento a seus clientes*.

A rigor, essa exigência é extremamente clara e não é nova, porque todo tempo é observada e cobrada, donde significa a reiteração do que sempre foi buscado por conta das fiscalizações realizadas pelos auditores do trabalho e pelos órgãos de saúde estadual e municipal, responsáveis pela concessão de alvarás de funcionamento. É repisar o óbvio, reiterar o evidente, mas, pelo menos nesse aspecto, nunca é demais.

Os arts. 2º e 3º foram vetados e eram exatamente os mais importantes da lei. O fundamento foi o art. 5º, XIII, da Constituição, e possuía a seguinte redação:

> Art. 2º As atividades de que trata o art. 1º desta Lei serão exercidas pelos:
>
> I – portadores de diploma do ensino fundamental;
>
> II – portadores de habilitação específica fornecida por entidades públicas ou privadas, legalmente reconhecidas;

III – profissionais que, embora não sejam portadores de diploma ou de certificado na forma dos incisos I e II do *caput* deste artigo, estejam exercendo a profissão há pelo menos 1 (um) ano, contado da data de publicação desta Lei.

Art. 3º Para fins de aplicação dos preceitos desta Lei, o órgão competente no Brasil poderá revalidar diploma expedido em país estrangeiro, fornecido por cursos equivalentes aos mencionados nos incisos I e II do *caput* do art. 2º desta Lei.

Ora, visavam a dar uma formação mínima básica para esses profissionais, justamente porque mexem com partes do corpo humano, e precisam aprender o mínimo necessário, da mesma forma como garantem o direito dos que já exercem as atividades há pelo menos um ano (os *provisionados*) e os com diploma equivalente obtido no exterior, embora o art. 3º vetado fosse omisso quanto ao órgão competente à revalidação que poderia ser o próprio M.Tb. ou alguma entidade pública ou privada, reconhecida, que possuísse curso de formação desses profissionais.

Observe-se que o inciso XIII do art. 5º constitucional assevera que impor restrições ao exercício de qualquer trabalho, ofício ou profissão somente poderá ocorrer *quando houver a possibilidade de ocorrer algum dano à sociedade*. Ora, manipular com partes do corpo humano (cabelos, mãos e pés, pelo menos) sem o cuidado necessário pode gerar danos para as pessoas e, por corolário, para a sociedade, inclusive pela utilização de produtos químicos, altamente nocivos à saúde humana se utilizados sem as cautelas recomendadas.

Ademais, a lei poderia ser bem melhor se, além de não existirem vetos, ainda cuidasse da caracterização do vínculo empregatício, a fim de superar as muitas fraudes que ocorrem em todo o Brasil que colocam esses profissionais como *autônomos*, quando, na verdade, não são mais que empregados subordinados. Fosse fixada jornada de trabalho, contivesse recomendações sobre uso de equipamentos de proteção individual, estipulasse formas de remuneração etc. Talvez um dia surja uma lei assim...

Enquanto esse diploma não surge, ainda assim, a Justiça do Trabalho começa a dar os primeiros passos (demorados, por sinal), no sentido de resgatar esse tipo de trabalhador. O TRT da 15ª Região, mesmo não reconhecendo vínculo de emprego, aplicou indenização por dano moral a favor da reclamante, depiladora de um salão de beleza (Proc. 0001463-74.2010.5.15.0004), apesar de o TST ter mantido o entendimento de que existiria uma parceria entre o trabalhador e o proprietário do local onde desenvolve sua atividade, como o que foi decidido no Proc. RR–2276800-81.2008.5.09.006, julgado a 18.12.2012 (Rel.: Min. Caputo Bastos).

Em julgamento do TRT da 8ª Região, a 4ª Turma daquela Corte decidiu, em voto de nossa relatoria, unanimemente, pela existência de relação de emprego entre manicure e salão de beleza, considerando fraude o contrato de parceria. A ementa destaca:

> I – MANICURE. RELAÇÃO DE EMPREGO VERSUS CONTRATO DE PARCERIA. FRAUDES. Sendo a atividade da reclamante indispensável ao funcionamento do reclamado, que, como sempre acontece, determina clientes a atender e horários a cumprir, deve ser reconhecida a relação e emprego entre a manicure e o salão de beleza onde trabalha, *ex vi* dos arts. 2º e 3º da CLT. II – CONTRATO DE PARCERIA. FRAUDE. Não existe parceria quando, praticamente, todos os elementos indispensáveis ao exercício do mister do trabalhador são fornecidos pelo tomador do serviço, único responsável pelo empreendimento.(169)

Quanto às profissões de cabeleireiro, barbeiro, esteticista, manicure, pedicuro, depilador e maquiador, além de a lei sem vetos não resolver os grandes problemas dessas atividades, nem sequer um mínimo de formação se exige de quem, afinal, manipula com o corpo humano alheio (pelo menos, cabeça, pés e mãos). É que não se resolve a grave questão da fraude à relação de emprego, que transforma esses profissionais em pseudoautônomos sem que, sequer, tenham direito de fixar seus horários e as pessoas a quem atender.

A lei que faltava surgiu: Lei n. 13.352, de 27.10.2016, mas muito ao contrário do que deveria ser. De acordo com esse diploma, alterando a Lei n. 12.592/15 (a rigor, nada alterou, porque essa lei pouco ou nada de expressivo tinha, como já demonstrado), foi formalizada a criação de um "salão parceiro", pelo qual os trabalhadores desse ramo de atividade passam a ser parceiros dos proprietários do estabelecimento. Valida-se, dessa forma, na linha sustentada pelo TST, os contratos de parceria, transformando em microempreendedores individuais (MEI) os cabeleireiros, barbeiros, esteticistas, manicures, pedicuros, depiladores e maquiadores.

---

(169) Cf. Proc. RO 0001465-67.2014.5.08.0014, de 19.5.2015 (Maria da Conceição Campos Ferreira vs. Lauri M. Dahmer – EPP. Rel.: Des.Georgenor de Sousa Franco Filho).

Acrescente-se que esse contrato de parceria deve ser homologado pelo sindicato da categoria profissional e laboral (art. 1º-A, § 8º), tendo essa lei ressalvado a possibilidade de caracterização de vínculo empregatício entre a pessoa jurídica do salão-parceiro e do profissional-parceiro, em duas hipóteses: inexistência de contrato de parceria na forma prevista nessa lei e desempenho, pelo trabalhador, de funções diversas das descritas no contrato de parceria (art. 1º-C).

É de notar que o § 10 do art. 1-A dispõe acerca de cláusulas que devem, obrigatoriamente, constar desse contrato de parceria, a saber:

> I – percentual das retenções pelo salão-parceiro dos valores recebidos por cada serviço prestado pelo profissional--parceiro;
>
> II – obrigação, por parte do salão-parceiro, de retenção e de recolhimento dos tributos e contribuições sociais e previdenciárias devidos pelo profissional-parceiro em decorrência da atividade deste na parceria;
>
> III – condições e periodicidade do pagamento do profissional-parceiro, por tipo de serviço oferecido;
>
> IV – direitos do profissional-parceiro quanto ao uso de bens materiais necessários ao desempenho das atividades profissionais, bem como sobre o acesso e circulação nas dependências do estabelecimento;
>
> V – possibilidade de rescisão unilateral do contrato, no caso de não subsistir interesse na sua continuidade, mediante aviso-prévio de, no mínimo, trinta dias;
>
> VI – responsabilidades de ambas as partes com a manutenção e higiene de materiais e equipamentos, das condições de funcionamento do negócio e do bom atendimento dos clientes;
>
> VII – obrigação, por parte do profissional-parceiro, de manutenção da regularidade de sua inscrição perante as autoridades fazendárias.

Adiante, o § 11 do mesmo dispositivo aponta que:

> § 11. O profissional-parceiro não terá relação de emprego ou de sociedade com o salão-parceiro enquanto perdurar a relação de parceria tratada nesta Lei.

Permanecerá, todavia, a questão em saber se esse MEI é realmente o que diz ser, se é parceiro, se fixa seus horários e escolhe seus clientes, ou é apenas um empregado travestido e, portanto, sendo nulo esse contrato de parceria. Parece-nos que estamos contemplando, formalmente, a adoção da pejotização no Direito brasileiro, e, aí, reaparecem, em plenitude, os preceitos dos arts. 9º da CLT e 166 do Código Civil, que apontam para nulidade em caso de fraude. Lembremos, porém, que o disposto no atual art. 442-A da CLT dificultará grandemente superar essa questão, porque praticamente valida a prática da pejotização.

10. *SOMMELIER*

A Lei n. 12.467, de 26.08.2011, dispõe sobre a regulamentação do exercício da profissão de *sommelier*.

Existem três figuras distintas que precisamos distinguir de início:

- enólogo – é a pessoa com curso superior específico, formada em faculdade de enologia, que exerce atividades em vinícolas, acompanhando o desenvolvimento da videira, sua colheita, fermentação, envelhecimento e envasamento do vinho. No Brasil, a Lei n. 11.476, de 29.05.2007, regulamenta essa profissão;
- enófilo – é aquele que faz estudos sobre o vinho, é seu crítico, degustador e frequente usuário dessa bebida;
- *sommelier* – é o conhecedor do vinho, que pode auxiliar, em um estabelecimento comercial, clientes e usuários na escolha de um rótulo para acompanhar determinado alimento, podendo também ser conhecedor de outros tipos de bebidas (uísque, cerveja, café etc.).

De acordo com a Lei n. 12.467/2011, *sommelier* é aquele que executa o serviço especializado de vinhos em empresas de eventos gastronômicos, hotelaria, restaurantes, supermercados e enotecas e em comissária de companhias aéreas e marítimas (art. 1º). Nesse aspecto, exclui outros tipos de *sommeliers*.

Suas atividades, segundo o art. 3º da Lei, as seguintes:

> I – participar no planejamento e na organização do serviço de vinhos nos estabelecimentos referidos no art. 1º...;
>
> II – assegurar a gestão do aprovisionamento e armazenagem dos produtos relacionados ao serviço de vinhos;

III – preparar e executar o serviço de vinhos;

IV – atender e resolver reclamações de clientes, aconselhando e informando sobre as características do produto; e

V – ensinar em cursos básicos e avançados de profissionais *sommelier.*

O Poder Executivo vetou o parágrafo único do art. 1º e o art. 2º na sua integralidade. Foram deixados apenas os três outros dispositivos referidos acima.

Os dispositivos vetados possuem a seguinte redação:

Art. 1º (...)

Parágrafo único. É opcional aos estabelecimentos referidos no *caput* deste artigo, a oferta da atividade exercida pelo provador de vinho ou degustador.

Art. 2º Somente podem exercer a profissão de *Sommelier* os portadores de comprovantes de habilitação em cursos ministrados por instituições oficiais ou privadas, nacionais ou estrangeiras, ou aqueles, que à data de promulgação desta Lei, estejam exercendo efetivamente a profissão há mais de 3 (três) anos.

Como se constata, o parágrafo único do art. 1º considerava opcional os estabelecimentos mencionados no *caput* possuírem provador de vinho ou degustador, confundindo *sommelier* com enófilo. Degustador ou provador de vinho é *sommelier*, segundo o dispositivo vetado, o que, *data venia*, estava errado na origem, e o dispositivo poderia sugerir obrigatoriedade da contratação desses especialistas, como se uma coisa opcional pudesse ser compulsória. Errado o primeiro dispositivo vetado ao confundir duas atividades diferentes (*sommelier* e enófilo) e errado o veto ao assemelhar facultativo a compulsório.

Já o art. 2º impunha requisitos mínimos para o exercício da profissão, inclusive frequências a cursos especializados, garantido o direito do quem já a exercia, o *sommelier* prático, isto é, o que já desempenhava a atividade há mais de três anos.

Essa profissão é reconhecida em muitos países e existe efetivamente no Brasil. Em São Paulo, por exemplo, existe a Associação Brasileira de *Sommeliers* (ABS), que inclusive promove cursos profissionalizantes, e, embora a lei seja específica para *sommelier* de vinho, existe o *sommelier* de cerveja, e ambos possuem cursos livres promovidos, também em São Paulo, pelo Senac. Existe também *sommelier* de chá e barista, que é o *sommelier* de café.

A Lei n. 12.467/2011 deverá ser futuramente corrigida também para quem trabalha com outras bebidas (cerveja, chá, café, dentre outros).

11. *DISC-JOCKEY* (DJ)

11.1. SENTIDO DA PROFISSÃO

Existe, dentre tantas profissões que carecem de normatividade mínima, uma que tem importância muito grande no norte do Brasil e que também aparece em grandes centros do sul e sudeste. Antigamente, chamava-se de *discotecário*, nos velhos tempos do *Dancing Days* dos anos 1970/1980, que não voltam mais. Agora, é o operador de aparelhagem sonora ou *disc jockey* (usando a expressão anglo-saxônica, que a globalização permite).

Acreditamos que é de Alice Monteiro de Barros a mais lúcida explicação sobre o que é e o que faz um DJ.

Os *disc jockey* (DJ) são especialistas em músicas populares para ambiente musical das discotecas, bares dancings, restaurantes, boates e outros estabelecimentos do mesmo gênero, onde se executam músicas para ouvir ou dançar. Sua função consiste na escolha das músicas, das medidas necessárias a sua reprodução, como também no comando das luzes no salão de dança ou local semelhante, com o objetivo de tornar mais harmonioso o ritmo musical em execução. Eles trabalham ainda nos intervalos necessários aos repousos das orquestras, conjuntos e bandas. A atividade disc jockey tanto poderá ser objeto de uma relação de trabalho autônomo quanto subordinado. Tudo irá depender da forma pela qual foi executada a prestação de serviços. Levantamento feito na jurisprudência nacional e estrangeiras evidenciou, nas hipóteses examinadas, o trabalho autônomo desenvolvido pelo *disc jockey*[170].

---

(170) BARROS, A. M. de. *As relações de trabalho no espetáculo*. São Paulo: LTr, 2003. p. 71.

Um projeto de lei foi apresentado, tramitou nas duas casas do Parlamento e terminou vetado pelo Presidente da República. O veto total foi considerado prejudicado e arquivado a 01.7.2015 [(171)].

Independentemente disso, o Senador Sérgio Zambiasi reapresentou o projeto vetado, agora com o n. 322, de 2010[(172)]. Iremos comentar ambos os projetos (o vetado e o reapresentado), que são idênticos, e demonstrar a necessidade de ser rejeitado o veto presidencial para admitir uma profissão que ocupa milhares de brasileiros que não merecem ficar ao desamparo, o que evitará a demorar na tramitação legislativa de outra proposta igual[(173)].

11.2. A ATIVIDADE DE *DISC-JOCKEY* (DJ)

A atividade de DJ é desenvolvida em praticamente todas as cidades do mundo. Nos EUA, por exemplo, existe a *American* Disk Jockey *Association*. No Brasil, há o envolvimento de muitos milhões de reais e de milhares de trabalhadores.

Na cidade de Belém, no Estado do Pará, nos anos 80, surgiu um movimento do ritmo *Brega*, que, em 2002, se transformou no *tecnobrega*, em face do envolvimento de grande potencial de alta tecnologia nas aparelhagens de som, cuidadas por D.Js. locais. Suas festas, as chamadas *festas de aparelhagem*, possuem um faturamento de R$ 3 milhões/mês, e as bandas e cantores que se apresentam levam em torno de R$ 3,3 milhões/mês.

As cabines de controle para os D.Js. são altamente sofisticadas, com pelo menos duas a três torres de alto-falantes, com *laptops*, férica iluminação, fogos de artifício, envolvendo esse mercado mais de quatro mil pessoas em Belém do Pará, onde a música que predomina, principalmente na periferia da cidade, é o tecnobrega[(174)].

De observar que a variedade de músicas do norte do Brasil, especialmente do Pará, vai do carimbó, mais antigo e tradicional, à *lambada,* e a alguns desmembramentos do *brega* tradicional: o *brega do passado* e o *brega marcante*, com cantores, bandas e compositores especializados, conhecidos das plateias locais, nacionais e, em alguns casos, internacionais: bandas como *Calypso, Sayonara, Fruta Quente, Tanakara, Fruto Sensual* e *Xero Verde*, cantores e compositores como Pinduca, Gaby Amarantos, Teddy Max, Beto Barbosa, Nazaré Pereira, Verequete, e outras centenas.

Esses profissionais, todavia, não se confundem com os DJ. São conjuntos musicais ou cantores e/ou compositores, que não se incluem dentre os operadores de aparelhagem de som, conquanto, em alguns instantes, eventualmente possam participar das apresentações destes. E é realmente uma *apresentação*, tamanha a infraestrutura montada para receber esses *artistas do som*.

Embora as casas de espetáculos sejam regulares, paguem impostos e funcionem também regularmente com alvarás, os operadores de som e suas equipes trabalham informalmente, isto é, recebem o cachê ao final da função e nada mais, isto é, sem nenhum mínimo tipo de garantia de qualquer natureza.

Inúmeros artistas ganham o cenário nacional – e o internacional também – com esse novo ritmo (o *tecnobrega*), um pouco carimbó (típico do Pará), um pouco rumba (do Caribe), e muito mais. Ao cabo, uma grande mistura de ritmos que envolve o público e garante a vida de milhares de pessoas, tendo, em 2009, sido realizado um festival brasileiro de *tecnomelody*, em Belém.

Escrevendo sobre o tecnobrega, Marcelo Gabbay anotou:

> *Acontece que no circuito tecnobrega, o espaço ritualístico e canônico do teatro é transplantado às festas de aparelhagens, e com isso, os ruídos provenientes da vida urbana, da periferia e das diferenças socioculturais, ganham volume e espaço de ressonância. Segundo pesquisa realizada pela Fundação Getúlio Vargas do Rio de Janeiro, em parceria com o Overmundo e a Fundação Instituto de Pesquisas Econômicas da USP em 2006, existem cerca de 700 aparelhagens em funcionamento em Belém (fora muitas outras centenas no interior do Estado, onde o mercado do tecnobrega se expande de forma acelerada), que empregam diretamente mais de 4 mil pessoas. É certo que houve*

(171) É o que consta em <http://www.senado.gov.br/atividade/materia/detalhes.asp?p_cod_mate=98640>. Acesso em: 02 jul. 2015.

(172) Cf. <http://www.senado.gov.br/atividade/materia/detalhes.asp?p_cod_mate=98689>. Acesso em: 15.4.2014.

(173) V., a respeito, o excelente estudo de Francisco Silva Cardoso Neto, DJ – necessidade de regulamentar a profissão de operador de aparelhagem de som. *In: Revista de Direito do Trabalho*. São Paulo, 39(149):157-88, jan./fev. 2013.

(174) Disponível em: <http://www.bregapop.com/servicos/historia/335-andre-machado/4953-o-futuro-e-tecnobrega-andre-machado>. Acesso em: 15.4.2014.

uma significativa mudança nas formas de negócio, distribuição, gerenciamento de imagem e lucro no mercado de artistas bregueiros do Pará. Segundo a mesma pesquisa, na cidade de Belém, o mercado do tecnobrega conjuga formalidade com informalidade, envolvendo bandas, festeiros, D.J's. de aparelhagens, estúdios caseiros e vendedores ambulantes, que movimentam juntos cerca de 8 milhões de Reais por mês (FGV et al.: 8-11), dos quais, pelo menos 1, 745 milhão circula no mercado informal dos vendedores de rua, que são ainda os principais responsáveis pela distribuição dos CD's e DVD's gravados nos estúdios de pequeno porte; esta distribuição tem um papel que vai além da mera acessibilidade física do produto ao consumidor, chegando a funcionar como a principal forma de divulgação das bandas e do próprio estilo; ainda segundo a pesquisa supracitada, 51% dos artistas incentivam e repassam seus CD's e DVD's diretamente aos vendedores de rua, e 59% avaliam positivamente o trabalho dos ambulantes para suas carreiras artísticas.(175)

Importa, então, em considerar a importância dessa atividade, especificamente a de DJ, que são os trabalhadores que cuidam da animação das festas populares não apenas no Pará, mas em todo o Brasil, e, igualmente atendem às elites, em casas de *show* fechadas, a preços pouco acessíveis ao povo.

Vejamos a descrição de uma festa de aparelhagem, colhida de um sítio especializado:

As festas de aparelhagens são realizadas na Região Norte do Brasil, mais precisamente em Belém do Pará, o "altar" da aparelhagem, lugar onde ficam posicionados os DJ, centro das atenções da festa, é como uma espaçonave que vem descendo no meio do clube, por trás de tudo, um gigantesco painel de leds iluminando o lugar com imagens "remixadas" pelos próprios DJ.

A dinâmica da festa é relativamente difícil de entender para um forasteiro. Se shows de rock ou festas de música eletrônica celebram uma certa individualidade, nas festas de tecnobrega/tecnomelody dá para ver imediatamente que a coisa é um pouco mais complexa. Primeiramente, são diversas as "galeras" que vão juntas às festas (galera da moto, galera do comércio, dentre outras). Nesses casos, a identidade passa a ser muito mais de grupo do que individual.

Além disso, a comunicação entre o público e os DJ é muito mais intensa. Esqueça completamente a imagem apática de um DJ de música eletrônica, que toca para multidões sem sequer levantar os olhos do equipamento. Na música eletrônica do Pará, os DJ são verdadeiras estrelas e ao mesmo tempo mestres de cerimônia. O público se comunica o tempo todo com eles, que respondem ditando o ritmo e temas da festa, fazendo menções às diferentes galeras presentes no lugar, tudo definido na hora. Até mesmo o jeito de beber cerveja atende a um outro ritual. Ninguém compra a bebida por unidade, mas sim em baldes de gelo, que circulam pela festa através de uma equipe de garçons. Basta ficar parado em qualquer lugar para ouvir a pergunta: – Quer balde?

Saber dançar é um elemento fundamental da festa, para paquerar é preciso saber dançar. Quem não sabe, nem tente. Há algum tempo, as festas de tecnobrega/melody/tecnomelody costumavam ser quase que exclusivamente para se dançar juntinho, em parzinho. No entanto, isso mudou há alguns anos e agora muita gente dança sozinha mesmo, ou junto com as galeras. No entanto, essa configuração geral não impede que casais se formem a toda hora. E nessa hora vale tudo: homem com homem, com mulher, com travesti e assim por diante. Vale mais o par que dança melhor e menos o sexo do parceiro. O preconceito não é um convidado bem-vindo nas festas de aparelhagem.

As principais aparelhagens do Pará são: Super Pop, Rubi, Meteoro, Príncipe Negro e Tupinambá.(176)

Como é facilmente constatável, trata-se de uma verdadeira *cultura brega* ou, para corresponder ao sistema musical, uma *cultura de aparelhagem*, com linguagem, ritmos e costumes próprios.

Observe-se, ainda, que essas aparelhagens, também referidas com outras denominações complementares, possuem DJ conhecidos: da *Águia de Fogo Super Pop* são os DJ Ray Considerado, Mosca e outros(177); da *Poderoso*

---

(175) O tecnobrega no contexto do capitalismo cognitivo: uma alternativa de negócio aberto no campo performático e sensorial, de Marcelo M. Gabbay, *in Revista da Associação Nacional dos Programas de Pós-Graduação em Comunicação*, agosto de 2007. Disponível em <http://www.compos.org.br/seer/index.php/e-compos/article/view/183/184>. Acesso em: 15.4.2014.

(176) Disponível em: <http://www.tecnomelody.com/2009/09/o-que-e-festa-de-aparelhagem.html>. Acesso em: 15.4.2014.

(177) Veja-se, no *site* <http://www.superpopsom.com.br/>, as diversas opções de atividades desenvolvidas por essa aparelhagem. Acesso em: 7 maio 2014.

Rubi, que deve ter sido a primeira a usar computador e a fazer um *compact disc*(178), é o DJ Maluco; da *Incomparável Meteoro*, que introduziu sistema aéreo, estrutura metálica e imagens no espetáculo, os DJ Junior Kalado e Nanda Fly(179); da *Mega Principe Negro*, que pode ter sido a primeira aparelhagem que surgiu no Pará, em 1976, são o D.J. Edilson e seu irmão DJ Edielson(180); e da *Treme Terra Tupinambá*, que é conhecida pelo símbolo *T*, que adota(181), é o DJ Dinho.

O que está descrito acima é uma realidade incontestável, que existe no Pará, e se espalha por todo o Brasil, envolvendo milhares de profissionais que não possuem proteção nenhuma da máquina do Estado, o que atormenta esses trabalhadores e suas famílias(182).

11.3. *DE LEGE FERENDA*: À REGULAMENTAÇÃO VETADA

Essa preocupação chegou ao Parlamento, e, em 2007, foi apresentado o Projeto de Lei do Senado Federal n. 740, de autoria do Senador Romeu Tuma (SP), visando alterar a Lei n. 6.533, de 24 de maio de 1978, que regula as profissões de Artista, de Técnico em Espetáculos de Diversões, para dispor também sobre as profissões de DJ ou Profissional de Cabine de Som (*disc-jockey*) e Produtor DJ (*disc-jockey*).

Este projeto, após aprovado nas duas casas do Parlamento, foi encaminhado ao Poder Executivo e vetado totalmente em 08.12.2010, sob o fundamento de que violaria a Constituição (art. 5º, XIII) e contrariaria o interesse público, mas o veto teve reconhecida sua prejudicialidade pelo Senado, conforme assinalamos acima.

Então, o tema deve ser examinado *de lege ferenda*, e assim será, tendo que o Projeto de Lei n. 740/2007 tem ainda minimamente chance de, com mais brevidade, regular essas importantes atividades laborais. O Projeto de Lei n. 322/2011 ainda está iniciando tramitação e levará mais alguns anos para chegar a bom final.

Com efeito, a definição legal será, conforme o proposto art. 2º, III e IV, para a Lei n. 6.533/1978:

> – *DJ ou Profissional de Cabine de Som DJ* (disc-jockey), *o profissional que cria seleções de obras fixadas e de fonogramas, impressos ou não, organizando e dispondo de seu conteúdo, executando essas seleções e divulgando-as ao público, por meio de aparelhos eletro-mecânicos, eletrônicos, ou outro meio de reprodução;*
>
> – *Produtor DJ* (disc-jockey), *o profissional que manipula obras fonográficas impressas ou não, cria ou recria versões e executa montagens sonoras para a criação de obra inédita, originária ou derivada.*

A exemplo das demais profissões reguladas pela Lei n. 6.533/1978, o projeto pretende que os DJ requeiram prévio registro na Superintendência Regional do Trabalho e Emprego, que terá validade em todo o território nacional (art. 6º) e a apresentação de certificado de curso profissionalizante de *disc-jockey* (art. 7º, IV), sendo, se rejeitado o veto, desnecessário diploma ou certificado correspondente às habilitações profissionais de 2º Grau reconhecidas na forma da lei; ou atestado de capacitação profissional fornecido pelo Sindicato representativo das categorias profissionais e, subsidiariamente, pela Federação respectiva, que se destinam às demais profissões reguladas pela mesma lei.

O contrato de trabalho é previsto como específico. Poderá ser mediante nota contratual, para substituição do DJ ou para prestação de serviço eventual, por período não superior a sete dias consecutivos, vedada nova contratação nos sessenta dias subsequentes por essa forma e para o mesmo empregador (art. 12), tendo os DJ estrangeiros permissão para permanência no Brasil por até sessenta dias, sem registro no M.Tb. nem prova de certificado de participação de curso profissionalizante de DJ (art. 7º, § 3º).

---

(178) Disponível em: http://aparelhagemsonora.blogspot.com.br/2008/11/poderoso-rubi.html>. Acesso em: 23 abr. 2014.

(179) Disponível em: <http://aparelhagemmeteoro.blogspot.com.br/>. Acesso em: 7 maio 2014.

(180) Disponível em: <http://www.megaprincipenegro.com/p/nossa-mega-historia-baseado-em-pesquisa_08.html>. Acesso em: 7 maio 2014.

(181) Veja-se o vídeo disponível em: <http://www.youtube.com/watch?v=-HhA6EYmBlY>. Acesso em: 8 maio 2014.

(182) Francisco Silva Cardoso Neto aponta a importância da regulamentação dessa atividade, considerando, inclusive, fortes razões históricas de uma profissão que já existe desde 1950, recordando os primeiros passos dados por Osvaldo Pereira, o primeiro *DJ* brasileiro (CARDOSO NETO, F. S. Artigo cit., p. 161).

Tanto para o profissional de cabine como para o produtor a jornada de trabalho a ser cumprida é de seis horas/dia e trinta horas/semanais (art. 21, VI), isto é, é proibido o labor de mais de sete horas/dia, ainda que dentro do limite semanal, porque a carga horária não é alternativa (diária ou semanal).

A profissão de DJ tem algumas peculiaridades e a proposta cuida desses aspectos. A cláusula de exclusividade, que já se aplicava aos demais trabalhadores abrangidos pela Lei n. 6.533, de 24.05.1978, foi estendida aos DJ, ficando prevista que, em existindo contrato de trabalho, os seus serviços podem ser prestados a outro empregador desde que preenchidos três requisitos: 1) atividade diversa, isto é, diferente daquela do contrato preexistente; 2) em outro lugar, o que não significa ser em outra cidade, mas pode ser entendido como outro estabelecimento; 3) não causar prejuízo ao primeiro contratante (art. 11).

Outro aspecto interessante é que se estenderá ao DJ a livre criação interpretativa, respeitado o texto da obra (art. 24). Neste aspecto, observe-se que o DJ pode modificar, com os diversos aparelhos que utiliza, formas de som e voz e até ritmos, sem, contudo, retirar a essência melódica da obra que executa.

O parágrafo único do art. 25 traz a reserva de mercado, ao registrar:

> Parágrafo único. A realização de eventos com a utilização de profissionais estrangeiros deverá ter, obrigatoriamente, a participação de, pelo menos, 70% (setenta por cento) de profissionais brasileiros. (NR).

Isto é importante, porque preserva a mão de obra nacional e os DJ locais, garantindo-lhes emprego, embora, possa aparentar possível inconstitucionalidade ao fazer distinção com o estrangeiro, ante às regras insertas no art. 5º, *caput* e inciso XIII, da Constituição, garantidores da igualdade sem distinção de nacionalidade e de livre exercício de qualquer trabalho, ofício ou profissão.

Saúde e segurança do trabalhador DJ foram preservadas no texto, aplicando-se também a regra do art. 27 que autoriza o empregado a se recusar a participar de evento que coloque em risco sua integridade física ou moral.

Como a lei, se o veto for rejeitado, pretende regular a profissão e exigir o preenchimento de requisitos para que possa ser exercida, o art. 3º do projeto que o Congresso Nacional aprovou garante o direito ao *atestado de capacitação profissional fornecido pelo Sindicato representativo das categorias profissionais e, subsidiariamente, pela Federação respectiva (inciso III)*, desde que seja comprovado que exercia a profissão até a data em que a lei vier a ser publicada.

12. ARTISTA

A Lei n. 6.533, de 24.05.1978, trata das profissões de Artista e de Técnico em Espetáculos de Diversões, tendo sido regulamentada pelo Decreto n. 82.385, de 05.10.1978, e define esses dois profissionais no art. 2º:

> I – Artista, o profissional que cria, interpreta ou executa obra de caráter cultural de qualquer natureza, para efeito de exibição ou divulgação pública, através de meios de comunicação de massa ou em locais onde se realizam espetáculos de diversão pública;
>
> II – Técnico em Espetáculos de Diversões, o profissional que, mesmo em caráter auxiliar, participa, individualmente ou em grupo, de atividade profissional ligada diretamente à elaboração, registro, apresentação ou conservação de programas, espetáculos e produções.

Consoante o art. 6º da Lei n. 6.533/78 o exercício dessas profissões dependerá de prévio registro na SRTE, válido para todo o país, devendo o interessado apresentar um dos três documentos elencados no art. 7º:

> I – diploma de curso superior de Diretor de Teatro, Coreógrafo, Professor de Arte Dramática, ou outros cursos semelhantes, reconhecidos na forma da Lei; ou
>
> II – diploma ou certificado correspondentes às habilitações profissionais de 2º Grau de Ator, Contra-regra, Cenotécnico, Sonoplasta, ou outras semelhantes, reconhecidas na forma da Lei; ou
>
> III – atestado de capacitação profissional fornecido pelo Sindicato representativo das categorias profissionais e, subsidiariamente, pela Federação respectiva.

Para exercer essas profissões deverá ser celebrado contrato de trabalho específico, padronizado conforme instruções do M.Tb. (art. 9º da Lei n. 6.533/1978), que conterá, além dos elementos habituais, o título do programa, espetáculo ou produção, ainda que provisório, com indicação do personagem nos casos de contrato por tempo determinado; os locais onde atuará o contratado, inclusive os opcionais; a jornada de trabalho, com especificação do horário e intervalo de repouso; disposição sobre eventual inclusão do nome do contratado no crédito de apresentação, cartazes, impressos e programas; ajuste sobre viagens e deslocamentos; o período de realização de trabalhos complementares, inclusive dublagem, quando posteriores a execução do trabalho de interpretação objeto do contrato (art. 10 da mesma lei), sendo de notar que o profissional não poderá recusar-se à autodublagem, quando couber (art. 16), e, se o empregador ou tomador de serviços preferir a dublagem por terceiros, ela só poderá ser feita com autorização, por escrito, do profissional, salvo se for realizada em língua estrangeira (parágrafo único).

De acordo com o art. 11, a cláusula de exclusividade não impedirá o Artista ou Técnico em Espetáculos de Diversões de prestar serviços a outro empregador em atividade diversa da ajustada no contrato de trabalho, desde que em outro meio de comunicação, e sem que se caracterize prejuízo para o contratante com o qual foi assinada a cláusula de exclusividade.

O art. 21 cuida da jornada de trabalho desses profissionais, a saber:

- Radiodifusão, fotografia e gravação: seis horas diárias, com limitação de trinta horas semanais;
- Cinema, inclusive publicitário, quando em estúdio: seis horas diárias;
- Teatro: a partir de estreia do espetáculo terá a duração das sessões, com oito sessões semanais;
- Circo e variedades: seis horas diárias, com limitação de trinta e seis horas semanais;
- Dublagem: seis horas diárias, com limitação de quarenta horas semanais.

Além disso, conforme o § 4º, será computado como trabalho efetivo o tempo em que o empregado estiver à disposição do empregador, a contar de sua apresentação no local de trabalho, inclusive o período destinado a ensaios, gravações, dublagem, fotografias, caracterização, e todo àquele que exija a presença do Artista, assim como o destinado a preparação do ambiente, em termos de cenografia, iluminação e montagem de equipamento.

Importante, nesse tipo de atividade, observar certos traços peculiares inerente ao trabalho do artista, na forma da Lei que dispõe sobre a profissão.

É livre a criação interpretativa do Artista e do Técnico em Espetáculos de Diversões, respeitado o texto da obra (art. 24).

O fornecimento de guarda-roupa e demais recursos indispensáveis ao cumprimento das tarefas contratuais será de responsabilidade do empregador (art. 26).

Nenhum Artista ou Técnico em Espetáculos de Diversões será obrigado a interpretar ou participar de trabalho possível de pôr em risco sua integridade física ou moral (art. 27).

A contratação de figurante não qualificado profissionalmente, para atuação esporádica, determinada pela necessidade de características artísticas da obra, poderá ser feita mediante indicação dos Sindicato patronal e profissional, com registro provisório por até um ano (art. 28).

Os filhos desses profissionais, cuja atividade seja itinerante, terão assegurada a transferência da matrícula e consequente vaga nas escolas públicas locais de 1º e 2º Graus, e autorizada nas escolas particulares desses níveis, mediante apresentação de certificado da escola de origem (art. 29).

Finalmente dispõe o art. 30 que os textos destinados à memorização, juntamente com o roteiro de gravação ou plano de trabalho, deverão ser entregues ao profissional com antecedência mínima de 72 horas, em relação ao início dos trabalhos.

13. COMERCIÁRIO

O comércio surgiu com a necessidade das pessoas melhorarem sua condição de vida. Iniciou com o escambo, o que um produzia era trocado com a produção de outro, de acordo com o que cada qual precisava. O surgimento da moeda, a necessidade de aumentar a produção, a consequente ampliação dos mercados produtores e consumidores geraram o surgimento de um intermediário entre o dono do produto ou do bem a ser vendido e o seu comprador ou consumidor. Apareceu o comerciário, o *auxiliar* do comerciante.

No Brasil, desde 2007, iniciaram a tramitar, em conjunto, os Projetos de Leis do Senado ns. 115 e 152. Ambos pretendiam regular essa profissão que acolhe mais de dez milhões de trabalhadores brasileiros e, até agora, estavam ao desamparado de lei específica. Finalmente, a 14.03.2013, foi sancionada a Lei n. 12.790, que trata da regulamentação do exercício da profissão de comerciário, que, rigorosamente, não trouxe nenhum destaque expressivo para esses trabalhadores, salvo a *consagração* do Dia do Comerciário.

Considera a Lei como comerciários os que integram a categoria profissional de empregados no comércio, reportando-se aos arts. 577 e 511 da CLT. Embora entendamos que o art. 577 não foi recepcionado pela Constituição de 1988, porque incompatível com a liberdade sindical que pretendeu adotar, essa posição não é a do STF, como se infere da decisão proferida no RMS 21.305-DF, relatado pelo Min. Marco Aurélio, a 17.10.1991[183].

A lei que regula o exercício dessa profissão dispõe que o registro dos empregados deve ser feito com a menção da atividade ou função que desempenhar, *desde que inexista a possibilidade de classificação por similaridade*. Essa classificação significa exercício de atividade semelhante, ou seja, se a atividade desempenhada não poder ser descrita dentre aquelas atividades ou profissões do art. 577 da CLT deverá ser feito por critério de similitude com elas.

O *caput* do art. 3º da Lei n. 12.790/2013 não inovou em nada, nem colocou o comerciário em situação melhor ou pior que os outros trabalhadores. A jornada diária continua sendo a mesma, como a mesma é a semanal, de acordo com a previsão do art. 7º, XIII, da Constituição: oito horas/dia e 44 horas/semanais.

Por igual, a flexibilização na jornada de trabalho poderá ser efetuada por negociação coletiva (§ 1º) e aos turnos de revezamento, tão prejudiciais a saúde do trabalhador, devem observar também o art. 7º, XIV da Constituição, inclusive quanto à possibilidade de modificação via manifestação de vontade coletiva, observando-se a expressa vedação quanto à utilização do empregado em mais de um turno de trabalho (§ 2º), esse, enfim, um óbice a esse tipo de jornada de trabalho, não contemplado na Lei Fundamental.

Quanto ao piso salarial, sua fixação depende de negociação coletiva, devendo ser considerada a extensão e a complexidade do serviço, da mesma maneira como já está consagrado desde 1988, pela Constituição em vigor.

É novidade nesse tipo de atividade o art. 6º da Lei n. 12.790/2013 que cuida da promoção de programas e ações de *educação, formação e qualificação profissional*, mediante cláusulas que *poderão* (trata-se de mera faculdade das entidades patronais e de trabalhadores) ser inseridas em normas coletivas autônomas. Poderia o legislador ter inserido dispositivo nessa lei determinando que as empresas a partir de um número razoável de empregados obrigatoriamente realizassem essa tarefa.

Por fim, o art. 7º da mesma lei instituiu o *Dia do Comerciário*, a ser comemorado no dia 30 de outubro de cada ano. Não é feriado, apenas um dia para ser registrado no calendário de cada qual. Qualquer paralisação nesse dia somente decorrerá de negociação coletiva.

Foi vetado o art. 5º, cuja redação era a seguinte:

> Art. 5º. No instrumento coletivo deverá ser fixada contribuição para o custeio da negociação coletiva, que, no caso dos trabalhadores, será fixada pela Assembleia Geral de sua entidade, em até 1% (um por cento) ao mês de seu salário, e, no caso das empresas, será estabelecida em Assembleia Geral da entidade representante da categoria econômica, em função do número de empregados de cada empresa, e constará da negociação coletiva, sendo devida por cada estabelecimento.
>
> § 1º A contribuição para as entidades sindicais da categoria econômica será devida por todas as empresas, independentemente de sua filiação, porte ou número de empregados.
>
> § 2º A contribuição para as entidades sindicais da categoria profissional será devida por todos os trabalhadores, associados ou não às respectivas entidades.

---

(183) A ementa desse aresto é: *Criação por desmembramento – Categoria diferenciada. A organização sindical pressupõe a representação de categoria econômica ou profissional. Tratando-se de categoria diferenciada, definida a luz do disposto no § 3º do art. 511 da Consolidação das Leis do Trabalho, descabe cogitar de desdobramento, por iniciativa dos interessados, consideradas as funções exercidas pelos sindicalizados. O disposto no paragrafo único do artigo 570 do referido Diploma aplica-se as hipóteses de existência de categoria similares ou conexas e não de categoria diferenciada, muito embora congregando trabalhadores que possuem funções diversas. A definição atribuída aos trabalhadores e empregadores diz respeito a base territorial do sindicato – art. 8º, II, da Constituição Federal e não a categoria em si, que resulta das peculiaridades da profissão ou da atividade econômica, na maioria das vezes regida por lei especial, como ocorre em relação aos aeronautas. Mostra-se contrária ao princípio da unicidade sindical a criação de ente que implique desdobramento de categoria disciplinada em lei como única. Em vista da existência do Sindicato Nacional dos Aeronautas, a criação do Sindicato Nacional dos Pilotos da Aviação Civil não subsiste, em face da ilicitude do objeto. Segurança concedida para cassar-se o ato do registro no Ministério do Trabalho.* Disponível em: <http://www.stf.jus.br/portal/jurisprudencia/listarJurisprudencia.asp?s1=%28RMS%24%2ESCLA%2E+E+21305%2ENUME%2E%29+OU+%28RMS%2EACMS%2E+ADJ2+21305%2EACMS%2E%29&base=baseAcordaos&url=http://tinyurl.com/bkjrc99>. Acesso em: 17 mar. 2013.

§ 3º O montante arrecadado será partilhado da seguinte forma:

I – 5% (cinco por cento) para a confederação respectiva;

II – 15% (quinze por cento) para a federação respectiva;

III – 80% (oitenta por cento) para o sindicato.

§ 4º Nos termos do art. 591 da CLT, inexistindo sindicato, o percentual de 80% (oitenta por cento) constante do inciso III do § 3º deste artigo será repassado em favor da federação representativa da categoria econômica ou profissional.

O veto foi pertinente, porquanto essa *contribuição para o custeio da negociação coletiva* apenas onera o trabalhador, retirando-lhe mais um valor da sua remuneração para ampliar os cofres das entidades sindicais, que já possuem, dentre outras, a contribuição sindical e a contribuição confederativa, previstas no art. 8º, IV, da Constituição. Sua manutenção significaria grave precedente, que poderia acabar se estendendo a outras categorias, afora violar a liberdade sindical negativa, porque se aplicaria aos não associados.

Da mesma forma como a contribuição confederativa, essa novidade também não poderia ser estendida aos não associados, por interpretação analógica da Súmula n. 666 do STF:

Súmula n. 666. A contribuição confederativa de que trata o art. 8º, IV, da Constituição, só é exigível dos filiados ao sindicato respectivo.

Ademais, demonstrando a impropriedade dessa contribuição, dela tratou o TST, no Precedente Normativo n. 119, consignando:

PN n. 119. Contribuições sindicais – Inobservância de preceitos constitucionais. A Constituição da República, em seus arts. 5º, XX e 8º, V, assegura o direito de livre associação e sindicalização. É ofensiva a essa modalidade de liberdade cláusula constante de acordo, convenção coletiva ou sentença normativa estabelecendo contribuição em favor da entidade sindical a título de taxa para o custeio do sistema confederativo, assistencial, revigoramento ou fortalecimento sindical e outras da mesma espécie, obrigando trabalhadores não sindicalizados. Sendo nulas as estipulações que inobservem tal restrição, tornando-se passíveis de devolução os valores irregularmente descontados (grifamos).

14. JORNALISTA

Quem trabalha para empresas jornalísticas tem seus serviços regulados pelos arts. 302 a 316 da CLT. Nossa Consolidação enquadra como sendo a mesma espécie jornalista e radialista (art. 302, § 2º, da CLT), que, no entanto, são figuras distintas, com este (radialista) possuindo legislação específica (Lei n. 6.615, de 16.12.1078).

São os jornalistas subordinados, contrapondo-se aos autônomos, que são aqueles episódicos, cronistas de textos específicos, não vinculados expressamente a qualquer órgão jornalístico. Destaque-se, no particular, que o STF, ao Julgar, a 17.06.2009, o RE 511.961, entendeu inconstitucional o art. 4º, V, do Decreto-lei n. 972/1969, que exigia diploma de jornalista e registro profissional no M.Tb. para o exercício da profissão de jornalista. *Data venia*, entendemos diversamente, porque, com os avanços tecnológicos, é indispensável que sejam ensinadas técnicas de informação, da mesma forma como o conhecimento teórico de princípios éticos são igualmente indispensáveis. O jornalista da atualidade não pode mais ser apenas quem escreve bem, mas quem domina outros saberes.

Ademais, o argumento de que essa exigência de formação específica violaria a liberdade de expressão, consagrada no inciso IX do art. 5º da Constituição não é verdadeira. O dispositivo constitucional contempla:

IX – é livre a expressão da atividade intelectual, artística, científica e de comunicação, independentemente de censura ou licença.

Significa dizer que todos podem manifestar livremente o seu pensamento, nada tendo a ver com exercício da profissão de jornalista. Os órgãos de comunicação (jornais, revistas, emissoras de rádio, estações de televisão etc.) podem ter seus cronistas e/ou colunistas com ampla liberdade, e essas pessoas poderão livremente expressar o que pensam de qualquer fato relevante. Todavia, não devem ser consideradas *jornalistas*, porque a estes deveria ser exigida formação específica porque diferente dos comentaristas em geral.

Essa, posição, todavia, não é a prevalente no Brasil ante a decisão do STF.

Os dispositivos consolidados são aplicáveis a revisores, fotógrafos e ilustradores (art. 302 da CLT), e o jornalista desempenha um trabalho intelectual que compreende desde a busca de informações até a redação de notícias e artigos e sua organização, orientação e direção (art. 302, § 1º, da CLT), desenvolvendo sua atividade para uma empresa jornalística, entendendo-se como tal aquela que tem a seu cargo a edição de jornais, revistas, boletins e periódicos ou a distribuição de noticiário (art. 302, § 2º, da CLT).

A jornada de trabalho do jornalista é de no máximo cinco horas, seja de dia ou de noite (art. 303 da CLT), podendo ser prorrogada para sete horas, mediante acordo escrito, fixado intervalo para repouso e/ou refeição (art. 304, da CLT), podendo, por motivo de força maior, o trabalho se estender por tempo superior a esse, do que deverá ser, em cinco dias, informado o M.Tb. (art. 304, parágrafo único, da CLT).

Em quaisquer circunstâncias, as horas extraordinárias devem ser calculados com, no mínimo, o salário mensal dividido por 150 e o diário por cinco, conforme o art. 305, da CLT, acrescidos de 50%, na forma do art. 7º, XVI, da Constituição.

São excluídos desse regime especial de jornada extravagante os jornalistas que ocuparem as funções de redator-chefe, secretário, subsecretário, chefe e subchefe de revisão, chefe de oficina, de ilustração e chefe de portaria (art. 306, da CLT), bem como os que desenvolvem apenas serviços externos (parágrafo único do mesmo artigo).

O repouso semanal dos jornalistas ocorre a cada seis dias, coincidindo com o domingo, salvo acordo escrito em contrário (art. 307, da CLT) e o intervalo interjornada diário será de dez horas (art. 308), sendo de trabalho efetivo o tempo em que o empregado estiver à disposição do empregador (art. 309).

Por outro lado, o TST fixou entendimento no sentido de que as pessoas que desenvolvem atividade de jornalista em empresas que não são do ramo têm direito ao cumprimento da mesma jornada. É assim a OJ n. 407 da SBDI-1:

> OJ N. 407. JORNALISTA. EMPRESA NÃO JORNALÍSTICA. JORNADA DE TRABALHO REDUZIDA. ARTS. 302 E 303 DA CLT. – O jornalista que exerce funções típicas de sua profissão, independentemente do ramo de atividade do empregador, tem direito à jornada reduzida prevista no art. 303 da CLT.

15. RADIALISTA

A profissão de radialista foi regulamentada pela Lei n. 6.615, de 16.12.1978, regulamentada pelo Decreto n. 84.134, de 30.10.1979, sendo considerado profissional aquele empregado de empresa que radiodifusão que exerce um das atividades de administração, produção ou técnica como especificadas nos parágrafos do art. 4º dessa lei, a saber:

- administração: as peculiares das empresas de radiodifusão (§ 1º);
- produção (§ 2º): setores de autoria, direção, produção, interpretação, dublagem, locução, caracterização e cenografia;
- técnica: setores de direção, tratamento e registros sonoros ou visuais, montagem e arquivamento, transmissão de sons e imagens, revelação e copiagem de filmes, artes plásticas e animação de desenhos e objetos, e manutenção técnica.

A redação dada pela Lei n. 13.424, de 2017, ao § 4º da Lei n. 6.615/1978 reporta-se à relação constante do Decreto regulamentador, e as denominações e descrições das funções em que se desdobram as atividades e os setores mencionados nos parágrafos antecedentes serão previstas e atualizadas considerando: I – as ocupações e multifuncionalidades geradas pela digitalização das emissoras de radiodifusão, novas tecnologias, equipamentos e meios de informação e comunicação; e, II – exclusivamente as funções técnicas ou especializadas, próprias das atividades de empresas de radiodifusão(184). Ademais, o radialista não pode, por força de um só contrato de trabalho, exercer atividades para diferentes setores (art. 14).

Consoante o art. 3º e seu parágrafo único, considera-se empresa de radiodifusão aquela que explora serviços de transmissão de programas e mensagens, destinada a ser recebida livre e gratuitamente pelo público em

(184) O § 4º da Lei n. 6.615/1978 está com sua constitucionalidade sendo questionada no STF, pela ADIn 5.769-DF (Partido Comunista do Brasil. Intdos.: Presidente da República e Congresso Nacional). Rel.: Min. Luiz Fux.

geral, compreendendo a radiodifusão sonora (rádio) e radiodifusão de sons e imagens (televisão), bem como a que explore serviço de música funcional ou ambiental e outras que executem, por quaisquer processos, transmissões de rádio ou de televisão; a que se dedique, exclusivamente, à produção de programas para empresas de radiodifusão; a entidade que execute serviços de repetição ou de retransmissão de radiodifusão; a entidade privada e a fundação mantenedora que executem serviços de radiodifusão, inclusive em circuito fechado de qualquer natureza; e as empresas ou agências de qualquer natureza destinadas, em sua finalidade, a produção de programas, filmes e dublagens, comerciais ou não, para serem divulgados através das empresas de radiodifusão.

Para o exercício da profissão, a lei exige registro prévio na SRTE do M.Tb. com validade em todo o território nacional, pedido de registro esse que pode ser encaminhado por meio do sindicato de classe ou da federação respectiva (art. 6º, parágrafo único, da Lei n. 6.615/1978). O TST, todavia, entendeu que, a partir do princípio da primazia da realidade, se comprovado o exercício dessa atividade, o empregado tem o direito de ser considerado radialista[185].

Dentre as exigências está, de acordo com o art. 7º da mesma lei, a apresentação de diploma de curso superior específico ou correspondente às habilitações profissões ou básicas de 2º grau, específicos para radialista, ou, ainda, atestado de capacitação profissional, que corresponde a certificado de conclusão de treinamento para qualquer das funções elencadas no Quadro do Regulamento profissional, fornecido por unidade integrante do Sistema Nacional de Formação de Mão de Obra, credenciada pelo Conselho Federal de Mão de Obra ou por entidade da Administração Pública, direta ou indireta, que tenha por objetivo legal promover e estimular a formação e o treinamento de pessoal especializado, necessário às atividades de radiodifusão (art. 8º do Decreto n. 84.134/1979).

O contrato de trabalho por prazo determinado é permitido e deve ser registrado no M.Tb. (arts. 8º e 12 da Lei n. 6.615/1978).

Quando contratado por uma rede de radiodifusão, deve ser consignada, na CTPS do trabalhador, o nome da emissora onde prestará serviço (art. 9º da Lei n. 6.615/1978).

É possível a contratação de radialista estrangeiro, domiciliado no exterior, porém, deve ser feito recolhimento prévio equivalente a 10% do valor total do ajuste à CEF, a título de contribuição sindical, em nome da entidade sindical da categoria profissional (art. 10 da mesma lei).

Em caso de intermediação de mão de obra, a responsabilidade do tomador de serviço é solidária, caso demonstrado que se tratava de medida para fraudar suas responsabilidade e obrigações como verdadeiro empregador (art. 11).

Quanto ao acúmulo de funções, a lei do radialista fixa adicionais que variam entre 40% e 10% conforme a potência das emissoras (art. 13), e, se for acumulação com função de chefia, o acréscimo será sempre de 40% sobre o salário (art. 15).

Para trabalhos executados fora do local constante do contrato de trabalho, o empregador responde não apenas pelo salário, mas também pelas despesas de transporte, alimentação e hospedagem até o retorno do empregado (art. 16).

A jornada de trabalho do radialista varia de acordo com o setor onde desenvolve suas atividades, como se verifica no art. 18 da Lei n. 6.615/1978, em quatro variáveis, sendo o excedente considerado jornada extraordinária, portanto devendo ser acrescida do adicional de 50% no mínimo, conforme o art. 7º, XVI, da Constituição:

- cinco horas para os setores de autoria e de locução;
- seis horas para os setores de produção, interpretação, dublagem, tratamento e registros sonoros, tratamento e registros visuais, montagem e arquivamento, transmissão de sons e imagens, revelação e copiagem de filmes, artes plásticas e animação de desenhos e objetos e manutenção técnica;
- sete horas para os setores de cenografia e caracterização, deduzindo-se desse tempo vinte minutos para descanso, sempre que se verificar um esforço contínuo de mais de três horas;
- oito horas para os demais setores.

---

(185) N. sent.: Proc. RR – 2983500-63.1998.5.09.0012, de 07.03.2013. Rel.: Min. José Roberto Freire Pimenta (Disponível em: <https://aplicacao5.tst.jus.br/consultaProcessual/consultaTstNumUnica.do?consulta=Consultar&conscsjt=&númeroTst=2983500&digitoTst=63&anoTst=1998&orgaoTst=5&tribunalTst=&varaTst=>. Acesso em: 30 maio 2013.

16. CABINEIRO DE ELEVADOR

Os cabineiros de elevador, também chamados de ascensoristas, são trabalhadores que permanecem, durante todo seu labor, dentro de compartimento de pequenas dimensões, conduzindo pessoas e objetos, geralmente em edifícios comerciais.

Trata-se, certamente, de uma atividade estressante e penosa, afora exigir extrema paciência e controle emocional do empregado em decorrência de eventuais reclamações e críticas dos usuários. Por esses motivos, esse profissional possui jornada especial de seis horas/dia.

Por sua condição mesma de trabalho, não podem celebrar acordo para cumprimento de jornada superior. Assim preceitua o art. 1º e seu parágrafo único da Lei n. 3.270, de 30.09.1957, que proíbe *qualquer acordo* entre empregador e empregado, donde deve ser interpretado que estão vedados também acordos e convenções coletivas de trabalho nesse sentido, significando, então, que é defesa qualquer cláusula de norma coletiva prevendo jornada superior, ainda que com adicional acima dos 50% previstos na Constituição.

17. ÍNDIO TRABALHADOR

Dependendo das circunstâncias, as relações de trabalho com índios são regidas pela Lei n. 6.001, de 19.12.1973, que é o Estatuto do Índio.

O índio precisa ser visto sob dois ângulos distintos. O primeiro é como silvícola isolado ou em vias de integração, mas distante ainda das características do mundo dito civilizado (na expressão da lei: *comunhão nacional*). O outro é o índio integrado, participante ativa da vida das cidades, ainda que more em sua tribo, e que, porque incorporada à chamada *civilização*, deve se submeter às regras comuns como empregado, se for o caso.

Há outro aspecto, a nosso ver relevantíssimo, e geralmente esquecido. É o do índio que contrata e emprega regularmente pessoas, e, em inúmeros casos, as explora e lhes nega os mínimos direitos trabalhistas.

Com efeito, existem três categorias legais de índios (art. 4º), a saber:

> I – Isolados – Quando vivem em grupos desconhecidos ou de que se possuem poucos e vagos informes através de contatos eventuais com elementos da comunhão nacional;
>
> II – Em vias de integração – Quando, em contato intermitente ou permanente com grupos estranhos, conservam menor ou maior parte das condições de sua vida nativa, mas aceitam algumas práticas e modos de existência comuns aos demais setores da comunhão nacional, da qual vão necessitando cada vez mais para o próprio sustento;
>
> III – Integrados – Quando incorporados à comunhão nacional e reconhecidos no pleno exercício dos direitos civis, ainda que conservem usos, costumes e tradições característicos da sua cultura.

No primeiro caso, o dos índios isolados ou em vias de integração, as suas relações são reguladas pelos arts. 15 e 16, da Lei n. 6.001 de 19.12.1973, que é o Estatuto do Índio.

O Estatuto do Índio proíbe discriminação entre trabalhadores indígenas e não indígenas, permitindo àqueles que às condições de trabalho sejam adaptadas a seus usos e costumes (art. 14 e parágrafo único).

A lei brasileira segue o que consta da Convenção n. 107 sobre a proteção e integração das populações tribais e semitribais de países independentes, adotada em Genebra, a 26.06.1957, promulgada pelo Decreto n. 58.824, de 14.07.1966. O art. 14, 2, dessa Convenção, prevê:

> 2. Cada Membro fará tudo o que estiver ao seu alcance para evitar qualquer discriminação entre os trabalhadores pertencentes às populações interessadas *[populações tribais e semitribais]* e os demais trabalhadores, especialmente no que respeita:
>
> a) ao acesso aos empregos, inclusive os empregos qualificados;
>
> b) à remuneração igual para trabalho de valor igual;
>
> c) à assistência médica e social, à prevenção e reparação dos acidentes de trabalho e às moléstias profissionais, à higiene do trabalho e ao alojamento;
>
> d) ao direito de associação, ao direito de se entregarem livremente, a todas as atividades sindicais que não sejam contrárias à lei, e ao direito de concluírem convenções coletivas com os empregadores e com organizações patronais.

Os índios isolados não podem celebrar contrato de trabalho (art. 15) e aqueles em processos de integração dependem de aprovação da Fundação Nacional do Índio (Funai) (art. 16).

Não há, no Estatuto do Índio, qualquer vedação para os índios já integrados serem contratados como empregados, salvo a conservação de seus usos, costumes e tradições. Submetem-se regularmente à legislação de todos os trabalhadores, nada havendo de diferente.

Um aspecto diferente, e raramente tratado na relação de trabalho com índio, é quando este aparece na condição de empregador.

Segundo dados coletados na Justiça do Trabalho da 8ª Região, onde há razoável incidência de ações trabalhistas movidas por trabalhadores contratados por indígenas, estes são péssimos patrões, não cumprem suas obrigações trabalhistas, não respeitam os direitos sociais dos seus empregados e, acionados no judiciário, chamam a Funai para responder por suas obrigações, invocando o disposto no art. 1º, parágrafo único, da Lei n. 5.371, de 05.12.1967, que a instituiu por ser seu o dever de exercer poderes de representação ou assistência jurídica inerentes ao regime tutelar do índio, na forma estabelecida na legislação civil comum ou em leis especiais. Ou aplicam o art. 232 da Constituição, pedindo a intervenção do Ministério Público, conquanto, o preceito constitucional cuide do índio como autor da ação[(186)].

É certo que costuma ocorrer a exploração do silvícola, tanto que, como lembra Manuel Jorge e Silva Neto, *a espoliação do trabalho indígena vem sendo praticada por meio de cooperativas fraudulentas*[(187)]. E o TST tem dado tratamento diferenciado no que concerne à aplicação dos prazos prescricionais. Assim, no julgamento do ROAR 205/2004-000-24-00.6, a SDI-2 do TST entendeu que ao trabalhador indígena não integrado ou em vias de integração não se aplica o art. 7º XXIX, da Constituição, porque equiparado ao absolutamente incapaz para prática de atos da vida civil.

Além dessa demanda, oriunda da 24ª Região, as Varas do Trabalho de Dourados, no Estado do Mato Grosso do Sul, registram elevado número de ações movidas por índios trabalhadores.

Na 8ª Região (Pará e Amapá), além dessas, também é expressiva a incidência de ações contra índios, ou seja, tendo silvícolas como empregadores. Nessa oportunidade, identifica-se situação que está a merecer rigoroso tratamento legislativo e jurisprudencial.[(188)]

18. EMPREGADO DOMÉSTICO

18.1. EVOLUÇÃO E CARACTERÍSTICAS

Diversas leis cuidaram do trabalho doméstico no Brasil: Leis ns. 5.859, de 11.12.1972, 10.208, de 23.3.2001 e 11.324, de 19.7.2006, complementadas pelos Decretos ns. 71.885, de 9.3.1973 e 3.361, de 10.2.2000. Pendente de ratificação encontra-se a Convenção da OIT n. 189, de 2011.

A partir da aprovação, pelo Congresso Nacional, da EC n. 72/2013, promulgada a 2.4, ocorreu substancial alteração no parágrafo único do art. 7º da Constituição de 1988, por sinal um dos mais absurdos dispositivos que existem naquele Texto Fundamental.

A relação de trabalho doméstico é atípica, fugindo a todos os tipos regulares de emprego, máxime pela indiscutível intimidade que o doméstico passa a ter com a família para a qualquer presta seus serviços. Esse traço deve, sempre, nortear quem examina esse tipo de relação.

Fruto da EC n. 72/2013, foi sancionada a LC n. 150, de 1.6.2015, cuja ementa registra:

> Dispõe sobre o contrato de trabalho doméstico; altera as Leis n. 8.212, de 24 de julho de 1991, n. 8.213, de 24 de julho de 1991, e n. 11.196, de 21 de novembro de 2005; revoga o inciso I do art. 3º da Lei n. 8.009, de 29 de março de 1990,

---

(186) Dispõe o art. 232 da Constituição:

Art. 232. Os índios, suas comunidades e organizações são partes legítimas para ingressar em juízo em defesa de seus direitos e interesses, intervindo o Ministério Público em todos os atos do processo.

(187) SILVA NETO, Manoel Jorge e. *Proteção constitucional dos interesses trabalhistas: difusos, coletivos e individuais homogêneos*. São Paulo: LTr, 2001. p. 167.

(188) V., a respeito desse tema, as observações que fizemos in *Relações de Trabalho na Pan-Amazônia: circulação de trabalhadores*. São Paulo: LTr, 1986. p. 198-202.

o art. 36 da Lei n. 8.213, de 24 de julho de 1991, a Lei n. 5.859, de 11 de dezembro de 1972, e o inciso VII do art. 12 da Lei n. 9.250, de 26 de dezembro 1995; e dá outras providências.

Antes da LC n. 150/2015, o art. 7º, a, da CLT afastava a aplicação de suas regras aos domésticos. A situação, agora, foi formalmente superada, ante as claras referencias ao texto consolidado, e a expressa previsão contida no seu art. 19. Ou seja, o dia-a-dia desse tipo de relação já havia superado essa proibição e, na prática, o que se tinha era sua aplicação indireta.

Além da LC n. 150/2015, existe a Lei n. 12.964, de 8.4.2014, que estende aos empregadores domésticos a possibilidade de sofrerem as multas da CLT, que, nesse particular, modificava a agora revogada Lei n. 5.859, de 11.12.1972. Chama atenção o art. 2º dessa lei que manda seja feita, pelo Executivo, campanha publicitária para divulgar essa lei, como se para as demais não fosse necessário. Não esqueçamos que está em plena vigência o art. 3º da LINDB (antiga Lei de Introdução ao Código Civil – LICC), prevendo: Ninguém se escusa de cumprir a lei, alegando que não a conhece.

A norma complementar manda que se aplica ao trabalho doméstico, no que couber, observadas suas peculiaridades as Leis ns. 605, de 5.1.1949, 4.090, de 13.6.1962, 4.749, de 12.8.1965, e 7.418, de 16.12.1985, e, subsidiariamente, a CLT(art. 19).

A definição legal de empregado doméstico é, a do art. 1º, *caput*, da LC n.150/2015. Considera-se tal aquele que presta serviços de forma contínua, subordinada, onerosa e pessoal e de finalidade não lucrativa à pessoa ou à família, no âmbito residencial destas, por mais de 2 (dois) dias por semana.

Os seis elementos do trabalho doméstico que dai se extraem são:

- serviços de natureza contínua, porque são de longa duração, a medida em que não se exaure em uma única prestação;
- finalidade não lucrativa, porquanto o trabalho que desenvolve não proporcionará rendimentos para o empregador;
- local da prestação: é a residência da família para a qual trabalho;
- duração semanal: períodos iguais ou superiores a três dias contínuos ou não;
- pessoalidade: deve ser prestado por pessoa física determinada;
- empregador: necessariamente pessoa física (individual ou familiar).

18.2. EMENDA CONSTITUCIONAL N. 72/2013

O Congresso Nacional promulgou, no dia 2 de abril de 2013, a EC n. 72, modificando a redação primitiva do parágrafo único do art. 7º da Constituição de 1988. É a mais recente alteração ao texto original, decorrente da PEC n. 478, de 2010, aprovada na Câmara dos Deputados no final de 2012, e que, no Senado, se transformou na PEC n. 66/2012.

De outro lado, temos assim redigido o novo dispositivo da *Lex Mater*:

> Art. 7º (...)
>
> Parágrafo único. São assegurados à categoria dos trabalhadores domésticos os direitos previstos nos incisos IV, VI, VII, VIII, X, XIII, XV, XVI, XVII, XVIII, XIX, XXI, XXII, XXIV, XXVI, XXX, XXXI e XXXIII e, atendidas as condições estabelecidas em lei e observada a simplificação do cumprimento das obrigações tributárias, principais e acessórias, decorrentes da relação de trabalho e suas peculiaridades, os previstos nos incisos I, II, III, IX, XII, XXV e XXVIII, bem como a sua integração à previdência social.

Anteriormente à EC n. 72/2013, o trabalhador doméstico possuía os seguintes direitos constitucionalmente assegurados (mencionados conforme os incisos do art. 7º constitucional):

> IV – salário mínimo, fixado em lei, nacionalmente unificado, capaz de atender a suas necessidades vitais básicas e às de sua família com moradia, alimentação, educação, saúde, lazer, vestuário, higiene, transporte e previdência social, com reajustes periódicos que lhe preservem o poder aquisitivo, sendo vedada sua vinculação para qualquer fim;

VI – irredutibilidade do salário, salvo o disposto em convenção ou acordo coletivo;

VIII – décimo terceiro salário com base na remuneração integral ou no valor da aposentadoria;

XV – repouso semanal remunerado, preferencialmente aos domingos;

XVII – gozo de férias anuais remuneradas com, pelo menos, um terço a mais do que o salário normal;

XVIII – licença à gestante, sem prejuízo do emprego e do salário, com a duração de cento e vinte dias;

XIX – licença-paternidade, nos termos fixados em lei;

XXI – aviso-prévio proporcional ao tempo de serviço, sendo no mínimo de trinta dias, nos termos da lei;

XXIV – aposentadoria.

A partir da EC n. 72/2013, passou a ter mais os seguintes (igualmente referindo aos incisos do art. 7º da Constituição):

II – seguro-desemprego, em caso de desemprego involuntário;

III – fundo de garantia do tempo de serviço;

VII – garantia de salário, nunca inferior ao mínimo, para os que percebem remuneração variável;

X – proteção do salário na forma da lei, constituindo crime sua retenção dolosa;

XII – salário-família pago em razão do dependente do trabalhador de baixa renda nos termos da lei;

XIII – duração do trabalho normal não superior a oito horas diárias e quarenta e quatro semanais, facultada a compensação de horários e a redução da jornada, mediante acordo ou convenção coletiva de trabalho;

IX – remuneração do trabalho noturno superior à do diurno;

XVI – remuneração do serviço extraordinário superior, no mínimo, em cinquenta por cento à do normal;

XXII – redução dos riscos inerentes ao trabalho, por meio de normas de saúde, higiene e segurança;

XXV – assistência gratuita aos filhos e dependentes desde o nascimento até 5 (cinco) anos de idade em creches e pré-escolas;

XXVI – reconhecimento das convenções e acordos coletivos de trabalho;

XXVIII – seguro contra acidentes;

XXX – proibição de diferença de salários, de exercício de funções e de critério de admissão por motivo de sexo, idade, cor ou estado civil;

XXXI – proibição de qualquer discriminação no tocante a salário e critérios de admissão do trabalhador portador de deficiência;

XXXIII – proibição de trabalho noturno, perigoso ou insalubre a menores de dezoito e de qualquer trabalho a menores de dezesseis anos, salvo na condição de aprendiz, a partir de quatorze anos.

Existe um dispositivo que, embora incluído, permanece no limbo legislativo: o inciso I do art.7º da Constituição, que, certamente, é o que mais interessa a todos os trabalhadores brasileiros:

I – relação de emprego protegida contra despedida arbitrária ou sem justa causa, nos termos de lei complementar, que preverá indenização compensatória, dentre outros direitos;

Postos os direitos atribuídos aos domésticos de maneira bastante genérica, temos que, à vista do acréscimo significativo de direitos nessa relação de trabalho, haverá evidente acréscimo de ônus a cargo do empregador, sem excluir a indenização a que este está obrigado, quando incorrer em dolo ou culpa.

18.3. A LEI COMPLEMENTAR N. 150/2015

A partir da LC n. 150/2015, ampliaram-se os direitos do empregado doméstico, embora não tenham sido plena e integralmente igualados ao empregado comum. Havia, entendemos, necessidade de atender aos reclamos de boa parcela da sociedade e essa lei complementar veio, em que pese suas deficiências e o período de *vacatio legis* para certos direitos, atender essas possíveis necessidades.

Examinaremos os direitos do doméstico considerando tanto o elenco do parágrafo único do art. 7º constitucional como a LC n. 150/2015. De igual forma, cuidaremos de outros diplomas que vieram a ser alterados por essa lei complementar.

18.4. CONTRATO DE TRABALHO

18.4.1. Celebração

O contrato de trabalho doméstico deve ser preferencialmente escrito, com anotação na CTPS, n prazo de 48 horas após a admissão do empregado, observando os casos específicos de contrato de experiência ou de contato de trabalho temporário, se for o caso (art. 9º).

A LC n. 150/2015 prevê a possibilidade de contrato de trabalho em regime de tempo parcial (art. 3º e §§), que é uma forma de precarização do trabalho humano, e, no caso da atividade doméstica, precarizar o que já é naturalmente precarizado.

Nessa hipótese, o trabalho não pode exceder de 25 horas semanais, e o salário será proporcional ao do empregado de tempo integral, podendo ser acrescido de, no máximo, uma hora extra diária, mediante acordo escrito prévio entre as partes, considerando o salário-hora normal, limitado ao máximo de seis horas/dia.

As férias são devidas na mesma proporção prevista na CLT e que examinamos acima (v., nesta Parte, Capítulo V, n. 2.3.4.) e comentaremos abaixo especificamente quanto a essa situação.

O contrato de trabalho doméstico também pode ser por prazo determinado, nas modalidades experiência por até noventa dias, prorrogável uma única vez, e temporário por até dois anos (arts. 4º a 6º), à semelhança dos similares para os demais empregados celetistas, conforme vistos anteriormente (v., nesta Parte, Capítulo V, n. 2.3.2.). Note-se que a rescisão antecipada do contrato celebrado nessas hipóteses, dependendo de quem cause o rompimento, ensejará ao empregado direito a uma indenização correspondente à metade da remuneração devida ate o termo do ajuste (art. 6º), e, se o inverso, ou pelos prejuízos causados ao empregador, limitada esta ao valor a que teria direito o obreiro em condições idênticas (art. 7º e parágrafo único).

Ademais, não há falar em aviso-prévio quando o contrato de experiência ou por prazo determinado for cumprido integralmente (art. 8º).

Importante observar que é proibido o trabalho doméstico aos menores de 18 anos de idade. A vedação do parágrafo único da LC n. 150/2015 (art. 1º, parágrafo único) encontra fundamento n Convenção n. 182/99 da OIT[(189)], regulamentada pelo Decreto n. 6.481, de 12.6.2008. O art. 1 da Convenção considera criança a pessoa menor de 18 anos de idade, e o Dec. 6.481/08 inclui o trabalho doméstico dentre os que são proibidos a esses menores (art. 2º e item 76 da Lista das Piores Formas de Trabalho Infantil (Lista TIP)).

18.4.2. Rompimento

O contrato de trabalho doméstico pode ser rompido por justa causa, nas hipóteses do art. 27 da LC n. 150/2015. Difere, em alguns aspectos, das faltas previstas nos arts. 482 e 483 da CLT, face às peculiaridades dessa atividade. Acerca de dispensa por justa causa ou indireta, tratamos desses temas nesta Parte, no Capítulo IX, n. 2, adiante, razão pela qual destacaremos apenas alguns pontos específicos da atividade doméstica.

Quanto às faltas praticadas pelo empregado e que ensejam a dispensa motivada, temos prática de ato de improbidade; incontinência de conduta ou mau procedimento; condenação criminal do empregado transitada em julgado, caso não tenha havido suspensão da execução da pena; desídia no desempenho das respectivas funções; embriaguez habitual ou em serviço; ato de indisciplina ou de insubordinação; e prática constante de jogos de azar, idênticas à regra celetista geral.

Também é falta grave a submissão a maus tratos de idoso, de enfermo, de pessoa com deficiência ou de criança sob cuidado direto ou indireto do empregado (art. 27, n. I). Por idoso entenda-se toda pessoa mais de sessenta

(189) Trata-se da Convenção sobre a Proibição das Piores Formas de Trabalho Infantil e a Ação Imediata para a sua Eliminação, de 17.6.1999, ratificada pelo Brasil pelo Decreto n. 3.597, de 12.9.2000. Disponível em: <http://www.planalto.gov.br/ccivil_03/decreto/d3597.htm>. Acesso em: 18.6.2015.

anos de idade. Enfermo é toda pessoa que esteja acometida de algum tipo de doença. Pessoa com deficiência deve ser entendida como portadores de problemas físicos ou mentais. Criança é o menor de 12 anos de idade. Em demonstrado qualquer mal trato a pessoas assim, será justificada a dispensado empregado.

Note-se que a Lei n. 13.146, de 6.7.2015, que instituiu a Lei Brasileira de Inclusão da Pessoa com Deficiência (Estatuto da Pessoa com Deficiência), cuida, no art. 3º, de três figuras ligadas à atividade doméstica: o *atendente pessoal* (n. XII), o *profissional de apoio escolar* (n. XIII) e o *acompanhante* (n. XIV).Cuidaremos desses tipos de trabalhador, adiante, nesta Parte, no Capítulo VII, n. 8.

O abandono de emprego é igualmente previsto no CLT, mas, no caso do doméstico, está claro que sua caracterização se dá com trinta dias contínuos de ausência injustificada, na forma da Súmula n. 32 do TST (art. 27, n. IX).

A prática de atos lesivos à honra ou à boa fama ou ofensas físicas esta prevista também na CLT, e, no caso do doméstico, tais atos devem ser contra o empregador ou seus familiares (art. 27, ns. X e XI).

O parágrafo único do art. 27 cuida da falta grave cometida pelo empregador doméstico, que pode cometer as seguintes: exigir serviços superiores às forças do empregado doméstico, defesos por lei, contrários aos bons costumes ou alheios ao contrato; tratar (ou algum familiar) o empregado doméstico com rigor excessivo ou de forma degradante; fazer o empregado doméstico correr perigo manifesto de mal considerável; não cumprir as obrigações do contrato; praticar pessoalmente ou alguém de sua família contra o empregado doméstico ou pessoas de sua família, ato lesivo à honra e à boa fama, ou ofender o empregado doméstico ou sua família fisicamente, salvo em caso de legítima defesa, própria ou de outrem. São, com as adequações ao trabalho doméstico, as mesmas faltas das alíneas *a* a *e* do art. 483 da CLT.

Especificamente, pode o empregador doméstico praticar qualquer das formas de violência doméstica ou familiar contra mulheres de que trata o art. 5º da Lei n. 11.340, de 7.8.2006, que igualmente é falta grave patronal (art. 27, parágrafo único, n. VIII).

18.4.2.1. Proibição de dispensa arbitrária ou injusta

De acordo com o inciso I do art. 7º da Constituição brasileira, é a *relação* de emprego protegida contra despedida arbitrária ou sem justa causa, nos termos de lei *complementar, que preverá indenização compensatória, dentre outros direitos*. Todos sabemos que desde 1988 existe a consagração constitucional desse direito que, todavia, nunca saiu do papel. Tentaram, por equívoco, aplicar a Convenção n. 158 da OIT como a *norma regulamentadora*, o que é impossível, quer porque não cuida especificamente do tema, quer porque não é lei complementar e, hoje denunciada pelo Brasil, não pode mais ser invocada para atender aos seus objetivos.

A regulamentação do inciso I do art. 7º constitucional continua sendo um sonho dos trabalhadores brasileiros. A eles, agora, se alinham os domésticos. Todos esperam que alguma coisa seja feita. O mais próximo disso é o Projeto de Lei Complementar n. 8/2003, de autoria do Deputado pernambucano Mauricio Rands, mas que continua, até abril de 2013, aguardando pauta na Comissão de Constituição, Justiça e Cidadania da Câmara dos Deputados[(190)], é o que mais chances possue a fim de pelo menos chegar ao Senado da República.

Enquanto isso não ocorre, o preceito constitucional permanecerá letra morta, mera norma programática como tantas que existem, que não serve para nada, salvo excelentes discussões doutrinárias.

Relativamente ao doméstico, nada se alterou. Perdendo uma excelente oportunidade, o Parlamento Nacional aprovou umalei complementar, justamente o que é exigido pelo inciso I do art. 7º da Constituição e manteve-se silente quanto à regulamentação desse comando constitucional.

18.4.2.2. Seguro-desemprego

A garantia do inciso II – *seguro-desemprego, em caso de desemprego involuntário* – é benefício pago ao trabalhador desempregado pela CEF, com recursos do Fundo de Amparo ao Trabalhador – FAT, e, na forma da Lei n. 10.208/2001, foi estendido ao doméstico, desde que seu empregador tivesse feito opção pelo FGTS. Trataremos desse tema no item abaixo.

---

(190) Cf. <http://www.camara.gov.br/proposicoesWeb/fichadetramitacao?idProposicao=104504>. Acesso em 29.3.2013.

Note-se que, agora, com a EC n. 72/2013, acabou essa estranhíssima faculdade patronal e todos os domésticos desempregados terão direito ao seguro desemprego, e teve a regularização do cadastramento no FGTS, a partir da LC n. 150/2015. Assim, não há mais opção pelo FGTS e, corolário, o doméstico desempregado passa a ter direito a esse benefício.

É importante ressaltar que a Lei n 7.998, de 11.1.1990, passou por profunda reforma, por meio da Lei n. 13.134, de 16.6.2015. Trataremos adiante do seguro-desemprego em geral.

O empregado doméstico tem direito ao beneficio do seguro desemprego, concedido conforme o regulamento do CODEFAT, no valor de um salário mínimo, por período de até três meses de forma contínua ou alternada (art. 26 e § 1º), desde que tenha sido empregado há pelos menos quinze meses nos últimos 24 meses (art. 28, I, *in fine*).

Para esse fim, o interessado deverá requerer entre 7 e 90 dias contados da dispensa (art. 29), devendo apresentar os seguintes documentos: CTPS devidamente anotada; termo de rescisão do contrato de trabalho; declaração de que não está em gozo de benefício de prestação continuada da Previdência Social, exceto auxílio-acidente e pensão por morte; e declaração de que não possui renda própria de qualquer natureza suficiente à sua manutenção e de sua família (art. 28).

Consoante o § 2º do art. 26, o benefício poderá ser cancelado, sem prejuízo de sanções civis e penais, em quaro hipóteses, a saber:

> I – pela recusa, por parte do trabalhador desempregado, de outro emprego condizente com sua qualificação registrada ou declarada e com sua remuneração anterior;
>
> II – por comprovação de falsidade na prestação das informações necessárias à habilitação;
>
> III – por comprovação de fraude visando à percepção indevida do benefício do seguro-desemprego; ou
>
> IV – por morte do segurado.

No seguro-desemprego somente poderá ser requerido após novo período aquisitivo, conforme duração a ser definida pelo CODEFAT (art. 30).

18.4.2.3. Aviso-prévio

O direito ao aviso-prévio está regulado no art. 23 da LC n. 150/2015.

Tem o doméstico dispensado imotivadamente, direito a aviso-prévio proporcional, na forma do art. 7º, XXI, da Constituição, observada a regra da Lei n. 12.506, de 13.10.2011. A falta do aviso pelo empregador importará no pagamento do salário do período correspondente, mais sua integração ao tempo de serviço do obreiro (art. 23, § 3º, da LC n. 150/2015).

Por igual, se o empregado estiver rescindindo, caberá a ele pré-avisar o empregador doméstico. Não o fazendo, o empregador poderá descontar os salários correspondentes ao prazo respectivo (art. 23, § 4º).

As proporções que constam da Lei n. 12.506/11 estão explicitadas nos §§ 1º e 2º do art. 23 referido acima, sendo sua leitura bastante esclarecedora:

> § 1º O aviso-prévio será concedido na proporção de 30 (trinta) dias ao empregado que conte com até 1 (um) ano de serviço para o mesmo empregador.
>
> § 2º Ao aviso-prévio previsto neste artigo, devido ao empregado, serão acrescidos 3 (três) dias por ano de serviço prestado para o mesmo empregador, até o máximo de 60 (sessenta) dias, perfazendo um total de até 90 (noventa) dias.

Releva observar que as horas extras habituais terão seu valor, pela média, integrados ao aviso-prévio indenizado (art. 23, § 5º).

Pré-avisado o obreiro, sua jornada, durante esse período, será reduzida em duas horas, percebendo o salário integral, redução essa que, a critério do empregado, poderá ser substituídas por sete dias corridos de ausência (art. 24 e parágrafo único). De observar que a norma cuida de *sete dias corridos*, tudo levando a acreditar que nesse período devem ser incluídos os domingos e feriados, se houver.

18.5. SALÁRIO E REMUNERAÇÃO

O salário mínimo é garantido ao doméstico, conforme o art. 7º, IV, da Constituição, podendo, todavia, ser ajustada remuneração superior, da mesma forma como é consagrado o princípio da irredutibilidade salarial, conforme o art. 7º, VI, de modo a nunca receber valor inferior ao ajustado.

A LC n. 150/2015 explicitou, nos §§ 2º e 3º do art. 2º a fora de cálculo do salário-hora e do salário-dia do mensalista, a exemplo do que ocorre com qualquer trabalhador celetista. O divisor é de 220 para o primeiro caso, e de 30 para o segundo, sobre o salário mensal. Quando ao salário-dia, o resultado servirá, também, para pagamento do repouso semanal remunerado e dos feriados trabalhados.

Consoante o comando do parágrafo único do art. 7º da Constituição, pode o empregado doméstico receber remuneração variável. Com efeito, o inciso VII do art. 7º reconhece *garantia de salário, nunca inferior ao mínimo, para os que percebem remuneração variável*. Essa regra não deve ter, aparentemente, grande reflexo na relação de trabalho doméstico. Este tipo de empregado não recebe, no geral, remuneração variável, do tipo comissões sobre vendas ou prêmios por produção. Trata-se de um dispositivo de difícil aplicação à relação de trabalho doméstico e o que pode ocasionar mesmo é dificuldade de interpretação e de compreensão para os interessados.

Há, todavia, hipótese que, embora absurda, pode ser cogitada. Admitamos que o empregador doméstico, de quando em quando, dê uma gratificação espontânea a seu empregado. No futuro, essa liberalidade poderá ser transformada em *remuneração variável*, o que, por consequência, representará ônus ao empregador. O ideal, então, será que essas bonificações, abonos, gratificações etc, sejam sumariamente eliminados da relação existente.

Outra hipótese seria a de ser o empregado contratado para lavar e passar roupa e receber pela quantidade de roupa que lavou e passou, o que caracterizaria remuneração variável, sendo, de qualquer forma, recomendável que, em ocorrendo casos dessa natureza, seja celebrado contrato de trabalho consignando clara e expressamente essas condições.

18.5.1. 13º Salário

O direito ao 13º salário, que é a Gratificação de Natal, está consagrado no art. 7º, VIII, da Constituição, e se aplica integralmente ao doméstico. As Leis ns. 4090, de 13.7.1962, e 4.749, de 12.8.1965, que cuidam da gratificação de Natal se aplicam expressamente ao doméstico (art. 19 da LC n. 150/2015). O tema é objeto desta Parte, Capítulo XIV, n. 15.

18.5.2. Vale-transporte

O direito ao vale-transporte (v., nesta Parte, Capítulo XIV, n. 8) foi oficialmente estendido ao trabalhador doméstico pelo art. 19 da LC n. 150/2015, que remete expressamente à Lei n. 7.418, de 16.12.1985. No entanto, poderá ser substituído, a critério do empregador, pela concessão, mediante recibo, dos valores para a aquisição das passagens necessárias ao custeio das despesas decorrentes do deslocamento residência-trabalho e vice-versa (parágrafo único).

18.5.3. Crime de retenção dolosa

O inciso X do art. 7º da Constituição garante a *proteção do salário na forma da lei, constituindo crime sua retenção dolosa*. Providência expressiva, já devia existir há muito tempo, porque, e é verdade, ainda há empregador que não paga na época própria ou atrasa significativamente o pagamento do salário. É uma forma para evitar mora patronal.

Deve ser observado que o empregador, inclusive o doméstico, deve pagar o salário do seu empregado, se mensalista, até o quinto dia útil subsequente ao mês vencido, na forma do § 1° do art. 459 da CLT, abatendo eventuais adiantamentos salariais que tenha feito no período.

18.5.4. Família em viagem

Deve ser observado ainda que, caso o empregado viaje com os patrões para acompanhar (trabalhando) a família em gozo de férias, por exemplo, a LC n. 150/2015 criou critérios específicos no art. 11.

Entendemos que o mais importante de todos é um acordo individual escrito celebrado previamente entre as partes (§1º), que dará as garantias para ambos.

Prestando serviços em viagem com o empregador, serão consideradas apenas as horas efetivamente trabalhadas, compensáveis as horas extraordinárias da forma referida acima (*caput* do art. 11).

O valor da hora do serviço em viagem será o normal com acréscimo de 25% (§ 2º), ou seja, sendo a hora normal de R$-10,00, a hora de serviço em viagem será de R$-12,50. Caso haja cumprimento de hora extra, esse valor será acrescido de mais 50%, no total de R$-18,75 cada. Permite a LC que o horário de serviço em viagem seja incluído no banco de horas, que o empregado utilizará conforme seu critério pessoal (§ 3º).

18.5.5. Sobreaviso e prontidão

Existem duas figuras jurídicas que não devem ser esquecidas: o sobreaviso e a prontidão. Da mesma forma, encontramos inúmeras possibilidades de sua existência na relação de trabalho doméstico. Assim o caso de babás, damas de companhia, cuidados de idosos, acompanhantes de pessoas deficientes dentre outras.

Quando de sua tramitação, a LC n. 150/2015 cuidou do sobreaviso, quando a Câmara dos Deputados quis sua inserção, mas a substituição não sobreviveu no Senado. O adicional, segundo a proposta que não foi aprovada, seria de 1/3 sobre o salário do trabalhador.

A figura do sobreaviso é regulada pela art. 244, § 2º, da CLT, e pode ser aplicada à hipótese do doméstico, embora acreditemos que raramente poderá ocorrer. É porque este caso aparece quando o empregado permanece em sua própria casa (e não na residência do empregador), aguardando ser chamado, a qualquer momento, para determinado serviço. Interessante que, pela proposta recusada, o *sobreaviso doméstico* na verdade era uma espécie de *prontidão*.

A prontidão, por sua vez, é caracterizada pela permanência do empregado no estabelecimento, no caso do doméstico, na residência do empregador, em geral descansando após o cumprimento de sua jornada regular de trabalho, porém esperando, a qualquer momento, ser chamado a retornar ao serviço. O comando é da CLT, art. 224, § 3º, e pode ocorrer no trabalho doméstico, sendo sugerível o ajuste dos períodos de prontidão, que serão remunerados no valor de 2/3 sobre a hora normal, aplicando-se, por analogia, a norma consolidada.

Deve ser salientado que, ao invés de prontidão ou sobreaviso, o legislador infraconstitucional acabou criando um regime diferenciado de jornada trabalho do doméstico, que não inclui esses dois mecanismos, mas também não os exclui.

18.5.6. Salário-família

O inciso XII do art. 7º da Constituição cuida do direito ao *salário-família pago em razão do dependente do trabalhador de baixa renda nos termos da lei*. O valor, em janeiro de 2018, é de R$ 45,00 para quem ganha até R$ 877,67/ mês, e de R$ 31,71 para quem recebe mais de R$ 877,67 até R$ 1.319,18/mês(191).

O direito do doméstico ao salário-família está contemplado no art. 65 da Lei n. 8.213, de 24.7.1991, conforme a redação dada pela LC n. 150/2015, inclusive o enteado e o menor tutelado na forma do § 2º do art. 16 da norma previdenciária.

Diferentemente dos demais empregados, o doméstico deve apresentar apenas a certidão de nascimento do filho, dispensada a apresentação anual de atestado de vacinação obrigatória e de comprovação de frequência à escola do filho ou equiparado (art. 67, parágrafo único), o que, a nosso ver, é lamentável porque desobriga os pais ou responsáveis de uma tarefa fundamental de preservação da saúde do menor,

O empregador pagará e será reembolsado pela Previdência Social, deduzindo da contribuição social que recolherá (art. 68, da RPBPS).

18.6. CASOS DE INTERRUPÇÃO

18.6.1. Proteção à maternidade

Dois direitos possui a empregada doméstica: a licença-maternidade e a garantia provisória de emprego à gestante. Esses privilégios, os únicos que a mulher trabalhadora é detentora, serão examinados adiante, nesta Parte, no Capítulo XV.

(191) Cf. Portaria MF n. 15 de 16.01.2018 (DOU de 17.01.2018).

No que tange ao gozo de licença à mulher gestante de 120 dias (art. 7º, XVII, da Constituição), este não se confunde com estabilidade provisória e é benefício previdenciário. A licença para a doméstica deve observar o disposto na CLT (art. 25 da LC n. 150/2015).

Quanto à garantia de emprego, está deve observar o art. 10, II, *b*, do ADCT, da confirmação do estado gravídico durante a vigência do contrato, mesmo que durante o aviso-prévio trabalhado ou indenizado (parágrafo único do mesmo art. 25), estendendo até cinco meses após o parto.

18.6.2. Licença-paternidade

O gozo de licença-paternidade de cinco dias, que o homem empregado doméstico tem direito, similar a qualquer empregado (art. 7, XIX, da Constituição, combinado com o art. 10, § 1º, do ADCT). Excepcionalmente, dentro do Programa Empresa Cidadã, essa licença pode ser prorrogada por quinze dias (art. 1º, II, da Lei n. 11.770, de 09.11.2008). Maiores comentários adiante, nesta Parte, no Capítulo IX, n. 1.3.6.

18.6.3. Repouso semanal

O repouso semanal remunerado, preferencialmente (não necessariamente) aos domingos, como consta do art. 7º, XV, da Constituição, com o art. 16 da LC n. 150/2015 acrescentando que o doméstico também tem direito a descanso remunerado nos dias feriados.

Por previsão legal (art. 19 da LC n. 150/2015) ao doméstico se aplicam a Lei n. 605, de 5.1.1945, que trata de repouso semanal remunerado, que é tratado mais amiudadamente nesta Parte, no Capítulo XVIII, n. 4.14.

Na hipótese de haver trabalho em domingos e feriados, poderá haver a compensação prevista no art. 2º da LC n. 150/2015, e, à falta dessa, esses dias trabalhados devem ser pagos em dobro, se prejuízo da remuneração relativa ao repouso semanal (§ 8º do mesmo art. 2º).

18.6.4. Férias

O empregado doméstico tem direito a férias de 30 dias com acréscimo de 1/3, na forma do art. 7º, XVII, da Constituição como prevê o art. 17 da LC n. 150/2015, após período de doze meses de trabalho ao mesmo empregador, da mesma forma como os empregados regidos pela CLT. Superaram-se as férias anteriores, que eram de vinte dias e que a jurisprudência já reconhecia dever ser de trinta. Nesse particular, a *lei do doméstico* permite fracionamento em dois períodos sendo um deles de no mínimo 14 dias corridos (§ 2º do art. 17).

Quanto às faltas ao serviço, durante o período aquisitivo, entendemos que não devem servir de balizador para os dias de gozo devidos, como ocorre com os demais empregados (art. 130 da CLT), porque isto não está sequer cogitado na LC n. 150/2015.

Quando ocorrer dispensa sem justa causa, o empregado terá direito às férias proporcionais de período incompleto, na proporção de 1/12 por mês de serviço ou fração igual ou superior a quinze dias (§ 1º do art. 17).

A LC n. 150/2015 fez superar antiga divergência doutrinária, sendo agora admitida a possibilidade de o empregado doméstico converter *in pecunia* (venda) 1/3 das férias a gozar, como previsto no art. 143 da CLT, conforme consagrado no § 3º do art. 17, abono esse que deve ser requerido pelo empregado até trinta dias antes do término do período aquisitivo (§ 4º), que não significa ser trinta dias antes do início do gozo efetivo das férias, que é o período de doze meses seguintes ao período aquisitivo (§ 6º).

Tendo em conta as peculiaridades do trabalho doméstico, na hipótese de o obreiro residir no local em que desenvolve suas atividades, a residência do empregador, se não for para outro local, poderá ali permanecer (§ 5º), sem, todavia, realizar qualquer trabalho normal. Devemos observar aqui que é importante para a segurança do empregador que realmente nenhuma atividade seja realizada pelo empregado em férias. Se, por exemplo, for o motorista da família, durante suas férias não poderá exercer esse mister. Caso lhe seja determinado fazê-lo, o empregador está incorrendo em prática de falta grave, ensejadora da dispensa indireta do trabalhador.

18.7. JORNADA DE TRABALHO

Garantido com o preceito constante do inciso XIII do art. 7º da Constituição, o doméstico passou a ter direito à *duração do trabalho normal não superior a 8 horas diárias e 44 semanais, facultada a compensação de horários e a redução da jornada, mediante acordo ou convenção coletiva de trabalho.* Essa carga horária (diária e semanal) é a regra do *caput* do art. 2º da LC n.150/2015. Assim, passa a haver limite máximo de jornada de trabalho e que poderá haver compensação e redução por negociação coletiva, como prevê a Constituição.

Entendemos que existem dificuldades intransponíveis para que se processe qualquer fiscalização acerca da observância desse comando. A maior delas é a inviolabilidade da residência do empregador, porque, de acordo com o art. 5º, XI, da Constituição, *a casa é asilo inviolável do indivíduo, ninguém nela podendo penetrar sem consentimento do morador, salvo em caso de flagrante delito ou desastre, ou para prestar socorro, ou, durante o dia, por determinação judicial*, logo não pode ser objeto de fiscalização nem controle.

Ora, a inviolabilidade da residência de uma família é consagrada internacionalmente e, pela Constituição, é um dos direitos fundamentais mais sagrados. Existem apenas três exceções: 1) autorização do proprietário do imóvel; 2) ocorrência de delito, desastre ou necessidade de prestação de socorro de emergência; 3) existência de ordem judicial autorizando a entrada. Não há outras. Consequência: impossível seja efetuada uma inspeção por parte de autoridades administrativas do M.Tb. para fins de verificação do cumprimento desse preceito. Voltaremos ao tema adiante.

O segundo óbice indica que se pretende admitir negociação coletiva para os domésticos, podendo ser celebrado acordo coletivo ou convenção coletiva de trabalho. Porém, é impossível do ponto de vista prático isto ocorrer entre as categorias de empregado doméstico e de empregador doméstico. O empregador doméstico não é facilmente identificável e é mentira ser mais realista que o rei e tentar uma negociação coletiva assim.

Debalde esses aspectos, impende registrar que, se a jornada for extrapolada, surge direito a receber o pagamento de horas extras com acréscimo de 50% (art.2º, § 1º). Para calcular o *quantum*, o salário deve ser dividido por 220, acrescentando-se mais 50% sobre o montante encontrado. Assim, sendo o salário mensal de R$ 1,100,00, o salário-hora será de R$ 5,00. O valor da hora extra será de R$ 7,50.

Prevê a LC n. 150/2015 a criação de um *banco de horas* (v., nesta Parte, Capítulo XVIII, n. 4.5.) para o doméstico. É um regime diferente. Havendo sobrejornada em um dia, as primeiras 40 horas extras mensais serão pagas normalmente, salvo se houver compensação em outro dia, sem pagamento do percentual de 50%. Caso ainda exista saldo de horas, deveráocorrer o pagamento do acréscimo legal em até um ano (art. 2º, §§ 4º e 5º). Importante, quanto a esse regime é a necessidade de um acordo individual necessariamente escrito entre empregado e empregador. Não se trata, no particular, da negociação coletiva prevista para o banco de horas do art. 59, § 2º, da CLT, mas se simples ajuste pactuado entre patrão e empregado.

Por outro lado, se o empregado doméstico cumprir menos de oito horas/dia, não poderá haver redução de seu salário. Quanto ao banco de horas previsto no art. 59, § 2º, da CLT, o criado pela LC n. 150/2015 é um *banco de horas diferenciado*, e, debalde isso, entendemos não seja recomendável sua existência porque dificílima a concretização de negociação coletiva nesse tipo de relação.

18.7.1. Intervalos

Os registros dos intervalos são necessários e estão previstos no art. 13 da LC n. 150/2015, destinados a repouso e alimentação, de trinta minutos a duas horas por dia, sendo que, se for menor que uma hora deve ser estipulado por acordo escrito.

Circunstância ainda comum é o empregado doméstico residir no local de trabalho. Em ocorrendo, o intervalo pode ser usufruído em dois períodos, de uma a quatro horas de duração por dia, devendo haver registro desse fato no livro de ponto ou similar (art. 13, §§ 1º e 2º).

Pondera lembrar a regra do art. 2º, § 7º, da LC n. 150/2005, que exclui os intervalos e dias não trabalhados da jornada regular para aqueles empregados que residam no local de trabalho. Diz o dispositivo:

> § 7º Os intervalos previstos nesta Lei, o tempo de repouso, as horas não trabalhadas, os feriados e os domingos livres em que o empregado que mora no local de trabalho nele permaneça não serão computados como horário de trabalho.

Outro intervalo previsto na LC n. 150/2015 é o interjornada, que será de onze horas consecutivas destinadas ao descanso entre duas jornadas regulares de trabalho (art. 15).

Ademais, mesmo não previsto na LC n. 150/2015, teria direito o empregado doméstico ao intervalo de quinze minutos do art. 384 da CLT, devido antes do início de jornada extraordinária imediatamente seguinte à normal, mas esse dispositivo foi eliminado da CLT a partir da Lei n. 13.467/2017 (art. 15, n. I, *i*) (v., nesta Parte, Capítulo XVIII, n. 4.10.3).

18.7.2. Controle de frequência

Aspecto de altíssima relevância, e imensa preocupação dos empregadores domésticos é o controle da jornada. O art. 12 da LC n. 150/2015 determina:

> Art. 12. É obrigatório o registro do horário de trabalho do empregado doméstico por qualquer meio manual, mecânico ou eletrônico, desde que idôneo.

Os grandes problemas são saber como efetuar esse controle da jornada e como fiscalizar o trabalho no ambiente doméstico, que é a residência do empregador? Não existem condições para um controle eficaz e verdadeiro. A casa, lembremos, é asilo inviolável (art. 5º, XI, da Constituição). Alguém pensaria em ter uma câmera filmando sua casa, com aquela placa *sorria, você está sendo filmado*? Evidente que isso é inadmissível.

Existe, é certo, a possibilidade do controle de ponto. O dispositivo legal sugere opção por um dos três (manual, mecânico ou eletrônico), mas necessariamente um deles. Porém, até que ponto folha, livro, cartão ou outro meio de controle será considerado realmente válido e verdadeiro? Não é incomum, e todos em sã consciência sabem que, na Justiça do Trabalho, o empregado-reclamante diga, à vista de um documento com sua assinatura, que o assinou em branco, ou que foi forçado a assinar, ou que não sabe ler, ou simplesmente que a assinatura não é sua. Como o ônus da prova incumbe a quem alega (art. 818 da CLT), caberá ao empregador doméstico provar a validade desses documentos, que é o fato impeditivo do direito postulado pelo reclamante, conforme dispõe o n. II do art. 818 consolidado, com a redação dada pela Lei n. 13.467/2017.

Com efeito, é recomendável a adoção de uma folha de ponto ou de um livro de ponto, ou outro instrumento similar (ponto eletrônico), que, embora seja exigido para empresas com mais de dez empregados, nos termos do art. 74, § 2º, da CLT[(192)], é aplicável nessas circunstâncias, com expressamente refere o § 2º do art. 13 da LC n. 150/2015. Na folha de ponto do empregado doméstico, é recomendável que sejam registrados horários de início de jornada, de início do intervalo intrajornada, de retorno pós-intervalo, e de saída ao final da jornada, e que empregado e empregador assinem a cada registro.

18.7.3. Jornada 12x36

No que tange à jornada 12x36, geralmente decorrente de convenção ou acordo coletivo de trabalho, nos termos da Súmula n. 444 do TST, a Corte Superior entendeu ser possível sua aplicação à relação de trabalho doméstico, ao fundamento de que, *neste caso, a família não visa estrito interesse pessoal e familiar, mas realiza também funções de assistência social e de seguridade social, na forma do* caput *do art. 194 da Constituição*[(193)]. Para tal, basta que seja celebrado acordo individual por escrito, especificando essa espécie de jornada, durante a qual devem ser observados ou indenizados os intervalos para repouso e alimentação (art. 10).

A remuneração mensal para os casos de quem trabalha na jornada 12x36 incluirá os valores pagos a título de repouso semanal remunerado, feriados e horário noturno, quando abranger esse (§ 1º do art. 10).

A nosso ver, as regras referentes ao trabalho doméstico em jornada 12x36 ficaram conservadas como se encontram, porque se trata de comando constante de lei complementar específica,e, portanto, hierarquicamente superior às mudanças introduzidas na CLT, em seu art. 59-A, tanto pela Lei n. 13.467/1976, como pela MP n. 808/2017. Ou seja, entendemos que, com relação ao trabalho doméstico, continua a jornada 12x36 a ser cuidada pelo art. 10 da LC n. 150/2015.

---

(192) § 2º – Para os estabelecimentos de mais de dez trabalhadores será obrigatória *a anotação da hora de entrada e de saída, em registro manual, mecânico ou eletrônico, conforme instruções a serem expedidas pelo Ministério do Trabalho*[e Emprego], *devendo haver pré-assinalação do período de repouso.*

(193) Cf. Proc. n. TST-AIRR-1272-74.2012.5.03.0139, de 10.4.2013. Rel.: Min. Maurício Godinho Delgado. Disponível em: <https://aplicacao5.tst.jus.br/consultaProcessual/consultaTstNumUnica.do?consulta=Consultar&conscsjt=&numeroTst=1272&digitoTst=74&anoTst=2012&orgaoTst=5&tribunalTst=03&varaTst=0139. Acesso em 15.4.2013>.

18.7.4. Adicional noturno

O adicional noturno, previsto no inciso IX (*remuneração do trabalho noturno superior à do diurno)*, é um direito que existe quando a jornada de trabalho ocorrer entre 22 horas de um dia e cinco horas do dia seguinte, tendo jus o trabalhador a um adicional de 20% calculado sobre sua remuneração.

A norma do art. 73 da CLT consta do art. 14, §§ 1º e 2º, da LC n. 150/2015. O percentual de 20% por outro lado será calculado, para os casos de empregado contratado apenas para período noturno, sobre o salário anotado em sua CTPS (§ 3º), e, nos horários mistos, essa será a regra, como sói acontecer, para os períodos noturnos (§ 4º).

Relativamente ao doméstico há alguns problemas. Como a casa é inviolável, quem vai fiscalizar a jornada?

18.8. FUNDO DE GARANTIA DO TEMPO DE SERVIÇO

O direito previsto no inciso III – *fundo de garantia do tempo de serviço* – do art. 7º da Constituição era concedido a título opcional, mediante manifestação do empregador, desde 2001. Agora é obrigatório e importa em uma ampliação do custo da mão de obra doméstica.

O recolhimento das contribuições depende da regulamentação do Simples Doméstico, que será abordado abaixo.

A LC n.150/2015 prevê que a inclusão do doméstico será feita consoante os arts. 5º e 7º da Lei n. 8.036, que é a atual Lei do FGTS, com essa obrigação surgindo para o empregador após sua regulamentação pelo Conselho Curador e pelo agente operador do Fundo (art. 21 e parágrafo único).

As regras para o doméstico são distintas daquelas dos demais empregados, conforme o art. 22 da LC n. 150/2015. O valor será de 3,2% da remuneração devida no mês anterior, por empregado. Os depósitos serão convertidos em uma indenização compensatória para os casos de dispensa imotivada ou por culpa patronal, ficando o doméstico excluído dos benefícios de 40% para dispensa imotivada e de 20% quando caracterizada culpa recíproca.

A partir dai, temos que, quando a dispensa for por justa causa ou a pedido, ou decorrer de termino de contrato por prazo determinado (inclusive de experiência), aposentadoria ou morte do empregado, o valor depositados será movimentado pelo empregador (art. 22, § 1º). Quando ocorrer culpa reciproca, cada parte (empregador e empregado) e terá direito à metade dos valores depositados (§ 2º).

É importante destacar que a LC n. 150/2015 instituiu dois tipos de recolhimento de FGTS, a serem efetuados na mesma conta com variações diferentes (art. 22, § 3º): uma, a dos 8% do FGTS, conforme registra o seu art. 34, IV; outra, a dos 3,2% (o substituto da multa de 40% dos demais empregados), que é referido no art. 34, V.

Maiores reflexões sobre o sistema do FGTS no Brasil estão registradas no Capítulo XX desta Parte.

18.9. OUTROS DIREITOS

18.9.1. Previdência social

A integração à previdência social é direito do doméstico como consignado no final do parágrafo único do art. 7º constitucional. O art. 20 da LC n. 150/2015, nessa esteira, afirma que lhe são devidas, na forma da Lei n. 8.213, de 24.7.1991, as prestações nela arroladas, atendidos o deposto na própria Lei Complementar e observadas as características especiais do trabalho doméstico.

Dentre esses direitos, inclui-se a aposentadoria, que é benefício previdenciário garantido pelo art. 7º, XXIV, da Constituição.

O art. 30, n. V, da Lei n. 8.212, de 24.7.1991, que, dentre outras finalidades, instituiu o plano de custeio da Previdência Social, ganhou nova redação. Agora, *o empregador doméstico é obrigado a arrecadar e a recolher a contribuição do segurado empregado a seu serviço, assim como a parcela a seu cargo, até o dia 7 do mês seguinte ao da competência*. Em outros termos, não é mais até o dia 15 como todos os demais (inciso II desse art. 30), mas o dia 7, pena de incorrer o empregador nos encargos moratórios.

18.9.2. Fiscalização do trabalho doméstico

Ressaltamos, acima, as dificuldades de ser operacionalizada a fiscalização do trabalho doméstico. E, nesse particular, a LC n. 150/2015 acrescentou o art. 11-A à Lei n. 10.593, de 6.12.2002, que cuida, *inter alia,* das atribuições dos Auditores-Fiscais do Trabalho.

Esse dispositivo dispõe:

> Art. 11-A – A verificação, pelo Auditor-Fiscal do Trabalho, do cumprimento das normas que regem o trabalho do empregado doméstico, no âmbito do domicílio do empregador, dependerá de agendamento e de entendimento prévios entre a fiscalização e o empregador.
>
> § 1º A fiscalização deverá ter natureza prioritariamente orientadora.
>
> § 2º Será observado o critério de dupla visita para lavratura de auto de infração, salvo quando for constatada infração por falta de anotação na Carteira de Trabalho e Previdência Social ou, ainda, na ocorrência de reincidência, fraude, resistência ou embaraço à fiscalização.
>
> § 3º Durante a inspeção do trabalho referida no *caput*, o Auditor-Fiscal do Trabalho far-se-á acompanhar pelo empregador ou por alguém de sua família por este designado."

Ora, o que se tem desse dispositivo pode ser resumido assim: a fiscalização somente se processará mediante concordância do empregador; terá finalidade apenas orientadora; o critério da dupla visita ficará dependente da anuência patronal para que será realizada a primeira; sem acompanhante indicado pelo empregador a visita não se realizará. Em outras palavras: a norma não será cumprida porque é praticamente impossível, ou inacreditável que alguém, espontaneamente, concorde com essa atividade em sua residência. Trata-se, a nosso ver, de um dispositivo inserido na lei apenas para satisfazer o ego de algumas pessoas.

18.9.3. Riscos inerentes ao trabalho

O inciso XXII – *redução dos riscos inerentes ao trabalho, por meio de normas de saúde, higiene e segurança* – do art. 7º da nossa atual Lei Fundamental é aplicável, de acordo com a EC n. 72, à relação de trabalho doméstico. Cuida de meio ambiente de trabalho, ou seja, a residência de uma família, que é inviolável e, portanto, não pode ser fiscalizada.

No que refere a tratamento indigno ou degradante que o empregado doméstico venha a receber, bastará uma denúncia ao Ministério Público do Trabalho que, de pronto, intervirá para coibir práticas dessa natureza, como tem sido realizado, de modo louvável, no combate ao trabalho forçado, devendo, nesse caso, valer-se de autorização judicial, que, a nosso ver, deve ser expedida pela Justiça do Trabalho, apesar de sua incompetência penal para crimes contra a organização do trabalho[(194)].

No mais, saúde, higiene e segurança em seu sentido mais estrito, de acordo com as Normas Regulamentares expedidas pelo M.Tb. (Portaria GM n. 3.214, de 08 de junho de 1978). No total, são 35 normas cuidando de diversos tipos de atividades, inclusive insalubres e perigosas, ergonomia, proteção contra incêndios, condições sanitárias e conforto nos locais de trabalho, sinalização de segurança, trabalho em altura etc.

Independentemente dessas normas, que devem ser aplicadas no trabalho doméstico observando suas peculiaridades, há que haver grande cautela com o uso de desinfetantes, de gás, de escadas, de locais com degraus e rampas. Por isso, poderá ser recomendável que o empregador doméstico forneça equipamentos de proteção individual ao seu empregado: botas, luvas, máscaras, capacete, óculos de proteção. Ademais, sugerível indicar onde existam degraus ou rampas na residência. O aparente exagero dessas medidas poderá revelar-se eficaz no futuro. Parece absurdo, mas, lamentavelmente, é a nova realidade brasileira.

Ao advento da LC n. 150/2015, alterações foram processadas na Lei n. 8.213/91, que cuida dos planos de benefício da Previdência Social. O domestico passou a ter direito ao auxílio acidente (art. 18, § 1º), que é *o que ocorre*

(194) O STF tem entendimento diferente. Posiciona-se no sentido de que, sendo um único empregado atingido, a competência é da Justiça Estadual (ARE 706368 AgR, Relator Min. Gilmar Mendes, Segunda Turma, julgado em 30.10.2012). Da Justiça Federal será a competência quando se tratar de trabalho coletivo (RE 599.943 AgR, Relator Min. Cármen Lúcia, Primeira Turma, julgado em 02.12.2010).

pelo exercício do trabalho a serviço de empresa ou de empregador doméstico ou pelo exercício do trabalho dos segurados referidos no inciso VII do art. 11 desta Lei, provocando lesão corporal ou perturbação funcional que cause a morte ou a perda ou redução, permanente ou temporária, da capacidade para o trabalho (art. 19).

Estando em gozo de qualquer benefício previdenciário, o doméstico será considerado como licenciado (art. 63 da Lei n. 8.213/91).

As questões relativas à perícia médica do Instituto Nacional do Seguro Social (INSS), da comunicação do acidente, dos períodos de carência, do valor da renda do benefício previdenciário são os objetos do art. 37 da LC 150/2015, que modificou a redação dos arts. 21-A e § 2º, 22, 27, 34, 35, 37 e 38 da Lei n. 8.213/91.

18.9.4. *Negociação coletiva*

O inciso XXVI – *reconhecimento das convenções e acordos coletivos de trabalho* – do art. 7º da Constituição remete a um dos mais importantes aspectos do Direito do Trabalho: convenções e acordos coletivos é o resultado do direito de negociação coletiva. Foram reconhecidas na relação de emprego doméstico.

Entendemos que, embora digna de encômios a negociação coletiva, quando se cuida de trabalho doméstico, é difícil identificar os empregadores domésticos aos quais vão se aplicar essas normas. Ora, um acordo coletivo de trabalho é negociado entre sindicato de trabalhadores e empresa e, até onde se sabe, não existe *empresa* doméstica no Brasil. E, admitindo serem negociadas convenções coletivas entre sindicatos patronal e de trabalhadores, a quem se aplicará a norma fruto dessa negociação? Ora, potencialmente, todas as residências deste país podem ter empregados domésticos.

Impende observar que existem, espalhados pelo Brasil, sindicatos de empregadores e de empregados domésticos. Em São Paulo, o Sindicato dos Empregadores Domésticos do Estado de São Paulo, fundado a 06.01.1989, identifica-se como *o sindicato pioneiro em nível mundial que representa os patrões domésticos*[195], e existe também o Sindicato dos Trabalhadores Domésticos do Município de São Paulo, criado em 1990[196], e uma Federação das Empregadas e Trabalhadores Domésticos do Estado de São Paulo[197].

Temos nessa relação de trabalho duas figuras: o empregador doméstico, pessoa física, que não exerce atividade econômica ou lucrativa, e o empregado doméstico, também pessoa física, que desenvolve seu mister na residência do empregador (art. 1º da Lei n. 5.859/72). Ora, não há *categoria econômica*, nem existe *empresa doméstica*, nesse tipo de relação de trabalho. Como já assinalamos anteriormente, é a realidade ou então se pode "fazer de conta" que não é.

Ademais, haverá dificuldade para ajuizamento de um dissídio coletivo perante a Justiça do Trabalho. O empregador doméstico não é identificável. Potencialmente, como referimos, todos podem ser empregadores domésticos, inclusive os próprios empregados domésticos, que contratam pessoas para cuidar de sua residência enquanto vão trabalhar na casa de terceiros. Ademais, não existe categoria econômica contraposta à categoria profissional, porque o empregador doméstico não é aquele definido no art. 2º da CLT[198], nem a atividade do empregado doméstico se assemelha com a do empregador para ser confrontado com ele.

A existência de sindicatos de empregadores domésticos e de empregados domésticos, entendemos, não lhes garante o direito de ajuizamento de dissídios coletivos, e, a eventual negociação coletiva que venham a realizar não possibilitará, por impossibilidade de identificação concreta de seus destinatários, a aplicação das normas que celebrarem.

18.9.5. *Proibição de discriminação*

No que tange ao inciso XXX – *proibição de diferença de salários, de exercício de funções e de critério de admissão por motivo de sexo, idade, cor ou estado civil* – e ao inciso XXXI – *proibição de qualquer discriminação no tocante a salário e critérios de admissão do trabalhador portador de deficiência* – do art. 7º constitucional, parece que não tem muito efeito prático para essa espécie de relação de trabalho.

---

(195) Cf. <http://www.sedesp.com.br>. Acesso em 29.3.2013.

(196) Cf. <http://stdmsp.com/main.html?src=%2F#1,0>. Acesso em 29.3.2013.

(197) Cf. <http://www.federacaodomesticas.com.br/site/index.php>. Acesso em: 29.3.2013.

(198) Art. 2º – *Considera-se empregador a empresa, individual ou coletiva, que, assumindo os riscos da atividade econômica, admite, assalaria e dirige a prestação pessoal de serviço.*

Na lembrança de Luciano Martinez, os domésticos *já tinham a proteção genérica contra qualquer forma de discriminação, haja vista o direito fundamental previsto nos arts. 3º, IV, e 5º, I, da Constituição da República*[199].

A contratação é feita por critérios eminentemente pessoais da família para a qual o empregado vai trabalhar e a ninguém é dada impor condições ou obrigação para contratar ou não. Em uma residência, seus moradores contratam observando critérios particulares, que não se confundem com procedimentos discriminatórios.

Lembremos que o principal critério para um empregado doméstico ser admitido nesse tipo de emprego é a fidúcia. Sem que exista confiança do empregador, nenhum empregado é admitido para trabalhar em sua residência. E esta verdade é absoluta.

18.9.6. Trabalho do menor

O art. 7º da Constituição, no inciso XXXIII cuida da *proibição de trabalho noturno, perigoso ou insalubre a menores de 18 e de qualquer trabalho a menores de 16 anos, salvo na condição de aprendiz, a partir de 14 anos*, para evitar a exploração dessas pessoas[200].

Na atividade doméstica, todavia, a LC n. 150/2015 contem regra excludente: nenhum menor de 18 anos pode trabalhar como doméstico. O parágrafo único do art. 1º dispõe:

> Parágrafo único. É vedada a contratação de menor de 18 (dezoito) anos para desempenho de trabalho doméstico, de acordo com a Convenção n. 182, de 1999, da Organização Internacional do Trabalho (OIT) e com o Decreto n. 6.481, de 12 de junho de 2008.

Entendemos que o mandamento constitucional visa a proteger o menor de dezoito anos em geral, e de modo especial o de dezesseis anos e, *data vênia*, assim deveria ter ficado na LC n. 150/2015, mesmo porque não existem aprendizes no trabalho doméstico, porque não abrigado pelos arts. 424 a 433 da CLT, nem se podendo cogitar de *formação técnico-profissional* nesse tipo de relação.

No entanto, a Lei Complementar não permite exceções, e está em perfeita consonância com a Convenção n. 182 da OIT, que está vigendo no Brasil.

Nessa esteira, os menores de 18 anos que se encontravam empregados quando do início de sua vigência, embora com todos os documentos em dia, deveriam ser sumariamente dispensados em decorrência desse comando legal. Deve o empregador doméstico, todavia, pagar-lhe todos os créditos decorrentes da dispensa, pena de enriquecimento sem causa.

18.9.7. Creches e pré-escolas

O inciso XXV do multicitado art. 7º da Constituição cuida de *assistência gratuita aos filhos e dependentes desde o nascimento até 5 anos de idade em creches e pré-escolas*, o que certamente facilitará ao doméstico (homem ou mulher) desenvolver seu trabalho.

A LC n. 150/2015 não cuidou do tema. Assim, por força do seu art. 19, deve haver a aplicação subsidiária da CLT.

Aqui surgem problemas. O mais grave é a falta de creches e pré-escolas gratuitas. A norma celetista, ademais, prevê que os estabelecimentos que possuem pelo menos trinta mulheres com mais de 16 anos como empregadas devem manter local adequado para permitir que possam guardar sob vigilância e assistência os seus filhos no período da amamentação (art. 389, § 1º, da CLT). Evidente que, quantitativamente, essa regra não se aplica ao doméstico.

A solução pode ser a Portaria n. 3.296, de 03.09.1986, do M.Tb., criou o *reembolso-creche*, também chamado de *auxílio-creche*. O art. 1º, I, dessa Portaria dispõe:

> I – o reembolso-creche deverá cobrir, integralmente, despesas efetuadas com o pagamento da creche de livre escolha da empregada-mãe, ou outra modalidade de prestação de serviço desta natureza, pelo menos até os seis meses de idade da criança, nas condições, prazos e valor estipulados em acordo ou convenção coletiva, sem prejuízo do cumprimento dos demais preceitos de proteção à maternidade.

---

(199) MARTINEZ C., Luciano. *Curso de direito do trabalho*. 5. ed., São Paulo: Saraiva, 2014. p. 224.

(200) Sobre o trabalho domestico de menores, v. DUTRA, Maria Zuila Lima. *Meninas domésticas, infâncias destruídas*. São Paulo: LTr, 2007.

Essa portaria se reporta à negociação coletiva, cujas dificuldades foram mencionadas acima, todavia, pode ser atendido o comando constitucional com ajuste na forma do inciso IV, dispensada qualquer norma coletiva, que diz:

> IV – O reembolso-creche deverá ser efetuado até o 3º (terceiro) dia útil da entrega do comprovante das despesas efetuadas, pela empregada-mãe, com a mensalidade da creche.

Como esse *plus* deverá ser reembolsado, é possível que, para o doméstico, a regra seja destinada não apenas às mulheres empregadas, as principais beneficiadas, mas a todos os domésticos, independentemente de sexo, porquanto o que se resguarda aqui é a garantia de bons tratos e abrigo à criança no horário de trabalho dos pais ou responsáveis, pelo menos nesses seis primeiros meses de vida.

Quanto à pré-escola, o direito é constitucionalmente assegurado no art. 208, IV, para as crianças até cinco anos de idade, como dever do Estado, contudo, existe outro problema grave, que se arrasta há muitos anos, qual o da inexistência de vagas para todos os destinatários da norma. A tarefa, então, não é apenas do empregador, mas do Estado que tem esse dever constitucional.

18.9.8. Seguro contra acidente de trabalho

Relativamente ao inciso XXVIII do art. 7º da Lei Maior, acerca do *seguro contra acidentes de trabalho, a cargo do empregador, sem excluir a indenização* a que este está obrigado, quando incorrer em dolo ou culpa, este direito representa acréscimo no custo da mão de obra doméstica, porque todo empregador deverá fazer esse seguro.

Trata-se de uma contribuição do empregador, destinada à Seguridade Social, para o INSS para custear os benefícios oriundos de acidente do trabalho ou doença ocupacional, com alíquota de 0,8% calculada sobre a remuneração do empregado (art. 34, III, da LC n. 150/2015). Essa regra começou a ser aplicada a partir da efetivação do Simples Doméstico, em outubro de 2015, mediante recolhimento em boleto único disponibilizado em portal específico da rede mundial de computadores.

A matéria é regulada no art. 22, II, da Lei n. 8.212, de 24.7.1991, e, na relação de trabalho doméstico, a alíquota foi fixada em 0,8%, considerando *leve* o risco dessa atividade.

O art. 19 da Lei n. 8.213/91 define acidente do trabalho:

> Art. 19. Acidente do trabalho é o que ocorre pelo exercício do trabalho a serviço de empresa ou de empregador doméstico ou pelo exercício do trabalho dos segurados referidos no inciso VII do art. 11 [como segurado especial: a pessoa física residente no imóvel rural ou em aglomerado urbano ou rural próximo a ele que, individualmente ou em regime de economia familiar, ainda que com o auxílio eventual de terceiros] desta Lei, provocando lesão corporal ou perturbação funcional que cause a morte ou a perda ou redução, permanente ou temporária, da capacidade para o trabalho.

As diversas circunstâncias em que se caracteriza o acidente do trabalho e seus efeitos no pacto laboral celebrado entre empregador e empregado domésticos constam da RPBPS, especialmente em seus arts. 21-A, 22, 27, 34, 35 e 27(?).

Ademais, em havendo um acidente doméstico, atingido o empregado, o empregador ainda poderá responder por danos morais, materiais e estéticos decorrentes de lesões que o obreiro vier a sofrer.

18.10. DESCONTOS PERMITIDOS E PROIBIDOS

A LC n. 150/2015 contém regras sobre a possibilidade de descontos nos salários dos empregados domésticos.

É defeso fazer quaisquer descontos pelo fornecimento de alimentação vestuário, higiene ou moradia, bem como por despesas com transporte, hospedagem e alimentação em caso de acompanhamento em viagem (art. 18), que não possuem natureza salarial (§ 3º). No entanto, o empregador pode descontar adiantamento salarial e, mediante acordo escrito entre as partes, para a inclusão do empregado em planos de assistência médico-hospitalar e odontológica, de seguro e de previdência privada, não podendo a dedução ultrapassar 20% do salário (§ 1º), da mesma forma como despesas com moradia de que trata o *caput* deste artigo quando essa se referir a local diverso da residência em que ocorrer a prestação de serviço, desde que essa possibilidade tenha sido expressamente acordada entre as partes (§ 2º).

Recebendo moradia do empregador, seja na própria residência ou em anexo, não adquire o empregado doméstico qualquer direito de posse ou propriedade sobre a mesma (§ 4º).

Ainda deve ser observado que as faltas do empregado ao serviço precisam ser justificadas, pena de desconto do dia não trabalhado, bem como os atrasos reiterados podem ser punidos por desídia (art. 483, *e*, da CLT).

18.11. SIMPLES DOMÉSTICO

A LC n. 150/2015 trouxe uma inovação para a relação de trabalho doméstico, e que, em pelo menos um ponto, é elogiável: esse *Simples Doméstico* pelo menos pretende facilitar a vida do empregador doméstico que, no geral, não é afeito a cálculos difíceis de entender e regras mais difíceis de aplicar.

No art. 31 da LC, lê-se:

> Art. 31. É instituído o regime unificado de pagamento de tributos, de contribuições e dos demais encargos do empregador doméstico (Simples Doméstico), que deverá ser regulamentado no prazo de 120 (cento e vinte) dias a contar da data de entrada em vigor desta Lei.

Esse novo regime foi disciplinado por série de medidas adotadas no âmbito dos Ministérios da Fazenda, Previdência Social e Trabalho e Emprego, inclusive quanto ao FGTS. São as regras constantes do art. 33 da LC n. 150/2015, regulamentadas em 120 dias a partir do dia 2 de junho de 2015, quando a LC foi publicada.[(201)]. Estão disponíveis a todos no portal http://www.esocial.gov.br/.

A inscrição do empregador no Simples Doméstico, da mesma forma como a entrada única de dados cadastrais e informações trabalhistas, previdenciárias e fiscais, dá-se através de registro em sistema eletrônico disponibilizado na Internet (art. 32, da LC n. 150/2015). Se impossível utilizar o sistema eletrônico, regras serão criadas pelo Ministério da Fazenda e pelo agente operador do FGTS para suprir essas dificuldades (parágrafo único do mesmo artigo).

A finalidade desse novo regime é facilitar a atividade do empregador doméstico, que, no geral, não é afeito a esse tipo de procedimento. Assim, toda a arrecadação necessária, prevista na LC n. 150/2015, se processará através de um único documento (art. 34), devendo o recolhimento ser processado em qualquer instituição financeira da rede arrecadadora de receitas federais (§ 5º).

Dessa forma, pelo documento do Simples Doméstico podem ser feitos seis recolhimentos, conforme art. 34 da LC n. 150/2015:

- 8% a 11% de contribuição previdenciária, a cargo do segurado empregado doméstico;
- 8% de contribuição patronal previdenciária para a seguridade social, a cargo do empregador doméstico;
- 0,8% de contribuição social para financiamento do seguro contra acidentes do trabalho;
- 8% de recolhimento para o FGTS;
- 3,2%, referente à garantia da indenização compensatória do art. 22; e,
- imposto sobre a renda retido na fonte, se incidente.

---

(201) *Art. 33. O Simples Doméstico será disciplinado por ato conjunto dos Ministros de Estado da Fazenda, da Previdência Social e do Trabalho e Emprego que disporá sobre a apuração, o recolhimento e a distribuição dos recursos recolhidos por meio do Simples Doméstico, observadas as disposições do art. 21 desta Lei.*

§ 1º O ato conjunto a que se refere o *caput deverá dispor também sobre o sistema eletrônico de registro das obrigações trabalhistas, previdenciárias e fiscais e sobre o cálculo e o recolhimento dos tributos e encargos trabalhistas vinculados ao Simples Doméstico.*

§ 2º As informações prestadas no sistema eletrônico de que trata o § 1º:

I – têm caráter declaratório, constituindo instrumento hábil e suficiente para a exigência dos tributos e encargos trabalhistas delas resultantes e que não tenham sido recolhidos no prazo consignado para pagamento; e

II – deverão ser fornecidas até o vencimento do prazo para pagamento dos tributos e encargos trabalhistas devidos no Simples Doméstico em cada mês, relativamente aos fatos geradores ocorridos no mês anterior.

§ 3º O sistema eletrônico de que trata o § 1º *deste artigo e o sistema de que trata o* caput *do art. 32 substituirão, na forma regulamentada pelo ato conjunto previsto no* caput*, a obrigatoriedade de entrega de todas as informações, formulários e declarações a que estão sujeitos os empregadores domésticos, inclusive os relativos ao recolhimento do FGTS.*

Essas responsabilidades patronais incidem sobre a remuneração paga ou devida no mês anterior, ao empregado, incluído o 13º salário (art. 34, § 1º), sendo o empregador o responsável pelo recolhimento (§ 2º).

Importante o empregador doméstico jamais esquecer alguns pontos. Primeiro, mensalmente, deve fornecer uma cópia do Simples Doméstico ao empregado (art. 34, § 6º). Segundo, o prazo para o recolhimento de todas essas obrigações, inclusive a Previdência Social, é até o dia 7 do mês seguinte ao da competência (art. 35). Recolhimentos a destempo importarão nos encargos legais e multas (§§ 1º e 2º).

18.12. OS DIREITOS EXCLUÍDOS

Nem todos os direitos constantes do art. 7º da Constituição foram estendidos aos empregados domésticos. Assim, nesse rol de exclusão, estão os seguintes incisos:

> V – piso salarial proporcional à extensão e à complexidade do trabalho;
>
> XI – participação nos lucros, ou resultados, desvinculada da remuneração, e, excepcionalmente, participação na gestão da empresa, conforme definido em lei;
>
> XIV – jornada de seis horas para o trabalho realizado em turnos ininterruptos de revezamento, salvo negociação coletiva;
>
> XX – proteção do mercado de trabalho da mulher, mediante incentivos específicos, nos termos da lei;
>
> XXIII – adicional de remuneração para as atividades penosas, insalubres ou perigosas, na forma da lei;
>
> XXVII – proteção em face da automação, na forma da lei
>
> XXIX - ação, quanto aos créditos resultantes das relações de trabalho, com prazo prescricional de cinco anos para os trabalhadores urbanos e rurais, até o limite de dois anos após a extinção do contrato de trabalho;
>
> XXXII – proibição de distinção entre trabalho manual, técnico e intelectual ou entre os profissionais respectivos;
>
> XXXIII – proibição de trabalho noturno, perigoso ou insalubre a menores de dezoito e de qualquer trabalho a menores de dezesseis anos, salvo na condição de aprendiz, a partir de quatorze anos;
>
> XXXIV – igualdade de direitos entre o trabalhador com vínculo empregatício permanente e o trabalhador avulso.

Quando à não inclusão do inciso XIII, acerca dos adicionais de penosidade, insalubridade e periculosidade, Luciano Martinez lembra que se trata de uma *situação em que se nega, por omissão, apenas a monetarização do risco, mas não a proteção contra ele* [(202)].

18.13. CONVENÇÃO N. 189/2011

Dia 16.06.2011, em Genebra, por ocasião da sua 100ª Conferência, a Organização Internacional do Trabalho aprovou, por expressiva maioria, dois importantes documentos: a Convenção n. 189 e a Recomendação n. 201, tratando *sobre o trabalho decente para as trabalhadoras e os trabalhadores domésticos*.

Fixemos que trabalho decente é aquele onde não há abuso dos direitos mínimos do ser humano enquanto tal, o que não o expõe a situações vexatórias, prejudiciais a sua segurança, saúde e higiene, o que lhe garante repouso razoável para recuperar a higidez física após uma jornada de labor.

Quanto à Recomendação n. 201, devemos observar que contém alguns ajustes de aperfeiçoamento, mas o tema ainda não está amadurecido para se transformar em convenção, sendo apenas um elenco de sugestões que os Estados Membros poderão adotar se quiserem. Traz algumas propostas que podem ser incorporadas ao Direito brasileiro: proibição de exames de gravidez para admissão no emprego (1, *c*), licença saúde (6, 2, *b*), registro de ponto de jornada de trabalho (8, 1), condições de moradia, quando fornecida pelo empregador (17), regras específicas de proteção ao trabalhador migrante (21), dentre outros.

A Convenção n. 189, por sua vez, é resultado de um demorado esforço de negociação entre os países que integram a OIT, inclusive o Brasil. Seu contexto está dividido em duas partes, como tradicionalmente todos os

---

(202) MARTINEZ, L.. *Curso* ...cit., 5. ed., p. 227.

tratados internacionais: o preâmbulo, onde são elencadas as intenções das partes, e o texto propriamente dito ou parte dispositiva, onde figuram os diversos artigos que regulam o tema objeto do documento.

Dos onze *consideranda* do Preâmbulo alguns interessam de imediato. O que refere à *contribuição significativa dos trabalhadores domésticos à econômica mundial*; o que alerta que *o trabalho doméstico continua sendo subvalorizado e invisível, realizado geralmente por mulheres e meninas*, oriundas de comunidades menos favorecidas; o que destaca que o trabalho doméstico possui condições particulares, sendo conveniente a existência de normas específicas para esses trabalhadores, em complemento às gerais; e o que preconiza a adoção de regras com vistas ao trabalho decente para os domésticos.

Na parte dispositiva, são 27 artigos, dos quais dezenove cuidando especificamente do tema, e oito (arts. 20 a 27) com as regras de procedimento para vigência, ratificação, registro, denúncia, idiomas, que são habituais em todas as convenções internacionais do trabalho.

O art. 1º apresenta a definição de trabalho e trabalhador doméstico e assemelhados, perfeitamente compatível com a do Brasil, que, acrescenta a natureza contínua, a finalidade não lucrativa e o âmbito familiar (art. 1º, da LC n. 150/2015).

É certo que refere a sindicalização (art. 2º), mas já existem sindicatos de trabalhadores e de empregadores domésticos, apenas encontramos, no Brasil, e certamente na maioria dos países, a extrema dificuldade da negociação coletiva que a convenção pretende reconhecer efetivamente (art. 3º, 2, *a, in fine*). Afinal, quem pode, legitimamente, ser representante dos empregadores domésticos? Quem é, verdadeiramente, empregador doméstico? São perguntas que não se pode responder objetiva e concretamente. Pensamos que, de todas as categorias de trabalhadores e empregadores, não há maior dificuldade do que dizer quem, quando e como é um ou outro doméstico...

A Convenção prevê que a idade mínima do doméstico não pode ser menor que a estipulada para os trabalhadores em geral (art. 4º, 1). Nada altera na lei brasileira.

Os domésticos não podem sofrer abuso, assédio ou violência (art. 5), idêntico no Brasil para todos.

Condições de vida decente e respeito à privacidade (art. 6) são direitos também de todos no Brasil.

O art. 7º prevê diversos direitos que não estão expressos no parágrafo único do art. 7º da Constituição. Porém, o texto da convenção diz, claramente, o seguinte: *todo Membro deverá adotar medidas para assegurar que os trabalhadores domésticos sejam informados sobre suas condições de emprego de forma adequada, verificável e facilmente compreensível, de preferência, quando seja possível, mediante contratos escritos de conformidade com a legislação nacional ou com normas coletivas, que incluam em particular* e segue-se o elenco de onze direitos, a maioria incorporada pela EC n. 72/2013, e, os que ali não estão encontram-se em perfeita compatibilidade para serem adotados, como condições de repatriação, quando couber (art. 7º, *j*, da Convenção n. 189).

Note-se: o texto internacional consigna expressões fundamentais: *de preferência, quando seja possível, de conformidade com a legislação nacional*. Em outras palavras, significa que tudo o que a Convenção n. 189 contempla poderá ser aplicado em qualquer país, inclusive no Brasil, quando for possível e de acordo com a lei nacional. Importa ao cabo que poder não é dever, possível não é imediato, de acordo com a lei exige alteração legislação que é igual à negociação entre os interlocutores sociais.

O art. 7º é genérico. Na prática, regula a elaboração do contrato de trabalho: qualificação das partes, local do trabalho, data do início do contrato, tipificação do trabalho, remuneração, horário de trabalho, férias, repouso diário e semanal, e, quando couber: fornecimento alimentos e moradia, duração do contrato (em caso de contrato de experiência), repatriação (para caso de trabalhador migrante), condições de fim da relação de trabalho, inclusive aviso-prévio.

O art. 8º cuida de trabalhador migrante, isto é, os que são contratados em um país para trabalhar em outro.

O art. 9º trata de moradia do empregado doméstico e a garantia de descanso diário e semanal e férias anuais, no caso de o trabalhador morar na casa dos patrões. Essas garantias já existem no Brasil, como demonstrado acima, ao exame da LC n. 150/2015.

Segundo a Convenção, deve ser reconhecida igualdade de tratamento do doméstico ao trabalhador comum. O art. 10, 1, cuida entre outras coisas de *compensação das horas extraordinárias*. Este é um grande problema. Como controlar horário de trabalho de doméstico? Pode ser por cartão ou folha de ponto, no entanto, sua veracidade poderá ser questionada em juízo, como demonstrado acima.

Outra forma será a fiscalização do M.Tb. que também poderia ser o responsável pelo controle, previsto no art. 13, das medidas de segurança e saúde do trabalhador no local em que labora.

Nessa hipótese, porém, há uma grande restrição constitucional: a casa é asilo inviolável (art. 5º, XI, da CR) e somente com ordem judicial é possível nela penetrar, como já recordamos. O art. 17 da Convenção trata da inspeção do trabalho, mas assegura o cumprimento da legislação especifica de proteção aos domésticos (n. 1), com a devida atenção às características especiais desse trabalho, na forma da lei nacional (n. 2). No caso brasileiro, o art. 11-A da Lei n. 10.593/2002 foi inserido com essa finalidade.

Quanto a essa jornada de trabalho, a mudança introduzida pela EC n. 72/2013 e as disposições da LC n. 150/2015 resolveram o problema e há perfeita compatibilidade entre as normas internas e internacionais, inexistindo, no particular, óbice à ratificação.

O art. 11 trata de salário mínimo e já é garantia existente no Brasil (7º, IV, da Constituição).

O art. 12 determina que o pagamento do salário seja em dinheiro corrente, o que já ocorre no Brasil, facultando também o pagamento via banco e por cheque, isto, sim, novidade.

Trabalho seguro e saudável é o direito do trabalhador doméstico consagrado no art. 13, mediante adoção de medidas eficazes, inclusive com a atuação sindical, quando houver.

O art. 14 trata de seguridade social, inclusive licença-maternidade. No Brasil essas garantias já existem. Todo doméstico é segurado obrigatório da Previdência Social (arts. 36 e 37, LC n. 150/2015).

Práticas abusivas são proibidas. O art. 15 refere-se a agências de colocação, que fazem terceirizações fraudulentas, intermediando mão de obra, como se fosse a antiga e condenada locação de serviços humanos. Isto é proibido no Brasil para todos os trabalhadores.

Em nosso país, os domésticos sempre puderam ir à Justiça do Trabalho haver seus direitos. A garantia está reiterada no art. 16.

O art. 18 recomenda que os Estados façam a adaptação de suas normas para ajustá-las aos termos da Convenção mediante consulta às organizações de empregadores e trabalhadores, e, evidentemente, através de deliberação do Parlamento, competente para legislar a respeito.

Por fim, o art. 19 determina aplicar a norma favorável (interna ou internacional) ao trabalhador, conforme o caso. Trata-se de regra antiga, o princípio do *favor laboris*, do art. 19, 8, da Constituição da OIT, e que é um dos informadores do Direito do Trabalho. Não é novidade.

Não há mais qualquer impedimento para a ratificação da Convenção n. 189, graças às alterações que foram promovidas a partir da EC n. 72/2013. Tudo, a rigor, fica na dependência de lei nacional, interna, específica, que guarde respeito às características peculiares ao trabalho doméstico, que é a LC n. 150/2015. Ao cabo, depende do Congresso Nacional a autorização para ratificar a Convenção n. 189, inclusive, se for o caso, observando o *quorum* do § 3º do art. 5º da Constituição (como Emenda Constitucional).

18.14. PERSPECTIVAS PARA A RELAÇÃO DE TRABALHO DOMÉSTICO

Feitas essas considerações sobre os novos direitos do empregado doméstico e a Convenção n. 189 da OIT, devemos assinalar que são destinados a todos os que trabalham em âmbito residencial. Nesse quadro, devem ser inseridos: cozinheiros, passadeiras, cuidadores de idosos, babás, copeiros, faxineiros, lavadeiras, jardineiros, caseiros urbanos e rurais, motoristas, pilotos de aviso ou helicóptero particulares, mordomos, serventes. Lembremos que porteiros, zeladores e faxineiros de condomínios residenciais (verticais ou horizontais) não são empregados domésticos, mas do próprio condomínio, objeto da Lei n. 2.757, de 23.04.1956, dos empregados de condomínios de qualquer natureza, da Lei n. 4.591, de 16.12.1964, tratando da estrutura do condominial.

Dados da OIT dão conta da existência, em 2010, de 52, 6 milhões de domésticos em 177 países[203]. Segundo amplamente noticiado no Brasil, em nosso país existem aproximadamente sete milhões de empregados domésticos e apenas um milhão com contrato de trabalho regular. Os demais estão na informalidade. É o primeiro em número de domésticos

(203) Cf. <http://www.ilo.org/wcmsp5/groups/public/---ed_protect/---protrav/---travail/documents/publication/wcms_200965.pdf>. Acesso em: 30 mar. 2013.

no mundo, seguido da Índia, com 4,2 milhões, e da Indonésia, com 2,4 milhões. São números bastante expressivos. E, evidentemente, não podem ser desprezados, seja porque são trabalhadores, geralmente de baixa renda e de pouca instrução, seja porque são pessoas que merecem tratamento digno e respeito como seres humanos.

É inegável que se trata de uma relação incomum. Há, no trabalho doméstico, uma aproximação íntima da família empregadora e daquele que lhes presta serviços. Dizem, e não sem razão, que os empregados domésticos sabem mais da vida individual de cada morador da casa em que trabalham do que os próprios donos da casa. Privam da convivência da família, compartilham seus momentos de alegria e de sofrimento, assistem televisão juntos, trocam confidências, ouvem e dão conselhos. Não é uma relação de emprego igual às demais. Por isso, não pode ter tratamento igual.

Importante, todavia, lembrar que, apesar desses traços peculiares, únicos, singulares, existem dois polos distintos: o empregador doméstico e o empregado doméstico. Enquanto convivem na relação harmônica de trabalho, tudo são flores. Os atrasos são perdoados. As louças quebradas não são descontadas. A chamada de atenção é entendida. Um dia, porém, finda a convivência pacífica, vem o caos e o destino é o ajuizamento de ações trabalhistas a fim de receber *o que lhe é devido*.

Como o futuro é incerto, algumas sugestões, dentre tantas outras, podem ser recomendadas aos empregadores domésticos destes novos tempos:

- o contrato de um empregado doméstico deve ser por escrito, com duas testemunhas que não devem ser familiares de nenhuma das partes;
- esse contrato deve especificar salário, horário de trabalho e de intervalo intrajornada, tarefas a desempenhar, fornecimento de equipamentos de proteção individual (se for o caso);
- deve esse contrato consignar cláusula relativa a uso de telefone, se o empregado doméstico tiver acesso a esse meio de comunicação pertencente ao empregador, de modo a possibilitar que, depois da sua utilização, possa ser descontada a despesa com esse uso; e
- pode ser adotada folha de ponto ou mecanismo similar, destinado a registrar os horários de início e fim da jornada diária e do intervalo intrajornada.

Convém destacar que os direitos consagrados ao empregado doméstico pela LC n. 150/2015 não sofreram qualquer alteração em decorrência das mudanças introduzidas na CLT pela Lei n. 13.467/2017 e pela MP n. 808/2017. Isto significa dizer que quando se tratar de jornada 12x36 para esse tipo de empregado, por exemplo, a regra do cálculo do seu pagamento não sofreu qualquer alteração face os novos critérios celetistas. Continuam, para o doméstico, a ser os que estão regulados na LC n. 150/2015.

Dois aspectos derradeiros. O primeiro refere ao futuro dessa atividade. No Brasil, considerando os nossos costumes e as nossas tradições, a tendência será, a exemplo de outros países, essa profissão ir gradualmente desaparecendo. Nossa história registra que a conquista de muitos direitos acabou por extinguir certas atividades. Talvez o trabalho doméstico caminhe a passos largos e rápidos para esse destino. Pior que o maior perdedor talvez seja o hipossuficiente.

O segundo aspecto é o incremento da profissão de diarista, e, nessa classe, seriam enquadrados, conforme a jurisprudência dominante no TST, os que trabalham até duas ou três vezes por semana em uma residência familiar[(204)],

---

(204) Como exemplos, os seguintes julgados do TST: *RECURSO DE REVISTA. TRABALHO DOMÉSTICO PRESTADO DE FORMA DESCONTÍNUA. INEXISTÊNCIA DE VÍNCULO DE EMPREGO. RECURSO DESPROVIDO. O trabalho doméstico prestado por duas ou três vezes na semana, a despeito de se mostrar habitual, não atende ao requisito da continuidade, de que trata o artigo 1º da Lei n. 5859/72, não havendo de se falar em vínculo de emprego, caracterizando-se, nestes casos, o trabalho autônomo. Recurso de Revista conhecido e desprovido.*Proc. RR-91000-03.2005.5.01.0245, de 22/08/2007, Rel.: Min. Maria de Assis Calsing, 4ª Turma; e, *PRELIMINAR DE NULIDADE DO JULGADO POR NEGATIVA DE PRESTAÇÃO JURISDICIONAL.Havendo manifestação do Tribunal sobre os pontos abordados no recurso ordinário, como no caso destes autos, tem-se que aquele juízo prestou a completa jurisdição. Nessa circunstância, não há falar em nulidade por negativa de prestação jurisdicional. EMPREGADO DOMÉSTICO. DIARISTA. VÍNCULO DE EMPREGO. CARACTERIZAÇÃO. Continuidade na prestação dos serviços pressupõe a sucessão de atos sem interrupção. A prestação de serviços duas vezes por semana descaracteriza a continuidade prevista no art. 1º da Lei n. 5.859/72. Recurso de Revista de que se conhece e a que se dá provimento.*Proc. RR-203300-59.2001.5.15.0114, de 13/09/2006, Rel.: Min. João Batista Brito Pereira, 5ª Turma. Disponível em: <http://aplicacao5.tst.jus.br/consultaunificada2/>. Acesso em: 31 mar. 2013.

e que não é objeto de tratamento pela EC n. 72/2013[205], mas acabou aparecendo de forma indireta no art. 1º da LC n. 150/2015, quando refere que é doméstico quem trabalhe por mais de 2 (dois) dias por semana. Em outros termos, será diarista quem trabalhe até dois dias por semana para o mesmo tomador de serviço.

É crível que, brevemente, tenhamos o surgimento de incontáveis empresas de prestação de serviço dessa natureza, onde, lamentavelmente, quem irá lucrar não serão os empregados domésticos. Enquanto isso não ocorre, continuará o permissivo para o desconto referente a um empregado doméstico para cada empregador declarante do Imposto de Renda, que, em 2017, referente ao ano-base 2017, foi de R$-1.093,77.

Acreditamos ser possível a ratificação da Convenção n. 189 da OIT, que ainda não está vigendo entre nós[206], eis que não há mais distinções maiores entre domésticos e não domésticos.

No caso brasileiro, em 1988, o constituinte foi injusto com o trabalhador doméstico ao distinguir-lhe, no parágrafo único do art. 7º, com apenas alguns direitos trabalhistas. Agora, em nosso entendimento, a injustiça continua e aproveita para se estender também ao patronato doméstico porque, ao ampliar os direitos dos empregados, esquece-se o constituinte derivado da realidade brasileira.

Teria sido melhor se o Congresso Nacional tivesse acolhido a PEC n. 114/2011, da Deputada Gorete Pereira, que visava a revogação do parágrafo único do art. 7º, mas sem a inclusão no seu *caput* da expressão *inclusive domésticos*, que, *data venia*, seria mais discriminatória que a EC n. 72/2013.

Nessa relação, não devem ser esquecidos alguns traços característicos: a sua peculiaridade; a fragilidade de ambos os interlocutores, cada qual com suas dificuldades e suas carências; a absoluta falta de vagas no mercado de trabalho para toda a mão de obra ativa em nosso país; a realidade de cada região brasileira.

Decisões políticas desse jaez ensejam o aumento de desemprego, a ampliação das crises sociais, o crescimento do mercado informal, a escala vertiginosa das fraudes trabalhistas, o desrespeito à dignidade da pessoa humana. Evidente que algumas pessoas, de todos os níveis da sociedade, aproveitam-se desses momentos para tirar proveito da oportunidade, aparecendo como paladinos da defesa do mais fraco, de defensores da dignidade da pessoa humana e os que expõem a realidade não são bem vistos, são rejeitados e colocados como algozes dos menores e mais desfavorecidos. O tempo, todavia, vai mostrar a realidade e as máscaras irão cair.

Nesse passo de espera, certamente haverá o incremento de empresas de intermediação de mão de obra, que serão as grandes beneficiadas com essa mudança, e servirão para recrutar e fornecer mão de obra doméstica, representada por diaristas, que farão os serviços dos empregados da atualidade e não terão vínculo direto com o empregador. É a precarização do trabalho humano a passos largos. No entanto, não deve ser esquecida a responsabilidade subsidiária ou solidária, que a jurisprudência brasileira consagra e de que é exemplo claro a Súmula n. 331 do TST.

Por outro lado, nada impede que, a exemplo do que ocorre na Europa, estudantes universitários, em troca de uma gratificação em dinheiro para custear parte de seus estudos ou de seu lazer, ofereçam seus préstimos como motoristas eventuais das famílias ou cuidadores de cães, para passear com esses animais como recomendam os médicos veterinários. E isto está ocorrendo, e muito...

Enfim, o direito de sonhar todos temos. Ainda não cobram impostos sobre sonhos. Porém, existem limites de razoabilidade que o legislador, especialmente o constituinte, original ou derivado, tem obrigação de observar: não sejam criadas normas que são impossíveis de ser cumpridas apenas em nome de uma igualdade fictícia.

Não esqueçam os que fazem as leis do Brasil que os tempos do liberalismo, do *laissez faire, laissez passer,* não existem mais. Não se deve olvidar que melhor pouca legislação efetiva, que excesso legislativo utópico. A igualdade pregada por Aristóteles precisa ser relembrada sempre por todos: tratar igualmente os desiguais é desigualdade flagrante e não igualdade real. E, por fim, é sempre bom lembrar que *as leis não bastam, os lírios não nascem das leis* (Drummond).

---

(205) Tramita no Parlamento Nacional o PL n. 7.279/2010, que considera diarista quem trabalha até duas vezes por semana, recebendo ao final de cada jornada. Atualmente, está aguardando parecer na Comissão de Constituição, Justiça e Cidadania da Câmara dos Deputados. Disponível em: <http://www.camara.gov.br/proposicoesWeb/fichadetramitacao?idProposicao=476055>. Acesso em: 1º abr. 2013.

(206) V. o nosso artigo Os novos direitos do doméstico segundo a OIT. *In: Repertório de Jurisprudência IOB*, São Paulo, v. 2, p. 223-1, 2012; *Jornal Trabalhista, Brasília*, v. 28, p. 6-8, 2011 *Revista Síntese Trabalhista e Previdenciária*, São Paulo, v. 23, p. 69-74, 2011; LTr. *Suplemento Trabalhista*, São Paulo, v. 100, p. 509-12, 2011.

19. GUARDADOR E LAVADOR AUTÔNOMO DE VEÍCULOS AUTOMOTORES

A Lei n. 6.242, de 23.09.1975, criou a profissão de guardador e lavador autônomo de veículos automotores, cujo exercício depende de registro perante a SRTE (art. 1º), regulamentada pelo Decreto n. 79.797, de 08.06.1977. Trata-se do popularmente conhecido *flanelinha*, desenvolvendo atividade que também pode ser desempenhada por trabalhador de idade inferior a dezoito anos, desde que autorizado pelo Juiz de Menores (art. 405, § 2º, da CLT).

Na verdade, são duas atividades distintas, que a própria legislação pertinente faz diferença. O guardador autônomo é o que atua *em áreas externas públicas, destinadas a estacionamentos, competindo-lhe orientar ou efetuar o encostamento e desencostamento de veículos nas vagas existentes, predeterminadas ou marcadas* (art. 3º do Decreto n. 79.797/1977). Já o lavador autônomo é aquele que atua *em áreas externas públicas, destinadas a estacionamento, onde for autorizada lavagem de veículos, competindo-lhe a limpeza externa e interna do veículo, por meio de água e outros produtos autorizados pelo proprietário do veículo* (art. 4º do Decreto n. 79.797/1977). Ambos deverão possuir cartão de identificação fornecido por sindicato, cooperativa ou associação (art. 6º do mesmo Decreto).

A rigor e na prática do dia-a-dia, ambos se confundem, embora a Lei n. 6.242/1975 indique apenas os locais de lavagem de veículos que serão designados, em cada município, pela autoridade competente (art. 4º), sem se referir à guarda.

A atividade de *guardar veículo* é a teórica vigilância que essas pessoas oferecem em troca de dinheiro dos proprietários de veículos automotores. Para automovimentar o veículo, o guardador deve ter, segundo o § 2º do art. 3º da Lei n. 6.242/1975, carteira de habilitação e autorização do proprietário (que pode ser – e sempre é – meramente verbal), sendo igualmente responsável pelos acessórios, peças e objetos deixados em seu interior (§ 3º).

No que tange ao lavador de veículos, é sua a responsabilidade, durante o período da lavagem, pelos acessórios, peças e objetos deixados no seu interior (parágrafo único do art. 4º).

Algumas regras específicas foram criadas para essas pessoas realizarem seus serviços nos estacionamentos em logradouros públicos explorados pelos órgãos públicos, municipalidade ou entidades estatais (art. 5º), inclusive uma autorização especial do M.Tb., que também é responsável por cuidar do percentual sobre o valor cobrado dos usuários, conforme o parágrafo único do mesmo artigo.

O Decreto n. 79.797/1977 abre possibilidade para que os sindicatos de classe arrendem áreas e terrenos particulares para exploração, sem fim lucrativo, de estacionamento de veículos, observadas as regras de segurança.

Do que se pode verificar, as intenções do legislador ao *criar* essas profissões objetivou, a rigor, reconhecer a sua existência. No entanto, devemos considerar que não se trata de profissão alguma, se não de uma forma de maquiar a realidade do desemprego. As pessoas que atuam nessas atividades são responsáveis apenas na letra da lei pelo patrimônio que, em tese, *tomam conta.*

Existem várias circunstâncias que mereceriam exame mais detido do legislador e das autoridades competentes. Os proprietários e usuários de veículos automotores são, verdadeiramente, forçados a aceitar os *serviços* desses *profissionais*. Os locais não são, salvo raríssimas exceções, demarcados. Em qualquer lugar, essas pessoas se aproximam e *oferecem* seu serviço. Amedrontado e coagido, o ocupante do veículo é obrigado a aceitar e, em muitos casos, paga com antecedência e quando retorna não existe ninguém *guardando* seu veículo.

Salta aos olhos esse *exagero* dos dispositivos que cuidam da responsabilidade dos *flanelinhas*. A realidade – e o Direito não pode fugir dela – demonstra à saciedade que os que desenvolvem essa atividade não possuem responsabilidade alguma sobre o bem que *tomam* para vigiar. A lei e o decreto que a regulamenta são de uma infelicidade única.

Ademais, o espaço público ocupado passa a ser uma 'quase propriedade' do guardador/lavador, sem que tenha ocorrido qualquer processo licitatório para esse fim.

Deveria o legislador rever essa norma. Proporcionar emprego a quem precisa e evitar *profissões* que verdadeiramente não possuem justificativa razoável para serem assim chamadas. Todos sabem, sobretudo os proprietários de veículos automotores de passeio, a verdadeira pressão que sofrem por parte de pessoas que se postam nas vias públicas a troco de alguma moeda. Pior, em cidades maiores (São Paulo, *v. g.*), quando existem grandes eventos, essas pessoas, em bandos, isolam muitas ruas e cobram preços abusivos para *tomar conta* dos carros, e o pagamento deve ser adiantado. Dizer que isso é *profissão* e as pessoas sustentam a si e suas famílias com o dinheiro desse *trabalho* é hipocrisia e, usando expressão bastante popular, *jogar para a plateia.*

Em 2014, o Tribunal de Justiça de São Paulo, examinando ação proposta pelo Ministério Público daquele Estado, decidiu favoravelmente ao *Parquet*, impedindo judicialmente a atuação dessas pessoas, considerando justamente a apropriação indevida de áreas públicas[207]. Aliás, sequer podemos incluir esse tipo de atividade nas previsões da Lei n. 13.311, de 11.07.2016, que instituiu normas para a ocupação e utilização de área pública urbana por equipamentos tipo quiosque, trailer, feira ou banca de venda de jornais e revistas.

Mais um registro deve ser feito. No entendimento do STJ, a contravenção objeto do art. 47 do Decreto-Lei n. 3.688, de 03.10.1941 (Lei das Contravenções Penais) não alcança os flanelinhas, porque a Lei n. 6.242/1975 não cuidou de prever condições para o exercício dessa atividade, mas apenas tratou de documentos a serem apresentados para fins de registro (HC 309.958-MG, Rel.: Min. Ribeiro Dantas), e sequer exercem atividade econômica, segundo o mesmo STJ, porque o que recebem dos proprietários de veículos é *mera liberalidade* (HC 273.692-MG, Rel.: Min. Jorge Mussi).

20. ADVOGADO

O art. 133 da Constituição em vigor dispõe que o advogado *é indispensável à administração da justiça, sendo inviolável por seus atos e manifestações no exercício da profissão, nos limites da lei.* Este dispositivo consagra a indispensabilidade do advogado no sentido da prática de todos os atos que conduzam à justiça, no seu sentido mais amplo e genérico. Não é apenas indispensável ao Judiciário, com peça importante do tripé que sustenta este poder (juízes, membros do Ministério Público e advogados), mas também pelas diversas atividades que, levando à justiça, proporcionam solucionar conflitos, resolver pendências, repor a paz e a segurança na sociedade. Este também é relevante papel de todo o advogado.

Embora a maioria seja formada por profissionais liberais, advogados que possuem escritório particular, individualmente ou em sociedade, um número bastante elevado é de *advogado empregado.*

Com efeito, para proteger essa categoria especial de trabalhador, o atual Estatuto da Advocacia (Lei n. 8.906, de 4.7.1994) dedica o seu Capítulo V a tratar do advogado empregado.

Logo de início, o art. 18 destaca que a condição de empregado não retira do profissional sua isenção técnica, nem lhe reduz a independência, consagrando, no parágrafo único, que não é sua obrigação prestar serviços profissionais de interesse pessoal dos empregadores, fora da relação de emprego.

O salário mínimo profissional deve ser fixado por meio de negociação coletiva (acordo ou convenção coletiva de trabalho) ou, à falta, mediante sentença normativa da Justiça do Trabalho (art. 19). A negociação deve ser feita com o Sindicato de Advogado, e não com a Ordem dos Advogados do Brasil, que, nesta hipótese, não é alcançada pela legitimidade do art. 8º da Constituição.

Quanto à jornada de trabalho, a semanal deve ser de até vinte horas, e a diária de quatro horas, salvo (1) negociação coletiva ou (2) dedicação exclusiva (art. 20), considerando-se período de trabalho todo aquele em que o causídico estiver *à disposição do empregador, aguardando ou executando ordens, no seu escritório ou em atividades externas, sendo-lhe reembolsadas as despesas feitas com transporte, hospedagem e alimentação* (§ 1º do mesmo artigo).

No que refere a horas extras, o adicional de sobrejornada é o dobro daquele devido ao trabalhador comum. O advogado que extrapola a jornada de quatro horas/dia ou as vinte semanais, receberá horas suplementares com acréscimo de 100% (art. 20, § 2º).

Quanto ao adicional noturno, tanto o período considerado noturno, como o percentual do *plus*, são diferenciados e maiores que os dos empregados em geral. O adicional noturno é de 25%, devido em uma jornada das vinte horas de um dia às cinco horas do dia seguinte (art. 20, § 3º).

Quanto aos honorários de sucumbência, faz jus o advogado empregado nas causas em que for parte o empregador ou pessoa que este represente, e, se o empregador for uma sociedade de advogados, os valores a esse título serão partilhados entre o advogado empregado e a sociedade empregadora, conforme for estabelecido em acordo (art. 21 e parágrafo único).

(207) Disponível em: <http://nelcisgomes.jusbrasil.com.br/noticias/129314776/tribunal-de-justica-veta-flanelinha-nas-ruas-de-ribeirao-preto?utm_campaign=newsletter&utm_medium=email&utm_source=newsletter>. Acesso em: 25.7.2014.

Acreditamos seja muito importante um registro nesta obra com relação a esses honorários advocatícios: a partir da entrada em vigor das mudanças introduzidas pela Lei n. 13.467/2017 na CLT, os advogados que atuam na Justiça do Trabalho passaram, expressamente, a ter direito a receber honorários de sucumbência, conforme prescreve o art. 791-A, *caput*, da CLT.

Como sabido, existem três tipos de honorários advocatícios: contratuais, arbitrados e sucumbenciais. Os contratuais são decorrentes de contrato firmado entre advogado e cliente, e que este pagará aquele pouco importando o resultado da questão em juízo. Os honorários arbitrados são aqueles devidos ao advogado quando não existe contrato com o cliente, e que o juiz arbitra, de acordo com seu prudente arbítrio, obedecendo a regra do art. 22 do Estatuto da Advocacia (Lei n. 8.906/1994). Os honorários sucumbenciais decorrem de um processo judicial onde a parte perdedora (sucumbente) deve pagar o advogado do vencedor, variando entre 10% a 20% do valor final da condenação, do proveito econômico obtido ou, não sendo possível mensurá-lo, sobre o valor atualizado da causa, conforme fixar o juiz. É a regra do art. 85, § 2º, do CPC.

Na Justiça do Trabalho, existe o *jus postulandi* da parte, conforme o art. 839, alínea *a*, da CLT, que permite que a reclamação seja apresentada pelos empregados e empregadores pessoalmente. A única exceção aceita é para a hipótese da Lei n. 5.584/1974, quando o empregado reclama assistido de seu sindicato de classe e recebe menos que dois salários mínimos, e alguns outros poucos e isolados casos, constantes da Súmula n. 219/TST, como a ação rescisória.

Para contornar a injustiça que a lei cometia com os advogados trabalhistas, e considerando o aumento do número de reclamações postulando indenização por dano material decorrente da contratação de advogado, alguns julgados passaram a deferir esse pleito, e, ao cabo, tribunais (como o TRT da 8ª Região, de Belém) adotaram tese jurídica prevalecente a respeito. No TRT-8, é a T.J.P. 01, assim ementada:

> T.J.P. 01 – Indenização por dano material decorrente de despesas por contratação de advogado – Arts. 186, 187 e 927 do Código Civil: Empregador que descumpre a legislação violando direito e levando empregado a contratar advogado para reclamar o que lhe é devido comete ato ilícito, causa dano material e fica obrigado a repará-lo com pagamento de indenização conforme dicção e inteligência dos arts. 186, 187 e 927 do Código Civil.

Os advogados trabalhistas, agora, têm direito a honorários sucumbenciais, sem que termine o *jus postulandi*, que está em crescente desuso. Como resultado, não caberá mais a indenização por dano material referida. Cabem honorários sucumbenciais.

Para fixar esses honorários, o Juiz do Trabalho deverá considerar os mesmos elementos que o CPC prevê para o Juiz comum examinar ao atribuir honorários aos advogados que atuem nos demais ramos do Judiciário: grau de zelo do profissional; lugar de prestação do serviço; natureza e importância da causa; e trabalho realizado pelo advogado e o tempo exigido para o seu serviço (§ 2º do novo art. 791-A da CLT e § 2º do art. 85 do CPC).

Mas, é aqui que mora grave problema e estranha discriminação. Enquanto nos demais segmentos do Poder Judiciário brasileiro os honorários de sucumbência são fixados entre 10% e 20%, na Justiça do Trabalho, devem ser fixados entre 5% e 15% (art. 791-A, *caput*, da CLT), e respondidos pelo perdedor (reclamante ou reclamado). E são devidos nas ações contra a Fazenda Pública, em que participe sindicato de classe, em que haja concessão de gratuidade na Justiça ou em caso de reconvenção (art. 791-A, §§ 1º, 4º e 5º, da CLT).

O que chama gravemente a atenção é o tratamento altamente discriminatório que o art. 791-A da CLT atribui ao advogado trabalhista, reduzindo-lhes os percentuais de honorários de sucumbência, o que, em nosso entendimento, viola inclusive o *caput* do art. 5º da Constituição. Esse tratamento precisa ser modificado, da mesma forma como não cabe mais a indenização por dano material pelas despesas decorrentes de contratação de advogado.

É importante recordar que, ainda que beneficiário da justiça gratuita, o devedor (trabalhador ou empregador) responderá pelos honorários sucumbenciais. Inexistindo recursos, sua sucumbência ficará sob condição suspensiva de exigibilidade por dois anos, período em que poderá ocorrer execução promovida pelo credor, se provado que não mais se encontra em condições de continuar com o benefício da gratuidade. Somente após esses dois anos, extinguem-se as obrigações. É a regra do § 4º do art. 791-A consolidado.

Por fim, os honorários de sucumbência também são devidos em caso de reconvenção (art. 791-A, § 5º, da CLT).

Capítulo VII

OUTRAS FORMAS DE CONTRATAÇÃO

1. TELETRABALHO

Trata-se o teletrabalho de uma atividade recente caracterizada por uma relação triangular (assalariado + empresa + novas tecnologias), e surge o trabalhador virtual, para tentar minimizar os problemas do desemprego estrutural(208). Pode ser chamado, também, de trabalho remoto ou trabalho a distância. Com o teletrabalho há uma revisão do tradicional conceito de subordinação, porque agora o trabalho passa a ser flexível, sem os hábitos cotidianos, sem turnos, sem local permanente, sem colegas fixos(209), substituindo o antigo trabalho regular (fixo, cronometrado, permanente)(210). Pode chamar-se também de telessubordinação ou da teledisponibilidade(211) ou de trabalho remoto ou a distância.

Há países com legislação adiantada em termos de teletrabalho. É o caso de Portugal e Itália, e é praticado intensamente nos Estados Unidos da América, Alemanha, Austrália, Canadá, Países-Baixos, Japão e Grã-Bretanha. No Brasil, o Projeto de Lei n. 4.505, de 2008, pretendeu regulamentar o trabalho a distância, conceituando e disciplinando as relações de teletrabalho, e continua tramitando no Congresso Nacional, mas perdeu razão de ser.

É que a Lei n. 13.467/2017, ao introduzir modificações na CLT, também criou um novo capítulo, o II-A, cuidando de teletrabalho, com diversas regras dispondo sobre essa atividade, como apreciaremos mais abaixo.

O teletrabalho apresenta várias vantagens: maior autonomia, possibilidade de estabelecer e controlar o próprio ritmo do trabalho, redução de despesas de transportes e alimentação, diminuição do *stress*, mais tempo livre, melhor qualidade de vida em família.

Existem, porém, desvantagens para a empresa: dificuldade em controlar/supervisionar o trabalho, resistência à mudança, falta de empenho de alguns trabalhadores, redução dos graus de agregação dos empregados como forma de valorizar a empresa, investimentos associados face à adaptação de novo local para o trabalhador desenvolver sua teleatividade, riscos quanto à segurança de dados da empresa.

Ademais, existem dificuldades que devem ser bastante esclarecidas: identificação do país da efetiva prestação de trabalho a fim de apontar a jurisdição e/ou lei aplicável; e, desvantagens para o trabalhador: isolamento social e profissional, redução de oportunidades profissionais, dificuldade em elaborar um contrato de trabalho específico (apesar das regras existentes), e problemas familiares com confusão do local de trabalho com a residência, quando for o caso, e, nessa hipótese, com o trabalho em casa, acaba o lazer(212)-(213).

---

(208) FRANCO FILHO, G. de S. *Globalização & desemprego*... cit., p. 133.

(209) BAUMAN, Z. *Globalização: as consequências humanas*. Trad. Marcus Penchel. Rio de Janeiro: Zahar, 1999. p. 120.

(210) BAUMAM, Z. *Idem*, loc. cit.

(211) URZE, Paula; BARROSO, Sônia Godinho & GOMES, Cláudia Teixeira. Contributos técnico-culturais para a discussão do conceito de teletrabalho. Disponível em: <file:///C:/Users/georgenorfilho/Downloads/RFCSH15_51_68.pdf>. Acesso em: 15.04.2014.

(212) Boa parte desses elementos foi colhida em: <http://pt.wikipedia.org/wiki/Teletrabalho>. Acesso em: 8 maio 2014.

(213) Ainda sobre teletrabalho, v. o nosso Novas tecnologias e uma parte do novo mundo do trabalho. *InJornal Trabalhista Consulex*, Brasília, 38:12-4, 2011; e, *in* LTr Suplemento Trabalhista, São Paulo, 69:353-7, 2011.

No direito brasileiro, a definição legal está na CLT:

> Art. 75-B. Considera-se teletrabalho a prestação de serviços preponderantemente fora das dependências do empregador, com a utilização de tecnologias de informação e de comunicação que, por sua natureza, não se constituam como trabalho externo.
>
> Parágrafo único. O comparecimento às dependências do empregador para a realização de atividades específicas que exijam a presença do empregado no estabelecimento não descaracteriza o regime de teletrabalho.

Assim, no caso brasileiro, é perfeitamente possível identificar, à vista do preceito legal e da realidade vivida, pelo menos três situações mais comuns: 1) o teletrabalho em telecentros (do tipo *lan house* ou *cyber cafe*); 2) o teletrabalho realizado na casa do próprio teletrabalhador; e, 3) o teletrabalho nas dependências do empregador.

O art. 75-C da CLT determina que deve ser consignado expressa e claramente, no contrato de trabalho, que a prestação de serviços será dada nessa modalidade, especificando as atividades que o empregado vai desenvolver (*caput*) e a alteração entre regime presencial e de trabalho poderá (facultativamente) ser realizada desde que exista acordo de ambas as partes, registrado no contrato de trabalho em aditivo (§ 1º).

Também pode ser realizada alteração inversa (do regime de teletrabalho para o presencial, desde que por determinação do empregador, com registro em termo aditivo no contrato de trabalho e prazo de pelo menos quinze dias para a transição se consumar (§ 2º). Estranhamente, a lei, nessa nova forma de alteração, não admitiu a anuência do empregado, mas lhe impõem aceitar as novas condições, o que, ao que parece, viola o tratamento de igualdade das partes na celebração do contrato.

A CLT deixou às partes (empregador e teletrabalhador) a fixação da responsabilidade pela forma de desenvolver o trabalho. O art. 75-D dispõe:

> Art. 75-D. As disposições relativas à responsabilidade pela aquisição, manutenção ou fornecimento dos equipamentos tecnológicos e da infraestrutura necessária e adequada à prestação do trabalho remoto, bem como ao reembolso de despesas arcadas pelo empregado, serão previstas em contrato escrito.
>
> Parágrafo único. As utilidades mencionadas no *caput* deste artigo não integram a remuneração do empregado.

Deve ser registrado no contrato de trabalho as atribuições e responsabilidades de cada parte pela aquisição, manutenção e fornecimento dos equipamentos tecnológicos e da infraestrutura necessária e adequada à realização do teletrabalho, importando em admitir que poderá o empregador-contratante estabelecer com o empregado-contratado a quem incumbe fornecer esses elementos, sem que qualquer dessas utilidades integre a renuneração do empregado. Se for do empregado o ônus de adquirir os bens necessários a desenvolver seu mister, o contrato de trabalho também deverá prever o reembolso das despesas arcadas pelo trabalhador.

Importante é o disposto no art. 75-E, que consigna:

> Art. 75-E. O empregador deverá instruir os empregados, de maneira expressa e ostensiva, quanto às precauções a tomar a fim de evitar doenças e acidentes de trabalho.
>
> Parágrafo único. O empregado deverá assinar termo de responsabilidade comprometendo-se a seguir as instruções fornecidas pelo empregador.

Embora a importância e a aparente preocupação desse dispositivo com as condições de trabalho e o meio ambiente onde ele será desenvolvido, é de notar que a responsabilidade patronal termina na etapa de instrução, sendo desonerado de fiscalizar a atividade do empregado, de atuar com controlador do uso dos equipamentos de proteção individual e similares. Isto evidentemente que não é bom e o próprio termo de responsabilidade poderá ser judicialmente questionado.

No que pertine às condições físicas do imóvel ocupado, sua iluminação e seu conforto térmico, sendo o teletrabalho exercido em telecentros disponibilizados pelo empregador, devem ser seguidas as regras do art. 171 consolidado, quanto às edificações, do art. 175 da CLT e da NR-17 quando à iluminação, e, quanto à ventilação (natural ou artificial) deve ser cumprido o art. 176 seguinte, para proporcionar o adequado conforto ao teletrabalhador. Esses dispositivos continuam em vigor e é natural sua aplicação ao teletrabalho porque plenamente compatíveis com suas regras específicas.

Se as tarefas forem desenvolvidas na casa do teletrabalhador, convém o empregador averiguar, antes de contratar o obreiro, se o local atende as exigências legais ou que pelo menos não coloca em risco a saúde e segurança do futuro empregado. Se não conseguir adequar essas condições às exigências legais, o melhor é não contratar o empregado. No entanto, na forma do art. 75-E, fornecido os equipamentos protetores, explicado o seu uso e assinado o termo de responsabilidade, fica o empregador, pelo menos em tese, isento de responsabilidade.

Relativamente às instalações elétricas, os telecentros devem considerar que foram feitas por um profissional habilitado (art. 180 da CLT), possuindo pessoas capazes de atender empregados ou terceiros vítimas de acidentes por choque elétrico (art. 181 da CLT). Todas as prevenções cautelares devem ser tomadas (isolamento, aterramento, proteção contra fogo).

Sendo o teletrabalho desenvolvido na residência do empregado, deve o empregador avaliar as condições do local, adotar medidas adequados de segurança e, por cautela, proporcionar a seu empregado curso de segurança do trabalho, onde aprenda a manusear materiais de primeiros socorros e atender vítimas de choques elétricos. No mais, retoma-se a regra do art. 75-E da CLT.

No que refere a máquinas e equipamentos, seja em telecentros, seja na residência do teletrabalhador, deve o empregador fornecer os equipamentos necessários (art. 458, § 2º, da CLT), observando as regras dos arts. 184 e 185 da CLT, bem como é recomendável a realização, às expensas do empregador, de curso para o correto manuseio, reparo e ajuste desse material. Esse fornecimento, todavia, deverá observar o regramento previsto no art. 75-D, no que tange a possível reembolso por despesas efetuadas pelo teletrabalhador, destacando que esse trabalho pode ser realizado com uso de *tablets*, computadores portáteis, telefones e outros meios informatizados.

Um dos grandes problemas do teletrabalho está diretamente ligado à ergonomia, e às lesões de efeito repetitivo (LER). O tema é objeto da NR-17 e dos arts. 198, 390 e 405, § 5º, da CLT. A questão, aqui, gira em torno da postura correta do empregado, que permanecerá sentado por longas horas, diante de um computador, movimentando apenas seus braços e mãos, daí a necessidade de poltronas, mesas, cadeiras, teclados, telas de monitores protegidas para não lhe causar dano à saúde, especialmente à visão e à postura corporal. E, nesse caso, pouco importa se o trabalho é desenvolvido em telecentros ou na residência do obreiro. Em ambos, essas providências devem ser atendidas.

Deve ser observado rigor na jornada de trabalho do teletrabalhador. Sua exposição demorada, sem intervalos, perante a tela do monitor, e a mesma postura por sucessivas horas, poderá trazer graves danos à saúde. Assim, é certo que a jornada regular de todo o trabalhador é a mesma do que estamos examinando, porém, neste caso, não deve ser esquecido o disposto no parágrafo único do art. 6º da CLT, introduzido pela Lei n. 12.551/2011, que veda a distinção também com o trabalho que se realize pessoal ou virtualmente:

> Parágrafo único. Os meios telemáticos e informatizados de comando, controle e supervisão se equiparam, para fins de subordinação jurídica, aos meios pessoais e diretos de comando, controle e supervisão do trabalho alheio.

O dispositivo, todavia, é destinado à caracterização da relação de emprego, o que não impede, como é recomendável, a celebração de um contrato de trabalho específico, preferencialmente por escrito, onde todas as condições sejam explicitadas minuciosamente, especialmente as relativas a jornada de trabalho e a questões ergonômicas.

A partir de novembro de 2017, com a vigência das modificações introduzidas na CLT pela Lei n. 13.467, ficou determinado que ao teletrabalhador não se aplica o regime de jornada de trabalho previsto no diploma consolidado. É que ao art. 62 foi acrescido o inciso III e os empregados em regime de teletrabalho foram excluídos dessa proteção. Isto é profundamente estranho porque, como sabido, é perfeitamente possível controlar a jornada de trabalho de um trabalhador remoto, utilizando os próprios meios tecnológicos que a informática possuí. Com essa norma, o teletrabalhador foi equiparado, para esse fim, a gestor e a empregado externo, o que, evidentemente, não é o caso.

Por fim, devem ser observadas medidas preventivas para a saúde do obreiro. Nos telecentros, é adequada a prévia aprovação das instalações pela autoridade competente em matéria de segurança, saúde, higiene e medicina do trabalho (art. 160 da CLT). Ademais, deve o empregado ser submetido a exames admissional, periódicos e demissional, e haver o fornecimento de Equipamento de Proteção Individual (EPI), conforme o art. 167 e §§ da CLT e a NR-7. Na mesma linha, indispensável informar ao empregado os riscos da atividade e dos equipamentos utilizados consoante preveem os arts. 19, § 3º, da Lei n. 8.213/1991, e 182, II, e 197, da CLT, todos compatíveis com a regra do art. 75-E da CLT.

2. PEJOTIZAÇÃO

Acerca da pejotização poderia ser dito que se trata de um meio legal de praticar uma ilegalidade, à medida em que se frauda o contrato de trabalho para descaracterizar a relação de emprego existente, mediante a regular criação de uma empresa (pessoa jurídica), que, de regular, só tem mesmo os procedimentos para seu surgimento. No fundo, mascara a verdadeira subordinação jurídica que continua a existir.

Ocorre em qualquer tipo de atividade, e não exclusivamente no trabalho intelectual, embora seja onde há maior incidência. Caracteriza-se pela exigência dos tomadores de serviços para que os trabalhadores (antes seus empregados, ou mesmo não tendo sido) constituam pessoas jurídicas como condição indispensável para a prestação dos serviços.

Não há apenas fraude à legislação trabalhista, inclusive com a inexistência de recolhimento para o FGTS, senão também às normas previdenciárias e tributárias, porquanto se frustram as contribuições para a previdência social de um lado, e os pagamentos de tributos em geral de outro.

Constatada essa prática, deve ser aplicada a teoria da desconsideração da pessoa jurídica, que examinaremos abaixo (v., nesta Parte, Capítulo VIII, n. 2.1), declarada a nulidade da contratação da pessoa jurídica e proclamada a configuração do vínculo empregatício do trabalhador com o tomador.

Em síntese, cria-se uma falsa pessoa jurídica, geralmente um ex-empregado, e o chamado *PJ* é contratado, como empresa, no lugar do ser humano, o verdadeiro empregado, que, na realidade, continuará, a rigor, nessa condição. Ao cabo, é o trabalho intelectual *pessoal* prestado por *pessoa jurídica*, e o art. 3º, parágrafo único, da CLT não distingue trabalho intelectual, técnico, manual e outros.

E por que isso? Porque, no Direito do Trabalho, prevalece o princípio da primazia da realidade, sempre valendo recordar novamente a expressão de Mario de La Cueva, de que o contrato de trabalho é um *contrato-realidade*. Com efeito, resulta no adimplemento de todos os haveres trabalhistas do período de prestação dos serviços, bem como os respectivos reflexos previdenciários e tributários.

É certo que o trabalho intelectual pode ser prestado por pessoas jurídicas. O art. 129 da Lei n. 11.196/2005, prescreve:

> Art. 129. Para fins fiscais e previdenciários, a prestação de serviços intelectuais, inclusive os de natureza científica, artística ou cultural, em caráter personalíssimo ou não, com ou sem a designação de quaisquer obrigações a sócios ou empregados da sociedade prestadora de serviços, quando por esta realizada, se sujeita tão somente à legislação aplicável às pessoas jurídicas, sem prejuízo da observância do disposto no art. 50 da Lei n. 10.406, de 10 de janeiro de 2002 – Código Civil.

É exatamente a regra do art. 50 do Código Civil que permite que se proclame a nulidade de contratação nessa hipótese. Lê-se na norma civil:

> Art. 50. Em caso de abuso da personalidade jurídica, caracterizado pelo desvio de finalidade, ou pela confusão patrimonial, pode o juiz decidir, a requerimento da parte, ou do Ministério Público quando lhe couber intervir no processo, que os efeitos de certas e determinadas relações de obrigações sejam estendidos aos bens particulares dos administradores ou sócios da pessoa jurídica.

A pejotização é esse abuso da personalidade jurídica, que desvia a sua finalidade e o comando do Código Civil é perfeitamente aplicável ao tema, a partir do parágrafo único do art. 8º da CLT[214].

Demais disso, a chamada *Lei da Super Receita*, representada especialmente pela emenda que ficou conhecida como *Emenda 3*, acrescentava o § 4º ao art. 6º da Lei n. 10.593, de 06.12.2002, para dar-lhe a seguinte redação:

> Art. 6º São atribuições dos ocupantes do cargo de auditor-fiscal da Receita Federal do Brasil:
>
> ....
>
> § 4º No exercício das atribuições da autoridade fiscal de que trata esta lei, a desconsideração da pessoa, ato ou negócio jurídico que implique reconhecimento de relação de trabalho, com ou sem vínculo empregatício, deverá sempre ser precedida de decisão judicial.

---

(214) V. o nosso *Avaliando o direito do trabalho*. São Paulo: LTr, 2010. p. 69-74.

A regra foi vetada. O veto presidencial ocorreu porque o dispositivo violava o princípio da separação dos Poderes, atribuindo a servidor do Estado competência decisória como se Judiciário fosse[(215)], e a ele dando poderes para reconhecer ou não a existência de relação de trabalho em geral, inclusive de emprego.

Como é razoavelmente recente no Brasil, devemos cuidar de elaborar uma Lei da Pejotização, que esteja consentânea com o momento presente do novo mundo do trabalho, mas que não olvide a condição do trabalhador na relação jurídica que se estabelece.

As alterações operadas em 2017 na CLT trouxeram um triste sinal: existem claros indícios de ser tentado o incremento da pejotização no Brasil, de modo bastante patente. É o que se infere do novo art. 442-B consolidado, com a redação dada pela MP n. 808/2017, dispondo que:

> Art. 442-B. A contratação do autônomo, cumpridas por este todas as formalidades legais, de forma contínua ou não, afasta a qualidade de empregado prevista no art. 3º desta Consolidação.

Abordamos o aspecto do trabalho autônomo acima (Capítulo V, n. 2.4.3.), e constatamos que esse dispositivo significa que, ao celebrar um contrato de trabalho onde esteja consignada a condição de *autônomo*, atribuindo ao contratado liberdade para atuar na atividade objeto do pacto, seja apenas para o contratante ou não (o § 1º veda cláusula de exclusividade, e o § 2º afasta a qualidade de empregado se for apenas um contratante), de permanente ou de modo descontínuo, o trabalhador será considerado autônomo. Em outras palavras, poderá ter que possuir um CNPJ e emitir notas fiscais de serviço. E isso pode se aplicar também se, no contrato, forem fixadas regras para o trabalho, como uso de uniforme, cumprimento de horário de trabalho etc.

No entanto, e aqui está ponto a nosso ver de altíssima relevância, o trabalhador pejotizado não se submete a esse tipo de pactuação para se manter na condição de autônomo. Submete-se, sim, para obter meios de sobrevivência digna. Aceita ser um *PJ*, traveste-se de empresa individual privada, transforma-se em um micro empresário individual (MEI), porém nada mais é do que um simples e comum empregado. Isto ocorre sobretudo e frequentemente no meio artístico e das mídias em geral, quando empresas de comunicação contratam profissionais dessa área (jornalistas, artistas e assemelhados) na condição de *PJs*, pagam-lhes *pro labore* elevado, proporcionam que adquiram prestígio na comunidade e por fim os dispensa, sem que, pelo trabalho dispendido, recebam qualquer indenização, além da contrapartida pecuniária pelo trabalho desenvolvido e a fama e seus frutos dela decorrentes.

Em muitos casos, o trabalhador empregado é dispensado em um dia, com a baixa em sua CTPS, e contratado como *PJ* no dia seguinte. O que fazia antes (como empregado) é a mesma coisa que continua a fazer como *PJ*: está aí a fraude.

Com isso, esses profissionais, alguns com idade mais avançada e dificuldade de acesso ao mercado de trabalho, ficam absolutamente carentes de proteção, buscando o amparo da Justiça do Trabalho que, constatando a existência de subordinação jurídica, nos precisos termos do § 6º do art. 442-A da CLT, deve proclamar a fraude dessa contratação e reconhecer esse trabalhador como empregado subordinado de quem lhe toma o serviço.

De igual sorte, mudanças introduzidas na Lei n. 6.019, de 03.01.1974, no que respeita à terceirização (v. n. 3 abaixo), conduzem ao incremento desse criticável sistema, como veremos.

3. TERCEIRIZAÇÃO

3.1. PARÂMETROS GERAIS

A terceirização, que equivale a *outsourcing* do inglês, significando, literalmente, fornecimento vindo de fora, e que ocorre quando o trabalho é desenvolvido dentro de uma empresa por outra com autonomia. Seu surgimento ocorreu com o moderno capitalismo, ao final da segunda grande guerra mundial, nas indústrias bélicas dos Estados Unidos da América, quando apenas a produção de armas e munições ficou atribuída a elas porque é sua atividade-fim. As demais atividades, chamadas atividades-meio, passaram a ser desempenhadas por empresas contratadas.

---

(215) V. as razões do veto na Mensagem Presidencial n. 140, de 16.03.2007. Disponível em: <http://www.planalto.gov.br/ccivil_03/_Ato2007-2010/2007/Msg/VEP-140-07.htm>. Acesso em: 15.4.2014.

A partir de agora, qualquer atividade pode ser terceirizada e exercida pela empresa principal ou por outras empresas contratadas para essa finalidade. Significa que podem ser terceirizadas três tipos de atividades: meio, inerente e fim.

A atividade-meio não é a essência da empresa para ela funcionar. É aquela não essencial, secundária, complementar, as atividades que objetivam completar as principais constantes em seus objetivos sociais, mas, note-se, sem as quais o fim não será adequadamente alcançado. Geralmente são atividades de segurança, manutenção e limpeza, e costumam ser terceirizadas.

As atividades inerentes são aquelas em que a empresa contrata outra com seus empregados para intermediar seus serviços, como venda de aparelho de telefone, colocação de postes de energia elétrica etc.

A atividade-fim é a própria essência da empresa. São aquelas que, geralmente, estão descritas na cláusula objeto de seu contrato social, como fundamentais a sua existência. Assim, numa rede de supermercados, caixas, repositores, embaladores; numa construtora, pedreiros, carpinteiros, pintores, que, a partir de agora, podem ser terceirizados.

Os concursos públicos não são afetados. A terceirização não se destina a cargos ou funções públicas, mas apenas a empregos públicos. Ou seja, pode ocorrer terceirização em paraestatais (empresas públicas e sociedades de economia mista), mas os concursos públicos continuarão por força do art. 37 da Constituição.

Esse mecanismo existe em muitos países do mundo. Na Europa: Alemanha, Bélgica, Holanda, Noruega e Suécia. Na América, Peru, Costa Rica e Colômbia. Na Ásia, Japão e China. Na Oceania, Austrália. O Brasil está se alinhando a esse fenômeno mundial.

Por *terceirização*, então, devemos entender a contratação para prestação de serviços de uma pessoa física (profissional autônomo) ou jurídica (empresa especializada), para realizar determinadas atividades de que necessite, sem que possua os elementos naturais de relação de emprego, tais como subordinação, habitualidade, horário, pessoalidade e salário. No Brasil, desde a reforma da Lei n. 13.429/2017, é possível até mesmo a terceirização das chamadas atividades-fim. Outra mudança foi a introduzida pela Lei n. 13.467/2017, que começou a vigorar em 11 de novembro de 2017.

A terceirização da atividade-fim é certamente a mais criticável. Acha-se prevista no art. 4-A da Lei n. 6.019/1974:

> Art. 4º-A. Considera-se prestação de serviços a terceiros a transferência feita pela contratante da execução de quaisquer de suas atividades, inclusive sua atividade principal, à pessoa jurídica de direito privado prestadora de serviços que possua capacidade econômica compatível com a sua execução.

A remuneração dos terceirizados deve ser a mesma dos efetivos, mas não se trata de uma garantia, senão mera faculdade entre contratante e contratada que *poderão estabelecer, se assim entenderem, que os empregados da contratada farão jus a salário equivalente ao pago aos empregados da contratante* (§ 2º do art. 4-C), Note-se que é apenas possibilidade de equivalência e não de igualdade.

Alguns Regionais possuem jurisprudência mais abrangente e mais adequada, tratando com igualdade os iguais. Na 8ª Região da Justiça do Trabalho (Pará e Amapá), duas súmulas cuidam da matéria (ns. 8 e 52). A n. 52 dispõe:

> Súmula n. 52 – Terceirização. Identidade de função entre os empregados da prestadora e da tomadora de serviços. Direito aos mesmos benefícios. Obediência ao princípio constitucional da isonomia. Art. 12, *a*, da Lei n. 6.019/1974 – Independentemente da licitude na terceirização, é devida aos empregados das prestadoras de serviços *a mesma remuneração e as mesmas vantagens* concedidas aos empregados da tomadora de serviços, desde que constatada a similaridade nos serviços e atividades desempenhadas, em obediência ao princípio constitucional da isonomia, garantida, em qualquer hipótese, a percepção do salário mínimo regional e por aplicação do disposto no art. 12, alínea *a*, da Lei n. 6.019, de 03.01.1974, e não o previsto no art. 461 da CLT. (grifamos).

A Súmula n. 8 conserva a regra similar destinada às empresas públicas e sociedades de economia mista, consignando:

> Súmula n. 8 – Isonomia salarial entre empregado de empresa terceirizada e os integrantes da categoria profissional da tomadora dos serviços. Empresas públicas ou sociedade de economia mista – A contratação irregular de trabalhador, mediante empresa interposta, não gera vínculo de emprego com a empresa pública ou sociedade de economia mista, porém a impossibilidade de se formar a relação empregatícia não afasta o direito do trabalhador terceirizado às mesmas verbas trabalhistas legais e normativas asseguradas ao empregado que cumpre função idêntica nas tomadoras.

Ou admite-se essa igualdade ou poderia ser enfrentada uma arguição de inconstitucionalidade, porque estaria sendo violado o *caput* do art. 5º da Constituição, quando proíbe discriminação de qualquer natureza.

A responsabilidade subsidiária é uma preocupação constante, considerando que algumas empresas prestadoras de serviço nem sempre possuem idoneidade financeira bastante para responder pelos direitos trabalhistas de seus empregados terceirizados. Assim, conservam-se os expressos termos da Súmula n. 331, n. IV, do TST. Sendo inadimplente a empresa prestadora de serviços, a condenação será sobre a tomadora.

É exatamente a Súmula n. 311 que, jurisprudencialmente, traça o entendimento dominante sobre terceirização, em seus seis incisos, a seguir transcritos:

SÚMULA N. 331. CONTRATO DE PRESTAÇÃO DE SERVIÇOS. LEGALIDADE

I – A contratação de trabalhadores por empresa interposta é ilegal, formando-se o vínculo diretamente com o tomador dos serviços, salvo no caso de trabalho temporário (Lei n. 6.019, de 03.01.1974).

II – A contratação irregular de trabalhador, mediante empresa interposta, não gera vínculo de emprego com os órgãos da Administração Pública direta, indireta ou fundacional (art. 37, II, da CF/1988).

III – Não forma vínculo de emprego com o tomador a contratação de serviços de vigilância (Lei n. 7.102, de 20.06.1983) e de conservação e limpeza, bem como a de serviços especializados ligados à atividade-meio do tomador, desde que inexistente a pessoalidade e a subordinação direta.

IV – O inadimplemento das obrigações trabalhistas, por parte do empregador, implica a responsabilidade subsidiária do tomador dos serviços quanto àquelas obrigações, desde que haja participado da relação processual e conste também do título executivo judicial.

V – Os entes integrantes da Administração Pública direta e indireta respondem subsidiariamente, nas mesmas condições do item IV, caso evidenciada a sua conduta culposa no cumprimento das obrigações da Lei n. 8.666, de 21.06.1993, especialmente na fiscalização do cumprimento das obrigações contratuais e legais da prestadora de serviço como empregadora. A aludida responsabilidade não decorre de mero inadimplemento das obrigações trabalhistas assumidas pela empresa regularmente contratada.

VI – A responsabilidade subsidiária do tomador de serviços abrange todas as verbas decorrentes da condenação referentes ao período da prestação laboral.

Entendemos que o n. I da Súmula n. 331, aparentemente incompatível com a legislação adotada sobre terceirização no Brasil, é com ela perfeitamente conciliável, porque se as regras brasileiras sobre a matéria forem violadas, ensejarão a aplicação da Súmula, e o vínculo empregatício será com o tomador de serviços (n. I). Nos casos de vigilância, conservação e limpeza o vínculo será com o tomador desde que caracterizada subordinação direta e prestação pessoal do trabalho (inciso III), o tomador é responsável subsidiário pelo inadimplemento da empresa prestadora (inciso IV), que abrange todo o período trabalhado (inciso VI). A Administração Pública, todavia, somente será responsabilizada se houver prova de ter agido culposamente, sobretudo na fiscalização dos serviços da terceirizada (inciso V).

Os empregados das empresas prestadoras de serviço, quando e enquanto seus serviços estiverem sendo prestados nas suas dependências, terão os mesmos direitos dos efetivos quanto ao seguinte, como prevê o art. 4º-C: alimentação garantida aos empregados da contratante, se oferecida em refeitórios; utilização de serviços de transporte; atendimento médico ou ambulatorial se existente nas dependências da contratante ou local por ela designado; e, treinamento adequado, fornecido pela contratada, quando a atividade o exigir. Além disso, quanto às condições sanitárias, é garantido ao trabalhador terceirizado medidas de proteção à saúde e de segurança no trabalho e de instalações adequadas à prestação do serviço.

Perceba-se que são direitos condicionais. Assim, se todo um setor da empresa for terceirizado, e for eliminado refeitório, nenhuma alimentação será fornecida aos trabalhadores trazidos pela via da terceirização porque não haverá alimentação fornecida aos empregados da contratante que simplesmente não existem mais. Sobrevindo situação dessa natureza, outras medidas, inclusive de ordem administrativa, poderão ser tomadas para garantia do mínimo de dignidade ao trabalhador. Deve ser observado, nesse particular, que o § 2º do art. 4-C contempla situação excepcional, garantindo alimentação e atendimento ambulatorial quando foram mobilizados terceirizados em número igual ou superior a 20% dos seus empregados:

> § 2º Nos contratos que impliquem mobilização de empregados da contratada em número igual ou superior a 20% (vinte por cento) dos empregados da contratante, esta poderá disponibilizar aos empregados da contratada os serviços de alimentação e atendimento ambulatorial em outros locais apropriados e com igual padrão de atendimento, com vistas a manter o pleno funcionamento dos serviços existentes.

Ademais, existem outros pontos que merecem destaque. Dentre eles, a proibição de utilizar os terceirizados em atividades distintas daquelas do contratado com a prestadora (art. 5º, § 1º), podendo os serviços ser executados nas instalações físicas da contratante ou em outro local, desde que previamente avençado pelas partes (art. 5º, § 2º).

Ao contrário do que tem sido apregoado, não deixou a lei o trabalhador terceirizado desamparado. Cuida, no § 3º do mesmo art. 5º da garantia de desenvolver seu trabalho em condições de segurança, higiene e salubridade, responsabilidade direta da empresa contratante, sujeita à fiscalização pelas autoridades administrativas competentes.

Além disso, é facultado o direito de acesso a serviços médicos e ambulatoriais e locais de refeição da tomadora (art. 5º-A, § 4º). Para tanto, e recomendável que seja consignada expressa previsão no contrato entre prestador e cliente, porque não se cogita de negociação coletiva no particular, regra compatível com o *caput* do art. 4º-C. O dispositivo consigna:

> § 4º A contratante poderá estender ao trabalhador da empresa de prestação de serviços o mesmo atendimento médico, ambulatorial e de refeição destinado aos seus empregados, existente nas dependências da contratante, ou local por ela designado.

Dois outros destaques merecem, ainda, a lei brasileira de terceirização. O primeiro cuida de uma forma de pejotização, que é temporalmente vedada pela norma. É o que consta do art. 5º-C ao proibir que uma empresa prestadora de serviço que tenha como titular ou sócio um antigo empregado ou um trabalhador sem vínculo empregatício, nos últimos dezoito meses, seja contratada, salvo se esse titular ou sócio for aposentado. Ou seja, passada essa quarentena de um ano e meio, o ex-empregado pode constituir sua empresa e passar a *prestar serviço*, encobrindo-se uma pejotização, tema que tratamos anteriormente.

O segundo destaque acaba por vitimizar o trabalhador. O art. 5º-D proíbe que o empregado demitido da empresa trabalhe para essa mesma empresa como empregado de uma prestadora de serviço, salvo após expirado o prazo de dezoito meses a contar da sua despedida, tratando-se de uma nova quarentena. Em outros termos, ou o desempregado consegue ser terceirizado em outro local, ou simplesmente ficará na condição de desempregado por um ano e meio até poder retornar à atividade.

A norma não é a ideal, mas é menos pior sem ela, porquanto, antes dessa mudança que a Lei n. 13.429/2017 introduziu na Lei n. 6.019/1974, nada existia a respeito. Essa faculdade da contratante poderá ser, adiante, tornada obrigatória pela jurisprudência dos tribunais trabalhistas.

Apesar do disposto no art. 5º-C, não se deve confundir terceirização com pejotização, que, como visto acima, é uma clara fraude aos direitos do trabalhador.

Mesmo assim, a terceirização, que parece inevitável no mundo moderno, apelidado de neoliberal, significa prejuízos cada vez mais expressivos para o trabalhador, merecendo ser tratada com extrema cautela a fim de não representar apenas malefícios para a classe obreira, considerando que a atividade terceirizada encarece o preço do produto final e barateia o da mão de obra.

Estabelecidos esses parâmetros, vejamos algumas situações específicas, quais as terceirizações em empresas de energia elétrica e de telecomunicações e aquelas processadas em estabelecimentos bancários.

3.2. EM EMPRESAS DE ENERGIA ELÉTRICA E DE TELECOMUNICAÇÕES

A Lei n. 9.472, de 16.07.1997, é o diploma legal que *dispõe sobre a organização dos serviços de telecomunicações, a criação e funcionamento de um órgão regulador e outros aspectos institucionais, nos termos da Emenda Constitucional n. 8, de 1995.*

Segundo o art. 60, § 1º, da Lei n. 9.472/1997, *telecomunicação é a transmissão, emissão ou recepção, por fio, radioeletricidade, meios ópticos ou qualquer outro processo eletromagnético, de símbolos, caracteres, sinais, escritos, imagens, sons ou informações de qualquer natureza.* Essa é a atividade principal, a atividade-fim de empresas dessa espécie.

Essa atividade também pode ser terceirizada, conforme dispõe o art. 4º-A da Lei n. 6.019/1974, porque qualquer atividade pode ser.

A mesma Lei n. 9.472/1997, no inciso II do art. 94, prevê que a concessionária desses serviços poderá, no cumprimento de seus misteres, *contratar com terceiros o desenvolvimento de atividades inerentes, acessórias ou complementares ao serviço, bem como a implementação de projetos associados.*

A Lei n. 8.987, de 13.02.1995, que dispõe sobre o regime de concessão e permissão da prestação de serviços públicos previsto no art. 175 da Constituição, também utiliza a mesma expressão *inerente*, no § 1º do art. 25[216].

Inerente, com efeito, é aquilo que é próprio, específico, peculiar. E, no caso da Lei n. 9.427/1997, também atividades acessórias ou complementares, que importa em secundárias, subsidiárias.

No TST, a Súmula n. 331, transcrita acima, cuida do tema *terceirização*, preferencialmente direcionada a serviços de vigilância, limpeza e conservação e a *serviços especializados ligados à atividade-meio do tomador, desde que inexistente a pessoalidade e a subordinação direta.* É o que consta do inciso III desse precedente. E por igual à Administração Pública (incisos II e V).

Representa, certamente, o entendimento jurisprudencial da Alta Corte, mas, observe-se, abordando tema específico e, sem dúvida, para a hipótese de inexistência de norma legal específica. Tanto é assim que os incisos I e III ressalvam, respectivamente, a permissão para a prática do trabalho temporário, prevista na Lei n. 6.019, de 03.01.1974, e em serviço de vigilância, na hipótese da Lei n. 7.102, de 20.06.1983, dentre outros.

Os acréscimos ocorridos na reforma feita pela Resolução n. 174/2011 cuidam da responsabilidade subsidiária de entes da Administração Pública, mas nada a ver diretamente com a matéria que se examina agora.

No que refere, porém, a serviços por concessão, especificamente os de energia elétrica e de telecomunicações, importa então em que não apenas os tradicionalmente terceirizados serviços de vigilância, segurança, higiene e limpeza podem ser, mais outros, *inerentes*, também podem.

Atividades inerentes, no setor de energia elétrica, são os serviços de construção e manutenção de subestações e redes de alta e baixa tensão, inclusive substituição e/ou troca de postes, cabos e tubos de passagem de energia e controle de consumo residencial e empresarial. Igualmente, devemos entender como inerentes, e, portanto, atividades terceirizáveis, no setor de telecomunicações, dentre outras, a venda e/ou locação de aparelhos telefônicos e similares, fixos ou móveis. Noutros termos, pela lei, tudo pode ser terceirizado nesses tipos de atividades, salvo transmissão, emissão ou recepção.

No passado, defendemos ser atividade-fim a comercialização de aparelhos telefônicos[217], interpretando que era esse também o sentido da expressão constante do estatuto social da empresa. Revendo esse critério, e adequando os fatos à realidade presente, entendemos que se trata de comercializar o serviço de telefonia, e não a compra/venda do aparelho para esse fim. Aquela é a atividade-fim. Esta é atividade ***inerente***. Ambos, agora, podem ser objeto de terceirização.

Por outro lado, embora prevista a responsabilidade única e direta da concessionária perante a Agência Nacional de Telecomunicações, entidade integrante da Administração Pública Federal Indireta, submetida a regime autárquico especial e vinculada ao Ministério das Comunicações, com a função de órgão regulador das telecomunicações, criada pelo art. 8º da Lei n. 9.472, de 16.07.1997, e os usuários (os consumidores) (art. 94, § 1º), a questão torna-se tensa (para utilizar um termo mais adequado à atividade) quando se cuida da responsabilidade trabalhista.

Um ponto, todavia, precisa ser fixado: em nenhuma hipótese, as relações da concessionária com terceiros, que se regem pelo direito comum, alcançam a Agência (art. 94, § 2º), inclusive, em havendo extinção da concessão antes de findo o contrato respectivo, esta poderá manter os contratos com as terceirizadas, pelo prazo e condições ajustadas anteriormente, ficando estas como únicas responsáveis em caso de inadimplemento de suas obrigações (art. 117, II, *e*, parágrafo único).

---

(216) § *1º Sem prejuízo da responsabilidade a que se refere este artigo, a concessionária poderá contratar com terceiros o desenvolvimento de atividades inerentes, acessórias ou complementares ao serviço concedido, bem como a implementação de projetos associados.*

(217) Trata-se do Acórdão TRT 8ª Região 1ª Turma 01579-2005-2991-08-00-0 (Norte Brasil Telecom S/A vs. Jonathan Viana da Silva e Atra Prestadora de Serviços em Geral Ltda.), julgado a 05.09.2006.

Em que pese a expressa disposição legal, o tema ainda suscita divergências nas Cortes regionais e, sobretudo, no Tribunal Superior do Trabalho (E-RR-4661/2002-921-21-00.4). Assim, ainda não pode a jurisprudência inferior fixar paradigmas, à falta de precedentes da Alta Corte. Tratava-se de processo onde era questionada decisão do TRT da 21ª Região (Natal), que considerou regular terceirização efetuada por empresa local de telecomunicações, ao exame de ação civil pública movida pelo Ministério Público do Trabalho, mas o mérito não foi apreciado.

Um aspecto é necessário observar: tem o tomador de serviços, em caso de atividade inerente, responsabilidade subsidiária, a exemplo do que corre em atividade-meio? A resposta é afirmativa. Trata-se da aplicação dos itens IV (*O inadimplemento das obrigações trabalhistas, por parte do empregador, implica a responsabilidade subsidiária do tomador dos serviços quanto àquelas obrigações, desde que haja participado da relação processual e conste também do título executivo judicial*) e VI (*A responsabilidade subsidiária do tomador de serviços abrange todas as verbas decorrentes da condenação referentes ao período da prestação laboral*) da Súmula n. 331 do TST. Esse ponto não foi alterado, a nosso ver, com as regras em vigor sobre terceirização.

3.3. EM BANCOS

No setor bancário, a terceirização pode estar presente em todas as atividades, e é encontrada, especialmente, na rede de atendimento, nos serviços de retaguarda, tesouraria, compensação bancária, de processamento de dados, de segurança e transporte de valores, de limpeza e higiene, dentre outros que no passado eram executados por *bancários*, e, quando não caracterizada a terceirização, deve ser aplicada a Súmula n. 331/TST.

Vejamos esses aspectos específicos.

Quanto aos primeiros (atendimento, serviços de retaguarda, tesouraria, compensação bancária), estamos diante de atividade-fim. Banco existe justamente para isso. Porém, agora, é possível terceirizar atendimento de caixa *humano*, além da *terceirização* através de caixa *eletrônico*.

No que refere aos dois últimos aspectos (segurança e transporte de valores, limpeza e higiene), trata-se de terceirização adequadamente realizada, porque se tratam de atividades chamadas *meio*.

Quem faz segurança bancária não desempenha função vinculada às ações do banco propriamente ditas. O que fazem é proteger o estabelecimento, seus empregados (os bancários), os usuários (os clientes) e os valores que ali se encontram. De outro lado, transportam valores em carros-fortes, não atuando como *bancos*, onde, como referimos em pequena monografia escrita quando estudante do antigo curso ginasial, nos idos dos anos 60, *se vende dinheiro*.

No que refere à limpeza e higiene, a situação é idêntica. Não se confunda limpar um estabelecimento com o atendimento aos clientes e, especificamente aos bancos, a guarda de valores.

Limpeza e higiene, da mesma forma como transporte de valores e segurança, são serviços que podem ser terceirizados, sem responsabilização direta do contratante dessas tarefas, e que possuem um traço distintivo das atividades típicas de um estabelecimento bancário.

De qualquer forma, a responsabilização indireta ou subsidiária persiste, quando se constata a incúria do banco no trato das atividades que a terceirizada executa, conforme o art. 5ª-A, § 5º, da Lei n. 6.019/1974.

Já no que tange a processamento de dados, o tema ganha outra vertente.

É que, nesse tipo de atividade, o TST editou a Súmula n. 239, que incorporou as Orientações Jurisprudenciais ns. 64 e 126 da SBDI-1, e, a partir de 2005, passou a ter a seguinte redação:

> Súmula n. 239. Bancário. Empregado de empresa de processamento de dados – É bancário o empregado de empresa de processamento de dados que presta serviço a banco integrante do mesmo grupo econômico, exceto quando a empresa de processamento de dados presta serviços a banco e a empresas não bancárias do mesmo grupo econômico ou a terceiros.

A anterior, de 1985, consignava:

> Súmula n. 239. Bancário. Empregado de empresa de processamento de dados. É bancário o empregado de empresa de processamento de dados que presta serviço a banco integrante do mesmo grupo econômico.

A diferença é a possibilidade, agora, de especificar mais a condição de bancário para quem exerce atividade na área da tecnologia da informação: a empresa, que integra o grupo econômico, presta serviços ao banco e concomitantemente a outras empresas do mesmo grupo ou empresas estranhas a ele que não são bancárias no seu sentido estrito. Se isto ocorre, o trabalhador terceirizado não será bancário. Em qualquer outra circunstância, o seu regime será aquele especial, ou seja, embora não sendo empregado do banco, o trabalhador terá direitos como se bancário efetivo fosse.

4. QUARTEIRIZAÇÃO

Fala-se atualmente em quarteirização, que se apresenta em duas modalidades:

1) quando a empresa principal contrata uma especializada na definição, planejamento e no controle do trabalho desempenhado pelos prestadores de serviços externos;
2) quando ocorre a transferência da gestão administrativa das relações com os demais prestadores de serviços a empresa especializada no ramo, a fim de racionalizar os mesmos serviços.

Trata-se de um termo destinado a designar a delegação que é atribuída a um especialista em gestão administrativa com terceirizados.

Também é chamada de *facilities management*, quando se refere ao gerenciamento de serviços de manutenção e conservação de prédios ou condomínios, residenciais ou não.

Essa delegação a um terceiro é uma forma de gestão de contrato, podendo este ser tanto um empregado da empresa, ou um profissional autônomo ou uma empresa especializada nesse tipo de gerenciamento. Esse especialista da gestão da administração cuida das relações com os demais terceiros, visando sempre estar atualizada com a competitividade do mercado, melhorando a relação entre cliente e fornecedor.

A quarteirização é um desdobramento da terceirização, e sua principal finalidade é enxugar a estrutura organizacional da empresa, através de estratégias que reduzam gastos, agilizem a produção, melhorem a qualidade dos serviços que prestam e ampliem os índices de produtividade.

Trata-se de uma estratégia empresarial segundo a qual a empresa dispõe de outra especializada para cuidar de definição, planejamento e controle do trabalho desempenhado pelos prestadores de serviços externos, com o fim de minimizar custos e aumentar eficiência.

É uma forma de delegação da gestão administrativa a uma empresa especializada das relações com os demais prestadores de serviços sejam eles terceiros, parceiros ou fornecedores em uma determinada atividade.

É certo, todavia, que persiste, em questões dessa natureza, em que se quarteirizam os serviços, sem que existam critérios rigorosos de preservação das garantias mínimas dos trabalhadores, saber se tanto empresa quarteirizadora da mesma forma como a tomadora principal dos serviços devem ser responsabilizadas subsidiariamente perante a Justiça do Trabalho pelo inadimplemento das obrigações trabalhistas e previdenciárias dos seus empregados, o que entendemos afirmativamente.

A Súmula n. 331 do TST, embora não cuide expressamente do tema, demonstra que o fenômeno já começa a aparecer nos tribunais brasileiros: contratar uma empresa para fazer seu serviço, eis que se trata de uma evolução do processo de terceirização.

Igualmente pode assimilar-se com *terceirização* de atividade já terceirizada, como, *v.* g., em uma montadora de veículos, o serviço de preparação dos bancos é feito por uma terceirizada, que, por seu turno, transfere a outra a tarefa de preparar o couro que irá forrá-los.

Assim, pode-se dizer que existe quarteirização tanto quando a empresa principal contrata uma especializada para cuidar da definição, planejamento e controle do trabalho desempenhado pelos prestadores de serviços externos, como quando ocorre a transferência da gestão administrativa das relações com os demais prestadores de serviços à empresa especializada no ramo, a fim de racionalizar os mesmos serviços, como apontado acima.

Acrescente-se que igualmente ocorre quarteirização quando uma empresa terceirizada subcontrata outra (chamada quarteirizada) para executar total ou parcialmente o contrato celebrado com a empresa cliente. Entende-se que pode ser a totalidade do contrato porque o § 1º do art. 4º-A da Lei n. 6.019/1974 refere que a terceirizada *subcontrata outras empresas para realização desses serviços*, sem impor qualquer limite ou restrição.

5. DESLOCALIZAÇÃO

5.1. DESLOCALIZAÇÃO INTERNACIONAL

Fôssemos voltar no tempo, à pré-história, nas idades da pedra ou dos metais, e encontraríamos o homem morando em cavernas e trocando de uma para outra conforme suas necessidades da época. Mudaram os tempos, a escrita serviu de marco para assinalar as mudanças das idades[218]. Em quaisquer dessas fases, um traço é comum: o homem é naturalmente nômade, não no sentido estritamente gramatical, mas significando que costuma mudar de lugar (residência, trabalho) com alguma frequência. Por isso mesmo, nas relações entre os Estados, é reconhecida a migração e o próprio passaporte existe como forma de limitar essa entrada-saída de pessoas entre os diversos países.

Hodiernamente, pode-se falar não apenas na mobilidade de pessoas físicas, como também na de pessoas jurídicas e é justamente nesse aspecto que sobressai a figura da *deslocalização*, que é nova no Direito.

Chama-se *deslocalização* o fenômeno que ocorre quando uma empresa situada em determinado país resolve transferir-se total ou parcialmente para outro, geralmente buscando saída para barreiras comerciais e/ou para redução de custas (transportes mais fáceis, salários menores, redução de carga tributária, concessão de subsídios, encargos sociais mais reduzidos etc.). É o que se chama *deslocalizaçao* internacional. Geralmente, são os países chamados *emergentes* os principais receptores dos *deslocalizados*.

Parece ser um tema novo, recém-saído do imaginário jurídico, mas não é assim. Trata-se de assunto recorrente, noticiado pelo cinema mudo, no final do século XIX, como pode ser facilmente verificado no sítio *you tube*, na internet[219].

São situações que têm ocorrido de diversas formas. A empresa *Motorola*, *v. g.*, que é norte-americana, fabrica boa parte de seus produtos na Malásia e os reexporta para o resto do mundo. O desemprego aumenta para os nacionais nos países desenvolvidos, porque a mão de obra dos migrantes oriundos dos países periféricos tem um custo muito menor, o que ocasiona a *deslocalização* das empresas.

Partidos políticos de esquerda, em Portugal, se movimentam para impedir que a *deslocalização* crie mais danos ao operariado local. Informam, por exemplo, que:

> a unidade portuguesa do grupo inglês de calçado C & J Clarks (588 trabalhadores) – considerada, aliás, a mais produtiva do grupo – em Castelo de Paiva, em processo de deslocalização para a Roménia, é somente o exemplo mais recente. O mesmo grupo actuou de idêntico modo em 2001 com a unidade de Arouca (368 trabalhadores). Mas recordemos os casos passados de deslocalização e reestruturação da Texas Instruments Samsung Electronic (TISE) – 740 trabalhadores – na Maia; a Longa Vida – Nestlé, em Matosinhos; a ERU, em Carcavelos; a Renault, de Setúbal e Cacia; a Grundig Auto-Rádios, em Braga (107 trabalhadores); a Indelma (600 trabalhadores), no Seixal; a Goela Fashion, em Santo Tirso (137 trabalhadores), a Schoeller (200 trabalhadores), em Vila Real; a ERES (500 trabalhadores), no Fundão; a Bagir (283 trabalhadores), em Coimbra, a Melka (170 trabalhadores), em Palmela; a Schuh Union (440 trabalhadores), na Maia; a ARA (300 trabalhadores), em Seia; etc., ou o caso em curso da Lear (Palmela) – empresa produtora de capas para bancos de automóvel – abrangendo cerca de 1.500 trabalhadores ou a Alcoa (1.000 trabalhadores), dedicada à produção de cablagens para a indústria automóvel.[220]

Por outro lado, com o crescimento do Ensino a Distância (EAD), o importante é o acesso à internet, e não mais a proximidade da residência do aluno, as dificuldades com seu deslocamento, o comparecimento do professor às salas de aula. Corolário, passam a se deslocalizar docentes e discentes. E as próprias escolas investem em tecnologia e não mais em grandes e monumentais edifícios.

Trata-se de um processo contínuo, que as empresas transnacionais (também chamadas de multinacionais) adotam para atender suas estratégias. Resultado da *deslocalização* é a *relocalização*, geralmente influenciada pela redução da intervenção dos Estados nacionais na economia interna, promovendo, em consequência, redução de direitos sociais.

---

(218) V., a respeito, o nosso artigo *Novas tecnologias e uma parte do novo mundo do trabalho cit.*

(219) Disponível em: <http://www.youtube.com/watch?v=QYNg34rfcrA>. Acesso em: 15.4.2014.

(220) Cf. <http://www.pcp.pt/projecto-de-lei-n%C2%BA-213ix-deslocaliza%C3%A7%C3%A3o-de-empresas>. Acesso em: 15.4.2014.

Inegável, também, a influência do desenvolvimento tecnológico, que proporciona, em boa parte, um aumento de transferência das atividades produtivas sempre objetivando uma redução de custos do trabalho. Atividades desenvolvidas nos setores têxteis, de vestuário, mobiliário, calçados, bebidas e alimentos costumam ser as mais atingidas.

Nos países deslocalizados, ampliam-se as taxas de desemprego, e nos relocalizados, degradam-se as relações de trabalho, no modelo de produção flexível, rápido e de baixo custo, aumentando a exploração da mão de obra humana, já que o único objeto é o aumento do lucro.

5.1.1. Deslocalização na União Europeia

Na União Europeia, várias normas comunitárias visando minimizar os danos com a proteção do trabalho, de que são exemplo a Diretiva n. 98/59/CE, de 20.07.1998 relativa *à aproximação das legislações dos Estados-membros respeitantes aos despedimentos coletivos*, a Diretiva 2001/86/CE do Conselho de 08.10.2001, que *regula o envolvimento dos trabalhadores nas atividades das sociedades anónimas europeias (Societas Europaea, a seguir designada por SE), a que se refere o Regulamento (CE) n. 2.157/2001*, a Diretiva n. 2.002/14/CE do Parlamento Europeu e do Conselho de 11.03.2002 que *estabelece um quadro geral relativo à informação e à consulta dos trabalhadores na Comunidade Europeia*, o Regulamento (CE) n. 1.260/1999 do Conselho de 21.06.1999, que *estabelece disposições gerais sobre os Fundos Estruturais*, o *Livro Verde* de 18.07.2007, visando *promover um quadro europeu para a responsabilidade social das empresas*.

O Regulamento n. 1.260/1999 prevê, dentre outras iniciativas comunitárias, *a cooperação transnacional para a promoção de novas práticas de luta contra as discriminações e desigualdades de qualquer natureza relacionadas com o mercado do trabalho (EQUAL)* (art. 20, 1, *d*).

A Diretiva n. 98/59/CE impõe seja a autoridade pública notificada pelo empregador que possua algum projeto visando a promover o despedimento coletivo (art. 3º, 1), limitando a quantidade de empregados despedidos ao total do quadro de trabalhadores da emrpesa, em uma escala progressiva (art. 1º, 1, *a*).

No que refere à Diretiva n. 2.001/86/CE, deve ser dado realce a esse *envolvimento dos trabalhadores*, que objetiva a contar com a participação direta de seus representantes nas decisões a serem tomadas no ambito de uma sociedade (art. 2º, *h*).

A Diretiva n. 2.002/14/CE é aplicável às empresas com mais de cinquenta empregados ou aos estabelecimentos que possuam mais de vinte trabalhadores, de acordo com a opção do Estado-Membro da União Europeia (art. 3º, 1). Consigna essa diretiva o relevante aspecto de que o trabalhador sempre deve estar informado dos destinos da empresa, como se verifica no art. 4º, 2:

> 2. A informação e a consulta incluem:
>
> a) A informação sobre a evolução recente e a evolução provável das atividades da empresa ou do estabelecimento e a sua situação econômica.
>
> b) A informação e a consulta sobre a situação, a estrutura e a evolução provável do emprego na empresa ou no estabelecimento e sobre as eventuais medidas de antecipação previstas, nomeadamente em caso de ameaça para o emprego;
>
> c) A informação e a consulta sobre as decisões susceptíveis de desencadear mudanças substanciais a nível da *(sic)* organização do trabalho ou dos contratos de trabalho, incluindo as abrangidas pelas disposições comunitárias referidas no n. 1 do art. 9º[221].

Outro ponto relevante foi a adoção do *Livro Verde* de julho de 2001. Na Europa unificada, o primeiro Livro Verde surgiu em maio de 1984, criando um mercado comum para a radiodifusão, especialmente por satélite e por cabo.

No *Livro Verde* de 2001, inúmeros pontos são abordados, inclusive da inclusão de trabalhadores, assinalando:

> *as práticas de recrutamento responsáveis, designadamente não discriminatórias, poderão facilitar a contratação de pessoas provenientes de minorias étnicas, trabalhadores mais idosos, mulheres, desempregados de longa duração e*

(221) Este dispositivo amplia ainda mais o direito à informação que detém o empregado. Texto disponível em: <http://eur-lex.europa.eu/LexUriServ/LexUriServ.do?uri=CELEX:32002L0014:PT:HTML>. Acesso em: 15.4.2014

pessoas em situação de desvantagem no mercado de trabalho. Estas ações são fundamentais para a consecução dos objetivos fixados pela Estratégia Europeia de Emprego – a redução do desemprego, o aumento da taxa de emprego e a luta contra a exclusão social(222).

A fim de evitar o aumento da mobilidade de mão de obra, pela via da *deslocalização*, embora sem enfrentar diretamente esse tema, o *Livro Verde* de 2001 acentua, adaptando as empresas às mudanças, que:

> reestruturar uma empresa de forma socialmente responsável significa levar em consideração e equilibrar os interesses de todas as partes interessadas que são afetadas pelas mudanças e decisões. Na prática, a forma como decorre o processo é, muitas vezes, tão importante como o fundo para o sucesso da reestruturação, implicando, nomeadamente, a participação e a associação de todos os elementos afetados através de uma informação e consultas abertas. Além disso, a reestruturação deverá ser cuidadosamente preparada através da identificação dos riscos mais significativos, de uma previsão de custos – diretos e indiretos –, a par de estratégias e políticas alternativas e da ponderação de todas as formas que permitam reduzir a necessidade de despedimentos(223).

Anteriormente a essas manifestações, o Parlamento Europeu adotou a *Resolução sobre as deslocalizações e os investimentos estrangeiros diretos nos países terceiros*, (A4-0392/1997), de 1997(224). Os *consideranda* chamam a atenção para vários aspectos, devendo se destacar cinco:

1. a *deslocalização* é um fenômeno que estritamente econômico e não ideológico;
2. as relações entre investimentos estrangeiros diretos e *deslocalizações* são complexas e podem levar a juízos e valor equivocados;
3. nem sempre o custo da mão de obra é essencial para levar às *deslocalizações*;
4. existem deslocalizações que não observam estritamente problemas econômicos, mas também objetivam obter subvenções, incentivos fiscais ou sociais que influenciam a concorrência, que podem ter repercussões negativas em matéria de emprego; e,
5. na fase atual da globalização, as transnacionais devem também considerar a necessidade de promover o desenvolvimento social no mundo.

Após, elenca suas propostas, que vão desde a inserção de cláusulas sociais e ambientais em acordos internacionais bi ou multilaterais e no âmbito da Organização Mundial de Comércio até a elaboração de um código de conduta para as transnacionais europeias, nos moldes de outros similares(225). Nessa proposta de código, devem ser destacados quatro pontos:

1) direito de organização sindical e de negociação coletiva;
2) proibição do trabalho forçado;
3) proibição do trabalho infantil;
4) eliminação da discriminação no emprego e na profissão e igualdade de salários entre homens e mulheres.

Como se constata, a Europa mantém-se na dianteira da preocupação com a efetivação das garantias dos direitos humanos. No Direito original da União Europeia, identifica-se essa preocupação, desde os primeiros tratados (Roma e Paris) chegando aos mais recentes (Maastricht e Lisboa), e o direito derivado bem demonstra essa sensibilidade, que vai para quase quinze anos (caso da Diretiva n. 98/59/CE).

---

(222) Disponível em: <http://eur-lex.europa.eu/legal-content/PT/TXT/PDF/?uri=CELEX:52001DC0366&rid=1>. Acesso em: 17 abr. 2014.

(223) Disponível em: <http://eur-lex.europa.eu/legal-content/PT/TXT/PDF/?uri=CELEX:52001DC0366&rid=1>. Acesso em: 17 abr. 2014.

(224) Texto integral disponível em: <http://eur-lex.europa.eu/LexUriServ/LexUriServ.do?uri=CELEX:51997IP0392:PT:HTML>. Acesso em: 17 abr. 2014.

(225) A Resolução refere ao Código de Conduta que os Estados Unidos da América elaboraram para as empresas multinacionais americanas, mas existe, igualmente, a prestigiada Declaração tripartite de princípios sobre as empresas multinacionais e a política social, elaborada por Hans Günter e publicada pela OIT, em 1º janeiro 1982. Disponível em: <http://www.ilo.org/empent/Publications/WCMS_125796/lang--es/index.htm>. Acesso em: 17 abr. 2014.

Ademais, a Europa tem passado por momentos delicados para garantir emprego. Em 2013, eram anunciados 45 mil despedimentos, dos quais, na indústria automobilista, dez mil empregados do Grupo PSA (Peugeot); nos transportes, 5.100 empregados da Air France; em turismo e serviços, três mil empregados do Carrefour; nas telecomunicações, o total previsto de seis mil desempregados[226].

5.2. DESLOCALIZAÇÃO INTERNA

5.2.1. *Identificação e características*

Até aqui, alinhamos algumas considerações sobre o fenômeno em nível internacional. Afinal, *deslocalização* no mesmo país pode parecer estranho, porquanto as regras tutelares são as mesmas em quaisquer regiões. No Brasil, por exemplo, a legislação trabalhista é uma só. Horas extras são as mesmas sejam praticadas em São Paulo capital, ou nas mais longínquas paragens da Amazônia, ou nos mais desertos locais do sertão nordestino. As férias podem ser gozadas de forma semelhante, com o mesmo acréscimo de 1/3 e o mesmo abono também de 1/3. E assim outros tantos direitos trabalhistas.

Existem, porém, certos aspectos contingenciais que podem ensejar a que se admita a *deslocalização* interna. A Constituição brasileira contempla *o reconhecimento dos acordos e convenções coletivas de trabalho* (art. 7º, XXVI). Com efeito, pela via da negociação coletiva, podemos ter direitos específicos em determinadas situações, e, nessas circunstâncias, pode ser constatada a ocorrência da *deslocalização*, ainda que de maneira bastante sutil, internamente.

Poderia se identificar a *deslocalização* com a adoção dos *work centers*, ou centros de trabalho, com capacidade para trezentas a quinhentas pessoas, situados em diferentes locais de uma cidade ou de uma região metropolitana, permitindo com que existam vários setores da mesma empresa, de cerca de cinco mil empregados antes concentrados em um único endereço, espalhados pela mesma localidade, ficando suas residências próximas desses locais, com o que facilitam o deslocamento, economizando combustível e evitando poluição. No entanto, do ponto de vista dos efeitos sobre os contratos de trabalho, não há, de início, algum efeito mais significativo. Existem, sim, reflexos positivos no meio ambiente das cidades onde ocorre o surgimento desses centros. Por outro lado, com a multiplicidade dos *work centers*, as regras livremente negociadas por ser diferentes e poderia ser possível uma *deslocalização* interna a fim manter esses centros em locais onde existissem menos normas protetoras.

Pode ser encontrada, ademais, a ocorrência de *deslocalização* interna em situações que envolvam os grandes empreendimentos que ocorrem no Brasil e em muitos países, quando grupos econômicos reúnem-se na modalidade de consórcio, que são uma espécie de contrato de sociedade, para realizar grandes obras de engenharia.

As empresas que constituem esses consórcios para realizar determinada obra recrutam e contratam trabalhadores, que são despedidos ao final dos trabalhos. Concluída aquela, outra é iniciada em local diferente, formando-se novo consórcio construtor, geralmente com as mesmas empresas do anterior.

Nesse momento, negociam coletivamente com os trabalhadores locais, e fixam-se as condições específicas de trabalho. Em seguida, trabalhadores dispensados da primeira obra são levados pelas empresas formadoras do novo consórcio, também integrantes do anterior, para trabalharem na nova obra.

Chegando, essas levas de trabalhadores se defrontam com as normas coletivas negociadas com os locais, que, apesar de atenderem à realidade destes, são diferentes e com menos direitos que às vigentes na outra obra.

A questão que se propõe é saber se as normas preexistentes subsistem também para aplicação aos empregados que, tendo trabalhado para as mesmas empresas em outro consórcio em obra similar, estão nessa nova obra e recebem uma norma que não foi por eles negociada, embora abranja todos os empregados?

A resposta, em uma primeira visão, seria positiva, no sentido de que aos novos empregados se aplica a norma coletiva em vigor. Porém, devemos considerar esse moderno fenômeno da *deslocalização/relocalização*, nesse caso de mobilidade interna de mão de obra.

A nosso ver, em uma hipótese como a descrita acima, estamos em um clássico caso de *rebus sic stantibus*. As circunstâncias mudaram. Houve uma alteração fundamental que inviabiliza a aplicação da norma pretérita.

---

(226) Cf. Revista Visão, ed. 5.7.2012. Lisboa, n. 1009, p. 64.

O Código Civil em vigor, garantindo que *a liberdade de contratar será exercida em razão e nos limites da função social do contrato* (art. 421), adota a teoria da imprevisão e prevê a atuação do Judiciário para corrigir efeitos que possam ser criados, prejudicando uma das partes.

Nesse particular, duas regras do Código Civil, que podem ser aplicadas ao Direito do Trabalho, por força do art. 8º, parágrafo único, da CLT. São os arts. 317(227) e 478(228), que transferem ao juiz a competência para modificar os contratos.

Com efeito, esses dispositivos permitem a revisão de uma norma coletiva em vigor. A primeira norma coletiva, negociada com trabalhadores moradores da localidade da obra, não pode ser aplicada aos que vieram de outra região, de outra obra, embora realizada por uma sociedade diferente, da qual apenas algumas empresas são componentes da nova. Devem ser feitas algumas avaliações conjunturais que, ao cabo, podem resultar na impossibilidade de validar, aos novos empregados, as regras negociadas anteriormente.

Constatada que a obra realizada é similar à anterior, que os trabalhos efetuados pelo grupo de obreiros é o mesmo de antes, que as condições de desenvolvimento das atividades são também idênticas, que o número de trabalhadores relocalizados é superior àquele de quando a norma coletiva questionada foi negociada, será correto rever essa norma, e renegociá-la para atender à realidade presente das questões sociais. Se inexistir possibilidade de acordo, somente então é que deverá decidir a Justiça do Trabalho.

Não há, na CLT, fixação de prazo mínimo de vigência de norma coletiva para que ocorra revisão. Existe prazo máximo. A regra existente é a § 3º do art. 614 consolidado, que determina: *não será permitido estipular duração de Convenção ou Acordo superior a 2 (dois) anos*. Por corolário, é possível rever qualquer norma coletiva autônoma a qualquer tempo, desde que nunca inferior a dois anos, se este for o prazo estipulado no instrumento coletivo. Após dois anos, a revisão poderá ocorrer se assim desejarem as partes ou uma delas postular.

Identificada a *deslocalização* interna, o negociado poderá ser revisado e, se a revisão não for viável pela via negocial, deve ser admitida a possibilidade de ser feita pela Justiça do Trabalho, aplicando-se, por analogia, o disposto no art. 873 da CLT, *verbis*:

> Art. 873. Decorrido mais de 1 (um) ano de sua vigência, caberá revisão das decisões que fixarem condições de trabalho, quando se tiverem modificado as circunstâncias que as ditaram, de modo que tais condições se hajam tornado injustas ou inaplicáveis.

Assim, sendo constatada que a norma existente não mais pode ser aplicada, em decorrência da *deslocalização/relocalização* da maioria dos trabalhadores, que antes eram beneficiados por regras mais favoráveis, e, nessa nova obra, receberam direitos negociados anteriormente e inferiores àquela, quando a maioria dos empregados era da própria localidade.

5.2.2. *A realidade inegável e um norte a seguir*

As considerações ligeiras que foram feitas acima demonstram, a nosso ver, duas coisas. Primeiro, a *deslocalização* é um fenômeno que preocupa as relações de trabalho e que está a merecer cuidadoso estudo para tentar encontrar pontos que visem a evitar prejuízos para a classe trabalhadora. Segundo, embora existente em grande escala dentro do processo de internacionalização da economia, é induvidoso que pode ser encontrado, com características diferentes, internamente em muitos países, o que reforça ainda mais a necessidade de criação de regras que minimizem os prejuízos aos trabalhadores.

Acreditamos que seria oportuno, antecipando-se a uma realidade próxima, que se elaborasse um código de conduta das empresas em caso de deslocalização interna, para aplicação no Brasil. Esse código comportamental deveria indicar pontos que precisam ser preservados quando se constatar esse movimento migratório de trabalhadores.

---

(227) *Art. 317. Quando, por motivos imprevisíveis, sobrevier desproporção manifesta entre o valor da prestação devida e o do momento de sua execução, poderá o juiz corrigi-lo, a pedido da parte, de modo que assegure, quanto possível, o valor real da prestação.*

(228) *Art. 478. Nos contratos de execução continuada ou diferida, se a prestação de uma das partes se tornar excessivamente onerosa, com extrema vantagem para a outra, em virtude de acontecimentos extraordinários e imprevisíveis, poderá o devedor pedir a resolução do contrato. Os efeitos da sentença que a decretar retroagirão à data da citação.*

Existem questões que permitem se identificar claramente a deslocalização interna, e, consequentemente, a necessidade de preservação dos direitos adquiridos pelos trabalhadores em norma coletiva anterior vigente em outra local do mesmo país. Supondo que o acordo coletivo celebrado entre uma construtora e seus trabalhadores, que não são residentes das proximidades, fixe uma cláusula criando o direito de visitação à família para os que não são da localidade, de cinco dias a cada três meses de trabalho. Costuma-se chamar esse direito de *baixada*. Em outra obra distante daquela, a mesma empresa negocia com trabalhadores locais o período de *baixada* de cinco dias a cada seis meses de trabalho, considerando que os obreiros são residentes de local próximo.

No tempo de vigência da norma, os trabalhadores da primeira obra deslocalizaram-se, passando a trabalhar na nova obra, onde encontraram um período de *baixada* diferente. Ora, provado que estão em número superior aos negociadores primitivos, resulta evidente a necessidade de revisão da norma para adequá-la à nova realidade social posta.

Exemplo claro de *deslocalização* interna pode ser encontrado no Proc. TRT-SE 1-DCG-0000268-90.2012.5.08.0000[229], acerca de atividades nas obras de construção da Usina Hidrelétrica (UHE) de Belo Monte, em Altamira, no Pará.

Durante os debates na Seção Especializada I do TRT da 8ª Região, formulamos proposta para que fosse diligenciado a fim de verificar se ocorrera acréscimo de trabalhadores com a vinda de obreiros que trabalhariam em obras similares nas UHEs de Jirau e de Santo Antônio, no Estado de Rondônia, para caracterizar a necessidade de preservação dos direitos que adquiriram naqueles empreendimentos. Por esse viés, poderia ser adequadamente aplicada a teoria da imprevisão. As diligências efetuadas, no entanto, não trouxeram elementos que, a nosso ver, seriam necessários para caracterizar a *rebus sic stantibus*. Os argumentos que foram expendidos no acórdão, apesar da intenção de possuírem objetivo social relevante, como quando é ressaltado que a cláusula referente à *baixada* deveria ser deferida *em homenagem aos princípios constitucionais da dignidade da pessoa humana e dos valores sociais do trabalho (arts. 1º, III, 6º e 7º da CR/88)*, e que houve um expressivo aumento do número de trabalhadores na obra, não apresentam base efetivamente sustentável porque ultrapassam os limites do poder normativo da Justiça do Trabalho, já tão atingido pelos que querem retirá-lo do mundo do direito.

Haveria, sob a nossa ótica, necessidade de ficar comprovada a *deslocalização* de trabalhadores das UHEs de Jirau e de Santo Antônio, em Rondônia, para a UHE de Belo Monte, no Pará. O acórdão regional, inclusive, reporta-se em parte a esse ponto, embora não utilize, uma única vez, o termo *deslocalização*.

As relações de empregados que foram juntadas ao processo de Belo Monte, indicavam apenas a origem de cada um, mas não demonstravam se teriam ou não vindo das obras de Rondônia. Note-se que foram juntados vários acordos coletivos de trabalho (ACT), negociados nas UHEs de Jirau e Santo Antônio (dos anos 2009/2010, 2010/2011, 2011/2012 e 2012/2013[230]). Examinando-os, constata-se que as folgas de campo (*baixadas*), eram, inicialmente, de cinco dias a cada seis meses (de 2009 a 2011), e passaram a ser de cinco dias a cada três meses (de 2011 a 2013).

Em Belo Monte, a norma vigente (ACT de 2011/2012) fixava a baixada de cinco dias a cada seis meses. A decisão majoritária do TRT da 8ª Região modificou esse período para cinco dias a cada três meses, exatamente como nas normas mais recentes das UHEs de Jirau e Santo Antônio.

(229) Este processo foi julgado a 23.11.2012 (Rela.: Desembargadora Rosita de Nazaré Sidrim Nassar).

(230) Nos autos do processo encontram-se os seguintes acordos coletivos de trabalho (ACT) negociados pelo Sindicato de trabalhadores:

PERÍODO	PARTE	UHE
2009/2010	Construções e Comércio Camargo Corrêa S.A.	Jirau
2009/2010	Consórcio Santo Antônio	Santo Antônio
2010/2011	Construções e Comércio Camargo Corrêa S.A.	Jirau
2010/2011	Consórcio Santo Antônio	Santo Antônio
2011/2012	Construções e Comércio Camargo Corrêa S.A.	Jirau
2011/2012	Consórcio Santo Antônio	Santo Antônio
2011/2012	Consórcio Construtor Belo Monte	Belo Monte
2012/2013	Construções e Comércio Camargo Corrêa S.A.	Jirau

Fonte: Proc. TRT-SE 1-DCG-0000268-90.2012.5.08.0000.

Como não foi identificada a ocorrência da *deslocalização*, manifestamos voto contrariamente às cláusulas propostas (aumento do valor da *Cesta básica* e modificação do período de *Visita à família/Folga de campo*, que é a *baixada*), considerando que nem sequer seria possível invocar, analogicamente, o art. 873 da CLT mencionado acima.

Relativamente a cláusula que cuidava de *cesta básica/alimentação*, as normas das UHEs de Jirau e de Santo Antônio previam, de 2009 a 2010, R$ 80,00/mês; de 2010 a 2011, R$ 110,00/mês; e, de 2011 a 2012, R$ 170,00/mês. De 2012 a 2013, o acordo coletivo com uma empresa (Construções e Comércio Camargo Correa S.A.) passou a ser escalonado (cláusula 8ª).

Em Belo Monte, a norma coletiva que se encontrava vigente previa idêntica verba no valor de R$ 95,00/mês, em acordo coletivo que vigorou entre 2011/2012. Era pretendido que o valor passasse a R$ 300,00/mês. Fundando-se em dados do Dieese, o reajuste foi deferido, mas o montante foi baseado nas normas vigentes nos acordos aplicáveis às UHEs de Jirau e de Santo Antônio, em Rondônia, para o mesmo período[(231)]. Aqui, igualmente, fica constatada a aplicação da teoria da *deslocalização*, embora os fundamentos usados tenham sido diversos destes, razão pela qual, naquela hipótese, porque não efetivamente demonstrado, votamos, enquanto integrante daquele colegiado julgador, em sentido contrário.

Como se verifica, o fenômeno da *deslocalização* está presente também internamente. O exemplo da UHE de Belo Monte, que tomamos como estudo de caso, demonstra isto à exaustão. E desse caso, pelo menos duas conclusões podem ser tiradas. A primeira é que desconhecemos no Brasil o fenômeno da *deslocalização* como modalidade interna de possibilidade de rever direitos trabalhistas que garantam melhorias aos trabalhadores. O segundo é que inexiste qualquer garantia para preservar os direitos conquistados em um local e que se possam garantir em caso de mudança de lugar de desenvolvimento de atividade.

Para acabar com esse grave problema, que certamente originou-se dos processos de internacionalização da economia, da mobilidade das pessoas e do desenvolvimento empresarial, é necessário adotar meios de regulamentação da *deslocalização* e da *relocalização* e incrementar a responsabilidade social das empresas. Na Europa, como assinalado acima, as medidas estão sendo tomadas. No Brasil, ainda não existe nada, pelo que é recomendável realizar estudos minuciosos no sentido da elaboração pelo menos de um código de conduta que indique parâmetros mínimos de respeito ao trabalhador.

6. TRABALHO NO ESTRANGEIRO

6.1. ASPECTOS GERAIS

No âmbito do Direito Internacional, estão presentes dois tipos de atos internacionais escritos: o tratado e o contrato.

A diferença é, sobretudo, relativa às partes nas duas normas. No primeiro caso, geralmente, estão presentes Estados negociando com outros Estados e os diversos sujeitos do Direito Internacional Público, inclusive as organizações internacionais.

Diferentemente, os contratos internacionais são celebrados, mais comumente, entre empresas e/ou pessoas físicas ou jurídicas, publicas ou privadas, com três características básicas:

a) acordo de vontade visando para produzir efeitos jurídicos;

b) vínculo das partes com sistemas jurídicos; e,

c) elementos de estraneidade (domicílio, nacionalidade, local da sede etc.).

O conhecimento das regras que presidem esses contratos é importante para o comércio internacional, para as relações internacionais, e para empresas e trabalhadores, nos casos em que se celebram *contratos internacionais de trabalho*.

---

(231) Consta da fundamentação do aresto: *Considerando, porém, que nas Usinas Hidrelétricas de Santo Antônio e Jirau o valor de R$ 270,00 (duzentos e setenta reais) refere-se ao Acordo Coletivo 2012/2013 e no presente caso se está a revisar o ACT 2011/2012, cuja vigência foi fixada para o período compreendido entre 1º.11.2011 a 31.10.2012, devendo as categorias profissional e econômica estar em via de negociarem o acordo coletivo para viger no período de 2012/2013, oportunidade em que os valores ali fixados deverão ser revistos, por equidade, fixo o valor da cesta básica na quantia de R$ 210,00 (duzentos e dez reais).* (Proc. TRT 8ª-SE 1-DCG-0000268-90.2012.5.08.0000).

Nos primeiros, há prevalência das leis de mercado (a *Lex mercatoria*), objetivando, com a intensificação do comércio internacional, a maximização de lucros, muita vez acima de questões éticas. Nos segundos, as regras de convivência entre grandes empresas e os Estados impõem adoção de normas e princípios que precisam ser observados.

De outro lado, no mundo da globalização em que vivemos, é imensa a circulação de pessoas, ocasionada também pela mobilidade de mão de obra, fruto dos vários movimentos migratórios, daí surgindo os contratos internacionais de trabalho, com seus elementos de estraneidade específico.

Demais isso, face existência de sistemas jurídicos diferentes, para a solução de conflitos espaciais são aplicados os comandos da antiga Lei de Introdução ao Código Civil Brasileiro (LICC), que é o Decreto-lei n. 4.657, de 04.09.1942, atualmente Lei de Introdução às Normas do Direito Brasileiro (LINDB).

Existe uma tendência brasileira de se legislar sobre o inútil. Basta ver leis como a que manda não exigir experiência para admissão na empresa (Lei n. 11.644, de 10.03.2008, que acrescentou o art. 442-A da CLT); a Lei n. 12.605, de 03.04.2012, *determina o emprego obrigatório da flexão de gênero para nomear profissão ou grau em diplomas*. Na prática, virou motivo de piada: dentista é a mulher; dentisto, o homem; jornalista é a mulher; jornalisto, o homem; balconista é a mulher; balconisto, o homem; economista é a mulher; economisto, o homem. Vigorou até a edição da LC n. 150/2015, a Lei n. 12.964, de 8.4.2014, que estendia aos empregadores domésticos a possibilidade de sofrerem as multas da CLT, modificando a Lei n. 5.859, de 11.12.1972 (antiga lei dos domésticos). Dois aspectos chamavam a atenção e os destacamos na primeira edição desta obra. Primeiro, o art. 2º dessa lei mandava que fosse feita, pelo Executivo, campanha publicitária para sua divulgação, como se para as demais não fosse necessário. Não esqueçamos que está em pleno vigor o art. 3º da LINDB (antiga LICC), prevendo: Ninguém se escusa de cumprir a lei, alegando que não a conhece. Segundo, a modificação era em uma lei que teve vigência de apenas oito meses (agosto.2014 – após a *vacatio legis* de 120 dias prevista – até abril.2015), porque sobreveio, como sói acontecer, a LC n. 150, regulamentando a EC n. 72/2012.

Dentro dessa linha de desnecessidade, a Lei n. 13.276, de 30.12.2010, criou um novo e desnecessário nome para o Decreto-lei n. 4.657/1942.

A antiga LICC sempre foi usada apenas como *lei de introdução* e geralmente assim chamada, tanto que não foi revogada quando o novo Código Civil foi promulgado, sendo, como sempre foi, a nossa norma de superdireito, que soluciona especialmente os problemas de aplicação espacial da lei, no âmbito do Direito Internacional Privado.

Uma nova e absolutamente desnecessária denominação lhe foi dada a partir da sanção da Lei n. 12.376, de 30.12.2010, que é apenas destinada a alterar a ementa da antiga LICC, decorrente do Projeto de Lei n. 6.303/2005.

Evidente que se trata de uma lei ridícula, tanto que Jacob Dolinger acentuou que o Congresso nada mais fez do que era:

> óbvio, evidente, notório, reconhecido, aplicado e respeitado, significando essa lei... um desperdício legislativo, uma medida sem significado, uma legislação sem sentido... Totalmente desnecessária, absolutamente... sem objetivo, e, acima de tudo, desrespeitadora da ciência jurídica nacional.(232)

Essa LINDB, a nossa antiga LICC, mudou apenas a abreviatura porque continua como antes: norma autônoma, que traça a direção para aplicabilidade das demais normas do ordenamento jurídico nacional.

O inteiro teor dessa lei desnecessária é o seguinte:

> Art. 1º Esta Lei altera a ementa do Decreto-lei n. 4.657, de 4 de setembro de 1942, ampliando o seu campo de aplicação.
>
> Art. 2º A ementa do Decreto-lei n. 4.657, de 4 de setembro de 1942, passa a vigorar com a seguinte redação:
>
> "Lei de Introdução às normas do Direito Brasileiro."
>
> Art. 3º Esta Lei entra em vigor na data de sua publicação.

---

(232) Disponível em: <http://oglobo.globo.com/in/uma-lei-ridicula-2902785>. Acesso em: 15.4.2014.

Como se constata de uma breve leitura, a rigor, não promoveu nenhum *ampliação no seu campo de aplicação*, representando apenas e tão somente uma desnecessária mudança de nomenclatura.

Debalde esse aspecto, o que importa é que é a LINDB que, juntamente com o Código Bustamante, resolvem os conflitos espaciais e temporais de leis em nosso país, sendo, conforme o caso, aplicáveis nos contratos internacionais gerais, e de trabalho, em particular, como se verá a seguir.

Devemos observar, todavia, os limites espaciais de aplicação do Código Bustamante, que é a Convenção de Direito Privado, atende apenas nos Estados do Continente Americano, partes desse tratado internacional, diferentemente da CLT, que deve ser aplicada a todos os trabalhadores brasileiros, aqui contratados.[(233)]

6.2. ELEMENTOS DE CONEXÃO

A fim de identificar a lei aplicável ao contrato internacional é preciso verificar os elementos de conexão.

Teoricamente, são sete os elementos de conexão mais conhecidos: autonomia da vontade, nacionalidade, local da coisa, domicilio, lugar da prática delituosa, local, da celebração do contrato e lugar da sua execução.

Vejamos, em síntese, de *per se* cada qual.

a) **autonomia da vontade**: pode ser individual (a de cada pessoa individual considerada) ou coletiva (a do grupo). Seu exercício todavia sofre indispensáveis limitações: não pode ofender a soberania nacional, não pode contrariar normas de ordem pública, não pode violar os bons costumes);

b) **nacionalidade**: destina-se a determinar as regras sobre personalidade, nome, capacidade e direitos de família, não sendo a prevalente, salvo para casos de aeronaves e navios no espaço aéreo e no alto-mar, fora do alcance da jurisdição de algum Estado;

c) ***Lex rei sitae***: aplica-se a lei do lugar onde está a coisa para qualificar direitos reais e cuidar das relações a eles ligadas, inclusive sobre bens móveis e penhor, de acordo com o art. 8º, da LINDB, que tem o seguinte teor:

> Art. 8º Para qualificar os bens e regular as relações a eles concernentes, aplicar-se-á a lei do país em que estiverem situados.
>
> § 1º Aplicar-se-á a lei do país em que for domiciliado o proprietário, quanto aos bens móveis que ele trouxer ou se destinarem a transporte para outros lugares.
>
> § 2º O penhor regula-se pela lei do domicílio que tiver a pessoa, em cuja posse se encontre a coisa apenhada.

d) ***Lex domicilii*** – a lei do domicílio é a prevalecente atualmente no Brasil, em lugar da nacionalidade, para reger direito das pessoas. Assim o comando que emerge do art. 7º da LINDB, onde se lê:

> Art. 7º A lei do país em que domiciliada a pessoa determina as regras sobre o começo e o fim da personalidade, o nome, a capacidade e os direitos de família.

e) ***Lex loci delicti commissi*** – é a lei do lugar da prática do delito, aplicada para caso de responsabilidade civil;

f) ***Lex loci contractus*** – é a lei do lugar da celebração do contrato, objeto do art. 9º da LINDB, pela qual a lei do local da constituição da obrigação será a que deverá regar as suas obrigações. Dispõe o art. 9º, da LINDB:

> Art. 9º Para qualificar e reger as obrigações, aplicar-se-á a lei do país em que se constituírem.
>
> § 1º Destinando-se a obrigação a ser executada no Brasil e dependendo de forma essencial, será esta observada, admitidas as peculiaridades da lei estrangeira quanto aos requisitos extrínsecos do ato.
>
> § 2º A obrigação resultante do contrato reputa-se constituída no lugar em que residir o proponente.

---

(233) A Convenção de Direito Privado foi aprovada na 6ª Conferência Internacional Americana, em Havana, a 20.02.1928, foi ratificada pelo Brasil e promulgada pelo Decreto n. 18.871, de 13.08.1929.

g) *Lex loci executionis* – trata-se da aplicação da lei do local da execução do contrato para solucionar os conflitos dele decorrentes. É o que se faz em matéria trabalhista, a teor do art. 651, da CLT, que segue as diretrizes do art. 198, do Código Bustamante, que se aplica exclusivamente aos países do continente americano, porque norma do Direito Internacional Americano.

O art. 651 consolidado, embora confunda competência da lei com competência territorial. Ali está disposto que:

Art. 651. A competência das Juntas de Conciliação e Julgamento é determinada pela localidade onde o empregado, reclamante ou reclamado, prestar serviços ao empregador, ainda que tenha sido contratado noutro local ou no estrangeiro.

§ 1º Quando for parte de dissídio agente ou viajante comercial, a competência será da Junta da localidade em que a empresa tenha agência ou filial e a esta o empregado esteja subordinado e, na falta, será competente a Junta da localização em que o empregado tenha domicílio ou a localidade mais próxima.

§ 2º A competência das Juntas de Conciliação e Julgamento, estabelecida neste artigo, estende-se aos dissídios ocorridos em agência ou filial no estrangeiro, desde que o empregado seja brasileiro e não haja convenção internacional dispondo em contrário.

§ 3º Em se tratando de empregador que promova realização de atividades fora do lugar do contrato de trabalho, é assegurado ao empregado apresentar reclamação no foro da celebração do contrato ou no da prestação dos respectivos serviços *(grifamos)*.

Na mesma linha de raciocínio, isto é, mandando aplicar a lei do local onde é prestada a atividade contratada, o art. 198 do Código Bustamante, que referimos acima:

Art. 198. Também é territorial a legislação sobre acidentes do trabalho e proteção social do trabalhador.

6.3. CONFLITO DE LEIS

É inevitável no cotidiano da vida em sociedade moderna o conflito entre instrumentos normativos. Frequentemente surgem leis antinômicas como corolário da dinâmica do Direito, e, como lembra Maria Helena Diniz, *a antinomia é um fenômeno muito comum entre nós ante a multiplicação de leis* (234). Vai daí a necessidade de existirem formas para que, respeitando a intenção do legislador, sejam encontradas soluções ideais a essas questões conflituosas.

Com efeito, temos diversos critérios tradicionais para solucionar o conflito de leis: hierárquico, cronológico e da especialidade, que podem ser assim resumidos:

Hierárquico – consagra o princípio da hierarquia das leis, segundo o qual *lex superior derogat inferior.* Exemplo mais habitual: a Constituição, norma superior, derroga todas as que lhe são incompatíveis.

Cronológico – adota o princípio *lex posterior derogat priori*, pelo qual a nova norma jurídica revoga a anterior que no for incompatível com ela.

Observemos que esse critério cronológico somente pode ser aplicado para normas da mesma hierarquia, porquanto não existe relação de subordinação entre normas hierarquicamente iguais, mas sim de coordenação.

Embora possamos admitir que uma norma mais nova seja mais perfeita e mais adequada à realidade social que a anterior, o art. 2º, § 2º, da LINDB, prescreve:

§ 2º A lei nova, que estabeleça disposições gerais ou *especiais a par das já existentes, não revoga nem modifica a lei anterior.*

O que esse dispositivo da nossa norma de superdireito quer dizer é que a lei nova que contemplar regras gerais ou especiais, além das existentes, não compromete a validade destas nem gera sua revogação tácita. Ao contrário: as acolhe e com elas é perfeitamente compatível.

---

(234) DINIZ, Maria Helena. *Conflito de normas*. 4. ed., São Paulo: Saraiva, 2001. p. 15.

Na lição de Maria Helena Diniz, *a 'lex posterior' apenas será aplicada se o legislador teve o propósito de afastar a anterior. Todavia, nada obsta que tenha tido a intenção de incorporar a nova norma, de modo harmônico, ao direito existente* (235).

Especialidade – quando *lex especialis derogat generalis* consagra-se o princípio mencionado, que visa a priorizar a lei específica sobre aquela geral, tanto que *lex posterior generalis non derogat priori speciali*. Assemelha-se o mais adequado dentre os critérios quando aqueles igualmente poderiam ser aplicados, considerando a matéria objeto de regulação pela norma.

Por fim, três aspectos a apreciar. O primeiro é referente a um critério que está em franco desuso, mas que, se impossível a aplicação de qualquer dos demais e a antinomia persistir, poderá ser meio de solução. Trata-se daquele consagrado na máxima *lex favorabilis derogat lex odiosa*. Lembrando que se trata de critério superado, Maria Helena Diniz destaca a aplicação da *norma mais justa ou mais favorável, procurando salvaguardar a ordem pública e social*(236).

O segundo é a existência de possível antinomia entre os critérios cronológico e da especialidade, certamente, a mais complexa, porquanto quando se trata de hierarquia as dúvidas se espancam mais facilmente. Para sua solução, a doutrina sustenta a necessidade da adoção de metacritérios porque se trata de uma antinomia de segundo grau, isto é, quando conflitam os próprios critérios entre si. Por corolário, o metacritério *lex posterior generalis non derrogat priori speciali*, embora não tenha valor absoluto, deve ser considerado, dependendo das circunstâncias presentes no caso concreto(237).

O último é oriundo da doutrina alemã, qual seja o princípio da hierarquia estática, já apreciado, admitindo a possibilidade de conflito entre duas normais constitucionais (uma original e outra derivada). Em apertada síntese, pela concepção de Otto Bachof, é possível proclamar a inconstitucionalidade da própria Constituição, deixando prevalecer a norma originária, seja porque não foram observadas as normas processuais para a mudança tencionada, seja porque objetivando alterar preceitos *imodificáveis*(238).

6.4. ORDEM PÚBLICA E FRAUDE À LEI

As normas de ordem pública são normas imperativas, cogentes, tipo as trabalhistas, conforme o comando que emerge dos arts. 9º e 17, da LINDB, do art. 651, da CLT, a da antiga Súmula n. 207, do TST, que consagrava o princípio da territorialidade.

De acordo com o art. 9º, *caput*, a lei do país que se constituírem as obrigações é que as qualificará e regerá. Essa regra geral passa por alguns ponderações, como se verifica nos §§ 1º e 2º do art. 9º da LINDB.

> Art. 9º Para qualificar e reger as obrigações, aplicar-se-á a lei do país em que se constituírem.
>
> § 1º Destinando-se a obrigação a ser executada no Brasil e dependendo de forma essencial, será esta observada, admitidas as peculiaridades da lei estrangeira quanto aos requisitos extrínsecos do ato.
>
> § 2º A obrigação resultante do contrato reputa-se constituída no lugar em que residir o proponente.

A preservação da soberania nacional, da ordem pública e dos bons costumes está prevista no art. 17, que afasta a aplicação de qualquer prática ocorrida em outro país no Brasil. Ou seja, não há conflito da lei brasileira sobre aplicação da regra *lex loci executionis* porque existe a prevalência da norma de ordem pública. O preceito consagra:

> Art. 17. As leis, atos e sentenças de outro país, bem como quaisquer declarações de vontade, não terão eficácia no Brasil, quando ofenderem a soberania nacional, a ordem pública e os bons costumes.

---

(235) DINIZ, M. H.. *Idem*, p.35.

(236) DINIZ, M. H.. *Ibidem*, p. 40.

(237) Cf. DINIZ, M. H. *Lei de introdução às normas do direito brasileiro interpretada*. 18. ed. São Paulo: Saraiva, 2013. p. 101.

(238) BACHOF, Otto. *Normas constitucionais inconsticionais?* Trad. José Manuel M. Cardoso da Costa. São Paulo: Almedina, 2009. p. 52.

A fraude à lei é identificada quando há opção por lei mais favorável para evitar obrigações maiores, embora não exista, nessa lei, qualquer nexo de causalidade com o ato praticado.

6.5. SITUAÇÕES ESPECIAIS

Existem duas situações que merecem ser examinadas quando se cuida de contrato internacional de trabalho. A primeira refere a lei aplicável aos aeronautas e aos marítimos. A outra trata de técnicos estrangeiros no Brasil, objeto do Decreto-lei n. 961/1969.

6.5.1. *Aeronautas e marítimos*

A situação jurídico-trabalhista dos aeronautas e dos marítimos em viagem de trabalho ao exterior exige identificação da nacionalidade da aeronave ou do navio, respectivamente, para fins de identificação da lei aplicável, ou seja, o principal nexo de causalidade será a lei de um desses meios de transporte para solucionar questões ocorridas fora do Brasil.

Com efeito, a nacionalidade de aeronave é dada pelo país de sua matrícula ou registro. É o comando que emerge da Convenção de Paris de 1919 (art. 6º), da Convenção de Chicago de 1944 (art. 17) e, no direito brasileiro, do art. 8º do Código Brasileiro do Ar (Lei n. 7.565, de 19.12.1986).

No que refere ao navio, a sua nacionalidade é identificada pela lei do país cujo pavilhão estiver arvorando, e será essa a lei aplicável aos contratos de trabalho, conforme o comando do art. 91, 1, 2ª parte, da Convenção sobre o Direito do Mar (Montego Bay, 10.12.1982)[239].

Essa condição é contemplada no Código Bustamante, que prevê que os direitos dos credores regulam-se pela lei do pavilhão (art. 277), que é também a lei que dá poderes e obrigações ao capitão e responsabiliza proprietários e armadores por seus atos (art. 279).

Note-se que as regras dos navios são as mesmas que, conforme o art. 282 do Código Bustamante, se aplicam às aeronaves.

Ainda referentemente aos navios, interessante o aspecto do uso de bandeiras de conveniência. São navios que arvoram bandeira de aluguel, isto é, armadores para usufruir de benefícios fiscais, legais, trabalhistas e outros, mantém tripulação em boa parte do país da bandeira que arvora, fugindo dessa forma ao cumprimento de obrigações maiores se adotasse a bandeira regular. O uso de bandeira conforme a conveniência do armador, do proprietário ou do capitão do navio, em alto mar, importa em considerar a embarcação como sem nacionalidade, conforme o art. 92, 2, da Convenção de Montego Bay de 1982. Em situação dessa natureza, o navio poderá ser objeto de perseguição porque qualquer navio de guerra ou aeronave militar (art. 111, 5) e estará sujeito ao direito de visita, conforme previsto no art. 110 da mesma Convenção internacional.

O que se conclui, nesse aspecto, é que o principal elemento de conexão para os que trabalham em aeronaves ou navios fora do território brasileiro (espaço aéreo e mar territorial) é a nacionalidade do móvel, que se identificará ou pelo registro/matrícula (aeronaves) ou pelo pavilhão que arvorar (navios).

Por oportuno, embora não se refira especificamente a contratos internacionais de trabalho, a Lei n. 13.475, de 28.08.2017, *aplica-se também aos pilotos de aeronave, comissários de voo e mecânicos de voos brasileiros que exerçam suas funções a bordo de aeronave estrangeira em virtude de contrato de trabalho regido pela legislação brasileira* (§ 2º do art. 1º).

6.5.2. *Técnicos estrangeiros no Brasil*

Outro aspecto interessante do contrato internacional de trabalho é o que envolve o estrangeiro que vem trabalhar no Brasil.

A regulação é dada pelo Decreto-lei n. 691, de 18.07.1969, cujo art. 1º dispõe:

> Art. 1º Os contratos de técnicos estrangeiros domiciliados ou residentes no exterior, para execução, no Brasil, de serviços especializados, em caráter provisório, com estipulação de salários em moeda estrangeira, serão, obriga-

(239) A Convenção de Montego Bay foi ratificada pelo Brasil a 22.12.1988, promulgada pelo Decreto n. 99.165, de 12.03.1990, e passou a viger em nosso país a partir de 22.06.1995.

toriamente, celebrados por prazo determinado e prorrogáveis sempre a termo certo, ficando excluídos da aplicação do disposto nos arts. 451, 452, 453, no Capítulo VII do Título IV da Consolidação das Leis do Trabalho e na Lei n. 5.107, de 13 de setembro de 1966, com as alterações do Decreto-lei n. 20, de 14 de setembro de 1966, e legislação subsequente.

Como se infere, o contrato de trabalho de técnico estrangeiro no Brasil deve ser específico, para serviço especializado, de caráter provisório, por prazo determinado e prorrogável por tempo certo. Sua prorrogação não torna o contrato por prazo indeterminado, não se aplicando à espécie a regra do art. 451 consolidado[240].

A lei que regula esse tipo de contratação exclui desse tipo de trabalho o direito do FGTS, levando então a se ter como direito do trabalhador estrangeiro nessa circunstância à indenização, que, em caso de rescisão antecipada do contrato, será calculado a base do restante do contrato pela metade.

O art. 2º reconhece expressamente direito a salário mínimo, repouso semanal remunerado, férias anuais, jornada de trabalho igual ao nacional, turnos ininterruptos de revezamento, seguro de acidente do trabalho, integração à previdência social, e garantia de adoção de normas de higiene e segurança do trabalho, exigindo, para tal, que perceba seu salário exclusivamente em moeda nacional, além dos direitos criados expressamente pela lei.

O parágrafo único do art. 2º veda participação nos lucros da empresa. Parece, nesse aspecto, haver inconstitucionalidade do dispositivo. É que o art. 5º, *caput*, da Constituição, veda a distinção de qualquer natureza entre brasileiros e estrangeiros, inclusive, consoante a previsão do inciso XIII, garantindo o *livre o exercício de qualquer trabalho, ofício ou profissão, atendidas as qualificações profissionais que a lei estabelecer*, e, evidente, nacionalidade não é qualificação profissional. Ademais, a participação nos lucros e resultados é garantia mínima dos trabalhadores, conforme contempla o art. 7º, XI, da Constituição.

A moeda de pagamento do técnico estrangeiro que trabalha no Brasil é a corrente, ou seja, o real. É a regra do art. 463 da CLT.

O tema, todavia, enseja muita controvérsia, porque não se aplica o *spliy salary*, ou seja o pagamento repartido do salário, parte em moeda nacional, parte em estrangeira, e, tendo que ser efetuado em real, existe a questão da taxa de conversão da moeda estrangeira, que, conforme o disposto no art. 3º do Decreto-lei n. 691/1969 será a da data do vencimento da obrigação.

Por fim, compete à Justiça do Trabalho dirimir todas as controvérsias que envolvam relações jurídicas estabelecidas sob a regência do Decreto-lei n. 691/1969, conforme dispõe o seu art. 4º.

7. TRABALHO PARA ENTES DE DIREITO INTERNACIONAL PÚBLICO

7.1. SUJEITOS

Essa espécie de atividade tem sido largamente discutida no Brasil, em nível processual, a fim não mais de saber qual o segmento do Judiciário competente para apreciar ações conta entes de Direito Internacional Público, porque este tema, em parte, está resolvido em decorrência do comando constante do art. 114, § 1º, da Constituição, porém de identificar ou não a existência de imunidades de jurisdição e de execução que privilegiam essas pessoas[241].

---

(240) N. sent.: o Parecer/Conjur/TEM n. 436/2010, do Consultor Jerônimo Jesus dos Santos, de 11.11.2010, exarado no Processo: 47636.000159/2010-00, cuja ementa esclarece: *Duração do contrato de trabalho do estrangeiro. Inaplicabilidade do art. 451 da Consolidação das Leis do Trabalho – CLT, aprovada pelo Decreto-lei n. 5.452, de 1º* de maio de 1943. O contrato de trabalho do estrangeiro deve observar os ditames da legislação trabalhista, especialmente contidos na CLT, mas também na legislação especial. O trabalho do técnico estrangeiro regulado pelo Decreto-*lei n. 691, de 1969, de forma explícita, exclui a aplicação do art. 451 da CLT. O trabalho dos demais estrangeiros dependentes de autorização do Estado somente se dá num contrato a termo, eis que a hipótese de prorrogação desse contrato por prazo indeterminado é incompatível com a natureza do visto temporário previsto em Lei para a hipótese. O prazo máximo de duração do contrato temporário de trabalho é de dois anos, incluída eventual prorrogação nesse período.* (destacamos). Disponível em: <http://www.agu.gov.br/page/atos/detalhe/idato/260808>. Acesso em: 17 abr. 2014.

(241) Desde 1984, temos defendido a existência dessa prerrogativa, que favorece os entes de DIP que desempenham atividades no Brasil, em aproximadamente cinquenta textos que escrevemos a respeito. Porém, a posição que defendemos não é a aceita pelo STF

Os sujeitos a que nos referimos aqui possuem regulação específica. Acham-se albergados por tratados internacionais que cuidam do desempenho de sua atividade.

São eles os seguintes:

1. **Estado**: sujeito clássico do Direito Internacional Público e certamente o mais importante e o único expressamente nominado no art. 42 do Código Civil brasileiro;
2. **Órgãos de representação do Estado**: missões diplomáticas, repartições consulares, delegações dos Estados perante organismos internacionais e congressos e/ou conferências internacionais, missões especiais, representações comerciais e as pessoas físicas dos agentes diplomáticos e dos funcionários consulares;
3. **Organizações internacionais**: associações de Estados formados por tratados, com objetivos comuns, geralmente para melhorar as condições de relacionamento entre seus membros; e
4. **Coletividades não estatais**: beligerantes, insurgentes, movimentos de libertação nacional, Santa Sé, Soberana Ordem de Malta e Comitê Internacional da Cruz Vermelha, Comitê Internacional da Cruz Vermelha e Médicos Sem Fronteiras.

Dentro da classificação de coletividades não estatais podem ser albergadas, também, as empresas transnacionais e as organizações não governamentais que cuidam de temas como esportes, ecologia e aviação civil, que, todavia, não estão abrigados pelo art. 42, do Código Civil, porque são pessoas jurídicas de Direito privado, embora com direitos e obrigações no âmbito de abrangência do Direito Internacional Público.

Os entes mencionados acima, exceção àqueles que não são de Direito Internacional Público, podem contratar nacionais como seus empregados. Esses trabalhadores terão os direitos consagrados na legislação brasileira, aplicando-se o princípio da *lex loci executionis*, ou seja, o direito que rege essas avenças é o do local da execução do contrato.

Como existem prerrogativas que esses entes possuem por força do costume ou de tratado internacionais, devem os agentes da fiscalização do trabalho agir, no seu mister, com a indispensável cautela de que são merecedores. Em outras palavras, como os locais onde desenvolvem suas atividades são invioláveis, o que significa que não podem ser objeto de nenhuma medida por parte do Estado territorial, até mesmo o ingresso em suas dependências dependerá da anuência da autoridade estrangeira.

Não se deve confundir funcionários com empregados. Tomemos exemplo em duas convenções internacionais, que são as que mais usualmente são utilizados nas questões trabalhistas no Brasil, quais sejam: Convenção sobre Relações Diplomáticas, de Viena, de 1961, ratificada pelo Brasil em 1965, e vigente desde 08.06.1965 (Decreto de Promulgação n. 46.435), e Convenção sobre Relações Consulares, também de Viena, de 1963, ratificada pelo Brasil em 1967, e vigente desde 26.06.1967 (Decreto de Promulgação n. 61.078).

Consoante o art. 1º, da Convenção de 1961, devem ser considerados empregados diplomáticos: membros do pessoal administrativo e técnico, membro do pessoal de serviço e criado particular. Os demais são agentes diplomáticos, fora do abrigo da CLT, e, portanto, fora do alcance da Justiça do Trabalho, porque, aplicando por analogia o que foi decidido pelo STF na ADIn 3.395-6-DF[(242)], se os servidores públicos não são da competência da Justiça do Trabalho, os funcionários diplomáticos, da mesma forma como os consulares que veremos abaixo, igualmente não o são. A competência é da Justiça Federal comum. É importante, ao exame das relações com esses entes, observar as regras dos arts. 37 e 38 da Convenção de 1961, que tratam de não nacionais e de nacionais do Estado acreditado prestando serviços para o Estado acreditante.

---

brasileiro nem adotada pela quase totalidade da doutrina e da jurisprudência em nosso país. V., a respeito, por todos, os nossos livros *Imunidade de jurisdição trabalhista dos entes de direito internacional público*. São Paulo: LTr, 1986, e *Competência internacional da Justiça do Trabalho*. São Paulo: LTr, 1998.

(242) A 5.4.2006, o STF, em sua composição plenária, referendou a liminar concedida pelo Min. Nelson Jobim, então Presidente da Suprema Corte, na ADIn 3.395-6-DF, vencido o Min. Marco Aurélio. Foi relator o Min. Cezar Peluso. A decisão está assim ementada: "*Inconstitucionalidade. Ação Direta. Competência. Justiça do Trabalho. Incompetência reconhecida. causas entre o poder público e seus servidores estatutários. Ações que não se reputam oriundas de relação de trabalho. Conceito estrito desta relação. Feitos da competência da Justiça Comum. Interpretação do art. 114, I, da CF, introduzido pela EC n. 45/2004. Precedentes. Liminar deferida para excluir outra interpretação. O disposto no art. 114, I, da Constituição da República, não abrange as causas instauradas entre o poder público e servidor que lhe seja vinculado por relação jurídico-estatutária.* (ADIn n. 3.395-6-DF, de 5.4.2006 (Associação dos Juízes Federais do Brasil (Ajufe) e Associação Nacional dos Magistrados Estaduais (Anamages) *vs.*Congresso Nacional). Rel.: Min. Cezar Peluso (DJ n. 75, seção 1, de 19.04.2006, p. 5).

Quando se cuida de repartições consulares, são considerados empregados, albergados pela legislação brasileira, o empregado consular, o membro do pessoal de serviço e o membro do pessoal privado, conforme consignado no art. 1º, da Convenção de Viena de 1963, com as mesmas peculiaridades, quanto à competência da Justiça do Trabalho, referidas aos empregados diplomáticos.

Vejamos, a seguir, a consideração adequada para os entes de Direito Internacional Público que podem ser enquadrados neste item, que são os elencados acima: Estados estrangeiros, órgãos de sua representação, organismos internacionais, coletividades não estatais. São esses os entes a que quer aludir o art. 40 do Código Civil de 2002.

7.2. ESTADOS

7.2.1. *Elementos e Direitos*

Os Estados são chamados de sujeitos clássicos ou originários de Direito Internacional Público e certamente os mais importantes. Deve ser soberano, isto é, independer de ordem superior para ter validade, e independente, com autonomia política interna. É o único expressamente nominado no atual Código Civil brasileiro.

São três os elementos do Estado:

a) população: são os seus habitantes, tanto os nacionais (natos e naturalizados), como os estrangeiros, que são os que residem em seu território, e sobre os quais podem ocorrer restrições ao exercício de jurisdição do Estado (p. ex.: as prerrogativas relativas aos privilégios diplomáticos e consulares);

b) território fixo e determinado, onde exercerá domínio terrestre (solo e subsolo), domínio fluvial (rios), domínio lacustre (lagos), domínio marítimo (mar territorial, zona econômica exclusiva e plataforma submarina), domínio aéreo (espaço aéreo sobrejacente ao território, inclusive sobre o mar territorial); e,

c) governo, que é a organização política que representa o Estado internacionalmente e dirige e mantém a ordem interna.

Além desses três elementos, existem três direitos que o Estado deve possuir para adquirir essa qualidade. São os chamados três *jura: jus tractuum; jus legationis; jus belli.*

O ***jus tractuum*** é o direito de celebrar tratados, que conforme a Convenção de Viena de 1969 significa todo o acordo celebrado entre entes de Direito Internacional Público porque importando a denominação específica que lhe seja atribuída.

Assim, a expressão *tratados* deve ser entendida como o gênero da qual todas as demais são específicas, inclusive o que se pode chamar de tratado *stricto sensu.*

Na Constituição brasileira, há apenas um dispositivo corretamente redigido dentro da melhor técnica internacional: o § 2º do art. 5º. Lá, evitando a sinonímia recorrente em outros artigos, está consignado, ao final: *tratado internacional do qual a República Federativa do Brasil seja parte.* O *tratado internacional* referido deve ser interpretado dentro do que registra a Convenção de Viena. O nome *República Federativa do Brasil* é a denominação correta de nosso país, que usualmente chamamos apenas de *Brasil.* A expressão *parte* significa que somente após o tratado ser ratificado e estar em vigor internacionalmente é que passará a ser exigível no território nacional, tendo sido retirado do projeto de Constituição original a equivocada expressão *signatário*, porque não nos obrigamos apenas pela assinatura, mas pela observância de todo um procedimento interno de exame do tratado pelo Parlamento Nacional a fim de ratificá-lo.

O ***jus legationis*** significa direito de legação. Pode ser ativo, quando o Estado envia representantes diplomáticos a outro Estado, e passivo, quando recebe representantes. O direito de legação é importante para a manutenção das relações políticas e comerciais entre os países. A troca de embaixadores, a instalação de consulados são indicações de proximidade na convivência entre as nações.

Por fim, o ***jus belli*** é o direito da guerra, que foi proscrito do mundo do direito a partir de 1929, com o Pacto de Paris, assinado entre os representantes de França e Estado Unidos, srs. Kellogg e Briand. Hoje, e a partir de 1945, somente se admite o exercício do direito inerente de legítima defesa, individual ou coletiva, nos termos do art. 51 da Carta de São Francisco. Nesse particular, pode o Conselho de Segurança da ONU atuar, como fez no caso da Líbia, em 2011, mediante resolução aprovada com fundamento no art. 42 da Carta.

7.2.2. *Tipos de Estados*

A mais tradicional classificação de Estados é a que considera a existência de Estados simples e compostos.

Simples são os Estados que possuem um poder central, com uma única personalidade jurídica, como a França. E os Estados compostos podem ser por coordenação ou por subordinação.

No primeiro grupo, estão: a *Federação*, que é uma união indissolúvel, como o Brasil; a *Confederação*, caracterizada, sobretudo, por se tratar de uma união para fins de defesa comum, onde os membros possuem o direito de secessão (de dela se retirar), e um órgão decisório, chamado *Dieta*. É o caso dos Emirados Árabes Unidos; a *União Pessoal*, temporária, decorrente de sucessão hereditária e comum na Europa, mas que não mais existe. Assim foram os reinos de Aragão e Castela; *União Real* formava-se por tratados e tinha caráter permanente, como o Império Austro-Húngaro, não existindo mais nos dias correntes.

Ainda neste mesmo grupo podem ser incluídas duas entidades *sui generis*: a *Commonwealth*, reunindo as antigas colônias britânicas em torno do reinante no Reino Unido, que não tem personalidade jurídica internacional; e a *Comunidade dos Estados Independentes* (CEI), fruto do Tratado de Alma-Atá, em 1991, substituindo a antiga URSS e que tem seu centro decisório na Rússia.

Igualmente existem Estados compostos por subordinação, a saber: **Vassalo**, que não possuía soberania externa, pagava impostos e devia respeito ao Estado suserano. Foi o caso, no século XIX, da Romênia e da Bulgária, vassalos do Império Otomano; **Protetorado**, quando um Estado dá proteção ao outro, o protegido, que conserva sua capacidade internacional e para o qual as obrigações do protetor não se transmitem. Assim o Reino de Tonga, no Pacífico, protegido do Reino Unido; **Cliente** é a denominação dada ao Estado cuja política econômica é traçada pelos Estados Unidos da América, dentro da chamada política boa-vizinhança pregada por Roosevelt. Anteriormente, foi o caso do Haiti até 1815 e de Cuba até 1934. Hoje, pode ser considerado Porto Rico; o ***Satélite*** deixou de existir com o desaparecimento da URSS, que lhes traçava a política econômica e externa. Foi o caso das hoje Repúblicas da Bielo-Rússia, Estônia, Letônia e Lituânia, por exemplo; **Exíguos** são os Estados de população e território reduzidos, sem meios para exercer soberania plena. Exemplos: Mônaco, vinculado à França; San Marino, à Itália; Liechtenstein, à Suíça e Áustria. Andorra também se enquadraria nesse caso, com a peculiaridade de ter grande interferência temporal da França e espiritual do Bispo de Urgel, na Espanha.

7.2.3. *Surgimento, transformação, extinção, substituição e reconhecimento de Estado*

Existem três modalidades principais de **surgimento** de um Estado. O modelo clássico é o da **ocupação**, a partir da existência de algum espaço geográfico que pudesse ser considerado uma *res nullius*. Não há mais possibilidade de um Estado surgir por essa via, porque não existem áreas livres no planeta. A Antártica, por exemplo, é *res comunis*, nos termos do Tratado de Washington de 1º.12.1959.

Existem cinco formas de **sucessão** de Estado: por **incorporação**, que foi o caso da República Democrática da Alemanha incorporada à República Federal; por **fusão**, quando dois ou mais Estados se reúnem em um único, como o Reino da Itália, quando ocorreu o movimento do *Resorgimento*, e desapareceu o *Patrimonium Petri*, acabando a soberania temporal da Igreja Católica Romana, readquirida apenas com os Tratados de Latrão de 07.06.1929; ou, em 1964, quando surgiu a Tanzânia, decorrente da fusão de Tanganica com Zanzibar; por **emancipação**, que ocorre quando há descontinuidade territorial, caso do Brasil e Portugal, em 1822; por **separação**, quando, ao contrário, existe continuidade territorial, como a antiga Província Cisplatina que se separou do Brasil dando lugar à República Oriental do Uruguai, em 1828; e por **divisão**, que foi o caso da antiga URSS dividida e dando a novos estados.

A terceira modalidade é a **anexação**, que pode ser total ou parcial. Considera o Direito Internacional ilegal esse tipo de formação de Estado, porque decorre de guerra de conquista. Assim foi com a Polônia e a Áustria, invadidas pela Alemanha, na 2ª grande guerra.

Por **transformação**, entenda-se qualquer mudança de organização política de um Estado. O Brasil, *v. g.*, era um império até 1889, quando passou a República.

A **extinção** e a **substituição** estão paralelas. Geralmente, quando desaparece um Estado surge outro em seu lugar. A Gran-Colômbia, na América do Sul, desapareceu dando lugar a Colômbia, Venezuela, Equador e

Bolívia. O mesmo ocorreu com a Iugoslávia, em 1992, aparecendo a Sérvia, Bósnia-Herzegovina, Croácia, Eslovênia, Montenegro e Macedônia. Igualmente, em 1993, a Tcheco-Eslováquia e foi substituída pelas Repúblicas Checa e Eslovaca.

O **reconhecimento de um Estado** é uma manifestação livre e unilateral de outro, admitindo a sua existência podendo ser expressa (um ato oficial tipo uma manifestação no órgão oficial) ou tácita (mediante o estabelecimento de relações diplomáticas).

Ademais, sem que ocorra qualquer modificação no Estado, pode ocorrer alteração no seu Governo. Assim, quando sucede a deposição de governantes, com ruptura da ordem constitucional, o novo governo necessita ser reconhecido pelos demais. A esse fim, deverá preencher pelo menos três requisitos: 1) ter controle interno da situação do país, a efetividade; 2) manter o compromisso de cumprir suas obrigações internacionais; e 3) que tenha se instalado, depondo o anterior, de acordo com o Direito Internacional, ou seja, sem interferência externa. A exemplo do reconhecimento de Estado, o de Governo também pode ser de modo expresso (uma manifestação escrita) ou tácito (como a manutenção de relações diplomáticas).

7.2.4. *Órgãos de representação do Estado*

Quando o art. 41 do Código Civil refere genericamente aos Estados estrangeiros, estão sendo abrangidos também os diversos órgãos que cuidam da sua representação, podendo ser identificados pelo menos oito entes.

De todos esses órgãos, as **Missões diplomáticas** são as mais conhecidas. Costumeiramente, chama-se de *embaixada*, mas, a rigor, esse termo se destina à residência do Chefe da Missão. Os escritórios da missão são chamados de *chancelaria*. Desenvolvem importante atividade política de aproximação entre os países. Suas prerrogativas estão elencadas na Convenção de Viena sobre relações diplomáticas, de 18.04.1961, que o Brasil ratificou a 25.03.1965, tendo sido promulgada pelo Decreto n. 56.435, de 08.06.1965, inclusive tratando de imunidade de jurisdição. Note-se que a proteção consagrada pela Convenção de 1961 refere aos lugares da missão, que são impenhoráveis e invioláveis (art. 22), da mesma forma como seus arquivos e documentos (art. 24) e a correspondência oficial da Missão e a mala diplomática (art. 27, 2 e 3). As prerrogativas dos agentes serão vistas adiante.

As **repartições consulares** são órgãos que tratam de questões econômicas, culturais e sociais entre os nacionais e estrangeiros. Desenvolvem atividade notarial (registros de nascimento e óbito), concedem vistos em passaportes, tratam de questões comerciais. Suas prerrogativas constam da Convenção de Viena sobre relações consulares, de 24.04.1963, que também o Brasil ratificou a 11.05.1967, promulgada pelo Decreto n. 61.078, de 26.07.1967, igualmente contando com previsões sobre imunidade jurisdicional. Os arquivos e documentos (art. 33) e locais consulares são invioláveis (art. 31, 1), da mesma forma como os moveis, os bens da repartição consular e os meios de transporte não podem ser objeto de requisição para defesa nacional ou utilidade pública (art.31, 5). As prerrogativas atingem a correspondência oficial e a mala consular (art. 35, 2 e 3). As facilidades dos agentes serão apontadas adiante.

As **delegações dos Estados perante organismos internacionais e congressos e/ou conferências internacionais** possuem igualmente prerrogativas e privilégios que lhes garantem tratamento preferencial perante o Estado onde se situa a organização ou onde se realiza o evento. É a Convenção sobre Privilégios e Imunidades das Agências Especializadas das Nações Unidas, adotada a 21.11.1947, e promulgada no Brasil pelo Decreto n. 52.288, de 24.07.1963, o tratado que garante aos representantes dos Estados membros em reuniões convocadas por uma agência especializada o gozo, enquanto exerceram suas funções e durante as suas viagens para e do lugar da reunião, de privilégios e imunidades à semelhança dos agentes diplomáticos.

Quando é constituída uma missão temporária, de caráter representativo de um Estado a outro, com o consentimento deste e para fim de cuidar de um tema especifico ou um acontecimento determinado, estamos ante uma **Missão Especial**. Essa situação é bastante comum nas mudanças de governo e nos funerais de chefes de Estado. Essas missões são objeto da Convenção sobre as Missões Especiais, adotada pela Assembleia Geral da ONU, em 08.12.1969, mas que ainda não foi ratificada pelo Brasil.

As *representações comerciais* eram muito comuns ao tempo da antiga URSS. Tratava-se de um órgão do Estado no exterior para cuidar do monopólio do comércio exterior, de que era detentor único. Sobrevive, ainda, na República de Cuba (art. 18, 1ª parte, da Constituição de 1976) e na Guiné-Bissau (art. 13, 2, 1ª parte, da Constituição de 1984). Aparece também na Itália, através do *Instituto Nazionale per il Commercio Estero* (ICE), criado pela

Lei n. 214, de 22.12.2011, como ente dotado de personalidade jurídica de direito público, ligado aos Ministérios do Desenvolvimento Econômico, dos Assuntos Estrangeiros e da Economia e Finanças.

No Brasil, em 1968, foi instalada a representação comercial da Itália, em São Paulo, tendo ocorrido troca de Notas Verbais, onde, diferentemente das notas trocadas ao tempo dos Estados socialistas, não se cuidava de prerrogativas. No entanto, como se tratava de um órgão público, que funcionava adido ao consulado geral em São Paulo, a ele eram estendidas as prerrogativas deste. Hoje, naquela repartição consular, funciona um escritório do ICE, que conserva os mesmos privilégios.

Com efeito, essas representações comerciais, conquanto pratiquem atos de gestão, devem ser equiparadas às demais pessoas de direito público externo de que trata o art. 40 do Código Civil, considerando serem pessoas jurídicas de direito público.

Embora não sejam *pessoas jurídicas* nos estritos termos do art. 40 do Código Civil, mas são sujeitos de Direito Internacional Público, não devem ser esquecidos os **diplomatas** e os **cônsules**, cujas prerrogativas decorrem do e pelo exercício das respectivas funções. Nessas circunstâncias, estão abrangidas pelo dispositivo interno mencionado.

Quanto aos **diplomatas**, o agente diplomático goza de imunidade de jurisdição civil relativa (a penal é absoluta), em três hipóteses, conforme enumerado no art. 31, 1, da Convenção de Viena de 1961:

> a) uma ação real sobre imóvel privado situado no território do Estado acreditado, salvo se o agente diplomático o possuir por conta do Estado acreditado para os fins da missão.
>
> b) uma ação sucessória na qual o agente diplomático figure, a título privado e não em nome do Estado, como executor testamentário, administrador, herdeiro ou legatário.
>
> c) uma ação referente a qualquer profissão liberal ou atividade comercial exercida pelo agente diplomático no Estado acreditado fora de suas funções oficiais.

No entanto, se for autor de uma ação judicial, não poderá invocar essa imunidade quanto à uma eventual reconvenção ligada à ação principal (art. 32, 3).

De qualquer forma, pode haver renúncia a essa prerrogativa que será exercida pelo Estado acreditante (art. 32, 1), sempre de forma expressa (art. 32, 2), e que não implicará possibilidade de ser praticada qualquer providência de execução da sentença, porque, nesse caso, existe a imunidade de execução, e nova renúncia é exigida (art. 32, 3).

Não se deve pensar que o agente diplomático ficará impune. A Convenção de Viena prevê que a imunidade que goza não o isenta das sanções cabíveis em seu Estado (art. 31, 4).

Relativamente aos **cônsules**, as regras constam da Convenção de Viena de 1963, e de acordo com o art. 43, 1, funcionários consulares e empregados consulares não estão sujeitos à jurisdição das autoridades do Estado receptor pelos atos que pratiquem no exercício das suas funções.

Consoante dispõe o art. 43, 2, existem apenas duas exceções, em se tratando de ação civil:

> a) que resulte de contrato que o funcionário ou empregado consular não tiver realizado implícita ou explicitamente como agente do Estado que envia; ou
>
> b) que seja proposta por terceiro como consequência de danos causados por acidente de veículo, navio ou aeronave, ocorrido no Estado receptor.

Esses privilégios, todavia, a exemplo daqueles dos diplomatas, podem ser renunciados pelo Estado que envia, de modo expresso, sendo necessário reiterar a renúncia em caso de execução, e, tendo proposto a ação, perderá imunidade em caso de reconvenção apresentada na demanda principal (art. 45).

7.3. ORGANIZAÇÕES INTERNACIONAIS

As organizações internacionais são associações de Estados, formadas por tratados, com objetivos comuns e personalidade jurídica própria, diferente da de seus membros, visando harmonizar e disciplinar ações.

O Estado, ao ingressar em uma organização internacional, tem responsabilidade por sua manutenção, e dela participa objetivando ampliar a convivência com os demais, e, como deve observar o seu instrumento constitutivo, sofre necessária limitação de sua soberania.

Os registros da história identificam a Liga de Corinto, criada por Filipe, no Conselho dos Helenos, como a primeira organização internacional. Objetivava preservar a autonomia das cidades-estado da Grécia, garantir a liberdade de comércio e navegação e seus conflitos eram resolvidos mediante procedimento arbitral.

Diversas entidades semelhantes às organizações de hoje, foram surgindo no curso da história, e, em 1865, foi fundada a União Telegráfica Universal, antecessora da atual União Internacional de Telecomunicações, e, em 1874, a União Geral dos Correios, hoje União Postal Universal.

Em 1919, finda a primeira Grande Guerra, foi celebrado o tratado de Versalhes, criando a primeira organização internacional para cuidar da paz, a Sociedade (ou Liga) das Nações, que suspendeu atividades em 1939, como o início da segunda guerra, e, em 1946, foi sucedida pela Organização das Nações Unidas (ONU), criada a 24.10.1945, durante a Conferência de São Francisco.

A ONU objetiva, precipuamente, a manutenção da paz e da segurança internacionais, possuindo 193 Estados membros, com a Assembleia Geral, os Conselhos Econômico e Social e de Tutela (que está com atividades suspensas desde 01.11.1994, quando Palau ingressou na organização), a Corte Internacional de Justiça da Haia, e o Secretariado Geral como seus órgãos principais.

Em torno dela, gravitam as suas agências especializadas, dentre as quais: Organização Internacional do Trabalho (OIT), Organização das Nações Unidas para a Alimentação e a Agricultura (FAO), Organização das Nações Unidas para a Educação, a Ciência e a Cultura (Unesco), Organização da Aviação Civil Internacional (Oaci), Fundo Monetário Internacional (FMI), Banco Internacional para a Reconstrução e o Desenvolvimento (Bird = Banco Mundial); Organização Mundial de Saúde (OMS); União Postal Universal (UPU); União Internacional de Telecomunicações (UIT), dentre outras.

Além delas, existem diversas organizações, das quais o Brasil faz parte, inclusive algumas regionais como a Organização dos Estados Americanos (OEA) e a Associação Latino-Americana de Integração (Aladi), sucessora da Associação Latino-Americana do Livre Comércio (Alalc), dentre outras.

Todas elas se encontram abrangidas pelo art. 40 do Código Civil, inclusive, necessariamente, no que respeita à imunidade de jurisdição, que podem renunciar, e de execução, quando não cabe renúncia, assunto que tratamos diversas vezes, mas que não é objeto desta obra.

7.4. COLETIVIDADES NÃO ESTATAIS

São consideradas coletividades não estatais todos os entes que não se enquadram em outras classificações. Trata-se de uma expressão demasiadamente imprecisa, porque vai alcançar tanto os beligerantes, os insurgentes e os movimentos de libertação nacional, como a Santa Sé, a Soberana Ordem Militar de Malta e a Cruz Vermelha. É, no entanto, usada pela quase unanimidade da doutrina. Vejamos cada qual.

São considerados **beligerantes** os movimentos armados da população, politicamente organizados, praticando uma verdadeira guerra civil, mediante a luta armada com objetivos políticos. Exemplo típico foram os Estados Confederados na guerra de secessão nos Estados Unidos, no século XIX.

Entenda-se por **insurgentes** os grupos dentro de um Estado objetivando a tomada do poder, com uso de força armada, não chegando, todavia, a constituir uma guerra civil. A Coluna Prestes, no Brasil, pode ser exemplo bastante significativo de uma insurgência.

Os **movimentos de libertação nacional** objetivam a independência de um determinado povo e seu melhor exemplo é a Organização para a Libertação da Palestina (OLP), criada em 1954, tendo o Estado da Palestina sido reconhecido pela Assembleia Geral da ONU, em novembro de 2012, como *estado observador não membro*. Ademais, costumam ser trocados representantes diplomáticos, inclusive com o Brasil, e celebrados tratados com a OLP.

A **Santa Sé** é a reunião do Papa, chefe da Igreja Católica Romana, com a Cúria Romana, possuindo personalidade internacional, celebrando tratados e fazendo parte de organismos internacionais. Sua base territorial é a Cidade do Vaticano, um bairro no centro de Roma. Anteriormente, o Papado possuía soberania temporal sobre os Estados Pontifícios que compunham o Patrimônio de São Pedro. Com a Unificação Italiana, concluída em 1870, o Papa passou a se considerar prisioneiro no Vaticano, recusando a lei de Garantias, que o Parlamento da Itália aprovara em 1871. A chamada *questão romana* somente foi resolvida com a assinatura, em 1929, dos Acordos de Latrão, quando foi reconhecida a soberania da Santa Sé sobre o Vaticano, as igrejas de Roma e o palácio de Castelgandolfo. Abordamos este momento importante para o Direito do Trabalho no Capítulo I desta Parte.

Relativamente à **Soberana Ordem Militar de Malta**, trata-se de uma comunidade monástica, localizada em Roma, que, embora se declare soberana e sujeito do Direito Internacional, e exerça o *jus legationis* na sua plenitude, inclusive no Brasil, possui estreita dependência com a Santa Sé, não sendo reconhecida como Estado pela comunidade internacional.

O ***Comitê Internacional da Cruz Vermelha*** é uma organização independente e neutra, objetivando proteger e assistir vítimas de guerra e de violência armada. Rigorosamente, deveria ser enquadrada como uma organização internacional não governamental, porém, seu trabalho lhe garante um tratamento preferencial e diferenciado em todos os Estados.

Existe, também, a organização denominada ***Médicos Sem Fronteiras***, fundada na França em 20 de dezembro de 1971, atuando em 70 países, e sediada em Genebra (Suiça). Considerada a maior organização não governamental sem fins lucrativos de ajuda humanitária na área da saúde em todo o mundo, recebeu o Prêmio Nobel de Paz de 1999 e assiste populações em situação de emergência com conflitos armados, epidemias, fome, catástrofe e similares. Guarda semelhança e merece tratamento idêntico à Cruz Vermelha Internacional.

7.5. OUTRAS COLETIVIDADES

Dentro da classificação de coletividades não estatais podem ser albergadas, também, as empresas transnacionais e as organizações não governamentais (ONG) que cuidam de temas como esportes, ecologia e aviação civil, dentre outros. Todavia, não são pessoas jurídicas de direito público externo, embora sejam consideradas para fins de Direito Internacional Público, não gozando de quais privilégios ou imunidades.

8. PESSOAS COM DEFICIÊNCIA

A Lei n. 13.146, de 6.7.2015, instituiu a Lei Brasileira de Inclusão da Pessoa com Deficiência ou o Estatuto da Pessoa com Deficiência, destinada a assegurar e a promover, em condições de igualdade, o exercício dos direitos e das liberdades fundamentais por pessoa com deficiência, visando à sua inclusão social e cidadania (art. 1º), tendo por base a Convenção sobre os Direitos das Pessoas com Deficiência e seu Protocolo Facultativo, ambos em vigor no Brasil.

Para fins dessa lei, que começou a vigorar em janeiro de 2016 (art. 127), e, portanto, do Direito brasileiro, o art. 2º define o beneficiário da lei:

> Art. 2º Considera-se pessoa com deficiência aquela que tem impedimento de longo prazo de natureza física, mental, intelectual ou sensorial, o qual, em interação com uma ou mais barreiras, pode obstruir sua participação plena e efetiva na sociedade em igualdade de condições com as demais pessoas.

Para ser considerado deficiente, a pessoa deve ser avaliada biopsicossocialmente, por equipe multiprofissional e interdisciplinar, considerando desde fatores socioambientais, psicológicos e pessoais até limitação no desempenho de atividades (§ 1º do mesmo artigo).

Relativamente às questões trabalhistas, chama atenção o art. 3º, que tem direta relação com o trabalho doméstico (v., nesta Parte, Capítulo VI, n. 18, acima). É que esse dispositivo do Estatuto da Pessoa com Deficiência cuida de três espécies de trabalhador, a saber:

- *atendente pessoal: pessoa, membro ou não da família, que, com ou sem remuneração, assiste ou presta cuidados básicos e essenciais à pessoa com deficiência no exercício de suas atividades diárias, excluídas as técnicas ou os procedimentos identificados com profissões legalmente estabelecidas* (inciso XII);
- *profissional de apoio escolar: pessoa que exerce atividades de alimentação, higiene e locomoção do estudante com deficiência e atua em todas as atividades escolares nas quais se fizer necessária, em todos os níveis e modalidades de ensino, em instituições públicas e privadas, excluídas as técnicas ou os procedimentos identificados com profissões legalmente estabelecidas* (art. XIII), e,
- *acompanhante: aquele que acompanha a pessoa com deficiência, podendo ou não desempenhar as funções de atendente pessoal* (art. XIV).

O Estatuto igualmente garante igualdade de oportunidades e proíbe qualquer espécie de discriminação (art. 4º), garantindo a proteção da pessoa com deficiência de toda forma de negligência, discriminação, exploração, violência, tortura, crueldade, opressão e tratamento desumano ou degradante (art. 5º), sendo considerados vulneráveis a criança, o adolescente, a mulher e o idoso, com deficiência (parágrafo único).

8.1. DIREITO AO TRABALHO, HABILITAÇÃO E REABILITAÇÃO PROFISSIONAL E INCLUSÃO NO MERCADO DE TRABALHO

O Capítulo VI do Estatuto da Pessoa com Deficiência é dedicado ao direito do trabalho, sendo garantido o direito ao trabalho de livre escolha e aceitação, em ambiente acessível e inclusivo, em igualdade de oportunidades com os demais, a toda pessoa com deficiência (art. 34), aos quais se garante isonomia (§ 2º), vedada qualquer discriminação, em razão de sua condição, inclusive nas etapas de recrutamento, seleção, contratação, admissão, exames admissional e periódico, permanência no emprego, ascensão profissional e reabilitação profissional, bem como exigência de aptidão plena (§ 3º), da mesma forma como a participação e ao acesso a cursos, treinamentos, educação continuada, planos de carreira, promoções, bonificações e incentivos profissionais oferecidos pelo empregador, em igualdade de oportunidades com os demais empregados (§ 4º) e acessibilidade em cursos de formação e de capacitação (§ 5º).

Uma das preocupações deste Estatuto é referente ao ambiente de trabalho. Todas as pessoas jurídicas (de direito público, privado ou de qualquer natureza) são obrigadas a garantir ambiente de trabalho acessível e inclusívo (art. 34, § 1º). Acreditamos que essa regra poderia ter sido estendida, no que coubesse aos empregadores pessoas físicas que, por terem essa condição, podem também contratar empregados livremente.

Adiante, essa lei propugna a adoção de políticas públicas de trabalho e empregado com o fito de promover e garantir condições de acesso e de permanência da pessoa com deficiência no campo de trabalho. A esse fim, devem ser implementados programas de estímulo ao empreendedorismo e ao trabalho autônomo, incluídos o cooperativismo e o associativismo, com a participação de seus beneficiários, da mesma forma como a disponibilização de linhas de crédito (art. 35 e parágrafo único).

Habilitação e reabilitação profissional, temas fundamentais para o trabalhador, sobretudo o acidentado, que, por conta do acidente sofrido, torna-se deficiente, é garantida pelo Estatuto, quanto à implementação de serviços e programas completos de habilitação profissional e de reabilitação profissional para que a pessoa com deficiência possa ingressar, continuar ou retornar ao campo do trabalho, respeitados sua livre escolha, sua vocação e seu interesse (art. 36).

A fim de incluir a pessoa com deficiência no mercado de trabalho, o Estatuto reconhece que o modo de isso ocorrer é através de uma colocação competitiva, em igualdade de oportunidades com as demais pessoas, atendidas as regras de acessibilidade, o fornecimento de recursos de tecnologia assistiva e a adaptação razoável no ambiente de trabalho (art. 37).

Oito diretrizes devem ser observadas, conforme o parágrafo único desse mesmo artigo, a saber:

> I – prioridade no atendimento à pessoa com deficiência com maior dificuldade de inserção no campo de trabalho;
>
> II – provisão de suportes individualizados que atendam a necessidades específicas da pessoa com deficiência, inclusive a disponibilização de recursos de tecnologia assistiva, de agente facilitador e de apoio no ambiente de trabalho;
>
> III – respeito ao perfil vocacional e ao interesse da pessoa com deficiência apoiada;
>
> IV – oferta de aconselhamento e de apoio aos empregadores, com vistas à definição de estratégias de inclusão e de superação de barreiras, inclusive atitudinais;
>
> V – realização de avaliações periódicas;
>
> VI – articulação intersetorial das políticas públicas;
>
> VII – possibilidade de participação de organizações da sociedade civil.

O art. 101 desse Estatuto trouxe expressiva alteração na Lei n. 8.213/91. Assim, a dispensa de pessoa com deficiência ou beneficiário reabilitado da Previdência Social, com contrato por prazo determinado de mais de noventa dias ou imotivadamente dispensada somente pode ocorrer se outro trabalhador em idêntica condição for contratado (art. 93, § 1º), cabendo ao M.Tb. a fiscalização (§ 2º).

CAPÍTULO VIII

SUJEITOS: EMPREGADO E EMPREGADOR

1. O EMPREGADO

Qualquer pessoa pode, em tese, ser trabalhador urbano ou rural e, por corolário, celebrar contrato individual de trabalho. Observe-se, contudo, que é proibido trabalho a menores de quatorze anos, exceto na condição de aprendiz (Decreto n. 5.598/2005). Maiores de dezesseis até dezoito anos somente poderão celebrar contrato, com assistência de responsável, porque são pessoas relativamente capazes. Com capacidade plena para ser admitido como empregado somente os maiores de dezoito anos de idade, que também é a idade mínima para ser empregado doméstico (art. 1º, parágrafo único, da LC n. 150/2015).

Note-se que, a partir de 2008, na tentativa de permitir o acesso ao chamado *primeiro emprego*, foi acrescentado, pela Lei n. 11.644, de 10.03.2008, o art. 442-A à CLT proibindo comprovação de experiência prévia por tempo superior seis meses no mesmo tipo de atividade. Pensamos que esse dispositivo é absolutamente desnecessário e, na verdade, apenas serviu de desestímulo teórico para esse tipo de seleção que, no entanto, continua na prática a ser feito.

A definição de empregado consta do art. 3º da CLT, nos seguintes termos:

> Art. 3º Considera-se empregado toda pessoa física que prestar serviços de natureza não eventual a empregador, sob a dependência deste e mediante salário.

O parágrafo único não distingue espécies de trabalho, condição de trabalhador, nem tipo de trabalho (intelectual, técnico ou manual).

Daí se pode deduzir os elementos que fazem existir um empregado:

1. Ser pessoa física;
2. Prestar serviços não eventuais;
3. Existir um tomador do serviço;
4. Receber ordens e instruções;
5. Receber salário pelos serviços.

Esses elementos transformam um trabalhador comum em empregado subordinado, e proporcionam a ele um elenco de direitos trabalhistas.

Situação peculiar é a dos altos empregados ou altos executivos. São eles os trabalhadores que exercem cargo de confiança dentro do quadro organizacional do empregador, exercendo poderes de mando, gestão e representação, e que, por esses motivos, possuem um tratamento diferenciado em relação aos demais.

1.1. IDENTIFICAÇÃO PROFISSIONAL

1.1.1. CTPS

O principal meio de prova de existência de contrato de trabalho subordinado é a CTPS. Não só isso, senão porque é obrigatória para o exercício de qualquer emprego, inclusive de natureza rural, ainda que em caráter temporário, e para o exercício por conta própria de atividade profissional remunerada (art. 13 da CLT).

Considerada prova de presunção relativa em relação ao empregador (*juris tantum*) pela jurisprudência dominante no TST (Súmula n. 12), é nela que são feitos todos os registros da vida do trabalhador enquanto tal, servindo, inclusive, para demonstrar sua experiência e para revelar sua situação perante órgãos previdenciários.

A CTPS é emitida pelo M.Tb. através de suas superintendências regionais (SRTE) ou por órgãos públicos conveniados (art. 14 da CLT). Gratuita, pode ser entregue através do sindicato de classe que, se cobrar alguma taxa pela entrega do documento, será multada, como prevê o art. 56 consolidado.

Caso a CTPS se torne inservível ou não tenha mais espaço para registros, poderá ser obtida nova, com o mesmo número e série (art. 21).

Nenhum empregado pode ser admitido sem a anotação em sua CTPS. A obrigação de apresentar a carteira para anotação é do trabalhador, devendo o empregador restituí-la, devidamente anotada, sem abreviaturas e entrelinhas (art. 33), em 48 horas (art. 29), respondendo a empresa por multa se a retiver por período superior (art. 53). Não sendo efetuada, importará em infração, que será devidamente autuado pelo auditor-fiscal do trabalho (§ 3º), e a não devolução acarretará em reclamação perante a SRTE (art. 36) ou perante a Justiça do Trabalho (art. 39).

Importante ressaltar que o empregador não pode efetuar qualquer anotação que desabone a conduta do empregado (§ 4º), o que inclui também a vedação para inserir o motivo pelo qual o trabalhador deixou o emprego, incorrendo em multa prevista no art. 52 consolidado, porque inutilizado o documento, a mesma multa que incorrerá em caso de extravio da CTPS.

Rasuras, como aposição de carimbo *nulo* ou *cancelado*, também não devem ocorrer, ensejando inclusive indenização por dano moral ao trabalhador como decidiu o TST, em 2013 (Proc. RR-303-81.2011.5.09.0671).

Por outro lado, em sendo o serviço executado por empreitada, individual ou coletiva, seja ou não fiscalizado pelo contratante, a CTPS será anotada ou pelo representante do sindicato profissional ou de cooperativa, conforme o caso.

Trata-se, afinal, talvez do mais importante documento da vida de um trabalhador. Ali deve estar retratada toda a sua atividade produtiva. Ali está contada boa parte de sua vida, seus sucessos, seus aborrecimentos, suas alegrias, da juventude à maturidade e à velhice. Dia após dia, folheando as páginas de sua CTPS, o trabalhador poderá relembrar toda sua trajetória e contar a seus descendentes todos os sacrifícios que passou, os percalços que sofreu e as vitórias que conquistou. Por isso, deve esse pequeno *livrinho* ser guardado zelosamente pelo empregado. Nele está a própria história da sua existência como construtor de alguma grande obra porque, como dizia Fernando Pessoa, *tudo vale a pena se a alma não é pequena.*

1.1.1.1. CTPS digital

A partir de 2017, o trabalhador brasileiro passou a ter direito a uma CTPS digital, como uma extensão da CTPS impressa. Trata-se de um documento que pode ser obtido gratuitamente no site do M.Tb., baixando o aplicativo mediante cadastro no sistema cidadão.br ou no Sine Fácil.

É evidente avanço da tecnologia para facilitar a vida das pessoas, proporcionando mais agilidade na relação do trabalhador com os órgãos oficiais e nas suas atividades, apontando o M.Tb. alguns possíveis benefícios com a adoção desse sistema, que inclui redução de tempo de atendimento, agilidade no acesso às informações trabalhistas e, sobretudo, integração das bases de dados do Ministério, aspecto que, ao que parece, é realmente o mais relevante, permitindo não apenas ao trabalhador mas ao próprio poder público o controle absoluto sobre a vida dos cidadãos.

1.1.2. Registro de empregados

O art. 41 da CLT determina que todo empregador efetue o registro dos seus empregados por meios adequados, que será mantido na empresa, à disposição da fiscalização.

Esses meios podem ser o tradicional livro de registro, mas também fichas ou um sistema eletrônico, o que significa expressivo avanço em termos de evolução tecnológica, constando, desse registro, todos os dados que identifiquem e qualifiquem o empregado e resumam sua vida na empresa.

A ausência de registro importará em aplicação de multas pela fiscalização do trabalho. O valor é de R$-3.000,00 por empregado não registrado, acrescido de igual valor em cada reincidência (art. 47). Quanto se tratar de microempresa ou empresa de pequeno porte, essa multa será de R$-800,00 por empregado não registrado, não se cogitando de reincidência (art. 47, § 1º). Em qualquer dos casos, a infração constitui exceção ao critério da dupla visita. Deve ser observado que as multas referidas poderão ser reduzidas para R$-600,00 por empregado prejudicado, quando não for informado ao empregador os dados que devem ser anotados, e que constam do parágrafo único do art. 41: qualificação civil ou profissional de cada trabalhador, dados relativos à sua admissão no emprego, duração e efetividade do trabalho, a férias, acidentes e demais circunstâncias que se refiram à proteção do empregado.

1.2. EMPREGADO HIPERSUFICIENTE

Antes tínhamos a figura do *hiposuficiente*, significando o trabalhador comum, aquele operário que sobrevive de seu salário, levando uma vida de sacrifícios e privações, carente de melhores recursos, ou a pessoa que não possui condições financeiras para uma sobrevivência digna. Agora, agregamos um novo tipo, o *hipersuficiente*, que deveria ser entendido como o trabalhador de alta importância para a empresa, recebendo salário elevadíssimo, merecedor de tratamento diferenciado, ocupando um estamento superior. Apenas, não é bem assim.

É que um *novo* tipo de empregado foi reconhecido pela CLT. Formalmente sempre existiu o *alto empregado* ou *alto executivo*. A partir de novembro de 2017, quando começaram a vigorar as regras introduzidas na legislação trabalhista pela Lei n. 13.467/17, foi reconhecido formalmente o *empregado hipersuficiente*.

Thereza Nahas identifica que, com essa reforma, passamos a ter três categorias de trabalhadores no Brasil: o desqualificado, regido pelas tradicionais regras celetistas; o qualificado, que possui nível superior e recebe salário mais elevado; e o autônomo, geralmente regulado pelas disposições do Código Civil [(243)]. Pondere-se que ao chamar de *desqualificado* para o trabalhador tradicional não existe o mínimo sentido de discriminação, mas apenas de considerá-lo como comum, sem qualquer espécie de privilégio ou de vítima ou de destituído de qualquer representatividade humana. Não existe, então, qualquer intenção ou pretensão discriminatória.

É nessa categoria *intermediária* que encontramos o empregado hipersuficiente, com quatro características básicas: 1) deve ser possuidor de curso de nível superior; 2) perceber salário mensal igual ou superior a duas vezes o teto de benefícios previdenciários, em 2018, de R$-11.291,60; 3) celebrar um acordo individual de trabalho específico, dispondo sobre sua condição; 4) aceitar estipular, com o empregador, as condições em que se aplicam ao seu contrato as hipóteses do art. 611-A da CLT.

Assim, vejamos o art. 444 e, sobretudo, seu parágrafo único:

> Art. 444. As relações contratuais de trabalho podem ser objeto de livre estipulação das partes interessadas em tudo quanto não contravenha às disposições de proteção ao trabalho, aos contratos coletivos que lhes sejam aplicáveis e às decisões das autoridades competentes.
>
> Parágrafo único. A livre estipulação a que se refere o *caput* deste artigo aplica-se às hipóteses previstas no art. 611-A desta Consolidação, com a mesma eficácia legal e preponderância sobre os instrumentos coletivos, no caso de empregado portador de diploma de nível superior e que perceba salário mensal igual ou superior a duas vezes o limite máximo dos benefícios do Regime Geral de Previdência Social.

Com efeito, a partir dessas considerações, podemos definir o empregado hipersuficiente como sendo aquele trabalhador subordinado, com formação superior, que, percebendo salário igual ou superior ao dobro do limite máximo de benefícios do RGPS, celebra acordo individual dispondo sobre as suas relações de trabalho, com a mesma eficácia legal e superior a qualquer norma coletiva, inclusive abrangendo as hipóteses negociais referidas no art. 611-A da CLT.

1.2.1. *Críticas ao modelo*

Esse sistema de classificação de empregado tendo como parâmetro o seu salário não parece ser dos mais indicados. Alguns pontos passamos a demonstrar para apontar a insegurança dos critérios adotados.

O primeiro é justamente o salário. Considerar hipersuficiente quem ganha salário igual ou superior a R$-11.291,60 é, no mínimo, desconsiderar o salário médio de executivo de importância também mediana

(243) NAHAS, Thereza Christina. *Novo Direito do Trabalho. Institutos fundamentais. Impactos da reforma trabalhista.* São Paulo: RT, 2017. p. 142-143.

no Brasil, responsável por determinado setor especializado de uma empresa, que varia entre R$-20,000,00 e R$-25.000,00[(244)], e não são os diretores empregados.

Note-se que os critérios que devem prevalecer são subordinação jurídica e dependência econômica e jamais a remuneração deve justificar condição de superioridade. Essa inclusive é a interpretação que se retira da Convenção n. 111 de 1958, da OIT, sobre discriminação em matéria de emprego e profissão[(245)].

Demais disso, este entendimento continuará a prevalecer se aplicarmos, analogicamente, o art. 4º, I, do CDC, quando é reconhecida a vulnerabilidade do consumidor no mercado de consumo.

O segundo ponto é a prevalência do acordo individual sobre os instrumentos oriundos da negociação coletiva, como prevê o parágrafo único do art. 444 da CLT. Admitindo-se essa preferência, aparentemente estará havendo ofensa ao art. 7º, XXXVI, da Constituição, que reconhece a superioridade das normas negociadas.

Na mesma linha, porque pode ser disposição de acordo individual, a inserção de cláusula compromissória, permitindo que eventuais conflitos interpessoais sejam resolvidos mediante arbitragem (art. 507-A da CLT). Esse mecanismo é, a nosso ver, de grande valia, embora o TST entenda que não cabe em questões individuais, mas apenas em demandas coletivas.

Ainda neste aspecto, parece que pode ser alegado vício de consentimento na inserção da cláusula compromissória no contrato de trabalho, tornando a solução arbitral como a ideal para conflitos futuros. O art. 507-A apresenta a seguinte redação:

> Art. 507-A. Nos contratos individuais de trabalho cuja remuneração seja superior a duas vezes o limite máximo estabelecido para os benefícios do Regime Geral de Previdência Social, poderá ser pactuada cláusula compromissória de arbitragem, desde que por iniciativa do empregado ou mediante a sua concordância expressa, nos termos previstos na Lei n. 9.307, de 23 de setembro de 1996.

Desse dispositivo, temos que, para haver possibilidade de recurso à arbitragem, a cláusula pode ser inserida a qualquer momento, ou seja, mesmo para os contratados antes de 11 de novembro de 2017, é perfeitamente válido ser celebrado termo aditivo ao contrato individual incluindo essa cláusula. E como pode ocorrer isso? A qualquer tempo, seja por livre manifestação de vontade do empregado (presume-se a aceitação patronal) ou com a sua anuência expressa (por solicitação do empregador), que se verificará pela simples assinatura no contrato ou no aditivo (se posterior ao contrato).

Ao que parece, se ficar demonstrada coação ou fraude para a existência dessa cláusula no contrato individual de trabalho, acreditamos que poderá ser declarada judicialmente sua nulidade, passando o empregado a ser regido pelas normas comuns a todos os demais.

1.2.2. Remuneração

A remuneração do empregado hipersuficiente é a que for ajustada com o empregador. Necessariamente deve ser bastante superior a dos demais empregados, e sempre igual ou maior que o dobro do valor dos benefícios do RGPS.

Os reajustes do salário do empregado hipersuficiente devem ser feitos de acordo com o ajuste individual feito com o empregador, porém deve ser observado que é conveniente inserção de regra de reajuste salarial automático, sempre que os valores dos benefícios previdenciários forem modificados. Assim deve ser porque, caso o salário do hipersuficiente, em decorrência do aumento do benefício da Previdência Social, fique aquém desse valor, o trabalhador passará automaticamente a ser regido pelas regras comuns a todos os demais.

Algumas verbas são de natureza não remuneratória, e não farão parte de sua remuneração, nem irão se incorporar ao pacto laboral, nem servirão de base de incidência de qualquer encargo trabalhista e previdenciário, conforme o § 2º do art. 457 da CLT, exceto encargos fiscais, que permanecem.

As importâncias pagas a título de ajuda de custo (limitada a 50% da remuneração mensal do empregado), auxílio-alimentação, diárias para viagem e prêmios são essas parcelas, sendo de recordar que os prêmios, conforme

(244) Cf. <https://exame.abril.com.br/carreira/os-profissionais-com-maiores-salarios-no-brasil-em-2016/#>. Acesso em: 28.10.2017.

(245) A Convenção n. 111 foi ratificada pelo Brasil, e promulgada através do Decreto n. 62.150, de 19.01.1968.

o § 4º do art. 457 consolidado, são *as liberalidades concedidas pelo empregador em forma de bens, serviços ou valor em dinheiro a empregado ou a grupo de empregados, em razão de desempenho superior ao ordinariamente esperado no exercício de suas atividades*. A única forma desses prêmios poderem integrar a remuneração do trabalhador é se for expresso no contrato de trabalho.

1.2.3. Direito adquirido e direitos garantidos

Com as mudanças na legislação obreira, alguns direitos referentes ao empregado hipersuficiente, que estava trabalhando formalmente desde antes da reforma, não foram atingidos e não podem ser modificados, pena de se caracterizar alteração indevida no contrato de trabalho.

O que queremos frisar é que essas alterações são aplicáveis apenas para os que vierem a ser contratados a partir da entrada em vigor das novas regras. Ou seja, quem está no exercício de atividade assim, se mudar, haverá alteração prejudicial ao trabalhador. Como corolário, cláusula dessa espécie poderá ser declarada judicialmente nula.

Com o permissivo para negociar diretamente com o empregador os direitos listados no art. 611-A da CLT, a impressão imediata é de que a vida do empregado hipersuficiente será apenas de sacrifícios. Pensamos diferente. Muita coisa pode ser negociada entre patrão e empregado, mas é expressamente proibido, *v.g.*, negociar a garantia constitucional da limitação da jornada de trabalho, que não poderá ser superior a 44 horas/semanais e oito horas/diárias.

2. EMPREGADOR

É do art. 2º a CLT o conceito de empregador:

> Art. 2º Considera-se empregador a empresa, individual ou coletiva, que, assumindo os riscos da atividade econômica, admite, assalaria e dirige a prestação pessoal de serviço.

Também, segundo o § 1º, equiparam-se ao empregador, para os efeitos exclusivos da relação de emprego, os profissionais liberais, as instituições de beneficência, as associações recreativas ou outras instituições sem fins lucrativos, que admitirem trabalhadores como empregados.

Do *caput* desse artigo, temos três figuras que necessariamente devem ser explicadas isoladamente.

- empresa é a unidade econômica organizada, é uma sociedade, que, conforme Délio Maranhão, traduz, antes, a atividade profissional do empresário, considerada no seu aspecto formal mais do que no instrumental. Por isso não cabe nem na categoria de sujeito nem na de objeto do direito[246].
- estabelecimento é a unidade técnica de produção, o local onde o trabalho é desenvolvido, os bens corpóreos que nele se contém (imóveis, máquinas, mobiliário) e os bens incorpóreos que são os direitos que o integram (ponto, logomarcas, elementos de publicidade).
- empresário é, de acordo com o Código Civil, quem exerce profissionalmente atividade econômica organizada para a produção ou a circulação de bens ou de serviços (art. 966), não se considerando como tal quem exerce profissão intelectual, de natureza científica, literária ou artística, ainda com o concurso de auxiliares ou colaboradores, salvo se o exercício da profissão constituir elemento de empresa (parágrafo único).

Ademais, a própria lei trabalhista criou a figura do empregador por equiparação que são os mencionados no § 1º do art. 2º da CLT: profissionais liberais, instituições de beneficência, associações recreativas, outras instituições sem fins lucrativos, e, por extensão, a pessoa física que emprega domésticos.

Uma excelente definição do que é empregador é oferecida por Luciano Martinez, apontando que

> *é a pessoa física, jurídica ou ente despersonalizado (este excepcionalmente autorizado a contratar) concedente da oportunidade de trabalho, que, assumindo os riscos da atividade (econômica ou não econômica) desenvolvida, admite, assalaria e dirige a prestação pessoal de serviços de outro sujeito, o empregado*[247].

(246) SÜSSEKIND, A. L. *et alii*. *Instituições*... cit. *(I)*, p. 291.

(247) MARTINEZ, L. *Curso*... cit., 2010. p. 175.

Ou, na síntese de Amauri Mascaro Nascimento, é o ente, dotado ou não de personalidade jurídica, com ou sem fim lucrativo, que tiver empregado[(248)].

2.1. DESCONSIDERAÇÃO DO EMPREGADOR

Não existia, na CLT, dispositivo que tratasse da desconsideração da personalidade jurídica do empregador. A partir da reforma feita pela Lei n. 13.467/2017, foi acrescida do art. 855-A, cujo *caput*, referindo ao incidente de desconsideração da personalidade jurídica, remete expressamente aos arts. 133 a 137 do CPC. Demais disso, temos que nos socorrer, também, do Código Civil de 2002 e do Código de Defesa do Consumidor (CDC).

Com efeito, devemos entender por desconsideração do empregador a possibilidade de responsabilizar bens de sócios e de antigos sócios de uma empresa que dela se retiraram com o deliberado intuito de transferir compromissos societários para seus empregados.

Trata-se da *disregard doctrine*, adotada grandemente nos Estados Unidos da América, que prevê a desconsideração da personalidade jurídica das sociedades de capitais para alcançar os bens de seus sócios. No Brasil, a regra consta do art. 28 do CDC, aplicável subsidiariamente, *verbis*:

> Art. 28. O juiz poderá desconsiderar a personalidade jurídica da sociedade quando, em detrimento do consumidor, houver abuso de direito, excesso de poder, infração da lei, fato ou ato ilícito ou violação dos estatutos ou contrato social. A desconsideração também será efetivada quando houver falência, estado de insolvência, encerramento ou inatividade da pessoa jurídica provocados por má administração.
>
> § 1º (Vetado).
>
> § 2º As sociedades integrantes dos grupos societários e as sociedades controladas, são subsidiariamente responsáveis pelas obrigações decorrentes deste código.
>
> § 3º As sociedades consorciadas são solidariamente responsáveis pelas obrigações decorrentes deste código.
>
> § 4º As sociedades coligadas só responderão por culpa.
>
> § 5º Também poderá ser desconsiderada a pessoa jurídica sempre que sua personalidade for, de alguma forma, obstáculo ao ressarcimento de prejuízos causados aos consumidores.

Ademais, o Código Civil dispõe, no art. 50, que:

> Art. 50. Em caso de abuso da personalidade jurídica, caracterizado pelo desvio de finalidade, ou pela confusão patrimonial, pode o juiz decidir, a requerimento da parte, ou do Ministério Público quando lhe couber intervir no processo, que os efeitos de certas e determinadas relações de obrigações sejam estendidos aos bens particulares dos administradores ou sócios da pessoa jurídica.

Na CLT, o tratamento dado ao tema é nitidamente processual. Assim, dispõe o § 1º do art. 855-A consolidado que:

> § 1º Da decisão interlocutória que acolher ou rejeitar o incidente:
>
> I – na fase de cognição, não cabe recurso de imediato, na forma do § 1º do art. 893 desta Consolidação;
>
> II – na fase de execução, cabe agravo de petição, independentemente de garantia do juízo;
>
> III – cabe agravo interno se proferida pelo relator em incidente instaurado originariamente no tribunal.

Ocorrendo a instauração do incidente, o processo será suspenso, sem, contudo, atingir a possibilidade de oncessão da tutela de urgência de natureza cautelar objeto do art. 301 do CPC, como dispõe o § 2º do art. 855-A mencionado.

Por todas essas razões, devemos entender que, sempre que se caracterizar fraude ou abuso, onde se constate a existência de intenção dolosa de prejudicar o trabalhador, estaremos diante da desconsideração da personalidade jurídica do empregador, respondendo seus sócios e ex-sócios, com seu patrimônio pessoal, pelos créditos trabalhistas que, convém recordar, tem natureza alimentar.

---

(248) NASCIMENTO, A. M. *Iniciação ao direito do trabalho*. 33. ed. São Paulo: LTr, 2007. p. 214.

2.2. GRUPO ECONÔMICO (GRUPO DE EMPRESAS)

A figura do grupo econômico ou grupo de empresas é definida no § 2º do art. 2º da CLT:

> Art. 2º (...)
>
> § 2º Sempre que uma ou mais empresas, tendo, embora, cada uma delas, personalidade jurídica própria, estiverem sob a direção, controle ou administração de outra, ou ainda quando, mesmo guardando cada uma sua autonomia, integrem grupo econômico, serão responsáveis solidariamente pelas obrigações decorrentes da relação de emprego.

Significa que com a reunião de duas ou mais empresas, ainda que possuindo cada qual sendo uma pessoa jurídica diferente, sob o comando de outra, está caracterizado um grupo econômico, e, nos termos da legislação, serão responsáveis solidariamente pelos direitos de seus respectivos empregados.

A diferença está na expressão *ou ainda quando, mesmo guardando cada uma sua autonomia*, o que importa em que, ainda que exista autonomia dentre as empresas integrantes do grupo, haverá uma solidariedade implícita, não ficando apenas a empresa principal como única responsável em caso de inadimplemento dessa empresa menor.

Devem ser identificados dois tipos de grupo econômico: o hierarquizado, também chamado de vertical ou sob subordinação, onde existe uma empresa principal que dirige as demais subordinadas; e o não-hierarquizado, ou horizontal ou coordenado, quando todas as integrantes do grupo encontram-se em pé de igualdade.

Um problema sobressai com relação ao grupo econômico e a identificação do empregador. Segundo alguns, haveria uma solidariedade passiva, que afastaria a possibilidade de existir um único contrato de trabalho. Outra corrente defende a solidariedade ativa, que existiria no grupo de empresas a partir de um ajuste prévio nesse sentido, formando um só contrato.

A jurisprudência do TST consagra a segunda, na Súmula n. 129 do TST, que consigna:

> Súmula n. 129 – CONTRATO DE TRABALHO. GRUPO ECONÔMICO – A prestação de serviços a mais de uma empresa do mesmo grupo econômico, durante a mesma jornada de trabalho, não caracteriza a coexistência de mais de um contrato de trabalho, salvo ajuste em contrário.

Essa posição foi corroborada com o cancelamento da Súmula n. 205 do TST, que previa:

> Súmula n. 205 – GRUPO ECONÔMICO. EXECUÇÃO. SOLIDARIEDADE – O responsável solidário, integrante do grupo econômico, que não participou da relação processual como reclamado e que, portanto, não consta no título executivo judicial como devedor, não pode ser sujeito passivo na execução.

A figura da *disregard doctrine* que abordamos acima também está presente quando se trata grupo econômico. Como destaca Suzy Cavalcante Koury,

> o Direito do Trabalho, comprometido com a realidade social que visa a regular, não ignorou as relações de controle e os interesses comuns existentes entre as empresas componentes de grupos, evitando, através da aplicação da *Disregard Doctrine*, o tão condenável divórcio entre o direito e a realidade(249).

É muito importante ressaltar a regra do § 3º do art. 2º da CLT, ao não admitir a existência de grupo apenas pela identidade de sócios, impondo a necessidade de demonstração de interesse comum entre os possíveis sócios, inclusive atuação conjunta nas empresas que se pretendem integrantes do grupo. Dispõe esse § 3º:

> § 3º *Não caracteriza grupo econômico a mera identidade de sócios, sendo necessárias, para a configuração do grupo, a demonstração do interesse integrado, a efetiva comunhão de interesses e a atuação conjunta das empresas dele integrantes.*

Esse § 3º do art. 2º consolidado elenca os três requisitos fundamentais para caracterizar a existência de grupo econômico. O primeiro é "a demonstração do interesse integrado". O segundo é "a efetiva comunhão de interesses". O ultimo é "a atuação conjunta das empresas dele integrantes".

---

(249) KOURY, Suzy Elizabeth Cavalcante. *A desconsideração da personalidade jurídica (disregard doctrine) e os grupos de empresas*. 2. ed. Rio de Janeiro: Forense, 2003. p. 179.

Com esse novo entendimento legislativo, fica afastada a ideia do grupo econômico de fato, que, por longo tempo, serviu de elemento de convicção para a Justiça do Trabalho. Serem os mesmos sócios, funcionar no mesmo local, ter a mesma finalidade, não é mais o bastante.

O grande problema está no fato de serem conceitos jurídicos extremamente indeterminados as expressões que formalizam os requisitos legais fundamentais da existência do grupo econômico: interesse integrado (no sentido de compartilhado), comunhão de interesses (em contabilidade é a unificação de interesses) e atuação conjunta (simultaneamente), acrescida da necessidade de serem os três identificados, porque são cumulativos.

Se superado esse óbice, identificados esses elementos, e reconhecida a existência dessa figura jurídica, temos que a empresa principal e as empresas subordinadas, no caso de grupo verticalizado, são solidariamente responsáveis pelos eventuais créditos daquele trabalhador que desenvolveu atividade para o grupo.

A mesma situação se repete com relação do grupo coordenado, podendo, numa ou noutra hipótese, o trabalhador reivindicar seus direitos de uma ou de todas as empresas integrantes.

A *vexata questio*, no entanto, está no preenchimento dos três novos traços caracterizadores do grupo econômico e, no particular, caberá ao bom senso dos juízes e tribunais do trabalho do Brasil a adequada interpretação do texto legal para a manutenção das boas relações entre capital e trabalho.

2.3. ALTERAÇÃO NA ESTRUTURA DA EMPRESA

Qualquer espécie de alteração na estrutura jurídica da empresa preserva os direitos de seus empregados.

O art. 10 da CLT dispõe:

> Art. 10. Qualquer alteração na estrutura jurídica da empresa não afetará os direitos adquiridos por seus empregados.

Transformação da espécie societária, aumento ou redução de sócios da empresa, mudança de seu nome, alteração de cláusulas do contrato social são espécies possíveis de alteração na estrutura da empresa, que não se confunde com sucessão, como veremos no item a seguir.

Nenhuma alteração, então, modificará os direitos que foram adquiridos na situação anterior, o que, por corolário, torna o contrato de trabalho imutável, nos termos prescritos no art. 488 da CLT:

> Art. 448. A mudança na propriedade ou na estrutura jurídica da empresa não afetará os contratos de trabalho dos respectivos empregados.

Impende assinalar que se trata da observância a um dos princípios que informa o direito do trabalho, qual o da continuidade da relação de emprego.

2.4. SUCESSÃO DE EMPREGADOR

Opera-se a sucessão trabalhista quando muda a propriedade da empresa, por uma de suas modalidades: transformação, incorporação, cisão, fusão, alienação ou aquisição da propriedade por outrem.

Cuida o art. 448 da CLT dessa modificação na propriedade ou na estrutura da empresa, ficando mantidas integralmente todas as condições estabelecidas nos contratos de trabalho dos seus empregados. O dispositivo registra:

> Art. 448. A mudança na propriedade ou na estrutura jurídica da empresa não afetará os contratos de trabalho dos respectivos empregados.

É a Lei n. 6.404, de 15.12.1976, conhecida como *Lei das S.A.*, que trata da maioria dessas espécies, também objeto de disposições do Código Civil. Passamos a examiná-las.

Transformação – de acordo com o art. 220 da Lei n. 6.404/1976, opera-se a transformação quando uma sociedade passa de um para outro tipo societário, independentemente de dissolução e liquidação, não havendo qualquer solução de continuidade para os contratos de trabalho preexistentes.

Incorporação – ocorre quando uma ou mais sociedades são absorvidas por outra, sua sucessora em todos os direitos e, sobretudo, obrigações (art. 227 da Lei n. 6.404/1976), inclusive trabalhistas.

Cisão – é a operação pela qual uma companhia transfere parcelas de seu patrimônio para uma ou mais sociedades, já existentes ou constituídas com essa finalidade. A companhia cindida é extinta se todo seu patrimônio for transferido, ou opera-se extinção parcial, se o capital for dividido, como previsto pelo art. 229 da Lei n. 6.404/1976. A sociedade que absorver o patrimônio da companhia cindida é sua sucessora, em direitos e obrigações, inclusive trabalhistas, na proporção do patrimônio liquido transferido (§ 1º do mesmo artigo).

Fusão – sucede quando duas ou mais sociedades formam uma nova, sucessora daquelas em todos os direitos e obrigações (art. 288 da Lei n. 6.404/1976), inclusive decorrentes de relação de emprego.

Alienação – é uma forma de transferência de título de propriedade para terceiros, que se dá através de um contrato chamado *trespasse*, e que está regulado pelo art. 1.444 e seguintes do Código Civil. Em ocorrendo alienação de um estabelecimento, os terceiros que assumem sua propriedade são os sucessores dos antigos proprietários e, portanto, responsáveis por todos os ônus trabalhistas.

Aquisição – é o ato, processo ou efeito de adquirir, obter ou tomar posse de algum bem material ou não, e, tratando-se de duas ou mais empresas, o patrimônio total de empresa de menor porte passa a ser controlado total ou parcialmente pela de maior porte, e a sucessão, para fins trabalhistas, deve operar na proporção (total ou parcial) dessa aquisição.

2.4.1. *Responsabilidade de sócios*

As modificações introduzidas na CLT pela Lei n. 13.467/2017 atingiram diretamente a responsabilidade societária nas relações trabalhistas.

Com efeito, quando ocorrer uma alteração na estrutura jurídica da empresa (objeto do art. 10 consolidado), não mudam os direitos do empregado, mas modificaram os graus de responsabilidade do sócio retirante. Assim, a responsabilidade deste será subsidiária e apenas pelas obrigações trabalhistas na sociedade relativas ao período em que era sócio, e somente para as ações ajuizadas até dois anos da averbação da modificação do contrato, sendo o terceiro na ordem preferencial: empresa devedora, sócios atuais e, por fim, sócio retirante. É a regra constante do art. 10-A da CLT.

Observe-se, ainda, que a responsabilidade do sócio retirante será solidária apenas se ficar comprovada a existência de fraude na alteração societária decorrente da modificação do contrato (parágrafo único do mesmo art. 10-A).

Entendemos que isso é benéfico para o antigo sócio que, deixando a empresa, saberá que seu patrimônio, passado o prazo prescricional fixado de dois anos, não será mais atingido por demandas posteriores. Igualmente, não é prejudicial ao trabalhador porque, a execução que se processa não estará sujeita a medidas que podem, ao cabo, resultar na liberação, por exemplo, de um bem penhorado que pertenceria ao sócio retirante.

Por outro lado, ocorrendo sucessão empresarial ou de empregadores, tanto na hipótese do art. 10 como quando se tratar do art. 448 da CLT, terão obrigações trabalhistas, inclusive aquelas contraídas ao tempo em que os empregados trabalhavam para a sucedida, respondidas integralmente apenas pelo sucessor, salvo quando comprovada fraude na transferência, quando, então, existirá responsabilidade solidária de ambos (art. 448-A e parágrafo único da CLT).

2.4.2. *Jurisprudência acerca de sucessão trabalhista*

Em se tratando de concessão de serviço público, caso uma primeira concessionária, por arrendamento ou outra forma contratual, transfira total ou parcialmente parte dos bens de sua propriedade, será responsável isolada pelos contratos de trabalho extintos antes da cessão. No entanto, se após, responde a segunda concessionária, independente de possível responsabilidade subsidiária, não solidária, da anterior referente a débitos trabalhistas do passado. É assim a OJ n. 225 da SDI-1 doTST:

> OJ N. 225 – CONTRATO DE CONCESSÃO DE SERVIÇO PÚBLICO. RESPONSABILIDADE TRABALHISTA – Celebrado contrato de concessão de serviço público em que uma empresa (primeira concessionária) outorga a outra (segunda concessionária), no todo ou em parte, mediante arrendamento, ou qualquer outra forma contratual, a título transitório, bens de sua propriedade:
>
> I – em caso de rescisão do contrato de trabalho após a entrada em vigor da concessão, a segunda concessionária, na condição de sucessora, responde pelos direitos decorrentes do contrato de trabalho, sem prejuízo da responsabilidade subsidiária da primeira concessionária pelos débitos trabalhistas contraídos até a concessão;

II – no tocante ao contrato de trabalho extinto antes da vigência da concessão, a responsabilidade pelos direitos dos trabalhadores será exclusivamente da antecessora.

Na sucessão bancária, o banco sucedido não tem qualquer responsabilidade referente a direitos trabalhistas dos seus empregados, a partir do momento da sucessão, sendo todas integralmente assumidos pelo banco sucessor, conforme a OJ n. 261 da SBDI-1:

OJ N. 261 – BANCOS. SUCESSÃO TRABALHISTA – As obrigações trabalhistas, inclusive as contraídas à época em que os empregados trabalhavam para o banco sucedido, são de responsabilidade do sucessor, uma vez que a este foram transferidos os ativos, as agências, os direitos e deveres contratuais, caracterizando típica sucessão trabalhista.

A mesma SBDI-1 fixou entendimento no OJ n. 343, acerca da penhora, quando o sucessor da pessoa jurídica de direito privado for de Direito Público (União ou Estado-membro), não havendo falar, na hipótese, em execução através de precatório porque não caracterizada violação ao art.100 da Constituição. É a seguinte a OJ n. 343:

OJ N. 343 – PENHORA. SUCESSÃO. ART. 100 DA CF/1988. EXECUÇÃO – É válida a penhora em bens de pessoa jurídica de direito privado, realizada anteriormente à sucessão pela União ou por Estado-membro, não podendo a execução prosseguir mediante precatório. A decisão que a mantém não viola o art. 100 da CF/1988.

Se uma empresa integrante a de um dado grupo econômico é sucedida por outra, excluindo má-fé ou fraude na sucessão, a empresa sucessora não é solidária em relação às empresas não adquiridas, que integram o mesmo grupo econômico da empresa sucedida, se, aquando da sucessão, a sucedida era solvente ou economicamente idônea. Assim entendeu a OJ n. 411:

OJ N. 411 – SUCESSÃO TRABALHISTA. AQUISIÇÃO DE EMPRESA PERTENCENTE A GRUPO ECONÔMICO. RESPONSABILIDADE SOLIDÁRIA DO SUCESSOR POR DÉBITOS TRABALHISTAS DE EMPRESA NÃO ADQUIRIDA. INEXISTÊNCIA – O sucessor não responde solidariamente por débitos trabalhistas de empresa não adquirida, integrante do mesmo grupo econômico da empresa sucedida, quando, à época, a empresa devedora direta era solvente ou idônea economicamente, ressalvada a hipótese de má-fé ou fraude na sucessão.

2.5. RECUPERAÇÃO E FALÊNCIA DA EMPRESA

Dentro do tema relativo à sucessão do empregador, releva observar dois importantes aspectos. O primeiro refere à recuperação judicial da empresa. O segundo trata da sua falência. Ambos são objeto da Lei n. 11.101, de 09.02.2005.

Dispõe o art. 449 da CLT:

Art. 449. Os direitos oriundos da existência do contrato de trabalho subsistirão em caso de falência, concordata ou dissolução da empresa.

§ 1º Na falência constituirão créditos privilegiados a totalidade dos salários devidos ao empregado e a totalidade das indenizações a que tiver direito.

§ 2º Havendo concordata na falência, será facultado aos contratantes tornar sem efeito a rescisão do contrato de trabalho e consequente indenização, desde que o empregador pague, no mínimo, a metade dos salários que seriam devidos ao empregado durante o interregno.

2.5.1. *Recuperação Judicial*

A concordata a que refere o art. 449 consolidado foi substituída pela recuperação judicial, prevista no art. 47 da Lei n. 11.101/2005. Como acentuado por Valentin Carrion, *nenhum efeito produz sobre o crédito trabalhista. Nem susta o andamento do processo de cognição ou de execução, não existindo ruptura do contrato de trabalho*[250].

De acordo com o art. 47 da atual lei de falências:

Art. 47. A recuperação judicial tem por objetivo viabilizar a superação da situação de crise econômico-financeira do devedor, a fim de permitir a manutenção da fonte produtora, do emprego dos trabalhadores e dos interesses dos credores, promovendo, assim, a preservação da empresa, sua função social e o estímulo à atividade econômica.

(250) CARRION, V. *Comentários à CLT cit.*, p. 358.

A norma legal dedica o art. 54 aos créditos salariais dos empregados das empresas em recuperação judicial prevendo:

Art. 54. O plano de recuperação judicial não poderá prever prazo superior a 1 (um) ano para pagamento dos créditos derivados da legislação do trabalho ou decorrentes de acidentes de trabalho vencidos até a data do pedido de recuperação judicial.

Parágrafo único. O plano não poderá, ainda, prever prazo superior a 30 (trinta) dias para o pagamento, até o limite de 5 (cinco) salários mínimos por trabalhador, dos créditos de natureza estritamente salarial vencidos nos 3 (três) meses anteriores ao pedido de recuperação judicial.

Esses dispositivos limitadores são objeto de muitas críticas, assinalando Suzy Cavalcante Koury que *o crédito trabalhista deixou, efetivamente, de gozar de seu privilégio, sendo possível, até mesmo, a limitação no pagamento de salários*[(251)].

2.5.2. *Falência da empresa*

Em sendo decretada a falência de uma empresa, forma-se o juízo universal, que a Lei n. 11.101/2005 considera, no art. 76, *indivisível e competente para conhecer todas as ações sobre bens, interesses e negócios do falido,* ressalvadas, dentre outras, as causas trabalhistas e fiscais.

É que o crédito trabalhista, pela natureza alimentar que guarda, sempre teve tratamento privilegiado em relação a todos os demais, apesar da observação acima, no que tange à recuperação judicial. A regra era pagar o credor trabalhista e depois os demais.

A Lei n. 11.101/2005, porém, veio inovando e impôs um limite à classificação dos créditos no juízo falimentar. Manteve a preferência ante os demais, mas limitou, como fizera na recuperação judicial, os trabalhistas a 150 salários mínimos por credor, conservando os decorrentes de acidentes de trabalho (art. 83, I).

Na mesma data da sanção da Lei das S.A., porém, o Código Tributário Nacional (Lei n. 5.172, de 25.10.1996) sofria emenda pela Lei Complementar n. 118/2005, ganhando o art. 186 do CTN a seguinte redação:

Art. 186. O crédito tributário prefere a qualquer outro, seja qual for sua natureza ou o tempo de sua constituição, ressalvados os créditos decorrentes da legislação do trabalho ou do acidente de trabalho.

Parágrafo único. Na falência:

I – o crédito tributário não prefere aos créditos extraconcursais ou às importâncias passíveis de restituição, nos termos da *lei falimentar, nem aos créditos com garantia real, no limite do valor do bem gravado;*

II – a lei poderá estabelecer limites e condições para a preferência dos créditos decorrentes da legislação do trabalho; e

III – a multa tributária prefere apenas aos créditos subordinados. *(grifos nossos)*

O que, a nosso ver, ocorreu é que, a partir da Lei n. 11.101/2005, examinada em conjunto com o CTN, o crédito trabalhista perdeu seu privilégio absoluto original. Acreditamos que, face o disposto no inciso II do parágrafo único do art. 186 deste diploma, a preferência permanece apenas para créditos até 150 salários mínimos por credor e os decorrentes de acidentes de trabalho (art. 83, I, da Lei das S.A.).

Um tema controverso ficaria a conta do art. 76 da Lei n. 11.101/2005, no sentido de pretender competência à Justiça do Trabalho para cuidar dos credores trabalhistas em caso de recuperação judicial do devedor. No entanto, o STF, julgando o RE 583.955-RJ, assim se posicionou:

CONFLITO NEGATIVO DE COMPETÊNCIA. EXECUÇÃO DE CRÉDITOS TRABALHISTAS EM PROCESSOS DE RECUPERAÇÃO JUDICIAL. COMPETÊNCIA DA JUSTIÇA ESTADUAL COMUM, COM EXCLUSÃO DA JUSTIÇA DO TRABALHO. INTERPRETAÇÃO DO DISPOSTO NA LEI 11.101/05, EM FACE DO ART. 114 DA CF. RECURSO EXTRAORDINÁRIO CONHECIDO E IMPROVIDO.

I – A questão central debatida no presente recurso consiste em saber qual o juízo competente para processar e julgar a execução dos créditos trabalhistas no caso de empresa em fase de recuperação judicial.

(251) KOURY, S. E. C. Recuperação de empresas e sucessão trabalhista. *In*: *Revista LTr*. São Paulo, 76(09): 1088, set. 2012.

II – Na vigência do Decreto-lei n 7.661/1945 consolidou-se o entendimento de que a competência para executar os créditos ora discutidos é da Justiça Estadual Comum, sendo essa também a regra adotada pela Lei n. 11.101/2005.

III – O inc. IX do art. 114 da Constituição Federal apenas outorgou ao legislador ordinário a faculdade de submeter à competência da Justiça Laboral outras controvérsias, além daquelas taxativamente estabelecidas nos incisos anteriores, desde que decorrentes da relação de trabalho.

IV – O texto constitucional não o obrigou a fazê-lo, deixando ao seu alvedrio a avaliação das hipóteses em que se afigure conveniente o julgamento pela Justiça do Trabalho, à luz das peculiaridades das situações que pretende regrar.

V – A opção do legislador infraconstitucional foi manter o regime anterior de execução dos créditos trabalhistas pelo juízo universal da falência, sem prejuízo da competência da Justiça Laboral quanto ao julgamento do processo de conhecimento.

VI – Recurso extraordinário conhecido e improvido.(252)

Com esse julgado, fica reforçado o entendimento de que a Justiça do Trabalho poderá apreciar a demanda do trabalhador contra o empregador em recuperação judicial, mas, transitada a sentença em julgado, caberá ao credor trabalhista habilitar-se perante o juízo universal, para receber o que lhe foi reconhecido, dentro dos limites e das prioridades que tanto a Lei n. 11.101/2005 com o CTN fixaram.

3. DIREITOS E DEVERES DAS PARTES

Em França, segundo Martine Le Bihan-Guénolé, dado o caráter signalagmático do contrato de trabalho, as duas partes possuem obrigações. As do empregador são: pagamento dos salários convencionados; oferecer ao empregado trabalho que corresponda a sua qualificação; e, fornecer a ele os instrumentos necessários ao seu mister. Ao empregado incumbe a prestação do trabalho, pessoal, consciente e lealmente(253).

Considerando que empregador e empregado são, basicamente, as partes tradicionais em um contrato de trabalho, podemos resumir os direitos do primeiro e os deveres do segundo no quadro a seguir:

Direitos do empregador	Deveres do empregado
Direito de dirigir	Dever de obediência
Direito de controle de conteúdo e qualidade	Dever de diligência e fidelidade
Direito de punir	Dever de cortesia

O poder diretivo do empregador não é absoluto, porque deverá respeitar os limites do razoável e a dignidade da pessoa humana, que, no caso, é o trabalhador. Paralelamente, existe o dever de obediência do empregado. Este dever de cumprir as ordens necessariamente atenderá a critérios de legalidade e respeito.

Controlar o conteúdo e a qualidade da produção significa fiscalizar as atividades desenvolvidas pelo empregado, inclusive no que respeita ao cumprimento das diretrizes da empresa, atendendo à produtividade no serviço.

O empregado, por seu turno, tem os deveres de diligência e fidelidade. Importa em destacar o caráter de fidúcia que preside a relação de emprego. Tanto é verdade, que é falta grave do empregado quando este revela segredos da atividade empresarial. Entenda-se como *segredo* o conhecimento de técnicas específicas para a produção de algum bem. Exemplo clássico de segredo empresarial é o da fórmula do refrigerante *Coca-Cola.*

Outro dever do empregado é a cortesia com seus superiores, com seus colegas de trabalho e subordinados, e com terceiros. Cortesia significa boa educação e respeito às outras pessoas, pouco importando sua classe social.

Por fim, o empregador possui o *jus puniendi*, que é o direito de aplicar punições ao empregado que viola seus deveres funcionais, Assim, poderá advertir, suspender ou mesmo dispensar o empregado infrator por motivo justificado, com amparo no art. 482 da CLT.

(252) Proc. RE 583.955-RJ, de 28.8.2009 (Maria Tereza Richa Felgavs. VRG Linhas Aéreas S/A e Varig Logística S/A e outra). Relator: Min. Ricardo Lewandowski. Disponível em: <http://www.stf.jus.br/portal/processo/verProcessoAndamento.asp?incidente=2610863>. Acesso em: 17 abr. 2014.

(253) LE BIHAN-GUÉNOLÉ, Martine. *Droit du travail.* Paris: Hachette, 1999. p. 70-1.

4. ALTERAÇÕES DAS CONDIÇÕES DE TRABALHO

4.1. CASOS MAIS COSTUMEIROS

Alterar significa modificar, mudar. Verdadeiramente, tudo pode ser mudado no mundo. A rigor, costuma ser dito que *o mundo está mudando*, como se não mudasse a cada instante e sempre tenha sido assim e continuará sendo. Quando falamos em *momento presente*, a rigor esse *presente* já é *passado* e o que se diz *futuro*, foi o *presente* que agora é *passado*. Em outros termos, vive-se em constante processo de mutação, tanto que Heráclito de Éfeso dizia que *ninguém entra em um mesmo rio uma segunda vez, pois quando isso acontece já não se é o mesmo, assim como as águas que já serão outras*.

Assim também ocorre com as condições de trabalho, permitindo mudança no pactuado nas cláusulas do contrato de trabalho, embora não sejam alterações que acontecem com a mesma celeridade com que se movimenta a vida nos dias de hoje, porquanto a estabilidade das relações e das atividades humanas são, no geral, rotineiramente as mesmas a cada dia.

A alteração, quando ocorre é considerada lícita quando houver (1) concordância tácita ou expressa do empregado e (2) quando não gerar prejuízo direto ou indireto para o trabalhador. Dispõe o art. 468 da CLT:

> Art. 468. Nos contratos individuais de trabalho só é lícita a alteração das respectivas condições por mútuo consentimento, e ainda assim desde que não resultem, direta ou indiretamente, prejuízos ao empregado, sob pena de nulidade da cláusula infringente desta garantia.
>
> Parágrafo único. Não se considera alteração unilateral a determinação do empregador para que o respectivo empregado reverta ao cargo efetivo, anteriormente ocupado, deixando o exercício de função de confiança.

O dispositivo acima consagra o *jus variandi* do empregador, corolário do seu poder de direção. Trata-se do direito do empregador de modificar unilateralmente determinadas condições do contrato de trabalho e adiante retornaremos ao tema.

Existem diversos exemplos do exercício regular desse direito. Assim, a alteração do horário noturno para o diurno, sendo suprimido o pagamento do adicional noturno, é perfeitamente admitido, sendo inclusive, objeto da Súmula n. 265 do TST:

> Súmula n. 265. A transferência para o período diurno de trabalho implica a perda do direito ao adicional noturno.

Idêntica situação ocorrerá no caso de um empregado ser transferido de um local insalubre para outro com condições regulares de higiene e segurança, o que afasta a exigibilidade do adicional correspondente.

Existem diversas classificações de alterações nas condições de trabalho, a principal refere ao objeto, apresentando-se em três modalidades: qualitativas, quantitativas e circunstanciais.

As primeiras servem à qualidade do trabalho desenvolvido e às habilidades do empregado. As quantitativas tratam de temas como jornada de trabalho e remuneração. As circunstâncias referem-se, por exemplo, ao local da prestação do trabalho, não se estendendo o *jus variandi* à mudança de cidade, face o critério da intransferibilidade que consta do art. 469 consolidado.

Vejamos as principais alterações que podem ocorrer no contrato de trabalho e seus efeitos.

- substituição temporária – ocorre na hipótese do art. 450 da CLT, que prevê:

> Art. 450 – Ao empregado chamado a ocupar, em comissão, interinamente, ou em substituição eventual ou temporária, cargo diverso do que exercer na empresa, serão garantidas a contagem do tempo naquele serviço, bem como volta ao cargo anterior.

Deverá, ademais, ser observada a regra contemplada na Súmula n. 159 do TST:

> SÚMULA N. 159 – SUBSTITUIÇÃO DE CARÁTER NÃO EVENTUAL E VACÂNCIA DO CARGO – I – Enquanto perdurar a substituição que não tenha caráter meramente eventual, inclusive nas férias, o empregado substituto fará jus ao salário contratual do substituído. II – Vago o cargo em definitivo, o empregado que passa a ocupá-lo não tem direito a salário igual ao do antecessor.

- reversão ao cargo efetivo – é o retorno do empregado ao cargo efetivo, após ocupar cargo ou função de confiança, conforme prevê o § 1º do art. 468 consolidado:

> Art. 468. (...)
>
> § 1º Não se considera alteração unilateral a determinação do empregador para que o respectivo empregado reverta ao cargo efetivo, anteriormente ocupado, deixando o exercício de função de confiança.

Apesar desse dispositivo legal, a jurisprudência estava sedimentada, em nome da inegável estabilidade econômica que norteia a vida em sociedade, no sentido de que, se a gratificação correspondente for percebida por dez ou mais anos, somente poderia ser suprimida por motivo justo, nem poderia o seu valor ser reduzido. Nesse sentido, o TST editou a Súmula n. 372:

> SÚMULA N. 372 – GRATIFICAÇÃO DE FUNÇÃO. SUPRESSÃO OU REDUÇÃO. LIMITES – I – Percebida a gratificação de função por dez ou mais anos pelo empregado, se o empregador, sem justo motivo, revertê-lo a seu cargo efetivo, não poderá retirar-lhe a gratificação tendo em vista o princípio da estabilidade financeira. II – Mantido o empregado no exercício da função comissionada, não pode o empregador reduzir o valor da gratificação.

Note-se que, pela redação dada pela MP n. 808/2017 ao § 1º do art. 457 da CLT, não apenas as gratificações legais, mas por igual a gratificação de função integram o salário do trabalhador. Ademais, e aí nos referimos especificamente à Súmula n. 372, com a reforma introduzida pela Lei n. 13.467/2017, essa súmula não mais deverá ser aplicada. É que o § 2º do art. 468 da CLT, de modo expresso, veda essa incorporação, pouco importando as razões do retorno ao cargo efetivo ou o lapso temporal em que o empregado recebeu a gratificação de função. Consigna a CLT:

> § 2º A alteração de que trata o § 1º deste artigo, com ou sem justo motivo, não assegura ao empregado o direito à manutenção do pagamento da gratificação correspondente, que não será incorporada, independentemente do tempo de exercício da respectiva função.

- rebaixamento – é uma alteração ilícita, porque o retorno é com o intuito punitivo, fazendo o empregado, que antes ocupava um cargo elevado, passar para um efetivo anterior mais baixo. Providência desse jaez enseja, inclusive, direito à reparação por dano moral pelos reflexos que pode ter na vida do trabalhador.
- readaptação funcional – decorre de providência previdenciária, que importa em o empregado passar a desempenhar atividades diversas daquela originalmente contratado, mas que se encontra apto para fazê-lo em decorrência de não mais poder, por incompatibilidade atestada pelo INSS, desempenhar a anterior.
- promoção – ocorre quando o empregado galga um posto acima na empresa. Era caixa em um estabelecimento e foi promovido supervisor de caixa. De qualquer forma, a teor do *caput* do art. 468 da CLT(254), ainda que seja promoção, o obreiro pode recusar-se a aceitar.
- remoção – não se confunde com transferência que importa em mudança de domicílio (art. 469 da CLT). Trata-se de deslocar o trabalhador de um posto para outro, na mesma cidade, ou em cidades integrantes da mesma área metropolitana. Nesse caso, todavia, demonstrado que o trabalhador teve acréscimo de despesas de transporte com seu deslocamento, terá direito a um suplemento salarial, como prevê a Súmula n. 29 do TST(255).

> A remoção pode também se dar a pedido do empregado, o que não lhe dará direito a nenhuma contrapartida, porque decorrente de sua própria conveniência(256).

- jornada de trabalho – pode ser visto por três aspectos: aumento, redução ou alteração do horário de trabalho.

---

(254) Dispõe o art. 468, *caput*, da CLT:

Art. 468. Nos contratos individuais de trabalho só é lícita a alteração das respectivas condições por mútuo consentimento, e ainda assim desde que não resultem, direta ou indiretamente, prejuízos ao empregado, sob pena de nulidade da cláusula infringente desta garantia.

(255) Súmula n. 29 – TRANSFERÊNCIA – Empregado transferido, por ato unilateral do empregador, para local mais distante de sua residência, tem direito a suplemento salarial correspondente ao acréscimo da despesa de transporte.

(256) N. sent.: MARTINEZ, L. *Curso*...cit., 5. ed. p. 536.

O **aumento** é proibido. Somente se admite em casos excepcionais, donde, *v. g.*, não deve ocorrer a prestação habitual de horas extras, não seja por outro motivo, pelos malefícios que causa à higidez do trabalhador. A CLT prevê a possibilidade de jornada extravagante, mas condiciona sua prática ao limite máximo de duas horas, e desde que exista acordo específico individual ou que exista instrumento coletivo (acordo ou convenção coletiva de trabalho) celebrado com o sindicato correspondente (art. 59), afora o acréscimo de 50% sobre o valor da hora normal (art. 7º, XVI, da Constituição e § 1º do art. 59 da CLT). Observemos, nesse aspecto, que o art. 59, na sua atual redação, é bastante claro em referir ao acréscimo de duas horas sobre a jornada diária, diversamente da anterior que referia à jornada normal, dando a entender que poderia ser duas horas sobre a jornada semanal, no total de 46 horas semanais. Diária ou semanal, os limites serão sempre os constitucionais (oito horas diárias ou 44 semanais), e, sobre eles, acrescentar até duas horas suplementares.

A **redução** da jornada é viável, na forma do art. 7º, XIII, da Constituição, desde que através de norma coletiva autonomamente negociada. E, nesse particular, o mesmo destino terá o salário, que também poderá ser reduzido, como prevê o inciso VI do mesmo artigo.

No que refere à **alteração do horário** de trabalho, tudo dependerá das circunstâncias de cada caso, mas sempre se exige a anuência das partes (empregador e empregado), e, preferencialmente com a participação do sindicato de classe. Veja-se as regras dos arts. 58-A, § 2º, e 59, da CLT.

– remuneração – trata-se de alterar a forma através da qual o trabalhador recebe sua contraprestação in pecúnia: aumento, redução, periodicidade e modalidade.

É o salário o mais essencial da relação de emprego, do ponto de vista do trabalhador. É com ele que irá se alimentar, se vestir, pagar suas contas, usufruir seu lazer, viver enfim. Ele e seus familiares. Com efeito, quaisquer mudanças dos critérios relativos a sua remuneração poderão ter grandes reflexos tanto no ambiente empresarial como na comunidade.

Quando se trata de **aumento salarial**, não há motivo que justifique uma recusa do empregado, que, no entanto, poderá fazer, considerando a faculdade que pode exercer de acordo com o art. 468 da CLT.

A **redução salarial** somente pode se processar se for coletiva, considerando o comando do art. 7º VI, da Constituição. Qualquer providência nesse sentido individual não produzirá efeitos, porque não há autonomia individual para sua admissão. Redução dessa espécie vulneraria a partir final do art. 468 consolidado, que, ao permitir alterações, aponta: *ainda assim, desde que não resultem, direta ou indiretamente, prejuízos ao empregado, sob pena de nulidade da cláusula infringente desta garantia.*

Referente à **periodicidade**, geralmente ocorre a cada mês, como o art. 459 da CLT prevê:

> Art. 459. O pagamento do salário, qualquer que seja a modalidade do trabalho, não deve ser estipulado por período superior a 1 (um) mês, salvo no que concerne a comissões, percentagens e gratificações.
>
> § 1º Quando o pagamento houver sido estipulado por mês, deverá ser efetuado, o mais tardar, até o quinto dia útil do mês subsequente ao vencido.

Pode ser também por semana ou quinzena, e, nessas circunstâncias, deverá ser pago até o quinto dia seguinte ao do vencimento. Modificar essa periodicidade é possível, desde que observada a regra do art. 468 da CLT: inexistência de prejuízo e concordância expressa do empregado, através da sua livre manifestação de vontade.

No que refere à **modalidade de pagamento**, este pode ser efetuado em dinheiro ou cheque ou depósito em conta corrente. Qualquer delas pode ser praticada e pode ser modificada. O que importa é que exista a observância da regra do art. 468 da CLT, mencionada acima, e, quanto às duas últimas formas (cheque ou depósito em conta corrente), também com o cumprimento do contido na Portaria MTb n. 3.281, de 07.12.1984, especialmente assegurando, no art. 2º:

> *a) horário que permita desconto imediato do cheque;*
>
> *b) transporte, caso o acesso ao estabelecimento de crédito exija a utilização do mesmo;*
>
> *c) condição que impeça qualquer atraso no recebimento dos salários e da remuneração das férias.*

4.2. TRANSFERÊNCIA DO EMPREGADO

Acreditamos que, de todos os aspectos relativos à possibilidade de alteração das condições de trabalho, a transferência do empregado é a mais discutida e a mais preocupante, pelas consequências que podem advir para o trabalhador e sua família.

Os arts. 469 e 470 da CLT tratam do tema:

> Art. 469. Ao empregador é vedado transferir o empregado, sem a sua anuência, para localidade diversa da que resultar do contrato, não se considerando transferência a que não acarretar necessariamente a mudança do seu domicílio.
>
> § 1º Não estão compreendidos na proibição deste artigo: os empregados que exerçam cargo de confiança e aqueles cujos contratos tenham como condição, implícita ou explícita, a transferência, quando esta decorra de real necessidade de serviço.
>
> § 2º É lícita a transferência quando ocorrer extinção do estabelecimento em que trabalhar o empregado.
>
> § 3º Em caso de necessidade de serviço o empregador poderá transferir o empregado para localidade diversa da que resultar do contrato, não obstante as restrições do artigo anterior, mas, nesse caso, ficará obrigado a um pagamento suplementar, nunca inferior a 25% (vinte e cinco por cento) dos salários que o empregado percebia naquela localidade, enquanto durar essa situação.
>
> Art. 470. As despesas resultantes da transferência correrão por conta do empregador.

Consoante se infere, a transferência deverá se processar com a concordância do trabalhador e somente se torna verdadeira se houver mudança de seu domicílio. Para fins de caracterizar essa alteração, domicílio deve ser entendido como *residência*. Em outros termos, sem que o empregado mude sua residência, não está legalmente transferido[(257)], mas apenas *removido*, como já apontado acima.

De acordo com o § 1º do art. 469 transcrito ao norte, a vedação de que trata o *caput* não se estende aos empregados que ocupam cargo de confiança e aos que tenham contrato no qual conste cláusula prevendo, implícita ou explicitamente, a transferência, em decorrência de real necessidade do serviço, garantido, porém, o adicional de pelo menos 25%, como bem recomenda a OJ n. 113 do TST:

> OJ N. 113 – ADICIONAL DE TRANSFERÊNCIA. CARGO DE CONFIANÇA OU PREVISÃO CONTRATUAL DE TRANSFERÊNCIA. DEVIDO. DESDE QUE A TRANSFERÊNCIA SEJA PROVISÓRIA – O fato de o empregado exercer cargo de confiança ou a existência de previsão de transferência no contrato de trabalho não exclui o direito ao adicional. O pressuposto legal apto a legitimar a percepção do mencionado adicional é a transferência provisória.

Mesmo sendo contrária à vontade do empregado, a transferência pode se processar em duas hipóteses: (1) extinção do estabelecimento onde trabalhava o obreiro; (2) necessidade de serviço, mediante pagamento de adicional de pelo menos 25% sobre seu salário no local anterior, e enquanto durar essa situação (§ 3º). Deve ser observado que o § 3º, introduzido pela Lei n. 6.203, de 17.04.1975, manteve incólume a redação do anterior art. 470, e, sendo assim, equivocou-se o legislador ao referir a *não obstante as restrições do artigo anterior*. Na verdade, a referência é às restrições do próprio art. 469.

Note-se, ainda, que esse adicional tem natureza salarial, mas, porque provisório, não se incorporará aos ganhos do trabalhador. Aliás, de observar que nunca pode ser considerada provisória transferência que empregado que dura, por exemplo, trinta anos. Ao cabo desse longo período, a transferência, como é facilmente detectável, ocorreu, induvidosamente, com *animus* definitivo.

As despesas com o deslocamento serão integralmente respondidas pelo empregador (art. 470), donde esses valores têm natureza meramente indenizatória, identificados como simples ajuda de custo, e não se incorporam ao contrato de trabalho, nem servem de base de incidência de encargos trabalhista e previdenciário (art. 457, § 2º da CLT).

Alguns empregados não podem ser transferidos. O impedimento é decorrente de lei. Assim o caso do empregado eleito para cargo de administração sindical ou representação profissional, inclusive junto a órgão de deliberação coletiva se isso lhe dificultar desenvolver sua atividade sindical (art. 543 da CLT), salvo se a transferência ocorrer a pedido ou espontaneamente, quando, então, perderá o mandato na entidade (§ 1º).

---

(257) N. sent.: NASCIMENTO, A. M. *Iniciação...* cit., p. 258.

Essa restrição de transferência deveria ser estendida a outros trabalhadores, que merecem tratamento diferenciado: menores de dezoito anos, membros de CIPA e de Comissões de Conciliação Prévia (CCP), titulares de representação de trabalhadores.

4.3. *JUS VARIANDI X JUS RESISTENTIAE*

Goza o empregador da faculdade de, por motivo do interesse da empresa, modificar as tarefas do empregado. Para esse direito promover mudanças não essenciais na relação de trabalho estabelecido chamamos de *jus variandi*, o direito patronal de variar (modificar) as condições do trabalho.

Simone Cruxen Gonçalvez define o *jus variandi* como a:

> faculdade do empregador, exercida em virtude de seu poder diretivo, de introduzir, unilateralmente e dentro de limites, modificações nos aspectos circunstanciais referentes à prestação de serviço do empregado e à organização da empresa[(258)].

A Súmula n. 265 do TST contempla essa possibilidade ao prever claramente uma das hipóteses do seu exercício pelo empregador:

> Súmula n. 265. A transferência para o período diurno de trabalho implica na perda do direito do adicional noturno.

Com efeito, embora o trabalhador deixe de perceber esse *plus*, suas condições de trabalho serão inegavelmente melhores para a sua saúde.

Situação similar ocorre quando o empregador transfere o empregado de um local insalubre para outro em condições mais adequadas de higiene e segurança. Em hipótese assim, o obreiro deixará de perceber esse adicional, não havendo irregularidade alguma.

Todavia, caracterizado abuso no exercício do *jus variandi*, o empregado pode se recusar à modificação, usando o *jus resistentiae*.

Do *caput* do art. 468 se deduz que qualquer mudança unilateral ou prejudicial ao trabalhador será nula ou ensejará a rescisão indireta do contrato de trabalho. Significa que o *jus variandi* do empregador encontra limites, porque o empregado tem o direito de oposição ao cumprimento não apenas de ordens manifestamente ilegais, mas também modificações que lhe causem prejuízos.

Esse direito é o *jus resistentiae*, o direito do empregado de recusar a cumprir ordem ilegal ou que vulnere seus direitos e seus princípios éticos, um direito de resistência que é, ao cabo, um mecanismo para o trabalhador preservar sua liberdade e dignidade.

Esse *jus resistentiae* serve de limite ao poder patronal no sentido de que os direitos fundamentais devem ser preservados, que o respeito aos direitos da personalidade prevalecem, que deve existir rigorosa observância do princípio da boa-fé.

4.4. TRANSFERÊNCIA PARA O EXTERIOR

Um tema de grande relevância, sobretudo considerando a mobilidade de mão de obra atual (v., nesta Parte, Capítulo XXIII), fruto da globalização da economia, é a transferência de trabalhador para desenvolver atividade no exterior, tendo sido contratado inicialmente no Brasil.

A situação mais clássica é a que refere a engenheiros e congêneres, regidos pela Lei n. 7.064/1982. A seguinte é a dos empregados brasileiros em geral no exterior, que segue a linha da Lei n. 7.064/1982, por força da Lei n. 11.962/2009.

4.4.1. *Engenheiros e assemelhados*

4.4.1.1. Lei aplicável

É importante situação que quem se submete a uma contratação no Brasil para executar seu trabalho no exterior não está sendo objeto de dois contratos de trabalho. Trata-se de um só pacto, considerando, inclusive, o princípio da continuidade da relação de emprego.

---

(258) GONÇALVES, Simone Cruxên. *Limites do* jus variandi *do empregador*. São Paulo: LTr, 1997. p. 48.

A regra geral é da aplicação da *lex loci executionis* (art. 3º, *caput, in fine*), permitida, porém, a da lei brasileira, se mais favorável ao trabalhador (art. 3º, II), além, evidente, dos direitos contemplados nessa norma específica (art. 3º, I).

O dispositivo tem a seguinte redação:

> Art. 3º A empresa responsável pelo contrato de trabalho do empregado transferido assegurar-lhe-á, independentemente da observância da legislação do local da execução dos serviços:
>
> I – os direitos previstos nesta Lei;
>
> II – a aplicação da legislação brasileira de proteção ao trabalho, naquilo que não for incompatível com o disposto nesta Lei, quando mais favorável do que a legislação territorial, no conjunto de normas e em relação a cada matéria.

Alguns pontos a notar. Primeiro, a aplicação da teoria da irradiação, surgida na Alemanha, prevendo que, ao empregado regular que é transferido transitoriamente para trabalhar no exterior é aplicável a lei do local permanente. Sendo permanente a transferência, aplica-se a *lex loci executionis*.

O segundo aspecto é a teoria da incindibilidade dos institutos jurídicos, que, no Brasil, reconhece a prevalência da norma mais favorável ao trabalhador.

Nesse particular, a teoria do conglobamento admite que sejam aplicáveis a determinado contrato todas as leis de um só sistema jurídico, e a teoria da acumulação reconhece a possibilidade de se aplicar institutos jurídicos com regência submetida a dois sistemas jurídicos diferentes. Por exemplo, o adicional noturno é de 30% na legislação do Paraguai para a hora normal de 60%. No Brasil, é de 20%, considerando a hora noturna da CLT, de 52'30". Por essa teoria, que se revela inadequada, aplica-se o percentual de 30% (do direito paraguaio) em hora noturna de 52'30" (do direito brasileiro). O correto será verificar qual instituto tem tratamento mais favorável ao trabalhador: se a hora noturna de 52'30" com percentual de 20% do Brasil; ou a hora noturna de 60% com percentual de 30% do Uruguai. Feita a operação deve ser aplicado o instituto do adicional noturno mais benéfico ao trabalhador.

4.4.1.2. *Salário*

A Lei n. 7.064/1982 oferece tratamento especial a certos institutos. O salário-base (art. 5º) será estipulado em moeda nacional (o real brasileiro) e poderá ser depositada em conta bancária, mediante opção expressa, por escrito, do empregado (§ 1º), permitida a conversão para a moeda estrangeira e a remessa dos valores correspondentes ao local de trabalho (§ 2º).

Parte da remuneração do obreiro, que é o adicional pela transferência, poderá ser pago, total ou parcialmente, no exterior e em moeda estrangeira (art. 5º, *caput, in fine*)(259).

4.4.1.3. *Férias*

De acordo com essa lei, após período de dois anos de permanência fora do Brasil, o empregado por gozar férias anuais no Brasil. As despesas de viagem serão custeadas pelo empregador ou pelo tomador de seu serviço (art. 6º), benefício esse que se estende aos familiares do empregado (cônjuge e dependentes) (art. 6º, § 1º).

Havendo, porém, retorno ao Brasil em definitivo, isto é, finda a prestação de serviço no exterior antes do período de gozo das férias, não haverá falar nas despesas de custeio de viagem para esse fim (art. 6º, § 2º)(260). Impende

---

(259) *Art. 5º O salário-base do contrato será obrigatoriamente estipulado em moeda nacional, mas a remuneração devida durante a transferência do empregado, computado o adicional de que trata o artigo anterior, poderá, no todo ou em parte, ser paga no exterior, em moeda estrangeira.*

§ 1º Por opção escrita do empregado, a parcela da remuneração a ser paga em moeda nacional poderá ser depositada em conta bancária.

§ 2º É assegurada ao empregado, enquanto estiver prestando serviços no exterior, a conversão e remessa dos correspondentes valores para o local de trabalho, observado o disposto em regulamento.

(260) *Art. 6º Após 2 (dois) anos de permanência no exterior, será facultado ao empregado gozar anualmente férias no Brasil, correndo por conta da empresa empregadora, ou para a qual tenha sido cedido, o custeio da viagem:*

§ 1º O custeio de que trata este artigo se estende ao cônjuge e aos demais dependentes do empregado com ele residentes.

§ 2º O disposto neste artigo não se aplicará ao caso de retorno definitivo do empregado antes da época do gozo das férias.

observar, no particular, que deve ser observada a regra brasileira de concessão de férias, prevista no art. 130, da CLT, que considera o número de faltas no serviço durante o período aquisitivo para fixação do tempo de gozo. Da mesma forma, o empregado tem direito ao abono de 1/3 constitucional (art. 7º, XVII, da Constituição) e a venda de 1/3 de seus dias de férias a gozar (art. 143 da CLT).

4.4.1.4. *Hipóteses de retorno*

Existem sete hipóteses leais de retorno do trabalhador ao território nacional, como demonstraremos a seguir.

Não havendo mais necessidade nem conveniência para a permanência do empregado prestando serviços no exterior poderá ser determinado seu retorno. Esta é a primeira das hipóteses (art. 7º, I), que também poder ocorrer antes do término do serviço, como o art. 7º, parágrafo único, *e*, prevê.

A segunda é a prática de falta grave, que autoriza o rompimento do contrato de trabalho por justa causa (art. 7º, II), e, em ambos os casos as despesas serão arcadas pelo empregador (art. 8º, *caput*), sendo que, na ocorrência de justo motivo para a ruptura do pacto laboral por ato do empregado, este deverá reembolsar a empresa (art. 8º, parágrafo único).

A terceira forma de retorno é a do término do serviço no exterior, quando o empregador responderá por todas as despesas com o retorno do empregado ao Brasil (art. 7º, parágrafo único, 1ª parte).

Há mais quatro hipóteses de determinação de retorno ao Brasil, conforme se depreende do parágrafo único do art. 7º, a saber:

– permanência do trabalhador por três anos contínuos servindo fora do país;
– atendimento de necessidade familiar grave, devidamente comprovada;
– motivo de saúde, mediante recomendação médica atrás de laudo adequado; e
– falta grave praticada pelo empregador, que são as hipóteses do art. 483 da CLT[261].

4.4.1.5 *FGTS*

O trabalhador abrangido pela Lei n. 7.064/1982 também tem, como todos os trabalhadores nacionais, direito ao FGTS.

O art. 9º, *caput*, dispõe que o período de duração da transferência no exterior será computado, no Brasil, para todos os fins, e, se a liquidação dos direitos do obreiro tiver que ocorrer no local da prestação do trabalho (o exterior), valores poderão ser deduzidos dos depósitos do FGTS que existirem na conta vinculada do trabalhador (art. 9º, § 1º).

A Lei n. 7.064/1982 cuida do regime do FGTS, cujos depósitos deverão ocorrer regularmente durante todo o período de transferência para o exterior, na conta vinculada do obreiro, tendo a jurisprudência do TST fixado, na OJ n. 232, que:

---

(261) Os arts. 7º e 8º da Lei n. 7.064/1982 têm a seguinte redação:

Art. 7º O retorno do empregado ao Brasil poderá ser determinado pela empresa quando:

I – não se tornar mais necessário ou conveniente o serviço do empregado no exterior;

II – der o empregado justa causa para a rescisão do contrato.

Parágrafo único. Fica assegurado ao empregado seu retorno ao Brasil, ao término do prazo da transferência ou, antes deste, na ocorrência das seguintes hipóteses:

a) após 3 (três) anos de trabalho contínuo;

b) para atender à necessidade grave de natureza familiar, devidamente comprovada;

c) por motivo de saúde, conforme recomendação constante de laudo médico;

d) quando der o empregador justa causa para a rescisão do contrato;

e) na hipótese prevista no inciso I deste artigo (desnecessidade/inconveniência).

Art. 8º Cabe à empresa o custeio do retorno do empregado.

Parágrafo único. Quando o retorno se verificar, por iniciativa do empregado, ou quando der justa causa para rescisão do contrato, ficará ele obrigado ao reembolso das respectivas despesas, ressalvados os casos previstos no parágrafo único do artigo anterior.

OJ N. 232 – FGTS. INCIDÊNCIA. EMPREGADO TRANSFERIDO PARA O EXTERIOR. REMUNERAÇÃO – O FGTS incide sobre todas as parcelas de natureza salarial pagas ao empregado em virtude de prestação de serviços no exterior.

Nesse particular, os pagamentos efetuados na rescisão do obreiro no exterior, podem ser deduzidos dos depósitos de FGTS realizados em sua conta, e, se não insuficientes, a diferença poderá ser deduzida do salvo da conta, aquando da cessação do contrato (art. 9º, § 2º).

Ademais, a lei prevê que as deduções em moeda estrangeira deverão ser convertidas em real (a lei fale em cruzeiro, que era o meio circulante no Brasil à época da sua edição), pelo câmbio do dia do pagamento (art. 9º, § 3º).

Após todos os procedimentos mencionados, os valores depositados, decorrentes da dedução mencionada, poderão ser levantados pelo empregador, dependendo, todavia, de homologação judicial, que deverá ser procedida na Justiça do Trabalho (art. 9º, § 4º)[262].

4.4.1.6. *Outros aspectos*

Há prestações que não irão se incorporar à remuneração do empregado, em decorrência de sua permanência fora do Brasil, a partir de seu retorno. É o caso do adicional de transferência, das prestações *in natura* e de outras vantagens não especificadas na lei, mas inerentes a essa mudança (art. 10).

Ademais, as contribuições que devem ser efetuadas para os serviços integrantes do sistema "S" não são devidas durante o período em que durar a prestação de trabalho fora do Brasil. Com efeito, não haverá recolhimento de contribuições para Salário-Educação, Serviço Social da Indústria (Sesi), Serviço Social do Comércio (Sesc), Serviço Nacional de Aprendizagem Comercial (Senac), Serviço Nacional de Aprendizagem Industrial (Senai) e Instituto Nacional de Colonização e de Reforma Agrária (Incra) (art. 11).

4.4.2. *Empregados brasileiros no exterior*

Aos trabalhadores brasileiros que prestavam seu labor fora do país não se existia nenhuma lei específica, até 2009. Nesse ano, foi editada a Lei n. 11.962, de 03.07.2009, que estendeu para todas as regras da Lei n. 7.064/1982, tornando concreto o que a jurisprudência já pacificara.

Assim então, a Lei n. 7.064/1982 passou a regular, conforme a nova redação de seu *caput*, *a situação de trabalhadores contratados no Brasil ou transferidos por seus empregadores para prestar serviço no exterior* (art. 1º). Destarte, a todos os empregados em situação que tal a norma de regência é a Lei n. 7.064/1982.

4.5. DESVIO DE FUNÇÃO E ACÚMULO DE FUNÇÕES

Existem duas modalidades em que também podem ser identificadas como alteração das condições do contrato de trabalho: o desvio de função e o acúmulo de funções.

A primeira (desvio de função) é caracterizada quando o empregado realiza atividades que não foram inseridas no seu contrato de trabalho. Exemplo: contratado repositor de prateleiras de um estabelecimento, o empregado é desviado para ser caixa, sem receber as diferenças salariais. Do desvio de função, cuida a Orientação Jurisprudencial n. 125 da SBDI-1 do TST que não garante ao empregado novo enquadramento (ele continuará na função original), mas terá direito às diferenças salariais decorrentes.

---

(262) *Art. 9º O período de duração da transferência será computado no tempo de serviço do empregado para todos os efeitos da legislação brasileira, ainda que a lei local de prestação do serviço considere essa prestação como resultante de um contrato autônomo e determine a liquidação dos direitos oriundos da respectiva cessação.*

§ 1º Na hipótese de liquidação de direitos prevista neste artigo, a empresa empregadora fica autorizada a deduzir esse pagamento dos depósitos do FGTS em nome do empregado, existentes na conta vinculada de que trata o art. 2º da Lei n. 5.107, de 13 de setembro de 1966.

§ 2º Se o saldo da conta a que se refere o parágrafo anterior não comportar a dedução ali mencionada, a diferença poderá ser novamente deduzida do saldo dessa conta quando da cessação, no Brasil, do respectivo contrato de trabalho.

§ 3º As deduções acima mencionadas, relativamente ao pagamento em moeda estrangeira, serão calculadas mediante conversão em cruzeiros ao câmbio do dia em que se operar o pagamento.

§ 4º O levantamento pelo empregador, decorrente da dedução acima prevista, dependerá de homologação judicial.

O acúmulo de funções é evidenciado quando o trabalhador desenvolve outras atividades além daquela para a qual foi contratado. Assim, por exemplo, em um banco, quando um caixa passa, também, a responder pela gerência do estabelecimento sem receber o *plus* salarial face à diferença de salários.

Em ambos os casos, cabe ao empregado a prova do desvio ou do acúmulo (art. 818, I, da CLT). Não ocorre situação assim em casos como de um enfermeiro que, em um ato cirúrgico, auxilia na entrega de instrumentos para o procedimento, embora não seja instrumentador, ou quando o atendente de um escritório também atenda telefone ou faz registros na agenda do titular.

O TST decidiu sobre esses temas que *há* desvio de função quando o empregador modifica as funções originais do empregado, destinando-lhe atividade mais qualificada sem a remuneração correspondente (RR-10163-41.2013.5.03.0142, de 24.09.2014. Relator: Min. Alberto Bresciani), e que *o acúmulo de função fica configurado quando imposto ao trabalhador atividade absolutamente distinta do plexo de atribuições relacionadas à função para a qual fora contratado, ou, muito superior à sua condição pessoal, com maiores responsabilidades e exigências técnicas, acarretando desgaste ao trabalhador e enriquecimento sem causa do empregador. Não fosse isso, resulta na quebra do caráter sinalagmático do contrato de trabalho e na violação do princípio da equivalência das prestações* (RR-154-96.2012.5.15.0020, de 16.09.2015. Relatora: Desa. Luisa Lomba).

Capítulo IX

SUSPENSÃO, INTERRUPÇÃO E EXTINÇÃO DO CONTRATO DE TRABALHO

1. SUSPENSÃO E INTERRUPÇÃO DO CONTRATO DE TRABALHO

1.1. CONCEITO E DISTINÇÃO

Tem o instituto da suspensão do trabalho a finalidade de promover, segundo Mário de La Cueva, *la defensa del trabajador contra ciertas circunstancias que podrian provocar la disolución de las relaciones*(263), eis que se trata de paralisação temporária de trabalho.

Não se deve confundir suspensão ou interrupção do trabalho, espécies do gênero paralisação temporária do contrato de trabalho, com sua cessação. O primeiro caso, *c'est une situation de droit que assure le maintien du contrat en même temps qu'elle légitime l'inexécution des obligations suspendues*(264). Na cessação, também chamada de terminação, deixa de existir, definitivamente, qualquer liame entre as partes, desfazendo-se o contrato, mediante sua rescisão, resolução ou resilição contratual.

Abrangendo as hipóteses nas quais existe paralisação temporária das atividades do trabalhador, a legislação trabalhista brasileira dedica o Capítulo IV do seu título IV (*Do contrato individual de trabalho*) à *suspensão e interrupção* do contrato. A doutrina estrangeira não faz distinção alguma entre as duas figuras, como se infere das obras de Mário de La Cueva (México), Santoro-Passarelli (Itália), Couturier, Javillier, Rivero & Savatier e Lyon-Caen & Pélisser (França), dentre outros.

De fato, a rigor a distinção não tem caráter substancial, dizendo apenas respeito aos seus efeitos e não ao seu conceito jurídico(265). Poderia chamar-se suspensão total ou parcial, tendo o legislador brasileiro optado pela adoção de *interrupção* para identificar o segundo caso(266).

São efeitos que servem de principal elemento diferenciador entre suspensão e interrupção. Cesarino Júnior identifica, claramente, os diferentes efeitos que produzem as duas figuras:

> consiste a suspensão na prestação de serviços pelo empregado, sem direito à percepção dos salários a que teria direito se estivesse trabalhando, durante o período de suspensão. A interrupção do contrato de trabalho, ao contrário, importando embora em não prestação de serviços pelo empregado durante algum tempo, não acarreta perda do direito à percepção do salário, durante o tempo de interrupção(267).

Temos, então, que ambas se assemelham quanto ao fato de ocorrer paralisação temporária de trabalho, e encontramos duas situaçoes distintas quanto aos seus efeitos.

---

(263) DE LA CUEVA, M. Ob. cit. (I), p. 234.

(264) COUTURIER, Gérard. *Droit du travail*. Paris: Presses Universitaires, 1990. p. 311.

(265) N. sent.: NASCIMENTO, A. M. Curso... *cit*. 24. ed., p. 379; e, *Iniciação... cit*., 33. ed., p. 220.

(266) N. sent.: SÜSSEKIND, A. L. *et alii*. *Instituições... cit*. (I). 16. ed. São Paulo: LTr, 1996. p. 484.

(267) CESARINO JÚNIOR, A. F. Ob. cit., p. 294.

Na suspensão do trabalho, os efeitos contratuais deixam, temporariamente, de existir. O trabalhador deixa de executar suas tarefas habituais, e, consequentemente, fica impossibilitado de receber a contraprestação pecuniária. Na interrupção, continua a existir a provisoriedade da cessação de atividades, mas seus efeitos são apenas parciais, eis que, agora, subsiste a obrigação patronal de remunerar o trabalhador.

Liga-se intimamente à paralisação do trabalho o princípio da continuidade do contrato de trabalho. Para compreender este princípio, ensina Plá Rodriguez que,

> devemos partir da base que o contrato de trabalho é contrato de trato sucessivo, ou seja, a relação de emprego não se esgota mediante a realização instantânea de certo ato, mas perdura no tempo. A relação empregatícia não é efêmera, mas pressupõe uma vinculação que se prolonga[(268)].

Assim, fatos que poderiam, normalmente, ensejar o rompimento do contrato de tra-balho, apenas proporcionam a sua paralisação temporária. E por quê? Porque –, e ainda é Plá Rodriguez quem doutrina:

> tudo que vise a conservação da fonte de trabalho, a dar segurança ao trabalhador, constitui não apenas um benefício para ele, enquanto lhe transmite uma sensação de tranquilidade, mas também redunda em benefício da própria empresa e, através dela, da sociedade, na medida em que contribui para aumentar o lucro e melhora o clima social das relações entre as partes[(269)].

Feitas essas considerações, e conservando a distinção assinalada acima, entre suspensão e interrupção, pelo seu caráter prático, vejamos as principais hipóteses existentes no Direito brasileiro.

1.2. HIPÓTESES DE SUSPENSÃO

São várias as hipóteses de suspensão do contrato de trabalho existentes na legislação brasileira. Examinemos os casos mais relevantes e seus respectivos efeitos.

1.2.1. *Auxílio-doença*

Esse benefício previdenciário, que teve origem na Alemanha de Bismarck, é de curta duração e renovável sempre que o segurado dele necessite, observando os arts. 59 a 64, da Lei n. 8.213, de 24.07.1991, que dispõe sobre os Planos de Benefícios da Previdência Social.

No México, são causas expressas de suspensão das relações de trabalho a enfermidade contagiosa do trabalhador, a incapacidade temporária ocasionada por um acidente ou enfermidade que não constituam risco de trabalho (art. 42, I e II, da *Ley Federal del Trabajo*).

No Brasil, estando o trabalhador em gozo de auxílio-doença, o contrato de trabalho será considerado suspenso durante o prazo do benefício, a partir do 16º dia, consoante dispõe o art. 476, da CLT, c/c o art. 71 do Regulamento da Previdência Social (RPS), aprovado pelo Decreto n. 3.048, de 06.05.1999. Se o afastamento por doença demorar menos de quinze dias, tratar-se-á de hipótese de interrupção, e o salário será pago pelo empregador (art. 75 do RPS).

A MP n. 664, de 30.12.2014, pretendeu ampliar o prazo de suspensão para trinta dias, mas, convertida na Lei n. 13.135, de 17.6.2015, esta norma não trouxe as modificações pretendidas pela MP, sendo mantida a regra anterior.

Assim, somente quando afastado por mais de quinze dias, estará o trabalhador gozando de benefício previdenciário, findo o qual deverá retornar ao serviço no prazo de trinta dias, salvo motivo justificado, sob pena de configurar-se abandono de emprego, que é a falta grave ensejadora da ruptura da relação de emprego, *ex vi* do art. 482, alínea *i*, da CLT, conforme o Enunciado n. 3, do TST.

Pode o auxílio-doença, ademais, transformar-se em aposentadoria por invalidez, cessando então (arts. 43 e 78 do RBPS).

1.2.2. *Aposentadoria por invalidez*

Trata-se de suspensão do trabalho decorrente de concessão de aposentadoria por invalidez ao trabalhador. Fica suspenso o contrato de trabalho até que o obreiro recupere as condições que o afastaram da atividade laborativa,

---

(268) PLÁ RODRIGUEZ, A. Ob. cit., p. 138.

(269) *Ibidem*, p. 139.

nos termos da legislação previdenciária, conforme o art. 475 consolidado. A Convenção n. 102, de 1952, da OIT, cuida da matéria, que é o objeto do RPS (arts. 43 a 50).

Essa aposentadoria é devida ao segurado da Previdência Social, esteja ou não em gozo de auxílio-doença, considerado incapaz para o serviço e insuscetível de reabilitação para desempenhar atividade que lhe garanta a subsistência, devendo o benefício ser pago enquanto permanecer nessa condição (art. 43, da RPS).

No retorno, poderá ser dispensado, respondendo o empregador pelo ônus da dispensa imotivada (§ 1º do art. 475 da CLT). Caso tenha admitido um empregado substituto, e este devidamente cientificado das condições em que a substituição se originou, a volta do primitivo empregado ensejará a dispensa do último sem qualquer indenização (§ 2º), exceto o direito a haver os depósitos existentes em sua conta vinculada de FGTS.

De acordo com a lei previdenciária, o prazo máximo de suspensão é de cinco anos (art. 47, I, da Lei n. 8.213/1991), ficando o aposentado obrigado a, até completar 55 anos de idade, submeter-se a exames médicos periódicos, tratamento adequado e /ou processo de reabilitação (art. 101 da Lei n. 8.213/1991, c/c o art. 46 do RPS).

1.2.3. *Serviço Militar e Encargo Público*

O art. 472 consolidado remete à Lei n. 4.375, de 17.08.1964, cujos arts. 60 e segs. cuidam da matéria relativa ao serviço militar.

O art. 472 da CLT possui a seguinte redação:

> Art. 472. O afastamento do empregado em virtude das exigências do serviço militar, ou de outro encargo público, não constituirá motivo para alteração ou rescisão do contrato de trabalho por parte do empregador.
>
> § 1º Para que o empregado tenha direito a voltar a exercer o cargo do qual se afastou em virtude de exigências do serviço militar ou de encargo público, é indispensável que notifique o empregador dessa intenção, por telegrama ou carta registrada, dentro do prazo máximo de 30 (trinta) dias, contados da data em que se verificar a respectiva baixa ou a terminação do encargo a que estava obrigado.
>
> § 2º Nos contratos por prazo determinado, o tempo de afastamento, se assim acordarem as partes interessadas, não será computado na contagem do prazo para a respectiva terminação.
>
> § 3º Ocorrendo motivo relevante de interesse para a segurança nacional, poderá a autoridade competente solicitar o afastamento do empregado do serviço ou do local de trabalho, sem que se configure a suspensão do contrato de trabalho.
>
> § 4º O afastamento a que se refere o parágrafo anterior será solicitado pela autoridade competente diretamente ao empregador, em representação fundamentada com audiência da Procuradoria Regional do Trabalho, que providenciará desde logo a instauração do competente inquérito administrativo.
>
> § 5º Durante os primeiros 90 (noventa) dias desse afastamento, o empregado continuará percebendo sua remuneração.

O que ocorre é que, em nosso país, a prestação do serviço militar é obrigatória (art. 143, *caput*, da Constituição), o que torna necessário garantir ao trabalhador que, em cumprido esse dever, poderá retornar a sua atividade normal. A esse fim, a Lei n. 4.375/1964 (art. 60, *caput*) atendeu o § 1º do art. 472 da CLT, ao garantir o retorno do trabalhador, salvo se, quando da incorporação ou matrícula, houver declarado que não pretende retornar. Na França, verifica-se semelhante situação, mas o empregador pode opor-se ao direito de reintegração do empregado(270). Ocorrendo o engajamento do convocado, este perderá o direito de retornar ao emprego (§ 2º do art. 60 da Lei n. 4.375/1964).

Trata-se do exercício de atividades específicas desempenhadas nas Forças Armadas (Marinha, Exército e Aeronáutica) e compreende, na mobilização, todos os encargos relacionados com a defesa nacional, sendo obrigatório a todos os brasileiros nascidos entre 1º de janeiro e 31 de dezembro do ano em que completarem dezoito anos de idade.

O empregado que se afastar do trabalho em virtude das exigências do serviço militar não pode ter alterado ou rescindido seu contrato de trabalho, desde que o responsável pela organização militar em que for incorporado

---

(270) Cf. JAVILLIER, Jean-Claude. *Manual de direito do trabalho*. Trad. Rita Asdine Bozaciyan. São Paulo: LTr, 1988. p. 101.

ou matriculado comunique, em vinte dias após a incorporação ou concessão do engajamento, ao empregador a pretensão em manter o emprego ou, se for o caso, o engajamento concedido.

Caso o empregado prorrogue voluntariamente o tempo de serviço de incorporação (engajamento) perderá o direito de retorno ao emprego, notando-se que esse direito a voltar a exercer o cargo do qual se afastou em virtude de exigências do serviço militar deverá necessariamente ser precedido de uma notificação ao empregador, por meio de telegrama ou carta registrada, em no máximo de trinta dias da data em que se verificar a respectiva baixa.

Nos contratos por prazo determinado, o tempo de afastamento não será computado para fim de seu término, desde que as partes acordem a respeito, e, durante esse período, o empregado terá assegurado o recebimento de todas as vantagens que, na sua ausência, os demais integrantes de sua categoria profissional receberam do empregador.

Por outro lado, o tempo de serviço militar é contado para todos os fins, inclusive para a Previdência Social, caracterizando-se em suspensão do contrato de trabalho, como prevê o art. 472 da CLT, e, durante esse período, a empresa deverá efetuar regularmente os depósitos do FGTS em conta vinculada do trabalhador. Assinale-se, também, que o § 1º do art. 4º da CLT prevê que esse tempo de serviço militar, da mesma forma como o afastamento decorrente de acidente de trabalho, é computado como tempo de serviço para efeito de indenização e estabilidade.

Ademais, não se consideram faltas ao serviço os dias em que o empregado tiver que se apresentar para exercício de reservista ou cerimônia cívica do dia correspondente.

Quanto aos encargos públicos civis, os mais costumeiros são: membro do Conselho Curador do FGTS, membro dos Conselhos Nacional, Estadual ou Municipal da Previdência Social; exercício de mandato eletivo no âmbito federal ou nos Estados ou Municípios[271]. Nesse rol também se incluem os mandatos eletivos nos três níveis (federal, estadual e municipal), ficando suspenso o contrato de trabalho durante o cumprimento desse *munus*.

1.2.4. *Mandato sindical*

A hipótese em apreço cuida do afastamento do empregado para cumprimento do mandato sindical que tiver obtido.

É a previsão do art. 543, § 2º, da CLT, que ressalva, contudo, a liberalidade patronal ou a previsão de que continuará a arcar com o ônus por força de cláusula constante de norma coletiva.

Nenhum ônus tocará ao empregador, que fica desobrigado, durante o mandato respectivo, de qualquer obrigação para com o trabalhador, desde que seja para exercer cargo de direção ou representação sindical (art. 543, § 3º, da CLT). Pode, todavia, por norma coletiva, haver previsão de pagamento de salário, quando a suspensão transforma-se em interrupção.

1.2.5. *Suspensões disciplinar e para apuração de falta grave*

São duas hipóteses de suspensão: (1) a disciplinar e (2) a destinada a inquérito judicial para apuração de falta grave cometida por empregado estável. Quanto à primeira, trata-se de punição aplicada por período igual ou inferior a trinta dias, eis que, se for maior, importará em rescisão do contrato de trabalho, a teor do art. 474 consolidado.

Recorda *Mozart Victor Russomano* que,

> *não devemos, ..., confundir a suspensão disciplinar, que não pode ser superior a 30 dias, com a suspensão do empregado para fins de inquérito judicial, quando o mesmo é estável (CLT, art. 494). Essa suspensão pode ser feita indeterminadamente, perdurando até a decisão final do processo, que, por sua importância, em geral, se prolonga por algum tempo (CLT, art. 494, parágrafo único)*[272].

O que sucede, nesse segundo caso de suspensão, é que pode ser o empregado suspenso para fins de ajuizamento de inquérito destinado à apuração de falta grave, consoante prescreve o art. 494 consolidado. Esse preceito não se aplica apenas aos que gozam de estabilidade decenal (art. 492 da CLT), mas também se estende aos demais trabalhadores bene-

(271) Também assim na França, cf. JAVILLIER, J. C. Op. cit., p. 102.

(272) RUSSOMANO, Mozart Victor. *O empregado e o empregador no direito brasileiro*. 7. ed. Rio de Janeiro: Forense, 1984. p. 263.

ficiados com alguma espécie de estabilidade (sindical, convencional etc.). Julgado procedente o inquérito, a suspensão converte-se em despedida, e, se improcedente, o afastamento será considerado caso de interrupção, com o empregador respondendo pela remuneração e por todos os demais direitos do empregado no período de paralisação[273].

1.2.6. *Greve*

Consoante o art. 7º, da Lei n. 7.783, de 28.06.1989, a participação em greve enseja a suspensão do contrato de trabalho.

Semelhantemente ocorre na França. Lyon-Caen & Pélissier escrevem que, *pendant la gréve, le contrat n'est que suspendu*[274], tendo a Corte de Cassação decidido que *chacune des parties se trouve dispensée pendant la gréve de mettre à exécution les obrigations qui lui incombent, à savoir les salariés de fournir un travail et les employeurs de verser un salaire*[275].

Rivero & Savatier ensinam que não pode ser a greve causa de ruptura da relação de trabalho, eis que são duas as suas consequências: 1ª) o trabalhador grevista fica privado da sua remuneração; 2ª) a greve lícita não é causa legítima para a ruptura do contrato, donde, *le licenciement pour fait de gréve constitue donc une faute de l'employeur*[276].

Na Itália, lembra Santoro-Passarelli,

> *durante lo sciopero si determina uma sospensione del rapporto de lavoro, il quale sussiste, sebbene rimangano temporareamente senza esecuzione le due obbliogazioni fondamentali che lo constituiscono, cosí l'obbliogazione de lavore, come l'obbliogazione di retribuire*[277].

Em nosso país, pela participação em movimento grevista, o trabalhador não pode ser dispensado (art. 7º, parágrafo único, da Lei n. 7.783/1989). No entanto, fica suspenso seu contrato de trabalho durante o período da greve, sem que qualquer efeito venha a produzir nas obrigações patronais, que nada haverá a remunerar o obreiro, tendo a legislação brasileira ressalvado as hipóteses de as relações obrigacionais, inclusive o pagamento da remuneração, poderem vir a ser objeto de negociação coletiva, laudo arbitral ou decisão da Justiça do Trabalho.

Voltaremos a cuidar de greve adiante, na Parte II, Capítulo III.

1.2.7. *Prisão preventiva*

A hipótese é de prisão preventiva em que não exista sentença criminal transitada em julgado. O contrato pode ser considerado suspenso e, ao transitar em julgado a condenação, poderá ser causa para dispensa motivada do empregado, desde que não tenha havido suspensão da execução da pena, *ex vi* do art. 482, alínea *d*, da CLT.

1.2.8. *Inquérito administrativo*

O que se cuida aqui é de suspensão do contrato de trabalho a fim de que o empregado possa responder a inquérito administrativo (art. 494 da CLT), e enquanto este durar. Nota-se que não se trata do inquérito previsto nos arts. 853 a 855 da CLT, destinado a apurar cometimento de falta grave de empregado garantido com estabilidade decenal.

1.2.9. *Acidente de trabalho*

A definição legal do acidente de trabalho consta do art. 19 da Lei n. 8.213/1991 nos seguintes termos:

> Art. 19. Acidente do trabalho é o que ocorre pelo exercício do trabalho a serviço da empresa ou de empregador doméstico ou pelo exercício do trabalho dos segurados referidos no inciso VII do art. 11 desta Lei, provocando lesão corporal ou perturbação funcional que cause a morte ou a perda ou redução, permanente ou temporária, da capacidade para o trabalho.

---

(273) N. sent.: MAGANO, O. B. *Manual*... cit. (*II*). 2. ed., p. 270.

(274) LYON-CAEN, Gérard & PÉLISSIER, Jean. *Droit du travail*. 14. ed. Paris: Dalloz, 1988. p. 1.001.

(275) Sentença da Câmara Social da Corte de Cassação, de 05.03.1953. *In Code du Travail*. 53. ed. Paris: Dalloz, 1991. p. 556.

(276) RIVERO, Jean & SAVATIER, Jean. *Droit du travail*. 11. ed. Paris: Presses Universitaires, 1989. p. 404.

(277) SANTORO-PASSARELLI, Francesco. *Nozioni di diritto del lavoro*. 35. ed. Nápoles: Eugenio Jovene, 1987. p. 63-4.

O inciso VII do art. 11 cuida da

atividade artesanal desenvolvida com matéria-prima produzida pelo respectivo grupo familiar, podendo ser utilizada matéria-prima de outra origem, desde que a renda mensal obtida na atividade não exceda ao menor benefício de prestação continuada da Previdência Social.

O art. 19 de Lei n. 8.213/1991 trata do chamado acidente de trabalho típico. Todavia, o art. 20 equipara a ele as doenças profissionais e/ou ocupacionais. Essas doenças devem ser entendidas como:

- doença profissional = a produzida ou desencadeada pelo exercício do trabalho peculiar a determinada atividade e constante da respectiva relação elaborada pelo órgão competente;
- doença do trabalho = a adquirida ou desencadeada em função de condições especiais em que o trabalho é realizado e com ele se relacione diretamente, constante da mesma relação.

Caracterizado o acidente, suspende-se o contrato de trabalho, passando o trabalhador acidentado a gozar ou de auxílio-doença, ou de aposentadoria por invalidez ou de auxílio-acidente, que é devido a contar da cessação do auxílio-doença, havendo redução da sua capacidade laborativa (art. 86, § 2º, da Lei n. 8.213/1991 e art. 104, §§ 1º e 2º, do RPS).

Uma modificação importante, porém, foi feita na CLT. De acordo com o § 1º do art. 4º consolidado, deve ser computado na contagem do tempo de serviço, para efeito de indenização e estabilidade, o período em que o empregado estiver afastado por motivo de acidente do trabalho, da mesma forma como quando estiver prestando serviço militar.

1.2.9.1. *Acidente de trabalho fora do trabalho*

Saber se pode haver um acidente de trabalho fora do trabalho é um problema que atormenta patrões e empregados e a resposta é afirmativa. Seja no simples deslocamento no percurso entre sua residência e o local onde trabalha e o retorno pode ocorrer um acidente de trabalho.

É assim que está prescrito no art. 21 da Lei n. 8.213/1991 quando é equiparado ao acidente de trabalho aquele sofrido pelo trabalhador, fora do local e do horário de trabalho, em quatro situações específicas.

A primeira se refere à execução de ordem ou à realização de serviço sob a autoridade da empresa, isto é, prestação de uma atividade determinada pelo empregador que, assim é o responsável e assume o risco desse trabalho.

A segunda é a prestação espontânea de qualquer serviço à empresa para lhe evitar prejuízo ou proporcionar proveito. Trata-se daquele serviço que o próprio empregador resolveu, deliberadamente fazer, para evitar um prejuízo para o empregador ou para ensejar uma vantagem ao patrão.

A terceira forma é quando o acidente ocorre em viagem a serviço da empresa, inclusive para estudo quando financiada por esta dentro de seus planos para melhor capacitação da mão de obra, independentemente do meio de locomoção utilizado, inclusive veículo de propriedade do trabalhador.

A última é a mais esquecida e questionável de todas. Identifica-se quando o acidente ocorre no percurso da residência do trabalhador para seu local de trabalho ou deste para aquela, pouco importando o meio de locomoção utilizado, inclusive veículo próprio do empregado.

São aspectos que costumam ser esquecidos nas relações de trabalho, surpreendendo patrões e empregados aquando da sua ocorrência.

Observe-se que, além desses quatro casos que são expressamente previstos em lei, a responsabilidade patronal prossegue se o acidente ocorrer em períodos destinados à refeição ou descanso, ou por ocasião da satisfação de outras necessidades fisiológicas, no local do trabalho ou durante este, porque o empregado é considerado no exercício de suas atividades normais.

Em todas essas circunstâncias, o empregado tem direito ao auxílio-doença, que, nos primeiros quinze dias, é responsabilidade do empregador, conforme os arts. 43 e 60 da Lei n. 8.213/1991. A partir do 16º dia, passa a ser ônus da Previdência Social, devendo ser notado que a MP n. 664/2014 pretendeu aumentar esse período para trinta dias (art. 60, § 3º), mas não restou assim quando foi convertida na Lei n. 13.135/2015.

Assim, em qualquer das hipóteses que foram referidas, os primeiros quinze dias serão ônus do empregador e os demais serão da Previdência Social.

Em síntese, o acidente de trabalho não é apenas aquele que ocorre vitimando o empregado no local onde exerce atividades, mas pode ocorrer até mesmo no deslocamento entre a sua residência e o seu local de trabalho.

1.2.10. Aborto criminoso

Tendo praticado aborto, esse ato, condenado pela sociedade e punido pela lei penal (art. 124 e segs. do Código Penal brasileiro), importa em suspensão do contrato de trabalho, diversamente do aborto não criminoso, que é caso de interrupção do contrato, como veremos em frente (v. neste Capítulo, n. 1.3.8). Aqui, a mulher ainda está sujeita à condenação criminal e, por corolário, à possível futura resolução do contrato de trabalho.

1.2.11. Violência doméstica e familiar

A partir de 07.08.2006, com a sanção da Lei n. 11.340, conhecida como *Lei Maria da Penha*, foi criado novo tipo de suspensão de contrato. É o que decorre de violência doméstica e familiar, que atinja a integridade física e psicológica da mulher.

O art. 9º prescreve:

> Art. 9º A assistência à mulher em situação de violência doméstica e familiar será prestada de forma articulada e conforme os princípios e as diretrizes previstos na Lei Orgânica da Assistência Social, no Sistema Único de Saúde, no Sistema Único de Segurança Pública, entre outras normas e políticas públicas de proteção, e emergencialmente quando for o caso.
>
> § 1º O juiz determinará, por prazo certo, a inclusão da mulher em situação de violência doméstica e familiar no cadastro de programas assistenciais do governo federal, estadual e municipal.
>
> § 2º O juiz assegurará à mulher em situação de violência doméstica e familiar, para preservar sua integridade física e psicológica:
>
> I – acesso prioritário à remoção quando servidora pública, integrante da administração direta ou indireta;
>
> II – manutenção do vínculo trabalhista, quando necessário o afastamento do local de trabalho, por até seis meses.
>
> § 3º A assistência à mulher em situação de violência doméstica e familiar compreenderá o acesso aos benefícios decorrentes do desenvolvimento científico e tecnológico, incluindo os serviços de contracepção de emergência, a profilaxia das Doenças Sexualmente Transmissíveis (DST) e da Síndrome da Imunodeficiência Adquirida (AIDS) e outros procedimentos médicos necessários e cabíveis nos casos de violência sexual (destacamos).

O inciso II do § 2º do dispositivo acima, ao criar um novo caso de suspensão, adotou também uma forma de garantia de emprego para a mulher. Devemos, porém, considerar quatro aspectos. O primeiro é saber se realmente é caso de suspensão ou não estaríamos ante uma hipótese de interrupção do pacto laboral. O segundo é identificar qual juiz é competente para dar essa garantia. O terceiro é que deixará de existir se a mulher empregada retornar ao trabalho antes de vencido o período determinado judicialmente. O quarto é que deve ser estendida também ao homem, pena de ser violado o art. 5º, I, da Constituição, que veda discriminação por sexo.

Quanto ao primeiro aspecto, a Lei n. 11.340/2006 cuida de *manutenção* do emprego, o que significa que não pode a empregada ser despedida, mas não refere a ônus para o empregador, que, afinal, não tem qualquer responsabilidade pelo afastamento da empregada.

Mauricio Godinho Delgado assinala que o ideal seria a Lei n. 8.213/1991 ser modificada para, no âmbito da Previdência Social, incluir essa situação específica de afastamento, entendendo que seria melhor enquadrar como caso de interrupção para atender aos objetivos da própria lei(278).

Todavia, em que pesem os argumentos bastante fortes no sentido de que o empregador deveria responder pelo ônus dessa manutenção, entendemos que não foi esse o intuito do legislador. Tivesse sido, não iria apenas garantir a *manutenção* do emprego. E não fez isso porque o próprio art. 9º da Lei n. 11.340/2006 cuida da atuação do Estado através dos seus sistemas de Assistência Social, de Saúde e de Segurança Pública. É então evidente caso de suspensão do contrato de trabalho por até seis meses(279).

---

(278) DELGADO, Mauricio Godinho. *Curso de direito do trabalho*. 11. ed. São Paulo: LTr, 2012. p. 1.097.

(279) Também nesse sentido: MARTINEZ, L. *Curso*... cit., 2010, p. 453; GARCIA, Gustavo Felipe Barbosa. *Manual de direito do trabalho*. 4. ed. São Paulo: Método, 2011. p. 330-1.

No que tange ao segundo, a questão que tem preocupado é a determinação do juiz competente para dar a ordem de manutenção no emprego. A primeira vista, seria o juiz da Justiça Comum, porque a própria lei refere juizados cível e criminal (art. 14)[280]. No entanto, a Constituição (art. 114), ao tratar da competência da Justiça do Trabalho, refere a outras controvérsias decorrentes da relação de trabalho, e, evidente, que o caso em exame é uma delas, devendo a interessada procurar a Vara do Trabalho competente para buscar a manutenção prevista na lei.

Quanto ao retorno antecipado ao trabalho, resulta evidente que a garantia de manutenção do emprego pelo prazo fixado pelo juiz até o limite de seis meses vence imediatamente, podendo ocorrer dispensa do trabalho.

Por fim, entendemos que essa garantia de manutenção do emprego deve ser atribuída não apenas à mulher empregada, como a Lei n. 11.340/2006 prevê, mas também ao homem empregado. A Constituição proíbe discriminação em razão de sexo e existem diversas decisões jurisprudenciais estendendo a proteção criada pela Lei *Maria da Penha* aos integrantes do sexo masculino.

1.2.12. Qualificação profissional

Esse novo tipo de suspensão contratual foi acrescentado na CLT, pelo art. 476-A, introduzido pela MP n. 2.164-41, de 24.08.2001, cujo *caput* assinala:

> Art. 476-A. O contrato de trabalho poderá ser suspenso, por um período de dois a cinco meses, para participação do empregado em curso ou programa de qualificação profissional oferecido pelo empregador, com duração equivalente à suspensão contratual, mediante previsão em convenção ou acordo coletivo de trabalho e aquiescência formal do empregado, observado o disposto no art. 471 desta Consolidação.

Sua finalidade é proporcionar ampliação dos conhecimentos do empregado para desenvolver seus misteres. Na atualidade, com o avanço das modernas tecnologias e a permanentemente modificação dos meios de trabalho, é fundamental que se adéqüe a essa novidade. É bom para o trabalhador e, sem dúvida, excelente para o desenvolvimento da atividade empresarial.

Existem seis requisitos básicos para caracterizar esse tipo de suspensão:

1. Decorre de negociação coletiva (acordo ou convenção coletiva de trabalho);
2. É indispensável a concordância do empregado para essa suspensão, manifestação que deve ser escrita e livre;
3. A suspensão do contrato deve ser comunicada pelo empregador ao sindicato em quinze dias (§ 1º do art. 476-A da CLT);
4. A participação do empregado no curso ou programa de qualificação é obrigatória e efetiva, donde não são admitidas faltas injustificadas;
5. O curso deve ser ofertado pelo empregador; e,
6. Não deve haver ônus para o empregado.

Trata-se de uma forma de suspensão do contrato, onde o trabalhador deixará de receber seu salário, mas poderá receber uma ajuda compensatória mensal, sem natureza salarial, durante todo o período da qualificação (§ 3º do mesmo artigo), além dos benefícios que o empregador conceder voluntariamente (§ 4º), e, esse período será de dois a cinco meses, prorrogável mediante negociação coletiva, respondendo o empregador pela bolsa de qualificação profissional desse novo período (§ 7º igualmente do art. 476-A consolidado).

Essa bolsa de qualificação profissional foi instituída pelo art. 2º-A da Lei n. 7.998, de 11.01.1990, que criou o Programa de Seguro-Desemprego e o Fundo de Amparo ao Trabalhador (FAT), introduzido pela MP n. 2.164-41/2001. É exatamente esse FAT que custeará a bolsa, cujo pagamento será suspenso em caso de rescisão do contrato de trabalho (art. 7º-A), e que passará a ser de responsabilidade do empregador se evento de qualificação ultrapassar o período inicialmente fixado, mediante prorrogação.

Caso outro curso seja posteriormente oferecido, o empregado dele poderá participar desde que entre este e o anterior o prazo seja de pelo menos dezesseis meses (§ 2º do art. 476-A da CLT).

---

(280) N. sent.: MONTEIRO JUNIOR, Francisco José. Trabalho da mulher: o art. 384 da CLT e a Lei Maria da Penha e seus aspectos trabalhistas. *In:* FRANCO FILHO, G. de S.(coord.). *Trabalho da Mulher...* cit., p. 171.

Durante o período de suspensão e três meses após, o empregado somente poderá ser dispensado com o pagamento de uma multa de no mínimo 100% da ultima remuneração recebida antes do afastamento, estabelecida em norma coletiva autônoma, além das demais verbas rescisórias (§ 5º do mesmo artigo).

Caso o curso ou programa ou não seja ministrado ou o trabalho continuar normalmente, não haverá suspensão, permanecendo o empregado com direito ao pagamento regular de seus salários e o empregador responsável pelos correspondentes encargos sociais, afora sanções que estão consignadas nos instrumentos normativos (§ 6º também do mesmo artigo).

1.3. HIPÓTESES DE INTERRUPÇÃO

Vejamos, a seguir, as hipóteses mais relevantes da interrupção da prestação de serviços contempladas na legislação brasileira e seus respectivos efeitos.

1.3.1. Ausências legais

O art. 473 consolidado elenca várias hipóteses em que ocorrem faltas justificadas do empregado ao serviço, sem que tenha prejuízo da percepção de seu salário e dos demais direitos decorrentes da relação de emprego.

Os casos de ausências legais são:

- *nojo* – em face de falecimento de cônjuge, ascendente, descendente, irmão ou dependente perante a Previdência Social, por dois dias (inciso I);
- *gala* – em virtude de casamento civil, ou religioso com efeito civil, por três dias (inciso II);
- *nascimento de filho* – pode o trabalhador faltar por um dia, na primeira semana do nascimento de filho, a fim de efetuar seu registro civil obrigatório (inciso III). Não se confunde com a licença-paternidade, que será examinada (V., adiante, n. 1.3.6);
- *doação de sangue* – a cada doze meses, o empregado pode faltar um dia de serviço para doar sangue voluntariamente, fazendo a prova indispensável (inciso IV);
- *alistamento eleitoral* – poderá ausentar-se do serviço por dois dias, consecutivos ou não, o trabalhador que for se alistar perante a Justiça Eleitoral (inciso V). Mesmo que seja analfabeto ou possua menos de dezoito anos de idade, o empregado poderá ausentar-se para esse fim, eis que a Constituição da República contempla a facultatividade do dever eleitoral para os primeiros e para os menores de dezoito e maiores de dezesseis anos de idade (art. 14, § 1º, *a* e *c*, da Constituição de 1988);
- *obrigações de reservista* – sempre que tiver que cumprir obrigações como convocado, por força de exercício ou manobras, ou chamado para fins de apresentação das reservas ou cerimônia cívica, do Dia do Reservista, o empregado pode ausentar-se do trabalho, justificadamente (inciso VI), observando as disposições da alínea *c* do art. 65, da Lei n. 4.375/1964 e do § 4º do art. 60 da mesma lei, com a redação dada pelo Decreto-lei n. 715, de 30.06.1969.

1.3.2. Doença

A hipótese de ausência por período igual ou inferior a quinze dias é a causa interruptiva da prestação de serviço. A partir do 16º dia, tem direito à percepção de auxílio-doença, já visto (V., n. 1.2.1).

Cabe ao empregado doente fazer a prova da sua ausência, devendo apresentar o competente atestado médico. Neste particular, observe-se o disposto na Súmula n. 282 do TST:

> Súmula n. 282. Ao serviço médico da empresa ou ao mantido por esta última mediante convênio, compete abonar os primeiros quinze dias de ausência do trabalho.

1.3.3. Gestante

Cuida a legislação brasileira de dois direitos importantes para a mulher: a licença à gestante e a estabilidade à gestante. A primeira está prevista no art. 7º, XVIII, da Constituição: 120 dias de licença compulsória, sem prejuízo do emprego e do salário, superior ao prazo previsto na Convenção n. 103 da OIT, que é de doze semanas (art. 3º,

2). A segunda está contemplada no art. 10, § 1º, I, *b*, do ADCT: garantia de emprego da confirmação da gravidez até cinco meses após o parto, vedada a dispensa arbitrária ou sem justa causa.

De acordo com a legislação previdenciária (art. 72 e §§ 1º, da Lei n. 8.213/1991), o salário-maternidade é pago pelo empregador à empregada e deduzido o líquido das prestações a recolher à Previdência Social, exceto se se tratar de trabalhadora avulsa ou empregada de microempreendedor individual previsto no art. 18-A da Lei Complementar n. 123, de 14.12.2006, quando o pagamento será feito diretamente pela Previdência Social (§ 3º).

É a proteção à maternidade, atualmente, um dos principais pontos que visam a proteger o trabalho da mulher, e que trataremos adiante (v., nesta Parte, Capítulo XV).

1.3.4. Repouso semanal remunerado, feriados e férias

Essas são hipóteses em que ocorre interrupção da prestação de serviço.

O **repouso semanal**, instituído pela Lei n. 605, de 05.01.1949, que também cuidou do pagamento de salário nos dias feriados, terá duração de 24 horas (art. 67 da CLT) e será preferencialmente (não necessariamente) aos domingos (art. 7º, XV, da Constituição).

Os **feriados** são civis e religiosos, previstos em lei.

Quanto aos civis, a Lei n. 662, de 06.04.1949, com a redação dada pela Lei n. 10.607, de 19.12.2002, considera feriados nacionais os dias 1º de janeiro (Confraternização Universal), 21 de abril (Dia de Tiradentes), 1º de maio (Dia do Trabalho), 7 de setembro (Proclamação da Independência), 2 de novembro (Dia de Finados), 15 de novembro (Proclamação da República) e 25 de dezembro (Dia de Natal) (art. 1º).

Quanto aos religiosos, o dia 12 de outubro é considerado feriado nacional, pela Lei n. 6.802, de 30.06.1980, porque consagrado a Nossa Senhora Aparecida, Padroeira do Brasil, e o art. 2º da Lei n. 9.093, de 12.09.1995 dispõe:

> Art. 2º São feriados religiosos os dias de guarda, declarados em lei municipal, de acordo com a tradição local e em número não superior a quatro, neste incluída a Sexta-Feira da Paixão.

As **férias**, previstas no art. 7º, XVII, da Constituição, obedecem a critério de faltas injustificados para apurar o número de dias a serem usufruídos (arts. 129 a 131 da CLT).

Mais tarde, os três temas voltarão a ser objeto de exame.

1.3.5. Testemunha

O comparecimento do empregado como testemunha, quer tenha sido arrolada pela parte ou convocada pelo juiz, impede sejam efetuados quaisquer descontos em seu salário pela ausência ao serviço para essa finalidade. É a regra do art. 822 da CLT.

A situação é semelhante à do empregado que é a parte em processo trabalhista, consoante a Súmula n. 155 do TST: *As horas em que o empregado faltar ao serviço para comparecimento necessário, como parte, à Justiça do Trabalho, não serão descontadas de seus salários*, embora José Martins Catharino sustente que o salário deveria ser pago pelo Estado, porque o empregado afastou-se para se desincumbir de um *munus* público(281), e que as despesas com seu comparecimento poderiam ser reclamadas da parte(282).

1.3.6. Licença-Paternidade

Esse direito do trabalhador consta do art. 7º, XIX, da Constituição, que remete para a lei ordinária. Até que essa norma infraconstitucional venha a ser editada, a licença-paternidade é de cinco dias, conforme o § 1º do art. 10 da ADCT, fazendo o empregado jus à percepção de sua remuneração.

Em 8.3.2016, o art. 38 da Lei n. 13.257 promoveu alteração em diversos dispositivos da Lei n. 11.770, de 9.9.2008, que instituiu o Programa Empresa Cidadã. Com efeito, prorrogada por mais quinze dias a duração da licença-paternidade (art. 1º, n. II, da Lei n. 11.770/08), desde que o empregador pessoa jurídica tenha aderido ao

(281) CATHARINO, José Martins. *Tratado jurídico do salário*. Ed. Fac-similada. São Paulo: LTr, 1994. p. 108.

(282) CATHARINO, J. M. *Idem*, p. 119.

Programa e o empregado beneficiado requeira prorrogação dois dias úteis após o parto e comprove participação em programa ou atividade de orientação sobre paternidade responsável (art. 1º, § 1º, n. II). Ademais, o mesmo direito é atribuído em caso de adoção ou obtenção de guarda judicial de criança (§ 2º), recebendo o empregado sua remuneração integral (art. 3º, n. II).

Dois aspectos merecem, a nosso ver, destaque especial. O primeiro refere à proibição de exercer o empregado outra atividade remunerada e a imperiosa necessidade de a criança ser mantida sob seus cuidados (art. 4º) e, o outro é a punição: descumpridos esses comandos, o beneficiário perderá direito à prorrogação (parágrafo único).

Essa prorrogação está em perfeita consonância com o texto constitucional, porque este oferece o mínimo e a ampliação do período de licença vem apenas atender às reivindicações da classe trabalhadora, sendo de notar que o empregador pessoa jurídica tributada com base no lucro real poderá deduzir do imposto devido o valor total da remuneração integral do trabalhador (art. 5º)

Impende assinalar que o período da licença-paternidade não se trata de ampliação do período de ausência justificada objeto do inciso III do art. 473, da CLT, porque são hipóteses diversas. A legislação consolidada destina-se a permitir seja efetuado, pelo empregado, o registro obrigatório do nascimento do filho em cartório. A Constituição de 1988 objetivou proporcionar melhor assistência à família, sobretudo à mulher e ao recém-nascido, nos seus primeiros dias de nascido[283].

Trata-se de um benefício que dá direito ao pai trabalhador de ficar ausente de seu trabalho, sem prejuízo da remuneração, por um período de cinco dias, em decorrência de nascimento de filho, seja adotivo ou biológico, de acordo com o art. 7º, XIX, da Constituição, combinado com o art. 10, § 1º, do ADCT.

É um caso típico de interrupção do contrato de trabalho, dado que o trabalhador receberá o salário do período, que conservará sua natureza, da mesma forma como será computado como tempo regular de serviço, donde não poderá sofrer qualquer espécie de prejuízo.

Para ter direito à licença, o trabalhador deverá apresentar o comprovante de nascimento do filho na empresa, devendo iniciar seu afastamento no primeiro dia útil subsequente à formalização do pedido.

Nessa linha, lembremos que paternidade origina-se do latim *paternitatis* e, gramaticalmente, é um substantivo feminino que significa a qualidade de pai.

Para ter direito à licença, o trabalhador deverá apresentar o comprovante de nascimento do filho na empresa, devendo iniciar seu afastamento no primeiro dia útil subsequente à formalização do pedido.

Ademais, o período atual de cinco dias deverá ser aumentado em breve, porque tramitam no Congresso Nacional diversos projetos de lei objetivando sua ampliação para quinze dias.

Nessa linha, lembremos que paternidade origina-se do latim *paternitatis* e, gramaticalmente, é um substantivo feminino que significa a qualidade de pai.

Juridicamente, distinguem-se as relações havendo algumas espécies de paternidade: a legítima, quando os filhos são fruto de uma união entre pai e mãe; a ilegítima, que se refere aos filhos gerados fora do matrimônio; a adotiva ou civil, que ocorre quando em caso de adoção; e a natural, que são os filhos cujos pais não têm impedimento para casar, mas não contraíram matrimônio.

Modernamente, dado aos avanços tecnológicos, a paternidade, se negada pelo suposto pai, pode ser determinada mediante exame de DNA.

É a condição mesma da paternidade que dá ao trabalhador direito a gozar da licença correspondente, pouco importante seja legítima, ilegítima, adotiva ou natural, distinções hoje completamente desprezadas.

Cabe, ainda, assinalar que, pelo Decreto n. 8.727, de 3.5.2016, foi instituído o Programa de Prorrogação da Licença-Paternidade para os servidores públicos que são regidos pela Lei n. 8.112, de 11.12.1990 (art. 1º). Consoante esse decreto, o benefício será concedido desde que o interessado requeira em dois dias úteis após o nascimento ou a adoção, por quinze dias, além dos cinco concedidos pelo art. 208 da referida Lei n. 8.112/90 (art. 2º).

De acordo com os dispositivos desse decreto, a prorrogação ocorrerá finda a licença de cinco dias e aplica-se também em caso de adoção ou guarda judicial para gins de adoção de criança até doze anos de idade incompletos (art. 2º, §§ 1º a 3º).

(283) NASCIMENTO, A. M. *Comentários às leis trabalhistas (I)*. São Paulo: LTr, 1991. p. 81.

Fica vedada o exercício de qualquer atividade remunerada para quem se beneficiar da prorrogação, durante esse período, pena de cancelamento da prorrogação e serem considerados faltas injustificadas ao serviço os dias de ausência (art. 3º e parágrafo único).

1.3.7. *Jurado*

Conquanto o art. 430 do Código de Processo Penal refira a *nenhum desconto será feito nos vencimentos do jurado sorteado que comparecer às sessões do* júri, a regra não se destina apenas aos servidores públicos. O dispositivo em apreço vale também para os empregados, para aqueles que são regidos pelas normas consolidadas. Os dias de sessão do tribunal do júri são considerados dedicados ao exercício de serviço público, assemelhando, portanto, ao encargo público de que trata o art. 472 da CLT.

1.3.8. *Aborto não criminoso*

A mulher vitimada por aborto não criminoso tem direito à percepção do salário maternidade por duas semanas, período em que suspende seu contrato de trabalho (art. 93, § 6º, do RPS). Assim também dispõe a CLT, que prevê um repouso remunerado de duas semanas (art. 395).

1.3.9. *Motivo de segurança nacional*

Os §§ 3º a 5º do art. 472 cuidam desse tipo específico de interrupção, por razões de segurança nacional.

Foram introduzidos pelo Decreto-lei n. 3 de 27.01.1966, ao tempo do regime militar, porém, a Lei n. 8.630, de 25.02.1993, o revogou expressamente (art. 76). Ocorre que a MP n. 595 de 06.10.2012, revogou a dita Lei n. 8.630/1993 (art. 62, I). Assim, parece-nos que ocorreu a repristinação dessas regras, que, por consequência, restam revigorados, mesmo não devendo existir.

É certo que o tema é controverso, porquanto alguns sustentam que esses dispositivos não mais teriam razão de ser porque

> no atual regime de Estado Democrático de Direito, não mais vigora a doutrina da segurança a nacional, substituída pela preservação do interesse público e social, sem afrontar a dignidade da pessoa humana e os diferentes direitos de ordem fundamental[284].

Embora insista-se que o dispositivo é completamente desnecessário, está em vigência plena e poderá ser aplicado, apesar de que, como lembra Alice Monteiro de Barros, *não se tem noticia de aplicação prática desse preceito*[285], o que, nem por isso, deve ser esquecido.

Importa, então, em uma hipótese de interrupção do contrato de trabalho por até noventa dias, com ônus para o empregador (§ 5º), e nesse período processo administrativo será instaurado para avaliar o empregado que, se considerado culpado, será dispensado por justa causa (art. 482, parágrafo único, da CLT).

1.3.10. *Paralisação da empresa*

Trata-se das previsões dos arts. 486 (*factum principis*) e 501 e segs. (força maior), da CLT. São as paralisações temporárias da empresa, eis que as permanentes importam em extinção da empresa ou estabelecimento, equivalendo, portanto, à cessação dos contratos[286].

No caso da força maior, se não faz cessar a atividade empresarial, pode ensejar prorrogação da jornada com as horas extras remuneradas na base do salário normal (art. 61, §§ 1º e 2º, da CLT), ou há interrupção temporária do trabalho, com observância do art. 61, § 3º consolidado.

O *factum principis*, segundo Catharino, *resulta do exercício da soberania do Estado. É um acontecimento que se produz independentemente da vontade de uma ou de ambas as partes contratantes, mas que não pode ser classificado*

(284) GARCIA, G. F. B. *Curso de direito do trabalho*. 8. ed. Rio de Janeiro: Forense, 2014. p. 617.

(285) BARROS, A. M. *Curso de direito do trabalho*. 1. ed. São Paulo: LTr, 2005. p. 834.

(286) SÜSSEKIND, A. L. *et alii*. *Instituições*... cit. (I), 22. ed. p. 116.

como resultado de força maior[287]. Caberá ao Governo responsável pela paralisação o pagamento dos salários dos empregados atingidos pela interrupção temporária dos serviços[288].

1.3.11. *Meio ambiente de trabalho inadequado*

Desde 18.05.1993, está vigendo no Brasil a Convenção n. 155, sobre Segurança e Saúde dos Trabalhadores, que foi aprovada no âmbito da OIT, na 67ª Conferência Internacional do Trabalho em Genebra, a 22.06.1981, e ratificada por nosso país a 18.05.1992. Vigente internacionalmente desde 11.08.1983, foi promulgada pelo Decreto n. 1.254, de 29.09.1994. O art. 13 desse tratado, certamente um dos mais completos em termos de meio ambiente do trabalho, contempla um tipo especifico de interrupção de contato de trabalho.

Diz o dispositivo:

> Art. 13. Em conformidade com a prática e as condições nacionais deverá ser protegido, de consequências injustificadas, todo trabalhador que julgar necessário interromper uma situação de trabalho por considerar, por motivos razoáveis, que ela envolve um perigo iminente e grave para sua vida ou sua saúde.

Como se constata, pode o trabalhar ausentar-se do trabalho, paralisando-o, em decorrência de o meio ambiente onde desenvolve suas atividades estar inadequada. Durante o tempo de paralisação por esse motivo, seu contrato estará interrompido, mas não suspenso, porque não se trata de greve no sentido clássico, como iremos expor na Parte II, Capítulo III, n. 1.7, desta obra.

Imaginemos a hipótese de um movimento paredista em um hospital, onde os médicos e enfermeiros interrompem o trabalho porque o ambiente onde laboram se encontra em péssimo estado de higiene, colocando em risco de vida os pacientes. O tempo de paralisação está albergado pelo art. 13 da Convenção n. 155 e não se trata de greve no seu sentido mais tradicional.

Porém, se, nesse mesmo movimento, os trabalhadores postularem cumulativamente reajuste salarial, a paralisação será classificada como greve em seu sentido estrito, e, assim, regulada pela Lei n. 7.783/1989, caracterizando-se suspensão do contrato de trabalho.

1.3.12. *Exame vestibular*

É, também, hipótese de interrupção do contrato de trabalho a participação do trabalhador em exame vestibular. Dispõe o inciso VII do art. 473 da CLT que o empregado não perderá seu salário *nos dias em que estiver comprovadamente realizando provas de exame vestibular para ingresso em estabelecimento de ensino superior.*

Importa três observações: primeira, a ausência é apenas para participação de exame vestibular, aplicando-se também aos chamados “vestibulares agendados”; segunda, o processo deve ocorrer em instituição de ensino superior pública ou privada; terceira, exame vestibular não é participação em concurso público ou privado de qualquer natureza, não servindo essa regra para ter esse tipo de aplicação analógica.

1.3.13. *Reunião de organismo internacional*

Também ocorre interrupção do contrato de trabalho, pelo tempo que se fizer necessário, quando, na qualidade de representante de entidade sindical, estiver participando de reunião oficial de organismo internacional do qual o Brasil seja membro (art. 473, n. IX, da CLT).

Não se trata de permissivo ao dirigente sindical, para o qual existem regras especiais, mas para qualquer empregado que tem participação desse tipo de evento, como representante da uma entidade sindical. Também não tem relevância o local de realização da reunião, que tanto pode ser em território nacional quanto em qualquer outro país. Ademais, não se trata de organização internacional sindical, mas de organização internacional geral, como participar da conferência internacional da OIT, em Genebra, com representante de uma entidade sindical, devendo-se entender como tal não apenas os integrantes da pirâmide sindical brasileira, mas também as centrais sindicais.

---

(287) CATHARINO, J. M. Ob. cit., p. 116.

(288) N. sent.: SÜSSEKIND, A. L. *et alii. Instituições...* cit. (1), 22. ed. p. 505.

1.3.14. Consultas médicas

A Lei n. 13.257, de 08.03.2016, estabelecendo *princípios e diretrizes para a formulação e a implementação de políticas públicas para a primeira infância em atenção à especificidade e à relevância dos primeiros anos de vida no desenvolvimento infantil e no desenvolvimento do ser humano* (art. 1º), alterou diversos dispositivos legais, acrescentando, ao art. 473 da CLT, dois novos incisos:

> X – até 2 (dois) dias para acompanhar consultas médicas e exames complementares durante o período de gravidez de sua esposa ou companheira;
>
> XI – por 1 (um) dia por ano para acompanhar filho de até 6 (seis) anos em consulta médica.

São duas hipóteses de interrupção do contrato de emprego, levando a acreditar que seja direito de ambos os pais, na hipótese da consulta medica do filho menor, e do homem, para acompanhar a mulher ou companheira, ou seja, pouco importa o estado civil. Aliás, melhor teria andado o legislador se não utilizasse a expressão esposa, que vem do latim *sponsa*, significando, na sua origem, noiva, prometida, nubente.

Relativamente ao acompanhamento do cônjuge, o dispositivo não prevê se os dois dias serão no mês ou no ano. Sendo assim, entendemos não ser possível restringir a ausência do empregado. O que é necessário é a concreta existência do estado gravídico da mulher e a prova da realização da consulta ou do exame, que poderá ser realizado por médico ou em laboratório de livre escolha do empregado, e não necessariamente em órgão oficial de saúde.

Quanto ao filho de até seis anos de idade, o empregado poderá ausentar-se por um dia no ano, conforme expressa previsão legal, tendo liberdade de escolha do profissional médico que atenderá o menor. Note-se que a regra deve ser estendida também aos filhos adotivos da mesma idade.

1.4. EFEITOS NOS CONTRATOS

Além dos efeitos apostados ao exame de cada hipótese, também é certo que pode ocorrer a dispensa do empregado em estando o contrato suspenso ou interrompida a prestação de serviços, desde que exista motivo plausível e comprovado para a rescisão, como, *v. g.*, a prática de falta grave que pode ser cometida fora do local e do horário do trabalho[289].

Relativamente à suspensão do contrato de trabalho, os seus efeitos gerais são:

a) não existe prestação de serviço pelo empregado;
b) não há pagamento de salário;
c) tem o empregado garantia de, no retorno, voltar ao cargo que exercia antes do evento que o afastou do serviço;
d) em sendo atribuídas vantagens gerais à categoria do empregado, tem direito a elas, a partir do retorno ao serviço, *ex vi* do art. 471, da CLT, não havendo falar em efeito retroativo; e
e) o período de suspensão não é computado como tempo de serviço.

No que tange a interrupção, seus efeitos comuns são:

a) inexistência da prestação de serviço;
b) obrigatoriedade patronal do pagamento dos salários do período de afastamento;
c) a obrigação pecuniária do empregador tem, na interrupção, natureza salarial, não indenizatória, conforme doutrinado por Arnaldo Süssekind[290];
d) as vantagens salariais atribuídas à categoria são imediatamente devidas ao empregado; e
e) período de interrupção computa como tempo de serviço.

---

(289) RUSSOMANO, M. V. *O empregado e o empregador... cit.*, p. 278.

(290) SÜSSEKIND, A. L. *et alii. Instituições...* cit. (I), p. 495.

2. EXTINÇÃO DO CONTRATO DE TRABALHO

2.1. FORMAS

Doutrinariamente, o fim de um contrato de trabalho pode ser chamado de *extinção, dissolução, cessação, terminação, desconstituição*, todas expressões genéricas que, ao cabo, possuem a mesma finalidade: demonstrar que chegou ao final a relação de trabalho que estava estabelecida entre as partes.

Adotaremos extinção, e, constatamos a existência de três formas de sua ocorrência nos contrato de trabalho: a rescisão, a resolução e a resilição.

A **rescisão** significa que o contrato chegou ao seu final em decorrência de alguma nulidade que foi declarada. Essas nulidades podem advir da incapacidade do sujeito (contrato celebrado com um menor sem assistência), da ilicitude do objeto (contrato que envolva tráfico de pessoas) ou de forma inadequada (contrato que exige preenchimento de requisitos prévios para ser celebrado). É certo, todavia, que o Termo de Rescisão de Contrato de Trabalho – TRTC utiliza a denominação *rescisão* de modo genérico para se referir a qualquer das modalidades de dissolução do contrato de trabalho. E o capítulo V do título IV da CLT, que cuida do término do contrato de trabalho, também é denominado *da rescisão*.

A **resolução** opera-se quando o término do contrato ocorre pela prática de falta grave que enseja uma justa causa para seu rompimento.

Na **resilição**, o contrato termina por quatro modalidades:

a) por incentivo, quando ocorre a adesão do empregado a um plano de desligamento voluntário, que sugere que, terminando o contrato, terá algumas vantagens;

b) por despedida, quando é unilateral, por iniciativa da empregador, que responderá pelas verbas decorrentes da dispensa imotivada;

c) por demissão, quando a iniciativa é do próprio empregado, que perderá algumas vantagens; e,

d) por acordo, quando é desfeito por decisão de ambas as partes, modalidade introduzida com a reforma trazida pela Lei n. 13.467/2017.

De acordo com o art. 477 da CLT[291], nos contratos por prazo indeterminado, e se o rompimento ocorresse sem justa causa, o empregado teria direito a uma indenização calculada sobre sua maior remuneração. Era a indenização devida a todo trabalhador antes do sistema do FGTS ter sido criado, o que dificultava as despedidas imotivadas.

Operando-se a dispensa, se o empregado contar com mais de um ano de serviço, não é mais necessário que seu Termo de Rescisão de Contrato de Trabalho (TRCT) seja homologado perante seu sindicato de classe ou autoridade do M.Tb. É que foi revogado o § 1º do art. 477 da CLT[292], que previa que o empregado deveria estar assistido de seu sindicato de classe, fosse ou não dele associado, ou perante a autoridade do M.Tb. de sua cidade.

Ocorrendo o término do contrato de trabalho, deve o empregador efetuar a baixa na CTPS do empregado, fazendo as comunicações devidas às autoridades competentes, e procedendo ao pagamento das verbas rescisórias correspondentes (art. 477, *caput*, da CLT). O pagamento desses direitos trabalhistas deve ser feito em dinheiro ou depósito bancário quando se tratar de empregado analfabeto, ou alternativamente por cheque visado se as partes concordarem e o empregado for alfabetizado (art. 477, § 4º).

Em dez dias a contar do término do contrato, deve ser efetuado o pagamento das verbas rescisórias, bem como a entrega dos documentos que provem a comunicação da extinção contratual às autoridades competentes (art. 477, § 6º, da CLT).

---

(291) *Art. 477. É assegurado a todo empregado, não existindo prazo estipulado para a terminação do respectivo contrato, e quando não haja ele dado motivo para cessação das relações de trabalho, o direto de haver do empregador uma indenização, paga na base da maior remuneração que tenha percebido na mesma empresa.*

(292) *§ 1º O pedido de demissão ou recibo de quitação de rescisão, do contrato de trabalho, firmado por empregado com mais de 1 (um) ano de serviço, só será válido quando feito com a assistência do respectivo Sindicato ou perante a autoridade do Ministério do Trabalho e Previdência Social.*

O atraso na observância do prazo de 10 dias para cumprimento das medidas pertinentes à rescisão contratual, pagamento dos valores devidos e entrega dos demais documentos importará na aplicação da multa do § 8º do art. 477 consolidado. Assim deve ser entendido porque, sem estar de posse desses papéis de comunicação estará sem direito de receber seu seguro-desemprego, de pretender levantar os valores depositados a título de FGTS, nem ter registrada a baixa em sua CTPS. Esses direitos somente serão obtidos pelo trabalhador agora desempregado aquando da quitação final e completa da sua dispensa, dentro do prazo do art. 477, § 6º, consolidado. Assim é porque não basta a simples baixa na CTPS (documento hábil, conforme o § 10 do mesmo art. 477), mas é indispensável que a comunicação às autoridades competentes tenha sido realizada e esta só se provará com os documentos pertinentes que o empregado receberá em 10 dias.

Então, nosso entendimento é exatamente esse: tanto o atraso no pagamento de verbas rescisórias como o não cumprimento das demais obrigações correlatas à dispensa do obreiro (comunicação às autoridades competentes acerca da dispensa e entrega desse comprovante ao empregado, emissão de guias do seguro-desemprego e para saque do FGTS, baixa na CTPS, dentre outros) importam na incidência da multa do art. 477, § 8º, da CLT.

2.1.1. *Quitação*

A quitação trabalhista sofreu profunda alteração a partir de novembro de 2017, quando as mudanças introduzidas pela Lei n. 13.467/17 começaram a vigorar.

O primeiro aspecto que chama a atenção não é a dispensa da homologação do TRCT, antes exigida para ser concluída a dispensa de um empregado com mais de um ano de casa. O que atrai atenção é o termo de quitação anual. É que o art. 507-B da CLT criou uma faculdade a ambas as partes (patrão e empregado) que poderão, na vigência ou não do contrato, firmar termo de quitação anual de obrigações trabalhistas perante o sindicato de trabalhadores da categoria do empregado, termo esse que, segundo o parágrafo único, *discriminará as obrigações de dar e fazer cumpridas mensalmente e dele constará a quitação anual dada pelo empregado, com eficácia liberatória das parcelas nele especificadas*.

Isto que dizer que, anualmente, o empregador poderá levar seu empregado ao sindicato de trabalhadores e lá ambos assinam um termo declarando que está tudo quitado referente ao ano findo e, pelo menos em tese, o empregador não terá mais problemas perante o Judiciário. A questão que surge é: haverá empregado que, querendo garantir seu emprego, vai se recusar a aceitar dar a quitação anual ao patrão? Nem é preciso procurar resposta porque é evidente que essa norma é altamente prejudicial ao trabalhador.

Guardando essa quitação anual, temos a rescisão ao final do contrato. Antes, o contrato para o trabalhador com mais de um ano ao ser despedido deveria ser homologado no sindicato ou no M.Tb. Agora, não será mais, porque os §§ 1º e 3º do art. 477 da CLT foram revogados e, não havendo necessidade de homologação, consequentemente não existirá mais a famosa ressalva. Bastará ao empregador comunicar às autoridades competentes a dispensa (art. 477), e, em 10 dias do final do contrato, pagar as verbas rescisórias como referido acima (§ 6º). Deverá, ainda, dar baixa na CTPS e entregar as guias de saque do FGTS e do seguro-desemprego, além do comprovante de comunicação do M.Tb. que suprirá aqueles (§ 10).

A outra questão que surge, altamente preocupante, é saber se existindo a quitação anual e a rescisão do contrato não dependendo de homologação, o trabalhador terá direito a alguma diferença posteriormente? Entendemos que um empregado com cinco anos de casa, com quatro anos quitados mediante o termo anual (art. 507-B), terá apenas os direitos ao quinto e último ano para reclamar, porque a lei não fala em quitação desse período derradeiro (art. 477). Os demais, aparentemente, estarão quitados (art. 507-B da CLT).

As quitações anuais possuem eficácia liberatória para a empresa quanto às parcelas nela especificadas e não quanto aos valores, porque é assim que está redigido o parágrafo único do art. 507-B da CLT. A rigor, não houve uma mudança muito expressiva em relação à Súmula n. 330 do TST.

Assim, de acordo com a jurisprudência sedimentada no TST, a homologação quita os valores consignados e não as parcelas, devendo ser aposta ressalva no seu verso acerca de eventuais diferenças a maior. A Súmula n. 330 indica:

> Súmula n. 330 – QUITAÇÃO. VALIDADE – A quitação passada pelo empregado, com assistência de entidade sindical de sua categoria, ao empregador, com observância dos requisitos exigidos nos parágrafos do art. 477 da CLT, tem eficácia liberatória em relação às parcelas expressamente consignadas no recibo, salvo se oposta ressalva expressa e especificada ao valor dado à parcela ou parcelas impugnadas.

I – A quitação não abrange parcelas não consignadas no recibo de quitação e, consequentemente, seus reflexos em outras parcelas, ainda que estas constem desse recibo.

II – Quanto a direitos que deveriam ter sido satisfeitos durante a vigência do contrato de trabalho, a quitação é válida em relação ao período expressamente consignado no recibo de quitação.

A nosso ver, a quitação anual tem eficácia liberatória quanto às parcelas, não quanto aos valores, e a ressalva nos TRCTs continua plenamente permitida, não havendo qualquer proibição na lei, sendo do sindicato a responsabilidade maior para salvaguarda dos direitos do trabalhador.

Observe-se, ademais, que a quitação anual não se refere aos contratos iniciados há mais de um ano da entrada em vigor da lei, valendo a quitação apenas para os contratos com até um ano da sua vigência.

Como se trata de um mecanismo extrajudicial, pode-se admitir que essa quitação anual venha a ter sua validade questionada judicialmente, ainda que não tenha ressalvas.

Em arremate, é possível entender que, para os admitidos antes da vigência da reforma, não há falar em quitação anual anterior à lei, que é só para quem for admitido posteriormente. Desde novembro de 2017, todos, porém, podem quitar anualmente, inclusive os empregados anteriores. Quanto à rescisão, também desde novembro, não há mais homologação para todos os empregados dispensados a partir da vigência das novas regras.

O dia a dia dessa prática certamente suscitará muitas e graves questões, cabendo aos sindicatos de trabalhadores, se for o caso, a tarefa de negociar normas coletivas que estipulem elementos complementares a esse respeito.

2.2. MODALIDADES

O contrato de trabalho pode ser extinto por motivo da prática de alguma falta grave por qualquer dos contratantes, e o contrato se resolve (resolução); ou sem a existência de qualquer justa causa para essa ruptura, quando, então, o contrato é resilido (opera-se a resilição), pelas modalidades indicadas acima: incentivo, despedida, demissão ou acordo.

2.2.1. Dispensa imotivada, arbitrária e discriminatória

A **dispensa imotivada** é a que se dá sem justa causa, a que ocorre sem que o empregado tenha praticado qualquer ato justificador dessa saída, corolário do direito potestativo do empregador de dar por findo o contrato. Aponta Pedro Paulo Teixeira Manus que deve existir uma justificação patronal razoável para esse rompimento[(293)].

Não se confunde com **dispensa arbitrária**, que é a dispensa decorrente de mero capricho patronal, sem que exista qualquer razão de ordem disciplinar, técnica, econômica ou financeira, na esteira do que está previsto no art. 165 da CLT, relativamente aos titulares da representação de empregados nas CIPAs.

Tanto na dispensa sem justa causa ou como dispensa arbitrária, o trabalhador dispensado terá direito de receber: aviso-prévio, férias vencidas e proporcionais acrescidos de 1/3 constitucional; gratificações natalinas vencidas e proporcionais, guias do seguro-desemprego, guias de levantamento de seu FGTS, mais a indenização de 40%, além de saldo de salários dos dias trabalhados e outras parcelas cujo direito tenha adquirido nesses dias (horas extras, adicional noturno etc.).

A **dispensa discriminatória** é objeto da Lei n. 9.029, de 23.04.1995, que proíbe qualquer prática discriminatória e limitativa para efeito de acesso a relação de emprego, ou sua manutenção, por motivo de sexo, origem, raça, cor, estado civil, situação familiar ou idade, ressalvadas, neste caso, as hipóteses de proteção ao menor previstas no inciso XXXIII do art. 7º da Constituição (art. 1º).

O art. 4º desse diploma legal, com a redação dada pela Lei n. 12.288, de 2010, passou a prever que o rompimento da relação de trabalho por ato discriminatório, pelos mesmos motivos acima, além do direito à reparação pelo dano moral, faculta ao empregado optar entre ser readmitido com ressarcimento integral do período de afastamento mediante pagamento das remunerações, corrigidas e acrescidas dos juros legais, ou a remuneração em dobro, com as mesmas correção e acréscimo, a título indenizatório.

(293) MANUS, Pedro Paulo Teixeira. *Despedida arbitrária ou sem justa causa*. São Paulo: Malheiros, 1996. p. 50.

Luiz Carlos Amorim Robortella cuida, também, da **dispensa tecnológica**, que é a que ocorre:

> em face de reestruturação da empresa, reconversão industrial e aquisição de novas tecnologias, acrescentando que, pela ampla repercussão social e econômica que provoca, há que ser submetida a controle estatal e/ou sindical, *a priori*[294].

2.2.2. *Dispensa por justa causa*

2.2.2.1. *Noções gerais*

A primeira questão que deve ser examinada, neste ponto, é sobre a diferença entre *justa causa* e *falta grave*. Segundo alguns, justa causa seria a dispensa que ocorre com fundamento no art. 482 da CLT. A falta grave ocorreria na hipótese do art. 493 consolidado, que cuida da dispensa do empregado estável, como lembra Evaristo de Moraes Filho que, sabiamente, criticando essa desnecessária diferença, diz que é uma distinção inócua, *bizantina e contraproducente*[295]. Outra forma seria entender que falta grave é a prática de determinado ato violador do contrato de trabalho e justa causa é a motivação decorrente daquela falta que geraria o rompimento do ajuste. Igualmente, *data venia* de entendimentos contrários, trata-se de distinção desnecessária que não leva a lugar algum. Usaremos as duas expressões como sinônimas, com a vênia daqueles que defendem essa distinção.

O empregador, dentro de seu poder disciplinar, pode considerar extinto o contrato de trabalho. Para que isso suceda, é necessário que estejam presentes alguns requisitos:

- previsão legal ou convencional – pode ser chamada de tipicidade e significa que o ato praticado pelo empregado deve estar capitulado em algum diploma legal ou em norma coletiva autonomamente negociada;
- proporcionalidade entre ato faltoso e punição – importa em que a falta praticada pelo empregado deve ser realmente de tal gravidade que justifique, dentro de padrões de razoabilidade, o rompimento do contrato de trabalho. A dosimetria da pena à falta cabe apenas ao empregador. Se o tema for levado à Justiça do Trabalho, o juiz não poderá modificar a punição aplicada, considerando sua avaliação sobre o fato gerador. Seu poder é restrito a constatar que a falta imputada ao trabalhador existiu ou não e se a pena aplicada foi correta ou injusta. Reconhecida a falta imputada e a adequação da pena, ficará mantida a dispensa motivada. Não constatada a prática irregular ou verificada a injustiça da penalidade, a resolução deixa de existir e o trabalhador terá direito a haver todos os seus créditos trabalhistas corolários de dispensa imotivada, ainda que o magistrado entenda que outra deveria ser a penalidade, porque não pode dosá-la;
- *non bis in idem* – não pode o trabalhador ser punido duas vezes pela mesma falta praticada, ou seja, a duplicidade de punição é defesa na relação de emprego. Se o ato praticado pelo empregado poderia ensejar, de plano, sua dispensa, mas o empregador preferiu apenas suspendê-lo, não poderá, posteriormente, por essa mesma falta, dispensá-lo por justa causa;
- imediatidade – refere-se à atualidade da falta. Importa que, entre o ato imputado e a dispensa dele decorrente deve medear prazo razoável. É perfeitamente possível que o empregador adote mecanismos para apurar a prática do faltoso, o que não significa que esse procedimento investigatório se prolongue por meses indefinidamente. A demora em punir o empregado poderá, em casos que tais, indicar um perdão tácito. Note-se, na sempre oportuna observação de Evaristo de Moraes Filho, que o princípio da imediatidade é recíproca, tanto se refere ao uso da falta grave por parte do empregador como igualmente por parte do empregado[296]. O judiciário tem apreciado temas dessa natureza, e reconhecido a injustiça da dispensa, a partir da injustificada permanência dos elementos probatórios da falta em determinado setor da empresa para exame, demorando mais que toda a fase de apuração dos fatos. Assim foi decidido pelo TRT da 8ª Região, em aresto de nossa relatoria, cuja ementa consigna:

> I – TEMPO RAZOÁVEL PARA APURAÇÃO DE IRREGULARIDADES – O decurso de tempo utilizado pelo empregador para apuração de possível ato faltoso cometido pelo empregado deve ser razoável.

---

(294) ROBORTELLA, L. C. A,. *Ob. cit.*, p. 167-8

(295) MORAES FILHO, Evaristo de. *A justa causa na rescisão do contrato de trabalho*. 3. ed. fac-similada. São Paulo: LTr, 1996. p. 78.

(296) MORAES FILHO, E. de. Op. cit., p. 110.

II – AUSÊNCIA DE IMEDIATIDADE PARA PUNIR O EMPREGADO – Não há imediatidade se, entre a possível falta e o resultado de sua conclusão final, o empregador demora, com os autos do procedimento administrativo, longos e injustificados períodos no mesmo setor.

III – PERDÃO TÁCITO. EFEITOS – A demora injustificada na aplicação de pena ao trabalhador resulta em perdão tácito, devendo ser, por corolário, anulada a sua dispensa e determinada a sua reintegração. Precedentes.(297)

Ademais, de acordo com a Súmula n. 212 do TST, cabe ao empregador o ônus de provar judicialmente a prática, pelo empregado, da falta grave que lhe foi imputada, considerando a prevalência do princípio da continuidade da relação de emprego. É a seguinte a Súmula n. 212:

Súmula n. 212 – DESPEDIMENTO. ÔNUS DA PROVA – O ônus de provar o término do contrato de trabalho, quando negados a prestação de serviço e o despedimento, é do empregador, pois o princípio da continuidade da relação de emprego constitui presunção favorável ao empregado.

2.2.2.2. *Casos de justa causa*

Vejamos as razões que motivam uma dispensa por justa causa. Inicialmente, as faltas cometidas pelos empregados (art. 482 da CLT). Depois, aquelas oriundas de ato praticado pelo empregador (art. 483 da CLT).

2.2.2.2.1. Faltas graves praticadas pelo empregado

O art. 482 da CLT elenca treze hipóteses de faltas graves que, cometidas pelo empregado, poderão ocasionar sua dispensa motivada, e, nessas circunstâncias, terá direito a receber apenas saldo de salários do período (com eventuais acréscimos, como adicional de horas extras trabalhadas no período) e as férias vencidas, perdendo todas as demais verbas devidas em caso de resilição de contrato. Vejamos cada qual.

a) ato de improbidade

Ímprobo é o desonesto. Essa é a síntese mais precisa do significado dessa falta: o empregado que age desonestamente no seu mister.

Pelos reflexos danosos que possui, repercutindo diretamente na vida pessoal e familiar do obreiro, esta falta precisa ser robustamente provada, de modo a espancar quaisquer dúvidas quanto ao ato praticado e ao seu autor.

Como assinala o legislador, trata-se de *ato*, e não de *atos*, donde basta uma única prática faltosa para se caracterizar a condição de ímprobo, e, geralmente, as hipóteses mais habituais são o furto de bens do empregador e a apropriação indébita, cuja distinção feita por Wagner Giglio é elucidativa:

a apropriação indébita muito se assemelha ao furto, diferenciando-se dessa figura apenas porque o delinquente já tem em sua posse a coisa objeto do delito. Assim sendo, não subtrai a coisa, como no furto, mas apenas não a devolve como era de sua obrigação(298).

Importante assinalar dois aspectos. O primeiro se refere às coisas esquecidas ou perdidas no local de trabalho. A segunda trata de objetos de pequeno valor.

Relativamente àquelas, geralmente pertencem a colegas, a superiores, ao empregador ou a terceiros, e a conduta correta do empregado honesto é entregar ao superior ou no local de *achados e perdidos* da empresa, se houver, eximindo-se de responsabilidade. Note-se, porém, que, se a coisa esquecida ou perdida for encontrada fora ao local de trabalho e não houver nenhum indício de pertencer a alguém facilmente identificável (superior hierárquico ou colega de trabalho), não estará caracterizado qualquer ato ímprobo.

No que tange ao pequeno valor as consequências são apenas na esfera penal (art. 155, § 2º, do Código Penal), quando as penas podem ser abrandadas, mas não repercutem na relação de trabalho. A fidúcia, base do contrato de trabalho, foi abalada pela atitude do empregado, pouco importando se o bem que se apropriou irregularmente

(297) Acórdão TRT-4ª T.-RO 0101500-08-2009-5-08-0015, de 05.04.2011 (Antônio Carlos Figueira da Costa *vs.* Empresa Brasileira de Correios e Telégrafos); Rel.: Georgenor de Sousa Franco Filho.

(298) GIGLIO, Wagner D. *Justa causa*. 3. ed. São Paulo: LTr, 1992. p. 65.

é valioso ou não. Como ensina Wagner Giglio, *a improbidade se configura pelo ato de desonestidade e não pelo valor da coisa objeto do ato desonesto do empregado*[299]. Em síntese, não é o valor do bem subtraído, mas o ato praticado pelo empregado.

No entanto, não deve ser levado ao extremo a aplicação de punição por essa falta. É que deve ser considerado, como modernamente tem sido sustentada, a existência do princípio da insignificância que vai buscar seus fundamentos no brocardo latino *minimis non curat praetor.*

A 16.11.1995, a ONU, durante a 28ª reunião da Conferência Geral de sua agência especializada Organização das Nações Unidas para Educação, Ciência e Cultura (Unesco), em Paris, adotou a Declaração de Princípios sobre a Tolerância, cujo texto, todo ele, é um alerta para a necessidade de serem preservados os direitos da pessoa humana, erigindo a tolerância como o principal sustentáculo para que seja alcançada uma verdadeira cultura de paz. O art. 1º dessa importância declaração consigna:

> Art. 1º Significado da tolerância
>
> 1.1 A tolerância é o respeito, a aceitação e a apreço da riqueza e da diversidade das culturas de nosso mundo, de nossos modos de expressão e de nossas maneiras de exprimir nossa qualidade de seres humanos. É fomentada pelo conhecimento, a abertura de espírito, a comunicação e a liberdade de pensamento, de consciência e de crença. A tolerância é a harmonia na diferença. Não só é um dever de ordem ética; é igualmente uma necessidade política e jurídica. A tolerância é uma virtude que torna a paz possível e contribui para substituir uma cultura de guerra por uma cultura de paz.
>
> 1.2 A tolerância não é concessão, condescendência, indulgência. A tolerância é, antes de tudo, uma atitude ativa fundada no reconhecimento dos direitos universais da pessoa humana e das liberdades fundamentais do outro. Em nenhum caso a tolerância poderia ser invocada para justificar lesões a esses valores fundamentais. A tolerância deve ser praticada pelos indivíduos, pelos grupos e pelo Estado.
>
> 1.3 A tolerância é o sustentáculo dos direitos humanos, do pluralismo (inclusive o pluralismo cultural), da democracia e do Estado de Direito. Implica a rejeição do dogmatismo e do absolutismo e fortalece as normas enunciadas nos instrumentos internacionais relativos aos direitos humanos.
>
> 1.4 Em consonância ao respeito dos direitos humanos, praticar a tolerância não significa tolerar a injustiça social, nem renunciar às próprias convicções, nem fazer concessões a respeito. A prática da tolerância significa que toda pessoa tem a livre escolha de suas convicções e aceita que o outro desfrute da mesma liberdade. Significa aceitar o fato de que os seres humanos, que se caracterizam naturalmente pela diversidade de seu aspecto físico, de sua situação, de seu modo de expressar-se, de seus comportamentos e de seus valores, têm o direito de viver em paz e de ser tais como são. Significa também que ninguém deve impor suas opiniões a outrem.

Com efeito, existem ocasiões em que a punição mais grave (a sumária dispensa por justa causa, sob a pecha de improbidade) pode ser penalidade demais superior à falta praticada. Um empregado que nunca praticou qualquer irregularidade e que, uma ocasião isolada, leva consigo um pedaço de pão ou meio litro de leite, para aplacar a fome de um familiar, não deve, por essa falta, que inegavelmente é falta, ser apenado com a dispensa motivada, quando uma advertência ou, no máximo, uma suspensão já seria bastante. Provada judicialmente a razão do pequeno furto, certamente dispensa será considerada injusta. Faltou ao empregador a tolerância necessária, preconizada na Declaração da Unesco.

O tema, todavia, está em aberto. A insignificância é uma coisa sem expressão, sem significado, que não tem representatividade nem importância. As circunstâncias, em que pese o princípio da tolerância, são relevantes para avaliar a insignificância de um ato, de um objeto, de uma atitude.

Com efeito, o exemplo referido acima, do furto de alimento, se vier a se transformar em prática reiterada, resultará em improbidade. Da mesma forma, se o ato praticado envolver importância em dinheiro ou que não apresentar uma justificativa admitida dentro dos conceitos mais comuns de razoabilidade.

Assim, o trabalhador, que se apropria de uma pequena importância que detinha sob sua guarda e essa prática foi voluntária e proposital, agiu com improbidade, justificada a dispensa pela prática da falta grave em comento. O que vale aqui não é o aspecto quantitativo do ato faltoso, mas o seu caráter qualitativo. Em outras palavras, o

(299) GIGLIO, W. D. *Idem, loc. cit.*

furto de meia dúzia de botões em um armarinho é, qualitativamente, similar ao de meia dúzia de *note books* em um loja de informática. Não há, a nosso ver, admitir a insignifância em situação que tal, nem o empregador que dispensa o empregado em circunstância desse jaez ser considerado intolerante. Aliás, a própria Declaração da Unesco nega que *a tolerância* possa *ser invocada para justificar lesões a... valores fundamentais* (1.3.), ou seja, ser tolerante não significa concordar com atitudes desonestas, desleais, ofensivas.

b) incontinência de conduta ou mau procedimento

Esta falta grave abrange duas situações distintas.

A **incontinência de conduta** significa libertinagem e obscenidade. Agir praticando atos e atitudes libertinas, gestos obscenos, que ofendem a moral média das pessoas. Casos de incontinência de conduta são o assédio sexual provado pelo empregado contra colegas de trabalho, exibicionismo sensual, prática de atos de libidinagem, uso dos meios telemáticos para acessar a sítios de conteúdo pornográfico no ambiente de trabalho, dentro ou fora do horário de serviço. Todavia, não se caracterizará a falta se problemas de saúde ensejarem atitudes como incontinência urinária ou demoradas crises de tosse ou espirro.

O **mau procedimento** refere-se ao comportamento desrespeitoso, a prática de gestos grosseiros, o uso de palavras de baixo calão. Comportar-se de modo indelicado, pouco polido, violando regras mínimas de boa educação é proceder mal. O mau procedimento é uma falta que serve para atender todas as atitudes do empregado que violem suas obrigações e, servindo como causa de término do contrato de trabalho, não se classifica em nenhum outra específica.

Um aspecto importante para caracterizar a falta grave em comento é o local da sua prática: no serviço ou fora dele. Entendemos que deve ser no serviço, mas não exclusivamente, porque também pode ocorrer fora desse ambiente desde que o seu cometimento ocorra na condição de empregado e não de uma pessoa comum.

c) negociação habitual

A falta *negociação habitual* é autoexplicativa, e os elementos que a caracterizam são:

- negociação = prática de atividades do empregado que prejudiquem o empregador;
- habitualidade = importa em constância, frequência;
- contra própria ou alheia = possuir uma empresa própria ou atuar como autônomo em serviços que são idênticos ao da empresa donde é empregado;
- ausência de permissão patronal = não ter autorização do empregador para desenvolver essa atividade concorrencial, eis que, havendo essa autorização, a falta deixará de existir.

São dois seus fundamentos, que não precisam estar ambos presentes. Isoladamente, ensejam a existência da irregularidade. Um é ser a negociação prejudicial ao serviço, que é a prática de atos de comércio no serviço, contrariando a normalidade da atividade laborativa, com atitudes que nada tem a ver com o trabalho normal. Outro é ser um ato de concorrência ao empregador, o que viola o dever de lealdade, como a atitude do instalador de TV a cabo que oferece seus serviços pessoais (e não os da empresa) para disponibilizar outros pontos de acesso por menor custo.

d) condenação criminal

Poderá ser dispensado por justa causa o empregado que tiver sentença criminal condenatória transitada em julgado, e, desde que não tenha ocorrido suspensão da execução da pena.

A rigor, essa *falta grave* não existe no mundo do trabalho tal como figura na CLT. Poderá ter sido uma prática faltosa do empregado, mas, se não tiver qualquer relação com a atividade que desenvolve para o empregador, não se justificaria dispensa motivada por essa ocorrência[(300)].

No entanto, a CLT é clara e, havendo sentença transitada em julgado, pouco importa a duração da pena (dez dias ou vinte anos, por exemplo), o empregado poderá ser dispensado por justa causa.

Note-se, porém, que não se aplica essa hipótese à detenção para investigação ou em caso de prisão preventiva. Tratam-se de hipóteses de suspensão do contrato de trabalho (art. 131, V, da CLT).

(300) Esse o entendimento de Wagner Giglio dentre tantos outros (Ob. cit., p. 99).

e) **desídia**

É a preguiça, desatenção, desleixo, incúria, descaso, descuido, relaxamento. Um empregado desidioso é aquele que não está preocupado com o trabalho e com o sucesso do empreendimento do qual, enquanto empregado, faz parte.

Um dos elementos basilares da manutenção da relação de emprego é a dedicação que se espera do empregado. Quanto mais eficiente, mais empenhado, mais preocupado com o bem-estar e o futuro da empresa, maiores chances terá de galgar novos postos no emprego, por isso é fundamental que seja diligência e cumpra com exação seus deveres.

Porém, não raras vezes são constatados resultados de má qualidade, de baixa produção do empregado em relação aos outros colegas, de demonstração clara de alheamento do trabalho.

Geralmente, a desídia é identificada a partir da prática de vários e repetidos pequenos atos faltosos, punidos com penas mais leves (simples advertência, alguns dias de suspensão e assim por diante) para, ao final, culminar com a dispensa motivada. Assim o caso do empregado que, costumeiramente, comparece após o horário inicial para começar sua jornada diária; ou o que falta reiteradamente sem justificativa ao trabalho.[301]

Pode, porém, a desídia operar-se com a prática de um único ato faltoso como a hipótese de um vigia que, por negligência, dormiu no posto de serviço quando os escritórios da empresa eram assaltados.

f) **embriaguez**

Pode ocorrer em duas circunstâncias: habitualmente ou em serviço. Importante observar que não quis o legislador tratar apenas da ingestão exagerada de álcool, que é a forma mais usual da embriaguez. Pretendeu abranger o consumo de outras drogas, inclusive tóxicos e entorpecentes, como apontado por Mozart Victor Russomano[302].

Os efeitos da bebida são conhecidos. Atinge psicologicamente a pessoa, que passa do simples uso ao abuso, e quando o álcool não mais lhe serve de instrumento para procurar momentos de ilusão passa para o uso de outras drogas, de efeito mais danoso para o corpo, prejudicando seu relacionamento no ambiente de trabalho, na sociedade e com a própria família.

A embriaguez em serviço é a que se realiza no local de trabalho, causando, em consequência desse estado, prejuízos diretos a todos os que ali se encontrem.

A embriaguez habitual é a embriaguez crônica. Trata-se de uma patologia, e o trabalhador, nessas circunstâncias, doente, geralmente sofrendo de *delirium tremens*, deve ser clinicamente tratado e não simplesmente dispensado, com o que, certamente, irá piorar seu vício. A rigor, pessoa nessas condições está vitimada pela Síndrome de Dependência Alcoólica. Embora a CLT autorize a dispensa de um trabalhador em situação assim, a rigor deveria o empregador encaminhá-lo para tratamento especializado, e a jurisprudência mais atual tem se posicionado exatamente nesse sentido[303].

---

(301) N. sent. decidiu o TST no Proc. AIRR – 1437-54.2010.5.03.0087, relatado pelo Min. Hugo Carlos Scheuerman, cuja ementa, nesse aspecto, destaca: *AGRAVO DE INSTRUMENTO EM RECURSO DE REVISTA. DISPENSA POR JUSTA CAUSA. 1. Segundo o e. TRT da 3ª Região, o Reclamante faltou ao trabalho em dois dias consecutivos, após o que foi advertido de que nova ausência injustificada ensejaria sua suspensão; no entanto, ele voltou a faltar nove vezes injustificadamente, em um lapso de apenas vinte e dois dias, sem que a Reclamada houvesse aplicado nova advertência ou suspensão, limitando-se a dispensá-lo por justa causa por desídia ao fim daqueles vinte e dois dias. 2. O e. TRT da 3ª Região manteve a desconstituição da justa causa com base na premissa de que seria necessária uma gradação das penas, destinada a desestimular a reincidência do absenteísmo do Reclamante, conclusão essa que levou a Reclamada a insistir, tanto na revista denegada quanto no agravo de instrumento ora sub judice, na alegação de afronta ao artigo 482, "e", da CLT. 3. Realmente, embora não haja na lei previsão alguma de necessária gradação das penas decorrentes do poder disciplinar do empregador, não se pode desconsiderar a autolimitação desse poder, que se deu no presente caso no momento em que o Reclamante foi advertido, de forma expressa e individualizada, que a pena para eventual reiteração das faltas injustificadas seria a suspensão. Logo, a dispensa por justa causa ao cabo da ostensiva reiteração das faltas, sem que tenha antes havido a suspensão previamente cominada como penalidade para aquela conduta, constitui, de fato, punição desarrazoada, desproporcional e desrespeitadora dos limites previstos no artigo 482, "e", da CLT. 4. Inviável, portanto, a admissão do recurso de revista, no particular.* Disponivel em: <http://aplicacao4.tst.jus.br/consultaProcessual/consultaTstNumUnica.do?consulta=Consultar&consCsjt=&numeroTst=1437&digitoTst=54&anoTst=2010&orgaoTst=5&tribunalTst=03&varaTst=0087>. Acesso em 29.4.2015.

(302) RUSSOMANO, M. V. *Comentários à CLT*. 9. ed. Rio de Janeiro: Forense, 1982. p. 557.

(303) *RECURSO DE REVISTA. NULIDADE DO JULGADO. NEGATIVA DE PRESTAÇÃO JURISDICIONAL. INOCORRÊNCIA. A Corte de origem consignou expressamente as razões do seu convencimento, não havendo falar em negativa de prestação jurisdicional. Inviolado o*

g) violação de segredo da empresa

A falta de violação de segredo da empresa não é apenas justificadora de dispensa motivada, conforme o art. 482, g, da CLT. Tratava-se de crime que era capitulado no art. 192 do Código Penal, revogado pelo art. 244 da Lei n. 9.279, de 14.05.1996, que regula direitos e obrigações relativas à propriedade industrial.

Trata-se do crime de concorrência desleal, previsto no art. 195 da Lei n. 9.279/1996, cujo inciso XI dispõe:

> XI – divulga, explora ou utiliza-se, sem autorização, de conhecimentos, informações ou dados confidenciais, utilizáveis na indústria, comércio ou prestação de serviços, excluídos aqueles que sejam de conhecimento público ou que sejam evidentes para um técnico no assunto, a que teve acesso mediante relação contratual ou empregatícia, mesmo após o término do contrato;

A pena por sua prática é de detenção por três meses mais multa.

Com efeito, ensina Wagner Giglio que existem dois tipos de segredos empresariais: os de produção (fórmulas, inventos etc.) e os do negócio (situação da empresa, projetos de transformação, sua situação econômica financeira)[304].

Quando se cuida de violação de segredo, devemos considerar o que realmente pode ser admitido como *segredo*. Não são fatos ou coisas corriqueiras, comuns no dia a dia da empresa, nem tampouco será segredo apenas aquilo que o empregador avisar que é. Cabe ao empregado, no seu discernimento normal, saber que os acontecimentos do ambiente de trabalho não devem ser tornados públicos, salvo se recomendados pelo empregador.

Da mesma forma como existem segredos que não são relevantes: o resultado exitoso de uma promoção de vendas com descontos na empresa, que o empregado contou a outras pessoas. Esse relato, embora fosse reservado ao ambiente de trabalho, não enseja a prática da falta em comento.

Diferentemente, porém, se se tratar do segredo da fórmula de um perfume ou de um refrigerante, que é o principal produtor daquela empresa. A quebra desse sigilo evidentemente que trará prejuízos incalculáveis ao empregador.

h) ato de indisciplina ou de insubordinação

O tema objeto da alínea *h* do art. 482 consolidado envolve a prática de duas faltas distintas, e que podem ocorrer separadamente. Ato de indisciplina importa em descumprir ordem geral e regulamentar adotada na empresa: é obrigatório, por exemplo, o uso de uniforme e o trabalhador se recusa, como também não aceita usar equipamento de proteção individual tão indispensável para desenvolver seu mister.

Ato de insubordinação é a desobediência à determinação que é diretamente dirigida ao empregado a fim de que ele a cumpra pessoalmente. Caracteriza-se esse ato quando o empregado, sabendo que não pode fumar em determinado local da empresa, insiste nessa prática e não aceita a recomendação patronal para interromper o fumo.

Fique claro que não existe indisciplina ou insubordinação na atitude de um empregado que se recuse a cumprir ordem manifestamente ilegal ou que coloque em risco sua vida ou sua integridade física, assim, *v. g.*, ordem para impedir que uma pessoa negra ingresse no estabelecimento ou para subir em um andaime sem usar equipamento de proteção individual.

i) abandono de emprego

Abandonar o emprego é uma falta significando que o empregado ausenta-se, injustificadamente, do seu trabalho, deixando de prestar o serviço para o qual foi contratado.

---

artigo 93, IX, da Constituição da República. ALCOOLISMO. NÃO CARACTERIZAÇÃO DA JUSTA CAUSA. REINTEGRAÇÃO. Revela-se em consonância com a jurisprudência desta Casa a tese regional no sentido de que o alcoolismo crônico, catalogado no Código Internacional de Doenças (CID) da Organização Mundial de Saúde (OMS), sob o título de síndrome de dependência do álcool, é doença, e não desvio de conduta justificadora da rescisão do contrato de trabalho. Registrado no acórdão regional que – restou comprovado nos autos o estado patológico do autor –, que o levou, inclusive, – a suportar tratamento em clínica especializada –, não há falar em configuração da hipótese de embriaguez habitual, prevista no art. 482, "f", da CLT, porquanto essa exige a conduta dolosa do reclamante, o que não se verifica na hipótese. Recurso de revista não conhecido, integralmente.(Processo TST RR 1530 1530/2004-022-15-00.2, de 21.10.2009 (Relatora: Min. Rosa Maria Weber). Disponível em: <http://www.jusbrasil.com.br/jurisprudencia/5680721/recurso-de-revista-rr-1530-1530-2004-022-15-002-tst>. Acesso em: 19 fev. 2013.

(304) GIGLIO, W. D. Ob. cit., p. 156.

Deve ser observado que essa ausência deve ser continuada, duradoura, persistente, ininterrupta e sem qualquer justificativa, permanecendo o empregado ausente do trabalho por longo período.

Não se trata de faltar um ou dois dias ao trabalho. Isto pode caracterizar desídia ou indisciplina, *v. g.*, mas não abandono de emprego.

Nessa linha, e na esteira dos arts. 474 e 853 da CLT, o TST editou a Súmula n. 32, assim redigida:

> Súmula n. 32 – ABANDONO DE EMPREGO – Presume-se o abandono de emprego se o trabalhador não retornar ao serviço no prazo de 30 (trinta) dias após a cessação do benefício previdenciário nem justificar o motivo de não o fazer.

Em síntese, fica caracterizado o abandono de emprego quando o empregado ausenta-se do serviço por trinta ou mais dias, sem qualquer motivo justificável. E, importante assinalar, que afastamento para gozo de férias e benefícios previdenciários não importam na prática dessa falta.

j) ofensas físicas ou morais feitas em serviço contra terceiros

A falta capitulada na letra *j* do art. 482 refere-se ao comportamento do empregado dentro da empresa, mas atingindo qualquer pessoa, seja um visitante, um cliente ou mesmo um colega de trabalho.

O uso desnecessário de palavras de baixo calão dirigidas a pessoas assim, no ambiente de trabalho, caracteriza a falta, da mesma forma como a agressão física, tentada ou consumada, salvo se o ato praticado decorrer de legítima defesa do ofendido ou para proteger outra pessoa. O mesmo ocorrerá se o empregado prática injúria, calúnia ou difamação contra pessoa que se encontra no ambiente laboral.

Trata-se do dano moral praticado pelo empregado, vitimando terceiro, mas que atinge de forma indireta o empregador.

k) ofensas físicas ou morais contra o empregador ou superior hierárquico

A situação descrita na alínea *k* do art. 482 assemelha-se à anterior, porém a vítima do ato lesivo deve ser próprio empregador ou superiores hierárquicos do empregado, com a excludente da legítima defesa, própria ou de outrem.

Importante observar que, diferentemente da anterior, neste caso, a falta não precisa ser cometida, necessariamente, no local do trabalho. Em qualquer ambiente ou mesmo na rua, a sua ocorrência é causa justificadora da resolução da relação de emprego.

Note-se que a falta é abrangente, inclusive quando se trata do uso das redes sociais disponíveis na rede mundial de computadores (Internet), tipo *Facebook, WhatsApp* ou *Instagram*, por exemplo, quando comentários (ou mesmo simples *curtidas*) passam a ficar fora do controle do homem e se transformam em um dado disponível para o mundo.

Atitude realizada dessa forma pelo empregado assemelha-se à anuência com as críticas feitas por terceiros ao empregador. A evolução tecnológica importa em fazer releitura do texto consolidado, elaborado em época quando os meios de comunicação eram extremamente carentes. Hoje, os recursos da informática podem e devem ser usados, mas com cautela e controle.

Quando um empregado age dessa forma, por meio de um desses modernos veículos, criticando ou anuindo com críticas ofensivas a seu empregador, pratica a falta grave capitulada no art. 482, *k*, da CLT, podendo ser dispensado motivadamente[(305)].

A exemplo da falta tratada na alínea *j* do art. 482, esta também se refere ao dano moral de que é vítima o empregador por ato praticado pelo empregado, como será examinado adiante.

l) prática constante de jogos de azar

Esta falta envolve a prática de determinados jogos, como os de cartas, ou corridas de cavalo fora de hipódromo, e necessariamente envolvendo intenção de lucro. Jogo a título gratuito não é falta grave alguma, mas apenas diversão.

Por outro lado, a falta somente se concretiza com a constância, a habitualidade, o vício propriamente dito, que vai causar, além das dificuldades de relacionamento familiar, problemas de convivência no emprego e de ânimo para o trabalho. Assim, o caso do empregado que, constantemente, comparece a cassinos clandestinos para jogar.

---

(305) É o caso da decisão da 9ª Câmara da 5ª Turma do TRT da 15ª Região, no proc. n. 0000656-55.2013.5.15.0002, de 11.2.2014 (Jonathan Pires Vidal da Rocha vs. Comércio de Veículos e Motocicletas Jundiaí Ltda. Rel.: Juíza do Trabalho Patrícia Glugovskis Penna Martins).

No entanto, o exame dessa falta importa em não violar o direito à privacidade e à intimidade do trabalhador, garantido no art. 5º, X, da Constituição, da mesma forma como a prática de jogos tipo jogo de bicho, que é uma contravenção penal, conforme o art. 58[306] da Lei das Contravenções Penais (Decreto-lei n. 3.688, de 03.10.1941), não poderá ensejar a dispensa do trabalhador, porque, como amplamente divulgado no país, essa é reconhecida, admitida e até mesmo incentivada em alguns setores da sociedade, inclusive por aqueles que deveriam reprimi-la. A Internet disponibiliza os resultados desses jogos, como pode ser facilmente verificado: <http://www.ojogodobicho.com/deu_no_poste.htm> ou <http://www.resultadojogodobicho.net> ou <http://resultadosemponto.blogspot.com.br> ou, ainda, <http://www.palpitesjogodobicho.net>.

Especificamente quanto ao jogo do bicho, a jurisprudência brasileira é conflitante. O TST entende que, por se tratar de atividade ilícita, não há relação de emprego a ser reconhecida, conforme a OJ n. 199:

> OJ 199. JOGO DO BICHO. CONTRATO DE TRABALHO. NULIDADE. OBJETO ILÍCITO – É nulo o contrato de trabalho celebrado para o desempenho de atividade inerente à prática do jogo do bicho, ante a ilicitude de seu objeto, o que subtrai o requisito de validade para a formação do ato jurídico.

Diversamente, cortes regionais admitem a relação subordinada, pena de admitir o enriquecimento sem causa dos responsáveis por essa prática, e comunicam aos órgãos competentes de fiscalização para que procedam como determina o ordenamento jurídico, a fim de punir pela prática contravencional. Pensamos que este deveria ser o caminho adequado a ser adotado.

m) desabilitação profissional

Dentre as novidades que a reforma introduzida pela Lei n. 13.647/2017 trouxe à CLT, uma delas foi a criação de uma nova falta grave. É a da alínea *m* do art. 482, dispondo:

> *m) perda da habilitação ou dos requisitos estabelecidos em lei para o exercício da profissão, em decorrência de conduta dolosa do empregado.*

O dispositivo apresenta-se, a nosso ver, com uma redação aparentemente conflitante: o empregado pode ser dispensado por justa causa por que agiu com dolo no exercício de sua profissão, e, portanto, estará inabilitado para continuar a exercê-la, na empresa, por decisão patronal? Ou, o empregado pode ser dispensado por justa causa por que, em decorrência de ter agido dolosamente no exercício de seu mister, perdeu a habilitação para continuar a exercê-lo por deliberação do seu órgão profissional (advogados, a OAB; médicos, o CRM; engenheiros, o CREA etc.)?

Parece impossível admitir a primeira possibilidade. O empregador, por si só, não tem competência legal para considerar um determinado profissional inabilitado para exercício de sua profissão por ter agido dolosamente no seu desempenho. Pode, sim, dispensá-lo motivadamente, em vista de o trabalhador haver perdido seu registro, por decisão de órgão de classe, que lhe conferia habilitação para o exercício profissional.

Assim, *v.g.*, cancelado o seu registro de médico no Conselho Regional de Medicina por prática de uma conduta dolosa na sua missão, o empregado, médico de um hospital, poderá ser despedido por justa causa, sendo incluído dentre os praticantes da falta grave da alínea *m* do art. 482 em comento.

Convém lembrar que da decisão administrativa de um conselho profissional cabe recurso ao Poder Judiciário (art. 5º, XXXV, da Constituição), que é o direito de acesso à Justiça. Ora, sendo cancelado seu registro profissional por uma conduta dolosa e recorrendo ao Judiciário, este empregado não terá uma decisão final terminativa, determinando sua exclusão do quadro de profissionais correspondentes e a consequente perda de sua habilitação profissional, salvo quando transitar em julgado a decisão judicial.

Até lá é crível que a falta grave do art. 182, "m", da CLT não pode ser aplicada, tendo em conta a possibilidade de, em sede judiciária, ser reformada a decisão administrativa e, se mantida no primeiro grau de jurisdição, poderá ser modificada nas instâncias superiores.

---

(306) *Art. 58. Explorar ou realizar a loteria denominada jogo do bicho, ou praticar qualquer ato relativo à sua realização ou exploração: Pena – prisão simples, de quatro meses a um ano, e multa, de dois a vinte contos de réis.*

Parágrafo único. Incorre na pena de multa, de duzentos mil réis a dois contos de réis, aquele que participa da loteria, visando a obtenção de prêmio, para si ou para terceiro.

Com efeito, é recomendável que, identificada essa prática faltosa, o rompimento motivado da relação de emprego somente ocorra após expiradas todas as possibilidades recursais para o trabalhador que será apenado.

n) atos atentatórios à segurança nacional

Cuida o parágrafo único do art. 482 consolidado de uma justa causa introduzida no texto da CLT pelo Decreto-lei n. 3, de 27.01.1966, em momento de exceção da vida democrática brasileira, eis que vivia o país os primeiros anos de um regime militar que pretendia evitar manifestações que provocassem subversão da ordem social.

Assim, esse dispositivo prevê a necessidade de um inquérito administrativo que comprovasse ter o trabalhador praticado atos desse jaez.

Essa falta, todavia, acha-se plenamente superada, ante o disposto no art. 5º, XXXV, da Constituição, que contempla o princípio da inafastabilidade da jurisdição, devendo somente ser admitida a dispensa não por ato administrativo, mas mediante provimento judicial.

o) outras faltas ensejadoras de dispensa motivada

Além das causas mencionadas acima, existem outras hipóteses na CLT que também justificam a despedida do empregado.

Com vistas a preservar a saúde e a segurança do trabalhador, a CLT previu, no parágrafo único do art. 158 que a inobservância das regras relativas a essa proteção ou a recusa no uso de equipamentos para esse fim constitui *ato faltoso do empregado*. Nessas condições, por ato faltoso entenda-se que a empresa passa a ter, por esse fundamento, perfeitas e regulares condições para promover a despedida do empregado.

Situação excepcional é aquela do serviço ferroviário. Em caso de urgência ou acidente com repercussão na segurança ou regularidade dos serviços, poderá ser ampliada a jornada de trabalho dos empregados, mediante revezamento de turmas. Aquele trabalhador que se recusar a executar esse serviço, se escalado para tal, praticará falta grave que ensejará sua despedida (parágrafo único do art. 240).

Relativamente ao aprendiz, a Lei n. 10.097, de 19.12.2000, revogou o § 2º do art. 432 da CLT, mas, de acordo com o art. 433 seguinte, o contrato de aprendizagem por ser antecipado extinto em casos de desempenho insuficiente ou inadaptação do aprendiz; falta disciplinar grave e ausência injustificada à escola que implique perda do ano letivo, além, evidente, de pedido do próprio aprendiz. A mudança na CLT também determinou a não aplicação dos arts. 479 e 480 a esse tipo de contrato (§ 2º do art. 433).

Por fim, de observar que aquela constante do art. 508 consolidado, relativa à falta contumaz do bancário no pagamento de dívidas legalmente exigíveis, não mais existe, ante a revogação do dispositivo pela Lei n. 12.347, de 10.12.2010.

2.2.2.2.2. Faltas graves praticadas pelo empregador

As faltas graves que podem ser cometidas pelo empregador estão enumeradas no art. 483 da CLT, ensejando que a saída do empregado seja provocada por iniciativa do empregador. É o que se chama de *despedida indireta*, fazendo o empregado jus ao saldo de salários do período, aviso-prévio, férias e 13º salários vencidos e proporcionais, além do FGTS com o acréscimo de 40%. Passemos ao exame do dispositivo.

a) serviços inexigíveis

A letra *a* do art. 483 cuida de serviços que são impossíveis de, adequadamente, ser realizados, elencando quatro tipos.

O primeiro é referente aos serviços superiores às forças do empregado, físicas ou intelectuais, e, nesta última hipótese entendendo como acima do seu nível cultural ou do seu conhecimento específico. Quanto à força física, os arts. 190, 390 e 405, § 5º, da CLT, a seguir transcritos, estabelecem limites de peso:

> Art. 198. É de 60 kg (sessenta quilogramas) o peso máximo que um empregado pode remover individualmente, ressalvadas as disposições especiais relativas ao trabalho do menor e da mulher.
>
> Parágrafo único. Não está compreendida na proibição deste artigo a remoção de material feita por impulsão ou tração de vagonetes sobre trilhos, carros de mão ou quaisquer outros aparelhos mecânicos, podendo o Ministério do Trabalho, em tais casos, fixar limites diversos, que evitem sejam exigidos do empregado serviços superiores às suas forças.
>
> Art. 390. Ao empregador é vedado empregar a mulher em serviço que demande o emprego de força muscular superior a 20 (vinte) quilos para o trabalho continuo, ou 25 (vinte e cinco) quilos para o trabalho ocasional.

Parágrafo único – Não está compreendida na determinação deste artigo a remoção de material feita por impulsão ou tração de vagonetes sobre trilhos, de carros de mão ou quaisquer aparelhos mecânicos.

Art. 405. (...)

§ 5º Aplica-se ao menor o disposto no art. 390 e seu parágrafo único.

Os serviços proibidos por lei não podem ser exigidos do empregado, como querer que o trabalhador menor de dezoito anos desenvolva atividade em horário noturno, expressamente vedado pelo art. 5º, XXXIII, da Constituição.

Igualmente inexigível é o trabalho contrário aos bons costumes, os que violam a ética e a moral, aqueles que se referem ao comportamento médio da sociedade.

Os serviços alheios ao contrato são os que estão fora do ajustado. Exigir que o empregado, contratado como escriturário, passe a fazer serviços de limpeza no escritório é caso que justifica a despedida indireta.

b) rigor excessivo

Essa falta pode ser praticada contra o empregado tanto pelo empregador como pelos superiores hierárquicos do obreiro.

Exagerar nas ordens, ser descortês com o empregado, tratá-lo sem a indispensável urbanidade, esses atos de descontrole desmedido indicam o rigor excessivo que caracteriza essa figura, que, dependendo do grau que atinja, pode inclusive levar à indenização por dano moral. O empregador pode exigir que seus empregados estejam higienicamente bem apresentados: asseados, limpos, mas não pode impedir que usem barba (os homens) ou tranças (as mulheres).

Há, nesse ponto, certos limites que os empregados devem observar. Uso de *piercing*, corpos completamente tatuados e coisas do gênero, dependendo do local de trabalho, são inadequados e causam mal-estar aos circunstantes. Em situações dessa natureza, o empregado deve retirar a peça ou cobrir as tatuagens. Esteticamente estará sendo desagradável às outras pessoas.

Christiani Marques entende que a ordem de eliminação desses elementos interfere na intimidade do empregado e representará egoísmo ou preconceito praticado pelo empregador[(307)]. Esse, todavia, não nos parece o mais adequado, e, como aponta Alice Monteiro de Barros, *o uso visível de tatuagens, de piercing e de maquiagem extravagante poderá sofrer restrições*[(308)].

Não haverá, a nosso ver, rigor excessivo por parte do empregador em exigir essa providência (uso moderado desses recursos nem sempre agradáveis), e o empregado, insistindo, estará incorrendo na prática de ato de insubordinação, que ensejará sua dispensa motivada.

O uso descontrolado de certos adereços ou alterações corporais (tatuagens) em um hospital, por exemplo, não é adequado. O corpo de um empregado cheio de grandes e coloridos desenhos não se recomenda e coloca em risco a própria confiança no ambiente hospitalar, ante a aparência desagradável de uma pessoa nessas circunstâncias.

c) perigo manifesto

A figura tipificada na alínea *c* do art. 483 consolidado refere-se à necessidade de preservação da integridade física do empregado. Não se cuida de trabalho insalubre ou perigoso, cuja execução é prevista em lei, com todas as providências acauteladoras para evitar danos ao obreiro.

O perigo manifesto é aquele que decorre de uma atividade anormal, colocando-o em condições de adquirir um *mal considerável*. Assim, *v. g.*, o caso de uma atividade insalubre, onde, por expressa indicação legal, é exigido o uso de equipamento de proteção e o empregador recusa-se a fornecê-lo. Em situação dessa natureza, está caracterizada a falta grave patronal.

d) descumprimento das obrigações do contrato

O contrato de trabalho é sinalagmático. As obrigações são recíprocas e decorrem de lei, de norma coletiva (convenção ou acordo coletivo de trabalho) ou de cláusula do próprio contrato individual de trabalho.

---

(307) MARQUES, Christiani. *O contrato de trabalho e a discriminação estética*. São Paulo: LTr, 2002. p. 125.

(308) BARROS, A. M. *Proteção à intimidade do empregado*. São Paulo: LTr, 1997. p. 138.

A falta patronal caracteriza-se por sua gravidade e por sua atualidade. Não permitir que o empregado goze suas férias vencido o período aquisitivo, não efetuar o pagamento de seu salário ou atrasá-lo frequentemente, descumprir as normas relativas a higiene, medicina, saúde e segurança do trabalho são causas justificadoras do rompimento do contrato por iniciativa do empregado.

Existem outras hipóteses que podem caracterizar essa falta: a ausência do cumprimento das obrigações previdenciárias, a falta de recolhimento dos depósitos do FGTS, a alteração da jornada de trabalho do obreiro ou de seu horário de trabalho.

De todas, porém, a principal e certamente a mais frequente é o atraso no pagamento do salário do trabalhador. A mora salarial é, por si só, causa de término justificada, por iniciativa do obreiro, do contrato de trabalho, que se excepciona se houver motivo extremamente grave e relevante. A própria Constituição, no art. 7º, X, protege o salário, cuja retenção dolosa é crime. O Decreto-lei n. 368, de 19.12.1968, no parágrafo único do art. 1º, dispõe:

> Parágrafo único. Considera-se em débito salarial a empresa que não paga, no prazo e nas condições da lei ou do contrato, o salário devido a seus empregados.

Em seguida, o § 1º do art. 2º registra:

> § 1º Considera-se mora contumaz o atraso ou sonegação de salários devidos aos empregados, por período igual ou superior a 3 (três) meses, sem motivo grave e relevante, excluídas as causas pertinentes ao risco do empreendimento.

Ademais, mesmo cumprindo sua obrigação, após a violação do Decreto-lei n. 369/68, o empregador continuará incurso na mesma fatal grave, como registra a Súmula n. 13 do TST:

> Súmula n. 13 – MORA – O só pagamento dos salários atrasados em audiência não ilide a mora capaz de determinar a rescisão do contrato de trabalho.

e) ato lesivo à honra ou à boa fama do empregado ou familiares

Pode essa falta, que pode atingir a honra e a boa fama, ser praticada tanto pelo empregador como por seus prepostos, atingindo o empregado ou qualquer um de seus familiares.

Nesta hipótese, deve ser incluído o dano moral e o assédio moral trabalhistas que examinaremos adiante.

Ademais, o que deve ser entendido como *família do empregado*? Os parentes até 3º grau civil e a pessoa que vive maritalmente com a outra devem ser consideradas a *família*.

A Constituição reconhece a união estável entre o homem e a mulher como entidade familiar, e dessa entidade fazem parte seus descendentes (art. 226, §§ 3º e 4º). Essa noção de família, no entanto, foi ampliada no Direito brasileiro, e, a partir da Lei n. 11.340, de 07.08.2006, deve ser considerada como sendo *a comunidade formada por indivíduos que são ou se consideram aparentados, unidos por laços naturais, por afinidade ou por vontade expressa* e *independem de orientação sexual* (art. 5º, inciso II, e parágrafo único).

Esta falta, com efeito, pode ser praticada contra o empregado ou contra membro de seu núcleo familiar, e não necessariamente no ambiente de trabalho. O que importa para sua caracterização é que o atingido seja o empregado ou um seu familiar.

f) ofensas físicas

A alínea *f* do art. 483 cuida de desforço físico, praticado pelo próprio empregador ou por seus prepostos, contra e pessoa do empregado. Será ele, o empregado, a vítima dessa agressão física, que deve ser desmotivada, porque a própria CLT considera excludente da falta grave se o ato praticado decorrer de legítima defesa própria ou de terceiros.

Essa falta grave patronal pode ocorrer dentro ou fora do local de trabalho e um único ato é suficiente para caracterizá-la.

g) redução de trabalho

Se o empregado desenvolver suas atividades e receber mediante peça ou tarefa, e essas sofrerem redução, haverá consequente diminuição em seu salário, e, assim, caracterizada a falta grave patronal.

O salário por peça significa que o empregado recebe pelo número de peças produzidas. É o salário por unidade de obra, como aponta Arnaldo Süssekind, que não se confunde com o salário por tarefa, que *corresponde a uma importância fixa, para em razão de períodos preestabelecidos, desde que o empregado execute, nesses períodos, um mínimo predeterminado de serviços*[309].

Na hipótese desta falta, como naquela da alínea *d* acima, deve ser observada a faculdade do § 3º do art. 483 consolidado:

> § 3º Nas hipóteses das letras "d" e "g", poderá o empregado pleitear a rescisão de seu contrato de trabalho e o pagamento das respectivas indenizações, permanecendo ou não no serviço até final decisão do processo.

2.2.3. *Rescisão por acordo*

A rescisão por acordo é modalidade recente de extinção do contrato de trabalho, que a Lei n. 13.467/17 introduziu, ocorrendo quando existe interesse comum a empregados e patrões de terminarem com o pacto laboral, oportunidade em que o empregado pode ser dispensado acordando com o empregador as condições dessa saída. É o que dispõe o art. 484-A da CLT.

Com essa forma, passamos a possuir cinco meios básicos de rompimento do contrato: ou (1) o empregado é dispensado por decisão do patrão, que paga seus direitos e finda o contrato; ou (2) o empregado pede dispensa e recebe apenas algumas parcelas, mas não fará jus dos valores depositados em sua conta vinculada de FGTS, nem aos 40% desse montante, nem aviso-prévio (ao contrário, ele é quem deve pré-avisar o patrão); ou (3) a dispensa é motivada, quando o empregado pratica uma falta grave e é dispensado por justa causa; ou (4) sendo caracterizada a dispensa indireta, quando o empregador pratica atos que podem ensejar o reconhecimento dessa saída forçada do empregado que, assim, receberá, judicialmente, todos os créditos que faz jus; ou (5) mediante celebração de um acordo.

Esse término de contrato não exige nenhuma solenidade, ao contrário de outros países (Argentina, por exemplo), que recomendam a oitiva da autoridade competente. Nessa modalidade, basta a simples vontade das partes, manifestada uma a outra, nada mais, embora inexiste óbice para que, no futuro, venha a ser recomendável que esse acordo seja homologado pela Justiça do Trabalho, porque, em sendo extrajudicial, estará albergado pelo art. 855-B da CLT.

Por outro lado, entendemos que não se trata de estabelecer qualquer relação com os diversos PDVs ou PDIs (planos de demissão voluntária ou desligamento incentivado), que, no âmbito federal, importam em um sistema regido pela Lei n. 9.468/1997. Esses planos são utilizados pelas empresas para enxugamento de seu quadro de pessoal, otimizar seus custos e racionalizar sua gestão, nada tendo a ver com os débitos trabalhistas eventualmente existentes porque são limitados apenas aos valores que constam dos respectivos termos rescisórios.

Não devemos confundir adesão a PDVs ou PDIs com rescisão por acordo porque, neste, não são oferecidas outras garantias ou benefícios incentivados, que ocorrem naqueles, tipo assistência médica por um certo período, complementação de previdência privada complementar etc., mas, apenas e exclusivamente o pagamento de parte dos valores que receberia em uma dispensa imotivada.

Com efeito, essa nova modalidade de extinção do vínculo empregatício é aplicável aos contratos por prazo indeterminado. Aos demais contratos (por prazo determinado, inclusive o de experiência) existem regras próprias e não alcançam essa nova forma.

O empregador deverá, havendo acordo para a dispensa, pagar ao empregado que está saindo, todos os seus direitos trabalhistas (férias vencidas e não gozadas e férias proporcionais; 13º salários, vencido e proporcional; e, se houver, horas extras, saldo de salário, adicionais diversos). Além disso –, e aí estão as grandes alterações –, o aviso-prévio será pago, mas não integralmente. Será devido pela metade, se for indenizado. Como a lei é omissa quanto ao aviso-prévio trabalhado, entendemos que esse período deve ser, por analogia, também cumprido pela metade. Não haverá pagamento da multa de 40% do FGTS, que ocorre nos casos de dispensa sem justa causa. O empregado, nesse tipo de rescisão, receberá metade do valor, ou seja, 20% do FGTS. No que refere aos valores depositados na conta vinculada, o trabalhador poderá movimentar 80% do total depositado.

Não terá o empregado que sai da empresa por acordo direito ao seguro-desemprego, como expressamente está no art. 484-A, § 2º, da CLT.

---

(309) SUSSEKIND, A. L. *et alii*. *Instituições*...cit. (1), 22. ed., p. 398.

Enfim, é boa essa mudança? Acreditamos que sim. Pelo menos, a partir de agora, não haverá mais que se falar em o próprio empregado efetuar o depósito de 40% do FGTS na conta do empregador e *fazer de conta* que recebe esse montante no momento da rescisão, como é comum acontecer na prática, para poder ter direito aos demais créditos.

Ademais, resolve-se, de uma vez por todas, uma disputa desnecessária e facilita-se a vida do empregado, que pode sair à procura de novo emprego, e do empregador, que pode ficar mais tranquilo sem ter que se preocupar, durante os dois anos seguintes e com relação a esse ex-empregado, com possíveis reclamações na Justiça do Trabalho.

3. OUTRAS HIPÓTESES DE EXTINÇÃO DO CONTRATO DE TRABALHO

Além das faltas praticadas pelo empregado e pelo empregador, que ensejam a ruptura do liame empregatício, a CLT elenca outras hipóteses pelas quais o contrato de trabalho pode ser extinto e seus efeitos.

3.1. CULPA RECÍPROCA

A culpa recíproca ocorre quando ambos, empregador e empregado, concorrem para o fim da relação de trabalho. Ambos faltaram com suas obrigações. Nessa hipótese, fica desfeito o contrato, e o trabalhador passa a ter direito à metade do que haveria, se ocorresse apenas culpa do empregador (art. 484 da CLT): o FGTS terá sua indenização compensatória reduzida a 20% (art. 18, § 2º, da Lei n. 8.036/1990), e as demais parcelas (aviso-prévio, 13º salário e férias proporcionais) serão devidas em 50%, a teor da Súmula n. 14 do TST.

3.2. DEMISSÃO

A demissão é a saída voluntária do empregado, um ato volitivo através do qual declara ao empregador seu desejo de não mais continuar a prestar seu trabalho. É necessário que observe a regra contida no art. 487, § 2º da CLT, que é a de pré-avisar o empregador de sua intenção, pena de ter descontados os salários do período correspondente nas suas verbas rescisórias. Terá o empregado demissionário direito ao saldo de salário do período, férias vencidas e/ou proporcionais e 13º salário vencidos e/ou proporcional.

3.3. CUMPRIMENTO DE OBRIGAÇÕES LEGAIS

De acordo com o § 1º do art. 483, da CLT, caso o empregado necessite se afastar para o cumprimento de obrigações legais que o incompatibilizem com o trabalho, poderá, suspendendo a prestação dos serviços, rescindir seu contrato.

3.4. MORTE DO EMPREGADOR PESSOA FÍSICA

A outra forma é quando ocorre a morte do empregador pessoa física, titular de firma individual, o empregado pode considerar rescindido seu contrato de trabalho, nos termos do art. 483, § 2º, da CLT. Nessa situação, terá o empregado direito a saldo de salários, férias vencidas e/ou proporcionais com 1/3 e 13º salário vencidos e/ou proporcional. Quanto ao FGTS, somente terá direito se a atividade empresarial encerrar-se com a morte do empregador (art. 20, II, da Lei n. 8.036/1990).

3.5. MORTE DO EMPREGADO

Se ocorrer a morte do empregado opera-se, obviamente, a cessação do contrato de trabalho, porque este é *intuitu personae* em relação ao trabalhador. O contrato termina no momento do óbito do empregado e não há falar em pagamento de aviso-prévio, que não cabe nessa hipótese. Afinal, a morte não manda pré-aviso.

Nessas circunstâncias, os sucessores do *de cujus* terão direito a receber: saldo de salários, férias com 1/3 e 13º salário, ambos vencidos e/ou proporcionais, e FGTS, neste caso mediante alvará judicial, conforme prevê o art. 20, IV, da Lei n. 8.036/1990.

3.6. DE CONTRATO POR PRAZO DETERMINADO

Nos contratos por prazo determinado, de até dois anos ou de experiência até noventa dias, operando-se o termo final, o empregado dispensado terá direito a receber saldo de salários; férias vencidas e/ou proporcionais com 1/3; 13º salários vencidos e/ou proporcionais; e FGTS, mas não terá direito a aviso-prévio.

Ocorrendo, todavia, rescisão antecipada do contrato a prazo, podem ser verificadas duas situações. Primeiro, se a iniciativa partiu do empregado, este deverá indenizar o empregador, conforme determina o art. 480 da CLT, que não poderá exceder ao valor que teria direito em condições idênticas, e, mesmo assim, terá direito a saldo de salários, férias vencidas e/ou proporcionais com 1/3 (Súmulas ns. 171(310) e 261(311) do TST), 13º salários vencidos e/ou proporcionais.

Segundo: caso a iniciativa seja do empregador, o obreiro terá direito a saldo de salários; 13º salários vencidos e/ou proporcionais; férias vencidas e/ou proporcionais com 1/3; FGTS, além de indenização correspondente a 50% do restante do contrato.

Na hipótese de o contrato ser rescindido mediante acordo ou quando o empregado contar com mais de um ano no emprego, não existe mais a necessidade de homologação pelo sindicato de classe ou órgão competente do M.Tb., porque foi revogado, pelas mudanças introduzidas pela Lei n. 13.467/2017, o § 1º do art. 477. Observe-se que tudo pode ser negociado para a celebração de um acordo, conforme observamos acima (v. n. 2.2.3, neste capítulo, acima), devendo ser cumprido o disposto no art. 484-A da CLT.

Ocorrendo a despedida do empregado sem justa causa, a regra do art. 9º, *caput*, do Decreto n. 99.684, de 8.11.1990, que regulamenta o FGTS, dispõe ser dever do empregador depositar os valores do mês da saída do empregado, mais 40% do *quantum* depositado no curso do pacto laboral (§ 1º). Diz o dispositivo:

> Art. 9º Ocorrendo despedida sem justa causa, ainda que indireta, com culpa recíproca por força maior ou extinção normal do contrato de trabalho a termo, inclusive a do trabalhador temporário, deverá o empregador depositar, na conta vinculada do trabalhador no FGTS, os valores relativos aos depósitos referentes ao mês da rescisão e, ao imediatamente anterior, que ainda não houver sido recolhido, sem prejuízo das cominações legais cabíveis.
>
> § 1º No caso de despedida sem justa causa, ainda que indireta, o empregador depositará na conta vinculada do trabalhador no FGTS, importância igual a quarenta por cento do montante de todos os depósitos realizados na conta vinculada durante a vigência do contrato de trabalho atualizados monetariamente e acrescidos dos respectivos juros, não sendo permitida, para este fim a dedução dos saques ocorridos.

Com efeito, em ocorrendo dispensa imotivada, o empregado tem direito aos depósitos do FGTS acrescidos de 40% além de saldo de salários do período, férias vencidas e/ou proporcionais acrescidas de 1/3, mais gratificações de Natal vencidas e proporcionais.

3.7. *FACTUM PRINCIPIS*

Pode ocorrer o término do contrato pela extinção da empresa em decorrência de ato praticado pelo Estado, quando, então, caracteriza-se a hipótese do *factum principis*.

De acordo com Délio Maranhão, trata-se de uma espécie do gênero força maior(312), e que o art. 486 da CLT traz a definição legal:

> Art. 486. No caso de paralisação temporária ou definitiva do trabalho, motivada por ato de autoridade municipal, estadual ou federal, ou pela promulgação de lei ou resolução que impossibilite a continuação da atividade, prevalecerá o pagamento da indenização, que ficará a cargo do governo responsável.

(310) *Súmula n. 171 – FÉRIAS PROPORCIONAIS. CONTRATO DE TRABALHO. EXTINÇÃO – Salvo na hipótese de dispensa do empregado por justa causa, a extinção do contrato de trabalho sujeita o empregador ao pagamento da remuneração das férias proporcionais, ainda que incompleto o período aquisitivo de 12 (doze) meses (art. 147 da CLT).*

(311) *Súmula n. 261 do TST – FÉRIAS PROPORCIONAIS. PEDIDO DE DEMISSÃO. CONTRATO VIGENTE HÁ MENOS DE UM ANO – O empregado que se demite antes de complementar 12 (doze) meses de serviço tem direito a férias proporcionais.* De notar que, até novembro.2003, esta Súmula adotava regra totalmente oposta a atual, que é bem mais adequada que a anterior.

(312) SÜSSEKIND, A. L. *et alii. Instituições...* cit. (1), 22. ed., p. 620.

Os mesmos requisitos da força maior devem estar presentes, conforme o art. 501 consolidado: evento inevitável e imprevisível, sem o concurso do empregador pra sua realização.

Demonstrada a responsabilidade do poder público pela paralisação do trabalho, resulta que a ele caberá indenizar o empregado, que terá direito a todas as verbas decorrentes de dispensa sem justa causa.

Data venia de outras interpretações, entendemos que o sentido de indenização a que refere o art. 486 da CLT não se confunde com a indenização de que trata o art. 477 consolidado. Caracterizado o fato do príncipe, deve o Estado responsável concorrer isoladamente com o pagamento das verbas rescisórias do empregador.

Observação sempre oportuna a de Délio Maranhão, de que o cancelamento da concessão a título precário não importa em fato do príncipe[313], porque o empregador, nessas condições, tinha prévio conhecimento de que a qualquer momento poderia ser cassada.

Por outro lado, não se caracteriza o *factum principis* quando não existe paralisação do trabalho, mas este apenas se torna mais difícil ou oneroso, sendo o Estado único responsável somente quando ocorre rescisão do contrato de trabalho[314]. Caso a cessação não ocorra como consequência direta do ato do Poder Público, mas por razões indiretas, este não poderá ser responsabilizado[315].

Ocorrendo o fato do príncipe, o empregado tem direito a saldo de salários, férias vencidas e/ou proporcionais com 1/3, 13º vencido e/ou proporcional, aviso-prévio e FGTS (art. 20, II, da Lei n. 8.036/1990), que serão respondidos pelo Poder Público, igualmente responsável pelos direitos dos trabalhadores relativamente às paralisações temporárias[316].

3.8. SEGURO-DESEMPREGO

Verificamos, acima, o seguro-desemprego para o trabalhador doméstico. E como fica a situação dos demais trabalhadores que perdem seu posto de trabalho subordinado?

O Congresso Nacional, depois de demoradas negociações, cujo final era bastante previsível, foi convertida a MP n. 665, de 16.06.2015, na Lei n. 13.134, de 16.06.2015, mudando, substancialmente, a Lei n. 7.998, de 11.01.1990, que regulamentou o Programa do Seguro-Desemprego dentre outras coisas, especialmente quanto à forma pela qual o trabalhador que fica desempregado pode receber o seguro para sobreviver nessa fase difícil de sua vida e de sua família.

Trata-se o seguro-desemprego de um benefício para trabalhador desempregado e sem renda, no valor de pelo menos um salário mínimo, por meio de recursos oriundos do Fundo de Amparo ao Trabalhador (FAT).

Para ser beneficiário desse seguro, o trabalhador desempregado deve atender às suas finalidades, que são os elencados no art. 2º da Lei n. 7.998/90:

> I – prover assistência financeira temporária ao trabalhador desempregado em virtude de dispensa sem justa causa, inclusive a indireta, e ao trabalhador comprovadamente resgatado de regime de trabalho forçado ou da condição análoga à de escravo;
>
> II – auxiliar os trabalhadores na busca ou preservação do emprego, promovendo, para tanto, ações integradas de orientação, recolocação e qualificação profissional.

Existem condições que o trabalhador deve preencher a fim de poder receber o valor do seguro-desemprego, a saber: ter sido empregado regular[317] doze meses nos últimos 24 meses anteriores a dispensa, para a primeira solicitação; não estar em gozo de qualquer benefício previdenciário de prestação continuada, previsto no RBPS, excetuado o auxílio-acidente e o auxílio suplementar previstos na Lei n. 6.367/76, bem como o abono de permanência

(313) SÜSSEKIND, A. L. *et alii*. *Op. cit*., p. 621.

(314) N. sent.: MALLET, Estêvão. *Temas de direito do trabalho*. São Paulo: LTr, 1998. p. 79.

(315) *Ibidem*, p. 81.

(316) *Ibidem*, p. 83.

(317) Não é beneficiário o autônomo que deixa de exercer atividade. O inciso II do art. 2º da Lei n. 7.998/90 foi revogado pela Medida Provisória n. 665, de 30.12.2014.

em serviço previsto na Lei n. 5.890, de 8.6.1973; não estar em gozo do auxílio-desemprego; e não possuir renda própria de qualquer natureza suficiente à sua manutenção e de sua família, além de estar matriculado e frequentando curso de formação inicial e continuada ou de qualificação profissional, ofertado por meio da Bolsa-Formação Trabalhador concedida no âmbito do Programa Nacional de Acesso ao Ensino Técnico e Emprego (Pronatec), ou de vagas gratuitas na rede de educação profissional e tecnológica (art. 3º, I a VI, da Lei n. 7998/90).

Para as solicitações seguintes, o desempregado deverá comprovar pelo menos nove meses nos últimos doze meses imediatamente anteriores à data da dispensa, para a segunda solicitação; e seis meses imediatamente anteriores à data da dispensa para as demais (art. 3º, n. I, *b* e *c*, da mesma lei).

O benefício é concedido ao trabalhador por período máximo de três e cinco meses (art. 4º, da Lei n. 7.998/90), prorrogável excepcionalmente por mais dois meses (seu art. 5º) e será cancelado se recusar um novo emprego, falsificar dados para habilitar-se ao benefício, praticar fraude a fim de recebê-lo ou morrer (art. 8º).

Também perderá o benefício, por suspensão, o trabalhador que for admitido em novo emprego, passar a perceber benefício de prestação continuada, exceto o auxílio-acidente, o auxílio suplementar e o abono de permanência em serviço; ou iniciar a percepção de auxílio desemprego; ou recusar participar de ações de recolocação de emprego, na forma de regulamentação do CODEFAT (art. 7º).

As condições de percepção do seguro-desemprego foram profundamente alteradas com as mudanças de 2015. Agora, o benefício somente será devido após novo período aquisitivo, observando relação entre o número de parcelas mensais e tempo de serviço do trabalhador nos últimos 36 meses antes da dispensa que originou o pedido, proibido o computo de vínculos empregatícios já utilizados para o cálculo (art.4º, § 2º).

Dessa forma, passamos a ter o seguro-desemprego conforme demonstrado na tabela abaixo, considerando a ordem dessas solicitações, o número de parcelas do seguro, e o período de trabalho anterior ao pedido que é exigido para sua obtenção, conforme os diversos incisos do § 2º acima mencionado:

Solicitação	Parcelas	Período de trabalho
1ª	4	12 a 23 meses
	5	24 ou mais meses
2ª	3	9 a 11 meses
	4	12 a 23 meses
	5	24 ou mais meses
3ª	3	6 a 11 meses
	4	12 a 23 meses
	5	24 ou mais meses

O valor do seguro é de pelo menos um salário mínimo (art. 5º, § 2º, da Lei n. 7.998/90), sendo direito pessoal e intransferível do trabalhador, que poderá requerê-lo partir do 7º dia de sua rescisão contratual (art. 6º seguinte).

A partir da entrada em vigor das mudanças introduzidas na legislação trabalhista pela Lei n. 13.467/2017, foram fixados três novos aspectos para o seguro-desemprego. O primeiro é que a anotação da extinção do contrato de trabalho na CTPS do trabalhador é o documento hábil para requerer esse benefício, conforme o art. 477, § 10, da CLT. O seguinte é a proibição de ingressar no programa de seguro-desemprego quando a rescisão contratual ocorre por acordo (art. 484-A, § 2º, da CLT). O último é a inserção do direito ao seguro-desemprego, em caso de desemprego involuntário, dentre os direitos elencados no art. 611-B da CLT (inciso II), que, pelo menos em tese, não podem ser suprimidos ou reduzidos. Neste particular, esse tema que envolve a polêmica dicotomia negociado *versus* legislado será abordada ao longo da parte II desta obra.

CAPÍTULO X

AVISO-PRÉVIO

1. GENERALIDADES

O aviso-prévio é direito consagrado constitucionalmente ao empregado (art. 7º, XXI) e, pela CLT, também ao empregador (art. 487). A diferença entre os dois é aquele apenas aquele é de no mínimo, trinta dias podendo ser por período mais longo, de três dias para cada ano de trabalho, até o limite de sessenta dias ou vinte anos de serviço para a mesma empresa (Lei n. 12.506, de 11.10.1011). É o que se chama *aviso-prévio proporcional*.

Esse pré-aviso é devido a todo empregado que haja celebrado contrato por prazo indeterminado, e, desde a vigência da Constituição' de 1988, ocorreu a tácita revogação do inciso I do art. 487 consolidado, porquanto não há mais falar em aviso-prévio de oito dias.

A sua natureza jurídica pode ser indenizatória ou remuneratória. Será indenizatória quando o empregador pagar o empregado pelos dias que tem direito, no mínimo trinta, e o dispensar de prestar trabalho no período. Nessa hipótese, não há incidência de descontos previdenciários. O aviso-prévio remuneratório ocorre quando o empregado recebe normalmente seu salário e continua trabalhando até seu final, incidindo os descontos previdenciários regulares.

Consoante a CLT, tanto o empregado como o empregador devem pré-avisar a outra parte do interesse de dar por extinto o contrato de trabalho. Para o empregado, o prazo será de trinta dias. Para o empregador, de trinta ou mais dias, na proporção do tempo de serviço do empregado.

O tempo de serviço trabalhado durante o período do pré-aviso integra o tempo de serviço do empregado para todos os fins (§ 1º), e, se seu salário for pago por tarefa, deve ser considerada a média dos últimos doze meses de serviço (§ 3º).

Se o empregado não pré-avisar o empregador, este poderá descontar, aquando do pagamento da rescisão contratual, o valor dos salários do período correspondente (trinta dias) (§ 2º).

Na hipótese de despedida indireta, cabe aviso-prévio, conforme determinado pela Lei n. 7.108, de 05.07.1983, que acrescentou o § 4º do art. 487 da CLT, com o que restou cancelada a Súmula n. 31 do TST, que, injustamente, negava esse direito ao trabalhador.

Dois direitos possuem ainda o empregado em regime de pré-aviso. O primeiro é a integração das horas extraordinárias que habitualmente presta, em caso de o aviso ser indenizado (§ 5º), entendendo-se como habituais as que são frequentes, constantes e não episódicas e esporádicas. O outro é o direito a receber o reajuste salarial de sua categoria caso este tenha ocorrido no curso do aviso-prévio (§ 6º), e, como integra o tempo de serviço para todos os fins, no seu curso, ainda que antecipado, o empregado terá direito a esse *plus*, que não se confunde com a indenização adicional que será vista abaixo (v., neste Capítulo, n.3).

Durante o pré-aviso patronal, a jornada do trabalhador deve ser reduzida em duas horas/dia (art. 488, da CLT), ou permitidos sete dias corridos de faltas, sem desconto de qualquer natureza (parágrafo único). Essas interrupções são destinadas a possibilitar que o obreiro busque outro emprego e não podem ser convertidas *in pecunia*, porque possuem finalidade específica. Nessa linha a Súmula n. 230 do TST:

Súmula n. 230 – AVISO-PRÉVIO. SUBSTITUIÇÃO PELO PAGAMENTO DAS HORAS REDUZIDAS DA JORNADA DE TRABALHO – É ilegal substituir o período que se reduz da jornada de trabalho, no aviso-prévio, pelo pagamento das horas correspondentes.

Se o aviso-prévio for reconsiderado por qualquer das partes (empregador ou empregado), a outra pode ou não aceitar e, em caso de aceite, o aviso será dado por inexistente. Sem haver reconsideração, a dispensa será efetivada quando expirado o prazo legal (art. 489 e parágrafo único da CLT).

Na ocorrência de falta grave no curso do aviso-prévio, cometida tanto pelo empregador (art. 490 da CLT) como pelo empregado (art. 491 também da CLT), aquele deverá a este a remuneração do período e o pagamento das verbas indenizatórias devidas; se a falta for do obreiro, este perderá direito ao restante do prazo de aviso, operando-se desde logo a dispensa.

2. AVISO-PRÉVIO PROPORCIONAL

A Lei n. 12.506, de 11.10.2011, regulamentou a proporcionalidade reconhecida ao aviso-prévio pelo art. 7º, XXI, da Constituição. Essa proporção será de trinta dias aos empregados que contem até um ano de serviço na mesma empresa (art. 1º), acrescidos de três dias por ano de serviço até o máximo de sessenta dias, no total de até noventa dias (parágrafo único).

Aos empregados dispensados antes da lei, mas que tenham ajuizado suas ações nos dois anos anteriores a sua promulgação, têm direito a proporcionalidade, conforme decidiu o STF[(318)].

Abaixo, verificamos como fica a proporcionalidade do aviso-prévio, considerando o tempo de serviço do empregado na mesma empresa:

Tempo de serviço na mesma Empresa (anos)	Aviso-prévio Proporcional (Números de dias)
Até 1 ano	30 dias
De 1 ano até menos de 2 anos	30 + 3 = 33 dias
De 2 anos até menos de 3 anos	30 + 6 = 36 dias
De 3 anos até menos de 4 anos	30 + 9 = 39 dias
De 4 anos até menos de 5 anos	30 + 12 = 42 dias
De 5 anos até menos de 6 anos	30 + 15 = 45 dias
De 6 anos até menos de 7 anos	30 + 18 = 48 dias
De 7 anos até menos de 8 anos	30 + 21 = 51 dias
De 8 anos até menos de 9 anos	30 + 24 = 54 dias
De 9 anos até menos de 10 anos	30 + 27 = 57 dias
De 10 anos até menos de 11 anos	30 + 30 = 60 dias
De 11 anos até menos de 12 anos	30 + 33 = 63 dias
De 12 anos até menos de 13 anos	30 + 36 = 66 dias
De 13 anos até menos de 14 anos	30 + 39 = 69 dias
De 14 anos até menos de 15 anos	30 + 42 = 72 dias
De 15 anos até menos de 16 anos	30 + 45 = 75 dias
De 16 anos até menos de 17 anos	30 + 48 = 78 dias
De 17 anos até menos de 18 anos	30 + 51 = 81 dias
De 18 anos até menos de 19 anos	30 + 54 = 84 dias
De 19 anos até menos de 20 anos	30 + 57 = 87 dias
De 20 anos em diante	30 + 60 = 90 dias

(318) MI-843-DF, de 06.02.2013 (Raimundo Nonato de Almeida vs.Vale S.A., Presidente da República e Congresso Nacional). Relator: Min. Gilmar Mendes. Disponível em: <http://www.stf.jus.br/portal/processo/verProcessoAndamento.asp?incidente=2659459>. Acesso em: 25 mar. 2013.

Em 2016, o TST entendeu que o aviso-prévio proporcional ao tempo de serviço também se aplica ao empregador, fundado no princípio constitucional da isonomia[319].

3. INDENIZAÇÃO ADICIONAL

Caso o empregado seja dispensado trinta dias antes da data do reajuste salarial de sua categoria, terá direito a receber uma indenização adicional equivalente a um salário mensal.

Esse período o legislador entendeu razoável ao adotar essa regra no art. 9º da Lei n. 6.708, de 30.10.1979, a fim de incentivar a permanência do trabalhador em seu emprego, evitando a dispensa prestes a ter reajuste salarial.

Como já apontamos, não se trata da mesma regra do § 6º do art. 487 da CLT, que visa a repor a perda salarial do trabalhador, que teve seu reajuste no curso do aviso-prévio.

(319) Proc TST RR 1964-73.2013.5.09.0009, de 09.11.2016 (Ana Paula Fogaça vs. Tecnolimp Serviços Ltda.). Relator: Min. João Oreste Dalazen. Disponível em: http://aplicacao4.tst.jus.br/consultaProcessual/consultaTstNumUnica.do;jsessionid=F5AF724784BEA705AEEBDDDEF0035D2B.tst32?conscsjt=&numeroTst=1964&digitoTst=73&anoTst=2013&orgaoTst=5&tribunalTst=09&varaTst=0009&consulta=Consultar. Acesso em 22.11.2016.

Capítulo XI

APOSENTADORIA E O CONTRATO DE TRABALHO

1. A CONDIÇÃO DE APOSENTADO À LUZ DA CLT

Um dos direitos fundamentais do homem é o direito ao trabalho. É desta forma que está consagrado na DUDH de 1948, e que se repete no art. 6º do Pacto Internacional de Direitos Econômicos, Sociais e Culturais (1966), ratificado pelo Brasil (Decreto n. 591, de 6 de julho de 1992).

No Direito interno brasileiro, a Constituição de 1988 garante o livre exercício de qualquer trabalho, ofício ou profissão, dentre os direitos fundamentais (art. 5º, XIII), enquanto o art. 7º enumera os direitos dos trabalhadores. Os trinta e quatro incisos do art. 7º, contudo, não são *numerus clausus*, senão um elenco mínimo de garantias, *além de outros que visem à melhoria de sua (do trabalhador) condição social* (*caput*), inclusive a aposentadoria (XXIV), sem possuir condição excludente do direito maior (o de trabalhar).

A condição do trabalhor que, *sponte sua*, resolve gozar do benefício da aposentadoria e, simultaneamente, permanecer trabalhando, foi tema de amplo debate doutrinário e de demoradas divergências jurisprudenciais, tendo chegado a um consenso quando o STF julgou a ADIn n. 1.721-3/DF[320].

Cuidava essa ADIN da declaração de inconstitucionalidade do § 2º do art. 453 da CLT, incluído pela Lei n. 9.528, de 10.12.1997, com o seguinte teor:

> § 2º O ato de concessão de benefício de aposentadoria a empregado que não tiver completado 35 (trinta e cinco) anos de serviço, se homem, ou trinta, se mulher, importa em extinção do vínculo empregatício.

Em seu voto, o relator, Min. Ayres Brito destacou:

> Sucede que o novidadeiro § 2º do art. 453 da CLT, objeto da presente ADI, instituiu uma outra modalidade de extinção do vínculo de emprego. E o fez inteiramente à margem do cometimento de falta grave pelo empregado e até mesmo

(320) ADIn n. 1.721-3/DF, de 11.10.2006 (Partido dos Trabalhadores) PT, Partido Democrático Trabalhista (PDT), Partido Comunista do Brasil (PC do B) *vs.* Presidente da República e Congresso Nacional. Interessado: Federação Nacional dos Trabalhadores nas Empresas de Correios e Telégrafos e Similares (FENTECT). Rel. Min. Carlos Britto (DJ n. 202, Seção 1, de 20.10.2006, p. 46). No mesmo sentido: AG REG NO AI 461.639-4-SP, de 06.12.2005 (Indústria Romi S.A. *vs.* José Antonio Rodrigues). Rel.: Min. Sepúlveda Pertence (DJ n. 25, Seção 1, de 03.02.2006, p. 17); RE 471.158-3/DF, de 08.11.2006 (Antonio Pereira da Silva *vs.* Empresa Brasileira de Correios e Telégrafos – ECT). Rel.: Min. Ricardo Lewandowski (DJ n. 223, de 22.11.2006, Seção 1, p. 99-0); AG REG NO AI 543602-9-SP, de 06.12.2005 (Sylvania do Brasil Iluminação Ltda *vs.* Carla Rodrigues da Cunha Lôbo e outro (a/s)). Rel.: Min.: Sepúlveda Pertence (DJ n. 25, de 03.02.2006, Seção 1, p. 19); AI 554.320-9-SP, de 20.02.2006 (Jorge Pinto de Moraes *vs.* M. Dedini S/A Metalúrgica). Rel.: Min. Sepúlveda Pertence (DJ n. 53, Seção 1, de 17.03.2006, p. 63); AI 582.922-8-RJ, de 24.02.2006 (José Wilson Torres Santos *vs.*Companhia Docas do Rio de Janeiro). Rel.: Min. Cezar Peluso (DJ n. 53, de 17.03.2006, p. 93); AI 567.306-7-MG, de 02.12.2005 (Fiat Automóveis S.A. *vs.* Vanduil de Almeida Ferreira). Rel.: Min. Celso de Mello (DJ n. 242, Seção 1, de 19.12.2005, p. 107); AI 588.480-1-RJ, de 19.04.2006 (Esmeralda Brandão do Nascimento *vs.* Companhia de Eletricidade do Rio de Janeiro – CERJ). Rel.: Min. Sepúlveda Pertence (DJ n. 85, Seção 1, de 5.5.2006, p. 84). V. a transcrição do voto do Min. Ayres Brito *in* FRANCO FILHO, G. de S.. *Direito do Trabalho no STF (X)*. São Paulo: LTr, 2007. p. 23-31.

da vontade do empregador. Pois o fato é que o ato em si da concessão da aposentadoria voluntária a empregado passou a implicar automática extinção da relação laboral (empregado, é certo, 'que não tiver completado trinta e cinco anos, se homem, ou trinta, se mulher) (...)' (inciso I do § 7º do art. 201 da CF).

E, adiante, reconhecendo a inconstitucionalidade do dispositivo, afirmou:

> Não enxergo, portanto, fundamentação jurídica para deduzir que a concessão da aposentadoria voluntária ao trabalhador deva extinguir, instantânea e automaticamente, a relação empregatícia. Quanto mais que os 'valores sociais do trabalho' se põem como um dos explícitos fundamentos da República Federativa do Brasil (inciso IV do art. 1º). Também assim, base e princípio da 'Ordem Econômica', voltada a 'assegurar a todos existência digna, conforme os ditames da justiça social (...)"' (art. 170 da CF), e a 'busca do pleno emprego' (inciso VIII).

Mesmo assim, a inconformação dos que entendem pelo término do contrato de trabalho persiste. Daí se perguntar se, aposentado voluntariamente pelo INSS, o trabalhador tem direito a permanecer de empregado, ou o seu contrato de trabalho, com a aposentação, deve ser considerado automaticamente extinto? E esse aspecto adquire particular realce do confronto entre dispositivo expresso na CLT, qual o art. 453, *in fine*, e o art. 49, da Lei n. 8.213, de 24.7.1991.

Com essa macrovisão, resulta necessário buscar resposta à indagação formulada. Há que se fazer opção entre uma das duas alternativas, o que suscita considerações de várias ordens.

Dessa forma, impende indagar, primeiramente, se, implementada, a aposentadoria extingue o contrato de trabalho, isto é, se não subsistiria ao evento previdenciário e deveria ser considerado terminado, e a resposta seria prontamente afirmativa à luz apenas do art. 453, *in fine*, da CLT, estatuto que regula as relações comuns de trabalho, inconfundível com aquele que rege as relações previdenciárias.

Uma segunda indagação poderia ser proposta e objetivaria saber se a condição de empregado e de aposentado se confundem, e são dependentes uma da outra, a medida que o aposentado deixa o emprego e a ele somente poderá retornar mediante novo contrato. Pelo menos em tese, e exclusivamente à luz do preceito consolidado referido acima, a resposta seria igualmente afirmativa, eis que se confundem, pela norma mais antiga, as condições de trabalhador-empregado e trabalhador-beneficiário.

2. A SITUAÇÃO ANTE A NORMA VIGENTE

Existe um terceiro aspecto que diz respeito à mesma questão e que deve ser examinado sob outro enfoque. Há que ser visto também pelo ângulo previdenciário, e não apenas pelo estritamente consolidado. Deve ser tratado consoante a Lei n. 8.213/91, que, em seu art. 49, dispõe, *verbis*:

> Art. 49. A aposentadoria por idade será devida:
>
> I – ao segurado empregado, inclusive o doméstico, a partir:
>
> a) da data do desligamento do emprego, quando requerida até essa data ou até 90 (noventa) dias depois dela; ou
>
> b) da data do requerimento, **quando não houver desligamento do emprego**, ou quando for requerida após o prazo previsto na alínea *a*;
>
> II – para os demais segurados, da data de entrada do requerimento (*destacamos*).

À vista desse preceito previdenciário, agora a resposta, antes afirmativa, porque fulcrada na CLT, será negativa, eis que até na aposentadoria por idade (art. 49, n. I, *b*, acima transcrito) não haveria mais exigência legal do desligamento do empregado ao seu advento, pelo que deixaria de ocorrer rescisão do contrato de trabalho. É nesse sentido a doutrina prevalente no Brasil, à frente da qual está Arion Sayão Romita[(321)], porque a alínea *b* do dispositivo citado prevê que será devida a aposentadoria a partir da data do requerimento quando *não houver desligamento do emprego*. Se não há desligamento, evidente que há continuidade, logo...

(321) ROMITA, Arion Sayão. Efeitos da Aposentadoria sobre o Contrato de Trabalho [parecer]. *In: Revista Genesis*. Curitiba, 28:428 *passim*, abr. 1995.

Trata-se de posição lúcida e de vanguarda, e, em seu reforço, vem à colação o disposto no art. 24 da Lei n. 8.870, de 15.4.1994, que isenta de contribuição previdenciária o segurado que se aposentou por idade ou por tempo de serviço e que permanecer em atividade ou a ela retornar. Permanecer em atividade significa continuar trabalhando e, interpretado esse dispositivo da Lei n. 8.870/94 em conjunto com o art. 49, inciso I, alínea *b*, da Lei n. 8.213/91, forçoso entender que a permanência em atividade é no mesmo emprego, sem solução de continuidade.

Como leciona Wladimir Novaes Martinez,

> o empregado segurado na Previdência Social, mantém dois vínculos distintos: a) contrato individual de trabalho com empregador; e b) filiação obrigatória com órgão gestor da Previdência Social, esclarecendo que, são duas relações jurídicas individualizadas, não equiparáveis nem tampouco semelhantes: uma pessoa física com uma pessoa jurídica de direito privado (empregador) e com outra jurídica de direito público (INSS)[(322)].

Nesse particular, Alexandre Teixeira de Freitas assinalou que *a literalidade da lei é suficientemente clara para que não haja dúvida quanto à possibilidade de manutenção do vínculo de emprego ao mesmo tempo em que o empregado frui da aposentadoria*[(323)].

Todavia, existem doutrinadores de renome que defendem posição diversa. Assim Marly Cardone, João de Lima Teixeira Filho e Octavio Bueno Magano, dentre outros, citados por Luiz Carlos Amorim Robortella, também seguidor da mesma corrente de pensamento[(324)].

A corrente oposta reúne igualmente grandes nomes do jusprevidencialismo brasileiro, como o já citado Wladimir Novaes Martinez[(325)], Celso Barroso Leite e Wagner Balera[(326)], que sustentam a continuidade da relação de emprego. Da mesma forma, renomados juslaboralistas de nosso país, como Arion Sayão Romita[(327)], Rodrigues Pinto[(328)], Isis de Almeida[(329)] e Rosita de Nazaré Sidrim Nassar[(330)], dentre outros, sustentam a continuidade da relação de emprego em sobrevindo a aposentadoria voluntária.

Não se argumente com o direito comparado. Se, em alguns países, a aposentadoria extingue o contrato de trabalho (Espanha, Portugal, Grã-Bretanha, França, Bélgica e Itália), entre outros, persiste a relação (Argélia, Canadá, Dinamarca, Finlândia, Países Baixos, Irlanda, Japão, Malta, Nova Zelândia, Noruega, Paraguai, Suécia, Suíça e Venezuela), a revelar a inexistência de uniformidade no trato da matéria.

Insistentemente, procuram os que não admitem a continuidade legal da relação jurídica de emprego sobrevindo a aposentadoria invocar o disposto no art. 453, da CLT. Porém, Rodrigues Pinto, com a precisão que caracteriza sua obra, assinala que

> a *acessio temporis* do art. 453 da CLT nada tem que ver com a discussão em torno da continuidade executiva do contrato, quando e não rompido pela aposentadoria, hoje totalmente dependente da vontade unilateral do empregado. Só, portanto, no caso em que este tiver exercido sua vontade e, já depois de jubilado, celebrar novo contrato com seu antigo empregador, com nova resilição, tem cabimento invocar-se a aplicação desse dispositivo legal[(331)].

---

(322) MARTINEZ, Wladimir Novaes. *Comentários à Lei Básica da Previdência Social* (II). São Paulo: LTr, 1992. p. 184.

(323) FREITAS, Alexandre Teixeira de. O Contrato de Trabalho Permanece Intacto. *In: No Mérito*. Rio de Janeiro, fev. 1996, p. 6.

(324) ROBORTELLA, L. C. A. Aposentadoria e Contrato de Trabalho. *In: Trabalho & Processo*. São Paulo, 6:93-9, set.95.

(325) MARTINEZ, V. N. *Ob. cit.*, p. 184 *passim*.

(326) *Apud* RODRIGUES PINTO, J. A. Aposentadoria e Continuidade Executiva do Contrato Individual de Trabalho. *In: Genesis*. Curitiba, 7[41]:601-44, maio 1996.

(327) ROMITA, A. S. *Artigo cit.*, p. 428 *passim*.

(328) RODRIGUES PINTO, J. A. *Artigo cit.*, p. 601-44.

(329) ALMEIDA, Isis de. Terminação do Contrato de Trabalho. *In:* BARROS, A. M. de. *Curso de Direito do Trabalho (estudos em memória de Célia Goyatá)* [II]. São Paulo: LTr, 1993. p. 434-51.

(330) NASSAR, Rosita de Nazaré Sidrim. Aposentadoria por Tempo de Serviço. Efeito sobre o Contrato de Trabalho. *In: Revista do Tribunal Regional do Trabalho da 8ª Região*. Belém, 28 [55] 29-34, jul./dez. 1995.

(331) RODRIGUES PINTO, J. A. *Artigo cit.*, p. 617.

Arremata, por fim, colocando pá de cal em quaisquer outros argumentos:

> diante do ordenamento jurídico em vigor, no Brasil, sobre a matéria, não há razões jurídicas, mas somente interesse econômico, para negar-se a continuidade da relação de emprego em face da aposentadoria voluntária do empregado não precedida de seu pedido de demissão(332).

O próprio dispositivo da lei previdenciária não preconiza a dispensa do empregado aposentado por esse motivo, e, em sendo lei superveniente ao diploma consolidado, deve ter primazia na aplicação, conforme o art. 2º, § 1º, da nossa norma de superdireito, a LINDB. É a lição de Clóvis Beviláqua, esclarecendo que a revogação tácita existe quando há incompatibilidade entre a lei anterior (no caso, a CLT) e a posterior (no caso, a Lei n. 8.213/1991)(333). *Lex posterior derrogat legi priori.*

3. A JURISPRUDÊNCIA E O PROBLEMA DA ACUMULAÇÃO

A essas tendências doutrinárias, timidamente foi se juntando a jurisprudência. Duas decisões podem ser consideradas nesse rol de pioneirismo, a revelar as novas faces do Direito Social contemporâneo no Brasil:

> A aposentadoria espontânea não acarreta a extinção do contrato de trabalho – art. 49, I, letra "b", da Lei n. 8.213/1991. Não há que se confundir o direito de trabalhar com o direito à percepção de benefícios previdenciários. Recurso não provido (Acórdão TRT 6ª Reg. 2ª T. [Proc. RO 10310/93], de 15.5.1994. Relator: Juiz Newton Gibson)(334);
>
> Aposentadoria espontânea. Não extinção do contrato de trabalho. Após o advento da Lei n. 8.213/91, que retirou a obrigatoriedade de desligamento do empregado da empresa, para a concessão da aposentadoria, espontaneamente requerida, não se pode mais concluir pela extinção do contrato de trabalho, em razão de tal benefício. A rescisão contratual, pelo empregador, acarreta para o mesmo a responsabilidade pelo pagamento das indenizações legais (Acórdão TRT 8ª Reg. 3ª T. [Proc. TRT R EX OFF e RO 759/95], de 24.01.1996. Estado do Pará – Secretaria de Estado de Transportes vs. João Teodoro Lopes da Cunha. Prolatora: Juíza Lygia Simão Luiz Oliveira).

A justificativa de voto vencido que apresentamos no julgamento, pela Seção Especializada do TRT da 8ª Região, do Mandado de Segurança n. 7.456/1995, de 30.11.1995, tem sua ementa assim redigida:

> I. A aposentadoria espontânea não enseja a cessação do contrato de trabalho, na correta interpretação do art. 49, inciso I, letra "b", da Lei n. 8.213/91.
>
> II. (...)
>
> Não se confundem as condições de segurado da Previdência Social com a de empregado.
>
> III. Em sendo o aposentado dirigente sindical, com mais razão ainda deve ser mantida sua condição de empregado, pena de obstar sua atividade como diretor de sua entidade de classe.
>
> IV. (...)

Como se percebe, gradualmente, foram ocorrendo alterações e avanços na jurisprudência dos tribunais trabalhistas nacionais, a fim de, reavaliando posicionamento antes pacificamente consagrado, verificar e considerar a nova realidade que se apresenta e acolher a manutenção da relação de emprego em ocorrendo aposentadoria.

Sobreleva considerar argumento bastante significativo, qual seja o de que é vedada a acumulação de vencimentos com proventos de aposentadoria, e essa regra se aplica tanto a ocupantes de cargos e empregos na administração direta como na indireta (sociedades de economia mista e empresas públicas, p. ex.), além do que é defesa nova contratação, que somente se pode dar mediante aprovação em concurso público.

Esse ponto (aprovação em concurso para ingresso no emprego) deve ser afastado. A regra do art. 37, II, da Constituição de 1988, não se deve aplicar, *data venia*, porque, na aposentadoria voluntária não há falar em novo contrato. O que continua a existir é o velho, único e mesmo contrato. Não pode ser readmitido no emprego quem dele nunca saiu.

---

(332) RODRIGUES PINTO, J. A. *Art. e loc. cits.*

(333) BEVILÁQUA, Clóvis. *Teoria Geral do Direito Civil*. 2. ed. Rio de Janeiro: Francisco Alves, 1929. p. 59.

(334) *In*: *Revista LTr*. São Paulo, 59 [1]: 80-1, jan. 1995.

Quanto à pretendida acumulação, esta inexiste. O *caput* do art. 17 da ADCT, ao equiparar vencimentos, remuneração, vantagens e adicionais a proventos de aposentadoria estabelece os limites para fins de tetos salariais, mas não veda acumulação. Os §§ 1º e 2º do art. 17 é que cuidam de acumulação, mas que são regras excepcionais, não se confundindo com o enunciado do *caput*. E os limites a que se refere o dispositivo são os fixados nos incisos XI e XII, do art. 37, da Constituição em vigor. Como se verifica, é inadequada a invocação do art. 17, do ADCT, ou a pretendida acumulação que inexiste.

Por outro lado, adentrando um pouco mais na matéria, e saindo da órbita da aposentadoria espontânea, o que não dizer da aposentadoria por idade, esse absurdo mecanismo que exclui da vida útil pessoas no pleno gozo de sua capacidade, apenas porque alcançaram determinada idade, e, por isso, estariam incapazes de continuar trabalhando.

Não. Esse procedimento, embora previsto na própria Lei Fundamental, não é indicado. Está chegando a hora de reavaliar esses parâmetros de vida, das relações interpessoais. Quem está na 3ª idade (?) não pode, nem deve, ser privado do direito fundamental de trabalhar, consagrado na DUDH de 1948 (art. XXIII, 1).

Em 2008, finalmente, a SDI-1 do TST aprovou a OJ n. 361, com o seguinte teor:

> OJ N. 361 – APOSENTADORIA ESPONTÂNEA. UNICIDADE DO CONTRATO DE TRABALHO. MULTA DE 40% DO FGTS SOBRE TODO O PERÍODO – A aposentadoria espontânea não é causa de extinção do contrato de trabalho se o empregado permanece prestando serviços ao empregador após a jubilação. Assim, por ocasião da sua dispensa imotivada, o empregado tem direito à multa de 40% do FGTS sobre a totalidade dos depósitos efetuados no curso do pacto laboral.

Por outro lado, de acordo com o art. 20, III, da Lei n. 8.036/1990, possui o trabalhador nessas condições, direito a movimentar sua conta vinculada no FGTS.

Com efeito, é possível, ante as considerações traçadas, concluir que a aposentadoria do empregado já não é mais causa extintivado contrato de trabalho, assinalando que o aposentado pode continuar empregado, conservando a relação empregatícia, eis que duas situações jurídicas completamente distintas. Na síntese de Martinez,

> o direito de trabalhar não se confunde com o direito aos benefícios previdenciários, podendo o mesmo sujeito exercê-lo simultaneamente; ambos defluem de situações perfeitamente caracterizadas e não coincidentes[(335)].

Recordemos que a faculdade de gozar do benefício previdenciário da aposentadoria não significa retirar o ser humano do mercado de trabalho. O aposentado facultativo não pode ser considerado inválido para o trabalho e pode – e deve – continuar, com a sua força, exercendo sua atividade plena e livremente, tal como garantido na Constituição de 1988.

Mais tarde, e confirmando esse entendimento de sobrevivência do pacto laboral após a aposentadoria voluntária, o STF julgou a ADIn n. 1.721-3/DF, proclamando a inconstitucionalidade do art. 3º da Lei n. 9.528/1997[(336)], e, hodiernamente, não existem mais divergências expressivas quanto à permanência do contrato de trabalho.

---

(335) MARTINEZ, V. N. Ob. cit., p. 184.

(336) A ementa do julgado é a seguinte: *AÇÃO DIRETA DE INCONSTITUCIONALIDADE. ARTIGO 3º DA MEDIDA PROVISÓRIA N. 1.596-14/97, CONVERTIDA NA LEI N. 9.528/97, QUE ADICIONOU AO ARTIGO 453 DA CONSOLIDAÇÃO DAS LEIS DO TRABALHO UM SEGUNDO PARÁGRAFO PARA EXTINGUIR O VÍNCULO EMPREGATÍCIO QUANDO DA CONCESSÃO DA APOSENTADORIA ESPONTÂNEA. PROCEDÊNCIA DA AÇÃO. 1. A conversão da medida provisória em lei prejudica o debate jurisdicional acerca da "relevância e urgência" dessa espécie de ato normativo. 2. Os valores sociais do trabalho constituem: a) fundamento da República Federativa do Brasil (inciso IV do artigo 1º da CF); b) alicerce da Ordem Econômica, que tem por finalidade assegurar a todos existência digna, conforme os ditames da justiça social, e, por um dos seus princípios, a busca do pleno emprego (artigo 170,* caput *e inciso VIII); c) base de toda a Ordem Social (artigo 193). Esse arcabouço principiológico, densificado em regras como a do inciso I do artigo 7º da Magna Carta e as do artigo 10 do ADCT/88, desvela um mandamento constitucional que perpassa toda relação de emprego, no sentido de sua desejada continuidade. 3. A Constituição Federal versa a aposentadoria como um benefício que se dá mediante o exercício regular de um direito. E o certo é que o regular exercício de um direito não é de colocar o seu titular numa situação jurídico-passiva de efeitos ainda mais drásticos do que aqueles que resultariam do cometimento de uma falta grave (sabido que, nesse caso, a ruptura do vínculo empregatício não opera automaticamente). 4. O direito à aposentadoria previdenciária, uma vez objetivamente constituído, se dá no âmago de uma relação jurídica entre o segurado do Sistema Geral de Previdência e o Instituto Nacional de Seguro Social. Às expensas, portanto, de um sistema atuarial-financeiro que é gerido por esse Instituto mesmo, e não às custas desse ou daquele empregador. 5. O Ordenamento Constitucional não*

4. DESAPOSENTAÇÃO E REAPOSENTAÇÃO

Desaposentação e reaposentação são direitos intimamente ligados, que possui o segurado aposentado pelo Regime Geral de Previdência Social de renunciar a sua aposentadoria (desaposentar) e, ato contínuo, mediante a inclusão de contribuições realizadas após aquela, aposentar-se novamente, com direito a benefício mais vantajoso (reaposentar). Estamos, por consequência, diante de uma desaposentaçao seguida de uma reaposentação, esta em condições mais favoráveis para o segurado.

Ora, consoante o art. 18, § 2º, da Lei n. 8.213/1991, o aposentado que continua trabalhando e, por igual, também permanece contribuindo, conforme o art. 12, § 4º, da Lei n. 8.212/1991, não possui nenhum outro benefício salvo hipóteses de reabilitação profissional e salário-família.

O trabalhador que renuncia à primeira aposentadoria não está, com esse ato, renunciando seu tempo de serviço nem seu tempo de contribuição. Ao contrário. O somatório desses aos que lhes seguiram dará ao novamente aposentado direito a uma benefício mais adequado, superior, e teoricamente mais justo.

Cogitou-se, anteriormente, na obrigação de o renunciante devolver os valores recebidos no tempo passado, a partir da nova aposentadoria. Essa restituição, todavia, não prosperou, considerando que não existe má-fé nem fraude do parte do beneficiário, que, ao cabo, recebeu essas importâncias para sua sobrevivência e de seus familiares, porque são verbas de natureza nitidamente alimentar. É este o entendimento de Sérgio Salvador e Theodoro Agostinho, que escrevem:

> considerando o evidente caráter alimentar do benefício previdenciário, não se deve falar em restituição de valores recebidos em caso de desaposentação, sendo tal desconto somente admissível em regimes de capitalização individual pura, o que inexiste no sistema próprio de previdência[(337)].

Essa é a posição sedimentada do STJ:

> PREVIDENCIÁRIO. INCIDENTE DE UNIFORMIZAÇÃO DE INTERPRETAÇÃO DE LEI FEDERAL. POSSIBILIDADE DE RENÚNCIA DA APOSENTADORIA A FIM DE SE APROVEITAR O TEMPO DE CONTRIBUIÇÃO NO CÁLCULO DE NOVA APOSENTADORIA NO MESMO REGIME PREVIDENCIÁRIO OU EM REGIME DIVERSO. DESNECESSIDADE DE RESTITUIÇÃO AOS COFRES PÚBLICOS DO NUMERÁRIO DESPENDIDO PELA ADMINISTRAÇÃO COM O PAGAMENTO DO BENEFÍCIO OBJETO DA RENÚNCIA. PARECER DO MPF PELO PROVIMENTO DO INCIDENTE. INCIDENTE DE UNIFORMIZAÇÃO PROVIDO.
>
> 1. Esta Corte Superior, no julgamento do Recurso Especial Representativo da Controvérsia 1.334.488/SC, pacificou o entendimento de que é possível ao segurado renunciar à sua aposentadoria e reaproveitar o tempo de contribuição para fins de concessão de benefício no mesmo regime previdenciário ou em regime diverso, estando dispensado de devolver os proventos já recebidos.
>
> 2. Incidente de Uniformização provido para fazer prevalecer a orientação ora firmada e, por consequência, reformar a decisão recorrida para julgar procedente o pedido de reconhecimento da desaposentação do autor e a concessão de nova aposentadoria, computando-se os salários de contribuição subsequentes à aposentadoria a que se renunciou, sem necessidade de devolução dos valores da aposentadoria renunciada.[(338)]

---

autoriza o legislador ordinário a criar modalidade de rompimento automático do vínculo de emprego, em desfavor do trabalhador, na situação em que este apenas exercita o seu direito de aposentadoria espontânea, sem cometer deslize algum. 6. A mera concessão da aposentadoria voluntária ao trabalhador não tem por efeito extinguir, instantânea e automaticamente, o seu vínculo de emprego. 7. Inconstitucionalidade do § 2º do artigo 453 da Consolidação das Leis do Trabalho, introduzido pela Lei n. 9.528/97. (ADIn n. 1.721-3/DF, de 11.10.2006 (Partido dos Trabalhadores – PT, Partido Democrático Trabalhista – PDT, Partido Comunista do Brasil – PC do B *vs.* Presidente da República, Congresso Nacional e Federação Nacional dos Trabalhadores nas Empresas de Correios e Telégrafos e Similares – FENTECT). Rel.: Min. Ayres Brito (Disponível em: <http://www.stf.jus.br/portal/processo/verProcessoAndamento.asp?incidente=1689611>. Acesso a 22 jul. 2014) (grifamos).

(337) SALVADOR, Sérgio Henrique & AGOSTINHO, Theodoro Vicente. *Desaposentação – aspectos teóricos e práticos*. 2. ed. São Paulo: LTr, 2014. p. 59.

(338) Proc. STJ-1ª Seção-Pet. 9231-DF, 2012/0117784-7, de 12.3.2014. Rel.: Min. Napoleão Nunes Maia Filho. Disponível em: <http://www.stj.jus.br/SCON/jurisprudencia/toc.jsp>. Acesso em: 25 mar. 2014.

Por fim, três pontos ainda a consignar. O primeiro refere à inexistência de decadência do direito, de que trata o art. 103 da Lei n 8.213/1991, de dez anos para que seja reclamada revisão de benefício. Não se trata de rever ou alterar qualquer prestação previdenciária. Ao revés, trata-se de desfazer um e obter outro benefício, coisas, a toda evidência, claramente distintas.

Assim pensa o STJ:

> PREVIDENCIÁRIO. DECADÊNCIA. ART. 103 DA LEI N. 8.213/1991 (COM AREDAÇÃO DA LEI 10.839/2004). PEDIDO DE RENÚNCIA DE BENEFÍCIO(DESAPOSENTAÇÃO). NÃO INCIDÊNCIA. MATÉRIA PACIFICADA PELA PRIMEIRA SEÇÃO.
>
> 1. A Primeira Seção consolidou, sob o regime do art. 543-C do CPC[(339)] e da Resolução STJ n. 8/2008, o entendimento de que não incide a decadência prevista no *caput* do art. 103 da Lei n. 8.213/1991, com a redação da Lei n. 10.839/2004, sobre os pedidos de renúncia à aposentadoria (desaposentação), conforme RESP 1.348.301/SC (Rel.Ministro Arnaldo Esteves Lima, sessão do dia 27.11.2013, ainda não publicado).
>
> 2. Agravo Regimental provido[(340)].

O segundo trata do prazo para pretender a ação de desaposentação/reaposentação, e este, no nosso entendimento, é o que melhor atender aos interesses do próprio aposentado.

Por fim, o terceiro refere ao juízo competente, que é a Justiça Federal, nos termos do art. 109, I, da Constituição.

4.1. POSIÇÃO DO STF: SERÁ O FIM DA DESAPOSENTAÇÃO?

No final de outubro de 2016, o STF retomou (e finalizou) o julgamento de três recursos extraordinários (RE 381.367-RS[(341)], RE 661.256-SC[(342)] e RE 827.833-SC[(343)]). Será redator dos acórdãos o Min. Dias Toffoli, cujo entendimento prevaleceu), que se achavam suspensos, com vista regimental a um dos membros daquela Corte, dando-lhe repercussão geral. Até então, a matéria achava-se literalmente empatada: dois votos a favor e dois votos contrários à desaposentação.

O julgado do STF considerou, em resumo, que é a inviável o recálculo de aposentadoria pela via da desaposentação sem existir previsão legal para fixar os critérios de refazimento dos cálculos dos benefícios considerando as contribuições efetuadas pelo trabalhador em virtude de sua permanência ou retorno ao mercado de trabalho após a concessão da aposentadoria. O principal argumento da divergência do Min. Dias Toffoli, que prevaleceu, ressalta a inexistência de vedação e de permissão constitucional à desaposentação, mas destaca que o Regime Geral da Previdência Social (Lei n. 8.213/91) precisaria ser alterado para permitir a obtenção de acréscimos nos benefícios considerando contribuições recolhidas após a aposentadoria original.

A decisão majoritária (ficaram vencidos os Ministros Marco Aurélio, Luiz Roberto Barroso, Rosa Weber e Ricardo Lewandowski), a nosso ver, vai em sentido oposto ao que consagra o art. 18, § 2º, do RGPS, que não cuida de desaposentação. O tema que aborda versa sobre a proibição de uma nova aposentadoria, e, na desaposentação, o trabalhador que renuncia à primeira aposentadoria não está, com esse ato, renunciando seu tempo de serviço

(339) Trata-se do art. 1036 do NCPC.

(340) Proc.STJ-2ªT.-AgRg no AREsp 436378-RS, 2013/0388522-8, de 20.2.2014. Rel.: Min. Herman Benjamin. Disponível em: <http://www.stj.jus.br/SCON/jurisprudencia/toc.jsp>. Acesso em: 25 mar. 2014.

(341) RE 381.367-RS, de 26.10.2016 (Lucia Costella vs.Instituto acional do Seguro Social – INSS. Intda: Confederação Brasileira de Aposentados e Pensionistas – COBAP). Rel.: Min. Marco Aurélio. Réd. p/ Acórdão: Min. Dias Toffoli. Disponível em: <http://www.stf.jus.br/portal/processo/verProcessoAndamento.asp?incidente=2109745>. Acesso em: 31 out. 2016.

(342) RE 661.256-SC, de 26.10.2016 (Instituto Nacional do Seguro Social – INSS vs. Valdemar Roncaglio. Am. Curiae. :Instituto Brasileiro de Direito Previdenciário- IBDP, União e Confederação Brasileira de Aposentados e Pensionistas – COBAP). Rel.: Min. Luiz Roberto Barroso. Réd. p/ Acórdão: Min. Dias Toffoli. Disponível em: <http://www.stf.jus.br/portal/processo/verProcessoAndamento.asp?incidente=4157562>. Acesso em: 31 out. 2016.

(343) RE 827.833-SC, de 26.10.2016 (União vs. Rose Mari Bargen) Rel.: Min. Luiz Roberto Barroso. Réd. p/ Acórdão: Min. Dias Toffoli. Disponível em: <http://www.stf.jus.br/portal/processo/verProcessoAndamento.asp?incidente=4608022>. Acesso em 31 out. 2016.

nem seu tempo de contribuição. Ao contrário. O somatório desses aos que lhes seguiram dará ao novamente aposentado direito a um benefício mais adequado, superior, e teoricamente mais justo.

O argumento vencedor, de que o legislador infraconstitucional ainda não se desincumbiu de sua obrigação de fixar os critérios para a concessão dos benefícios previdenciários, entendemos superado pelo simples fato de que o trabalhador continuou recolhendo suas contribuições por outros tantos anos e, evidentemente, tem direito a recebê-las de volta, em forma de revisão do benefício que recebe.

Daí, pode, em nosso entendimento, aposentar-se, continuar trabalhando, desaposentar-se e reaposentar-se com revisão de seu benefício.

Como fica, então, a situação dos aposentados atuais e futuros do Brasil? Existem diversas situações que devem ocorrer.

Há casos de reaposentados que estão recebendo seu benefício devidamente alterado, com a desaposentação, a partir de tutela antecipada judicialmente concedida. Provavelmente, podem ser acionados pela Previdência Social para devolver o que receberam a mais. Deverão, então, argumentar que receberam de boa-fé e com fundamento em decisão judicial ou administrativa, conforme o caso.

Encontramos pessoas que estão aposentadas e permanecem trabalhando e recolhendo para a Previdência Social, pretendendo, futuramente, sua desaposentação com os efeitos correspondentes. É bem provável que o Congresso Nacional edite alguma norma legal dispondo sobre esse tema de maneira clara e essas pessoas não irão "perder" os valores que recolheram. Diversamente, poderão postular, com base nessa futura lei, desaposentar-se normalmente.

Há pessoas que possuem ações judiciais em tramitação postulando a desaposentação. Dada a repercussão geral a esses julgamentos, os processos terão interrompidas suas tramitações e esses contribuintes não poderão desaposentar-se.

No entanto, entendemos que todos os que contribuíram, pós-aposentadoria, para a Previdência Social com vistas a uma futura desaposentação e agora não mais a obterão, podem, devem, querendo, postular, judicialmente, a devolução dos valores (integrais ou parciais) que recolheram devidamente corrigidos ou, no mínimo, que não mais sejam obrigados a recolher, ainda que continuem trabalhando.

A matéria todavia, ainda não está completamente compreendida e absorvida pela sociedade e muitos debates ainda serão realizados sobre o tema. Entrementes, no Congresso Nacional tramita o PLS n. 91/2010 (autor: Sen. Paulo Paim), que acrescenta os §§ 9º e 10 ao art. 57, da Lei n. 8.213/91, permitindo a renúncia do benefício da aposentadoria e a possibilidade de solicitação de nova aposentadoria com fundamento em nova contagem de tempo de contribuição, mas sequer foi apreciado por qualquer das comissões do Senado.

Capítulo XII

GARANTIA DE EMPREGO

1. GENERALIDADES SOBRE O INSTITUTO

Induvidoso que a regra do art. 7º, I, da Constituição, protege a relação de emprego, contra a dispensa arbitrária ou sem justa causa, garantindo sua sobrevivência. Fê-lo, porém, *nos termos de lei complementar*, e, como corolário, estando sob reserva legal e a lei preconizada não existindo, continua letra morta no Texto Fundamental. Despiciendo, então, qualquer comentário maior sobre esse preceito constitucional. Resta lamentar, e muito, que o legislador infraconstitucional, único responsável, não tenha dado a menor importância a um dispositivo sem dúvida de valor singular. E a pouca vontade de tornar exigível esse direito foi confirmada quando uma lei complementar (a LC n. 150/2015) tratou do trabalho doméstico e omitiu a regulação desse direito que também se estende a essa categoria.

É relevante notar que existe profunda distinção entre estabilidade e garantia de emprego. Entendemos ser mais adequado evitar o uso da expressão *estabilidade*, destinada a situação específica, onde há caráter de permanência do contrato de trabalho, duração que impede o despedimento do empregado e, em este ocorrendo, pode ensejar sua reintegração ou indenização pelo período estabilitário, conforme a Súmula n. 396 do TST ou por determinação judicial (art. 496 da CLT). Estabilidade pressupõe permanência, duração indefinida Existem duas estabilidades: a jurídica é aquela que impede o despedimento do empregado pela vontade do empregador, mantido incólume seu contrato, preservado este do poder potestativo de dispensa patronal. A estabilidade econômica é a que cuida da parte *in pecunia*, que é o sustento mesmo do trabalhador subordinado, os ganhos para manter-se e a sua família.

Garantia de emprego, por seu turno, é a existência de fato impeditivo de dispensa por determinado período, salvo prática de ato que justifique a saída do obreiro, até que se expire esse tempo. A garantia de emprego é temporária, provisória, circunstancial, não dá, necessariamente, ao trabalhador direito à reintegração, embora faça jus o portador dessa prerrogativa de uma indenização correspondente.

Mauricio Godinho Delgado faz claramente a distinção, destacando que

a estabilidade, ..., é a vantagem jurídica de caráter permanente deferida ao empregado em virtude de uma circunstância tipificada de caráter geral, de modo a assegurar a manutenção indefinida no tempo do vínculo empregatício, independentemente da vontade do empregador(344).

> *Por sua vez, a garantia de emprego é a vantagem jurídica de caráter transitório deferida ao empregado em virtude de uma circunstância contratual ou pessoal obreira de caráter especial, de modo a assegurar a manutenção do vínculo empregatício por um lapso temporal definido, independentemente da vontade do empregador. Tais garantias têm sido chamadas, também, de estabilidades temporárias ou provisórias (expressões algo contraditórias, mas que se vem consagrando)*(345).

(344) DELGADO, M. G. *Curso*... cit., 2002, p. 1.219.

(345) *Ibidem*, p. 1.225-6.

Com efeito, dois outros institutos precisam ser claramente distinguidos, no que refere ao retorno ao emprego de trabalhador injustamente despedido e beneficiário de alguma garantia de emprego. Trata-se dos institutos da **reintegração** e da **readmissão**. Na primeira, ao voltar para o trabalho, os direitos do obreiro retroagem à data do despedimento, ou seja, o trabalhador tem todos os direitos do período em que permaneceu afastado do trabalho, inclusive seus salários, tendo por inexistente a rescisão efetuada. Na segunda, a rescisão ocorrida é válida, produzindo seus efeitos normais, e readmitido, o trabalhador começa um novo contrato de trabalho, não havendo falar em retroação.

É importante observar que o TST firmou entendimento, por meio da OJ n. 399, de que o direito à indenização persiste mesmo tendo a ação trabalhista sido ajuizada após o período de garantia no emprego, eis que limitado o acesso ao Judiciário apenas quando superado o prazo prescricional do art. 7º XXXIX, da Constituição. Nesse caso, não há falar em reintegração. Diz precedente:

> OJ n. 399. *ESTABILIDADE PROVISÓRIA. AÇÃO TRABALHISTA AJUIZADA APÓS O TÉRMINO DO PERÍODO DE GARANTIA NO EMPREGO. ABUSO DO EXERCÍCIO DO DIREITO DE AÇÃO. NÃO CONFIGURAÇÃO. INDENIZAÇÃO DEVIDA.* O ajuizamento de ação trabalhista após decorrido o período de garantia de emprego não configura abuso do exercício de direito de ação, pois este está submetido apenas ao prazo prescricional inscrito no art. 7º, XXIX, da CF/1988, sendo devida a indenização desde a dispensa até a data do término do período estabilitário.

2. ESTABILIDADE DECENAL

A estabilidade decenal, lamentavelmente, embora ainda referida na CLT, na prática não mais existe. Começou a sucumbir em 1966, quando foi criado o FGTS. A *opção* que a antiga Lei n. 5.107, de 13.09.1966, contemplava, a rigor, nunca existiu, como apontaremos adiante (v., nesta Parte, Capítulo XX).

Quando promulgada, a CLT criou o direito de estabilidade do empregado que contasse com mais de dez anos de serviço na mesma empresa, à disposição do empregador, e sua despedida somente poderia ocorrer por motivo de falta grave ou circunstância de força maior, devidamente comprovadas. É ainda esta a regra do art. 492 da CLT:

> Art. 492. O empregado que contar mais de 10 (dez) anos de serviço na mesma empresa não poderá ser despedido senão por motivo de falta grave ou circunstância de força maior, devidamente comprovadas.
>
> Parágrafo único. Considera-se como de serviço todo o tempo em que o empregado esteja à disposição do empregador.

Hoje, essa estabilidade é residual. A partir de da Constituição de 1988, o único regime existente é o do FGTS, portanto, poucos são ainda, no Brasil, em atividade, trabalhadores beneficiados por essa verdadeira estabilidade.

Para a dispensa do empregado estável ocorrer mediante acusação de ter praticado uma das faltas do art. 482 da CLT (art. 493 da CLT), é (a rigor, *era*) imperioso o ajuizamento de inquérito judicial para apurar sua prática, e, durante sua instrução, o empregado poderá ser suspenso de suas funções, que se trata de uma faculdade patronal que poderá ou não ser exercida.

O direito de suspender o empregado observa prazo decadencial de trinta dias a contar da data da suspensão, pena de se transformar em perdão tácito, em não sendo ajuizado o inquérito judicial, conforme a Súmula n. 403 do STF[346]. A suspensão irá até a decisão final do inquérito, quando, se procedente, tornará efetiva sua despedida (art. 494 e parágrafo único).

Ocorrendo, todavia, a sua improcedência, e reconhecida que não houve prática de falta grave pelo empregado, este tem direito de ser readmitido no serviço, fazendo jus a receber os salários do período de afastamento (art. 495). A rigor, não se trata de **readmissão**, mas de **reintegração** do empregado, porquanto aquela só caberia se houvesse efetivo de desligamento do trabalhador, que apenas estava temporariamente afastado[347].

Tanto é assim que o art. 496 refere à **reintegração**, para, afastando-a quando houver incompatibilidade entre empregador e empregado, máxime se aquele for pessoa física, determinar que a Vara do Trabalho a converta em

---

(346) Súmula n. 403. *É de decadência o prazo de trinta dias para instauração do inquérito judicial, a contar da suspensão, por falta grave, de empregado estável.*

(347) N. sent.: JORGE NETO, Francisco Ferreira & CAVALCANTE, Jouberto de Quadros Pessoa. *Direito do Trabalho*. 6. ed. São Paulo: Atlas, 2012. p. 820.

indenização. Ao decidir pela conversão da reintegração em indenização, o magistrado estará decidindo rigorosamente nos limites da lei, não havendo falar em julgamento *extra petita*.

A indenização é a referida no art. 478 consolidado, de um mês de remuneração por ano de serviço efetivo, ou por ano e fração igual ou superior a seis meses e devida de forma dobrada.

Em sendo extinta a empresa, fechando o estabelecimento, filial ou agência, ou havendo supressão necessária da atividade, não ocorrendo motivo de força maior, aos estáveis (os que possuem mais de dez anos de casa), é devida mesma indenização (arts. 497 e 498, da CLT).

Os ocupantes de cargos de diretoria, gerência, ou outros de confiança imediata do empregador, não possuem estabilidade (art. 499 consolidado), tendo, todavia, direito de reversão ao cargo efetivo que ocupavam (§ 1º). Entretanto, se despedido injustamente, só tendo exercido cargo de confiança e possuindo mais de dez anos na mesma empresa, terá direito a indenização antiguidade nos termos mencionados acima (§ 2º), inclusive com a gratificação a que fazia jus pelo cargo que ocupava, conforme a Súmula n. 372, I, do TST[(348)].

O art. 499, § 3º, da CLT cuida do que a doutrina e a jurisprudência convencionaram chamar de *despedida obstativa*, que deve ser entendida como que aquela que ocorre com o empregado que é despedido da empresa pouco tempo antes de implementar o decênio necessário à aquisição de sua estabilidade. Garantiu-lhe esse dispositivo indenização dobrada, e o TST firmou seu entendimento na Súmula n. 26[(349)], que, todavia, foi cancelada. No entanto, adotando a mesma posição defendida por Luciano Martinez, também entendemos que pode ser aplicado como referencial quando as partes interessadas criarem um sistema protetivo assemelhado[(350)].

Por outro lado, se o empregado deseja demitir-se, seu pedido somente terá validade se estiver assistido de seu sindicato de classe, ou de autoridade do M.Tb. ou perante a Justiça do Trabalho (art. 500 da CLT).

Deve, finalmente, ser reiterado que todos os comentários acerca do instituto da estabilidade decenal devem ser vistos, hoje, como um elemento histórico. Como assinala Eduardo Gabriel Saad, referindo-se ao mencionado art. 500, *na nova ordem criada pela Constituição de 1988, o artigo [a rigor, o próprio instituto] perdeu praticamente sua utilidade devido à abolição do instituto da estabilidade decenal*[(351)].

3. CASOS DE GARANTIA DE EMPREGO

Além da estabilidade decenal, a nosso ver a única estabilidade que existiu para o empregado celetista brasileiro, existem diversas hipóteses legais de garantia de emprego. A legislação trabalhista prevê os casos dessa natureza. Os principais são os seguintes:

Casos	Previsão Legal
Acidentado de trabalho	art. 118, da Lei n. 8.213/1991
Dirigente de cooperativa	art. 55, da Lei n. 5.764/1971
Dirigente sindical	art. 8º, VIII, da CR/1988, e art. 543, § 3º, da CLT
Empregado reabilitado e deficiente habilitado	art. 93, § 1º, da Lei n. 8.213/1991
Membro de Comissão de Conciliação Prévia (CCP)	art. 635-B, § 1º, da CLT
Membro de Comissão Interna de Prevenção de Acidentes (Cipa)	art. 10, II, *b*, do ADCT
Mulher gestante	art. 10, II, *a*, do ADCT
Representante de empregados no Conselho Nacional da Previdência Social	art. 3º, § 7º, Lei n. 8.213/1991
Representante de empregados no Conselho Curador do FGTS	art. 3º, § 9º, da Lei n. 8.036/1990

(348) Súmula n. 372 – *GRATIFICAÇÃO DE FUNÇÃO. SUPRESSÃO OU REDUÇÃO. LIMITES – I – Percebida a gratificação de função por dez ou mais anos pelo empregado, se o empregador, sem justo motivo, revertê-lo a seu cargo efetivo, não poderá retirar-lhe a gratificação tendo em vista o princípio da estabilidade financeira.*

(349) Súmula n. 26 do TST – *ESTABILIDADE – Presume-se obstativa à estabilidade a despedida, sem justo motivo, do empregado que alcançar nove anos de serviço na empresa.*

(350) MARTINEZ, L. *Curso... cit.*, 2010, p. 543.

(351) SAAD, Eduardo Gabriel. *Comentários à CLT*. 36. ed. São Paulo: LTr, 2003. p. 356.

Casos	Previsão Legal
Empregado que detiver guarda de filho cuja mãe gestante falecer	art. 10, II, b, do ADCT
Representante dos empregados em comissão de empresa	art. 11, da CR/1988, e arts. 510-A a 510-D, da CLT

3.1. ACIDENTE DO TRABALHO

Todo empregado é necessariamente segurado da previdência social, e, em sofrendo acidente do trabalho, gozará de garantia de emprego até a cessação do auxílio-doença acidentário, independentemente da percepção do auxílio-acidente, por menos de doze meses (art. 118 da Lei n. 8.213/1991).

Por acidente do trabalho entenda-se aquele ocorrido pelo exercício do trabalho a serviço da empresa ou pelo exercício do trabalho dos segurados especiais referidos no art. 11 da mesma Lei n. 8.213/1991[352], entendendo-se como tal a pessoa física residente no imóvel rural ou em aglomerado urbano ou rural próximo a ele que, individualmente ou em regime de economia familiar, ainda que com o auxílio eventual de terceiros, acidente esse que provoque lesão corporal ou perturbação funcional que cause a morte ou a perda ou a redução, permanente ou temporária, da capacidade para o trabalho (art. 19).

Um aspecto importante, relativo à essa garantia de emprego, é a prática de falta grave pelo empregado que se encontra com essa proteção. Segundo entendimento sedimentado no TST, não goza dessa garantia aquele que é dispensado por justa causa. Neste sentido, decidiu a 1ª Turma Superior, em voto relatado pelo Min. Lélio Bentes Corrêa, cuja ementa é bastante elucidativa:

> INQUÉRITO JUDICIAL PARA APURAÇÃO DE FALTA GRAVE. ACIDENTE DE TRABALHO OU DOENÇA A ELE EQUIPARADA. NÃO CABIMENTO. O artigo 494 da Consolidação das Leis do Trabalho preceitua que "o empregado acusado de falta grave poderá ser suspenso de suas funções, mas a sua despedida só se tornará efetiva após o inquérito em que se verifique a procedência da acusação". Tal estipulação, todavia, só é aplicável àqueles empregados detentores da estabilidade decenal a que alude o artigo 492 Consolidado e, também, aos dirigentes sindicais, por expressa previsão do artigo 543, § 3º, também da CLT. Para o empregado detentor somente da estabilidade provisória preceituada no artigo 118 da Lei n. 8.213/91, é desnecessário o inquérito, uma vez que tal dispositivo de lei não consigna, expressamente, a impossibilidade de dispensa do empregado uma vez caracterizada a justa causa, assim como não estabelece a necessidade de inquérito judicial para apuração da falta grave cometida. Recurso de revista a que se nega provimento.[353]

3.2. MEMBRO DE CCP

Criada em janeiro de 2000, para tentar reduzir a grande quantidade de ações trabalhistas, mediante mecanismo de composição direta de conflitos individuais, a Comissão de Conciliação Prévia (CCP) não é, ainda, um remédio eficaz para o fim a que se propôs.

---

(352) Esses segurados especiais são, conforme o art. 11, VII, da Lei n. 8.213/1991:

VII – como segurado especial: a pessoa física residente no imóvel rural ou em aglomerado urbano ou rural próximo a ele que, individualmente ou em regime de economia familiar, ainda que com o auxílio eventual de terceiros, na condição de:

a) produtor, seja proprietário, usufrutuário, possuidor, assentado, parceiro ou meeiro outorgados, comodatário ou arrendatário rurais, que explore atividade:

1. agropecuária em área de até 4 (quatro) módulos fiscais;

2. de seringueiro ou extrativista vegetal que exerça suas atividades nos termos do inciso XII do caput *do art. 2º da Lei n. 9.985, de 18 de julho de 2000, e faça dessas atividades o principal meio de vida;*

b) pescador artesanal ou a este assemelhado que faça da pesca profissão habitual ou principal meio de vida; e

c) cônjuge ou companheiro, bem como filho maior de 16 (dezesseis) anos de idade ou a este equiparado, do segurado de que tratam as alíneas "a" e "b" deste inciso, que, comprovadamente, trabalhem com o grupo familiar respectivo.

(353) Proc. TST-RR-804917/2001.3, de 5.10.2005 (Teksid do Brasil Ltda. *vs.* José Maurício Souza Costa). Rel.: Min. Lélio Bentes Corrêa. Disponível em: <http://tst.jusbrasil.com.br/jurisprudencia/6263113/recurso-de-revista-rr-80491720013-804917-20013/inteiro-teor-12390366>. Acesso em: 12 ago. 2016.

São poucas as que têm efetivo funcionamento no Brasil, e, de acordo com o art. 625-B, § 1º, CLT, os seus membros, que são representantes dos empregados, tanto titulares como suplentes, têm direito à garantia de emprego até um ano após o final do mandato, salvo se cometerem falta grave, nos termos da lei, garantia que se inicia com o registro da respectiva candidatura.

3.3. DIRIGENTE DE COOPERATIVA

A garantia de emprego dos dirigentes de cooperativa é prevista no art. 55 da Lei n. 5.764/1971, atribuindo-lhes as mesmas dos dirigentes sindicais, conforme consigna o art. 543 da CLT, ou seja, a partir do momento do registro da candidatura a cargo de direção e até um ano após o final do seu mandato, salvo se cometer falta grave (art. 543, § 3º).

No entanto, esse privilégio é apenas para os diretores titulares e não seus suplentes, conforme a OJ n. 253 da SDI-1 do TST, que registra:

> OJ N. 253 – ESTABILIDADE PROVISÓRIA. COOPERATIVA. LEI N. 5.764/71. CONSELHO FISCAL. SUPLENTE. NÃO ASSEGURADA – O art. 55 da Lei n. 5.764/71 assegura a garantia de emprego apenas aos empregados eleitos diretores de Cooperativas, não abrangendo os membros suplentes.

3.4. EMPREGADO REABILITADO E DEFICIENTE HABILITADO

O trabalhador reabilitado e o deficiente habilitado têm garantia de emprego decorrente de seu estado mesmo, que, por tal circunstância excepcional, os coloca nessa condição de merecer tratamento especial. Note-se que o deficiente habilitado não deve ser entendido como o deficiente físico, inclusive o visual e auditivo, habilitado, mas também aquele que tem inteligência reduzida (autistas, portadores de síndrome de *down* etc.).

Com efeito, o art. 93 da Lei n. 8.213/1991 contempla os limites proporcionais para garantia de pessoas nessas condições de acesso ao mercado trabalho, dispondo:

> Art. 93. A empresa com 100 (cem) ou mais empregados está obrigada a preencher de 2% (dois por cento) a 5% (cinco por cento) dos seus cargos com beneficiários reabilitados ou pessoas portadoras de deficiência, habilitadas, na seguinte proporção:
>
> I – até 200 empregados 2%;
>
> II – de 201 a 500 .... 3%;
>
> III – de 501 a 1.000 .... 4%;
>
> IV – de 1.001 em diante .... 5%.

Se contratado por prazo determinado superior a noventa dias, somente poderá ser dispensado se for substituído por pessoa em condição semelhante. O mesmo se a dispensa for imotivada em contrato por prazo indeterminado. É a regra do art. 93, § 1º, da Lei n. 8.213/1991, que, no entanto, deveria abranger aqueles contratados por período de experiência (inferior a noventa dias).

Para cuidar especificamente de pessoas com deficiência foi editado o seu Estatuto (a Lei n. 13.146/2015), dedicando diversos dispositivos à habilitação e reabilitação de pessoas nessas especiais circunstâncias (v., nesta Parte, Capítulo VII, n. 8).

3.5. REPRESENTANTE DE EMPREGADOS NO CNPS

O Conselho Nacional de Previdência Social (CNPS) é órgão superior de deliberação colegiada, vinculado ao Ministério da Previdência Social, com composição quatripartite (representantes do Governo, dos trabalhadores em atividade, dos empregadores e dos aposentados), em observância do art. 10 da Constituição, que determina a composição desses colegiados de órgãos públicos.

Ao contrário do comando constante do art. 8º da Constituição, que reconhece legitimidade apenas aos sindicatos para a defesa dos direitos e interesses dos integrantes da categoria (inciso III), neste Conselho os representantes dos trabalhadores são oriundos das centrais sindicais: Central Única dos Trabalhadores (CUT), Central

Força Sindical (CFS), União Geral dos Trabalhadores (UGT), e algumas confederações (Confederação Nacional dos Pescadores e Agricultores e Confederação Nacional dos Trabalhadores na Agricultura – Contag).

O dispositivo consigna:

> § 7º Aos membros do CNPS, enquanto representantes dos trabalhadores em atividade, titulares e suplentes, é assegurada a estabilidade no emprego, da nomeação até um ano após o término do mandato de representação, somente podendo ser demitidos por motivo de falta grave, regularmente comprovada através de processo judicial.

3.6. REPRESENTANTE DE EMPREGADOS NO CONSELHO CURADOR DO FGTS

O sempre criticado FGTS tem no Conselho Curador sua instância máxima, sendo um colegiado formado por representantes de trabalhadores, empregadores e do Estado, de acordo com o art. 10 da Constituição. Dos seus dezesseis integrantes, quatro representam trabalhadores, e quatro, empregadores. Os demais representam o Estado.

De acordo com o art. 3º, § 9º, da Lei n. 8.036/1990:

> § 9º Aos membros do Conselho Curador, enquanto representantes dos trabalhadores, efetivos e suplentes, é assegurada a estabilidade no emprego, da nomeação até um ano após o término do mandato de representação, somente podendo ser demitidos por motivo de falta grave, regularmente comprovada através de processo sindical.

Também aqui, e a exemplo do CNPS, não é observada a regra do art. 8º da Constituição, acerca da legitimidade exclusiva de sindicatos para a defesa dos direitos e interesses dos integrantes da categoria (inciso III). O Conselho Curador conta com a participação de representantes dos trabalhadores são oriundos das centrais sindicais: Central Única dos Trabalhadores (CUT), Confederação Geral dos Trabalhadores (CGT), Central Força Sindical (CFS) e Social-Democracia Sindical (SDS), que são os alcançados pela garantia de emprego mencionada acima.

Nota-se, todavia, grave equívoco da lei. A dispensa dos representantes de trabalhadores não depende de processo **judicial**, mas apenas de processo **sindical**, o que, por esse motivo, enfraquece a representação obreira. Em outros termos, a dispensa motivada de um membro do Conselho Curador do FGTS, representante de trabalhadores, não deve ser precedida de nenhum provimento jurisdicional, bastante um simples processo sindical para averiguar as faltas atribuídas. É de se acreditar que tenha ocorrido engano do legislador que, portanto, deveria providenciar a imediata correção do texto da lei. E não pode ser de outra forma, porque soa estranho que a empresa (empregador) *ajuize* uma ação perante a central sindical de onde o empregado tem origem para dispensá-lo por justa causa, e, com isso, retirar-lhe a garantia de emprego. Essa providência, *data venia*, somente poderia ser tomada mediante processo judicial regular.

3.7. DIRIGENTE SINDICAL

De acordo com o art. 8º, VIII, da Constituição, desde o registro de sua candidatura a cargo de direção ou representação sindical, seja titular ou suplente, e, se eleito, até um ano após findo seu mandato, o empregado sindicalizado não pode ser dispensado, salvo cometimento de uma das faltas graves do art. 482 da CLT, devidamente apurada mediante processo judicial. Essa garantia de emprego decorre da necessidade mesmo de dar ao dirigente sindical proteção para poder desenvolver sua atividade e cumprir, corretamente, seu mister, na defesa dos seus colegas, integrantes da categoria profissional, à qual essa regra é destinada. Não se aplica a dirigente de central sindical porque, embora atuante e participando de diversos órgãos colegiados públicos, essas entidades não estão abrangidas pela estrutura piramidal que adota o sindicalismo brasileiro (sindicato – federação – confederação). Sua natureza é apenas de associação civil, sem que possua efetiva representação sindical, apesar de o Brasil ter ratificado a Convenção n. 98 da OIT (v., na Parte II, Capítulo II, n. 2.4).

O preceito constitucional existia desde antes na CLT (art. 543, § 3º), e o despedimento do empregado nessas condições torna indispensável ajuizamento de inquérito para apuração do cometimento de falta grave, consoante as Súmulas ns. 197 do STF e 379 do TST[354].

---

(354) *Súmula n. 379 – DIRIGENTE SINDICAL. DESPEDIDA. FALTA GRAVE. INQUÉRITO JUDICIAL. NECESSIDADE – O dirigente sindical somente poderá ser dispensado por falta grave mediante a apuração em inquérito judicial, inteligência dos arts. 494 e 543, § 3º, da CLT.*

Relativamente à duração do mandato sindical, o art. 515, *b*, da CLT, fixa em três anos. O mesmo se refere aos dirigentes de federações e confederações (art. 538, § 1º), dentro da estrutura piramidal do sindicalismo brasileiro, e, por igual, aos delegados do Conselho de Representantes (art. 538, § 4º). Entendemos, todavia, que esses dispositivos vulneram a autonomia sindical prevista no art. 8º, I, da Constituição, razão pela qual, salvo se ficar caracterizado abuso, os dispositivos não devem ser aplicados. O abuso, aqui, deve ser entendido como um período indefinido de mandato ou que ultrapasse os limites da razoabilidade e do bom senso.

Outro tema bastante controvertido refere ao número de dirigentes sindicais que gozam da garantia constitucional. O art. 522 da CLT fixa em sete membros o limite da diretoria de sindicato. A Súmula n. 369, II, do TST, consigna:

> Súmula n. 369 – II – O art. 522 da CLT foi recepcionado pela Constituição Federal de 1988. Fica limitada, assim, a estabilidade a que alude o art. 543, § 3º, da CLT a sete dirigentes sindicais e igual número de suplentes.

Data venia, a nosso ver, entendemos que o dispositivo consolidado viola o princípio da liberdade sindical e o próprio art. 8º, I, da Constituição. Deveria, sim, ser aplicável apenas na hipótese de caracterizar abuso o número excessivo de dirigentes ou de omissão nos estatutos sindicais.

No que refere a membro de conselho fiscal da entidade sindical, que o art. 522, da CLT, fixa em três, a jurisprudência do TST nega-lhes o direito à garantia de emprego. É o que diz a OJ n. 365 da SBDI-1:

> OJ N. 365 – ESTABILIDADE PROVISÓRIA. MEMBRO DE CONSELHO FISCAL DE SINDICATO. INEXISTÊNCIA – Membro de conselho fiscal de sindicato não tem direito à estabilidade prevista nos arts. 543, § 3º, da CLT e 8º, VIII, da CF/1988, porquanto não representa ou atua na defesa de direitos da categoria respectiva, tendo sua competência limitada à fiscalização da gestão financeira do sindicato (art. 522, § 2º, da CLT).

Por outro lado, igualmente estão ao desabrigo da garantia de emprego os delegados sindicais tratados no art. 523 da CLT, que são aqueles que atuam em delegacias ou seções que o sindicato institui dentro de sua base territorial (art. 517, § 2º, da CLT).

Caso o sindicato ainda não esteja regularmente registrado no M.Tb., mas já exista pedido formal para esse fim, seus dirigentes têm direito à proteção do emprego, consoante entendimento firmado pelo STF (RE 205.107-1, Relator: Min. Sepúlveda Pertence).

Existem algumas regras que devem ser observadas a fim de garantir o privilégio contemplado na Constituição. A Súmula n. 369 do TST registra, por exemplo, a necessidade de comunicação ao empregador, *ainda que a comunicação do registro da candidatura ou da eleição e da posse seja realizada fora do prazo previsto no art. 543, § 5º, da CLT, desde que a ciência ao empregador, por qualquer meio, ocorra na vigência do contrato de trabalho* (inciso I), ressaltando que *o registro da candidatura do empregado a cargo de dirigente sindical durante o período de aviso-prévio, ainda que indenizado, não lhe assegura a estabilidade, visto que inaplicável a regra do § 3º do art. 543 da Consolidação das Leis do Trabalho* (inciso V).

Durante o exercício do mandato sindical, o contrato de trabalho estará suspenso, conforme apontamos acima (v., nesta Parte, Capítulo IX, n. 1.2.4), por força do art. 543, § 2º, da CLT, tendo o empregado eleito liberdade para exercer suas funções, não podendo o empregador causar-lhe nenhuma espécie de dificuldade para esse desempenho (art. 543, *caput*), registrando-se que, se o próprio beneficiário pedir transferência ou espontaneamente a aceitar, perderá o mandato e, por consequência, a garantia que possuía (art. 543, *caput*, e § 1º, da CLT), da mesma forma como perde essa prerrogativa na hipótese de extinção da atividade empresarial no âmbito da base territorial do sindicato correspondente (Súmula n. 369, II, do TST).

Por fim, dois aspectos a destacar. O primeiro refere ao § 6º do art. 543 da CLT: a empresa empregadora não pode impedir o direito de associação sindical, de organização sindical e de exercício dos direitos inerentes à condição de trabalhador sindicalizado. Essa regra está em consonância com o que há de mais expressivo na liberdade sindical.

O segundo cuida de dirigente sindical de categoria diferenciada. Sua garantia de emprego, no entendimento sumulado do TST (Súmula n. 369, III), somente existirá se desenvolver, no empregador, atividade ligada à categoria profissional respectiva. Em outros termos, um diretor de um sindicato de bancários não estará ao abrigo da *estabilidade provisória* se, na empresa onde trabalha, uma grande loja de departamentos, for encarregado do setor de estoques de mercadorias. Há evidente incompatibilidade entre sindicato e atividade que desenvolve.

3.8. CIPEIRO

A Comissão Interna de Prevenção de Acidentes – CIPA, que é regulada na CLT nos arts. 162 e 165, e pela Norma Regulamentadora 5 (NR-5), da Portaria n. 3.214 de 08.06.1978 do M.Tb., objetiva prevenir acidentes e doenças decorrentes do trabalho, a fim de permitir que o trabalho seja compatível com a vida e a saúde do trabalhador.

Cada CIPA terá composição paritária (representantes da empresa e dos empregados), havendo titulares e suplentes. Os patronais serão designados pelos empregadores; os que representam os empregados serão eleitos mediante escrutínio secreto, independentemente de serem ou não associados de sindicato, todos cumprindo mandato de um ano, permitida a reeleição (art. 164, §§ 1º a 3º, da CLT). A direção da CIPA é exercida por um presidente, indicado pelo empregador dentre seus representantes, e um vice-presidente, escolhido pelos empregados eleitos para a Comissão.

A garantia de emprego do cipeiro está no art. 10, II, *a*, do ADCT. Destina-se apenas ao empregado, porque refere a empregado eleito e não designado, de acordo com o preceito constitucional:

> Art. 10. Até que seja promulgada a lei complementar a que se refere o art. 7º, I, da Constituição:
>
> ....
>
> II – fica vedada a dispensa arbitrária ou sem justa causa:
>
> a) do empregado eleito para cargo de direção de comissões internas de prevenção de acidentes, desde o registro de sua candidatura até um ano após o final de seu mandato;

Entenda-se por dispensa arbitrária a que não se fundar em motivo disciplinar, técnico, econômico ou financeiro, consoante dispõe o art. 165, *caput*, da CLT, sendo de frisar que, em sendo despedido, e reclamando na Justiça do Trabalho, não sendo provado o motivo da dispensa, o trabalhador deverá ser reintegrado (parágrafo único do art. 165), recebendo todos os seus créditos do período do afastamento.

Deve ser observada a regra contemplada na Súmula n. 339, II, do TST, que cuida de extinção do estabelecimento:

> Súmula n. 339 – II – A estabilidade provisória do cipeiro não constitui vantagem pessoal, mas garantia para as atividades dos membros da CIPA, que somente tem razão de ser quando em atividade a empresa. Extinto o estabelecimento, não se verifica a despedida arbitrária, sendo impossível a reintegração e indevida a indenização do período estabilitário.

Ademais, a prerrogativa subsiste em caso de sucessão empresarial (arts. 10 e 448 da CLT), permanecendo os representantes de empregados, titulares e suplentes, na CIPA, podendo haver substituição dos representantes patronais.

No que refere aos suplentes, que gozam da mesma garantia de emprego dos titulares, conforme a Súmula n. 339, I, do TST, não podem ser candidatos a reeleição, caso, durante seu mandato, estejam ausentes a mais da metade das reuniões realizadas (art. 164, § 4º, da CLT).

3.9. GESTANTE

A garantia de emprego da mulher gestante está contemplada no art. 10, II, *b*, do ADCT, nos seguintes termos:

> Art. 10. Até que seja promulgada a lei complementar a que se refere o art. 7º, I, da Constituição:
>
> II – fica vedada a dispensa arbitrária ou sem justa causa:
>
> ....
>
> b) da empregada gestante, desde a confirmação da gravidez até cinco meses após o parto.

Adiante, quando tratarmos do trabalho da mulher (v., nesta Parte, Capítulo XV), cuidaremos pormenorizadamente dessa condição.

3.10. EMPREGADOS DO ESTADO

A garantia de emprego de empregados do Estado está consagrada pelo doutrina e pela jurisprudência brasileiras. Os empregados de sociedades de economia mista e empresas paraestatais pela condição mesma do empregador somente podem ser despedidos após regular processo administrativo, assegurada ampla defesa e contraditório, que resulte em constatar as razões justificadoras do despedimento.

A partir do julgado do RE 589.998-PI, o STF firmou entendimento de que o art. 41 da Constituição é inaplicável aos empregados públicos, mas a sua demissão imotivada necessariamente deve ser justificada:

> EMPRESA BRASILEIRA DE CORREIOS E TELÉGRAFOS – ECT. DEMISSÃO IMOTIVADA DE SEUS EMPREGADOS. IMPOSSIBILIDADE. NECESSIDADE DE MOTIVAÇÃO DA DISPENSA. RE PARCIALMENTE PROVIDO.
>
> I – Os empregados públicos não fazem jus à estabilidade prevista no art. 41 da CF, salvo aqueles admitidos em período anterior ao advento da EC n. 19/1998. Precedentes.
>
> II – Em atenção, no entanto, aos princípios da impessoalidade e isonomia, que regem a admissão por concurso público, a dispensa do empregado de empresas públicas e sociedades de economia mista que prestam serviços públicos deve ser motivada, assegurando-se, assim, que tais princípios, observados no momento daquela admissão, sejam também respeitados por ocasião da dispensa.
>
> III – A motivação do ato de dispensa, assim, visa a resguardar o empregado de uma possível quebra do postulado da impessoalidade por parte do agente estatal investido do poder de demitir.
>
> IV – Recurso extraordinário parcialmente provido para afastar a aplicação, ao caso, do art. 41 da CF, exigindo-se, entretanto, a motivação para legitimar a rescisão unilateral do contrato de trabalho[355].

A Lei n. 9.962, de 22.02.2000, consigna que o pessoal admitido para emprego público na Administração federal direta, autárquica e fundacional somente pode ser dispensado em quatro hipóteses:

a) prática de falta grave, conforme consta do art. 482 da CLT;

b) acumulação ilegal de cargos, empregos ou funções públicas;

c) necessidade de redução de quadro de pessoal, por excesso de despesa (art. 169 da Constituição);

d) insuficiência de desempenho, que será apurada em procedimento onde seja assegurado recurso hierárquico com efeito suspensivo a ser apreciado em 30 dias. Na hipótese em comento, o empregado público deverá ter *o prévio conhecimento dos padrões mínimos exigidos para continuidade da relação de emprego, obrigatoriamente estabelecidos de acordo com as peculiaridades das atividades exercidas*, conforme o inciso IV do dispositivo legal.

Essa regra continua vigendo e, a nosso ver, nenhum empregado de autarquia, fundação ou empresa públicas e sociedade de economia mista, admitido ou não por concurso, pode ser dispensado sem que o ato de demissão seja precedido de procedimento para apurar irregularidade, garantia o contraditório, pena de estarmos diante de uma clara dispensa arbitrária.

---

(355) RE 589.998-PI, de 20.3.2013 (Empresa Brasileira de Correios e Telégrafos – ECT vs. Humberto Pereira Rodrigues. Intda.: Federação Nacional dos Trabalhadores em Empresas de Correios e Telégrafos e Similares – FENTECT). Rel.: Min. Ricardo Lewandowski. Disponível em: <file:///C:/Users/georgenorfilho/Downloads/texto_169674101.pdf>. Acesso em: 9 abr. 2014. Os grifos são nossos.

O TST, por sua vez, adota a OJ n. 247, da SDI-1, que consigna:

OJ 247 – SERVIDOR PÚBLICO. CELETISTA CONCURSADO. DESPEDIDA IMOTIVADA. EMPRESA PÚBLICA OU SOCIEDADE DE ECONOMIA MISTA. POSSIBILIDADE.

1. A despedida de empregados de empresa pública e de sociedade de economia mista, mesmo admitidos por concurso público, independe de ato motivado para sua validade.

2. A validade do ato de despedida do empregado da Empresa Brasileira de Correios e Telégrafos (ECT) está condicionada à motivação, por gozar a empresa do mesmo tratamento destinado à Fazenda Pública em relação à imunidade tributária e à execução por precatório, além das prerrogativas de foro, prazos e custas processuais.

3. Interpretação sistemática da Constituição Federal, concluiu pela necessidade de motivação da dispensa de empregado aprovado em concurso público não só pela ECT, mas por todas as empresas públicas e sociedades de economia mista prestadores de serviço público, às quais não se aplica o art. 173, § 1º da Constituição Federal.

3.11. PORTADOR DE HIV

A Lei n. 12.984, de 2.6.2014, não criou nenhum tipo novo de garantia de emprego. O que fez, a rigor, foi disponibilizar um mecanismo destinado a proteger o emprego ou o acesso a ele para portadores do vírus HIV e doentes de AIDS, que, sabidamente, são discriminados seja para conseguir um empego, seja para serem mantidas nele.

Com efeito, é crime de reclusão de um a quatro anos mais multa, condutas discriminatórias como negar emprego ou trabalho; exonerar ou demitir pessoas nessas condições de seu cargo ou emprego ou segregá-la em seu ambiente de trabalho, divulgando essa condição com o fito de ofender a dignidade do trabalhador, bem como recusar ou retardar atendimento de sua saúde (art. 1º, II a VI).

3.12. REPRESENTANTE DOS EMPREGADOS EM COMISSÃO DE EMPRESA

Os arts. 510-A a 510-D da CLT, que foram introduzidos com a reforma operada pela Lei n. 13.467/2017, cuidam da figura do representante dos empregados em comissão de empresa, criada pela Constituição de 1988 (art. 11) e que, até então, não havia sido regulamentada, embora não fosse prevista expressamente essa exigência.

Regulamentado, pode ser que finalmente sejam implantadas essas comissões cuja finalidade constitucional é exclusivamente promover o entendimento direto com os empregadores, apenas nas empresas que possuírem mais de duzentos empregados. Não se confunde com a comissão prevista no art. 9º da Lei n 7.783/1989 (Lei de greve), que é destinada a negociar situações envolvendo paralisação do trabalho, logo, completamente diferente da comissão de representantes. Nada tem a ver com as comissões de conciliação prévia, criadas pela Lei n. 9.958, de 12.01.2000, que introduziu os arts. 625-A a 625-H na CLT, de composição paritária para tentar conciliar conflitos internos. Tampouco se trata de negociar coletivamente, atribuição dos sindicatos e formalmente expressa no art. 510-E da CLT, introduzido pela MP n. 808/2017, que dispõe:

> Art. 510-E. A comissão de representantes dos empregados não substituirá a função do sindicato de defender os direitos e os interesses coletivos ou individuais da categoria, inclusive em questões judiciais ou administrativas, hipótese em que será obrigatória a participação dos sindicatos em negociações coletivas de trabalho, nos termos do *incisos III e VI do* caput *do art. 8º da Constituição.*

O que esse artigo explicita é a legitimidade dos sindicatos na defesa da categoria quando se tratar de negociação coletiva de trabalho, conforme os incisos III e VI do art. 8º constitucional, a fim de não estender a competência da comissão para além dos limites traçados pelo art. 510-B, da CLT, que cuidaremos adiante.

Estas comissões serão compostas por três a sete membros, conforme o número de empregados nas empresas, que elegerão seus representantes. Devem ser três membros para empresas entre duzentos e três mil empregados; cinco membros, nas empresas com mais de três mil até cinco mil empregados; e sete membros para as que possuem mais de cinco mil empregados (art. 510-A, § 1º). A regra deve ser aplicada àquelas empresas que possuem empregados em outros Estados da Federação e no Distrito Federal, sempre que for alcançado o número mínimo de empregados (art. 510-A, § 2º). Esses números podem ser menores, se não houver candidatos suficientes (art. 510-C, § 5º).

Eleita, a comissão de representantes terá importante missão dentro do ambiente de trabalho. O art. 510-B enumera sete atividades relevantes, que, embora pareçam exceder a finalidade constitucional de promover entendimento direto com o empregador (art. 11 da Constituição), indica destacadas missões, a saber:

> I – representar os empregados perante a administração da empresa;
>
> II – aprimorar o relacionamento entre a empresa e seus empregados com base nos princípios da boa-fé e do respeito mútuo;
>
> III – promover o diálogo e o entendimento no ambiente de trabalho com o fim de prevenir conflitos;
>
> IV – buscar soluções para os conflitos decorrentes da relação de trabalho, de forma rápida e eficaz, visando à efetiva aplicação das normas legais e contratuais;
>
> V – assegurar tratamento justo e imparcial aos empregados, impedindo qualquer forma de discriminação por motivo de sexo, idade, religião, opinião política ou atuação sindical;
>
> VI – encaminhar reivindicações específicas dos empregados de seu âmbito de representação;
>
> VII – acompanhar o cumprimento das leis trabalhistas, previdenciárias e das convenções coletivas e acordos coletivos de trabalho.

As regras para a eleição de seus membros estão no art. 510-C. Infere-se que não se trata de uma comissão paritária, isto é, com representantes de empregados e empregadores, mas apenas com os trabalhadores, da mesma forma. Ademais, não se trata de uma obrigação patronal, e sim de proporcionar os meios para a sua formação e funcionamento. Estranhamente, os sindicatos foram excluídos de qualquer participação na formação dessas comissões, sequer participam do processo eleitoral, do qual foram expressamente excluídos (art. 510-C, § 1º).

Uma comissão eleitoral, formada por cinco empregados, que não sejam candidatos, deverá ser formada para cuidar de todo o processo eleitoral, sem interferência da empresa e do sindicato de classe, defeso disputar o pleito de empregados contratados por prazo determinado, com contrato suspenso ou em período de aviso-prévio, ainda que indenizado (art. 510-C, § 2º). Mas, quem tomará a iniciativa para formar a comissão, se empresa e sindicato da categoria foram expressamente excluídos, e a lei é omissa a respeito? Pensamos que a medida deve ser tomada pelos próprios empregados, dentre os seus líderes habituais, que devem incentivar os colegas de trabalho a promover sua formação.

A votação será secreta e, portanto, presencial. Os mais votados serão considerados eleitos, devendo ser empossados no primeiro dia útil seguinte à eleição ou ao término do mandato da comissão anterior (§§ 3º e 4º do art. 510-C). Como a lei não criou critérios para desempate é adequado que se aplique, por analogia, o disposto no item 5.44 da NR-05, que cuida de eleição para a CIPA e prevê que será considerado eleito o que tiver maior tempo de serviço no estabelecimento, não cabendo criar regra pela via da negociação coletiva, porque os sindicatos foram excluídos de qualquer interferência no pleito.

Caso não haja registro de candidaturas, deve ser lavrada, pela comissão eleitoral, uma ata com a ocorrência e convocada nova eleição no prazo de um ano (art. 510-C, § 6º).

O mandato dos eleitos será de um ano, proibida a reeleição, pelos dois períodos seguintes (art. 510-D e § 1º).

Importante destacar a garantia provisória de emprego do membro da comissão de empresa, nos moldes do cipeiro, até um ano após o término de seu mandato, salvo motivo disciplinar, técnico, econômico ou financeiro (art. 510-D, § 3º). Contemplando essa garantia, adotamos na lei interna o disposto na Convenção n. 135 da OIT, que o Brasil ratificou, ou seja, nosso país está alinhado com o que de mais recomendável existe, neste tema, no Direito Internacional do Trabalho.

Os documentos que se referem ao processo eleitoral, como atas, documentos de inscrição de candidatos, mapas de apuração, termo de posse, devem ser emitidos em duas vias, ficando sob guarda dos empregados e da empresa por cinco anos, disponíveis para consulta de qualquer trabalhador interessado, do Ministério Público do Trabalho e do M.Tb. (art. 510-D, § 4º). Entenda-se por *sob guarda dos empregados*, aos cuidados de um dos membros da própria comissão eleitoral ou dos representantes eleitos.

Em parte, guarda semelhança com as comissões de conciliação prévia, que vimos acima (v., neste capítulo, item 3.2., acima), mas, como observamos, não são paritárias. Por outro lado, destaque-se que suas decisões serão sempre por maioria simples (art. 510-B, § 1º) e atuará de forma independente, isto é, sem interferência patronal (art. 510-B, 2º).

O empregado eleito não ficará, durante seu mandato, com seu contrato suspenso ou interrompido, como dispõe o § 2º do art. 510-D. O contrato subsiste regularmente, devendo o representante comparecer ao serviço e cumprir sua jornada e suas tarefas. Assim, para desempenhar seu mister, esse trabalhador deverá ter um tratamento preferencial na empresa, na medida em que poderá, eventualmente, afastar-se de seu trabalho para participar de reuniões da comissão, e, se isso ocorrer durante o expediente, esse tempo deve ser considerado como integrante de seu horário de trabalho, dando-lhe direito, se extrapolar os limites legais, à percepção do adicional de horas extraordinárias.

Como os sindicatos não têm participação nessas comissões é recomendável que seja feito aditivo ao contrato individual de trabalho para conferir direito ao representante de ausentar-se para participar da comissão.

4. PROGRAMA SEGURO-EMPREGO

Como os índices de desemprego se elevaram estratosfericamente no Brasil, foi editada a MP n. 680, de 6.7.2015, instituindo o Programa de Proteção ao Emprego (PPE), que, convertida, tornou-se a Lei n. 13.189, de 19.11.2015. Aquela medida provisória foi regulamentada pelo Decreto n. 8.479, da mesma data, que continua a viger, e suas regras e procedimentos são objetos da Resolução M.Tb. – CPSE n. 2, de 21.7.2015, igualmente vigente. Através da MP n. 761, de 22.12.2016, o PPE foi transformado Programa Seguro-Emprego (PSE). Esta última MP foi convertida na Lei n. 13.456, de 26.06.2017, alterando a Lei n. 13.189/2015.

São os seguintes objetivos do PSE, elencados no art. 1º da Lei n. 13.189/2015:

1. preservar empregos em momento de retração da economia;
2. ajudar na recuperação econômico-financeira das empresas;
3. sustentar a demanda agregada durante momentos de adversidade, facilitando a recuperação da economia;
4. estimular a produtividade do trabalho através da manutenção da relaçãodeemprego;
5. fomentar a negociação coletiva; e,
6. aperfeiçoar as relações de emprego.

Essa preservação do emprego opera-se mediante ações integradas de orientação, recolocação e qualificação profissional, através do programa do seguro-desemprego (parágrafo único do art. 1º).

O Decreto n. 8.479/2015 regulamentou o PSE, tendo criado um comitê com a finalidade de estabelecer as regras e os procedimentos para a sua adesão e funcionamento (arts. 1º e 2º).

O Comitê (CPSE) é composto por cinco Ministros de Estado, coordenado pelo Ministro do Trabalho e Emprego (art. 2º, § 1º), tendo competência para definir as condições de elegibilidade para adesão ao PSE, observado o disposto no art. 6º, bem como forma de adesão, considerações de permanência, regras de funcionamento e possibilidade de suspensão e interrupção da adesão (art. 3º). Foi o CPSE que editou a Resolução M.Tb. – CPSE n. 2, de 21.7.2015.

4.1. MECANISMOS PARA SEU FUNCIONAMENTO

A adesão das empresas ao PSE exige que estejam em situação de dificuldade econômico-financeira, e podem aderir ao Programa até 31 de dezembro de 2017, por período de no máximo 24 meses (originalmente o prazo era de doze meses), respeitada a data de extinção do aludido programa (art. 2º e § 1º). Consoante o decreto regulamentador, para efetuar adesão, as empresas devem comprovar o registro no CNPJ pelo menos há dois anos, tempo esse que também pode servir para adesão de uma filial, regularidade fiscal, previdenciária e relativa ao FGTS, situação de dificuldade econômico-financeira, a partir de informações definidas pelo CPSE; e existência de acordo coletivo de trabalho específico, registrado no M.Tb. (art. 6º e parágrafo único).

Para ser considerada em dificuldade econômico-financeira, precisará a empresa, nos termos do art. 4º e §§ da Resolução M.Tb. CPSE n. 2/2015, apresentar Indicador Líquido de Empregos – ILE igual ou inferior a 1%, apurado com base nas informações da empresa disponíveis no Cadastro Geral de Empregados e Desempregados – CAGED. Esse indicador é o percentual representado pela diferença entre admissões e desligamentos, acumulada nos doze meses anteriores ao da solicitação de adesão ao PSE, em relação ao estoque de empregados, sendo considerado o estoque verificado no 13º mês anterior ao da solicitação de adesão ao PSE.

Trata-se de um cálculo que, usando explicação do próprio M.Tb., pode ser assim efetuado: contratando em doze meses 120 empregados e demitindo 80, o estoque de trabalhadores em doze meses será de 1.200, apresentando uma geração negativa de oitenta postos de trabalho. O resultado, nesta hipótese, será de -6,6%, como se demonstra:

$$(-80/1200) \times 100 = -6{,}6\%$$

Com esse resultado, inferior a 1% de contratações (no caso, -6,6%), a empresa se encontrará habilitada a aderir ao PSE.

Para que seja efetuada essa adesão, a Resolução M.Tb. CPSE n. 2/2015 elenca, no art. 3º, a documentação necessário: solicitação de adesão ao PSE, conforme modelo devidamente preenchido; comprovação de registro no CNPJ há dois anos ou mais; certidões de débitos referentes a créditos tributários federais, à dívida ativa da União e de regularidade do FGTS, comprovação de regularidade que deve ser demonstrada durante todo o período de adesão, pena de exclusão do PSE; prova da dificuldade econômica financeira através de demonstração do Indicador Líquido de Empregos – ILE.

O PSE contempla regras específicas. Uma delas cuida da redução temporária, em até 30%, da jornada de trabalho e consequente redução salarial, que fica na dependência de ser celebrado acordo coletivo de trabalho específico entre a empresa e o sindicato de trabalhadores representativo da categoria da atividade econômica preponderante (art. 5º).

O acordo coletivo previsto no art. 5º, § 1º, da Lei n. 13.189/15, (com a redação da MP n. 761/2016) deve especificar o número total de empregados abrangidos e sua identificação, os estabelecimentos e setores da empresa que são atingidos, o percentual de redução de jornada e a redução proporcional ou menor do salário (incisos I a III), e terá duração de até seis meses, podendo ser prorrogada até o limite de 24 meses (n. IV). Ou seja, é possível haver várias prorrogações, desde que não seja ultrapassado esse limite.

A Lei n 13.189/2015 acrescentou também a garantia no emprego equivalente, no mínimo, ao período de redução de jornada, acrescida de um terço (n. V), além de criar comissões paritárias que já estavam previstas anteriormente, no decreto regulamentador da medida provisória (n. VI), e que serão cuidadas adiante.

4.2. NEGOCIAÇÃO PARA O ACORDO COLETIVO

Essas alterações podem ser feitas, mas ambas dependem da celebração de um Acordo Coletivo de Trabalho Específico, o ACTE, entre a empresa que pretende aderir ao PSE e o sindicato profissional que representa a categoria de sua atividade econômica preponderante. Entendamos então que, em uma loja que se dedica à venda de roupas e sapatos, a categoria preponderante será a de comerciário. Trata-se de um estabelecimento comercial. O acordo, nesse caso, deve ser celebrado com o sindicato dos trabalhadores do comércio (categoria profissional preponderante), e os integrantes de outras categorias, que exerçam atividade na mesma empresa (vigias, por exemplo) devem ser, em caráter excepcional, abrangidos por essa norma autônoma. De notar, que esse comando legal contraria a Súmula n. 374 do TST [(356)].

O Decreto n. 8.469/15 cuida, no art. 8º, do ACTE, dispondo acerca das cláusulas mínimas que deverá conter para se adequar aos objetivos do programa: o período pretendido de adesão ao PSE; os percentuais de redução da jornada de trabalho e de redução da remuneração; os estabelecimentos ou os setores da empresa a serem abrangidos pelo PSE; a relação dos trabalhadores abrangidos, identificados por nome, números de inscrição no Cadastro de Pessoas Físicas – CPF e no Programa de Integração Social – PIS; e a previsão de constituição de comissão paritária composta por representantes do empregador e dos empregados abrangidos pelo PSE para acompanhamento e fiscalização do Programa e do acordo, prevista, também, no art. 5º, § 1º, n. VI, da Lei n. 13.189/15 (com a redação da Lei n. 13.456/2017).

Um procedimento especial é exigido para a celebração do ACTE. Uma assembleia geral dos trabalhadores que serão abrangidos deve ser convocada para esse fim específico, e deve ser pelo sindicato profissional, e as cláusulas do acordo devem ser votadas e aprovadas (art. 8º, § 1º, do Decreto). Como não há previsão de quorum, entendemos que deva ser aplicado o da CLT (art. 612), referente à aprovação de acordo coletivo de trabalho em geral, qual seja a de 2/3 dos interessados em primeira convocação, e de 1/3, em segunda. Celebrado, o ACTE deve ser no sistema mediador do M.Tb., onde também serão registradas todas as alterações que vierem a ser efetuadas, referentes a prazo, setores abrangidos, percentual de redução de jornada e salário e as eventuais prorrogações da adesão e quanto aos empregados abrangidos (art. 5º, § 4º, da Resolução M.Tb. – CPSE n. 2/15). Essas últimas devem, inicialmente, ser aprovadas pela comissão paritária criada para esse fim na empresa (§ 5º seguinte). Observe-se que essas comissões paritárias não devem ser criadas na hipótese de acordo coletivo com microempresas e empresas de pequeno porte (art. 5º, § 1º, n.VI, *in fine*, da Lei n. 13.189/15), que podem ter comissões especiais.

Nesse ponto, a lei instituidora do programa criou mais uma espécie de acordo coletivo de trabalho. É o que denominou de acordo coletivo múltiplo de trabalho específico (ACMTE), celebrado entre microempresas e empresas de pequeno porte com o sindicato de trabalhadores que represente a categoria da atividade econômica preponderante (art. 5º, § 4º, da Lei). Nesse ACMTE, as comissões paritárias serão compostas por representantes do empregador e do sindicato de trabalhadores celebrando do acordo (§ 5º seguinte). Ademais, em cada empresa nessas condições

(356) Súmula n. 374 – NORMA COLETIVA. CATEGORIA DIFERENCIADA. ABRANGÊNCIA – Empregado integrante de categoria profissional diferenciada não tem o direito de haver de seu empregador vantagens previstas em instrumento coletivo no qual a empresa não foi representada por órgão de classe de sua categoria.

deve ser efetuada a demonstração do cumprimento dos requisitos para adesão ao PSE, contando para esse fim com o apoio técnico do Serviço Brasileiro de Apoio às Micro e Pequenas Empresas (Sebrae) (§ 7º seguinte).

4.3. EXIGÊNCIAS PARA SUA IMPLEMENTAÇÃO

Parece-nos criticável a exigência consignada no § 2º do art. 8º do decreto regulamentador:

> § 2º Para a pactuação do acordo coletivo de trabalho específico, a empresa demonstrará ao sindicato que foram esgotados os períodos de férias, inclusive coletivas, e os bancos de horas.

Ora, se uma dada empresa encontra-se em dificuldade econômico-financeira, que se supõe seja gravíssima, se tiver que fazer essa demonstração significa que terá que conceder férias e, no mínimo, pagar mais 1/3 a todos os seus empregados que saem para esse fim, além de recolher encargos previdenciários, fiscais e de FGTS sobre esses valores. Nesse aspecto, não parece que a intenção tenha sido de apenas recuperação de empresas em situação de perigo.

Quanto ao banco de horas, a regra do Decreto passou a figurar na lei de conversão (art. 5º, § 3º), ao determinar que: *a empresa deve demonstrar ao sindicato que foram esgotados os bancos de horas, além de fornecer as informações econômico-financeiras.*

Esta parte final do § 3º acima referido figura no Decreto regulamentador (art. 8º, § 3º), e, se futuramente forem modificadas cláusulas do ACTE, essas alterações deverão ser submetidas à Secretaria-Executiva do CPSE (§ 4º do mesmo dispositivo).

Quanto à redução salarial, é prevista uma compensação pecuniária equivalente a 50% do valor da redução salarial e limitada a 65% do valor máximo da parcela do seguro-desemprego, enquanto perdurar o período de redução temporária da jornada de trabalho (art. 4º da Lei n. 13.456/2017), que será custeada pelo Fundo de Amparo ao Trabalhador – FAT (§ 1º). Ficou preservada a garantia constitucional do salário mínimo. O salário reduzido que o empregador pagará não pode ser inferior ao valor fixado para o mínimo (§ 2º). Ademais, o ACTE que vier a ser celebrado fixará percentual único de redução salarial para os trabalhadores abrangidos (art. 5º, § 6º, da Resolução n. 2/15).

Algumas medidas foram tomadas para garantir o cumprimento da norma, e, com isso, manter os empregos. Uma delas prevê que, enquanto vigorar a adesão ao PSE, os empregados com jornada reduzida não podem ser dispensados arbitrariamente ou sem justa causa, e, finda a adesão, terão garantidos seus empregos por 1/3 do período em que a empresa participou do PSE (art. 6º, n. I, da Lei n. 13.467/2017). Note-se, aqui, que nada obsta que o ACTE fixe uma garantia de emprego maior.

Como haverá redução de jornada, o art. 6º da Lei refere, como também o art. 7º do Decreto regulamentador, que as empresas aderentes não podem contratar outros empregados para executar as atividades dos trabalhadores abrangidos pelo PSE, salvo caso de reposição ou aproveitamento de concluinte de curso de aprendizagem na empresa (art. 429 da CLT), e, ainda assim, esse contratado igualmente deve estar dentro da nova sistemática.

A adesão ao PSE pode ser denunciada pela empresa. A regra está no art. 7º da Lei n. 13.467/2017, e, findo o prazo de trinta dias após ter sido comunicada a decisão ao sindicato de trabalhadores, aos seus empregados e ao Poder Executivo, dele não mais fará parte, podendo, após esse prazo, retornar à jornada normal de trabalho, mantida a garantia de emprego referida acima (§§ 1º e 2º).

Nada obsta, todavia, que a empresa retorne ao PSE, exigido o prazo de seis meses posteriormente à denúncia para essa nova adesão (art. 7º, § 3º, da Lei).

Impende observar que denunciar o ACTE não significa descumpri-lo, como claramente elucida o § 2º do art. 8º da Lei.

4.4. PREVIDÊNCIA SOCIAL E FGTS

Quanto ao custeio da Previdência Social, a Lei n. 8.212/91, foi alterada para tratar do PSE. A contribuição patronal passa a ser não apenas sobre a remuneração paga diretamente ao empregado, mas também sobre a compensação pecuniária que é custeada pelo FAT (art. 22, n. I), entendendo-se por salário contribuição também o valor dessa compensação que é de 50% a 65% do valor máximo do seguro desemprego (art. 28, § 8º, *d*, da mesma lei).

Igualmente foram feitas as adequações do FGTS, como se constata da previsão inserida no art. 15 da Lei n. 8.036/90, e, até o dia sete de cada mês, o empregador deve depositar na conta vinculada do empregado o valor correspondente a 8% da remuneração paga ou devida no mês anterior, mais o valor da compensação pecuniária a ser paga no âmbito do PSE, pelo FAT.

Nesse particular, verifica-se que o Estado atribuiu ao empregador efetuar os recolhimentos calculados sobre montantes que não são efetivamente pagos pelo empregador.

Essas medidas, no entanto, podem sofrer restrições para se tornaram reais. As solicitações de adesão ao PSE dependem de disponibilidade orçamentária e financeira do FAT (art. 6º, parágrafo único, da Resolução n. 2/2015), o que, pelo menos, coloca a pretensão em regime de iminente perigo.

4.5. EXCLUSÃO DO PROGRAMA

Criou a Lei n. 13.467/2017 três formas de excluir as aderentes, e, a partir daí, impedir a empresa que fizer adesão e violar as regras do PSE retorne a ele (art. 8º), uma a mais que a Medida Provisória n. 680/2015.

A primeira é o descumprimento do ACTE quanto à redução da jornada de trabalho ou das normas do Programa (inciso I). Hoje, essas normas são basicamente três: a Lei n. 13.467/2017, o seu regulamento, o Decreto n. 8.479/15, e, também, a Resolução M.Tb. – CPSE-02/2015. Descumprir esses comandos é motivo para ser retirada do sistema e, corolário, perder as vantagens obtidas e arcar com eventuais ônus.

A segunda forma de exclusão é pela prática de fraude (inciso n. II), quando, além de ser excluída, a empresa ficará obrigada a restituir ao FAT os recursos recebidos, corrigidos monetariamente, e recolher multa administrativa de 100% do montante, revertida ao mesmo FAT (art. 8º, § 1º, da Lei n. 13.467/2017). O procedimento para aplicação dessas multas é o mesmo daqueles utilizados pelo M.Tb. nos diversos casos de violação de normas trabalhistas (Título VII da CLT).

O terceiro é o que está previsto no inciso III do mencionado art. 8º: for condenada judicialmente, com o trânsito em julgado do decisório, ou autuada administrativamente, com decisão final no processo administrativo, pela prática de trabalho análogo ao de escravo, trabalho infantil ou trabalho degradante.

CAPÍTULO XIII

DANOS AO TRABALHADOR

1. TIPOS DE DANO E NECESSIDADE DE REPARAÇÃO

Trataremos agora de temas que têm ganhado muito espaço em matéria trabalhista nas últimas décadas: as diversas hipóteses de dano que podem vitimar um trabalhador durante o tempo de existência de um contrato de emprego.

Basicamente, temos dois tipos de dano: o patrimonial, que atinge o patrimônio material da vítima, como a perda de um negócio; o extrapatrimonial, representado por ofensa aos direitos da personalidade, causando à vítima situações desagradáveis ou constrangedoras, e costuma ser identificado como dano moral em seu sentido mais extenso.

Nessa esteira, Rodolfo Pamplona Filho e Luiz Carlos Andrade Junior escreveram que

> *a grande maioria desses 'novos danos' podem (e devem) ser caracterizados como dano moral. Se este tipo de dano é aquele que busca proteger a dignidade da pessoa em qualquer de seus âmbitos, a ofensa dirigida a cláusula geral de proteção à dignidade humana já caracterizará um dano merecedor de reparação, não havendo necessidade de criar novas adjetivações a fim de elevar garantir a proteção jurídica*[357].

Examinaremos o dano moral em seu sentido estrito e algumas de suas variáveis: dano estético, dano psicológico, dano biológico, muitas das quais importam no primeiro, e o dano material/patrimonial, sem cuidar da possibilidade de dano ao empregador ou à pessoa jurídica, ou da possibilidade de denunciação à lide (art. 125, III, do NCPC), em uma demanda trabalhista onde se cogite de indenização ao obreiro.

É imperioso ressaltar que a reforma introduzida na CLT pela Lei n. 13.467/2017 trouxe novos elementos para que se possa compreender o dano moral que, com essas mudanças, passou a chamar-se dano extrapatrimonial, que devemos entender como o dano moral *lato sensu*. A rigor, o *novo* dano extrapatrimonial é o *velho* dano moral trabalhista, com outro nome, para dizer a mesmíssima coisa, e, estranhamente, não há nenhuma referência aos arts. 482 e 483 consolidados na Lei n. 13.467/2017, nem na Medida Provisória n. 808/2017.

Então, alojados no dano moral *lato sensu, agora dano extrapatrimonial*, podemos identificar também as figuras do assédio sexual[358], do assédio processual e a da revista íntima, do dano biológico, do assédio moral, do dano psicológico e do dano existencial. Veremos, mais tarde, o dano material/patrimonial, o dano estético, e o dano coletivo, bem como as questões relevantes em torno do acidente do trabalho.

Fundamental é identificar quem prática o dano, a quem se atribuir a responsabilidade pela ação ou omissão que prejudica o trabalhador. Trata-se da culpa, e, estabelece o art. 186 do Código Civil:

---

(357) PAMPLONA FILHO, R. & ANDRADE JÚNIOR, Luiz Carlos Vilas Boas. A torre de Babel das novas adjetivações do dano. *In: Revista LTr*. São Paulo, 78(5):562, maio 2014.

(358) Para Hugo Mansueti, o assédio moral e o assédio sexual são espécies do mesmo genero (MANSUETI, Hugo Roberto. El "mobbing" y el derecho. *In: Revista do Programa de Pós-Graduação em Direito da Universidade da Amazônia*. Belém, 2(2):61, nov. 2006).

> Art. 186. Aquele que, por ação ou omissão voluntária, negligência ou imprudência, violar direito e causar dano a outrem, ainda que exclusivamente moral, comete ato ilícito.

Com efeito, caracterizado o dano, resultado em repará-lo, e duas são as formas: *in natura* e *in pecúnia*, como observa Agra Belmonte, explicando que *a reparação in pecúnia tem por fim a reconstituição natural ou de alcance de situação material correspondente*, exemplificando com a retratação pública de um delito indevidamente atribuído ao trabalhador; e *a reparação em dinheiro tem por fim confortar a vítima, amenizar os efeitos da dor*, mediante determinado valor pecuniário[359].

Para a fixação do valor da indenização devem ser levados em conta diversos fatores, dentre os quais: (1) o bom senso, (2) a razoabilidade, (3) a gravidade do dano, (4) sua extensão, (5) a reincidência do ofensor, (6) a posição profissional e social do ofendido, (7) a condição financeira do ofensor e do ofendido, e (8) a finalidade pedagógica da punição para evitar a reincidência da prática delituosa. Superou-se, doutrinária e jurisprudencialmente, a corrente que defendeu, logo nos primeiros momentos de incidência de pedidos judiciais de indenização por dano moral, a cálculo do valor considerando o salário do trabalhador e o tempo do emprego[360].

2. DANO EXTRAPATRIMONIAL: AS REGRAS DA CLT

As mudanças introduzidas na CLT pela Lei n. 13.467/2017 incluíram a criação do Título II-A no diploma celetista, denominado *Do dano extrapatrimonial*, inclusive o art. 223-G, cujo *caput* transcrevemos acima. As regras, no entanto, não indicam quais são os danos, deixando aos acontecimentos do dia a dia o surgimento de fatos que podem gerar danos e, por corolário, suas consequentes indenizações.

O art. 223-A determina:

> Art. 223-A. Aplicam-se à reparação de danos de natureza extrapatrimonial decorrentes da relação de trabalho apenas os dispositivos deste Título.

A boa hermenêutica recomenda que este dispositivo gravita em lamentável equívoco por limitar o papel do juiz de intérprete da lei. A palavra *apenas* retira do julgador qualquer possibilidade de mesclar a interpretação da norma celetista com outras regras, inclusive as de Direito Civil, considerando a inexistência de lacuna na CLT, observando o comando do art. 8º consolidado. Com efeito, resulta inadequado invocar outras normas legais para examinar dano extrapatrimonial na esfera trabalhista. Inadequado mas, *data venia*, perfeitamente admissível, pena de subtrair do magistrado sua capacidade de interpretar a lei.

Em seguida, é o art. 223-B que informa o que se considera como gerador de um dano extrapatrimonial:

> Art. 223-B. Causa dano de natureza extrapatrimonial a ação ou omissão que ofenda a esfera moral ou existencial da pessoa física ou jurídica, as quais são as titulares exclusivas do direito à reparação.

Esse dano enseja uma reparação e decorrerá da relação de trabalho (art. 223-A), ou seja, em qualquer trabalho pode ocorrer o dano extrapatrimonial e o direito à eventual reparação. É, portanto, mais amplo que a relação de emprego. Estamos diante do que, acima, reunimos sob a denominação como dano moral *lato sensu*.

Aqui começam aspectos importantes dessa regra que, *data venia*, foi inserida de forma demasiadamente açodada na CLT. Vejamos alguns deles.

O art. 223-B indica como passíveis de ofensas as pessoas natural e jurídica. Observa-se, no particular, a correção feita pela MP n. 808/2017, substituindo *pessoa física* (que constava da emenda da Lei n. 13.487/2017) por *pessoa natural*, denominação mais adequada, adotada no Código Civil em vigor (Parte Geral, Livro I, Título I). A pessoa jurídica pode sofrer dano moral, conforme está consagrado na Súmula n. 227 do STJ, da mesma forma como permite que se admita, por corolário, a possibilidade do dano moral coletivo, com escólio no art. 1º da Lei n. 7.347, de 24.07.1985 (Lei da Ação Civil Pública) e no art. 6º, n. VI, do CDC.

---

(359) BELMONTE, Alexandre Agra. *Danos morais no Direito do Trabalho*. 3. ed. Rio de Janeiro: Renovar, 2007. p. 120.

(360) Dentre os que defenderam essa forma de cálculo, devemos destacar decisão constante do Proc. TRT 8ª Região – 4ª T – RO 3.795/1996, *in Revista do TRT da 8ª Região*, jul./dez.1996, p. 221, da nossa relatoria, consignando:... *O seu valor deve ser igual à maior remuneração mensal do trabalhador multiplicada pelo número de anos ou fração igual ou superior a seis meses de serviço.*

Embora aparentemente excluído, o dano estético, que veremos abaixo, também está abrangido como bem jurídico violável e, portanto, passível de indenização. Assim é porque o art. 223-C refere à imagem da pessoa física, e a imagem inclui, necessariamente, a aparência estética.

Aplica-se à relação de trabalho, e, com a alteração da base de cálculo constante do art. 223-G, § 1º, superou-se a dificuldade trazida pelo texto original desse dispositivo, pela mudança da Lei n. 13.467/2017. Presentemente, devem ser considerados múltiplos do valor do limite de benefícios do RGPS. Essa forma de apuração do valor da indenização pelo dano presta-se tanto para a pessoa física, como para a pessoa jurídica, se for esta a credora da reparação.

Outro ponto a considerar é que o direito à reparação seria, segundo a lei, apenas da pessoa física ou jurídica ofendida, não se transferindo a seus herdeiros ou sucessores. O objetivo parece ser o de coibir o dano em ricochete. Eventuais dúvidas poderiam ser suscitadas. Mas, um dispositivo verdadeiramente perverso foi inserido pela MP n. 808/2017, que é o § 5º do art. 223-G:

> § 5º Os parâmetros estabelecidos no § 1º não se aplicam aos danos extrapatrimoniais decorrentes de morte.

Poderia, antes dele, ser argumentado que ao Direito do Trabalho são aplicáveis as regras do direito comum, conforme o comando do § 1º do art. 8º da CLT. Sendo o Código Civil fonte subsidiária, e havendo omissão na CLT nesse aspecto, porque a expressão *apenas* não permite que se analise de forma estanque o evento que, a rigor, não é tratado nesse título da CLT, verificamos que o art. 943 do Código Civil determina que *o direito de exigir reparação e a obrigação de prestá-la transmitem-se com a herança*. De acrescentar, para reforçar esse entendimento, o pensamento do TST, consagrado na Súmula n. 392, que entendemos ter sobrevivido à reforma nas suas primeiras 72 horas, e não subsistiu à Medida Provisória n. 808/2017:

> *Súmula n. 392 – DANO MORAL E MATERIAL. RELAÇÃO DE TRABALHO. COMPETÊNCIA DA JUSTIÇA DO TRABALHO* – Nos termos do art. 114, inc. VI, da Constituição da República, a Justiça do Trabalho é competente para processar e julgar ações de indenização por dano moral e material, decorrentes da relação de trabalho, inclusive as oriundas de acidente de trabalho e doenças a ele equiparadas, *ainda que propostas pelos dependentes ou sucessores do trabalhador falecido*. (grifamos)

Tudo isso, porém, resulta debalde, porque o § 5º transcrito acima é de uma crueldade incrível, impossibilitando à família do trabalhador morto ter minimizada sua dor. Apenas danos materiais poderão os herdeiros do *de cujus* reivindicar em juízo.

Outro ponto a criticar: estranhamente, o sigilo de correspondência do trabalhador não foi incluído no rol dos bens tutelados, e que não pode ser violada. Nesse particular, é de observar que praticamente todas as constituições de 197 países dos cinco continentes contemplam a sua inviolabilidade, conforme pesquisa que realizamos, sendo necessário ressaltar que o uso do *e-mail* corporativo não está abrangido por essa reserva(361).

Em se tratando de pessoa física, os bens juridicamente tutelados, com a alteração introduzida pela MP n. 808/2017, são etnia, idade, nacionalidade, honra, imagem, intimidade, liberdade de ação, autoestima, gênero, orientação sexual, saúde, lazer e integridade física (art. 223-C). Foi omitido um aspecto muito relevante do direito da personalidade: não se cuidou de privacidade que é diferente de intimidade(362).

Se o ofendido for pessoa jurídica, consideram-se tutelados imagem, marca, nome, segredo empresarial e sigilo da correspondência (art. 223-D), porém não estão incluídos os recursos tecnológicos relativos à informática.

Observe-se que o elenco de bens protegidos é taxativo. Andou mal o legislador, olvidando bens igualmente importantes e que não se pode, com a condição elencada, considerar como susceptíveis de ofensa: vida, liberdade, religião, segurança, privacidade, dentre tantos outros. Melhor teria caminhado se o rol elencado nos dois artigos fosse apenas exemplificativo, deixando ao bom critério do julgador a identificação do que pode ou não ser objeto de indenização.

---

(361) FRANCO FILHO, G. de S. *Intimidade e privacidade do trabalhador. Direito internacional e comparado*. São Paulo: LTr, 2016, p. 30-32. Sobre o Direito Comparado, v. p. 44-138. Em praticamente todas essas constituições, e também de regiões que não têm o reconhecimento pleno da condição de Estado para o Direito Internacional, a inviolabilidade da correspondência das pessoas é garantida, salvo excepcionalmente ordem judicial.

(362) V., a respeito, o nosso *Intimidade e privacidade do trabalhador ... cit.*, p. 21.

Identificamos mais um pormenor que não deve ser esquecido, e necessita de indispensável cautela a cada caso concreto. O art. 223-C enumera *os bens juridicamente tutelados*, quando se refere à pessoa física, no geral o trabalhador. Adiante, o art. 223-D refere a *bens juridicamente tutelados*, quando cuida de pessoa jurídica (sem o artigo definido). O que isso pode significar? Pode ser entendido que a enumeração do art. 223-C é exaustiva, não permitindo elastecer as hipóteses, enquanto a do art. 223-D é meramente exemplificativa, e não em *numerus clausus*.

Uma regra a mais foi introduzida na CLT. Refere-se à responsabilidade pelo dano extrapatrimonial. Na proporção da ação ou da omissão, todos os que tenham contribuído para a prática da ofensa ao bem jurídico tutelado são responsáveis civilmente, conforme o art. 223-E. Essa proporcionalidade, todavia, não pode, nem deve ser interpretada como uma repartição de responsabilidades. Ou seja, se o superior hierárquico de um empregado o ofende, a responsabilidade do empregador não deve ser dividida com esse empregado ofensor mais graduado. Ao contrário, trata-se da aplicação de regra inserta no CCB, porque aqui se trata da responsabilidade civil por fato de terceiro. Diz o art. 932, n. III, do CCB:

> Art. 932. São também responsáveis pela reparação civil:
>
> (...)
>
> III – o empregador ou comitente, por seus empregados, serviçais e prepostos, no exercício do trabalho que lhes competir, ou em razão dele.

Outros pontos a serem analisados da norma infraconstitucional reformista são acerca da possibilidade de cumulação de danos, avaliação e parametrização do dano extrapatrimonial, cuidaremos abaixo.

3. DANO MORAL/ DANO EXTRAPATRIMONIAL

O art. 483, *e*, da CLT contempla a falta grave patronal da prática de atos contra a boa fama e a honra do trabalhador oude seus familiares, como apontamos acima (v. nesta Parte, Capítulo IX, n. 2.2.2.2.2). Trata-se do dano moral que significa as ofensas aos direitos da personalidade do empregado ou de sua família, atingindo sua honra, intimidade, imagem, vida privada (art. 5º, V e X, da Constituição), lesionando seus interesses não patrimoniais. Nesse mesmo dispositivo está o assédio moral, que trataremos em seguida (n. 2.5 adiante). E, ambos, assédio moral e dano moral trabalhista, com efeito, não são novidades no direito brasileiro. Ao contrário, existem na legislação obreira desde os primórdios da CLT. Devemos aduzir que, a partir da reforma introduzida pela Lei n. 13.467/2017 na CLT, o dano moral deve ser considerado, em seu sentido amplo, como dano extrapatrimonial, *nomen juris* que a legislação adotou em nosso país.

Orlando Teixeira da Costa ensinou que, enquanto se discutia no direito comum a possibilidade de reparação econômica do dano exclusivamente moral, a CLT, desde a sua promulgação, já contemplava o dano moral e sua reparação pelo empregado ou pelo empregador, em decorrência da ruptura do contrato de trabalho pela prática de ato lesivo da honra ou da boa fama (arts. 482, letras *j* e *k*, e 483, letra *e*), mediante o pagamento ou desoneração de pagamento das indenizações correspondentes ao distrato do pacto laboral motivado por essa justa causa(363).

Por outras palavras, os arts. 482, *j* e *k*, e 483, *e*, do texto consolidado, contém o assédio moral e dano moral trabalhista de matéria muito clara.

Ainda é Orlando Teixeira da Costa quem lembrou que,

> *se formos pesquisar, no entanto, os verbetes dos índices alfabéticos-remissivos dos livros de Direito do Trabalho, dificilmente encontraremos relacionada a expressão 'dano moral'. Por que dificilmente encontraremos? Porque essa matéria só passou a adquirir relevância a partir da Constituição de 5 de outubro de 1988, em face do registro feito nos incisos V e X do seu art. 5º, que enúmerou, entre os direitos e garantias fundamentais, 'o direito de reposta, proporcional ao agravo, além da indenização por dano material, moral ou à imagem' e declarou serem invioláveis 'a intimidade, a vida privada, a honra e a imagem das pessoas, assegurado o direito a indenização pelo dano material ou moral decorrente de sua violação*(364).

(363) COSTA, Orlando Teixeira da. Da ação trabalhista sobre dano moral. *In: Trabalho & Doutrina*. São Paulo, (10):65-6, set. 1996.

(364) COSTA, O. T. da. *Art. cit.*, p. 66. Os grifos são nossos.

Beatriz Della Guistina escreve que,

a Consolidação das Leis do Trabalho, assim nascida, desde há muito, não é omissa acerca da reparação do dano moral. Basta ver que, quando ocorrer ao empregado prejuízo em razão de uma violação a direitos à sua honra e boa fama, este pode requerer uma indenização. É o que se depreende do disposto no art. 483, letra e: 'O empregado poderá considerar rescindido o contrato e pleitear a devida indenização quando: e) praticar o empregador, ou seus prepostos, contra ele ou pessoa de sua família, ato lesivo de honra e boa fama(365).

Os arts. 482, *j* e *k*, e 483, *e*, da CLT, contemplam, desde há muito, o direito de o trabalhador haver do empregador indenização por dano moral trabalhista. A leitura que era feita do dispositivo direcionava apenas para a possibilidade de dispensa motivada do empregado, ou de sua dispensa indireta. Raros viam, ali, o dano moral implícito. É porque não havia a *relevância* para o Direito do Trabalho, como mencionado pelo insígne Orlando Teixeira da Costa. As preocupações eram outras. Os direitos humanos fundamentais ainda não haviam evoluído o bastante.

Ademais, importante lembrar, como destaca Ari Possidônio Beltran, que *as ofensas ou violações que, embora não atingindo bens patrimoniais propriamente ditos de uma pessoa, mas que alcançam seus bens de ordem moral, ou, simplesmente, um bem psíquico, reclamam a devida reparação, porquanto, como é óbvio, tais bens são juridicamente tutelados*(366).

A reparação decorrente da ofensa que gera o dano moral depende, como lembra Enoque Ribeiro dos Santos, no plano fático, da concordância dos seguintes elementos: a) o impulso do agente (ação ou omissão); b) o resultado lesivo, *i.e.*, o dano; c) nexo etiológico ou de causalidade entre o dano e ação alheia(367).

O fato indisfarçável, que ganhou relevo a partir da promulgação da Constituição de 1988, é que o assédio moral e dano moral trabalhista existem desde pelo menos o advento da CLT, a 1º de maio de 1943. Em outros termos, eles preexistiam à Lei Fundamental em vigor.

Um dos mais importantes aspectos desse quadro, certamente, é o que consta dos arts. 482, *j* e *k*, e 483, *e*, do texto consolidado. É que esses dispositivos contêm o dano moral trabalhista de maneira muito clara, como apontamos, seja causado ao empregado (os dois casos do art. 482), seja o deste ao empregador (hipótese do art. 483).

Valdir Florindo define dano moral como

> aquele decorrente de lesão à honra, à dor-sentimento ou física, aquele que afeta a paz interior do ser humano, enfim, ofensa que cause um mal, com fortes abalos na personalidade do indivíduo. E, após ressaltar que seu caráter é extrapatrimonial, mas com reflexo no patrimônio, arremata: a verdade é que podemos ser lesados no que somos e não tão somente no que temos(368).

Situações inúmeras podem ser identificadas como dano moral em sentido lato. Aliás, raro o processo trabalhista, atualmente, que não contém pedido dessa natureza. Porém, não se deve confundir dano moral ou de qualquer outra espécie, com violações a preceitos trabalhistas que contemplem penalidade específica. Vejamos alguns exemplos, embora igualmente possam ser encontradas dezenas de decisões jurisprudenciais deferindo indenização por dano moral em circunstâncias que tais. A inutilização da CTPS do trabalhador possui penalidade específica (art. 52 da CLT). Negar à empregada mulher, que está na fase de amamentação de seu filho, direito ao intervalo do art. 396 da CLT, tem penalidade específica (art. 401 consolidado). Não se deve, nem se pode, pretender dano moral em casos dessa natureza, pena de desvirtuar e desmoralizar instituto de muito significação, o que, no entanto, não é o que tem predominado muitas vezes.

Diferente a situação quando nos defrontamos com questões envolvendo violações à dignidade do trabalhador em seu trabalho, quando lhe é negado um trabalho decente, quando se prática aviamento, trabalho forçado, *truck system*. Igualmente, quando se assedia o empregado, ou este tem sua honra atingida, ou, possuindo alguma defi-

---

(365) GIUSTINA, Beatriz Della. A reparação do dano moral decorrente da relação de emprego. *In*: *Revista LTr*. São Paulo, 59(10):1335, out. 1995. No mesmo sent.: CASTELO, J. P. *Art. cit.*, p. 43, acentuando que a indenização objeto do art. 483 da CLT é tratada em termos genéricos: *trata-se, pois, de preceito que estabelece conceito aberto* (p. 43), buscando fundamentos inclusive em outros dispositivos constitucionais (arts. 1º, III, e 5º, XXXIV e XXXV) (p. 44).

(366) BELTRAN, Ari Possidônio. *Direito do trabalho e direitos fundamentais*. São Paulo: LTr, 2002. p. 317.

(367) SANTOS, Enoque Ribeiro dos. *O dano moral na dispensa do empregado*. 2. ed. São Paulo: LTr, 2000. p. 95.

(368) FLORINDO, Valdir. *Dano moral e direito do trabalho*. 4. ed. São Paulo: LTr, 2002. p. 53.

ciência física, esta é transformado em motivo de gracejo pelo empregador ou outras pessoas no trabalho, com a anuência patronal. Neste particular, não se trata de indenização por dano estético que decorre de fato superveniente, mas de indenização por dano moral em decorrência de ofensas ao trabalhador cuja deficiência é preexistente, lembrando que existem diversas condições que privilegiam pessoas nessas condições, como consta do Estatuto da Pessoa com Deficiência (Lei n. 13.146/2015) (v., nesta Parte, Capítulo VII, n. 8).

Ademais, encontramos diversas outras oportunidades em que o dano moral está caracterizado. Um dos exemplos mais comuns é quando, em determinadas épocas festivas, os empregados, especialmente do comércio varejista, se veem obrigados a utilizar fantasias, tipo chapéu de palha e "Maria Chiquinha" em junho, por conta dos festejos juninos, gorro de Papai Noel nas proximidades do Natal, e similares. O empregado foi contratado para vender determinado produto e não servir de propaganda viva.

Outra situação que expõem o empregado é, tendo sido contratado para, v.g., recepcionista, ser mandado fazer panfletagem em pontos movimentados da cidade. Essa nova atividade nada tem a ver com o contrato primitivo, significando um razoável motivo para ser caracterizada uma ofensa moral ao trabalhador.

Existem várias modalidades de caracterização de dano moral, sendo certo, a nosso ver, a impossibilidade de serem cumulativamente reconhecidas. O dano moral é um só, conquanto possam ser diversas suas origens.

Destaque especial merece o dano moral decorrente de falta grave imputada ao empregado. Pode ocorrer de o empregado ser dispensado por justa causa, acusado de ter praticado uma das faltas elencadas no art. 482 da CLT. Concretizada a dispensa, este ajuiza reclamação perante a Justiça do Trabalho para ver retirada a prática que lhe foi atribuída e a consequente indenização por dano moral.

Como acentuamos acima, de todas as faltas imputáveis ao obreiro, essa (improbidade) é a pior das que se pode atribuir a um trabalhador, pelas razões que externamos alhures. Se foi esta a razão da dispensa e, em juízo resta não provada a sua prática, sendo, por corolário, injusta a despedida do obreiro, entendemos que tem ele direito à indenização por dano moral. Assim pensamos tendo em vista a gravidade dessa atribuição, sendo, todavia, necessária a comprovação da prática ilícita do empregador para gerar a dispensa do obreiro e a prova do dano consequente. O TST examinou essa matéria e entendeu que não cabe a indenização por dano moral na dispensa não provada de improbidade, porque é necessário a demonstração da pratica patronal irregular e o dano ao trabalhador[(369)]. Em outros termos, provada a atitude dolosa do empregador e caracterizado o dano ao obreiro cabe a indenização por dano moral/extrapatrimonial.

As modificações na legislação incluíram o dano extrapatrimonial (portanto, moral) em que é vítima o empregador. Assim como a CLT protege a etnia, idade, nacionalidade, honra, imagem, intimidade, liberdade de ação, autoestima, gênero, orientação sexual, saúde, lazer e integridade física da pessoa natural, geralmente (mas não exclusivamente) o empregado, igualmente garante a proteção da imagem, marca, nome, segredo empresarial e sigilo da correspondência da pessoa jurídica (entenda-se o empregador) (arts. 223-C e 223-D). Esses bens, em quaisquer circunstâncias, não podem ser violados, recordando as observações que formulamos acima a esse respeito, inclusive o sigilo da correspondência do trabalhador.

3.1. ASSÉDIO SEXUAL

Merecendo ser reprimido com bastante rigor, o assédio sexual pode se dar através de duas maneiras: por chantagem ou por intimidação[(370)], e configura-se um gravíssimo dano moral.

O Código Penal em vigor contempla o crime de assédio sexual no art. 216-A, introduzido pela Lei n. 10.224, de 15.05.2001:

> Art. 216-A. Constranger alguém com o intuito de obter vantagem ou favorecimento sexual, prevalecendo-se o agente da sua condição de superior hierárquico ou ascendência inerentes ao exercício de emprego, cargo ou função.
>
> Pena – detenção, de 1 (um) a 2 (dois) anos.

---

(369) Proc. TST E-RR - 169500-84.2003.5.16.0003, de 03.12.2009 (José de Ribamar Borgnetn de Araújo *vs.* Caixa Econômica Federal – CEF). Relatora: Min. Maria Cristina Irigoyen Peduzzi. Acesso em 22.11.2016.

(370) FERRARI, I. & MARTINS, Melchíades Rodrigues. *Dano moral: múltiplos aspectos nas relações de trabalho*. 3. ed. São Paulo: LTr, 2008. p. 143.

Em 2009, a Lei n. 12.015 acrescentou o § 2º, determinando que a pena seja aumentada de um terço se a vítima for menor de dezoito anos, o que, então, caracteriza a hipótese de trabalhador menor ou aprendiz.

Para configurar o assédio sexual, na lição de Agra Belmonte, tornam-se necessários três elementos: os sujeitos (o assediante, empregador ou preposto, e o assediado, empregado de qualquer sexo); a posição de ascendência do assediante sobre o assediado; a conduta coativa objetivando favores sexuais[(371)]. Lembra o jurista carioca que *não constituem assédio sexual o galanteio eventual, comentário ou olhar eventual de admiração, respeitosos e exercidos sem qualquer tipo de pressão*[(372)].

Impende destacar duas outras formas de assédio sexual, certamente mais difíceis, mas não impossíveis de ocorrer. A primeira é aquele que ocorre quando o empregado assedia um superior hierárquico, incorrendo aquele no cometimento da falta grave do art. 482, *j*, da CLT. A segunda identifica-se quando algum ou vários colegas de trabalho do mesmo nível na empresa assediam outro, o que dará ensejo ao empregador dispensar o assediador, com fulcro no mesmo dispositivo consolidado. Nas duas hipóteses, entretanto, não se deve cogitar da aplicação do art. 216-A do Código Penal, que pretende punir o empregador ou superior hierárquico da pessoa assediada.

3.2. ASSÉDIO PROCESSUAL

Dentre as diversas formas de dano moral, uma é menos comum. Trata-se do assédio processual, que não se refere às eventuais ofensas praticadas em peças processuais, entre as partes, com referências que agridam a personalidade. Evidente que a reiteração exagerada desses ataques pode caracterizar dano moral indenizável.

O assédio processual, no entanto, na doutrina de Irany Ferrari e Melchíades Martins, decorre do *prolongamento do processo sem motivo que o justifique, principalmente quando está presente a probabilidade de êxito do titular do direito*[(373)].

Ocorreria um *dano marginal*, causado por danos que extrapolariam a litigância de má-fé e outros atos que atentassem contra a dignidade da justiça, como previstos nos arts. 79, 80, 774 e seu parágrafo único do CPC, porque, na hipótese em comento, haveria repercussão no íntimo da pessoa, com prejuízos de ordem psicológica, atingindo seu comportamento em sociedade.

Este tema, todavia, ainda está em aberto, e necessita ser bastante amadurecido no Direito brasileiro, sendo certo, todavia, que, em havendo veracidade de sua prática, corresponderá a devida indenização à parte ofendida, pelo dano moral que sofreu.

O TST possui julgado reconhecendo essa prática, com penalização do empregado que litigou de má-fé, caracterizando o assédio processual. A ementa desse aresto, na parte referente ao tema tratado, consigna:

> 4. ASSÉDIO PROCESSUAL 4.1. O assédio processual consiste em modalidade de abuso do direito ao contraditório e à ampla defesa. É ideia que descende da construção dogmática do assédio moral, exigindo gravidade substancial, extraída de comportamento reiterado do litigante, capaz, inclusive, de gerar efeitos sobre o ânimo de seu oponente, para além de ferir a própria autoridade do Poder Judiciário. Assim, caracteriza-se pela deliberada utilização de sucessivos instrumentos processuais lícitos, com a finalidade de alongar, desarrazoadamente, a solução da controvérsia e, de tal modo, atingir a esfera psicológica da parte adversa. 4.2. Como toda espécie de abuso de direito, o assédio processual é considerado ato ilícito no ordenamento, o que, somando-se à existência do dano moral, gera o dever de indenizar. Nessa direção, confira-se a dicção dos arts. 187 do Código Civil e 16 do CPC[(374)]. 4.4. O manejo de ação rescisória sob fundamentos que tangenciam o absurdo desaconselha o provimento do apelo. 5. LITIGÂNCIA DE MÁ-FÉ - NÃO-CARACTERIZAÇÃO. Evidenciada a má-fé, não há como se afastar as penalidades interpostas.[(375)]

---

(371) BELMONTE, A. A. *Dano moral*... cit., p. 156-7.

(372) *Ibidem*, p. 157.

(373) FERRARI, I. & MARTINS, M. R. Ob. cit., p. 175.

(374) É o art. 79 do NCPC.

(375) Proc. TST-RO-293-76.2012.5.09.0000,de 2.2.2016 (Pedro Morbach vs. Comil Silos e Secadores Ltda. e Alexandre José Julhão de Souza. Rel.: Min, Alberto Luiz Bresciani de Fontan Pereira). Disponível em: <http://aplicacao4.tst.jus.br/consultaProcessual/consultaTstNumUnica.do?consulta=Consultar&conscsjt=&numeroTst=293&digitoTst=76&anoTst=2012&orgaoTst=5&tribunalTst=09&varaTst=0000&submit=Consultar>. Acesso em: 22 fev. 2016.

Em edições passadas, sustentamos que este tema ainda estava em aberto, necessitando ser bastante amadurecido no Direito brasileiro, sendo certo, todavia, que, em havendo veracidade de sua prática, corresponderá a devida indenização à parte ofendida, pelo dano moral que sofreu.

Essa antiga omissão trabalhista relativa ao assédio processual foi superada com o art. 793-A e seguintes da CLT, introduzidos com a reforma de 2017, justamente visando reprimir a litigância de má-fé. Se o assédio processual é a procrastinação do feito de modo doloso, a litigância de má-fé é a deslealdade de uma parte levando prejuízos propositais ao *ex adverso*. Guardam, portanto, extrema semelhança.

Assim, seja reclamante, reclamado ou interveniente, quem litigar de má-fé responderá por perdas (danos emergentes) e danos (lucros cessantes), conforme o art. 793-A da CLT, considerando-se litigante de má-fé que age praticando uma das atitudes enumeradas no art. 793-B:

> Art. 793-B. Considera-se litigante de má-fé aquele que:
>
> I – deduzir pretensão ou defesa contra texto expresso de lei ou fato incontroverso;
>
> II – alterar a verdade dos fatos;
>
> III – usar do processo para conseguir objetivo ilegal;
>
> IV – opuser resistência injustificada ao andamento do processo;
>
> V – proceder de modo temerário em qualquer incidente ou ato do processo;
>
> VI – provocar incidente manifestamente infundado;
>
> VII – interpuser recurso com intuito manifestamente protelatório.

Incorrendo na prática de um desses atos, a parte poderá ser condenada a pagar multa, cujo valor deve ser superior a 1% e inferior a 10% do valor corrigido da causa, indenizar os prejuízos sofridos pela parte adversa, arcar com os honorários advocatícios e responder por todas as despesas que efetuou. Não tratou o legislador de exigir a prática de todas as faltas, mas de apenas uma delas para se caracterizar a má-fé ensejadora da punição, da mesma forma com as responsabilidades, se demonstrado o dano, são integrais e não *de per se*.

O § 1º do mesmo art. 793-B dispõe que, se os litigantes de má-fé foram dois ou mais, a condenação de cada um será na proporção do respectivo interesse na causa ou solidariamente aqueles que se coligaram para causar dano à outra parte. Observe-se que, se o valor for irrisório ou inestimável, a multa deve ser de até duas vezes o limite máximo dos benefícios do RGPS (§ 2º). O juiz fixará o valor da indenização, e, se não for possível, poderá liquidá-lo por arbitramento ou pelo procedimento comum, nos próprios autos (§ 3º).

Ainda referente ao assédio processual, excelente medida foi tomada pelo art. 793-D da CLT, prevendo que a multa do art. 793-D é aplicável, também, à testemunha que falta com a verdade, seja alterando, seja omitindo fatos essenciais ao julgamento da causa, com a multa sendo executada nos mesmos autos. Entendemos ser salutar essa providência considerando que, no processo do trabalho, é fundamental o papel da testemunha, e esse tipo de prova tem importância muito significativa para formar o convencimento do julgador.

3.3. REVISTA ÍNTIMA

O empregador, exercendo o seu poder diretivo e fiscalizador, pode proceder à revista de seus empregados. É uma garantia que deve ter para a sua integridade patrimonial, mas que está limitada ao princípio basilar do respeito à dignidade humana.

Por isso mesmo, encontra-se submetida à CLT que, no art. 373-A, veda ao empregador ou seu preposto proceder a revistas íntimas das empregadas. Trata-se, de plano, de uma discriminação em razão que sexo que foi imediatamente afastada, devendo ser interpretado o preceito consolidado com extensão também aos homens, e como tal iremos examinar.

Foi promulgada, em 15.4.2016, a Lei n. 13.271, dispondo sobre a proibição de revista íntima de funcionárias nos locais de trabalho e que trataria também da revista íntima em ambientes prisionais, mas essa parte foi objeto de veto presidencial. De acordo com esse diploma, é proibida revista íntima em mulheres (empregadas, servidoras ou clientes) de empresas privadas, órgãos e entidades da administração pública, direta e indireta (art. 1º). Ocorrendo esse evento, o infrator ficará sujeito à multa no valor de R$-20.000,00, a ser revertida aos órgãos de proteção dos direitos da mulher, importância que será dobrada, em caso de reincidência, independência de indenização por danos morais e materiais e sanções de ordem penal (art. 2º).

A lei, na parte não vetada, que é a mencionada acima, é importante, mas discriminatória. Certamente, a jurisprudência brasileira irá corrigir a lamentável omissão de não terem sido os empregados, servidores e clientes em geral, sem distinção de sexo, mas apenas por sua condição de ser humano, igualmente incluídos como beneficiários do diploma. Haverá, quando isso ocorrer, que se proceder a ajustes quanto à destinação da multa a ser recolhida pelo infrator, a fim de que esses valores sejam interessados a outras entidades de proteção.

Será íntima a revista que obrigue o empregado a se despir ou que seja praticado qualquer ato que venha a expor seu corpo. Esse entendimento é claro na jurisprudência. O TST, inclusive, entende pelo cabimento de indenização por dano moral quando ocorre revista desse jaez, como se infere do julgado a seguir:

> RECURSO DE REVISTA. DANO MORAL. REVISTA ÍNTIMA. O art. 373-A da CLT dispõe que é vedado ao empregador ou preposto realizar revistas íntimas de empregadas ou funcionárias. A jurisprudência prevalecente desta Corte Superior é de que a exposição do trabalhador a revistas íntimas, em que é obrigado a se desnudar na frente de supervisores, do chefe, ou até de outros colegas, é abusiva, e excede o poder diretivo do empregador, ofendendo a dignidade da pessoa humana e o direito à intimidade do empregado. No caso concreto, a reclamante tinha sua bolsa revistada regularmente e, além disso, era submetida à revista íntima quando havia "sumiço" de peças, o que não se admite. Violação dos arts. 373-A, VI, da CLT e 5º, X, da CF demonstrada. Recurso de revista a que se dá provimento.(376)

São indevidas revistas que não obedeçam cautelas mínimas: respeito à intimidade, à honra e à imagem do trabalhador. Demais disso, deve ser observado se, no local de trabalho, existem bens de valor suscetíveis de apropriação, que possam ser subtraídos ou ocultados, e tenham significação expressiva para a empresa.

De boa cautela será a celebração de norma coletiva (convenção ou acordo) onde se estabeleçam as regras da revista, consignando oportunidades e condições para ser realizada.

No que refere ao fato de o preceito tratar apenas de revista íntima à mulher empregada, esse tema está superado. A vedação é para ambos os sexos, na forma do art. 5º, I, da Constituição, que veda discriminação dessa natureza. Nesse sentido, o Enunciado n. 15 aprovado durante a 1ª Jornada de Direito Material e Processual na Justiça do Trabalho, em 2007, e que, embora não tenha qualquer força vinculante, representa o pensamento de expressiva corrente da magistratura trabalhista brasileira. O Enunciado n. 15 consigna:

> I – REVISTA. ILICITUDE. Toda e qualquer revista, íntima ou não, promovida pelo empregador ou seus prepostos em seus empregados e/ou em seus pertences, é ilegal, por ofensa aos direitos fundamentais da dignidade e intimidade do trabalhador.
>
> II – REVISTA ÍNTIMA – VEDAÇÃO A AMBOS OS SEXOS. A norma do art. 373-A, VI, da CLT, que veda revistas íntimas nas empregadas, também se aplica aos homens em face da igualdade entre os sexos inscrita no art. 5º, I, da Constituição da República.

Ademais, os avanços tecnológicos permitem o uso de aparelhos detectores e mesmo de raio x, o que evitaria violação da intimidade do obreiro, da mesma forma como é recomendável que homens revistem homens e mulheres revistem mulheres. O TST possui precedente abordando o uso dessas modernidades, perfeitamente admitidas, afastando qualquer violação aos direitos do trabalhador:

> DANO MORAL. REVISTA A PERTENCES DO EMPREGADO. ESVAZIAMENTO DE BOLSAS E SACOLAS DIANTE DE CÂMERAS FILMADORAS. IMPESSOALIDADE. AUSÊNCIA DE INTERVENÇÃO HUMANA
>
> 1. A *revista* visual em bolsas, sacolas e demais pertences do empregado, desde que efetuada de maneira impessoal e respeitosa, não acarreta dano moral. Precedentes da SbDI-1 do TST.

---

(376) Proc. TST 5ª RR 45400-16.2009.5.24.0006, de 01.06.2011 (Maria Aparecida Luzzi dos Santos *vs.* Universo Íntimo Indústria e Comércio de Vestuário Ltda.). Re.: Min. Kátia Magalhães Arruda. Disponível em: <https://aplicacao5.tst.jus.br/consultaProcessual/consultaTstNumUnica.do?consulta=Consultar&conscsjt=&númeroTst=45400&digitoTst=16&anoTst=2009&orgaoTst=5&tribunalTst=24&varaTst=0006>. Acesso em: 13 mar. 2014.

2. Não faz jus à indenização a tal título o empregado que, a exemplo dos demais, submetia-se à revista de seus pertences na entrada e na saída da sede da empresa, mediante a abertura e o esvaziamento das respectivas bolsas e sacolas diante de câmeras filmadoras. Checagem impessoal, sem qualquer intervenção humana, levada a cabo unicamente por meio de mecanismo de filmagem.

3. Embargos de que se conhece, por divergência jurisprudencial, e a que se dá provimento[(377)].

Deve ser feita em caráter geral, sem distinção de empregados, impessoal portanto, com discrição e urbanidade, e dentro do ambiente da empresa ao final da jornada, sem pretender expor o trabalhador a qualquer condição vexatória, como mandar despir suas roupas ou mostrar partes íntimas de seu corpo, sendo apenas mera inspeção visual. Eis decisões do TST neste sentido:

DANO MORAL. INEXISTÊNCIA. Revista íntima aleatória. – Restou delimitado no v. acórdão regional que a revista intima aos empregados se dava de forma aleatória, sem contato físico e sem exposição dos empregados. Assim, a revista não constitui por si só, motivo a provar o constrangimento, nem violação da intimidade da pessoa, tampouco discriminação, visto que a revista era realizada de forma impessoal, razão por que indevida a indenização por dano moral. Recurso de Revista conhecido e provido[(378)].

RECURSO DE REVISTA. DANO MORAL. INDENIZAÇÃO. REVISTA EM PERTENCES DOS FUNCIONÁRIOS. INSPEÇÃO DE BOLSAS. – Esta Corte tem reiteradamente entendido que a mera inspeção visual de bolsas, pastas e sacolas dos empregados, sem contato corporal e ausente qualquer evidência de que o ato possua natureza discriminatória, não é suficiente para, por si só, ensejar reparação por dano moral. Precedentes. Não conhecido[(379)].

Bastante frequente é essa revista a bolsas e mochilas. Idealmente, não há necessidade de seus usuários portarem tantas coisas nesses adereços, geralmente cheias de objetos desnecessários. Porém, a revista que se processar deve ser superficial, de modo a não causar constrangimento ao trabalhador violando sua dignidade. Ocorrendo revista na qual, *v.g.*, sejam retirados os pertences do empregado de seu interior, e não apenas o simples inspeção visual, entendemos caracterizado o dano moral decorrente de revista íntima abusiva. O julgado do TST a seguir demonstra a inexistência de dano quando realizada a revista sem exposição desnecessária do obreiro:

REVISTAS EM BOLSAS E/OU SACOLAS – DANO MORAL – INEXISTÊNCIA DE DIREITO À INDENIZAÇÃO. A revista em bolsas e sacolas dos empregados da empresa, realizada de modo impessoal, geral e sem contato físico, e sem expor a sua intimidade, não submete o trabalhador a situação vexatória e não abala o princípio da presunção da boa-fé que rege as relações de trabalho. O ato de revista de empregados, em bolsas e sacolas, por meio de verificação visual, é lícita, consistindo em prerrogativa do empregador, tendo em vista o seu poder diretivo, não caracterizando prática excessiva de fiscalização capaz de atentar contra a dignidade do empregado. Recurso de revista conhecido e provido[(380)].

---

(377) Proc. TST-SBDI-I-RR-1489-73.2010.5.19.0000, de 24.10.2013 (Transforte Alagoas Vigilância e Transporte de Valores Ltda. *vs.* Thiago Marcelo Alves), Rel.: João Oreste Dalazen Disponível em: <http://aplicacao5.tst.jus.br/consultaunificada2/inteiroTeor.do?action=printInteiroTeor&format=html&highlight=true&númeroFormatado=E-RR%20-%201489-73.2010.5.19.0000&base=acordao&rowid=AAANGhAA+AAANvJAAD&dataPublicacao=08/11/2013&localPublicacao=DEJT&query=revista%20and%20%EDntima>. Acesso em: 28 mar. 2014. Grifamos.

(378) Proc. TST-RR-375/2007-062-03-40.9, de 19.11.2008 (Italog Serviços Ltda. vs.Denilson Ronilson Nascimento e Minasmix Atacado Distribuidor Ltda.). Rel.: Min. Aloysio Correa da Veiga. Disponível em: http://aplicacao5.tst.jus.br/consultaunificada2/inteiroTeor.do?action=printInteiroTeor&format=html&highlight=true&númeroFormatado=RR%20-%2037540-43.2007.5.03.0062&base=acordao&rowid=AAANGhAAFAAAobPAAI&dataPublicacao=05/12/2008&localPublicacao=DEJT&query=dano%20and%20moral%20and%20revista%20and%20%EDntima>. Acesso em: 30 mar. 2014.

(379) Proc. TST-RR-2988700-56.2009.5.09.0015, de 11.5.2011 (Rosângela Aparecida da Silva vs. WMS Supermercados do Brasil Ltda.) Rel.: Min. Emmanoel Pereira. Disponível em: <http://aplicacao5.tst.jus.br/consultaunificada2/inteiroTeor.do?action=printInteiroTeor&format=html&highlight=true&numeroFormatado=RR%20-%202988700-56.2009.5.09.0015&base=acordao&rowid=AAANGhAA+AAAMAbAAC&dataPublicacao=20/05/2011&localPublicacao=DEJT&query=privacidade%20and%20intimidade>. Acesso em: 18 març. 2016.

(380) Proc. TST-RR-626/2006-403-04-00.0, de 15.10.2008 (Carrefour Comércio e Indústria Ltda. vs. Simone Mendes). Rel.: Ministro Vieira de Mello Filho. Disponível em: <http://aplicacao5.tst.jus.br/consultaunificada2/inteiroTeor.do?action=printInteiroTeor&format=html&highlight=true&númeroFormatado=RR%20-%2062600-69.2006.5.04.0403&base=acordao&rowid=AAANGhAAFAAAogbAAI&dataPublicacao=24/10/2008&localPublicacao=DEJT&query=dano%20and%20moral%20and%20revista%20and%20%EDntima>. Acesso em: 30 mar. 2014.

Em arremate, temos que a revista íntima deve ser considerada dano moral, porque violadora da dignidade da pessoa humana, quando passar dos limites do razoável, conforme exposto acima.

3.4. DANO BIOLÓGICO

Acidente do trabalho e doença profissional são coisas absolutamente distintas. Aquele é evento imprevisível que ocorre na vida do trabalhador enquanto tal e esta decorre de algum tipo de atividade que lhe causa prejuízo à saúde.

Em situação assim, ocorre o dano biológico, que é aquele violador da integridade física e/ou psíquica do empregado, podendo levá-lo, em circunstâncias mais graves, até a óbito.

Ao exame das questões que medeiam o acidente de trabalho (v., adiante, n. 6), algumas hipóteses de dano biológico serão referidas, devendo ser registrado que, na sua ocorrência, caberá a devida indenização pelo dano moral gerado pelo dano biológico.

3.5. ASSÉDIO MORAL E DANO PSICOLÓGICO

O dano psicológico é o *bulliging* que se assemelha ao *mobbing*. O assédio moral trabalhista, que é um mal que surgiu com o próprio trabalho, como ensinado por Irany Ferrari e Melchíades Rodrigues Martins(381), pode confundir-se com o dano moral, sendo este corolário daquele(382). O dano moral é a ofensa aos direitos da personalidade do trabalhador, mas que nem sempre decorre do assédio moral, que é o terrorismo psicológico, consistente na prática de atos, gestos ou palavras que humilhem o empregado ou lhe criem constrangimento, de modo frequente, com intuito de discriminá-lo, a fim levar a sua retirada do emprego.

Márcia Novaes Guedes observa que,

> no mundo do trabalho, assédio moral significa todos aqueles atos comissivos ou omissivos, atitudes, gestos e comportamentos do patrão, da direção da empresa, de gerente, chefe, superior hierárquico ou dos colegas, que traduzem uma atitude continua e ostensiva de perseguição que possa acarretar danos relevantes às condições físicas, psíquicas, morais e existenciais da vítima(383).

Para Mansueti, o assédio moral surge *como expresión de violencia laboral, constituye una indebida usurpación a la libertad de la persona o un desprecio a la humanidad del trabajador*(384).

Pode ser vertical (praticado pelo empregador ou superior hierárquico), horizontal (por um colega de trabalho do mesmo nível) ou ascendente (praticado por um subordinado). Confunde-se, como referido acima, com o *bulling*, que é um assédio psicológico, que pode ser caracterizado por insinuações ou difamações verbais.

Para Riva Severino, além dessas espécies, também podem ser encontrados outros tipos de prática de *mobbing*: estratégico (quando o empregado é tratado de modo deliberadamente frio pelo superior), não intencional (quando não fica evidenciada a intenção de isolar o trabalhador) e emocional ou relacional (que ocorre nas relações interpessoais)(385).

Esse assédio costuma ser praticado pelo menos uma vez por semana e por um tempo razoável, seis meses, *v. g.*, sendo caracterizado justamente por ser uma conduta prolongada, reiterada e frequente e que, regra geral, não atinge o empregado negligente, relaxado com o serviço. Ao contrário, a vítima do *mobbing* costuma ser aquele cumpridor rigoroso de suas tarefas, que nunca se atrasa, ingênuo e prestativo, sempre correto no desempenho de seu mister. Essas qualidades causam inveja e mal estar nos demais, que não as possuem, e passam, inclusive os superiores, a provocar constrangimentos e humilhações a esse empregado caprichoso.

Na Itália, é chamado de *persecuzioni*, e, Lucia Silvagna cita o controle exagerado da saúde de um trabalhador, se reiterado e desnecessário, a ponto de constrangê-lo, pode, embora sendo prática lítica (preservar a saúde do

---

(381) FERRARI, I. & MARTINS, M. R. Ob. cit., p. 98.

(382) V., por todos, GARCIA, G. F. B. *Curso*... cit., 8. ed. 2014, p. 173.

(383) GUEDES, Márcia Novaes. *Terror psicológico no trabalho*. 3. ed. São Paulo: LTr, 2008. p. 33.

(384) MANSUETI, H. R. *Art. cit.*, p. 65.

(385) RIVA, Severino. *Compendio di diritto del lavoro*. 16. ed. Napoles: Simone, 2012. p. 141.

obreiro), significar um assédio moral, na medida em que o prejudica psicologicamente[386]. Recorde-se, inclusive, que na seguridade social italiana já se admite a existência da doença profissional denominada *síndrome de mobbing*, que tem origem no terror psicológico, como anota Mônica Guedes[387].

Riva Severino explica que

> nel corso degli ultimi anni, nell'ambienti lavorativo si sono riscontrati sempre più spesso, tesi all'umiliazione, alla mortificazione e marginalizzazione personalità morale denominati comumente mobbing[388].

Na Argentina, onde é preferida a denominação *acoso moral*[389], existem leis específicas nas diversas Províncias, reprimindo esse ato.

Dentre outras hipóteses, podem se considerar assédio moral as seguintes:

- isolar o empregado, separando-o do convívio com os demais, afastando-o do contato com colegas e superiores;
- dar ao empregado tarefas que sejam reconhecidamente humilhantes, como determinar, em um hospital, que um médico faça propaganda externa, distribuindo panfletos na rua, divulgando atividades do estabelecimento;
- propagar notícias infamantes que depreciem o empregado, tanto oralmente como através de outros meios, inclusive pela Internet;
- ridicularizar o empregado, obrigando-o a usar trajes inadequadas, fazendo-o realizar castigos, tipo dançar para os colegas de forma a colocar o trabalhador em condição vexatória.

Existe, também, o *straining*, espécie de assédio moral que significa é o *stress* forçado a que o empregado se vê forçado, decorrente, *v. g.*, da exigência de cumprimento de metas que causa dano pessoal, abalando-o moralmente.

Esse trauma psicológico decorre de algum sofrimento ou alguma dor, física ou emocional, que leva ao medo, depressão, pânico, estresse, afetando o próprio comportamento da pessoa.

O sentir-se ameaçado de ser despedido e, em consequência, ficar com sua família ao desamparo, numa ação repetida por várias semanas e meses, conduzindo o trabalhador ao desespero, leva ao dano psicológico a que nos referimos, da mesma forma como difamar o empregado dentro e fora do ambiente de labor, o que refletirá diretamente sobre seu estado emocional.

A doutrina italiana acrescenta, ainda, outros tipos de *mobbing*. O do *usuário*, quando, p. ex., o usuário reclama de forma violenta e agressiva do empregado que lhe presta serviço; o *compulsivo*, quando o comportamento da pessoa em relação à outra enseja o *mobbing*; o *residual*, aquele deixado na pessoa após demoradas práticas de assédio[390].

A eventual indenização por assédio moral e dano psicológico decorrente daquele deve ser atendida como indenização por dano moral.

3.6. DANO EXISTENCIAL

Quando os projetos de vida do trabalhador são violados, quando restam impossíveis de serem alcançados, e isso representa reflexos graves ao seu bem-estar psicológico estamos diante do que se chamada *dano existencial*, ligado ao dano psicológico.

Ocorre inúmeras vezes no âmbito de trabalho. São casos, *v. g.*, de negar permissão ao empregado para se ausentar temporariamente do trabalho a fim de prestar exame de vestibular, prejudicando-lhe o futuro profissional, ou impedir que desenvolva alguma prática desportiva, fora do horário do expediente, ou exigir-lhe sobrejornada

---

(386) SILVAGNA, Lucia. I "nuovi danni" alla persona nel rapporto del lavoro. Il dano da mobbing: *la Fattispecie. In: Revista do Programa de Pós-Graduação em Direito da Universidade da Amazônia*. Belém, 2(2):50-52, nov. 2006.

(387) GUEDES, M. N. Ob. cit., p. 133.

(388) RIVA, S. Ob. cit., p. 139.

(389) MANSUETI, H. R. *Art. cit.*, p. 60.

(390) DE LUCA, Angelo. *Il mobbing: conoscerlo per difendersi*. Manfredonia, Andrea Pacilli Editore, 2015. p. 36.

frequente e não observar as regras do *banco de horas*, ou, desmotivadamente, cancelar as férias já concedidas prejudicando o empregado do convívio familiar.

Evidente que, em casos dessa natureza, o prejuízo ao trabalhador é subjetivo, lhe está sendo negado o direito à felicidade (v., a esse respeito, nesta Parte, Capítulo III, n. 3.11), e, por corolário, a usufruir de alguns dos direitos contemplados no art. 6º da Constituição de 1988. É praticamente unânime o entendimento de que a caracterização do dano existencial está ligada, na sua essência, à frustração de um projeto de vida do trabalhador.

No julgamento, pela 1ª Turma do TST, do AIRR-308-86.2012.5.03.0008, relatado pelo Min. Hugo Carlos Scheuermann, de 14.05.2014, ficaram esclarecidos pontos importantes sobre o dano existencial, como seus elementos e sua adequada caracterização. Acentua o aresto:

> Constituem elementos do dano existencial, além do ato ilício, o nexo de causalidade e o efetivo prejuízo, o dano à realização do projeto de vida e o prejuízo à vida de relações.
>
> Com efeito, a lesão decorrente da conduta patronal ilícita que impede o empregado de usufruir das diversas formas de relações sociais fora do ambiente de trabalho (familiares, atividades recreativas e extralaborais), ou seja, que obstrua a integração do trabalhador à sociedade, ao frustrar o projeto de vida do indivíduo, viola o direito da personalidade do trabalhador e constitui o chamado dano existencial(391).

Identificada sua ocorrência, tem o trabalhador direito a ser indenizado, incluindo-se este no rol do dano moral em seu sentido lato.

Nesse aspecto, expressiva parte da doutrina é tendente a admitir duas espécies distintas de danos imateriais, o moral *stricto sensu* e o existencial, o que, ao cabo, conduz ao mesmo destino do dano moral *lato sensu*(392), não sendo, a nosso ver, pertinente atribuir-se duas indenizações distintas tendo por base o mesmo fato gerador.

4. DANO MATERIAL/PATRIMONIAL

Dano material, também chamado de dano patrimonial, refere à violação de direitos patrimoniais do empregado, e sua reparação engloba os danos emergentes e os lucros cessantes, isto é, aquilo que o indivíduo perdeu e o que deixou de auferir em decorrência do acontecimento, tendo como objetivo recompor o patrimônio do trabalhador ao mesmo patamar existente antes do fato gerador, nos termos dos arts. 402 e 949 do Código Civil.

Justamente pelo art. 402 do Código Civil é que se amplia o alcance do dano material não apenas para repor a perda patrimonial sofrida, mas para abranger *o que deixou de lucrar*, ou o lucro cessante.

Danos materiais são, *v. g.*, despesas de deslocamento que o trabalhador fez para desempenhar atividades por designação do empregador; custeio de tratamento médico, em caso de urgência ou emergência, sem atendimento fornecido pelo empregador.

Acrescente-se que o STJ fixou entendimento jurisprudencial no sentido da possibilidade de cumulação do dano moral com o dano material:

> Súmula n. 37 – São cumuláveis as indenizações por dano material e dano moral oriundos do mesmo fato.

Com efeito, resultam plenamente possível condenações para indenizar o trabalhador pelo duplo dano sofrido.

5. DANO ESTÉTICO

O dano estético diz respeito à deficiência física (deformidade); à deformação visual do indivíduo, que lhe pode acarretar discriminação social, descaso etc. O dano estético decorre do próprio direito à vida saudável, que é

(391) Proc. TST-1ª T.-AIRR-308-86.2012.5.03.0008, de 14.05.2014 (Eugenio Lysei Junior *vs.* Accenture do Brasil Ltda.). Relator: Hugo Carlos Scheuermann. Disponível em: <https://aplicacao5.tst.jus.br/consultaProcessual/consultaTstNumUnica.do?consulta=Consultar&conscsjt=&númeroTst=308&digitoTst=86&anoTst=2012&orgaoTst=5&tribunalTst=03&varaTst=0008>. Acesso em: 26 maio 2014.

(392) V., a respeito de dano existencial, TUMA, Márcio Pinto Martins. *Aplicação do intervalo intrajornada: um dano existencial*. São Paulo: LTr, 2016, especialmente p. 93-95.

inviolável conforme a Constituição no art. 5º, V e X. Para a caracterização do dano estético, a própria deficiência em si já autoriza o pagamento da indenização.

Observamos que alguns autores revelam que não são cumuláveis as indenizações por dano moral e por dano estético(393). Porém, entendemos que os fatos geradores de ambos são diferentes e as consequências do evento, mesmo podendo ser o mesmo, não são iguais.

Assim é o caso de um operário que perde um membro (braço ou perna, *v. g.*), em decorrência de acidente de trabalho, ficando evidente a culpa patronal. Ou de um trabalhador que, vítima de assalto quando a serviço do empregador, é baleado e adquire sequela permanente, ficando paraplégico.

Não se confundem dano moral com dano estético, que não guardam semelhança entre si. Aquele é íntimo. Este é aparente, visível, expondo a pessoa ao desprezo público, ou a odiosas formas de discriminação, ou ainda à execração popular. Tampouco este tipo de dano é anterior à relação estabelecida entre empregado e empregador. A deformidade já existia e, nesse caso, o dano estético não está caracterizado, embora seja cabível indenização por dano moral, em decorrência de assédio moral sofrido pelo empregado pela deformidade preexistente.

Aqui, reitere-se, o dano estético surgiu em decorrência da atividade laboral, donde a pertinência de uma outra indenização que não se confunde com alguma oriunda de dano moral.

6. DANO COLETIVO

O dano coletivo é aquele que atinge um número indeterminado de pessoas. É de alcance difuso, mas as vítimas sempre integram um mesmo grupo social.

Com propriedade, Alexandre Agra Belmonte explica que:

> o dano coletivo pode ser causado a um conjunto de pessoas pré-associadas em torno de um fim comum, quando então atinge interesse coletivo, ou a uma coletividade de pessoas dispersas, agredindo assim interesses difusos, sendo exemplo desse tipo de dano a poluição do meio ambiente por uma fábrica e daquele uma ofensa à classe trabalhadora(394).

Alice Monteiro de Barros destaca que, diferentemente do dano individual, onde é lesada uma pessoa, no dano coletivo *o prejuízo é mais disperso ou difuso, porém, perceptível, pois as pessoas lesadas integram uma determinada coletividade*(395), e situa a existência de dano coletivo próprio e impróprio, ocorrendo este quando não é possível apontar o causador. O dano próprio decorre de uma conduta antissocial de um grupo determinado, sem possibilidade de incriminar alguém, mas o responsável pelo empreendimento(396).

De outro prisma, o dano coletivo pode ter atingido a várias pessoas e, nesse particular, ainda com Alice Monteiro de Barros, ocorre responsabilidade coletiva que é uma espécie de responsabilidade por fato de terceiro em benefício de uma socialização ou fracionamento dessa responsabilidade(397).

Tem sido muito frequente identificar esse tipo de dano coletivo em locais distantes na região amazônica, onde é encontrada a prática de trabalho forçado, que, nessas áreas, tem a denominação específica de *aviamento*, tema que trataremos adiante (v., nesta Parte, Capítulo XVI, n. 3.1).

Os riscos que envolvem o grupo de trabalhadores causam prejuízos físicos, morais, psicológicos, sendo aplicadas multas que revertem em favor do FAT (Fundo de Amparo ao Trabalhador), quando o ideal seria destinar-se aos próprios ofendidos.

7. ACIDENTE DO TRABALHO

Embora não seja competência da Justiça do Trabalho decidir sobre o acidente do trabalho, matéria que é afeita à Justiça estadual, embora devesse ser da Especializada, por todas as razões, seja pela finalidade da Justiça do

---

(393) DALLEGRAVE NETO, José Affonso. *Responsabilidade civil no direito do trabalho*. 2. ed. São Paulo: LTr, 2007. p. 159.

(394) BELMONTE, A. A. *Tutela da composição dos danos morais nas relações de trabalho*. São Paulo: LTr, 2014. p. 28.

(395) BARROS, A. M. de. *Curso*... cit., p. 659.

(396) BARROS, A. M. de. Op. cit., p. 659.

(397) BARROS, A. M. de. Op. cit., p. 660.

Trabalho, será pelo fato que se examina, seja pelos envolvidos na pendência. Embora, defendamos que a Justiça do Trabalho teria essa responsabilidade, diferentemente entendeu a Suprema Corte, razão pela qual devemos nos submeter a sua decisão.

Para a Justiça do Trabalho, entretanto, tocou apreciar o tema relativo à indenização pelos efeitos do acidente do trabalho. Geralmente, nas ações propostas, o tema pode surgir como: dano moral, dano material ou dano estético. Ressaltamos que, *data venia* do STF, a nosso ver, deveria ser da Justiça do Trabalho a apuração do acidente de trabalho e todos os seus consectários.

Entenda-se por acidente de trabalho o acontecimento ocasional e imprevisto que, ocorrendo direta ou indiretamente por força da atividade desenvolvida, infortunadamente, atinge o empregado, provocando-lhe danos à saúde, inclusive lesões corporais ou desconforto funcional, causando-lhe:

1) invalidez temporária ou permanente para o trabalho;
2) redução permanente ou temporária da capacidade de trabalho;
3) perda total ou parcial de parte de seu corpo; e,
4) a morte.

Como pontuado, não cabe apreciar, na discussão entre empregador x empregado no âmbito da Justiça do Trabalho, o acidente em si, porque o tema é objeto do art. 19 da Lei n. 8.213/1991, estando dentro da atuação da previdência social. O que se cuida, aqui, é de que, configurado o acidente de trabalho, em havendo alguma sequela, caberá indenização por esses efeitos do empregador, diretamente responsável, para o empregado, vítima do evento.

Esse comando decorre do art. 949 do Código Civil, aplicável subsidiariamente ao Direito do Trabalho, por força do art. 8º, parágrafo único, da CLT.

7.1. INDENIZAÇÃO PELOS DANOS AO TRABALHADOR

Podem decorrer do acidente de trabalho diversas indenizações corolário de vários efeitos que afetam o trabalhador. **Dano material** são as despesas com tratamento de saúde e os lucros cessantes, considerando que, por longo período, o obreiro fica afastado da atividade produtiva. **Dano estético** são as sequelas e aleijões deixados na vida, e que podem gerar incômodo, desconforte, tornando a aparência exterior profundamente desagradável. **Dano moral** geral são os aborrecimentos e as humilhações a que se submete o acidentado, que devem ser indenizadas.

Nessa situação, encontram-se os casos de empregados que perdem parcial ou totalmente a audição ou a visão, que têm parte de seus dedos seccionados em máquinas da empresa; que sofrem acidentes externos, e ficam com graves sequelas, estando a serviço do empregador. Em muitos casos, a ocorrência de disacusia, por exemplo, decorre da falta de fornecimento de EPI. Acidentes envolvendo o trabalhador que utiliza motocicleta própria ou da empresa para serviços desta. A responsabilidade é objetiva do empregador.

De lembrar que, se, em decorrência também do acidente de trabalho, o empregado vem a óbito, deve o empregador ser responsabilizado pelas despesas com tratamento, funeral, pelo luto familiar, além de alimentos a quem o falecido deveria suprir, durante o tempo provável de sua vida, obedecendo o art. 948, I e II, do Código Civil.

Para identificar o *quantum* indenizatório, devemos recorrer ao art. 944 do Código Civil:

> Art. 944. A indenização mede-se pela extensão do dano.
>
> Parágrafo único. Se houver excessiva desproporção entre a gravidade da culpa e o dano, poderá o juiz reduzir, equitativamente, a indenização.

Daí podem ser colhidos os elementos: extensão do dano, gravidade da culpa em relação ao dano, redução equitativa do valor da indenização em caso de desproporção com a violação praticada.

Da mesma forma, devemos considerar as condições dos envolvidos. Sua projeção na sociedade, seu poder econômico. Como lembra Agra Belmonte, se o abalo é superável, menor a indenização; se a pessoa atingida for notória, sua indenização será maior, porque maior a extensão de seus efeitos; ademais, é importante considerar o caráter pedagógico da indenização, levando em conta as condições econômicas do ofensor e do ofendido[398].

(398) BELMONTE, A. A. *Tutela da composição...* cit., p. 226.

Importante anotar a razão das três indenizações cabíveis: o dano material visa a repor as despesas com o tratamento do trabalhador (exceto, evidente, aquelas respondidas pelo empregador); o dano estético destina-se a reparar as sequelas que lhe feriram o corpo; o dano moral objetiva recompor o abalo íntimo que atingiu sua honra e sua personalidade.

8. PARAMETRIZAÇÃO DO DANO EXTRAPATRIMONIAL

Complementarmente às situações referentes à indenização por dano moral decorrente de acidente de trabalho, que vimos acima, a CLT, a partir da Lei n. 13.467/2017, com as outras mudanças introduzidas pela MP n. 808/2017, trouxe regramento sobre possibilidade de cumulação de pedidos, critérios para apreciação do dano e tabelamento do valor de eventual condenação.

8.1. CUMULAÇÃO DE PEDIDOS

Destaca o art. 223-F da CLT que:

> Art. 223-F. A reparação por danos extrapatrimoniais pode ser pedida cumulativamente com a indenização por danos materiais decorrentes do mesmo ato lesivo.

Este dispositivo está seguindo o entendimento da jurisprudência dominante, conforme consta da Súmula n. 37 do STJ, que contempla: *são cumuláveis as indenizações por dano material e dano moral oriundos do mesmo fato*, devendo ser também compreendida a possibilidade de cumulação de dano estético, à vista do que consta da Súmula n. 387 também do STJ:

> Súmula n. 387 – É lícita a cumulação das indenizações de dano estético e dano moral.

Corroborando esse registro, o CPC admite a possibilidade de cumulação, devendo, por força do art. 769, da CLT, ser aplicado às questões judiciais na Justiça do Trabalho, quando existe omissão, como é o caso, na norma própria. Assim, o art. 327 do CPC consigna:

> Art. 327. É lícita a cumulação, em um único processo, contra o mesmo réu, de vários pedidos, ainda que entre eles não haja conexão.

Admitida a cumulação, a CLT prevê que o juiz deverá, ao decidir, discriminar de forma a ficar bastante claras as condições do que deve ser corrigido. Assim, deve indicar os valores das indenizações referentes aos danos patrimoniais (os materiais) e aqueles pertinentes aos de natureza extrapatrimonial (moral e estético).

Por fim, esclareceu o legislador que os lucros cessantes e os danos emergentes não estão incluídos nos eventuais valores atribuídos aos danos extrapatrimoniais. É assim que prevê o § 2º do art. 223-F:

> § 2º A composição das perdas e danos, assim compreendidos os lucros cessantes e os danos emergentes, não interfere na avaliação dos danos extrapatrimoniais.

O tratamento é altamente prejudicial ao ofendido, devendo, apesar da regra do art. 223-A, prevalecer o bom senso e o espírito de justiça que deve nortear minimamente as decisões do Poder Judiciário. Com efeito, entenda-se por perdas e danos aquilo que a parte deixou de ganhar (lucros cessantes) e o que perdeu (danos emergentes) e que devem ser, se for o caso, acrescidos ao *quantum* indenizatório, observando o regramento constante do art. 402 do CCB:

> Art. 402. Salvo as exceções expressamente previstas em lei, as perdas e danos devidas ao credor abrangem, além do que ele efetivamente perdeu, o que razoavelmente deixou de lucrar.

8.2. CRITÉRIOS PARA APRECIAÇÃO DO DANO

As regras introduzidas na CLT e vigentes a partir de novembro de 2017, criaram critérios que o juiz deve atender ao apreciar pedido de indenização por dano extrapatrimonial. São doze pontos que estão no art. 223-G da CLT, a saber:

I – a natureza do bem jurídico tutelado;

II – a intensidade do sofrimento ou da humilhação;

III – a possibilidade de superação física ou psicológica;

IV – os reflexos pessoais e sociais da ação ou da omissão;

V – a extensão e a duração dos efeitos da ofensa;

VI – as condições em que ocorreu a ofensa ou o prejuízo moral;

VII – o grau de dolo ou culpa;

VIII – a ocorrência de retratação espontânea;

IX – o esforço efetivo para minimizar a ofensa;

X – o perdão, tácito ou expresso;

XI – a situação social e econômica das partes envolvidas;

XII – o grau de publicidade da ofensa.

A rigor, esses elementos não são novidade alguma. A Justiça do Trabalho, desde sempre, tem pautado sua atuação considerando exatamente esses aspectos, e continuará a fazê-lo, como sói acontecer.

8.3. TABELAMENTO DO DANO

Embora o dano trabalhista exista desde sempre na CLT, não existia, fixado em lei, um critério claro. Tentou fazê-lo a Lei n. 13.467/2017, ao cuidar do dano extrapatrimonial. E não foi bem no que pretendeu. Criou um tabelamento, em estágios, como se o dano pudesse ter o mesmo resultado em todas as pessoas. Esqueceu de um critério para quem não tem *salário contratual*. Fixou limites, mas olvidou disposições constitucionais que prevêem o direito à reparação integral do dano (art. 5º, ns. V e X, da Constituição).

A MP n. 808/2017 reverteu (ou tentou reverter) o equívoco do tabelamento a partir do salário contratual, mas não cuidou do direito à reparação integral do dano, pelo que persiste a possível inconstitucionalidade. A base de cálculo deverá observar o valor do limite máximo dos benefícios do RGPS, que, 2018, é de R$-5.645,80. Os múltiplos desse valor servem para apurar o montante do dano a ser reparado e, havendo reincidência de quaisquer das partes, o juízo (referindo-se ao juiz) poderá dobrar o valor da indenização (§ 3º do art. 235-G da CLT), considerando-se reincidência a ocorrência de ofensa idêntica no prazo de até dois anos, a partir do trânsito em julgado da decisão condenatória (§ 4º do mesmo artigo).

A tabela abaixo demonstra como se parametrizou o dano extrapatrimonial no Direito do Trabalho brasileiro, considerando o disposto no § 1º do art. 223-G consolidado, que leva sempre em conta múltiplos do valor do limite máximo dos benefícios do RGPS. Lembremos um aspecto fundamental: a parametrização do mencionado § 1º não será aplicada a danos extrapatrimoniais decorrentes de morte (falecimento de trabalhador ou de empregador individual) (§ 5º do art. 223-G), o que seria, por tudo, um absurdo tabelar a morte. Da mesma forma, não se trata, em hipótese alguma, de extinção de pessoa jurídica. Vejamos a tabela:

Natureza do dano	Limite máximo da indenização
Leve	Até 3 vezes o máximo do benefício do RGPS
Média	Até 5 vezes o máximo do benefício do RGPS
Grave	Até 20 vezes o máximo do benefício do RGPS
Gravíssima	Até 50 vezes o máximo do benefício do RGPS

Como se verifica, os limites da indenização a cada ofendido dependerão da natureza da ofensa: leve, média, grave e gravíssima. O mesmo critério será aplicado para a indenização ao empregador, considerando o salário contratual do empregado ofensor (§ 2º do art. 223-G). Havendo reincidência, os valores poderão ser dobrados, segundo entender o magistrado (§ 3º do mesmo artigo).

Será isso uma boa medida? Parametrizar o dano moral, escalando-o em quatro níveis, sem maiores considerações, é uma providência extremamente relativa. Devemos considerar dano leve o que? E o gravíssimo? O *caput* do art. 223-G enumera uma dúzia de situações a considerar para quantificar o dano. Não basta essa relação exemplificativa. Afinal, as ofensas, as mágoas, os danos devem ser qualificados, não devem ser tabelados, nem para o lado do empregado, nem para o lado do patrão. É a singela diferença entre qualificar e quantificar.

Vivemos o tempo todo ouvindo o mesmo e repetido discurso: *cada caso é um caso*. E é verdade. Não existem casos rigorosamente iguais. Existem semelhanças. Enfim, as peculiaridades dos seres humanos, os traços característicos de cada um, os pensamentos da pessoa são necessariamente coisas específicas, próprias e individualizadas.

O tabelamento da indenização do dano, como se fosse o de um produto que se compra em qualquer estabelecimento comercial, está se assemelhando a um lamentável e criticável absurdo.

Esperemos que esses dispositivos sejam revistos e ajustados à realidade. Deixe o legislador à discricionariedade de cada julgador, ao exame dos autos, onde estão os fatos e as provas, a tarefa, que não é fácil, de fixar o valor.

Considerando cada ser humano individualizado, o dano leve de um poderá significar o dano gravíssimo de outro, e vice-versa. Não faz mal pensar nisso.

Capítulo XIV

SALÁRIO E REMUNERAÇÃO

1. DISTINÇÕES NECESSÁRIAS

O *salário* é a quantia paga ao trabalhador pelo empregador em decorrência de contrato de trabalho, pela contraprestação do seu trabalho, ainda que interrompido e em outros casos previstos em lei.

Entende-se como *remuneração* as importâncias recebidas habitualmente pelo empregado em troca da prestação de seus serviços, em dinheiro ou em utilidades, por força de contrato de trabalho, pelo empregador ou terceiros, destinadas a satisfazer suas necessidades e de sua família.

Essas duas denominações são utilizadas nas relações de trabalho regidas pelo regime da CLT. A primeira é espécie da qual a segunda é gênero.

Existem outras, porém, cada qual destinada a um determinado setor da atividade humana. Magistrados e membros do Ministério Público recebem *subsídios*. Aposentados recebem *proventos*. O *salário* dos militares chama-se *soldo*. Os profissionais liberais, *honorários*.

De acordo com o art. 457, da CLT, a remuneração inclui as gorjetas, e dela fazem parte outras vantagens percebidas na vigência do contrato de trabalho como horas extras, adicional noturno, adicional de periculosidade, adicional de insalubridade, comissões, percentagens, gratificações, diárias para viagem, abonos pagos pelo empregador, entre outras.

Nesse passo, importante destacar a impropriedade do pagamento de todas essas parcelas sob uma única rubrica. Em isso ocorrendo, estamos diante do pagamento complessivo, e esse tipo de procedimento é nulo para todos os fins, consoante a Súmula n. 91 do TST:

> Súmula n. 91 – SALÁRIO COMPLESSIVO – Nula é a cláusula contratual que fixa determinada importância ou percentagem para atender englobadamente vários direitos legais ou contratuais do trabalhador.

2. ELEMENTOS CARACTERIZADORES DO SALÁRIO

São cinco os elementos que servem para caracterizar o salário.

O primeiro é a habitualidade, que decorre da natureza sucessiva do contrato de trabalho, ou seja, a continuidade do serviço tem, como corolário, o pagamento do salário.

A periodicidade permite que o salário mensal seja pago não apenas a cada trinta dias, período máximo permitido (art. 459, *caput*, da CLT), mas semanal ou quinzenalmente. Jamais, no entanto, ultrapassando o quinto dia útil subsequente ao vencido (art. 459, § 1º, da CLT).

O terceiro elemento é o fato de o salário ser quantificável, isto é, o empregado tem o direito de saber quais os seus valores e quais as parcelas que lhe estão sendo pagas, o que, por corolário, veda o pagamento complessivo de seus salários, na linha do disposto na Súmula n. 91 do TST.

A essencialidade do salário decorre de ser necessário para a conservação da relação empregatícia, porque representa a contraprestação pecuniária em troca do trabalho prestado. Quem paga o salário é o empregador (art. 2º da CLT), e quem recebe, em troca de seu trabalho, é o empregado (art. 3º da CLT). Se o trabalho for a título gracioso, não remunerado, não há vínculo de emprego, conquanto seja possível existir outro tipo de relação.

Finalmente, a reciprocidade caracteriza-se pelo grau de responsabilidade e pelas condições em que o trabalho é prestado, o que enseja a existência de salários diferentes, uns maiores e outros menores, justamente considerando esse traço peculiar a cada qual. Ademais, é decorrência do próprio caráter sinalagmático do contrato de trabalho.

3. ELEMENTOS INTEGRANTES DO SALÁRIO

De acordo com o § 1º do art. 457 consolidada, integram o salário, que é a importância fixa estipulado no contrato, também as gratificações legais e de função e as comissões pagas pelo empregador, além das utilidades fornecidas (alimentação, habitação, vestuário), de acordo com o *caput* do art. 458 da CLT. Se considerarmos a remuneração, há que se acrescentar as gorjetas (*caput* do art. 457).

Com as mudanças introduzidas na CLT, em 2017, modificaram-se as condições de algumas parcelas. Assim, mesmo que habituais, deixaram de integrar a remuneração do empregado, não se incorporando ao contrato de trabalho, nem constituindo base de incidência de qualquer encargo trabalhista e previdenciário: ajuda de custo (no limite de 50% da remuneração mensal), auxílio-alimentação (que não pode ser pago em dinheiro), diárias para viagem de qualquer valor e prêmios (art. 457, § 2º, da CLT). Observe-se que, com essa redação, tais parcelas perderam sua natureza salarial, mas, no que refere à tributação, não foram excluídas da incidência, quando couber, do imposto sobre a renda.

3.1. COMISSÃO

Trata-se de um valor determinado recebido pelo empregado. Pode-se dizer que é o gênero, do qual a percentagem é uma espécie. Se seu valor mensal for inferior ao salário mínimo, o empregado terá essa garantia, conforme o art. 78, parágrafo único, da CLT.

Os vendedores, pracistas ou viajantes possuem norma específica que regula o pagamento das comissões sobre as vendas que realizarem, que é a Lei n. 3.207, de 18.07.1957.

De acordo com a Súmula n. 340 do TST, o percentual de 50% relativo a horas extras, quando se referir a empregado que receba sobre comissões, o adicional será calculado considerando o valor das comissões recebidas no mês, tendo por divisor o número de horas efetivamente trabalhadas.

Algumas características da comissão, especialmente ante o disposto na Lei n. 3.207/1957, demonstram que sendo desfeita a venda por qualquer motivo (desinteresse do comprador, ato do empregador, *v. g.*), ainda assim o empregado tem direito ao ajustado. Na venda à prestação, a comissão é paga conforme o recebimento de cada parcela (art. 5º da Lei n. 3.207/1957). Ocorrendo insolvência do comprador, o art. 7º da mesma lei dispõe que o valor da comissão deve ser estornado do que receber o empregado, e, nesse particular, entendemos como Alice Monteiro de Barros que não é justa essa medida quando demonstrada a boa-fé do empregado[(399)].

3.2. PERCENTAGEM

Cuida-se de uma espécie de comissão. O percentual é fixo, incidindo sobre o preço do produto vendido pelo empregado. Sempre o salário mínimo ficará garantido.

3.3. DIÁRIAS

Destinam-se as diárias a pagar ao empregado para responder por despesas que terá em caso de viagem (deslocamento), hospedagem, alimentação, movimentação no destino, podendo ou não haver comprovação no retorno,

(399) BARROS, A. M. de. *Curso*... cit., 6. ed., p. 719.

com a devolução ou não – dependendo do ajuste celebrado com o empregador – dos valores recebidos a maior. Ao contrário do direito anterior, se o valor for menor que metade da remuneração mensal, não integrará essa remuneração (art. 457, § 2º), possuindo natureza indenizatória.

3.4. REEMBOLSO DE DESPESAS

Embora guarde semelhança, o reembolso de despesas não deve ser confundido com diárias. Trata-se de uma indenização que o empregado recebe em decorrência de gastos que efetuou em viagem a serviço do empregador. Podem ser, dentre outros, despesas com hospedagem, alimentação, transporte para a viagem e de deslocamentos internos para atender às necessidades do serviço, geralmente reembolsáveis mediante comprovação de terem sido realmente efetuadas.

3.5. ABONOS

Os abonos são antecipações salariais ou um *plus* concedido pelo empregador que poderá ou não ser compensado futuramente tendo natureza salarial. Durante as 72 horas de vigência das mudanças da Lei n. 13.467/2017 na CLT, os abonos ficaram sem integrar a remuneração do empregado, mas, com a edição da MP n. 808/2017, não mais foi incluído no rol do art. 457, § 2º, da CLT.

3.6. PRÊMIOS

Cuida a CLT de definir claramente a figura do prêmio no § 4º do art. 457 da CLT:

> § 4º Consideram-se prêmios as liberalidades concedidas pelo empregador em forma de bens, serviços ou valor em dinheiro a empregado ou a grupo de empregados, em razão de desempenho superior ao ordinariamente esperado no exercício de suas atividades.
>
> § 22. Consideram-se prêmios as liberalidades concedidas pelo empregador, até duas vezes ao ano, em forma de bens, serviços ou valor em dinheiro, a empregado, grupo de empregados ou terceiros vinculados à sua atividade econômica em razão de desempenho superior ao ordinariamente esperado no exercício de suas atividades.

Essa premiação, que não é salário, é um *plus* que o empregado (mas não exclusivamente) pode receber, mas que não será parte integrante de sua remuneração porque, ainda que recebido anos a fio, poderá ser suprimido pelo livre-arbítrio ou pelo capricho patronal, sem que possa ser argumentada a necessidade de dar estabilidade financeira ao trabalhador.

Com a MP n. 808/2017, ocorreu o acréscimo do § 22 do art. 457 mencionado, limitando a concessão desses prêmios a duas vezes ao ano, da forma indicada no § 4º (bens, serviços ou valor em dinheiro). Observe-se, todavia, que o prêmio não é concedido apenas ao empregado, senão também ao grupo de empregados ou a terceiros, cujo desempenho tenha relação com a atividade econômica de quem oferece a premiação, considerando o desempenho superior ao ordinário que se espera desse terceiro. Estamos, assim, diante do que se chama de *guelta* (v., abaixo, neste capítulo, n. 10.1).

3.7. GRATIFICAÇÕES AJUSTADAS

Geralmente as gratificações ajustadas decorrem de acerto tácito, face alguma atividade específica desenvolvida pelo trabalhador, como as gratificações de função e de tempo de serviço. Embora a gratificação paga uma única vez não faça parte integrante do salário, aquela quando for habitual tem natureza salarial. O TST possui algumas Súmulas que cuidam do tema, destacando a n. 152, que destaca:

> Súmula n. 152 – GRATIFICAÇÃO. AJUSTE TÁCITO – O fato de constar do recibo de pagamento de gratificação o caráter de liberalidade não basta, por si só, para excluir a existência de ajuste tácito.

Essa súmula sinaliza que o empregador deve, ao pactuar alguma gratificação, deixar claro sua finalidade, porque não existe, no entendimento jurisprudencial prevalente, liberalidade quando se paga gratificações com frequência.

4. ADICIONAIS DE INSALUBRIDADE E DE PERICULOSIDADE

4.1. FINALIDADE E ALCANCE DOS ADICIONAIS

A CLT adota medidas destinadas a segurança, saúde, higiene e medicina do trabalho. Tentando minimizar os danos à saúde do trabalhador, criou os adicionais de insalubridade, que já existia desde a Lei n. 185, de 14.01.1936(400), e de periculosidade, introduzido pela Lei n. 2.573, de 15.08.1955. Originando **ônus para os** empregadores, o legislador pretendeu reduzir os prejuízos físicos para os empregados. É certo que não soluciona o problema, mas a reposição financeira serve de paliativo (falso, é verdade) desses malefícios.

No que tange às **atividades ou operações insalubres**, o art. 189 da CLT define:

> Art. 189. Serão consideradas atividades ou operações insalubres aquelas que, por sua natureza, condições ou métodos de trabalho, exponham os empregados a agentes nocivos à saúde, acima dos limites de tolerância fixados em razão da natureza e da intensidade do agente e do tempo de exposição aos seus efeitos.

Ao M.Tb. incumbe regular essas atividades insalubres e o limite de tolerância, meios de proteção e tempo máximo de exposição, através de Normas Regulamentares, as NRs, consoante dispõe o art. 190 consolidado. Será a partir da inclusão da atividade como insalubre ou perigosa que o adicional correspondente passará a ser devido (art. 196 da CLT).

Existem duas formas legais para ser considerada como eliminada ou neutralizada a insalubridade, conforme o art. 191 consolidado. Primeiro, mediante a adoção de *medidas que conservem o ambiente de trabalho dentro dos limites de tolerância* (inciso I) ou, segundo, ou através da *utilização de equipamentos de proteção individual ao trabalhador, que diminuam a intensidade do agente agressivo a limites de tolerância* (inciso II), incumbindo às SRTEs a verificação satisfatória ou não dessas providências (parágrafo único). Note-se que a condição insalubre não desapareceu, nem o direito à percepção do adicional. Este deixará de existir somente na hipótese do art. 194 da CLT: quando for eliminado o risco à saúde e integridade do empregado.

A CLT fixou percentuais para amenizar os danos causados à saúde do trabalhador, considerando os graus máximo, médio e mínimo de exposição, com os adicionais correspondentes de 40%, 20% e 10%, consoante o art. 192, que devem ser calculados sobre o salário contratual do obreiro, tendo em vista o disposto no art. 7º, IV, da Constituição, e na Súmula Vinculante n. 4 do STF.

O TST adotou a Súmula n. 448, cujo item I, exige o reconhecimento pelo M.Tb. das condições de insalubridade, independentemente de laudo pericial. De outro lado, no item II, considera que, no trabalho em higienização de instalações sanitárias e coleta de lixo em local de uso público ou de grande movimento, cabe o pagamento do adicional em comento em seu grau máximo. A súmula consagra:

> SÚMULA N. 448 – ATIVIDADE INSALUBRE. CARACTERIZAÇÃO. PREVISÃO NA NORMA REGULAMENTADORA N. 15 DA PORTARIA DO MINISTÉRIO DO TRABALHO N. 3.214/78. INSTALAÇÕES SANITÁRIAS.
>
> I – Não basta a constatação da insalubridade por meio de laudo pericial para que o empregado tenha direito ao respectivo adicional, sendo necessária a classificação da atividade insalubre na relação oficial elaborada pelo Ministério do Trabalho.
>
> II – A higienização de instalações sanitárias de uso público ou coletivo de grande circulação, e a respectiva coleta de lixo, por não se equiparar à limpeza em residências e escritórios, enseja o pagamento de adicional de insalubridade em grau máximo, incidindo o disposto *no Anexo 14 da NR-15 da Portaria do M.Tb. n. 3.214/78 quanto à coleta e industrialização de lixo urbano.*

No que refere às **atividades ou operações perigosas**, incumbe também ao M.Tb. a sua regulamentação, considerando como tal as que exponham o trabalhador a risco por exposição permanente a inflamáveis, explosivos ou

---

(400) O art. 2º, da Lei n. 185/1936, dispunha, *verbis: Salário mínimo é a remuneração mínima devida ao trabalhador adulto por dia normal de serviço. Para os menores aprendizes ou que desempenhem serviços especializados é permitido reduzir até de metade o salário mínimo e para os trabalhadores ocupados em serviços insalubres e permitido argumental-o na mesma proporção.* Grifamos a parte final do artigo que contempla a expressa referência ao adicional.

energia elétrica, assim como a roubos ou outras espécies de violência física nas atividades de segurança pessoal ou patrimonial (incisos I e II do art. 193 da CLT).

O inciso II do art. 193 consolidado foi acrescentado pela Lei n. 12.740, de 08.12.2012, ampliando o alcance do adicional de periculosidade, considerando a condição de os trabalhadores em segurança pessoal ou patrimonial poderem manusear explosivos.

Depois, a Lei n. 12.997 de 18.06.2014, introduziu o § 4º ao art. 193 consolidado, determinando:

> § 4º São também consideradas perigosas as atividades de trabalhador em motocicleta.

Trata-se de mais uma ampliação do alcance original do adicional em comento, que, a nosso ver, começa a perder sua característica primitiva, observando que, para os motociclistas o argumento seria o do grande número de acidentes de trânsito que envolve pessoas que desempenham essa atividade. A questão, todavia, mereceria exame diverso e mecanismo igualmente diverso, máxime se for considerada a realidade vivenciada sobretudo nas grandes cidades, onde os acidentes envolvendo pessoas com motos, geralmente, são ocasionados pela imprudência desses usuários.

O trabalho em condições perigosas garante ao empregado, em qualquer das hipóteses do art. 193, um *plus* de 30% sobre seu salário-base, ou seja, sem nenhuma espécie de acréscimos, conforme a dicção do § 1º do mesmo art. 193 consolidado.

O § 2º desse mesmo artigo, todavia, dispõe:

> § 2º O empregado poderá optar pelo adicional de insalubridade que porventura lhe seja devido.

Esse dispositivo faculta ao empregado que está simultaneamente trabalhando em atividade insalubre e de perigosa escolher entre qual dos dois adicionais (que tem direito) um para receber a contrapartida, proibido receber cumulativamente.

Defendemos a possibilidade de cumulação desses adicionais, até como medida de minimizar, pela via pecuniária, os graves prejuízos à saúde da pessoa humana. Adiante, voltaremos a esse tema (v., em seguida, n. 4.2).

Aos ganhos do vigilante o empregador poderá descontar ou compensar sobre o adicional de periculosidade outros similares que, por força de acordo coletivo, haja concedido anteriormente (art. 193, § 3º, da CLT).

O TST tem entendido que o adicional de periculosidade de 30% não é devido para os vigias, porque a atividade que desenvolvem não se insere no conceito de segurança pessoal ou patrimonial objeto do Anexo 3 da NR-16 do M.Tb.[(401)]

Assim como com relação à insalubridade, também na periculosidade o adicional só deixará de ser percebido pelo empregado quando eliminado o risco à sua saúde e integridade física (art. 194 da CLT).

Consoante o comando consolidado, é indispensável perícia técnica, de responsabilidade de médico do trabalho ou engenheiro do trabalho, para caracterizar e identificar a insalubridade e a periculosidade, podendo as empresas e sindicatos de trabalhadores interessados solicitarem ao M.Tb. seja realizada, objetivando inclusive a delimitação das atividades que se enquadram nessas hipóteses (art. 195 e § 1º da CLT).

Também em juízo pode ser arguida a existência dessas condições, sendo designado perito habilitado ou requisitada perícia ao M.Tb., independente da ação fiscalizadora do órgão, além de realização *ex officio* da perícia (§§ 2º e 3º do mesmo artigo).

Impende ainda anotar que pode ser dispensada essa prova pericial, presumindo-se a condição perigosa da atividade, e, por corolário, devido o adicional de 30%, quando há, pelo empregador, o seu pagamento espontâneo. Nesse sentido, a Súmula n. 453 do TST:

> SÚMULA N. 453 – ADICIONAL DE PERICULOSIDADE. PAGAMENTO ESPONTÂNEO. CARACTERIZAÇÃO DE FATO INCONTROVERSO. DESNECESSÁRIA A PERÍCIA DE QUE TRATA O ART. 195 DA CLT. O pagamento de adicio-

---

(401) Proc. TST RR 480-86.2015.5.06.0251. de 15.6.2016 (Aguinaldo José da Silva Melo vs. Novatec Construções e Empreendimentos Ltda. e Givaldo Gonçalves da Silva. Rel.: Min. Kátia Magalhães Arruda). Disponível em: <http://aplicacao4.tst.jus.br/consultaProcessual/consultaTstNumUnica.do?conscsjt=&numeroTst=480&digitoTst=86&anoTst=2015&orgaoTst=5&tribunalTst=06&varaTst=0251&consulta=Consultar>. Acesso em 2 ago. 2016.

nal de periculosidade efetuado por mera liberalidade da empresa, ainda que de forma proporcional ao tempo de exposição ao risco ou em percentual inferior ao máximo legalmente previsto, dispensa a realização da prova técnica exigida pelo art. 195 da CLT, pois torna incontroversa a existência do trabalho em condições perigosas.

4.2. CUMULAÇÃO DOS ADICIONAIS

Retornando ao § 2º do art. 193 da CLT, esse dispositivo, embora anterior à Constituição de 1988, veio interpretar o direito à percepção dos dois adicionais, vedando a cumulação de ambos, e criando uma *opção* ao empregado, e, nessa linha de proibição, a NR-15, no seu item 3 (Portaria MTb n. 3.214, de 08.06.1978), assinala:

> 15.3. – No caso de incidência de mais de um fator de insalubridade, será apenas considerado o de grau mais elevado, para efeito de acréscimo salarial, sendo vedada a percepção cumulativa.

Em outros termos, a legislação infraconstitucional brasileira, interpretando de forma extremamente literal o preceito da Lei Maior (inciso XXIII do art. 7º), e desatenta às medidas as quais, em nível mundial, têm sido tomadas para a preservação do bem-estar do trabalhador, manteve a impossibilidade de cumulação dos dois adicionais, mediante essa *opção forçada* do empregado (art. 193, § 2º, da CLT) e, ainda que a insalubridade seja verificada em mais de um fator, somente terá direito o empregado ao valor do grau mais elevado, vedada sua percepção cumulativa, isto é, de dois adicionais de insalubridade (NR-15, n. 15.3).

Desde há algum tempo que a doutrina vem tentando cumular (ou acumular, expressões sinônimas) os dois adicionais. Por isso, com a lucidez peculiar, Rodrigues Pinto apontou:

> causa profunda espécie que o art. 193, § 2º, da CLT, herdando restrição levantada desde a Lei n. 2.573/55, que instituiu o adicional de periculosidade, tenha aberto ao empregado submetido às duas condições mais severas de serviço, simultaneamente, o direito de 'optar (?) pelo adicional de insalubridade que porventura lhe seja devido', quando comprovado pericialmente que também trabalhou em condição perigosa. Explicação jurídica não encontramos para isso daí entendermos ter havido uma recaída do legislador em favor do poder econômico[402].

4.2.1. *A regra das Convenções ns. 148 e 155 da OIT*

Vejamos como está o Direito Internacional do Trabalho e se constatará a dissonância do Brasil com as regras que, internacionalmente, são criadas para minorar os desgastes à saúde do trabalhador e proporcionar melhor qualidade de vida.

Em 20.06.1977, a OIT adotou a Convenção n.148, sobre a proteção dos trabalhadores contra os riscos profissionais devidos à contaminação do ar, o ruído e as vibrações no lugar do trabalho, vigente desde 11.06.1979, e que o Brasil ratificou a 14.01.1982, promulgada pelo Decreto n. 93.413/1986. Após, em 22.06.1981, foi adotada a Convenção n. 155, sobre segurança e saúde dos trabalhadores e o meio ambiente de trabalho, que o Brasil igualmente ratificou, tendo sido promulgada pelo Decreto n. 1.254, de 29.09.1994.

Estes tratados internacionais, incorporados ao Direito brasileiro antes da EC n. 45/2004, e, portanto, sem o *quorum* previsto no art. 5º, § 3º, da Constituição, têm, a nosso ver, nível de lei federal.

A regra da supralegalidade que se quer atribuir a certas normas porque cuidariam de direitos humanos não pode ter a abrangência e a elasticidade que boa parte da doutrina pretende imprimir, aplicando a teoria do controle de convencionalidade, para, em se cuidando de tratados sobre direitos humanos, considerar sua hierarquia acima da Constituição.

Podemos admitir, todavia, que seja possível aplicar as Convenções ns. 148 e 155 como instrumentos legais, e pelos critérios que sempre adotou a Suprema Corte brasileira, os da especialidade (*lex specialis derrogat generalis*) e da cronologia (*lex posterior derrogat legi priori*)[403].

---

(402) RODRIGUES PINTO, J. A. *Curso de direito individual...* cit., p. 344.

(403) A posição adotada pelo STF foi reiterada na ADIn 1.480-3-DF, de 26.06.2011, acerca da denúncia do Brasil à Convenção n. 158 da OIT (Rel.: Min. Celso de Mello) (V. o nosso *Direito do Trabalho no STF* (5). São Paulo: LTr, 2002. p. 15-22).

A supralegalidade, que comentamos (v., nesta Parte, Capítulo II, n. 4), é, equiparando as convenções em apreço às garantias constitucionais, pela via do § 2º do art. 5º da Constituição, o fundamento que, hodiernamente, torna admissível o pagamento cumulativo, considerando, como exposto alhures, o entendimento mais recente do Excelso Pretório brasileiro.

Sendo assim, e tratando especificamente da Convenção n. 155, devemos examinar se se refere aos adicionais de insalubridade e de periculosidade, considerando-a superior às regras da CLT, quer porque norma especial, quer porque sua incorporação ao Direito brasileiro foi posterior à nossa Consolidação.

Uma política ambiental trabalhista é traçada no art. 4 da Convenção. O n. 1 consigna:

> 1. Todo Membro deverá, em consulta às organizações mais representativas de empregadores e de trabalhadores, e levando em conta as condições e a prática nacionais, formular, pôr em prática e reexaminar periodicamente uma política nacional coerente em matéria de segurança e saúde dos trabalhadores e o meio ambiente de trabalho.

Como se verifica, o Estado deverá criar uma política de meio ambiente de trabalho e mecanismos de proteção à segurança e à saúde dos trabalhadores. Note-se, neste particular, que o TST tem incrementado campanha de alto nível no sentido da prevenção de acidentes de trabalho.

O n. 2 do mesmo art. 4º registra o principal objetivo desta política ambiental trabalhista:

> 2. Essa política terá como objetivo prevenir os acidentes e os danos à saúde que forem consequência do trabalho, tenham relação com a atividade de trabalho, ou se apresentarem durante o trabalho, reduzindo ao mínimo, na medida que for razoável e possível, as causas dos riscos inerentes ao meio ambiente de trabalho.

Ora, a OIT reúne quase duzentos países, todos com problemas sérios relacionados com o meio ambiente. Daí, dentre outras tarefas para tornar efetiva a política preconizada no art. 4º, a Convenção n. 155 cuidou, no art. 11, de pugnar pela realização progressiva de algumas, chamando atenção a da letra *b*, que é a seguinte:

> b) a determinação das operações e processos que serão proibidos, limitados ou sujeitos à autorização ou ao controle da autoridade ou autoridades competentes, assim como a determinação das substâncias e agentes aos quais estará proibida a exposição no trabalho, ou bem limitada ou sujeita à autorização ou ao controle da autoridade ou autoridades competentes; deverão ser levados em consideração os riscos para a saúde decorrentes da exposição simultâneas a diversas substâncias ou agentes;

Como se constata, devem ser proibidos trabalhos insalubres e perigosos, e, se existirem, devem se sujeitar à autorização e controle de autoridade competente. Como anotou Sérgio Pinto Martins, *a supressão do trabalho insalubre ou perigoso é mais vantajosa para o empregado, sob o ângulo de não desenvolver trabalho que lhe são prejudiciais à sua saúde*[404].

Mais que isso: a parte final da alínea *b* é clara. Devem ser considerados os riscos decorrentes da exposição *simultânea* a esses agentes nocivos à saúde. Em outros termos, podem ser criados mecanismos para eliminação dos riscos à saúde e, evidente, dentre eles, a fixação de reparação pecuniária ao trabalhador.

No caso brasileiro, a reparação *in pecunia* é o adicional que existe para essas atividades tidas como insalubres e/ou perigosas.

O que se cogita, todavia, é da possibilidade de cumulação do direito a perceber os dois adicionais se constatado ser o trabalho simultaneamente insalubre e perigoso.

4.2.2. *O ajuste necessário na legislação brasileira*

Considerando as regras vigentes no Brasil e o comando introduzido pela Convenção n. 155, acreditamos que deva ser modificado o entendimento prevalente no Brasil, da não acumulação dos dois adicionais.

Observa Gustavo Barbosa Garcia que,

> *tende a prevalecer que ele [empregado] não faz jus ao recebimento de ambos os adicionais ao mesmo tempo, entendimento este que, no entanto, merece <u>fundada crítica</u>, pois, se o empregado está exposto tanto ao agente insalubre*

(404) MARTINS, S. P. *Direito do trabalho*. 26. ed. São Paulo: Atlas, 2010. p. 256.

como também à periculosidade, nada mais justo e coerente do que receber ambos os adicionais (art. 7º, XXIII, da CF/1988), uma vez que os fatos geradores são distintos e autônomos[(405)].

A intenção desses acréscimos não é apenas minorar os malefícios à sua higidez. É tentar, pela via de aumento da despesa na folha de pagamento, com razoável acréscimo no custo da mão de obra, desestimular os empregadores a adotarem atividades dessa natureza e a controlarem, com rigor, o uso dos equipamentos de proteção individual, que deverão ser adequados, com reposição periódica e fiscalização permanente.

Sendo assim, e com respaldo na Convenção n. 155, devemos considerar que o adicional de insalubridade é devido pelas atividades insalubres que o obreiro desenvolver, considerando cada um dos agentes insalubres. Se forem dois agentes, o adicional de insalubridade deve ser devido duas vezes, levando em conta, em cada caso, o percentual correspondente, conforme fixado nas NRs do M.Tb. Não é só uma forma de melhor remunerar o trabalhador. Ao contrário. É um meio de obrigar o empregador a reduzir os níveis de insalubridade. Essa é a opinião insuspeita de Alice Monteiro de Barros, citando precedente de sua lavra, quando foram deferidos dois adicionais de insalubridade a um empregado que trabalhava com raio X e em contato com portadores de moléstia contagiosa[(406)].

Na mesma linha, Sebastião Geraldo de Oliveira, certamente um dos maiores conhecedores de questões jurídicas em torno da saúde do trabalhador, pontifica ensinando: *ora, se o trabalhador estiver exposto a um, a alguns ou a diversos agentes, receberá somente um adicional?*

Prossegue, dizendo que,

> *não há razão biológica, nem lógica e muito menos jurídica para tal vedação. Não há razão biológica, nem lógica e muito menos jurídica para tal vedação. Em termos biológicos, está comprovado que a exposição simultânea a mais de um agente agressivo reduz a resistência do trabalhador, agravando-se ainda mais a situação pelo efeito sinérgico das agressões, isto é, a presença de mais de um agente insalubre além de somar, em muitas circunstâncias, multiplica os danos à saúde*[(407)].

De outro lado, constatada a existência de ambiente insalubre e atividade caracteristicamente perigosa, o trabalhador deve ter direito à percepção dos dois adicionais. E são várias as razões. Uma delas, *o pagamento do adicional [de insalubridade] não resolve o problema relativo à saúde do trabalhador*[(408)], mas inibe o trabalho nessas condições. Outra, os fatos geradores. Como observado por Süssekind, *enquanto, na insalubridade, o agente agressor mina incessantemente a saúde do trabalhador, na periculosidade há exposição a um risco que, eventualmente, pode ocasionar em grave sinistro*[(409)].

Embora a jurisprudência brasileira, majoritariamente, entenda que não cabe a cumulação dos dois adicionais em comento, algumas decisões de vanguarda já são encontrados, dentre as quais uma oriunda do TRT da 3ª Região, assim ementada:

> ADICIONAIS DE INSALUBRIDADE E PERICULOSIDADE. POSSIBILIDADE DE CUMULAÇÃO. Havendo prova técnica a demonstrar que em um determinado período do contrato o reclamante estivera exposto, simultaneamente, a dois agentes agressivos, um insalubre e outro perigoso, ele faz jus ao pagamento de ambos, haja vista que o disposto no art. 193, § 2º da CLT não é compatível com os princípios constitucionais de proteção à vida e de segurança do trabalhador. (Tribunal Regional do Trabalho da 3ª Região. RO n. 00354-2006-002-03-00-4. Rel. Des. Marcos Moura Ferreira. Belo Horizonte, MG, 23 de outubro de 2006)[(410)].

---

(405) GARCIA, G. F. B. *Curso...* cit., 5. ed., 2011, p. 386. Grifos do original.

(406) BARROS, A. M. *Curso...* cit., 2005, p. 741. Nessa linha, escreve Vólia Bonfim Cassar:

Infelizmente e de forma absurda, o TST tem sustentando que os adicionais não se acumulam caso o empregado esteja exposto a mais de um agente nocivo, baseado na vedação contida no item 15.3 da NR-15, da Portaria n. 3.214/1978. Entendemos de forma diversa. Se o adicional visa indenizar a nocividade do trabalho executado pelo empregado, se as nocividades são múltiplas, os adicionais também deveriam ser. (CASSAR, Vólia Bomfim. *Direito do Trabalho*. 7. ed. Rio de Janeiro: Forense, São Paulo: Método, 2012. p. 818).

(407) OLIVEIRA, Sebastião Geraldo de. *Proteção jurídica à saúde do trabalhador*. 4. ed. São Paulo: LTr, 2002. p. 368.

(408) MARTINS, S. P. *Direito do Trabalho...*, cit., 29. ed. 2013. p. 255.

(409) SUSSEKIND, A. L. *et alii*. *Instituições... cit.* (II). 21. ed. 2003. p. 928.

(410) Disponível em: <http://as1.trt3.jus.br/consulta/detalheProcesso1_0.htm?conversationId=3430973>. Acesso em: 18 jan. 2013.

Avançado e louvável é o julgado do TST, de 2015, da lavra do Min. Claudio Brandão, que conhece a possibilidade da cumulação que defendemos. Diz a ementa desse importante precedente:

> CUMULAÇÃO DOS ADICIONAIS DE INSALUBRIDADE E PERICULOSIDADE. POSSIBILIDADE. PREVALÊNCIA DAS NORMAS CONSTITUCIONAIS E SUPRALEGAIS SOBRE A CLT. JURISPRUDÊNCIA CONSOLIDADA DO STF QUANTO AO EFEITO PARALISANTE DAS NORMAS INTERNAS EM DESCOMPASSO COM OS TRATADOS INTERNACIONAIS DE DIREITOS HUMANOS. INCOMPATIBILIDADE MATERIAL. CONVENÇÕES NS. 148 E 155 DA OIT. NORMAS DE DIREITO SOCIAL. CONTROLE DE CONVENCIONALIDADE. NOVA FORMA DE VERIFICAÇÃO DE COMPATIBILIDADE DAS NORMAS INTEGRANTES DO ORDENAMENTO JURÍDICO. A previsão contida no artigo 193, § 2º, da CLT não foi recepcionada pela Constituição Federal de 1988, que, em seu artigo 7º, XXIII, garantiu de forma plena o direito. Este documento pode ser acessado no endereço eletrônico http://www.tst.jus.br/validador sob código 1000E68E2350D6134C. Poder Judiciário Justiça do Trabalho Tribunal Superior do Trabalho fls.2 PROCESSO Nº TST-RR-773-47.2012.5.04.0015. Firmado por assinatura digital em 23/04/2015 pelo sistema AssineJus da Justiça do Trabalho, conforme MP 2.200-2/2001, que instituiu a Infra-Estrutura de Chaves Públicas Brasileira. ao recebimento dos adicionais de penosidade, insalubridade e periculosidade, sem qualquer ressalva no que tange à cumulação, ainda que tenha remetido sua regulação à lei ordinária. A possibilidade da aludida cumulação se justifica em virtude de os fatos geradores dos direitos serem diversos. Não se há de falar em *bis in idem*. No caso da insalubridade, o bem tutelado é a saúde do obreiro, haja vista as condições nocivas presentes no meio ambiente de trabalho; já a periculosidade traduz situação de perigo iminente que, uma vez ocorrida, pode ceifar a vida do trabalhador, sendo este o bem a que se visa proteger. A regulamentação complementar prevista no citado preceito da Lei Maior deve se pautar pelos princípios e valores insculpidos no texto constitucional, como forma de alcançar, efetivamente, a finalidade da norma. Outro fator que sustenta a inaplicabilidade do preceito celetista é a introdução no sistema jurídico interno das Convenções Internacionais ns. 148 e 155, com *status* de norma materialmente constitucional ou, pelo menos, supralegal, como decidido pelo STF. A primeira consagra a necessidade de atualização constante da legislação sobre as condições nocivas de trabalho e a segunda determina que sejam levados em conta os "riscos para a saúde decorrentes da exposição simultânea a diversas substâncias ou agentes". Nesse contexto, não há mais espaço para a aplicação do artigo 193, § 2º, da CLT. Precedente desta Turma. Recurso de revista de que se conhece e a que se nega provimento[(411)].

Essa decisão, em que pese sua importância para uma futura indispensável revisão de nosso ordenamento jurídico, não é a acolhida pela SBDI-1 do TST. Com efeito, julgando o Proc. TST-E-ARR-1081-60.2012.5.03.0064, a 28.4.2016, aquele órgão colegiado entendeu não ser possível a cumulação dos adicionais ante a expressa previsão legal[(412)].

Como diz Rodrigues Pinto, *o direito à cumulação é de uma lógica irrespondível*[(413)], ou, adotando expressão de Sebastião Geraldo de Oliveira, estamos diante de um *adicional complessivo*[(414)], que, quando cuida da vedação de cumular os adicionais de insalubridade e periculosidade, assinala que o § 2º do art. 193 da CLT restou revogado ante os termos do art. 11, *b*, da Convenção n. 155 da OIT[(415)], e qualquer pagamento complessivo é considerado irregular.

Arrematando, pensamos seja possível fixar algumas conclusões, nesse aspecto:

1. O § 2º do art. 193 da CLT está revogado tacitamente, a partir da ratificação e entrada em vigor, no Brasil, da Convenção n. 155, da OIT;
2. Deve ser revista a regulamentação contida na NR-15 do M.Tb. para ajustá-la a essa realidade legal, inclusive cancelando o n. 15.3 dessa norma regulamentadora;
3. É perfeitamente possível a cumulação de tantos adicionais de insalubridade ou de periculosidade quantos forem os agentes nocivos à saúde do trabalhador;
4. A mesma situação se passa quando forem simultaneamente atividades insalubres e perigosas, sendo devidos tantos quanto forem os agentes por quaisquer que sejam as atividades.

---

(411) Proc. TST-RR-773-47.2012.5.04.0015, de 22.4.2015 (Centro Clínico Gaúcho Ltda. vs. Denise Dubina) Relator: Min. Cláudio Brandão.

(412) Proc. TST-E-ARR-1081-60.2012.5.03.0064, de 28.4.2016 (Arcelormittal Brasil S/A vs. Astor Celso de Jesus). Red. p/ acórdão: Min. João Oreste Dalazen (Cf. <http://aplicacao4.tst.jus.br/consultaProcessual/consultaTstNumUnica.do?consulta=Consultar&conscsjt=&numeroTst=1081&digitoTst=60&anoTst=2012&orgaoTst=5&tribunalTst=03&varaTst=0064&submit=Consultar>. Acesso em: 15 maio 2016).

(413) RODRIGUES PINTO, J. A. Ob. cit., p. 343.

(414) OLIVEIRA, S. G. de. Ob. cit., p. 369.

(415) *Ibidem*, p. 371.

4.3. BASE DE CÁLCULO

Até 1988, a base de cálculo dos adicionais de insalubridade e periculosidade era regida pela CLT.

Quanto ao adicional de insalubridade, era observado percentual de 40%, 20% e 10% conforme os graus máximo, médio e mínimo do trabalho desenvolvido em condições dessa natureza, a incidir sobre o salário mínimo (art. 192 da CLT).

O adicional de periculosidade era calculado a partir do salário do trabalhador, sem acréscimos, no percentual de 30% (ar. 193, § 1º, da CLT).

A partir da Constituição de 1988, foi proibida a vinculação do salário mínimo. Assim, deveria ter sido abandonada a base de cálculo do adicional de insalubridade, preservada a do adicional de periculosidade. A norma, inserta no inciso XXIII do art. 7º, todavia, não era cumprida com o rigor necessário, até que a Súmula Vinculante n. 4 determinou que não mais poderia servir de base para a sua apuração.

Não indicou, todavia, o STF qual a nova base de cálculo, deixando a critério dos julgadores um percentual, o que ocasionou variação de formas de apuração, bem como dificuldades de identificação de um único índice a ser aplicado nacionalmente.

Com a devida vênia, entendemos que não existe essa dificuldade. Em nosso entendimento, a base de cálculo do adicional de insalubridade é a remuneração do trabalhador. E é porque assim está expresso no inciso XXIII do art. 7º, onde se lê:

> XXIII – adicional de remuneração para as atividades penosas, insalubres ou perigosas, na forma da lei;

Ora, se assim é, o adicional de insalubridade deve ser apurado sobre a remuneração do trabalhador, mantidos os demais comandos do dispositivo da CLT. A *forma da lei* é justamente referência aos percentuais a serem aplicados e não à base de cálculo porque esta é expressa no texto constitucional: adicional <u>de</u> remuneração (grifamos), ou seja, sobre a remuneração do trabalhador.

Quanto à periculosidade, seu adicional permanece inalterado, ou seja, 30% sobre o salário do trabalhador (art. 193, § 1º, da CLT).

5. ADICIONAL DE PENOSIDADE E ADICIONAL DE ALTURA

O adicional de penosidade é um *plus* salarial destinado a recompensar o trabalhador que desenvolva atividade na qual, embora não sujeita a efetivos danos à saúde, tornem sua realização mais extenuante.

Devemos considerar atividade penosa aquela em que o trabalho é desgastante, exaustivo, fatigante, que demanda excessiva força física do trabalhador, executado em situações excepcionais, ou ainda aquele desenvolvido em inadequadas condições ergonômicas ou sujeito a poeira e/ou odor desagradáveis.

Trabalhar sob pressão, tornando-se necessário atingir metas de vendas ou de determinados serviços (típicos na atividade bancária e no comércio em geral), ou naqueles em que o obreiro permaneça longo tempo de pé, ou sob sol e/ou chuva, ou isoladamente, são exemplos de atividades penosas.

Dentro desse quadro, podemos considerar penosas, dentre outras, as seguintes atividades: trabalho permanente no subsolo em operações de corte, furação, desmonte e carregamento de frentes de trabalho, e em subsolo afastado das frentes de trabalho, galerias, rampas, poços, depósitos, exercício do magistério (causa fadiga subjetiva – estresse), trabalhadores em transportes rodoviários (motorneiros e condutores de bondes, motoristas e cobrados de ônibus, motoristas e ajudantes de caminhões), limpeza de chaminés, trabalho com grafite, carga e descargas de certas mercadorias, serviço de limpeza pública, trabalhador sujeito a cumprimento de metas (bancários e comerciários, sobretudo).

A previsão consta do art. 7º, XXIII, da Constituição de 1988, juntamente com os adicionais de insalubridade e periculosidade. No entanto, a regra não foi objeto deregulamentação, donde, para torná-la efetiva, geralmente tem aparecido em cláusulas de normas coletivas autonomamente negociadas (acordos ou convenções coletivas de trabalho).

A base de cálculo do adicional de penosidade é aquela fixada no art. 7º XXIII, da Constituição: a remuneração do trabalhador que desenvolver essa atividade.

Existe, também, o **adicional de altura**. Este adicional, chamado também de *adicional de serviços especiais*, costuma aparecer em normas coletivas na área da construção civil[(416)]. É destinado a remunerar os trabalhadores que utilizam jaú ou andaimes externos, em altura igual ou superior a três metros do solo. O valor do adicional corresponderá a 25% do salário base ou do valor da produção ajustada para a execução dos mesmos serviços na parte interna da obra. A percepção desse *plus* **não retira do trabalhador credor direito a qualquer outro de natureza diversa.**

6. SALÁRIO *IN NATURA*

Salário *in natura*, também chamado de salário-utilidade, tem origem do costume ou do contrato, e significa que uma parte do salário do trabalhador não é paga em espécie, mas em utilidades, de maneira habitual, gratuitamente, não significando nenhum acréscimo salarial, e com essa natureza salarial, sendo fornecidas **pelo** trabalho. Se a mesma utilidade for **para** o trabalho, deixa de ser salário.

As utilidades mais frequentes são alimentação, habitação e vestuário. Os dois primeiros ficam limitados a 20% e 25% do salário contratual (art. 458, § 3º, da CLT), valendo lembrar que o disposto na Súmula n. 258 do TST não invalida esses limites, porque refere apenas ao disposto no § 1º do art. 458 (quando o empregado recebe salário mínimo).

Em caso de moradia coletiva, o § 4º do art. 458 da CLT dispõe:

> § 4º Tratando-se de habitação coletiva, o valor do salário-utilidade a ela correspondente será obtido mediante a divisão do justo valor da habitação pelo número de cohabitantes, vedada, em qualquer hipótese, a utilização da mesma unidade residencial por mais de uma família.

Existem casos diversos. O empregado rural tem o salário *in natura* regido pelo art. 9º da Lei n. 5.889/73. Os descontos a esse título dependem de autorização legal ou decisão judicial; os limites são os mesmos do trabalhador urbano, mas a base de cálculo é o salário mínimo; e *sempre que mais de um empregado residir na mesma morada, o desconto, previsto na letra a deste artigo, será dividido proporcionalmente ao número de empregados, vedada, em qualquer hipótese, a moradia coletiva de famílias* (§ 2º do art. 9º), diversamente do que ocorre com o urbano como vimos acima.

Outra é a situação do empregado doméstico. De acordo com o art. 18, da LC n. 150/2015, é vedado desconto pelo fornecimento de alimentação, vestuário, higiene e moradia desses trabalhadores, da mesma forma como despesas com transporte, hospedagem e alimentação em caso de acompanhamento em viagem, guardando alguma semelhança com o art. 2º-A e seu § 2º da revogada Lei n. 5.859/72.

6.1. UTILIDADES EXCLUÍDAS DA NATUREZA SALARIAL

Existem algumas utilidades que, se fornecidas ao empregado, não são consideradas salário *in natura*, corolário da inobservância dos requisitos para sua configuração.

Consoante o § 2º do art. 458 da CLT, não são consideradas como salário as seguintes utilidades:

> I – vestuários, equipamentos e outros acessórios fornecidos aos empregados e utilizados no local de trabalho, para a prestação do serviço;
>
> II – educação, em estabelecimento de ensino próprio ou de terceiros, compreendendo os valores relativos a matrícula, mensalidade, anuidade, livros e material didático;
>
> III – transporte destinado ao deslocamento para o trabalho e retorno, em percurso servido ou não por transporte público;
>
> IV – assistência médica, hospitalar e odontológica, prestada diretamente ou mediante seguro-saúde;
>
> V – seguros de vida e de acidentes pessoais;
>
> VI – previdência privada.

---

(416) V., por exemplo, a Convenção Coletiva de Trabalho da Construção Civil de Belém do Pará (2012/2013), em sua cláusula 10, itens 2 e 2.1.

Com as modificações operadas pela Lei n. 13.467/2017, foi acrescentado o § 5º do art. 458, que cuida de serviços, aparelhos, medicamentos e similares pagos pela empresa a favor do empregado, e que não integram o salário deste, não se prestando para salário de contribuição para fins diversos e benefícios previdenciários, previsto no § 9º do art. 28 da Lei n. 8.212/1991. O § 5º mencionado dispõe:

> § 5º O valor relativo à assistência prestada por serviço médico ou odontológico, próprio ou não, inclusive o reembolso de despesas com medicamentos, óculos, aparelhos ortopédicos, próteses, órteses, despesas médico-hospitalares e outras similares, mesmo quando concedido em diferentes modalidades de planos e coberturas, não integram o salário do empregado para qualquer efeito nem o salário de contribuição, para efeitos do previsto na alínea *q* do § 9º do art. 28 da Lei n. 8.212, de 24 de julho de 1991.

7. VALE-CULTURA

Por força da Lei n. 12.761, de 27.12.2012, todo empregado passou a ter direito ao vale-cultura (VIII do § 3º do art. 458 da CLT), destinado a proporcionar o acesso às fontes de cultura (visita a locais culturais e artísticos; assistência a espetáculos etc.).

Consoante o art. 3º dessa Lei, esse vale-cultura é pessoal e intransferível, válido em todo o país, para acesso e fruição de produtos e serviços culturais, no âmbito do Programa de Cultura do Trabalhador, que foi criado.

Todo empregado que receba até cinco salários mínimos tem direito ao vale-cultura (art. 7º) e os que ganham mais somente farão jus a essa utilidade após todos os demais receberem (parágrafo único).

O vale-cultura é no valor fixo de R$ -50,00 (art. 8º), podendo o empregador descontar 10% da remuneração dos empregados que percebem menos de cinco salários mínimos. Dos demais, o desconto varia entre 20% e 90%, conforme a faixa salarial, vedada, em qualquer caso, sua conversão *in pecúnia* (art. 8º e §§).

O vale-cultura é disponibilizado ao empregado por meio magnético, e só em caráter excepcional será impresso (art. 6º e parágrafo único), não possui natureza salarial, nem se incorpora à remuneração do trabalhador. Da mesma forma, não é base de incidência de contribuição previdenciária e de FGTS, nem é considerado rendimento tributável (art. 11). Se for fornecido em dinheiro, haverá incidência dos recolhimentos da Previdência Social e do FGTS

8. VALE-TRANSPORTE

Parcela não integrante do salário do trabalhador é o vale-transporte criado pela Lei n. 7.418, de 16.12.1985, e regulamentada pelo Decreto n. 95.247, de 17.11.1987.

Trata-se de um vale destinado a compensar o gasto de transporte do empregado, sob forma de bilhetes ou cartão, para trecho residência-trabalho-residência, conforme o art. 1º da Lei n. 7.418/1985:

> através do sistema de transporte coletivo público, urbano ou intermunicipal e/ou interestadual com características semelhantes aos urbanos, geridos diretamente ou mediante concessão ou permissão de linhas regulares e com tarifas fixadas pela autoridade competente, excluídos os serviços seletivos e os especiais.

A parcela não tem natureza salarial, não se incorporando aos ganhos do obreiro, da mesma forma como sobre ela não há incidência de contribuição previdenciária, recolhimento para a conta vinculada do FGTS, nem deve ser considerado para fins de cálculo do 13º salário, da mesma forma como não é tributável (art. 2º da mesma lei), sendo válido o vale-transporte por trinta dias (art. 9º). Diversamente ocorre, se esse vale for fornecido em dinheiro.

Os bilhetes ou cartões são adquiridos pelo empregador e fornecidos aos empregados, exclusivamente para uso no trajeto residência-trabalho-residência (art. 4º), respondendo o empregado por 6% do custo e o excedente correndo à conta do empregador (parágrafo único do art. 4º). É calculado com base na tarifa integral do serviço de transporte habitualmente usado pelo empregado, e utilizado no sistema de transporte coletivo público urbano, intermunicipal ou interestadual.

Caso o empregador forneça transporte próprio ou fretado, fica desobrigado de fornecer o vale-transporte, da mesma maneira como será responsável proporcionalmente, caso exista fornecimento de transporte para apenas parte do trajeto que o empregado tenha que cumprir (art. 8º).

Na hipótese de o empregador, por liberalidade, assumir o custo do empregado (6%), e, futuramente, resolver descontar esse valor, acreditamos que ocorrerá alteração prejudicial ao trabalhador, não podendo se operar.

Destaque-se que compete ao empregador provar que o empregado não faz jus ao vale-transporte ou não pretende dele fazer uso. É o que consigna a Súmula n. 460 do TST:

> SUMÚLA n. 460 – VALE-TRANSPORTE. ÔNUS DA PROVA – É do empregador o ônus de comprovar que o empregado não satisfaz os requisitos indispensáveis para a concessão do vale-transporte ou não pretenda fazer uso do benefício.

9. VALE-ALIMENTAÇÃO

A Lei n. 6.321, de 14.04.1976, instituiu o Programa de Alimentação do Trabalhador (PAT), que corresponde à alimentação fornecida pelo empregador a seus empregados.

Consoante dispõe esse diploma legal, o empregador pode deduzir, em cada exercício financeiro, isoladamente, 5% e, cumulativamente com a dedução prevista na Lei n. 6.296, de 15.12.1975, 10% do lucro tributável para fins de imposto sobre a renda, o dobro das despesas do período base, comprovadamente efetuadas em programas dessa natureza.

O limite é o que a própria lei fixa e o auxílio-alimentação não tem natureza salarial, mas apenas indenizatória, sobre ele não incidindo qualquer tributo, nem integrando a remuneração do empregado. É assim também que está o § 2º do art. 457 da CLT, e, em reforço a esse entendimento, dispõe o art. 3º da Lei n. 6.321/76:

> Art 3º Não se inclui como salário de contribuição a parcela paga *in natura*, pela empresa, nos programas de alimentação aprovados pelo Ministério do Trabalho.

Com efeito, observando o comando do art. 1º dessa lei, a alimentação poderá... ser fornecida pelo empregador ao empregado (mesmo que este não pague parte de seu custo), sem representar parcela *in natura* do salário[(417)].

É importante, todavia, ressaltar que o auxílio-alimentação concedido anteriormente à adesão ao PAT possuía natureza jurídica salarial, natureza que se conservava após a empresa aderir ao programa. O disposto no § 2º do art. 458 da CLT inviabilizou o entendimento consignado na OJ n. 413 da SDI-1 do TST, que, assim não deve mais ser aplicada. Dispõe essa orientação:

> OJ n. 413. AUXÍLIO-ALIMENTAÇÃO. ALTERAÇÃO DA NATUREZA JURÍDICA. NORMA COLETIVA OU ADESÃO AO PAT – A pactuação em norma coletiva conferindo caráter indenizatório à verba "auxílio-alimentação" ou a adesão posterior do empregador ao Programa de Alimentação do Trabalhador — PAT — não altera a natureza salarial da parcela, instituída anteriormente, para aqueles empregados que, habitualmente, já percebiam o benefício, a teor das Súmulas ns. 51, I, e 241 do TST.

Existe, igualmente, auxílio similar pago em pecúnia, considerado salário-utilidade, e de caráter indenizatório a todo servidor público ativo para custeio de sua despesa com alimentação por dia efetivamente trabalhado, objeto do art. 22 da Lei n. 8.460, de 17.9.1992, com a redação dada pela Lei n. 9.527, de 10.12.1997, regulamentado pelo Decreto n. 3.887, de 16.8.2001. Aludido auxílio não se incorpora ao vencimento, remuneração, provento ou pensão do servidor, nem sobre ele incide qualquer tipo de tributação.

Ambos não se confundem com o **vale-refeição** (ou **ticket-refeição**), cuja destinação é diversa, qual a de proporcionar que o empregado compre os alimentos que quiser e nos locais em que desejar para consumir igualmente onde achar mais adequado (supermercados ou similares). Este possuía natureza salarial, conforme doutrina Arnaldo Süssekind[(418)], mas, a partir da reforma em vigor desde novembro de 2017, perdeu essa característica.

O auxílio-alimentação e o vale-refeição são considerados obrigatórios se estiverem consignadas em norma coletiva autônoma (convenção ou acordo coletivo de trabalho), eis que a Justiça do Trabalho não deve concedê-los, no exercício do poder normativo, pela via da sentença normativa, ou podem ser expressamente previstos em contrato individual.

---

(417) SÜSSEKIND, A.. Instituições... *cit.* (1), 22. ed., p. 364.

(418) SÜSSEKIND, A.. *Ob. e loc. cits.*

Geralmente, é estipulado um valor mínimo dos benefícios, e as cláusulas consignam que as empresas que oferecem refeição ficam dispensadas do fornecimento dos vales. O desconto para custeio desses benefícios será feita mediante desconto na folha salarial do empregado, limitado a 20%. De qualquer forma, mesmo não havendo desconto, a verba, com as novas disposições celetistas, não deve ser considerada parte integrante da remuneração do obreiro.

Por outro lado, ainda no referente a alimentos para o trabalhador, costuma ser inserida em norma coletiva autônoma cláusula referente à concessão de **cesta básica** ou **cesta alimentação.** Trata-se do fornecimento mensal de alimentos na quantidade e qualidade especificada na norma, e a falta de seu cumprimento importa em multa geralmente estipulada no mesmo instrumento.

10. GORJETA

Sua origem remonta à antiguidade. Na Grécia existia com o nome de pecúlio. Em Roma, chamava-se espórtula. Na Alemanha teria sido usada pela primeira vez, em 1509, quando um cliente deu um *trinkgeld* (seu nome primitivo) a um artesão. No século XIX, era praticado nos bares da Inglaterra.

A gorjeta brasileira é a mesma praticada na maioria dos países, cada qual com sua forma específica de designação. Assim, em espanhol, chama-se *punta* ou *propina*; é *tip*, em inglês; *suplementaire* ou *pointe*, em francês; e *spitze*, em alemão.

É praticada, como referimos, na maioria, mas não na totalidade dos países, porque existem alguns que não a adotam e, em outros, o simples oferecimento desse *agrado* a um empregado representa grave ofensa à sua honra. Assim, não costuma ser adotada gorjeta na Nova Zelândia, Finlândia, Malásia, Singapura, Coreia do Sul, China e Japão. Em outros, existe costume de seu pagamento em percentual sobre a despesa efetuada, como veremos adiante.

A Lei n. 13.419, de 13.03.2017, cuida do rateio entre empregados da cobrança adicional sobre as despesas em bares, restaurantes, hotéis, motéis e estabelecimentos similares, modificando significativamente seu tratamento no Brasil.

Para a OIT, a expressão gorjeta significa o dinheiro que o cliente de hotel, restaurante ou similar dá voluntariamente ao trabalhador, além do que deve pagar pelos serviços recebidos (art. 6º, 1, da Convenção n. 172).

Conforme a redação primitiva do art. 457, § 3º, da CLT, tratava-se de uma gratificação paga por terceiro a um empregado em retribuição a algum serviço prestado, ou cobrada pelo empregador do terceiro para repasse ao empregado, integrando a remuneração deste. Agora, o dispositivo registra:

> § 3º Considera-se gorjeta não só a importância espontaneamente dada pelo cliente ao empregado, como também o valor cobrado pela empresa, como serviço ou adicional, a qualquer título, e destinado à distribuição aos empregados.

Esse rateio obedecerá dois critérios: (1) conforme definidos em convenção ou acordo coletivo de trabalho; ou (2) como deliberado em assembleia geral dos trabalhadores. A rigor, se não houver norma coletiva ou decisão em assembleia, não pode ser cobrada gorjeta, mesmo que ela seja entregue diretamente ao empregado, porque, nessa circunstância, o critério também deve ser definido em norma coletiva (§ 7º do art. 457, da CLT).

E, se não houver regra alguma, nem houver cobrança alguma, e o cliente espontânea e voluntariamente der uma gorjeta ao empregado que o atendeu bem? Nos locais que a lei refere, ainda que não conste qualquer disposição legal ou convencional, a gorjeta vai repercutir nos direitos do trabalhador e, necessariamente nos recolhimentos ao Fisco.

É exatamente aí que está o nó górdio dessa diretriz. O que na verdade essa lei fez foi adotar mecanismos para proporcionar maior arrecadação de tributos, ou seja, não é uma lei trabalhista (ou de proteção ao trabalhador). É, sim, uma lei *tributária*, cuidando de tarifar valores a serem recolhidos ao poder público.

Tanto é assim que beneficia a arrecadação ao fixar percentuais que variam entre 20% e 33% para custear encargos sociais, previdenciários e trabalhistas derivados da sua integração à remuneração dos empregados, devendo o valor remanescente ser revertido integralmente em favor do trabalhador. Os primeiros (20%) destinam-se às empresas optantes pelo SIMPLES, integrantes do regime de tributação federal diferenciada. Os outros 33% destinam-se às demais empresas. O restante desses valores (80% e 67%) deve ser entregue ao empregado. Em outros termos, a gorjeta que, antes, era 100% do empregado, mediante rateio, passou a ser menor, abatendo-se entre 20% a 33% do que for arrecadado.

Além desse aspecto, é importante assinalar que apenas bares, restaurantes, hotéis, motéis e estabelecimentos similares podem cobrar e, consequentemente, fazer o rateio Não se aplica, então, às outras atividades onde, por qualquer razão, seja praticado o uso de gorjetas, como manicuras e cabeleireiros em salões de beleza, entregador de compras de supermercados ou *delivery* em geral.

Beneficiando o trabalhador, a média das gorjetas dos últimos doze meses deverá ser anotada na CTPS do empregado, juntamente com o valor do salário fixo, e essa média passa a se incorporar no seu salário (§§ 8º, 9º, 16 e 17 do art. 457 da CLT). Sendo assim, deverá ser revista a Súmula n. 354 do TST, porque a gorjeta passará também a servir de base de cálculo para as parcelas de aviso-prévio, adicional noturno, horas extras e repouso semanal remunerado, além do FGTS.

Todas as empresas com mais de sessenta empregados deverão ter uma comissão fiscalizadora para avaliar a regularidade da cobrança e distribuição da gorjeta, e seus representantes serão eleitos em assembleia geral convocada pelo sindicato da categoria e gozarão de garantia de emprego. Para as empresas menores haverá uma comissão intersindical. Essas comissões, todavia, não possuem, ainda, regras sobre número de integrantes e o período da garantia de emprego, o que, talvez, seja fixado através de negociação coletiva entre as categorias econômica e profissional. São regras repetidas nos §§ 10 e 18.

Pelo sistema alemão, as gorjetas são obrigatórias, quando aparecem desde logo na nota de despesa a ser paga pelo cliente. O sistema latino admite que sejam facultativas, quando espontaneamente dados pelo usuário ao empregado[(419)].

Importa que o Brasil adotou um sistema misto de gorjeta, porque em alguns estabelecimentos sua cobrança aparece nas notas e, em outras, o valor é livremente ajustado entre cliente e empregado. E isto não se alterou com as regras introduzidas em 2017.

Independentemente, porém, de ser ou não facultativa, a gorjeta, também conhecida como *propina*, integra a remuneração do empregado, nos termos da Súmula n. 354 do TST:

> SÚMULA N. 354 – GORJETAS. NATUREZA JURÍDICA. REPERCUSSÕES – As gorjetas, cobradas pelo empregador na nota de serviço ou oferecidas espontaneamente pelos clientes, integram a remuneração do empregado, não servindo de base de cálculo para as parcelas de aviso-prévio, adicional noturno, horas extras e repouso semanal remunerado.

Ensina Ferreira Prunes que *a natureza das gorjetas é de caráter trabalhista, sendo remuneração ao trabalho do empregado. Pelo simples fato de ser abonada por terceiros, nem por isso perde suas características paralelas de salário, formando com este último um todo harmônico e totalmente dentro de nossa disciplina*[(420)].

Quando a questão parecia estar normatizada, e já vivia o país sob o império das mudanças introduzidas pela Lei n. 13.467/2017 na legislação trabalhista, especialmente na CLT, sobreveio, exatas 72 horas depois, a Medida Provisória n. 808, de 14.11.2017, que introduziu os §§ 12 a 23 no art. 457 consolidado.

Com efeito, explicitou o § 12 que a gorjeta não constitui receita própria dos empregadores, destinando-se aos trabalhadores e distribuída segundo os critérios de custeio e de rateio definidos em norma coletiva autônoma, e, na falta desses comandos, devem ser definidos em assembleia geral dos trabalhadores interessados (§ 13).

Quando as empresas cobrarem dos clientes essa verba, o § 14 repete na literalidade o § 6º, acabando por criar, a nosso ver, desnecessária confusão, a tentar demonstrar que rege tema diverso, quando cuida da mesmíssima coisa.

Caso a gorjeta seja entregue diretamente ao empregado pelo consumidor, determina o § 15 do art. 457 da CLT que os critérios serão definidos, também, por convenção ou acordo coletivo de trabalho, sendo facultada a retenção de valores, conforme o § 14, que é repetição, como assinalamos, do § 6º.

De acordo com o § 19, o empregador pagará ao empregado prejudicado, a título de multa, valor correspondente a um trinta avos da média da gorjeta por dia de atraso, limitada ao piso da categoria, garantido o contraditório e a ampla defesa, na hipótese de ficar comprovado que não cumpriu os comandos dos §§ 12, 14, 15 e 17, recordando que os §§ 14 e 17 são repetições dos §§ 6º e 9º. Essa base de cálculo será triplicada em caso de reincidência patronal (§ 20), sendo reincidente o empregador que, pelo período de doze meses, não cumprir os comandos dos §§ 12, 14, 15 e 17, por mais de sessenta dias (§ 21).

---

(419) Cf. MARTINS, S. P. *Curso*... cit., 29. ed., p. 288-9.

(420) FERREIRA PRUNES, José Luiz. *As gorjetas no direito brasileiro do trabalho*. São Paulo: LTr, 1982. p. 61.

O § 22 não se refere às gorjetas, mas a prêmios, que examinamos acima (neste Capítulo, n. 3.6), e cuida, implicitamente das gueltas, tema a ser tratado em seguida.

Na gorjeta, como de resto, em todas as parcelas, objeto do art. 457 da CLT, verifica-se a incidência de imposto sobre a renda e outros encargos tributários, salvo quando ocorrer expressa isenção por lei específica (§ 23).

10.1. GUELTAS

Existe uma parcela remuneratória específica, denominada *guelta*. Trata-se de um valor pago por terceiros em decorrência de venda de produtos deste pelo empregado. As gueltas *são bonificações concedidas* ao empregado que não são pagas pelo empregador, mas pelo fornecedor do bem vendido e decorre do contrato de trabalho. O empregador recebe do fornecedor a guelta e a repassa para o empregado, funcionando como uma espécie de prêmio ou comissão.

A jurisprudência firmou entendimento de que as gueltas assemelham-se às gorjetas e integram a remuneração nas mesmas condições desta, inclusive com a aplicação analógica da Súmula n. 354 do TST.

Como mencionamos alhures, a MP n. 808/2017 acrescentou o § 22 do art. 457 da CLT, limitando a concessão desses prêmios a duas vezes ao ano, da forma indicada no § 4º (bens, serviços ou valor em dinheiro). Na hipótese deste parágrafo, que cuida de prêmio, sua concessão é ao empregado, mas se estende igualmente ao grupo de empregados ou a terceiros vinculados à sua atividade econômica em razão de desempenho superior ao ordinariamente esperado no exercício de suas atividades. É a *guelta* que possui essa característica.

11. CLASSIFICAÇÃO DA REMUNERAÇÃO

A remuneração pode ser classificada pelas formas ou modos como se efetua esse pagamento.

Quanto ao **modo de aferição**, pode ser:

- por unidade de tempo: nessa modalidade, é considerado o tempo despendido pelo trabalhador para a execução de uma obra ou um serviço;
- por unidade de obra: a remuneração é ajustada de acordo com o próprio serviço a ser realizado. Exemplos: remuneração por quantidade de peças, por montante de vendas efetuadas, por quotas alcançadas. O art. 483, g, da CLT, permite a rescisão indireta do pacto laboral quando houver redução das peças pelo empregador, levando à diminuição do salário do empregado;
- por tarefa: é uma modalidade mista, onde se considera o tempo e a obra realizada. Terminado o serviço, o empregado pode ausentar-se do local de trabalho. O salário não pode ser menor que o mínimo legal ou o piso salarial da categoria, conforme o art. 72, *caput*, da CLT. As férias do tarefeiro devem observar o disposto no art. 142, § 2º, da CLT. Assim o comando da Súmula n. 149 do TST:

> SÚMULA N. 149 – TAREFEIRO. FÉRIAS – A remuneração das férias do tarefeiro deve ser calculada com base na média da produção do período aquisitivo, aplicando-se-lhe a tarifa da data da concessão.

Quanto à natureza do pagamento, pode ser:

- em dinheiro – trata-se da contraprestação pecuniária pelo trabalho desenvolvido, representada pelo salário que deve ser pago em moeda nacional, como determina o art. 463 da CLT:

> Art. 463. A prestação, em espécie, do salário será paga em moeda corrente do País.
>
> Parágrafo único. O pagamento do salário realizado com inobservância deste artigo considera-se como não feito.

- em moeda estrangeira – não é permitido, salvo se a obrigação tiver que ser cumprida no exterior, nos termos do art. 1º do Decreto-lei n. 857 de 11.09.1969, entendendo-se que a referência a cruzeiro, que era o meio circulante à época da edição do Decreto-lei, deve ser substituída por real (atual moeda brasileira):

> Art. 1º São nulos de pleno direito os contratos, títulos e quaisquer documentos, bem como as obrigações que exequíveis no Brasil, estipulem pagamento em ouro, em moeda estrangeira, ou, por alguma forma, restrinjam ou recusem, nos seus efeitos, o curso legal do cruzeiro.

- em utilidades – é o chamado salário-utilidade ou salário *in natura*, regulado pelo art. 458 da CLT, que foi examinado acima.

A terceira modalidade de remuneração é quanto à **forma de composição**, podendo ser:

- salário fixo – aquele pago pelo empregador diretamente ao empregado, em importância fixa, como contraprestação pelo trabalho prestado, podendo ser efetuado parte em dinheiro e parte em utilidades;
- salário variável – é usado em situações específicas, geralmente comissões sobre vendas ou prêmios por produção, sempre garantida a percepção pelo empregado do salário mínimo, caso o montante a receber seja inferior;
- salário misto – significa que o salário é apresentado em duas partes: uma, fixa e determinada, e outra, em valores que dependem de comissões, prêmios, gratificações etc.

12. PROTEÇÃO DO SALÁRIO

12.1. IMPORTÂNCIA DO SALÁRIO

Sendo o principal meio de subsistência do trabalho, o salário possui inúmeros mecanismos de proteção. No âmbito internacional, a Convenção n. 95 da OIT cuida da proteção do salário, tendo sido adotada na 32ª Reunião da Conferência Internacional do Trabalho em Genebra, em 1949, e entrado em vigor no plano internacional em 24.09.1952. As regras que consagra são semelhantes às que são adotadas no Brasil.

No Direito Interno, nossa norma fundamental garante, no art. 7º, X, da Constituição:

> X – proteção do salário na forma da lei, constituindo crime sua retenção dolosa.

A regra geral dessa proteção é a vedação de descontos por ato unilateral do empregador, havendo apenas possibilidade de descontos por pedido expresso do próprio empregado, e, em todas as hipóteses, a proteção funda-se sobretudo no caráter alimentar dos salários, por isso mesmo seu caráter privilegiado em relação aos demais.

As exceções, que permitem descontos nos salários, são:

- os adiantamentos salariais do período;
- a existência de previsão legal – desconto da contribuição sindical facultativa, previamente autorizado pelo trabalhador (art. 578 da CLT); prestação alimentícia autorizada judicialmente; pena criminal pecuniária; dívidas contraídas para aquisição da casa própria (desconto autorizado pelo empregado, previsto no art. 1º da Lei n. 10.820 de 17.12.2003); retenção do saldo salarial quando o empregado pede demissão e não realiza o aviso-prévio; mensalidade do sindicato; multa em relação ao jogador de futebol; contribuição previdenciária; imposto de renda; vale-transporte; e custo da refeição;
- contribuição confederativa, prevista em norma coletiva e devida apenas pelo trabalhador sindicalizado;
- dano por ato doloso do empregado, nos termos do art. 462, § 1º, da CLT, visto acima;
- dano por prática culposa, desde que previsto no contrato individual de trabalho;
- descontos de prestações *in natura*, fornecidas para o trabalho ser efetuado, que vimos antes (v., neste Capítulo, item n. 6); e
- dívidas com o empregador, desde que o desconto seja autorizado pelo empregado.

Dada sua natureza alimentar, maior razão de seus privilégios, goza o crédito trabalhista de tratamento especialmente na Constituição da República. Com efeito, o *caput* do art. 100 dispõe:

> Art. 100. Os pagamentos devidos pelas Fazendas Públicas Federal, Estaduais, Distrital e Municipais, em virtude de sentença judiciária, far-se-ão exclusivamente na ordem cronológica de apresentação dos precatórios e à conta dos créditos respectivos, proibida a designação de casos ou de pessoas nas dotações orçamentárias e nos créditos adicionais abertos para este fim.

Essa ordem preferencial dos precatórios se aplica aos créditos de natureza alimentícia, que o § 1º elenca, e que são os decorrentes de salários, vencimentos, proventos, pensões e suas complementações, benefícios previdenciários e indenizações por morte ou por invalidez, fundadas em responsabilidade civil, em virtude de sentença judicial transitada em julgado.

A partir da EC n. 62, de 09.12.2009, o § 2º do art. 100 passou a prever preferência para titulares com mais de sessenta anos de idade, na data da expedição do precatório, ou portadores de doenças graves, definidos na forma da lei, tendo a EC n. 94, de 15.12.2016, acrescentado também a pessoa com deficiência, até o valor ser equivalente ao triplo das obrigações de pequeno valor, admitido o fracionamento do débito.

Por outro lado, essa proteção do salário encontra permissivo para ser excepcionada no direito à compensação quando do pagamento de suas verbas rescisórias, que não pode ser superior a um mês de sua remuneração (art. 477, §§ 4º e 5º, da CLT). A regra consolidada, todavia, deve ser entendida com a exceção contida na Súmula n. 342 do TST, ao tratar de autorização do empregado para pagamento de planos de saúde, de seguro, de previdência privada ou de entidades específicas:

> Súmula n. 342 – DESCONTOS SALARIAIS. ART. 462 DA CLT – Descontos salariais efetuados pelo empregador, com a autorização prévia e por escrito do empregado, para ser integrado em planos de assistência odontológica, médico-hospitalar, de seguro, de previdência privada, ou de entidade cooperativa, cultural ou recreativo-associativa de seus trabalhadores, em seu benefício e de seus dependentes, não afrontam o disposto no art. 462 da CLT, salvo se ficar demonstrada a existência de coação ou de outro defeito que vicie o ato jurídico.

12.2. TIPOS DE GARANTIAS

O salário pode ter sua proteção examinada sob quatro aspectos diferentes:

a) defesa do salário em face do empregador;

b) defesa do salário em face dos credores do empregado;

c) defesa do salário em face dos credores do empregador;

d) defesa do salário em face da família do empregado.

12.2.1. Defesa do salário em face do empregador

É o **princípio da intangibilidade salarial** o garantidor da proteção do salário do empregado em face de seu empregador, quando o art. 462, da CLT, veda qualquer espécie de descontos, salvo os que resultarem de adiantamentos, de disposição legal ou de cláusula de convenção ou acordo coletivo de trabalho (*caput*).

Como apontamos acima, qualquer dano causado por mera culpa (negligência, imprudência ou imperícia) não permite desconto no salário do empregado (art. 462, § 1º, da CLT), salvo se houver acordo anterior, que pode ser individual ou coletivo, mas sempre por escrito.

Por outro lado, não pode o empregador impor qualquer regra acerca do modo como o empregado deve dispor de seu salário (art. 462, § 4º, da CLT).

Dentro da linha de proteção do salário contra atos patronais, acha-se o combate ao *truck-system* e o aviamento que serão vistos adiante (v., nesta Parte, Capítulo XVII, n. 3.1)..

Importante garantia do trabalhador é relativa à necessidade de pontualidade do empregador quanto à data do pagamento do salário. Não pode ser estipulado por período superior a um mês (art. 459 da CLT). Deve ser pago até o quinto dia útil do mês subsequente ao vencido (art. 459, § 1º, da CLT).

Ocorrendo rescisão do contrato de trabalho, as parcelas incontroversas devem ser pagas aquando do comparecimento à Justiça do Trabalho, pena de acréscimo de 50%. É a regra do *caput* do art. 467 da CLT, cujo parágrafo único excetua União, Estados, Distrito Federal, Municípios, suas autarquias e fundações públicas dessa obrigação, na Medida Provisória n. 2.180-35, de 24.08.2001, e que não aparece na Lei n. 10.272, de 05.09.2001.

Agra Belmonte entende que, nessa hipótese (atraso no pagamento das verbas rescisórias), caberia indenização por dano moral, *despicienda a prova do dano, bastando a ocorrência do nexo de causalidade (dano* in res ipsa)[421].

Por outro lado, acompanhando o pensamento de Alice Monteiro de Barros, defendemos que a aplicação do dispositivo consolidado (a regra do art. 467 da CLT) independe de postulação, devendo ser aplicado *ex officio* pelo julgador[422].

---

(421) BELMONTE, A. A. *Tutela da composição*.... cit., p. 97.

(422) BARROS, A. M. de. *Curso*... cit., 6. ed., p. 825.

12.2.2. *Defesa do salário em face dos credores do empregado*

Aqueles com os quais o empregado contrai dívidas ou compromissos não podem valer-se de seus salários para ver quitadas essas obrigações. É o **princípio da impenhorabilidade dos salários**, consagrado no art. 833, IV, do NCPC, que diz:

> Art. 649. São absolutamente impenhoráveis:
>
> ....
>
> IV – os vencimentos, subsídios, soldos, salários, remunerações, proventos de aposentadoria, pensões, pecúlios e montepios; as quantias recebidas por liberalidade de terceiro e destinadas ao sustento do devedor e sua família, os ganhos de trabalhador autônomo e os honorários de profissional liberal, observado o disposto no § 3º deste artigo;

Da simples leitura do dispositivo, constata-se ilegal pretender penhorar apenas parte dos salários do empregado, ainda que se encontre em conta corrente em estabelecimento bancário. A regra consolidada não permite exceções, e a OJ n. 153 da SBDI-2 do TST consagra:

> OJ N. 153 – MANDADO DE SEGURANÇA. EXECUÇÃO. ORDEM DE PENHORA SOBRE VALORES EXISTENTES EM CONTA SALÁRIO. ART. 649, IV, DO CPC. ILEGALIDADE – Ofende direito líquido e certo decisão que determina o bloqueio de numerário existente em conta salário, para satisfação de crédito trabalhista, ainda que seja limitado a determinado percentual dos valores recebidos ou a valor revertido para fundo de aplicação ou poupança, visto que o art. 649, IV, do CPC contém norma imperativa que não admite interpretação ampliativa, sendo a exceção prevista no art. 649, § 2º, do CPC espécie e não gênero de crédito de natureza alimentícia, não englobando o crédito trabalhista.

A exceção a essa regra é o art. 912 do NCPC, que cuida de pensão alimentícia, nos seguintes termos:

> Art. 734. Quando o devedor for funcionário público, militar, diretor ou gerente de empresa, bem como empregado sujeito à legislação do trabalho, o juiz mandará descontar em folha de pagamento a importância da prestação alimentícia.
>
> Parágrafo único. A comunicação será feita à autoridade, à empresa ou ao empregador por ofício, de que constarão os nomes do credor, do devedor, a importância da prestação e o tempo de sua duração.

12.2.3. *Defesa do salário em face dos credores do empregador*

Igualmente o salário do empregado está protegido em relação aos credores de seu empregador, especialmente em casos de falência.

No âmbito da OIT, a Convenção n. 95, sobre a proteção dos salários, foi ratificada pelo Brasil a 25.04.1957, e seu art. 11, 1, consagra:

> Art. 11. 1. Em caso de falência ou de liquidação judiciária de uma empresa, os trabalhadores seus empregados serão tratados como credores privilegiados, seja pelos salários, que lhes são devidos a título de serviços prestados no decorrer de período anterior à falência ou à liquidação e que será prescrito pela legislação nacional, seja pelos salários que não ultrapassem limite prescrito pela legislação nacional.
>
> 2. O salário que constitua crédito privilegiado será pago integralmente antes que os credores comuns possam reivindicar sua parte.
>
> 3. A ordem de prioridade do crédito privilegiado constituído pelo salário, em relação aos outros créditos privilegiados, deve ser determinada pela legislação nacional.

A legislação interna, por sua vez, está em consonância com a Convenção n. 95, destacando o art. 449 da CLT, que trata do contrato de trabalho nos casos de falência, recuperação judicial ou dissolução de sociedade.

Embora a CLT não cuide da recuperação judicial, é assim que deve ser interpretado o art. 449 da CLT à vista da Lei n. 11.101 de 09.02.2005, que é a nova Lei brasileira de Falências. O instituto da concordata, que existia ao tempo do Decreto-lei n. 7.661, de 21.06.1945, foi revogado pela atual lei falimentar brasileira, substituído pela recuperação judicial.

Com efeito, dentre os meios para essa recuperação, encontra-se permissivo para redução salarial, compensação de horários e redução de jornada de trabalho, através de acordo ou convenção coletiva de trabalho (art. 50, VIII, da Lei n. 11.101/2005).

Ademais, de acordo com o art. 54 da mesma Lei, *o plano de recuperação judicial não poderá prever prazo superior a 1 (um) ano para pagamento dos créditos derivados da legislação do trabalho ou decorrentes de acidentes de trabalho vencidos até a data do pedido de recuperação judicial*, devendo os créditos salariais, vencidos nos três meses anteriores ao pedido de recuperação judicial, e até o limite de cinco salários mínimos, terem prazo de previsão de pagamento para no máximo trinta dias.

Quanto à falência, o crédito trabalhista é o primeiro, na ordem de preferência, no entanto, encontra-se limitado a 150 salários mínimos por credor, além dos créditos de acidente do trabalho, estes sem limitação (art. 83), sendo de observar que, se os primeiros forem cedidos a terceiros, serão considerados créditos quirografários (§ 4º do art. 83).

Por outro lado, a exemplo do que ocorre com a recuperação judicial, na falência, conforme o art. 151, *os créditos trabalhistas de natureza estritamente salarial vencidos nos 3 (três) meses anteriores à decretação da falência, até o limite de 5 (cinco) salários mínimos por trabalhador, serão pagos tão logo haja disponibilidade em caixa.*

Cabe observar, ainda, que existe aparente inconstitucionalidade da Lei n. 11.101/2005 com o art. 7º, IV da Constituição proíbe a vinculação do salário mínimo pra qualquer fim. Porém, o STF, ao exame da ADI n. 3.934/DF, julgou improcedente a arguição apresentada contra alguns dispositivos da lei[423].

12.2.4. *Defesa do salário em face da família do empregado*

De acordo com o art. 5º da Convenção n. 95 da OIT:

> Art. 5º O salário será pago diretamente ao trabalhador interessado, a menos que a legislação nacional, uma convenção coletiva ou uma sentença arbitral disponha diferentemente, ou que o trabalhador interessado aceite outro processo.

Com efeito, fica resguardo o direito de apenas o empregado, e ninguém além dele, receber seus salários.

Assim também a regra nacional, no que refere igualmente a menor, conforme o art. 439 consolidado, salvo na rescisão do contrato de trabalho, quando deverá estar assistido de algum responsável legal.

13. SALÁRIO MÍNIMO

De acordo com o art. 7º, IV, da Constituição, o salário mínimo deve ser fixado por lei e é nacionalmente unificado, destinado a atender moradia, alimentação, educação, saúde, lazer, vestuário, higiene, transporte e previdência social.

Pretende que seja justo e razoável e os arts. 81 e 82 da CLT estipularam fórmulas com esse objetivo, como se demonstra:

> Art. 81. O salário mínimo será determinado pela fórmula Sm = a + b + c + d + e, em que "a", "b", "c", "d" e "e" representam, respectivamente, o valor das despesas diárias com alimentação, habitação, vestuário, higiene e transporte necessários à vida de um trabalhador adulto.
>
> § 1º A parcela correspondente à alimentação terá um valor mínimo igual aos valores da lista de provisões, constantes dos quadros devidamente aprovados e necessários à alimentação diária do trabalhador adulto.
>
> § 2º Poderão ser substituídos pelos equivalentes de cada grupo, também mencionados nos quadros a que alude o parágrafo anterior, os alimentos, quando as condições da região, zona ou subzona o aconselharem, respeitados os valores nutritivos determinados nos mesmos quadros.
>
> § 3º O Ministério do Trabalho, Indústria e Comercio fará, periodicamente, a revisão dos quadros a que se refere o § 1º deste artigo.

(423) Trata-se da ADI n. 3.934-DF, de 255.7.2009 (Partido Democrático Trabalhista. Intdo(s): Presidente da República, Congresso Nacional, Sindicato Nacional dos Aeroviários, Confederação Nacional da Indústria). Rel.: Min. Ricardo Lewandowski. Disponível em: <http://www.stf.jus.br/portal/processo/verProcessoAndamento.asp?incidente=2544041>. Acesso em: 18 abr. 2014.

Art. 82. Quando o empregador fornecer, *in natura*, uma ou mais das parcelas do salário mínimo, o salário em dinheiro será determinado pela fórmula Sd = Sm – P, em que Sd representa o salário em dinheiro, Sm o salário mínimo e P a soma dos valores daquelas parcelas na região, zona ou subzona.

Parágrafo único. O salário mínimo pago em dinheiro não será inferior a 30% (trinta por cento) do salário mínimo fixado para a região, zona ou subzona.

A Súmula Vinculante n. 4 interpretou, definitivamente, a regra constitucional (art. 7º, IV) que vedava vincular o salário mínimo para qualquer fim, nos seguintes termos:

Súmula Vinculante n. 4 – Salvo nos casos previstos na Constituição, o salário mínimo não pode ser usado como indexador de base de cálculo de vantagem de servidor público ou de empregado, nem ser substituído por decisão judicial.

Evidente que isso criou um obstáculo que a jurisprudência dos tribunais inferiores está tentando solucionar, porque salários de determinadas profissões (engenheiro e médico, *v. g.*), ou base de cálculo de algumas parcelas trabalhistas (adicional de insalubridade, *v. g.*) perderem seu norte. Assim, têm sido criados alternativos e variados para minimizar as dificuldades decorrentes do preceito constitucional confirmado pela Súmula Vinculante n. 4.

Por outro lado, pela ADI 4.658-DF, foi admitida a possibilidade de o reajuste do salário mínimo não ser efetuado mais por lei. Foi atribuído ao Poder Executivo a incumbência de editar decreto para divulgar, a cada ano, os valores mensal, diário e horário do salário mínimo, com base em parâmetros fixados pelo Congresso Nacional.

A ementa do aresto dispõe:

CONSTITUCIONAL. VALOR DO SALÁRIO MÍNIMO. ART. 3. DA LEI N. 12.382, de 25.2.2011. VALOR NOMINAL A SER ANUNCIADO E DIVULGADO POR DECRETO PRESIDENCIAL. DECRETO MERAMENTE DECLARATÓRIO DE VALOR A SER REAJUSTADO E AUMENTADO SEGUNDO ÍNDICES LEGALMENTE ESTABELECIDOS. OBSERVÂNCIA DO INC. IV DO ART. 7. DA CONSTITUIÇÃO DO BRASIL. AÇÃO JULGADA IMPROCEDENTE.

1. A exigência constitucional de lei formal para fixação do valor do salário mínimo está atendida pela Lei n. 12.382/2011.

2. A utilização de decreto presidencial, definida pela Lei n. 12.382/2011 como instrumento de anunciação e divulgação do valor nominal do salário mínimo de 2012 a 2015, não desobedece o comando constitucional posto no inc. IV do art. 7º da Constituição do Brasil.

A Lei n. 12.382/2011 definiu o valor do salário mínimo e sua política de afirmação de novos valores nominais para o período indicado (arts. 1º e 2º). Cabe ao Presidente da República, exclusivamente, aplicar os índices definidos legalmente para reajuste e aumento e divulgá-los por meio de decreto, pelo que não há inovação da ordem jurídica nem nova fixação de valor.

3. Ação julgada improcedente.(424)

O salário mínimo é fundamental à vida do trabalhador. Ninguém pode perceber valor inferior, nem ter redução abaixo do montante atribuído ao salário mínimo. É que sua irredutibilidade e o direito à sua percepção são garantias dos incisos VI e VII do art. 7º da Constituição. Nem mesmo por negociação coletiva isso pode acontecer, porque todas as reduções permitidas pela Constituição sofrem o limite do valor desse salário. Se o salário mínimo não é o satisfatório e ideal, pelo menos permite que o obreiro sobreviva, exercitando sua inteligência e de seus familiares, para esperar a virada do mês e receber novo salário.

14. PISO SALARIAL E SALÁRIO PROFISSIONAL

Piso salarial é o menor salário devido a um empregado, dentro de determinada categoria profissional. Costuma ser estabelecido na data-base da categoria ou na ocorrência de um fato novo de altíssima relevância.

---

(424) ADI n. 4.568/DF, de 3.11.11 (Partido Popular Socialista e outros. Intdo(s): Presidente da República e Congresso Nacional). Rel.: Min. Carmen Lúcia. Disponível em: <http://www.stf.jus.br/portal/processo/verProcessoAndamento.asp?incidente=4039049>. Acesso em: 18 abr. 2014.

Geralmente é fixado por via negocial, através de convenção ou acordo coletivo de trabalho, quando se denomina salário mínimo convencional; ou por decisão judicial, surgindo o salário mínimo normativo, mediante sentença normativa proferida por um TRT ou pelo TST, em sede de dissídio coletivo de natureza econômica, que, atualmente, sofre muitas restrições para ser ajuizado como veremos adiante (v., na Parte II, Capítulo V, n. 2.2).

O salário profissional é o mínimo fixado por lei para trabalhadores de certas profissões legalmente regulamentadas, de que são exemplos os médicos e dentistas (Lei n. 3.999/1961) e os engenheiros (Lei n. 4.950-A/1966). A partir do advento da Súmula Vinculante n. 4 do STF, a base de cálculo do salário profissional não pode mais ser o salário mínimo, como apontamos acima, quando examinamos cada uma dessas categorias de trabalhadores (v., nesta Parte, Capítulo VI, ns. 3, a 5).

15. GRATIFICAÇÃO DE NATAL

Criada pela Lei n. 4.090, de 13.07.1962, esta gratificação compulsória, que tem natureza salarial, ficou conhecida coloquialmente como 13º salário, denominação que foi adotada formalmente pela Constituição de 1988, no inciso VIII do art. 7º:

> VIII – décimo terceiro salário com base na remuneração integral ou no valor da aposentadoria.

É devida aos empregados urbanos e rurais, inclusive os domésticos, avulsos e temporários, correspondendo a 1/12 avos por mês ou fração superior a quinze dias da remuneração paga em dezembro, equivalente a uma remuneração mensal normal, se for o ano civil integralmente trabalhado (art. 1º e §§ 1º e 2º, da Lei n. 4.090/1962), não se considerando faltas as ausências legais e justificadas.

A Lei n. 4.749, de 12.08.1965, tratou da forma como deve ser efetuado seu pagamento, fixando-o para o dia 20 de dezembro de cada ano, e prevendo o parcelamento de duas vezes da gratificação de natal, entre os meses de fevereiro e novembro de cada ano, mediante pedido formulado pelo empregado em janeiro. O primeiro é um adiantamento, no valor da metade do salário do mês anterior e será compensado no final do ano, em novembro. É o que dispõe o art. 2º da Lei n. 4.749/1965.

Em sendo extinto o contrato de trabalho, por iniciativa do empregador ou a pedido do empregado, antes o pagamento do restante 13º salário em dezembro, o adiantamento será compensado com a gratificação de Natal devida e, não bastando, com outro crédito trabalhista que o empregado possua (art. 3º da Lei n. 4.749/1965 e Súmula n. 157 do TST), e o valor da gratificação deve ser o da remuneração do mês da rescisão. Note-se que se a dispensa ocorrer por culpa recíproca, esse *plus* será devido pela metade (Súmula n. 14 do TST).

Também nos contratos a prazo, quando extintos, é devida a gratificação natalina considerando o número de meses trabalhados, como dispõe o art. 1º, § 3º, n. I, da Lei n. 4.090/1962.

No que refere ao inciso II do mesmo parágrafo do art. 1º, que cuida do pagamento do 13º salário quando a rescisão ocorrer pela aposentadoria do empregado, ainda que antes de dezembro, impende assinalar que não se admite mais a extinção do pacto laboral em razão da aposentadoria, como exposto acima (v., nesta Parte, Capítulo XI). Com efeito, temos por revogado tacitamente esse dispositivo, que, então, não mais se aplica.

A jurisprudência consolidada do TST possui algumas regras para a gratificação de natal: as horas extras habituais devem integrar a remuneração para fins de seu cálculo (Súmula n. 45), da mesma forma como os adicionais noturno (Súmula n. 60) e de insalubridade (Súmula n. 139), e as gorjetas (Súmula n. 354) e é devida pela empresa cessionária ao servidor público cedido enquanto durar a cessão (Súmula n. 50),

Outro ponto chama a atenção. Como verificado, o art. 7º, VIII, da Constituição, diz que o *13° salário é com base no valor da aposentadoria*. No entanto, o § 6º do art. 201 da Constituição, dispõe:

> § 6º A gratificação natalina dos aposentados e pensionistas terá por base o valor dos proventos do mês de dezembro de cada ano.

Ante os dispositivos constitucionais, temos dois institutos jurídicos distintos: o 13º salário devido aos aposentados, no valor da aposentadoria e a gratificação natalidade dos aposentados no valor dos proventos de dezembro de cada ano.

Trata-se, evidente, de um equívoco do constituinte originário, mas que recomenda urgente correção do Texto Fundamental. Com efeito, nada obsta que se interpretem os dispositivos afirmando que, como aposentado não recebe salários, mas proventos, e a Constituição lhe reconhece um 13º salário, tocará a seus ex-empregadores, na proporção do tempo de trabalho para cada qual, esse pagamento, porque a Previdência Social responde pela gratificação natalina, que é no valor dos seus proventos de dezembro de cada ano, mas não por 13º salário, conforme consta do art. 201, § 6º, da Constituição.

Ademais, considere-se que a aposentadoria não é, como já referimos, causa extintiva do contrato de trabalho, donde resulta que o obreiro aposentado que continua trabalhando tem direito ao 13º salário na condição de empregado (art. 7º, VIII, da Constituição) e à gratificação de Natal, como aposentado (art. 201, § 6º, da Constituição), e não haverá *bis in idem* porque, aqui, são situações jurídicas diferentes, a relação de emprego com o tomador do serviço, e a relação previdenciária, com o órgão da previdência social.

A questão fica então restrita apenas àqueles que, aposentados, afastaram-se do mercado de trabalho. É para eles que cabe a urgente correção do texto constitucional, sob pena de poderem postular judicialmente pagamento do 13º salário do art. 7º, VIII, da Constituição. Uma coisa é inequívoca: a redação do Texto Fundamental, pelo menos nesses dois dispositivos, anda bastante ruim.

16. 14º SALÁRIO

Assim como é inadequado chamar gratificação de Natal de 13º salário, embora consagrado na Constituição, cogita-se de um 14º salário. Na cidade de Cáceres, no Mato Grosso, uma empresa criou um programa destinado a aumentar vendas, ampliar o conhecimento dos empregados sobre a empresa e melhorar o inter-relacionamento entre todos. De acordo com o programa, quem ler um livro por mês deverá receber um 14º salário, condicionado ao alcance das metas fixadas pela empresa[425].

Trata-se de uma forma de melhorar o desenvolvimento profissional dos empregados, desenvolvendo suas habilidades, aumentando seu conhecimento, incentivando até mesmo o retorno ao estudo. Foram abertas bibliotecas na empresa, com livros sobre liderança, gestão, relações interpessoais, autoajuda e a área de atuação do negócio.

Ademais, foram criados mecanismos complementares, que incluem a participação em reuniões e treinamentos com atribuição de pontos, além da realização de cursos específicos do tipo MBA, que preparam mão de obra para a própria empresa, sem que os empregados participantes assumam alguma obrigação de exclusividade temporária.

Esse tipo isolado de incentivo ao trabalhador, não previsto na legislação, evidente que implica um *plus salarial*, que, no entanto, deve ficar condicionado às exigências criadas pelo empregador e que devem ter a anuência do empregado.

17. ISONOMIA SALARIAL

17.1. GENERALIDADES

Isonomia salarial pressupõe a existência de normas que contemplem igualdade de salário para as pessoas. Foi inserida na constituição mexicana de 1917 e na de Weimar de 1919, sendo princípio consagrado na DUDH de 1948 (art. XXIII, 2), e apareceu, no Brasil, pela primeira vez, através do Decreto n. 20.291, de 12.08.1931, proibindo que o trabalhador brasileiro recebesse salário inferior ao estrangeiro, tendo sido constitucionalizada em 1934 (art. 121 da Constituição).

O inciso XXX do art. 7º da atual Constituição proclama:

> XXX – proibição de diferença de salários, de exercício de funções e de critério de admissão por motivo de sexo, idade, cor ou estado civil.

---

(425) Disponível em: <http://economia.uol.com.br/noticias/redacao/2013/02/13/empresa-do-mt-paga-14-salario-para-funcionarios--que-leem-um-livro-por-mes.htm>. Acesso em: 18 abr. 2014.

Por sua vez, o art. 5º da CLT registra:

> Art. 5º A todo trabalho de igual valor corresponderá salário igual, sem distinção de sexo.

É a consagração, em nosso país, do princípio da isonomia.

No Direito Internacional, o Pacto Internacional de Direitos Econômicos, Sociais e Culturais contempla a isonomia, e, no âmbito da OIT, três convenções cuidam do tema, a saber:

- Convenção n. 100, sobre Igualdade de Remuneração de Homens e Mulheres Trabalhadores por Trabalho de Igual Valor, aprovada na 34ª Reunião da Conferência Internacional do Trabalho (Genebra – 1951), entrou em vigor no plano internacional em 23.05.1953, e vigente no Brasil desde 25.04.1958;
- Convenção n. 111, acerca de Discriminação em Matéria de Emprego e Ocupação, aprovada em 1958, em vigor internacionalmente desde 15.06.1960, e no Brasil com vigência a partir de 26.11.1966; e
- Convenção n. 117, que cuida dos Objetivos e Normas Básicas da Política Social, de 1962, vigente a partir de 25.04.1964, e no Brasil desde 24.03.1970.

A previsão legal para a equiparação salarial encontra-se no art. 461 da CLT, com a redação dada pela Lei n. 13.467/2017, nos seguintes termos:

> Art. 461. Sendo idêntica a função, a todo trabalho de igual valor, prestado ao mesmo empregador, no mesmo estabelecimento empresarial, corresponderá igual salário, sem distinção de sexo, etnia, nacionalidade ou idade.
>
> § 1º Trabalho de igual valor, para os fins deste Capítulo, será o que for feito com igual produtividade e com a mesma perfeição técnica, entre pessoas cuja diferença de tempo de serviço para o mesmo empregador não seja superior a quatro anos e a diferença de tempo na função não seja superior a dois anos.
>
> § 2º Os dispositivos deste artigo não prevalecerão quando o empregador tiver pessoal organizado em quadro de carreira ou adotar, por meio de norma interna da empresa ou de negociação coletiva, plano de cargos e salários, dispensada qualquer forma de homologação ou registro em órgão público.
>
> § 3º No caso do § 2º deste artigo, as promoções poderão ser feitas por merecimento e por antiguidade, ou por apenas um destes critérios, dentro de cada categoria profissional.
>
> § 4º O trabalhador readaptado em nova função por motivo de deficiência física ou mental atestada pelo órgão competente da Previdência Social não servirá de paradigma para fins de equiparação salarial.
>
> § 5º A equiparação salarial só será possível entre empregados contemporâneos no cargo ou na função, ficando vedada a indicação de paradigmas remotos, ainda que o paradigma contemporâneo tenha obtido a vantagem em ação judicial própria.
>
> § 6º No caso de comprovada discriminação por motivo de sexo ou etnia, o juízo determinará, além do pagamento das diferenças salariais devidas, multa, em favor do empregado discriminado, no valor de 50% (cinquenta por cento) do limite máximo dos benefícios do Regime Geral de Previdência Social.

Deve ser observado ponto bastante relevante quando se cogita de isonomia salarial. É o comando que emerge do item VI da Súmula n. 6 do TST, tratando de tema relativo à equiparação com paradigma que obteve melhoria em decorrência de decisão judicial:

> Súmula 6 – VI – Presentes os pressupostos do art. 461 da CLT, é irrelevante a circunstância de que o desnível salarial tenha origem em decisão judicial que beneficiou o paradigma, exceto: a) se decorrente de vantagem pessoal, de tese jurídica superada pela jurisprudência de Corte Superior; b) na hipótese de equiparação salarial em cadeia, suscitada em defesa, se o empregador produzir prova do alegado fato modificativo, impeditivo ou extintivo do direito à equiparação salarial em relação ao paradigma remoto, considerada irrelevante, para esse efeito, a existência de diferença de tempo de serviço na função superior a dois anos entre o reclamante e os empregados paradigmas componentes da cadeia equiparatória, à exceção do paradigma imediato.

17.2. REQUISITOS DA EQUIPARAÇÃO

A partir do art. 461 transcrito, podemos retirar os elementos que dão origem à equiparação salarial, que são seis, como demonstramos a seguir.

17.2.1. *Identidade de funções*

Essa identidade ocorre com relação às atividades desenvolvidas. Não se confunda cargo, que é gênero, com função, que é espécie. Não é o exercício de determinado cargo que confere possibilidade de equiparação, mas a identidade de atividades desenvolvidas. Nenhuma relevância possui a denominação dada pelo empregador à função ocupada por seu empregado. Nem mesmo a semelhança de denominações justifica uma pretendida equiparação. O que importa é a identidade de atividades exercidas pelo equiparando e pelo paradigma indicado. É exatamente nesse sentido o item III da Súmula n. 6 do TST:

> Súmula n. 6 – III – A equiparação salarial só é possível se o empregado e o paradigma exercerem a mesma função, desempenhando as mesmas tarefas, não importando se os cargos têm, ou não, a mesma denominação.

Para impedir a equiparação, cabe ao empregador provar os fatos que inviabilizam a pretensão do obreiro, conforme a mesma Súmula n. 6, VIII:

> Súmula n. 6 – VIII – É do empregador o ônus da prova do fato impeditivo, modificativo ou extintivo da equiparação salarial.

De notar, ademais, com relação aos servidores públicos, que é defesa a aplicação da regra do art. 461 da CLT, em decorrência do que dispõe o art. 37, XIII, da Constituição:

> Art. 37. (...)
>
> XIII – é vedada a vinculação ou equiparação de quaisquer espécies remuneratórias para o efeito de remuneração de pessoal do serviço público;

Em consonância com o preceito constitucional, o TST adotou a OJ n. 297 da SBDI-1, nos seguintes termos:

> OJ N. 297 – EQUIPARAÇÃO SALARIAL. SERVIDOR PÚBLICO DA ADMINISTRAÇÃO DIRETA, AUTÁRQUICA E FUNDACIONAL. ART. 37, XIII, DA CF/1988 – O art. 37, inciso XIII, da CF/1988, veda a equiparação de qualquer natureza para o efeito de remuneração do pessoal do serviço público, sendo juridicamente impossível a aplicação da norma infraconstitucional prevista no art. 461 da CLT quando se pleiteia equiparação salarial entre servidores públicos, independentemente de terem sido contratados pela CLT.

Com relação aos empregados de empresas públicas e sociedades de economia mista, no entanto, é possível a equiparação. Ambos encontram-se albergados pelo art. 173, § 1º, II, da Constituição:

> § 1º A lei estabelecerá o estatuto jurídico da empresa pública, da sociedade de economia mista e de suas subsidiárias que explorem atividade econômica de produção ou comercialização de bens ou de prestação de serviços, dispondo sobre:
>
> ....
>
> II – a sujeição ao regime jurídico próprio das empresas privadas, inclusive quanto aos direitos e obrigações civis, comerciais, trabalhistas e tributários.

Especificamente quanto aos que trabalham em sociedades de economia mista, o TST adotou a OJ n. 353 da SBDI-1, assim redigida:

> OJ N. 353 – EQUIPARAÇÃO SALARIAL. SOCIEDADE DE ECONOMIA MISTA. ART. 37, XIII, DA CF/1988. POSSIBILIDADE – À sociedade de economia mista não se aplica a vedação à equiparação prevista no art. 37, XIII, da CF/1988, pois, ao contratar empregados sob o regime da CLT, equipara-se a empregador privado, conforme disposto no art. 173, § 1º, II, da CF/1988.

Registre-se, também, ser irrelevante a coincidência ou não de horários de trabalho porquanto, como assinalado acima, o que importa é a identidade das funções desenvolvidas.

17.2.2. *Trabalho de igual valor*

Esta expressão não deve ser interpretada no sentido de valor pecuniário. Possui dupla significação. A primeira refere a **igual produtividade**, ou seja, deve haver identidade quantitativa entre os trabalhos do equiparando e do paradigma.

A segunda importa em **perfeição técnica similar**, isto é, identidade qualitativa do trabalho desenvolvido por ambos, o que se aplica também ao trabalho intelectual, conforme a Súmula n. 6, VII:

> Súmula n. 6 – VII – Desde que atendidos os requisitos do art. 461 da CLT, é possível a equiparação salarial de trabalho intelectual, que pode ser avaliado por sua perfeição técnica, cuja aferição terá critérios objetivos.

Com efeito, se o equiparando produz, no mesmo espaço temporal, igual quantidade de elementos, com a correção com que atua, em circunstâncias idênticas, o paradigma, é perfeitamente pertinente a equiparação pretendida.

17.2.3. *Tempo de serviço*

As alterações promovidas em 2017 na CLT alteraram, significativamente, o entendimento de *tempo de serviço* para fins de equiparação salarial. Anteriormente, esse requisito significava que entre empregado e paradigma o tempo de serviço não poderia ser superior a dois anos na atividade cuja igualdade estava sendo pretendida, ou seja, o que importava não era o tempo de casa, de trabalho. A contagem desses dois anos era feita apenas pelo exercício da função e não pelo tempo de trabalho na empresa. Assim era Súmula n. 6, II do TST:

> Súmula n. 6 – II – Para efeito de equiparação de salários em caso de trabalho igual, conta-se o tempo de serviço na função e não no emprego.

Na mesma linha, a Súmula n. 202 do STF:

> Súmula n. 202 – Na equiparação de salário, em caso de trabalho igual, toma-se em conta o tempo de serviço na função, e não no emprego.

Agora não é apenas o tempo na função, mas também o tempo no emprego. Com efeito, existem dois elementos temporais que não podem ser examinados separadamente, mas de forma cumulativa. A diferença temporal entre paradigma e equiparando não pode ser maior de quatro anos na empresa, nem menor de dois anos na função. Assim, passaram a ser dois elementos, e não apenas um, para preencher esse requisito e ampliou-se o tempo de permanência do emprego.

17.2.4. *Mesmo empregador*

É necessário que o equiparando e o paradigma indicado prestem serviços para o mesmo empregador ou, em caso de grupo econômico, para empregadores que exercem idêntica atividade econômica. A regra também se aplicaria em caso de cessão, conforme a Súmula n. 6, V, porém, como veremos em seguida, novos óbices foram introduzidos à equiparação, inclusive o trabalho no mesmo estabelecimento. Acreditamos que isso inviabiliza a pretensão sumular que dispõe:

> Súmula n. 6 – V – A cessão de empregados não exclui a equiparação salarial, embora exercida a função em órgão governamental estranho à cedente, se esta responde pelos salários do paradigma e do reclamante.

17.2.5. *Mesmo estabelecimento*

A regra anterior previa que a equiparação dar-se-ia considerando a mesma localidade de trabalho. Entenda-se por localidade não apenas o mesmo município, mas também a sua área metropolitana, ainda que o serviço seja desenvolvido em diferentes estabelecimentos do mesmo empregador. A Súmula n. 6, X, dispõe:

> Súmula n. 6 – X – O conceito de "mesma localidade" de que trata o art. 461 da CLT refere-se, em princípio, ao mesmo município, ou a municípios distintos que, comprovadamente, pertençam à mesma região metropolitana.

Atualmente, não se cuida mais de *mesma localidade*, mas de *mesmo estabelecimento*. Trata-se de uma condição completamente diversa da anterior. Em outros termos, embora trabalhe para determinada empresa, que possui diversos estabelecimentos, o equiparando não pode postular isonomia indicando como paradigma um colega que exerça as mesmas atividades suas, porém em estabelecimento diverso do seu, ainda que isso ocorra no mesmo município ou na mesma área metropolitana. O paradigma deve, necessariamente, trabalhar no mesmo local (estabelecimento) do equiparando. É assim que se encontra registrado no *caput* do art. 461 da CLT. Por corolário, resta superada a regra do n. X da Súmula n. 6.

17.2.6. *Contemporaneidade da prestação de serviços*

No direito anterior, propugnava-se pela existência de simultaneidade da prestação de serviços entre equiparando e seu paradigma, mesmo que em tempo pretérito. Não se confundia simultaneidade com sucessividade, que não é a hipótese desse antigo requisito. Acerca da simultaneidade, a Súmula n. 6, IV, consagra:

> Súmula n. 6 – IV – É desnecessário que, ao tempo da reclamação sobre equiparação salarial, reclamante e paradigma estejam a serviço do estabelecimento, desde que o pedido se relacione com situação pretérita.

O § 5º do art. 467 inova ao prescrever que somente pode haver equiparação salarial entre empregados *contemporâneos no cargo ou na função*, sem possibilidade de indicar *paradigma remoto, ainda que o paradigma contemporâneo tenha obtido a vantagem em ação judicial própria.*

O texto, aparentemente confuso, permite deduzir o seguinte: 1) o paradigma deve ser empregado aquando da pretensão de isonomia, ou seja, não se pode indicar como paradigma aquele que não é mais empregado; 2) não se permite indicar paradigma remoto, isto é, veda-se a equiparação em cadeia.

Importa, então, que o paradigma deve exercer a mesma atividade do equiparando por si, e não porque haver obtido essa condição mais favorável mediante postulação de equiparação, obtida em ação judicial.

17.2.7. *Multa por discriminação*

A CLT, desde 2017, inovou no sentido de punir o empregador que nega a isonomia a seus empregados, punindo-o com multa de 50% do limite máximo dos benefícios do RGPS (art. 461, § 6º).

Para que ocorra a aplicação dessa penalidade, deve ser demonstrado ter havido prática de ato discriminatório patronal por motivo de sexo ou de etnia. Acreditamos que o legislador poderia ter sido bem mais amplo no elenco de possibilidades de discriminação, observando o *caput* do mesmo art. 461, e incluindo nacionalidade e idade dentre as possíveis motivações discriminatórias.

Ademais, como se trata de uma punição, entendemos que não importa em possibilitar ao empregado ofendido uma indenização por dano extrapatrimonial. O fato gerador dessa indenização é o mesmo da multa, e, pensamos, estaremos em um verdadeiro *bis in idem*.

17.3. CASOS QUE EXCLUEM A EQUIPARAÇÃO

17.3.1. *Existência de quadro de carreira ou plano de cargos e salários*

A regra do art. 461, § 2º, da CLT, impossibilita equiparação quando, na empresa, existir quadro de carreira ou plano de cargos e salários. No direito anterior, cuidava-se apenas de quadro que deveria ser homologado no M.Tb., com as promoções sendo alternadas, pelos critério de antiguidade e merecimento. O n. I da Súmula n. 6 do TST reforçava a indispensabilidade da homologação excepcionando apenas para as entidades de direito público da administração direta, autárquica e fundacional, aprovado por ato administrativo da autoridade competente.

Agora, não há mais necessidade de qualquer forma de homologação ou registro seja do quadro de carreira seja do plano de cargos e salários em qualquer órgão público, inclusive no M.Tb., e ambos podem ter origem de norma interna da empresa, criada isoladamente por ela, ou fruto de negociação coletiva, pela via de acordo coletivo de trabalho, negociado diretamente entre o empregador e o sindicato de trabalhadores.

Ademais, a alternância entre merecimento e antiguidade para promoções não existe mais. Os critérios permanecem mas sua concessão dependerá do regulamento existente. De acordo com o § 3º do art. 461, tanto pode ser por merecimento e por antiguidade, como por apenas um dos critérios dentro da mesma categoria profissional.

Pensamos que a regra inserta na Súmula n. 127 do TST ainda prevalece sem considerar critério de aprovação por órgão estatal competente. Com o regramento presente, resulta a possibilidade de se questionar preterição, enquadramento ou reclassificação do empregado, porque o regulamento criado poderá ser violado. Recomenda a Súmula n. 127, TST:

Súmula n. 127 – QUADRO DE CARREIRA – Quadro de pessoal organizado em carreira, aprovado pelo órgão competente, excluída a hipótese de equiparação salarial, não obsta reclamação fundada em preterição, enquadramento ou reclassificação.

Relativamente a plano de cargos e salários, devemos entender que descabe equiparação salarial quando for violado. Sua existência impossibilita essa equiparação, anda que esteja sendo descumprido, cabendo, na hipótese, direito ao trabalhador prejudicado a postular o seu correto enquadramento.

17.3.2. *Regime de readaptação*

Outra hipótese de impossibilidade de equiparação é quando ocorre readaptação do empregado apontado como paradigma. A readaptação decorre de alguma deficiência física ou mental reconhecida pela Previdência Social, que leva o trabalhador a, conservando seu salário original, ocupar outra função diferente da original. É a regra do § 4º do art. 461 da CLT:

> § 4º O trabalhador readaptado em nova função por motivo de deficiência física ou mental atestada pelo órgão competente da Previdência Social não servirá de paradigma para fins de equiparação salarial.

A Lei n. 13.146/2015, que cuida da pessoa com deficiência (v., nesta Parte, Capítulo VII, n. 8), afirma que incumbe ao poder público a implementação de serviço e programas completos de habilitação e reabilitação profissionais para que pessoa nessas condições possa ingressar, continuar ou retornar ao campo do trabalho, respeitados sua livre escolha, sua vocação e seu interesse (art. 36).

17.3.3. *Vantagens de caráter pessoal*

São as exclusivas de um empregado, tipo adicional por tempo de serviço, que podem se apresentar em forma de anuênio, biênio, triênio e outras, de acordo com o tempo de casa. Essas parcelas são individuais e personalíssimas, não servindo para buscar equiparação salarial.

18. EQUIVALÊNCIA SALARIAL

A equivalência salarial ocorre de duas formas: (1) quando inexiste estipulação salarial quando tem início a prestação de serviço e (2) quando não existe prova da importância ajustada como salário. Pressupõe que trabalhem no mesmo local e fazendo o mesmo serviço.

Na CLT, o art. 460 destaca:

> Art. 460. Na falta de estipulação do salário ou não havendo prova sobre a importância ajustada, o empregado terá direito a perceber salário igual ao daquela que, na mesma empresa, fizer serviço equivalente ou do que for habitualmente pago para serviço semelhante.

Em linha similar, quando se cuida de empregado diretamente contratado e aquele admitido via empresa de trabalho temporário. O art. 12, I, da Lei n. 6.019/1974, cuidando do tema, dispõe:

> Art. 12. Ficam assegurados ao trabalhador temporário os seguintes direitos:
>
> a) remuneração equivalente à percebida pelos empregados de mesma categoria da empresa tomadora ou cliente calculados à base horária, garantida, em qualquer hipótese, a percepção do salário mínimo regional;

19. SALÁRIO-SUBSTITUIÇÃO

A substituição ocorre quando um empregado passa a desempenhar as atividades de outro. Pode ser eventual e não eventual. O art. 450 da CLT dispõe:

> Art. 450. Ao empregado chamado a ocupar, em comissão, interinamente, ou em substituição eventual ou temporária, cargo diverso do que exercer na empresa, serão garantidas a contagem do tempo naquele serviço, bem como volta ao cargo anterior.

Na **substituição eventual**, o empregado substituto passa a realizar as atividades de outro, sem direito ao salário do substituído. É que essa substituição ocorre por alguns momentos, em caráter estritamente precário. Assim, v. g., quando, em um estabelecimento bancário, um gerente necessita ausentar-se para visitar um cliente. O empregado que o substitui supre a ausência eventual do titular apenas durante o lapso de tempo de duração da visita.

Na **substituição não eventual**, ao contrário, o empregado substituto tem direito a perceber o salário do substituído, porque é de duração expressiva, como a ausência do gerente que foi participar de um curso por vinte dias em outra cidade ou saiu em gozo de férias. É nesse sentido a Súmula n. 159 do TST:

> SÚMULA N. 159 – SUBSTITUIÇÃO DE CARÁTER NÃO EVENTUAL E VACÂNCIA DO CARGO
>
> I – Enquanto perdurar a substituição que não tenha caráter meramente eventual, inclusive nas férias, o empregado substituto fará jus ao salário contratual do substituído.
>
> II – Vago o cargo em definitivo, o empregado que passa a ocupá-lo não tem direito a salário igual ao do antecessor.

20. ABONO SALARIAL

A partir das mudanças introduzidas pela Lei n. 13.134/2015, o abono salarial anual de um salário mínimo previsto no art. 9º da Lei n. 7.998/90 passou a ser assegurado aos empregados cadastrados no PIS-PASEP há pelo menos cinco anos, cujos empregadores contribuíram com até dois salários mínimos médios mensais no período trabalhado, e que exerçam atividade remunerada a pelo menos trinta dias no ano-base. A modificação não foi benéfica ao trabalhador porquanto o cadastramento no PIS-PASEP passou a ser de pelo menos cinco anos (inciso II do mencionado art. 9º), que não havia anteriormente.

O valor dessa bonificação é calculado na proporção de 1/12 do salário mínimo vigente na data do pagamento, multiplicado pelo número de meses ou fração igual ou superior a quinze dias trabalhados no ano correspondente (art. 9º, §§ 2º e 3º), sendo pago pelo Banco do Brasil S/A ou da Caixa Econômica Federal (art. 9ª-A).

Essas regras passam a ser aplicadas a partir do exercício de 2016 (art. 4º da Lei n. 13.134/2015).

Capítulo XV

TRABALHO DA MULHER

1. EVOLUÇÃO HISTÓRICA

A mulher sempre foi vista como *produto* do homem, como subserviente, como patrimônio de seu senhor maior. *Sexo frágil*, como por longo tempo se costumou dizer, ligou-se sempre ao lar, às atividades caseiras, à vida doméstica, e, por isso, por sua presumida debilidade física, foi considerada mão de obra secundária(426). Consta dos livros sagrados que Deus, expulsando os seres viventes que criara no Jardim do Éden, dirigiu-se à mulher, dizendo: *multiplicarei sobremodo os sofrimentos da tua gravidez; em meio de dores darás à luz filhos; o teu desejo será para o teu marido e ele te governará* (Gn. 3.16). Pelo texto sagrado, vê-se que, à luz da religião, se iniciou com o surgimento da espécie a discriminação que iria caminhar séculos e atravessar milênios.

Na antiga Roma, *a mulher, qualquer que fosse a sua situação, estava sempre submetida a um poder; se era solteira,* alieni júris *submetia-se à patria potestas; se era casada* cum manu, *impunha-se-lhe a* manus maritalis*; sendo solteira, sui juris, ou viúva, ficava sob a tutela permanente*(427), o que lhe gerava uma incapacidade de fato, que só se atenuou com o fim da República e o começo do Império (Ulpiano e Gaio)(428).

Essa situação persistiu ao longo da Idade Média, e, com a Revolução Industrial, a partir do surgimento da máquina a vapor, esta serviu para equilibrar o desnível existente entre o homem e a mulher, porque menor a força física a ser despendida, iniciou-se o processo de exploração do trabalho da mulher, como na Alemanha, onde cumpria jornadas absurdas de dezessete horas/dia.

No século XIX, surgiram as primeiras normas de proteção da mulher. Na Inglaterra, a 19 de agosto de 1842, o *Coal Mining Act* limitou em doze horas o seu trabalho e proibiu-lhe o noturno na faixa dos dezoito aos 35 anos; e, em 1878, o *Factory and Workshop Act* vedou-lhe o trabalho insalubre e perigoso.

Na França, várias leis seguiram os passos ingleses: a de 19 de maio de 1874, proibindo o trabalho em minas e pedreiras e o noturno à mulher menor de 21 anos; a de 2 de novembro de 1892, limitando a jornada em onze horas; a de 31 de dezembro de 1900, introduzindo cadeiras nas empresas conforme o número de mulheres; a de 28 de novembro de 1909, garantindo repouso não remunerado às mulheres grávidas e proibindo-lhes de carregar objetos pesados; os decretos de 21 de junho de 1913, vedando o trabalho na parte exterior das lojas, e de 21 de abril de 1914, proibindo o trabalho em confecção e distribuição de escritos e objetos de circulação vedados por lei penal porque contra os bons costumes.

Na Alemanha, o Código Industrial de 1891 indicou medidas para proteger o trabalho da mulher, e a Constituição de Weimar, de 11 de agosto de 1919, igualou o seu trabalho ao do homem (art. 119, 1ª parte) e protegeu a maternidade (arts. 119, *in fine*, em 161).

---

(426) RUSSOMANO, M. V. *Comentários*... cit., p. 349.

(427) MEIRA, Sílvio Augusto de Bastos. *Instituições de direito romano*. 3. ed. São Paulo: Max Limonad, 1968. p. 58.

(428) MEIRA, S. A. de B. Ob. cit., p. 58.

No Brasil, a primeira norma escrita sobre a situação da mulher obreira, altamente protecionista, foi o Decreto n. 21.417-A, de 17 de maio de 1932, decorrente de projeto do então Ministro do Trabalho, Indústria e Comércio Lindolfo Collor, projeto esse que *consulta as exigências primordiais do amparo ao trabalho feminino no Brasil*(429). Aliás, na exposição de motivos ao Chefe do Governo Provisório, Collor analisa o trabalho da mulher no início da década de 30, registrando que

> os salários, as condições e o horário de trabalho variam, não só de atividade como, também, de região para região. Reduzido a £ 800 no extremo norte, nos castanhais ou na separação de sementes oleaginosas, o trabalho feminino tem remuneração que chega a ser dez vezes menor nas fábricas do centro do país, predominando, em regra, o dia de oito horas de trabalho(430).

A partir do século XIX, cada Estado passou a se preocupar internamente com o trabalho da mulher, fundado em dois aspectos: o fisiológico e o social. O primeiro decorreria de uma presumida menor resistência física da mulher, porque *os biólogos e fisiologistas demonstram que a mulher, em confronto com o homem, possui menor resistência a trabalhos extenuantes, por isso recomendam cautelas do ponto de vista físico e espiritual*(431). O segundo derivaria da defesa da família, fundamento de caráter moral e de maior importância que o primeiro, tendo Pio XI destacado o papel da mãe de família em trabalhos domésticos como responsável pelo lar(432).

Ambos os fundamentos parecem superados hodiernamente, restando a necessidade de proteger a mulher na maternidade, sobretudo porque os movimentos modernos, geralmente conhecidos como feministas, mudaram a visão das medidas protetoras da mulher de discriminatórias para tuitivas, restando, em boa parte, superados os raciocínios de sua inferioridade.

Com efeito, indiscutivelmente, hoje, somente nos três momentos da maternidade (gravidez, parto e amamentação) é que se pode falar em tratamento discriminatório preferencial favorecendo a mulher.

2. PROTEÇÃO DO TRABALHO DA MULHER

2.1. NO DIREITO INTERNACIONAL

A Convenção de Berna (1906) protegia a mulher contra condições excessivamente duras de trabalho, especialmente na maternidade. O Tratado de Versalhes (1919) previa igualdade de salário e de trabalho (parte XIII, VII), além do estabelecimento de serviços de inspeção do trabalho com mulheres, a fim de assegurar a proteção do trabalhadores (IX). Foram os primeiros expressivos passos do Direito Internacional a fim de proteger a mulher.

A Carta das Nações Unidas (1945) afirma, logo no início da parte dispositiva, a igualdade entre homens e mulheres como um dos propósitos da Organização (art. 1º, 3), mediante o respeito aos direitos humanos sem distinção de sexo (art. 55, *c*), extensivo inclusive aos antigos territórios em regime de tutela (art. 76, *c*).

A Declaração Universal dos Direitos Humanos (DUDH) (1948) proclama a igualdade de todos perante a lei (art. 7), proíbe a distinção por sexo (art. 2º, 1), declara que homem e mulher fundam a família com iguais direitos com relação ao casamento (art. 16, 1) e reconhece a isonomia salarial (art. 23, 2).

Os Pactos de Direitos Humanos de 1966 seguem a mesma linha, com a vantagem de possuírem a força vinculante que a Declaração de 1948 não tem e terem, ambos, sido ratificados pelo Brasil, donde consideram-se leis internalizadas. O de Direitos Econômicos, Sociais e Culturais reconhece a igualdade entre homem e mulher em todos os direitos que contempla (art. 3º), inclusive salários (art. 7º, *a*, *i*), protegendo a maternidade (art. 10, 2), inspirado em algumas Convenções Internacionais do Trabalho. O de Direitos Civis e Políticos garante direitos sem discriminação por sexo (arts. 2º, 1, e 3), devendo a lei coibir qualquer distinção dessa natureza (art. 26).

Na América, a Carta da Organização dos Estados Americanos (Bogotá, 1948) adota o princípio da igualdade entre seres humanos sem distinção de sexo (art. 43, *a*), ao tratar das normas sociais. A Declaração Americana dos

---

(429) COLLOR, Lindolfo. *Exposição de motivos*. Separata de Legislação social trabalhista. Rio de Janeiro, 1933. p. 456.

(430) COLLOR, L. *Exposição de motivos*... cit., p. 456.

(431) GOMES, Orlando & GOTTSCHALK, Elson. *Curso de Direito do Trabalho*. 5. ed. Rio de Janeiro: Forense, 1972. p. 385 e 387.

(432) PIO XI, *Encíclica "Quadragésimo Anno"*, *in* Textos & Documentos, II (6): 35, Brasília, jun. 1980.

Direitos e Deveres do Homem (Bogotá, 1948) iguala mulher e homem (art. 2º) e protege a gravidez e a amamentação (art. 7º). O Pacto de San José da Costa Rica proíbe discriminação por sexo (art. 1º, 1), igualando homem e mulher no que tange à proteção da família (art. 17, 2 e 4).

A Carta Social do Conselho da Europa consagra a igualdade de remuneração (art. 4º) e protege a maternidade (gestação, parto e amamentação) (art. 8º). Na União Europeia, o Tratado de Roma (1951) adota o princípio da igualdade de remuneração (art. 119), decorrente de proposta apresentada pela França, a respeito do qual Lyon-Caen e Lyon-Caen assinalam a existência de uma *tendance persistante à n'appliquer le principe d'égalité qu'aux fonctions mixtes non aux emplois purement feminis*(433). Duas diretivas adotadas no âmbito da União Europeia são importantes: a Diretiva n. 75/117, de 10 de fevereiro de 1975(434), e a n. 76/207, de 9 de fevereiro de 1976(435), esta proibindo discriminação para acesso a emprego e para dispensa e objetivando a proteção de trabalhos de igual valor e não somente nas funções mistas, além de permitir o acesso de mulheres ao Tribunal de Justiça da União Europeia(436).

No âmbito da OIT, a Declaração da Filadélfia, de 10 de maio de 1944, afirma que por sexo não haverá distinção para que todos tenham direito a bem-estar material e desenvolvimento espiritual em condições de liberdade e dignidade, de segurança econômica e em igualdade de oportunidades (art. II, *a*).

São várias as Convenções(437) e Recomendações Internacionais do Trabalho(438) que cuidam da proteção do trabalho da mulher nos vários ramos da atividade, abordando igualdade de acesso ao trabalho, trabalho noturno,

---

(433) LYON-CAEN, Gérard & LYON-CAEN, Antoine. *Droit social international et européen*. 5. ed. Paris: Dalloz, 1980. p. 172.

(434) Gazzetta Ufficiale delle Comunitá Europee (GUCE), n. L 45/19 fev. 1975.

(435) GUCE, n. L 39/40, 14 fev. 1976.

(436) Com fundamento nessa Diretiva, a Corte de Justiça da União Europeia e apreciou o caso Defreme, em três julgados, nos processos ns. 80/1970 (acórdão de 25.05.1971), 43/1975 (Acórdão de 08.04.1975) e 149/1977 (acórdão de 15.06.1978). No segundo julgado, de abril de 1975, o Tribunal registrou que a não discriminação, inclusive por sexo, é um princípio fundamental do direito comunitário europeu, e que o princípio da igualdade do art. 119 do Tratado de Roma pode ser invocado nos Tribunais nacionais com larga margem de aplicação, cf. G. Lyon-Caen e A. Lyon-Caen, *Droit social*... cit., p. 363.

Essas Diretivas foram adaptadas aos ordenamentos dos Estados-membros da União Europeia, como, v. g., Portugal, pelo Decreto-lei n. 392, de 29 de setembro de 1979.

(437) São as Convenções de n. 3 (Washington, 1919), relativa ao emprego de mulheres antes e depois do parto; 4 (Washington, 1919), sobre o trabalho da mulher; 13 (Genebra, 1921), sobre o emprego de alvaiade na pintura; 41 (Genebra, 1934, sobre o trabalho noturno da mulher (revisora); 45 (Genebra, 1935), relativa ao empregos de mulheres nos trabalhos subterrâneos de toda classe de minas; 48 (Genebra, 1935), sobre a organização de um regime internacional para a conservação dos direitos de seguro invalidez, velhice e morte; 82 (Genebra, 1947), sobre a política social nos territórios não metropolitanos (especialmente a Parte VI); 83 (Genebra, 1947), relativa à aplicação de normas internacionais de trabalho nos territórios não metropolitanos (contendo, anexas, a Convenção n. 3, sobre a proteção à maternidade, e as de n. 41 e 45); 89 (São Francisco, 1948) sobre o trabalho noturno das mulheres empregadas na indústria (revisora); 100; (Genebra, 1951), sobre a igualdade de remuneração entre as mãos de obra masculina e feminina por um trabalho de igual valor; 103 (Genebra, 1952), sobre a proteção da maternidade (revisora); 110 (Genebra, 1958), relativa às condições de emprego dos trabalhadores das plantações (especialmente a Parte VI, sobre a proteção à maternidade); 111 (Genebra, 1958), sobre a discriminação em matéria de emprego e ocupação; 117 (Genebra, 1962), sobre normas e objetivos básicos da política salarial (especialmente Parte V); 142 (Genebra, 1975), sobre a orientação e a formação profissionais no desenvolvimento dos recursos humanos (com atenção ao art. 1, 5); e, 156 (Genebra, 1981), sobre a igualdade de oportunidades e tratamento entre trabalhadores e trabalhadoras quanto a responsabilidades familiares.

O Brasil não ratificou as Convenções ns. 13, 48, 82 e 156. Denunciou, quer tacitamente com a ratificação de Convenção revisora, quer voluntariamente, as de ns. 3, 4, 41 e 110. Vigentes no Brasil, hoje, as de ns. 45, 89, 100, 103, 111, 117 e 142.

(438) As recomendações que se dedicam à atividade da mulher são as de ns. 4 (Washington, 1919), sobre a proteção das mulheres e das crianças contra o saturnismo; 12 (Genebra, 1921), sobre a proteção, antes e depois do parto, das mulheres empregadas na agricultura; 13 (Genebra, 1921), sobre o trabalho noturno das mulheres na agricultura; 26 (Genebra, 1926), sobre a proteção das mulheres emigrantes a bordo de navios; 67 (Filadélfia, 1844), sobre a segurança dos meios de vida (especialmente o Anexo, com os princípios normativos e sugestões para sua aplicação); 90 (Genebra, 1951), relativa à igualdade de remuneração entre as mãos de obra masculina e feminina por trabalho de igual valor; 95 (Genebra, 1952), acerca da proteção à maternidade; 111 (Genebra, 1958), relativa à discriminação em matéria de emprego e ocupação; 123 (Genebra, 1965), relativa ao emprego de mulheres com responsabilidades familiares; e 136 (Genebra, 1970), sobre os programas especiais de emprego e de formação de jovens, com vistas ao desenvolvimento (especialmente a Parte II, n. 5).

insalubre e perigoso, jornada de trabalho e proteção à mulher: a genérica, quando trata de jornada e horário de trabalho, e a específica, quando cuida de gravidez, maternidade e proteção ao parto(439).

2.2. NO DIREITO COMPARADO

Basicamente, a preocupação com o trabalho da mulher gira em torno da igualdade salarial e da proteção à maternidade.

O preâmbulo da Constituição francesa de 1946 assegura a igualdade que no *Code du Travail* aparece, *v. g.*, na remuneração (art. L. 140-2), afora contemplar a proteção à maternidade (art. L. 122-25). As mudanças da Lei n. 83-635, de 13 de julho de 1983, afirmaram a igualdade no exercício de atividade profissional (art. L. 123-1) e impediram que, nas negociações coletivas, fossem introduzidas cláusulas que obstassem a igualdade de oportunidade às mulheres (art. L. 123-2).

Na Itália, pela Constituição de 1948, homens e mulheres têm igualdade de acesso ao trabalho (art. 37), sendo ambos responsáveis pela família (art. 29), protegendo a maternidade (art. 31, 2ª parte). A Lei n. 903, de 12 de dezembro de 1977, atendendo a uma Diretiva da União Europeia, minudencia as vedações a discriminações da mulher, garantindo a paridade de trabalho.

Em Portugal, a Constituição de 1976 considera todos os trabalhadores iguais (art. 60, 1), dando proteção especial ao trabalho da mulher durante a gravidez e após o parto (art. 60, 2, *c*), e é atribuído tratamento diferenciado a mulheres trabalhadoras dessa natureza (art. 68, 3), justamente para reduzir as disparidades. É por isso que Botelho Moniz acentua que *seule la fonction génétique de la femme peut conditionner l'accés à l'emploi ou l'exercice de fonctions profissionelles. En cas de risque, effectif ou potentiel, pour la dite fonction génétique, la loi*(440)*, aux termes de l'article 8, § 1º, peut établir des limitations*(441). Inspirada em Diretivas da Comunidade Europeia, a norma portuguesa ensejou a criação da Comissão da Mulher, em 1973, e da Comissão para a Igualdade no Trabalho e no Emprego, em 1980.

Existem outros casos de proteção do trabalho da mulher no direito constitucional comparado. Homens e mulheres são iguais para acesso ao trabalho, *v. g.*, na Suécia (Instrumento de Governo de 1º.01.1975, Capítulos 1, art. 2º, 3ª parte, e 2, art. 16), na Nicarágua (Constituição de 1986, art. 82, 1), na Costa Rica (Constituição de 1949, art. 71), na Filipinas (Constituição de 15.10.1986, art. II, Seção 14, e XIII, Seção 14), em Guiné-Bissau (Constituição de 24.9.1976, art. 16), na Coreia (Constituição de 1948, art. 32, 4), no Suriname (Constituição de 31.7.1987, art. 27, *c*), em Angola (Constituição de 10.11.1975, art. 18), em Cabo Verde (Constituição de 05.09.1980, arts. 22 e 23), em Moçambique (Constituição de 20.06.1975, arts. 17 a 26), em São Tomé e Príncipe (Constituição de 1975, art. 9, 1)(442), na Hungria (Lei XX, de 1959, art. 62), na Polônia (Constituição de 1952, art. 78, 2, 1), na Romênia (Constituição de 20.08.1965, art. 23).

Homem e mulher são responsáveis em comum pela família, consoante previsão constitucional de diversos países(443). Igualmente é protegida a maternidade(444), o que evidencia a preocupação com as peculiaridades da mulher, quer protegendo-a, quer tornando defesa a discriminação por sexo, restrita a proteção à gravidez, parto e amamentação, mesmo porque, na lembrança de Segadas Vianna, o protecionismo exagerado provoca a discriminação e dificuldade da mulher em obter emprego(445).

---

(439) O melhor estudo sobre o trabalho da mulher e a ação internacional é encontrado na obra de Alice Monteiro de Barros. *A mulher e o Direito do Trabalho*. São Paulo: LTr, 1995. p. 38 e *passim*.

(440) Refere-se ao Decreto-lei n. 392/1979.

(441) BOTELHO MONIZ, Carlos. *L'égalité juridique entre hommes et femmes en droit portugais, Separata de L'égalité juridique entre hommes et femmes dans la Communauté Européenne; Actes du Colloque Européen*. Louvain-la-Neuve: Presses Universitaires, 1986. p. 345.

(442) Em São Tomé e Príncipe, a Organização das Mulheres integra a Assembleia Popular (art. 20, 1, *d*) e a sua Comissão Permanente (art. 28, *d*).

(443) É o caso da Bulgária (Constituição de 16.05.1971, art. 38, 3) e da Costa Rica (Constituição de 1949, art. 52).

(444) Assim as Constituições da Nicarágua (1986, art. 78), da Áustria (1920, atualizada em 27.11.1984, art. 12, 1, 1), do Suriname (1987, arts. 29, *b*, e 35, *b*), das Filipinas (1986, art. III, Seção 12), da Coreia (1948, art. 16, 2), da Bulgária (1971, art. 37) e da Polônia (1952, art. 78, 2, 2).

(445) SÜSSEKIND, A. L. *et alii*. *Instituições*... cit. (II), 16. ed., p. 849.

Esse é o caminho que a América Latina tem adotado. A Constituição do Panamá de 1972, v. g., protege a maternidade, dando à mulher licença remunerada de seis semanas antes e oito após o parto, garantindo o emprego durante a gestação e o retorno logo após o parto, porque, segundo Murgas Torrazza, *el hecho de la maternidad coloca con frecuencia a la trabajadora en desventaja en el mercado de trabajo, por las dificultades que la gestación y la licencia remunerada a que concede entrañan para el empleador*(446).

No Uruguai, a Lei n. 11.507, de 14 de outubro de 1950, proíbe a dispensa de gestante (art. 17). Na República Dominicana, a gestante goza de licença-maternidade a partir de seis semanas antes do parto e até seis semanas depois, com sua dispensa somente sendo possível mediante autorização prévia das autoridades do trabalho (art. 211 do Código do Trabalho).

No México, a *Ley Federal del Trabajo* reconhece às mulheres os mesmos direitos e obrigações atribuídos aos homens (art. 164), com preocupação com a maternidade (art. 165). Observam Trueba & Trueba que

> *la justa paridad de sexos en cuanto a derechos y obligaciones entre hombres y mujeres, no impide que el legislador establezca protección especial para las mujeres, cuyo propósito no es discriminatorio, sino biológico y social en función de la conservación del hogar. Por otra parte, nuestra tesis propició la igualdad de hombres y mujeres ante ley, sin que esto implique identidad entre unos y otros por la natural diferencia biológica de sexos*(447).

2.3. NO BRASIL

Somente a partir da Constituição de 1934 houve a consagração da mulher enquanto trabalhadora, proibida a diferença de salário por um mesmo trabalho (art. 121, § 1º, *a*), e garantida a assistência à maternidade (alínea *h*). Essa Constituição vedava o trabalho insalubre (alínea *d* do mesmo dispositivo) e incumbia *mulheres habilitadas* de cuidar dos serviços de amparo à maternidade e à infância, ao lar e ao trabalho feminino, fiscalizando-o e orientando-o (art. 121, § 3º).

A Carta outorgada de 1937 conservava a proibição do trabalho insalubre (art. 137, *k*) e garantia a existência médica e higiênica à gestante, com repouso remunerado antes e depois do parto (alínea *l*).

A Constituição de 1946 tratou, no art. 157, de isonomia salarial (II), de descanso remunerado antes e depois do parto, garantindo o emprego (X), assistência sanitária (XIV), previdência em prol da maternidade (XIV) e vedação do trabalho insalubre (IX).

A Constituição de 1967 elencou, no art. 165, as regras sobre o trabalho da mulher: proibição de diferenças de salário e critérios de admissão (III) e de trabalho insalubre (X), garantia à gestação (XI), proteção à maternidade (XVI), aposentadoria aos trinta anos de trabalho (XIX) e, se professora, aos vinte e cinco anos de efetivo exercício do magistério (XX).

A CLT contempla normas protetivas que podem ser assim resumidas: proibição de trabalho noturno em empresas ou atividades industriais (art. 379, *in fine*), controle no cumprimento da jornada diária, fixada em oito horas (art. 373), ocasionalmente prorrogável (arts. 374 e 375), e proteção à maternidade (arts. 391 a 400), que examinaremos adiante (v., neste Capítulo, n. 5).

A Constituição de 1988 trouxe profundas inovações e, em alguns aspectos, derrogou dispositivos consolidados. Resulta, com as alterações ocorridas, que o constituinte brasileiro atentou para o fato de que *o sexo não influi na capacidade de celebrar contrato de trabalho*(448), tanto que reduziu o número de regras protetoras, centrando-as, sobretudo, na proteção quanto ao processo de procriação.

Sinteticamente, os principais princípios contemplados pela Constituição atualmente em vigor podem ser assim elencados:

(446) MURGAS TORRAZZA, Rolando. *La terminación de la relación de trabajo en el derecho panameño*, in PASCO C., Mario. *La extención de la relación laboral*. Lima: AELE, 1987. p. 205.

(447) TRUEBA URBINA, Alberto & TRUEBA BARRERA, Jorge. *Ley Federal del Trabajo; comentarios, prontuario, jurisprudencia y bibliografía*. 67. ed. México: Porruá, 1991. p. 109.

(448) GOMES, O. & GOTTSCHALK, E. *Curso*... cit., p. 395.

a) licença-maternidade: sem prejuízo do emprego e do salário, é de cento e vinte dias, sendo superior ao prazo previsto na Convenção n. 103 da OIT, que é de doze semanas (art. 3º, 2);

b) garantia de emprego: é assegurada à gestante, vedada a dispensa arbitrária ou sem justa causa, da confirmação da gravidez até cinco meses após o parto (art. 10, II, *b*, do ADCT);

c) proteção do mercado de trabalho: a regra está insculpida no art. 7º, XX, da Constituição, através de *incentivos específicos, nos termos da lei*, o que pode importar em um aumento do custo da mão de obra da mulher, prejudicando o seu acesso ao mercado de trabalho, donde uma das mais indicadas formas de proteger o mercado de trabalho da mulher é a de igualar os custos da mão de obra de ambos.

3. MEDIDAS ANTIDISCRIMINATÓRIAS

O que se deve entender por medidas antidiscriminatórias? Trata-se da adoção do princípio da não discriminação para tratar igualmente aqueles que são iguais, até porque *toda discriminación tiene ya, en si misma, un caráter humillante, incompatible con la dignidad humana*(449), importando em igualar homem e mulher no mercado de trabalho.

Existem medidas antidiscriminatórias negativas e positivas. Pelo primeiro critério, negativo, proíbe-se, *v. g.*, o pagamento de salário maior ao homem que à mulher por igual trabalho. Pelo segundo, positivo, objetiva-se a promoção da mulher em relação ao homem.

Em Portugal, segundo Botelho Moniz, admite-se a discriminação positiva, na medida em que as disposições do Decreto-lei n. 392/1979 estabelecem uma preferência em razão de sexo, imposta pela necessidade de corrigir uma desigualdade de fato(450). Domingos Damas, porém, entende que o tratamento diferenciado à mulher trabalhadora não constitui discriminação, mesmo positiva, mas apenas objetiva proteger a maternidade, valor social eminente como a paternidade(451). E parece estar com a razão, porque, como se verificou das normas constitucionais e da legislação ordinária portuguesa, a proteção é dada pela condição da mulher relativamente à gravidez e à maternidade.

As medidas antidiscriminatórias positivas são frequentes nos Estado Unidos da América, a partir do *Civil Rights Act*, de 1964, emendado pelo *Equal Employment Oportunity Act*, de 1972, cuja eficácia, aperfeiçoando a norma de 1964, é assegurada pela agência oficial *Equal Employment Oportunity Comission*.

No Brasil, sobretudo com o advento da Constituição de 1988, existem medidas não discriminatórias negativas. Talvez, com a lei que vier a dispor sobre a proteção do mercado de trabalho da mulher, isso venha a ser, pelo menos em parte, alterado. No presente, tal como se acha na Constituição, encontramos igualdade de percepção do salário, o que vai de acordo com as disposições da Convenção n. 111 da OIT, obrigando o Estado a formular uma política nacional que promova igualdade de oportunidade de tratamento em emprego e ocupação. Entretanto, existem presentes discriminações que não se concebem mais, como a aposentadoria voluntária da mulher aos trinta anos de trabalho, quando deveria ser igual à do homem (art. 202 e § 1º, da CLT), inexistindo razão para esse princípio.

As medidas não discriminatórias na Constituição em vigor são, em síntese, a igualdade de salário, exercício de funções e critério de admissão, quer por sexo, quer por estado civil (art. 7º, XXX), entre outras razões; igualdade de direitos e deveres na sociedade conjugal (art. 226, § 5º, da CLT); igualdade entre homens e mulher em direitos e obrigações (art. 5º, I, da Constituição). As normas de proteção à gravidez e à maternidade, ao contrário de discriminatórias, devem ser compreendidas como imperiosas. Em decorrência da maternidade, a Constituição preocupou-se com as presidiárias, garantindo-lhe direito à amamentação dos filhos (art. 5º, L, da Constituição). Assim, salvo quanto a essas condições exclusivas da mulher, nenhuma outra espécie de discriminação deve haver, e as medidas antidiscriminatórias elencadas acima, se bem fiscalizadas, irão coibir a diferenciação no trabalho da mulher, que, ninguém há de duvidar, não apresenta qualquer inferioridade em relação ao do homem.

Devido à preocupação com a discriminação da mulher criou-se, no Brasil, o Conselho Nacional dos Direitos da Mulher (Lei n. 7.353, de 29.08.1985), vinculado ao Ministério da Justiça (art. 2º), com o objetivo de eliminar

(449) VALTICOS, N. Ob. cit., p. 270.

(450) BOTELHO MONIZ, C. *L'egalité*... cit., p. 345.

(451) DOMINGOS DAMAS, Joaquim Augusto. O princípio da igualdade na relação jurídica do trabalho. *Revista Jurídica do Trabalho*, I (1): 120, Salvador-Lisboa, abr./jun. 1988.

as diferenças existentes, dando liberdades e direitos iguais, garantindo plena participação em atividades políticas, econômicas e culturais (art. 1º), cuja atuação é financiada pelo Fundo Especial dos Direitos da Mulher (art. 6º).

Revogou-se o art. 446 da CLT, que contemplava o direito de oposição do homem (pai ou marido) à celebração de contrato de trabalho da mulher, porém, ainda existem, absurdamente, os testes admissionais sobre o estado da mulher, que, apesar de prática criminosa (Lei n. 9.029, de 13.04.1995), não raro obstam o seu acesso ao mercado de trabalho.

É que a Lei n. 9.029/1995 considera crime, passível da pena de detenção de um a dois anos mais multa, o empregador que utilizar de uma das seguintes práticas discriminatórias:

> I – a exigência de teste, exame, perícia, laudo, atestado, declaração ou qualquer outro procedimento relativo à esterilização ou a estado de gravidez;
>
> II – a adoção de quaisquer medidas, de iniciativa do empregador, que configurem:
>
> a) indução ou instigamento à esterilização genética;
>
> b) promoção do controle de natalidade, assim não considerado o oferecimento de serviços e de aconselhamento ou planejamento familiar, realizados através de instituições públicas ou privadas, submetidas às normas do Sistema Único de Saúde (SUS).

4. CONSCIENTIZAÇÃO DA REALIDADE

Não basta a consagração constitucional da igualdade quando homem e mulher possuem os mesmo direitos na sociedade conjugal (art. 226, § 5º, da Constituição de 1988). É imperioso reconhecer que *a igualdade se não obtém por 'decreto', antes impõe actuações concretas de modificação das estruturas econômicas, sociais e culturais, bem como a adoção de medidas de fiscalização efetiva do cumprimento das normas constitucionais e legais proibitivas da discriminação no acesso ao emprego e no trabalho*[452], tanto mais porque *la discriminación aparece tanto como consecuencia de las leyes y práticas discriminatorias, sino del clima cultural y psicológico de las sociedades*[453], donde essa é a mudança que se está a impor, e todos devemos contribuir para esse objetivo.

Qualquer restrição ao trabalho da mulher deve ser eliminada e há que se lhe garantir completa liberdade de acesso ao exercício de qualquer atividade. É esse caminho que está a seguir a humanidade. A única ressalva continua a ser, como estamos insistindo, a proteção à gravidez e à maternidade, momento sublime da mulher, pelo sagrado instante da procriação.

A sociedade brasileira precisa ampliar a consciência de que são efetivamente iguais as condições de trabalho entre homem e mulher. Procedimentos que obstem o acesso desta ao mercado de trabalho, restringindo-lhe a atuação, minimizando seu papel como força útil de trabalho, devem ser eficaz e rapidamente combatidos, mediante a fiscalização adequada com a punição dos infratores, de modo que a sociedade tenha consciência de que somente com a participação de todos é possível a superação das dificuldades de toda ordem que está a atravessar.

5. PRIVILÉGIOS DA MULHER TRABALHADORA

5.1. GARANTIA DE EMPREGO NA MATERNIDADE

Um dos temas mais polêmicos do que se poderia chamar de modificações expressivas na jurisprudência brasileira de proteção ao trabalho é o que refere à garantia de emprego da mulher na maternidade. Momento mais sublime da vida, porque seu gerador, é a maternidade o instante que merece, sempre, a melhor e a maior das proteções. Afinal, está em jogo a própria existência da raça humana.

A mulher, único ser que pode gerar outro ser humano (pelo menos os avanços da ciência ainda não permitem identificar força diversa de procriação), tem, como já referimos, nos três momentos da maternidade (gestação,

---

(452) DOMINGOS DAMAS, J. A. Op. cit., p. 121.

(453) REID, Elizabeth. Los derechos de la mujer en punto muerto: necessidad de un cambio radical. *Revista Internacional del Trabajo*, 91 (6):530, Genéve, jan. 1975.

parto e amamentação), a única forma de tratamento diferenciado em relação ao homem trabalhador. Fora isso, os dois (homem e mulher) não possuem diferenças quanto ao acesso ao mercado de trabalho.

5.1.1. *Proteção à maternidade na CLT*

O tema da proteção à maternidade está contemplado nos arts. 391 a 400 da CLT e no art. 71 da Lei n. 8.213/1991. São duas figuras absolutamente distintas: a licença-maternidade, de natureza trabalhista, e o salário-maternidade, de natureza previdenciária.

Consoante o art. 391 da CLT, ter a mulher contraído matrimônio ou estar gestante não é motivo para sua dispensa, tampouco seus direitos serão restringidos por idênticos motivos, passando a ter direito à licença-maternidade de 120 dias, sem prejuízo do emprego e do salário (art. 392 da CLT).

A garantia de emprego independe de conhecimento formal ou expresso do empregador. Está consagrada no art. 10, II, *b*, do ADCT. A rigor, trata-se de responsabilidade objetiva, que faz presumir que deveria ter conhecimento e, a partir de então, inviabiliza-se qualquer forma de despedida desmotivada. Ademais, no que pertine à reintegração da empregada, esta somente se verificará se ocorrer durante o período da garantia de emprego, ou seja, dispensada e tendo ajuizado ação na Justiça do Trabalho, e o trânsito em julgado do decisório ocorrendo após o prazo da garantia, não caberá reintegração, mas apenas indenização do período. Assim o entendimento dos ns. I e II da Súmula n. 244 do TST:

> Súmula n. 244 – I – O desconhecimento do estado gravídico pelo empregador não afasta o direito ao pagamento da indenização decorrente da estabilidade (art. 10, II, "b" do ADCT).
>
> III – A garantia de emprego à gestante só autoriza a reintegração se esta se der durante o período de estabilidade. Do contrário, a garantia restringe-se aos salários e demais direitos correspondentes ao período de estabilidade.

Quanto ao inciso III da mesma súmula, relativo aos contratos por tempo determinado, cuidaremos mais adiante desse tema (v. abaixo n. 5.2.1).

Na linha protetiva da Súmula n. 244, foi sancionada a Lei n. 12.812, de 16.05.2013, que acrescenta o art. 391-A à CLT, dispondo:

> Art. 391-A. A confirmação do estado de gravidez advindo no curso do contrato de trabalho, ainda que durante o prazo do aviso-prévio trabalhado ou indenizado, garante à empregada gestante a estabilidade provisória prevista na alínea b do inciso II do art. 10 do Ato das Disposições Constitucionais Transitórias.

O parágrafo único do art. 391-A, introduzido pela Lei n. 13.509, de 22.11.2017, estendeu essa garantia também ao empregado adotante ao qual tenha sido concedida guarda provisória para fins de adoção.

Durante os 120 dias do art. 392 da CLT, a empregada tem direito ao salário integral, e, se variável, observará a média dos últimos seis meses, gozando a faculdade de reverter à função que ocupava anteriormente (art. 393 da CLT). O empregador efetuará o pagamento do salário-maternidade e compensará os valores no momento em que for recolher as contribuições sobre a folha de pagamento (art. 72, § 1º, da Lei n. 8.213/1991).

A licença-maternidade de que trata o citado art. 392 também se aplica à empregada que adotou ou obtiver guarda judicial para fins de adoção de criança ou adolescente (art. 392-A, da CLT), lembrando que criança é a pessoa até doze anos de idade, e adolescente é a que possui entre doze e dezoito anos de idade (art. 2º da Lei n. 8.069/1999).

Por outro lado, de acordo com o art. 394 da CLT, poderá a empregada gestante, através de competente atestado médico, *romper o compromisso resultante de qualquer contrato de trabalho, desde que este seja prejudicial à gestação*. A grande maioria da doutrina tem entendido que se trata de direito da empregada de romper o contrato de trabalho, sem necessidade de pré-avisar o empregador[454]. Entendemos, todavia, que não é assim. O que o dispositivo pretende é garantir o direito da empregada poder mudar de atividade, em consonância com o art. 392, § 4º, da CLT, permanecendo no emprego, salvo se esta for sua intenção[455]. Se a empregada optar pela saída, ficará dispensada de aviso-prévio ou de indenizar a metade restante do contrato por prazo determinado. E, embora omissa a legislação

(454) N. sent.: GARCIA, G. F. B. *Manual... cit.*, p. 597; SAAD, E. G. *Ob. cit.*, p. 246; NASCIMENTO, A. M. *Iniciação...* cit., 33. ed. p. 190.
(455) N. sent.: MARTINEZ, L. *Curso...* cit., 2010. p. 577.

relativa ao FGTS, entendemos ser perfeitamente possível o levantamento dos valores depositados porquanto se trata de proteção à maternidade.

A Lei n. 13.287, de 11.5.2016, acrescentou o art. 394-A à CLT, proibindo o trabalho da gestante ou da lactante em condição insalubre, durante os períodos respectivos, devendo, então, a trabalhadora nessas condições ser relotada em dependências salubres. A reforma de 2017 trouxe modificações a esse panorama protetivo. Assim, mudou a redação do art. 394-A, passando a registrar:

> Art. 394-A. A empregada gestante será afastada, enquanto durar a gestação, de quaisquer atividades, operações ou locais insalubres e exercerá suas atividades em local salubre, excluído, nesse caso, o pagamento de adicional de insalubridade.
>
> § 1º (VETADO)
>
> § 2º O exercício de atividades e operações insalubres em grau médio ou mínimo, pela gestante, somente será permitido quando ela, voluntariamente, apresentar atestado de saúde, emitido por médico de sua confiança, do sistema privado ou público de saúde, que autorize a sua permanência no exercício de suas atividades.
>
> § 3º A empregada lactante será afastada de atividades e operações consideradas insalubres em qualquer grau quando apresentar atestado de saúde emitido por médico de sua confiança, do sistema privado ou público de saúde, que recomende o afastamento durante a lactação.

Esse dispositivo enseja um elenco de comentários. De pronto, observe-se a menos danosa alteração promovida pela MP n. 808/2017 ao texto trazido pela emenda da Lei n. 13.467/2017. Com efeito, durante o período gestacional, a empregada deverá ficar afastada de qualquer atividade insalubre, operação insalubre ou local insalubre, e, por corolário, não deverá receber o adicional correspondente. Poderá, todavia, desempenhar atividade ou desenvolver operação insalubre, nos graus médio ou mínimo, durante a gestação, desde que a própria empregada deseje, mediante apresentação de atestado médico, emitido por médico de sua confiança, que pode ser profissional privado ou pertencente ao sistema público de saúde, atestado esse que deverá autorizar a permanência da trabalhadora para exercer essas atividades insalubres (§ 2º do art. 394-A da CLT), e, consequentemente, cria responsabilidade direta do profissional que o fornecer.

Relativamente à lactação, o § 3º desse mesmo dispositivo determina o afastamento da empregada de atividades e operações insalubres de qualquer grau, mediante fornecimento de atestado de saúde fornecido por médico de sua confiança, recomendando seu afastamento nesse período, pouco importando ser ou não gravidez de risco como consignava originalmente o dispositivo com a redação da Lei n. 13.467/2017.

Interessante recordar que a redação primitiva do art. 394-A garantia o afastamento da mulher gestante ou lactante e enquanto durasse a gestação e a lactação de quaisquer atividade, operação ou local insalubre de qualquer grau. Sem dúvida, um lamentável retrocesso.

Na ocorrência de aborto não criminoso, trata-se de interrupção do contrato de trabalho por duas semanas, como prevê o art. 395, da CLT, e que tratamos acima (v. nesta Parte, Capítulo IX, n. 1.3.8).

Além dos intervalos normais intrajornada (arts. 71 e 383 da CLT), a mulher também goza de dois intervalos diários para amamentação, de meia hora cada um, até que o filho complete seis meses de idade, podendo ser prorrogada a critério da autoridade competente, se for necessário à saúde da criança (art. 396). Para essa finalidade, as empresas devem possuir local adequado, dotado de, pelo menos, um berçário, uma saleta de amamentação, uma cozinha dietética e uma instalação sanitária, na forma do art. 400 da CLT. Ademais, esses descansos deverão, nos termos do § 3º do art. 396 da CLT ser definidos em acordo individual celebrado entre a mulher trabalhadora e o empregador, sendo recomendável que esse pacto seja celebrado por escrito a fim de serem espancadas quaisquer dúvidas futuras.

A garantia de emprego da gestante, que a Constituição consagra, foi estendida, em caso de ocorrer falecimento da genitora, a quem detiver a guarda do filho. Assim dispõe a Lei Complementar n. 146, de 25.06.2014. Com efeito, entendemos que essa garantia, ante os termos da norma complementar, é atribuída a todo aquele, independentemente de sexo (homem ou mulher), que detiver a guarda da criança (igualmente sem importar o sexo).

5.1.2. Garantia de emprego e contrato por prazo determinado

A Súmula n. 244 do TST, em seu item III, apresenta importante redação no sentido de reconhecer a garantia de emprego da gestante em contrato por prazo determinado.

Sua origem primeira foi a antiga OJ n. 196 da SBDI-1, de novembro de 2000, depois (em 2005) transformada no item III da Súmula n. 244, com a seguinte redação:

> Súmula n. 244 – III – Não há direito da empregada gestante à estabilidade provisória na hipótese de admissão mediante contrato de experiência, visto que a extinção da relação de emprego, em face do término do prazo, não constitui dispensa arbitrária ou sem justa causa.

Na época, cuidava-se apenas do contrato de experiência de até noventa dias, embora, na prática, a regra acabasse sendo adotada para todos os contratos a termo(456).

A Súmula n. 244, no seu item III, foi alterada e possui, agora, a seguinte redação:

> Súmula n. 244 – III – A empregada gestante tem direito à estabilidade provisória prevista no art. 10, inciso II, alínea "b", do Ato das Disposições Constitucionais Transitórias, mesmo na hipótese de admissão mediante contrato por tempo determinado.

Pensamos que esse item contempla uma expressão inadequada. Como já referimos acima, existe diferença entre estabilidade e garantia de emprego e, pelas razões ali expendidas, a hipótese do n. III em comento não é de estabilidade.

Devemos, então, considerar que o que existe, a rigor, é uma garantia de emprego, que protege a mulher empregada por certo lapso de tempo, a fim de preservar-lhe durante a maternidade; da ciência do estado gravídico até cinco meses após o parto. E assim é porque se trata de um direito que é exercido temporariamente, e, findo o prazo fixado, termina a garantia.

Com efeito, de acordo com o item III da Súmula n. 244, está garantida à empregada gestante, contratada a termo, o seu emprego ainda que vencido o tempo da avença.

5.1.2.1. A posição do STF

O STF, cuidando de servidor público, em 2003, julgando o RMS-24.263-DF, relatado pelo Min. Carlos Velloso, decidiu:

> CONSTITUCIONAL. ADMINISTRATIVO. SERVIDOR PÚBLICO. LICENÇA-GESTANTE. EXONERAÇÃO. C.F., art.7º, XVIII; ADCT, art. 10, II, b. I. – Servidora pública exonerada quando no gozo de licença-gestante: a exoneração constitui ato arbitrário, porque contrário à norma constitucional: CF, art. 7º, XVIII; ADCT, art. 10, II, *b*. II. – Remuneração devida no prazo da licença-gestante, vale dizer, até cinco meses após o parto. Inaplicabilidade, no caso, das Súmulas ns. 269 e 271-STF. III. – Recurso provido.(457)

Em 2005, nessa mesma linha, a 2ª Turma, por maioria, reiterou esse entendimento, ao apreciar o RE-287.905-SC, cujo acórdão foi redigido pelo Min. Joaquim Barbosa, assim ementado:

> CONSTITUCIONAL. LICENÇA-MATERNIDADE. CONTRATO TEMPORÁRIO DE TRABALHO. SUCESSIVAS CONTRATAÇÕES. ESTABILIDADE PROVISÓRIA. ART. 7º, XVIII DA CONSTITUIÇÃO. ART. 10, II, b do ADCT. RECURSO DESPROVIDO. A empregada sob regime de contratação temporária tem direito à licença-maternidade, nos termos do art. 7º, XVIII da Constituição e do art. 10, II, "b" do ADCT, especialmente quando celebra sucessivos contratos temporários com o mesmo empregador. Recurso a que se nega provimento(458).

---

(456) A redação original, conforme a Res. n. 15/1985, disponha:

Gestante – Garantia de emprego – A garantia de emprego à gestante não autoriza a reintegração, assegurando-lhe apenas o direito a salários e vantagens correspondentes ao período e seus reflexos.

A alteração seguinte, pela Resolução n. 121/2003, registrou:

Gestante. Garantia de emprego. A garantia de emprego à gestante só autoriza a reintegração se esta se der durante o período de estabilidade. Do contrário, a garantia restringe-se aos salários e demais direitos correspondentes ao período de estabilidade.

(457) RMS 24.263-DF, de 1.4.2003 (Vania Lucia Lins Sousa vs. União). Rel.: Min. Carlos Velloso. Disponível em: <http://www.stf.jus.br/portal/diarioJustica/verDiarioProcesso.asp?numDj=87&dataPublicacaoDj=09/05/2003&incidente=2013913&codCapítulo=5&numMateria=13&codMateria=3>. Acesso em: 18 abr. 2014.

(458) RE 287.905-SC, de 28.6.2005 (Estado de Santa Catarina vs. Elizandra Maria Fontana). Rel. p/ Acórdão: Min. Joaquim Barbosa.

Anos mais tarde, assentou a Suprema Corte, em julgado da lavra do Min. Eros Grau, no RE 600.057-SC:

> AGRAVO REGIMENTAL NO RECURSO EXTRAORDINÁRIO. SERVIDORAS PÚBLICAS E EMPREGADAS GESTANTES. LICENÇA-MATERNIDADE. ESTABILIDADE PROVISÓRIA. ART. 7º, XVIII, DA CONSTITUIÇÃO. ART. 10, II, "B", do ADCT.
>
> O Supremo Tribunal Federal fixou entendimento no sentido de que as servidoras públicas e empregadas gestantes, inclusive as contratadas a título precário, independentemente do regime jurídico de trabalho, têm direito à licença-maternidade de cento e vinte dias e à estabilidade provisória desde a confirmação da gravidez até cinco meses após o parto, nos termos do art. 7º, XVIII, da Constituição do Brasil e do art. 10, II, "b", do Ato das Disposições Constitucionais Transitórias. Precedentes.
>
> Agravo regimental a que se nega(459).

Ao julgar o RE 634.093-DF, a Suprema Corte consignou a seguinte ementa:

> SERVIDORA PÚBLICA GESTANTE OCUPANTE DE CARGO EM COMISSÃO – ESTABILIDADE PROVISÓRIA (ADCT/88, ART. 10, II, "b") – CONVENÇÃO OIT N. 103/1952 – INCORPORAÇÃO FORMAL AO ORDENAMENTO POSITIVO BRASILEIRO (DECRETO N. 58.821/66) – PROTEÇÃO À MATERNIDADE E AO NASCITURO – DESNECESSIDADE DE PRÉVIA COMUNICAÇÃO DO ESTADO DE GRAVIDEZ AO ÓRGÃO PÚBLICO COMPETENTE – RECURSO DE AGRAVO IMPROVIDO.
>
> – O acesso da servidora pública e da trabalhadora gestantes à estabilidade provisória, que se qualifica como inderrogável garantia social de índole constitucional, supõe a mera confirmação objetiva do estado fisiológico de gravidez, independentemente, quanto a este, de sua prévia comunicação ao órgão estatal competente ou, quando for o caso, ao empregador. Doutrina. Precedentes.
>
> – As gestantes – quer se trate de servidoras públicas, quer se cuide de trabalhadoras, qualquer que seja o regime jurídico a elas aplicável, não importando se de caráter administrativo ou de natureza contratual (CLT), mesmo aquelas ocupantes de cargo em comissão ou exercentes de função de confiança ou, ainda, as contratadas por prazo determinado, inclusive na hipótese prevista no inciso IX do art. 37 da Constituição, ou admitidas a título precário – têm direito público subjetivo à estabilidade provisória, desde a confirmação do estado fisiológico de gravidez até cinco (5) meses após o parto (ADCT, art. 10, II, "b"), e, também, à licença-maternidade de 120 dias (CF, art. 7º, XVIII, c/c o art. 39, § 3º), sendo-lhes preservada, em consequência, nesse período, a integridade do vínculo jurídico que as une à Administração Pública ou ao empregador, sem prejuízo da integral percepção do estipêndio funcional ou da remuneração laboral. Doutrina. Precedentes. Convenção OIT n. 103/1952.
>
> – Se sobrevier, no entanto, em referido período, dispensa arbitrária ou sem justa causa de que resulte a extinção do vínculo jurídico-administrativo ou da relação contratual da gestante (servidora pública ou trabalhadora), assistir-lhe-á o direito a uma indenização correspondente aos valores que receberia até cinco (5) meses após o parto, caso inocorresse tal dispensa. Precedentes(460).

Esse avanço significativo encontra o sólido fundamento da proteção ao ser humano: a mãe e o nascituro. E a interpretação da Suprema Corte vai para além da servidora pública, abrangendo qualquer tipo de contratação, pouco importante seu regime jurídico. Em outras palavras, o Excelso Pretório reconheceu a garantia de emprego da mulher empregada gestante seja ela contratada sob regime administrativo ou contratual, seja por prazo certo ou indeterminado, conquanto exista interpretação diversa do que externo(461).

Disponível em: <http://www.stf.jus.br/portal/jurisprudencia/listarJurisprudencia.asp?s1=%28RE%24%2ESCLA%2E+E+287905%2ENUME%2E%29+OU+%28RE%2EACMS%2E+ADJ2+287905%2EACMS%2E%29&base=baseAcordaos>. Acesso em: 18 abr. 2014.

(459) RE 600.057-SC, de 29.9.2009 (Deyse Moraes Costa *vs.* Estado de Santa Catarina). Rel.: Min Eros Grau. Disponível em: <http://www.stf.jus.br/portal/processo/verProcessoAndamento.asp?incidente=2678455>. Acesso em: 18 abr. 2014.

(460) RE 634.093-DF, de 22.11.2011 (União *vs.*Margarete Maria de Lima). Rel.: Min Celso de Mello, Disponível em: <http://www.stf.jus.br/portal/processo/verProcessoAndamento.asp?incidente=4009096>. Acesso em: 18 abr. 2014. No mesmo sentido, também os seguintes julgados: RE– 579.989-AgR, 1ª Turma, Rel. Min. Ricardo Lewandowski, DJ de 29.3.2011; RE-435.759, Rel. Min. Dias Toffoli, DJ de 9.12.2009; RE-368.460, Rel. Min. Dias Toffoli, DJ de 16.12.2009; RE-597.807, Rel. Min. Celso de Mello, DJ de 16.04.2009; RE-509775, Rel. Min. Cármen Lúcia, DJ de 10.02.2010; e AI-675.851/SC, Rel. Min. Gilmar Mendes, DJ de 16.10.2007.

(461) Neste sentido, *v. g.*, Sônia Mascaro Nascimento assinala: *os Acórdãos do STF neste sentido tratam especificamente de trabalhadoras que prestam serviço à Administração Pública, independente do tipo de vínculo, seja administrativo, temporário, comissionado ou mesmo*

Embora exista farta doutrina contrária a esse entendimento[(462)], destacamos, anteriormente, a necessidade de revisão da Súmula n. 244, afirmando que,

> *deve ser revisto o entendimento jurisprudencial acerca da garantia de emprego da gestante, contratada por prazo determinado, para que se considere interrompido o contrato, garantindo-se-lhe o emprego ao retorno da licença-maternidade até que complete o período avençado*[(463)].

Em maio de 2012, o STF reconheceu repercussão geral ao tema, ao apreciar o ARE 674.103-SC, relatado pelo Min. Luiz Fux[(464)].

5.1.2.2. A mudança do TST

A posição avançada do STF, de 2003 (Min Carlos Velloso), de 2006 (Min. Joaquim Barbosa), de 2009 (Min. Eros Grau) e de 2012 (Min. Luiz Fux), levou os integrantes do TST a reverem sua posição.

Com efeito, pela primeira vez, em 2010, em voto do Min. Walmir Costa, o entendimento da Suprema Corte prevaleceu naquele Tribunal Superior, como se constata da ementa do RR 194.040-35.2006.5.02.0472, de 09.06.2010, que afastou a aplicação do pretérito item III da Súmula n. 244, consignando:

> RECURSO DE REVISTA. GESTANTE. CONTRATO DE EXPERIÊNCIA. RESCISÃO ANTECIPADA. ESTABILIDADE ASSEGURADA. Estabelece o art. 10, II, "b", do ADCT/88 que é vedada a dispensa arbitrária ou sem justa causa da empregada gestante, desde a confirmação da gravidez até cinco meses após o parto, não impondo qualquer restrição quanto à modalidade de contrato de trabalho, mesmo porque a garantia visa à tutela do nascituro. O item III da Súmula n. 244 desta Corte Superior não constitui impedimento a que se reconheça a estabilidade provisória da gestante, na espécie, visto que a extinção da relação de emprego não se deu em face do término do prazo de experiência, mas sim pela rescisão antecipada do contrato, por ato da empresa, configurando, portanto, dispensa sem justa causa de empregada coberta por estabilidade provisória constitucional. Precedentes do STF, de cuja orientação dissentiu o acórdão recorrido, violando preceito constitucional.
>
> Recurso de revista conhecido e provido[(465)].

Sucessivas decisões do TST ensejaram, finalmente, a modificação do item III da Súmula n. 244 para o texto atual, mais justo e mais consentâneo com a realidade social[(466)].

---

precário. Por se tratar de situação jurídica diversa, este entendimento não pode ser aplicado a contratos regulares de experiência, firmados entre particulares.(Cf. <http://www.amaurimascaronascimento.com.br/index.php?option=com_content&view=article&id=384:estabilidade-de-gestante-em-contrato-de-experiencia&catid=80:decisoes-comentadas&Itemid=221>. Acesso em: 18 abr. 2014)

(462) SUSSEKIND, A. L. *Curso*... cit., p. 382 e 389; MARTINS, S. P. *Direito do Trabalho*..., cit. 29. ed. p. 436; JORGE NETO, F. F. & CAVALCANTE, J. de Q. P. *Direito do trabalho cit.* p. 1.040; GARCIA, G. F. B. *Curso*... cit. 2. ed. p. 1.014.

(463) FRANCO FILHO, G. de S. *Art. cit. In*: FRANCO FILHO, G. de S. (coord.). Ob. cit., p. 184.

(464) ARE 674.103-SC, de 04.05.2012 (Estado de Santa Catarina *vs*. Rosimere da Silva Martins). Rel. Min. Luiz Fux. Disponível em: <http://www.stf.jus.br/portal/processo/verProcessoAndamento.asp?incidente=4205429>. Acesso em: 18 abr. 2014.

(465) Proc. TST-RR-194.040-35.2006.5.02.0472, de 9.6.2010 (Elizabeth dos Santos Caitano Calderan*vs*. Sociedade Beneficente Hospitalar São Caetano). Relator: Min. Walmir Oliveira da Costa. Disponível em: <http://aplicacao5.tst.jus.br/consultaunificada2/inteiroTeor.do?action=printInteiroTeor&highlight=true&númeroFormatado=RR%20-%20194040-35.2006.5.02.0472&base=acordao&numProcInt=194547&anoProcInt=2007&dataPublicacao=18/06/2010%2007:00:00&query=>. Acesso em: 27 nov. 2012.

(466) Cf., dentre outros, os seguintes julgados: Proc. TST-RR 1.601-11-2010.5.09.0068, Min. Luiz Philippe Vieira de Mello Filho. Disponível em: <http://aplicacao5.tst.jus.br/consultaunificada2/inteiroTeor.do?action=printInteiroTeor&highlight=true&númeroFormatado=RR%20-%201601-11.2010.5.09.0068&base=acordao&numProcInt=93967&anoProcInt=2011&dataPublicacao=09/03/2012%2007:00:00&query>. Acesso em: 18 abr. 2014); Proc. TST-RR 49.800-75.2009.5.02.0462, Min. Alberto Luiz Bresciani de FontanPereira. Disponível em: <http://aplicacao5.tst.jus.br/consultaunificada2/inteiroTeor.do?action=printInteiroTeor&highlight=true&númeroFormatado=RR%20-%2049800-75.2009.5.02.0462&base=acordao&numProcInt=35804&anoProcInt=2012&dataPublicacao=15/06/2012%2007:00:00&query>. Acesso em: 18 abr. 2014; Proc. TST-RR 107-20.2011.5.18.0006, Min. Walmir Oliveira da Costa. Disponível em: <http://aplicacao5.tst.jus.br/consultaunificada2/inteiroTeor.do?action=printInteiroTeor&highlight=true&númeroFormatado=RR%20-%20107-20.2011.5.18.0006&base=acordao&numProcInt=125342&anoProcInt=2011&dataPublicacao=16/12/2011%2007:00:00&query>. Acesso em: 18 abr. 2014.

A ementa do RR 21.700-25.2009.5.01.0079, da lavra do Min. Mauricio Godinho Delgado, elucida, perfeitamente, o alcance e a justiça desse entendimento:

RECURSO DE REVISTA. ESTABILIDADE DA GESTANTE. CONTRATO POR PRAZO DETERMINADO. NORMATIZAÇÃO ESPECIAL E PRIVILEGIADA À MATERNIDADE CONTIDA NA CARTA DE 1988. ARTS. 10, II, B, DO ADCT, ARTS. 7º, XVIII E XXII, 194, 196, 197, 200, I, 227, CF/88. RESPEITO, FIXADO NA ORDEM CONSTITUCIONAL, À DIGNIDADE DA PESSOA HUMANA, À PRÓPRIA VIDA AO NASCITURO E À CRIANÇA (ART. 1º, III, E 5º, *CAPUT*, DACF). Em princípio, a lógica dos contratos a termo não permite qualquer possibilidade de maior integração do trabalhador na empresa, além de já preestabelecer o final do próprio vínculo empregatício. Em face disso, em regra, o instituto da garantia de emprego é inábil a produzir, no contexto dos contratos a termo, a mesma extensão de efeitos que seguramente propicia na seara dos contratos indeterminados. Por outro ângulo, contudo, é certo dizer que a lógica dos contratos a termo é perversa e contra ela se contrapõe todo o Direito do Trabalho, já que esse ramo jurídico especializado busca aperfeiçoar as condições de pactuação da força de trabalho no mercado. Por essas razões, a legislação busca restringir ao máximo suas hipóteses de pactuação e de reiteração no contexto da dinâmica justrabalhista. Note-se que a CLT não prevê a situação da gravidez como situação excepcional a impedir a ruptura contratual no contrato a termo. Contudo o art. 10, II, do ADCT da Constituição, em sua alínea b, prevê a estabilidade provisória à "empregada gestante, desde a confirmação da gravidez até cinco meses após o parto". Estipula, assim, a vedação à dispensa arbitrária ou sem justa causa. Ressalte-se que a maternidade recebe normatização especial e privilegiada pela Constituição de 1988, autorizando condutas e vantagens superiores ao padrão deferido ao homem – e mesmo à mulher que não esteja vivenciando a situação de gestação e recente parto. É o que resulta da leitura combinada de diversos dispositivos, como o art. 7º, XVIII (licença à gestante de 120 dias, com possibilidade de extensão do prazo, a teor da Lei n. 11.770/2008, regulamentada pelo Decreto n. 7.052/2009) e das inúmeras normas que buscam assegurar um padrão moral e educacional minimamente razoável à criança e ao adolescente (contidos no art. 227, CF/88, por exemplo). De par com isso, qualquer situação que envolva efetivas considerações e medidas de saúde pública (e o período de gestação e recente parto assim se caracterizam) permite tratamento normativo diferenciado, à luz de critério jurídico valorizado pela própria Constituição da República. Note-se, ilustrativamente, a esse respeito, o art. 196 que firma ser a saúde "direito de todos e dever do Estado, garantido mediante políticas sociais e econômicas que visem à redução do risco de doença e de outros agravos..."; ou o art. 197, que qualifica como de "relevância pública as ações e serviços de saúde...", além de outros dispositivos, como arts. 194, 200, I, e 7º, XXII, CF/88. A estabilidade provisória advinda da licença maternidade decorre da proteção constitucional às trabalhadoras em geral e, em particular, às gestantes e aos nascituros. A proteção à maternidade e à criança advém do respeito, fixado na ordem constitucional, à dignidade da pessoa humana e à própria vida (art. 1º, III, e 5º, *caput*, da CF). E, por se tratar de direito constitucional fundamental, deve ser interpretado de forma a conferir-se, na prática, sua efetividade. Nesse sentido, entendo que não pode prevalecer o posicionamento adotado pelo TRT, que conferiu preponderância aos efeitos dos contratos a termo – especificamente em relação à garantia de emprego – em detrimento da estabilidade assegurada às gestantes, na forma do art. 10, II, "b", do ADCT. Nessa linha, está realmente superada a interpretação exposta no item III da Súmula n. 244 do TST. Inclusive o Supremo Tribunal Federal possui diversas decisões – que envolvem servidoras públicas admitidas por contrato temporário de trabalho –, em que expõe de forma clara o posicionamento de garantir a gestante o direito à licença-maternidade e à estabilidade, independentemente do regime jurídico de trabalho. Sob esse enfoque, o STF prioriza as normas constitucionais de proteção à maternidade, lançando uma diretriz para interpretação das situações congêneres.

Recurso de revista conhecido e provido[(467)].

5.2. CRECHES E PRÉ-ESCOLAS

O art. 7º, XIV, da Constituição, prevê a *assistência gratuita aos filhos e dependentes desde o nascimento até cinco anos de idade em creches e pré-escolas*. Não se trata de um direito apenas da mulher-trabalhadora, mas de todo trabalhador.

---

(467) Proc. TST-RR 21.700-25.2009.5.01.0079, de 08.02.2012 (Gisele Alves de Labriolavs. Savon Indústria e Comércio Importação e Exportação Ltda.). Rel.: Min. Mauricio Godinho Delgado. Disponível em: <http://aplicacao5.tst.jus.br/consultaunificada2/inteiroTeor.do?action=printInteiroTeor&highlight=true&númeroFormatado=RR%20-%2021700-25.2009.5.01.0079&base=acordao&numProcInt=144009&anoProcInt=2011&dataPublicacao=13/04/2012%2007:00:00&query>. Acesso em: 18 abr. 2014.

A CLT dedica os arts. 397 e 398 da CLT ao tema. No primeiro, é atribuído ao Sesi, ao Sesc, a LBA e a outras entidades públicas a manutenção ou subvenção de escolas maternais e jardins de infância, em áreas de grande densidade de trabalhadores, para, primordialmente, filhos de mulheres empregadas.

As entidades que organizarem e mantiverem creches e instituições de proteção a menores em idade pré-escolar serão agraciadas com diploma de benemerência, pelo M.Tb. (art. 398).

5.3. LICENÇA-MATERNIDADE

A licença-maternidade (direito trabalhista) é o período de 120 dias que a empregada gestante tem direito, sem prejuízo de seu emprego e de seu salário, em decorrência da gravidez. Nesse período, como apontamos acima, a empregada recebe salário-maternidade (benefício previdenciário).

Não se confunda com a garantia de emprego decorrente do estado gravídico, do art. 10, II, *b*, do ADCT: da confirmação da gravidez até cinco meses após o parto. Aquela, a licença maternidade, é o período de afastamento do emprego com certeza de retorno. Este é o lapso temporal durante o qual a empregada gestante não pode ser despedida do emprego por iniciativa ao empregador.

O afastamento da empregada gestante opera-se mediante apresentação de atestado médico, informando ao empregador a data do início, que poderá começar no 28º dia antes da data prevista para o parto (art. 392, § 1º, da CLT), e por mais 92 dias, perfazendo o total de 120 dias, direito que persiste em caso de parto antecipado (§ 3º) e que poderá ser aumentado de mais duas semanas, mediante prescrição médica.

Excepcionalmente, os 120 dias da licença-maternidade podem ser prorrogados para 180 dias, relativamente às mães e gestantes de crianças como microcefalia provada pelo vírus Zika, sendo assegurado nesse período o direito à percepção do salário-maternidade, pago diretamente pelo empregador. Trata-se de regra constante da Lei n. 13.301, de 28.6.2016.

Nessa linha, aludida norma legal garantiu aos nascidos com má-formação cerebral direito ao benefício de prestação continuada (BPC) correspondente a um auxílio no valor de um salário mínimo, que se estenderá por três anos, a começar de quando a mãe parar de receber o salário-maternidade.

Através da Lei n. 13.536, de 15.12.2017, o direito à licença maternidade foi estendida a detentor de bolsa de estudo com duração de no mínimo doze meses, concedidas por agências de fomento à pesquisa na ocorrência de parto, adoção ou obtenção de guarda judicial para fins de adoção (art. 2º). Falecendo o bolsista, a prorrogação será destinada a seu cônjuge ou companheiro, se bolsista, salvo na hipótese de falecimento ou abandono do filho (art. 2º, § 2º). Nesse período, o beneficiário ficará afastado das atividades acadêmicos e de pesquisa (art. 4º).

5.4. MÃE ADOTIVA

A partir da Lei n. 10.421, de 15.04.2002, assim como a mãe biológica, a mãe adotiva passou a ter direito à licença-maternidade (art. 392-A, da CLT), mediante a apresentação do termo judicial de guarda à adotante ou guardiã (§ 4º[(468)]).

De acordo com a Lei n. 8.213/1991, o salário-maternidade observará uma escala, conforme a idade da criança adotada: 120 dias, se a idade for até um ano; sessenta dias, se a criança tiver entre um e quatro anos de idade; trinta dias, se tiver entre quatro e oito anos de idade (art. 71-A).

5.5. MÃE SOCIAL

Existem empregados diferenciados. Um deles é a chamada *mãe social*, regulada pela Lei n. 7.644, de 18.12.1987, objetivando a prestação de serviços no atendimento de crianças carentes da comunidade, através de uma instituição assistencial. Também é conhecida como *mãe crecheira* ou *mãe substituta.*

Trata-se de um contrato de trabalho de natureza especial, em que a relação de empregado é estabelecida entre o trabalhador (mãe social) e a instituição assistencial. Sem fins lucrativos, destinada a dar assistência ao menor aban-

(468) Os §§ 1º a 3º do art. 392-A foram revogados pela Lei. n. 12.010, de 03.08.2009.

donado e que funciona pelo sistema de casas-lares (art. 1º), que não pode abrigar mais que dez menores (art. 3º). Essa *casa-lar* pode ser a própria residência dessas *mães*, que moram junto com os menores sob sua dependência (art. 3º, § 2º, e art. 4º, parágrafo único).

A mãe social, que tem que ser maior de 25 anos (art. 9º, *a*), possui direitos a perceber o salário mínimo; ter CTPS anotada; usufruir repouso semanal remunerado; férias remuneradas; FGTS; 13º salário, benefícios previdenciários (art. 5º), mas não tem direito a horas extras e adicional noturno. Esses acréscimos não são devidos porque impossível aferir o trabalho nessas condições e considerando o disposto no art. 6º da lei que destaca: *o trabalho desenvolvido pela mãe social é de caráter intermitente, realizando-se pelo tempo necessário ao desempenho de suas tarefas.*

5.6. EMPRESA CIDADÃ

A Lei n. 11.770, de 09.09.2008, criou o Programa *Empresa Cidadã* possibilitando a prorrogação da licença-maternidade mediante concessão de incentivo fiscal por mais sessenta dias (art. 1º), passando para 180 dias.

Consoante se infere do art. 5º dessa Lei, é mais um incentivo tributário do que uma matéria previdenciária[(469)], e, a nosso ver, valendo-se desse benefício fiscal a empresa deverá incidir, se for o caso, também sobre o período de interrupção do contrato por prazo determinado, prorrogando-o por mais esse período.

Na verdade, o salário-maternidade não sofreu alteração. Continuará a ser pago pelo empregador, por 120 dias, compensado posteriormente, perante a Previdência Social. O acréscimo, de sessenta dias, tem natureza remuneratória, não é compensável, e somente as pessoas jurídicas tributadas com base no lucro real poderão deduzir do imposto devido, em cada período de apuração, o total da remuneração da empregada (art. 5º da Lei n. 11.770/2008).

(469) Dispõe o art. 5º dessa lei:

Art. 5º – A pessoa jurídica tributada com base no lucro real poderá deduzir do imposto devido, em cada período de apuração, o total da remuneração integral da empregada pago nos 60 (sessenta) dias de prorrogação de sua licença-maternidade, vedada a dedução como despesa operacional.

Capítulo XVI

TRABALHO DO MENOR

1. DISTINÇÃO

Inicialmente, é importante firmar um indispensável esclarecimento, qual a de que devemos entender por trabalho do menor, tanto trabalho infantil, que é o praticado por criança com idade inferior a doze anos, como o trabalho do adolescente, que é aquele prestado por pessoa entre doze e dezoito anos de idade.

2. ESCORÇO HISTÓRICO

Segundo a OIT, *el trabajo infantil es pura y simplemente la causa principal de la explotación y abuso de los niños en el mundo de hoy*[470]. Não é, de outro lado, novidade a sua prática. Encontramos notícias no Código de Hamurabi, e o menor trabalhador era desprotegido no Egito antigo, na Grécia e em Roma, e nas corporações de ofício da Idade Média.

A sua proteção começou em França, com a lei de 1841, fixando idade mínima para admissão. Depois, surgiram diplomas legislativos na Bélgica, Alemanha, Suíça, Áustria, Países Baixos, Portugal e Rússia.

No Brasil, historicamente, o Decreto-lei n. 1.313, de 1890, propunha medidas de proteção, mas nunca foi regulamentado. O Decreto n. 17.943-A, de 12.10.1927, o nosso primeiro Código de Menores, proibia trabalho para os menores de doze anos, e, a partir de 1932, o limite foi ampliado para quatorze anos de idade, mantido pelas Constituições de 1934, 1937 e 1946, com a de 1967, retornando ao limite mínimo de doze anos.

A Constituição de 1988 fixou-o, inicialmente, em quatorze anos, salvo na condição de aprendiz, tendo a EC n. 20, de 15.12.1998, ampliado para dezesseis anos (art. 7º, XXXIII), sendo, em consequência, derrogados todos os dispositivos infraconstitucionais que adotavam a regra dos doze anos de idade, proibido o trabalho noturno, insalubre e perigoso, por força de norma constitucional, e também o trabalho penoso, consoante o art. 67, II, do ECA[471]. De outro lado, os maiores de quatorze anos são segurados facultativos da Previdência Social, *ex vi* do art. 14 da Lei n. 8.212, de 24.07.1991, cuja redação não foi alterada pela Lei n. 9.732, de 11.12.1998.

3. PANORAMA INTERNACIONAL

Considera-se criança o menor de dezesseis anos. Muitos desses menores que são encontrados no imenso campo dos trabalhadores infantis, um quase *campo de concentração*, um *gueto odioso de sofrimento*. Com efeito, de acordo com o informe da OIT, elaborado para a 86ª Reunião da Conferência Internacional do Trabalho, realizada em

(470) OIT. *El trabajo infantil; lo intolerable en el punto de mira*. Genebra, OIT, 1996. p. 4.

(471) O Estatuto da Criança e do Adolescente distingue criança (menor de doze anos de idade) de adolescente aprendiz, de doze a quatorze anos, com direito a bolsa de aprendizagem, sem proteção trabalhista, e de adolescente de quatorze a dezoito anos, com direitos trabalhistas e previdenciários.

Genebra, de 2 a 18 de junho de 1998, 120 milhões de crianças de cinco a quatorze anos trabalham, especialmente na África, Ásia e América Latina[472], em um mundo onde existem 37 milhões de desempregados e 1.300 milhões de pobres, segundo o Programa das Nações Unidas para o Desenvolvimento (PNUD).

A situação é alarmante. Em Bangladesh, até crianças de cinco a sete anos trabalham no serviço doméstico[473], e, no Líbano, a idade mínima básica é de oito anos para crianças que efetuam trabalhos ligeiros não especificados[474]. No Brasil, levantamento realizado pela Fundação IBGE, em 1990, revelou a existência de 7,5 milhões de crianças e adolescentes trabalhando[475].

A OIT, pelo seu papel altamente relevante no trato das questões sociais, tem dedicado diversas convenções internacionais do trabalho a esse tema. Assim, as Convenções ns. 5/1919 (idade mínima (quatorze anos) para admissão em trabalho na indústria), 6/1919 (trabalho noturno dos menores (dezoito anos) na indústria), 7/1920 (idade mínima (quatorze anos) para admissão no trabalho marítimo), 10/1921 (idade mínima (quatorze anos) para admissão no trabalho agrícola), 15/1921 (idade mínima (dezoito anos) para admissão como paioleiro e foguistas), 16/1921 (exame médico obrigatório para menores (dezoito anos) no trabalho marítimo), 33/1932 (idade mínima (quinze anos) para admissão em trabalhos não industriais), 58/1936, revisora da Convenção n.7, (idade mínima (quinze anos) para admissão para o trabalho marítimo), 60/1937, revisora da Convenção n. 33, (idade mínima (quinze anos) para admissão em trabalhos não industriais, 77/1946 (exame médico obrigatório de menor (dezoito anos) para admissão em emprego na indústria), 112/1959 (idade mínima (quinze anos) para admissão no trabalho de pesca), 117/1962 (genérica, sobre política social), 123/1965 (idade mínima (dezesseis anos) para admissão em trabalho subterrâneo nas minas), 124/1965 (exame médico de aptidão de menores (21 anos) para o trabalho subterrâneo nas minas), além da 29/1930 (sobre trabalho forçado), 115/1960 (sobre proteção contra radiações ionizantes) e 138/1973 (sobre idade mínima para admissão a emprego), que não fixa idade, deixando essa obrigação aos Estados ratificantes, mas que deve ser assegurado completo desenvolvimento físico e mental dos menores (art. I).

Na 86ª Conferência Internacional do Trabalho, o tema trabalho infantil foi levado em primeira discussão, *com vistas a adoção de novas normas internacionais de trabalho tendentes à ação imediata que permita pôr fim à exploração de crianças ocupadas em atividades e trabalhos perigosos*[476].

Nessa Conferência, em Genebra, terminou a Marcha Global contra o Trabalho Infantil, que sete mil Organizações Não Governamentais (ONGs) de 99 países iniciaram em fevereiro de 1998, com três grandes ramos, cruzando o planeta, saindo de Manila (Filipinas), da Cidade do Cabo (África do Sul) e de São Paulo (Brasil), objetivando protestar contra essa atividade e pressionar os países a (1) ratificarem e cumprirem as convenções internacionais sobre trabalho infantil e direitos da criança, (2) aumentarem investimentos em educação, e (3) a criarem códigos de conduta para empregadores.

4. PROGRAMAS DE SUSTENTAÇÃO ECONÔMICA

Dentre as formas que têm sido buscadas para minimizar o problema do trabalho infantil, têm ganhado lugar de destaque os programas de sustentação econômica, ou de renda mínima, ou, ainda, de bolsa-escola.

Tem sido observada

la importancia que se da últimamente a unas políticas y programas que proporcionan ingresos de sustitución e incentivos económicos con miras a solventar el problema de la pobreza y atender la necesidad de los niños pobres de ganar dinero. Esta estrategia de ofrecimento de incentivos económicos concuerda con la mentalidad actual, que prefiere los incentivos, más que las sanciones, como instrumento para eliminar práticas viciosas[477].

(472) OIT. *El trabajo infantil*... cit., p. 3.

(473) *Ibidem*, p. 16

(474) *Ibidem*, p. 39.

(475) Cf. *Gazeta do Povo*. Curitiba, 06.06.1998, p. 3.

(476) *Memorándum* elaborado com a Ordem do Dia da 86ª Conferência Internacional do Trabalho, em junho de 1998, p. 7.

(477) OIT. *El trabajo infantil*... cit., p. 115.

Existem algumas dificuldades com programas dessa natureza, que, segundo a OIT, podem ser:

1. problemas de corrupção;
2. possibilidade de os beneficiários acabarem dependendo apenas do programa;
3. desinteresse das famílias pobres pela escolarização dos menores;
4. possibilidade das crianças trabalharem para obter benefícios de algum programa de incentivo;
5. adultos se esforçarem menos para trabalhar; e,
6. limitação temporal do programa com o retorno ulterior dos menores ao mundo do trabalho[478].

Atualmente, encontramos cerca de 51 organizações (a maioria ONGs) em dezoito países que se preocupam com a implementação desses programas de sustentação econômica[479], e são identificadas algumas experiências frutuosas, apesar de muitas dificuldades.

Pelo menos dois exemplos exitosos dessa experiência são encontrados no Brasil. No sul, no Estado do Paraná, o projeto *Da rua para a escola* ganhou o Prêmio *Criança e Paz*, da Unicef, implantado em cerca de sessenta municípios, atendendo crianças e adolescentes de sete a dezessete anos de idade em situação de risco pessoal e social, atingindo quatro mil famílias e oito mil menores, com investimentos de aproximadamente R$ 900 mil. Trata-se de um projeto articulado da Secretaria de Estado da Criança e Assuntos da Família e da Secretaria de Estado da Educação daquele Estado do Sul do Brasil[480].

No norte do Brasil, em Belém do Pará, foi instituído o Programa *Bolsa Familiar para a Educação* (Decreto Municipal n. 29.674, de 01.01.1997), que retirou centenas de menores das ruas da capital paraense, atendendo a aproximadamente treze mil menores e três mil famílias. Consoante esse programa, crianças e adolescentes, dos quatro aos quatorze anos com a família recebendo R$ 112,00/mês (art. 2º, parágrafo único), exigida frequência de 90% às aulas (art. 3º, *a*), e residência a pelo menos três anos na cidade (art. 3º, *b*), sujeitando o fraudador às sanções do Código Penal (art. 4º). São experiências assim que podem dar certo e devem ser incentivadas.

5. IDADE DO MENOR

Tem sido questionado se deve ser aumentada a idade, prevista na Constituição em vigor, para o trabalho do menor, paralelamente, se devem ser incentivados, como meio de incentivar a escolaridade do menor, programas de renda mínima assegurada aos pais cujos filhos menores estejam na escola.

Quanto à idade mínima, entendemos que deve ser mantida a idade de dezesseis anos, que a Constituição de 1988 contempla, eis que, mais benéfica que o entendimento contemplado pela OIT, do ponto de vista da realidade social, da qual não podemos fugir, é a que mais se adequa ao nosso cotidiano. De pouco, ou nada, adiantará aumentar a idade mínima, se não há condições de se proceder à indispensável fiscalização para o cumprimento da norma e a observância dos direitos mínimos[481].

Nessa linha, o programa de renda mínima, tratado acima, é meio eficaz, moderno, adequado e pode, inclusive, ser ampliado, com a criação de incentivos à iniciativa privada para, eficiente e eficazmente, contribua para minimizar o drama social dos menores que se encontram espalhados pelas cidades brasileiras.

Afinal,

> urge humanizar as nossas cidades, sobretudo nessa fase de cultura de shopping-center, do plástico descartável, como se descartável fosse a própria vida. É necessário haver uma construção solidária, comunitária, que dê lugar ao auxílio ao próximo, ao ser humano, adulto e criança. As crianças, estas estão sendo vítimas do progresso desordenado deste fim de

---

(478) OIT. El trabajo infantil... cit., p. 115-6.

(479) *Ibidem*, p. 115.

(480) Cf. *Direção*. Curitiba, 1 (1): 96, abr. 1997.

(481) Observemos, no entanto, que essa idade mínima de dezesseis anos é apenas para fins de acesso ao mercado de trabalho. Quanto à maioridade penal, entendemos que deva ser reduzida pelo menos nos moldes da Europa, cuja média, calculada entre doze países, é de treze anos. Assinale-se que, na Ásia, a média é de 9,9 anos, dentre treze países, e, na África, considerando dez países, a média é de 8,7 anos de idade. Será, *data venia*, uma forma branda para reduzir o altíssimo grau de delinquência que vem vitimando milhares de moradores de todas as cidades brasileiras, tentando, ainda que minimamente, reduzir os elevados índices de criminalidade no Brasil. Esses dados estão disponíveis *in* <http://www.anajure.org.br/a-menoridade-penal-parte-iii/>. Acesso em: 30 maio 2013.

milênio, e, por essa razão, carecem de cuidados especiais, eis que as mudanças tecnológicas, a robotização, a cibernética, a comunicação via computador, as fazem transformar em internautas, e as tornam solitárias[(482)].

6. DIREITO AO TRABALHO

A Lei n. 8.069/1990, o ECA, é um diploma avançado, objetivando precipuamente a proteção integral da criança e do adolescente (art. 1º), sendo criança a pessoa até doze anos de idade incompletos, e adolescente a de doze a dezoito anos de idade, podendo ser excepcionalmente aplicado aos que possuem entre dezoito e 21 anos de idade (art. 2º e parágrafo único). Para fins trabalhistas, o menor trabalhador tem de quatorze a dezoito anos de idade (art. 402, da CLT).

O ECA é um modelo de lei digno de qualquer país que propugne a primazia dos direitos humanos, tanto que, no art. 3º, destaca que:

> Art. 3º A criança e o adolescente gozam de todos os direitos fundamentais inerentes à pessoa humana, sem prejuízo da proteção integral de que trata esta Lei, assegurando-se-lhes, por lei ou por outros meios, todas as oportunidades e facilidades, a fim de lhes facultar o desenvolvimento físico, mental, moral, espiritual e social, em condições de liberdade e de dignidade.

Prossegue, no art. 4º, atribuindo dever à família, à comunidade, à sociedade em geral e ao poder público de assegurar, com *absoluta prioridade, a efetivação dos direitos referentes à vida, à saúde, à alimentação, à educação, ao esporte, ao lazer, à profissionalização, à cultura, à dignidade, ao respeito, à liberdade e à convivência familiar e comunitária.*

O Capítulo V do ECA é dedicado ao direito à profissionalização e à proteção do trabalho. Suas regras alinham-se com a CLT e, como sói acontecer, com a atual Constituição. Voltaremos a ele em seguida.

Com efeito, ao menor de dezoito anos é proibido o trabalho noturno, perigoso, insalubre e penoso. As férias do menor empregado não podem ser fracionadas, e, se estudante, devem coincidir com as férias escolares e sua rescisão contratual deve ter a assistência de seu responsável legal.

Quanto à jornada de trabalho, deve cumprir a regular de oito horas, possível a prorrogação, conforme o art. 413 da CLT pela via da negociação coletiva (acordo ou convenção coletiva de trabalho) de até duas horas/dia, mediante compensação com redução da jornada em outro dia, ou de até quatro horas/dia, em caso de força maior e quando o trabalho do menor for imprescindível, fazendo jus ao adicional de 50%, e não aos 25% do inciso II, em vista do art. 7º, XVI, da Constituição, devendo ser observado o intervalo de quinze minutos antes do início da prorrogação.

Ademais, o art. 414 da CLT prevê que o menor de dezoito anos, que for empregado em mais de um estabelecimento, terá suas horas de trabalho em cada um totalizadas.

7. APRENDIZ

Consoante dispõe o art. 62 do ECA:

> Art. 62. Considera-se aprendizagem a formação técnico-profissional ministrada segundo as diretrizes e bases da legislação de educação em vigor.

Essa formação técnico-profissional está fundada em três princípios, conforme o art. 63 do ECA, a saber:

> I – garantia de acesso e frequência obrigatória ao ensino regular;
>
> II – atividade compatível com o desenvolvimento do adolescente;
>
> III – horário especial para o exercício das atividades.

Esse dispositivo está em consonância com o art. 428 da CLT que cuida do contrato de aprendizagem, que é um contrato de trabalho especial, ajustado por escrito e por prazo determinado de até dois anos (§ 3º), assegurando o empregador a inscrição do aprendiz com idade entre quatorze[(483)] e 24 anos em programa de aprendizagem formação

---

(482) FRANCO FILHO, G. de S. *Globalização & desemprego: mudanças nas relações de trabalho.* São Paulo: LTr, 1998. p. 10.

(483) De acordo com o art. 64 do ECA, *ao adolescente até quatorze anos de idade é assegurada bolsa de aprendizagem.* De outro lado,

técnico-profissional metódica. Esse programa de aprendizagem deve ser compatível com o desenvolvimento físico, moral e psicológico do beneficiário, devendo o contratado executar com zelo e diligência as tarefas necessárias a essa formação, garantido ao aprendiz a percepção de pelo menos o salário mínimo/hora (§ 2º), caso a empresa realize sua aprendizagem, ou seja, uma das entidades elencadas no art. 430, II, da CLT.

A partir do Estatuto da Pessoa com Deficiência, foi introduzido o § 8º ao art. 428 da CLT, segundo o qual para o aprendiz com deficiência com idade igual ou superior a dezoito anos, a validade do contrato de aprendizagem pressupõe anotação na CTPS e matrícula e frequência em programa de aprendizagem desenvolvido sob orientação de entidade qualificada em formação técnico-profissional metódica.

Quanto ao contrato tipo de aprendiz, o prazo contratual de dois anos extingue-se quando alcançar seu termo ou quando o aprendiz completar 24 anos de idade, salvo de portador de deficiência ou nas hipóteses que o art. 433 da CLT elenca, a saber: desempenho insuficiente ou inadaptação do aprendiz; falta disciplinar grave; ausência injustificada à escola que implique perda do ano letivo; ou a pedido do próprio aprendiz, sendo de assinalar que sua atividade não pode ser desenvolvida em local que lhe cause prejuízo físico, psíquico, moral ou social.

A razão fundante deste tipo de contrato de trabalho: a formação profissional do jovem para, com melhor conhecimento técnico-profissional, poder ocupar melhores postos no mercado de trabalho.

A Lei n. 13.420, de 13.03.2017, introduziu modificações em dispositivos consolidados sobre o trabalho do aprendiz, com vistas a incentivar a formação técnico-profissional de adolescentes e jovens em áreas relacionadas às atividades desportivas em geral. O objetivo principal é a inserção do aprendiz na gestão e prática do desporto e prestação de serviços envolvendo infraestrutura, organização e promoção de eventos nessa área.

Com essas alterações, ampliaram-se as entidades que podem, na falta de vagas, suprir a carência dos Serviços Nacionais de Aprendizagem, passando a incluir, além das escolas técnicas de educação e das entidades sem fins lucrativos registradas nos Conselhos Municipais dos Direitos da Criança e do Adolescente, também aquelas de prática desportiva de diversas modalidades, filiadas ao Sistema Nacional de Desporto ou aos sistemas estadual, municipal e do Direito Federal (art. 430 da CLT).

Essas são as entidades que podem suprir o aprendizado do menor. Outras serão as que podem contratar o menor aprendiz. No grupo destas, prevalece a regra do art. 429 da CLT:

> Art. 429. Os estabelecimentos de qualquer natureza são obrigados a empregar e matricular nos cursos dos Serviços Nacionais de Aprendizagem número de aprendizes equivalente a cinco por cento, no mínimo, e quinze por cento, no máximo, dos trabalhadores existentes em cada estabelecimento, cujas funções demandem formação profissional.

Relembrando o disposto no art. 415 da CLT, temos que os menores (inclusive o menor aprendiz) podem ser admitidos empregados em empresas ou estabelecimentos de fins econômicos e daqueles que lhes forem equiparados. Na hipótese do aprendiz, amplia-se o elenco para as entidades mencionadas nos incisos II e III do art. 430, que são (1) entidades sem fins lucrativos, que tenham por objetivo a assistência ao adolescente e à educação profissional, registradas no Conselho Municipal dos Direitos da Criança e do Adolescente, e (2) entidades de prática desportiva das diversas modalidades filiadas ao Sistema Nacional do Desporto e aos Sistemas de Desporto dos Estados, do Distrito Federal e dos Municípios, caso em que não gera vínculo de emprego com a empresa tomadora dos serviços.

Com isso, devem ser espancadas quaisquer dúvidas em se cogitar de menor aprendiz contratado nessa qualidade para templo religioso de qualquer natureza. Afinal, aprendiz em igreja, se for na Católica Romana, deverá ser via seminário, a fim de, futuramente, se tornar sacerdote. Aliás, em reforço desse entendimento, verifiquemos que, segundo o art. 150, VI, *b*, da Constituição, é proibido instituir impostos sobre templos de qualquer culto, lembrando que o § 4º refere justamente a entidades (abrangendo, por corolário, a instituição *igreja*).

Conforme o § 2º do mesmo art. 433, as previsões de fim de contrato a termo, dos arts. 479 e 480 da CLT, não se aplicam ao contrato de aprendizagem, nada havendo, portanto, a ser indenizado por qualquer das partes.

Afora essa finalidade específica, este contrato especial de trabalho apresenta outras peculiaridades cujo cumprimento é exigido para sua celebração. Conforme dispõe os §§ 1º a 3º, 5º e 7º do art. 428 da CLT:

---

o art. 65 do ECA dispõe:

Art. 65. Ao adolescente aprendiz, maior de quatorze anos, são assegurados os direitos trabalhistas e previdenciários.

- anotação na CTPS do aprendiz;
- se não conclui o ensino médio, comprovação de matrícula e frequência à escola, ou, se inexistente na localidade, pelo menos a conclusão do ensino fundamental;
- inscrição em programa de aprendizagem desenvolvido sob orientação de entidade qualificada em formação técnico-profissional metódica;
- direito a percepção, pelo menos, de salário mínimo hora.

Especificamente quanto ao aprendiz portador de deficiência, a ele não se aplica o caráter bienal da contratação (§ 3º), nem a idade máxima de 24 anos do *caput* do art. 428 da CLT (§ 5º). São algumas das formas de proteção a esse tipo especial de trabalhador, de que trata o art. 66 do ECA, que também abrange o ensino de habilidades e competências relacionadas com a profissionalização (§ 6º do art. 428 da CLT).

A jornada diária de trabalho do aprendiz é de seis horas, vedadas compensações ou prorrogações, salvo até o máximo de oito horas/dia, caso o aprendiz tenha o ensino fundamental completo e forem destinadas à aprendizagem teórica (art. 432 e § 1º da CLT).

Por outro lado, o aprendiz deve ser inscrito em programa dos serviços nacionais que integra o chamado Sistema S (Sesi, Sesc, Senai, Senar ou similar), observando-se o limite variando entre 5% a 15% dos número de aprendizes, salvo se for empresa sem fins lucrativos, destinada a ensino profissional (art. 429 e § 1º-A, da CLT).

O aprendiz tem direito ao FGTS, à base de 2% de sua remuneração e, contando entre dezesseis e dezoito anos de idade, pode ser contratado normalmente.

A forma de extinção, inclusive antecipada, do contrato de aprendizagem é prevista no art. 433 consolidado, a saber:

- alcançar o aprendiz de 24 anos de idade, salvo se pessoa deficiente, salvo para o aprendiz com deficiência quando desprovido de recursos de acessibilidade, de tecnologias assistidas e de apoio necessário ao desempenho de suas atividades;
- desempenho insuficiente ou inadaptação do aprendiz;
- falta disciplinar grave;
- ausência injustificada à escola e consequente perda do ano letivo, sendo de observar que o inciso III do art. 433 não cogita, como deveria fazer, do uso da expressão período, que já está consagrada no ensino brasileiro; e
- a pedido do aprendiz.

Finalmente, existem vedações do trabalho ao adolescente, conforme o art. 67 do ECA, nos seguintes termos:

> Art. 67. Ao adolescente empregado, aprendiz, em regime familiar de trabalho, aluno de escola técnica, assistido em entidade governamental ou não governamental, é vedado trabalho:
>
> I – noturno, realizado entre as vinte e duas horas de um dia e as cinco horas do dia seguinte;
>
> II – perigoso, insalubre ou penoso;
>
> III – realizado em locais prejudiciais à sua formação e ao seu desenvolvimento físico, psíquico, moral e social;
>
> IV – realizado em horários e locais que não permitam a frequência à escola.

8. ESTATUTO DA JUVENTUDE

Através da Lei n. 12.852, de 05.08.2013, foi instituído o Estatuto da Juventude. Esse diploma cuida dos direitos dos jovens e dos princípios e diretrizes das políticas públicas de juventude e o Sistema Nacional de Juventude (Sinajuve).

Jovem é toda pessoa com idade entre quinze e 29 anos, sendo adolescente aquele que possui entre quinze e dezoito anos, para o qual é aplicado o ECA, referido acima (§§ 1º e 2º do art. 1º da Lei n. 12.852/2013).

Os arts. 14 e 15 dessa Lei abordam o direito à profissionalização, ao trabalho e à renda, cabendo ao poder público adotar medidas que possibilitem a inserção da juventude no mercado de trabalho, considerando compatibilidade com horário de estudo, criação de linha de crédito especial para jovens empreendedores, adoção de mecanismos para prevenir e reprimir exploração e precarização do trabalho juvenil, dentre outros.

A par disso, regras foram criadas para apoiar o jovem trabalhador rural e ao deficiente, este sendo inserido na condição de aprendiz.

Relativamente aos adolescentes (com idade entre quinze e dezoito anos), o direito à profissionalização e à proteção no trabalho permaneceu regido pelo ECA e por leis específicas (art. 16 da Lei n. 12.852/2013).

9. PROIBIÇÃO DO TRABALHO INFANTIL

Em 2008, o Decreto n. 6.481, de 12.6, regulamentou os arts. 3º, *d*, e 4º da Convenção n. 182 da OIT, que cuida das piores formas de trabalho infantil, adotada a 17.6.1999, ratificada pelo Brasil e promulgada pelo Decreto n. 3.596, de 12.9.2000.

Uma ação imediata visando proporcionar aos menores de dezoito anos uma educação de base gratuita e a libertação de crianças envolvidas em formas inadequadas de trabalho, assegurando sua readaptação e integração social, considerando, por igual, as necessidades de seus familiares é a proposta básica dessa convenção.

No Brasil, o Decreto mencionado regulamenta os dispositivos que determinam aos Estados-Partes a elaboração de normas internas dispondo sobre essas condenáveis modalidades de trabalho, com vistas à sua eliminação. O seu art. 1º aprova a Lista das Piores Formas de Trabalho Infantil (Lista TIP), proibindo o trabalho do menor de dezoito anos nas atividades ali descritas (art. 2º).

A proibição de ser elidida conforme o § 1º desse artigo, em duas circunstâncias:

> I – na hipótese de ser o emprego ou trabalho, a partir da idade de dezesseis anos, autorizado pelo Ministério do Trabalho e Emprego, após consulta às organizações de empregadores e de trabalhadores interessadas, desde que fiquem plenamente garantidas a saúde, a segurança e a moral dos adolescentes, e
>
> II – na hipótese de aceitação de parecer técnico circunstanciado, assinado por profissional legalmente habilitado em segurança e saúde no trabalho, que ateste a não exposição a riscos que possam comprometer a saúde, a segurança e a moral dos adolescentes, depositado na unidade descentralizada do Ministério do Trabalho e Emprego da circunscrição onde ocorrerem as referidas atividades.

São 93 espécies de trabalho divididas entre as prejudiciais à segurança e saúde do menor e à sua moralidade, que não se estende aos maiores de dezoito anos (§ 3º), dentre as quais o art. 4º elenca as seguintes:

> I – todas as formas de escravidão ou práticas análogas, tais como venda ou tráfico, cativeiro ou sujeição por dívida, servidão, trabalho forçado ou obrigatório;
>
> II – a utilização, demanda, oferta, tráfico ou aliciamento para fins de exploração sexual comercial, produção de pornografia ou atuações pornográficas;
>
> III – a utilização, recrutamento e oferta de adolescente para outras atividades ilícitas, particularmente para a produção e tráfico de drogas; e
>
> IV – o recrutamento forçado ou compulsório de adolescente para ser utilizado em conflitos armados.

Capítulo XVII

TRABALHO DECENTE

1. SENTIDO DE DECÊNCIA NO TRABALHO

Tratar de decência no mundo do trabalho importa em dizer da indecência de certas práticas. Por isso, em muitos países, inclusive no Brasil, há **trabalho *indecente***: explora-se o trabalhador, retira-se-lhe a dignidade de ser humano, suprime-se, muita vez, o acesso à civilização, e, neste aspecto, surge a figura do *aviamento*, tão lamentavelmente típica na região amazônica, e que muitos, por equívoco, chamam de *trabalho escravo*.

Opondo-se a essas indecências, o **trabalho decente** é o produtivo e adequadamente remunerado, onde se propugna superar a pobreza, reduzir as diferenças sociais, sustentar a democracia, promover desenvolvimento sustentável, oferecer qualidade e segurança, respeitar os direitos fundamentais. Ao cabo, garante-se vida digna ao trabalhador e a sua família. Garante-se, igualmente, proteção social, que abrange combate ao desemprego, adequados sistemas de saúde, inclusive preventiva, incremento da educação, com a hoje indispensável inserção no mundo virtual. Nos países anglo-saxões, chama-se *decent work*. Em Portugal, chamam de *trabalho digno*. Aqui, chamamos *trabalho decente*. O nome não importa. O que interessa é seu alcance e sua intenção.

O trabalho decente encontra-se naquele fundamento que, a nosso ver, é o mais expressivo da República brasileira: o da dignidade da pessoa humana (art. 1º, III, da Constituição). Demais disso, os princípios fundamentais constitucionais indicam claramente esse objetivo maior: o de *erradicar a pobreza e a marginalização e reduzir as desigualdades sociais e regionais* (art. 3º, III), e de *promover o bem de todos, sem preconceitos de origem, raça, sexo, cor, idade e quaisquer outras formas de discriminação* (art. 3º, IV).

Essa luta que toda a sociedade mundial propugna objetiva, basicamente, quatro resultados, que podem ser obtidos a médio prazo:

1. a superação da pobreza importa, no mínimo, em rigorosa redistribuição de renda e adoção de mecanismos que envolvem obtenção de alimentação adequada, acesso à educação técnico-profissionalizante, direito a serviços de saúde eficientes;
2. a redução das desigualdades sociais é corolário do primeiro, aqui também identificamos a necessidade de superar todos os focos de discriminação, inclusive a xenofobia, tanto aquela verificada com os estrangeiros, como as que decorrem das migrações internas;
3. a garantia da governabilidade democrática, tema que envolve honestidade da classe política, fortalecimento das instituições, respeito pelos governantes que, a seu turno, devem respeitar a população;
4. o desenvolvimento sustentável que significa que devemos desenvolver, mas não precisamos destruir, e envolve, necessariamente, a participação dos países tecnologicamente desenvolvidos a fim de dotar os demais de mecanismos antipoluentes, sobretudo no que respeita a emissão de dióxido de carbono à atmosfera, com vistas a minimizar os efeitos do aquecimento global iminente. Também abrange meio ambiente sadio, inclusive meio ambiente do trabalho, objeto da Convenção n. 155 da OIT, ratificada pelo Brasil, que será tratada adiante (v., nesta Parte, Capítulo XXI).

2. UM PROBLEMA SÉRIO: A ÁSIA INDECENTE

É de se acreditar que, de todos os continentes, a Ásia é o que apresenta os mais graves problemas de trabalho *indecente*. É que lá estão presentes milhares de empresas transnacionais e as garantias dos trabalhadores são cada vez menores. Vejamos dados colhidos na rede mundial de computadores, a partir de estudos efetuados pela OIT[(484)].

Existe um bilhão de trabalhadores da Ásia (mais de cinco vezes a população inteira do Brasil) abaixo da linha da pobreza, recebendo menos de US$ 2,00/dia, o que equivale ao preço de um frango no Brasil. E, desse bilhão, 330 milhões ganha menos de US$ 1,00/dia, ou o correspondente a uma passagem de ônibus na cidade de Belém do Pará (em torno de R$ 3,00) e menos que na cidade de São Paulo (aproximadamente R$ 4,00).

A situação agrava-se: o forte crescimento do comércio, dos investimentos e da produção registrado não foi suficiente para responder ao aumento da força de trabalho e enfrentar o crescente desemprego, tanto que, em 2010, 250 milhões de pessoas estavam a procura de emprego.

Os números assustam. Hoje, 1,9 bilhão de mulheres e homens trabalham na Ásia, mas, em 2005, 48% (41, 6 milhões) dos jovens desempregados do mundo estavam ali, e o risco da juventude de ficar desempregada é três vezes maior que os adultos.

Outros problemas identificados pela OIT revelam que a produtividade cresceu, mas salários não aumentaram. Na China, a produtividade industrial aumentou mais de 170% entre 1990 e 1999 e os salários subiram apenas pouco mais de 80%, e, entre 2000 e 2010, triplicaram[(485)]. Na capital (Beijing), o salário mínimo é de 960 yuans, que corresponde a R$ 220,00/mês, menos que no Japão onde o salário é de 800 ienes por hora, equivalente a R$ 4.200,00/mês[(486)].

Desde 1990, tem ocorrido redução salarial, no Paquistão, de 8,5%, e na Índia, de 22%. A jornada semanal é de cinquenta horas ou mais em Bangladesh, Honk Kong, Malásia, República da Coreia, Sri Lanka e Tailândia. No Japão é de nove horas/dia, e na China de 8,5hs/dia[(487)]. Há discriminação acentuada em razão de sexo. Na Singapura, *v. g.*, mulheres ganham 61% do que recebem os homens. Ademais, aumentou o fluxo migratório (2,6 a 2,9 milhões foram para o exterior) e houve redução expressiva do trabalho infantil, mas, apesar disso, 122,3 milhões de crianças trabalham na Ásia, ou seja, 64% do total mundial. De outro lado, saúde e segurança do trabalho ruins e um milhão de pessoas morrem anualmente em acidentes e doenças do trabalho. Por fim, a taxa de sindicalização reduzida é bastante reduzida. Os índices são: 3% e 8% em Bangladesh, Tailândia, Malásia e Coreia do Sul, e 16% e 19% na Nova Zelândia, Austrália e Singapura.

3. O PROBLEMA NO BRASIL

Um dos primeiros graves problemas brasileiros é o trabalho informal. As estatísticas revelam crescimento dessa atividade, em 1992, envolvendo 53,4%, aumentando em 1996 para 53,8% e, em 1999, para 55,9%. Em 1999. Esses percentuais começaram a cair a partir de 2002 e, em 2006, envolvia 51,8% da mão de obra ativa.

Essa redução mesmo inexpressiva do trabalho informal no Brasil aumentou o acesso à Previdência Social, em 46% entre 1992 e 2002, chegando, em 2006, a 50,5%, justamente porque cresceu o emprego formal[(488)].

Da mesma forma, constatou-se que houve recuperação do poder aquisitivo do salário mínimo, a partir de 1996. De setembro de 1994, quando era de R$ 70,00, até abril de 2007, quando atingiu R$ 380,00, a inflação calculada pelo INPC-IBGE foi de 182,4%, o reajuste salarial foi de 442,9%, resultando em ganho real de R$ 92,2%. É incrível, mas são os números.

---

(484) Disponível em: <http://issuu.com/primeiroplano/docs/130114113915-7d94dc4c5dca427d957b70262372d30e>. Acesso em: 17 abr. 2014.

(485) Cf. <http://www.ilo.org/public/portugue/region/eurpro/lisbon/pdf/relatorio_global_salarios_2012_2013.pdf>. Acesso em: 17 abr. 2014.

(486) Cf. <http://www.mdig.com.br/?itemid=18801>. Acesso em: 17 abr. 2014.

(487) Cf. <http://www.mdig.com.br/?itemid=18801>. Acesso em: 17 abr. 2014.

(488) Disponível em: <http://www.ecodebate.com.br/2008/09/12/estudo-da-onu-diz-que-o-trabalho-decente-melhorou-no-brasil/>. Acesso em: 19 jul. 2009.

Tendência semelhante ocorreu com o rendimento. O rendimento médio do trabalhador subiu após o Plano Real, mas caiu de forma sistemática entre 1996 e 2003, e começou a recuperar-se somente a partir de 2005.

Podem ser apontadas como causas do aumento da renda média do trabalhadores seguintes pontos:

1. diminuição do desemprego;
2. recuperação do poder de compra do salário mínimo;
3. melhores negociações coletivas diretas;
4. melhorias do trabalho da mulher; e
5. acesso da população negra ao mercado de trabalho.

3.1. *TRUCK SYSTEM* E AVIAMENTO

O *truck system* é uma prática de trabalho proibida no Brasil. Por esse mecanismo, o empregador mantém seu empregado em regime de servidão por dívidas, similar à de um escravo, como se todas as despesas do trabalhador (roupa, alimentação, moradia) tivessem que ser feitas dentro da empresa.

A CLT, no art. 462 e §§, proíbe esse tipo de trabalho, quer pelo desconto de uniforme de uso obrigatório, quer pela compra de mantimentos em estabelecimento patronal (§ 2º), neste caso sempre sem intenção de lucro (§ 3º). Como recorda Mozart Victor Russomano, *nesse caso, a autoridade administrativa deve estar vigilante, fiscalizando essa negociação, de modo que sejam cobrados preços razoáveis, sem intuito de lucro e tendo em vista, sempre, o benefício do trabalhador*[(489)].

É permitido, todavia, o desconto do salário do obreiro por danos que ele, dolosamente, causar (§ 1º), recordando, no particular, que deverá, nesse caso, ficar cabalmente demonstrada a intenção do empregado de prejudicar o empregador.

Consigna o dispositivo:

> Art. 462. Ao empregador é vedado efetuar qualquer desconto nos salários do empregado, salvo quando este resultar de adiantamentos, de dispositivos de lei ou de contrato coletivo.
>
> § 1º Em caso de dano causado pelo empregado, o desconto será lícito, desde de que esta possibilidade tenha sido acordada ou na ocorrência de dolo do empregado.
>
> § 2º É vedado à empresa que mantiver armazém para venda de mercadorias aos empregados ou serviços estimados a proporcionar-lhes prestações *in natura* exercer qualquer coação ou induzimento no sentido de que os empregados se utilizem do armazém ou dos serviços.
>
> § 3º Sempre que não for possível o acesso dos empregados a armazéns ou serviços não mantidos pela Empresa, é lícito à autoridade competente determinar a adoção de medidas adequadas, visando a que as mercadorias sejam vendidas e os serviços prestados a preços razoáveis, sem intuito de lucro e sempre em benefício dos empregados.
>
> § 4º Observado o disposto neste Capítulo, é vedado às empresas limitar, por qualquer forma, a liberdade dos empregados de dispor do seu salário.

A prática do *truck system* existe ainda no Brasil. Na Amazônia, chama-se *aviamento*[(490)], *e* existe na extração da borracha na Colômbia (*endeude*) e nas minas de ouro do Peru (*enganche*).

Dessarte, podemos buscar os traços caracterizadores do trabalho forçado na Amazônia que, em linhas gerais, também se aproveita para o restante do Brasil, recolhendo os pontos constantes dos subsídios elaborados pelo então Consultor Jurídico do antigo Ministério do Trabalho, Roberto Araújo de Oliveira Santos, ao informe da delegação brasileira à 80ª Conferência Internacional do Trabalho, reunida em Genebra, em junho de 1993:

1. o contratante paga o transporte para levar o trabalhador de seu lugar de origem para o local do trabalho e a despesa é debitada ao trabalhador;
2. o mediador da relação empresa x trabalhador chama-se *gato*;
3. geralmente é trabalho que dura uma safra (6 a 10 meses), onde é temporário;

(489) RUSSOMANO, M. V. *Comentários*... cit., p. 478

(490) Sobre formas de trabalho na Pan-Amazônia, v. o nosso *Relações de trabalho na Pan-Amazônia*... cit., p. 208 *passim*.

4. o local é vigiado por pessoas armadas que evitam a fuga do trabalhador;
5. são más condições de trabalho e de atendimento às necessidades básicas;
6. o *barracão* do patrão vende gêneros alimentícios a preços exorbitantes;
7. há um regime de acumulação de dívidas, donde só consegue sair antes do prazo quem salda a dívida, o que a rigor nunca ocorre; e
8. não há respeito à legislação trabalhista e previdência social[491].

De todos os aspectos assinalados, fica perfeitamente clara a existência de uma espécie de relacionamento peculiar na Amazônia brasileira. Trata-se do contrato de *aviamento*, que é uma espécie de crédito sem dinheiro, que se consolidou a partir do contato da sociedade amazônica com o capitalismo industrial europeu[492]. Dado que, até meados do século XIX, não se usavam moedas nas transações comerciais na Amazônia, a falta de capitais foi substituída por um sistema de créditos pelo qual os comerciantes de Belém (as casas aviadoras) forneciam mantimentos ao coletor das drogas do sertão para a expedição, recebendo o pagamento ao seu retorno com o produto da coleta[493].

Hoje, em pleno século XXI, a situação pouco mudou. O aviamento é praticado nos castanhais e nos seringais, como no passado, e também nos garimpos, na extração de madeira e na pecuária, e suas características ainda hoje permanecem as mesmas, a saber:

1. base de recursos naturais espacialmente ampla e de difícil acesso[494];
2. *atraso das técnicas de produção;*
3. índice de participação do dinheiro nas trocas nulo ou muito baixo;
4. *presença de lideranças mercantis locais (autóctones ou estrangeiras) ou de agentes capazes de virem a exercê-las;*
5. *ligação dessas lideranças com um mercado monetarizado em pleno funcionamento e que, de fora, subministra o crédito;*
6. *demanda externa ativa sobre um ou mais produtos dessa área*[495].

O mecanismo do *aviamento* pode ser resumido, considerando uma relação trilateral. De um lado, o mercado regional vende bens ao *aviador*, que é o dono do *barracão* ou do *regatão*[496], que os avia ao pequeno produtor, o aviado, sem qualquer formalidade ou solenidade, e, às vezes, no caso do barracão, adianta-lhe algum dinheiro. O pequeno produtor pagará as mercadorias e o eventual adiantamento ao fim da safra, com os produtos que colher. No entanto, a realidade é que a conta jamais é encerrada, transformando o pequeno produtor ou o trabalhador do interior da Amazônia em um devedor eterno do comerciante, significando, então, uma espécie peculiar de trabalho forçado, na medida em que o *aviado* é obrigado a trabalhar para, produzindo, transferir a totalidade do obtido para seu credor. O aviador recebe os produtos colhidos e os repassa ao mercado regional. Acresce que o local é de

---

(491) BRASIL. MINISTÉRIO DO TRABALHO. *O problema do trabalho forçado no Brasil contemporâneo (subsídios ao informe da Delegação do Governo do Brasil à 80ª Conferência Internacional do Trabalho, junho. 1993)*. Brasília, s.c.p., 1993. p. 18-9.

Esses traços aparecem em todos os dados coletados acerca dessa atividade, tendo o Ministro Orlando Teixeira da Costa, do Tribunal Superior do Trabalho, destacado que: "é usado em atividades que se vinculam ao preparo do terreno agropecuário ou em atividades florestais, na agricultura e na agroindústria, sendo que, quanto mais rústicas as atividades, mais atuam elas como exploradoras de mão de obra" (COSTA, O. T. da. Trabalho rural e trabalho forçado. *In: Revista do TRT da 8ª Região*. Belém, 26(51):17, jul./dez. 1993).

(492) SANTOS, Roberto Araújo de Oliveira. *História econômica da Amazônia (1800-1920)*. São Paulo: T. A. Queiroz, 1980. p. 155.

Para Fernando Sodero o aviamento é um contrato de trabalho rural com cláusulas leoninas (SODERO, Fernando Pereira. Contrato de aviamento no direito agrário brasileiro. *In: Revista do Iterpa*. Belém, 4:8, 1976).

(493) Cf. SILVA, Luis Osiris. *A luta pela Amazônia*. São Paulo: Fulgor, 1962. p. 87.

(494) Grandes jazidas, extensos pastos, extensas áreas de mata virgem, às quais se chega geralmente em pequenas canoas ou em monomotores.

(495) SANTOS, R. A. O. *História econômica*... cit., p. 155.

(496) Há o aviamento fixo (barracão) e o itinerante (regatão), adotando as denominações de Roberto Santos (SANTOS, R. A. de O. O desenvolvimento da Amazônia e seus reflexos sobre as relações de trabalho: campesinato e conflito na Amazônia oriental. *In: Revista do TRT da 8ª Região*. Belém, 21(41):38, jul./dez. 1988).

difícil acesso, e o trabalhador fica impossibilitado de sair dali, onde chegou levado por promessas de melhoria nas condições de vida, por um intermediário, chamado *gato*.

Em outros termos, pode-se dizer que é o trabalhador transformado em um *servo* porque produz, transfere tudo e não quita a dívida, que somente se amplia, afora o local ser de difícil acesso, o que impede de retornar a seu local de origem, dado que, normalmente, não são nativos do lugar, sem esquecer a frequência com que seguranças armados impedem qualquer movimento extravagante. Está assim caracterizada a *servidão por dívidas*, condenada pelo moderno Direito Internacional, e expressamente proibida pelo art. 4º da DUDH de 1948.

3.2. TRABALHO FORÇADO

Dedicaremos este tópico para tratar especificamente das modificações que decorrem da EC n. 81, de 05.06.2014, e que merecem exame separadamente.

3.2.1. A Emenda Constitucional n. 81 e as distinções necessárias

A EC n. 81/2014 deu nova redação ao art. 243 da Constituição. O texto primitivo era o seguinte:

> Art. 243. As glebas de qualquer região do País onde forem localizadas culturas ilegais de plantas psicotrópicas serão imediatamente expropriadas e especificamente destinadas ao assentamento de colonos, para o cultivo de produtos alimentícios e medicamentosos, sem qualquer indenização ao proprietário e sem prejuízo de outras sanções previstas em lei.
>
> Parágrafo único. Todo e qualquer bem de valor econômico apreendido em decorrência do tráfico ilícito de entorpecentes e drogas afins será confiscado e reverterá em benefício de instituições e pessoal especializados no tratamento e recuperação de viciados e no aparelhamento e custeio de atividades de fiscalização, controle, prevenção e repressão do crime de tráfico dessas substâncias.

A partir de agora, a prática de trabalho análogo ao de escravo (art. 149 do Código Penal) passou a sujeitar as propriedades rurais e urbanas de qualquer região a expropriação, sem indenização ao proprietário e mais as sanções previstas em lei, ampliando o alcance inicial do preceito e, igualmente, prevendo seja criado um fundo especial decorrente do patrimônio confiscado. O dispositivo consigna:

> Art. 243. <u>As propriedades rurais e urbanas</u> de qualquer região do País onde forem localizadas culturas ilegais de plantas psicotrópicas <u>ou a exploração de trabalho escravo na forma da lei</u> serão expropriadas e <u>destinadas à reforma agrária e a programas de habitação popular</u>, sem qualquer indenização ao proprietário e sem prejuízo de outras sanções previstas em lei, <u>observado, no que couber, o disposto no art. 5º</u>.
>
> Parágrafo único. Todo e qualquer bem de valor econômico apreendido em decorrência do tráfico ilícito de entorpecentes e drogas afins <u>e da exploração de trabalho escravo</u> será confiscado e reverterá a <u>fundo especial com destinação específica</u>, na forma da lei. (grifamos)

Costuma-se considerar trabalho análogo ao de escravo, como trabalho escravo pura e simplesmente. É assim que a mídia anuncia e é dessa forma que as pessoas falam coloquialmente. Na prática, passou-se a utilizar como sinônimas as expressões trabalho escravo, trabalho forçado, trabalho em condições análogas à de escravo e trabalho degradante.

A rigor, nenhuma dessas expressões é sinônima de qualquer, como passamos a demonstrar:

= **trabalho escravo** – desapareceu legalmente do Brasil desde a sanção da Lei n. 3.383, de 13.05.1888, que continua em vigor. O trabalho escravo pressupõe permissivo legal para sua prática e, em nosso país, isto não existe desde 1888;

= **trabalho forçado** – é o nome consagrado pela OIT, pelas CITs ns. 29 e 105, ambas ratificadas pelo Brasil, significando *todo trabajo o servicio exigido a un individuo bajo la amenaza de una pena cualquiera y para el cual dicho individuo no se ofrece voluntariamente* (art. 2º, 1, da Convenção n. 29);

= **trabalho em condições análogas à de escravo** – é o definido no art. 129 do Código Penal, submetendo o trabalhador a trabalho forçado, jornada extenuante, condições degradantes, restrições de locomoção, privação de seus documentos;

= **trabalho degradante** – aquele executado em condições inteiramente inadequadas ao trabalho, sem observância de quaisquer normas de segurança, medicina, saúde e higiene do trabalho.

Nessa linha, José Claudio Manteiro de Brito refere à impropriedade da alteração no art. 243 da Constituição de 1988, quando destaca:

> A improbidade é inserir a expressão trabalho escravo na disposição constitucional, pois, em regime jurídico que não reconhece a escravidão, não há trabalho escravo, e sim trabalho em condições análogas à de escravo, conforme, corretamente, (...) estabelece o art. 149 do Código Penal. E isso não é somente uma questão de semântica, pois, mesmo que comumente se utilize a expressão trabalho escravo, isso ocorre em uma linguagem mais informal, o que é incabível em norma jurídica, especialmente na Constituição da República[(497)].

3.2.2. *Tratamento no direito internacional*

Feitas essas distinções, vejamos como se encontra o Direito Internacional no trato do trabalho forçado.

O problema do trabalho forçado tem sido preocupação constante da OIT, que estima a existência de 12,3 milhões de trabalhadores nessas condições, dos quais mais de 1,3 milhões na América Latina[(498)].

Nesse mesmo informe do Diretor Geral da OIT, foi destacado o esforço do Brasil no combate do trabalho forçado representado inclusive por decisões da Justiça do Trabalho, indenizando os trabalhadores[(499)], embora, na realidade, os valores pelos danos morais que esses seres humanos sofreram não lhes tenham sido entregues, mas revertidos em favor do Fundo de Amparo ao Trabalhador (FAT). Nesse particular, isso é completamente lamentável, porque a vítima não recebe nada *in pecúnia*.

A OIT possui duas convenções a respeito. A de n. 29, de 1930, cuida da eliminação do trabalho força ou obrigatório em todas as formas, excetuando atividades como serviço militar, trabalho penitenciário supervisionado e trabalho obrigatório motivado por situações de especial emergência, como guerras, incêndios, terremotos, e similares. Ratificamos essa CIT em 1957.

A de n. 105, de 1957, que ratificamos em 1965, contempla proibição de todas as formas de trabalho forçado ou obrigatório como meio de coerção ou educação política, como castigo por exprimir opinião política ou ideológica, mobilização de mão de obra como formar de disciplinar o trabalho, punir participação em greve ou como medida discriminatória.

No âmbito da ONU, existem várias convenções que tratam desse tipo de trabalho, combatendo-o.

A Convenção das Nações Unidas sobre Escravatura de 1926, emendada pelo Protocolo de 1953, e a Convenção Suplementar sobre a Abolição da Escravatura de 1956 foram ratificadas pelo Brasil em 1966, e estabelecem o compromisso dos Estados Partes de abolir completamente a escravidão em todas as suas formas. Quando de sua aprovação ainda existiam vários países com escravos. Foi a Mauritânia o último a abolir legalmente essa prática em 1981.

O meio ambiente, que também é um direito humano importantíssimo, teve seu primeiro grande foro de discussão na Dinamarca. Lá foi realizada a Conferência das Nações Unidas sobre o Ambiente Humano e aprovada a Declaração de Estocolmo de 1972, cujo 1º princípio estabelece que: *O homem tem o direito fundamental à liberdade, à igualdade e ao gozo de condições de vida adequadas num meio ambiente de tal qualidade que lhe permita levar uma vida digna de gozar do bem-estar.*

Na década de 60, a ONU aprovou dois importantes tratados sobre direitos humanos. São os Pactos de 1966, ambos ratificados pelo Brasil. O Pacto Internacional de Direitos Civis e Políticos das Nações Unidas, ratificado em 1992, proíbe, no seu art. 8º, todas as formas de escravidão. O de Direitos Econômicos, Sociais e Culturais, ratificado no mesmo ano, garante, no seu art. 7º, o direito de todos a condições de trabalho equitativas e satisfatórias.

Mais recentemente, foi aprovado o *Protocolo do Tráfico*. Trata-se do Protocolo Adicional à Convenção das Nações Unidas contra o Crime Organizado Transnacional Relativo à Prevenção, Repressão e Punição do Tráfico de Pessoas, em Especial Mulheres e Crianças, conhecida como Convenção de Palermo. De 15.11.2000, ratificado pelo Brasil a 12.03.2004 (Dec. n. 5.017) e que é um dos protocolos suplementares à Convenção das Nações Unidas

(497) BRITO FILHO, José Claudio Monteiro de. *Trabalho escravo*: caracterização jurídica. São Paulo, LTr.

(498) OIT. *Trabajo decente en las Americas: una agenda hemisférica,* 2006-2015. Informe del Director General. Brasília, OIT, 2006. p. 35.

(499) OIT. *Idem*, p. 36.

contra o Crime Organizado Transnacional, de Nova York, de 15.11.2000, prevendo a criminalização do tráfico de pessoas voltado a qualquer forma de exploração sexual. Vigente internacionalmente desde 2003, foi ratificado pelo Brasil em 12.03.2004 (Dec. n. 5.015/2004). Note-se que o art. 3º, *a*, do Protocolo contempla a figura do tráfico de pessoas, assim definido:

> A expressão "tráfico de pessoas" significa o recrutamento, o transporte, a transferência, o alojamento ou o acolhimento de pessoas, recorrendo à ameaça ou uso da força ou a outras formas de coação, ao rapto, à fraude, ao engano, ao abuso de autoridade ou à situação de vulnerabilidade ou à entrega ou aceitação de pagamentos ou benefícios para obter o consentimento de uma pessoa que tenha autoridade sobre outra para fins de exploração. A exploração incluirá, no mínimo, a exploração da prostituição de outrem ou outras formas de exploração sexual, o trabalho ou serviços forçados, escravatura ou práticas similares à escravatura, a servidão ou a remoção de órgãos;

Qualquer semelhança com o aviamento praticado na Amazônia brasileira e com muito do trabalho rural do Brasil é mera coincidência.

Note-se, como observado por Edmundo Oliveira, que são seis as vertentes que a ONU cuida com relação ao combate do tráfico de pessoas: exploração da prostituição ou outra forma de exploração sexual, inclusive travestis; mão de obra para trabalho ou serviço forçado, para a escravatura ou prática similar, para a servidão, para adoção fraudulenta e para extração de órgãos(500).

Segundo o mesmo jurista, *na América do Sul, o Brasil é o país que mais abastece o mercado transnacional de tráfico de pessoas*(501).

No direito internacional americano, a Convenção Americana sobre Direitos Humanos (Pacto de São José da Costa Rica) de 1969, ratificada pelo Brasil em 1992, reconhece a necessidade de um compromisso dos Estados Partes de repressão à servidão e à escravidão em todas as suas formas.

3.2.3. *Regras legais brasileiras*

Por outro lado, no Direito Nacional, o preceito mais importante é, certamente, o art. 149 do Código Penal, que dispõe:

> Art. 149. Reduzir alguém à condição análoga à de escravo, quer submetendo-o a trabalhos forçados ou a jornada excessiva, quer sujeitando-o a condições degradantes de trabalho, quer restringindo, por qualquer meio, sua locomoção em razão de dívida contraída com o empregador ou preposto.
>
> Pena – reclusão, de 2 (dois) a 8 (oito) anos, e multa, além da pena correspondente à violência.
>
> § 1º Nas mesmas penas incorre quem:
>
> I – cerceia o uso de qualquer meio de transporte por parte do trabalhador, com o fim de retê-lo no local de trabalho;
>
> II – mantém vigilância ostensiva no local de trabalho ou se apodera de documentos ou objetos pessoais do trabalhador, com o fim de retê-lo no local de trabalho.
>
> § 2º A pena é aumentada de metade, se o crime é cometido:
>
> I – contra criança ou adolescente;
>
> II – por motivo de preconceito de raça, cor, etnia, religião ou origem.

Esse dispositivo trata, especificamente, do trabalho em condições análogas à de escravo e é, certamente, o mais importante para identificar tanto em matéria penal como em matéria trabalhista a prática do trabalho forçado. Observa José Claudio Monteiro de Brito Filho que é esse artigo que consagra a figura do que chama de *trabalho escravo típico*(502).

Existem, todavia, outros dispositivos na lei penal brasileira que pretendem reprimir essa prática violadora da dignidade humana.

---

(500) OLIVEIRA, Edmundo. *A ONU e o tráfico de pessoas*. Orlando: USPIT, 2013. p. 40.

(501) *Ibidem*, p. 44.

(502) BRITO FILHO, José Claudio Monteiro de. *Trabalho decente*. 3. ed. São Paulo: LTr, 2013. p. 75.

Assim são mais dois artigos do Código Penal. O art. 132, *caput*, prevê pena de três meses a um ano de prisão para quem expõe a vida ou a saúde de outrem a perigo direto ou eminente, pena que poderá ser aumentada de 1/6 a 1/3 se decorrer de transporte de pessoas para prestação de serviços em estabelecimento de qualquer natureza em desacordo com as normas legais (parágrafo único).

O art. 197 cuida de atentados contra a liberdade de trabalho, determinando que será aplicada pena de detenção a quem promover o constrangimento ilegal, mediante violência ou grave ameaça, que impeça a liberdade dos trabalhadores. Isto pode ocorrer em duas hipóteses:

1) exercício de arte ofício, profissão ou indústria ou trabalho em períodos determinados, e
2) abrir ou fechar estabelecimento de trabalho ou obrigar o trabalhador a participar de greve ou paralisação de atividade econômica.

Ademais, se formos interpretar o art. 149 do Código Penal em conjunto com seu art. 203, teremos identificada a figura do *aviamento* praticado na Amazônia.

Com efeito, o art. 203 cuida da frustração de direito assegurado por lei trabalhista, cominando pena de detenção, mais multa, além da pena correspondente à violência sofrida pelo trabalhador (*caput*).

O § 1º desse dispositivo retrata a realidade do aviamento praticado na Amazônia brasileira, e que também existe em outros países da Pan-Amazônia (no Peru, chama-se *enganche*; na Colômbia é conhecido como *endeude*).

Nessa figura penal enquadra-se que obriga ou coage alguém a usar mercadorias de determinado estabelecimento, para impossibilitar o desligamento do serviço em virtude de dívida (inciso I). É a servidão por dívida, quando o trabalhador é obrigado a comprar no barracão (aviamento fixo) ou no batelão (aviamento móvel), ambos de propriedade do empregador.

Essa prática do aviamento na Amazônia também se identifica pelo local de difícil acesso, geralmente distante de qualquer centro urbano, perdido no meio da vastidão da floresta. Ali, o trabalhador não possui condições de se deslocar e procurar a *civilização*. E, nessas circunstâncias, novamente, o Código Penal identifica o enquadramento no inciso II do mesmo § 1º do mencionado art. 203: *impede alguém de se desligar de serviços de qualquer natureza, mediante coação ou por meio da retenção de seus documentos pessoais ou contratuais*.

A pena será aumentada de 1/6 a 1/3 se a vítima for menor de dezoito anos, idoso, indígena, mulher gestante ou pessoa portadora de deficiência física ou mental.

Ademais, a lei penal cuida de figura extremamente presente no mundo do trabalho de hoje: a mobilidade humana, representada pelo deslocamento de trabalhadores de um local para o outro.

Os arts. 206 e 207 cuidam dessa movimentação, quando evidenciada a violação de direitos humanos. Assim, o art. 206 trata de aliciamento para emigração, quando esse recrutamento é feito com fraude, destinada a levar o trabalhador para fora do Brasil. Hodiernamente, essa emigração forçada ocorre com acentuada incidência envolvendo mulheres, que são levadas à prostituição e crianças, retiradas do convívio familiar e irregularmente adotadas no exterior. Não há agravante para esse crime.

O art. 207 cuida da migração interna. Na letra do Código Penal, é crime aliciar trabalhador para levá-lo para local diferente daquele onde foi recrutado, incorrendo nessa prática quem promove esse aliciamento com fraude ou cobrança de qualquer quantia do obreiro ou não lhe é assegurado retorno ao local de origem, típico caso do aviamento que ocorre na Amazônia. Agrava a pena quando o trabalhador vítima é menor de dezoito anos, idoso, indígena, portador de deficiência física ou mental ou se tratar de mulher gestante.

A fim de implementar o combate a essa atividade perniciosa para a dignidade humana, o M.Tb., através da sua Secretaria de Inspeção do Trabalho adotou a Instrução Normativa n. 91, de 05.10.2011, dispondo sobre a fiscalização para a erradicação do trabalho em condição análoga à de escravo, prevendo que deve ser considerado como tal as seguintes situações, verificáveis em conjunto ou separadamente:

I – A submissão de trabalhador a trabalhos forçados;

II – A submissão de trabalhador a jornada exaustiva;

III – A sujeição de trabalhador a condições degradantes de trabalho;

IV – A restrição da locomoção do trabalhador, seja em razão de dívida contraída, seja por meio do cerceamento do uso de qualquer meio de transporte por parte do trabalhador, ou por qualquer outro meio com o fim de retê-lo no local de trabalho;

V – A vigilância ostensiva no local de trabalho por parte do empregador ou seu preposto, objetivando mantê-lo nesse local de trabalho;

VI – A posse de documentos ou objetos pessoais do trabalhador, por parte do empregador ou seu preposto, para impedir que saia do local de trabalho.

A nova Lei brasileira (Lei n. 13.445, de 24.05.2017), vigente desde novembro de 2017, considera crime a *promoção de migração ilegal*, com pena de reclusão de dois a cinco anos, mais multa. O *caput* do art. 232-A do Código Penal assim define a figura delituosa:

> Art. 232-A. Promover, por qualquer meio, com o fim de obter vantagem econômica, a entrada ilegal de estrangeiro em território nacional ou de brasileiro em país estrangeiro.

A pena incide, também, quando praticada com o fim de obter vantagem econômica com a saída de estrangeiro do Brasil para ingressar ilegalmente em outro e sofre aumento de 1/6 a 1/3 se o crime é cometido com violência ou a vítima é submetida a condição desumana ou degradante, sendo aplicada sem prejuízo das correspondentes infrações conexas.

3.2.4. *Hipóteses de trabalho forçado*

Quais podem ser, considerando o disposto nas legislações internacional e interna e a prática verificada no dia a dia do mundo do trabalho, as hipóteses que se pode identificar como sendo de trabalho forçado?

O exame permite dois ângulos:

1º) **cerceio da liberdade do ser humano**, impossibilitados inclusive de se locomover ou deixar o local de trabalho por diversos motivos, e

2º) **condições degradantes de seu modo de viver**, privando-lhe do mínimo de humanidade para poder sentir-se nessa condição.

É importante ressalvar que até os animais (os irracionais) recebem proteção do Estado.

O art. 32 da Lei n. 9.605, de 12.02.1998, dispõe ser crime a prática de ato de abuso, maus-tratos, ferir ou mutilar animais silvestres, domésticos ou domesticados, nativos ou exóticos, inclusive, quem realiza experiência dolorosa ou cruel em animal vivo, ainda que para fins didáticos ou científicos, quando existirem recursos alternativos (§ 1º), aumentada a pena em caso de morte do animal (§ 2º).

Antes, o Decreto-lei n. 24.645, de 10.07.1934, estabelecia medidas de proteção aos animais, mas foi revogado pelo Decreto n. 11, de 18.01.1991. Embora o Decreto n. 761.de 19.02.1993, tenha revogado esse decreto-lei, tudo leva a acreditar que continue vigendo, a uma porque não foi substituído por outra norma, e o Decreto n. 761/1993 e todos os que se lhe seguiram, até o recente Decreto n. 6.061, de 15.03.2007, atualmente em vigor, tratam, por diversas formas, da reestruturação do Ministério da Justiça, nada tendo a ver com o antigo *código de proteção aos animais*. Assim, a nosso ver, esse Decreto-lei n. 24.645/1934 ainda está em plena vigência no Brasil.

Insiste-se nesse aspecto: não será crível que a legislação proteja o animal irracional e deixe ao desamparo o animal humano[503].

No que tange ao cerceamento da liberdade, pode ser identificada a servidão por dívidas, caso típico da relação *comercial* que se estabelece com o aviamento na Amazônia, quando, aliciado por promessa de pagamento salarial adiantado, o trabalhador se desloca com sua família e fica sem condições mínimas de sobrevivência. O salário que recebe é extremamente inferior ao prometido e tudo precisa ser pago (despesas de deslocamento, alojamento em condições desumanas e instrumentos do trabalho) ou comprado (alimentação, medicamentos), sempre vendidos em estabelecimento de propriedade do empregador a preços absurdamente elevados, os chamados *barracão* (aviamento fixo) ou *batelão* (aviamento móvel), como assinalamos acima.

---

(503) É famoso o pedido de *habeas corpus* apresentado, em março de 1937, pelo Advogado Heráclito Sobral Pinto perante o extinto Tribunal de Segurança Nacional, na época do Estado Novo de Vargas, a fim de obter uma prisão digna ao preso político Harry Berger, de nacionalidade alemã. O fundamento para obter a concessão foi o art. 1º do 24.645/1934 (v., por todos, <http://www.publicadireito.com.br/artigos/?cod=d0b4e54ddd9f0982>. Acesso em 22.7.2015).

Outras hipóteses, que cerceiam a liberdade e ocorrem justamente no aviamento da Amazônia, são local de difícil acesso, geralmente distante de qualquer centro urbano, sem qualquer forma de comunicação com locais mais *civilizados*; retenção de documentos, tipo carteira de identidade, CTPS, certidões de dependentes, que ficam em poder do empregador impossibilitando o obreiro de tê-los de volta; a vigilância, realizada de modo ostensivo, com guardas armados, aplicando rigorosas punições, inclusive levando a óbito muitos trabalhadores que tentam literalmente fugir do local.

O suplício não fica limitado à retirada da liberdade do trabalhador. Ao contrário, as condições de vida que passa a ter são degradantes, vergonhosas, deprimentes, ofensivas a qualquer ser humano.

Dentre outras condições degradantes, temos o alojamento inadequado (barracas cobertas por lonas, plástico ou folhas de árvores), ambiente propício à aquisição de doenças tropicais e ausência de atendimento médico, inexistência de saneamento básico (faltam instalações sanitários e não há água potável), alimentação completamente inadequada ao ser humano, com ausência de proteínas, calorias etc.; tratamento violento ou humilhante dispensado ao trabalhador incluindo ameaças a sua própria vida e de seus familiares; remuneração reduzida, descontos indevidos, forma de pagamento como verdadeiro escambo, ocorrendo crescente aumento das dívidas do trabalhador.

Este é o quadro incrivelmente indigno em que se coloca o ser humano trabalhador à semelhança de um verdadeiro *escravo*. Nem os animais irracionais merecem ser acolhidos dessa forma, como assinalamos acima.

3.3. PONTOS DE DISCRIMINAÇÃO

3.3.1. *Trabalho da mulher*

Tem sido identificada tendência de redução da jornada de 44 horas prevista na Lei Maior em vigor. Existem diversas propostas de emenda à Constituição pugnando pela redução para quarenta, 35 e até mesmo trinta horas de trabalho por semana[(504)].

Nesse tema, constata-se que os homens (42,4%) têm jornada mais extensa que as mulheres (24,5%). Isto, porém, é apenas um pormenor, porque existe profunda inversão quando se considera também os serviços domésticos, o velho argumento de que *lugar de mulher é no tanque ou na cozinha...*

Pois bem! Existem no Brasil 109,2 milhões de pessoas de dez anos ou mais de idade que são domésticos. São 71,5 milhões (65,4%) de mulheres e 37,7 milhões (34,6%) de homens, trabalhando, respectivamente, 21,8 horas/semanais e 9,1 horas/semanais.

Se for considerado o somatório do trabalho externo e do doméstico, as mulheres trabalham 11,5 horas/dia e os homens, 10,6 horas/dia.

As taxas de desemprego são maiores para as mulheres. Em 2006, 11% das mulheres acima de dezesseis anos estavam desempregadas, contra apenas 6,3% dos homens. Nesse aspecto, de 1992 e 2006, aumentou o desemprego feminino (41%), praticamente do dobro do masculino (21%).

3.3.2. *Trabalho infantil*

De acordo com a Pesquisa Nacional por Amostra de Domicílios (PNAD) de 2006, 37,9 milhões de pessoas tinham entre cinco a quinze anos, delas, 2,4 milhões trabalhavam. Esse número é menor que o verificado em 1992, cinco milhões. Importa, com isso, que houve uma diminuição do trabalho infantil de 13,6% para 6,2% entre 1992 e 2006, sendo de 3,7% para 1,3% entre crianças de cinco a nove anos, e de 21,9% para 10,0% entre os dez a quinze anos.

São números expressivos, mas ainda existem menores trabalhando na informalidade, nas carvoarias, na zona rural, em jornadas e horários incompatíveis com sua condição física e psíquica.

---

(504) É o caso da PEC n. 231, de 1995, à qual estão apensadas as PEC ns. 271, de 1995, e 393, de 2001. Aprovado o parecer da relatoria na Comissao Especial, a PEC n. 231/1995 aguarda para ser votada pelo plenário da Câmara. V. <http://www.camara.gov.br/proposicoesWeb/fichadetramitacao?idProposicao=14582>. Acesso em: 23 abr. 2014.

3.4. O QUE TEM FEITO O BRASIL

No Brasil, o tema passou a ser tratado a partir de compromisso entre o Poder Executivo e a OIT, em junho de 2003, através de Memorando de Entendimento, estabelecendo um Programa Especial de Cooperação Técnica para a Promoção de uma Agenda Nacional de Trabalho Decente, que foi elaborada em maio de 2006.

As prioridades da Agenda são:

1. gerar mais e melhores empregos, com igualdade de tratamento;
2. erradicar trabalho forçado e eliminar trabalho infantil;
3. fortalecer as entidades sindicais;
4. incentivar o diálogo com o Governo[505].

O que tenciona essa Agenda é proporcionar igualdade de oportunidades e combate às formas de discriminação, nomeadamente de gênero, raça/cor, etnia, idade, orientação sexual, portadores de deficiência ou vivendo com HIV e Aids etc.

No restante do mundo, e no Brasil também, os quatro eixos centrais dessa Agenda são:

1. a criação de emprego de qualidade para homens e mulheres;
2. a extensão da proteção social;
3. a promoção e fortalecimento do diálogo social;
4. o respeito aos princípios e direitos fundamentais do trabalho, expressos na Declaração dos Direitos e Princípios Fundamentais no Trabalho da OIT, adotada em 1998, com ênfase às convenções internacionais do trabalho sobre liberdade de associação e de organização sindical e reconhecimento efetivo do direito de negociação coletiva (Convenções ns. 87 e 98); eliminação de todas as formas de trabalho forçado ou obrigatório (Convenções ns. 29 e 105); abolição efetiva do trabalho infantil (Convenções ns. 138 e 182); e eliminação da discriminação em matéria de emprego e ocupação (Convenções ns. 100 e 111).

Este é, hodiernamente, o passo mais expressivo que nosso país tem dado em busca da efetiva eliminação do trabalho *indecente* e o incentivo ao trabalho decente e digno.

Importante acrescentar, ainda, a sanção da Lei n. 12.984, de 02.06.2014. Consoante essa lei, é crime discriminar as pessoas portadoras do vírus HIV e os doentes de Aids. A pena de reclusão de um a quatro anos mais multa será aplicada a quem, além de outros atos discriminatórios, negar emprego ou trabalho, exonerar ou demitir de seu cargo ou emprego ou segregar pessoa nessas condições em seu ambiente de trabalho.

Por outro lado, em 05.06.2014, a EC n. 81 deu nova redação ao art. 243 da Constituição. A partir de agora, a prática de trabalho análogo ao de escravo (art. 149 do Código Penal) passou a sujeitar as propriedades rurais e urbanas de qualquer região a expropriação, sem indenização ao proprietário e mais as sanções previstas em lei. O dispositivo consigna:

> Art. 243. As propriedades rurais e urbanas de qualquer região do País onde forem localizadas culturas ilegais de plantas psicotrópicas ou a exploração de trabalho escravo na forma da lei serão expropriadas e destinadas à reforma agrária e a programas de habitação popular, sem qualquer indenização ao proprietário e sem prejuízo de outras sanções previstas em lei, observado, no que couber, o disposto no art. 5º.
>
> Parágrafo único. Todo e qualquer bem de valor econômico apreendido em decorrência do tráfico ilícito de entorpecentes e drogas afins e da exploração de trabalho escravo será confiscado e reverterá a fundo especial com destinação específica, na forma da lei.

Quanto ao trabalho da mulher, entendemos que a única discriminação admissível é a proteção à maternidade e nenhuma outra, pela necessidade mesma de preservação da raça humana.

---

(505) Disponível em: <http://portal.M.T.E.gov.br/data/files/FF8080812BCB2790012BD50168314818/pub_Agenda_Nacional_Trabalho.pdf>. Acesso em: 17 abr. 2014.

4. OUTRAS PREOCUPAÇÕES

O trabalho realmente decente merece detida reflexão. Existem preocupações de toda ordem que assaltam os que se dedicam ao estudo desse grave problema social. Vivemos em um dilema, e a opção é difícil. Alguns desses temores apreciamos abaixo.

➢ **trabalho ou emprego?**

É imperioso que se combata o desemprego, o trabalho informal, o subemprego. Para tanto, é preciso adotar mecanismos com garantias mínimas aos trabalhadores, um *standard minimum* indispensável, sendo de recordar que o conceito mesmo de emprego subordinado tem passado por profundas alterações e precisa ser revisto e readaptado à nova realidade do mundo.

➢ **profissão ou ocupação?**

É preciso que não se confunda profissão com ocupação. A criação ou manutenção de normas mínimas importa em repensar a desnecessidade de excesso de regramento. Chamam de *profissões* atividades que não são mais que *ocupações*: guardador e lavador autônomo de veículos automotores, o *nomen juris* do *flanelinha*, *v. g.*, é *profissão regulamentada* há mais de 40 anos: Lei n. 6.242/1975, que comentamos nesta obra (v. Capítulo VI, n. 19, acima).

➢ **discurso ou prática?**

Urge que poupemos a comunidade dos longos e incompreensíveis discursos cheios de erudição, amplos de *juridiquês*, de promessas utópicas, e sejamos diretos, objetivos e práticos, enfrentando a realidade brasileira e mundial.

➢ **a verdade ou a ficção?**

A verdade é o desemprego crescente, uma tênue tentativa de recuperação da economia, a excessiva carga tributária, as desordens no Estado. A ficção, que também pode se chamar de utopia, é querer impor uma realidade que não existe, que tudo vai bem, tendendo a melhorar mais e mais e a classe trabalhadora não tem problema.

➢ **ampliação ou redução de jornada?**

A tendência mundial é no sentido de redução da jornada de trabalho. No entanto, tem sido constatada a necessidade de os países desejarem superar suas crises. Para recuperar sua economia, a tendência é ampliar a jornada de trabalho, reduzir os períodos de intervalos, inclusive de férias, na vã esperança de, com isso, aumentar a produtividade, mesmo que em detrimento da saúde do trabalhador.

No Brasil, tramita no Congresso Nacional a PEC n. 231-A, de 1995, para reduzir a quarenta horas semanais e ampliar a percentagem para as horas extras para 75%, alterando os incisos XIII e XVI do art. 7º da Constituição. Em junho de 2009, foi aprovado na Comissão Especial da Câmara dos Deputados.

➢ **sindicalização ou individualismo?**

Tem sido constatado o crescimento do número de desfiliados das entidades sindicais, por falta de atrativos maiores. A tendência tem sido a busca de soluções individuais, geralmente mais rápidas, embora mais desfavoráveis, pela condição mesmo do trabalhador.

Para promover o incentivo à sindicalização, muitas atitudes podem ser praticadas, sobretudo no campo da formação e aperfeiçoamento profissional, mediante a promoção de cursos de atualização compatíveis com a realidade mundial, na área da informática, *v. g.*, com o que proporcionará ao trabalhador melhorar no quadro social.

Da mesma forma, precisamos rever o art. 8º da Constituição, acabar com a unicidade sindical, ratificar a Convenção n. 87 da OIT, evitar a pulverização incontrolável e enfraquecedora dos sindicatos, sobretudo de trabalhadores.

➢ **negociação coletiva ou tutela do Estado?**

Desde um tempo para adiante, fala-se muito em flexibilização e desregulamentação dos direitos trabalhistas. Substituir o legislado pelo negociado. Pode ser uma excelente providência. A Lei n. 13.467/2017 pretendeu conferir a supremacia do negociado sobre o legislado, como iremos comentar na Parte II deste *Curso*. Porém, imperioso o fortalecimento dos sindicatos brasileiros, especialmente de trabalhadores, a fim de que as negociações coletivas diretas reflitam o resultado do atendimento das necessidades das categorias profissionais.

E, na impossibilidade, a garantia da manutenção do poder normativo da Justiça do Trabalho, com a indispensável revisão da exigência do *de comum acordo* previsto no art. 114, § 2º, da Constituição, para ajuizamento de dissídios coletivos de natureza econômica, cuja inconstitucionalidade é clara e deve, sempre que necessário, ser proclamada. Importante que qualquer modificação ou supressão legislativa ocorra com ampla participação da sociedade e que um *standard minimum* seja preservado. Nesse particular, remetemos à Parte II, Capítulo V, n. 2.2.1, quando tratamos especificamente desse tema.

➢ **Eliminação de discriminação, inclusive a xenofobia, ou privilegiar os nacionais?**

Este dilema está presente no mundo atual. O temor com o ingresso de estrangeiros cresce, porque se presume que pode haver desemprego para os nacionais, ocorrer falta de escolas para os filhos, de hospitais para os enfermos, ou ampliar a insegurança e aumentar os índices de marginalidade.

Com isso, aflora em grande parte a xenofobia, e, no momento presente, a mobilidade de mão de obra é extremamente expressiva e não tende a reduzir.

Assim, pensamos que, quanto ao trabalhador estrangeiro, é indispensável que todos os países acolham a Convenção de Nova York sobre a proteção ao trabalhador migrante e seus familiares, certamente o mais expressivo passo para a redução dos índices de xenofobia. Igualmente acreditamos ser indispensável a mudança de consciência da humanidade para aceitar as diferenças e *os diferentes*. Acrescente-se que as novas regras da Lei do Migrante no Brasil pode minimizar esse sentido discriminatório e xenófobo que existe, máxime considerando as grandes levas de imigrantes que, nos últimos anos, têm chegado ao país.

Capítulo XVIII

DURAÇÃO DO TRABALHO

1. HISTÓRICO

Até o início do século XIX as jornadas de trabalho eram extenuantes. Duravam de quatorze a dezesseis horas, indistintamente, para homens, mulheres e crianças. Os primeiros passos no sentido de criar limites foram dados pela Revolução Industrial, e a Encíclica *Rerum Novarum*, ao lançar das bases da doutrina social da Igreja, também cuidou de referir à necessidade de limitar o tempo do trabalho.

Observa Alice Monteiro de Barros que, embora nada houvesse senão o excesso de trabalho para homens, mulheres e crianças, existiu a Lei das Índias, de 1593, que vigorou na Espanha, dispondo que a jornada não poderia ultrapassar oito horas diárias(506). A partir de 1847, surgiram as limitações. Inicialmente na Inglaterra, de 10 horas. No ano seguinte, na França. Em 1868, nos Estados Unidos, a jornada de oito horas, exemplo seguido, no século XX, por Chile, Cuba e Uruguai, dentre outros.

Em 1915, França, Suíça e Uruguai adotaram jornada de oito horas, que acabou consagrada pelo Tratado de Versalhes, de 1919, o que ocorreu no Brasil a partir da década de 30, e, em 22.07.1935, a OIT aprovou a Convenção n. 45, prevendo jornada semanal de quarenta horas, que não foi ratificada por nosso país.

No Brasil, a Constituição de 1934 adotou jornada de oito horas/dia, a mesma que as seguintes, reduzindo a 44 horas/semanais na Constituição de 1988, que ampliou o valor da hora extra para 50%.

2. FUNDAMENTOS E DISTINÇÕES

Cinco fundamentos basilares existem para garantir a necessidade da limitação da jornada de trabalho.

O primeiro é a **higidez do trabalhador**, ou seja, proporcionar que esteja saudável física e mentalmente, incluindo-se a eliminação ou pelo menos redução de acidentes de trabalho.

O segundo é corolário do primeiro: com limites no tempo de trabalho, encontrará o obreiro oportunidades indispensáveis para recompor-se e **recuperar-se da fadiga** causada pela jornada de trabalho.

Com efeito, recuperado do cansaço do dia de trabalho, saúde plena, o trabalhador retorna ao emprego é proporciona a realização do terceiro fundamento, importante fator econômico para a empresa: **aumento de produtividade**.

O quarto fundamento é de **natureza política**, porque é dever do Estado de proporcionar condições de vida e a jornada limitada evidentemente que contribuiu para esse fator.

Finalmente, o **fundamento familiar**, pelo qual, limitando a jornada, é permitido que o trabalhador tenha maior contato com seus familiares e seu círculo de amizade.

---

(506) BARROS, A. M. de. *Curso ...cit.*, 6. ed., 2010. p. 661.

Ademais, existem distinções entre o tempo de jornada diária. Considera-se tempo efetivamente trabalhado aquele em que o empregado está desenvolvendo suas atividades, excluindo-se os intervalos intrajornada, apesar de serem remunerados. Por tempo à disposição do empregador deve ser compreendida aquele de permanência no local de trabalho e também nos serviços externos por conta e responsabilidade daquele, que é a regra adotada pelo art. 4º da CLT. Por fim, o tempo *in itinere* refere ao período de deslocamento casa-trabalho-casa, e não mais se considera, pouco importando as circunstâncias, como sendo à disposição do empregador, a partir da reforma introduzida na CLT pela Lei n. 13.467/17. Voltaremos a esse tema adiante (v., neste Capítulo, n. 4.11).

3. CLASSIFICAÇÃO DA JORNADA

A jornada de trabalho pode ser classificada em cinco formas:

1) quanto à duração;
2) quanto ao período;
3) quanto à profissão;
4) quanto à remuneração; e
5) quanto à rigidez do horário de trabalho.

Vejamos cada qual dessas modalidades.

3.1. QUANTO À DURAÇÃO

A duração da jornada pode ser apresentada de duas formas: ordinária ou extraordinária.

A jornada ordinária ou normal é prevista no art. 7º, XIII, da Constituição:

> XIII – duração do trabalho normal não superior a oito horas diárias e quarenta e quatro semanais, facultada a compensação de horários e a redução da jornada, mediante acordo ou convenção coletiva de trabalho;

Com efeito, trabalhando oito horas por dia, ou 44 horas por semana, o trabalhador cumpre jornada normal. Extrapolando esses horários, a jornada permanecerá ordinária caso exista trabalho excedente, mas com horário compensado, da mesma forma se for reduzida, necessário, em qualquer dos dois casos, a existência de acordo ou convenção coletiva de trabalho.

A jornada extraordinária ou suplementar é aquela que excede ao limite diário de oito horas previsto na Constituição, ou, em casos de prorrogação, sem que exista instrumento autônomo livremente negociado.

3.2. QUANTO AO PERÍODO

No que tange ao período, temos jornada diurna e jornada noturna.

A jornada realizada entre cinco horas e 22 horas de um dia é considerada diurna, para os trabalhadores urbanos. Os rurícolas possuem jornada diferenciada conforme a atividade desenvolvida: lavoura ou pecuária.

Com efeito, o art. 73, § 2º, da CLT, o horário de trabalho noturno urbano é aquele executado entre 22 horas de um dia e cinco horas do dia seguinte, com acréscimo de 20% sobre a hora diurna (*caput* do mesmo artigo). Quando se trata de trabalho rural, as regras estão na Lei n. 5.889, de 08.06.1973, prevendo a jornada noturna na lavoura entre 21 horas de um dia e cinco horas do dia seguinte e, na pecuária, de vinte horas de um dia e quatro horas do dia seguinte (art. 7º), com a hora noturna sendo acrescida de 25% sobre a remuneração normal (parágrafo único do mesmo artigo).

3.3. QUANTO À PROFISSÃO

Existem profissões que possuem uma jornada especial, conforme disposição legal. É o caso, dentre outros, de médicos, telefonistas, bancários, engenheiros, mecanógrafos, ferroviários e marítimos, como será demonstrado adiante.

3.4. QUANTO À REMUNERAÇÃO

A jornada de trabalho pode ser cumprida, no que refere à remuneração, com ou sem acréscimo. Geralmente, este *plus* é no mínimo de 50% do valor da hora normal, porque serão horas suplementares acrescentadas à jornada regular do trabalhador, na forma prevista no art. 7º, XVI, da Constituição. Nada obsta, todavia, que possa ser ampliado mediante negociação coletiva, não sendo recomendável ocorrer em sede de dissídio coletivo, porque refoge ao poder normativo.

3.5. QUANTO À RIGIDEZ DO HORÁRIO

Existem jornadas flexíveis e jornadas inflexíveis, conforme os horários cumpridos pelo trabalhador.

As jornadas flexíveis são as chamadas *flex time*, onde é permitido ao empregado ajustar o horário de trabalho conforme seu interesse.

Embora não previstas expressamente na legislação brasileira, infere-se a possibilidade de sua prática por força do art. 7º, XIII, da Constituição, que faculta compensar horário de trabalho e reduzir jornada através de negociação coletiva, e no permissivo consolidado que prevê variações de cinco a dez minutos no registro de ponto sem que se caracterize jornada extraordinária (art. 58, § 1º, da CLT).

As mudanças introduzidas em 2017 na CLT resolveram matéria que estava regulada em nível jurisprudencial, pela Súmula n. 366 do TST, prevendo que, variações do registro de ponto excedentes de dez minutos serão consideradas como jornada extraordinária. Com efeito, o art. 58, § 1º da CLT prevê:

> § 1º Não serão descontadas nem computadas como jornada extraordinária as variações de horário no registro de ponto não excedentes de cinco minutos, observado o limite máximo de dez minutos diários.

Presentemente, o § 2º do art. 4º consolidado contempla regra que, aparentemente, seria incompatível com a Súmula n. 366 do TST, que dispõe:

> SÚMULA N. 366 – CARTÃO DE PONTO. REGISTRO. HORAS EXTRAS. MINUTOS QUE ANTECEDEM E SUCEDEM A JORNADA DE TRABALHO – Não serão descontadas nem computadas como jornada extraordinária as variações de horário do registro de ponto não excedentes de cinco minutos, observado o limite máximo de dez minutos diários. Se ultrapassado esse limite, será considerada como extra a totalidade do tempo que exceder a jornada normal.

Se a impressão é que a súmula tornou-se incompatível com o dispositivo consolidado, parece-nos que não. O § 2º do art. 4º da CLT registra:

> § 2º Por não se considerar tempo à disposição do empregador, não será computado como período extraordinário o que exceder a jornada normal, ainda que ultrapasse o limite de cinco minutos previsto no § 1º do art. 58 desta Consolidação, quando o empregado, por escolha própria, buscar proteção pessoal, em caso de insegurança nas vias públicas ou más condições climáticas, bem como adentrar ou permanecer nas dependências da empresa para exercer atividades particulares...

O dispositivo cuida de excesso de jornada sem assinalação de ponto, mas *por escolha própria* do empregado, elencando, ainda que exemplificamente, diversas condições. Pensamos que, da forma como o texto se encontra, pode ser viável considerar que o tempo de assinalação de ponto, se ultrapassar o limite de dez minutos, será considerado sobrejornada se não decorrer de fato ocasionado pelo empregado (a *escolha própria*) como consigna o § 2º acima.

Inflexível é a jornada imutável, a que não se presta a qualquer espécie de alteração, e que hoje, em face das modificações verificadas inclusive na Constituição, praticamente inexiste, embora certos parâmetros mínimos ainda devam ser mantidos e respeitados.

4. TIPOS DE HORÁRIO

4.1. JORNADA NORMAL

Por disposição constitucional (art. 7º, XIII), o limite máximo da jornada diária de um trabalhador no Brasil é de oito horas/dia ou 44 horas/semana, ou ainda, 220 horas/mês. Ademais, pode haver compensação do horário, quando excedente em um dia, ou redução da jornada diária, sempre, porém, mediante negociação coletiva.

Nessa mesma linha limitadora, encontra-se o *caput* do art. 58 da CLT.

> Art. 58. A duração normal do trabalho, para os empregados em qualquer atividade privada, não excederá de 8 (oito) horas diárias, desde que não seja fixado expressamente outro limite.

As empresas com mais de dez empregados são obrigadas a controlar a jornada de trabalho (art. 74, § 2º, da CLT), mediante a adoção de livro ou cartão de ponto ou qualquer outra espécie de controle, manual, mecânico ou eletrônico.

É importante ressaltar o sistema chamado registro de ponto por exceção. Consiste em serem pré-assinalados os cartões de ponto com horários de entrada e saída dos empregados, e as horas superiores a jornada legal, se existentes, serão contabilizadas. Essa regra, ainda que inserida em norma coletiva, com fundamento no art. 7º, XXVI, da Constituição, não pode prevalecer, porquanto viola a garantia do controle de jornada de trabalho regular e contraria as normas de fiscalização do trabalho.

Nesse passo, a Portaria n. 373 de 25.02.2011, dispõe a possibilidade de adoção nas empresas de sistema alternativo de controle de jornada de trabalho, mediante acordo ou convenção coletiva de trabalho, mas, no art. 3º, não admite restrições à marcação do ponto ou sua marcação automática.

É assim que tem se posicionado o TST, como no julgado abaixo:

> HORAS EXTRAS. DISPENSA DO REGISTRO DA JORNADA. MODALIDADE DE CONTROLE "POR EXCEÇÃO". NORMA COLETIVA. O art. 7º, inc. XXVI, da Constituição da República não atribui validade a toda e qualquer cláusula negocial, mas tão somente àquelas firmadas em harmonia com as demais normas do ordenamento jurídico. Na hipótese, a obrigatoriedade de o empregador registrar o horário de entrada e de saída de seus empregados está contida no art. 74, § 2º, da CLT e, por representar preceito inerente à fiscalização do trabalho por parte do Estado, constitui norma de ordem pública infensa à negociação coletiva.[507]

Existem, basicamente, dois tipos de regime de trabalho: de tempo integral e de tempo parcial.

4.2. REGIME DE TEMPO INTEGRAL

É o que se chama de *full time*. Significa que o trabalhador prestará serviço durante toda a jornada diária de trabalho, isto é, oito horas. Costumam ser os empregos tradicionais aos quais, além das horas normais, se podem – embora não se deva – acrescentar horas extraordinárias. Os contratos de trabalho em geral consagram o trabalho em jornada integral.

No serviço público, na área de educação, há professores que são admitidos em regime de tempo integral e dedicação exclusiva, sendo-lhes, normalmente, proibido o exercício de outra atividade de magistério, salvo se houver compatibilidade de horário.

4.3. REGIME DE TEMPO PARCIAL

Como observamos acima (v., nesta Parte, Capítulo V, n. 2.3.4), as mudanças introduzidas na CLT pela Lei n. 13.467/2017 atingiram, também, o contrato de trabalho em regime de tempo parcial, que possui menor duração semanal que o contrato regular. É o regime conhecido como *part time*, mais uma forma precarizadora do trabalho humano.

Atualmente, a duração da jornada de trabalho em tempo parcial passou para até vinte e seis ou trinta horas semanais, podendo ou não haver acréscimo de horas suplementares semanais, de acordo com o art. 58-A, sendo revogados os arts. 59, § 4º, 130-A e parágrafo único, e 143, § 3º, todos da CLT.

O salário a ser pago aos empregados nessas condições é proporcional à sua jornada, em relação aos empregados que cumprem, nas mesmas funções, tempo integral, permitida aos atuais empregados a opção por esse regime, mediante manifestação ao empregador, como previsto em norma coletiva (art. 58-A, §§ 1º e 2º, da CLT).

(507) Ac. 5ª T. - Proc. n. TST-RR-15500-68.2008.5.01.0036, de 11.9.2013. Relator: Min. Brito Pereira.

Relativamente às férias, ao contrário da regra pretérita, o § 7º do art. 58-A estende ao trabalhador contratado nessas condições as mesmas regras do art. 130 da CLT. Trata-se, entendemos, de uma medida bastante expressiva e justa, porque dá a esse tipo de empregado as mesmas garantias daquele de jornada normal, pelo menos no que refere a férias, inclusive a possibilidade de converter um terço do período em abono pecuniário (§ 6º), tendo sido revogado o art. 143, § 3º, da CLT.

A proporção que existia anteriormente, então, não existe mais para o empregado em regime de trabalho em tempo parcial, que poderá ser incluído nas férias coletivas que forem concedidas aos demais empregados.

A norma consolidada prevê que os empregados submetidos a esse regime podem prestar horas suplementares, em decorrência da revogação do § 4º do art. 59 da CLT, que proibia essa prática.

Nesse aspecto, é necessário distinguir duas situações. A primeira é relativa ao contrato com jornada semanal de trinta horas, quando não é possível a prestação de horas suplementares semanais. A segunda cuida de contratação com jornada semanal de até vinte e seis horas, permitindo o acréscimo de até seis horas extras por semana (art. 58-A, *caput*, da CLT), regra aplicável também para os contratos com jornada semanal menor que vinte e seis horas (§ 4º).

Em qualquer situação, cada hora extraordinária sofrerá acréscimo de 50% sobre o valor da hora normal (art. 59, § 3º), podendo esse excesso de jornada ser compensado diretamente até a semana imediatamente posterior à da sua execução, ou quitada na folha de pagamento do mês subsequente, caso inexista compensação (art. 59, § 5º).

A adoção do regime de tempo parcial será feita mediante opção dos atuais empregados, manifestada perante a empresa, na forma prevista em instrumento decorrente de negociação coletiva, ou contratação de novos empregados sob este regime (art. 58-A, § 2º).

Os trabalhadores que integrarem o regime de contrato de trabalho em tempo parcial farão jus ao benefício do décimo terceiro salário, na proporcionalidade da carga horária e dos salários recebidos, conforme o art. 7º, VIII, da Constituição de 1988.

4.4. TRABALHO EXTRAORDINÁRIO

A **jornada extraordinária**, também chamada de suplementar, extravagante ou excedente, é aquela que excede ao limite diário de oito horas previsto na Constituição. Como tal, deve a hora em sobrejornada ter seu valor acréscimo de 50% do valor da hora normal (art. 7º, XVI, da Constituição). Como extraordinária que é, deveria ser evitada, sendo uma exceção que, a rigor, não deveria ocorrer. Todavia, o trabalhador, que ganha pouco, prejudica sua saúde e aceita, em troca desse pequeno acréscimo, sacrificar-se e cumprir a chamada jornada extraordinária. Ao invés disso, seria mais adequado reinvindicar salários mais justos, jornadas sem prorrogação e contratação de mais mão de obra para atender às necessidades do serviço.

O legislador teve a cautela de esclarecer dúvida que poderia advir com o apontamento do horário. Assim, dispõe o § 1º do art. 58 da CLT:

> § 1º Não serão descontadas nem computadas como jornada extraordinária as variações de horário no registro de ponto não excedentes de cinco minutos, observado o limite máximo de dez minutos diários.

Por outro lado, é admitida a sobrejornada nas seguintes hipóteses: acordo de prorrogação, sistema de compensação, força maior, serviços inadiáveis e horas de paralisação.

4.4.1. *Acordo para prorrogação de jornada*

O acordo de prorrogação está regulado no art. 59 da CLT, devendo ser celebrado entre empregador e empregado, necessariamente escrito, em número nunca excedente de duas horas (efeito material do acordo) e com acréscimo de 50% de acordo com o comando constitucional (seu efeito pecuniário). De igual sorte, pode decorrer de convenção coletiva de trabalho ou acordo coletivo de trabalho, conforme o mesmo dispositivo. Essas horas extras, se decorrentes de acordo individual, podem ser suprimidas, sem outras repercussões, porque foram acrescentadas de comum acordo e este pode ser revogado pelas partes celebrantes. Significa, então, que também o distrato deve ser feito por escrito.

Porém, diversamente se a prorrogação decorrer de norma negociada autonomamente, quando, então, devem ser observadas as regras constantes da convenção coletiva ou do acordo coletivo de trabalho, em respeito ao princípio da autonomia privada coletiva.

No entanto, substituindo a Súmula n. 76, que mandava incorporar as horas extras suprimidas após dois anos de concessão, o TST editou a Súmula n. 291 que considera:

> SÚMULA N. 291 – HORAS EXTRAS. HABITUALIDADE. SUPRESSÃO. INDENIZAÇÃO – A supressão total ou parcial, pelo empregador, de serviço suplementar prestado com habitualidade, durante pelo menos 1 (um) ano, assegura ao empregado o direito à indenização correspondente ao valor de 1 (um) mês das horas suprimidas, total ou parcialmente, para cada ano ou fração igual ou superior a seis meses de prestação de serviço acima da jornada normal. O cálculo observará a média das horas suplementares nos últimos 12 (doze) meses anteriores à mudança, multiplicada pelo valor da hora extra do dia da supressão.

Existe, ademais, um aspecto que pode suscitar controvérsia. Um empregado que trabalhou menos de um ano e sempre cumpriu horas extras, esse excesso deve ser considerado habitual para fins de cálculo das verbas rescisórias? Em que pese o cancelamento da Súmula n. 76 do TST, entendemos que, por ser de medida pedagógica para evitar prática não recomendável, a resposta deve ser afirmativa. Assim, trabalhando até um ano e sempre cumprindo horas suplementares, a média dos meses trabalhados deve ser somada ao salário para o cálculo dos seus direitos trabalhistas.

Se continuar trabalhando, porém, a regra a ser observada é, por estrita disciplina judiciária, a da Súmula n. 291, transcrita acima.

4.4.2. Sistema de compensação de jornada

A reforma introduzida pela Lei n. 13.467/2017 atingiu também os critérios de compensação de jornada de trabalho. A redação do art. 59, § 2º, da CLT foi mantida, autorizando que seja anual, mas não exclusivamente, como veremos adiante. Esse dispositivo consigna:

> § 2º Poderá ser dispensado o acréscimo de salário se, por força de acordo ou convenção coletiva de trabalho, o excesso de horas em um dia for compensado pela correspondente diminuição em outro dia, de maneira que não exceda, no período máximo de um ano, à soma das jornadas semanais de trabalho previstas, nem seja ultrapassado o limite máximo de dez horas diárias.

O que é permitido é que a jornada de um dia seja diluída nos demais, e, de qualquer forma, nunca seja ultrapassada jornada de dez horas/dia.

As regras legislativas atuais estão alinhadas, em parte, com a jurisprudência sumulada do TST. Assim, da mesma maneira como a duração diária pode ser ajustada por norma coletiva autônoma ou por acordo individual, como prevê o *caput* do art. 59, também assim pode ser a compensação, como anteriormente estava previsto no item I da Súmula n. 85 do TST.

Entendemos, por outro lado, que, salvo o item V, que trata de *banco de horas*, todo o regramento constante da Súmula n. 85 foi recepcionado pelas modificações de 2017. Assim está assentada a jurisprudência do TST:

> SÚMULA N. 85 – COMPENSAÇÃO DE JORNADA.
>
> I – A compensação de jornada de trabalho deve ser ajustada por acordo individual escrito, acordo coletivo ou convenção coletiva.
>
> II – O acordo individual para compensação de horas é válido, salvo se houver norma coletiva em sentido contrário.
>
> III – O mero não atendimento das exigências legais para a compensação de jornada, inclusive quando encetada mediante acordo tácito, não implica a repetição do pagamento das horas excedentes à jornada normal diária, se não dilatada a jornada máxima semanal, sendo devido apenas o respectivo adicional.
>
> IV – A prestação de horas extras habituais descaracteriza o acordo de compensação de jornada. Nesta hipótese, as horas que ultrapassarem a jornada semanal normal deverão ser pagas como horas extraordinárias e, quanto àquelas destinadas à compensação, deverá ser pago a mais apenas o adicional por trabalho extraordinário.

V – As disposições contidas nesta súmula não se aplicam ao regime compensatório na modalidade "banco de horas", que somente pode ser instituído por negociação coletiva.

VI – Não é válido acordo de compensação de jornada em atividade insalubre, ainda que estipulado em norma coletiva, sem a necessária inspeção prévia e permissão da autoridade competente, na forma do art. 60 da CLT(508).

O enunciado dessa Súmula permite as seguintes considerações:

1) Além da previsão constitucional de negociação coletiva, para que seja feita compensação, é válido o acordo individual, desde que não exista acordo ou convenção coletiva de trabalho. Note-se que, por força de dispositivo legal, a compensação estabelecida em acordo individual, tácito ou escrito, deverá ocorrer no mesmo mês (§ 6º do art. 59 da CLT);
2) Descumprimento de normas legais quanto à compensação, mesmo que mediante acordo tácito, não enseja pagamento dobrado de horas extras diárias, mas apenas se houver excesso semanal (mais de 44 horas), quando será devido apenas o adicional de 50% pelas horas excedentes;
3) Considerando a imprevisibilidade de trabalho extravagante, se houver habitualidade, o acordo de prorrogação descaracteriza-se. Assim, as horas excedentes às 44 semanais serão pagas com adicional de 50% e as demais, que forem compensadas, recebem o mesmo adicional. Se houvesse o pagamento do valor singelo da hora, nessa hipótese, haveria duplicidade, considerando que ela já foi paga no dia em que excedeu;
4) Observando as regras da Súmula, não há compensação quando se tratar de banco de horas, que, agora, pode ser instituído por acordo individual escrito, com compensação a ocorrer em até seis meses (art. 59, § 5º);
5) Quando se tratar de atividade insalubre, o acordo de compensação de jornada fica dependente de inspeção prévia e permissão expressa da autoridade competente do M.Tb., como prescreve o art. 60 da CLT, ainda que esse acordo decorra de norma coletiva, excluídos da exigência de licença prévia os que cumprem jornada 12x36 (art. 60, parágrafo único); e,
6) A compensação pode ocorrer mo mesmo mês, quando o regime de compensação for estabelecido por acordo individual (art. 59, § 6º, da CLT).

Enquanto horas de compensação, que devem ser somadas e compensadas até que se complete um ano, essas duas horas diárias permitidas não são consideradas horas extras para outros fins. Porém, na hipótese de ocorrer rescisão do contrato de trabalho antes de ser efetuada a compensação devida (inclusive de banco de horas), o trabalhador tem direito às horas extras trabalhadas e não compensadas (art. 59, § 2º).

Igualmente, deve ser registrado que podem conviver simultaneamente os acordos para prorrogação de jornada de trabalho e para compensação de horas de trabalho.

4.4.3. Casos de necessidade imperiosa

A CLT elenca três hipóteses de necessidade imperiosa para justificar sobrejornada: 1) força maior; 2) serviços inadiáveis e prejuízo manifesto; e, 3) reposição de paralisações, conforme consta do art. 61:

Art. 61. Ocorrendo necessidade imperiosa, poderá a duração do trabalho exceder do limite legal ou convencionado, seja para fazer face a motivo de força maior, seja para atender à realização ou conclusão de serviços inadiáveis ou cuja inexecução possa acarretar prejuízo manifesto.

§ 1º O excesso, nos casos deste artigo, pode ser exigido independentemente de convenção coletiva ou acordo coletivo de trabalho.

§ 2º Nos casos de excesso de horário por motivo de força maior, a remuneração da hora excedente não será inferior à da hora normal. Nos demais casos de excesso previstos neste artigo, a remuneração será, pelo menos, 25% (vinte e cinco por cento) superior à da hora normal, e o trabalho não poderá exceder de 12 (doze) horas, desde que a lei não fixe expressamente outro limite.

§ 3º Sempre que ocorrer interrupção do trabalho, resultante de causas acidentais, ou de força maior, que determinem a impossibilidade de sua realização, a duração do trabalho poderá ser prorrogada pelo tempo necessário até o máximo

(508) O inciso VI foi inserido pela Resolução n. 209/2016, DEJT divulgado em 01, 02 e 03.06.2016.

de 2 (duas) horas, durante o número de dias indispensáveis à recuperação do tempo perdido, desde que não exceda de 10 (dez) horas diárias, em período não superior a 45 (quarenta e cinco) dias por ano, sujeita essa recuperação à prévia autorização da autoridade competente.

4.4.3.1. *Força maior*

Entenda-se por força maior *todo acontecimento inevitável, em relação à vontade do empregador, e para a realização do qual este não concorreu, direta ou indiretamente* (art. 501 da CLT).

Com efeito, segundo o § 1º do art. 61 da CLT, o excesso de jornada em situação de força maior independe de acordo ou convenção coletiva de trabalho, sendo dispensada comunicação ao M.Tb. da sua realização.

Consoante a primeira parte do § 2º do mesmo art. 61 consolidado, a hora decorrente da força maior deveria ser igual à hora normal, contudo, como a Constituição não faz essa exceção, entendemos que aqui também prevalece a norma mais favorável ao empregador, e, hierarquicamente superior à CLT, como a Lei Fundamental, cabe o acréscimo de 50% para cada hora extraordinária prestada nessa circunstância[(509)].

4.4.3.2. *Serviços inadiáveis e prejuízo manifesto*

São tarefas que não podem ser adiadas, porquanto, adiamentos importariam em danos consideráveis ao empregador. Decorrem, por exemplo, da necessidade de preparar o ambiente de trabalho para o grupo que iniciará atividades em seguida; do recolhimento nos frigoríficos de uma partida de congelados que acabou de chegar à empresa.

São situações habituais que exigem trabalho suplementar, e, nesse caso, embora a previsão consolidada seja de acréscimo de 25% sobre o valor da hora normal (art. 61, § 2º, da CLT), prevalecem os 50% do art. 7º, XVI, da Constituição, pelo que temos por derrogado o dispositivo consolidado.

4.4.4. *Reposição de paralisações*

São aquelas que decorrem de situações imprevistas, acontecimentos alheios à vontade patronal que geram a paralisação da empresa. É o caso de enchentes, tempestades, incêndios acidentais e outras calamidades.

Pode ocorrer, então, necessidade de prorrogar a jornada por até duas horas, pelo número de dias necessários a recuperar o tempo perdido, não excedendo a dez horas/dia e no máximo por 45 dias/ano, sem necessidade de autorização prévia da autoridade competente. É a atual regra do § 3º do art. 61 da CLT, e, por força do art. 7º, XVI, da Constituição, são devidas as horas suplementares praticadas, no percentual de 50%.

4.5. BANCO DE HORAS

Para um mecanismo destinado a promover a flexibilização da jornada de trabalho diária de trabalho, permitindo a compensação dos excessos de variados modos, considerando a jornada inicial contratada, costuma-se chamar de *banco de horas*. No Brasil, foi criado em 1998, pela Lei n. 9.601, de 21 de janeiro. Trata-se de um sistema flexível de jornada. Como anota Luciano Martinez, não é nem compensação nem prorrogação, mas o pior dos dois sistemas[(510)], em uma prática altamente prejudicial a todos os trabalhadores, inclusive aos contratados a tempo parcial, aos quais, anteriormente, era proibido esse instrumento, mas foi revogado o § 4º do art. 59 da CLT.

Essa prática existe em alguns países. Na Alemanha, resulta de negociação coletiva, apresentando-se em cinco modalidades diferentes. Na Argentina é embrionária, existindo na área da indústria automotora. Na Espanha, apenas 3,5% dos trabalhadores estão submetidos ao regime do banco de horas. Na França, decorre de negociação coletiva.

A legislação portuguesa possui regras expressas a respeito. O art. 208 do Código do Trabalho cuida do banco de horas. Em Portugal, é permitido o acréscimo de quatro horas/dia, até seis por semana, atingindo até duzentas horas no ano. Esse limite anual poderá ser ampliado mediante negociação coletiva e por apenas doze meses.

---

(509) N. sent.: BARROS, A. M. de. *Curso*... cit., 6. ed. p. 663.

(510) MARTINEZ, L. *Curso*... cit., 2010, p. 293.

Segundo a norma lusitana, o instrumento coletivo é o grande veiculo de regulação do banco de horas, cuidando de compensação (em redução do trabalho, em pagamento *in pecunia* ou de ambas as modalidades). Também a antecedência para chamar o empregado ao trabalho intermitente deve ser fixada em norma coletiva.

O procedimento brasileiro é diferente. Dispõe o atual art. 59:

> Art. 59. A duração diária do trabalho poderá ser acrescida de horas extras, em número não excedente de duas, por acordo individual, convenção coletiva ou acordo coletivo de trabalho.
>
> § 1º A remuneração da hora extra será, pelo menos, 50% (cinquenta por cento) superior à da hora normal.
>
> § 2º Poderá ser dispensado o acréscimo de salário se, por força de acordo ou convenção coletiva de trabalho, o excesso de horas em um dia for compensado pela correspondente diminuição em outro dia, de maneira que não exceda, no período máximo de um ano, à soma das jornadas semanais de trabalho previstas, nem seja ultrapassado o limite máximo de dez horas diárias.
>
> § 3º Na hipótese de rescisão do contrato de trabalho sem que tenha havido a compensação integral da jornada extraordinária, na forma dos §§ 2º e 5º deste artigo, o trabalhador terá direito ao pagamento das horas extras não compensadas, calculadas sobre o valor da remuneração na data da rescisão.
>
> § 4º (Revogado).
>
> § 5º O banco de horas de que trata o § 2º deste artigo poderá ser pactuado por acordo individual escrito, desde que a compensação ocorra no período máximo de seis meses.
>
> § 6º É lícito o regime de compensação de jornada estabelecido por acordo individual, tácito ou escrito, para a compensação no mesmo mês.

Desse texto legal, temos os seguintes traços caracterizadores:

1) o *banco* pode ser criado por negociação coletiva (acordo coletivo de trabalho ou convenção coletiva de trabalho) e também mediante acordo individual, ou seja, por ato de vontade escrito entre empregador e empregado;
2) as horas suplementares poderão ser, no máximo, de duas por dia, metade do admitido em Portugal;
3) não há pagamento dessas horas extraordinárias, mas uma expectativa de compensação futura que deverá ocorrer no período de um ano, se fruto de negociação coletiva, ou em seis meses, se resultado de acordo individual;
4) os prazos de convocação e recusa estão definidos na legislação, diferente de Portugal, onde a atribuição é transferida aos interessados, por meio de negociação coletiva; e,
5) as horas superiores a 10ª hora não podem ser *depositadas* para compensação futura (o limite são dez horas por dia), devendo ser remuneradas de pronto.

Ponto altamente confuso e de difícil compreensão é o texto da lei quando refere: *de maneira que não exceda, no período máximo de um ano, à soma das jornadas semanais de trabalho previstas* (§ 2º do art. 59). Tem sido entendido que resulta que a soma da jornada prevista e acumulada ao final de um ano será de 44 horas. Caso exceda, as horas sejam superiores a esse limite devem ser imediatamente usufruídas.

Deve ser reiterado que os critérios que a jurisprudência consagrou na Súmula n. 85 do TST, relativos à compensação de jornada não se aplicam ao banco de horas, conforme seu item V:

> Súmula n. 85 –V – As disposições contidas nesta súmula não se aplicam ao regime compensatório na modalidade "banco de horas", que somente pode ser instituído por negociação coletiva.

Assinale-se, ainda, que o banco de horas anual pode ser objeto de livre pactuação em sede de negociação coletiva, por qualquer dos dois instrumentos autônomos que dela resulte, na forma do disposto no art. 611-A, n. II, da CLT, nos mesmos moldes do modelo português.

Por fim, é de lamentar que se admita o banco de horas pela via do acordo individual, quando, como sabido, a desigualdade das partes conduz a que o trabalhador concorde com as condições e propostas do empregador, na tentativa de garantir o seu emprego.

4.6. EMPREGADOS EXCLUÍDOS DA JORNADA LEGAL

Existem empregados que não se acham amparados pela limitação de jornada de oito horas/dia. Em outros termos, a eles não se aplica a restrição constitucional dos incisos IX (adicional noturno), XII (horas extras) e XVI (jornada semanal), do art. 7º da Constituição, o que, por certo aspecto, poderia ser tido como violação a dispositivo da Lei Fundamental. Entretanto, várias circunstâncias, sobretudo as condições especiais de trabalho, levaram a ser acolhido pela Constituição o art. 62 da CLT, que diz:

> Art. 62. Não são abrangidos pelo regime previsto neste capítulo:
>
> I – os empregados que exercem atividade externa incompatível com a fixação de horário de trabalho, devendo tal condição ser anotada na Carteira de Trabalho e Previdência Social e no registro de empregados;
>
> II – os gerentes, assim considerados os exercentes de cargos de gestão, aos quais se equiparam, para efeito do disposto neste artigo, os diretores e chefes de departamento ou filial;
>
> III – os empregados em regime de teletrabalho.
>
> Parágrafo único. O regime previsto neste capítulo será aplicável aos empregados mencionados no inciso II deste artigo, quando o salário do cargo de confiança, compreendendo a gratificação de função, se houver, for inferior ao valor do respectivo salário efetivo acrescido de 40% (quarenta por cento).

O artigo consolidado cuida de três figuras:

1) empregado exercente de atividade externa;
2) gerente ou assemelhado; e,
3) teletrabalhador.

O primeiro caso é o de trabalhadores cujo serviço não permite nenhum tipo de controle. Assim o caso do vendedor viajante, cuja condição, como a de qualquer outro abrangido por essa regra, deve expressamente estar consignada em sua CTPS.

Acreditamos que há formas de controle de jornada. A OJ n. 332 do TST consigna:

> OJ N. 332 – MOTORISTA. HORAS EXTRAS. ATIVIDADE EXTERNA. CONTROLE DE JORNADA POR TACÓGRAFO. RESOLUÇÃO N. 816/1986 DO CONTRAN – O tacógrafo, por si só, sem a existência de outros elementos, não serve para controlar a jornada de trabalho de empregado que exerce atividade externa.

Ora, esse precedente jurisprudencial sinaliza, claramente, que existem meios de controlar a atividade externa do empregado, que não seja o tacógrafo, o que significa, por corolário, a exclusão do benefício patronal do art. 62, I, da CLT, caso o empregado encontre elementos para provar o cumprimento de jornada extravagante.

Ainda assim, essa exclusão somente deve ser admitida se o empregado não receber gratificação superior a 40%, que corresponderá justamente a retribuir eventuais excessos de jornada ocorridos. Recebendo a gratificação, não terá direito a pagamento pelas horas extravagantes.

O art. 62 cuida, no n. II, da figura do gerente, que é o empregado ocupante de cargo de gestão, não se confundindo com cargo de confiança, que será examinado adiante, quando tratarmos da Súmula n. 102 do TST e da atividade bancária (v., adiante, n. 5.12.1).

Com efeito, gerente é aquele que possui poder de mando, podendo contratar, aplicar penalidades e dispensar empregados, efetuar compras e transações significativas em nome da empresa, obrigando-a, possuindo condições de decidir pelo empregador.

Quanto se cuida de gerente bancário, o TST, na Súmula n. 287, distinguiu o gerente de agência do gerente geral. Àquele, a regência da atividade é a do art. 244, § 2º, da CLT. A este, aplica-se o art. 62 consolidado, o que inclui, também, gratificação de no mínimo 40% do salário efetivo (art. 62, parágrafo único, da CLT). Diz a Súmula n. 287:

> SÚMULA N. 287 – JORNADA DE TRABALHO. GERENTE BANCÁRIO – A jornada de trabalho do empregado de banco gerente de agência é regida pelo art. 224, § 2º, da CLT. Quanto ao gerente-geral de agência bancária, presume-se o exercício de encargo de gestão, aplicando-se-lhe o art. 62 da CLT.

Por fim, o empregado em regime de teletrabalho, também conhecido como trabalho remoto ou a distância, foi objeto de exame no Capítulo VII, n. 1, desta Parte, acima.

4.7. SOBREAVISO

O sobreaviso é regime segundo o qual o empregado permanece, em sua residência, sem trabalhar, à disposição do empregador, para substituir quem falta ou para atender serviço não previsto, aguardando ser chamado, a qualquer momento. É tratado na CLT especificamente com relação ao serviço ferroviário, porém, acabou estendendo-se a uma multiplicidade de atividades. Veja-se o § 2º do art. 244 consolidado:

> § 2º Considera-se de sobreaviso o empregado efetivo, que permanecer em sua própria casa, aguardando a qualquer momento o chamado para o serviço. Cada escala de sobreaviso será, no máximo, de vinte e quatro horas. As horas de sobreaviso, para todos os efeitos, serão contadas à razão de 1/3 (um terço) do salário normal.

Uso de *bip* ou celular ou qualquer outro tipo de controle informatizado não é o bastante para caracterizar o sobreaviso, como refere a atual redação da Súmula n. 428 do TST:

> SÚMULA N. 428 – SOBREAVISO APLICAÇÃO ANALÓGICA DO ART. 244, § 2º DA CLT
>
> I – O uso de instrumentos telemáticos ou informatizados fornecidos pela empresa ao empregado, por si só, não caracteriza o regime de sobreaviso.
>
> II – Considera-se em sobreaviso o empregado que, à distância e submetido a controle patronal por instrumentos telemáticos ou informatizados, permanecer em regime de plantão ou equivalente, aguardando a qualquer momento o chamado para o serviço durante o período de descanso.

Como se verifica no item II transcrito acima, é a condição de submissão do trabalhador, a espera de qualquer chamado durante seu período de intervalo, em consonância, portanto, com o fato de ter sido cancelada a OJ n. 49, menos explicita quanto ao alcance do instituto.

Forçoso observar que, consignar que o empregado de sobreaviso deverá *permanecer em sua própria casa*, não significa dizer que este não possa sair, circular livremente nos lugares que desejar. Admitir o inverso seria praticamente colocá-lo em cárcere privado. O sentido do dispositivo legal é de que esteja, a qualquer momento do período designado, à disposição do empregador e com fácil e imediata localização e chegada ao local onde é solicitada sua presença.

Por outro lado, o adicional de periculosidade não é devido nas horas de sobreaviso, embora, se permanente, íntegre o cálculo da indenização e de horas extraordinárias. Assim a Súmula n. 132 do TST:

> SÚMULA N. 132 – ADICIONAL DE PERICULOSIDADE. INTEGRAÇÃO – I – O adicional de periculosidade, pago em caráter permanente, integra o cálculo de indenização e de horas extras. II – Durante as horas de sobreaviso, o empregado não se encontra em condições de risco, razão pela qual é incabível a integração do adicional de periculosidade sobre as mencionadas horas.

Dois pontos a observar: 1. O sobreaviso obedece a uma escala que deve ser de no máximo 24 horas; 2. As horas de sobreaviso são contadas a razão de 1/3 do salário normal. Ambas as regras estão na parte final do § 2º do art. 244 da CLT.

4.8. PRONTIDÃO

Dispõe o § 3º do art. 244 da CLT:

> § 3º Considera-se de "prontidão" o empregado que ficar nas dependências da estrada, aguardando ordens. A escala de prontidão será, no máximo, de doze horas. As horas de prontidão serão, para todos os efeitos, contadas à razão de 2/3 (dois terços) do salário-hora normal.

Com relação a esse, sua característica é a permanência do empregado no local de seu trabalho, sem desempenhar qualquer atividade para o empregador, terminado seu expediente regular, mas podendo, a qualquer momento, ser chamado para algum trabalho.

Ao contrário do sobreaviso, a escala de prontidão é de doze horas e as horas correspondentes são contadas à razão de 2/3 do salário normal.

4.9. TURNOS ININTERRUPTOS DE REVEZAMENTO

O turno ininterrupto de revezamento é tratado no art. 7º, XIV, da Constituição. Atende à atividade produtiva contínua da empresa, mas provoca desgaste físico ao empregado, que é biologicamente atingido. Pressupõe jornada de seis horas, revezando-se o trabalhador em sucessivas alterações de horário de trabalho, consoante escalas previamente elaboradas, para atender à atividade contínua da empresa, que não pode sofrer solução de continuidade.

Como é impossível um trabalhador prestar seu desforço físico em três turnos, o legislador adotou essa alternância, semanal, quinzenal ou mensal, diurno/noturno, total/parcial, tendo a Súmula n. 423 do TST admitido a possibilidade de ampliar a jornada de revezamento de seis para oito horas, pela via da negociação coletiva:

> SÚMULA N. 423 – TURNO ININTERRUPTO DE REVEZAMENTO. FIXAÇÃO DE JORNADA DE TRABALHO MEDIANTE NEGOCIAÇÃO COLETIVA. VALIDADE – Estabelecida jornada superior a seis horas e limitada a oito horas por meio de regular negociação coletiva, os empregados submetidos a turnos ininterruptos de revezamento não tem direito ao pagamento da 7ª e 8ª horas como extras.

Entendemos que se trata de uma providência altamente gravosa para o empregado já prejudicado com o turno ininterrupto de seis horas, e agora mais ainda com esse permissivo, que causará, certamente, danos à sua saúde, dificuldades no seu lazer, prejuízo ao relacionamento familiar e problemas com sua alimentação. Uma revisão nesse precedente jurisprudencial seria de bom alvitre ser realizada.

Por outro lado, o trabalhador em turno de revezamento tem direito a intervalo para repouso e alimentação e ao repouso semanal, de acordo com a Súmula 360 do TST:

> SÚMULA N. 360 – TURNOS ININTERRUPTOS DE REVEZAMENTO. INTERVALOS INTRAJORNADA E SEMANAL – A interrupção do trabalho destinada a repouso e alimentação, dentro de cada turno, ou o intervalo para repouso semanal, não descaracteriza o turno de revezamento com jornada de 6 (seis) horas previsto no art. 7º, XIV, da CF/1988.

Relativamente ao retorno do repouso semanal, a Súmula n. 110 do TST regula o tema da seguinte forma:

> SÚMULA N. 110 – JORNADA DE TRABALHO. INTERVALO – No regime de revezamento, as horas trabalhadas em seguida ao repouso semanal de 24 horas, com prejuízo do intervalo mínimo de 11 horas consecutivas para descanso entre jornadas, devem ser remuneradas como extraordinárias, inclusive com o respectivo adicional.

Especificamente quanto aos petroleiros, o TST fixou entendimento na Súmula n. 391, assim:

> SÚMULA N. 391 – PETROLEIROS. LEI N. 5.811/72. TURNO ININTERRUPTO DE REVEZAMENTO. HORAS EXTRAS E ALTERAÇÃO DA JORNADA PARA HORÁRIO FIXO
>
> I – A Lei n. 5.811/1972 foi recepcionada pela CF/1988 no que se refere à duração da jornada de trabalho em regime de revezamento dos petroleiros.
>
> II – A previsão contida no art. 10 da Lei n. 5.811/1972, possibilitando a mudança do regime de revezamento para horário fixo, constitui alteração lícita, não violando os arts. 468 da CLT e 7º, VI, da CF/1988.

Encontramos nesse rol a jornada conhecida como 12 x 36, que consiste em 12 horas de labor diário contínuo e na sequência 36 horas de descanso. É pratica habitual, mas não exclusiva, nos setores de saúde (hospitais, clínicas e pronto-socorros) e de vigilância, podendo decorrer de cláusula inserida em acordo coletivo ou convenção coletiva de trabalho, fruto de negociação coletiva. Observamos aqui a Súmula n. 444 do TST[511] que admite, em caráter excepcional, jornada de 12x36, considerando sem direito a receber adicional de sobrejornada pelas 11ª e 12ª horas.

---

(511) Súmula n. 444 – JORNADA DE TRABALHO. NORMA COLETIVA. LEI. ESCALA DE 12 POR 36. VALIDADE. É valida, em caráter excepcional, a jornada de doze horas de trabalho por trinta e seis de descanso, prevista em lei ou ajustada exclusivamente mediante acordo coletivo de trabalho ou convenção coletiva de trabalho, assegurada a remuneração em dobro dos feriados trabalhados. O empregado não tem direito ao pagamento de adicional referente ao labor prestado na décima primeira e décima segunda horas.

Em síntese, dada a complexidade do tema turnos ininterruptos de revezamento, podemos resumir seus traços mais importantes nos seguintes aspectos:

1. O empregado sempre trabalha em turnos alternados;
2. Trata-se de um sistema excepcional de compensação de jornada;
3. A jornada nesse sistema é sempre de seis horas (art. 7º, XIV, da Constituição);
4. Os casos de excesso de jornada somente são cabíveis em situações excepcionais e se houver prévia negociação coletiva (art. 7º, XXVI, da Constituição);
5. Sem negociação, turno de revezamento com jornada superior a seis horas dá direito a horas extras;
6. Se houver trabalho até a 8ª hora, aplica-se a Súmula n. 423 do TST, sendo indevidas as 7ª e 8ª hs;
7. Se houver trabalho acima de 8 h, observado o limite de 10 h do art. 59 da CLT, as 9ª e 10ª h são horas simples;
8. Se a jornada extrapolar da 8ª, e nas jornadas alternadas de 12x24, 12x36, 12x48 não haverá adicional de horas extras (Súmula n. 444 do TST) para as 11ª e 12ª h.
9. Se o turno de revezamento for de 24x96, mesmo havendo norma coletiva, por se tratar de jornada extenuante, colocando em risco a própria vida do trabalhador, serão devidas, como extras, todas as horas excedentes à 6ª e deve ser declarada nula, *ex officio* e incidentalmente, a cláusula em referência (art. 9º, CLT).

4.10. INTERVALOS

A jornada semanal de trabalho contempla três tipos específicos de intervalos: o intrajornada, o interjornada e pré-jornada suplementar, que é excepcional. Encontramos, ainda, o intervalo semanal, que é o repouso semanal remunerado, a ser tratado adiante (v., abaixo, n. 4.14).

O primeiro (intrajornada) é aquele que ocorre durante a jornada diária de trabalho, variando de acordo com a espécie de atividade desenvolvida, destinando-se a possibilitar a recuperação das energias do empregado para continuar o regular labor diário, e não sofre remuneração alguma.

A segunda (interjornada) ocorre entre a jornada de um dia e de outro, com duração certa de onze horas consecutivas, conforme o art. 66 da CLT, igualmente sem remuneração.

O terceiro (pré-jornada suplementar) era o intervalo objeto do art. 384 consolidado, revogado pela Lei n. 13.467/2017, aplicável somente quando ocorrer prorrogação de jornada para além dos limites de normalidade.

O intervalo semanal ou hebdomadário é o repouso ou descanso semanal remunerado, a ser apreciada em momento específico, e que se aplica aos feriados, conforme o art. 1º da Lei n. 605, de 05.01.1949:

> Art. 1º Todo empregado tem direito ao repouso semanal remunerado de vinte e quatro horas consecutivas, preferentemente aos domingos e, nos limites das exigências técnicas das empresas, nos feriados civis e religiosos, de acordo com a tradição local.

4.10.1. *Intervalo intrajornada*

O intervalo intrajornada é dividido, por Mauricio Godinho Delgado, em duas espécies: comum e especial(512). No primeiro, encontra-se aquele aplicável a todos os trabalhadores. No seguinte, apenas a determinadas categorias profissionais.

A CLT prevê o intervalo intrajornada regular de uma e duas horas quando a jornada de trabalho excede a seis horas (art. 71), e de quinze minutos para jornada de quatro horas a até seis horas de trabalho (§ 1º), intervalos esses que não são computados na duração diária do labor (§ 2º).

O limite mínimo de uma hora, de que trata o *caput* do art. 71, pode ser reduzido por ato do M.Tb., quando o local de trabalho possuir refeitórios, desde que os empregados não tenham prorrogação de horas suplementares (art. 71, § 3º, da CLT).

---

(512) DELGADO, M. G. *Curso... cit.* 11. ed., p. 902.

A matéria é regulada na Portaria n. 1.095, de 19.05.2010, cujo art. 1º dispõe:

> Art. 1º A redução do intervalo intrajornada de que trata o art. 71, § 3º, da Consolidação das Leis do Trabalho (CLT) poderá ser deferida por ato de autoridade do Ministério do Trabalho e Emprego quando prevista em convenção ou acordo coletivo de trabalho, desde que os estabelecimentos abrangidos pelo seu âmbito de incidência atendam integralmente às exigências concernentes à organização dos refeitórios, e quando os respectivos empregados não estiverem sob regime de trabalho prorrogado a horas suplementares.

Desse ato ministerial decorre aparente violação do princípio da liberdade sindical, porque atribui competência ao M.Tb. para reduzir o intervalo intrajornada se atendidas as exigências para organização de refeitórios e quanto à jornada dos empregados, dando como que um *aval* às normas coletivas negociadas.

A nova redação do § 4º do art. 71 trouxe mudanças no entendimento pretérito, na medida em que manda apenas que seja efetuado *o pagamento, de natureza indenizatória* [não remuneratória), *apenas do período suprimido, com acréscimo de 50% (cinquenta por cento) sobre o valor da remuneração da hora normal de trabalho*, e não mais do período integral.

Regra específica existe para atender serviços e condições especiais de trabalho (rodoviários de modo geral), conforme o § 5º do mesmo artigo:

> § 5º O intervalo expresso no *caput* poderá ser reduzido e/ou fracionado, e aquele estabelecido no § 1º poderá ser fracionado, quando compreendidos entre o término da primeira hora trabalhada e o início da última hora trabalhada, desde que previsto em convenção ou acordo coletivo de trabalho, ante a natureza do serviço e em virtude das condições especiais de trabalho a que são submetidos estritamente os motoristas, cobradores, fiscalização de campo e afins nos serviços de operação de veículos rodoviários, empregados no setor de transporte coletivo de passageiros, mantida a remuneração e concedidos intervalos para descanso menores ao final de cada viagem.

A novidade trazida pela reforma de 2017 está no art. 611-A que permite negociar, coletivamente, o intervalo intrajornada, respeitado o limite mínimo de trinta minutos para jornadas superiores a seis horas (inciso III). Essa disposição vai contra a posição adotada pelo TST, através da OJ n. 342, que, primeiro, veda a negociação para suprimir ou reduzir o intervalo em qualquer situação, diversamente da Portaria referida acima, e, segundo, excepciona apenas para condutores e cobradores de veículos rodoviários (transporte público coletivo urbano), na linha do § 5º do mesmo art. 71.

Algumas atividades específicas (mecanografia, frigoríficos, mineiros) possuem intervalo intrajornada diferenciado, conforme veremos adiante (v. n. 4.12, abaixo), ao exame da jornada de algumas delas.

Aspecto controverso, todavia, é o que respeita à ampliação desse intervalo, mediante negociação coletiva.

Em decorrência do previsto no inciso XXVI do art. 7º da Constituição, dada a prevalência do negociado sobre o legislado, deve ser admitida a possibilidade de, por via de acordo ou convenção coletiva de trabalho, ser aumentado o intervalo intrajornada para além de duas horas, desde que seja fixado o tempo exato a ser observado.

Chegamos, no passado a considerar a nulidade de cláusula convencional nesse sentido(513), porém, três fatores precisam ser considerados. Primeiro, a regra insculpida no art. 71, *caput,* da CL T, reporta-se à impossibilidade de redução e não de aumento do tempo de intervalo. Segundo, a própria Constituição prestigia a negociação coletiva o que importa na possibilidade dessa alteração. Terceiro, o aparente prejuízo ao trabalhador, impossibilidade de retornar a sua residência e, depois, voltar ao trabalho, v. g., considerando as dificuldades naturais do trânsito nas grandes cidades, é um argumento fático considerável, porém, não importa em violar sua dignidade, sua saúde ou seu valor enquanto ser humano. Trata-se de um problema de mobilidade humana e não significa que, necessariamente, o trabalhador, em horário de intervalo, tenha que retornar a sua residência. Pensamos que se trata de um argumento falacioso pretender impedir essa ampliação com esse fundamento. O que é indispensável, sim, é a fixação exata do novo período de intervalo.

Seguindo essa linha de raciocínio, mas em sentido inverso, como deveremos enfrentar a possibilidade de redução do dito intervalo, conforme preconizado pelo inciso III do art. 611-A? Pensamos, *data venia*, que esse

---

(513) Cf. Acórdão TRT 4ª T. RO 0000054-39.2012.5.08.0117, de 27.11.2012 (Siderúrgica Norte Brasil S/A e Translíder Ltda. VS. os mesmos e Ernandes Barbosa de Oliveira).

mecanismo, fruto da autonomia privada coletiva, atenderá igualmente às partes (trabalhador e empregador). Existem razões para admitir. Uma, ao ficar até duas horas sem poder, na realidade, se deslocar até sua residência, o tempo ocioso não resulta em nada de utilidade para o trabalhador. Assim, menor o intervalo, o obreiro poderá retornar a sua atividade. Duas, retomando mais cedo o trabalho, findo o intervalo, o empregado concluirá também mais cedo sua jornada diária. Então, se antes saia às 18 hs., poderá deixar o local até 1,30 hs antes, ou seja, às 16,30hs, e retornar ao convívio familiar ou desempenhar outras atividades de seu próprio interesse. Acreditamos que isso mais seja benéfico ao trabalhador do que o argumento, nem sempre realmente válido, de que repousará menos.

Então, considerando as possibilidades de ampliação (que continua viável) ou de redução (que é a novidade), pensamos que ambos os sistemas, que serão necessariamente negociados coletivamente, podem representar o atendimento às postulações dos interlocutores sociais.

4.10.2. *Intervalo interjornada*

Este intervalo é destinado para o empregado poder recuperar-se de um dia de trabalho. Entre duas jornadas, entre um e outro dia, por um período mínimo de onze horas consecutivas após o trabalho, o obreiro tem direito a descansar. É a regra do art. 66 da CLT:

> Art. 66. Entre 2 (duas) jornadas de trabalho haverá um período mínimo de 11 (onze) horas consecutivas para descanso.

A inexistência do intervalo dessas onze horas não resulta em pagamento de horas extravagantes, salvo se a jornada do obreiro se estender para além de oito horas diárias e pelas horas excedentes.

Na ocorrência de repouso semanal remunerado, o intervalo interjornada será de 35 horas porque, às onze horas deste devem ser acrescentadas as 24 horas do repouso.

4.10.3. *Intervalo pré-jornada suplementar*

A reforma introduzida na CLT pela Lei n. 13.467/2007 trouxe lamentável modificação em um importante direito do trabalhador, que era o referente ao intervalo previsto no art. 384 da CLT, relativo a quinze minutos de interrupção do trabalho, ao final da jornada regular, antes de iniciar a prestação de trabalho extraordinário. Destinava-se a proporcionar recuperação à mulher trabalhadora para retomar as atividades.

Um importante debate jurisprudencial e doutrinário travou-se após a entrada em vigor da Constituição de 1988, acerca do alcance da regra contida nesse dispositivo consolidado, que estava assim redigido:

> Art. 384. Em caso de prorrogação do horário normal, será obrigatório um descanso de 15 (quinze) minutos no mínimo, antes do início do período extraordinário do trabalho.

Fazia parte do capítulo III da CLT que é o que cuida da proteção do trabalho da mulher. Cogitava-se saber se teria ou não sido recepcionado pelo texto constitucional em vigor, porquanto previa a concessão desse intervalo intrajornada antes do início do cumprimento de horas extraordinárias apenas para as mulheres, e, se, em sendo compatível com a Constituição, poderia ser aplicado sem distinção de sexo.

É certo que se estendia ao menor, independentemente de sexo, por força do art. 413, parágrafo único, da CLT, mas, com a sua revogação, também os menores perderam esse direito, por ter sido revogada a remissão feita pelo parágrafo único referido.

Em exame na Suprema Corte, desde setembro de 2011, objetivando discutir a recepção desse dispositivo pela Constituição em vigor, considerando os preceitos contidos nos arts. 5º, I, e 7º, XXX, pretendendo sua aplicação também aos homens, sendo relator o Min. Dias Toffoli, foi julgado em novembro de 2014, tendo sido assentada sua aplicação apenas às mulheres, com repercussão geral. Veja-se a ementa do aresto, cuja decisão foi tomada à maioria:

> Recurso extraordinário. Repercussão geral reconhecida. Direito do Trabalho e Constitucional. Recepção do art. 384 da Consolidação das Leis do Trabalho pela Constituição Federal de 1988. Constitucionalidade do intervalo de 15 minutos para mulheres trabalhadoras antes da jornada extraordinária. Ausência de ofensa ao princípio da isonomia. Mantida a decisão do Tribunal Superior do Trabalho. Recurso não provido. 1. O assunto corresponde ao Tema n. 528 da Gestão

por Temas da Repercussão Geral do portal do Supremo Tribunal Federal na internet. 2. O princípio da igualdade não é absoluto, sendo mister a verificação da correlação lógica entre a situação de discriminação apresentada e a razão do tratamento desigual. 3. A Constituição Federal de 1988 utilizou-se de alguns critérios para um tratamento diferenciado entre homens e mulheres: i) em primeiro lugar, levou em consideração a histórica exclusão da mulher do mercado regular de trabalho e impôs ao Estado a obrigação de implantar políticas públicas, administrativas e/ou legislativas de natureza protetora no âmbito do direito do trabalho; ii) considerou existir um componente orgânico a justificar o tratamento diferenciado, em virtude da menor resistência física da mulher; e iii) observou um componente social, pelo fato de ser comum o acúmulo pela mulher de atividades no lar e no ambiente de trabalho – o que é uma realidade e, portanto, deve ser levado em consideração na interpretação da norma. 4. Esses parâmetros constitucionais são legitimadores de um tratamento diferenciado desde que esse sirva, como na hipótese, para ampliar os direitos fundamentais sociais e que se observe a proporcionalidade na compensação das diferenças. 5. Recurso extraordinário não provido, com a fixação das teses jurídicas de que o art. 384 da CLT foi recepcionado pela Constituição Federal de 1988 e de que a norma se aplica a todas as mulheres trabalhadoras(514).

Apesar dessa decisão e da repercussão geral adotada, podia ser identificada a existência de três correntes acerca da validade e do alcance do art. 384 consolidado. Uma sustentava sua recepção pelo novo Texto Maior, tal como se achava redigida a norma da CLT. Outra entendia que teria ocorrido sua revogação tácita, ante à incompatibilidade com os arts. 5º, I, e 7º, XXX, constitucionais. A terceira defendia que a previsão legal subsistiria e deveria ser interpretada de forma abrangente, não discriminatória, válida para ambos os sexos de trabalhadores.

Agora, no entanto, a regra não existe mais na lei brasileira, logo, nem mulher, nem menor, nem homem têm direito a esse intervalo. A jornada extravagante simples será prorrogada de forma direta ao término da jornada regular, o que é lamentável. O debate acerca de quem tem direito a esse benefício tornou-se desnecessário. Espera-se, todavia, que, pela via da negociação coletiva, agora com tratamento mais amplo e pleno apoio e incentivo legais, possa ser incluído em normas coletivas.

Em edições anteriores, trouxemos as diversas correntes sobre esse assunto, e, afim de subsidiar futuras intenções legislativas ou negociadas, as conservamos, como indicativo para auxiliar no convencimento de eventuais interessados.

4.10.3.1. *Recepção pela constituição*

A primeira corrente doutrinária entende que a regra do revogado art. 384 foi recepcionada pela Constituição de 1988 e continua sendo aplicada apenas às mulheres. Ensina Amauri Mascaro Nascimento que,

> se da mulher forem exigidas horas extraordinárias, para compensação ou em se tratando de força maior, será obrigatório intervalo de 15 minutos entre o fim da jornada normal e o início das horas suplementares (CLT, art. 384)(515).

Seguindo a mesma linha, Octavio Bueno Magano chamou de *descanso peculiar ao trabalho feminino... o previsto no art. 384 da CLT*(516). E, Lima Teixeira Filho, referindo-se aos períodos de descanso da mulher, observa que,

> além de se aplicarem à mulher trabalhadora as normas gerais que estabelecem intervalo mínimo de 11 horas entre duas jornadas de trabalho..., a Consolidação determina que, na hipótese de prorrogação do horário normal, seja obrigatório um descanso de 15 minutos, no mínimo, antes do inicio do período extraordinário de trabalho(517).

Trata-se do entendimento que vinha prevalecendo na jurisprudência do TST e igualmente pelo STF. Ao afastar incidente de inconstitucionalidade suscitado, o Pleno daquela Corte, em voto do Min. Ives Gandra Martins Filho, assentou:

---

(514) Trata-se do RE 658.312-SC, ajuizado a 21.9.2011 (A. Angeloni & Cia.Ltda vs. Rode Keilla Tonete da Silva. Am. Curiae. :Associação Brasileira dos Supermercados – ABRAS e Federação Brasileira dos Bancos – FEBRABAN). Rel.: Min. Dias Toffoli. Disponível em: <http://www.stf.jus.br/portal/processo/verProcessoAndamento.asp?incidente=4145394>. Acesso em: 27.07.2015.

(515) NASCIMENTO, A. M. *Curso*... cit., 24. ed., p. 711. No mesmo sentido: SAAD, E. G. *Comentários*... cit., p. 266.

(516) MAGANO, O. B. *Manual*... cit. *(IV)*. São Paulo: LTr, 1986. p. 103.

(517) SÜSSEKIND, A. L. *et alii*. *Instituições*... cit. (II). 21. ed., p. 982.

MULHER – INTERVALO DE 15 MINUTOS ANTES DE LABOR EM SOBREJORNADA – CONSTITUCIONALIDADE DO ART. 384 DA CLT EM FACE DO ART. 5º, I, DA CF.

1. O art. 384 da CLT impõe intervalo de 15 minutos antes de se começar a prestação de horas extras pela trabalhadora mulher. Pretende-se sua não recepção pela Constituição Federal, dada a plena igualdade de direitos e obrigações entre homens e mulheres decantada pela Carta Política de 1988 (art. 5º, I), como conquista feminina no campo jurídico.

2. A igualdade jurídica e intelectual entre homens e mulheres não afasta a natural diferenciação fisiológica e psicológica dos sexos, não escapando ao senso comum a patente diferença de compleição física entre homens e mulheres. Analisando o art. 384 da CLT em seu contexto, verifica-se que se trata de norma legal inserida no capítulo que cuida da proteção do trabalho da mulher e que, versando sobre intervalo intrajornada, possui natureza de norma afeta à medicina e segurança do trabalho, infensa à negociação coletiva, dada a sua indisponibilidade (cfr. Orientação Jurisprudencial 342 da SBDI-1 do TST).

3. O maior desgaste natural da mulher trabalhadora não foi desconsiderado pelo Constituinte de 1988, que garantiu diferentes condições para a obtenção da aposentadoria, com menos idade e tempo de contribuição previdenciária para as mulheres (CF, art. 201, § 7º, I e II). A própria diferenciação temporal da licença-maternidade e paternidade (CF, art. 7º, XVIII e XIX; ADCT, art. 10, § 1º) deixa claro que o desgaste físico efetivo é da maternidade. A praxe generalizada, ademais, é a de se postergar o gozo da licença-maternidade para depois do parto, o que leva a mulher, nos meses finais da gestação, a um desgaste físico cada vez maior, o que justifica o tratamento diferenciado em termos de jornada de trabalho e período de descanso.

4. Não é demais lembrar que as mulheres que trabalham fora do lar estão sujeitas a dupla jornada de trabalho, pois ainda realizam as atividades domésticas quando retornam à casa. Por mais que se dividam as tarefas domésticas entre o casal, o peso maior da administração da casa e da educação dos filhos acaba recaindo sobre a mulher.

5. Nesse diapasão, levando-se em consideração a máxima albergada pelo princípio da isonomia, de tratar desigualmente os desiguais na medida das suas desigualdades, ao ônus da dupla missão, familiar e profissional, que desempenha a mulher trabalhadora corresponde o bônus da jubilação antecipada e da concessão de vantagens específicas, em função de suas circunstâncias próprias, como é o caso do intervalo de 15 minutos antes de iniciar uma jornada extraordinária, sendo de se rejeitar a pretensa inconstitucionalidade do art. 384 da CLT.

Incidente de inconstitucionalidade em recurso de revista rejeitado[518].

4.10.3.2. *Pela revogação*

A segunda forma de interpretação da condição prevista no antigo art. 384 ante a Constituição de 1988 é no sentido da sua revogação.

Sérgio Pinto Martins escreve que:

o preceito em comentário conflita com o inciso I do art. 5º da Constituição, em que homens e mulheres são iguais em direitos e obrigações. Não há tal descanso para o homem. Quanto à mulher, tal preceito mostra-se discriminatório, pois o empregador pode preferir a contratação de homens, em vez de mulheres, para o caso de prorrogação do horário normal, pois não precisará conceder o intervalo de 15 minutos para prorrogar a jornada de trabalho da mulher[519].

(518) Proc. TST-IIN-RR-1.540/2005-046-12-00.5, de 17.11.2008 (Comércio e Indústria Breithaupt S.A. vs. Simone de Fátima Vaz de Jesus Junkes). Rel.: Min Ives Gandra da Silva Martins Filho. Disponível em: <http://aplicacao5.tst.jus.br/consultaunificada2/inteiroTeor.do?action=printInteiroTeor&format=html&highlight=true&númeroFormatado=RR – 154000-83.2005.5.12.0046&base=acordao&rowid=AAANGhAAFAAApBLAAW&dataPublicacao=13/02/2009&query=inconstitucionalidade do art. 384 da clt>. Acesso em: 18 abr. 2014. No mesmo sentido: Processo: RR – 706-71.2010.5.04.0009 Data de Julgamento: 28.11.2012, Relatora Ministra: Dora Maria da Costa, 8ª Turma, Data de Publicação: DEJT 30.11.2012; Processo: RR – 326-16.2011.5.10.0019 Data de Julgamento: 28.11.2012, Relatora Ministra: Dora Maria da Costa, 8ª Turma, Data de Publicação: DEJT 30.11.2012; Processo: RR – 710-17.2010.5.12.0032 Data de Julgamento: 28/11/2012, Relator Ministro: João Batista Brito Pereira, 5ª Turma, Data de Publicação: DEJT 30.11.2012.

(519) MARTINS, S. P. *Comentários à CLT*. 4. ed. São Paulo: Atlas, 2001. p. 307-8.

Entendimento similar tem Alice Monteiro de Barros, na sua tese doutoral, onde sustenta:

> *considerando que é um dever do estudioso do direito contribuir para o desenvolvimento de uma normativa que esteja em harmonia com a realidade social, propomos a revogação expressa do art. 376 da CLT, por traduzir um obstáculo legal que impede o acesso igualitário da mulher no mercado de trabalho. Em consequência, deverá também ser revogado o art. 384 da CLT, que prevê descanso especial para a mulher, na hipótese de prorrogação de jornada. Ambos os dispositivos conflitam com os arts. 5º, I, e 7º, XXX, da Constituição Federal*(520).

Mauricio Godinho Delgado é enfático ao assinalar, a respeito da impossibilidade de se reconhecer a desigualdade entre homem e mulher, que

> a Constituição de 1988, ..., firmemente, eliminou do Direito brasileiro qualquer prática discriminatória que contra a mulher no contexto empregatício – ou que lhe pudesse restringir o mercado de trabalho –, ainda que justificada a prática jurídica pelo fundamento da proteção e da tutela(521).

Com efeito, a jurisprudência dos Tribunais Regionais tem adotado posicionamento no sentido de que o art. 384 não se aplicava porquanto não recepcionado pela Constituição(522). Ademais, a jurisprudência do TST, conquanto predominante a corrente no sentido de que a regra persiste apenas para mulheres, possui vozes discordantes, como a do Min. Aloysio da Veiga, no aresto abaixo transcrito:

> RECURSO DE REVISTA. EMPREGADA BANCÁRIA. CONSTITUCIONALIDADE DO ART. 384 DA CLT. ART. 5º, I, DA CF. IGUALDADE ENTRE HOMENS E MULHERES. O art. 384 da CLT contempla a concessão de quinze minutos de intervalo à mulher, no caso de prorrogação da jornada, antes de iniciar o trabalho extraordinário. O tratamento especial, previsto na legislação infraconstitucional não foi recepcionado pela Constituição Federal ao consagrar no inciso I do art. 5º, que homens e mulheres "são iguais em direitos e obrigações". Tal dispositivo apenas viabiliza de direitos diferenciados quando, efetivamente, houver necessidade da distinção, que apenas se viabiliza em razão de ordem biológica, não podendo ser admitida a diferenciação apenas em razão do sexo, sob pena de se estimular discriminação no trabalho entre iguais. Recurso de revista conhecido e provido.(523)

4.10.3.3. Aplicação abrangente

Por fim, a terceira corrente doutrinária e jurisprudencial: a regra do revogado art. 384 deveria ser aplicada, indistintamente, a homens e mulheres.

---

(520) BARROS, A. M. de. *A Mulher e o Direito do Trabalho*... cit., p. 479. No mesmo sentido é o entendimento de Estevão Mallet (*in O princípio constitucional da igualdade e trabalho da mulher. In:* FRANCO FILHO, G. de S. (coord.). *Trabalho da Mulher*... cit., p. 157).

(521) DELGADO, M. G. *Curso*... cit., 11. ed., p. 759.

(522) Assim, v. g., o TRT da 3ª Região: *TRABALHO DA MULHER. ARTIGO 384 DA CLT. INTERVALO PARA DESCANSO. DISPOSITIVO NÃO RECEPCIONADO PELA CONSTITUIÇÃO. Em consequência da revogação expressa do art. 376 da CLT, pela Lei n. 10.244, de junho de 2001, está também revogado, tacitamente, o art. 384 da CLT, que prevê descanso de quinze minutos, no mínimo, para a mulher, na hipótese de prorrogação de jornada. Ambos dispositivos conflitavam, sem dúvida, com o art. 5º, I, da Constituição da República: "homens e mulheres são iguais em direitos e obrigações, nos termos desta Constituição". Não está recepcionado o artigo 384 da CLT pelo preceito constitucional. A diferença entre homens e mulheres não traduz fundamento para tratamento diferenciado, salvo em condições especiais, como a maternidade. O intervalo do art. 384 só seria possível à mulher se houvesse idêntica disposição para trabalhadores do sexo masculino. A pretensão almejada pelo art. 384 da CLT poderia caracterizar um obstáculo à contratação de mulheres, na medida em que o empregador deveria certamente admitir homens, pois não teria obrigação de conceder aquele descanso, que é feminino. Logo, o que seria uma norma protetiva, acabaria por se tornar um motivo para preterição.* (RO 0177900-84.2009.5.03.0053 – Relatora: Alice Monteiro de Barros, DJ 24.06.2010).

Idêntica posição adotou o TRT da 9ª Região: *INTERVALO PREVISTO NO ART. 384, DA CLT – INAPLICÁVEL. Não se aplica o art. 384, da CLT, haja vista não ter sido recepcionado pela Constituição Federal de 1988. Sob pena de violação ao princípio da isonomia, reforma-se a sentença primária para excluir da condenação o pagamento de 15 minutos diários a título de horas extras e seus reflexos, por inobservância do artigo 384 da CLT. Sentença que se mantém.* (TRT-PR-31106-2008-651-09-00-3 – Relator: Sérgio Murilo Rodrigues Lemos).

(523) Proc. n. TST-RR-1458/2004-033-15-40.1, de 29.10.2008, (Banco Nossa Caixa S.A. vs.Elza Garcia de Lima. Rel.: Min. Aloysio Corrêa da Veiga. Disponível em: <http://aplicacao5.tst.jus.br/consultaunificada2/inteiroTeor.do?action=printInteiroTeor&format=html&highlight=true&númeroFormatado=RR – 145840-61.2004.5.15.0033&base=acordao&rowid=AAANGhAAFAAAoaTAAG&dataPublicacao=14/11/2008&query=intervalo do art. 384 da clt>. Acesso em: 18 abr. 2014.

Com efeito, antes mesmo de a Constituição de 1988 iniciar sua vigência, Mozart Victor Russomano escreveu, nos seus clássicos *Comentários*, que:

> *será, finalmente, possível – com boas razões – aproveitar-se a regra do art. 384 para confrontá-la, sucessivamente, com os arts. 5º, 61 e 71, § 1º, desta Consolidação a fim de reforçar nessa interpretação, acima referida, de que esse intervalo para descanso pode ser devido em qualquer caso de prorrogação do serviço de qualquer trabalhador, sempre que tal prorrogação determinar sua permanência em atividade por mais de quatro horas consecutivas*[524].

Esse modo de pensar, após o Texto de 1988, foi se solidificando em boa parte da doutrina brasileira, e a magistratura trabalhista brasileira, reunida na *I Jornada de Direito Material e Processual na Justiça do Trabalho*, a 23.11.2007, consignou ementa pelo alcance abrangente para homens e mulheres da regra do art. 384, adotando o Enunciado n. 22, que contempla:

> ENUNCIADO N. 22 – ART. 384 DA CLT. NORMA DE ORDEM PÚBLICA. RECEPÇÃO PELA CF DE 1988. Constitui norma de ordem pública que prestigia a prevenção de acidentes de trabalho (CF, 7º, XXII) e foi recepcionada pela Constituição Federal, em interpretação conforme (art. 5º, I, e 7º, XXX), para os trabalhadores de ambos os sexos.

A esse enunciado reportam-se Francisco Jorge Neto e Jouberto Cavalcante, embora não se posicionem claramente sobre o tema[525], e, Francisco José Monteiro Junior, entendendo que se trata da mais adequada interpretação do dispositivo consolidado em consonância com os preceitos constitucionais, arremata afirmando que isso se deve *em observância e prestígio ao princípio da isonomia (art. 5º, I, da Carta Maior), pouco importando se tratar de homem ou mulher*[526].

Finalmente, Luciano Martinez acentua ser mais razoável se adotar essa interpretação mais abrangente inclusive em observância ao princípio constitucional que veda discriminação em razão de sexo[527].

4.10.3.4. A solução mais ideal

Com efeito, levando em consideração que o Texto Fundamental reconhece, de um lado, a impossibilidade de efetuar qualquer discriminação entre os seres humanos por razão de sexo (art. 5º, I), e tendo o comando fixado no art. 7º, XXX, segundo o qual ficou consagrada a *proibição de diferença de salários, de exercício de funções e de critério de admissão por motivo de sexo, idade, cor ou estado civil*, a primeira impressão seria a de considerar não recepcionado o art. 384 da CLT.

E assim poderia ser inclusive pelos precedentes decorrentes da Lei n. 7.855, de 24.10.1989, que revogou os arts. 374, 375, 378 a 380 da CLT, e da Lei n. 10.244, de 27.06.2001, revogadora do art. 376 consolidado, sempre objetivando afastar a discriminação existente.

Revogar, no entanto, o art. 384 da CLT, porém, importou em prejudicar o trabalhador, causando-lhe danos à saúde, como acabou acontecendo com a Lei n. 13.467/2017.

Deveria, então, o dispositivo ser mantido. Todavia, em que pesem os respeitáveis argumentos dos defensores da sua conservação e de sua aplicação limitada, é inegável a discriminação, daí é que a derradeira corrente, que chamamos de ampliativa, é a que deveria prevalecer.

Ora, o art. 71 e seu § 1º da CLT reconhecem intervalos intrajornadas, a que o trabalhador tem direito caso desenvolva atividades quatro, seis ou mais horas, até, evidente, o limite de oito horas/dia. É a seguinte a redação:

> Art. 71. Em qualquer trabalho contínuo, cuja duração exceda de 6 (seis) horas, é obrigatória a concessão de um intervalo para repouso ou alimentação, o qual será, no mínimo, de 1 (uma) hora e, salvo acordo escrito ou contrato coletivo em contrário, não poderá exceder de 2 (duas) horas.

---

(524) RUSSOMANO, M. V. *Comentários à CLT*, cit., p. 358.

(525) JORGE NETO, F. F. & CAVALCANTE, J. de Q. P. *Direito do trabalho*, cit., p. 684.

(526) MONTEIRO JUNIOR, F. J. *Art. cit. In:* FRANCO FILHO, G. de S. (coord.). *Ob. cit.*, p. 176.

(527) MARTINEZ, L. *Curso*... cit., p. 572-3.

§ 1º Não excedendo de 6 (seis) horas o trabalho, será, entretanto, obrigatório um intervalo de 15 (quinze) minutos quando a duração ultrapassar 4 (quatro) horas.

O dispositivo é aplicável a todo o empregado, pouco importando o sexo a que pertence. Trata-se de providência destinada a recompor as condições físicas do trabalhador, depois de um determinado período continuado de atividades. Destinam-se a refeição, descanso, momentos de lazer. Ademais, não se olvide que existem, *v. g.*, casos de intervalos a cada noventa minutos de trabalho, como a previsão para os que trabalham em mecanografia e digitação (art. 72 da CLT).

Outro dado acresce favoravelmente à corrente que defendia a recepção do revogado art. 384 pela Constituição, com sua aplicação alargando também aos homens. É que, desde 28.02.1967, o art. 413 da CLT teve incluído, pelo Decreto-lei n. 229, parágrafo único, que mandou aplicar a regra antes exclusivamente feminina, também à hipótese de prorrogação da jornada de trabalho do menor.

Destarte, não há razão plausível que exclua o trabalhador do sexo masculino do mesmo direito que possui a empregada mulher e o trabalhador menor.

O dispositivo consolidado é recomendável, em nome da higidez do trabalhador, a fim de fazê-lo ajudar a recuperar-se da fadiga, especialmente porque estará iniciando o cumprimento de uma jornada de trabalho excedente, superior à regular, que deveria ser evitada, bastando que se contratasse mais mão de obra, não significando o acréscimo percentual do valor da hora que, com isso, o empregado tenha tido reduzido seu cansaço físico.

Em conclusão, deveria ser entendido que o art. 384 da CLT foi recepcionado pela Constituição em vigor, devendo ser aplicado para todos os trabalhadores, independentemente de sexo, embora não seja, lamentavelmente, a posição consagrada pela Suprema Corte brasileira. Lamentavelmente, porém, o legislador reformista acabou por simplesmente eliminá-lo do mundo do Direito do Trabalho, em prejudicial retrocesso à proteção da saúde do trabalhador.

4.10.4. Outros intervalos

Além dos intervalos mais frequentes que referimos acima, existem alguns outros específicos para situações determinadas, a saber: intervalo para recuperação térmica, intervalo para trabalhadores em minas de subsolo e intervalo em serviços de mecanografia e digitação, que veremos a seguir.

4.10.4.1. Intervalo para recuperação térmica

O intervalo para recuperação térmica, ou simplesmente intervalo térmico, está previsto no art. 253 da CLT:

> Art. 253 – Para os empregados que trabalham no interior das câmaras frigoríficas e para os que movimentam mercadorias do ambiente quente ou normal para o frio e vice-versa, depois de 1 (uma) hora e 40 (quarenta) minutos de trabalho contínuo, será assegurado um período de 20 (vinte) minutos de repouso, computado esse intervalo como de trabalho efetivo.
>
> Parágrafo único – Considera-se artificialmente frio, para os fins do presente artigo, o que for inferior, nas primeiras, segundas e terceiras zonas climáticas do mapa oficial do Ministério do Trabalho, Indústria e Comércio, a 15º (quinze graus), na quarta zona a 12º (doze graus), e nas quinta, sexta e sétima zonas a 10º (dez graus).

Esse intervalo é um momento de interrupção do contrato de trabalho, significando que é computável ao tempo de trabalho efetivo.

Deve ser considerado esse intervalo também para o trabalho contínuo em ambientes artificialmente frios, nos termos da Súmula n. 438 do TST:

> Súmula n. 438 – INTERVALO PARA RECUPERAÇÃO TÉRMICA DO EMPREGADO. AMBIENTE ARTIFICIALMENTE FRIO. HORAS EXTRAS. ART. 253 DA CLT. APLICAÇÃO ANALÓGICA – O empregado submetido a trabalho contínuo em ambiente artificialmente frio, nos termos do parágrafo único do art. 253 da CLT, ainda que não labore em câmara frigorífica, tem direito ao intervalo intrajornada previsto no *caput* do art. 253 da CLT.

4.10.4.2. Intervalo em minas de subsolo

Aqueles que trabalham em minas de subsolo podem interromper seu trabalho por quinze minutos a cada período de três horas consecutivas, conforme o comando do art. 298 consolidado.

4.10.4.3. *Intervalo de mecanografia e digitação*

Outro intervalo que a CLT contempla é aquele destinado aos que trabalham em mecanografia, que abrange serviços de datilografia, escrituração ou cálculo. A cada noventa minutos, esses trabalhadores têm direito de interromper por dez minutos as suas tarefas para repouso, conforme o art. 72 da CLT.

É impossível, hodiernamente, interpretar restritivamente o dispositivo consolidado. Por isso, bem andou o TST ao editar a Súmula n. 346, equiparando aos trabalhadores referidos na CLT os digitadores, e determinando a aplicação analógica do art. 72 em apreço a esses profissionais, que, como sabido, substituíram os antigos datilógrafos. O enunciado é o seguinte:

> Súmula n. 346 do TST – DIGITADOR. INTERVALOS INTRAJORNADA. APLICAÇÃO ANALÓGICA DO ART. 72 DA CLT – Os digitadores, por aplicação analógica do art. 72 da CLT, equiparam-se aos trabalhadores nos serviços de mecanografia (datilografia, escrituração ou cálculo), razão pela qual têm direito a intervalos de descanso de 10 (dez) minutos a cada 90 (noventa) de trabalho consecutivo.

4.10.4.4. *Intervalo especial do rurícola*

No trabalho rural, no campo, o Estatuto do Trabalhador Rural (Lei n. 5.889/1973), em seu art. 13, determina que, *nos locais de trabalho rural serão observadas as normas de segurança e higiene estabelecidas em portaria do Ministério do Trabalho e Previdência Social*.

A Constituição de 1988, no art. 7º, XII, prega a *redução dos riscos inerentes ao trabalho, por meio de normas de saúde, higiene e segurança*. Ou seja, a própria Lei Fundamental renova a imperiosidade da presença da saúde, higiene e segurança do trabalhador para garantir-lhe melhor condição de vida.

Situados esses dois aspectos, o M.Tb. editou a Portaria n. 86, de 3 de março de 2005, aprovando a NR n. 31, que trata de segurança e saúde no trabalho na agricultura, pecuária, silvicultura, exploração florestal e aquicultura.

De acordo com essa NR, deverá haver uma pausa para descanso do trabalhador rural, em atividades que forem realizadas em pé (n. 31.10.7) ou que exijam sobrecarga muscular estática ou dinâmica (n. 31.10.9).

Essa *pausa* nada mais é que um intervalo específico (trabalho em pé ou com sobrecarga muscular), mas não existe nenhuma previsão legal expressa para fixar sua duração.

É certo que o art. 5º da Lei n. 5.889/1973 contempla intervalo para repouso ou alimentação em caso de jornada superior a seis horas (intervalo intrajornada) e de onze horas entre um dia e outro de trabalho (intervalo interjornada), mas não se confunde com essa pausa específica. A essa nova interrupção, é omisso o Estatuto do Trabalhador Rural.

Conforme dispõe o art. 4º, da LINDB, *quando a lei for omissa, o juiz decidirá o caso de acordo com a analogia, os costumes e os princípios gerais de direito*. À norma brasileira de super-direito se agrega o art. 8º da CLT, que determina que tanto as autoridades administrativas como o Judiciário trabalhista, na omissão da lei ou das normas negociadas (convenção ou acordo coletivo de trabalho), decidam o caso conforme a jurisprudência, analogia, equidade, princípios gerais de direito, especialmente os de Direito do Trabalho, usos e costume e direito comparado. Em outras palavras, o legislador consolidado facultou ao Auditor-Fiscal do MTE, em sua missão fiscalizadora, e ao magistrado trabalhista, na sua tarefa de julgador, sempre que omissa a lei, a aplicação de qualquer das regras de interpretação da norma, desde que encontre uma solução justa à demanda, suprindo a omissão legislativa.

Ora, o art. 72 da CLT dispõe que:

> Art. 72 – nos serviços permanentes de mecanografia (datilografia, escrituração ou cálculo), a cada período de 90 (noventa) minutos de trabalho consecutivo corresponderá um repouso de 10 (dez) minutos não deduzidos da duração normal de trabalho.

Aplica-se, também, ao trabalho de digitação, conforme assinalado acima, até porque, hoje, são raros os casos de tarefa que envolva datilografia. Mas não se cogitou de aplicar a outras áreas.

Embora estejamos diante de situações diversas (trabalho de mecanografia ou digitação, de um lado, e trabalho rural de outro), é certo que a NR-31 criou uma situação singular e que precisava de uma solução.

Por isso, a jurisprudência, por analogia, passou a aplicar a regra do intervalo do art. 72 da CLT ao trabalhador rural, que desenvolve atividades em pé ou quando lhe for exigida sobrecarga muscular estática ou dinâmica.

Com efeito, o rurícola nessas condições de atividade tem direito a intervalo de 10 minutos após cada período de 90 minutos de trabalho consecutivo. Esse tem sido o entendimento do TST (Proc. 3ª T. TST-RR-1970-36.2014.5.09.0562, de 25.05.2016, Rel. Min. Maurício Godinho Delgado) e também dos tribunais regionais, como o do TRT da 8ª Região (Proc. TRT-8ª/4ª T./RO 0003050-11.2015.5.08.0115 15).

4.11. HORÁRIO *IN ITINERE*

O tempo de deslocamento do trabalhador, de sua residência até o local de trabalho de difícil acesso ou não servido por transporte público regular e o retorno respectivo é computável na jornada de trabalho. Trata-se do horário *in itinere*. Era assim um antigo precedente jurisprudencial do TST, constante da Súmula n. 90 e com outras regras através da Súmula n. 320. A matéria estava absolutamente pacificada com o § 2º do art. 58 da CLT registrando, então, com acréscimo efetuado pela Lei n. 10.243/01:

> § 2º – O tempo despendido pelo empregado até o local de trabalho e para o seu retorno, por qualquer meio de transporte, não será computado na jornada de trabalho, salvo quando, tratando-se de local de difícil acesso ou não servido por transporte público, o empregador fornecer a condução".

A nova redação do dispositivo em apreço, trazida pela Lei n. 13.467/2017, dispõe:

> § 2º – O tempo despendido pelo empregado desde a sua residência até a efetiva ocupação do posto de trabalho e para o seu retorno, caminhando ou por qualquer meio de transporte, inclusive o fornecido pelo empregador, não será computado na jornada de trabalho, por não ser tempo à disposição do empregador.

Modificou-se completamente a figura do tempo *in itinere*, tratado no direito anterior, e a novidade não é apenas a exclusão desse período de deslocamento. Vai muito mais além.

O ponto de partida permanece: a residência do empregado. Mudou o destino. Antes era *o local de trabalho*, ou seja, em uma empresa que funcione em vários galpões, ocupando grande espaço, o horário *in itinere* terminaria quando o empregado, à entrada da firma, marcasse seu ponto, e, a partir daí, estaria em jornada normal. Agora, não mais. O tempo *in itinere* não computa para nada, e a jornada de trabalho (tempo à disposição do empregador) somente terá inicio no momento exato em que o empregado chegar a seu *posto de trabalho*. No exemplo acima: quando chegar no galpão onde trabalha e, provavelmente, a partir do momento em que, no efetivo local da prestação de trabalho, registrar seu ponto.

Entendemos, corolário dessa mudança, que deve ser revogada a Súmula n. 429 do TST que dispõe:

> Súmula n. 429 – Tempo à disposição do empregador. Art. 4º da CLT. Período de deslocamento entre a portaria e o local de trabalho – Considera-se à disposição do empregador, na forma do art. 4º da CLT, o tempo necessário ao deslocamento do trabalhador entre a portaria da empresa e o local de trabalho, desde que supere o limite de 10 (dez) minutos diários.

Deve ser assim porque a regra atual refere expressamente o *posto de trabalho* e não *local de trabalho*.

Outro ponto é que não importa seja o local de trabalho de difícil acesso, seja não servido por transporte público regular, forneça ou não o empregador transporte para o trecho a ser percorrido para o deslocamento do obreiro total ou parcialmente. De acordo com o novo regramento, a forma de deslocamento é irrelevante. Simplesmente não fará parte da jornada de trabalho, ainda que seja caminhando ou por qualquer meio de transporte, como está expresso no novo § 2º do art. 58 da CLT.

Com essa providência legislativa, que modificou a lei vigente, haverá significativa perda para o trabalhador, considerando, sobretudo, os locais de trabalho cujo acesso seja efetivamente difícil. Esse tipo de local é frequentemente encontrável em áreas rurais, máxime no distante interior da Amazônia, e o tempo que o empregado leva, hoje, de sua casa até o local de trabalho, continuará a ser o mesmo, mas não será considerado para fins de cômputo na jornada de trabalho e, por corolário, para fins de recebimento de salário.

O TRT da 8ª Região (Pará/Amapá) aprovou a Súmula n. 40, sobre horário *in itinere* na Usina Hidrelétrica de Tucuruí, no Pará. Naquela oportunidade, foi criteriosamente examinada a realidade local e fixados períodos de deslocamento considerando, a partir da Vila Permanente dois destinos específicos: setor administrativo da usina, edifício de comando da usina, afastando tempo gasto entre a portaria e a catraca onde é registrada a frequência. Certamente, essa súmula também deverá perder efeitos.

Como as novas regras privilegiam o negociado sobre o legislado, a proibição de pagamento de horas *in itinere* não exclui a possibilidade de, por negociação coletiva, ser criado um adicional de deslocamento ou mesmo o cômputo desse horário de deslocamento na jornada de trabalho, porque, conforme o n. I do art. 611-A, é possível pactuar acerca de jornada de trabalho, observados os limites constitucionais.

4.12. JORNADAS ESPECIAIS

Existem, por disposição legal, algumas espécies de trabalhadores que, por variadas razões, possuem jornada especial. Essas categorias que têm direito à jornada a menor serão examinadas a partir de agora, valendo registrar que as principais regras – não as únicas – estão na CLT, nos arts. 224 a 433.

4.12.1. Bancários

Os empregados em bancos, casas bancárias, caixas econômicas, expressamente a Federal, têm direito a seis horas contínuas de trabalho, de segunda a sexta-feira, cumprindo jornada de trinta horas/semanais (art. 224 da CLT), não havendo trabalho aos sábados. Essa jornada de seis horas diárias é aplicável também a empregados de portaria e de limpeza, tais como porteiros, telefonistas de mesa, contínuos e serventes, que são empregados em bancos e casas bancárias (art. 226 da CLT). Excepcionalmente, a jornada diária de seis horas poderá estender-se para oito horas, observadas as quarenta horas semanais, consoante permissivo constante do art. 225 da CLT:

> Art. 225. A duração normal de trabalho dos bancários poderá ser excepcionalmente prorrogada até 8 (oito) horas diárias, não excedendo de 40 (quarenta) horas semanais, observados os preceitos gerais sobre a duração do trabalho.

Especificamente aos empregados de portaria, deve ser observada a regra do parágrafo único do art. 226:

> Parágrafo único. A direção de cada banco organizará a escala de serviço do estabelecimento de maneira a haver empregados do quadro da portaria em função, meia hora antes e até meia hora após o encerramento dos trabalhos, respeitado o limite de 6 (seis) horas diárias.

A jornada diária deve ser realizada entre sete horas e 22 horas, com intervalo intrajornada de quinze minutos para refeição (§ 1º do art. 224), exceto para os ocupantes de funções de direção, gerência, fiscalização, chefia e equivalentes, ou que desempenhem outros cargos de confiança, recebendo gratificação superior a 1/3 do salário do cargo efetivo (§ 2º do mesmo artigo).

Para os ocupantes de cargo de gerência, a jurisprudência distingue gerente de agência de gerente geral. Assim, deve ser observada a Súmula n. 287 do TST:

> SÚMULA N. 287 – JORNADA DE TRABALHO. GERENTE BANCÁRIO – A jornada de trabalho do empregado de banco gerente de agência é regida pelo art. 224, § 2º, da CLT. Quanto ao gerente-geral de agência bancária, presume-se o exercício de encargo de gestão, aplicando-se-lhe o art. 62 da CLT.

Quanto aos vigilantes bancários, a Súmula n. 257 do TST prevê:

> SÚMULA N. 257 – VIGILANTE – O vigilante, contratado diretamente por banco ou por intermédio de empresas especializadas, não é bancário.

O alcance do § 2º do art. 224 consolidado mereceu extenso tratamento do TST, que editou a Súmula n. 102 tratando de cargo de confiança de bancário, nos seguintes termos:

> SÚMULA N. 102 – BANCÁRIO. CARGO DE CONFIANÇA
>
> I – A configuração, ou não, do exercício da função de confiança a que se refere o art. 224, § 2º, da CLT, dependente da prova das reais atribuições do empregado, é insuscetível de exame mediante recurso de revista ou de embargos.

II – O bancário que exerce a função a que se refere o § 2º do art. 224 da CLT e recebe gratificação não inferior a um terço de seu salário já tem remuneradas as duas horas extraordinárias excedentes de seis.

III – Ao bancário exercente de cargo de confiança previsto no art. 224, § 2º, da CLT são devidas as 7ª e 8ª horas, como extras, no período em que se verificar o pagamento a menor da gratificação de 1/3.

IV – O bancário sujeito à regra do art. 224, § 2º, da CLT cumpre jornada de trabalho de 8 (oito) horas, sendo extraordinárias as trabalhadas além da oitava.

V – O advogado empregado de banco, pelo simples exercício da advocacia, não exerce cargo de confiança, não se enquadrando, portanto, na hipótese do § 2º do art. 224 da CLT.

VI – O caixa bancário, ainda que caixa executivo, não exerce cargo de confiança. Se perceber gratificação igual ou superior a um terço do salário do posto efetivo, essa remunera apenas a maior responsabilidade do cargo e não as duas horas extraordinárias além da sexta.

VII – O bancário exercente de função de confiança, que percebe a gratificação não inferior ao terço legal, ainda que norma coletiva contemple percentual superior, não tem direito às sétima e oitava horas como extras, mas tão somente às diferenças de gratificação de função, se postuladas.

Por outro lado, o bancário que recebe gratificação de função, mas não se encontra amparado pela regra do § 2º do art. 224 da CLT tem direito a receber horas extraordinárias, se prestadas, porque essa gratificação tem finalidade diferente do pagamento de sobrejornada. Neste sentido, a Súmula n. 109 do TST:

SÚMULA N. 109 – GRATIFICAÇÃO DE FUNÇÃO – O bancário não enquadrado no § 2º do art. 224 da CLT, que receba gratificação de função, não pode ter o salário relativo a horas extraordinárias compensado com o valor daquela vantagem.

O trabalho de bancário é específico, o que afasta a aplicação do seu regime a outros que, embora assemelhados, não são estritamente assim considerados. Nesse sentido, a Súmula n. 117 do TST:

SÚMULA N. 117 – BANCÁRIO. CATEGORIA DIFERENCIADA – Não se beneficiam do regime legal relativo aos bancários os empregados de estabelecimento de crédito pertencentes a categorias profissionais diferenciadas.

Igualmente não se equiparam a bancários os empregados de cooperativa de crédito, a teor da OJ n. 379 do TST:

OJ N. 379 – EMPREGADO DE COOPERATIVA DE CRÉDITO. BANCÁRIO. EQUIPARAÇÃO. IMPOSSIBILIDADE – Os empregados de cooperativas de crédito não se equiparam a bancário, para efeito de aplicação do art. 224 da CLT, em razão da inexistência de expressa previsão legal, considerando, ainda, as diferenças estruturais e operacionais entre as instituições financeiras e as cooperativas de crédito. Inteligência das Leis ns. 4.594, de 29.12.1964, e 5.764, de 16.12.1971.

4.12.1.1. Banco Postal

Situação específica, e bastante controvertida na jurisprudência, é a referente à consideração como bancário e aplicação da jornada especial que esses profissionais têm direito, prevista no art. 224, *caput*, da CLT, aos empregados da Empresa Brasileira de Correios e Telégrafos – ECT que exercem atividades nos chamados *bancos postais*.

Inicialmente, considerações de duas ordens precisam ser feitas. Primeiro: reconhecer a impossibilidade de enquadrar os empregados lotados em bancos postais como bancários em seu sentido estrito. Segundo: reconhecer a realidade da atividade (o contrato de trabalho continua a ser um *contrato-realidade*, conforme ensinou Mário de La Cueva), e admitir cumprimento de jornada reduzida.

Com efeito, afastemos a possibilidade de enquadramento dos empregados da ECT que desenvolvem atividade em *banco postal* na categoria de bancários. E não são de fato e nem de direito.

Essa impossibilidade é identificável em duas circunstâncias. De início, porque não trabalham em casa bancária, mas em agência de correios e telégrafos. As atividades que desenvolvem são diferentes. Fossem bancários, cuidariam da aplicação de recursos próprios do estabelecimento ou de terceiros (os correntistas do banco) e custodiariam os valores depositados por esses clientes.

Ao cabo, os *bancos postais* cuidam do recebimento de pedidos de empréstimos e financiamentos, mas não fazem nem empréstimos nem financiamentos. Na verdade, tudo se originou da Resolução n. 2.707, de 30.3.2000, do

Banco Central do Brasil, que criou, em nosso ordenamento jurídico, a figura do *correspondente* bancário. Depois, foi a Portaria n. 588, de 4.10.2000, do Ministério das Comunicações, que instituiu o Serviço Financeiro Postal Especial, denominado banco postal.

No entanto, em que pese não serem *bancários*, esses empregados da ECT cuidam de numerário, presumindo que sejam por vezes volumosos (não é admissível que um *banco postal* funcione em condições de absoluto prejuízo). E, o mais grave, cuidam de dinheiro e papéis pertencentes a terceiros, o que lhes aumenta a responsabilidade, lhes causa desgaste físico e mental, lhes leva a ampliação dos graus de estresse, e, num país absolutamente inseguro como o nosso, lhes gera insegurança e medo, pela atividade arriscada que exercem.

Essas razões são bastante justificadoras de que se lhes aplique a regra contemplada no *caput* do art. 224 da CLT, dispondo:

> Art. 224 – A duração normal do trabalho dos empregados em bancos, casas bancárias e Caixa Econômica Federal será de 6 (seis) horas contínuas nos dias úteis, com exceção dos sábados, perfazendo um total de 30 (trinta) horas de trabalho por semana.

4.12.2. *Telefonistas e assemelhados*

Regime especial de trabalho é dos empregados nos serviços de telefonia, de telegrafia submarina e subfluvial, de radiotelegrafia e radiotelefonia, cuja jornada de trabalho diária será de no máximo seis horas contínuas de trabalho ou 36 horas semanais (de 2ª-feira a sábado) (art. 227 da CLT). Não estão incluídos nesse regime os operadores de radiotelegrafia embarcados em navios ou aeronaves (art. 231 da CLT), porém, a jurisprudência Sumulada do TST entende que:

> SÚMULA N. 178 – TELEFONISTA. ART. 227, E PARÁGRAFOS, DA CLT. APLICABILIDADE – É aplicável à telefonista de mesa de empresa que não explora o serviço de telefonia o disposto no art. 227, e seus parágrafos, da CLT.

A jornada superior às seis horas é considerada extraordinária, e terá o acréscimo de 50% (§ 1º), da mesma forma como o trabalho em domingos, feriados e *dias santos de guarda*, que são os feriados religiosos. No entanto, nesses dias, a execução do trabalho e a sua remuneração dependerá de acordo individual entre empregador e empregador ou de acordo ou convenção coletiva de trabalho celebrada com o sindicato respectivo (§ 2º).

De acordo com o art. 228 da CLT:

> Art. 228. Os operadores não poderão trabalhar, de modo ininterrupto, na transmissão manual, bem como na recepção visual, auditiva, com escrita manual ou datilográfica, quando a velocidade for superior a 25 (vinte e cinco) palavras por minuto.

Note-se, no particular, que a escrita *datilográfica* do texto consolidado, de 1943, deve ser interpretada atualizada aos dias correntes: *digitalizada*. Afinal, nestes tempos globalizados, as antigas máquinas de escrever passaram a ser disputadas peças de museu. Então, nesse aspecto, a parte do art. 228 consolidado que trata de escrita deve ser entendida como: *com escrita manual ou datilográfica ou digitalizada.*

Aos empregados que possuem horários variáveis, a jornada diária é de sete horas de trabalho por dezessete horas de folga, deduzidos vinte minutos de intervalo para descanso, a cada jornada superior a três horas contínuas (art. 229 da CLT).

Consoante prevê o art. 230 da CLT, a direção das empresas organizará turmas de empregados para execução de seus serviços sempre prevalecendo o revezamento entre os que exercem a mesma função em escalas diurnas e noturnas. O almoço será entre dez e treze horas, o jantar entre dezesseis e dezenove horas (§ 2º) e a troca de turma é permitida para empregados que exerçam a mesma função, desde que não haja prejuízo aos serviços com a concordância do chefe ou encarregado (§ 1º).

Relativamente à jornada de telefonista, existe uma atividade que, pelas semelhanças, tem suscitado grande divergência jurisprudencial e doutrinária acerca da lei aplicável. Trata-se do operador de *telemarketing*.

Alice Monteiro de Barros aponta que a ele não se aplica a regra do art. 227 da CLT porque é inerente a sua atividade o uso de telefone não para atender ligações, mas, ao contrário, as efetuando para captar possíveis clientes[528]. Do outro lado, Lima Teixeira Filho defende que a atividade tem perfeita simetria com aquele que lida com telefonia, interagindo com o cliente-consumidor[529].

Anteriormente, o entendimento do TST vinha expresso na OJ n. 273 que adotava a posição defendida por Alice Monteiro de Barros, porque, *não opera[va] mesa de transmissão, fazendo uso apenas dos telefones comuns para atender e fazer as ligações exigidas no exercício da função*. Essa orientação, todavia, foi cancelada, e acertadamente, porque é de indispensável justiça a aplicação analógica das regras do art. 227 consolidado ao operador de *telemarketing* que, ao cabo, nada mais faz do que trabalhar operando diretamente telefone ou meio similar.

Agrava-se a situação porque, como geralmente contata o cliente a fim de oferecer produtos do empregador, tem seu estado psicológico altamente prejudicado pelas atitudes do interlocutor, ante a proposta de um determinado bem ou serviço que a empresa para a qual o operador está trabalhando quer proporcionar ao possível comprador.

4.12.3. *Trabalhadores em cinemas*

Os operadores cinematográficos e seus ajudantes possuem as regras de sua jornada nos arts. 234 e 235 da CLT.

A duração diária normal é de seis horas, sendo cinco horas consecutivas de trabalho na cabina, durante o funcionamento cinematográfico, e uma hora para limpeza, lubrificação dos aparelhos de projeção ou revisão de filmes (art. 234 da CLT).

A expressão *suplementar*, referente à hora seguinte à projeção, não importa em jornada extraordinária. Dela cuida o parágrafo único do mesmo artigo, tratando de exibições extraordinárias, quando, observado intervalo de duas horas entre os dois períodos, poderá haver acréscimo de duas horas diárias, que devem ser remuneradas conforme o art. 7º, XVI, da Constituição, com acréscimo de 50% sobre o valor da hora normal.

Essa jornada excedente, porque não habitual, mas, como a própria CLT destaca, decorrente de *exibições extraordinárias*, pode ser ajustada mediante acordo individual com o trabalhador.

É diferente dos estabelecimentos que funcionam normalmente à noite. Nesse caso, mediante acordo ou convenção coletiva de trabalho, poderão ser executadas sessões diurnas extraordinárias e, cumulativamente, sessão noturna. Sua frequência semanal deve ser de até três vezes e, entre as sessões diurnas e noturnas, deve haver intervalo intrajornada de uma hora. A hora extra será remunerada a 50%, e esse trabalho cumulativo não pode exceder a dez horas, devendo o intervalo interjornada ser de no mínimo doze horas consecutivas. É a regra constante do art. 235 e parágrafos da CLT, observado o percentual constitucional do art. 7º, XVI.

4.12.4. *Ferroviários*

Dedica-se a CLT do art. 236 ao art. 247 a tratar de serviço ferroviário. Hoje, em nosso país, ao contrário da Europa, são poucos os *caminhos de ferro*, dada a tendência, nem sempre melhor, da adoção das rodovias. O sucesso europeu das estradas de ferro poderia incentivar seu incremento no Brasil, onde raras as ferrovias ainda existentes.

O serviço ferroviário, que é aquele realizado em estradas de ferro abertas ao tráfego público, abrange administração, construção, conservação e remoção das vias férreas e seus edifícios, obras de arte, material rodante, instalações complementares e acessórias, bem como o serviço de tráfego, de telegrafia, telefonia e funcionamento de todas as instalações ferroviárias (art. 236, *caput*, da CLT).

Nesse tipo de serviço, segundo o art. 237 consolidado, existem quatro categorias de pessoal:

a) empregados (a CLT chama de funcionários) de alta administração, chefes e ajudantes de departamentos e seções, engenheiros residentes, chefes de depósitos, inspetores e demais empregados que exercem funções administrativas ou fiscalizadoras;

b) pessoal que trabalhe em lugares ou trechos determinados e cujas tarefas requeiram atenção constante; pessoal de escritório, turmas de conservação e construção da via permanente, oficinas e estações principais, inclusive os respectivos telegrafistas; pessoal de tração, lastro e revistadores;

c) das equipagens de trens em geral; e

---

(528) BARROS, A. M. de. *Curso*... cit., p. 718.

(529) TEIXEIRA FILHO, J. de L. *et alii*. *Instituições*... cit. (II), p. 1.094.

d) pessoal cujo serviço é de natureza intermitente ou de pouca intensidade, embora com permanência prolongada nos locais de trabalho; vigias e pessoal das estações do interior, inclusive os respectivos telegrafistas.

No geral, a jornada diária do ferroviário é de oito horas, excepcionando os operadores telegrafistas nas estações de tráfego intenso que cumprirão seis horas (art. 246 da CLT).

O pagamento das horas extras deve observar o percentual de 50% fixado no art. 7º, XVI, da Constituição. Nesse sentido deve ser interpretado o art. 241 da CLT. As quatro primeiras horas excedentes à oitava serão remuneradas com adicional de 50% e as demais com adicional de 75% (art. 241 da CLT).

No que tange à equipagem de trens em geral, as duas primeiras horas serão acrescidas de 50%, as duas seguintes com 60% (art. 241, parágrafo único, da CLT), e as demais com adicional de 75% (aplicação do *caput* do art. 241). Estranha Alice Monteiro de Barros

> o tratamento dado ao pessoal da equipagem quanto à segunda hora extra, e não sem razão, porque em nada é pertinente a expressão salvo caso de negligência comprovada, porque, nesse caso (de negligência) o empregado, independentemente de ter cumprido sobrejornada, nada receberia.

Como escrito pela saudosa magistrada mineira,

> *a negligência poderia gerar punição disciplinar e até mesmo a dispensa por justa causa, mas nunca servir de obstáculo ao pagamento das horas extras, de feição nitidamente retributiva, concluindo pela revogação tácita do dispositivo, à luz do art. 7º, XVI, da Constituição*(530).

Ainda relativamente ao pessoal da equipagem, o § 4º do art. 238 da CLT considera como de trabalho efetivo o tempo em que o trabalhador estiver ocupado ou retido à disposição da estrada, da mesma forma como será de trabalho efetivo, o intervalo entre duas jornadas se for menor que uma hora. O mesmo se aplica quanto ao tempo concedido para refeição que não se computa como trabalho efetivo, quando forem realizadas em viagens ou nas estações de parada, e com duração máxima de uma hora (§ 5º do art. 238 da CLT). Idêntico procedimento pertinente ao tempo de deslocamento com relação às turmas encarregadas da conservação de obras de arte, linhas telegráficas ou telefônicas e edifícios, quando não se considera de trabalho efetivo o tempo de viagem para o local do serviço, sempre que não exceder de uma hora, seja para ida ou para volta, e a estrada fornecer os meios de locomoção, computando-se sempre o tempo excedente a esse limite (§ 6º do art. 238 da CLT).

Ademais, as frações superiores a dez minutos devem ser computadas como meia hora (art. 242 da CLT). Esta regra importa em que, se o trabalhador cumprir jornada de oito horas e quinze minutos, terá direito a receber o pagamento de trinta minutos suplementares, com acréscimo de 50%. Caso esse excedente seja de cinco minutos, por exemplo, não terá vantagem alguma, não havendo falar em arredondamento, que só ocorrerá se a fração for de mais de dez minutos.

Para que se caracterize prorrogação de jornada não é necessário acordo ou convenção coletiva de trabalho, todavia, é vedada essa prorrogação exceder de doze horas, donde as empresas devem organizar serviços de equipagens de trens com destacamentos nos trechos das linha a fim de ser observada o limite de oito horas de trabalho (art. 239), garantido o descanso de dez horas contínuas, além do repouso semanal (§ 1º do mesmo artigo), bem como direito a ajuda de custo para despesas de alimentação, em viagem, e hospedagem no destino, caso a empresa não forneça (§ 2º).

Por outro lado nessas escalas de serviço, é defeso ao mesmo empregado cumprir, quinzenalmente, horas de serviço noturno superiores às horas de serviço diurno (§ 3º do art. 239), devendo ser feitos os registros competentes nas cadernetas especiais que sempre ficarão em poder do próprio empregado (§ 4º do art. 239).

Relativamente a essas escalas, o TST fixou entendimento na OJ-SDI1 n. 274 no sentido de que o empregado que é submetido a escalas variadas, com alternância de turnos, tem direito à jornada especial do art. 7º, XIV, da Constituição, que é de seis horas em turnos ininterruptos de revezamento.

---

(530) BARROS, A. M. de. *Contratos e regulamentações especiais*... cit., p. 239-40.

Consoante o art. 243 da CLT, os empregados de estações do interior, cujo serviço for intermitente ou de pouca intensidade, não terão direito a horas extras, conforme explicitado pela Súmula n. 61 do TST, desde que sejam assegurados o repouso interjornada de dez horas e o semanal remunerado.

Dispõe o art. 238 da CLT que o tempo do empregado à disposição da estrada de ferro é computado como de trabalho efetivo, não sendo considerada essa regra para o pessoal de equipagem do trem, relativamente ao tempo em viagens do local ou para o local de terminação e início do serviço (§ 1º), da mesma forma como o pessoal removido ou comissionado fora da sede (§ 2º).

Com relação às turmas de conservação da via permanente, a regra do § 3º do mesmo artigo dispõe:

> § 3º No caso das turmas de conservação da via permanente, o tempo efetivo do trabalho será contado desde a hora da saída da casa da turma até a hora em que cessar o serviço em qualquer ponto compreendido centro dos limites da respectiva turma. Quando o empregado trabalhar fora dos limites da sua turma, ser-lhe-á também computado como de trabalho efetivo o tempo gasto no percurso da volta a esses limites.

Em caso de urgência ou acidente, que afetem a segurança ou a regularidade do serviço, poderá o trabalho será prorrogado ilimitadamente, cabendo ao Estado zelar pela incolumidade dos seus empregados e pela possibilidade de revezamento de turmas, assegurando ao pessoal um repouso correspondente e comunicando a ocorrência ao M.Tb., dentro de dez dias do evento (art. 240 da CLT), e a recusa injustificada do trabalhador é considerada falta grave bastante para a rescisão contratual (paragrafo único do art. 240 da CLT).

As estradas de ferro podem ter empregados extranumerários, de sobreaviso e de prontidão, conforme dispõe o art. 244 da CLT, para atender serviços imprevistos ou substituições de empregados que faltem à escala organizada.

Os extranumerários não são efetivos, mas candidatos à efetivação, que se apresentam no serviço, mas que só trabalham e, consequentemente só recebem, quando for necessário (art. 244, § 1º, da CLT).

Convém repetir dados acerca do sobreaviso de prontidão. De sobreaviso é o empregado efetivo, que permanece em sua própria casa, aguardando a qualquer momento o chamado para o serviço. No caso do ferroviário, a escala será, no máximo, de 24 horas, e as horas serão contadas à razão de 1/3 do salário normal (art. 244, § 2º, da CLT).

O empregado de prontidão fica nas dependências da estrada, aguardando ordens, obedecendo uma escala de no máximo doze horas, com as horas contadas à razão de 2/3 (dois terços) do salário-hora normal (art. 244, § 3º, da CLT). As doze horas de prontidão, todavia, somente poderão ser contínuas se, no local em que o empregado estiver, houver facilidade de alimentação. Caso contrário, terá direito a um intervalo de uma hora posterior às seis primeiras horas de prontidão, que se destina à refeição e que não será computada como de serviço (art. 244, § 4º, da CLT).

Por fim, os cabineiros nas estações de tráfego intenso têm jornada de oito horas, em dois turnos, com intervalo de pelo menos uma hora para repouso, vedado turno superior a cinco horas, além de intervalo interjornada de pelo menos quatorze horas consecutivas (art. 243 da CLT).

4.12.5. Marítimos

Marítimo é aquele que trabalha na marinha mercante, a bordo de uma embarcação, em navegação marítima, fluvial ou lacustre, em tráfego de portos e na pesca, e, dentro do território nacional, é regulado pelos arts. 248 a 252 da CLT.

Não se confundem os marítimos com os estivadores, tratados no art. 254 da CLT, nem com os capatazes (art. 285 consolidado), tampouco com os arrumadores. A esses também se aplicam as regras constantes da antiga MP n. 595 de 6.12.2012, convertida na Lei n. 12.815, de 05.06.2013, dispondo sobre a exploração direta e indireta, pela União, de portos e instalações portuárias e sobre as atividades desempenhadas pelos operadores portuários.

A jornada de trabalho do marítimo tem oito horas de duração, contínua ou intermitente, a critério do comandante da embarcação, mas nunca inferior a uma hora, sendo que os serviços de quarto nas máquinas, passadiço, vigilância e outros que, de acordo com parecer médico, possam prejudicar a saúde do tripulante, devem ser executados por períodos não maiores e com intervalos não menores de quatro horas (art. 248, §§ 1º e 2º, da CLT).

O trabalho em jornada excedente de oito horas será considerado extraordinário (art. 249, da CLT), sujeito à compensação segundo a conveniência do serviço, por descanso em período equivalente no dia seguinte ou no subsequente dentro das horas do trabalho normal, ou no fim da viagem, ou pelo pagamento do salário correspondente (art. 250 da CLT).

No que refere ao tempo de repouso, deve sempre ser considerada a natureza do serviço, pela impossibilidade de, estando a embarcação navegando, o tripulante repousar fora dela. Assim é a Súmula n. 96 do TST:

> Súmula n. 96 – MARÍTIMO – A permanência do tripulante a bordo do navio, no período de repouso, além da jornada, não importa presunção de que esteja à disposição do empregador ou em regime de prorrogação de horário, circunstâncias que devem resultar provadas, dada a natureza do serviço.

As exceções à compensação são quatro, conforme dispõe o mesmo art. 249 consolidado, a saber:

a) em virtude de responsabilidade pessoal do tripulante e no desempenho de funções de direção, sendo consideradas como tais todas aquelas que a bordo se achem constituídas em um único indivíduo com responsabilidade exclusiva e pessoal;

b) na iminência de perigo, para salvaguarda ou defesa da embarcação, dos passageiros, ou da carga, a juízo exclusivo do comandante ou do responsável pela segurança a bordo;

c) por motivo de manobras ou fainas gerais que reclamem a presença, em seus postos, de todo o pessoal de bordo;

d) na navegação lacustre e fluvial, quando se destina ao abastecimento do navio ou embarcação de combustível e rancho, ou por efeito das contingências da natureza da navegação, na transposição de passos ou pontos difíceis, inclusive operações de alívio ou transbordo de carga, para obtenção de calado menor para essa transposição.

Da mesma forma como as horas extraordinárias de trabalho são indivisíveis, computando-se a fração de hora como hora inteira (art. 250, parágrafo único, da CLT), não podendo exceder a trinta horas semanais o serviço extravagante para tráfego nos portos (art. 249, § 2º, da CLT), e extraordinário também será o trabalho executado aos domingos e feriados, salvo nas duas hipóteses de que trata o § 1º do art. 249 da CLT:

a) ao serviço de quartos e vigilância, movimentação das máquinas e aparelhos de bordo, limpeza e higiene da embarcação, preparo de alimentação da equipagem e dos passageiros, serviço pessoal destes e, bem assim, aos socorros de urgência ao navio ou ao pessoal;

b) ao fim da navegação ou das manobras para a entrada ou saída de portos, atracação, desatracação, embarque ou desembarque de carga e passageiros.

4.12.6. *Trabalhadores em frigoríficos*

A jornada de trabalho no interior de câmaras frigoríficas ou onde os empregados movimentam mercadorias entre ambiente quente ou normal para o frio e vice-versa recomenda que, a cada 1,40 horas de trabalho contínuo, deve existir um intervalo mínimo de vinte minutos para repouso, computado como de trabalho efetivo (art. 253, *caput*, da CLT).

Os ambientes frios são definidos em mapa do M.Tb., como refere o parágrafo único do art. 253 da CLT, e constam da Portaria n. 21, de 26.12.1994.

Por outro lado, em 18.04.2013, a Portaria n. 355 do M.Tb. editou importante norma regulamentadora, constante da NR-36, cuidando de segurança e saúde no trabalho em empresas de abate e processamento de carnes e derivados. Essa NR objetiva estabelecer os requisitos mínimos para a avaliação, controle e monitoramento dos riscos existentes nas atividades desenvolvidas na indústria de abate e processamento de carnes e derivados destinados ao consumo humano, de forma a garantir permanentemente a segurança, a saúde e a qualidade de vida no trabalho, sem prejuízo da observância do disposto nas demais NRs do M.Tb.

4.12.7. *Mineiros*

O trabalho em minas de subsolo é objeto dos arts. 293 a 301 da CLT, sendo contemplada duração do trabalho efetivo de no máximo seis horas diárias ou 36 horas semanais (art. 293 da CLT), incluindo o tempo despendido entre a boca da mina e o local do efetivo labor e vice-versa (art. 294 da CLT). Essa jornada poderá ser reduzida tendo em vista as condições locais de insalubridade e métodos e processos do trabalho adotados (art. 295, parágrafo único, da CLT).

Mediante acordo individual entre empregado e empregador ou acordo ou convenção coletiva de trabalho, a jornada diária de trabalho efetivo no subsolo poderá alcançar oito horas diárias, conforme o art. 295 consolidado, que cogita também de 48 horas semanais, as quais devem ser de apenas 44 horas, face o limite contido no art. 7º, XIII, da Constituição, sujeita a prorrogação, todavia, a prévia licença do M.Tb.

A hora prorrogada é considerada extraordinária, e deve ser acrescida de 50%, a teor do art. 7º, XVI, da Constituição, não devendo prevalecer a regra do art. 296 consolidado, que refere a acréscimo de 25%.

Por outro lado, em cada período de três horas consecutivas de trabalho, será obrigatória uma pausa de quinze minutos para repouso, a qual será computada na duração normal de trabalho efetivo (art. 298 da CLT).

4.12.8. *Trabalhadores em mecanografia e informática*

Os trabalhadores em serviços de mecanografia gozam de uma jornada especialíssima: a cada noventa minutos de trabalho possuem um intervalo interjornada de dez minutos que não são deduzidos da jornada normal (art. 72 da CLT).

Hoje, com a modernização tecnológica das atividades, não é fácil encontrar quem trabalhe em datilografia, um dos serviços mecanográficos. Os demais, escrituração e cálculo, existem normalmente, embora sendo utilizadas outras máquinas para essas tarefas.

Por esse motivo, aplicando por analogia o mencionado art. 72, o TST adotou a Súmula n. 346 dispondo:

> SÚMULA N. 346 – DIGITADOR. INTERVALOS INTRAJORNADA. APLICAÇÃO ANALÓGICA DO ART. 72 DA CLT – Os digitadores, por aplicação analógica do art. 72 da CLT, equiparam-se aos trabalhadores nos serviços de mecanografia (datilografia, escrituração ou cálculo), razão pela qual têm direito a intervalos de descanso de 10 (dez) minutos a cada 90 (noventa) de trabalho consecutivo.

Essa é a única diferença. A jornada normal continua sendo de oito horas/dia, havendo o intervalo interjornada de dez minutos.

4.12.9. *Motorista profissional*

Esta categoria de trabalhadores possui normas específicas. Com efeito, no que refere ao transporte coletivo, existem disposições claras na Lei n. 13.103, de 2.3.2015, que introduziu a seção IV-A ao capítulo I do título III da CLT. O art. 235-C, *caput*, da CLT consagra que a jornada diária do motorista é de oito horas, prorrogáveis por mais duas, que pode ser por acordo individual, ou por até quatro horas, neste caso sempre por negociação coletiva. Sendo essa a jornada, esse será o tempo de trabalho efetivo, mas, no caso desses profissionais, além de excluídos, como dos demais, os intervalos para refeição (de uma hora, conforme o § 2º do mesmo artigo), repouso e descanso, também se excluirá o tempo de espera (art. 235-C, § 1º).

O tempo de espera é situação específica do motorista profissional conforme os §§ 8º a 12 do art. 235-C da CLT. Não sendo considerado parte da jornada de trabalho, nem tendo direito ao adicional de 50% como horas extraordinárias, o tempo de espera é aquele que despende o trabalhador no aguardo de carga e descarga do veículo sob seus cuidados, nas dependências do embarcador ou do destinatário e o período gasto em fiscalizações em barreiras fiscais ou alfandegárias (art. 8º).

A forma de remuneração do tempo de espera encerra um cálculo prejudicial ao trabalhador. A regra atual admite que a hora do tempo de espera será de 30% do valor da hora normal, ou seja, 0,30. É diversa da regra contida na lei anterior, a de n. 12.619, de 2012, que previa o acréscimo de 30% sobre a hora normal, ou seja, 1,30 (§ 9º do art. 235 C).

Ainda sobre o tempo de espera, os §§ 11 e 12 contemplaram regras sobre condições específicas da atividade do motorista, quer aguardando providências, como as descritas no § 8º, quer movimentando o veículo para dar cumprimento a essas mesmas providências. Vejamos:

> § 11. Quando a espera de que trata o § 8º for superior a 2 (duas) horas ininterruptas e for exigida a permanência do motorista empregado junto ao veículo, caso o local ofereça condições adequadas, o tempo será considerado como de repouso para os fins do intervalo de que tratam os §§ 2º e 3º, sem prejuízo do disposto no § 9º.

§ 12. Durante o tempo de espera, o motorista poderá realizar movimentações necessárias do veículo, as quais não serão consideradas como parte da jornada de trabalho, ficando garantido, porém, o gozo do descanso de 8 (oito) horas ininterruptas aludido no § 3º.

Data venia, essas condições são altamente injustas. Quanto ao § 11, não podemos considerar como repouso quando ao trabalhador é exigido permanecer junto ao veículo, caso o local ofereça condições adequadas. Ora, quais são essas condições adequadas? Se é exigido permanecer junto ao veículo, como considerar intervalo de repouso? São aspectos altamente criticáveis. E a isso se acresça que esse tempo de espera sequer integra a jornada de trabalho do obreiro, conforme preconiza o § 12 seguinte.

Para o motorista profissional, renova-se a possibilidade de flexibilização de jornada mediante negociação coletiva. O art. 235-C, *caput*, consolidado prevê a possibilidade de prorrogação por mais duas horas, por acordo individual, e por mais quatro horas, através de acordo ou convenção coletiva de trabalho. Não significa que o trabalhador possa estar em atividade por até 14 horas, mas que pode desenvolver seu mister entre 10 (mediante acordo individual) a 12 horas (através de negociação coletiva).

4.12.10. Jornada 12X36

Este tipo especial de jornada de trabalho é razoavelmente recente no direito brasileiro, e, igualmente, sempre gerou muita controvérsia, considerando o limite de oito horas fixado para a jornada diária pela Constituição (art. 7º, n. XIII).

As reformas da Lei n. 13.467/2017 e, logo em seguida, da MP n. 808/2017, introduzidas na CLT, criaram permissivo legal para as partes, facultativamente, poderem estabelecer esse tipo de jornada: doze horas de trabalho, seguidas de 36 horas de descanso, devendo ser observados ou indenizados os intervalos destinadas a repouso e alimentação (art. 59-A da CLT). Trata-se de um regime excepcional, como anuncia o *caput* do art. 59-A da CLT, que somente deve ser adotado de forma igualmente excepcional, e não generalizar a todos os trabalhadores.

A adoção desse sistema deve decorrer de convenção coletiva de trabalho ou acordo coletivo de trabalho, e não mais de acordo individual escrito, como no texto oferecido pela Lei n. 13.467/2017. A MP n. 808/2017 retirou, e fez acertadamente, essa forma individual de fixação de jornada.

De outro lado, a remuneração mensal negociada abrange os pagamentos a título de repouso semanal remunerado e descanso em feriado, considerando-se compensados os feriados e prorrogações de trabalho em horário noturno (§ 1º do art. 59-A da CLT).

É sabida a prática desse tipo de jornada em diversas categorias específicas, que precisam de empregados em regime de plantão, fazendo uma espécie de rodízio. Assim os profissionais de vigilância e segurança e os da área da saúde (médicos e enfermeiros), por isso, e apenas para esses últimos profissionais, é possível o acordo individual para fixação de jornada 12x36, além dos instrumentos coletivos autônomos, devendo ser cumprida a observância ou indenização dos intervalos para repouso e alimentação (art. 59-A, § 2º, da CLT).

Por fim, e estranhamente, embora as prorrogações de jornada nas atividades insalubres sejam condicionadas à licença prévia das autoridades competentes em matéria de higiene do trabalho, as quais, para esse efeito, procederão aos necessários exames locais e à verificação dos métodos e processos de trabalho, quer diretamente, quer por intermédio de autoridades sanitárias federais, estaduais e municipais, com quem entrarão em entendimento para tal fim (art. 60, da CLT), essa licença prévia não é exigida nas hipóteses de jornada 12x36 (parágrafo único do mesmo artigo), o que, aparentemente, viola o direito à saúde do art. 6º da Constituição, razão pela qual nada obsta que esse aspecto venha a ser apreciado pelo STF.

4.13. TRABALHO NOTURNO

É denominado de trabalho noturno aquele desenvolvido, à noite, considerando-se esta dentro dos padrões fixados pelo legislador, não importando, portanto, em anoitecer, o que significa em não ser considerado dessa natureza o trabalho que se desenvolve fora dos horários fixados em lei.

Em ocorrendo trabalho nos períodos indicados, a Constituição, no inciso IX do art. 7º, prevê sua remuneração superior ao do trabalho diurno, da mesma forma como, no n. XXXIII, proíbe o trabalho noturno aos menores de dezoito anos.

4.13.1. Delimitação da jornada noturna

Devem ser distinguidas as jornadas noturnas dos empregados urbanos e dos rurícolas, que são diferentes para atender às respectivas características ambientais do trabalho.

4.13.1.1. Empregados urbanos

Quanto aos urbanos, é considerado horário noturno aquele entre as 22 horas de um dia e as cinco horas do dia seguinte, conforme o § 2º do art. 73 da CLT. O trabalho, nesses horários, será remunerado com um acréscimo de 20% sobre o valor da hora diurna (art. 73 da CLT), aplicando-se também para os casos de revezamento, conforme preconizado pelo Súmula n. 213 do STF:

> Súmula n. 213. É devido o adicional de serviço noturno, ainda que sujeito o empregado ao regime de revezamento.

Por ficção legal, a hora noturna possui 52 minutos e 30 segundos (art. 73, § 1º, da CLT). Assim, embora das 22 horas de um dia às cinco horas do dia seguinte existam sete horas corridas de sessenta minutos cada uma, considerando o *tempo* da hora noturna, serão computadas exatas oito horas de sessenta minutos cada uma.

Em sendo habitual, o adicional noturno integra o salário do trabalhador para todos os fins, de acordo com o item I da Súmula n. 60 do TST:

> Súmula 60 – I – O adicional noturno, pago com habitualidade, integra o salário do empregado para todos os efeitos.

A regra constante do § 3º do art. 73 encontra-se superada, ante o entendimento do STF, constante da Súmula n. 313:

> Súmula n. 313. Provada a identidade entre o trabalho diurno e o noturno, é devido o adicional, quanto a este, sem a limitação do art. 73, § 3º, da Consolidação das Leis do Trabalho independentemente da natureza da atividade do empregador.

Quando se tratar de horários mistos, isto é, parte diurno e parte noturno, aplica-se a regra do § 4º do art. 73, com as adequações necessárias. Com efeito, se a jornada for iniciada antes das 22 horas e se prolongar para depois, o adicional noturno somente será devido apenas após às 22 horas. Se, no entanto, a jornada se prolongar para além das cinco horas do dia seguinte, o adicional noturno se prorrogará até o final, aplicando o comando do § 5º do mesmo artigo, consoante o item II da Súmula n. 60 do TST:

> Súmula 60 – II – Cumprida integralmente a jornada no período noturno e prorrogada esta, devido é também o adicional quanto às horas prorrogadas. Exegese do art. 73, § 5º, da CLT.

Em casos de jornada em regime de 12x36, o permissivo para ser implantado na relação de emprego mediante acordo individual, conforme o art. 59-A da CLT, com a redação dada pela Lei n. 13.467/2017, foi retirado pela MP n. 808/2017, e pode existir apenas em decorrência de acordo ou convenção coletiva de trabalho, pelo que continua a prevalecer a regra contida na OJ n. 388 da SBDI-1 do TST:

> OJ N. 388 – JORNADA 12X36. JORNADA MISTA QUE COMPREENDA A TOTALIDADE DO PERÍODO NOTURNO. ADICIONAL NOTURNO. DEVIDO – O empregado submetido à jornada de 12 horas de trabalho por 36 de descanso, que compreenda a totalidade do período noturno, tem direito ao adicional noturno, relativo às horas trabalhadas após as 5 horas da manhã.

Ademais, o empregado pode deixar de trabalhar em horário noturno, não importando em alteração unilateral de seu contrato de trabalho, senão dentro do *jus variandi* do empregador. Assim, ocorrendo modificação dessa espécie, que, evidentemente, trará redução nos seus salários, a jurisprudência é pacífica no sentido de admitir essa possibilidade, considerando, inclusive, ser prejudicial o trabalho noturno à saúde do obreiro. O TST editou a Súmula n. 265 nesse sentido:

> SÚMULA N. 265 – ADICIONAL NOTURNO. ALTERAÇÃO DE TURNO DE TRABALHO. POSSIBILIDADE DE SUPRESSÃO – A transferência para o período diurno de trabalho implica a perda do direito ao adicional noturno.

4.13.1.2. Empregados rurais

A jornada noturno do trabalhador rural varia de acordo com a área de sua atividade.

De acordo com a Lei n. 5.889, de 08.06.1973, os empregados da lavoura têm horário noturno entre 21 horas de um dia e cinco horas do dia seguinte, e os da pecuária, das vinte horas de um dia às quatro horas do dia seguinte, contada a hora noturna de sessenta minutos. É como dispõe o art. 7º da mencionada lei, cujo parágrafo único fixa em 25% o valor do adicional correspondente.

4.14. REPOUSO SEMANAL REMUNERADO

É no repouso religioso que se encontra a origem do repouso semanal. Na religião católica romana, é recomendável dedicar o domingo ao Senhor, conforme o Cânone 1246, § 1º, 1ª parte, do Código Canônico de 25.01.1983[(531)]. Para os muçulmanos, o descanso se dá às sextas-feiras, de acordo com a 62ª Surata do Alcorão (*Al Jumu'a* = Sexta-Feira)[(532)]. Para os hebreus, sagrado é o dia de sábado (Gen., 2:2-3).

Como a religião cristã domina no ocidente, não foi difícil introduzir-se o domingo como o dia destinado ao repouso, tendo, no Brasil, sido consagrado, constitucionalmente, pela primeira vez, na Constituição de 1934 (art. 121, *e*). Somente com a Lei Fundamental de 1946 passou a ser também remunerado (art. 157, VI), sendo assim conservado pela de 1967 (art. 167, VII) e na atual de 1988 (art. 7º, XV):

> XV – repouso semanal remunerado, preferencialmente aos domingos.

Os **princípios** que informam o direito ao repouso semanal remunerado são:

– semanalidade, porque, a cada seis dias de trabalho, sucede um dia destinado ao descanso;
– dominicalidade, considerando, pelas razões apontadas acima, a preferência para que recaia aos domingos;
– remunerabilidade, porque é devido o pagamento da remuneração do trabalho da mesma maneira que um dia comum trabalhado; e
– inconversibilidade, dado ser defeso pretender converter em pagamento em troca do trabalho regular.

A CLT disciplina a matéria nos arts. 67 a 70, mas a Lei n. 605, de 05.01.1949, cuida especificamente do tema, e tem sido adotada pela maioria da doutrina nacional[(533)], da mesma forma como é a que costuma reger o assunto.

Com efeito, essa Lei n. 605/1949 foi recepcionada pela Constituição de 1988, e se aplica a todos os empregados urbanos e rurais, salvo, quanto a estes, os que operem em qualquer regime de parceria, meação, ou forma semelhante de participação na produção (art. 2º).

Consoante o art. 6º da Lei n. 605/1949:

> Art. 6º Não será devida a remuneração quando, sem motivo justificado, o empregado não tiver trabalhado durante toda a semana anterior, cumprindo integralmente o seu horário de trabalho.

De acordo com o § 1º desse artigo, os motivos pelos quais o trabalhador não pode ser privado da remuneração correspondente do repouso semanal são: as hipóteses de que trata o art. 473 da CLT; ausência justificada a critério do empregador; dias de paralisação do serviço por conveniência do empregador; três dias por licença em razão de seu casamento; faltas motivadas por acidente do trabalho; doença comprovada, neste caso, consoante o § 2º, através de atestado médico habilitado.

O valor do repouso semanal é objeto do art. 7º da Lei n. 605/1949, que minudencia a forma de sua apuração:

a) para os que trabalham por dia, semana, quinzena ou mês, à de um dia de serviço, computadas as horas extraordinárias habitualmente prestadas;

---

(531) Cân. 1246 § 1º. *O domingo, dia em que por tradição apostólica se celebra o mistério pascal, deve ser guardado em toda a Igreja como o dia de festa por excelência.*

(532) Ó fiéis, quando fordes convocados, para a Oração da Sexta-feira, recorrei à recordação de Deus e abandonai os vossos negócios; isso será preferível, se quereis saber (62:9).

(533) Dentre outros, NASCIMENTO, A. M. *Curso*... cit., 24. ed., p. 1.162 e segs.; MARTINEZ, L. *Curso*... cit., 2010, p. 308 e segs.; GARCIA, G. F. B. *Curso*... cit., 8. ed., p. 917 *passim*. Em sent. contrário: BARROS, A. M. de. *Curso*... cit., 6. ed., p. 724.

b) para os que trabalham por hora, à sua jornada norma de trabalho, computadas as horas extraordinárias habitualmente prestadas;

c) para os que trabalham por tarefa ou peça, o equivalente ao salário correspondente às tarefas ou peças feitas durante a semana, no horário normal de trabalho, dividido pelos dias de serviço efetivamente prestados ao empregador; e

d) para o empregado em domicílio, o equivalente ao quociente da divisão por seis da importância total da sua produção na semana.

Importante assinalar que empregados mensalistas e quinzenalistas recebem o valor do repouso semanal já embutido em seus salários-base (§ 2º do art. 7º da Lei n. 605/1949). Diversamente ocorre, porém, com os que recebem por semana, por dia ou por hora, que devem receber sua contraprestação mediante identificação de cada parcela, a fim de evitar a complessividade.

A fim de apurar o montante devido para servir de base de cálculo, devemos considerar as parcelas habituais, exceto as gorjetas, conforme apontamos acima, por força da Súmula n. 354 do TST.

4.15. FERIADOS

O feriado é um dia de repouso remunerado (art. 1º da Lei n. 605/1949), havendo tratamento idêntico para empregados urbanos e rurais (art. 2º da mesma lei), e, diferentemente do semanal, conta-se por dia e não por horas.

Os feriados, conforme a Lei n. 9.093, de 12.09.1995, podem classificados quanto á motivação e quanto à abrangência.

No primeiro grupo, encontram-se:

a) feriados civis, destinados à comemoração de datas históricas (Independência Nacional, por exemplo) ou eventos específicos dentro da nossa cultura ocidental (casos do Dia da Confraternização Universal ou da Terça-feira de Carnaval).

b) feriados religiosos, os dias nos quais de festejam eventos importantes dentro da tradição cristã, predominante no Brasil, tais como Sexta-feira Santa ou Dia de Natal.

No segundo grupo, acham-se os feriados nacionais, os estaduais e os municipais.

As faltas ao serviço, nos dias que antecedem o feriado, não retiram do trabalhador o direito a esse descanso legal, porque não se deve confundir faltas com repouso semanal ou descanso em feriado.

Conforme o art. 1º, I, da Lei n. 9.093/1995, são feriados civis os declarados em lei federal, que é a Lei n. 10.607, de 19.12.2002, a saber: dias 1º de janeiro, 21 de abril, 1º de maio, 7 de setembro, 2 de novembro, 15 de novembro e 25 de dezembro, bem como o dia 12 de outubro, nos termos da Lei n. 6.802, de 30.06.1980, Dia de Nossa Senhora Aparecida, *Padroeira do Brasil*.

É feriado estadual a data magna fixada em lei do Estado respectivo (art. 1º, II, da Lei n. 9.093/1995) e municipais, os dias do início e do término do ano do centenário de fundação do Município (art. 1º, III, da mesma lei).

Já os feriados religiosos são os dias de guarda, declarados em lei municipal, de acordo com a tradição local e em número não superior a quatro, neste incluída a Sexta-Feira da Paixão (art. 2º da Lei n. 9.093/1995).

Capítulo XIX

FÉRIAS

1. CONSIDERAÇÕES GERAIS

Os direitos humanos são os direitos básicos da pessoa, reconhecidos internacionalmente, daí defluindo os demais direitos. A partir, sobretudo, da Carta de São Francisco, criadora, em 1945, da ONU, o tratamento em nível internacional dos direitos humanos ganhou novos foros.

Deles decorrem os direitos fundamentais, que são aqueles contemplados pelas Constituições modernas, e, dentre estes, encontram-se os direitos sociais, dos quais emergem os direitos trabalhistas.

Nessa dedução de direitos, encontra-se o direito às férias, que, no Brasil, está consagrado, em nível constitucional, no art. 7º, XVII, da Constituição de 1988, reconhecendo a todos os trabalhadores, nacionais e estrangeiros, urbanos e rurais, o seu gozo anualmente de forma remunerada com acréscimo de pelo menos um terço a mais do que o salário normal do beneficiário.

Leão XIII, ao lançar as bases da doutrina social da Igreja, na encíclica *Rerum Novarum*, de 1891, destacou que *a vida temporal, posto que boa e desejável, não é o fim para que fomos criados; mas é a via e o meio para aperfeiçoar, com o conhecimento da verdade e a prática do bem, a vida do espírito*(534).

Ora, esse aperfeiçoamento necessariamente se dá com melhores condições de trabalho e com o respeito à saúde e à integridade física do trabalhador.

As férias, então, surgiram justamente para proporcionar essa recuperação do equilíbrio orgânico em razão da fadiga de longo período de trabalho, interrompendo o contrato de trabalho.

Sua consagração internacional deu-se na DUDH, adotada pelas Nações Unidas em 10 de dezembro de 1948 (art. XXIV), e, a partir de então, restou reconhecida por todos e para todos.

No Brasil, apareceu na Constituição de 1934 e nas sucessivas, como um direito que a legislação trabalhista deveria contemplar, e, após algumas leis isoladas, foi consagrada a todos os trabalhadores pela CLT, em 1943.

2. OBJETIVOS E PRINCÍPIOS

As férias possuem dois objetivos básicos:

1º) proteger a saúde do trabalhador e permitir-lhe recuperar a energia física que tinha investido no trabalho durante o ano(535), e,

2º) forma de retribuir o aumento de produtividade, dando mais tempo de ócio aos trabalhadores(536).

---

(534) LEÃO XIII. *Encíclica "Rerum Novarum"*. In: *Textos & documentos*. Brasília, 2(5), maio 1980, p. 38.

(535) Cf. Doc. GB.279/lils/wp/prs/1/2, p. 20.

(536) Cf. Doc. GB.279/lils/wp/prs/1/2, p. 22.

Ademais, cinco **princípios** informam esse instituto, a saber:

a) **Anualidade** – em decorrência de, após 12 meses, o trabalhador passar a ter direito a usufruir suas férias;

b) **Remunerabilidade** – devem as férias ser remuneradas, recebendo trabalhador a mesma remuneração a que teria direito, se trabalhando estivesse;

c) **Continuidade** – é permitido o fracionamento das férias, observadas as limitações previstas na própria lei;

d) **Irrenunciabilidade** – é defeso ao trabalhador renunciar suas férias, tendo o dever de gozá-las; e

e) **Proporcionalidade** – a concessão das férias observa o número de faltas injustificadas do trabalhador no período aquisitivo, cabendo seu pagamento em caso de extinção do contrato de trabalho, caso não haja gozado, salvo, quanto às férias proporcionais, no caso de dispensa motivada.

3. ATUAÇÃO DA OIT QUANTO ÀS FÉRIAS

No âmbito da OIT, que é, dentre os organizações internacionais que integram o sistema das Nações Unidas, aquela destinada a cuidar das questões relativas às condições de trabalho, a preocupação com o direito às férias é antiga. A Conferência Internacional do Trabalho, órgão competente para adotar Convenções Internacionais do Trabalho, que, ao lado das Recomendações Internacionais do Trabalho, formam o elenco das principais fontes do Direito Internacional do Trabalho, adotou, cuidando especificamente desse tema, ao longo dos anos, a partir de 1936, as seguintes Convenções:

a) Convenção n. 52, sobre férias remuneradas, de 1936;

b) Convenção n. 54, sobre férias remuneradas de marítimos, de 1936;

c) Convenção n. 91, sobre férias remuneradas de marítimos (revisora), de 1949;

d) Convenção n. 101, sobre férias remuneradas na agricultura, de 1952;

e) Convenção n. 132, sobre férias remuneradas (revisora), de 1970;

f) Convenção n. 140, sobre licença remunerada para estudos, de 1974[(537)]; e

g) Convenção n. 146, sobre férias remuneradas de marítimos (revisora), de 1976.

A mais importante para o Direito brasileiro é a Convenção n. 132, adotada em 03.06.1970, em Genebra, na 54ª Reunião da Conferência, e que foi ratificada pelo Brasil em 1997, tendo sido mandada aplicar entre nós pelo Decreto de promulgação n. 3.197, do mesmo ano. Sua origem remonta à Convenção n. 52, de 1936, que foi tacitamente denunciada ao ter nosso país ratificado o novo tratado.

Uma primeira questão de relevo refere à aplicabilidade da Convenção n. 132 em nosso país. Não temos dúvida quanto a isto. Primeiro, foi regularmente ratificada e incorporada à nossa ordem jurídica interna. Segundo, como lei posterior, pela via da aplicação do critério cronológico que o STF adota, prevalecerá a Convenção n. 182, se conflitando com a lei interna. Terceiro, no que for, todavia, mais benéfica, continuará sendo aplicada a lei brasileira, a teor do art. 19, 8, da Constituição da OIT. Observe-se que esses aspectos conflituais foram abordados, nesta obra, no capítulo em que se cuidou do Direito Internacional do Trabalho (v., nesta Parte, Capítulo II).

Outra questão relevante é aquela relativa à entrada em vigor do tratado no Brasil, quanto à necessidade de decreto de promulgação. Entendem alguns que os tratados sobre direitos fundamentais independem de decreto de promulgação, por força do art. 5º, § 1º da Constituição, exigência que seria destinada apenas aos demais tratados, porque adotaríamos teoria mista quanto à validez de normas internacionais[(538)]. Para os defensores dessa corrente, bastaria o depósito dos instrumentos de ratificação perante o Diretor-Geral da Repartição Internacional do Trabalho, que ocorreu em 23.9.1998, para que o Brasil, doze meses após, se obrigasse pela Convenção, a partir, então, de 23.09.1999.

Data venia, não pensamos assim. O § 1º do art. 5º da Constituição dispõe que as normas definidoras dos direitos e garantias fundamentais têm aplicação imediata. Esse dispositivo não se refere às normas internacionais, mas àquelas

(537) Na mesma 59ª Conferência Internacional do Trabalho, foi adotada a Recomendação n. 148, igualmente de licença remunerada para estudos.

(538) N. sent.: BARROS, Glauce de Oliveira. Alterações no Capítulo IV – Convenção n. 132 – CLT, *in Revista do Direito Trabalhista*, Brasília, 6(8):7, agosto de 2000.

internas que cuidem desses importantes temas. As normas internacionais possuem regra própria, específica, que é a do § 2º do mesmo art. 5º, prevendo que *os direitos e garantias expressos nesta Constituição não excluem outros decorrentes do regime e dos princípios por ela adotados, ou dos tratados internacionais em que a República Federativa do Brasil seja parte.*

Com efeito, resulta induvidosa a clareza do preceito: aos direitos e garantias fundamentais contemplados na Constituição podem ser acrescentados outros decorrentes de tratados internacionais (denominação genérica de ato internacional escrito, nos termos da Convenção de Viena sobre Direito dos Tratados), em que a República seja parte. Parte, para o Direito Internacional, significa o Estado que ratifica um tratado e que se obriga por ele. O Brasil, porque é reconhecidamente monista, na linha que consagra o primado do Direito Interno, somente se obriga por tratado após ratificá-lo, nunca como mero signatário, e, consoante a normação constitucional vigente, há toda uma tramitação interna que deve ser observada e que inclui, indispensavelmente, o decreto presidencial de promulgação (art. 49, I, c/c art. 84, VIII, da Constituição).

Nesses termos, não temos dúvidas quanto ao correto procedimento adotado para a incorporação, em nosso ordenamento positivo interno, da Convenção n. 132, que, ratificada e promulgada, passou a viger e se tornou equivalente a lei federal, como tem entendido o Excelso Pretório(539), não havendo falar, pois, na regra do § 3º do art. 5º constitucional (tratados de direitos humanos aprovados com *quorum* especial), porque não foi essa a intenção do Parlamento ao autorizar sua ratificação pelo Brasil.

Note-se, todavia, que, face o princípio da supralegalidade, que tem sido modernamente adotado em nosso país, e que já nos reportamos antes (v., nesta parte, Capítulo II, n. 4), reforçam-se as possibilidades de aplicação da Convenção n. 132, pelo viés do § 1º do art. 5º constitucional.

Independente desse aspecto, resulta certo que a Convenção n. 132 é o documento mais amplo que já se elaborou, no campo internacional, sobre férias. Os demais (DUDH, Pacto Internacional de Direitos Econômicos, Sociais e Culturais, Convenção Americana sobre Direitos Humanos, Carta Social Europeia de 1988, Carta Comunitária dos Direitos Sociais Fundamentais dos Trabalhadores de 1989, *inter alia*) são documentos genéricos e sem o alcance que possui a norma oriunda da OIT.

Destina-se a todos os trabalhadores, salvo aos marítimos, aos quais continua a se aplicar a Convenção n. 91, que o Brasil ratificou em 18.06.1965 e promulgou pelo Decreto n. 66.875, de 1970. A par disso, tem registrado um pequeno número de ratificações(540), por uma série de dificuldades, sobretudo de índole legislativa, como apontado em documento da OIT(541).

Uma nota é indispensável: qual a norma que deve ser aplicada aos trabalhadores brasileiros? A CLT, no que refere às férias, ou a Convenção n. 132 da OIT? Afirmar que deve ser a norma mais favorável seria repetir o óbvio. O que temos, na verdade, é um conflito entre o direito interno e o direito internacional e teorias para solucionar esse problema.

Pela teoria do conglobamento, que é a adotada pela maioria da doutrina e pelos tribunais superiores também, devemos utilizar o conjunto normativo mais favorável, examinado na sua integralidade. Aposta a ela, temos a teoria da acumulação ou atomista, segundo a qual a norma mais favorável deve ser encontrada em dado conjunto normativo aplicando-se as disposições mais favoráveis ao trabalhador. Em outros termos, no conflito entre a CLT e a Convenção n. 132, pela teoria atomista, devemos utilizar, para cada situação, a regra que for mais benéfica ao lado mais fraco, que é o trabalhador. Assim, no tema relativo a férias, em vários momentos constatamos o conflito, como, *v.g.*, quando cuidamos da duração das férias, como passaremos a examinar.

4. DURAÇÃO DAS FÉRIAS

Denomina-se período aquisitivo o intervalo de doze meses a partir do qual o trabalhador poderá gozar suas férias anuais. Ao período subsequente, chama-se de gozo ou de fruição.

---

(539) Essa posição da Suprema Corte, demonstrada no julgamento da ADIn 1.480-DF (Relator: Min. Celso de Mello), acerca da Convenção n. 158, que o Brasil veio a denunciar (cf. FRANCO FILHO, G. de S. *Direito do Trabalho no STF (II)*. São Paulo: LTr, 1999. p. 59-63).

(540) Até julho de 2014, havia o registro de apenas 36 ratificações, cf. <http://www.ilo.org/dyn/normlex/es/f?p=1000:11300:0::NO:11300:P11300_INSTRUMENT_ID:312277>. Acesso em: 26 jul. 2014.

(541) Cf. Doc. GB. 279/11/2, p. 8; e Doc. GB. 279/LILS/3, p. 10-1.

De acordo com o art. 130 da CLT, após doze meses de trabalho, considerando as faltas injustificadas que apresentar nesse período, o empregado tem direito a gozar férias que obedecem à seguinte proporção:

Dias a gozar	Faltas injustificadas
30	0 a 5
24	6 a 14
18	15 a 13
12	24 a 32

O mesmo art. 130 consolidado proíbe o desconto, no período da férias, das faltas do empregado ao serviço (§ 1º), e esse período é computado para todos os efeitos como tempo de serviço (§ 2º).

Outros aspectos chamam a atenção acerca da duração das férias. O primeiro é acerca da duração das férias, considerando períodos de licença-saúde ou acidentária. De acordo com a CLT, as férias são de até trinta dias corridos, tendo em conta as faltas que, no período aquisitivo, apresentar o empregado (art. 130), em uma escala descendente, significando, ao cabo, que, se registrar trinta e três ou mais faltas, não terá direito a gozá-las.

A Convenção n. 132 exclui os feriados do cômputo de dias a usufruir, da mesma forma com os dias de licença-saúde ou acidentária. Significa, no entendimento de Arnaldo Süssekind, que a expressão *dias corridos* da CLT foi derrogada[(542)], o que, *data venia*, entendemos não ter ocorrido em face da impossibilidade de usar concomitantemente os dispositivos convencional e consolidado. Nesse aspecto, aliás, desde o início sempre nos posicionamos no sentido de que prevalecerá o art. 130 da CLT, muito mais benéfico para o trabalhador do que a Convenção n. 132.

O segundo aspecto versa sobre licença-saúde ou acidentária, havendo perfeita compatibilidade com o art. 131, III, da CLT, mas nota-se alteração no art. 133, IV, da CLT, que se refere à licença por período superior a seis meses. Consoante a Convenção n. 132, os períodos de ausência por motivo de enfermidade, acidente ou maternidade serão contados como parte do tempo de serviço (art. 5º, n. 4). Se é assim que é o certo, o preceito consolidado resultou derrogado no particular, e o empregado em gozo desse benefício passou a ter direito às férias do período de afastamento. Aliás, Rodrigues Pinto apontou a injustiça da CLT nesse aspecto, assinalando que *chega a ser cruelmente irônico dizer-se que o empregado em inatividade por doença ou por acidente no trabalho gozou férias*.

Como acentua o jurista baiano,

> pelo contrário, são comuns os casos em que a alta do auxílio-doença ou acidentário à sociedade indivíduos de tal modo abalados psicologicamente que, aí sim, clamam por um repouso reparador do trauma sofrido. É profundamente injusto equiparar o leito do enfermo à rede do ocioso[(543)].

Essa injustiça, com a entrada em vigor da Convenção n. 132, foi reparada.

O terceiro ponto a abordar: os feriados e a duração efetiva das férias. O art. 6º, n. 1, da Convenção n. 132 exclui expressamente os feriados do período de férias, que, por corolário, deverão ser acrescentados aos dias a gozar. Sendo assim, poderíamos ter, *v. g.*, que o empregado viesse a gozar trinta e um e não trinta dias, se suas férias fossem usufruídas de 1º a 30 de setembro, em face do feriado de 7 de setembro. Sem dúvida estamos ante a derrogação do dispositivo consolidado.

A questão, todavia, não deve ser pacificamente entendida. É que, como a Convenção n. 132 prevê o mínimo de três semanas de férias (art. 3º, n. 3), que correspondem a vinte e um dias, e no Brasil esse período é trinta dias corridos, neste poderiam ser incluídos os feriados[(544)]. Em outros termos, teríamos 21 dias de férias, acrescidos de

(542) SÜSSEKIND, A. L. Alterações na legislação de férias, *in Revista de Direito Trabalhista*, Brasília, 17(800):9, fev. 2000.

(543) RODRIGUES PINTO, J. A. *Curso de Direito Individual*... cit., p. 385.

(544) Certamente por justificado equívoco, Alice Monteiro de Barros menciona que teríamos sustentado posição no sentido de que as férias no Brasil passariam a ser de 30 dias úteis, o que, *data venia*, não adotamos (v. BARROS, A. M. *Curso*... cit., 6. ed., p. 744). Entendemos que tanto a CLT refere a dias corridos como a Convenção n. 132 também cuida de três semanas de sete dias corridos (21

outros nove dias de férias, que poderiam incluir (nesses nove dias) os feriados do período. Apenas se exceder de nove feriados é que se acrescentariam os dias de feriados excedentes, embora, sabidamente, não exista, no calendário gregoriano brasileiro, os feriados apontados, em nenhum período de trinta dias que inclua tantos sucessivos feriados. É, entretanto, um aspecto que pode vir a ser questionado. Um aspecto que merece ser registrado: de todos os 36 Estados que ratificaram a Convenção n. 132, o que concede, por norma interna, maior número de dias de férias é o Brasil (trinta dias), nenhum outro o supera[(545)].

O quarto ponto que merece abordagem é relativo ao fracionamento das férias. A nosso ver, o art. 134, § 1º, da CLT foi derrogado pelo art. 8º, n. 2, da Convenção n. 132. O dispositivo consolidado permitia o fracionamento das férias em até dois períodos de no mínimo dez dias cada qual. Com a vigência da Convenção n. 132, a regra alterou. O fracionamento máximo permitido é de duas semanas, ou quatorze dias, e não mais o anterior. Se havia esse conflito (entre a lei interna e a convenção internacional), a partir das mudanças da Lei n. 13.467/2017, a situação ficou mais diferente ainda e mais acentuado o conflito.

É que atualmente as férias, se houver concordância do empregado, podem ser usufruídas em até três períodos. O primeiro deles não pode ser inferior a quatorze dias corridos. Os dois restantes não podem ser inferiores a cinco dias corridos cada um. É o que está no novo § 1º do art. 134 da CLT, devendo ser observado que as férias não podem iniciar-se no período de dois dias que antecede feriado ou dia de repouso semanal remunerado (§ 3º do art. 134).

Como se constata, a nova legislação brasileira vai completamente de encontro à Convenção n. 132, que somente permite fracionamento em até dois períodos de no mínimo dez dias cada, e, em que pese a necessidade da concordância do empregado, entendemos que essa contrariedade à Convenção importa em reconhecer a prevalência da norma internacional sobre a interna, considerando o critério da especialidade (*lex specialis derogat lex generalis*), que o STF tem adotado inúmeras vezes.

No entanto, se, ainda assim, for entendido que prevalece o novo comando da CLT, resulta que a remuneração das férias, assim como o valor do terço constitucional, devem ser fracionados de modo a que o trabalhador receba cada parcela aquando de usufruir as férias correspondentes.

Por outro lado, fruto dessas mesmas mudanças legislativas de 2017, o § 2º do art. 134, que proibia a menores de dezoito anos e maiores de cinquenta anos o fracionamento das férias, devendo gozá-las somente de uma única vez, foi revogado, donde não existe mais nenhuma restrição, podendo, também aqui, haver o fracionamento, com a observação que fizemos acima: ou se observa a Convenção n. 132 (lei especial), ou se aplica a CLT (lei geral).

Veja-se a concessão de férias para o trabalhador intermitente, objeto do art. 452-A e que tratamos acima (v. Capítulo 2, item 2.3.5., nesta Parte).

Convém recordar, ainda, que o art. 611-B da CLT cuida de férias nos incisos XI e XII, e retornaremos a ele ao cuidar da possibilidade de substituir o legislado pelo negociado no Brasil (v. Parte II)

5. PERÍODO CONCESSIVO

No relativo ao período de concessão das férias, também chamado de período de fruição ou de gozo, o art. 9º, n. 1, da Convenção n. 132 prevê que seja de até dezoito meses, enquanto a lei brasileira limita aos doze meses subsequentes ao período aquisitivo (art. 137 da CLT). *In casu*, aplica-se o princípio da norma mais favorável, que é a regra inserta no art. 9º, n. 8, da Constituição da OIT. Segundo esse preceito, prevalece a regra do *favor laboris*, isto é, se a norma interna for mais benéfica ao trabalhador é a que deve ser aplicada. Este o caso: o comando que emerge da CLT é mais favorável ao obreiro, que continua a ter direito de gozar suas férias até doze meses após adquirir o direito.

---

dias). Foi nesse sentido a conferência que proferimos no Congresso Internacional de Direito do Trabalho e Processual do Trabalho, realizado no Rio de Janeiro, em 2002 (v. nosso *Ética, Direito & Justiça*. São Paulo: LTr, 2004. p. 41-3).

(545) V. <http://www.ilo.org/dyn/normlex/es/f?p=1000:11300:0::NO:11300:P11300_INSTRUMENT_ID:312277>. Acesso em: 26 jul. 2014.

Ainda dentro do tema da concessão de férias, mudaram-se os critérios que devem ser observados. Anteriormente, o art. 136, *caput*, da CLT previa que deveria atender ao interesse do empregador a fixação do período do gozo das férias. Agora, é diversa a situação: dependerá de consulta prévia ao empregado interessado ou a seus representantes, considerando exigências do trabalho, oportunidades de descanso e lazer disponível (art. 10, ns. 1 e 2). Permanecem, no entanto, as regras dos §§ 1º e 2º do art. 136 consolidado: familiares podem gozar férias em conjunto e o empregado estudante, menor de dezoito anos, tem direito a fazer coincidir suas férias com as escolares.

6. REMUNERAÇÃO DAS FÉRIAS

De acordo com o art. 142 da CLT, durante o período de férias, o empregado receberá a remuneração que lhe for devida na data da sua concessão. A ela, por força do art. 7º, XVII, da Constituição, deve se acrescentar mais 1/3.

Se concedidas após o prazo do art. 134 da CLT (um ano após o período aquisitivo), o empregador deverá pagar em dobro a remuneração correspondendo (art. 137 da CLT), inclusive sendo devida a dobra do 1/3 constitucional, porque consectário do principal, podendo, a partir desse mesmo prazo, o trabalhador ajuizar ação na Justiça do Trabalho, a fim de obter, por sentença judicial, a fixação da época para o gozo das mesmas (§ 1º), com a indenização correspondente sendo calculada com base na remuneração devida à época da reclamação ou, se for o caso, da extinção do contrato, conforme a Súmula n. 7 do TST.

Além disso, o empregador será condenado a uma multa diária. De acordo com o § 2º do art. 137 consolidado, serão 5% sobre o salário mínimo, porém, em face da Súmula Vinculante n. 4, do STF, é defesa essa vinculação. Assim, entendemos que a base de cálculo dessa pena diária deve ser o salário contratual do reclamante.

A decisão judicial transitada em julgado será remetida, por cópia, à SRTE para aplicação da correspondente multa administrativa (§ 3º do art. 137 da CLT).

Ainda acerca da concessão das férias fora do prazo legal, o TST editou a Súmula n. 81 com o seguinte teor:

> SÚMULA N. 81 – FÉRIAS – Os dias de férias gozados após o período legal de concessão deverão ser remunerados em dobro.

Esse precedente jurisprudencial significa que, em sendo parte dos dias das férias concedidas para gozo dentro do período legal, o excedente será remunerado com valor dobrado. Exemplificando: o período de gozo das férias de um dado trabalhador findava a 30 de outubro. O empregador concedeu-lhe férias a partir de 15 de outubro até 15 de novembro. Os primeiros quinze dias (de 15 a 30 de outubro) serão remunerados de forma singela. Os restantes quinze dias (de 1 a 15 de novembro) serão devidos em dobro.

O pagamento da remuneração das férias e, se for o caso, também do abono de que cuida o art. 143 da CLT, deve ser efetuado até dois dias antes do seu início, passando o empregado o competente recibo de quitação do pagamento, indicando dias de início e de término das férias (art. 145 e parágrafo único da CLT).

Durante suas férias, o empregado receberá a remuneração devida na data da sua concessão (art. 142 da CLT). Assim se dá na hipótese de remuneração fixa. Outras formas de salário devem observar as formas prescritas nos parágrafos do art. 142 consolidado, a saber:

Formas de salário	Cálculo das férias
Salário por hora com jornadas variáveis	Média do período aquisitivo sobre o valor do salário da data da concessão
Salário por tarefa	Média da produção do período aquisitivo sobre o valor da tarefa na data da concessão
Salário por porcentagem, comissão ou viagem	Média dos últimos 12 meses que precedem à data da concessão
Salário em utilidades	Computadas conforme as anotações na CTPS

Adicionais de horas extras, noturno, de insalubridade ou periculosidade	Computados no salário que serve de base de cálculo para remuneração das férias
Adicionais não percebidos no momento das férias ou recebidos sem uniformidade no período aquisitivo	Computada a média duodecimal do período, com incidência de eventuais reajustes salariais

7. ABONO DE FÉRIAS

O *caput* do art. 143 da CLT dispõe:

> Art. 143. É facultado ao empregado converter 1/3 (um terço) do período de férias a que tiver direito em abono pecuniário, no valor da remuneração que lhe seria devida nos dias correspondentes.

A *venda* desse 1/3 é bastante questionável. Afinal, o objetivo das férias é proporcionar dias de descanso ao trabalhador. Convertendo parte desses dias em pecúnia, trocar por dinheiro o repouso necessário para recuperar sua saúde para novo período de trabalho, o pseudobeneficiário estará, a longo prazo, causando males que, futuramente, poderão ser irreversíveis, enfraquecendo-se física e mentalmente. Apesar disso, essa opção existe e depende da vontade de cada qual.

O abono deve ser requerido ao empregador até quinze dias antes do término do período aquisitivo, ou seja, quinze dias antes de iniciar-se o período em que as férias adquiridas poderão ser usufruídas, sendo que, com relação a férias coletivas, que serão examinadas adiante, a conversão deve constar de acordo coletivo entre o empregador e o sindicato de trabalhadores, além de pedido individual do trabalhador interessado.

Por outro lado, empregados submetidos ao regime de tempo parcial não poderiam optar por esse abono até ser revogado o § 3º do art. 143 da CLT. Agora, podem nos termos do § 7º do art. 58-A consolidado.

Essa verba não integra a remuneração do trabalhador para os efeitos da legislação trabalhista, regra que se estende, por igual, a outros abonos similares, concedidos em decorrência de cláusula do contrato de trabalho, de regulamento da empresa, de convenção ou acordo coletivo de trabalho, desde que não excedente de vinte dias do salário (art. 144 da CLT).

Se formos aplicar a Convenção n. 132 da OIT, teremos que considerar inaplicável a regra celetista referente ao abono de férias para o trabalhador que possui dezoito ou doze dias de férias a gozar. É que a norma internacional limita a duas semanas ou quatorze dias o mínimo de tempo de férias a usufruir, logo, se o trabalhador tem direito a dezoito dias, o 1/3 corresponderá a seis dias, e gozaria apenas doze dias, violando a convenção da OIT.

Todavia, a prática brasileira aplica a regra celetista sem essa, a nosso ver, adequada restrição. Com efeito, temos, no quadro abaixo, a demonstração do que ocorre hodiernamente em nosso país:

Período de Férias	Dias do 1/3 do Abono	Dias a Gozar
30	10	20
24	8	16
18	6	12
12	4	8

8. TÉRMINO DO CONTRATO DE TRABALHO

Findo o contrato de trabalho, o art. 146 regula a situação das férias devidas ao empregado.

O dispositivo diz:

> Art. 146. Na cessação do contrato de trabalho, qualquer que seja a sua causa, será devida ao empregado a remuneração simples ou em dobro, conforme o caso, correspondente ao período de férias cujo direito tenha adquirido.

São as férias vencidas, cujo valor será singelo caso a saída do trabalhador se opere durante o período de gozo, ou dobrará, caso o período concessivo já tenha passado.

9. FÉRIAS PROPORCIONAIS

As férias proporcionais são objeto do parágrafo único do art. 146 da CLT, que prevê:

> Parágrafo único. Na cessação do contrato de trabalho, após 12 (doze) meses de serviço, o empregado, desde que não haja sido demitido por justa causa, terá direito à remuneração relativa ao período incompleto de férias, de acordo com o art. 130, na proporção de 1/12 (um doze avos) por mês de serviço ou fração superior a 14 (quatorze) dias.

Assim, as férias proporcionais são devidas sempre que o empregado não houver completado o período aquisitivo e pedir dispensa ou for dispensado sem justa causa, revestindo-se esse pagamento de natureza indenizatória.

9.1. SITUAÇÃO DE EMPREGADO COM MENOS DE UM ANO DE CASA

Relevante aspecto acerca das férias refere-se aos direitos do trabalhador que deixa o emprego com menos de um ano de casa. Anteriormente, a interpretação dada ao art. 147 da CLT era no sentido de que não havia reconhecimento do direito a férias proporcionais para o empregado em situação que tal. A redação do dispositivo em apreço é:

> Art. 147. O empregado que for despedido sem justa causa, ou cujo contrato de trabalho se extinguir em prazo predeterminado, antes de completar 12 (doze) meses de serviço, terá direito à remuneração relativa ao período incompleto de férias, de conformidade com o artigo anterior.

Com a vigência da Convenção n. 132, a situação teria se alterado e os empregados com menos de um ano de casa, que saem espontaneamente, do emprego, passariam a ter direito às férias proporcionais[(546)].

A nosso ver, conquanto o art. 147 da CLT tenha previsto apenas duas situações em que as férias seriam devidas a quem tivesse menos de um ano de casa (o despedimento imotivado e o contrato por prazo determinado), sempre entendemos por discriminatória a exclusão do empregado que deixa voluntariamente o emprego. Com efeito, se prestou serviços e pediu dispensa, era, no mínimo, injusto negar-lhe o direito à proporcionalidade das férias.

Evidente que se tratava de entendimento minoritário o que adotamos ao longo dos anos, embora não isolado. Rodrigues Pinto, *v. g.*, destaca que o Direito brasileiro associou o direito à remuneração das férias à causa da extinção do contrato, quando deveria ter associado a prestação do serviço e ao desgaste orgânico correspondente[(547)]. Assim, essa injustiça da lei interna deveria ter sido, ao longo dos anos, superada pela jurisprudência, que, todavia, não se posicionou dessa forma, modificando-a, todavia, e agora com pleno acerto, ao alterar a Súmula n. 261, atualmente assim redigida:

> SÚMULA N. 261 – FÉRIAS PROPORCIONAIS. PEDIDO DE DEMISSÃO. CONTRATO VIGENTE HÁ MENOS DE UM ANO – O empregado que se demite antes de complementar 12 (doze) meses de serviço tem direito a férias proporcionais.

Alinhou-se a jurisprudência sumulada do TST à Convenção n. 132 e superou-se a injusta interpretação dado ao dispositivo consolidado. O empregado com menos de um ano de casa, que pede dispensa, passou a ter direito a férias proporcionais, dentro da correta e justa exegese dos arts. 4º, n. 1, e 11 da Convenção n. 132.

10. FÉRIAS COLETIVAS

O instituto das férias coletivas foi introduzido no direito brasileiro em 1977. Sua concessão observa alguns requisitos:

a) crise econômica que justifique a suspensão provisória dos serviços em determinadas empresas;

---

(546) N. sent.: BARROS, G. de O. Art.e loc. cits., p. 8; MEIRELES, Edilton. Férias e a Convenção n. 132 da OIT, *in Revista de Direito Trabalhista*, Brasília, 17(801):12, fev. 2000.

(547) RODRIGUES PINTO, J. A. *Curso de direito individual*... cit., p. 386.

b) faculdade do empregador de suspender o trabalho para todos os empregados ou apenas para setores específicos da empresa (art. 139 da CLT);

c) comunicação ao M.Tb., aos sindicatos de trabalhadores envolvidos e a estes, com antecedência de quinze dias (art. 139, §§ 2º e 3º, da CLT).

As férias coletivas, ademais, poderão ser gozadas em dois períodos anuais desde que nenhum deles seja inferior a dez dias corridos (art. 139, § 1º, da CLT), fazendo jus o trabalhador ao acréscimo de 1/3 previsto na Constituição.

Relativamente aos empregados com menos de doze meses no trabalho, o art. 140 da CLT determina:

> Art. 140. Os empregados contratados há menos de 12 (doze) meses gozarão, na oportunidade, férias proporcionais, iniciando-se, então, novo período aquisitivo.

De acordo com o art. 141 e §§ da CLT, sendo as férias concedidas a mais de trezentos empregados da mesma empresa, carimbo aprovado pelo M.Tb. servirá para as devidas anotações, sem necessidade de referência ao período aquisitivo, mas fornecida cópia do recibo correspondente à quitação.

Note-se que os registros das férias coletivas deverão ser feitos na CTPS do trabalhador quando da cessação do contrato de trabalho (§ 3º do art. 141 da CLT).

Capítulo XX

FUNDO DE GARANTIA DO TEMPO DE SERVIÇO

1. ORIGENS E MOTIVAÇÕES

Até 1967, quando começou a viger no Brasil a Lei n. 5.107, de 13.09.1966, predominava o regime celetista da estabilidade decenal. O empregado estável, então, como visto antes (v., nesta parte, Capítulo XII, n. 2), somente poderia ser dispensado mediante inquérito para apuração de falta grave ajuizado perante a Justiça do Trabalho.

A Constituição de 1967, no art. 158, previa, no inciso V, a *integração do trabalhador na vida e no desenvolvimento da empresa, com participação nos lucros e, excepcionalmente, na gestão, nos casos e condições que forem estabelecidos*, repetindo o comando da Constituição de 1946 (art. 157, IV), que introduziu esse direito no Brasil. Porém, no inciso XIII, o constituinte de 1967 criou uma opção entre dois regimes diferentes: *estabilidade, com indenização ao trabalhador despedido, ou fundo de garantia equivalente.*

A coexistência dos dois regimes permaneceu até o advento da Constituição de 1988 quando, garantido o direito adquirido de quem fosse estável até 5 de outubro, todos os demais trabalhadores brasileiros passaram a ser, necessariamente, integrantes do FGTS, que passou a ser o único regime, desaparecendo a opção que existia anteriormente e que, a rigor, era uma *opção obrigatória*, a medida em que somente era contratado o empregado que optasse pelo regime.

Havia a possibilidade de opção retroativa, mas dependia, em todo caso, da concordância do empregador, consoante a OJ n. 39 (temporária) do TST:

> OJ-SDI1T-39 – FGTS. OPÇÃO RETROATIVA. CONCORDÂNCIA DO EMPREGADOR. NECESSIDADE – A concordância do empregador é indispensável para que o empregado possa optar retroativamente pelo sistema do Fundo de Garantia do Tempo de Serviço.

A rigor, o FGTS garante tempo de serviço teórico, mas não garante a permanência no emprego.

Embora maciçamente a doutrina aponte como sendo o principal motivo do surgimento do FGTS o social, qual seja o de subsidiar a construções de habitações populares, acreditamos que houve também uma motivação política bastante relevante.

Dois anos antes da promulgação da Lei n. 5.107, ocorreu no Brasil um movimento militar que implantou regime de exceção durante mais de três décadas (até 1985).

Para resolver o problema de infiltração política nas escolas, e, de outro lado, atender reivindicação de alunos e professores que queriam ver modernizados os métodos educacionais no Brasil, foi efetuada profunda reforma no ensino universitário, terminando o regime seriado anual de turmas fixas e passando a ser adotado o regime semestral de turmas móveis de livre escolha dos alunos. Com isso, o movimento estudantil ficou desarticulado e entrou em franca decadência.

Havia, no entanto, as bases sindicais, bastante sólidas e que apoiavam os governantes depostos. A estabilidade decenal, consagrada na CLT, fazia os trabalhadores serem mantidos nos seus empregos indefinidamente, e, com isso, passavam a ter laços mais fortes e mais fraternos entre si, gerando entidades sindicais de maior representatividade, força organizacional, poder de barganha e comportamento mais reivindicativo.

Pensamos que aqui está a motivação política do FGTS. Sua criação falsamente facultativa serviu para desarticular todos os movimentos sindicais brasileiros, promover mobilidade do trabalhador, retirar o sentido de permanência e de integração na empresa, desintegrar grupos e, consequentemente, enfraquecer os sindicatos e seu poder sobre o empresariado.

Hoje, passados tantos anos, acostumaram-se os trabalhadores e os empregadores brasileiros com esse agora único regime, restando umas poucas *estabilidades* especiais, a rigor garantias de emprego, tais como: gestante, dirigente sindical, vítima de acidente de trabalho, membro de Cipa, integrante de comissão de conciliação prévia, como examinamos acima (v., nesta Parte, Capítulo XII, n. 3), que, no entanto, não influem sobre o FGTS, eis que o depósito deve continuar sendo efetuado na conta vinculada do empregado.

É a Lei n. 8.036, de 11.05.1990, que dispõe sobre o FGTS atualmente, cujo regulamento consta do Decreto n. 99.684, de 08.11.1990, completados por farta gama de normas complementares, inclusive circulares editadas pela CEF.

Uma coisa, todavia, é certeza indiscutível: a criação do FGTS representou gravíssima perda para o trabalhador. Primeiro, perdeu a garantia do seu emprego estável, podendo ser mandado embora pelo empregador a qualquer tempo e por qualquer motivo – judicialmente, qualquer prova lícita é admitida em juízo, e, assim, pode ser provada qualquer boa razão (boa não significa justa) para a dispensa de um trabalhador –, causando-lhe insuperável insegurança; segundo, quando puder, finalmente, receber o que tiver sido depositado em sua conta vinculada, o *quantum* será, sem sombra de dúvidas, muitíssimo menor que aquele que receberia em caso de uma indenização decenal pelo regime da CLT.

Nesse particular, exemplifiquemos: um empregado, admitido a 01.03.1990 e dispensado imotivadamente a 05.05.2013, integrante do sistema do FGTS (antes de 1988, obrigado a *optar*; após 1988, única forma existente), terá direito aos valores depositados no período, mais a multa de 40%. Se não existisse o FGTS, e fosse dispensado pela vontade patronal receberia a indenização de antiguidade em dobro, porque com mais de dez anos de casa (exatos 23 anos, dois meses e cinco dias). Durante esses anos de trabalho, recebeu salário mensal equivalente, em moeda atual, a R$ 1.500,00. Como o único sistema que vigora no Brasil é o FGTS. Terá direito, incluindo a multa de 40%, a receber o total de R$ 48.050,32. Porém, se a situação fosse diferente, não existisse esse FGTS e tivesse direito à indenização dobrada do art. 497 da CLT, receberia R$ 69.265,23, ou seja, R$ 21.214,91 a mais. Isto demonstra, *ex abundantia*, que o FGTS prejudica pecuniariamente o trabalhador e que, se não existisse, dificilmente esse empregado seria dispensado porque oneraria demasiadamente, de uma só vez, a empresa.

2. SIGNIFICADO

Trata-se o FGTS de uma conta bancária formada pelos depósitos feitos pelo empregador em nome do trabalhador, na qual o primeiro deposita em nome deste último, mensalmente, 8% da sua remuneração, salvo se se tratar de aprendizagem, quando a alíquota será reduzida para 2% (art. 15, *caput*, e § 7º, da Lei n. 8.036/1990), e cuja movimentação dependerá da observância de várias exigências previstas na legislação, tais como: dispensa sem justa causa, falecimento, aposentadoria, aquisição de casa própria etc.

3. NATUREZA JURÍDICA

No que respeita à natureza jurídica do FGTS, esta deve ser examinada sob cinco aspectos, considerando a grande controvérsia que existe em tentar fixá-la sob um único viés.

Pode ter **natureza tributária** e, em sendo um tributo, representa uma contribuição parafiscal arrecadada pelo Estado, destinada a custeio do Sistema Financeiro da Habitação.

Tem, para alguns, **natureza previdenciária**, posto servir de garantia à sobrevivência do trabalhador em caso de despedida, dentre outros.

Sua **natureza** também pode ser **indenizatória**, porque visa a repor, pecuniariamente, o tempo de serviço despendido pelo empregado.

Há quem admita tratar-se de uma espécie de **salário social** porquanto cria-se um fundo social para o trabalhador utilizar em determinados momentos de necessidade (doença grave, aquisição de casa própria, desemprego etc.).

Finalmente, pode ser também um **salário deferido**, porque o obreiro o adquire no presente para ser utilizado somente no futuro.

A nosso ver, qualquer desses ângulos pode ser admitido, sendo mais adequada a sua natureza indenizatória, até por sua motivação história, de sucessor da indenização aos que gozassem de estabilidade pelo antigo regime da CLT, fizessem opção após 1966, ou fossem admitidos após a Constituição de 1988.

E, nesse aspecto, o item I da Súmula n. 98 do TST reforça esse entendimento quando consigna:

> Súmula n. 98 – I – A equivalência entre os regimes do Fundo de Garantia do Tempo de Serviço e da estabilidade prevista na CLT é meramente jurídica e não econômica, sendo indevidos valores a título de reposição de diferenças.

Ainda nesse tema, o item II dessa mesma súmula admite a compatibilidade do regime do FGTS com o das estabilidades contratual ou decorrente de regulamento da empresa:

> Súmula n. 98 – II – A estabilidade contratual ou a derivada de regulamento de empresa são compatíveis com o regime do FGTS. Diversamente ocorre com a estabilidade legal (decenal, art. 492 da CLT), que é renunciada com a opção pelo FGTS.

4. ADMINISTRAÇÃO

Dois importantes órgãos cuidam dos procedimentos de gestão e de aplicação dos recursos do FGTS: o Ministério das Cidades e a CEF.

De acordo com a Lei n. 8.036/1990, o Ministério das Cidades exerce a função de Gestor da Aplicação do FGTS, incumbido de selecionar e hierarquizar os projetos a serem contratados.

De outro lado, a CEF, empresa pública federal vinculada ao Ministério da Fazenda, é o Agente Operador do FGTS, cuidando das atividades operacionais a ele ligadas, inclusive:

a) centralização das contas vinculadas;
b) controle da rede arrecadadora;
c) avaliação da capacidade econômica e financeira dos tomadores de recursos;
d) implementação de atos de alocação de recursos e concessão de créditos;
e) risco de crédito das operações com recursos do Fundo.

5. MECANISMOS DO SISTEMA

5.1. VALOR DO DEPÓSITO

Os percentuais devidos a título de FGTS variam conforme a situação do empregado. O depósito deverá ser efetuado até o dia 7 de cada mês, em conta bancária vinculada. O percentual comum a todos é de 8% sobre as parcelas remuneratórias (art. 15 da Lei n. 8.036/1990), incidindo inclusive, em caráter facultativo, para os diretores de empresas sujeitas ao regime da CLT, que podem ser equiparados aos demais trabalhadores.

Consoante o art. 15, § 7º, da Lei n. 8.037/1990, a alíquota é reduzida nos casos de contrato de aprendizagem, sendo, atualmente, de 2% do montante recebido pelo empregado (Lei n. 10.097/2000).

Caso o depósito seja efetuado fora do prazo legal, haverá incidência da Taxa Referencial (TR) por dia de atraso[(548)]. Sobre esse novo valor, devem ser aplicados juros de mora de 0,5% ao mês ou fração e multa, além das obriga-

(548) Nesse sentido, a OJ-SDI1-302: *FGTS. ÍNDICE DE CORREÇÃO. DÉBITOS TRABALHISTAS – Os créditos referentes ao FGTS, decorrentes de condenação judicial, serão corrigidos pelos mesmos índices aplicáveis aos débitos trabalhistas.*

ções e sanções do Decreto-lei n. 368, de 19.12.1968, que cuida da empresa em débito salarial com seus empregados (art. 22 e §§ 1º e 2º da Lei n. 8.037/1990).

A multa de que trata o § 1º do art. 22 da Lei n. 8.037/1990 será cobrada de duas formas: 5% no mês de vencimento da obrigação e 10% a partir do mês seguinte ao do vencimento da obrigação (§ 2º-A do mesmo artigo).

Por outro lado, dispõe o § 3º do art. 22 da Lei n. 8.037/1990 que para efeito de levantamento de débito para com o FGTS, o percentual de 8% incidirá sobre o valor acrescido da TR até a data da respectiva operação.

A regularidade dos depósitos nas contas vinculadas do FGTS deve ser provada pelo empregador nos termos da jurisprudência sumulada do TST:

> SUMÚLA n. 461 – FGTS. DIFERENÇAS. RECOLHIMENTO. ÔNUS DA PROVA – É do empregador o ônus da prova em relação à regularidade dos depósitos do FGTS, pois o pagamento é fato extintivo do direito do autor (art. 373, II, do CPC de 2015).

5.2. CÁLCULO

Objetivando o cálculo do percentual a ser recolhido na conta vinculada do empregado, existem parcelas salariais que devem se consideradas para fins de incidência.

Com efeito, a remuneração (e não apenas o salário) é a principal base de cálculo. Guardam o mesmo destino as horas extras e os adicionais eventuais, conforme a Súmula n. 63 do TST:

> Súmula n. 63 – FUNDO DE GARANTIA – A contribuição para o Fundo de Garantia do Tempo de Serviço incide sobre a remuneração mensal devida ao empregado, inclusive horas extras e adicionais eventuais.

A contribuição do FGTS também incide sobre o aviso-prévio, seja trabalhado ou não (Súmula n. 305 do TST).

Por outro lado, há parcelas nas quais não há incidência de FGTS. Assim as férias indenizadas, a teor da OJ n. 195-TST.

Igualmente com as parcelas de natureza não salarial, que são referidas no art. 28, § 9º, da Lei n. 8.212/1991, como remete o § 6º do art. 15, da Lei n. 8.036/1990, a saber:

a) benefícios da previdência social, nos termos e limites legais, salvo o salário-maternidade;

b) adicional mensal e ajuda de custo recebidos pelo aeronauta. O adicional é devido em caso de transferência provisória, nunca inferior a 25% do salário recebido na base, e a ajuda de custo, devida quando a transferência é permanente, nunca inferior a quatro meses de salário, para fazer face a despesas de mudança e instalação na nova base (art. 27, §§ 2º e 3º, do Decreto-lei n. 18, de 24.08.1966, com a redação dada pela Lei n. 5.959, de 30.10.1973);

c) parcela *in natura* recebida dentro do Programa de Alimentação do Trabalhador (PAT) aprovado pelo M.Tb., de que trata a Lei n. 6.321, de 14.04.1976;

d) importâncias recebidas a título de:
   - férias simples e dobradas, que sejam indenizadas, bem como o 1/3 constitucional;
   - multa de 40% dos valores depositados a título de FGTS (art. 10, I, do ADCT);
   - indenização por tempo de serviço anterior a 05.10.1988 (data da entrada em vigência da Constituição atual) para o empregado não optante pelo FGTS;
   - indenização pelo rompimento antecipado de contrato por prazo determinado (art. 479 da CLT);
   - indenização ao safrista, correspondente a 1/12 do salário mensal por mês de serviço ou fração superior a quatorze dias, quando findo o contrato (art. 14 da Lei n. 5.889, de 08.06.1973);
   - indenização dentro de programas de incentivo à demissão;
   - abono pecuniário decorrente da conversão de 1/3 das férias, previsto no art. 143 da CLT;
   - indenização relativa aos ganhos eventuais e abonos expressamente desvinculados do salário;
   - licença-prêmio indenizada;

- indenização adicional, caso seja dispensado sem justa causa, no período de trinta dias antecedentes da sua data-base, no valor correspondente a um salário mensal (art. 9º da Lei n. 7.238, de 29.10.1984);
- vale-transporte[(549)];
- ajuda de custo, em parcela única, recebida exclusivamente em decorrência de mudança de local de trabalho (art. 470 da CLT);
- diárias para viagens não excedentes de 50% da remuneração mensal;
- bolsa de estagiário, na forma do art. 12 da Lei n. 11.788, de 25.09.2008, que revogou a Lei n. 6.494, de 07.12.1977;
- participação nos lucros ou resultados da empresa, quando paga ou creditada de acordo com a Lei n. 10.101, de 19.12.2000;
- abono do Programa de Integração Social (PIS) e do Programa de Assistência ao Servidor Público (PASEP);
- valores correspondentes a transporte, alimentação e habitação fornecidos pela empresa ao empregado contratado para trabalhar em localidade distante da de sua residência, em canteiro de obras ou local que, por força da atividade, exija deslocamento e estada, observadas as normas de proteção estabelecidas pelo M.Tb.;
- importância paga ao empregado a título de complementação ao valor do auxílio-doença, desde que este direito seja extensivo à totalidade dos empregados da empresa;
- parcelas destinadas à assistência ao trabalhador da agroindústria canavieira, de que trata o art. 36 da Lei n. 4.870, de 1º de dezembro de 1965;
- valor das contribuições efetivamente pago pela pessoa jurídica relativo a programa de previdência complementar, aberto ou fechado, desde que disponível à totalidade de seus empregados e dirigentes;
- valor relativo à assistência prestada por serviço médico ou odontológico, próprio da empresa ou por ela conveniado, inclusive o reembolso de despesas com medicamentos, óculos, aparelhos ortopédicos, despesas médico-hospitalares e outras similares, desde que a cobertura abranja a totalidade dos empregados e dirigentes da empresa;
- valor correspondente a vestuários, equipamentos e outros acessórios fornecidos ao empregado e utilizados no local do trabalho para prestação dos respectivos serviços;
- ressarcimento de despesas comprovadas decorrentes do uso de veículo do empregado;
- reembolso creche, conforme a Portaria n. 3.296, de 03.09.1986, do M.Tb., observado o limite máximo de seis anos de idade, quando devidamente comprovadas as despesas realizadas;
- valor relativo a plano educacional, ou bolsa de estudo, que vise à educação básica de empregados e seus dependentes e, desde que vinculada às atividades desenvolvidas pela empresa, à educação profissional e tecnológica de empregados, nos termos da Lei de Diretrizes e Bases da Educação (Lei n. 9.394, de 20 de dezembro de 1996 – (LDB), que não seja utilizado em substituição de parcela salarial, e cujo valor mensal, considerado individualmente, não ultrapasse 5% da remuneração do empregado a que se destina ou o valor correspondente a uma vez e meia o valor do limite mínimo mensal do salário de contribuição, o que for maior;
- importância recebida a título de bolsa de aprendizagem garantida ao adolescente até quatorze anos de idade, conforme o art. 64 da Lei n. 8.069, de 13.07.1990;
- importâncias, ainda que habituais, pagas a título de ajuda de custo, auxílio-alimentação, vedado seu pagamento em dinheiro, diárias para viagem, prêmios e abonos, nos termos do § 2º do art. 457 da CLT;
- valores recebidos em decorrência da cessão de direitos autorais;

---

(549) Há controvérsias quanto a essa incidência que pensamos devida, se for pago em dinheiro. Porém, a jurisprudência dominante no TST é em sentido oposto, por entender que não se trata de salário utilidade. Assim, os julgados: RR 713/2006-126-15-00.6, Ac. 3ª T., Rel. Min. Alberto Luiz Bresciani de Fontan Pereira, DJe TST 217/09, j. 23.4.09, p. 911; 6ª T., RR 2462/2005-066-02-0, j. 19.8.09, Rel. Min. Maurício Godinho Delgado, DJe 28.08.2009; 8ª T., RR 745/2003-421-02-00, Rel. Min. Maria Cristina Peduzzi, DJ 14.12.2007). Acima, observamos essa não incidência (v., Capítulo XIV, n. 8).

– valor da multa prevista no § 8º do art. 477 da CLT, referente à inobservância do prazo fixado no § 6º do mesmo artigo para pagamento de verbas rescisórias;

– importâncias, ainda que habituais, pagas a título de ajuda de custo, auxílio-alimentação, vedado seu pagamento em dinheiro, diárias para viagem, prêmios e abonos, nos termos do § 2º do art. 457 da CLT; e,

– valor correspondente ao vale-cultura(550).

5.3. EFEITOS SOBRE SITUAÇÕES ESPECÍFICAS

Há casos que merecem exame mais especial, dado seus efeitos. Vejamos alguns deles.

Nos **contratos por prazo determinado** é aplicável a regra do art. 479 da CLT (Súmula n. 125 do TST), e, nos **contratos nulos**, é possível a aplicação do art. 19-A da Lei n. 8.036/1990, não ofenda afronta ao princípio da irretroatividade, a teor da OJ n. 362 do TST.

Para o **empregado transferido para o exterior**, o FGTS vai incidir sobre todas as parcelas de natureza salarial que receber (OJ n. 232 do TST) e o valor do **repouso semanal remunerado**, majorado com a integração de horas extras habituais, não irá repercutir no cálculo do FGTS a ser depositado na conta vinculada do trabalhador, pena de *bis in idem*, a teor da OJ n. 394 do TST.

Nas hipóteses de **interrupção** do contrato de trabalho, é devido o depósito regular do FGTS na conta vinculada. Nesse particular, o art. 28 do Regulamento Consolidado do Fundo, aprovado pelo Decreto n. 99.684, de 08.11.1990, enumera, exemplificativamente, algumas hipóteses: licença para tratamento de saúde de até quinze dias, licença à gestante e licença-paternidade.

Nos casos de **suspensão** do contrato de trabalho, não é devido recolhimento do depósito, salvo prestação de serviço militar e acidente do trabalho, como elenca o mencionado art. 28 do Regulamento do FGTS, como casos de interrupção do contrato de trabalho, que, a rigor, são de suspensão como examinamos (v., nesta Parte, Capítulo IX).

É importante a previsão do § 2º do art. 2º da Lei n. 8.036/1990, que considera as contas vinculadas absolutamente **impenhoráveis**, garantia essa que abrange não apenas os depósitos mensais efetuados, como as multas rescisórias de 20% e 40%, como será demonstrado.

6. HIPÓTESES DE SAQUE

A conta vinculada do FGTS pode ser movimentada por seu titular ou por seus herdeiros ou dependentes, nas hipóteses do art. 20, da Lei n. 8.036/1990, como examinaremos a seguir, e que são taxativas, inexistindo outras.

A principal motivação é a decorrente de despedida sem justa causa do obreiro, inclusive indireta, de culpa recíproca e por motivo de força maior (n. I). Igualmente pode haver saque quando ocorrer **extinção normal do contrato a termo**, inclusive o dos trabalhadores temporários regidos pela Lei n. 6.019, de 03.01.1974, (n. IX), ou quando ocorrer suspensão total do **trabalho avulso** por período igual ou superior a noventa dias, comprovada por declaração do sindicato representativo da categoria profissional (n. X), ou quando o trabalhador tiver idade igual ou superior a setenta anos (n. XV).

Na ocorrência de rescisão do contrato de trabalho por acordo, modalidade acrescentada pela Lei n 13.467/2017 na CLT, a movimentação da conta vinculada fica limitada até 80% do valor dos depósitos (art. 484-A, § 1º, da CLT). Nesse caso também, a multa do § 1º do art. 18 da Lei n. 8.036/1990 será reduzida à metade (20%) (art. 484-A, I, *b*, da CLT).

Também por ser sacado em caso de **extinção total da empresa**, fechamento de quaisquer de seus estabelecimentos, filiais ou agências, supressão de parte de suas atividades, declaração de nulidade do contrato de trabalho nas condições do art. 19-A, ou ainda quando ocorrer o falecimento do empregador individual sempre que qualquer dessas ocorrências implique rescisão de contrato de trabalho, comprovada por declaração escrita da empresa, suprida, quando for o caso, por decisão judicial transitada em julgado (n. II).

O mesmo se dá em caso de **aposentadoria** concedida pela Previdência Social (n. III), e quando do falecimento do trabalhador, sendo, nessa hipótese, o saldo pago a seus dependentes, para esse fim habilitados perante a Previ-

---

(550) Essa incidência ocorre quando o vale-cultura for fornecido *in pecúnia*, como observamos acima (Capítulo XIV, n. 7).

dência Social, segundo critério adotado para a concessão de pensões por morte. Inexistindo dependentes, o saldo da conta vinculada será entregue aos seus sucessores previstos na lei civil, indicados em alvará judicial, expedido a requerimento dos interessados, independente de inventário ou arrolamento (n. IV).

Para atender sua motivação social, os recursos do FGTS são, como já apontamos, destinados à construção de **moradias populares**. Com efeito, dispõe o inciso V, cuja regra será disciplina pelo Conselho Curador do FGTS visando beneficiar trabalhadores de baixa renda e preservar o equilíbrio financeira do Fundo (§ 2º), que pode haver movimento da conta vinculada para pagamento de parte das prestações decorrentes de financiamento habitacional concedido no âmbito do Sistema Financeiro da Habitação (SFH), desde que: a) o trabalhador-mutuário conte com o mínimo de três anos de trabalho sob o regime do FGTS, na mesma empresa ou em empresas diferentes; b) o valor bloqueado seja utilizado, no mínimo, durante o prazo de doze meses; c) o valor do abatimento atinja, no máximo, 80% do montante da prestação.

Ainda sobre **aquisição de imóvel**, os incisos VI e VII complementam o tema: é permitida a liquidação ou amortização extraordinária do saldo devedor de financiamento imobiliário, observadas as condições estabelecidas pelo Conselho Curador, dentre elas a de que o financiamento seja concedido no âmbito do SFH e haja interstício mínimo de dois anos para cada movimentação; e para o pagamento total ou parcial do preço de aquisição de moradia própria, ou lote urbanizado de interesse social não construído, observadas as seguintes condições:

a) o mutuário deverá contar com o mínimo de três anos de trabalho sob o regime do FGTS, na mesma empresa ou empresas diferentes;
b) seja a operação financiável nas condições vigentes para o SFH.

Existem outras regras para compra de imóvel que devem ser consideradas. A primeira é a do § 3º do art. 20, segundo a qual o direito de adquirir moradia com recursos do FGTS, pelo trabalhador, só poderá ser exercido para um único imóvel.

A outra é a do § 4º: o imóvel objeto de utilização do FGTS somente poderá ser de outra transação com recursos do Fundo, na forma que vier a ser regulamentada pelo Conselho Curador.

Ademais, a regra do § 21 prevê que as movimentações autorizadas nos incisos V e VI referidos acima serão estendidas aos contratos de participação de grupo de consórcio para aquisição de imóvel residencial, cujo bem já tenha sido adquirido pelo consorciado, na forma a ser regulamentada pelo Conselho Curador do FGTS.

O § 17 veda a movimentação da conta vinculada do FGTS nas modalidades previstas nos incisos V, VI e VII do mencionado art. 20, nas operações firmadas, a partir de 25.06.1998, no caso em que o adquirente já seja proprietário ou promitente comprador de imóvel localizado no Município onde resida, bem como no caso em que já detenha, em qualquer parte do País, pelo menos um financiamento nas condições do SFH.

Dispõe o inciso VIII que, quando o trabalhador permanecer três anos ininterruptos, a partir de 1º de junho de 1990, fora do regime do FGTS, e, portanto, com sua **conta paralisada**, poderá efetuar o saque a partir do mês de aniversário do titular da conta.

Sem dúvida, ganha importância o FGTS quando serve para atender a **necessidade de saúde** do trabalhador e seus dependentes. Assim, quando qualquer deles for acometido de neoplasia maligna (inciso XI), portador do vírus HIV (n. XIII) ou quando estiver em estágio terminal, em razão de doença grave (n. XIV).

Nas hipóteses de saúde do trabalhador ou de seus dependentes, é dispensado o comparecimento pessoal do titular da conta vinculada para o pagamento da retirada dos valores correspondentes, desde que haja comprovação mediante perícia médica, sendo o pagamento efetuado a procurador especialmente constituído para esse fim, porque, nas hipóteses dos incisos I (despedida sem justa causa), II (extinção da empresa ou falecimento do empregador), III (aposentadoria), VIII (conta paralisada por mais de três anos), IX (término de contrato por prazo determinado) e X (suspensão de trabalho avulso) é necessária a presença do trabalhador titular da conta (§ 18).

Na mesma linha de eventos supervenientes, cabe movimentar a conta vinculada na ocorrência de **necessidade pessoal**, cuja urgência e gravidade decorra de **desastre natural**, conforme disposto em regulamento, observadas as seguintes condições:

a) o trabalhador deverá ser residente em áreas comprovadamente atingidas de Município ou do Distrito Federal em situação de emergência ou em estado de calamidade pública, formalmente reconhecidos pelo Governo Federal;

b) a solicitação de movimentação da conta vinculada será admitida até 90 (noventa) dias após a publicação do ato de reconhecimento, pelo Governo Federal, da situação de emergência ou de estado de calamidade pública; e

c) o valor máximo do saque da conta vinculada será definido na forma do regulamento (n. XII).

Também cabe ser movimentada essa conta vinculada quando o *trabalhador com deficiência, por prescrição, necessite adquirir órtese ou prótese para promoção de acessibilidade e de inclusão social* (n. XVIII, com a redação dada pela Lei n. 13.146/2015).

Existem ainda duas outras formas de movimentação de conta vinculada, mediante aplicação de seus recursos em dois outros Fundos: Fundo Mútuo de Privatização e Fundo de Investimento do FGTS (FI-FGTS).

A Lei n. 9.491, de 09.09.1997, que modificou procedimentos relativos ao Programa Nacional de Desestatização e revogou a Lei n. 8.031, de 12.04.1990, permitiu a aplicação em quotas de Fundos Mútuos de Privatização, regidos pela que dispõe sobre o mercado de valores mobiliários e cria a Comissão de Valores Mobiliários, em até 50% do saldo existente e disponível em sua conta vinculada do FGTS, na data em que exercer a opção (inciso XII do art. 20 da Lei n. 8.036/1990).

Nesse ponto, o § 6º do art. 20 em comento dispõe que os recursos aplicados em suas cotas serão destinados, nas condições aprovadas pelo CND, a aquisições de valores mobiliários, no âmbito do Programa Nacional de Desestatização, de que trata a citada Lei n. 9.491/1997, e de programas estaduais de desestatização, desde que, em ambos os casos, tais destinações sejam aprovadas pelo Conselho Nacional de Desestatização (CND).

De outro lado, a Lei n. 11.491, de 20.06.2007, criou o Fundo de Investimento do FGTS (FI-FGTS), caracterizado pela aplicação de recursos do Fundo, destinado a investimentos em empreendimentos dos setores de energia, rodovia, ferrovia, hidrovia, porto e saneamento, de acordo com as diretrizes, critérios e condições que dispuser o seu Conselho Curador. Assim, é possível movimentar a conta vinculada para a integralização de cotas do FI-FGTS, respeitado o disposto na alínea *i* do inciso XIII do art. 5º desta Lei, permitida a utilização máxima de 30% (trinta por cento) do saldo existente e disponível na data em que exercer a opção (n. XVII do art. 20 mencionado).

Deve ser observado que há isenção de imposto de renda, conforme o § 14 do artigo citado, para a parcela dos ganhos nos Fundos Mútuos de Privatização até o limite da remuneração das contas vinculadas de que trata o art. 13 da Lei n. 8.036/1990, no mesmo período; e os ganhos do FI-FGTS e do Fundo de Investimento em Cotas – FIC, que tem a incumbência de proceder à integralização das cotas respectivas.

6.1. CÓDIGOS DE SAQUE

Para o FGTS ser movimentado, é necessária a utilização de códigos específicos para atender a cada hipótese das elencadas no art. 20 da Lei n. 8.036/1990, já mencionado.

Com efeito, fundamentada no art. 7º, II, da Lei n. 8.036/1990, a Caixa Econômica Federal, como agente operador do FGTS, edita, periodicamente, Circular destinada a estabelecer procedimentos para a movimentação das contas vinculadas e instruções complementares. É o caso da Circular CEF n. 620, de 17.04.2013, que específica os diversos códigos de saque.

Exemplificativamente, destacamos os Códigos a seguir:

- Código 01 – para os casos de dispensa sem justa causa, inclusive a indireta;
- Código 02 – rescisão de contrato de trabalho por prazo determinado, por obra certa ou de experiência, e por motivo de culpa recíproca ou de força maior;
- Código 04 – extinção do contrato de trabalho por prazo determinado, inclusive o temporário;
- Código 06 – o beneficiário é o trabalhador avulso, em caso de suspensão total do trabalho por período igual ou superior a 90 dias;
- Código 07 – rescisão do contrato de trabalho por acordo entre trabalhador e empregador;
- Código 23 – em caso de falecimento do trabalhador, de diretor não empregado ou de avulso;
- Código 80 – em caso de ser portador de vírus HIV;
- Código 81 – em caso de ser portador de neoplasia maligna (câncer);

- Código 86 – para contas inativas há mais de três anos para contratos extintos a partir de 14.07.1990;
- Código 87 – para contas inativas há mais de três anos para contratos extintos até 13.07.1990;
- Códigos 92, 93, 94, 95, 96 – todos servem para movimentar a conta vinculada a fim de adquirir moradia própria.

Em caso de dispensa por justa causa, usa-se o Código 05, podendo a conta vinculada ser movimentada para compra de casa própria, para aplicação no FI-FGTS, em caso de doença grave ou de falecimento do trabalhador, dentre outras hipóteses.

7. MULTAS DO FGTS

Existem três multas dentro do sistema do FGTS, destinadas a onerar o empregador que, sem razão justificada, despede seu empregado.

A primeira é de 40%. Surgiu no ADCT referente a Constituição de 1988, até que venha a ser regulamento o inciso I do art. 7º do Texto Constitucional, devendo o *quantum* ser depositado na conta vinculada do trabalhador, de acordo com § 1º do art. 18 da Lei n. 8.036/1990.

A OJ n. 42 do TST prevê que essa multa incide sobre o valor total do saque, na data do efetivo pagamento das verbas rescisórias, incluindo as correções monetárias ocorridas durante a vigência do contrato, excluída a projeção do aviso-prévio indenizado, à falta de previsão legal.

Anteriormente à CR-88, a multa era no valor de 10% sobre os depósitos, e a OJ n. 1-Transitória do TST dispõe:

> OJ-SDI1T-1 – FGTS. MULTA DE 40%. COMPLEMENTAÇÃO. INDEVIDA – A rescisão contratual operada antes da vigência da Constituição Federal de 1988, com o pagamento da multa sobre os depósitos do FGTS no percentual de 10%, é ato jurídico perfeito, não se admitindo retroatividade. Assim, indevido o deferimento da complementação, a título de diferenças de multa do FGTS, do percentual de 30%, referente ao período do primeiro contrato rescindido e pago de acordo com a norma vigente à época. (Lei n. 5.107/66, art. 6º).

Tema objeto de grandes preocupações em um momento histórico brasileiro foi o de sucessivos planos econômicos que, na tentativa de reduzir os índices de inflação, promoviam grandes alterações na economia do Brasil. A reposição dessas perdas, decorrentes de planos conhecidos como *Bresser, Verão* e *Collor*, que mudaram moedas e a própria vida do povo brasileiro e absolutamente nada resolveram, foram grandes e o trabalhador foi o grande prejudicado.

Relativamente ao FGTS, a Súmula n. 252 do STJ reconheceu direito a correção dos saldos das contas em diversos períodos de junho de 1987 a fevereiro de 1991, confirmado pela Lei Complementar n. 110, de 29.06.2001, ao tentar corrigir as falhas anteriores

Em decorrência das inúmeras ações visando à reposição das perdas nos depósitos nas contas vinculadas oriundas desses expurgos inflacionários, o TST adotou a OJ n. 370, alusiva à interrupção da prescrição, que prevê:

> OJ N. 370 – FGTS. MULTA DE 40%. DIFERENÇAS DOS EXPURGOS INFLACIONÁRIOS. PRESCRIÇÃO. INTERRUPÇÃO DECORRENTE DE PROTESTOS JUDICIAIS – O ajuizamento de protesto judicial dentro do biênio posterior à Lei Complementar n. 110, de 29.06.2001, interrompe a prescrição, sendo irrelevante o transcurso de mais de dois anos da propositura de outra medida acautelatória, com o mesmo objetivo, ocorrida antes da vigência da referida lei, pois ainda não iniciado o prazo prescricional, conforme disposto na Orientação Jurisprudencial n. 344 da SBDI-1.

Ademais, a multa decorrente das diferenças desses expurgos é ônus do empregador e não do Estado, seja o agente operador (CEF), seja o gestor dos recursos (Ministério das Cidades), a teor da OJ n. 341 do TST:

> OJ N. 341 – FGTS. MULTA DE 40%. DIFERENÇAS DECORRENTES DOS EXPURGOS INFLACIONÁRIOS. RESPONSABILIDADE PELO PAGAMENTO – É de responsabilidade do empregador o pagamento da diferença da multa de 40% sobre os depósitos do FGTS, decorrente da atualização monetária em face dos expurgos inflacionários.

Essa multa será devida pela metade, ou seja, 20%, quando se tratar de rescisão por acordo, conforme prevê o art. 484, I, *b*, da CLT, como referido anteriormente.

A outra multa é a do § 2º, do art. 18, da Lei n. 8.036/1990, também no valor de 20%, aplicável em caso de culpa recíproca ou força maior, que examinamos acima.

A última multa é recolhida ao Estado, em 10% dos valores devidos ao empregado, quando de sua saída. É a previsão do art. 1º da Lei Complementar n. 110, de 29.06.2001, desde que o empregado seja dispensado sem justa causa, e a base de cálculo será o montante de todos os depósitos devidos (art. 1º), a ser recolhida em até sessenta dias da data da saída do trabalhador (art. 2º).

Dessa multa ficam isentos, apenas, as empresas inscritas no SIMPLES, os empregadores domésticos e o empregadr rural pessoa física, cuja receita bruta anual seja inferior a R$ -1.200 mil (art. 2º, *caput*).

Importante observar que duas ADINs[551] foram apresentadas ao STF e nenhuma prosperou. A multa de 10% visa repor as perdas decorrentes de alguns dos muitos planos econômicos que fracassaram no Brasil, e a solução foi impor aos empregadores brasileiros o ônus de *pagar a conta.*

8. REVISÃO DO FGTS

Nos momentos de dificuldades financeiras é quando mais se precisa de dinheiro vivo. Na doença, no desemprego, na compra de casa própria, na aposentadoria, geralmente as pessoas precisam de mais recursos. O FGTS passa a ser uma alternativa para superar esses problemas, mas, nem sempre, funciona como poderia – e deveria – ser. Os valores depositados originalmente deveriam ser corrigidos, a fim de conservar, pelo menos em tese, o poder aquisitivo da moeda, mas, nunca o foram corretamente, e, depois de 1999, passaram a ter, praticamente, correção negativa. Em outros termos, *alguém* ficou com o que não era seu, e ao trabalhador, *dono* dos valores, restou apenas a esperança.

Com efeito, milhares de trabalhadores, que estavam empregados entre os anos 1999 e 2013, tiveram grandes prejuízos em decorrência da aplicação da Taxa Referencial (TR), sempre muito aquém da inflação, que o Governo federal mandou adotar para fim de atualização dos valores depositados em conta vinculada. As diferenças devidas são bastante expressivas, chegando, em alguns casos, a atualização a até 88,3% do montante existente.

Essas ações revisionais tencionam buscar a atualização correta justo porque a TR, como indexador, sempre teve variação inferior à inflação medida pelo INPC e pelo IPCA.

Acredita-se que exista aproximadamente um milhão de ações tramitando ou em vias de tramitar no Judiciário brasileiro. O que os trabalhadores, autores das demandas, pretendem é ver repostas as perdas decorrentes da atualização dos valores depositados originalmente em suas contas vinculadas.

O saldo dessas contas sofre reajuste pela TR, mais 3% de juros/ano. Como a correção fica abaixo da inflação desde 1999, com percentuais próximos de zero, a reposição é praticamente nenhuma, perdendo rentabilidade.

Os 8% que são recolhidos pelos empregadores encarece a mão de obra brasileira e não aumenta o poder de comprados empregados, que somente receberão os montantes depositados em tendo implementado condições específicas, sendo tido, então, como mais um encargo social na folha de pagamento das empresas.

Essa poupança compulsória representa um patrimônio elevadíssimo para os padrões brasileiros: R$ 94.415.141.165,54 foi o montante arrecadado em 2013[552]. Esses recursos são usados em financiamento de investimento em habitação, saneamento e infraestrutura, sendo admitidos, pelos trabalhadores, os saques em situações como demissão sem justa causa, término do contrato por prazo determinado, aposentadoria, necessidade pessoal urgente e grave decorrente de desastre natural, quando o titular da conta vinculada tiver idade igual ou superior a setenta anos, quando o trabalhador ou dependente for portador do vírus HIV ou câncer, na amortização e liquidação de saldo devedor e pagamento de partedas prestações de consórcios imobiliários e na liquidação ou amortização de dívida habitacional, entre outras.

---

(551) ADIn n. 2.556-DF, de 13.05.2012 (Confederação Nacional da Indústria. Intdo.(a/s): Presidente da República e Congresso Nacional). Rel.: Min. Joaquim Barbosa. Disponível em: <File:///C:/Users/Microsoft/Downloads/Texto_98970415.pdf>. Acesso em: 5 ago. 2014. ADIn n. 2.568-DF, de 13.05.2012 (Partido Social Liberal – PSL. Intdo.(a/s): Presidente da República e Congresso Nacional). Rel.: Min. Joaquim Barbosa. Disponível em: <file:///C:/Users/Microsoft/Downloads/texto_98970419.pdf>. Acesso em: 5 ago. 2014. O voto vencido do Min. Marco Aurélio situa a problemática que deu origem a essa multa.

(552) Disponível em: <https://webp.caixa.gov.br/portal/Relatorio_asp/arrecadacoes.asp>. Acesso em: 21 fev. 2014.

8.1. ATUALIZAÇÃO DOS DEPÓSITOS

A forma de remunerar as contas vinculadas de FGTS sempre visou a atualização dos saldos dos depósitos.

O art. 13 da Lei n. 8.036/1990 prevê:

> Art. 13. Os depósitos efetuados nas contas vinculadas serão corrigidos monetariamente com base nos parâmetros fixados para atualização dos saldos dos depósitos de poupança e capitalização juros de 3 (três) por cento ao ano.

Esse dispositivo reconhece o direito à correção monetária sobre os valores que se encontram depositados nas contas vinculadas dos trabalhadores, nos mesmos termos da legislação primitiva do FGTS. Essa correção correspondia, também, à atualização monetária das cadernetas de poupança, ambas corrigidas por índices de preço.

Após, desindexada a economia pela Lei n. 8.177/1991, o art. 15 dessa lei passou a estabelecer:

> Art. 15. A partir de fevereiro de 1991, os saldos das contas do Fundo de Garantia por Tempo de Serviço (FGTS) passam a ser remunerados pela taxa aplicável à remuneração básica dos depósitos de poupança com data de aniversário no dia primeiro, mantida a periodicidade atual para remuneração.
>
> Parágrafo único. As taxas de juros previstas na legislação em vigor do FGTS são mantidas e consideradas como adicionais à remuneração prevista neste artigo.

Essa mesma Lei n. 8.177/1991 definia a TRD como fator de remuneração das cadernetas de poupança e do FGTS, nos seguintes termos:

> Art. 12. Em cada período de rendimento, os depósitos de poupança serão remunerados:
>
> I – como remuneração básica, por taxa correspondente à acumulação das TRD, no período transcorrido entre o dia do último crédito de rendimento, inclusive, e o dia do crédito de rendimento, exclusive;

Em seguida, a Lei n. 8.660/93 extinguiu a TRD, passando a poupança a ser remunerada pela TR:

> Art. 2º Fica extinta, a partir de 1º de maio de 1993, a Taxa Referencial Diária – TRD de que trata o art. 2º da Lei n. 8.177, de 1º de março de 1991.
>
> [...]
>
> Art. 7º Os depósitos de poupança têm como remuneração básica a Taxa Referencial (TR) relativa à respectiva data de aniversário.

O advento do *Plano Real* manteve as medidas desindexadoras e a TR foi conservada como referência para atualizar contas de FGTS e cadernetas de poupança.

Da Lei n. 8.660/1993, então, resultou na Súmula n. 459 do Superior Tribunal de Justiça:

> Súmula n. 459 – A Taxa Referencial (TR) é o índice aplicável, a título de correção monetária, aos débitos com o FGTS recolhidos pelo empregador mas não repassados ao fundo.

Este é o conjunto de normas existente hoje no Brasil sobre esse tema, que, todavia, é inconstitucional, e, sendo assim, especialmente quanto à inconstitucionalidade da TR e a existência de outros índices muito mais adequados, constata-se que as perdas decorrentes da aplicação equivocada dessa criticada taxa precisam ser corrigidas urgentemente. O valor depositado para o empregado está sendo remunerado com 0, 247% de juros ao mês e mais nada, porque a TR ofende o art. 2º da Lei n. 8.306/1990, que manda que os valores sejam corrigidos monetariamente.

8.2. FORMA DE RECUPERAÇÃO DAS PERDAS

Embora a Lei n. 8.660/1993 preveja a aplicação da TR como taxa de correção, ela não repõe as perdas dos períodos decorrentes da inflação, violando o poder de compra do trabalhador, que, assim, recebe valor inferior ao devido.

O Supremo Tribunal Federal já se posicionou sobre a inaplicabilidade da TR, em julgado da lavra do Min. Moreira Alves, assim ementado:

Ação direta de inconstitucionalidade. Se a lei alcançar os efeitos futuros de contratos celebrados anteriormente a ela, será essa lei retroativa (retroatividade mínima) porque vai interferir na causa, que é um ato ou fato ocorrido no passado. O disposto no art. 5º, XXXVI, da Constituição Federal se aplica a toda e qualquer lei infraconstitucional, sem qualquer distinção entre lei de direito público e lei de direito privado, ou entre lei de ordem pública e lei dispositiva. Precedente do STF. Ocorrência, no caso, de violação de direito adquirido. A taxa referencial (TR) não é índice de correção monetária, pois, refletindo as variações do custo primário da captação dos depósitos a prazo fixo, não constitui índice que reflita a variação do poder aquisitivo da moeda. Por isso, não há necessidade de se examinar a questão de saber se as normas que alteram índice de correção monetária se aplicam imediatamente, alcançando, pois, as prestações futuras de contratos celebrados no passado, sem violarem o disposto no art. 5º, XXXVI, da Carta Magna. Também ofendem o ato jurídico perfeito os dispositivos impugnados que alteram o critério de reajuste das prestações nos contratos já celebrados pelo sistema do Plano de Equivalência Salarial por Categoria Profissional (PES/CP). Ação direta de inconstitucionalidade julgada procedente, para declarar a inconstitucionalidade dos arts. 18, caput *e §§ 1º e 4º; 20; 21 e parágrafo único; 23 e parágrafos; e 24 e parágrafos, todos da Lei n. 8.177, de 1 de maio de 1991*[553].

Sendo inconstitucional a TR, porque nada repõe, restam os demais índices de correção monetária: Índice Geral de Preços de Mercado (IGPM); Índice de Preços ao Consumidor (IPC), Índice Nacional de Preços ao Consumidor (INPC), no velho e tradicional emaranhado de siglas que atormenta a vida do cidadão brasileiro.

Se o objetivo da correção é recuperar o poder de compra, tentando repor, periodicamente, o valor deteriorado com a inflação, a fim de compensar a perda real do dinheiro, resulta que a aplicação da TR deixa a desejar porque não reflete essa realidade, não tendo acompanhado nenhum índice de correção, embora seja certo que, no Sistema Financeiro Nacional (SFH) existe um elenco bastante expressivo de operações que remunera, como, dentre outros, os contratos do Sistema Financeiro da Habitação, caderneta de poupança, Crédito Educativo, Fies e os depósitos judiciais.

Por outro lado, de notar que a relação jurídica entre os titulares das contas e a CEF, gestora do Fundo, é regulada pelo art. 233 do Código Civil, prevendo que a obrigação de dar coisa certa abrange seus acessórios. Na hipótese das contas vinculadas, acessórios são os valores que se agregam aos depósitos originais a título de juros e de atualização monetária.

É essa – a gestão do Fundo – uma das principais razões pelas quais é a CEF a legitimada a ser ré em todas essas ações, porquanto é o agente operador e único depositário do FGTS (art. 4º da Lei n. 8.036/1990), e o que está em discussão é hipótese precípua de forma de remuneração dos montantes depositados, como inclusive prevê a Súmula n. 249 do STJ.

Significa, por corolário, ser desnecessário que a União e o Banco Central do Brasil figurem como litisconsortes passivos ao lado da CEF nessas ações. É certo que são agentes normativos do FGTS, mas a inconstitucionalidade que deve ser declarada, especialmente das Leis ns. 8.036/1990 e 8.177/1991, deve ser tida como mero fundamento jurídico incidental e nunca como pretensão principal. Esta, ao contrário, é a recomposição das contas vinculadas, que são geridas e operadas pela CEF.

Evidente que não deve prosperar argumento com o desequilíbrio do Sistema Financeiro Nacional, e nem possíveis impactos na política econômica. Será falacioso dizer que o principal prejudicado será o trabalhador. Ora, seja de forma isolada, seja conjuntamente, os trabalhadores estão sendo vítimas de uma redução no direito que lhes é devido à medida em que, ao contrário de terem repostas as perdas decorrentes da inflação, ficam sem nada haver, limitados apenas a irrisórios juros que não refletem a verdadeira finalidade do FGTS.

Por isso, é que o INPC deve ser admitido como o índice ideal porque corrige salário de trabalhador e benefícios da Previdência Social, conforme o art. 2º da Lei n. 12.382, de 25.02.2011:

> Art. 2º Ficam estabelecidas as diretrizes para a política de valorização do salário mínimo a vigorar entre 2012 e 2015, inclusive, a serem aplicadas em 1º de janeiro do respectivo ano.

(553) ADI n. 493-DF, de 25.06.1992 (Procurador-Geral da República *vs.* Presidente da República e Congresso Nacional). Rel.: Min. Moreira Alves. Disponível em: <http://www.stf.jus.br/portal/jurisprudencia/listarjurisprudencia.asp?S1=%28ADI%24%2ESCLA%2E+E+493%2ENUME%2E%29+OU+%28ADI%2EACMS%2E+ADJ2+493%2EACMS%2E%29&base=baseacordaos&url=http://tinyurl.com/dxn4ws7>. Acesso em: 21.2.2014. Os grifos são nossos.

§ 1º Os reajustes para a preservação do poder aquisitivo do salário mínimo corresponderão à variação do Índice Nacional de Preços ao Consumidor – INPC, calculado e divulgado pela Fundação Instituto Brasileiro de Geografia e Estatística – IBGE, acumulada nos doze meses anteriores ao mês do reajuste.

§ 2º Na hipótese de não divulgação do INPC referente a um ou mais meses compreendidos no período do cálculo até o último dia útil imediatamente anterior à vigência do reajuste, o Poder Executivo estimará os índices dos meses não disponíveis (*grifamos*).

Com efeito, é inevitável a inconstitucionalidade parcial do art. 13 da Lei n. 8.096/1990, combinado com os arts. 1º e 17 da Lei n. 8.177/1991, a partir de 01.06.1999, a fim de que os valores depositados sejam recalculados, aplicando o INPC a cada mês, mais os juros de 3%/ano previstos no art. 13 da Lei n. 8.036/1990.

O ideal é o ajuizamento de ação individual, porquanto, em tese, haverá tratamento mais imediato do que ações coletivas, onde há natural tendência à demora, porquanto mais complexos os cálculos que devem ser efetuados, eis que haverá uma multiplicidade de autores.

8.3. ENFRENTAMENTO NO STJ E NO STF

No dia 26.02.2014, o Min. Benedito Gonçalves, do STJ, apreciando o Recurso Especial n. 1.381.683, interposto pela CEF, determinou a suspensão de todas as ações, coletivas e individuais, em tramitação em todos os graus de jurisdição da Justiça brasileira (Federal e Estadual) até que a Primeira Seção daquela Corte aprecie como controvérsia repetitiva. Com isso, aproximadamente cinquenta mil processos pararam de tramitar, e ficaram em suspenso mais de 23 mil sentenças já proferidas(554).

Em seguida, apreciando o pedido de cautelar na ADIn n. 5.090-DF, o relator, Min. Luiz Roberto Barroso, determinou a observância do rito do art. 12 da Lei n. 9.868/1999, para o julgamento mais rapidamente possível pelo Pleno do STF do pedido formulado pelo partido Solidariedade, buscando a declaração de inconstitucionalidade do art. 13 da Lei n. 8.036/1990 e 17 da Lei n. 8.177/1991, ambas tratando exatamente da aplicação da TR para atualizar as contas de poupança e os depósitos do FGTS.

Com essas medidas, o STF apontará sua interpretação e o STJ apreciará o RE 1.381.683. No entanto, embora a Corte já tenha, anteriormente, declarado a inaplicabilidade da TR (a ADI n. 493-DF, de 25.06.1992, relatada pelo Min. Moreira Aves, mencionada acima), a sua composição foi profundamente alterada, não sendo possível presumir qual será a decisão a ser tomada.

---

(554) Cf. <http://www.stj.jus.br/portal_stj/publicacao/engine.wsp?tmp.area=398&tmp.texto=113456>. Acesso em: 26 fev. 2014. Segundo essa notícia, foram proferidas 22.697 sentenças favoráveis aos trabalhadores, e ainda tramitam 180 ações coletivas, movidas por sindicatos, e uma ação civil pública, de iniciativa da Defensoria Pública da União. O julgamento do Recurso Especial, ademais, não tem data prevista para acontecer.

CAPÍTULO XXI

MEIO AMBIENTE DO TRABALHO

1. SIGNIFICADO, NATUREZA JURÍDICA E ABRANGÊNCIA

O Direito a um meio ambiente sadio costuma ser enquadrado na terceira geração dos direitos fundamentais, os de solidariedade ou de fraternidade, e são diversos os tipos de meio ambiente (natural, artificial, cultural, arqueológico e do trabalho, dentre outros), todos a merecer atenção e preocupação da comunidade.

O meio ambiente natural abrange flora e fauna, água e ar, é a natureza na sua essência. O meio ambiente artificial são os prédios, os logradouros públicos, as vias de circulação, as áreas urbanas. O meio ambiente cultural é patrimônio artístico e intelectual de uma comunidade, incluindo suas manifestações populares. O meio ambiente arqueológico refere ao patrimônio histórico, sítios arqueológicos, imóveis que retratam arquitetura antiga, ruínas do passado, de modo a retratar os ancestrais de um povo. E, nesses últimos tempos, podemos identificar um novo tipo de meio ambiente, acerca do qual pouco ou nada se escreveu, mas que está a merecer bastante atenção: o *meio ambiente espiritual*, envolvendo, dentre outras coisas, os sentimentos de serenidade, afeto, fé, amor, de que seriam exemplos manifestações religiosas como o Círio de Nossa Senhora de Nazaré, em Belém do Pará, ou as peregrinações dos muçulmanos a Meca (o *hadjdj*), onde nasceu Maomé, o profeta do Islã.

Entende-se por meio ambiente de trabalho todos os locais onde o trabalhador, em razão de seu ofício, desenvolve suas atividades laborais, seja interna (instalações da empresa) ou externamente (motorista, viajante, trabalhador rural, *v. g.*), e se encontre sob controle direto ou indireto do empregador. Pode ser incluído, não exclusivamente, também no meio ambiente artificial.

Devemos considerar nesse tipo de meio ambiente, as condições do local de trabalho quanto à qualidade de vida do obreiro, da mesma forma como os bens, instrumentos e meios, materiais e imateriais, para o homem desenvolver seu trabalho. No Brasil, quando cuidamos de meio ambiente do trabalho, nota-se que se trata do local onde é desenvolvida atividade laboral, e protegido pela Constituição de 1988, art. 200, VIII, e 7º, XXXIII.

Sua natureza jurídica é de direito humano fundamental, devendo ser preservada a saúde do trabalhador, cabendo inclusive ao sistema único de saúde colaborar na sua proteção (art. 200, VIII, da Constituição). A Constituição prescreve que todos têm direito a um meio ambiente ecologicamente equilibrado, bem de uso comum do povo e essencial à sadia qualidade de vida, cabendo ao Estado e à sociedade o dever de sua defesa e preservação para garantir a sobrevivência da espécie (art. 225).

Essa preocupação existe pelo menos desde a Idade Média, quando medidas de quarentena foram adotadas no mar Mediterrâneo a fim de evitar que as tripulações dos navios que singravam os mares de então levassem à Europa doenças trazidas de outras regiões. No século XIX, surgiram leis na Grã-Bretanha objetivando melhorar condições de trabalho e proteger o menor e o mesmo ocorreu na França e Alemanha.

Na Europa, o grande marco da preocupação com o meio ambiente é representado pelas Diretivas *Seveso* sobre lixo industrial, a partir de um grave acidente de poluição industrial, ocorrido a 10.07.1976, na cidade italiana de Seveso, quando tanques contendo dioxina TCDD romperam-se espalhando o produto em região da Lombardia, no norte da Itália. Daí resultou a primeira, a Diretiva n. 82/501, que deu lugar à Diretiva n. 96/82/CE, de 09.12.1996.

Atualmente, o tema é tratado pela Diretiva *Seveso III*, que é a 2012/18/UE, de 04.07.2012, aprovada pelo Parlamento Europeu e pelo Conselho, relativa ao controle dos perigos associados a acidentes graves que envolvem substâncias perigosas. As Diretivas *Seveso* são importante marca no sentido de preservar o meio ambiente para as gerações futuras.

Diversas constituições modernas cuidam especificamente do meio ambiente do trabalho. A da Argentina fala em condições adequadas de trabalho (art. 14 *bis*). A do Paraguai cuida de ambiente saudável de trabalho (art. 7º). A do Uruguai, de trabalho com higiene física (art. 54). Saúde e segurança são preocupações das Constituições de Cuba (art. 49), de Honduras (art. 128, 6) e de Portugal (art. 59, 1, *c*), dentre outras.

No Brasil, é a Lei n. 6.938/1981 que cuida da política nacional de meio ambiente, e, quando se trata de responsabilidade por dano ambiental, adotamos o mesmo princípio admitido pela União Europeia e pela OCDE, a de que o poluidor paga, consoante prevê o art. 225 da Constituição.

2. PREOCUPAÇÕES COM O MEIO AMBIENTE DO TRABALHO

A partir de 1972, com a I Conferência das Nações sobre o Meio Ambiente Humano, passou-se a ter expressiva preocupação com o desenvolvimento sustentável e equilibrado, ainda que, àquela altura e um pouco mais além, mediante preferencialmente normas de *soft-law*, sem força obrigatória, com a pioneira Declaração de Estocolmo, de 16.06.1972, que, para o meio ambiente, equivale à Declaração Universal dos Direitos Humanos de 1948.

Em Nova York, a 09.05.1992, foi aprovada a Convenção-Quadro das Nações Unidas sobre Mudança do Clima, e, por ocasião da II Conferência das Nações Unidas para o Meio Ambiente e o Desenvolvimento (CNUMAD) (Rio de Janeiro, 1992), registrou-se a aprovação da Convenção sobre Diversidade Biológica (05.06.1992), ambas ratificadas pelo Brasil, não sendo, todavia, nenhuma direcionada a meio ambiente do trabalho, embora sejam normas de *hard-law*, e, portanto, de grande significado.

A atuação da OIT, como organização internacional que visa buscar a melhoria de condições de trabalho para os seres humanos, tem sido acentuada e relevante, exercendo papel preponderante na elaboração de normas gerais protetoras dos trabalhadores, especialmente no que refere a combate ao trabalho infantil, adoção de normas de garantia de acesso ao mercado de trabalho pelas mulheres, eliminação de todas as formas de trabalho forçado, e pertinentes ao meio ambiente do trabalho.

Neste particular, a par da Resolução de 24.06.1975, cuidando de melhoria do meio ambiente do trabalho, dezenove convenções internacionais foram adotadas ao longo de sua profícua existência, que são as seguintes:

- N. 103 – proteção à maternidade;
- N. 115 – proteção dos trabalhadores contra as radiações ionizantes;
- N. 136 – proteção contra os riscos de intoxicação pelo benzeno;
- N. 139 – prevenção e controle dos riscos profissionais causados por substâncias ou agentes cancerígenos;
- N. 148 – proteção dos trabalhadores contra os riscos profissionais devidos à contaminação do ar, o ruído e a vibração no local de trabalho;
- N. 152 – segurança e higiene nos trabalhos portuários;
- N. 155 – segurança e saúde dos trabalhadores e meio ambiente do trabalho;
- N. 159 – reabilitação profissional e emprego de pessoas deficientes;
- N. 161 – serviço de saúde no trabalho;
- N. 162 – utilização de asbesto com segurança;
- N. 167 – segurança e saúde na construção;
- N. 170 – segurança nos produtos químicos no trabalho;
- N. 171 – trabalho noturno;
- N. 174 – prevenção dos grandes acidentes industriais;
- N. 176 – saúde e segurança nas minas;
- N. 182 – piores formas de trabalho infantil;
- N. 183 – proteção da maternidade;

- N. 184 – segurança e saúde na agricultura; e,
- N. 187 – marco promocional para a segurança e saúde no trabalho.

O Brasil ratificou, praticamente, a totalidade das convenções relacionadas, exceto as de ns. 183, 184 e 187[555].

3. A CONVENÇÃO N. 155 DA OIT

A Convenção n. 155[556], sobre segurança e saúde dos trabalhadores, foi aprovada em Genebra, por ocasião da 67ª Conferência Internacional do Trabalho, a 22 de junho de 1981, sendo a mais específica dentre todas, com seus trinta artigos abrangendo todos os ramos da atividade econômica (art. 1, 1), podendo cada Estado membro, consoante entendimentos com os sindicatos correspondentes, excluir transportes marítimos e de pesca (art. 1º, 2).

De acordo com essa norma, meio ambiente de trabalho não é apenas o local exclusivo do trabalho, mas todos aqueles que estão sobre controle direto e indireto do empregador (art. 3º, *c*), demonstrando profunda preocupação com a sua higidez física, tanto que, com relação ao trabalho, saúde abrange a ausência de doença ou de enfermidade, os elementos físicos e mentais que afetam a saúde diretamente relacionados com a segurança e a higiene no trabalho (art. 3º, *e*).

Importantíssimo ressaltar que a Convenção n. 155 destina-se a empregados públicos e privados (art. 3º, *b*), reforçando o papel dos sindicatos, sempre chamados a opinar em questões relevantes do tema (art. 4º, 1), propondo uma política de segurança e saúde do trabalho e do meio ambiente específico (art. 4º, 2). A tanto, deve precisar as funções e responsabilidades respectivas, em matéria de segurança, saúde dos trabalhadores e meio ambiente de trabalho, das autoridades públicas, dos empregadores, dos trabalhadores e de outras pessoas interessadas, tendo em conta o caráter complementar dessas responsabilidades, assim como as condições e a prática nacionais (art. 6º).

Esta política ambiental trabalhista com cinco grandes esferas:

> *a) A concepção, a experimentação, a escolha, a substituição, a instalação, a organização, a utilização e a manutenção dos componentes materiais do trabalho (locais de trabalho, ambiente de trabalho, ferramentas, máquinas e materiais, substâncias e agentes químicos, físicos e biológicos e processos de trabalho);*
>
> *b) As relações que existem entre os componentes materiais do trabalho e as pessoas que executam ou supervisionam o trabalho, assim como a adaptação das máquinas, dos materiais, do tempo de trabalho, da organização do trabalho e dos processos de trabalho às capacidades físicas e mentais dos trabalhadores;*
>
> *c) A formação e a formação complementar necessária, as qualificações e a motivação das pessoas que intervêm, a qualquer título, no sentido de serem alcançados níveis de segurança e higiene suficientes;*
>
> *d) A comunicação e a cooperação ao nível do grupo de trabalho e da empresa e a todos os outros níveis apropriados, incluindo a nível nacional;*
>
> *e) A proteção dos trabalhadores e dos seus representantes contra todas as medidas disciplinares decorrentes de ações por eles devidamente efetuadas, em conformidade com a política de segurança prevista no art. 4º.*

Cautelas com o meio ambiente do trabalho ensejam a realização de exames periódicos do conjunto ou de um exame que incida sobre setores particulares, a fim de identificar grandes problemas, buscar meios eficazes para resolvê-los, adotar ordem de prioridade das medidas a tomar e promover avaliação dos resultados obtidos (art. 7º).

A Convenção, a partir do art. 8º, regula o tema em dois tipos básicos de ação, em dois níveis: nacional e de empresa.

No primeiro, cada Estado deve implementar as normas legislativas necessárias à efetivação da norma internacional (art. 8º), fazendo a publicidade anual de todas as medidas que vierem a ser adotadas (art. 11, *e*).

A preocupação com as garantias mínimas de um meio ambiente do trabalho adequado ensejou a que a norma internacional viesse a prever que *a fiscalização da aplicação das leis e das prescrições relativas à segurança, à higiene*

---

(555) Cf. <http://www.ilo.org/dyn/normlex/es/f?p=1000:11200:0::NO:11200:P11200_COUNTRY_ID:102571>. Acesso em: 18 abr. 2014.

(556) Há registro de 62 ratificações, tendo o Brasil efetuado o depósito dos seus instrumentos a 18.05.1992. Disponível em: <http://www.ilo.org/dyn/normlex/es/f?p=1000:11300:0::NO:11300:P11300_INSTRUMENT_ID:312300>. Acesso em: 14 abr. 2014.

e ao ambiente de trabalho deverá ser assegurada por um sistema de inspeção apropriado e suficiente (art. 9º, 1), e esse *sistema de fiscalização deverá prever sanções apropriadas em caso de infração das leis ou das prescrições* (art. 9º, 2), inclusive devendo *ser tomadas medidas para aconselhar os empregadores e os trabalhadores, a fim de os ajudar no cumprimento das suas obrigações legais* (art. 10).

Como concretizar a política ambiental preconizada no art. 4º da Convenção n. 155? O próprio diploma recomenda, no art. 11, a adoção progressiva das seguintes funções:

> a) A determinação, onde a natureza e o grau dos riscos o exigirem, das condições que regem a concepção, a construção e a organização das empresas, a sua exploração, as transformações importantes que lhes forem sendo introduzidas ou qualquer alteração do seu destino primitivo, assim como a segurança dos materiais técnicos utilizados no trabalho e a aplicação de processos definidos pelas autoridades competentes;
>
> b) A determinação dos processos de trabalho que devam ser proibidos, limitados ou sujeitos à autorização ou à fiscalização da autoridade ou autoridades competentes, assim como a determinação das substâncias e dos agentes aos quais qualquer exposição deva ser proibida, limitada ou submetida à autorização ou à fiscalização da autoridade ou autoridades competentes; devem ser tomados em consideração os riscos para a saúde provocados por exposições simultâneas a várias substâncias ou agentes;
>
> c) O estabelecimento e a aplicação de processos que visem a declaração dos acidentes de trabalho e dos casos de doenças profissionais pelos empregadores e, quando tal for julgado apropriado, pelas instituições de seguros e outros organismos ou pessoas diretamente interessados e o estabelecimento de estatísticas anuais sobre os acidentes de trabalho e as doenças profissionais;
>
> d) A realização de inquéritos, quando um acidente de trabalho, uma doença profissional ou qualquer dano para a saúde ocorrido durante o trabalho ou com este relacionado pareça refletir uma situação particularmente grave;
>
> e) A publicação anual de informações sobre as medidas tomadas em cumprimento da política mencionada no art. 4º, assim como sobre os acidentes de trabalho, doenças profissionais e outros danos para a saúde ocorridos durante o trabalho ou com este relacionados;
>
> f) A introdução ou o desenvolvimento, tendo em conta as condições e as possibilidades nacionais, de sistemas de investigação sobre o perigo para a saúde dos trabalhadores de agentes químicos, físicos ou biológicos.

Ademais, todas as pessoas físicas ou jurídicas que criam, fabricam, importam, fazem circular ou cedem, a qualquer título, máquinas, materiais ou substâncias de utilização profissional, devem ser submetidas as medidas sugeridas no art. 12, e tomadas por via legal ou de acordo com a prática nacional, que são as seguintes:

a) assegurar *que, na medida em que isso for razoável e praticamente realizável, as máquinas, os materiais ou as substâncias em questão não apresentem perigo para a segurança e a saúde das pessoas que as utilizarem corretamente*;

b) fornecer *informações sobre a instalação e a correcta utilização das máquinas e dos materiais, assim como sobre o uso correcto das substâncias, os riscos que apresentam as máquinas e os materiais e as características perigosas das substâncias químicas, dos agentes ou produtos físicos e biológicos, bem como instruções sobre a maneira de os utilizadores se prevenirem contra os riscos conhecidos*;

c) proceder *a estudos e a investigações ou acompanhem por qualquer outra forma a evolução dos conhecimentos científicos e técnicos, tendo em vista o cumprimento das obrigações que lhes incumbem* em virtude das medidas já mencionadas.

Por outro lado, tem o empregado garantia de interromper o trabalho quando estiver havendo dano ao meio ambiente (art. 13), não podendo sofrer nenhuma espécie de prejuízo. É a greve ambiental trabalhista que iremos examinar mais amiúde na Parte II desta obra (v., adiante, Capítulo III, n. 1.7).

Altamente relevante é a previsão do art. 14, referente ao ensino de técnicas de segurança, higiene e ambiente do trabalho em programas de educação e formação em todos os níveis, inclusive superior técnico, médio e profissional, destinado à satisfação das necessidades de formação dos trabalhadores. No Brasil, existem alguns cursos específicos, inclusive de pós-graduação *lato sensu*, embora não exclusivos sobre meio ambiente do trabalho.

Essas medidas devem ser ordenadas e aplicadas de forma a atender as efetivas necessidades da sociedade, do trabalhador e da empresa. A esse fim, a Convenção prevê que cada Estado (por seu poder competente) deverá ouvir as entidades representativas de trabalhadores e empregadores e outras entidades interessadas para implementar tais medidas (art. 15, 1), inclusive criando um órgão específico para esse fim (art. 15, 2), que pode ser assemelhado às CIPAs existentes no Brasil.

Em nível de empresa, prevê-se que os empregadores adotem as medidas necessárias, nos locais de trabalho, a fim de que as máquinas, os materiais e os processos de trabalho sujeitos à sua fiscalização não apresentem risco para a segurança e saúde dos trabalhadores (art. 16, 1) e são obrigados *a fazer com que as substâncias e os agentes químicos, físicos e biológicos sujeitos à sua fiscalização não apresentem risco para a saúde, desde que se encontre assegurada uma proteção correta* (art. 16, 2), bem como devem fornecer aos empregados, *em caso de necessidade, vestuário e equipamento de proteção apropriados, a fim de prevenir, na medida em que isso for razoável e praticamente realizável, os riscos de acidentes ou de efeitos prejudiciais à saúde* (art. 16, 3), observando-se que essas medidas todas podem ser exercidas em conjunto, quando as empresas atuem simultaneamente na mesma atividade (art. 17), e, no nosso ponto de vista, quando se tratar de empresas integrantes do mesmo grupo econômico funcionando no mesmo local.

Abrange, igualmente, medidas para fazer face a situações de urgência e a acidentes, incluindo meios suficientes para a administração de primeiros socorros (art. 18), algo semelhante aos serviços médicos existentes em grandes empresas brasileiras.

Interessante as regras do art. 19. Ali se consagra a mais ampla integração empresa x empregados, de modo a uma participação efetiva destes na segurança, saúde e higiene no trabalho. Essas regras são:

> a) Os trabalhadores, no âmbito do seu trabalho, deem o seu contributo no cumprimento das obrigações que incumbem ao empregador;
>
> b) Os representantes dos trabalhadores na empresa cooperem com o empregador no domínio da segurança e da higiene no trabalho;
>
> c) Os representantes dos trabalhadores na empresa recebam uma informação suficiente sobre as medidas tomadas pelo empregador para garantir a segurança e a saúde, podendo consultar as suas organizações representativas sobre essa mesma informação, desde que não divulguem segredos comerciais;
>
> d) Os trabalhadores e os seus representantes na empresa recebam uma formação apropriada no domínio da segurança e da higiene no trabalho;
>
> e) Os trabalhadores ou os seus representantes e, nesse caso, as suas organizações representativas na empresa fiquem habilitados, em conformidade com a legislação e a prática nacionais, a examinar todos os aspectos da segurança e da saúde relacionados com o seu trabalho e sobre os mesmos sejam consultados pelo empregador; com esse objetivo poder-se-á recorrer, por acordo mútuo, a conselheiros técnicos escolhidos fora da empresa;
>
> f) Os trabalhadores assinalem imediatamente aos seus superiores hierárquicos diretos qualquer situação relativamente à qual tenham um motivo razoável para considerar que ela representa um perigo iminente e grave para a sua vida ou para a sua saúde, não podendo o empregador pedir aos trabalhadores que retomem ao trabalho numa situação em que persista tal perigo iminente enquanto não forem tomadas medidas que visem a sua correção, se tal for necessário.Todas as providências previstas para serem aplicadas nas empresas devem contar com a cooperação de empregadores e trabalhadores ou de representantes destes na empresa (art. 20), não podendo nenhuma dessas medidas importar em encargo de qualquer natureza para os trabalhadores (art. 21), ou seja, os empregados não podem sofrer qualquer prejuízo pecuniário aquando da implantação de mecanismos para essa proteção ambiental (art. 21).

Os arts. 22 a 30, integrando a Parte V, cuidam das diversas disposições relativas à revisão (arts. 22, 28 e 29), ratificação (art. 23), vigência (art. 24), denúncia (art. 25), registro (arts. 26 e 27), versões oficiais (art. 30), regras constantes e geralmente idênticas em todas as convenções internacionais do trabalho.

Voltaremos à Convenção n. 155, quando tratarmos especificamente de greve ambiental trabalhista, na Parte II desta obra.

4. EMPREGOS VERDES

Um assunto ganha, rapidamente, a ordem do dia em todos os grandes *fori* de discussão em todo o planeta: o desenvolvimento sustentável para garantir o meio ambiente às gerações futuras.

Há pouco, a OIT passou a cuidar de um tema interessante e inovador: os empregos verdes. Agora a preocupação com o meio ambiente do trabalho passou a ter uma visão ampliativa.

O Programa das Nações Unidas para o Meio Ambiente (PNUMA), juntamente com a OIT, demonstrou a necessidade de uma economia mais sustentável com redução de emissão de dióxido de carbono. As indicações para o futuro não muito distante revelam-se preocupantes: 262 milhões de pessoas foram afetadas por desastres climáticos; até 2035, 1.800 milhões de pessoas terão escassez de água; em breve, cinquenta milhões de pessoas serão refugiados climáticos; 330 milhões de desabrigados em decorrência dessas mudanças do clima.

E no mundo do trabalho, o quadro não é menos assustador: 1.300 milhões de pobres, com salário/dia de US$ 2,00, o que representa mais de 43% da força mundial de trabalho; 190 milhões de pessoas estão desempregados; e, nos dez anos vindouros, mais de quinhentos milhões de jovens buscarão emprego.

Esses empregos que necessitam ser criados encaminham-se para um novo rumo, mas indispensável, pena de prejudicar as gerações futuras. É que começa a surgir outra mentalidade e igualmente outras preocupações: proteger o ecossistema, a biodiversidade, mediante a adoção de formas para reduzir o consumo de energia, de minerais não renováveis, de água, evitando a contaminação[(557)]. São empregos onde haja o uso adequado desses recursos ou a substituição deles por outros que realizem o mesmo papel com menos danos ambientais.

Levantamentos efetuados pela OIT, acerca do fenômeno dos empregos verdes no setor de fornecimento de energia, indicam que mais de 2,3 milhões de empregos verdes foram criados para gerar energia de fontes renováveis, o que representa 2% da energia mundial [(558)]. Na Alemanha, em 2006, haviam 82,1 mil empregos verdes no setor de energia eólica [(559)]. O Brasil em primeiro lugar, seguido de China e Estados Unidos são os maiores empregadores no setor de reciclagem [(560)]. Aduz o mesmo documento que

> *a falta de capacitação e habilidades representa uma limitação que impede o esverdeamento de economias tanto em países industriais como em desenvolvimento. Esse problema foi identificado no setor de biocombustíveis no Brasil, no setor ambiental e das energias renováveis em Bangladesh, na Alemanha e nos Estados Unidos e no setor da construção civil na Austrália, China, Europa e África do Sul.*[(561)]

O que é induvidoso, no mundo moderno, ou pós-moderno como tantos chamam, é que os empregos verdes precisam ser incentivados para que se alcance níveis sustentáveis de desenvolvimento.

Assim, a importância da Convenção n. 155, como o estatuto principal com vistas a um meio ambiente do trabalho sustentável, ganha também novos contornos à medida em que deve igualmente servir de incentivo à criação de técnicas inovadoras de trabalho. Tudo, todavia, poderá ser conquistado mediante certas concessões recíprocas entre Estados desenvolvidos e periféricos. Necessariamente, passa-se pela repetição de velhos temas: transferência de tecnologia não poluente; redistribuição de renda; eliminação de desigualdades raciais e sociais; superação da xenofobia. Somente mediante intenso diálogo entre grandes e pequenos países essas dificuldades, que emperram o mundo do trabalho, poderemos falar em melhores dias para a sociedade.

5. IDENTIFICAÇÃO DE PROBLEMAS AMBIENTAIS TRABALHISTAS

Quando se pretende abordar aspectos ligados ao meio ambiente de trabalho, precisamos verificar a importância da **ergonomia**, a ciência do conforto humano, *que estuda a interação física entre as pessoas e o seu trabalho* [(562)],

---

(557) Informações complementares sobre esse importante tema, podem ser encontradas no *site* da OIT, na rede mundial de computadores, <http://www.ilo.org/wcmsp5/groups/public/---dgreports/---dcomm/---webdev/documents/publication/wcms_098489.pdf>, do qual recolhemos esses subsídios (Acesso em: 18 abr. 2014).

(558) Cf. doc. do Programa das Nações Unidas para o Meio Ambiente (PNUMA), denominado *Empregos verdes: rumo ao trabalho decente em um mundo sustentável e com baixas emissões de carbono.* 2008, p. 6.

(559) Idem. p. 7.

(560) Ibidem, p. 12.

(561) Ibidem, p. 21.

(562) SEGUIN, Élida. *Meio ambiente do trabalho e a saúde do trabalhador. In:* SEGUIN, Élida e FIGUEIREDO, Guilherme José Purvin de. *Meio ambiente do trabalho.* Rio de Janeiro, GZ, 2010, p. 21.

destinada a dar ao homem condições mais favoráveis de labor, tornando-o mais produtivo, em um meio ambiente seguro e sadio para desenvolver suas atividades, como observa Antônio Nunes Barbosa Filho [(563)].

Esse termo, resultado da junção das palavras gregas *ergon* (trabalho) e *nomos* (lei natural) foi utilizado pela primeira vez em 1857 por Wojciech Jastrz-bowski.

Segundo a Associação Brasileira de Ergonomia (ABERGO), sua atuação desenvolve-se em três grandes áreas, assim descritas [(564)]:

- Ergonomia física = cuida da anatomia humana relacionada à atividade física, estudando o modo de trabalhar, movimentos repetitivos, segurança e manuseio de objetos, dentre outros;
- Ergonomia cognitiva = dedica-se ao estudo da capacidade mental da pessoa, seu desempenho profissional, grau de interrelacionamento, capacidade de interação, equilíbrio emocional;
- Ergonomia organizacional = cuida da otimização do trabalho, incluindo comunicações, tempo de trabalho, métodos, aperfeiçoamento, técnicas de participação, normas para trabalho em grupo, uso de informática e gestão de qualidade.

Quando o *habitat* laboral não é adequado nem oferece mínima qualidade de vida ao trabalhador estamos diante de uma lesão ao meio ambiente do trabalho.

Desse evento danoso, resulta a responsabilidade objetiva sobre o dano, que não é apenas no sentido de indenizar o trabalhador que exerceu sua atividade, mas que se reflete também na coletividade e repercute na natureza fora do local especifico do trabalho, para além, no meio ambiente em sentido mais amplo, com resultados muitas vezes irreversíveis.

Esses problemas vão se agravando conforme situações específicas que vamos vivenciando no dia-a-dia laboral. Vejamos algumas delas.

As jornadas extenuantes, além de cumprimento de horas extraordinárias regulares, muito acima do limite das duas horas que admite a CLT (art. 59), sobretudo com as alterações introduzidas pela Lei n. 13.467/17, permitindo até mesmo acordo individual para ampliar duas horas (art. 59 da CLT), alguns trabalhadores são submetidos a plantões em madrugadas ou finais de semana, especialmente em atividades ligadas a saúde. De notar, nesse aspecto, que os períodos de treinamento (existem empresas que realizam infindáveis sessões de avaliação dos seus empregados) devem ser contabilizados como sobrejornada. O cumprimento de horas extras, ademais, não se destina mesmo à empresa, mas a um falso aumento da remuneração do trabalhador.

As cobranças exageradas do empregador em relação às atividades do empregado causam-lhe profundos desgastes. Assim é o caso de disciplina rigorosa sem exceção. Essa rigidez disciplinar deve ser abrandada, sem levar à desordem ou à desobediência hierárquica. O trabalhador com medo não produz. Gravíssimo é o cumprimento de metas (os bancários e os comerciários enfrentam bastante esse problema) que deixa qualquer obreiro em nível de *stress* insuportável. Trabalhar em linha de produção desgasta exageradamente, porque atrasos não podem ser admitidos. Com isso, o *stress*, que deveria ser exceção, passa a ser a regra geral na vida do trabalhador.

Problemas físicos são recorrentes no trabalho, e resultam, em grande parte, das condições ambientais. O longo tempo em pé, sem momentos para sentar, coisa corriqueira no comércio lojista, ocasiona problemas na coluna cervical. O movimento repetido diversas vezes, como o do repositor de prateleiras e do embalador. O uso da informática, incontrolável em certas atividades, ocasiona o aumento das lesões de efeito repetitivo, as LERs, às vezes irreversíveis.

O desgaste psicológico de algumas atividades é inegável. Eis exatos quinze exemplos:

- piloto (especialmente de aeronaves comerciais, esses profissionais são movidos a cobranças e com jornadas exageradas);
- advogado (está sujeito a prazos judiciais e a dificuldade de conservar a clientela);
- médico e enfermeiro (além de cuidarem da vida humana em perigo, esses profissionais ainda enfrentam as carências de recursos hospitalares, comum em todo o sistema brasileiro de saúde);
- jornalista (sofre com eventual censura do próprio órgão de comunicação onde trabalha e com a dificuldade de acesso às informações);

(563) SEGUIN, E.. Idem, p. 36

(564) Para mais informações, v. http://www.abergo.org.br/internas.php?pg=o_que_e_ergonomia. Acesso em 24.5.2015.

- ator (ao levar diversão e lazer às plateias, não raro, finda uma temporada, defronta-se com a ameaça do desemprego);
- estilista (por ser uma profissão da moda, tem momentos de esplendor e depois desaparece do cenário e limita-se a *pregar botões)*;
- operador de *telemarketing* (esse trabalhador é vitima do desprezo e do verdadeiro ódio de todos que atendem suas ligações e escuta todos os impropérios que podem ser dirigidos a um ser humano, numa das piores rotinas de trabalho que existe);
- ascensorista de elevador (é a mais dramática rotina que existe. Subir e descer. Ouvir conversas alheias incompletas e nunca saber a conclusão da história que está escutando. Ao final da jornada, estará completamente estressado);
- professor (trabalhador de imensas responsabilidades pela formação profissional da juventude, cobrado por todos, inclusive por si próprio, e, o mais grave, invariavelmente, mal remunerado);
- especialista em TI (a tecnologia da informação ainda é novidade. Tem menos de um século que descobriram o *cérebro eletrônico*, o ancestral do computador. A máquina precisa sempre funcionar bem e esse trabalhador tem que resolver seus problemas, que são muitos e cada vez aumentam mais. ...E ele sempre é o culpado);
- agente funerário (é procurado apenas no momento em que o desespero toma conta das pessoas, e precisa ter o emocional sujeito a um controle fora do comum);
- corretor de imóveis e de seguros (em qualquer dessas atividades, esse profissional é exigido dos dois lados para fornecer o melhor e sempre o melhor);
- taxista (todos reclamamos deles. São afoitos, descumprem regras de cortesia e de transito para encontrar clientes, mas dependem destes para sobreviver e manter sua família. Sofrem de extrema insegurança com o amanhã);
- lixeiro (também chamado de *coletor de resíduos sólidos*, cuida literalmente da sujeira deixada por nós. Costuma trabalhar nas madrugadas, em contato com detritos e dejetos);
- militar e policial (militar ou policial, dizem, *perto atrapalha e longe faz falta*. No mundo de insegurança 100% em que vivemos, a presença desses agentes, que são trabalhadores, deveria ser estimulada. Ver um policial é sinal de segurança para todos. Existe, no entanto, um problema: a ação policial-militar nem sempre é compreendida e, quando atuam, esses profissionais são, raras exceções, criticados por todos. Ai, como dizem, *fica difícil*... é preciso que se mudem as mentalidades e, acima de tudo, se remunere adequadamente esses trabalhadores para que se evitem ações paralelas).

Esse rápido elenco de profissões, demonstra as dificuldades que se apresentam em todas as atividades e que envolvem o meio ambiente de trabalho, incluindo o lado subjetivo do trabalhador que não pode ser esquecido.

6. ALGUMAS SUGESTÕES

É insuspeita a condição de necessidade de existir um meio ambiente de trabalho adequado, sadio, seguro, higienizado, onde as pessoas – o trabalhador é uma pessoa – se sintam bem, dispostas, aptas a prestar seu serviço e, acima de tudo, a gostarem do que estão fazendo, ainda que não seja aquela atividade rigorosa *limpa*, expressão usada por doutrinadores do tempo do regime soviético, referindo-se às atividades ditas *sujas* (trabalhos em carvoarias ou na coleta de lixo orgânico e inorgânico) [(565)]. Para tanto, algumas ações podem e devem ser incentivadas.

De logo, não esquecer que meio ambiente do trabalho sadio é direito humano fundamental de terceira geração, que reúne os diversos direitos de solidariedade e fraternidade. Sua existência importa em implementar um dos fundamentos da República do Brasil, a da dignidade da pessoa humana, expresso no art. 1º, III, da Constituição. Como direito fundamental, enquadram-se, dentre os direitos sociais, os trabalhistas e, no art. 7º, XXII, do Texto Fundamental, propugna-se pela *redução de riscos inerentes ao trabalho, por meio de normas de saúde, higiene e segurança*, tudo dentro do que é pretendido pelo art. 170,VI, do nosso Código Político Máximo, referente à valorização do trabalho humana.

(565) FRANCO FILHO, G. de S. *Significado e extensão do trabalho penoso*. *In:* FRANCO FILHO, G. de S. (coord.). *Direito do trabalho e a nova ordem constitucional*. São Paulo: LTr. 1991. p. 107.

Tem sido destacada a importância da prática de exercícios durante o expediente, que é a ginástica laboral, antes conhecida como ginástica de pausa para operários. Surgiu na Polônia, em 1925, e, a partir de 1928 chegou ao Japão e ganhou fama mundial. Essa ginástica laboral apresenta inúmeros benefícios, dentre os quais combater e prevenir doenças profissionais, sedentarismo, estresse, depressão, ansiedade, tensões emocionais; melhorar concentração no trabalho e a saúde física; promover relacionamento com os colegas de trabalho, favorecendo as relações interpessoais; e, pela empresa, proporciona melhorar a imagem institucional perante empregados e sociedade.

Imperioso o incentivo a dois programas. Um é o Programa de Prevenção dos Riscos Ambientais – PPRA, de que trata a Norma Regulamentadora (NR) n. 09, do Ministério do Trabalho, estabelecendo metodologia de ação destinada a preservar a saúde e integridade dos trabalhadores relativamente aos riscos dos ambientes de trabalho, representados pelos agentes físicos, químicos e biológicos existentes nos locais de trabalho e que podem ser capazes de prejudicar a saúde dos trabalhadores.

O outro é o Programa de Controle Médico de Saúde Ocupacional – PCMSO, objeto da NR n. 07, que monitora por anamnese e exames laboratoriais a saúde dos trabalhadores, a fim de identificar precocemente qualquer comprometimento de sua saúde.

Por outro lado, é conveniente que seja aplicada, de forma mais abundante, a NR n. 18, que cuida de *condições e meio ambiente de trabalho na indústria da construção*. Mais que isso, deve ser ampliada a todos os ramos de atividade. Essa NR cria Comitês Permanentes Sobre Condições e Meio Ambiente do Trabalho na Indústria da Construção, nacionais e regionais (n. 18.34), com atribuição para estudar e propor medidas para o controle e a melhoria das condições e dos ambientes de trabalho na indústria da construção; implementar a coleta de dados sobre acidentes de trabalho e doenças ocupacionais nessa área de trabalho, além de participar e propor campanhas de prevenção de acidentes no setor, dentre outras. Ora, a criação de Comitês dessa natureza iria se alinhar às atividades que são desenvolvidas pelas Comissões Internas de Prevenção de Acidente, as CIPAs, ampliando sua atuação e sua abrangência.

Dessa abordagem, verifica-se que o tema referente a meio ambiente do trabalho sadio no Brasil está basicamente limitado às NRs do Ministério do Trabalho[566]. É pouco, porque o tema está a merecer mais rigor e mais efetividade, não apenas sobrecarregando os auditores-fiscais do trabalho nas fiscalizações periódicas e redobradas que devem fazer, considerando o quadro reduzido de servidores e a realidade brasileira. Note-se, por exemplo, a NR n. 02, que prevê inspeções prévias nas instalações de estabelecimentos antes do início de suas atividades e ainda quando submetidas essas instalações a modificações substanciais. Uma tarefa hercúlea que nem sempre pode ser bem desempenhada. Ampliar o número desses profissionais é imperioso.

Acrescentemos a necessidade de se tentar reduzir o trabalho em jornada extraordinária. Existem formas que podem ser adotadas. Um delas é a negociação do aumento do percentual devido por hora extra trabalhada, não no sentido de aumentar o ganho do operário, que acaba sendo vítima, mas de proporcionar mais contratações. Afinal, se o custo da hora extravagante e seus reflexos forem maiores do que ter mais um empregado, teremos encontrado a fórmula (que não é mágica) de ter mais um posto de trabalho em nosso país, onde, segundo os últimos dados do IBGE, o desemprego está alcançando mais de 8,5%[567]. Assinale-se que a MP n. 680/2015, que examinamos acima (v. Capítulo XII, n. 4), cuida de redução de jornada com redução de salário, mas seu objetivo é proteger o emprego e não equilibrar problemas ambientais.

Imperiosa, ainda, a criação de políticas públicas que permitam a existência de um meio ambiente adequado, e não apenas o Estado, mas toda a sociedade deve ser chamada a colaborar, todos agindo com honestidade e diligência (essas palavras têm sido difíceis de aplicar em alguns países).

---

(566) Todas as NRs estão na Portaria GM n. 3.214, de 08 de junho de 1978. Disponíveis em: <http://portal.mte.gov.br/data/files/FF8080812BE914E6012BEF1147A452A2/nr_02a_at.pdf>. Acesso em: 3 jun. 2015.

(567) Cf. http://economia.uol.com.br/empregos-e-carreiras/noticias/redacao/2015/06/03/desemprego-sobe-a-8-no-trimestre-encerrado-em--abril-diz-ibge.htm. Acesso em 4.6.2015.

Capítulo XXII

PRESCRIÇÃO NO DIREITO DO TRABALHO

1. GENERALIDADES

Controvertido o tema relativo à prescrição. Consoante dispõe o art. 189 do Código Civil em vigor:

> Art. 189. Violado o direito, nasce para o titular a pretensão, a qual se extingue, pela prescrição, nos prazos a que aludem os arts. 205 e 206.

Esses prazos variam de um a dez anos, mas, em matéria trabalhista, são diferentes. A norma que cuida do tema é constitucional. O inciso XXIX do art. 7º dispõe:

> XXIX – ação, quanto aos créditos resultantes das relações de trabalho, com prazo prescricional de cinco anos para os trabalhadores urbanos e rurais, até o limite de dois anos após a extinção do contrato de trabalho.

Esse dispositivo não é o original. Decorre da EC n. 28 de 25.05.2000, porque, anteriormente, havia tratamento diferenciado para o trabalhador rural, cuja prescrição somente ocorria dois anos após a extinção do contrato de trabalho para todos os seus créditos. Esse tratamento era mais justo, considerando as dificuldades do meio rural de acesso à Justiça, porém, o constituinte derivado resolveu igualar os trabalhadores, e, desde 2000, a cada cinco anos, prescrevem os direitos do rurícola.

A CLT harmoniza com essas regras (art. 11), adotando comando específico no que refere ao comissionista no art. 119:

> Art. 119. Prescreve em 2 (dois) anos a ação para reaver a diferença, contados, para cada pagamento, da data em que o mesmo tenha sido efetuado.

Nessa linha, o TST adotou a Súmula n. 308, dispondo:

> SÚMULA N. 308 – PRESCRIÇÃO QUINQUENAL I. Respeitado o biênio subseqüente à cessação contratual, a prescrição da ação trabalhista concerne às pretensões imediatamente anteriores a cinco anos, contados da data do ajuizamento da reclamação e, não, às anteriores ao quinquênio da data da extinção do contrato. II. A norma constitucional que ampliou o prazo de prescrição da ação trabalhista para 5 (cinco) anos é de aplicação imediata e não atinge pretensões já alcançadas pela prescrição bienal quando da promulgação da CF/1988.

Com as alterações da Lei n. 13.467/2017, o legislador esclareceu a situação prescricional dos pedidos de prestações sucessivas. Baseou-se, em parte, na Súmula n. 294 do TST, que dispõe:

> SÚMULA N. 294 – PRESCRIÇÃO. ALTERAÇÃO CONTRATUAL. TRABALHADOR URBANO – Tratando-se de ação que envolva pedido de prestações sucessivas decorrente de alteração do pactuado, a prescrição é total, exceto quando o direito à parcela esteja também assegurado por preceito de lei.

Mas, estendeu o alcance da prescrição não apenas às prestações decorrentes da alteração do pactuado, mas decorrente do próprio ajuste, com se verifica no § 2º do art. 11 consolidado:

> § 2º Tratando-se de pretensão que envolva pedido de prestações sucessivas decorrente de alteração ou descumprimento do pactuado, a prescrição é total, exceto quando o direito à parcela esteja também assegurado por preceito de lei.

Nos estudos que fizeram sobre a reforma trabalhista, os juízes Antônio Umberto de Souza Júnior, Fabiano Coelho de Souza, Ney Maranhão e Platon Azevedo Neto realçaram importante aspecto:

> A partir da nova versão do art. 11 da CLT, haverá prescrição parcial quando a ação, proposta antes de completado o biênio seguinte ao término da relação de emprego, versar sobre pedido fundado em norma jurídica (Constituição Federal, lei ou norma coletiva) e haverá prescrição total quando (i) a ação for proposta depois de dois anos findo o contrato (afora as lesões pós-contratuais) ou quando (ii) o pedido fundar-se em alteração (incluída a supressão de vantagem) ou descumprimento de condição de trabalho não assegurada por lei (568).

No relativo à interrupção da prescrição, a regra consagra que esta será interrompida com o ajuizamento de reclamação trabalhista. Com isso, superou-se a aplicação subsidiária do art. 202 do Código Civil, devendo ser interpretada a expressão *reclamação trabalhista* como *ação trabalhista*, isto é, referindo-se a qualquer tipo de modalidade de ação proposta na Justiça do Trabalho. Ademais, essa interrupção produzirá efeitos apenas com relação a pedidos idênticos. É assim a regra do § 3º do art. 11:

> § 3º A interrupção da prescrição somente ocorrerá pelo ajuizamento de reclamação trabalhista, mesmo que em juízo incompetente, ainda que venha a ser extinta sem resolução do mérito, produzindo efeitos apenas em relação aos pedidos idênticos.

2. HIPÓTESES ESPECIAIS

Há casos especiais em que teremos tratamento diferenciado para que seja aplicado esse instituto.

2.1. MENORES E INDÍGENAS

Não corre prescrição contra o **menor de 18 anos** (art. 440 da CLT), nem contra o **indígena**, na forma do decisório do TST, no ROAR 205/2004-000-24-00.6, quando este não estiver aculturado por se tratar de pessoa incapaz.

2.2. FÉRIAS

Cuida o art. 149 da CLT dos prazos prescricionais para efeito de férias:

> Art. 149. A prescrição do direito de reclamar a concessão das férias ou o pagamento da respectiva remuneração é contada do término do prazo mencionado no art. 134 ou, se for o caso, da cessação do contrato de trabalho.

Observada a prescrição prevista no art. 7º, XXIX, da Constituição, que fixa em cinco anos o prazo prescricional para o trabalhador haver seus créditos trabalhistas, limitado a dois após a extinção do contrato, devemos considerar que o início do prazo para o pagamento da respectiva remuneração começa a ser contado a partir do final do período concessivo (art. 134 da CLT), salvo quanto aos menores de dezoito anos, em vista do disposto no art. 440 consolidado.

Se o trabalhador houver sido dispensado, o prazo para reclamar judicialmente seu direito prescreverá em dois anos da data da saída.

2.3. COMISSÕES DE CONCILIAÇÃO PRÉVIA

Por outro lado, a CLT, a partir de 2000, passou a prever uma regra específica para aplicação de prescrição. O art. 625-G trata do instituto no que refere às Comissões de Conciliação Prévia.

Com efeito, essa regra prevê que o prazo prescricional é suspenso a partir do momento em que há a provocação da Comissão, recomeçando a fluir: a) se houver insucesso na conciliação; ou b) se não for realizada a reunião no prazo de dez dias da provocação pelo interessado.

---

(568) SOUZA JÚNIOR, Antonio Umberto *et alii*. *Reforma trabalhista*: análise e crítica da Lei n. 13.467/2017. São Paulo: Rideel, 2017. p. 31.

Como está claro no preceito, o prazo é de *suspensão*, e não de *interrupção*. Assim, tendo sido dispensado, por exemplo, a 15 de janeiro de 2012, e tendo apresentado sua solicitação à Comissão a 21 de janeiro seguinte, se a reunião não vier a ocorrer até 31 de janeiro, o prazo prescricional de dois anos (art. 7º, XXIX, da Constituição), que deveria expirar em 15 de janeiro de 2014, terminará somente a 25 de janeiro de 2014. Ou seja, não tendo havido a reunião da Comissão em dez dias, esses dez dias de suspensão passam a compor o total do prazo prescricional.

2.4. FGTS

No que tange ao FGTS, a prescrição era trintenária, como expressamente alude o § 5º do art. 23 da Lei n. 8.036/90.

Com fulcro na Súmula n. 362 do TST, a prescrição era assim considerada quanto ao direito de pretender reclamar falta de recolhimentos das contribuições, sempre observado o prazo constitucional de dois anos, do art. 7º, XIX, da Constituição. Essa súmula estava assim redigida:

SÚMULA N. 362 – FGTS. PRESCRIÇÃO – É trintenária a prescrição do direito de reclamar contra o não-recolhimento da contribuição para o FGTS, observado o prazo de 2 (dois) anos após o término do contrato de trabalho.

Por outro lado, consoante a Súmula n. 206 do TST:

SÚMULA N. 206 – FGTS. INCIDÊNCIA SOBRE PARCELAS PRESCRITAS – A prescrição da pretensão relativa às parcelas remuneratórias alcança o respectivo recolhimento da contribuição para o FGTS.

Foi, todavia, modificado o enunciado desta súmula, que, agora, consagrada duas situações distintas. A prescrição dependerá de a ciência da lesão ao interessado ter ocorrido após 13.11.2014 ou anteriormente a essa data, que foi quando o STF julgou o ARE 709.212-DF (Rel.: Min.Gilmar Mendes), afastando a aplicação da prescrição trintenária, com efeitos *ex nunc*, mandando aplicar a prescrição quinquenal a todas as questões referentes ao FGTS, entendendo que o prazo prescricional do artigo 23 da Lei n. 8.036/1990 e do artigo 55 do Decreto n. 99.684/1990 não é razoável, porque violador do inciso XXIX do art. 7º da Constituição. Ademais, ocorreu modulação dos efeitos da decisão e será de cinco anos o prazo de prescrição para os casos cujo termo inicial ocorram após a data do julgamento, e de trinta anos para aqueles cujo prazo esteja em curso[569].

Assim, a Súmula n. 362 ajustou-se à decisão da Suprema Corte e passou a ter a seguinte redação:

SÚMULA N. 362. FGTS. PRESCRIÇÃO

I – Para os casos em que a ciência da lesão ocorreu a partir de 13.11.2014, é quinquenal a prescrição do direito de reclamar contra o não-recolhimento de contribuição para o FGTS, observado o prazo de dois anos após o término do contrato;

II – Para os casos em que o prazo prescricional já estava em curso em 13.11.2014, aplica-se o prazo prescricional que se consumar primeiro: trinta anos, contados do termo inicial, ou cinco anos, a partir de 13.11.2014.

Por outro lado, consoante a Súmula n. 206 do TST:

SÚMULA N. 206 – FGTS. INCIDÊNCIA SOBRE PARCELAS PRESCRITAS - A prescrição da pretensão relativa às parcelas remuneratórias alcança o respectivo recolhimento da contribuição para o FGTS.

2.5. DANO MORAL TRABALHISTA

Altamente polêmico, ainda, é a prescrição quando se cuida de dano moral trabalhista.

No que tange à sua incidência para ajuizamento de ação visando a haver indenização decorrente de dano moral trabalhista, qual a regra aplicável, a do Código Civil (vinte anos, do art. 177 do Código de 1916, ou três anos, do

---

(569) A ementa do aresto é a seguinte: *Recurso extraordinário. Direito do Trabalho. Fundo de Garantia por Tempo de Serviço (FGTS). Cobrança de valores não pagos. Prazo prescricional. Prescrição quinquenal. Art. 7º, XXIX, da Constituição. Superação de entendimento anterior sobre prescrição trintenária. Inconstitucionalidade dos arts. 23, § 5º, da Lei n. 8.036/1990 e 55 do Regulamento do FGTS aprovado pelo Decreto n. 99.684/1990. Segurança jurídica. Necessidade de modulação dos efeitos da decisão. Art. 27 da Lei n. 9.868/1999. Declaração de inconstitucionalidade com efeitos* ex nunc. *Recurso extraordinário a que se nega provimento.* (Cf. Disponível em: <http://www.stf.jus.br/portal/processo/verProcessoAndamento.asp?incidente=4294417>. Acesso em: 1.8.2015.

art. 206, § 3º, do Código de 2002), ou a bienal, do art. 7º, XXIX, da Constituição? E a partir de quando começou fluir o prazo prescricional?

Admitamos que um contrato de trabalho tenha sido extinto em março de 1992, seguindo-se ação penal imediatamente movida pelo empregador, que, em outubro de 2001, foi julgada pela Justiça penal e considerou o trabalhador-réu inocente. Em fevereiro de 2006, propõe ele ação perante a Justiça Comum a fim de indenizar-se por dano moral, tendo, em setembro de 2014, o Juiz estadual declarado-se incompetente, remetendo o feito à Justiça do Trabalho.

Ora, o contrato de trabalho foi extinto em 1992. Àquela época, a competência para apreciar ação por dano moral e material era, segundo entendia a jurisprudência dominante, da Justiça Cível. A Justiça do Trabalho não tinha, para os tribunais brasileiros, competência para julgar casos que tais e nem se questionava, à ocasião, acerca da natureza primeira do dano. Importava tão só sua existência e, de plano, reconhecia-se a Justiça Comum como a competente, certamente porque não havia sido feita uma adequada e atualizada leitura dos arts. 482, *j* e *k*, e 483, *e*, do texto consolidado. Se era essa a compreensão, a prescrição aplicável, então seria a vintenária, de acordo com o art. 177 do Código Civil de 1916.

A partir do instante em que nova postura foi assumida e passou-se a admitir o dano moral trabalhista, ocorreu uma profunda modificação no que tange à aplicação da prescrição. Ao contrário do que se poderia acreditar, nem toda a indenização por perdas e danos é nítida, exclusiva ou eminentemente de natureza civil. Não é não. Dano moral decorrente de relação de trabalho, isto é, causado durante a vigência de um contrato de emprego ou de uma prestação de trabalho de qualquer natureza, é de natureza trabalhista e não civil. Não se confunda o geral com o especial. Perdas e danos gerais são os de natureza civil. São o gênero. Perdas e danos especiais ou específicos são os decorrentes de relação de trabalho *lato sensu*, que inclui a de emprego. São a espécie. É assim, porque é assim que evolui o direito. No dano moral trabalhista, a natureza da pretensão não é civil, é trabalhista, e trabalhistas são seus efeitos, e não poderia ser de outra forma. O trabalhador, *v. g.*, que obtém ressarcimento de dano moral na Justiça do Trabalho encontra-se em condições amplas para obter nova colocação no mercado de trabalho sem qualquer nódoa na sua vida de obreiro.

A prescrição em situação que tal é a trabalhista, não obstante estarmos diante de instituto originalmente do Direito Civil, mas que, *in casu*, é de natureza trabalhista porquanto decorrente da relação laboral.

Nessa linha, Jorge Pinheiro Castelo pontua que o dano moral trabalhista é diferente do dano moral civil. Este funda-se na igualdade das partes; na relação de emprego há a subordinação(570). A subordinação é traço caracterizador do liame empregatício, todavia, encontra-se presente em outras relações de trabalho, de forma mais ou menos acentuada.

Agra Belmonte pensa igualmente assim, como relação à relação de emprego subordinado, mas ressalta que quando se tratar de questão envolvendo relação de trabalho a prescrição será a civil(571).

No campo jurisprudencial, majoritaritariamente, tem sido firmado entendimento no sentido de que a prescrição aplicável é a trabalhista, entretanto, apenas se tem costumado definir essa prescrição em face da competência da Justiça do Trabalho, não estando, a rigor, sedimentado esse entendimento. Porém, não é apenas pela competência que se define a prescrição. Ao contrário, esta tem sido definida, embora não tenha sido assim claramente expresso, pela natureza mesma do dano questionado.

Francisco Ferreira Jorge Neto e Jouberto de Quadros Pessoa Cavalcante, ao se referirem aos defensores da competência da Justiça do Trabalho para apreciar dano moral trabalhista, corrente com a qual ambos não comungam(572), distinguem o dano moral na esfera civil e na trabalhista. Tomando por exemplo a regra prevista na alínea *a* do art. 482 da CLT, que cuida de prática do ato de improbidade como causa de dissolução motivada de contrato de trabalho, quando o empregado vem à Justiça do Trabalho pleitear indenização por danos morais porque injusta a dispensa, lembram que os positivistas entendem que, *desta forma, a imputação ofensiva originou-se na esfera trabalhista. Ainda que possua reflexos na esfera da pessoa civil, é uma ofensa em decorrência de seu relacionamento trabalhista e não civil*(573).

---

(570) CASTELO, Jorge Pinheiro. Dano moral trabalhista. Competência. *In: Trabalho & Doutrina*. São Paulo, (10):44, set. 1966. No mesmo sentido: SANTOS, Enoque Ribeiro dos. *O dano moral*... cit., p. 123.

(571) BELMONTE, A. A. *Tutela da composição*... cit., p. 250.

(572) JORGE NETO, F. F. & CAVALCANTE, J. de Q. P. *Responsabilidade e as Relações do Trabalho*. São Paulo: LTr, 1998. p. 93.

(573) *Ibidem*, p. 66.

Euclides Alcides Rocha acentua que,

> as ações propostas perante a Justiça do Trabalho não se vinculam, necessariamente, a parcelas tipicamente trabalhistas, pois com frequência a demanda envolve questões de natureza possessória, indenizações fundadas em legislação civil ou previdenciária. Por isso mesmo, o art. 652, IV, da CLT confere competência à Justiça do Trabalho para 'os demais dissídios concernentes ao contrato de trabalho', disposição essa que se encontra em sintonia com o art. 114 da Constituição Federal[(574)].

Isto não quer significar que se aplique a prescrição civil. Apenas quer demonstrar o alcance da Justiça do Trabalho.

Com efeito, é impossível pretender aplicar-se a prescrição do direito civil para a hipótese de dano moral trabalhista. Nada, absolutamente nada, justifica esse procedimento. E mais: é uma interferência legislativa irregular, porque não é omissa a CLT nesse aspecto.

Resulta induvidoso que a prescrição para ajuizamento de ação por dano moral decorrente de relação de trabalho é mesmo a trabalhista, por duas razões que se completam. A uma, a natureza da parcela é trabalhista, decorrente de contrato de trabalho; a duas, se a competência é da Justiça do Trabalho, não há razoabilidade em se aplicar norma civil, por não haver omissão na esfera trabalhista, considerando as regras contidas nos arts. 482, *j* e *k*, e 483, *e*, da CLT. No último, *v. g.*, onde está dito que o trabalhador fará jus à *indenização* quando o empregador praticar ato lesivo à sua *honra e boa fama*. Ora, cabe a aplicação do direito comum apenas na hipótese do parágrafo único do art. 8º consolidado. E, no art. 483, *e*, da CLT, resulta implícita a possibilidade da indenização por dano moral que é justo o que viola a honra e boa fama da pessoa, ou seja, desde há muito, o dano moral trabalhista já existia. Apenas não era tratado como tal.

Não cabe invocar a regra geral de prescrição para quaisquer ações cíveis, aplicando-se aos casos omissos da CLT, porque inexiste omissão na legislação trabalhista. Ao contrário, o art. 7º, XXIX, da Constituição, cuida claramente de prescrição trabalhista.

Se o dano moral é oriundo de contrato de trabalho, a prescrição aplicável é mesmo a trabalhista (bienal para os contratos fins), nos termos do mencionado art. 7º, XXIX, da *Lex Mater* de 1988[(575)]. Não se acene com o princípio da norma mais favorável porque este princípio não é absoluto, mas deve ser examinado de acordo com as regras básicas, segundo as quais deve haver garantia de tranquilidade na ordem jurídica posta e a inércia do titular do direito de ação por certo tempo resulta em prescrição, que é uma garantia para o *ex adverso*.

Momento ocorreu em que o TST, através da SBDI-1, entendeu dever ser aplicada a prescrição do direito civil[(576)]. Logo em seguida, a Alta Corte reviu sua posição. A SBDI-2, em decisão de agosto de 2004, entendeu pela aplicação da prescrição trabalhista em casos de indenização por danos morais e materiais[(577)], a 2ª Turma do TST também

---

(574) *Apud* JORGE NETO, F. F. & CAVALCANTE, J. Q. P. Op. cit., p. 74.

(575) N. sent.: PAMPLONA FILHO, Rodolfo. *O dano moral na relação de emprego*. 2. ed. São Paulo: LTr, 1999. p. 128; NASCIMENTO, Sônia Mascaro. *Assédio moral*. São Paulo: Saraiva, 2009. p. 178; FLORINDO, V. Ob. cit., p. 331; DALLEGRAVE NETO, J. A. Ob. cit., p. 303; BELMONTE, A. A. Ob. cit., p. 209.

(576) *INDENIZAÇÃO POR DANOS MORAIS. PRESCRIÇÃO. Observada a natureza civil do pedido de reparação por danos morais, pode-se concluir que a indenização deferida a tal título em lide cujo trâmite se deu na Justiça do Trabalho, não constitui crédito trabalhista, mas crédito de natureza civil resultante de ato praticado no curso da relação de trabalho. Assim, ainda que justificada a competência desta Especializada para processar a lide não resulta daí, automaticamente, a incidência da prescrição trabalhista. A circunstância de o fato gerador do crédito de natureza civil ter ocorrido na vigência do contrato de trabalho, e decorrer da prática de ato calunioso ou desonroso praticado por empregador contra trabalhador não transmuda a natureza do direito, uma vez que o dano moral se caracteriza pela projeção de um gravame na esfera da honra e da imagem do indivíduo, transcendendo os limites da condição de trabalhador do ofendido. Dessa forma, aplica-se, na hipótese, o prazo prescricional de 20 anos previsto no artigo 177 do Código Civil, em observância ao art. 2028 do novo Código Civil Brasileiro, e não o previsto no ordenamento jurídico-trabalhista, consagrado no artigo 7º, XXIX, da Constituição Federal. Embargos conhecidos e providos* (TST, SBDI I, E RR 08871/2002-900-02-00.4, Relator: Min. Lélio Bentes Corrêa, DJ 05.03.2004).

(577) *AÇÃO RESCISÓRIA. DANO MORAL. ACIDENTE DE TRABALHO. PRESCRIÇÃO. Tratando-se de pedido de indenização por danos morais e materiais feito perante a Justiça do Trabalho, sob o fundamento de que a lesão decorreu da relação de trabalho, não há como se entender aplicável ao caso o prazo prescricional de 20 anos previsto no Código Civil, porquanto o ordenamento jurídica trabalhista possui previsão específica para a prescrição, cujo prazo, que é unificado, é de dois anos do dano decorrente do acidente de trabalho, conforme estabelece o artigo 7º, inciso XXIX, da Constituição Federal e o art. 11 da Consolidação das Leis do Trabalho. Desse modo, correto o acór-*

nesse sentido se manifestou[578], e, recentemente, nesse mesmo sentido decidiu a 5ª Turma da Alta Corte[579]. Nos Tribunais Regionais do Trabalho brasileiros, também assim tem sido o entendimento dominante[580].

Como visto, o prazo prescricional é o do art. 7º, XXIX, da Constituição, assinalando-se a indispensável atualidade para questionar o dano, o que vem em reforço do abandono da prescrição civilista. Imagine-se, por absurdo, que o autor da ação viesse a pretender reparação de dano por fato ocorrido em 1996, somente em 2014, a teor do art. 2.028, do Código Civil atual. No mínimo, seria gracioso ter-se por ofendida uma pessoa que esperou dezoito anos para sentir-se como tal, decorrente de um contrato de trabalho, igualmente extinto há dezoito anos.

Tendo por bienal a prescrição, outra questão se enfrenta: a partir de quando temos o início da contagem do prazo? Da data da dispensa do obreiro? Da data em que se concretizou a lesão?

Embora a Constituição preveja o biênio a contar da ruptura do liame empregatício, há situações que necessitam de um exame diferenciado. Se, desde a extinção do contrato de trabalho, por exemplo, na hipótese figurada ao norte, o trabalhador respondeu a ação penal por fato delituoso que teria praticado no trabalho, e, somente a partir da absolvição é que restou provada que a imputação que lhe foi imposta era falsa, essa absolvição criminal é que é o motivo justificador da ação de reparação de danos morais trabalhistas, cujo deferimento dependerá da demonstração inequívoca da existência dos elementos caracterizadores do dano pleiteado. O art. 200 do atual Código Civil deve ser aplicado, face a omissão da CLT (art. 8º). Consigna a norma civil:

> Art. 200. Quando a ação se originar de fato que deva ser apurado no juízo criminal, não correrá a prescrição antes da respectiva sentença definitiva.

A contagem do prazo prescricional estará suspensa. A admitir que essa contagem inicia-se imediatamente após a extinção do contrato de trabalho, se, nessa oportunidade, for ajuizada uma ação penal visando a provar a atitude delituosa do obreiro, não correrá a prescrição trabalhista até que se solucione a ação penal.

---

dão recorrido ao julgar improcedente o pedido de corte rescisório fulcrado no inciso V do artigo 485 do Código de Processo Civil, em face da não ocorrência de ofensa à literalidade do artigo 177 do Código Civil. (TST – SBDI II– RO AR 794/2002-000-03-00, Relator: Min. Emmanuel Pereira – DJ 22.10.2004).

(578) *AGRAVO DE INSTRUMENTO. INDENIZAÇÃO POR DANO MORAL. COMPETÊNCIA DA JUSTIÇA DO TRABALHO. A Justiça do Trabalho é competente para julgar para julgar lide por meio da qual se busca indenização decorrente de relação de emprego, conforme o art. 114 da CF. Consequentemente, aplica-se ao caso em tela a prescrição do art. 7º, XXIX, da Constituição Federal, Agravo de Instrumento não provido* (TST-AIRR-5167/2002-900-03-00.4. Relator: Min. José Simpliciano Fontes de F. Fernandes – DJ de 04.03.2005)

(579) No julgamento do Proc. RR 518/2004-002-03-00.1 (Ronaldo Baptista Berger vs. MIP Engenharia S/A e Companhia Brasileira Carbureto de Cálcio), Relator: Min. João Batista Brito Pereira, julgado a 09.03.2005,

(580) *INDENIZAÇÃO POR DANOS MORAIS. PRESCRIÇÃO. Não há no inciso XXIX do art. 7º da CF/88 distinção, quanto à natureza dos créditos, para efeito de prescrição, que é de cinco anos para todos os "resultantes das relações de trabalho", até o limite de dois anos após a extinção do contrato.* (TRT 3ª Região 5ª Turma – RO 15196/02, Relatora: Juíza Gisele de Cássia Vieira Dias Macedo – DJMG 22.02.2003).

I. PEDIDO DE INDENIZAÇÃO POR DANO MORAL E MATERIAL DECORRENTE DA RELAÇÃO DE EMPREGO. PRESCRIÇÃO. O prazo prescricional para reclamar indenização por dano moral e material decorrente da relação de emprego é o prazo comum utilizado para todos os créditos resultantes das relações de trabalho estabelecido no art. 7º, XXIX, da CF/88 e não o prazo vintenário do art. 177, do Código Civil (TRT 8ª Região – 1ª T. RO 3422/2002 – Relatora: Juíza Suzy Elizabeth Cavalcante Koury – julgado em 15.10.2002).

DANO MORAL. PRESCRIÇÃO. Se o reclamante recorre a este Poder Judiciário para postular reparação por dano moral que imputa ao empregador pela práticade ato culposo, a matéria terá que ser dirimida à luz da legislação trabalhista, cuja prescrição é a regida por regra específica do Direito Constitucional (art. 7º, inciso XXIX da Constituição Federal) e do Trabalho (art. 11 da CLT) – (TRT 8ª Região – 3ª T. RO 2046/2002 – Relator: Juiz José Maria Quadros de Alencar – julgado em 22.05.2002).

DANO MORAL. PRESCRIÇÃO. Se o pedido de dano moral decorre da relação de emprego, deve seguir todos os dispositivos legais pertinentes à matéria, entre eles, o que rege a prescrição dos direitos trabalhistas, qual seja, o inciso XXIX, do artigo 7º, da Constituição Federal. (TRT 8ª Região – 4ª T. RO 3740/2002 – Relatora: Juíza Maria Luíza Nobre de Brito, julgado em 24.09.2002).

DANOS MORAIS. INDENIZAÇÃO. PRESCRIÇÃO TRABALHISTA. Tratando-se de ação que visa obter reparação de dano moral decorrente da relação de emprego, a natureza trabalhista da pretensão atrai não só a competência específica prevista no art. 114 da CF, como também a incidência do prazo prescricional previsto no art. 7º, XXIX, da referida Carta. Inviável a contagem do prazo genérico de 20 anos estabelecido no art. 177 do CC. A fundamentação jurídica do pleito não afasta o caráter trabalhista do crédito, nem justifica tratamento diferenciado em relação aos demais títulos advindos do vínculo empregatício. (TRT 15ª Região – 2ª Turma – RO 8070/02 – Relator: Juiz Dagoberto Nishina de Azevedo – DOE 22.11.2002).

É verdade que o TST, examinando caso de dano moral trabalhista pendente de ação penal, entendeu que o início do prazo prescricional começou na data da ruptura do liame empregatício, mas também é verdade que não foi considerada a regra do art. 200 do Código Civil em vigor(581).

Ora, aplicando-se o art. 200 do Código Civil resulta incontroverso que foi suspensa a prescrição com o ajuizamento da ação penal e, em sendo absolvido o trabalhador-réu, começará, da data do trânsito em julgado da sentença criminal, a contagem do prazo prescricional para o ajuizamento da ação de indenização de dano moral trabalhista na Justiça do Trabalho.

Situação diversa é aquela em que se cuida de dano moral trabalhista em decorrência de alguma deficiência física. Em recurso examinado pelo TRT da 3ª Região, a hipótese era de perda auditiva(582). Tratava-se de um dano físico gerador de um dano moral ao trabalhador. Nesse caso, o prazo prescricional tem seu dia de início a partir da data da lesão, isto é, a partir do dia em que ficou provado que o obreiro perdeu parte ou toda a audição em decorrência de contrato de trabalho.

Ademais, vigente o contrato de trabalho, o prazo prescricional será de cinco anos, nos termos do art. 7º, XXIX, da Constituição.

2.6. EQUIPARAÇÃO SALARIAL

Relativamente à equiparação salarial, a prescrição é parcial, contado o quinquênio a partir do ajuizamento do ação. É neste sentido o item IX da Súmula n. 6 do TST:

> IX – Na ação de equiparação salarial, a prescrição é parcial e só alcança as diferenças salariais vencidas no período de 5 (cinco) anos que precedeu o ajuizamento.

2.7. TRABALHADOR DOMÉSTICO

As alterações introduzidas na Constituição de 1988 pela EC n. 72/2013 não fizeram acrescentar, dentre os direitos expressamente reconhecidos aos trabalhadores domésticos, o prazo prescricional para questionarem, judicialmente seus créditos trabalhistas.

Como visto acima, o inciso XXIX do art. 7º fixou o quinquênio prescricional a partir da lesão do direito e, em havendo rompimento do liame empregatício, esse prazo fluirá em dois anos da despedida. Essa regra é para todos, mas não se estendeu ao doméstico, pelo absoluto silêncio da redação do parágrafo único do art. 7º.

A jurisprudência tem encontrado a solução da omissão do constituinte, e mandado aplicar, por analogia, a prescrição do inciso XXIX do art. 7º também ao trabalhador doméstico, mesmo porque se trata de norma geral destinada a todos os trabalhadores. E assim devemos observar e entender, inclusive como se tem posicionado o TST:

> PRESCRIÇÃO - EMPREGADO DOMÉSTICO. Em que pese o parágrafo único do art. 7º da Constituição Federal, quando enumera os direitos estendidos aos trabalhadores domésticos, não fazer menção expressa ao inciso XXIX, tem-se que o prazo prescricional de cinco anos até o limite de dois anos após a extinção do contrato de trabalho é norma geral,

---

(581) *PRESCRIÇÃO – DANO MORAL – AÇÃO PENAL – O prazo prescricional para ação quanto a crédito resultante das relações de trabalho é de dois anos, contados da extinção do contrato de trabalho, na forma do artigo 7º, XXIX, da Constituição Federal. Deixando o reclamante de observar o referido prazo, para aguardar o desfecho de ação de improbidade, na esfera criminal, por certo que se encontra prescrito o seu direito de ação. A hipótese não se identifica como de interrupção ou suspensão do prazo prescricional, nos termos dos arts. 168 a 172 do Código Civil de 1916.* (TST 4ª T RR n. 377-2001-005-13-40, Relator: Min. Milton de Moura França – DJ 13.02.2004).

(582) *PRESCRIÇÃO. MARCO INICIAL. INDENIZAÇÃO POR DANO MORAL. PERDA AUDITIVA. Admitida a competência desta Justiça para julgar pedido de indenização decorrente de doença ou acidente do trabalho, há que se aplicar os prazos de prescrição pertinentes aos créditos trabalhistas (art. 7º, XXIX, da Constituição Federal). O início da contagem do prazo da prescrição coincide com a data da lesão, quando, então, já seria exercitável a ação. Tratando-se de perda auditiva, cuja caracterização possa resultar da submissão a condições nocivas de trabalho prolongadas no tempo, deve-se buscar o marco temporal inequívoco do aparecimento do mal, para fins de contagem da prescrição.* (TRT 3ª Região – 6ª T – RO 0105/2003 – Relatora: Juíza Lucilde D'Ajuda L. de Almeida – DOE de 18.09.2003).

dirigida a todos os trabalhadores. De fato, não há exceção expressa quanto aos domésticos na Constituição Federal, tampouco na legislação infraconstitucional. Recurso de Revista conhecido e não provido.[583]

2.8. PRESCRIÇÃO INTERCORRENTE

A prescrição intercorrente é consequência da inércia do autor no curso de um processo. Trata-se, então, da perda do direito de ação, porque o interessado deixou de praticar atos indispensáveis a seu andamento, fixando a ação paralisada por tempo acima do máximo previsto em norma legal para a regular prescrição do direito pretendido. Assim, a inércia do autor ocasiona a prescrição de seu direito.

Existiam duas posições jurisprudenciais sólidas e conflitantes no Brasil. De um lado, o STF, pela Súmula n. 327, admitia a prescrição intercorrente no Direito do Trabalho. De outro, a Súmula n. 114 do TST considerava-a inaplicável na Justiça do Trabalho.

A partir da reforma de 2017, foi acrescentado o art. 11-A na CLT, cuja redação é a seguinte:

> Art. 11-A. Ocorre a prescrição intercorrente no processo do trabalho no prazo de dois anos.
>
> § 1º A fluência do prazo prescricional intercorrente inicia-se quando o exequente deixa de cumprir determinação judicial no curso da execução.
>
> § 2º A declaração da prescrição intercorrente pode ser requerida ou declarada de ofício em qualquer grau de jurisdição.

Dessarte, temos que, agora, é legalmente prevista a prescrição intercorrente, cuja declaração pode ser feita a requerimento da parte interessada ou declarada **de ofício** pelo próprio juiz, e em qualquer grau de jurisdição.

Ademais, assinale-se que, face essa disposição legal, resta certo que a Súmula n. 114 do TST está tacitamente cancelada.

Declarada a prescrição intercorrente, deve o julgador aplicar, supletivamente, na forma dos arts. 769 da CLT e 15 do CPC, o art. 924, V, do mesmo CPC, extinguindo a execução.

(583) Proc. TST-2ª T.-RR-816/2000-721-04-00.8, de 5.3.2008 (Rel.: Min. José Simpliciano Fontes de F. Fernandes)

Capítulo XXIII

MOBILIDADE HUMANA E RELAÇÕES DE TRABALHO

1. EFEITOS DA GLOBALIZAÇÃO

Cuidaremos, neste capítulo, de demonstrar os efeitos ou as consequências da atual globalização no mundo em que vivemos, sob dois enfoques principais: a mobilidade humana e as relações do trabalho.

Na primeira, iremos destacar como está se processando, nos dias correntes, a circulação de pessoas, interna e internacional, vista por diversos ângulos da convivência social. No segundo, indicaremos alguns pontos que podem ser identificados como opções para as relações de trabalho como corolário desse processo de globalização, considerando especialmente a situação do migrante.

Uma coisa é possível fixar, desde o início: as modificações introduzidas pela globalização atual, que vão desde mudanças nos sistemas políticos, ideológicos e econômicos aos experimentos culturais, científicos e tecnológicos, são irreversíveis. No ambiente do trabalho, encontra-se a humanidade em uma *rua sem saída*(584), cuja direção é seguir em frente, e enfrentar, corajosamente e com confiança, as adversidades que estão sendo e continuarão a ser encontradas na expectativa de que as dificuldades sejam superadas.

A circulação internacional de trabalhadores, com o problema do trabalhador migrante, é tema que tem ensejado múltiplas conferências e diversas manifestações legislativas internacionais, mesmo porque envolvem em torno de 115 milhões de pessoas, segundo dados da OIT, incluindo 25 milhões de refugiados. Por isso, é uma preocupação que tem motivado importantes debates relativamente aos problemas das imigrações, sobretudo das irregulares, em número cada vez mais elevado. Esses fluxos geram graves problemas, dentre os quais os seguintes: trabalhadores clandestinos ocupando postos no mercado de trabalho do Estado territorial; os seus acompanhantes igualmente procurando o setor laboral para desenvolver; o crescimento das demandas nos serviços de educação e saúde, aumentando o número de enfermidades; a ampliação da quantidade de pessoas subempregadas e o assustador crescimento da economia informal; a incidência de baixos salários porque há mais oferta de mão de obra; a ocorrência de remessa de divisas pelos clandestinos para o exterior (o país de origem); a redução dos níveis de segurança pública, e, em consequência, o aumento do número de delitos. Algumas soluções têm sido propostas, incluindo a celebração de acordos regionais, bilaterais ou multilaterais; a redução das diferenças econômicas e sociais e a transferência de tecnologia, sem dúvida a grande barreira.

Ademais, fixemos que, se o número de autorizações para trabalhadores imigrantes regulares no Brasil, em 2013, foi de 62.387, menos que as 73.022 autorizações de 2012, nosso país, registra em torno de sessenta mil a trezentos mil estrangeiros indocumentados(585), ou seja, clandestinamente instalados. Lembremos que o antigo Estatuto do Estrangeiro (Lei n. 6.815/1980) está ultrapassado e, atualmente, a condição do não-nacional no Brasil passou a se reger pela Lei de Migração (Lei n. 13.445, de 24.05.2017). Esse novo diploma, que começou a vigorar em novembro

(584) Assim subtitulamos nosso livro *Globalização do trabalho: rua sem saída cit.*.

(585) Cf. revista *No Mérito*. Rio de Janeiro: XIX(51): 8-9, jun.2014

de 2017, trata mais claramente a situação do estrangeiro no Brasil, considerando que cresce a cada momento a entrada de latino-americanos (especialmente peruanos e bolivianos), africanos e chineses no território nacional, que permaneciam à míngua de qualquer proteção e que passaram a ter condições mais razoáveis de tratamento.

2. AS MIGRAÇÕES HUMANAS

Existem diversas formas de se examinar o fenômeno das migrações humanas. Em síntese inicial, quando tratamos de mobilidade humana significa que estamos verificando a possibilidade de o homem se deslocar de um lugar para outro, pouco importando as condições físicas. Trata-se, ao cabo, de circulação de pessoas.

Existem diversas espécies migratórias: tribais, nacionais ou internas, internacionais, de classes ou individuais, e são diversas as suas causas: políticas, econômicas, religiosas, sociais, étnicas ou aventura.

Do *homo sapiens* da África, migrando para o Oriente Próximo, de lá para o Ocidente através da Europa, e para o Leste através da Ásia, e daí para a Austrália e, posteriormente, às Américas. Assim teria começado o deslocamento do ser humano.

Hoje, costumamos situar a mobilidade humana conforme o processo migratório que se constata. Assim, a migração permite que sejam identificadas duas situações: se acontece a saída da pessoa de um local para outro, estamos diante da emigração. A entrada da mesma pessoa em outra localidade é identificada como imigração. São as formas mais conhecidas e tradicionais de mobilidade humana.

O que se constata, atualmente, é a existência de alguns tipos de mobilidade que antes já existiam, mas não atraiam a atenção dos estudiosos da forma como nos dias correntes.

Temos a mobilidade urbana, que é a condição em que se realizam os deslocamentos de pessoas e cargas no espaço urbano de uma cidade. Busca-se, pelas políticas de transporte e circulação, a melhoria da acessibilidade e mobilidade das pessoas e cargas nas *urbes*, melhorando os transportes coletivos e utilizando meios alternativos que permitam inclusão social e sejam adequados ao meio ambiente, evitando tecnologias poluentes que causem danos ecológicos por vezes irreversíveis. Há cidades, especialmente na Ásia, onde é praticamente impossível a vida humana tal como costumamos ter no Brasil. Os índices poluidores são elevadíssimos e a temperatura global ascende a graus insuportáveis. Em São Paulo, *v.g.*, em outubro deste ano de 2014, alcançou 41,5º C em um dia, e caiu para menos de 18º C no dia seguinte.

Em nosso país, a Lei n. 12.587, de 2012, fixou as diretrizes da Política Nacional de Mobilidade Urbana, destacando-se a que prevê a integração entre as cidades gêmeas localizadas na faixa de fronteira com outros países sobre a linha divisória internacional, o que nos leva à circulação internacional de pessoas.

A mobilidade social significa a mudança de posição social sem que se altere o grupo ao qual pertencemos. É a vivência do homem na sociedade, onde se constata possibilidades de troca, ascensão ou rebaixamento de uma pessoa no meio em que vive.

Esse tipo de mobilidade existiu no passado. No feudalismo, a sociedade estratificada de então possuía categorias próprias, cujos estratos eram dos clérigos, dos nobres e dos servos. Mudou essa visão na atualidade, onde passamos a adotar valores liberais e princípios democráticos.

Em algumas culturas, especialmente nas orientais, a posição social decorre da descendência familiar ou algum tipo de papel político-religioso desempenhado. Em outras, ainda há a ascendência do homem sobre a mulher, movida essa discriminação geralmente por fatores religiosos, o que é facilmente constatável nas diversas celebrações litúrgicas orientais. Seria uma espécie de mobilidade familiar, modificável em razão de sexo.

Anotamos que existe a mobilidade ascendente, representada pelo acúmulo de riqueza, apesar de, lentamente, começar a haver uma distribuição menos desigual dessa riqueza entre a população. A descendente é quando ocorre o inverso: a perda de seus recursos e seu consequente empobrecimento.

Essa mobilidade social pode ser também horizontal ou vertical. A primeira refere-se às alterações no *status* social, como, *v.g.*, o casamento modificando o estado civil das pessoas. A vertical, por sua vez, importa em modificar a classe social a que se pertence: alguém, desempregado e endividado, que recebe um grande prêmio em dinheiro e, de inopino, fica milionário.

Outros dois tipos migratórios são os pendulares e a transumância. As migrações pendulares não têm o caráter permanente da migração, e, portanto, dela não se trata. São deslocamentos específicos, como aqueles que se realizam entre cidades para o trabalho (da cidade dormitório para a cidade do labor); ou em períodos de viagens de férias ou de trabalho eventual. A transumância é o deslocamento temporário de uma população motivado por fatores econômicos ou sazonais, decorrentes de mudanças climáticas. É periódica e frequente no nordeste brasileiro (entre Zona da Mata e Sertão). Ademais, guarda semelhança com o refugiado ambiental, situação que está afligindo notadamente os moradores dos países insulares do Pacífico, face à elevação do nível dos oceanos e o iminente desaparecimento de suas pátrias. Tuvalu é um desses casos[(586)].

3. FORMAS ESPECÍFICAS DE MOBILIDADE HUMANA

Quando se cuida de mobilidade humana, devemos recordar algumas expressões que com ela possuem muita vinculação.

Uma delas é diáspora, palavra oriunda do grego clássico que significa *dispersão*, e identifica o deslocamento, forçado ou não, de grandes populações ou grupos étnicos de uma para outras regiões. Na antiguidade, houve a diáspora dos hebreus, sobretudo após a destruição de Jerusalém em 70 d.C..

O exílio, de origem latina, significa também banimento ou degredo, confundindo-se com expatriação. Existiu no Brasil colônia, significando que a pessoa é retirada, voluntária ou compulsoriamente, de seu país, a ele não podendo regressar enquanto persistirem as razões de sua retirada. No exílio encontra-se o Dalai Lama, do Tibete. Observe que não há banimento em nosso país, prática proibida pelo inciso XLVI do art. 5º da Constituição de 1988.

O direito de asilo tanto pode ser diplomático como territorial. Ambos são asilos políticos. No primeiro, originado do asilo religioso ocorrido no interior das igrejas católicas romanas e que desapareceu com o Código de Direito Canônico de 1972, a pessoa perseguida encontra-se no território do Estado em que está sofrendo o constrangimento. Hoje, é concedido nos locais das missões diplomáticas, nas aeronaves e navios de guerra em serviço e nos acampamentos militares, regulados, no Direito Internacional Americano, pela Convenção de Caracas sobre Asilo Diplomático de 1954, e, em outros países, pela Convenção de Viena sobre Relações Diplomáticas de 1961, que reconhece invioláveis os locais das missões. Nessa espécie de asilo, não há falar em mobilidade de pessoas, porquanto permanecem no mesmo local, apenas no interior de uma área sob proteção diplomática.

Diferentemente, no asilo territorial, existe o deslocamento espacial da pessoa perseguida por motivos políticos, de um país para outro. Corolário da soberania, qualquer Estado pode conceder asilo em seu território, classificando o delito praticado como entender, sem sofrer qualquer pressão externa. No Direito Internacional Americano, existe norma específica sobre o tema que é a Convenção de Caracas sobre Asilo Territorial, também de 1954. Todas, tanto as de Caracas como as de Viena (inclusive a de 1963, sobre relações consulares), foram ratificadas pelo Brasil.

Costuma-se apontar que a pessoa que goza de asilo territorial seria refugiado. É verdade, porque refugiado é o gênero, e asilado é uma espécie.

O refugiado tem tratamento muito específico no âmbito das Nações Unidas. Trata-se de uma pessoa que, perseguida por motivos de várias origens (raça, religião, nacionalidade, associação, opinião política, grupo social),com violação de seus direitos humanos fundamentais, é levada a deixar seu país de origem e a temer retornar com medo de represálias. Refugia-se, assim, em outro país que a acolhe.

Em 1950, foi criado o Alto Comissariado das Nações Unidas para os Refugiados (Resolução n. 428 da Assembleia Geral da ONU), com a sigla em português ACNUR, destinado a apoiar e proteger refugiados de todo o mundo, proteção que geralmente surge pela repatriação involuntária, integração da pessoa ao local de refúgio e reassentamento em outro país.

A fim de proteger adequadamente os refugiados, foi aprovada, em 1951, a Convenção Relativa ao Estatuto dos Refugiados, que o Brasil ratificou, com regras mínimas para proteção dessas pessoas.

4. AS MIGRAÇÕES INTERNA E INTERNACIONAL

Trataremos, agora, de questões migratórias no Brasil e da migração internacional, enfatizando a realidade da Europa.

---

(586) Cf. FRANCO NETO, Georgenor de Sousa. *Os refugiados ambientais: o caso de Tuvalu*. *In*: Revista do Programa de Pós-Graduação em Direito da Universidade da Amazônia – UNAMA. Belém: 4(4):197-223 *passim*, 2003.

4.1. MIGRAÇÃO NO BRASIL

No Brasil colônia, tivemos a vinda da mão de obra escrava da África nos séculos XVI a XIX, e muitas correntes migratórias surgiram com a abertura dos portos brasileiros às *nações amigas*, em 1808, na verdade apenas à Inglaterra.

O fluxo migratório brasileiro ao longo da história tem sido predominantemente de portugueses e espanhóis para todo o Brasil. Seguem-se italianos, japoneses e alemães, sobretudo para os Estados do Espírito Santo, São Paulo, Paraná, Santa Catarina, Pará e Rio Grande do Sul. A eles devem ser acrescentados croatas, eslavos, poloneses, russos e ucranianos.

São diversas as causas para a imigração: razões pessoais (reencontro de familiares, *v. g.*, como busca de melhores condições de vida e de trabalho), ou ideológicas em seu sentido mais amplo (perseguições por motivos políticos ou religiosos). Foram as grandes motivadoras das migrações para as Américas nos séculos XIX e XX. Nesse rol, devem ser incluídos os que sofriam discriminações e perseguições em suas terras de origem: os judeus da Europa Oriental, os armênios do antigo Império Otomano. Recebeu a América, inclusive o Brasil, correntes de palestinos, sírios e libaneses, cristãos e muçulmanos vindos em busca de melhores condições de vida e que, na maioria, se dedicaram ao comércio.

Importante marco migratório ocorreu em 1908, quando o navio *Kasato Maru* aportou no Brasil. Iniciou o ingresso dos orientais do Extremo. Primeiro, os japoneses, depois os chineses e os coreanos.

Na década de 70, tivemos uma inversão migratória. Reduziram-se os ingressos de estrangeiros no Brasil, e predominou a emigração, com ênfase para o Sul em direção a Paraguai e Uruguai, e apareceram os *brasiguaios*. Nos anos 80, a recessão econômica conduziu os brasileiros para Estados Unidos e para Japão, e, nessa leva, surgiram os decasséguis, os filhos e netos de japoneses que voltam temporariamente para o Japão, e que, no primeiro trimestre de 2013, eram 193 mil brasileiros[(587)].

No Brasil, o Código Penal dedica os arts. 206 e 207 a cuidar de mobilidade, quando evidenciada a violação de direitos humanos. Assim, o art. 206 trata de aliciamento para emigração, quando esse recrutamento é feito com fraude, destinado a levar o trabalhador para fora do Brasil. Hodiernamente, essa emigração forçada ocorre com acentuada incidência envolvendo mulheres, que são levadas à prostituição, e crianças, retiradas do convívio familiar e irregularmente adotadas no exterior. Não há agravante para esse crime.

O art. 207 cuida da migração interna. Na letra do Código Penal, é crime aliciar trabalhador para levá-lo para local diferente daquele onde foi recrutado, incorrendo nessa pratica quem promove esse aliciamento com fraude ou cobrança de qualquer quantia do obreiro ou quando não lhe é assegurado retorno ao local de origem, típico caso do aviamento que ocorre na Amazônia brasileira. Agrava a pena quando o trabalhador vítima é menor de dezoito anos, idoso, indígena, portador de deficiência física ou mental ou se tratar de mulher gestante.

4.2. MIGRAÇÃO INTERNACIONAL

A imigração é a feita com a entrada em um país, com ânimo permanente ou temporário, para trabalho ou residência ou outra motivação (lazer, inclusive), de algumas pessoas ou de um grupo elevado.

O oposto da imigração é a emigração, que ocorre quando a pessoa deixa seu local de origem para se estabelecer em outra região ou país. São os dois lados da migração: a saída (emigração) e a entrada (imigração).

As razões das emigrações são, sobretudo, a situação política na sua origem, as crises econômicas, as perseguições ideológicas e religiosas, os conflitos armados, os problemas ambientais. Esses fatos ocasionam grandes fluxos de mobilidade humana. Mas há razões individuais: o casamento com um estrangeiro, um local de repouso após a aposentadoria, a vontade de aventuras, dentre tantos outros.

Sob o viés internacional, podemos encontrar várias espécies de imigrantes. O nômade é o que se desloca entre diversos países sem fixar residência em qualquer deles, tipo os ciganos, que, no Brasil, são em torno de oitocentos mil. Os banidos, expatriados ou exilados são deslocados compulsoriamente de seus países de origem, e desenvol-

---

(587) Cf. <http://memoria.ebc.com.br/agenciabrasil/noticia/2013-03-27/em-cinco-anos-pelo-menos-300-mil-brasileiros-que-viviam-no-exterior-retornaram-ao-brasil>. Acesso em 28.10.2014.

vem as atividades que lhes aprouver e lhes forem permitidas em outro. Os escravos são aqueles que migram também de forma compulsória, mas para desenvolver atividades em condições humilhantes e degradantes. Os asilados são os que buscam outro país por motivo de perseguição política. Os refugiados, às vezes confundidos com os asilados, mas que se deslocam temporariamente em razão de guerras ou por motivos ambientais, e não apenas por questões políticas. Os deportados são os estrangeiros que se encontram em condições irregulares em outro país.

Do século XVI até metade do século XX, nenhum país recebeu mais imigrantes que os Estados Unidos da América, valendo lembrar que, em 1997, estimava-se o ingresso de 2,5 milhões de imigrantes mexicanos, existindo atualmente número superior a cinco milhões.

O movimento migratório igualmente é intenso na Europa. Cerca de quatro a oito milhões de imigrantes ilegais estão na União Europeia, buscando melhores salários e provocando problemas de desemprego entre os nacionais locais, em decorrência do incremento da concorrência nos países de destino: mais mão de obra, embora menos qualificada, a custo mais barato.

Com efeito, na União Européia, que alcançou seu ponto mais destacado com o Tratado de Maastricht de 7.2.1992, o Direito Comunitário ensejou o advento da Resolução n. 1.612/68, que cuida de livre circulação de trabalhadores, consagrando, dentre outros, os seguintes princípios: não-discriminação para acesso a emprego e não-discriminação em seguridade social. Neste particular, foi aprovada a Resolução n. 1.408/71, que cuida de seguro social com os benefícios previdenciários sendo devidos sem discriminação. Mais recentemente, foram adotadas importantes diretivas sobre licença paternidade, sobre o Conselho de Trabalho Europeu e sobre trabalho a tempo parcial, esta vigente desde dezembro de 1997, prevendo férias remuneradas, aposentadoria, benefícios (deduções e bonificações) e oportunidades,

A 13.12.2007, foi assinado o Tratado de Lisboa, alterando o Tratado de Maastricht e o Tratado de Roma de 1957, que passou a chamar-se Tratado sobre o Funcionamento da União Europeia. As mudanças operadas pelo documento de Lisboa são profundas no que respeita ao campo decisório no ambiente europeu, quanto ao Conselho da União Europeia, o aumento do Parlamento Europeu e, especialmente, tornar juridicamente vinculativa a Carta dos Direitos Fundamentais. Seu o principal objetivo é reforçar a eficiência e a legitimidade democrática da União, melhorando sua ação, em complemento ao processo surgido com os Tratados de Amsterdam, de 1997, e de Nice, de 2001.

A Europa, que, no passado, foi aberta a imigrantes, passa por processo de restrições de ingresso, sobretudo nos Países Baixos, França, Alemanha e Reino Unido, não se aplicando as leis restritivas que têm sido aprovadas aos nacionais comunitários a fim de não vulnerar as regras de livre circulação de pessoas adotadas na União Européia. É que o ingresso elevado de estrangeiros na Europa poderá criar, a médio e longo prazos, sérios problemas tanto no que respeita a saúde, higiene e segurança, como com relação ao crescimento elevado de trabalho informal, gerando dificuldades para os sistemas assistencial e previdenciário (insuficiência no atendimento médico-hospitalar e crise nas aposentadorias futuras) e redução de recolhimento de tributos (inexistência de trabalhadores regulares).

Está vigendo na Europa a chamada *Diretiva do Retorno*, aprovada pelo Parlamento de Estrasburgo a 18.6.2008, harmonizando as regras referentes à repatriação de imigrantes ilegais, considerada desumana pelo rigor com que trata os estrangeiros irregulares.

Na Europa, mobilidade é objeto do Acordo de Schengen, de 14.6.1985, criador do *Espaço Schengen*, abrangendo boa parte dos países da União Europeia, e, dentro desse tema, importantíssimo tratado foi assinado no âmbito das Nações Unidas, a Convenção sobre o Trabalhador Migrante, aprovada pela Resolução AG/ONU 158 (XLV), de 18.12.1990, vigente desde 1.7.2003, que, lamentavelmente, mereceu pouco mais de vinte ratificações, e de Estados que não possuem maior expressão como países de imigração. Lamentavelmente, porém, poucos Estados a ratificaram. No Brasil, somente pela Mensagem Presidencial n. 696, de 13.12.2010, foi encaminhada para apreciação do Congresso Nacional e nosso país ainda não se inclui nesse rol, deixando os migrantes que aqui ingressam ao sabor das autoridades do momento e da boa vontade da sociedade. Cuida da proteção do trabalhador migrante e de seus familiares, sendo importante para nosso país, considerando a extensão da faixa de fronteira terrestre que possui o Brasil.

A realização, em 1993, em Viena, da Conferência Mundial sobre Direitos Humanos, cuidou da eliminação das formas de discriminação sobre imigrante, propugnando pela ratificação da Convenção sobre Trabalhador Migrante, mencionada acima. Em 1994, no Cairo, a Conferência sobre População e Desenvolvimento tratou do controle do crescimento demográfico, das migrações internacionais, propondo meios para criar empregos locais visando reduzir a circulação internacional de trabalhadores, igualmente demonstrando a necessidade de reagrupar famílias de imigrantes. Mais recentemente, em 1996, em Istambul, teve lugar a Conferência sobre Assentamentos Humanos (*Habitat 2*), que adotou Declaração onde prega a necessidade da redução da pobreza, de implementação de reforma agrária, do aumento da aplicação de recursos em programas sociais, de desenvolvimento sustentado, e da preservação do patrimônio cultural.

Na América do Sul, destaque especial tem merecido o Mercado Comum do Sul (MERCOSUL), mecanismo de aproximação criado pelo Tratado de Assunção de 26.3.1991, reunindo Argentina, Brasil, Paraguai e Uruguai, e, desde 22.8.2012, também a Venezuela, atualmente na fase de união aduaneira. Como estados associados, dele fazem parte, desde 1996, o Chile, em processo de adesão, a Bolívia, desde 2003, o Peru, desde 2004, Colômbia e Equador e, a partir de 2013, Guiana e Suriname, ou seja, todos os países da América do Sul compõem esse frutuoso instrumento de desenvolvimento harmônico regional.

O MERCOSUL tem tido mais preocupação com os aspectos econômicos da integração que com os sociais. Apesar disso, foi constituído o Subgrupo de Trabalho 10 (SGT-10), que tem desempenhado papel razoável, realizando alguns estudos no sentido de buscar mecanismos para harmonização de normas trabalhistas entre os países que participam deste sistema regional.

5. A SITUAÇÃO DOS ESTRANGEIROS

Esse deslocamento humano ocasiona consequências no que se refere ao trabalho. Hoje bastante, e amanhã muito mais, não se poderá continuar a insistir na preservação do mercado de trabalho para os nacionais e no fechamento das fronteiras para os trabalhadores vindos de outros países.

As questões são graves. Graças à globalização e às novas tecnologias, cresceu o consumismo, passou-se a se produzir em série, exigimos mais especialidade dos profissionais, melhor acabamento dos produtos, mais agilidade no fornecimento, todos passamos a exigir o melhor e não um melhor.

As facilidades de deslocamento são muitas. As rodovias e ferroviais (a Europa movimenta-se principalmente por ferrovias) melhoram de qualidade e de quantidade. Os vagões *Maria Fumaça* cederam lugar a trens-bala que, em poucos minutos, transportam milhares de pessoas de um local para o outro. As passagens aéreas estão, em todo o mundo, a um custo bastante acessível. Assim, existe mais facilidade de locomoção e, corolário, de *mudar de ares*.

Ademais, independentemente das formas de deslocamento, é certo que o homem, por seu espírito naturalmente aventureiro, sai em busca de novas oportunidades. Ninguém olvide que a Internet facilita informações sobre trabalho em outros países, e, graças a esse instrumento, o padrão médio de vida das pessoas aumentou razoavelmente.

Hoje, existem mais de duzentos milhões de migrantes no mundo, como observado por Sylvie Mazzella[(588)]. Essa socióloga refere ao transnacionalismo que é o conjunto de processos que os migrantes constroem nos campos sociais ligando seu país de origem a seu país de acolhimento[(589)]. Inclua-se, neste aspecto, a inserção de costumes e tradições da terra distante que o migrante naturalmente conserva no novo destino.

Nos EUA, 1/3 dos empregos mais qualificados estão com migrantes [(590)]. Ademais, são preocupantes os aumentos verificados nas estatísticas de crimes nos países aonde chegam mais estrangeiros, geralmente tentando, sem conseguir, melhores condições de vida.

Acresce um fenômeno facilmente constatável, decorrente, de um lado, dos grandes fluxos migratórios internos e externos e, de outro, de um desenvolvimento desorganizado e danoso ao meio ambiente. Vive-se, e desde o final do século XX, o fenômeno da pauperização urbana nas grandes cidades dos países industrializados, como anota François Mancebo, da Universidade de Reims [(591)], e que se confunde com a metropolização da pobreza, de que falou Viviani Forrester[(592)].

---

(588) MAZZELLA, Sylvie. *Sociologie des migrations*. Paris: Presses Universitaires de France, 2014. p. 14.

(589) MAZZELLA, S.. *Idem*, p. 22.

(590) KEELEY, Brian. *Les migrations internationals: le visage humain de la mondialisation*. Trad, Emmanuel Dalmanesche.Paris: OCDE, 2009, p. 14.

(591) MANCEBO, François. *Développement durable*. 2. ed. Paris: Armand Colin, 2013. p. 19.

(592) FORRESTER, Viviani. *Horror econômico*.Trad. Álvaro Lorencini. São Paulo: Unesp, 1997.

As estatísticas mais recentes são assustadoras. O trabalho forçado no mundo cresce aceleradamente: aproximadamente 21 milhões de pessoas são vítimas desse tipo odioso de atividade, e, o pior, uma quarta parte, algo em torno de 5,5 milhões, são menores de dezoito anos[(593)]. Alguns desses milhões são imigrantes.

A questão se torna mais grave quando se constata, como Sylvie Mazzella, que não existe um regime internacional de migrações[(594)], daí os dramas humanos enfrentados por migrantes que, chegam a outro lugar, desconhecendo a linguagem, os costumes, o modo de viver, sem acesso a educação e a saúde, sem transporte, segurança e moradia, com doenças e com fome. São assustadores os índices de fome no mundo: veja-se na África e não será preciso andar muito para ver em nosso país mesmo. Nos semáforos de qualquer cidade brasileira é comum crianças pedirem comida. Há mais: as políticas assistencialistas não resolvem para o futuro, apenas minoram as carências do presente; a ameaça da desregulamentação dos direitos sociais preocupa o trabalhador desprotegido; as transnacionais buscam os países subdesenvolvidos e empregam a mão de obra local, retribuindo-a indignamente (veja-se as denúncias da OIT de exploração do trabalho humano na Ásia); no Brasil, o FGTS serve para garantir a certeza da insegurança no emprego e não se presta para efetivamente garantir tempo, recursos ou o posto de trabalho.

Na área trabalhista, a Europa vive com mais frequência o fenômeno da deslocalização internacional, mas nada impede que se cogite da deslocalização interna, como demonstrado ao norte. Deslocalização significa a possibilidade de um trabalhador, que era empregado de uma dada empresa que o dispensou regularmente, *deslocalizar-se* de uma região para outra, onde é novamente contratado pela mesma empresa para exercer atividade semelhante, porém com menos direitos que os que possuía anteriormente, operando-se, então, sua *relocalização*. Em circunstância que tal, o trabalhador não pode sofrer nenhuma espécie de prejuízos, donde as regras que eram aplicadas no contrato anterior sobreviverão na nova relação jurídico-trabalhista estabelecida. É tema recente no Brasil e que precisa ser amiudadamente examinado, e que tratamos anteriormente nesta obra.

A tudo se acresça os novos tipos de trabalho. Há o *e-commerce*, e as compras passaram a ser, em grande parte, virtuais, movimentando, sobretudo à noite, muitos e muitos milhões de dólares. Compra-se e vende-se literalmente tudo e em qualquer parte do mundo pela Internet. Existem os *call-centers* e rara a pessoa que nunca foi chamada por alguém para receber a proposta de algum serviço, por vezes indesejável. O teletrabalho está aí para todos e são muitos milhões de teletrabalhadores em todo mundo. A educação a distância (EAD), antes coisa inimaginável, é comum, em todos os graus de ensino, do fundamental à pós-graduação *stricto sensu*[(595)]. E muitas outras coisas virão e é certo que não existe aventureiro algum neste mundo que, em sã consciência, possa afirmar, com absoluta segurança, para *onde caminha a humanidade*.

6. OUTROS ASPECTOS RELEVANTES

Devemos destacar, ainda, três pontos fundamentais, intimamente ligados e indispensáveis à garantia dos direitos humanos do migrante.

Primeiro, afastar definitivamente o espectro da xenofobia. As noções de fronteira não existem mais da forma absoluta do passado. Hoje, as facilidades de locomoção impedem o ódio ao estranho.

Segundo, esquecer a discriminação que ainda é imposta ao estrangeiro. Trata-se de um ser humano, e que, por razões extremamente diversas, achegou-se até um grupo diferente do seu, não havendo motivo razoável para tratá-lo de forma indigna, cruel, desumana ou degradante, afastando por corolário, qualquer espécie de racismo.

Terceiro, e certamente de todos é o mais grave e preocupante problema. O geógrafo brasileiro Rafael Haesbaert da Costa, discorrendo sobre *O mito da desterritorialização*, analisa alarmantes questões *do 'fim dos territórios' à multiterritorialidade*, e conclui:

> *Na verdade, seria mais correto afirmar que o grande dilema deste novo século será o da desigualdade entre as múltiplas velocidades, ritmos e níveis de desreterritorialização,especialmente aquela entre a minoria que tem pleno acesso e usufrui dos territórios-rede capitalistas globais que asseguram sua multiterritorialidade, e a massa ou os*

(593) Cf. *Trabajo (número especial)*. Genebra: OIT, 2014. p. 14.

(594) MAZZELLA, S. *Ob cit.*, p. 37.

(595) Acerca da aplicação das modernas tecnologias, especificamente sobre o *podcast*,v. FRANCO, Carolina M. dos S. de S. *As possibilidades do podcast como ferramenta midiática na educação*. Dissertação de Mestrado. São Paulo: Universidade Presbiteriana Mackenzie, 2008.

'aglomerados' crescentes de pessoas que vivem na mais precária territorialização ou, em outras palavras, mais incisivas, na mais violenta exclusão e/ou reclusão sócio espacial[596].

Esse exercício de convivência entre os homens, iniciado na pré-história e que continuará até o final dos tempos, impede que o ódio vença o amor, a agressão vença o carinho, a discriminação vença a igualdade, os homens destruam-se a si mesmo. Ainda é tempo de acreditar que a paz aproximará os seres humanos e a felicidade, pregada desde os filósofos gregos, trará a realização da humanidade.

Haïba Ouaissi, Doutor pela Universidade Paris II, discorrendo sobre a renovação ou a revolução do futuro do trabalho, destacou que, em poucos anos, as relações e o ambiente de trabalho terão mudado de dimensão e vai-se trabalhar tanto dentro como fora da empresa com o desenvolvimento do mundo virtual, dentro e fora das fronteiras com a divisão global do trabalho, com e para além da formação adquirida por um primeiro emprego[597].

Esta é uma verdade que precisamos estar preparados para enfrentar, ainda que nossa visão de futuro não passe do dia de hoje e o amanhã represente apenas uma expectativa distante.

(596) HAESBAERT DA COSTA, Rogério. *O mito da desterritorialização: do 'fim dos territórios' à multiterritorialização.* 6. ed. Rio de Janeiro: Bertrand, 2011. p. 372.

(597) OUAISSI, Haïba. *Le travail de demain: rénovation ou révolution?* Paris: Lextenso, 2014. p. 13.

Parte II

Direito Coletivo do Trabalho

INTRODUÇÃO

Preambularmente, é necessário esclarecer que denominamos a Parte II deste Curso de *Direito Coletivo do Trabalho,* por entender abrangendo tanto o Direito Sindical como as demais questões coletivas de trabalho que não contemplam, necessariamente, a atuação das entidades sindicais, como anotado por Bueno Magano[(1)]. Observe-se que muitos preferem denominar de *Direito Sindical,* como Amauri Mascaro Nascimento[(2)] e Gino Giugni[(3)].

Oportuno, aliás, destacar que existem doutrinadores defendendo a autonomia do Direito Sindical dentro da Ciência Jurídica, como, no Brasil, José Claudio Monteiro de Brito Filho[(4)], dentre outros.

---

(1) MAGANO, O. B. Manual... *cit.* (III) (Direito Coletivo do Trabalho). 2. ed. São Paulo: LTr, 1990. p 11.

(2) NASCIMENTO, A. M. *Direito sindical.* São Paulo: Saraiva, 1989. p. 19.

(3) GIUGNI, Gino. *Direito Sindical.* Trad. Eiko Lucia Itioka. São Paulo: LTr, 1991. p. 15 *passim.*

(4) BRITO FILHO, J. C. M. de. *Direito Sindical: análise do modelo brasileiro de relações coletivas de trabalho à luz do Direito Comparado e da doutrina da OIT: proposta de inserção da comissão de empresa.* São Paulo: LTr, 2000. p. 27-32.

Capítulo I

LIBERDADE SINDICAL

Devemos entender a liberdade sindical como um direito humano fundamental, representado pela vontade coletiva de formação de entidades agrupando empregados e patrões, separadamente, que nelas buscam reunir esforços para a melhor consecução de seus respectivos objetivos.

1. DIREITO DE ASSOCIAÇÃO

A Constituição de 1988, no art. 5º, contempla o direito de reunião para fins pacíficos (inciso XVI). É um direito de exercício efêmero, com tempo limitado de duração, onde os interessados, findo o motivo do encontro, se dispersam. A reunião deve transcorrer sem armas, em local aberto a todas as pessoas, não havendo necessidade de autorização para sua realização, desde que não se prejudique outra reunião convocada anteriormente para o mesmo local, devendo ser previamente avisada a autoridade competente.

Diversamente, o direito genérico de constituir associação é consagrado de maneira ampla no inciso XVII do art. 5º da Constituição em vigor, tem caráter duradouro, devendo se destinar a fins lícitos, proibida a formação de associações paramilitares. A própria Constituição cuidou de contemplar algumas regras para a criação de associações:

1) não dependem de autorização, sendo vedada a interferência estatal em seu funcionamento (inciso XVIII);
2) somente podem ser dissolvidas compulsoriamente, por sentença judicial transitada em julgado, ou ter suas atividades suspensas igualmente por decisão judicial (inciso XIX);
3) é livre o direito da pessoa se associar ou se manter associada (inciso XX); e,
4) as associações, quando expressamente autorizadas, são legítimas representantes de seus associados, judicial ou extrajudicialmente (inciso XXI).

O sindicato, por sua vez, é um tipo específico de associação, consagrado no art. 8º da Constituição, tocando-lhe a defesa dos direitos e interesses coletivos ou individuais da categoria, inclusive em questões judiciais ou administrativas (inciso III). Outros traços peculiares serão vistos nesta parte desta obra.

2. LIBERDADE SINDICAL E SINDICALISMO

A origem dos sindicatos pode ser encontrada na Roma Antiga quando Numa Pompílio, seu segundo rei, dividiu o povo por grupos de acordo com suas artes e ofícios[5]. No ano 59 a. C., a *Lex Clodia* reconheça o direito de associação, e, no ano 56 a. C., a *Lex Julia*, editada por Augusto, transformou os colégios romanos em órgãos do Estado. Certamente, porém, a corporação de ofício pode ser tida, passando pela coalizão, como o embrião do sindicato contemporâneo, que se revelou em toda a sua grandiosidade a partir da Revolução Industrial.

No Brasil, a primeira lei especificamente dedicada aos sindicatos foi o Decreto n. 19.770, de 19.03.1931, consagrando a unidade sindical, mas restringindo demasiadamente a atividade dessas entidades.

---

(5) Cf. SUSSEKIND, A. L. *et alii*. *Instituições*...cit. (*II*). 22. ed., p. 1.099.

É nesse aspecto que sobressaía um dos pontos da maior relevância para o Direito Coletivo do Trabalho, qual o relativo ao princípio da liberdade sindical, que, reconhecido e consagrado, pode ser tratado sob dois ângulos: individual e coletivo. Enquanto individual, deve ser examinado sob os aspectos positivo e negativo, tendo como titulares os trabalhadores e os empregadores.

Positivamente, é o direito que possui a pessoa de filiar-se a um sindicato para desenvolver a atividade sindical, objetivo primordial dessa liberdade positiva, no entendimento de Vazquez Vialard[(6)].

Na visão negativa, a liberdade sindical refere ao direito de não se filiar ou desfiliar-se de sindicato, como apontam, fora do Brasil, Gino Giugni[(7)] e Krotoschin[(8)], entre outros, originando-se, segundo Lyon-Caen & Pélissier, da cautela do trabalhador em impedir lhe sejam impostas condições grupais com as quais não concorde[(9)]. Daí se pode considerar os caracteres passivo e ativo da liberdade negativa, o primeiro como sendo o da não afiliação, e o segundo, como o de deixar de ser filiado.

A liberdade sindical coletiva, cujo sujeito é o próprio sindicato, está consagrada na Convenção n. 87, da OIT[(10)], que incluiu a autonomia em dois aspectos: a interna, de constituir-se, estruturar-se e dissolver-se sem intervenção do Estado; e a de ação, onde aparecem a negociação coletiva e o direito de greve.

3. ESPÉCIES DE SINDICALIZAÇÃO

É no grupo profissional que se assenta a organização sindical, o que, nesse particular, revela uma realidade sociológica. Não se trata de simples direito de reunião ou de associação, consagrados no art. 5º, XVI e XVII, da Constituição de 1988. Aquele é efêmero. Este, embora o vínculo seja permanente, pode ter objetivos gerais, inespecíficos. E, é justo do direito de associação que deriva o direito de sindicalização, de formação de associação profissional, ou, como ensina Octavio Bueno Magano, de *associação institucionalizada*[(11)].

Define-se o sindicato, costumeiramente, como a associação de pessoas físicas ou jurídicas, exercentes de atividade profissional ou econômica para a defesa e a promoção dos respectivos interesses, contestando ou participando da elaboração e efetivação da política econômica e social de âmbito nacional, como quer J. M. Verdier[(12)].

Assim, como agrupamento associativo institucional, pode o sindicato surgir por três modalidades, tomando-se por base o princípio da liberdade sindical: a unidade, a unicidade e a pluralidade sindical, conforme a conveniência dos que o constituirão ou através de imposição legal.

Com efeito, a unicidade é a unidade imposta por lei, verdadeira agressão à autonomia sindical, diversa da preconizada na Convenção n. 87 da OIT. Trata-se de um critério legal que impede a existência de mais um sindicato da mesma categoria na mesma base territorial, representando um monopólio de representação. Registre-se, por oportuno, que, no Peru a unicidade é parcial porque em nível de empresa.

A unidade é voluntária, surgindo um só sindicato espontaneamente, por manifestação do grupo, e não por imposição de lei. É o que ocorre na Alemanha, Inglaterra, Suécia. O Comitê de Liberdade Sindical da OIT, no verbete n. 287, recomenda que a unidade não deve vir da lei, heteronomamente. Ao contrário, deve ser fruto de ato volitivo do grupo interessado, pena de transformar-se em unicidade, como quando assinala:

> *apesar de os trabalhadores poderem ter interesse em evitar que se multipliquem as organizações sindicais, a unidade do movimento sindical não deve ser imposta por intervenção do Estado, via legislativa, pois esta intervenção é contrária ao princípio enunciado nos arts. 2º e 11 da Convenção n. 81*[(13)].

A pluralidade, por sua vez, é a contemplada na Convenção n. 87 da OIT, representando a tendência geral, verificada na Itália, Espanha, Portugal, México, Colômbia e Venezuela, dentre outros países, e reconhecendo a

(6) VASQUEZ VIALARD, Antonio. *El sindicato en el derecho argentino*. Buenos Aires: Astrea, 1981. p. 85.

(7) GIUGNI, G. Ob. cit., p. 53-4.

(8) KROTOSCHIN, Ernesto. *Manual de derecho del trabajo*. 3. ed. Buenos Aires: Depalma, 1977. p. 177-8.

(9) LYON-CAEN, G. & PÉLISSIER, J. Ob. cit., p. 669.

(10) Aprovada na 31ª Reunião da Conferência Internacional do Trabalho (São Francisco, 09.07.1948), e não ratificada pelo Brasil.

(11) MAGANO, O. B. *Organização sindical brasileira*. São Paulo: RT, 1981. p. 16.

(12) *Apud* MAGANO, O. B. Ob. cit., p. 21.

(13) OIT. *Liberdade sindical*. Brasilia: OIT, 1997. p. 63-4.

possibilidade de criação de mais de um sindicato na mesma base. Em França, como observam Rivero & Savatier, foi encontrada uma *solução intermediária*: manteve-se a pluralidade sindical, mas as principais tarefas relativas à organização profissional foram reservadas aos sindicatos representativos[14].

No regime da pluralidade sindical, com liberdade de estruturação e representatividade, doutrina Arnaldo Süssekind,

> a lei pode e deve omitir-se a respeito, cabendo aos próprios grupos de trabalhadores exercer, em sua plenitude, a liberdade sindical coletiva, constituindo sindicatos de categoria, profissão, ofício, empresa e até estabelecimento, com a dimensão e conceituação que julgarem convenientes.

E, prossegue,

> a lei, nessa hipótese, quando existente, deve dispor apenas sobre a aferição do sindicato mais representativo para fins de negociação coletiva e, bem assim, definir critérios para solucionar conflitos de representatividade[15].

3.1. SINDICALISMO NO BRASIL

No Brasil, podemos considerar uma fase pré-histórica do sindicalismo que seria a que antecedeu às primeiras normas legais a respeito. Foi uma fase de abstenção legislativa, considerando que as Constituições de 1824 e 1891 não se dedicaram à matéria, ressalvada a tênue referência à abolição das corporações de ofício da Imperial.

Historicamente, a evolução do movimento sindical brasileiro costuma ser dividida em cinco etapas, a partir dos primeiros anos do século XX.

A etapa inaugural começou com os Decretos ns. 979/1903 e 1.637/1907, quando foram criados os primeiros sindicatos, e contemplou-se, pelo menos em tese, o princípio da pluralidade sindical. Aziz Simão, em interessante estudo onde abordou as relações entre o sindicato e o Estado, identificava, nessa primeira fase, três espécies de sindicatos: os profissionalmente diferenciados, com os trabalhadores reunidos por profissão, com a mesma atividade, que eram os chamados *sindicatos de ofícios*; os profissionalmente indiferenciados, com trabalhadores de qualquer profissão, sem critério específico; e os profissionais articulados, reunindo operários de diversas espécies, mas considerando o mesmo setor de atividade[16].

A segunda fase começa com a revolução da Aliança Liberal, de 1930, ganhando seus contornos definidos com o Decreto n. 19.970/1931, considerada a *lei brasileira dos sindicatos*, a partir de projeto encaminhado pelo então Ministro do Trabalho, Indústria e Comércio, Lindolfo Collor, ao chefe do Governo Provisório, Getúlio Vargas. Consagrava-se o sindicato único, vinculado ao Estado, consoante ideologia trazida pelos revolucionários de 30, com absoluto controle do Estado[17].

Assim, permaneceu o país até a Constituição de 1934, quando se iniciou a terceira fase, que contemplou a pluralidade sindical. Todavia, o art. 120 exigia que os sindicatos fossem reconhecidos por lei, e o Decreto n. 24.794, ao consagrar a autonomia, determinava número mínimo de 1/3 dos integrantes da categoria, além de excesso de procedimentos burocráticos, inclusive a fixação de base sindical e condições mínimas para o funcionamento da entidade. Isso significava que somente poderiam existir no máximo três sindicatos de cada profissão. Por isso, Evaristo de Moraes Filho escreveu, no seu clássico *O sindicato único do Brasil*, que *nunca tivemos a rigor a pluralidade sindical desde 1930*, até porque o art. 120 da Constituição de 1934 nunca chegou a ser regulamentado.

A quarta fase iniciou-se com a Carta de 1937, consagrando, implicitamente, a unidade sindical, e o Decreto-lei n. 1.402, de 1939, regulou a associação em sindicato. Adotou-se um sistema hierarquizado em três níveis: sindicato, federação e confederação, consagrando-se a intervenção do Ministério do Trabalho e a predeterminação das funções.

---

(14) RIVERO, J. & SAVATIER, J. Ob. cit., p. 125.

(15) SÜSSEKIND, A. L. Organização sindical: categoria e registro. *In: Jornal Trabalhista*. Brasília, IX(387): 103, jan. 1992.

(16) SIMÃO, Aziz. *O sindicato e o Estado (suas relações na formação do proletariado de São Paulo)*. São Paulo: Ática, 1981. p. 162-4.

(17) A respeito desse diploma corporativista, v. nosso artigo A importância da primeira "Lei dos Sindicatos". *In: Revista do Tribunal Superior do Trabalho*. Brasília, 59/90, p. 96 *passim*.

A Constituição de 1946, no art. 159, não opta pela unidade ou pela pluralidade, à vista de sua *redação inóqua*, fruto, segundo o constituinte Prado Kelly, das divergências entre a Igreja Católica, impedindo a unidade sindical, e os comunistas e trabalhistas, obstando a pluralidade. Como a questão permaneceu em aberto, a legislação infraconstitucional terminou por contemplar a unicidade sindical.

Por fim, a quinta fase, que é a atual, a partir de 1988. Segundo Oris de Oliveira, a solução que a Constituição vigente encontrou é *híbrida e rígida*, porque tem a autonomia do Texto de 1934 e a unidade da *Polaca* de 1937, considerando-se no particular, que os próprios sindicatos impuseram, na Assembleia Constituinte, a unidade sindical[(18)].

3.2. SITUAÇÃO ATUAL NO BRASIL E A POSIÇÃO DA OIT

A Constituição de 1988 consagra a unicidade sindical, fruto da pressão de grupos, e conserva traços do corporativismo, como se infere da análise do seu art. 8º, I e II. Enquanto o n. I revela que não deve mais haver atrelamento do sindicato ao Estado, salvo registro no órgão competente, sem interferência ou intervenção do Poder Público na organização sindical, o n. II consagra a figura da base territorial mínima (o município), pela influência de *lobbies* nos trabalhos constituintes, e veda a criação de mais de uma organização sindical, em qualquer grau, representativa de categoria profissional ou econômica, nessa dita base territorial, que será definida pelos trabalhadores ou empregadores interessados, mas que não pode ser inferior à área de um município. De aduzir, ainda, que não deve ser olvidada a manutenção das federações e confederações, sobretudo à vista do n. IV do mesmo artigo.

Assinalemos que a Constituição cuida de *município*, donde não se deve confundir como abrangendo os municípios que integram uma dada região metropolitana, ou seja, cada um dos municípios, ainda que pertencentes a uma única região metropolitana, pode ter o seu próprio sindicato de uma determinada categoria.

Os incisos I e II do art. 8º constitucional contrariam o que preconiza a Convenção n. 87, art. 2º, da OIT e as decisões do seu Comitê de Liberdade Sindical. No inciso II, encontramos apreciável controvérsia. Enquanto estava a viger, incólume, a CLT, sob a égide da Constituição de 1967, prevalecia a unicidade sindical, garantida pela agora desativada Comissão de Enquadramento Sindical. A essa comissão incumbia estabelecer os limites de base de atuação do sindicato. Todavia, a questão principal gira em torno da criação de sindicatos *em dada base territorial*, contida no art. 8º, II, Constituição atual. Bueno Magano entende que o art. 516 está revogado, mesmo porque a Comissão de Enquadramento Sindical, que estabelecia os limites da base, está desativada[(19)]. Mascaro Nascimento, por seu turno, manifesta-se no sentido de que o preceito consolidado continua a viger, porque a Constituição de 1988 manteve o sindicato único[(20)].

Entre os diversos pontos a considerar, um deles merece atenção. Anteriormente, a base territorial era fixada por comissão oficial e dada base enseja uma amplitude não indicável ao desempenho mais eficaz da atividade sindical. Agora, a base territorial já está fixada na própria Constituição, e é limitada a existência de um sindicato por categoria, o que, no entanto, não impede o surgimento de categorias diferenciadas, não havendo violação ao princípio da unicidade. A estrutura sindical, com alguns abrandamentos, continua a ser a mesma hierarquizada de 1937, excluídas as Centrais Sindicais que não existiam naquela época e, de fato, exercem importante e significativo papel no diálogo em busca de soluções para as questões trabalhistas, mas, como sabido, não possuem legitimidade para representar seus associados ou não em juízo, conquanto, a nosso ver, essa matéria deva ser examinada à luz da regra contida na Convenção n. 98 da OIT, como indicamos em vários momentos, nesta obra, no sentido de admitir essa legitimidade.

Diante da normação atualmente vigente no Brasil, parece difícil a adoção imediata dos princípios contidos na Convenção n. 87. Afinal, prevalece o sindicato único na mesma base (o município) por categoria, embora não mais exista a contribuição sindical compulsória. Esses fatos contrariam a liberdade sindical e a autonomia sindical, dado que a Convenção n. 87 reconhece a pluralidade e a faculdade de o trabalhador optar pela unidade, que,

(18) OLIVEIRA, Oris de. *Unidade e pluralidade sindical*. *In:* ROMITA, A. S. (coord.). *Curso de direito constitucional do trabalho (Estudos em homenagem ao Prof. Amauri Mascaro Nascimento)* (II). São Paulo: LTr, 1991. p. 27.

(19) MAGANO, O. B. *Manual*... cit. *(II)*. p. 92.

(20) NASCIMENTO, A. M. *Comentários às leis trabalhistas* (I) cit., p. 140.

se partida dos próprios trabalhadores, é lícita e legítima, como registra Evaristo de Moraes Filho(21). Projetos de alteração desses mecanismos encontram-se tramitando no Parlamento brasileiro, mas ainda não lograram possibilidade de aprovação, exceto quanto ao antigo imposto sindical que, a partir de novembro de 2017, passou a ser uma contribuição facultativa.

3.3. SITUAÇÃO DOS PARCEIROS NO MERCOSUL

O Mercado Comum do Sul, Mercosul, é o mecanismo mais frutuoso de aproximação criado na América do Sul. Os parceiros iniciais brasileiros no Mercosul, igualmente partes no Tratado de Assunção de 1991, eram Argentina, Paraguai e Uruguai. Em agosto de 2012, a Venezuela passou a fazer parte do grupo. Vejamos a situação sindical dos quatro parceiros atuais do Brasil.

Acerca da Argentina, o país platino atravessou quatro fases dentro de sua história sindical. A primeira consagrava a unicidade sindical, através do Decreto n. 2.669/1943, do Decreto-lei n. 23.852/1945 e da Lei n. 14.295/1945, representando, portanto, fonte de regulação heterônoma. A segunda contemplou o pluralismo sindical, após a queda do Governo Perón, através do Decreto-lei n. 9.270/1956. Retornou a Argentina, na terceira fase, à unicidade sindical, com a Lei n. 14.455/1958, mantida, depois, pela Lei n. 20.615/1973, tendo, durante o regime militar, o Decreto n. 9/1976 proibindo qualquer atividade sindical. A intervenção do Estado nos sindicatos fez com que passassem a destinar suas atividades para obras sociais(22). A atual fase, seguinte à reforma da Constituição, em 1984, favoreceu a prevalência dos tratados internacionais pelo que ganhou privilégio especial a Convenção n. 87. Apesar disso, porém, e de o movimento sindical ser favorável à pluralidade sindical, conforme a atual Lei n. 23.551, o que há, verdadeiramente, é a unicidade sindical, por força das normas estatais que ainda tutelam a atividade sindical(23).

No Paraguai, não foi criado um regime jurídico de organização sindical conforme sua atuação política, tendo optado pela ratificação das Convenções ns. 87 e 98. De fato, porém, criou-se um regime corporativo ligado ao partido do governo. A tendência atual é no sentido de organização sindical autônoma, fruto de um mínimo de industrialização, caminhando para o pluralismo sindical, embora o art. 293 do *Código del Trabajo* só admita o trabalhador filiado a um único sindicato(24).

Diversa é a situação do Uruguai, onde inexistem normas estatais. Ao contrário, as relações sindicais são regidas pela Convenção n. 87. Apesar de existir uma central única de trabalhadores, a filiação é voluntária e consagra-se o pluralismo ideológico, em meio a uma unidade sindical, notando-se que ali o trabalhador pode optar livremente pela entidade que deseja se filiar, sem qualquer interferência de terceiros ou do Estado.

Quanto à Venezuela, a Constituição bolivariana de março de 2000 reconhece os direitos coletivos de sindicalização, inclusive a garantia de emprego aos dirigentes sindicais (art. 95, 1ª parte), o direito de negociação coletiva e de celebração de convenções coletivas de trabalho (art. 96) e exercício do direito de greve por todos os trabalhadores (art. 97).

3.4. SINDICALIZAÇÃO NO SERVIÇO PÚBLICO

É a Constituição de 1988 a consagradora do direito específico de sindicalização no serviço público. O art. 37, VI, dispõe:

> Art. 37. A administração pública direta e indireta de qualquer dos Poderes da União, dos Estados, do Distrito Federal e dos Municípios obedecerá aos princípios de legalidade, impessoalidade, moralidade, publicidade e eficiência e, também, ao seguinte:
>
> ....
>
> VI – é garantido ao servidor público civil o <u>direito à livre associação sindical</u> (*grifamos*).

(21) MORAES FILHO, Evaristo de. A organização sindical perante o Estado. *In*: *Revista LTr*, São Paulo, 52(11): 1302, nov. 1988.

(22) Cf. MONTERO DE SAN VICENTE, Osvaldo. *Derechodeltrabajo de los paises delMercosur*. Montevideo: Fundación de Cultura Universitária, 1996. p. 431-2.

(23) *Ibidem*, p. 443.

(24) *Ibidem*, p. 446.

Observe-se que esse preceito não remete ao art. 8º da Constituição que trata da sindicalização em geral. Este cuida de sindicalização específica, aquele de sindicalização genérica. Vejamos:

> Art. 8º É livre a associação profissional ou sindical, observado o seguinte:

Quando o constituinte teve intenção de assemelhar o servidor público ao trabalhador em geral, adotou a remissão adequada. No art. 39, § 3º, estão expressamente referidos os direitos trabalhistas no serviço público, quando remete ao art. 7º e seus incisos.

> *Art. 39. Omissis*
>
> ....
>
> *§ 3º Aplica-se aos servidores ocupantes de cargo público o disposto no art. 7º, IV, VII, VIII, IX, XII, XIII, XV, XVI, XVII, XVIII, XIX, XX, XXII e XXX, podendo a lei estabelecer requisitos diferenciados de admissão quando a natureza do cargo o exigir.*

Em *numerus clausus*, apenas aqueles são os direitos do servidor público. Nada além...

A melhor doutrina administrativista brasileira aponta que *no que for compatível, aplicam-se aos sindicatos de servidores as disposições do art. 8º e incisos*[(25)]. Nessa linha, com exceção de contribuição sindical, acreditamos que as demais regras do art. 8º podem ser aplicadas aos servidores públicos.

Adiante, veremos como fica a situação específica da contribuição sindical diante de ato administrativo oriundo do M.Tb.

3.5. PERSPECTIVAS

O que se está a verificar, presentemente, é uma tendência oblíqua à pluralidade sindical que se poderia chamar de extraconstitucional. Pulverizam-se os sindicatos. Limitadas à mesma base, as categorias profissionais, fragmenta-se o movimento sindical, reduz-se o poder de barganha, enfraquecem-se as atividades postulatórias do operariado.

Segundo a Fundação IBGE[(26)], o Brasil possuía, em 1931, 44 sindicatos. De acordo com o M.T.E., de maio de 1942 a agosto de 1996, foram feitos registros de 15.972 sindicatos. Esse número excessivo deve ser distribuído em dois períodos. O primeiro, de maio de 1942 até o advento da Constituição de outubro de 1988, quando era indispensável a carta sindical para o regular exercício da atividade, houve registro de 10.595 sindicatos. Entre a vigência da atual Constituição e 14 de fevereiro de 1990, foi suspenso o registro no atual M.T.E., em face da dúvida relativa à interpretação do inciso I do art. 8º. Decidido que esta seria meramente cadastral, mas necessariamente naquele Ministério, entre fevereiro de 1990 e agosto de 1996, foram registrados 5.377 novos sindicatos. Esses dados revelam que, bastaram pouco mais de seis anos para surgirem 1/3 das entidades sindicais brasileiras. É induvidosamente uma pluralidade sindical oblíqua.

Esse quadro talvez venha a se reverter, e o País tome o caminho da unidade sindical, com os sindicatos se unindo voluntariamente, na busca de fortalecimento para suas reivindicações, como ocorreu na Alemanha. E é aqui que aparecem as centrais sindicais, não contempladas na atual Constituição, mas em franca atividade, e que não estão organizadas por categorias, representando, geralmente, correntes do pensamento político, embora, em demandas coletivas, partidas de sindicatos filiados a algumas das centrais existentes, sempre seja ressaltado, na proposta-base, previsão de uma imprensa sindical, vedado seu uso para atividade político-partidária.

É de se acreditar que, futuramente, a tendência, agora indicando uma pluralidade às avessas, mediante os mecanismos de pulverização das categorias, como forma de evitar a unicidade imposta, resulte na unicidade sindical, decorrência da manifestação volitiva dos integrantes dos grupos. De qualquer sorte, adotando, obliquamente, a pluralidade, ou caminhando à unidade, é recomendável revisão das disposições constitucionais que restringem a autonomia sindical e, com isso, possibilitar a adoção, no Brasil, dos preceitos contemplados na Convenção n. 87.

Caminhando nessa linha de modernidade, sem esquecer a preservação da garantia da dignidade da pessoa humana, certamente lucrará o processo de aproximação que se processa no âmbito do Mercosul, onde os interlocutores sociais têm, induvidosamente, papel destacado e importante a desenvolver.

---

(25) MEDAUAR, Odete. *Direito administrativo moderno*. 9. ed. São Paulo: RT, 2005. p. 329.

(26) Cf. <http://seriesestatisticas.ibge.gov.br/series.aspx?vcodigo=FDT001>. Acesso em: 22 abr. 2014.

4. DIMENSÕES DA LIBERDADE SINDICAL

Basicamente, a liberdade sindical é distinguida pela doutrina em dois ângulos: individual e coletiva, tendo esta como titular o sindicato. Enquanto individual, merece exame sob os aspectos positivo e negativo, tendo como titulares os trabalhadores e os empregadores.

Positivamente, significa o direito que possui o indivíduo de filiar-se a um sindicato, para desenvolver a atividade sindical, que é o objetivo primordial dessa liberdade positiva(27). Para exercer esse direito não deve haver qualquer autorização prévia, eis que vedada a interferência do Estado. É esse aspecto que, na América Latina, suscita um dos maiores problemas a prejudicar o pleno exercício dessa liberdade. Na observação de Ermida Uriarte:

> o funcionamento do registro sindical serviria como uma verdadeira autorização estatal para a constituição ou o funcionamento dos sindicatos ou como limitador do direito dos sindicatos ao reconhecimento de sua personalidade jurídica(28).

Na sua visão negativa, a liberdade sindical refere ao direito de não se filiar ou desfiliar-se de sindicato(29), não sendo consagrado nas Convenções ns. 87 e 98 da OIT. Esse direito negativo origina-se, segundo *Lyon-Caen & Pélissier*, da cautela do trabalhador em impedir-lhe sejam impostas condições grupais com as quais não concorde, donde concluem, *l'individualisme liberal qui inspire les solutions du Droit français devait le conduire à proteger l'individucontrelestendances à l'hégémoniedugroupe*(30). Poder-se-ia, assim, considerar a liberdade sindical negativa passiva, como a de não filiação, e a negativa ativa, como a de deixar de integrar um dado sindicato. Nesse particular, Gino Giugni alerta para o fato de que a liberdade sindical negativa deve ser vista com certa cautela a partir da existência de determinadas cláusulas que, ou exigem que empregador somente admita trabalhadores sindicalizados (*closed shop*) ou que o empregado recém-contratado filie-se a um sindicato, pena de demissão (*union shop*), frequentes no Reino Unido e nos Estados Unidos da América(31).

A liberdade sindical coletiva, cujo sujeito é o próprio sindicato, está consagrada na Convenção n. 87, da OIT. Nesse sentido, há dois aspectos da autonomia sindical, que é a parte dinâmica dessa liberdade(32). De um lado, é a autonomia interna, de constituir-se, estruturar-se, e mesmo de dissolver-se, sem a intervenção estatal. De outro, é a autonomia de ação, onde se agrupam os vários tipos de autotutela, com destaque para a negociação coletiva e o direito de greve. Acrescentando-se, ainda, a liberdade coletiva positiva e negativa de filiar-se ou não um sindicato a associações de grau superior, como recorda Vazquez Vialard(33).

Em síntese, tem-se uma liberdade sindical individual, atribuída ao trabalhador, com o direito de sindicalizar-se (positiva) ou não ou de deixar de integrar um sindicato (formas negativas), e uma liberdade sindical coletiva, conferida ao próprio sindicato, que vai perseguir os interesses da categoria que agrupa, que é o que ocorre hoje no Brasil, independendo de autorização expressa de associados e não associados para ajuizamento, *v. g.*, de dissídio coletivo, porque implícita no art. 8º, III, da Constituição de 1998, diversamente da Constituição portuguesa de 1967, que renova *a concepção da liberdade sindical colectiva, e consagrada a concepção da liberdade sindical individual*(34).

---

(27) N. sent.: VAZQUEZ VIALARD, A. *Ob*, cit., p. 73; e, ERMIDA URIARTE, Oscar. *Liberdade sindical: normas internacionais, regulação estatal e autonomia. In* TEIXEIRA FILHO, João de Lima. *Relações coletivas de trabalho (estudos em homenagem ao Min. Arnaldo Sussekind)*. São Paulo: LTr, 1989. p. 255.

(28) *Ibidem*, p. 254-5. Esse registro existiu, por longo tempo, no Brasil, por exigência da legislação corporativista que dominou o país, mas hoje, após muito se discutir acerca da existência de um registro no atual M.T.E., este é feito regularmente, com aceitação pacífica da maioria.

(29) N. sent.: ERMIDA URIARTE, O. *Ibidem*, p. 256; GIUGNI, Gino. *A liberdade sindical na Constituição italiana.* In: BARROS JÚNIOR, Cássio de Mesquita (coord.). *Tendências do direito do Trabalho contemporâneo (homenagem a A. F. Cesarino Júnior)* (II). São Paulo: LTr, 1980. p. 44; VASQUES VIALARD, A. Ob. cit., p. 77; e, KROTOSCHIN, E. Ob. cit., p. 195.

(30) LYON-CAEN, G. & PÉLISSIER, J. *Ob. cit.*, p. 669.

(31) GIUGNI, G. *Direito Sindical* cit., p.53-4.

(32) DONATO, Messias Pereira. Liberdade sindical. *In: Curso de direito do trabalho em homenagem a Mozart Victor Russomano* (Coord.: Octavio Bueno Magano). São Paulo: Saraiva, 1985. p. 471.

(33) VAZQUEZ VIALARD, A. Ob. cit., p. 85.

(34) PINTO, Mário. Sobre a liberdade sindical no direito português. *In: Relações coletivas...* cit., p. 276.

No que refere ao sujeito passivo da liberdade sindical, podem ser identificados os empregados e empregadores, seja pelo cumprimento das normas coletivas, pela organização e funcionamento das organizações sindicais, ou pela representação judicial ou extrajudicial e pela atuação nos conflitos coletivos e nas negociações coletivas.

Perante o Estado, este pode ser identificado de três modalidades, na lição de Ermida Uriarte:

- abstencionista, sem qualquer interferência na formação de sindicatos, consagrada a autonomia pura, como na Alemanha, Itália e Uruguai;
- intervencionista, com atitude regulamentadora, como na França, Portugal e Brasil, onde ainda intervém, pelas normas de ordem pública que edita e pelo controle que exerce, através do registro sindical, como apontaremos adiante; e
- socialista, como na antiga URSS e em Cuba[35].

Quanto ao conteúdo, a liberdade sindical por ser associativa, representada pela constituição de sindicato, e os direitos de filiação, desfiliação; e de atividade, que é a militância, o proselitismo, a negociação coletiva e a greve.

---

(35) *Apud* NASCIMENTO, A. M. *Curso*... cit., 7. ed. 1989. p. 1.192.

CAPÍTULO II

ORGANIZAÇÃO SINDICAL

1. REGISTRO SINDICAL

Embora seja reconhecida a unicidade (art. 8º, II, da Constituição), o que limita a liberdade sindical[36], e não seja permitido sindicato de empresa[37], pelo menos teoricamente, parece, na prática, estar sendo desenvolvido o contrário. Diversamente dela, unidade sindical, quando surge um só sindicato por vontade própria e não por imposição de lei[38], a unicidade é um critério legal que impede a existência de mais de um sindicato da mesma categoria na mesma base, representando um monopólio da representação.

Constata-se o aparecimento de infinitas *categorias diferenciadas*, fragmentando as anteriormente existentes. Categoria diferenciada é definida no § 3º do art. 511 da CLT:

> § 3º Categoria profissional diferenciada é a que se forma dos empregados que exerçam profissões ou funções diferenciadas por força de estatuto profissional especial ou em consequência de condições de vida singulares.

E existem vários sindicatos verdadeiramente de empresas já instalados, e alguns registrados perante o Estado, a partir de registro promovido com o advento da Instrução Normativa n. 05, de 15.02.1990, e presentemente regulado pela Portaria n. 326, de 01.03.2013. Esse registro oficial está em consonância com o Verbete 295 do Comitê de Liberdade Sindical da OIT:

> Verbete 295 – O direito de reconhecimento mediante o registro oficial é um aspecto essencial do direito de sindicalização.

A Portaria n. 326/2013 cuida desse tema, relativo às entidades sindicais de primeiro grau (art. 1º), tendo os pedidos de registro e de alteração estatutária de entidades de grau superior permanecido sob as regras da Portaria n. 186, de 10.04.2008 (art. 50).

O registro é feito no Cadastro Nacional de Entidades Sindicais (CNES) do M.Tb., em observância ao decidido pelo STF no MI 144-8-SP, e a partir da Súmula n. 677 da Suprema Corte, que diz:

> Súmula n. 677 – Até que lei venha a dispor a respeito, incumbe ao Ministério do Trabalho proceder ao registro das entidades sindicais e zelar pela observância do princípio da unicidade.

Assim deve ser, não obstando a edição de lei futura, necessário o registro, podendo a solicitação para esse fim ser formulada por meio eletrônico para o endereço <www.trabalho.gov.br> (art. 2º da Portaria n. 326/2013), cabendo à Coordenação-Geral de Registro Sindical (CGRS), da SRT, a análise desses pedidos.

---

(36) BASTOS, Celso Ribeiro & MARTINS, Ives Gandra da Silva. *Comentários à Constituição do Brasil* (I). São Paulo: Saraiva, 1988. p. 512.

(37) NASCIMENTO, A. M. *Curso*... cit., 7. ed., p. 229.

(38) É o que ocorre na Alemanha, Inglaterra e Suécia e o Comitê de Liberdade Sindical da OIT, no Verbete 287, recomenda que a unidade não deve vir de lei, heteronomamente, mas fruto do espírito volitivo do grupo interessado, pena de transformar-se em unicidade (*In* OIT. *Liberdade sindical*... cit., p. 63-4).

Efetuada a publicação do pedido de registro, entidade sindical do mesmo grau ou com pedido registro público no Diário Oficial da União, terá o prazo de trinta dias para eventuais impugnações, a partir da publicação, e, havendo controvérsia, passará por tentativa de mediação, no âmbito do Poder Executivo (art. 22 e seguintes da Portaria n. 326/2013), e, se inexistir solução, o Secretário de Relações de Trabalho indeferirá o registro impugnado (§ 9º do mesmo artigo).

Anteriormente, imediatamente após a impugnação, o processo de registro era encaminhado ao Judiciário para decidir, o que, em nosso entendimento, é o mais correto, afastando, efetivamente, a intervenção do Estado enquanto administração dessa atividade de ingerência nos sindicatos.

O sistema brasileiro de registro sindical guarda grande semelhança com o adotado em França. Ali, o registro objetiva mera publicidade (art. L. 411-3, do *Code du Travail*). O liberalismo da lei francesa exige apenas o depósito na Prefeitura dos estatutos sindicais, com o nome dos primeiros dirigentes. Para uniões e federações, são exigidas mais duas formalidades: a indicação dos nomes e da sede social dos sindicatos componentes e os estatutos devem conter certas regras sobre a representação dos sindicatos aderentes nas assembleias gerais e nos órgãos administrativos. Se não houver o depósito, o sindicato não adquire personalidade, ficando impedido de estar em juízo e de constituir seção sindical, mas podendo concluir convenção coletiva, como assinalado por Lyon-Caen & Pélissier(39).

No México, a LFT de 1970 determina que os sindicatos devem registrar-se na Secretaria de Trabalho e Previdência Social ou perante as Juntas de Conciliação e Arbitragem, conforme sejam de competência federal ou local (art. 365), e, na Secretaria, necessariamente as federações e confederações (art. 384). Nesse particular, no comentário de Trueba Urbina & Trueba Barrera, referindo-se aos prazos de sessenta dias para a autoridade competente se manifestar sobre o registro solicitado, e de três dias da solicitação para esse pronunciamento, *se tiene por registrado el sindicato y desde ese momento goza de personalidad jurídica*(40).

O art. 39 da Constituição da Itália admite, segundo Santoro-Passarelli, que *il principio de la liberta sindacale é un'applicazione particolare del principio costituzionale de la libertà di associazione* (art. 18)(41), sendo livre a sua organização (1º parágrafo), devendo ser efetuado registro em escritórios locais ou centrais, conforme a lei (2º parágrafo), inclusive dos respectivos estatutos, que devem conter regras internas com bases democráticas (3º parágrafo). Visa esse registro apenas o controle de validade, no sentido de mero controle de legitimidade e não de mérito(42).

Nos Estados Unidos da América, onde são intensas as relações coletivas, o *National Labor Relations Act* (Lei Nacional de Relações de Trabalho = Lei NLRA), a chamada *Lei Wagner*, de 1935, define sindicato e regula sua atuação, instituindo um sistema de registro de associações profissionais perante o Ministério Nacional do Trabalho, apenas para efeito de aquisição de personalidade jurídica(43).

Na Argentina, a Constituição limita-se a prever a organização sindical livre e democrática, reconhecida pela simples inscrição em um registro especial (art. 14 *bis*, 1º parágrafo, final)(44). Por esse preceito constitucional, é livre a organização (1º parágrafo), devendo ser efetuado registro em escritórios locais ou centrais, conforme a lei (2º parágrafo), inclusive dos respectivos estatutos, que devem conter regras internas com bases democráticas (3º parágrafo).

O modelo brasileiro alinha-se com a posição adotada pelo Comitê de Liberdade Sindical da OIT, que, no verbete n. 275, registra:

---

(39) LYON-CAEN, G. & PÉLISSIER, J. Ob. cit., p. 678-9.

(40) TRUEBA URBINA, A. & TRUEBA BARRERA, J. Ob. cit., p. 177.

(41) SANTORO-PASSARELLI, F. Ob. cit., p. 32.

(42) Cf. SANTORO-PASSARELLI, F. Ob. cit., p. 34. O 4º parágrafo do dispositivo dispõe a atuação e a personalidade jurídica dos sindicatos.

(43) SHIEBER, Benjamin M. *Iniciação ao direito trabalhista norte-americano*. São Paulo: LTr, 1988. p. 60.

Afora as breves observações feitas acima (n. 2), não se comentarão, pormenorizadamente, os métodos adotados para enfrentar empregados que não querem filiar-se aos sindicatos, mas querem gozar dos benefícios (*closep shop, union shop* e *agency shop*), porque não diretamente vinculados ao tema deste estudo. Acerca dessas cláusulas, v.: SHIEBER, B. M. Idem, p. 65-7; MAGANO, O. B. Ob. cit. (III), p. 28-9; NASCIMENTO, A. M. *Direito sindical*... cit., p. 127; e, VAZQUEZVIALARD, A. Ob. cit., p. 79, entre outros. E, especificamente sobre práticas atentatórias à atividade sindical, v. ERMIDA URIARTE, O. Ob. cit., dedicada a esse aspecto.

(44) Esse registro especial também existe, semelhantemente, nos Estados Unidos, cf. a Lei NLRA.

Verbete 275 – Se as condições para conceder o registro equivalessem a exigir uma autorização prévia das autoridades públicas para a constituição ou para o funcionamento de um sindicato, se estaria diante de uma manifesta infração da Convenção n. 87. Não obstante, este não parece ser o caso quando o registro do sindicato consiste unicamente numa formalidade cujas condições não são de natureza que ponha em perigo as garantias previstas pela Convenção(45).

É, porém, indispensável e necessário o registro civil, eis que a questão pode envolver uma entidade sindical que não seja no desempenho das atividades elencadas no art. 8º da Constituição, mas como uma pessoa jurídica comum. E então? Então, sem o registro civil, apenas com o registro sindical, será embaraçosa sua situação nas relações jurídicas fora da sua função primordial, qual a de cuidar dos interesses e dos direitos de toda a categoria e dos direitos individuais de seus integrantes. Questões como, *v. g.*, uma ação de despejo movida pelo locador do imóvel ocupado por um sindicato, uma reclamação trabalhista intentada por um seu empregado, não terão, no polo passivo da relação, o sindicato, representante da categoria, mas o sindicato, pessoa jurídica de direito privado, cuja personalidade civil deverá ser provada mediante o registro comum, exigido a todas as pessoas dessa natureza.

Por outro lado, considerando a especificidade de sua atividade, o registro no M.Tb. tem a vantagem de identificar qual a entidade que, pelo menos em tese, representaria dada categoria, reconhecendo sua personalidade sindical, como observa Cássio Mesquita Barros Júnior(46), embora para fim de autenticação, não de autorização. Trata-se de *un mero controllo de legittimità*, a que referiu Vicenzo Sinagra sobre o registro italiano dos sindicatos(47). Nesses termos, não há impedimento para registro de dois ou mais sindicatos na mesma base territorial. Essa questão foge à competência do M.Tb., devendo ser resolvida pelas partes ou mediante ação judicial própria, intentada perante a Justiça do Trabalho, nos termos do art. 114, III, da Constituição, que define sua competência para questões dessa natureza.

Todavia, a personalidade jurídica civil do sindicato é adquirida não com esse registro especial, mas com o registro comum, semelhante a qualquer associação, como já assinalamos. A questão da representatividade, insista-se, que envolve necessariamente a participação em negociação coletiva e a distribuição da receita sindical, na orientação adotada pelo Comitê de Liberdade Sindical da OIT(48), será resolvida, quando houver controvérsia, inclusive quanto ao recolhimento de contribuições, ou diretamente pelos interessados, ou mediante a ação própria, necessariamente na Justiça do Trabalho, conforme o inciso III do art. 114 da Constituição.

Dentro do campo do registro sindical, envolvendo diretamente a base territorial e, por corolário, a representatividade dos envolvidos, emerge o problema da sede do sindicato. Aparentemente aspecto sem maior relevância, o tema foi objeto de diversos enfrentamentos no M.Tb., quando da apresentação do pedido de registro de alguns sindicatos desmembrados. Concretamente, o caso do Sindicato dos Hotéis e Restaurantes dos Municípios de Belém e Ananindeua – SHORES, representando a categoria econômica desses dois municípios, e, consequentemente, deixando de pertencer ao Sindicato (de nível estadual) dos Hotéis, Bares, Restaurantes e Similares do Estado do Pará(49). Ambos os sindicatos possuem sede na mesma cidade (Belém), mas isso não é óbice para a rua representatividade. Não existe relevância quanto à sede de um sindicato para definir-lhe base territorial de atuação. Pode ser em um município abrangido ou não por ela, pode ser sede própria ou temporária, pode ser sede física ou virtual. O que é relevante, verdadeiramente, é a real abrangência do sindicato quanto às pessoas que ele de fato representa.

2. ESTRUTURA SINDICAL

2.1. AUTONOMIA

Dentro da autonomia sindical, existe a interna e a externa. A primeira é a capacidade do sindicato de organizar-se internamente, constituindo seus órgãos de gestão, criando formas de implementar as finalidades a que se propõe.

Por autonomia sindical externa devemos entender o poder de autogestão do sindicato, sem interferência do Estado.

---

(45) OIT. *Liberdade sindical* cit., p. 56.

(46) BARROS JÚNIOR, Cássio Mesquita. *Fundação e registro de sindicato. In:* ROMITA, A. A. (coord.). *Curso de direito constitucional do trabalho* (II) cit., p. 36.

(47) SINAGRA, Vincenzo. *Istituzioni di diritto del lavoro.* Palermo: Palumbo, 1955. p. 83.

(48) Assim o Verbete n. 269 (OIT. *Liberdade sindical...* cit., p. 58).

(49) O registro sindical dos sindicato desmembrado SHORES foi publicado no DOU n. 189, de 1.10.2014, p. 102, com o arquivamento da impugnação feita pelo sindicato desmembrante.

No entanto, o modelo sindical brasileiro está em franco desacordo com a verdadeira autonomia sindical. Basta para tanto que se vejam as limitações inseridas no art. 8º, II, da Constituição, que estabelece base territorial mínima e sindicalização por categoria.

Por motivos dessa espécie, nosso país não pode ratificar, até agora, a Convenção n. 87 da OIT, que reconhece a liberdade sindical ampla.

2.2. SISTEMA CONFEDERATIVO HIERARQUIZADO

Adotamos no Brasil um sistema sindical estruturado por graus, de forma piramidal, inclusive previsto no Pacto Internacional de Direitos Econômicos, Sociais e Culturais (art. 8º, 1, *b*). Na base, estão os sindicatos, acima, as federações, no ápice, as confederações, recordando que as primeiras dessa natureza surgiram na França, em 1884. As duas últimas são as entidades de grau superior, conforme o art. 533 da CLT. A criação de um sindicato decorre da regra inserta no *caput* do art. 511 consolidado:

> Art. 511. É lícita a associação para fins de estudo, defesa e coordenação dos seus interesses econômicos ou profissionais de todos os que, como empregadores, empregados, agentes ou trabalhadores autônomos ou profissionais liberais exerçam, respectivamente, a mesma atividade ou profissão ou atividades ou profissões similares ou conexas.

Existem formalidades para a criação de sindicatos, a base da estrutura sindical brasileira, sobretudo as regras do art. 8º da Constituição: a base territorial mínima e a formação por categoria. Para que sejam fundadas federações e confederações existem regras nos arts. 534 e 535 da CLT. Todavia, devem ser examinadas com o necessário entendimento de que existem certas restrições à atuação do Estado, como o fato de não mais ser necessária autorização para constituição de uma federação (art. 534, § 2º, c/c art. 537, *caput*, da CLT), nem decreto do Presidente da República reconhecendo uma confederação (art. 537, § 3º, da CLT), considerando a perda de sua eficácia ante o art. 8º, n. I, da Constituição(50).

Por outro lado, o elenco de confederações constante do art. 535, § 1º, da CLT, encontra-se superado pelo que decidiu o STF, no MS 20.829-DF(51) (Confederação Nacional dos Trabalhadores Metalúrgicos na Indústria e outro *vs.* Presidente da República. Rel.: Min. Célio Borja), admitindo a criação da confederação impetrante, destacando que a única restrição seria a ofensa ao princípio da unicidade sindical, o que não é o caso.

Com efeito, a criação de uma federação é faculdade de um grupo de pelo menos cinco sindicatos (art. 534, *caput*, da CLT), constituídas por Estados, ou interestaduais, ou nacionais (§ 2º do mesmo artigo).

Três federações podem organizar uma confederação cuja sede deverá ser em Brasília (art. 535 da CLT), não prevalecendo a regra dos §§ do mesmo artigo.

2.3. FUNÇÕES

Possui o sindicato pelo menos oito funções primordiais, a saber: negocial, assistencial, econômica, política, tributária, representativa, colaboracionista e social. Vejamos cada qual de *per se*.

2.3.1. *Função negocial*

Esta função é, certamente, uma das mais conhecidas dos sindicatos. Refere-se à capacidade dos sindicatos, atribuída pela própria Constituição, de negociar autonomamente e de, em sendo infrutífera a negociação, ajuizar dissídio coletivo perante a Justiça do Trabalho.

A Constituição de 1988 reconheceu e privilegiou o negociado sobre o legislado, como se constata no art. 7º, XXVI, dentre outros, além da indispensabilidade de participação, com exclusividade, dos sindicatos, e, na sua

---

(50) N. sent.: SÜSSEKIND, A.L. *Curso*... cit., p. 560.

(51) Cf. <http://www.stf.jus.br/portal/jurisprudencia/listarJurisprudencia.asp?s1=%28MS%24%2ESCLA%2E+E+20829%2ENUME%2E%29+OU+%28MS%2EACMS%2E+ADJ2+20829%2EACMS%2E%29&base=baseAcordaos&url=http://tinyurl.com/mun6rzm>. Acesso em: 18 abr. 2014.

falta, federações e confederações, na celebração de acordos e convenções coletivas de trabalho (art. 513, *d*, e art. 611, § 1º, da CLT).

2.3.2. *Função assistencial*

Entendemos que este é um dos mais relevantes papéis do sindicato brasileiro, muita vez relegado para segundo plano. Não se trata de assistencialismo, mas de relevante atuação para assistir a todos os integrantes da categoria, sejam ou não seus associados. É regra inserta no art. 8º, III, da Constituição.

O tema, todavia, é mais amplo. A simples leitura do art. 514 e seu parágrafo único da CLT demonstra claramente esse ponto:

> Art. 514. São deveres dos sindicatos:
>
> a) colaborar com os poderes públicos no desenvolvimento da solidariedade social;
>
> b) manter serviços de assistência judiciária para os associados;
>
> c) promover a conciliação nos dissídios de trabalho.
>
> d) sempre que possível, e de acordo com as suas possibilidades, manter no seu quadro de pessoal, em convênio com entidades assistenciais ou por conta própria, um assistente social com as atribuições específicas de promover a cooperação operacional na empresa e a integração profissional na Classe.
>
> Parágrafo único. Os sindicatos de empregados terão, outrossim, o dever de :
>
> a) promover a fundação de cooperativas de consumo e de crédito;
>
> b) fundar e manter escolas de alfabetização e pré-vocacionais.

No que tange, especificamente à assistência judiciária (alínea *b* do art. acima), o art. 14 da Lei n. 5.584, de 26.06.1970, cuida do tema relativamente a sindicato de categoria profissional. Essa assistência será prestada ao trabalhador que receba salário igual ou inferior ao dobro do mínimo legal, ficando assegurado igual benefício ao trabalhador de maior salário, uma vez provada que sua situação econômica não lhe permite demandar, sem prejuízo do sustento próprio ou da família (§ 1º), ainda que não seja associado do sindicato (art. 18), cabendo honorários advocatícios que serão pagos pelo vencido e revertidos em favor do sindicato assistente (art. 16).

É, todavia, importantíssimo destacar um aspecto que não pode ser olvidado. Dentro da função negocial, devemos levar em conta, sobretudo na nova fase do sindicalismo brasileiro posterior à reforma de 2017, a possibilidade de o sindicato profissional negociar clausula, em acordo ou convenção coletiva de trabalho, destinada a beneficiar apenas os trabalhadores sindicalizados. Primeiramente, afastemos possível ofensa ao inciso III do art. 8º da Constituição, porque não se trata de defender direitos e interesses dos integrantes da categoria, mas de obter benefícios para seus associados. Segundo, consideramos que vantagem obtida dessa forma não se incorpora ao contrato individual de trabalho, representando não uma *conquista da categoria*, mas o resultado de uma negociação entre as partes. Terceiro, invocar qualquer espécie de discriminação para pretender anular clausula dessa natureza, por excluir os não-associados, importaria em uma punição desnecessária aos associados do sindicato.

Exatamente nesse sentido, em decisão provavelmente pioneira pós-reforma trabalhista em nosso país, é o que considerou o TRT da 8ª Região, em dezembro de 2017, negando nulidade a clausula que previa concessão de bolsa de estudos a filhos de associados. A ementa desse aresto consigna:

> *AÇÃO ANULATÓRIA DE NORMA COLETIVA. GRATUIDADE ESCOLAR RESTRITA A PROFESSOR SINDICALIZADO. LEGALIDADE. A concessão de gratuidade nas mensalidades escolares, restrita aos empregados sindicalizados, não ofende a liberdade sindical, pois se trata de vantagem que não se incorpora nem insere no contrato de trabalho, decorrendo da atuação assistencial do ente sindical*[52].

(52) Trata-se do acórdão proferido no Proc. TRT8-SE1-AACC 0000862-50.2016.2.08.0000, de 6.12.2017 (Ministério Público da União vs. Sindicato dos Professores no Estado do Pará e Sindicato dos Estabelecimentos Particulares de Ensino do Estado do Pará). Prolator do acórdão: Des. Gabriel Napoleão Velloso Filho. Disponível em: https://pje.trt8.jus.br/consultaprocessual/pages/consultas/DetalhaProcesso.seam?p_num_pje=30268&p_grau_pje=2&popup=0&dt_autuacao=&cid=597894. Acesso em: 23.12.2017.

2.3.3. *Função econômica*

Refere-se à possibilidade de atuação do sindicato na atividade econômica regular: investir seus recursos no mercado de ações ou na bolsa de mercadorias e futuro ou ser acionista de empresas privadas.

Sérgio Pinto Martins entende que é apenas da Constituição a vedação à interferência do Executivo no sindicato, e que, por corolário, o art. 564 da CLT, que proíbe a participação direta ou indireta de sindicato na atividade econômica, estaria em vigor(53).

Pensamos de modo diferente. Se a própria Constituição, Estatuto máximo do país, veda a inferência do Estado nos sindicatos, evidente que norma infraconstitucional que promove essa medida deve ser imediatamente afastada. É neste sentido, por sinal, a doutrina de Mauricio Godinho Delgado, que também adotamos(54).

2.3.4. *Função política*

O art. 521 da CLT proíbe que o sindicato desenvolva atividade de caráter político-partidário (alínea *d*), da mesma forma como é, pelo menos dispositivo, defesa a cessão de sua sede a entidades dessa natureza (alínea *e*).

Evidente que isso viola a Constituição de 1988, que assegura autonomia ao Sindicato. Aqui, da mesma forma que ao desempenhar sua função econômica, existe similar divergência doutrinária, e, novamente, entendemos que certa está a corrente que defende a possibilidade de o sindicato atuar também nesse sentido. E, note-se, a realidade brasileira, desde há muito, demonstra claramente esse tipo de atividade sindical.

Destarte, a vedação do art. 521 da CLT não sobreviveu aos ditames da Constituição de 1988.

2.3.5. *Função financeira*

Anteriormente, chamava-se função tributária, porquanto tratava do gerenciamento das diversas fontes da receita sindical, que veremos adiante (v., nesse Capítulo, n. 2.6 abaixo). De modo especial, referia-se ao antigo imposto sindical, depois contribuição sindical, mantida pela Constituição de 1988 (art. 8º, IV, *in fine*) e que figurava no art. 578 da CLT, sendo compulsória.

Não existe mais esse caráter compulsório, porque a Lei n. 13.647/17 acabou com a contribuição sindical ao modificar a redação do art. 578 da CLT, que, atualmente, prevê prévia e expressa autorização dos participantes das categorias econômicas ou profissionais ou das profissões liberais representadas pelas referidas entidades. É apenas voluntária, portanto.

Com o fim da contribuição sindical compulsória, a função tributária das entidades sindicais desapareceu, sua arrecadação sofreu uma sensível redução. No entanto, continua com função financeira, como arrecadadora e gestora de outras receitas (taxas convencionadas, mensalidade sindical, contribuições avulsas etc.), que, correspondem a recursos que precisam de controle que é exercido, no seio desses grêmios, pelos respectivos conselhos fiscais.

2.3.6. *Função representativa*

O sindicato é, mais que apenas de seus associados, representante de todos os integrantes da categoria. É este o comando do inciso III do art. 8º da Constituição, quando destaca que:

> III – ao sindicato cabe a defesa dos direitos e interesses coletivos ou individuais da categoria, inclusive em questões judiciais ou administrativas;

Esse dispositivo, agora em nível constitucional, desde antes era regra inserta no art. 513, *a*, da CLT.

Significa que o sindicato tem o dever de defender toda a categoria, não sendo constitucional eximir-se dessa relevante missão ao argumento de que o trabalhador ou empresário ou o grupo de trabalhadores ou de empresários não é integrante de seu quadro associativo. O que importa é integrar a categoria, única condição que o Texto Fundamental exige para que o interessado goze dessa prerrogativa.

---

(53) MARTINS, S. P. *Direito do Trabalho cit.* 29. ed., p. 818. No mesmo sentido: GARCIA, G.F. B. *Curso... cit.*, 8. ed., p. 1.310.

(54) DELGADO, M. G. *Curso...* cit., p. 1.379.

2.3.7. *Função colaboracionista*

Tem o sindicato dever de colaboração com o Estado. Mesmo após o fim da representação classista na Justiça do Trabalho (EC n. 24/1999), os sindicatos continuaram a ter atuação efetiva na vida brasileira.

Com efeito, participam de diversos conselhos e são indispensáveis nas Comissões de Conciliação Prévia, criadas pela Lei n. 9.958, de 12.01.2000, incluindo os arts. 625-A a 625-H na CLT.

Estranhamente, os sindicatos foram excluídos da formação das comissões de empresas, previstas nos arts. 510-A a 510-D, da CLT, introduzidos pela reforma de 2017 (v., a respeito da comissão, nesta obra, Parte I, Capítulo XII, n. 3.12).

2.3.8. *Função social*

Esta função relaciona-se, também, com a assistencial, porém, aqui, o que se pretende é que a atividade do sindicato envolva a promoção de cursos de aperfeiçoamento e formação profissional, reciclando e atualizando seus conhecimentos, a fim de obter melhorias em suas atividades, realizando programas sociais relevantes, ajudando o trabalhador a se inserir efetivamente no mercado de trabalho da sociedade moderna.

2.4. CENTRAIS SINDICAIS

Pela Constituição vigente, as centrais sindicais não possuem nenhuma legitimidade para defender direitos e interesses de qualquer trabalhador, porquanto essa prerrogativa é atribuída apenas aos sindicatos (art. 8º, III, da Constituição), que, obrigatoriamente, estão legitimados para participar das negociações coletivas de trabalho (inciso VI do mesmo artigo). Na síntese de José Claudio de Brito Filho, *as centrais sindicais...não integram o sistema confederativo, não possuindo as prerrogativas das entidades sindicais*[55]. Ademais, não se cogita de central sindical patronal, existindo apenas centrais sindicais de trabalhadores.

Na prática, entretanto, ninguém desconhece que são elas, as centrais sindicais, que agem verdadeiramente nesse mister, especialmente quando de dissídios coletivos ajuizados perante a Justiça do Trabalho.

Certamente essa deve ter sido uma das motivações para a edição a Lei n. 11.648, de 31.03.2008, que reconheceu formalmente essas centrais sindicais e modificou os arts. 589, 590, 591 e 593 da CLT.

De acordo com o art. 1º dessa Lei, incumbe à central sindical, que é uma *entidade associativa de direito privado composta por organizações sindicais de trabalhadores* (parágrafo único):

> I – coordenar a representação dos trabalhadores por meio das organizações sindicais a ela filiadas; e
>
> II – participar de negociações em fóruns, colegiados de órgãos públicos e demais espaços de diálogo social que possuam composição tripartite, nos quais estejam em discussão assuntos de interesse geral dos trabalhadores.

Para se constituírem, as centrais devem cumprir o comando do art. 2º, que fixa os requisitos para tal:

> I – filiação de, no mínimo, 100 (cem) sindicatos distribuídos nas 5 (cinco) regiões do País;
>
> II – filiação em pelo menos 3 (três) regiões do País de, no mínimo, 20 (vinte) sindicatos em cada uma;
>
> III – filiação de sindicatos em, no mínimo, 5 (cinco) setores de atividade econômica; e
>
> IV – filiação de sindicatos que representem, no mínimo, 7% (sete por cento) do total de empregados sindicalizados em âmbito nacional.

Esses requisitos são cumulativos e a eles se acrescenta a exigência de 5% do total de empregados sindicalizados em âmbito nacional, 24 meses antes da publicação da mencionada lei (parágrafo único).

Ocorre, no entanto, um aspecto que está a merecer profunda reflexão e que, parece, tem passado desapercebido. A Convenção n. 98 da OIT, que cuida de *Direito de Sindicalização e de Negociação Coletiva*[56], promove incen-

---

(55) BRITO FILHO, J. C. M. de. *Direito sindical*... cit., p. 135.

(56) Foi aprovada na 32ª Conferência Internacional do Trabalho (Genebra – 1949), e entrou em vigor no plano internacional em 18.07.1951. No Brasil, foi aprovada pelo Decreto Legislativo n. 49, de 27.08.1952, e ratificada a 18.11.1952. Promulgada pelo Decreto n. 33.196, de 29.06.1953, passou a viger entre nós a 18.11.1953.

tivo à negociação coletiva, e, segundo seu art. 4, pode ser manifestada por qualquer *organização de trabalhadores*, donde permite sejam legitimadas também as Centrais Sindicais, avançando em relação ao Texto Constitucional. Em outros termos, considerando que se trata de um direito humano fundamental a sindicalização, e a moderna teoria da supralegalidade que o STF adotou a partir do julgamento do HC 94.013-SP, conforme examinamos antes, (v., na Parte I, Capítulo II, n. 4), resulta, por força do disposto no § 2º do art. 5º da Constituição, que as centrais sindicais, que são *organizações de trabalhadores*, passaram a ser legitimadas para participar efetivamente de qualquer negociação coletiva e de ajuizar dissídio coletivo perante a Justiça do Trabalho, a teor do art. 8º, III, constitucional.

Com efeito, deve ser entendida por central sindical a entidade associativa de direito privado composta por organizações sindicais de trabalhadores, destinada à representação geral dos trabalhadores, constituída em âmbito nacional, com atribuições de coordenar a representação dos trabalhadores por meio das organizações sindicais a ela filiadas; e de participar de negociações em fóruns, colegiados de órgãos públicos e demais espaços de diálogo social que possuam composição tripartite, nos quais estejam em discussão assuntos de interesse geral dos trabalhadores, e, a teor do art. 4º da Convenção n. 98 da OIT, incorporada ao ordenamento jurídico brasileiro, é legitimada para o fim de que trata o art. 8º, III, da Constituição.

De acordo com essa Lei, devem ser observados requisitos para a criação de uma central sindical (art. 2º), e a contribuição sindical passou a ser dividida também com elas (art. 589, II, *b*, da CLT), e esse rateio permanece mesmo após a reforma de 2017.

Relevante o papel institucional que as centrais sindicais vêm desempenhando no Brasil, além das atividades mencionadas acima. É que diversos Conselhos do Estado são integrados por representantes dessas entidades: Conselho do Fundo de Desenvolvimento Social, Conselho Curador do FGTS, Conselho Deliberativo do Fundo de Amparo do Trabalhador, Conselho Nacional de Previdência Social, Conselho Nacional de Seguridade Social e Conselho Gestor do Cadastro Nacional de Trabalhadores.

Atualmente, existem oito centrais sindicais legalizadas no Brasil: União Sindical dos Trabalhadores (UST), Central do Brasil Democrática de Trabalhadores (CBDT), Central Única dos Trabalhadores (CUT), Força Sindical (FS), Central dos Trabalhadores e Trabalhadoras do Brasil (CTB), União Geral de Trabalhadores (UGT), Nova Central Sindical dos Trabalhadores (NCST) e Central Geral dos Trabalhadores do Brasil (CGTB). Igualmente, existem duas não legalizadas: Central Sindical e Popular Conlutas (CSP-Conlutas e Intersindical).

Um problema que começa a surgir: o excesso de centrais sindicais e a consequente pulverização de sua força reivindicatória. Em países com mais experiência com entidades dessa natureza, a tendência é a existência de um número reduzido, e forte, de centrais, como a Itália, que possui apenas três, e um nível elevado de poder negociador.

2.5. ESTRUTURA INTERNA

A principal característica da administração sindical é sua democracia interna, representada pela igualdade de seus membros e pela livre constituição da entidade, seus demais órgãos, suas atividades.

2.5.1. *Órgãos*

Todo sindicato deve ter uma diretoria e um conselho fiscal, eleitos pela Assembleia Geral. A diretoria será composta de no máximo sete e de no mínimo três membros, e o conselho fiscal por três membros, conforme o *caput* e o § 1º do art. 522 da CLT, que a Constituição recepcionou (Súmula n. 369, II, do TST).

É do Conselho Fiscal a competência para fiscalizar a gestão financeira do sindicato (art. 522, § 2º, da CLT).

A seguir, veremos a situação jurídica dos dirigentes sindicais (diretores e conselheiros fiscais).

2.5.2. *Dirigente sindical*

De acordo com o art. 8º, VIII, da Constituição, desde o registro de sua candidatura a cargo de direção ou representação sindical, seja titular ou suplente, e, se eleito, até um ano após findo seu mandato, o empregado sindicalizado não pode ser dispensado, salvo cometimento de uma das faltas graves do art. 482 da CLT, devidamente apurada mediante processo judicial. Essa garantia de emprego decorre da necessidade mesmo de dar ao dirigente sindical proteção para poder desenvolver sua atividade e cumprir, corretamente, seu mister, na defesa dos seus colegas, integrantes da categoria profissional, à qual essa regra é destinada. Não se aplica a dirigente de central sindical porque, embora atuante e participando de diversos órgãos colegiados públicos, essas entidades não estão abrangidas pela estrutura piramidal que adota o sindicalismo brasileiro (sindicato – federação – confederação). Sua natureza é apenas de associação civil, sem que possua efetiva personalidade e representação sindical.

O preceito constitucional existia desde antes na CLT (art. 543, § 3º), e o despedimento do empregado nessas condições torna indispensável o prévio ajuizamento de inquérito para apuração do cometimento de falta grave, consoante as Súmulas ns. 197 do STF e 379 do TST[(57)].

Relativamente à duração do mandato sindical, o art. 515, *b*, da CLT, fixa em três anos. O mesmo se aplica aos dirigentes de federações e confederações (art. 538, § 1º), dentro da estrutura piramidal do sindicalismo brasileiro, e, por igual, aos delegados do Conselho de Representantes (art. 538, § 4º). Entendemos, todavia, que esses dispositivos vulneram a autonomia sindical prevista no art. 8º, I, da Constituição, razão pela qual, salvo se ficar caracterizado abuso, os dispositivos não devem ser aplicados. O abuso, aqui, deve ser entendido como um período indefinido de mandato ou que ultrapasse os limites da razoabilidade e do bom senso.

Outro tema bastante controvertido refere ao número de dirigentes sindicais que gozam da garantia constitucional. O art. 522 da CLT fixa em sete membros o limite da diretoria de sindicato. A Súmula n. 369, n. II, do TST, consigna:

> Súmula n. 369 – II – O art. 522 da CLT foi recepcionado pela Constituição Federal de 1988. Fica limitada, assim, a estabilidade a que alude o art. 543, § 3º, da CLT a sete dirigentes sindicais e igual número de suplentes.

Data venia, a nosso ver, entendemos que o dispositivo consolidado viola o princípio da liberdade sindical e o próprio art. 8º, I, da Constituição de 1988. Esse também o entendimento de Manoel Jorge e Silva Neto, para quem essa medida importa em *possibilitar a interferência do Estado na organização sindical*[(58)]. Deveria, sim, ser aplicável apenas na hipótese de caracterizar abuso o número excessivo de dirigentes ou de omissão nos estatutos sindicais.

No que refere aos membros de conselho fiscal da entidade sindical, que o art. 522, da CLT, fixa em três, a jurisprudência sumulada do TST nega-lhes o direito à garantia de emprego, embora, a nosso ver, devessem possuir, porquanto é inegável sua importância para a boa saúde financeira do sindicato. É o que diz a OJ n. 365 da SBDI-1 do TST:

> OJ N. 365 – ESTABILIDADE PROVISÓRIA. MEMBRO DE CONSELHO FISCAL DE SINDICATO. INEXISTÊNCIA – Membro de conselho fiscal de sindicato não tem direito à estabilidade prevista nos arts. 543, § 3º, da CLT e 8º, VIII, da CF/1988, porquanto não representa ou atua na defesa de direitos da categoria respectiva, tendo sua competência limitada à fiscalização da gestão financeira do sindicato (art. 522, § 2º, da CLT).

Por outro lado, igualmente estão ao desabrigo da garantia de emprego os delegados sindicais tratados no art. 523 da CLT, que são aqueles que atuam em delegacias ou seções que o sindicato institui dentro de sua base territorial (art. 517, § 2º, da CLT).

Caso o sindicato ainda não esteja regularmente registrado no M.Tb., mas já exista pedido formal para esse fim, seus dirigentes têm direito à proteção do emprego, consoante entendimento firmado pelo STF no RE 205.107-1-MG[(59)].

---

(57) *Súmula n. 379 – DIRIGENTE SINDICAL. DESPEDIDA. FALTA GRAVE. INQUÉRITO JUDICIAL. NECESSIDADE – O dirigente sindical somente poderá ser dispensado por falta grave mediante a apuração em inquérito judicial, inteligência dos arts. 494 e 543, § 3º, da CLT.*

(58) SILVA NETO, M. J. E. *Curso de direito constitucional.* Rio de Janeiro: Lumen Juris, 2006. p. 564.

(59) A ementa do Acórdão do RE 205.107-1-MG, julgado a 06.08.1998 (Rel.: Min. Sepúlveda Pertence), é a seguinte: *Estabilidade sindical provisória (CF, art. 8º, VII); reconhecimento da garantia aos diretores eleitos, na assembleia constitutiva da entidade sindical, desde, pelo menos, a data do pedido de registro no Ministério do Trabalho, o que não contraria a exigência deste, constante do art. 8º, I, da Constituição. 1. A constituição de um sindicato "posto culmine no registro no Ministério do Trabalho (STF, MI 144, 03.08.1992, Pertence, RTJ 147/868) "a ele não se resume: não é um ato, mas um processo. 2. Da exigência do registro para o aperfeiçoamento da constituição do sindicato, não cabe inferir que só a partir dele estejam os seus dirigentes ao abrigo da estabilidade sindical: é "interpretação pedestre", que esvazia de eficácia aquela garantia constitucional, no momento talvez em que ela se apresenta mais necessária, a da fundação da entidade de classe.* Disponível em: <http://www.stf.jus.br/portal/jurisprudencia/listarJurisprudencia.asp?s1=%28RE%24%2ESCLA%2E+E+205107%2ENUME%2E%29+OU+%28RE%2EACMS%2E+ADJ2+205107%2EACMS%2E%29&base=baseAcordaos&url=http://tinyurl.com/d9l3ot4>. Acesso em: 7 maio 2014.

Existem algumas regras que devem ser observadas a fim de garantir o privilégio contemplado na Constituição. A Súmula n. 369 do TST registra, por exemplo, a necessidade de comunicação ao empregador, *ainda que a comunicação do registro da candidatura ou da eleição e da posse seja realizada fora do prazo previsto no art. 543, § 5º, da CLT, desde que a ciência ao empregador, por qualquer meio, ocorra na vigência do contrato de trabalho* (inciso I), ressaltando que *o registro da candidatura do empregado a cargo de dirigente sindical durante o período de aviso-prévio, ainda que indenizado, não lhe assegura a estabilidade, visto que inaplicável a regra do § 3º do art. 543 da Consolidação das Leis do Trabalho* (inciso V).

Durante o exercício do mandato sindical, o contrato de trabalho estará suspenso, conforme apontamos acima (v., na Parte I, Capítulo IX, n. 1.2.4), por força do art. 543, § 2º, da CLT, tendo o empregado eleito liberdade para exercer suas funções, não podendo o empregador causar-lhe nenhuma espécie de dificuldade para esse desempenho (art. 543, *caput*, da CLT). Deve ser registrado que, se o próprio beneficiário pedir transferência ou espontaneamente a aceitar, perderá o mandato e, por consequência, a garantia que possuía (art. 543, *caput*, e § 1º, da CLT). Da mesma forma, perderá essa prerrogativa na hipótese de extinção da atividade empresarial no âmbito da base territorial do sindicato correspondente (Súmula n. 369, II, do TST).

Por fim, dois aspectos a destacar. O primeiro refere ao § 6º do art. 543 consolidado: a empresa empregadora não pode impedir o direito de associação sindical, de organização sindical e de exercício dos direitos inerentes à condição de trabalhador sindicalizado. Essa regra está em consonância com o que há de mais expressivo na liberdade sindical.

O segundo cuida de dirigente sindical de categoria diferenciada. Sua garantia de emprego, no entendimento sumulado do TST (Súmula n. 369, III), somente existirá se desenvolver, no empregador, atividade ligada à categoria profissional respectiva. Em outros termos, um diretor de um sindicato de bancários não estará ao abrigo da *estabilidade provisória* se, na empresa onde trabalha, uma grande loja de departamentos, *v. g.*, for encarregado do setor de estoques de mercadorias. Há evidente incompatibilidade entre sindicato para o qual foi eleito dirigente e atividade que desenvolve em seu empregador. Consequência desse fato é que não terá garantia de emprego.

2.5.3. *Atuação do sindicato*

No que refere à atuação do sindicato, merece destaque, sem dúvida, sua importância na busca de soluções autocompositivas de conflitos trabalhistas. São os sindicatos que negociam em nome da categoria (art. 8º, VI, da Constituição), da mesma forma como somente os integrantes da estrutura piramidal do sindicalismo brasileiro podem propor dissídio coletivo (art. 114, § 2º, da Constituição).

Demais disso, os empregados que forem dispensados com mais de um ano de serviço devem ser assistidos do sindicato respectivo, quando da homologação do termo de rescisão do contrato de trabalho (art. 477, § 1º, da CLT). A quitação ali passada, todavia, refere apenas aos valores e períodos especificados, bastando uma simples ressalva, nos termos da Súmula n. 330 do TST[60], para que esse documento tenha apenas valor relativo, o que, de todo, é lamentável porque aqui estaria uma excelente oportunidade dos sindicatos de trabalhadores demonstrarem sua vitalidade e independência para passarem quitação plena.

Impende ressaltar, ainda, que os sindicatos possuem destacado papel na condução das eleições para os membros-empregados dentro das Comissões de Conciliação Prévia (CCP), criadas em 2000, na forma do que dispõe o art. 625-B, I, da CLT. Essas CCP, embora de atuação bastante reduzida na maior parte do país, poderiam ter grande importância na busca de solução imediata e satisfatória de pequenas divergências individuais, mas, na realidade, pouca tem sido sua atividade na prática.

Observe-se, por fim, que o sindicato não possui nenhuma interferência nas eleições para membro-empregado das Cipa, cujos candidatos, consoante o art. 164, § 2º, da CLT, nem sequer precisam ser filiados a um

(60) *Súmula n. 330 – QUITAÇÃO. VALIDADE – A quitação passada pelo empregado, com assistência de entidade sindical de sua categoria, ao empregador, com observância dos requisitos exigidos nos parágrafos do art. 477 da CLT, tem eficácia liberatória em relação às parcelas expressamente consignadas no recibo, salvo se oposta ressalva expressa e especificada ao valor dado à parcela ou parcelas impugnadas. I – A quitação não abrange parcelas não consignadas no recibo de quitação e, consequentemente, seus reflexos em outras parcelas, ainda que estas constem desse recibo. II – Quanto a direitos que deveriam ter sido satisfeitos durante a vigência do contrato de trabalho, a quitação é válida em relação ao período expressamente consignado no recibo de quitação.*

2.6. RECEITA SINDICAL

O patrimônio do sindicato é formado, conforme o art. 548 da CLT, pelo seguinte:

a) as contribuições devidas aos Sindicatos pelos que participem das categorias econômicas ou profissionais ou das profissões liberais representadas pelas referidas entidades, que é a contribuição sindical, antigo imposto sindical, agora facultativo;

b) as contribuições dos associados, na forma estabelecida nos estatutos ou pelas Assembleias Gerais, que são também chamadas de mensalidades sindicais;

c) os bens e valores adquiridos e as rendas produzidas pelos mesmos;

d) as doações e legados; e

e) as multas e outras rendas eventuais.

2.6.1. *Contribuição sindical*

De acordo com o inciso IV, *in fine*, do art. 8º da Constituição:

> IV – a assembleia geral fixará a contribuição que, em se tratando de categoria profissional, será descontada em folha, para custeio do sistema confederativo da representação sindical respectiva, independentemente da contribuição prevista em lei (grifamos).

Essa contribuição prevista em lei era a conhecida figura da contribuição sindical compulsória, originalmente *imposto sindical*, que tinha natureza tributária, definida na redação original do art. 579 da CLT da seguinte forma:

> Art. 579. A contribuição sindical é devida por todos aqueles que participarem de uma determinada categoria econômica ou profissional, ou de uma profissão liberal, em favor do sindicato representativo da mesma categoria ou profissão ou, inexistindo este, na conformidade do disposto no art. 591.

A partir da reforma introduzida pela Lei n. 13.467/17, o art. 579 consolidado ganhou nova e, a nosso ver, melhor redação, tornando facultativa essa contribuição obrigatória. Sua atual redação é a seguinte:

> Art. 578. As contribuições devidas aos sindicatos pelos participantes das categorias econômicas ou profissionais ou das profissões liberais representadas pelas referidas entidades serão, sob a denominação de contribuição sindical, pagas, recolhidas e aplicadas na forma estabelecida neste Capítulo, desde que prévia e expressamente autorizadas.

Seu valor corresponde a um dia de salário de todo trabalhador, independentemente de ser ou não associado, nos termos do art. 580, I, consolidado, que assim dispõe:

> Art. 580. A contribuição sindical será recolhida, de uma só vez, anualmente, e consistirá:
>
> I – Na importância correspondente à remuneração de um dia de trabalho, para os empregados, qualquer que seja a forma da referida remuneração.

Entendemos que nada obsta que esse valor seja modificado (ampliado ou reduzido) pelos integrantes da categoria, em assembleia geral que assim delibere.

Devidamente autorizado, o empregador pode efetuar o desconto dessa contribuição, tendo de assinalar que essa ordem para desconto deve ser expressa, por escrito, a fim de garantir a tranquilidade patronal para não se ver às voltas com uma possível retenção dolosa de salário.

A facultatividade dessa contribuição também se estende aos empregadores, conforme o inciso III do mesmo art. 580, e acredita-se que deverá continuar sendo em importância proporcional ao capital social da firma ou empresa, registrado nas respectivas Juntas Comerciais ou órgãos equivalentes, mediante a aplicação de alíquotas, conforme a tabela progressiva nos termos da Nota Técnica/CGRT/SRT n. 05, de 9.2.2004[(61)], feita a conversão do maior valor de referência para real. Ou será mantida essa tabela ou, o que parece mais consentâneo com a reforma

(61) Disponível em: <http://www.guiatrabalhista.com.br/legislacao/notatecnicacgrt_srt_05_2005.htm>. Acesso em: 26 jun. 2013.

trabalhista, os valores serão fixados em assembleia geral da entidade sindical patronal. Se mantida as atuais regras, temos a tabela abaixo:

Capital Social	Alíquota (%)	Parcela a adicionar à Contribuição Sindical calculada
1 – De R$ 0,01 a R$ 1.425,62	Contr. Mín	R$ 11,40
2 – De R$ 1.425,63 a R$ 2.851,25	0,8	—
3 – De R$ 2.851,26 até R$ 28.512,45	0,2	R$ 17,11
4 – De R$ 28.512,46 até R$ 2.851.245,00	0,1	R$ 45,62
5 – De R$ 2.851.245,01 até R$ 15.206.640,00	0,02	R$ 2.326,62
6 – De R$ 15.206.640,01 em diante	Contr. Máx.	R$ 5.367,95

As entidades ou instituições que comprovarem, através de requerimento dirigido ao M.Tb., que não exercem atividade econômica com fins lucrativos, estão dispensados dessa contribuição (§ 6º do citado art. 580), providência que entendemos desnecessária por considerar o caráter voluntário da contribuição, bastando não efetuar qualquer espécie de recolhimento.

Deve ser observado com indispensável cautela, o disposto no art. 611-B, n. XXVI, da CLT:

> Art. 611-B. Constituem objeto ilícito de convenção coletiva ou de acordo coletivo de trabalho, exclusivamente, a supressão ou a redução dos seguintes direitos:
>
> ....
>
> XXVI – liberdade de associação profissional ou sindical do trabalhador, inclusive o direito de não sofrer, sem sua expressa e prévia anuência, qualquer cobrança ou desconto salarial estabelecidos em convenção coletiva ou acordo coletivo de trabalho;

É importante recordar que pode ser criada, mediante negociação coletiva, uma contribuição inominada que seja atribuível a toda a categoria, desde que seja dada uma contrapartida, considerando a perigosa redação do *caput* do art. 611-B consolidado, como será apreciado adiante (v., nessa Parte, Capítulo VI).

Nesse aspecto, recordemos que a Lei n. 11.648/2008 cogita, sob reserva legal, de disciplina para a *contribuição negocial, vinculada ao exercício efetivo da negociação coletiva e à aprovação em assembleia geral da categoria* (art. 7º). É certo que ainda não existe a lei, mas, evidente, que essa nova contribuição iria (se tivesse sigo regulamentada) ser devida juntamente com a contribuição sindical então compulsória. Seria um *plus* para a receita sindical.

Como agora não existe essa compulsoriedade, resulta bastante razoável que, em assembleia geral, seja fixada uma contribuição negocial, que será devida pelos não associados ao sindicato, fruto das cláusulas que forem obtidas como novas conquistas da categoria ou conservação de antigas.

Para que não seja violada a liberdade sindical individual negativa, é recomendável que da assembleia geral participem os não sindicalizados, que devem assinar lista específica, a ser encaminhada ao empregador para que ocorra o desconto dessa contribuição. Note-se, ademais, que, por dever de justiça e equidade, os não sindicalizados que não participarem da assembleia geral não devem se beneficiar das conquistas negociais, da mesma forma como não deverão recolher qualquer contribuição decorrente, salvo se expressamente anuírem e concordarem com o desconto. Pensamos que, dessa forma, estará agindo corretamente o sindicato, não podendo, por isso, ser penalizado, e, não existe qualquer divergência de entendimento se confrontarmos com o que, adiante, iremos discorrer acerca da contribuição confederativa. Esta (a confederativa) destina-se a custear o sistema sindical piramidal brasileiro. A negocial destina-se a retribuir o sindicato pelos esforços em obter melhorias de condições de trabalho da categoria. São duas razões completamente distintas.

2.6.1.1. *Contribuição sindical para servidor público*

Em setembro de 2008, o titular do M.Tb. editou a Instrução Normativa M.Tb. n. 01/2008, determinando a cobrança da contribuição sindical dos servidores e empregados públicos. De acordo com essa instrução, buscando fundamento no art. 578 da CLT, os órgãos da administração pública direta e indireta, nos três níveis (federal, estadual e municipal), deveriam recolher o valor correspondente a um dia de remuneração de todos os que servem ao Estado (servidores e empregados públicos). Porém, a Instrução Normativa M.Tb. n. 01, de 14.01.2013, tornou sem efeito a primitiva instrução, que se apresentava claramente inconstitucional.

Impende assinalar, antes de prosseguir no estudo desse tema, que o art. 578 da CLT foi modificado pela Lei n. 13.467/17, e a contribuição sindical, antes compulsória, agora é facultativa, dependendo de autorização expressa do trabalhador para que seu desconto seja efetuado.

Segundo tradicional classificação, existem quatro espécies de servidor público: o funcionário público, regido por normas estatutárias, o empregado público, submetido às regras da CLT, os admitidos em funções públicas e os contratados para serviço público temporário[62].

Ora, para os servidores públicos federais estatutários, o funcionário público, a CLT não se aplica. O que vale é a regra constante do art. 240, *c*, da Lei n. 8.112, de 11.12.1990, que trata do regime jurídico dos servidores públicos civis da União, autarquias e fundações públicas federais.

Sua redação é:

> Art. 240. Ao servidor público civil é assegurado, nos termos da Constituição Federal, o direito à livre associação sindical e os seguintes direitos, entre outros, dela decorrentes: (correspondente ao *caput* do art. 8º da CR)
>
> a) de ser representado pelo sindicato, inclusive como substituto processual; (é o art. 8º, III, da CR)
>
> b) de inamovibilidade do dirigente sindical, até um ano após o final do mandato, exceto se a pedido; (é o art. 8º, VIII, da CR)
>
> c) de descontar em folha, sem ônus para a entidade sindical a que for filiado, o <u>valor das mensalidades e contribuições definidas em assembleia geral da categoria</u> (grifamos) (é o art. 8º, IV, constitucional).

Dois aspectos emergem desse comando legal. Primeiro, o art. 8º da Constituição não se aplica em nenhuma hipótese ao servidor público. Quando o constituinte pretendeu correspondência, esta foi criada em norma própria (Lei n. 8.112/1990). Segundo, o dispositivo da mencionada Lei n. 8.112/1990 é claro nos direitos decorrentes da associação sindical da categoria, ainda que seja apenas exemplificativo. Porém, nesses aspectos, não cabe interpretação extensiva.

Como se infere, existem apenas duas formas de se criar fonte de receita para entidade sindical de servidor público federal, consoante o art. 240, *c*, da Lei n. 8.112/1990, a saber:

- a mensalidade sindical, e
- contribuição definida em assembleia geral do sindicato.

Ora, a mensalidade sindical é fruto do associativismo. Somente associado deve pagá-la. Quem não é filiado, não tem nada a pagar a esse título. Qualquer cobrança assim é ilegal e indevida.

A outra é a aprovada em assembleia geral do sindicato de servidores. Ou seja, fruto de decisão livre, decorrente da autonomia coletiva, manifestada individualmente, em assembleia geral especialmente convocada para esse fim.

Aquela que foi objeto da revogada Instrução Normativa n. 01/2008, que é a prevista no art. 578 da CLT com sua redação anterior, e qualquer outra que a título de contribuição sindical vier a ser determinada para ser descontada de servidor público, todas serão ilegais. E o desconto que vier a ser efetuado, salvo existindo expressa anuência do servidor, será inconstitucional, porque irredutível seu vencimento (art. 37, XV, da Constituição).

Assim deve ser porque não está prevista em nenhum diploma legal e, para o caso dos servidores públicos federais, regidos pela Lei n. 8.112/1990, só existem duas contribuições: a mensalidade sindical (exclusivamente pelos associados) e a fixada em assembleia geral (que poderá ou não ser de toda a categoria). A da CLT pode ser devida por quem trabalha para o Estado, desde que seu regime não seja o estatutário, não seja o da Lei n. 8.112/1990, mas seja expressamente aquele da CLT, e se houver expressa autorização do trabalhador.

A jurisprudência nacional tem se posicionado dessa forma, e outro não poderia ser o entendimento. Assim, *v. g.*, os casos dos Proc. TRF 1ª Reg. 3ª T.AP-MS-9101031643, de 1.9.1993, Rel.: Juiz Vicente Leal; Proc. TRF 2ª Reg. 5ª T.

---

(62) É classificação adotada por José Afonso da Silva (*in Curso de direito constitucional positivo*. 26. ed. São Paulo: Malheiros, 2006. p. 678).

AC-282044, de 22.02.2006. Rel.: Des. Guilherme Couto; Proc. TRF 4ª Reg. 3ª T. AP-MS-9704594445, de 30.3.2000. Rel.: Des. Paulo Afonso Brum Vaz; Proc. TRF 3ª Reg. 3ª T. AI 76360, de 18.09.2002. Rel.: Juiz Baptista Pereira.

Se essa posição é da Justiça Federal, a Justiça do Trabalho tem sido em situação similar, como se constata do Proc. TST-RO-28300-13.2009.5.08.0000, de 06.12.2010, da lavra da Min. Maria Cristina Irigoyen Peduzzi, que mandou efetuar os descontos, ressalvando, nos fundamentos, que a regra é apenas para servidor público não estatutário. A ementa do aresto bem elucida a matéria:

> RECURSO ORDINÁRIO EM MANDADO DE SEGURANÇA – CONTRIBUIÇÃO SINDICAL – SERVIDORES PÚBLICOS DO TRT DA 8ª REGIÃO
>
> 1. O sistema sindical é financiado parcialmente pela contribuição dos sindicalizados, que deve ser recolhida à Caixa Econômica Federal para posterior repasse aos sindicatos, federações e confederações, nos percentuais definidos pela CLT (art. 589). No caso das confederações sindicais, o percentual é de 5% (cinco por cento).
>
> 2. A contribuição tem natureza tributária e deve ser recolhida à Caixa Econômica Federal mesmo na hipótese em que os empregados de determinada categoria não sejam representados por entidade sindical (art. 590, § 3º, da CLT).
>
> 3. A jurisprudência do Supremo Tribunal Federal já se consolidou no sentido de a contribuição em tela ser devida pelos servidores públicos. Assim, demonstrada a prova pré-constituída de que a Confederação ora Impetrante representa a categoria profissional dos servidores públicos civis dos Poderes Executivo, Legislativo e Judiciário, no âmbito Federal, Estadual e Municipal (fls. 48), *é imperioso reconhecer a compulsoriedade do recolhimento relativo aos servidores públicos civis não estatutários à CEF, para posterior repasse às entidades sindicais, na forma do art. 589 da CLT*.
>
> *Recurso Ordinário parcialmente provido para conceder em parte a segurança* (grifamos).

Ora, o que se infere da legislação e da jurisprudência dominantes são alguns pontos que bastam para afastar esse resto de corporativismo nas relações coletivas de trabalho, a saber:

1. a contribuição sindical facultativa da CLT não é devida por servidores públicos federais estatutários, mas apenas de empregados públicos sujeitos ao regime consolidado, que voluntariamente autorizem o desconto;
2. a mensalidade sindical pode ser cobrada, mas somente dos associados;
3. além dela, também pode ser cobrada contribuição fixada em assembleia geral, e, necessariamente, será devida apenas pelos associados e, voluntariamente, pelos não associados;
4. qualquer instrução que pretenda instituir contribuição sindical para servidor público viola a Constituição de 1988 (arts. 37, III, e 39, § 3º) e o art. 204, *c*, da Lei n. 8.112/1990.

2.6.2. *Contribuição confederativa*

A contribuição confederativa é uma prestação pecuniária compulsória, fixada em assembleia geral do sindicato, devida exclusivamente por seus associados, destinada ao custeio do sistema confederativo. A regra consta do art. 8º, IV, da Constituição:

> IV – a assembleia geral fixará a contribuição que, em se tratando de categoria profissional, será descontada em folha, para custeio do sistema confederativo da representação sindical respectiva, independentemente da contribuição prevista em lei;

Dessa regra constitucional, deduz-se que sua natureza é privada[63].

Os não associados são obrigados a recolher esse tipo de contribuição? No geral, sempre se tem que todos devem contribuir para tudo. A situação no caso dessa fonte de receita sindical, porém, é diferente. Destina-se ao custeio do sistema confederativo, donde somente aqueles que, voluntariamente, estão integrados a esse sistema é que devem contribuir.

Não se trata de um tributo, que depende de lei, porque é fruto da manifestação coletiva dos associados do sindicato, reunidos em assembleia. Por isso mesmo, apenas estes é que têm a obrigação de recolhê-la aos cofres sindicais. Os demais, os não-associados, nada devem a esse título. E mais: apenas aos trabalhadores urbanos sindicalizados o preceito constitucional é autoaplicável. Aos rurais, depende de lei, consoante entendimento do STF,

---

(63) N. sent.: MARTINS, S. P.. *Contribuição confederativa*. São Paulo: LTr, 1996. p. 194.

significando que nem mesmo os associados de sindicatos rurais recolhem a contribuição confederativa. O julgado, da lavra do Min. Ilmar Galvão, é claríssimo, consagrando:

> SINDICATO RURAL. CONTRIBUIÇÃO CONFEDERATIVA PREVISTA NO ART. 8º, INCISO IV, DA CONSTITUIÇÃO. REGULAMENTAÇÃO EXIGIDA NO PARÁGRAFO ÚNICO DO REFERIDO DISPOSITIVO. Diferentemente do que ocorre aos demais sindicatos, a exigência da contribuição confederativa pelos sindicatos rurais somente se legitimará com a edição da lei regulamentadora prevista no parágrafo único do art. 8º da Carta. Recurso não conhecido.(64)

No serviço público, descabe o desconto de contribuição confederativa para os não-associados, consoante parecer da Advocacia-Geral da União, que tem efeito vinculante.

Sucede que, mesmo assim, não raro, são negociados convenções ou acordos coletivos de trabalho fixando contribuição confederativa para associados e não-associados indistintamente e, por vezes, aumentando o seu valor para estes. Isto é certo?

A resposta é negativa. O Verbete n. 524 do Comitê de Liberdade Sindical da OIT condena esse procedimento. O STF não tem divergência alguma: não-associado não deve contribuição confederativa. Essa posição vem desde 27.8.1996, quando foi julgado o RE 198.092-3-SP, relatado pelo Min. Carlos Velloso, apontando:

> CONSTITUCIONAL. SINDICATO. CONTRIBUIÇÃO INSTITUÍDA PELA ASSEMBLEIA GERAL: CARÁTER NÃO TRIBUTÁRIO. NÃO COMPULSORIEDADE. EMPREGADOS NÃO SINDICALIZADOS: IMPOSSIBILIDADE DO DESCONTO. C.F., art. 8º, IV. I. – A contribuição confederativa, instituída pela assembleia geral – C.F., art. 8º, IV – distingue-se da contribuição sindical, instituída por lei, com caráter tributário – CF, art. 149 – assim compulsória. A primeira é compulsória apenas para os filiados do sindicato. II. – R.E. não conhecido.(65)

De igual sorte, o TST adotou essa posição pelo Precedente Normativo n. 119, que transcreveremos adiante.

Eventual divergência existente, por fim, foi espancada com a edição da Súmula n. 666 do STF, dispondo:

> Súmula n. 666 – A contribuição confederativa de que trata o art. 8º, VI, da Constituição, só é exigível dos filiados ao sindicato respectivo.

A posição que o Excelso Pretório adotou em 1996 é exatamente aquela que defendemos em 1990(66), restando assim, que é correto afirmar que somente os associados dos sindicatos é que estão obrigados a recolher a contribuição confederativa. Os não associados podem, segundo a jurisprudência dominante, opor-se ao desconto, e ele não poderá ser efetuado. Nesse ponto, aliás, entendemos que deveria haver necessidade de autorização desses para a empresa efetuar o desconto a favor do sindicato a esse titulo, primeiro porque o salário é irredutível (art. 7º, VI, da Constituição), segundo porque a oposição costuma ser apresentada ao sindicato, que é beneficiário do desconto, quando deveria ser perante a empresa que é quem o efetua.

No cotidiano sindical brasileiro, tem sido costume inserir cláusulas nas normas coletivas com essa previsão, o que tem ensejado ao Ministério Público do Trabalho ajuizar inúmeras ações anulatórias, invariavelmente julgadas procedentes, anulando essas regras violadoras da liberdade sindical.

Ao cabo, temos, quanto à contribuição confederativa, o seguinte:

1) esta contribuição somente pode ser cobrada de associados do sindicato;
2) qualquer desconto feito no salário do trabalhador não sindicalizado a esse título é indevido; e
3) somente pode ocorrer a cobrança se houver autorização do trabalhador não sindicalizado para que o empregador assim proceda.

---

(64) Trata-se do RE 176.639-5-SP, de 25.3.1997 (Relator: Min. Ilmar Galvão). Disponível em: <http://www.stf.jus.br/portal/jurisprudencia/listarJurisprudencia.asp?s1=%28RE%24%2ESCLA%2E+E+176639%2ENUME%2E%29+OU+%28RE%2EACMS%2E+ADJ2+176639%2EACMS%2E%29&base=baseAcordaos&url=http://tinyurl.com/mjl9lgm>. Acesso em: 18 abr. 2014.

(65) Disponível em: <http://www.stf.jus.br/portal/jurisprudencia/listarJurisprudencia.asp?s1=%28RE%24%2ESCLA%2E+E+198092%2ENUME%2E%29+OU+%28RE%2EACMS%2E+ADJ2+198092%2EACMS%2E%29&base=baseAcordaos&url=http://tinyurl.com/ay7j222>. Acesso em: 18 abr. 2014.

(66) V. nosso artigo Da fixação da contribuição confederacional. *In*: *Repertório IOB de Jurisprudência*. São Paulo, 2ª quinzena out. 1990, 2/4321, p. 327-8; *In*: *Advocacia Trabalhista* (ADT-COAD), Informativo Semanal. Rio de Janeiro, 24(45):375, nov. 1990, provavelmente o primeiro texto contrário à contribuição confederativa para todos os integrantes de uma determinada categoria.

2.6.3. *Mensalidade sindical*

É a contribuição objeto do art. 548, *b*, da CLT, devida apenas pelos associados do sindicato, tendo natureza estritamente privada, na forma estabelecida no estatuto da entidade e fixada em assembleia geral.

Com a mensalidade sindical, o sindicato promove cursos de aprimoramento profissional para seus associados, e oferece outros programas exclusivos, que incluem lazer, assistência médica e odontológica, descontos em determinados serviços etc.

2.6.4. *Contribuição assistencial*

É também chamada de taxa assistencial, estando, em tese, prevista no art. 513, *e*, da CLT, que garante, dentre as prerrogativas dos sindicatos, a de *impor contribuições a todos aqueles que participam das categorias econômicas ou profissionais ou das profissões liberais representadas*.

O Precedente Normativo n. 119 da SDC do TST entende cabível apenas para os associados do sindicato, pena de violação do princípio da liberdade sindical:

> Precedente n. 119 – CONTRIBUIÇÕES SINDICAIS – INOBSERVÂNCIA DE PRECEITOS CONSTITUCIONAIS – A Constituição da República, em seus arts. 5º, XX e 8º, V, assegura o direito de livre associação e sindicalização. É ofensiva a essa modalidade de liberdade cláusula constante de acordo, convenção coletiva ou sentença normativa estabelecendo contribuição em favor de entidade sindical a título de taxa para custeio do sistema confederativo, assistencial, revigoramento ou fortalecimento sindical e outras da mesma espécie, obrigando trabalhadores não sindicalizados. Sendo nulas as estipulações que inobservem tal restrição, tornam-se passíveis de devolução os valores irregularmente descontados.

Na mesma linha é a OJ n. 17 da SDC do TST:

> OJ N. 17 – SDC – DESCONTOS AUTORIZADOS NO SALÁRIO PELO TRABALHADOR. LIMITAÇÃO MÁXIMA DE 70% DO SALÁRIO BASE – Os descontos efetuados com base em cláusula de acordo firmado entre as partes não podem ser superiores a 70% do salário base percebido pelo empregado, pois deve-se assegurar um mínimo de salário em espécie ao trabalhador.

Alguns juristas admitem que todos os integrantes da categoria deveriam contribuir e outros admitem mesmo sua previsão em sentença normativa, decorrente de dissídio coletivo[67], o que não entendemos adequado porquanto se trata de uma contribuição que somente poderia ter origem exclusivamente em negociação coletiva, com expressa autorização da assembleia geral dos interessados.

Anteriormente, referimos que, embora seja destinada a suprir as despesas do sindicato com campanhas realizadas para a obtenção de melhores condições de salário e trabalho, no caso de categoria profissional, pensamos que nem mesmo dos associados pode ser exigida. Quando muito, também para esses, como sempre para os não filiados, dependerá de autorização prévia e expressa do empregado ao empregador para ser efetuado o desconto e repassado ao sindicato. Estamos revendo nosso entendimento, a partir das alterações aprovadas pelas normas jurídicas vigentes no Brasil desde novembro de 2017, e, como apontamos acima, é perfeitamente válida a criação de contribuição negocial, nos termos que ali indicamos (v. n. 2.6.1., nesse Capítulo, acima).

---

(67) Por todos, MARTINS, S. P. *Direito do trabalho, cit.*, 29. ed., p. 937; e MARTINS, S. P. *Contribuições sindicais*. 3. ed. São Paulo: Atlas, 1998. p. 75.

Capítulo III

CONFLITOS TRABALHISTAS E AUTONOMIA PRIVADA COLETIVA

1. GREVE

1.1. CONSIDERAÇÕES GERAIS

No pensamento de Alfredo J. Ruprecht, a greve tem uma natureza de ato complexo, afirmando que, é evidente que se trata de um direito, mas como direito se exerce na condição de se cumprirem as formalidades legais, o que faz que seja um ato jurídico. Só quando respeitados todos os requisitos externos e internos é que se está na presença de um determinado direito[68].

Ensinam Rivero & Savatier que:

> *dans une perspective non pas juridique, mais sociologique, la greve suppose, à la base, l'existence d'un groupe social placé dans une situation de dépendance à l'égard d'une autorité quelcon que, privée ou publique, mais susceptible, par la suspension de son activité, de perturber les intérêts dont cette autorité a la charge (intérêts financiers de l'entreprise, intérêt de la paix publique, du bon fonctionnement des services etc.).*

E, concluem, *les grevistes, en provoquant cette perturbation, espérent obtenir, de celui dont ils dépendent, les avantajes qu'ils désirent*[69].

A OIT tem reconhecido que *le droit de gréve est un des moyens essentiels dont disposent les travailleurs et leurs organisations pour promouvoir et pour défendre leurs intérêts économiques et sociaux*[70]. Trata-se de uma prática omissiva, exercitável coletivamente[71], pela origem histórica do próprio instituto e suas finalidades, decorrente a expressão de manifestação ocorrida, em Paris, na *Place de la Grève.*

Em França, Rivero & Savatier conceituam-na como *la cessation concertée du travail par les salariés, envue de contraindre l'employeur, par ce moyen de pression, à ceder à leurs revendications sur la question qui fait l'objet*[72], e a jurisprudência francesa a definiu como *la cessation concertée du travail en vue d'apuyer des revendications professionelles dé jà déterminées aux quelles l'employeur refuse de donner satisfaction*[73].

---

(68) RUPRECHT, A. J. *Relações coletivas de trabalho.* Trad. Edilson Alkmin Cunha. São Paulo: LTr, 1995. p. 773-4.

(69) RIVERO, J. & SAVATIER, J. Ob. cit., p. 379.

(70) OIT. *Liberté syndicale et negociation collective: etude d'ensemble (rapport de la Comission d'Experts pur l'aplication des convencions et recommendations).* Genebra: RIT, 1983. p. 63.

(71) Assim também PONTES DE MIRANDA, Francisco Cavalcante. *Comentários à Constituição de 1946* (V). 2. ed. São Paulo: Max Limonad, 1953. p. 89.

(72) RIVERO, J. & SAVATIER, J. Ob. cit., p. 367.

(73) *Ibidem*, p. 380.

Nessa mesma linha está Despax, que entende tratar-se de meio de pressão também sobre os poderes públicos, e escreveu que é *l'arme syndicale per excelence*,[(74)] porque é o único recurso de que dispõe o grupo de trabalhadores para obter atendimento às suas reivindicações. Acrescentamos que é o último que deve ser usado, após expirarem todas as formas de uma solução pacífica do conflito.

Nipperdey, na Alemanha, entende que: *la huelga es la suspensión del trabajo ejecutada en común y conforme a un plan por un número considerable de trabajadores, dentro de una profesión o empresa, suspención decidida com un fin de lucha, pero com la voluntad de continuar el trabajo una vez logrado este fin o terminada la huelga*[(75)].

Trueba Urbina opina que *es la suspención colectiva de labores, cuyo objeto fundamental es mejorar las condiciones o el redimiento económico del trabajo, o de ambos a la vez*[(76)].

De La Cueva apresenta extenso enunciado, envolvendo aspectos econômicos e sociológicos do movimento. Afirma o jurista mexicano tratar-se de:

> la suspensión concertada del trabajo, llevada al cabo para imponer y hacer cumplir condiciones de trabajo, que respondan a la idea de la justicia social, como un régimen transitório, en espera de una transformación de las estructuras políticas, sociales y jurídicas, que pongan la riqueza y la economía al servicio de todos los hombres y de todos los pueblos, para lograr la satisfacción de la necesidad[(77)].

Alguns Códigos do Trabalho definem greve. O da República Dominicana (art. 368) diz que *é a suspensão voluntária de trabalho concertada e realizada coletivamente pelos trabalhadores em defesa de seus interesses comuns*. O do Panamá (art. 475) a entende como *o abandono temporário do trabalho em uma ou mais empresas, estabelecimentos ou negócios, acordado e executado por um grupo de cinco ou mais trabalhadores*, e, ali, o número de greves tem sido relativamente reduzido, como apontado por Murgas Torraza[(78)]. A LFT do México considera que a greve é a suspensão temporária do trabalho levada a cabo por uma coalizão de trabalhadores (art. 440).

Carlos Maximiliano afirmou que *a greve é a suspensão temporária do trabalho, como resultado de uma coalizão (Pontes de Miranda) entre trabalhadores para a defesa de um interesse comum*[(79)]. Bueno Magano assinalou, na primeira edição do terceiro volume de seu *Manual*, ser *o poder do grupo social que se manifesta através de atividade tendente à realização de um interesse coletivo, mediante a suspensão coletiva e temporária do trabalho dos trabalhadores pertencentes ao mesmo grupo*[(80)]. Gomes & Gottschalk opinaram no sentido de que *é uma declaração sindical que condiciona o exercício individual de um direito coletivo de suspensão temporária do trabalho visando à satisfação de um interesse profissional*[(81)]. Sinagra, na Itália, dizia que *lo sciopero é, precisamente, lo strumento col quale le associazioni sindacali dei lavoratori attuano l'autodifesa economica collettiva nei confronti dell'associazione sindacale contrapposta dei datori di lavoro, cercando di coagire sulla volontà dei datori di lavoro per la tutela d'un interesse collettivo professionale*[(82)].

Demonstra-se, então, a confirmação dos elementos indicados acima, por isso é de todo admissível acolher a definição de Roberto Barreto Prado de que o direito de greve é:

---

(74) DESPAX, Michel. *Droit du travail*. 5. ed. Paris: Presses Universitaires, 1981. p. 73.

(75) NIPPERDEY, H., C. *El derecho de la huelga en Alemania*. Trad. Ernesto Krotoschin. *In: La huelga* (II) cit., p. 11.

(76) TRUEBA URBINA, A. Proceso historico de la huelga en Mexico. *In: La huelga* (II) cit., p. 82.

(77) DE LA CUEVA, M. Ob. cit., (II), p. 588.

(78) MURGAS TORRAZA, R. *Art. cit.*, p. 129.

(79) MAXIMILIANO, Carlos. Comentários à Constituição de 1946. *In*: RANGEL, Leyla Castello Branco *et alii* (org.). *Direito de greve*. Brasília: Serviço de Informação Legislativa do Senado Federal, 1964. p. 117.

(80) MAGANO, O. B. *Manual*. cit. (III), 1986, p. 172.

(81) GOMES, O. & GOTTSCHALK, E. Ob. cit., p. 574. Entende-se o inverso, ou seja, a greve é um direito individual de exercício coletivo.

(82) SINAGRA, V. *Instituzioni*... cit., p. 119.

a recusa concertada de cumprir as obrigações decorrentes dos contratos de trabalho, por parte dos trabalhadores, legitimamente representados, para que obtenham o acolhimento de reivindicações de caráter profissional[(83)].

Essas indicações doutrinárias permitem pinçar alguns elementos frequentes em todos os conceitos: a greve é (1) um movimento concertado de trabalhadores, (2) de duração limitada, (3) visando a obter melhores condições gerais de trabalho, (4) exercitado coletivamente, de regra através dos respectivos sindicatos[(84)], com (5) o restabelecimento do cumprimento das obrigações por parte dos grevistas com relação ao empregador ao seu término.

A greve, então, serve, como e enquanto paralisação concertada, para buscar obter novas, melhores, mais justas e mais adequadas condições de trabalho, com o retorno à atividade temporariamente interrompida, ao sucesso das pretensões, podendo sua natureza jurídica ser considerada como um direito individual de exercício coletivo, embora não seja de todo absurdo considerar a possibilidade de uma greve *individual*, que seja causa de *interrupção* e não de *suspensão* do contrato de trabalho, como o caso da greve ambiental trabalhista (v., neste Capítulo, abaixo, n. 1.7).

1.2. HISTÓRICO

A greve resulta do trabalho prolongado e da remuneração baixa, que ensejaram consequentes reivindicações da classe operária. Conforme registra a encíclica *Rerum Novarum*, ao invés de impedi-la, devem ser criados mecanismos para regular seu exercício e é imperioso que sejam removidas suas causas.

Na antiguidade, a greve era considerada um delito. Passou a ser reconhecida como uma liberdade. E, hodiernamente, é induvidoso que se trata de um direito do trabalhador.

A denominação tem origem de uma praça, a *Place de la Grève*, em Paris, onde operários se reuniam a fim de reivindicar melhorias em suas condições de trabalho.

Não é uma prática recente, e alguns doutrinadores pretendem situar sua ocorrência na antiguidade, embora não fosse com as características de hoje, mesmo porque havia a prática da escravidão e servidão.

A partir do final do século XVIII passou a ser considerada um delito. Foi assim com a Lei *Le Chapelier*, na França, da mesma forma como era considerada tal na Itália, Bélgica, Espanha, Inglaterra e Portugal.

Discriminalizada por alguns países, no século XIX passou a liberdade, e foi exercida como tal até ser reconhecida como direito, o que ocorreu já no século XX, por várias constituições, como a Italiana de 1947.

No Brasil, sua história é semelhante, tendo inclusive sido considerada um recurso antissocial pela Constituição de 1937, sendo reconhecida como direito pela Constituição de 1946, e assim conservada pelas demais.

A partir de 1988, a greve está consagrada no art. 9º da Constituição, nos seguintes termos:

> Art. 9º É assegurado o direito de greve, competindo aos trabalhadores decidir sobre a oportunidade de exercê-lo e sobre os interesses que devam por meio dele defender.
>
> § 1º A lei definirá os serviços ou atividades essenciais e disporá sobre o atendimento das necessidades inadiáveis da comunidade.
>
> § 2º Os abusos cometidos sujeitam os responsáveis às penas da lei.

---

(83) PRADO, Roberto Barretto. O direito de greve em face da Constituição de 05.10.1988. *In: Revista LTr*. São Paulo, 52(11):1388, nov. 1988; e *Curso de direito coletivo do trabalho*. 2. ed. São Paulo: LTr, 1991. p. 98. Também assim, o mesmo autor, *in Curso*... cit., onde refere igualmente ao fato de a recusa ser *resultante de deliberação dos empregados* (p. 421).

(84) Para Bueno Magano, no Brasil, a titularidade do direito de greve é atribuída às entidades sindicais e aos trabalhadores individualmente considerados, *nunca como direito dos grupos inorganizados* (*Manual*... cit. (III), p. 169).

Barreto Prado diz que a *greve é um direito sindical. Há necessidade de que o sindicato, por sua assembleia, resolva paralisar o trabalho* (*Curso*... cit., p. 98).

Tem ocorrido, no entanto, com frequência, de os trabalhadores deflagrarem o movimento paredista através de associações de classe ainda não convertidas em sindicatos. Instaurado o dissídio coletivo, a associação de classe é substituída pelo sindicato da categoria. É o que vem sucedendo na prática. Assim o caso de uma greve, realizada no segundo semestre de 1991, por professores de estabelecimentos de ensino privado de Belém do Pará, iniciada a partir de deliberação tomada em assembleia das associações de docentes de cada faculdade. Somente perante o Tribunal Regional do Trabalho da 8ª Região é que passou a figurar o Sindicato profissional como parte.

Como se constata, a amplitude do exercício do direito de greve atualmente no Brasil atribui aos trabalhadores interessados deliberar quando pretendem paralisar e o que pretendem buscar como fruto da paralisação.

Para tratar dos serviços ou atividades essenciais foi editada a Lei n. 7.783, de 28.06.1989, que trata igualmente dos abusos praticados, a ser abordada mais adiante.

1.3. TIPOS

As greves podem ser típicas ou atípicas. Nas primeiras, a paralisação dos serviços pode ser por prazo determinado, quando se trata de uma greve de simples advertência, ou por prazo indeterminado, que é a que se desenvolverá até ser obtido êxito total ou parcial das reivindicações pretendidas. Na greve atípica, não ocorre paralisação completa do trabalho.

1.3.1. Greves atípicas

As greves atípicas são, geralmente, manifestações que pretendem obter melhores condições de trabalho sem, contudo, poderem ser enquadradas no sentido mais estrito do termo.

Nessa linha, encontram-se as seguintes greves:

- greve de zelo, conhecida pelo nome inglês *slowdown*, ocorre quando os trabalhadores procedem com o mais rigoroso cumprimento das normas internas da empresa;
- greve de rendimento, também chamada de greve de braços cruzados ou caídos. É uma paralisação conhecida também como greve tartaruga, ou, em França, *perlée*, e, na Itália, *sciopiro bianco*. Costuma ser praticada também nos Estados Unidos e Grã-Bretanha, e significa que os grevistas promovem a redução gradual ou abrupta de trabalho a fim de forçar o sucesso das suas reivindicações;
- greve da mala, praticada em Portugal, envolvendo transporte coletivo urbano, quando os empregados responsáveis por essa tarefa não fazem a cobrança do valor da passagem dos usuários, causando prejuízos ao empregador;
- *greve de amabilidade* ocorre quando os empregados tratam grosseiramente os clientes da empresa, gerando mal-estar e reclamações;
- greve de ocupação é, na verdade, a invasão do estabelecimento onde funciona a empresa, quando os empregados-grevistas permanecem em seu interior após o término do expediente, sujeitando-se às sanções cabíveis, caso ocorram danos ao patrimônio do empregador ou a terceiros.

1.3.2. Greves típicas

Existem formas de paralisação diferentes das greves por tempo determinado ou indeterminado, que são as chamadas *greves típicas*. Essas paralisações são:

- greve de hora extra – ocorre quando os trabalhadores cumprem apenas a jornada normal, recusando a horas suplementares;
- greve de curta duração – aquela em que o trabalho é suspenso apenas em uma parte da jornada diária;
- greve intermitente – quando ocorrem diversas paradas, de modo alternado, durante a jornada regular de trabalho;
- greve por turnos – é também chamada de greve articulada ou rotativa, envolvendo paralisações alternadas por setores ou turnos da fábrica;
- greve trombose – chama-se também de nevrálgica ou tampão, ocorrendo quando apenas setores fundamentais param suas atividades.
- greve relâmpago – é a *wildcat strike*, ou surpresa, apresentando-se como uma advertência para greve futura.

1.3.3. Outras formas de paralisação

Existem paralisações que não se enquadram perfeitamente dentro da figura jurídica da greve que visa, sobretudo, melhores condições de trabalho e de salário para os trabalhadores. Dentre esses casos estão:

- greve política – embora com essa denominação, é uma paralisação ilícita, porque, como tem caráter eminentemente político, vai contra a soberania, o regime e a democracia, não sendo diretamente ligada ao trabalho;

- greve revolucionária – aqui, a intenção do grupo é subverter a ordem constitucional, daí ser considerada ilegal em alguns países, como Alemanha e Itália;
- greve de solidariedade – neste tipo de greve, o que os trabalhadores pretendem é apoiar outra greve de grupo distinto. Comerciários que paralisam em solidariedade aos urbanitários em greve, por exemplo. Embora não seja considerada legítima no Brasil, a OIT entende cabível, desde que a greve que recebe o apoio seja legal;
- boicotagem – não se trata de greve *stricto sensu*, mas de atitude do empregado que deixa de comprar produtos do empregador, gerando inevitáveis prejuízos;
- sabotagem – também não é greve na sua real acepção. Trata-se de um ilícito penal, quando os empregados causam danos ao patrimônio do empregador.

1.4. GREVE NO DIREITO INTERNACIONAL E COMPARADO(85)

O tratamento dado pelo Direito Internacional ao instituto da greve é praticamente nenhum. Um único tratado internacional refere expressamente ao instituto. Trata-se do Pacto Internacional de Direitos Econômicos Sociais e Culturais, adotado pela Resolução n. 2.200-A (XXI) da Assembleia Geral das Nações Unidas, de 16.12.1966, vigente desde 03.01.1976, e ratificado pelo Brasil pelo Decreto n. 591, de 06.07.1992, cujo art. 8º, 1, *d*, dispõe:

> 1. Os Estados Partes do presente pacto comprometem-se a garantir:
>
> ....
>
> d) o direito de greve, exercido de conformidade com as leis de cada país.

A Declaração Americana de Direitos e Deveres do Homem, aprovada em 1948, pela IX Conferência Internacional Americana, trata, no art. 22, do direito de associação para fins de defender seus interesses legítimos, inclusive de ordem sindical, mas não refere a greve.

Aprovada pelo Conselho da Europa em Estrasburgo, em 3.5.1996, a Carta Social Europeia, no art. 6, 4, propugna pelo direito de ações coletivas, destacando expressamente o direito de greve, para fins do exercício efetivo do direito à negociação coletiva. Consigna o dispositivo:

> Art. 6º Direito à negociação coletiva
>
> Com vista a assegurar o exercício efetivo do direito à negociação coletiva, as Partes comprometem-se:
>
> ....
>
> 4) O direito dos trabalhadores e dos empregadores a ações coletivas no caso de conflitos de interesses, incluindo o direito de greve, sob reserva das obrigações decorrentes das convenções coletivas em vigor.

No âmbito da OIT, nenhuma convenção ou recomendação internacionais do trabalho registra qualquer alusão clara ao direito de greve. Existem apenas referências superficiais e implícitas, como se deduz do exame, *v. g.*, das Recomendações ns. 92, 170 e 176 e das Convenções ns. 87, 98, 105, 160 e 168, dentre outras.

No Direito Constitucional Comparado, as constituições podem ser classificadas, no tratamento do instituto da greve, em omissivas, prescritivas proibitivas e prescritivas permissivas. Assim, as primeiras são as que não contemplam regra alguma sobre greve. É o caso das Constituições de Angola, Austrália, Áustria, Bulgária, Cabo Verde, China de 04.12.1982, Cuba, Dinamarca, Estados Unidos, Grã-Bretanha, Guiné-Bissau, Hungria, Moçambique, Noruega, Países Baixos, Polônia, Romênia, São Tomé e Príncipe e Suíça.

As prescritivas proibitivas não existem na atualidade. Foi o caso das Constituições da Espanha de 1931, de Portugal de 1933 e do Brasil de 1937.

Finalmente, dentre as prescritivas permissivas, que consagram o direito de greve, estão as Constituições da Argentina, Chile, Colômbia, Costa Rica, Espanha, Filipinas, Finlândia, França, Itália, Japão, México, Nicarágua, Paraguai, Peru, Portugal, Suécia, Suriname, Uruguai e Venezuela.

---

(85) Sobre o instituto da greve em vários ordenamentos jurídicos, v. o nosso *Direito de greve no direito comparado*. São Paulo: LTr, 1992.

1.4.1. *Greve na França e na Itália*

Na França, com a Constituição de 1946, a greve foi alçada a direito constitucional, espécie de *super-legalidad*, na expressão de *Rivero*(86). E esse posicionamento ficou mantido pela Constituição de 1958, por remissão ao preâmbulo da Lei Fundamental anterior, consagradora dos direitos sociais(87), e, segundo Despax, *les droits sociaux (droit syndical, droit de gréve, Sécurité sociale) figurent desormais* (a partir da Constituição de 1946) *à coté des droits proprement politiques*(88).

É ainda Despax quem acentua que o direito de greve, em França, é predominantemente de origem jurisprudencial(89), mesmo com a Lei de 03.01.1985 (art. 34), que, modificando o *Code du Travail* (art. L-122-45), refere a *l'exercice normal du droit de grève*(90), porque apenas meia dúzia de artigos desse *Code* (arts. L-521-1 a L-521-6) tratam de greve, cabendo ao juiz, ao exame do caso concreto, decidir sobre o seu regime jurídico(91).

Desde a Lei de 11.02.1950, a participação na greve não rompe o contrato de trabalho, apenas o suspende(92). Deve, todavia, ser aplicada com bom senso, porque, como ensina Rivero, *la prohibición pura y simple corre el riesgo de sacrificar a la autoridade del Estado, la defensa de reivindicaciones de los trabajadores; la libertad ilimitada corre el riesgo de arruinar, con esta autoridad, el cuerpo social completo*(93).

Já na Itália, com a promulgação da Constituição de 01.01.1948, que praticamente faz a reprodução literal do preceito contido no Preâmbulo da Constituição francesa de 1946(94), consagrou-se o direito de greve, *exercido no âmbito das leis que o regulamentam* (art. 40).

Em 1990, a Lei italiana n. 146, negociada junto às principais centrais sindicais italianas, trata do *esercizio del diritto di sciopero nel servizi pubblici essenziali e sulla salvaguardia dei diritti de la persone constituzionalmente tutelati e da istituzione de la Commissione di garanzia dell'attuazione della lege*(95), após experiência de autorregulamentação de evolução insuficiente, face sua limitada eficácia jurídica e factual, como recorda Franco Carinci(96).

Ainda na Itália, enquanto é admitida a prática da greve no setor público, com as restrições da nova Lei, mas não nas áreas policial e militar, a Corte Constitucional tem se posicionado de modo diverso quando aprecia greves de solidariedade e greves políticas. As primeiras têm sido consideradas lícitas(97). A política é tida como ilícita pela mesma Corte e no pensamento de Santoro-Passarelli(98), contrariando a posição defendida por Gino Giugni(99).

1.5. ELEMENTOS

Jean Claude Javillier aponta os elementos necessários à greve. Elenca-os em dois grupos: os materiais e os psicológicos(100).

---

(86) RIVERO, J. Op. cit., p. 434.

(87) N. sent.: LYON-CAEN, G. & LYON-CAEN, A. Ob. cit., p. 31.

(88) DESPAX, M. Ob. cit., p. 7.

(89) DESPAX, M. *Idem*, p. 77.

(90) RIVERO, J. & SAVATIER, J. Ob. cit., p. 374.

(91) *Ibidem*, p. 368.

(92) N. sent.: RIVERO, J. & SAVATIER, J. Op. cit., p. 404; e LYON-CAEN, G. & PÉLISSIER, J. *Ob. cit.*, p. 1.001.

(93) RIVERO, J. Art. cit., p. 439.

(94) Cf. SANSEVERINO, Luisa Riva. *La huelga en el ordenamento juridico italiano*. Trad. Mario L. Deveali. *In: La huelga* (II) cit., p. 57.

(95) Cf. Ementa da Lei n. 146. Texto, na íntegra, *in Gazzeta Ufficiale della Repubblica italiana*, serie generale, n. 137, 14.06.1990, p. 6-17. Encontra-se versão em português *in* GIUGNI, G. *Ob. cit.*, p. 315-24.

(96) CARINCI, Franco. *Losciopero nei servizi pubblici essenziali: dall"autoregolamentaione alla legge 12 giugno 1990, n 146*. Separata da *Rivista Giuridica del Lavoro e dela Previdenza Sociali, XLI(61):480, 1990.*

(97) Assim também o entendimento de Giugni (*Ob. cit.*, p. 193), notando-se que Santoro-Passarelli e Riva Sanseverino a consideram ilícita (*Apud* NASCIMENTO, A. M. *Direito sindical*... cit., p. 366).

(98) *Apud* NASCIMENTO, A. M. *Idem*, loc. cit.

(99) GIUGNI, G. Ob. cit., p. 191-2.

(100) JAVILLIER, J.-C. Ob. cit., p. 218-9.

Os elementos **materiais** são a interrupção do trabalho propriamente dita e o caráter coletivo da paralisação, o que não significa que não possa existir uma greve envolvendo o único trabalhador na empresa, quando este se associa a um movimento nacional.

Os elementos **psicológicos** são três: a intenção do grupo de paralisar os serviços; a concertação de greve, representada pela formação do grupo que se abstém do trabalho; e a satisfação posterior das reivindicações que ensejaram o movimento.

1.6. EXERCÍCIO CONFORME A ATIVIDADE

1.6.1. *Atividade privada*

É ampla a liberdade do exercício do direito de greve no âmbito da iniciativa privada em geral, não sendo exigido mínimo de prestação desses serviços em funcionamento quando do movimento paredista porque essa exigência é apenas para aqueles considerados essenciais.

São eles todos os que não se incluem no rol de atividades ditas essenciais, elencado taxativamente no art. 10 da Lei n. 7.783, de 28.06.1989, que é a nossa lei de greve. Existe, é certo, uma necessária limitação: a observância de não ocorrerem práticas abusivas, manifestações de destruam patrimônio do empregador ou de terceiros, atos de vandalismos e assemelhados. Sua ocorrência importará em infrações no âmbito penal que poderão ter reflexos no próprio contrato de trabalho.

1.6.2. *Nos serviços essenciais*

Relativamente aos serviços essenciais, foi editada, inicialmente, a MP n. 59, de 26.05.1989, convertida na Lei n. 7.783/1989, que é a lei brasileira de greve.

O art. 10 dessa lei elenca os serviços ou atividades consideradas essenciais, relação taxativa e compatível com o entendimento da OIT acerca da prática da greve. São as seguintes:

I – tratamento e abastecimento de água; produção e distribuição de energia elétrica, gás e combustíveis;

II – assistência médica e hospitalar;

III – distribuição e comercialização de medicamentos e alimentos;

IV – funerários;

V – transporte coletivo;

VI – captação e tratamento de esgoto e lixo;

VII – telecomunicações;

VIII – guarda, uso e controle de substâncias radioativas, equipamentos e materiais nucleares;

IX – processamento de dados ligados a serviços essenciais;

X – controle de tráfego aéreo; e

XI compensação bancária.

A lei exige a observância de certos requisitos mínimos, a fim de não ser considerada abusiva a paralisação. O primeiro é a necessidade de negociação prévia, destinada a evitar a paralisação. Frustrada a tentativa de pactuar as condições geradoras do inconformismo, os trabalhadores poderão paralisar.

Aliás, essa restrição aplica-se no geral, na linha traçada pela OJ n. 11 do SDC do TST:

> OJ N. 11 – SDC – GREVE. IMPRESCINDIBILIDADE DE TENTATIVA DIRETA E PACÍFICA DA SOLUÇÃO DO CONFLITO. ETAPA NEGOCIAL PRÉVIA. É abusiva a greve levada a efeito sem que as partes hajam tentado, direta e pacificamente, solucionar o conflito que lhe constitui o objeto.

Igualmente é necessário que, se existir, a norma coletiva questionada esteja com seu prazo de validade vencido. Assim é porque, estando com o instrumento autônomo em vigor, resulta irregular a greve.

O comando do *caput* do art. 3º da Lei n. 7.783/1989 indica esse *iter*, conservando o caráter meramente facultativo da arbitragem.

Com efeito, frustrada a negociação, a paralisação somente poderá ser iniciada pelo menos 48 anos depois de regularmente cientificada a entidade patronal ou os empregadores interessados (parágrafo único do art. 3º da mesma lei).

Importante fixar o atendimento mínimo à população. Anos atrás, no TRT da 8ª Região, foi adotada a *cláusula da comunidade*, por proposta do Juiz Roberto Araújo de Oliveira Santos, prevendo que, em caso de eventual greve futura, as próprias partes fixariam um *quantum* de trabalhadores para atender os usuários dos serviços. Os principais pontos dessa cláusula são:

1) comunicação do sindicato à empresa com antecedência de 96 horas antes da paralisação;
2) ampla divulgação do fato, pelo sindicato e pela empresa, com antecedência de 72 horas, para conhecimento da comunidade e dos usuários dos serviços;
3) obrigação do sindicato de colocar número de empregados bastante para atender às necessidades mínimas da população; e
4) dever das empresas de parar apenas as suas atividades mínimas[(101)].

Essa cláusula, apesar de seu grande alcance social, não subsistiu em decisões seguintes, e, hodiernamente, o costume é, por decisão judicial preliminar, ser fixado um mínimo de atendimento à população, mínimo esse que varia de 30% a 60% e, em alguns casos, dependendo dos horários de maior ou menor fluxo de usuários, o percentual pode chegar a até 100% (como ocorre frequentemente em greves envolvendo transporte coletivo urbano).

É importante assinalar que não existe nenhuma norma, nacional, internacional ou estrangeira, que fixe percentual de qualquer natureza para atender as necessidades mínimas da população diante de uma greve em serviço essencial. O que existe é o critério arbitrário, discricionário, razoável e equitativo do juiz que irá fixar, com bom senso, esse *quantum*.

De notar que não se trata da cláusula de paz, que existe no direito comparado, pela qual devem ser cumpridas as normas coletivas existentes, salvo a superveniência da *rebus sic stantibus*.

Assinale-se que a ausência da garantia do atendimento mínimo à população importa em abusividade da greve, conforme a OJ n. 38 da SDC do TST:

> OJ N. 38 – SDC – GREVE. SERVIÇOS ESSENCIAIS. GARANTIA DAS NECESSIDADES INADIÁVEIS DA POPULAÇÃO USUÁRIA. FATOR DETERMINANTE DA QUALIFICAÇÃO JURÍDICA DO MOVIMENTO. É abusiva a greve que se realiza em setores que a lei define como sendo essenciais à comunidade, se não é assegurado o atendimento básico das necessidades inadiáveis dos usuários do serviço, na forma prevista na Lei n. 7.783/1989.

1.6.3. *Práticas de abuso*

Um ponto bastante complexo do exercício do direito de greve é o relativo aos abusos que podem ser praticados. O art. 14 da lei brasileira de greve cuida da matéria da seguinte forma:

> Art. 14. Constitui abuso do direito de greve a inobservância das normas contidas na presente Lei, bem como a manutenção da paralisação após a celebração de acordo, convenção ou decisão da Justiça do Trabalho.
>
> Parágrafo único. Na vigência de acordo, convenção ou sentença normativa não constitui abuso do exercício do direito de greve a paralisação que:
>
> I – tenha por objetivo exigir o cumprimento de cláusula ou condição;
>
> II – seja motivada pela superveniência de fatos novos ou acontecimento imprevisto que modifique substancialmente a relação de trabalho.

Roberto Santos entende que a Constituição, ao referir a *abusos*, tratou dos *excessos periféricos* e não no sentido que se está a pretender atribuir[(102)].

---

(101) A íntegra da cláusula da comunidade, que consta do Proc. TRT 8ª-DC-615/90, julgado a 27.08.1990, está publicada na *Rev. do TRT* da 8ª Região, 45(89):277, jul./dez. 2012.

(102) SANTOS, R. A. de O. A greve dita abusiva e a "cláusula da comunidade". *In: Revista do TRT da 8ª Região*, Belém, 45 (89):274, jul./dez. 2012.

Segundo Orlando Teixeira da Costa, *o abuso de direito na greve, e não especificamente, o abuso de direito de greve, foi tratado pela Lei n. 7.783*[103] indicando que o abuso de direito na greve deve ser visto por dois ângulos. Diretamente, se a greve persistir após a celebração de ajuste coletivo (forma positiva) (art. 14, *caput*), haverá abuso; ou não será abuso se objetivar o cumprimento de cláusula ou condição, ou por fato novo ou imprevisto, adotando a teoria da imprevisão (forma negativa) (art. 14, parágrafo único, II). Indiretamente, haverá abuso de direito na greve quando ofender disposições constantes de normas coletivas ou violar direitos fundamentais[104]. Entendemos mais consentâneo esse entendimento com a intenção do constituinte e da própria Lei n. 7.783/1989.

De outro lado, se *os abusos cometidos sujeitam os responsáveis às penas da lei* (§ 2º do art. 9º da Constituição), fica patente que são práticas de atos abusivos no curso do movimento, e não o movimento em si. Este não se pode ter abusivo, e, mesmo assim, identificando, um a um, cada responsável conquanto a posição que vem predominando na jurisprudência dos tribunais trabalhistas brasileiros seja no sentido de reconhecer o abuso do direito de forma bastante ampla.

Consoante a Súmula n. 189 do TST, *a Justiça do Trabalho é competente para declarar a abusividade, ou não, da greve*, cabendo a cada Tribunal Regional dentro da sua jurisdição, ou o TST quando for paralisação nacional, decidir sobre esse abuso[105].

Insta observar ainda que, a fim de evitar abusos que possam causar danos aos bens do empregador, a Justiça do Trabalho deverá atuar, mediante interdito proibitório, cuja competência para decidir tem sido atribuída às Varas do Trabalho, embora, a nosso ver, devesse ser do Tribunal, por relator sorteado e que ficaria prevento para eventual dissídio de greve, porque matéria de greve não é da competência do primeiro grau de jurisdição.

A Súmula n. 316 do STF considera que *a simples adesão à greve não constitui falta grave*, com o que fica eliminada qualquer possibilidade de o empregador dispensar o empregado tão somente porque este participou de um movimento paredista. Em sendo assim, está caracterizada a dispensa arbitrária, tendo esse obreiro direito a ser reintegrado ao emprego.

1.6.4. Servidores públicos

O art. 37, VII, da Constituição contempla o direito de greve para ser exercido pelos servidores públicos civis. Inicialmente, em 1988, a norma dependia de lei complementar, e, com a EC n. 14/1998, passou a depender de lei específica que deverá fixar termos e limites para seu exercício.

A norma, portanto, era programática, como decidiu o STF no MI-20-4-DF, de 19.05.1994, Rel.: Min. Celso de Mello. Assim, o servidor público tinha o direito de greve, mas não podia exercer esse direito.

Anos mais tarde, em 2007, o STF voltou a enfrentar o tema. Foram julgados dois mandados de injunção, o MI 708-0-DF, de 25.10.2007[106], e o MI 712-PA, de 27.10.2007[107], e firmado entendimento de que na falta de lei específica, pode ser aplicada, por analogia, a lei comum de greve, Lei n. 7.783, de 28.06.1989, o que nos parece estranho face à vedação do seu art. 16 que dispõe:

> Art. 16. Para os fins previstos no art. 37, VII, da Constituição, lei complementar definirá os termos e os limites em que o direito de greve poderá ser exercido.

No entendimento firmado pela Suprema Corte, os servidores públicos têm direito a exercer o direito de greve, observando, no que couber, as diretrizes traçadas na Lei n. 7.783/1989, que, todavia, não poderá contemplar pretensão relativa a reajuste de vencimentos, porque depende de lei de iniciativa exclusiva do Presidente da República

---

(103) COSTA, O. T. da. *Direito coletivo do trabalho e crise econômica*. São Paulo: LTr, 1991. p. 195.

(104) *Ibidem*, p. 195-6.

(105) Assim o Precedente Normativo n. 29: *GREVE. COMPETÊNCIA DOS TRIBUNAIS PARA DECLARÁ-LA ABUSIVA – Compete aos Tribunais do Trabalho decidir sobre o abuso do direito de greve.*

(106) MI 708-0-DF, de 25.10.2007 (Sintem – Sindicato dos Trabalhadores em Educação do Município de João Pessoa *vs.* Congresso Nacional). Rel.: Min. Gilmar Mendes. Disponível em: <http://www.stf.jus.br/portal/processo/verProcessoAndamento.asp?incidente=2232963>. Acesso em: 19 abr. 2014.

(107) MI 712-PA, de 25.10.2007 (Sindicato dos Trabalhadores do Poder Judiciário do Estado do Pará – Sinjep *vs.* Congresso Nacional). Rel.: Min. Eros Grau. Disponível em: <http://www.stf.jus.br/portal/processo/verProcessoAndamento.asp?incidente=2244628>. Acesso em: 19 abr. 2014.

(art. 61, § 1º, II, *a*, da Constituição), mas, em sede de dissídio coletivo, apenas cláusulas que objetivem tratar de melhores condições de trabalho, sobretudo relativas a meio ambiente de trabalho.

Lamentavelmente, o foro competente, que deveria ser a Justiça do Trabalho, porque, de acordo com a Constituição, é a única para a qual o constituinte atribuiu competência para cuidar de greve (art. 114, II = *as ações que envolvem exercício do direito de greve*), não é para as hipóteses de ocorrência no serviço público. Segundo o entendimento da Suprema Corte, esta será da Justiça Federal (para os servidores federais) e da Estadual (para aqueles que integram os serviços públicos estaduais ou municipais).

Uma questão pendente era referente ao desconto dos dias de paralisação. O STF, julgando o RE 693.456-RJ (Rel.: Min. Dias Toffoli), em 27.10.2016, decidiu essa matéria no sentido de que a administração pública deve cortar o ponto dos servidores grevistas, permitindo a compensação dos dias parados mediante acordo, e também que esse desconto não pode ser efetuado se a greve decorrer de conduta ilícita do próprio Poder Público. Reconhecida repercussão geral, a tese fixada foi:

> *A administração pública deve proceder ao desconto dos dias de paralisação decorrentes do exercício do direito de greve pelos servidores públicos, em virtude da suspensão do vínculo funcional que dela decorre, permitida a compensação em caso de acordo. O desconto será, contudo, incabível se ficar demonstrado que a greve foi provocada por conduta ilícita do Poder Público".*[108]

Considerando, então, a decisão majoritária do Pleno do Excelso Pretório, todo servidor público que se ausentar do serviço, dizendo-se em greve, terá, pelos dias de ausência, falta injustificada ao trabalho e, consequentemente, o desconto dos dias de paralisação. A única exceção é se esse comportamento decorrer de comportamento ilegal da administração pública. Observe-se todavia, que, em havendo compensação dos dias de greve, não deverá ser efetuado qualquer desconto a esse título.

Em outros termos, tudo indica que voltamos ao início, quando se afirmou a existência do direito de greve do servidor público mas a impossibilidade de seu exercício. Primeiro, faltava a lei complementar referida no texto constitucional primitivo e, depois, inexiste a lei específica que preconiza a redação atual do art. 37, VII, da Constituição, dada pela Emenda Constitucional n. 19, de 4.6.1998. O direito existe mas não pode ser exercido na sua plenitude. É a diferença entre o existir e o exercer[109].

1.6.5. Vedação do exercício da greve

Os militares, integrantes das Forças Armadas (Marinha, Exército e Aeronáutica), estão proibidos de sindicalizar-me e de exercer o direito de greve. É o comando expresso no art. 142, § 3º, IV, Constituição. Por igual, a regra se aplica aos policiais militares e aos corpos de bombeiros militares, que são forças auxiliares e reserva do Exército, a teor do art. 144, § 6º, da Constituição.

Também aos policiais civis é defeso o exercício do direito de greve, porque, de acordo com o STF, trata-se da interpretação analógica do art. 142, § 3º, V, da Lei Fundamental[110].

A regra não é aplicável aos servidores civis da Marinha, Exército e Aeronáutica, que, conforme o *caput* do citado art. 142, são instituições nacionais permanentes e regulares, organizadas com base na hierarquia e na disciplina, sob a autoridade suprema do Presidente da República, e destinam-se à defesa da Pátria, à garantia dos poderes constitucionais e, por iniciativa de qualquer destes, da lei e da ordem, integrando o Ministério da Defesa.

---

(108) Trata-se do RE 693.456-RJ, de 27.10.2016 (Fundação de Apoio à Escola Técnica – FAETEC vs. Renato Barroso Bernabe e outro(a/s). *Am. curiae:* Confederação dos Trabalhadores no Serviço Público Federal – CONDSEF. Federação de Sindicatos de Trabalhadores das Universidades Brasileiras – FASUBRA, Federação Nacional dos Servidores do Judiciário nos Estados – FENAJUD, Federação Nacional dos Sindicatos de Trabalhadores em Saúde, Trabalho e Previdência Social – FENASPS, Federaçao Nacional dos Trabalhadores do Judiciário Federal e Ministério Público da União – FENAJUFE, União e Estado de São Paulo), Rel.: Min. Dias Toffoli. Disponível em: <http://www.stf.jus.br/portal/processo/verProcessoAndamento.asp?numero=693456&classe=RE&origem=AP&recurso=0&tipoJulgamento=M>. Acesso em: 28.10.2016.

(109) Assim nos manifestamos anos atrás. V.: Globalização e desemprego ... *cit.*, pp. 104-105 e O servidor público e a reforma administrativa. São Paulo: LTr, 1998. pp. 50-51.

(110) Ag. Reg. MI-774-DF, de 28.05.2014 (Associação dos Investigadores de Polícia do Estado de São Paulo vs. Presidente da República. Litis. pas.: Estado de São Paulo). Rel.: Min. Gilmar Mendes. Disponível em: <http://www.stf.jus.br/portal/processo/verProcessoAndamento.asp?incidente=2563571>. Acesso em: 02.11.2017).

Os servidores civis dos três Comandos Militares, todavia, gozam do direito de greve como qualquer servidor público, conforme o art. 37, VII, da Constituição. Assim, também, os civis que trabalham para as Polícias Militares e Corpos de Bombeiros estaduais.

Por igual, embora não exista expressa proibição, não podem grevar os integrantes dos três Poderes dando que é incompatível com suas respectivas missões, e a vedação consta do Pacto Internacional de Direitos Econômicos Sociais e Culturais de 1966 (art. 8, 2).

1.7. GREVE AMBIENTAL TRABALHISTA

1.7.1. *Generalidades*

Modernamente, o mundo inteiro tem olhado com preocupação para o meio ambiente do planeta. O homem tem, reconhecidamente, direito a um meio ambiente equilibrado, sadio, desenvolvido dentro de padrões sustentáveis. Trata-se de um direito que se enquadra na terceira geração dos direitos fundamentais, os de solidariedade ou fraternidade, e, anteriormente, nesta obra, discorremos sobre meio ambiente em geral, enfatizando, sobretudo, o do trabalho (v., na Parte I, Capítulo XXI). Ali, tratamos das diversas espécies de meio ambiente: natural, artificial, arqueológico, cultural, espiritual e do trabalho.

Aqui, se trata de tema específico, dentro do meio ambiente do trabalho: a *greve ambiental trabalhista* que, embora não prevista expressamente como tal na legislação interna brasileira e ser carente de exame pela grande maioria da doutrina, além de não existirem notícias de precedentes jurisprudenciais, está na ordem do dia de qualquer relação de trabalho, ainda que a quase totalidade dos empregadores e empregados desconheça esse direito trabalhista, expressamente consagrado na Convenção n. 115 da OIT.

1.7.2. *Greve tradicional e greve ambiental*

Conquanto tratado acima do instituto da greve tradicional, nunca é demais repisar o tema, pela sua importância indiscutível para as relações de trabalho.

Com efeito, ensina Amauri Mascaro Nascimento, reportando-se à greve tradicional, que se trata de *um direito individual de exercício coletivo, manifestando-se como autodefesa*, e que *exerce uma pressão necessária que leva à reconstrução do direito do trabalho quando as normas vigentes não atendem às exigências do grupo social*[(111)].

Assinala Mascaro Nascimento, ainda, que *o que caracteriza doutrinariamente a greve é a recusa de trabalho que rompe com o quotidiano, bem como o seu caráter coletivo. Não há greve de uma só pessoa. Nem haverá, também, sem o elemento subjetivo, a intenção de se pôr fora do contrato para obter uma vantagem trabalhista*[(112)].

A greve que estamos habituados a conhecer é a que está descrita acima. Existe, todavia, outra que se chama de *greve ambiental trabalhista*, que, como anota Raimundo Simão de Melo, é diferente da paralisação clássica do trabalho[(113)], e a conceitua como

> *a paralisação coletiva ou individual, temporária, parcial ou total da prestação de trabalho a um tomador, qualquer que seja a relação de trabalho, com a finalidade de preservar e defender o meio ambiente do trabalho e a saúde do trabalhador*[(114)].

Não se trata, de modo algum, do exemplo referido por Salvador Perez Del Castillo, quando escreve:

> *a greve de um só é admitida teoricamente enquanto exista uma outra greve realizada em lugar distinto, isto é, requer um grupo de trabalhadores que estejam em outras empresas fazendo greve pela mesma causa, Trata-se, pois, de um só neste lugar e não de um único trabalhador participando da medida. Para este empregador haverá somente um grevista, entretanto, na mesma unidade de negociação, um grupo de grevistas está fazendo greve frente a um grupo de empregadores e, sendo assim, aquele individuo deverá ser reconhecido, também, como grevista*[(115)].

---

(111) NASCIMENTO, A. M. *Curso*... cit., 24. ed., p. 1.318-19.

(112) *Ibidem*, p. 1.321.

(113) MELO, Raimundo Simão de. *A greve no direito brasileiro*. 3. ed. São Paulo: LTr, 2011. p. 109.

(114) *Ibidem*, p. 110.

(115) PEREZ DEL CASTILLO, Salvador. *O direito de greve*. Trad. Irany Ferrari. São Paulo: LTr, 1994. p. 24.

E não se trata dessa hipótese, porque, na greve ambiental, não há necessidade de, em outras empresas, existir qualquer tipo de paralisação pelo mesmo motivo.

1.7.3. *Previsões legais sobre paralisações ambientais*

Existem diversas normas legais que cuidam de proteção do meio ambiente do trabalho e de greve ambiental trabalhista, tanto no Direito Internacional como em nível nacional, inclusive no Brasil, nunca sem esquecer que a proteção referida, como recordam Celso Fiorillo & Marcelo Rodrigues, é coisa diversa da proteção do direito do trabalho[(116)].

No Direito Internacional, a partir de 1972, na I Conferência das Nações sobre o Meio Ambiente Humano, em Estocolmo, foi adotada a pioneira Declaração de 16 de junho daquele ano, que equivale para o meio ambiente o mesmo que a Declaração Universal dos Direitos Humanos de 1948 significa para a humanidade como um todo. Adiante, em Nova York, a 09.05.1992, foi aprovada a Convenção-Quadro das Nações Unidas sobre Mudança do Clima, e, por ocasião da II Conferência das Nações Unidas para o Meio Ambiente e o Desenvolvimento (CNUMAD), no Rio de Janeiro, foi a vez da Convenção sobre Diversidade Biológica (5 de junho de 1992), ambas ratificadas pelo Brasil, não sendo, todavia, nenhuma direcionada a meio ambiente do trabalho, embora sejam normas de *hard-law*, e, portanto, de grande significado, diferente da de Estocolmo, que é norma de *soft law*.

Especificamente quanto ao meio ambiente do trabalho, embora existam outras convenções ligadas ao tema[(117)], a principal é a Convenção n. 155, sobre Segurança e Saúde dos Trabalhadores, aprovada na 67ª Conferência Internacional do Trabalho, em Genebra, a 22.06.1981, e que entrou em vigor no plano internacional em 11.08.1983[(118)], devendo ser aplicável a todas as áreas da atividade econômica (art. 1º, 1), e, para seus fins, trabalhadores são *todas as pessoas empregadas, incluindo os funcionários públicos* (art. 3º, *b*).

O art. 13 da Convenção n. 155 dispõe:

> Art. 13. Em conformidade com a prática e as condições nacionais deverá ser protegido, de consequências injustificadas, todo trabalhador que julgar necessário interromper uma situação de trabalho por considerar, por motivos razoáveis, que ela envolve um perigo iminente e grave para sua vida ou sua saúde.

Trata-se da consagração internacional da greve ambiental trabalhista, e essa norma, incorporada ao Direito brasileiro e, portanto, lei no Brasil, é o próprio direito à greve ambiental.

No direito estrangeiro, a Itália possui lei de greve negociada junto às centrais sindicais, a Lei n. 146, de 12.06.1990, acima referida, que, embora não cuide expressamente da greve ambiental, dispensa os trabalhadores de pré-avisarem empregadores e usuários de seus serviços do movimento, caso este se destine a defender a Constituição e em protestos por graves lesões à incolumidade e à segurança dos trabalhadores. É assim o art. 2º, 7, da Lei de Greve italiana:

> Art. 2º, 7. As disposições do presente artigo em relação ao pré-aviso mínimo e à indicação da duração da greve não se aplicam em casos de abstenção ao trabalho em defesa da ordem constitucional ou em protesto a graves acontecimentos lesivos à incolumidade e à segurança dos trabalhadores.

Em nosso país, de acordo com o art. 170 da Constituição de 1988, a ordem econômica é fundada na valorização do trabalho humano, observado, dentre outros, no inciso VI, o princípio da defesa do meio ambiente, considerando o impacto ambiental dos produtos e serviços e de seus processos de elaboração e prestação. Antes, ao reconhecer os direitos trabalhistas, garante que deve haver redução dos riscos inerentes ao trabalho, por meio de normas de saúde, higiene e segurança (inciso XXII do art. 7º), e que ao Sistema Único de Saúde (SUS) compete, dentre outras atribuições, colaborar na proteção do meio ambiente, nele compreendido o do trabalho (art. 200, VIII).

O art. 161, § 6º, da CLT, admite a paralisação do trabalho quando houver laudo da SRTE constando que existe grave e iminente risco para o trabalhador. É que o dispositivo consolidado admite que a SRTE interdite estabelecimento, setor de serviço, máquina ou equipamento, ou embargue obra, determinando as providências que devem ser adotadas para prevenir os infortúnios do trabalho.

---

(116) FIORILLO, Celso Antônio Pacheco & RODRIGUES, Marcelo Abelha. *Manual de direito ambiental e legislação aplicável*. São Paulo: Max Limonad, 1997. p. 65.

(117) V., os nossos *Globalização do trabalho: rua sem saída*. São Paulo: LTr, 2001. p. 209-16, e, *Avaliando o Direito do Trabalho*. São Paulo: LTr, 2010. p. 22-28.

(118) No Brasil, foi aprovada pelo Decreto Legislativo n. 2, de 17.03.1992, do Congresso Nacional; ratificada a 18.05.1992; promulgada pelo Decreto n. 1.254, de 29.09.1994; tendo entrado em vigor internamente a 18.05.1993.

Para desenvolver essa interdição, a SRTE contará com o apoio de autoridades federais, estaduais e municipais (§ 1º), podendo a providência ser tomada a requerimento do serviço competente da Superintendência, de auditor-fiscal do trabalho ou de entidade sindical (§ 2º).

Em decorrência da interdição ou embargo por motivo de irregularidades detectadas no ambiente de trabalho, os serviços podem ser paralisados e os trabalhadores devem ser, pelos dias de paralisação, os seus salários normalmente, *como se estivessem em efetivo exercício*, como destacado no § 6º do mesmo dispositivo consolidado.

No Estado de São Paulo, o § 2º do art. 229 da Constituição Estadual é expresso:

> § 2º Em condições de risco grave ou iminente no local de trabalho, será lícito ao empregado interromper suas atividades, sem prejuízo de quaisquer direitos, até a eliminação do risco.

Esse dispositivo é praticamente repetido, na sua literalidade, pelo art. 9º da Lei estadual n. 9.505, de 11.03.1997, que disciplina as ações e os serviços de saúde dos trabalhadores no Sistema Único de Saúde:

> Art. 9º Em condições de risco grave ou iminente no local de trabalho, será lícito ao empregado interromper suas atividades, sem prejuízo de quaisquer direitos, até a eliminação da adversidade.

Na esfera administrativa federal, a Portaria n. 3.214/1978 aprovou as Normas Regulamentares que cuidam de higiene, saúde e segurança do trabalho. A NR-22, que trata da *segurança e saúde ocupacional na mineração*, com o *objetivo de disciplinar os preceitos a serem observados na organização e no ambiente de trabalho, de forma a tornar compatível o planejamento e o desenvolvimento da atividade mineira com a busca permanente da segurança e saúde dos trabalhadores* (n. 22.1.1), tem aplicação em minerações subterrâneas; minerações a céu aberto; garimpos, no que couber; beneficiamentos minerais e pesquisa mineral.

É esta NR-22 que, no n. 22.5.1 reconhece, dentre os direitos dos trabalhadores os de:

> a) interromper suas tarefas sempre que constatar evidências que representem riscos graves e iminentes para sua segurança e saúde ou de terceiros, comunicando imediatamente o fato a seu superior hierárquico que diligenciará as medidas cabíveis, e
>
> b) ser informados sobre os riscos existentes no local de trabalho que possam afetar sua segurança e saúde.

É a alínea *a* do n. 22.5.1 da NR-22 que reconhece o direito à greve ambiental para os trabalhadores no setor minerário, o que não afasta a possibilidade de, por analogia, ser aplicada aos demais.

Deve ser enfatizado um aspecto primordial nesse instituto. Comumente, a greve é causa de **suspensão** do contrato de trabalho, onde, porque não há prestação de serviços e os empregados não recebem suas remunerações[119].

É assim a greve tradicional, mas no caso que se examina, trata-se de **interrupção**, como todas as normas acima mencionadas referem, e, como tal, os obreiros têm direito a receber integralmente, sem desconto de qualquer natureza, todas as suas verbas remuneratórias, nos expressos termos do art. 21 da Convenção n. 155.

1.7.4. *Identificação da greve ambiental*

Para que uma greve seja considerada efetiva e exclusivamente *ambiental* é indispensável que as reivindicações dos trabalhadores sejam, *todas*, ligadas a regularizar condições ou situações que estejam colocando em perigo iminente e grave para sua vida ou sua saúde.

Esse requisito é essencial e indispensável. Ausente, a greve será apenas uma paralisação comum, igual a qualquer outro movimento paredista, mas nunca será uma greve ambiental.

Não se deve cogitar de abuso do direito de greve no caso de greve ambiental, invocando o *caput* do art. 14 da Lei n. 7.783, de 28.06.1989. A paralisação em comento visa pôr fim a situações que causam dano ao trabalhador, e persistirá até que isso seja superado, salvo, evidente, que o que foi celebrado autonomamente (acordo ou convenção coletiva de trabalho) ou decidido heteronomamente (sentença normativa da Justiça do Trabalho) efetivamente faça desaparecer aquelas condições.

---

(119) N. sent. inexiste divergência doutrinária. V., por todos, PEREZ DEL CASTILLO, S. Ob. cit., p. 99 e segs.

Pode, sim, ser perfeitamente admitida a hipótese de inexistência de abuso de direito, a partir das duas hipóteses do parágrafo único do mencionado dispositivo, na vigência de norma coletiva. Ou seja, exigir cumprimento de cláusula ou condição referente à saúde e segurança do trabalhador (inciso I), ou existência de fato superveniente ou acontecimento imprevisto que promova mudança substancial na relação de trabalho, com prejuízos à saúde e segurança dos trabalhadores (inciso II).

Para que exista uma greve tradicional, é indispensável a paralisação coletiva do trabalho. Na ambiental, a paralisação pode ser também individual, como se constatou acima, na conceituação feita por Raimundo Simão de Mello. Esse aspecto é característico desse tipo de manifestação.

Devem ser observadas essas, então, duas peculiaridades da greve ambiental: a possibilidade de ser praticada individualmente e os requisitos que devem ser obedecidos para sua deflagração.

Pode ser individual porque o que se pretende é defender a saúde do trabalhador e, em consequência, sua própria vida, o mais fundamental de todos os direitos. Assim, um só obreiro pode interromper seu trabalho se existirem riscos à sua saúde.

Isto não significa que não possa ser praticada coletivamente. Ao contrário, a greve individual é uma exceção ao próprio instituto clássico da greve, como conceituado acima. E, sendo praticada coletivamente, não deve ser exigida a observância aos requisitos da Lei n. 7.783/1989, porque, ao contrário, *são dispensados, como o aviso-prévio ao empregador, porque se trata de proteger a vida e a saúde do trabalhador, e a comunicação formal da deflagração do movimento é dispensável ante a gravidade e iminência do risco*[(120)].

O uso da denominação *greve ambiental trabalhista* para essa espécie de paralisação não é adotada, todavia, quando sua prática for individual. Nesse particular, Thaísa Camargo e Sandro Nahmias Melo observam que:

> *A greve ambiental está consolidada como instituto do direito ambiental do trabalho. A greve ambiental é um direito individual de exercício coletivo. Em síntese, o direito do trabalhador de não ter sua incolumidade física ou psíquica posta em risco grave ou iminente pode ser exercido de forma individual; todavia, tal prática não poderá ser considerada greve. Neste caso, ter-se-ia apenas o jus resistentiae do empregado. O exercício coletivo do direito individual de abstenção ao trabalho como meio de pressão ao empregador para que adote medidas protetoras do meio ambiente de trabalho, é que enfeixa, corretamente, o conceito de greve ambiental*[(121)].

Considerando, todavia, que, a nosso ver, os conceitos podem ter seu alcance alterado, reduzido ou ampliado, consoante as situações e a realidade social, pensamos que a denominação de *greve ambiental trabalhista,* atribuída a esse tipo de paralisação, atende à finalidade da interrupção que se operará quando for o caso.

A previsão efetiva para sua prática não está na lei interna original brasileira, mas em tratado internacional, representado pela Convenção n. 155 da OIT, incorporada a nosso ordenamento jurídico. É o seu art. 13 que confere ao empregado o direito de interromper sua atividade laboral se, considerando motivos razoáveis, constate a possibilidade de estar em perigo iminente e grave para a sua vida ou sua saúde.

Quando dessa paralisação, nenhuma punição, decorrente do exercício desse direito, lhe poderá ser aplicada, inclusive não há faltas a descontar, porque, como prevê o art. 21 da mesma Convenção, *as medidas de segurança e higiene do trabalho não deverão implicar nenhum ônus financeiro para os trabalhadores.*

Importante que, para a greve ambiental ser admitida, é imperioso que o trabalhador cumpra uma obrigação que é sua, e, pelo art. 19, *f*, da Convenção, é fundamental, qual a de que

> *informará imediatamente o seu superior hierárquico direto sobre qualquer situação de trabalho que, a seu ver e por motivos razoáveis, envolva um perigo iminente e grave para sua vida ou sua saúde; enquanto o empregador não tiver tomado medidas corretivas, se forem necessárias, não poderá exigir dos trabalhadores a sua volta a uma situação de trabalho onde exista, em caráter contínuo, um perigo grave ou iminente para sua vida ou sua saúde.*

Em outros termos, informada a condição danosa de trabalho o empregado pode iniciar a paralisação que durará até que aquela situação tenha desaparecido.

---

(120) MELLO, R. S. de. Ob. cit., p. 119.

(121) CAMARGO, Thaísa Rodrigues de Lustosa & MELO, Sandro Nahmias. *Princípios de direito ambiental do trabalho.* São Paulo: LTr, 2013. p. 118.

1.7.5. *Possibilidades de seu regular exercício no Brasil*

Questão que deve ser esclarecida é acerca do efetivo direito de os trabalhadores brasileiros poderem, com fulcro na Convenção n. 155 da OIT, realizar uma greve ambiental.

Sem dúvida, a resposta é afirmativa. E existem diversas situações que, coletiva ou individualmente, podem ser justificadoras de sua prática. É Raimundo Simão de Melo quem elenca alguns desses pressupostos para a greve ambiental trabalhista, chamando-os de riscos comuns e riscos incomuns.

No rol dos primeiros estão: implantação do Programa de Prevenção de Riscos Ambientais (PPRA), de que trata a NR-9, e do Programa de Controle Médico de Saúde Ocupacional (PCMSO), objeto da NR-7; criação instalação de Comissão Interna de Prevenção de Acidentes (Cipa); eliminação ou diminuição de agentes físicos, químicos ou biológicos causadores de doenças do trabalho pela longa exposição; diminuição da jornada de trabalho em certas condições causadoras de doenças profissionais tipo LER-Dort[122]; implementação de intervalos intra e interjornadas; estabilidade para acidentados acima dos limites do art. 118 da Lei n. 8.213/1991[123].

De outro lado, seriam incomuns aqueles riscos que podem causar danos ao trabalhador se não forem eliminados[124].

A grande dúvida, certamente, é a possibilidade da prática individual desse tipo de greve, tendo em conta que, por tradição, esse mecanismo sempre foi entendido como de exercício coletivo. Pois bem, inúmeros exemplos de *greve individual* podem ser encontrados. Vejamos: admitamos um posto de saúde, em uma cidade do interior, onde exista apenas um médico. Este profissional, porque o local de seu trabalho não possui as mínimas condições de higiene e existe constante falta de material para atender as diversas atividades que deve desenvolver, prejudicando seu desempenho e, consequentemente, pondo em risco a saúde de terceiros (os pacientes), pode promover a interrupção de seu trabalho. Ele estará exercendo sua greve ambiental trabalhista individual.

Outro caso: o único responsável pelo sistema de manutenção de uma usina termoelétrica não possui condições de continuar exercendo sua atividade porque faltam os equipamentos de proteção individual necessários e, por isso, paralisa seu serviço até que o material de segurança lhe seja fornecido. Igualmente estará exercendo sua greve ambiental trabalhista individual, porque a segurança de que trata a Convenção n. 155 não deve ser vista apenas no sentido de garantir a saúde do empregado, mas de proteger sua vida, indispensável para que se possa falar em saúde.

Igualmente poderia ser verificada a seguinte situação: em um determinado local, um estabelecimento bancário instalou um posto avançado de atendimento, designando um único empregado para trabalhar ali, onde havia diversos caixas eletrônicos. Não foram colocadas câmeras de monitoramento, nem havia qualquer espécie de segurança para proteger o trabalhador. Ante o iminente risco para sua vida e segurança, esse empregado paralisou as atividades do posto até que condições mínimas de proteção fossem implementadas. Note-se que a falta de segurança e um eventual assalto no qual o bancário fosse vitimado poderia, como tem acontecido com bastante frequência, gerar indenização por danos morais. Isto poderia ser evitado se, em tendo havido a paralisação individual, fossem atendidas as reivindicações do trabalhador relativamente à sua segurança pessoal para manter incólumes sua saúde e sua vida.

Esses exemplos podem ser, igualmente, vistos sob o aspecto coletivo, o que é mais comum, embora os casos hipotéticos individuais citados acima devam ser considerados, desde que constatada alguma causa de possibilidade de dano à saúde do trabalhador ou de terceiros (caso do médico que paralisa seu trabalho no posto de saúde).

1.7.6. *Forma de implementação*

A greve ambiental trabalhista é perfeitamente compatível com o Direito brasileiro. Está implícita em diversas normas internas do ordenamento jurídico do Brasil, como o art. 161, § 6º, da CLT, e a NR-22 da Portaria n. 3.214/1974, especialmente seu n. 22.5.1. E na legislação de alguns Estados, como São Paulo, no § 2º do art. 229 da sua Constituição, e o art. 9º da Lei Estadual n. 9.505/1997.

Porém, como podem ser suscitadas dúvidas, a greve ambiental está expressamente prevista no art. 13 da Convenção n. 155 da OIT, que, porque ratificada regularmente por nosso país, embora antes da EC n. 45/2004,

(122) Trata-se de desgaste de estruturas do sistema músculo-esquelético. Por LER entenda-se as Lesões de Esforço Repetitivo. Por Dort, o Distúrbio Ósteo-muscular relacionado ao trabalho.

(123) MELLO, R. S. de. Ob. cit., p. 113-4.

(124) *Ibidem*, p. 114.

e, portanto, fora do alcance da regra contida no § 3º do art. 5º da Constituição de 1988, equivale à lei ordinária federal, isto se não quisermos adentrar na possibilidade, plenamente cabível, de aplicar a regra da supralegalidade.

Com efeito, para sua implementação, os seguintes pontos precisam ser observados com rigor:

1. Não precisa haver intervenção do sindicato de trabalhadores;
2. Pode ser praticada individual ou coletivamente;
3. Deve ser destinada apenas a cuidar de temas ligados a condições ambientais de trabalho, sem qualquer outro tipo de reivindicação;
4. Trata-se de hipótese de interrupção do trabalho, com direito ao salário do período de paralisação, não se tratando de suspensão do contrato, que se aplica apenas às greves tradicionais;
5. É indispensável que haja pré-aviso ao empregador da condição danosa, motivo da paralisação que vai ser iniciada;
6. Retorno às atividades tão logo seja superada a situação de perigo para o trabalhador ou para terceiros.

É certo que haverá alguma dificuldade para ser entendida a possibilidade da prática dessa greve. No entanto, o bem-estar do trabalhador e de terceiros que dependam de sua atividade, justifica a sua realização, devendo, para evitá-la, o empregador implementar todos os instrumentos indispensáveis à garantia da completa saúde, segurança, higiene do ambiente de trabalho. Os beneficiados serão todos: o trabalhador, que não correrá risco de adquirir doenças profissionais e danos maiores à sua saúde; o empregador, que terá mão de obra mais qualificada e disposta a melhor produtividade; a sociedade, que não sofrerá com atividades que, ao cabo, poderão também lhe atingir.

1.8. LOCAUTE

O locaute é um anglicismo, originado do inglês *lock out,* significando *fechar fora ou fechar por fora*, mas bem poderia ser chamado de *greve* patronal, ou do empregador ou da empresa, como em Portugal, na lembrança de Rodrigues Pinto[(125)], embora, como ensina Ruprecht, *não cabe deduzir que pela existência de um direito à greve ou de greve, segundo as correntes doutrinárias, surja o direito correlativo e oposto ao lock out*[(126)].

Ronald Amorim e Souza ensina que

> o locaute consiste na supressão do trabalho, por ato exclusivo da entidade patronal, com o objetivo de frustrar uma greve, quando esta se prenuncie ou instale, ou como retaliação à greve encerrada, sempre com o objetivo de exercer pressão sobre os trabalhadores para preservar ou melhorar o nível e comprometimento na execução das regras de convenção coletiva de trabalho[(127)].

Nem toda paralisação patronal confunde-se com locaute, com lembra Ruprecht[(128)]. Nessa linha, Fábio Túlio Barroso escreve que *o fechamento patronal por outros motivos, econômicos, falência, fato do príncipe etc., não consubstancia o locaute, possuindo outro regramento jurídico aplicado ao caso em espécie*[(129)].

No Brasil, a Constituição de 1937 considerava sua prática um ato contrário à sociedade. Rodrigues Pinto, aliás, lucidamente, destaca que esse epíteto da *Polaca (recurso antissocial) a ele cabe com acerto e justiça*[(130)].

Atualmente, o art. 17 da Lei n. 7.783/1989 proíbe o seu exercício, de pretender *frustrar negociação ou dificultar o atendimento de reivindicações dos respectivos empregados,* cujos salários ficam assegurados (parágrafo único do mesmo artigo).

Note-se, na doutrina de Rodrigues Pinto, que são três os requisitos do locaute: (1) deliberação de um ou mais empregadores de forçar a paralisação do trabalho; (2) intenção de pressionar os trabalhadores a aceitar as condições de trabalho que impuser, reagindo a uma greve ou simples reivindicações destes; e (3) paralisação temporária dos trabalhos[(131)].

---

(125) RODRIGUES PINTO, J. A. *Direito sindical e coletivo do trabalho.* 2. ed. São Paulo: LTr, 2002. p. 332.

(126) RUPRECHT, A. J. *Relações coletivas...* cit., p. 885.

(127) SOUZA, Ronald Amorim e. *Greve e locaute: aspectos jurídicos e econômicos.* Coimbra: Almedina, 2004. p. 227.

(128) RUPRECHT, A. J. *Relações coletivas...* cit., p. 870.

(129) BARROSO, Fábio Túlio. *Manual de direito coletivo do trabalho.* São Paulo: LTr, 2010. p. 266-7.

(130) RODRIGUES PINTO, J. A. *Direito sindical... e loc. cits.*

(131) *Ibidem*, p. 334.

2. AUTONOMIA PRIVADA COLETIVA

2.1. IMPORTÂNCIA, DESTINAÇÃO, ULTRATIVIDADE

Este tema objetiva demonstrar a possibilidade de adoção e aplicação de normas coletivas autonomamente negociadas, considerando os dispositivos legais brasileiros, que, apesar da reforma introduzida pela Lei n. 13.467/17, atestam a interferência tutelar do Estado nas relações privadas de trabalho. Para esse fim, realça notar a autonomia privada coletiva.

Com efeito, é a autonomia privada coletiva fruto da atividade dos grupos sociais que têm o direito de elaborar norma jurídica que o Estado reconhece. É exercida pelos sindicatos através da negociação coletiva. Importa, então, na elaboração do direito positivo pelos próprios interlocutores sociais, demonstrando a coexistência do direito do Estado com o direito particular. É por meio dela que surgem os *convênios coletivos*, expressão que é possível usar como genérica, na qual é válido agregar as várias espécies de normas que surgem mediante iniciativa espontânea dos interlocutores sociais.

Em matéria trabalhista, a autonomia privada coletiva visa à criação e a fixação de normas e condições de trabalho no âmbito da representação das categorias envolvidas. Opera-se pela negociação coletiva. *Negociar*, ensinou o sempre lembrado Orlando Teixeira da Costa, *constitui uma forma de interação social que requer muita habilidade e criatividade, à semelhança do que ocorre no processo de elaboração de uma obra de arte*[(132)].

No Brasil, essa negociação coletiva costuma ser desenvolvida em dois níveis. Primeiro, de categoria, resultando em uma convenção coletiva de trabalho, prevista no art. 611 do texto consolidado; segundo, de empresa, sendo representada pelo acordo coletivo de trabalho referido no § 1º do mesmo art. 611. A legislação brasileira prevê, ainda, o contrato coletivo, que é mais amplo, ao lado da convenção e do acordo coletivo de trabalho (Lei n. 8.542/1992, art. 1º, § 1º). A eles podem ser acrescentados os pactos sociais e os regulamentos de empresa, igualmente formas de regular a atividade laboral. São as várias denominações que se costuma atribuir ao instrumento que resulta, geralmente, da negociação coletiva.

Todos esses instrumentos autônomos são reconhecidos pela Constituição em vigor, em seu art. 7º, XXVI, que incentiva grandemente a negociação coletiva em suas formas mais conhecidas, quais os dois níveis a que nos referimos acima (convenções e acordos coletivos de trabalho). Aliás, à tendência constitucional no sentido de fortalecimento dos sindicatos e da negociação coletiva, de que são exemplos os arts. 7º, VI, XIII, XIV, e XXVI, 8º VI, e 114, § 1º, da Constituição vigente, acrescentem-se, com realce, os arts. 611-A e 611-B da CLT, introduzidos pela reforma de 2017.

De acordo com esses preceitos constitucionais, temos que a via negocial pode possibilitar redução salarial (art. 7º, VI); compensação de horário e redução da jornada de trabalho (art. 7º, XIII); regulação de jornadas em turnos ininterruptos de revezamento (art. 7º, XIV); reconhecimento de convenções e acordos coletivos de trabalho (art. 7º, XXVI); participação obrigatória de sindicatos em negociações coletivas (art. 8º, VI); exigência de realização de negociação coletiva (art. 114, § 1º), regra que veio a ser reforçada pela Instrução Normativa n. 4, de 8.6.1993, do TST, que uniformizou o procedimento nos dissídios coletivos de natureza econômica no âmbito da Justiça do Trabalho, mas foi posteriormente revogada.

A legitimidade exclusiva do sindicato para atuar em negociação coletiva não é, todavia, absoluta e sem exceções, máxime com relação à categoria econômica. Valentin Carrion lembrava que, *duas hipóteses têm de ser acolhidas como exceções na legitimidade ativa e passiva da parte patronal: a) as relações coletivas que habitualmente se desenvolvem entre o sindicato de empregados e uma só grande empresa, inclusive com épocas regidas por acordo coletivo; b) os entes públicos que não têm por que se sindicalizar*[(133)].

Note-se, nesse campo, que a legitimidade sindical, que é hierarquizada no Brasil (sindicato, federação e confederação), conforme o art. 617, § 1º, da CLT, observa a regra constitucional que recepcionou o dispositivo consolidado, no sentido de retirar legitimidade das centrais sindicais, que, na prática, são as grandes artífices das mudanças que se têm operado nas relações coletivas de trabalho em nosso país. Todavia, como já apontamos (v.,

(132) COSTA, O. T. da. *O Direito do Trabalho na sociedade moderna*. São Paulo: LTr, 1999. p. 114.

(133) CARRION, Valentin, *Comentários à Consolidação*... cit., 23. ed. 1998. p. 692.

especialmente, nesta Parte, Capítulo I, n. 2.4), impossível não lembrar o comando do art. 4º da Convenção n. 98, de 01.07.1989, da OIT, ratificada pelo Brasil, e admitir, invocando a teoria da supralegalidade e com fundamento no art. 5º, § 2º, da Constituição, a legitimidade também das centrais sindicais.

No âmbito internacional, a preocupação com a negociação coletiva vem desde as origens da OIT, em 1919. Dela tratou a Convenção n. 52, enquanto a contratação coletiva é estimulada pela Convenção n. 98, cujo art. 4, que serve de fundamento para legitimar as centrais sindicais, prevê:

> Art. 4º Deverão adotar-se medidas adequadas às condições nacionais, quando seja necessário, para estimular e fomentar entre os empregadores e as organizações de empregadores, de um lado, e as organizações de trabalhadores, por outro, o pleno desenvolvimento e uso de procedimento de negociação voluntária, com objetivo de regulamentar, por meio de contratos coletivos, as condições de emprego.

O contrato coletivo é definido pela Recomendação n. 91 da OIT, de 29.06.1951, no art. II, 2, 1, nos seguintes termos:

> Art. II – 2 – 1 – Todo acordo escrito relativo às condições de trabalho e de emprego, celebrado entre um empregador, um grupo de empregadores ou uma ou várias organizações de empregadores, de um lado, e, de outro, uma ou várias organizações representativas de trabalhadores ou, na ausência de tais organizações, representantes dos trabalhadores interessados, devidamente eleitos e autorizados por estes últimos, de acordo com a legislação nacional.

A Recomendação n. 163, de 19.06.1981, por seu turno, prega a negociação coletiva em todos os níveis.

2.1.1. *Ultratividade*

O fenômeno conhecido por ultratividade é o mecanismo através do qual, expirado o prazo de vigência de uma norma coletiva, ocorre à sobrevivência das condições de trabalho mesmo depois, até que outra cláusula suprima ou modifique expressamente aquela.

Em 2012, o TST deu nova redação à sua súmula de jurisprudência dominante de n. 277, estabelecendo:

> SÚMULA N. 277 – CONVENÇÃO COLETIVA DE TRABALHO OU ACORDO COLETIVO DE TRABALHO. EFICÁCIA. ULTRATIVIDADE – As cláusulas normativas dos acordos coletivos ou convenções coletivas integram os contratos individuais de trabalho e somente poderão ser modificadas ou suprimidas mediante negociação coletiva de trabalho.

A doutrina, todavia, não é pacífica, assinalando Amauri Mascaro Nascimento que, se vencida uma convenção coletiva de trabalho, e a cláusula que existia não aparecer no novo instrumento, têm-se por cessados seus efeitos[(134)], ou seja, exatamente o oposto do que previra a Súmula n. 277.

Em edições anteriores, observamos que a jurisprudência fixou que as cláusulas não repetidas permanecem vigentes até norma coletiva superveniente. Esse passo, a nosso ver, enfraquecia e dificultava a negociação coletiva, no mínimo engessando cláusulas que poderiam ser modificadas de acordo com as reais necessidades das categorias. Por outro ângulo, no entanto, preservava o trabalhador de ficar desprovido de algum benefício existente na norma que perdera vigência, mas que continuava com validade até que outra a substituísse, mantendo, modificando ou até mesmo eliminando um direito existente na regra antiga.

Em outubro de 2016, o Min. Gilmar Mendes, do STF, deferiu liminar[(135)], determinando *a suspensão de todos os processos em curso e dos efeitos de decisões judiciais proferidas no âmbito da Justiça do Trabalho que versem sobre a aplicação da ultratividade de normas de acordos e de convenções coletivas, sem prejuízo do término de sua fase instrutória, bem como das execuções já iniciadas.*

---

(134) NASCIMENTO, A. M. *Iniciação...* cit., p. 93.

(135) Trata-se da ADPF 323-DF, de 14.10.2016 (Confederação Nacional dos Estabelecimentos de Ensino – CONFENEN. Intdos.: Tribunal Superior do Trabalho, Tribunal Regional do Trabalho da 1ª Região e Tribunal Regional do Trabalho da 2ª Região). Rel.: Min. Gilmar Mendes. Disponível em: <http://www.stf.jus.br/portal/cms/verNoticiaDetalhe.asp?idConteudo=327394&caixaBusca=N>. Acesso em 02.11.2016.

Com a reforma de novembro de 2017, o § 3º do art. 614 da CLT sofreu acréscimo e, de uma vez, sepultou a existência da ultratividade no Direito Coletivo do Trabalho do Brasil, proibindo sua prática. Hoje, o dispositivo está assim redigido:

> § 3º Não será permitido estipular duração de convenção coletiva ou acordo coletivo de trabalho superior a dois anos, sendo vedada a ultratividade.

O final do § 3º, então, veda o uso desse instrumento de interpretação, donde devemos considerar que, a partir do momento da expiração do prazo de vigência de norma coletiva autônoma, não tendo sido negociada nova cláusula que mantenha ou modifique a anterior, devemos ter como extinta a garantia que até então existia.

Face ao que dispõe esse novo comando legal, é crível que a ADPF 323-DF tenha perdido seu objeto, e, até o momento, não há nenhuma ADIn pretendendo seja o § 3º do art. 614 consolidado declarado inconstitucional. Assim, certamente não mais teremos hipótese de ultratividade de norma coletiva no Brasil, pelo menos nos próximos anos.

Não deve ser olvidada, todavia, a existência da ADPF 323-DF, que ainda não teve seu mérito apreciado e, quando for, dependendo do que decidir o STF, poderá ser restabelecida a ultratividade.

2.2. ESPÉCIES DE NORMAS COLETIVAS AUTÔNOMAS

As normas coletivas autônomas começaram a merecer tratamento constitucional com a reforma constitucional de 1926, prevendo a competência privativa do Congresso Nacional para legislar sobre trabalho. Apenas com a Constituição de 1934, em seu art. 121, § 1º, *j*, é que foi reconhecida a convenção coletiva de trabalho, que a Carta de 1937 denominou contrato coletivo. Os Códigos Políticos Máximos de 1946 (art. 157, XII) e de 1967 (art. 158, XIV), bem como este com a Emenda n. 1/69 (art. 165, XIV), consagraram as convenções coletivas de trabalho. E a atual Constituição manteve a denominação tradicional – e mais usual no Direito brasileiro –, que é a convenção coletiva de trabalho, acrescentando, igualmente, o acordo coletivo de trabalho (art. 7º XXVI).

Das várias normas coletivas autônomas existentes elencamos, exemplificativamente, algumas, que são as mais frequentes, sobretudo no Direito brasileiro.

O contrato coletivo está previsto no art. 1º, da Lei n. 8.542/1992, da mesma forma como era referido na Lei n. 8.630, de 23.02.1993, que cuidava do trabalho portuário, e continua sendo na atual, a Lei n. 12.815/2013, havendo autores que utilizam a expressão como sinônima de convenção coletiva de trabalho[(136)].

Combateu-o, ardorosamente, Orlando Teixeira da Costa, que via nesse tipo de contrato uma forma de subverter a verdadeira finalidade protetora do Direito do Trabalho, mediante a gradual retirada dos direitos trabalhistas arduamente conquistados. Lembrou que

> *o contrato coletivo de trabalho não só não foi nominalmente referido pela Carta Política, como também com esta manifesta inteira incompatibilidade, uma vez que fundamentado em teoria distinta daquelas consagrada pela Lei Fundamental*[(137)].

A convenção coletiva de trabalho é celebrada em nível de categoria, aplicando-se na base territorial dos negociadores. Possui natureza de norma jurídica, e seus efeitos alcançam todos os membros da categoria, associados ou não dos sindicatos convenentes, embora existam países em que só se aplica aos associados. Tem efeito cumulativo e somente afasta a aplicação da Lei quando esta permite. Igualmente é dotada de efeito obrigacional, quando fixa obrigação diversa, *v. g.*, Comissão de Empresa a ser constituída, e de efeito normativo, quando cria ou amplia direitos para os trabalhadores, influindo nos contratos individuais.

A legitimação para ser celebrado acordo coletivo de trabalho é da empresa e do sindicato de trabalhadores, na interpretação mais clara do art. 8º, VI, da Constituição, sendo, todavia, admissível que os trabalhadores negociem diretamente se o sindicato se recusar, na acertada esteira do art. 617, § 1º, *in fine*, consolidado, podendo coexistir ambos os instrumentos (convenção e acordo). Com a prevalência da norma mais benéfica (art. 620 da CLT), como vem entendendo o TST. Esse princípio da norma mais benéfica encontra amparo no art. 622 da CLT e igualmente

(136) Dentre outros, Russomano e Segadas Vianna, *in* SÜSSEKIND, A. L. *et alii*. *Instituições... cit. (II)*. 22. ed., p. 1.154-6.

(137) COSTA, O. T. da. *O direito do trabalho...* cit., p. 129. V., também, p. 119-28, acerca das considerações críticas ao contrato coletivo de trabalho.

no princípio do *favor laboris*, consagrado no art. 19, 8, da Constituição da OIT. A regra do art. 620 consolidado dá prevalência à convenção coletiva de trabalho, e o TST entende que foi recepcionada pela atual Constituição[(138)].

A reforma de 2017 modificou a redação do art. 620 da CLT. Anteriormente, no conflito entre o acordo coletivo de trabalho e a convenção coletiva de trabalho, prevaleceria o conteúdo desta, salvo se as regras contempladas no acordo fossem mais benéficas. Assim também o entendimento prevalente no TST[(139)], na linha da observância do princípio da norma mais benéfica, cuidada no art. 622 consolidado e igualmente no princípio do *favor laboris*, consagrado no art. 19, 8, da Constituição da OIT.

A alteração indicou que, no conflito entre os dois instrumentos coletivos, pouco importa seus efeitos (se mais ou menos benéfico ao trabalhador), prevalecerá, sempre, o acordo coletivo de trabalho. Seu teor é o seguinte:

> Art. 620. As condições estabelecidas em acordo coletivo de trabalho sempre prevalecerão sobre as estipuladas em convenção coletiva de trabalho.

Acresce lembrar que, o empregado hipersuficiente (v. Parte I, Capítulo 8, n. 1.2., acima) poderá celebrar, com seu empregador, acordo estipulando condições diversas das contempladas em instrumentos coletivos (art. 444, parágrafo único, da CLT), o que é um absurdo, considerando o parâmetro para um trabalhador subordinado ser considerado *hipersuficiente*.

Outros instrumentos também são encontrados. Existem os pactos sociais, de natureza econômico-social, dentre os quais se destaca o Pacto de Moncloa, da Espanha, envolvendo a sociedade civil, mas esse mecanismo ainda não tem sido aplicado no Brasil.

Ademais, encontramos os regulamentos de empresa, estabelecendo regras sobre condições gerais de trabalho. Podem ser unilaterais ou bilaterais; sujeitos ou não a homologação do Estado; obrigatórios ou facultativos. Note-se que uma empresa pode possuir quadro de carreira e não ter regulamento (art. 461, §§ 2º e 3º, da CLT). Com a reforma de 2017, foram dispensadas quaisquer formas de homologação ou registro em órgão público (parte final do § 2º do art. 461 consolidado).

Para Amauri Mascaro Nascimento, esses regulamentos são facultativos, privados e não dependem de homologação[(140)], agora formalmente dispensada, podendo ser alterados pelo empregador. Todavia deve ser observada a aplicação das Súmulas ns. 51, 1, e 77 do TST, *verbis*:

> Súmula n. 51.1 – As cláusulas regulamentares, que revoguem ou alterem vantagens deferidas anteriormente, só atingirão os trabalhadores admitidos após a revogação ou alteração do regulamento.
>
> Súmula n. 77 – Nula é a punição de empregado se não precedida de inquérito ou sindicância internos a que se obrigou a empresa, por norma regulamentar.

Relativamente às súmulas referidas (ns. 51.1 e 77), entendemos que ambas permanecem mesmo após a vigência das regras da Lei n. 13.467/17 por representarem mecanismos a que interpretação para as hipóteses de questionamento judicial de violação do regulamento que o próprio empregador criou e, portanto, deveria ser o primeiro a observar.

2.3. CONDIÇÕES DE VALIDADE DAS NORMAS COLETIVAS AUTÔNOMAS

Impõe a legislação brasileira alguns requisitos indispensáveis para que seja reconhecido valor às normas coletivas autonomamente constituídas.

(138) Trata-se do Proc. TST RR 201000-6.2007.5.18.006, de 28.02.2013 (Teleperformance CRM S/A e Davidson Assunção de Pinho. Rel.: Min. Augusto César Leite de Carvalho). Disponivel em: http://aplicacao5.tst.jus.br/consultaunificada2/inteiroTeor.do?action=printInteiroTeor&format=html&highlight=true&numeroFormatado=E-RR%20-%20201000-66.2007.5.18.0006&base=acordao&rowid=AAANGhAAFAAAJThAAT&dataPublicacao=08/03/2013&localPublicacao=DEJT&query=. Acesso em 02.11.2016.

(139) Trata-se do Proc. TST RR 201000-6.2007.5.18.006, de 28.02.2013 (Teleperformance CRM S/A e Davidson Assunção de Pinho. Rel.: Min. Augusto César Leite de Carvalho). Disponível em: <http://aplicacao5.tst.jus.br/consultaunificada2/inteiroTeor.do?action=printInteiroTeor&format=html&highlight=true&numeroFormatado=E-RR%20-%20201000-66.2007.5.18.0006&base=acordao&rowid=AAANGhAAFAAAJThAAT&dataPublicacao=08/03/2013&localPublicacao=DEJT&query=>. Acesso em: 02.11.2016.

(140) NASCIMENTO, A. M. *Iniciação*... cit., p. 93.

O primeiro deles é a obrigatoriedade de assembleia geral, que deve ser realizada previamente, como exigência legal de validade do que vier a ser negociado (art. 612 da CLT).

O segundo é quanto à duração da norma adotada. Terá vigência pelo prazo máximo de dois anos, quando deverá ser revista (art. 614, § 3º, da CLT).

O terceiro requisito é o registro. A norma coletiva deve ser registrada no órgão do M.T.E. para que se torne documento revisto de caráter de validade (art. 614, *caput*, da CLT). Destina-se a evitar a negociação coletiva secreta, que pode causar prejuízo aos interlocutores sociais, sobretudo aos trabalhadores aos quais a norma vai ser destinada. Voltaremos a esse tema adiante.

O quarto é a divulgação ou difusão (art. 614, § 2º, da CLT), segundo o qual a norma coletiva deve ser afixada em locais de destaque, de modo que se torne conhecida sobretudo pelos integrantes da categoria profissional.

O quinto é o da revisão (art. 614, § 3º, da CLT), que torna obrigatória a revisão das regras negociadas a cada dois anos, a fim de adequá-las à realidade, considerando o surgimento de fatos ou situações novas.

Um sexto requisito pode ser acrescentado, qual seja, o da norma mais favorável. Trata-se de regra inserta no art. 620 consolidado, que garante sempre a prevalência da norma mais favorável, de qualquer natureza, nos conflitos entre todas, objetivando privilegiar o hipossuficiente.

Durante certo lapso de tempo, questionou-se a constitucionalidade desses dispositivos, ante os termos da liberdade sindical mais ampla. Agora, todavia, o tema está estreme de dúvidas, sendo perfeitamente constitucionais tanto a exigência do registro como a previsão da publicidade da norma coletiva.

Relativamente ao art. 620 da CLT, um importante aspecto precisa voltar a ser destacado (v., também, o item 2.2, neste capítulo, acima): o conflito entre acordo coletivo de trabalho e convenção coletiva de trabalho, contemplando regras diferentes. No primeiro caso, a norma decorreu de negociação entre sindicato profissional e empresa ou grupo de empresas. No segundo, é fruto de negociação entre sindicatos. O mesmo tema pode merecer tratamento diferente, sendo a norma inserta na convenção mais benéfica que aquela constante do acordo.

O texto consolidado, na redação atual, dispõe:

> Art. 620. As condições estabelecidas em acordo coletivo de trabalho sempre prevalecerão sobre as estipuladas em convenção coletiva de trabalho.

Superou-se, com isso, eventual dúvida sobre qual norma deveria prevalecer: a do acordo (mais estrito) ou a da convenção (mais abrangente). Entendíamos, e continuamos a entender, que o privilégio é do acordo coletivo de trabalho, considerando ser o que melhor atende ao caso específico que se coloca a exame.

O SDI-1 do TST havia firmado posição no sentido de que, se a norma mais benéfica fosse da convenção coletiva de trabalho, esta é que deveria prevalecer. A decisão não era majoritária[141], e, *data venia*, entendemos que deveria prevalecer a regra do acordo coletivo porque a presunção é de que atende mais adequadamente a realidade vivenciada na empresa e que é do conhecimento e da anuência do sindicato de empregados. Com a nova legislação sobre a matéria, pensamos que este entendimento esteja definitivamente superado.

Recordemos, porém, nesse aspecto, que a Corte Superior trabalhista adotava a teoria do conglobamento, inviabilizando a aplicação isolada de cláusulas mais benéficas de cada uma das normas. No entendimento do TST, deveria ser verificado qual instrumento, em seu conjunto, seria mais benéfico para o trabalhador e este (convenção ou acordo) deveria ser o aplicado. *Data venia*, o ideal seria prevalecer o acordo coletivo porque é, a nosso ver, o que melhor atende as necessidades do grupo de trabalhadores (em nome do qual age o sindicato acordante) e a empresa (ou o grupo de empresas), concedendo vantagens e retirando outras (que figuram na convenção coletiva), bem como estipulando regras sobre condições de trabalho e remuneração, considerando diversos aspectos, inclusive a situação econômica, a manutenção dos empregos e a continuidade da atividade empresarial.

Demais disso, consideremos que uma das formas de solução de conflitos é a aplicação do princípio *lex specialis derogat generalis*. Se é assim, ficaria extreme de dúvidas que o acordo coletivo de trabalho, porque mais específico, deveria prevalecer sobre a convenção coletiva de trabalho, devendo, nesse particular, ser examinado na sua

---

(141) Trata-se do Proc. TST RR 201000-6.2007.5.18.006, de 28.02.2013 (Teleperformance CRM S/A e Davidson Assunção de Pinho. Rel.: Min. Augusto César Leite de Carvalho), referido acima (n. 2.2. nesta Parte).

integralidade, cotejando e sopesando cláusulas entre os dois, a fim de avaliar qual das normas coletivas realmente apresenta-se como mais benéfica para o trabalhador, sempre atento à realidade do *chão da fábrica*.

Por outro lado, pensamos que a regra do art. 620 consolidado é compatível com a Constituição, porque atinge, perfeitamente, o objetivo a que se propôs o art. 7º, XXVI, constitucional. E, a partir de novembro de 2017, as divergências interpretativas ficaram superadas, porque, sempre, pouco importando o conteúdo, prevalece o acordo coletivo de trabalho (mais específico) sobre a convenção coletiva de trabalho (mais abrangente).

Capítulo IV

SOLUÇÕES EXTRAJUDICIAIS DE CONFLITOS

1. ESPÉCIES

Os conflitos trabalhistas possuem duas formas básicas de composição: meios autocompositivos e mecanismos heterocompositivos, distinguidos conforme a participação de terceira pessoa no encontro da solução ideal.

Também podem ser distinguidos pelo seu caráter de judicialidade ou não, podendo ser extrajudiciais ou judicial.

1.1. AUTÔNOMAS

São três instrumentos autônomos de composição de conflitos: negociação coletiva direta, conciliação e mediação, todos extrajudiciais.

A negociação coletiva é feita diretamente pelas partes conflitantes, ou pode ter a participação de um conciliador, espontaneamente oferecido. Daí resultará uma conciliação, que se materializará em uma convenção ou em um acordo coletivo de trabalho, conforme seus respectivos negociadores.

A mediação, por sua vez, é um mecanismo extrajudicial autônomo, no qual um terceiro, alheio às partes, ouve as reivindicações, as examina e propõe solução que poderá ou não ser aceita, sendo essa flexibilidade de uma de suas notas características, tendo sido contemplada pela Convenção n. 154 da OIT.

1.2. HETERÔNOMAS

As formas heterocompositivas são duas. A primeira é extrajudicial, a arbitragem. A outra é o dissídio coletivo, que é uma solução estritamente judicial.

A arbitragem pode ser definida como o mecanismo extrajudicial de solução de controvérsias, pelo qual as partes em conflito, mediante compromisso, escolhem um terceiro, imparcial e de sua confiança, que decidirá de modo obrigatório para as partes, tratando-se de decisão que impede o acesso ao juízo natural, para questionar seu mérito, porquanto opção das partes.

O dissídio coletivo importa na atuação do Poder Judiciário, através da Justiça do Trabalho, que decidirá a controvérsia e proferirá uma sentença normativa, que será lei *inter partes*.

2. NEGOCIAÇÃO COLETIVA DIRETA

Da negociação coletiva podem resultar dois instrumentos: a convenção coletiva de trabalho e o acordo coletivo de trabalho, que passamos a examinar.

2.1. CONVENÇÃO COLETIVA DE TRABALHO (CCT)

A convenção coletiva de trabalho é o principal instrumento normativo fruto da liberdade sindical. Consoante o art. 611, *caput*, da CLT, trata-se de um acordo celebrado por dois ou mais Sindicatos representativos de categorias econômicas e profissionais estipulando condições de trabalho aplicáveis, no âmbito das respectivas representações, às relações individuais de trabalho.

Quando se tratar de categoria inorganizada em sindicato, caberá às federações, e na sua falta, às confederações representativas de categorias econômicas ou profissionais a celebração desses instrumentos para reger as relações das categorias a elas vinculadas, inorganizadas em sindicatos, no âmbito de suas representações, a teor do art. 611, § 2º, da CLT

2.2. ACORDO COLETIVO DE TRABALHO (ACT)

Por outro lado, o acordo coletivo de trabalho tem âmbito de abrangência menor, porque é celebrado entre sindicatos de trabalhadores de um lado e de uma ou mais empresas de outros, consoante o § 1º do art. 611 consolidado:

> § 1º É facultado aos sindicatos representativos de categorias profissionais celebrar acordos coletivos com uma ou mais empresas da correspondente categoria econômica, que estipulem condições de trabalho, aplicáveis no âmbito da empresa ou das acordantes respectivas relações de trabalho.

O que não padece de dúvidas é que o acordo coletivo de trabalho prefere qualquer outra norma, seja a sentença normativa, seja a convenção coletiva de trabalho, tendo por limite apenas os direitos mínimos consagrados na Constituição, porque é a norma que melhor atende, pelo menos em tese, a realidade social que envolve empregados e empregadores de dada categoria em uma empresa ou grupo de empresas.

2.3. LEGITIMIDADE

Consoante mandamento constitucional (art. 8º), apenas o Sindicato, enquanto entidade de primeiro grau, pode celebrar convenções coletivas de trabalho. O inciso VI do art. 8º dispõe:

> VI – é obrigatória a participação dos sindicatos nas negociações coletivas de trabalho.

Com isso, ficam afastadas quaisquer outras entidades sindicais da tarefa de negociar coletivamente e, por corolário, se houver necessidade, ajuizar dissídio coletivo na Justiça do Trabalho.

A regra, todavia, comporta exceções, tal como previsto no § 2º do art. 611 da CLT, relativamente às categorias inorganizadas em sindicatos:

> § 2º As Federações e, na falta desta, as Confederações representativas de categorias econômicas ou profissionais poderão celebrar convenções coletivas de trabalho para reger as relações das categorias a elas vinculadas, inorganizadas em Sindicatos, no âmbito de suas representações.

Excepcionalmente, e apenas para celebrar acordo coletivo de trabalho, a CLT permite que trabalhadores interessados negociem diretamente com o empregador, conforme o art. 617 consolidado.

Com efeito, desejando empregados de uma ou mais empresas celebrar acordo coletivo de trabalho, deverão solicitar ao sindicato da respectiva categoria profissional que, em oito dias, assuma seu lugar como negociador pelos trabalhadores interessados. No mesmo prazo, as empresas devem solicitar a providência similar ao sindicato da categoria econômica.

Se, expirado o prazo, o Sindicato não se manifestar, será solicitada a participação da federação a qual este se encontra vinculada, e, na sua falta, à correspondente Confederação. Debalde essas solicitações, o pedido não for atendido, a própria CLT faculta aos empregados interessados a negociação direta até final (art. 617, § 1º, *in fine*).

Celebrada a avença, a entidade sindical deverá convocar assembleia geral dos interessados, sejam ou não sindicalizados, para deliberar sobre o que foi ajustado, observado o comando do art. 612 da CLT, que respeitante ao *quorum* para deliberação, que veremos adiante (v., neste Capítulo, n. 2.4). E a norma acolhida poderá ter duração de até dois anos, a contar da data do depósito perante o órgão do M.Tb., conforme o art. 614, § 3º, da CLT.

Aspecto importante que se retorna a comentar é o referente à ilegitimidade das centrais sindicais reunindo sindicatos de trabalhadores para atuarem em sede de negociação coletiva ou de dissídio. Embora atuem, por via indireta, negociando coletivamente, e, por previsão legal, integrando diversos conselhos de entidades de direito público, as centrais sindicais brasileiras ainda não estão sendo admitidas como legitimadas para atuar pelos trabalhadores deforma ampla, inclusive na Justiça do Trabalho. É que o art. 8º, VI, da Constituição, teria limitado essa atividade negocial exclusivamente aos sindicatos. Significaria então que, até que se altere a nossa Lei Fundamental, seria defeso a qualquer central sindical atuar formalmente em sede de negociação coletiva, em nome dos trabalhadores. No entanto, como apontado antes, o Brasil ratificou a Convenção n. 98 da OIT, que, implicitamente, confere esses poderes às organizações sindicais, e dentre elas as Centrais Sindicais, como consta do art. 14, e, com fundamento na teoria da supralegalidade que o STF vem adotando, entendemos por superado esse impasse e as Centrais Sindicais podem – e devem – negociar coletivamente e, infrutífera essa fase, ajuizar dissídio coletivo na Justiça do Trabalho.

2.4. *QUORUM*

O estatuto sindical disporá acerca da convocação da assembleia geral destinada a deliberar sobre convenções ou acordos coletivos de trabalho que tenham sido negociados, observando-se, contudo, as regras mínimas fixadas em lei. Para decidir sobre convenção coletiva de trabalho, o quorum de comparecimento e votação é de 2/3 dos associados, em primeira convocação, de 1/3, em segunda, número que se reduz para 1/8, neste caso, quando as entidades sindicais possuírem mais de cinco mil associados.

Quando se tratar de acordo coletivo de trabalho, o *quorum* será o mesmo, levando-se em conta apenas os interessados: 2/3 destes em primeira convocação; e 1/3, em segunda convocação.

2.5. REGISTRO

A fim de garantir publicidade e, consequentemente, a exigibilidade do negociado entre as partes e perante terceiros, é indispensável que sindicatos convenentes ou empresas acordantes efetuem, isoladamente ou em conjunto, o depósito de uma via do instrumento, no prazo de oito dias de sua assinatura, para fins de registro e arquivamento, no órgão competente do M.Tb. É a regra do *caput* do art. 614 da CLT.

A importância desse registro é tal que, três dias após sua efetivação, é que a norma negociada começa a vigorar (§ 1º do mesmo artigo), devendo cópia autentica ser afixada em local visível nas sedes dos sindicatos convenentes e nos estabelecimentos das empresas abrangidas, cinco dias após o depósito, a fim de que todos os trabalhadores, que, ao cabo, devem ser os maiores beneficiários tenham imediato acesso e pleno conhecimento das garantias pactuadas.

O M.Tb. editou a Instrução Normativa n. 16/2013 que contempla as regras sobre depósito e registro dos acordos e convenções coletivas de trabalho. Essa instrução prevê o cadastro das normas coletivas por meio eletrônico, passo timidamente iniciado em 2009.

Presentemente, torna-se necessário que a entidade sindical esteja com dados regulares no CNES (Cadastro Nacional de Entidades Sindicais), inclusive no respeitante à base territorial, ao mandato de diretoria, à legitimidade de representação dos dirigentes sindicais, para fins de serem evitados equívocos quanto à perfeita identificação das categorias econômicas e profissionais abrangidas e a base territorial alcançada.

As alterações efetuadas, especialmente o aperfeiçoamento das informações pela via eletrônico, podem facilitar a aplicação das normas coletivas nas reclamações trabalhistas individuais, já que a Justiça do Trabalho poderá obter informações sobre sua validade imediatamente.

A mesma instrução apresenta regras sobre mediação, a ser levada a efeito pela correspondente SRTE, e que trataremos adiante (v., a seguir, n. 4).

Impende observar que alguns doutrinadores entendem despiciendo esse registro, a partir da Constituição de 1988. Rodrigues Pinto defende que cabe ao estatuto do sindicato regular a respeito[142]. A jurisprudência, todavia, segue em caminho oposto, conforme a OJ n. 34 da SDC do TST, que consigna:

(142) RODRIGUES PINTO, J. A. *Direito sindical*... cit., p. 235-6 e 243.

OJ N. 34 – SDC – ACORDO EXTRAJUDICIAL. HOMOLOGAÇÃO. JUSTIÇA DO TRABALHO. PRESCINDIBILIDADE. É desnecessária a homologação, por Tribunal Trabalhista, do acordo extrajudicialmente celebrado, sendo suficiente, para que surta efeitos, sua formalização perante o Ministério do Trabalho (art. 614 da CLT e art. 7º, inciso XXXVI, da Constituição Federal).

2.6. PROTESTO JUDICIAL

As entidades sindicais de trabalhadores devem, no entanto, estar atentas à data-base da categoria.

Consoante o § 1º do art. 219 do Regimento Interno do TST, estando em andamento a negociação coletiva e sendo constatada que não será encerrada antes do termo final da norma coletiva preexistente, o interessado (seja categoria econômica, seja profissional) deverá formular protesto judicial, em petição dirigida ao Presidente do Tribunal para preservação da data-base da categoria, conforme prevê o § 3º do art. 616 da CLT, *verbis:*

> § 3º Havendo convenção, acordo ou sentença normativa em vigor, o dissídio coletivo deverá ser instaurado dentro dos 60 (sessenta) dias anteriores ao respectivo termo final, para que o novo instrumento possa ter vigência no dia imediato a esse termo.

A partir daí, o prazo de sessenta dias se estenderá por mais trinta dias, no máximo, quando deverá ser ajuizada a representação coletiva, pena de perda da eficácia do protesto.

Este protesto judicial é previsto nos arts. 726 a 729 do NCPC, que podem ser aplicados subsidiariamente ao processo do trabalho, por força da previsão contida no art. 769 consolidado.

3. NEGOCIAÇÃO COLETIVA OBRIGATÓRIA

O direito brasileiro considera a negociação coletiva obrigatória pressuposto processual para ajuizamento de dissídio coletivo de natureza econômica. É a regra inserta no *caput* do art. 616 da CLT, que veda o direito de sindicatos ou empresas se recusarem à negociação.

Em esta ocorrendo, os interessados devem requerer ao órgão competente do M.Tb. a convocação compulsória dos recalcitrantes (§ 1º do mesmo artigo). Persistindo a recusa, os sindicatos ou as empresas interessadas podem instaurar dissídio coletivo na Justiça do Trabalho (§ 2º do mesmo artigo).

Atualmente, embora não seja indispensável, pode ocorrer mediação da SRTE. A Instrução Normativa n. 16/2013 prevê que solicitações de mediação podem ser efetuadas ao M.Tb. e os auditores do trabalho devem desempenhar a função de mediadores, sendo os instrumentos de mediação registrados disponibilizados no sítio do órgão para consultar de qualquer interessado.

É importante assinalar aspecto de indispensável atenção, especialmente dos sindicatos profissionais: a regra do § 3º do art. 616 da CLT, prevendo a necessidade de instauração de dissídio coletivo sessenta dias antes do término de vigência de convenção ou acordo coletivo de trabalho ou de sentença normativa da Justiça do Trabalho, a fim de garantir que o novo instrumento passe a vigorar imediatamente após. Para garantir esse direito, deve ser apresentado o protesto judicial que referimos acima (v. n. 2.6).

De qualquer sorte, para que se admita o dissídio coletivo de natureza econômica é imprescindível o esgotamento das vias da negociação coletiva direta, conforme o § 4º do mesmo art. 616.

Na eventualidade de as entidades sindicais se recusarem a negociar, os interessados podem fazê-lo diretamente, como permite o art. 617, § 1º, da CLT. Tal fato decorre de que, expirado o prazo de oito dias para o sindicato assumir a negociação, e igual prazo posterior a respectiva federação também se recusando, caberá aos empregados interessados darem prosseguimento às negociações. Para Mauricio Delgado, esse dispositivo foi tacitamente revogado pela Constituição de 1988(143).

Quando a entidade sindical assume a direção dos entendimentos, deve convocar os empregados interessados, associados ou não, para assembleia geral que deliberará sobre o acordo (art. 617, § 2º, CLT).

---

(143) DELGADO, M. G. *Curso*... cit., p. 1.417.

Consoante o art. 623 da CLT, a negociação coletiva não pode contrariar a política oficial de salários, de modo que serão nulas todas as cláusulas contrárias a ela. A declaração poderá ser de ofício ou mediante representação, pelo titular do M.Tb., ou em processo judicial, perante a Justiça do Trabalho (parágrafo único do mesmo artigo).

Caso surjam controvérsias sobre convenção ou acordo coletivos de trabalho serão dirimidas igualmente pela Justiça do Trabalho, a qual, desde a Lei n. 8.984, de 07.02.1995, possui a competência para conciliar e julgar questões dessa natureza, mesmo quando ocorram entre sindicatos ou entre sindicato de trabalhadores e empregador.

Especificamente quanto ao setor público, o Brasil ratificou a Convenção n. 151 da OIT, sobre relações de trabalho na administração pública, de 07.06.1978[144], prevendo, inclusive, negociação coletiva nesse tipo de atividade. No entanto, a aplicação das suas regras está na dependência de regulamentação específica, observando que essa convenção prevê, entre outros, *a liberdade sindical* para servidores públicos nos três níveis de governo: federal, estadual e municipal.

4. MEDIAÇÃO

A mediação era praticada, até a revogação da Instrução Normativa n. 4, do TST, através das antigas Delegacias Regionais do Trabalho, sendo pressuposto de admissibilidade de dissídio coletivo. Sem a tentativa de mediação formal pelas atuais SRTE não era possível ajuizar dissídio coletivo. Agora, não mais se exige isso.

Pode ser facultativa, como na maioria dos países, ou obrigatória, como ocorreu no Brasil até a revogação da Instrução Normativa n. 4 do TST, embora, entendamos que era bastante salutar esse mecanismo compulsoriamente aplicado porque se exigia o esgotamento também dessa fase e, sem dúvida, muitas pendências coletivas eram resolvidas com muito maior brevidade e atendendo mais rapidamente o interesse das partes em confronto.

Diferente da conciliação, na qual o conciliador comparece espontaneamente, na mediação as partes são as responsáveis pela escolha do mediador.

Essa prática existe na Europa. Nos Países Baixos, onde existe um colégio de mediadores, é utilizada desde 1945, e, na Bélgica, desde 1964, encontramos os mediadores sociais.

Bastante clara é a explicação de Amauri Mascaro Nascimento sobre o procedimento na mediação. Ensina:

> *o mediador não substitui a vontade das partes. Restringe-se a propor a solução às partes e estas terão plena liberdade de aceitar ou não a proposta. Se a proposta for aceita por uma, mas recusada pela outra parte, não haverá composição do conflito, exaurindo-se, assim, a mediação. Se as ditas partes concordarem com a proposta, estarão se compondo porque para tanto se dispuseram*[145].

Com a sanção da Lei n. 13.140, de 26.6.2015, que dispõe sobre a mediação entre particulares como meio de solução de controvérsias e sobre a autocomposição de conflitos no âmbito da administração pública e altera a Lei n. 9.469, de 10.7.1997, revogando o § 2º de seu art. 6º, e muda também o Decreto n. 70.235, de 6.3.1972, passamos a ter regramento legislativo específico para a mediação, que passou a vigorar após o período de 120 dias de *vacatio legis* (art. 47).

Conforme o art. 1º da Lei n. 13.140/2015, a mediação é entendida como meio de solução de controvérsias entre particulares (art. 1ª parte), sendo considerada *atividade técnica exercida por terceiro imparcial sem poder decisório, que, escolhido ou aceito pelas partes, as auxilia e estimula a identificar ou desenvolver soluções consensuais para a controvérsia.*

É um mecanismo facultativo (art. 2º, § 2º), tendo esse diploma criado a figura do mediador judicial (art. 11), que deve ser uma pessoa com formação superior e especializada, cadastrada nos tribunais onde poderá atuar, e que também irá remunerá-la, custeado pelas partes, salvo caso de gratuidade (arts. 11, 12 e 13).

Importante destacar que essa lei não cuida expressamente de mediação em matéria trabalhista. Trata apenas do instituto, regulando sua aplicação em questões privadas em geral e, por não impedir, pode ser estendida às questões trabalhistas individuais ou coletivas. Assim deve ser entendido porque seu art. 3º e §§ determina:

> Art. 3º Pode ser objeto de mediação o conflito que verse sobre direitos disponíveis ou sobre direitos indisponíveis que admitam transação.

---

(144) Decreto de promulgação n. 7.944, de 06.03.2013, conjuntamente com a Recomendação n. 159.

(145) NASCIMENTO, A. M. *Compêndio de direito sindical*. 2. ed. São Paulo: LTr, 2000. p. 260.

§ 1º A mediação pode versar sobre todo o conflito ou parte dele.

§ 2º O consenso das partes envolvendo direitos indisponíveis, mas transigíveis, deve ser homologado em juízo, exigida a oitiva do Ministério Público.

No que refere à autocomposição de conflitos, a norma em apreço, nesse particular, é apenas direcionada à solução de conflitos no âmbito da administração pública (art. 32 e segs.).

5. ARBITRAGEM

5.1. GENERALIDADES SOBRE A IMPORTÂNCIA DO MECANISMO

Arbitragem não deve ser confundida com arbitramento, que é quantificação, nem com arbitrariedade, que é procedimento que independe de lei, significando um capricho pessoal, um comportamento discricionário ou discriminatório, sem restrições ou limites, além do bom senso e da ética que todos devemos ter superando os limites das relações interpessoais. Age com arbitrariedade aquele que, detendo algum poder, oprime, humilha, ofende ou agride moralmente outrem.

A Lei n. 9.307, de 23.09.1996, ainda é o único diploma existente no Brasil que trata desse tema, até porque revogou expressamente as normas que tratavam de arbitragem no antigo Código Civil e no CPC (art. 111), e, embora destinada predominantemente à arbitragem comercial e aos litígios (a rigor, conflitos) sobre direitos disponíveis (art. 1º), deve ser aplicada, no que couber, à arbitragem trabalhista, salvo se as partes optarem por criar procedimento próprio ou utilizar algum procedimento privado preexistente, como, *v. g.*, o regulamento de arbitragem trabalhista da *American Arbitration Association*(146).

A arbitragem trabalhista surgiu constitucionalmente no Brasil em 1988, no § 1º do art. 114 da Constituição, como meio de solução de conflitos coletivos, mas alternativo e facultativo.

Ao contrário do México, como prevê a Constituição de Querétaro (art. 123, B, XII(147)), e da França, nos termos do *Code du Travail*, onde a arbitragem aparece com mais destaque e é muito mais praticada, no Brasil é incipiente e de pouco uso e menor fidúcia.

Por isso, sendo facultativo, não é exigido que as partes em conflito em matéria de relações de trabalho a ela recorram antes de ingresso na Justiça do Trabalho. A rigor, aliás, se recorrerem à arbitragem, estarão dispensando o direito de acesso ao Poder Judiciário do Estado, ao juízo natural de que trata o art. 5º, XXXV, da Constituição(148).

As formas alternativas, no Brasil, não são da preferência ou da confiança do povo, usuário principal do Judiciário. A maioria prefere a solução jurisdicional. Não se busca solução autocompositiva ou extrajudicial porque é preciso atribuir a alguém a culpa da conquista não ser completa; porque as despesas são menores, dado o pagamento de quem decidir a causa não correr por conta dos usuários da máquina; porque se não gostar da solução indicada, há uma pletora de recursos para atrapalhar a efetivação do julgado; porque, no mais das vezes, já se tem possível previsão do desfecho da lide, quando se trata de matéria de repetido exame pelos tribunais.

Esta realidade é incontestável. Vejam-se as estatísticas brasileiras de acesso ao Judiciário. Na Justiça do Trabalho, em 2016, conforme o relatório demonstrativo elaborado pelo TST, foram recebidos 3.957.179 processos e julgados 3.788.172 processos(149). Os números certamente assustam e, o pior, são verdadeiros. Superam a casa dos seis dígitos. Não se fala mais em milhares de processos, fala-se em *milhões*. Custo de material humano, de papel, de carimbos, de selos, de tempo, de dinheiro. E se for *processo judicial eletrônico*, despesas com informática, congestionamento de redes, dificuldades naturais de acesso, e, hoje, representam a maioria dos processos em tramitação. Em 2016, segundo a mesma fonte, os 24 Tribunais regionais receberam 242.260 processos físicos e 553.674 processos eletrônicos, atestam a irrerversibilidade do P.J.E.

---

(146) Tradução do regulamento da AAA disponível no nosso livro *A arbitragem e os conflitos coletivos de trabalho no Brasil*. São Paulo: LTr, 1990. p. 85-94.

(147) XII. *Los conflitos individuales, colectivos o intersindicales serán sometidos a un Tribunal Federal de Conciliación y Arbitraje integrado según lo prevenido en la ley reglamentaria.*

(148) XXXV – a lei não excluirá da apreciação do Poder Judiciário lesão ou ameaça a direito.

(149) Dados disponíveis em: <http://www.tst.jus.br/documents/18640430/5a160b29-ad97-c254-0d38-4511bdc6157d>. Acesso em: 02.11.2017.

Para quê uma demanda tão excessiva, uma sede descontrolada de espírito litigioso? Para amanhã ser dito o que, em muitos casos, já se sabe, tal a similitude de milhares de ações que tramitam por aí afora. E, o mais grave, se acusa o Poder Judiciário de dispendioso, moroso, autoritário, prepotente, privilegiado, quando os juízes não criam as leis, não recorrem das decisões, não possuem outra fonte de renda a não ser, em alguns casos, o exercício do magistério superior, em horário compatível. Os juízes brasileiros, muitas vezes, entram em férias para trabalhar nos processos que estão sob seus cuidados. A família, que todos querem ter próxima, a do juiz é colocada em plano inferior, porque a atenção maior é para o jurisdicionado. Por isso, e por muito mais, costuma ser dito que ser juiz é exercer um sacerdócio. E, um pormenor que não pode ser esquecido: a Justiça do Trabalho arrecada, e muito... A arrecadação de créditos previdenciários procedida por seus órgãos, em 2016, foi de R$ 2.506.807.819,05, representando 76,5% do total arrecadado.

Com efeito, nas relações coletivas de trabalho, o mecanismo mais utilizado e exigido para prosseguir em qualquer demanda futura é a negociação coletiva, como visto anteriormente.

É obrigatória sempre que exista algum conflito, a fim de, se infrutífera, haver o acesso ao Judiciário. Da negociação coletiva podem resultar duas normas autônomas, conforme as partes negociadoras: o acordo coletivo de trabalho, entre sindicato de trabalhadores e um ou mais empresas, ou a convenção coletiva de trabalho, entre sindicatos de trabalhadores e de empregadores.

Se infrutífera a tentativa negocial, as partes podem, se desejar, recorrer à mediação da SRTE. É facultativa, não está mais prevista em qualquer norma legal vigente, não sendo mais pressuposto processual, e os conflitantes pedem essa ajuda se desejarem.

A arbitragem aparece mencionada no art. 114, § 1º, da Constituição, como sendo facultativa, que é a verdadeira arbitragem. A obrigatoriedade retira-lhe a condição de alternativa, viola o direito de acesso ao juízo natural, e, num certo momento, suprime a livre manifestação da vontade das partes.

Ela é referida, no Direito constitucional brasileiro do Trabalho, apenas como mecanismo alternativo para solução de conflitos coletivos (art. 114, § 1º, da Constituição), mas não há, em nenhum dispositivo legal do ordenamento jurídico brasileiro, qualquer menção a ser proibido seu uso facultativo para solução de conflitos individuais. Ao contrário. Com a reforma de 2017, ficou expressa essa possibilidade (art. 507-A da CLT). Assim, como já acentuamos várias outras vezes, também pode ser – e tem sido – usado para esse fim.

Por força do art. 8º, parágrafo único, da CLT, as regras referentes ao compromisso, que figuram nos arts. 851 e 853 do Código Civil de 2002, devem ser aplicadas subsidiariamente. Nesse particular, porém, somente se admite o compromisso extrajudicial (não cabe arbitragem judicial em matéria trabalhista) (art. 851) e é possível a inserção de cláusula compromissória nos contratos de trabalho, o que já ocorre em muitos casos, admitindo-se a aplicação da lei especial (art. 853) que, no caso, é a Lei n. 9.307/96, e a expressa previsão do art. 507-A da CLT, a seguir transcrito:

> Art. 507-A. Nos contratos individuais de trabalho cuja remuneração seja superior a duas vezes o limite máximo estabelecido para os benefícios do Regime Geral de Previdência Social, poderá ser pactuada cláusula compromissória de arbitragem, desde que por iniciativa do empregado ou mediante a sua concordância expressa, nos termos previstos na Lei n. 9.307, de 23 de setembro de 1996.

Destaque-se que, para produzir efeitos verdadeiros entre as partes, não é recomendável que se resolva conflito trabalhista com a arbitragem tendo como uma das partes uma central sindical. É que as centrais sindicais não possuem, segundo a tendência atual da jurisprudência, legitimidade para negociar coletivamente com a categoria econômica, face à regra do art. 8º, III, da Constituição, que só reconhece legitimidade às entidades que integram a estrutura piramidal do sindicalismo em nosso país: base com os sindicatos, no andar superior as federações, e, no ápice as confederações. Renovamos, neste aspecto, ser diversa nossa posição, ante os termos da Convenção n. 98 da OIT, como temos reiteradamente destacado, mas não é este o entendimento prevalecente.

A Lei n. 13.129, de 26.5.2015, fruto do PL n. 406/2013, introduziu várias modificações na lei brasileira de arbitragem, a Lei n. 9.307/96, porém, a Mensagem Presidencial n. 162, de 26.5.2015, cientificou o Parlamento que a Presidência da República vetara o texto sugerido para o § 4º do art. 4º da Lei n. 9.307/96[150]. O texto consigna:

(150) Cf. <http://www.planalto.gov.br/ccivil_03/_ato2015-2018/2015/Msg/VEP-162.htm>. Acesso em 10.8.2015.

§ 4º Desde que o empregado ocupe ou venha a ocupar cargo ou função de administrador ou de diretor estatutário, nos contratos individuais de trabalho poderá ser pactuada cláusula compromissória, que só terá eficácia se o empregado tomar a iniciativa de instituir a arbitragem ou se concordar expressamente com a sua instituição.

O veto fundou-se na possibilidade de estar prevendo o dispositivo uma cláusula compromissória em contrato individual de trabalho, com possíveis restrições de eficácia quanto a determinados empregados, conforme a respectiva ocupação, criando, a seu ver, uma distinção indesejada, *além de recorrer a termo não definido tecnicamente na legislação trabalhista.* No entendimento consignado na mensagem, *colocaria em risco a generalidade de trabalhadores que poderiam se ver submetidos ao processo arbitral.*

Em nosso entendimento, essa prática, que já vinha sendo executada há anos no Brasil, continuará sendo, debalde inexistir previsão legal. E deveria ser mais ampla porque, apesar do entendimento de boa parte da jurisprudência e da doutrina ser contraria, pensamos se tratar de mecanismo útil e de interesse de ambos os eventuais conflitantes.

5.2. PROCEDIMENTO ARBITRAL

Para recorrer à arbitragem é necessário que as partes celebrem um compromisso arbitral ou que exista, em norma coletiva autônoma (convenção ou acordo coletivos de trabalho) celebrada anteriormente, previsão dessa natureza. Se essa cláusula compromissória for bastante, pode ser instaurado de imediato o juízo arbitral. Se, porém, seu conteúdo for insuficiente, as partes devem celebrar o compromisso arbitral onde convém consignar todas as condições para a atuação do árbitro.

O árbitro, nos termos do art. 13, *caput*, da Lei n. 9.307/96, deve ser pessoa civilmente capaz (maior de dezoito anos, conforme o art. 5º, do Código Civil), gozando da fidúcia das partes, pouco importando sua nacionalidade, sendo recomendável, todavia, que tenha condições de ser compreendido, podendo mesmo ser um analfabeto, o que, evidentemente, não é recomendável, mas também não é proibido.

Observe-se que os casos de impedimento e suspeição dos arts. 144 e 145 do NCPC se aplicam, também, a quem for indicado como árbitro, a teor do art. 14 da Lei n. 9.307/1996.

Será o árbitro do juiz de fato e de direito, e a decisão proferida, que a Lei chama de sentença, não está sujeita a recurso nem a homologação pelo Poder Judiciário (art. 18 da Lei n. 9.307/1996).

Instaurado o juízo arbitral, as partes (sindicato de trabalhadores de um lado, empresa, grupo de empresas ou sindicato patronal do outro) devem aguardar que o árbitro escolhido (ou o tribunal arbitral constituído) se pronuncie, após, evidente, a regular instrução do processo arbitral, conforme o art. 21 da lei brasileira de arbitragem, permitida a assistência de advogado (art. 21, § 3º).

Para a instrução, as partes podem utilizar além do mecanismo que está previsto na Lei n. 9.307/1996 o regulamento de alguma entidade privada, tipo a *American Arbitration Association* (*AAA*), ou a Associação Brasileira de Arbitragem (Abar), ou o pioneiro Instituto Nacional de Mediação e Arbitragem (Inama), dentre outros, ou as regras de procedimento que criarem e indicarem no compromisso. Entendemos que o preferido seja o da Lei n. 9.307/1996, que indica posições mais imparciais para atender às necessidades das partes.

A Lei n. 9.307/1996 contempla os princípios que norteiam o procedimento arbitral, os mesmos do Direito Processual Comum, a saber: contraditório, igualdade das partes, imparcialidade e livre convencimento (art. 21, § 2º).

Em se tratando de arbitragem em matéria coletiva, todas as pendências, no curso do procedimento arbitral, que necessitem de atuação do Judiciário, devem ser requeridas ao Tribunal do Trabalho com jurisdição no local da arbitragem. Deve ser perante o órgão colegiado, porque se trata de matéria coletiva e a regra da CLT (art. 678, I) determina que esse tipo de tema seja examinado pelo segundo grau. Deve ser distribuído a um desembargador do trabalho mediante regular sorteio, que ficará prevento para todas as demais medidas que exigirem a participação da Justiça estatal.

Nesse aspecto, merece críticas a lei de arbitragem. Ao tentar reduzir a sobrecarga de processos litigiosos, o legislador infraconstitucional acabou por criar diversos mecanismos que podem atravancar ainda mais o Judiciário. Consoante a Lei n. 9.307/1996, devem ser solucionados pela Justiça do Estado as seguintes situações:

1) instauração do juízo arbitral em caso de existência de cláusula compromissória e recalcitrância de uma das partes (art. 7º), cabendo a nomeação do árbitro pelo juiz (art. 7º, § 4º), o que ofenderia arbitragem pura, embora prevista na Lei Modelo da UNCITRAL, onde, quando uma parte não coopera com o procedimento, a Câmara de Comércio Internacional indica um árbitro e a outra o seu. Os dois indicam o terceiro, com o que se instala o tribunal arbitral;
2) condução coercitiva de testemunha que deixa de atender ao chamado do árbitro (art. 22, § 2º);
3) superveniência de direitos indisponíveis (art. 25), devendo ser registrado, no particular, que não deve ser levado ao exagero o entendimento acerca da indisponibilidade de direitos trabalhistas, que voltaremos a tratar mais abaixo, bem como lembrando que se trata de questão prejudicial que, resolvida, faz retomar o procedimento arbitral (art. 25, único);
4) declaração de nulidade da sentença arbitral, no prazo de noventa dias da sua ciência (art. 33,§ 1º), no caso das hipóteses do art. 32, a saber: for nulo o compromisso; laudo oriundo de pessoa que não poderia ser árbitro; ausência dos requisitos do art. 26; proferida fora dos limites do compromisso; prova de que houve prevaricação, concussão ou corrupção passiva; extemporânea, quanto ao prazo de seis meses, salvo se tiver havido prorrogação por mais 10 dias (art. 12, III); violação aos princípios que norteiam a arbitragem, conforme o art. 21, § 2º.

A partir da alteração introduzida pela Lei n. 13.129/2015, foi revogada a regra do § 4º do art. 22, não existindo mais a previsão de o juiz do Estado apreciar medidas coercitivas ou cautelares durante a fase probatória do juízo arbitral. A exceção ficou mantida apenas para a condução coercitiva de testemunha.

Durante o procedimento arbitral podem ser produzidas provas periciais e testemunhais, sujeitos peritos e testemunhas às sanções do art. 342 do Código Penal, pelo crime de falsa perícia ou falso testemunho.

A mesma Lei n. 13.129/2015 revogou, e fez muito bem, o parágrafo único do art. 23. É que o *caput* desse artigo fixa em seis meses o prazo para conclusão do procedimento arbitral e o parágrafo único permitia sua prorrogação a qualquer tempo pela vontade das partes, o que era verdadeiro absurdo, fazendo o *caput* perder a razão de existir, como havíamos apontado em 1997 (151). O mal, enfim, foi corrigido.

Embora o art. 23 da Lei da arbitragem fixe o prazo de seis meses para o procedimento arbitral ser concluído, o parágrafo único do mesmo dispositivo, desnecessariamente, permite a prorrogação por qualquer tempo, o que, ao cabo, tira a razão de existir do *caput*.

Proferido o laudo arbitral – entendemos inadequado usar a expressão *sentença* constante da Lei n. 9.307/1996 porque somente o juiz do Estado profere sentença, e a história consigna *laudo* com a mais adequada denominação (veja-se o laudo de Berna, v. g., que resolveu a questão do Amapá) –, deverá ser cumprido pelas partes independentemente de qualquer outra providência. O laudo deve ser escrito (art. 24), e conterá, necessariamente, os seguintes requisitos: relatório, fundamentação, dispositivo, data/local, assinatura (art. 26).

Consoante o art. 30, em cinco dias ou no prazo acordado pelas partes, após a ciência do laudo, qualquer delas poderá, comunicando à outra, solicitar correção de erro material ou formular pedido de esclarecimento para obscuridade, omissão ou contradição, à semelhança dos embargos de declaração do processo civil, além de dúvida sobre a decisão. Em dez dias, ou no prazo acordado pelas partes, o árbitro se manifestará, aditando a *sentença* arbitral, se for o caso (parágrafo único).

Caso não seja cumprida a decisão do árbitro, deve ser ajuizada ação de cumprimento perante a Justiça do Trabalho, no 1º grau, conforme dispõe o art. 872, da CLT. Ou seja, o laudo arbitral em matéria coletiva deve seguir o mesmo rito de ação de cumprimento de sentença normativa, acordo ou convenção coletiva de trabalho.

Uma evolução do direito brasileiro foi o fato de o laudo arbitral não mais ser homologado, porque se aplica a regra do art. 31 da Lei n. 9.307/1996. Assim como o laudo arbitral comum, o trabalhista também é título executivo extrajudicial. Nesse particular, observamos que não deve se chamar o laudo de título executivo judicial, como consigna o art. 515, VII, do NCPC. Hoje, ao contrário do direito anterior, o que se executa é o próprio laudo, enquanto

(151) V. o nosso *A nova lei de arbitragem e as relações de trabalho*. São Paulo: LTr, 1997. p. 54.

no passado a *sentença* arbitral era homologada pelo juiz do Estado, em juízo de delibação, e o que se executava era a sentença que homologava o laudo, aí sim, um título verdadeiramente judicial. Atualmente, ao revés, não há mais delibação e a atual *sentença* arbitral executável é extrajudicial mesmo, como inclusive é tratado pela Lei n. 12.815, de 05.06.2013, que cuida de trabalho portuário e de arbitragem de ofertas finais, que trataremos em seguida. O fato de a Lei n. 9.307/1996 chamar a decisão do árbitro de *sentença* não lhe deu características de provimento judicial. Afinal, o árbitro funciona como *juiz inter partes*.

Em que pese, todavia, esse entendimento que sempre sustentamos, a jurisprudência dominante nos tribunais superiores, firmando o STJ entendimento de que a sentença arbitral produz entre as partes e seus sucessores os mesmos efeitos da sentença judicial, constituindo, inclusive, título executivo judicial quando ostentar natureza condenatória[152].

Finalmente, a controvérsia entre direitos disponíveis e indisponíveis, que costuma ser discutida para afastar a aplicação da Lei n. 9.307/1996, a nosso ver, não merece prosperar. Indisponíveis não são todos os direitos trabalhistas. São, por exemplo, a anotação na CTPS, cujos efeitos vão para além da simples relação patrão x empregado, refletindo nos familiares do obreiro; o uso de equipamentos de proteção individual, indispensáveis à saúde e segurança da pessoa do trabalhador. A maioria é perfeitamente disponível e, portanto, negociável. A prova está nas conciliações realizadas nas Varas do Trabalho de todo o país, onde cada parte cede nas suas pretensões em favor de uma solução pacífica. Leia-se o art. 764 consolidado, que destaca o dever do juiz de empregar seus bons ofícios para persuadir as partes na solução conciliatória do conflito (§ 1º).

Esgotada a fase extrajudicial (negociação coletiva infrutífera, mediação não procurada e arbitragem igualmente não buscada pelas partes), resta o dissídio coletivo, a fase judicial heterônoma onde o Estado vai dar a solução definitiva para o conflito, e, em sede de dissídio coletivo, é proferida uma sentença normativa, que obrigará as partes, que a deverão cumprir, pondo fim à lide existente, e que será tratada mais adiante (v. Capítulo V).

5.3. ARBITRAGEM NO TRABALHO PORTUÁRIO

Foi introduzida pela Lei n. 8.630, de 25.02.1993, que cuidava do trabalho portuário, a arbitragem de ofertas finais. Essa lei foi revogada pela MP n. 595, de 06.12.2012, convertida na Lei n. 12.815 de 05.06.2013.

Essa nova lei dos portos cuida, no capítulo VI, do trabalho portuário, e seu art. 37 contempla essa modalidade de arbitragem, nos seguintes termos:

> Art. 37. Deve ser constituída, no âmbito do órgão de gestão de mão de obra, comissão paritária para solucionar litígios decorrentes da aplicação do disposto nos arts. 32, 33 e 35.
>
> § 1º Em caso de impasse, as partes devem recorrer à arbitragem de ofertas finais.
>
> § 2º Firmado o compromisso arbitral, não será admitida a desistência de qualquer das partes.
>
> § 3º Os árbitros devem ser escolhidos de comum acordo entre as partes, e o laudo arbitral proferido para solução da pendência constitui título executivo extrajudicial.
>
> § 4º As ações relativas aos créditos decorrentes da relação de trabalho avulso prescrevem em 5 (cinco) anos até o limite de 2 (dois) anos após o cancelamento do registro ou do cadastro no órgão gestor de mão de obra.

Note-se que o § 4º acima, cuida da prescrição do avulso nos mesmos moldes contemplados para todos os outros trabalhadores na Constituição, o que, evidente, não é novidade alguma. A própria Lei Fundamental equipara todos.

Essa arbitragem de ofertas finais é definida na Lei n. 10.101, de 19.12.2000, que cuida da participação nos lucros ou resultados da empresa, em seu art. 4º, § 1º:

> § 1º Considera-se arbitragem de ofertas finais aquela em que o árbitro deve restringir-se a optar pela proposta apresentada, em caráter definitivo, por uma das partes.

---

(152) Proc. SEC 4.516 - US (2009/0223459-4), de 16 de outubro de 2013 (Allstate Insurance Company vs. Bradesco Seguros S/A). Rel.: Ministro Sidnei Beneti. Disponível em: <https://ww2.stj.jus.br/processo/revista/inteiroteor/?num_registro=200902234594&dt_publicacao=30/10/2013>. Acesso em 20.3.2016.

A lei portuária, ao consagrar essa modalidade de juízo arbitral, limitou em demasia a flexibilidade que, por tradição, deve haver na arbitragem. Restrito a optar entre uma ou outra proposta, o árbitro fica, na verdade, tolhido no ideal de justiça privada que se pretende dar a esse mecanismo de solução de conflitos.

Consoante o art. 37, podem ser submetidos à arbitragem questões sobre finalidades, atividades e competência do órgão de gestão de mão de obra do trabalho portuário, o OGMO (arts. 32 e 33), e sobre cessão permanente de avulso portuário a um operador portuário (art. 35).

O laudo arbitral (aqui a lei denomina corretamente de *laudo* o que, como observamos antes, a Lei n. 9.307/1996 chama de *sentença*) constitui-se corretamente de um título executivo extrajudicial (art. 37, § 3º), corrigindo o erro que está inserido no NCPC (art. 515, VII), que considera a *sentença arbitral* um título executivo *judicial*, como abordado acima (v. n. 5.2).

5.4. EXECUÇÃO DA SENTENÇA OU LAUDO ARBITRAL

A sentença ou laudo arbitral, se descumpridos, constituirão título executivo, e, portanto, com condições de execução na Justiça do Estado.

Admitindo, como sempre defendemos, a arbitragem não apenas em matéria coletiva, mas também para temas individuais[153], indicamos, no quadro a seguir os diversos momentos passíveis de intervenção do Judiciário estatal e, ao final, a competência para a execução da sentença ou laudo arbitral trabalhista.

ATUAÇÃO DA JUSTIÇA DO TRABALHO

Ato	Arbitragem individual	Arbitragem coletiva
Recalcitrância para implantar – art. 7º, Lei n. 9.307/1996	Vara do Trabalho	TRT – juiz sorteado conforme Regimento Interno (RI) do Tribunal
Testemunha ausente – art. 22, § 2º, Lei n. 9.307/1996	Vara do Trabalho	TRT – juiz sorteado cf. RI do Tribunal ou prevento
Medidas cautelares e coercitivas – art. 22, § 4º, Lei n. 9.307/1996	Vara do Trabalho	TRT – juiz sorteado cf. RI do Tribunal ou prevento
Nulidade do laudo – art. 33, Lei n. 9.307/1996	Vara do Trabalho – ação anulatória – art. 33, Lei n. 9.307/1996	TRT – ação anulatória – art. 33, Lei n. 9.307/1996
Execução – art. 31, Lei n. 9.307/1996	Vara do Trabalho – execução direta – art. 876, CLT	Vara do Trabalho – ação de cumprimento – art. 872, CLT

5.5. PERSPECTIVAS DA ARBITRAGEM TRABALHISTA

Em matéria trabalhista, temos defendido a aplicação da Lei n. 9307, de 23.09.1996, que cuida de arbitragem comercial, à trabalhista, da mesma forma como entendemos possível haver, além da arbitragem coletiva, prevista expressamente no art. 144 da Constituição da República, a arbitragem individual, que não é proibida por lei alguma, embora diverso seja o entendimento majoritário do Tribunal Superior do Trabalho[154], e que, a partir da reforma de novembro de 2017, restou consagrada para as questões envolvendo empregado hipersuficiente.

(153) A matéria em termos individuais é bastante controvertida. No TST, embora a maioria dos membros daquela Corte demonstre ser contrária a essa possibilidade, há precedentes favoráveis, como o AIRR-415/2005-039-02-40.9, da 6ª Turma daquela Corte.

(154) Proc. TST-8ª T.-RR-95500-98.2007.5.02.0024, de 03/12/2008, Rel.: Min. Maria Cristina Irigoyen Peduzzi. Disponível em: <http://aplicacao5.tst.jus.br/consultaunificada2/jurisSearchInSession.do?action=search&basename=acordao&index=20>. Acesso em: 9 mar. 2014;

Proc. TST-5ª T.- AIRR-340-22.2002.5.02.0315, de 07/04/2010, Rel.: Min. Kátia Magalhães Arruda. Disponível em: <http://aplicacao5.tst.jus.br/consultaunificada2/jurisSearchInSession.do?action=search&basename=acordao&index=60>. Acesso em: 9 mar. 2014;
Proc. TST-3ª T.-ED-RR-79500-61.2006.5.05.0028, de 25.3.2009. Rel.: Min, Alberto Luiz Bresciani de Fontan Pereira. Disponível

Desde 1988 tenta-se incrementar a arbitragem trabalhista no Brasil, sem, todavia, registrar o sucesso esperado. A Lei n. 9.307/1996 passou a regular a arbitragem transformando-a em um mecanismo útil e satisfatório para ajudar a desafogar o Judiciário. À falta de outra lei, especialmente de lei específica para regular a arbitragem trabalhista, resta aplicá-la com os necessários abrandamentos e adaptações, como já ressaltamos, sendo de notar que o art. 507-A da CLT faz exatamente essa remissão legislativa.

5.5.1. *A realidade brasileira para a arbitragem trabalhista*

A grave e grande questão que vivencia o Brasil não é existir ou não uma lei que trate de arbitragem. É outra, mais tormentosa e mais subjetiva: não havia, como ainda não há, e dificilmente, nos anos mais próximos, haverá confiança nesse importante mecanismo extrajudicial.

Lamentavelmente, devemos admitir que não haverá tão cedo a fidúcia necessária para trocar o juízo natural, do Estado, imparcial, pelo juízo arbitral, privado, oneroso, confidencial muitas vezes, célere, e sem garantia formal de imparcialidade. O trabalhador médio brasileiro não confia na arbitragem, e não confia porque não sabe o que é o instituto, e muitos aventureiros, vendo uma *novidade*, se apelidaram de árbitros, criaram *outdoors* de propaganda em muitas cidades, afixaram pomposas placas usando até mesmo as armas da República, se autodenominaram *tribunais* e se apresentaram como *juízes*, não raro iludindo as pessoas, fazendo-as acreditar que estão no Poder Judiciário, quando, de fato, ingressam em uma arapuca. Essa é uma realidade que, se não é a enfrentada nas megalópoles brasileiras, com certeza é vivenciada nas cidades de médio e pequeno porte.

O que deve preocupar, no entanto, é a realidade brasileira. Não estamos acostumados às soluções extrajudiciais de conflitos. O povo brasileiro é extremamente litigioso. Prefere que tudo seja deixado nas mãos do juiz do Estado. Esse espírito de litigiosidade é característico nosso. A arbitragem, que é justiça privada, importa em declinar do acesso ao juízo natural. Para esse trabalho de convencimento, são necessárias paciência, confiança e ética.

5.5.2. *Uma possível solução*

Assim, para a arbitragem ter efeito no Brasil, servir para sair do papel, em matéria trabalhista, é preciso:

1) formar a consciência dos futuros árbitros trabalhistas, fazê-los sérios realmente e conhecedores do seu *metier*;
2) levar ao conhecimento da sociedade as informações claras sobre o instituto, para tanto, valer-se dos sindicatos patronais e de trabalhadores, que devem ser os principais interlocutores entre os trabalhadores, as empresas e os árbitros ou as entidades que os representarem;
3) permitir a participação do advogado em todos os momentos do procedimento arbitral, fazendo com que haja rigorosamente dentro de princípios éticos fundamentais para que ninguém seja enganado;

---

em: <http://aplicacao5.tst.jus.br/consultaunificada2/jurisSearchInSession.do?action=search&basename=acordao&index=80>. Acesso em: 9 mar. 2014. Este último aresto consigna, na ementa: *ARBITRAGEM. INAPLICABILIDADE AO DIREITO INDIVIDUAL DO TRABALHO. 1. Não há dúvidas, diante da expressa dicção constitucional (CF, art. 114, §§ 1º e 2º), de que a* é aplicável na esfera do Direito Coletivo do Trabalho. O instituto encontra, nesse universo, a atuação das partes em conflito valorizada pelo agregamento sindical. 2. Na esfera do Direito Individual do Trabalho, contudo, outro será o ambiente: aqui, os partícipes da relação de emprego, empregados e empregadores, em regra, não dispõem de igual poder para a manifestação da própria vontade, exsurgindo a hipossuficiência do trabalhador (bastante destacada quando se divisam em conjunção a globalização e tempo de crise). 3. Esta constatação medra já nos esboços do que viria a ser o Direito do Trabalho e deu gestação aos princípios que orientam o ramo jurídico. O soerguer de desigualdade favorável ao trabalhador compõe a essência dos princípios protetivo e da irrenunciabilidade, aqui se inserindo a indisponibilidade que gravará a maioria dos direitos – inscritos, quase sempre, em normas de ordem pública – que amparam a classe trabalhadora. 4. A Lei n. *9.307/1996 garante a como veículo para se dirimir "litígios relativos a direitos patrimoniais disponíveis" (art. 1º). A essência do instituto está adstrita à composição que envolva direitos patrimoniais disponíveis, já aí se inserindo óbice ao seu manejo no Direito Individual do Trabalho (cabendo rememorar-se que a Constituição Federal a ele reservou apenas o espaço do Direito Coletivo do Trabalho). 5. A desigualdade que se insere na etiologia das relações de trabalho subordinado, reguladas pela CLT, condena até mesmo a possibilidade de livre eleição da (e, depois, de árbitro), como forma de composição dos litígios trabalhistas, em confronto com o acesso ao Judiciário Trabalhista, garantido pelo art. 5º, XXXV, do Texto Maior. 6. A vocação protetiva que dá suporte às normas trabalhistas e ao processo que as instrumentaliza, a imanente indisponibilidade desses direitos e a garantia constitucional de acesso a ramo judiciário especializado erigem sólido anteparo à utilização da no Direito Individual do Trabalho. Recurso de revista conhecido e provido.*

4) reduzir apenas ao extremamente essencial a participação do Estado-juiz na fase cognitiva da arbitragem para que, ao final, não acabem sendo confundidas medidas judiciais com o próprio procedimento que as partes espontaneamente procuraram.

Na arbitragem não há autor, nem réu; nem ataque, nem defesa. Existe um compromisso arbitral, onde as partes fixam suas condições e deixam ao justo critério do árbitro que escolheram, por vontade própria, a solução do conflito. Esse sentido de igualdade na arbitragem importa em reconhecer tratamento rigorosamente igual para os dois conflitantes.

Relativamente à *defesa* do trabalhador, face à realidade brasileira, deveria ter sido privilegiada a arbitragem que envolve os altos empregados, os grandes executivos, mas ocorreu o veto a que nos referimos acima, e, quando forem envolvidos empregados comuns, os sindicatos deveriam ser fortalecidos, porque têm o dever de participar de todo o procedimento arbitral.

Por fim, remetemos à Parte I desta obra (Capítulo VIII, n. 1.2), quando tratamos de empregado hipersuficiente, que é a hipótese expressa na CLT (decorrente da reforma de 2017) de arbitragem individual, reiterando todas as dificuldades e os possíveis desvios que poderão ser detectados.

Capítulo V

NEGOCIADO *VERSUS* LEGISLADO

1. A INTENÇÃO DAS MUDANÇAS

As alterações trazidas pela Lei n. 13.467/17, tanto na CLT como na Lei n. 6.019/74, na Lei n. 8.212/91 e na MP n. 2.226/2001, e, exatas 72 horas depois de sua entrada em vigor, pela MP n. 808/17, representaram – e ainda representam – grande impacto para as relações de trabalho no Brasil, especialmente pela primazia dada aos instrumentos coletivos que podem ser negociados autonomamente: a convenção coletiva de trabalho e o acordo coletivo de trabalho.

Em diversos momentos, a CLT foi modificada para contemplar a supremacia dessas normas sobre aqueles tutelares, editadas pelo Estado, ao longo dos anos. De modo especial, realçam os novos artigos 611-A e 611-B, aos quais, adiante, daremos o destaque indispensável.

Em abril de 2002, proferimos palestra em Curitiba (Paraná), intitulada *Negociado e legislado*. Muitos anos se passaram e constatamos que o que se disse ali veio se repetindo em todos os tempos seguintes. Discutia-se, na época, o Projeto de Lei Câmara dos Deputados – 5.483/81, depois Projeto de Lei Senado Federal – 134/01, que queria modificar o art. 618 da CLT, cuidando de empresas e instituições que não se encontram incluídas no enquadramento sindical do plano básico de que trata o art. 577. Depois, o debate centralizou-se no PL n. 4.962/2016, de 11.4.2016, semelhante ao de 2001. Arrastaram-se todas as tentativas e, finalmente, em julho de 2017, foi sancionada a Lei n. 13.467, a partir de um *pequeno* projeto de lei (PL n. 6.787/16) de iniciativa do Executivo e que se transformou num mastodonte. Nela, diversos dispositivos cuidam da negociação coletiva, nomeadamente os arts. 611-A e 611-B.

O que referimos no início deste século XXI foi o que ocorreu agora, repetimos a seguir:

> A pretendida reforma do art. 618 da CLT deveria ser o passo final de uma grande reforma, que, induvidosamente, teria que começar por uma ampla mudança do modelo sindical brasileiro. Enquanto permanecer o sindicalismo que existe hoje no Brasil, não teremos, de modo justo e equitativo, a verdadeira supremacia do negociado pelo legislado. De imediato, é imperiosa a revisão do art. 8º da Constituição brasileira de 1988, e a ratificação da Convenção n. 87 da OIT.
>
> A viger o texto novo que se pretende, mantida a estrutura sindical atual, provavelmente, os trabalhadores, especialmente aqueles que não estão ligados a grandes sindicados (a maioria das entidades gremiais brasileiras é fraca) estarão fadados a possuir menos garantias e menos direitos. Estaremos como que retornando ao liberalismo do *laisser-faire lasser-passer*, que não deu certo no passado.
>
> Há algum tempo, o tema tem sido objeto de ampla discussão, sobretudo nos meios acadêmicos brasileiros. Penso que o projeto não é ruim. Afinal, nada melhor do que os próprios interessados, sem interferência de terceiros e sem a tutela do Estado, buscarem as formas mais adequadas para equacionar suas dificuldades e encontrar o *modus vivendi* mais consentâneo com sua realidade.
>
> Entretanto, existe grande diferença entre o que pode ser ideal e o que deve ser feito. A CLT sofreu sucessivas reformas e encontra-se bastante atualizada, atendendo perfeitamente as necessidades dos brasileiros. De outro lado, o Brasil adota,

formalmente, a unicidade sindical (art. 8º da Constituição), embora, a rigor, tenhamos o que chamo de pluralidade sindical oblíqua tantos são os sindicatos que existem espalhados por nosso país (aproximadamente 20.000), a atender a toda espécie de atividade que se pode desenvolver.

Ora, as regras consolidadas são rígidas, e pouco tem sido feito fora das que ali estão inseridas. As normas coletivas de trabalho são negociadas com dificuldade e o poder normativo da Justiça do Trabalho, contemplado no art. 114 da Constituição, tem sido frequente e injustamente criticado.

Em seguida, concluímos:

O ideal, a fim de tentar preservar a dignidade da pessoa humana, um dos princípios da República brasileira (art. 1º, III, da Constituição), é aguardar momento mais adequado para que, mudando o sistema sindical do Brasil, possa, afinal, ser aceito o negociado pelo legislado.

Qualquer reforma que se faz, em nome do progresso ou da possível inserção brasileira em uma nova ordem econômica internacional, sem que se tenha como ponto referencial o ser humano, o homem, imagem de Deus, ser[(155)-(156)] – indispensável a efetiva participação da sociedade em um debate dessa natureza, que pretende, talvez, dar asas a quem ainda está aprendendo a engatinhar.[(157)]

Foi assim que nos expressamos em 2002. De lá para a entrada em vigor das novas regras trazidas pela Lei n. 13.647/17 uma coisa certamente não mudou: o modelo sindical brasileiro continua o mesmo, salvo raríssimas (e cada vez mais raras) exceções. Pensamos que este é o grande óbice para a reforma trabalhista dar certo. O nosso sindicalismo continua sem rumo, sem representatividade, com muitos dos seus dirigentes eternizados no *poder*,

(155) FRANCO FILHO, G. de S.. *Ética...cit.*, p. 63-68.

(156) Art. 58 (...) § 2º O tempo despendido pelo empregado até o local de trabalho e para o seu retorno, por qualquer meio de transporte, não será computado na jornada de trabalho, salvo quando, tratando-se de local de difícil acesso ou não servido por transporte público, o empregador fornecer a condução.

(157) Consigna o Código do Trabalho português de 2009:

Artigo 3º Relações entre fontes de regulação

1 – As normas legais reguladoras de contrato de trabalho podem ser afastadas por instrumento de regulamentação colectiva de trabalho, salvo quando delas resultar o contrário.

2 – As normas legais reguladoras de contrato de trabalho não podem ser afastadas por portaria de condições de trabalho.

3 – As normas legais reguladoras de contrato de trabalho só podem ser afastadas por instrumento de regulamentação colectiva de trabalho que, sem oposição daquelas normas, disponha em sentido mais favorável aos trabalhadores quando respeitem às seguintes matérias:

a) Direitos de personalidade, igualdade e não discriminação;

b) Protecção na parentalidade;

c) Trabalho de menores;

d) Trabalhador com capacidade de trabalho reduzida, com deficiência ou doença crónica;

e) Trabalhador-estudante;

f) Dever de informação do empregador;

g) Limites à duração dos períodos normais de trabalho diário e semanal;

h) Duração mínima dos períodos de repouso, incluindo a duração mínima do período anual de férias;

i) Duração máxima do trabalho dos trabalhadores nocturnos;

j) Forma de cumprimento e garantias da retribuição;

l) Capítulo sobre prevenção e reparação de acidentes de trabalho e doenças profissionais e legislação que o regulamenta;

m) Transmissão de empresa ou estabelecimento;

n) Direitos dos representantes eleitos dos trabalhadores.

4 – As normas legais reguladoras de contrato de trabalho só podem ser afastadas por contrato individual que estabeleça condições mais favoráveis para o trabalhador, se delas não resultar o contrário.

5 – Sempre que uma norma legal reguladora de contrato de trabalho determine que a mesma pode ser afastada por instrumento de regulamentação colectiva de trabalho entende-se que o não pode ser por contrato de trabalho (destaques meus. Mantinha a ortografia original).

sem sequer possuírem identidade com sua profissão original. Os perigos do passado permanecem no presente e, certamente, para o trabalhador (o comum, aquele que continua no chão da fábrica) o *seu* sindicato ainda está longe de ser o ideal, salvo, reiteramos, honrosas exceções.

2. O QUE PODE SER NEGOCIADO

Consoante dispõem as novas regras consolidadas sobre negociação coletiva, pelo menos quinze direitos podem, por negociação, superar a norma tutelar do Estado. É assim que consigna o *caput* do art. 611-A da CLT:

> Art. 611-A. A convenção coletiva e o acordo coletivo de trabalho, observados os incisos III e VI do *caput* do art. 8º da Constituição, têm prevalência sobre a lei quando, entre outros, dispuserem sobre: (segue-se a enumeração dos direitos).

Para apreciar os textos desses documentos, é competente a Justiça do Trabalho, mas sua atuação ficará limitada ao disposto no § 3º do art. 8º da CLT, conforme preconiza o § 1º do art. 611-A, tema que trataremos mais adiante.

Examinando o *caput* transcrito, verifica-se que, a partir da MP n. 808/17, houve o acréscimo de uma referência expressa aos incisos III e VI do art. 8º constitucional. O inciso III cuida do direito ao FGTS. O inciso VI refere à irredutibilidade do salário, salvo o disposto em convenção ou acordo coletivo. A observância desses dois incisos importa considerar que negociação envolvendo o FGTS deverá seguir, quanto a percentuais de depósito, aqueles fixados em lei, podendo, no entanto, as partes negociadoras alterarem critérios de base de cálculo de incidência. O inciso seguinte conserva a irredutibilidade de salário que, todavia, continua podendo, como podia antes dessa reforma, ser reduzido desde que pela via negocial.

No mesmo art. 611-A ganha destaque a expressão *entre outros*. Qual será o verdadeiro sentido dessa expressão aparentemente tão singela? É a mesma coisa a redação afirmar que: *a convenção coletiva e o acordo coletivo de trabalho têm prevalência sobre a lei quando dispuserem sobre*... comparando com *A convenção coletiva e o acordo coletivo de trabalho têm prevalência sobre a lei quando, **entre outros**, dispuserem sobre*...? A impressão inocente de que é a mesma coisa importa em grande equívoco. São coisas completamente distintas. A primeira (sem a expressão *entre outros*) significa que as normas coletivas são prevalentes em relação à lei sempre que estiverem dispondo sobre os direitos que alinha em seguida. A segunda (com a expressão *entre outros*) leva a acreditar que além do efeito de superioridade poderão ser instituídos outros mecanismos, com diversas finalidades, diretamente vinculados ao direito negociado.

Superado esse aspecto, temos os direitos sujeitos à celebração de acordo coletivo de trabalho ou convenção coletiva de trabalho, observando que a MP n. 808/13 modificou o inciso XII e retirou o inciso XIII do elenco existente. Acerca dos direitos negociáveis passamos a tecer breves comentários:

> *I – pacto quanto à jornada de trabalho, observados os limites constitucionais*, ou seja, os critérios de prestação de serviços poderão ser ajustados, mas sempre cumpridos o máximo permitido pela Constituição, ou seja, oito horas diárias ou 44 horas semanais. Os excessos devem ser considerados jornada extraordinária, e acrescidos de 50% sobre o valor da hora normal. Por outro lado, a própria Constituição contempla a possibilidade de negociação inclusive dos turnos ininterruptos de revezamento;
>
> *II – banco de horas anual*, tema que examinamos na Parte I desta obra (v. Capítulo XVIII, n. 4.5);
>
> *III – intervalo intrajornada, respeitado o limite mínimo de trinta minutos para jornadas superiores a seis horas*. Nesse aspecto, remetemos à Parte I, Capítulo XVIII, n. 4.10.1, acima;
>
> *IV – adesão* ao Programa Seguro-Emprego (PSE), de que trata a Lei n. 13.189, de 19 de novembro de 2015 (v. Parte I, Capítulo XII, n. 4);
>
> *V – plano de cargos, salários e funções compatíveis com a condição pessoal do empregado, bem como identificação dos cargos que se enquadram como funções de confiança*, o que importa no exame das regras do art. 461 consolidado e dos critérios de confiabilidade, objeto do art. 62 da CLT. Note-se que ao negociar as bases dessa fidúcia devemos admitir elementar prejuízo para o trabalhador;
>
> *VI – regulamento empresarial*, o que é negociação extremamente perigosa porque poderá significar alteração prejudicial às condições de trabalho ajustadas;
>
> *VII – representante dos trabalhadores no local de trabalho*, objeto do art. 11 da Constituição e que a reforma de 2017 regulou, podendo, coletivamente, se adotar alterações nas disposições legais, no que tange à atuação desse representante, sem retirar-lhe, contudo, a garantia de emprego (art. 510-D, § 3º, da CLT);

VIII – teletrabalho, regime de sobreaviso, e trabalho intermitente, que estão examinados na Parte I desta obra (Capítulo VII, n. 1; Capítulo XVIII, n. 4.7., e Capítulo V, n. 2.3.5, respectivamente);

IX – remuneração por produtividade, incluídas as gorjetas percebidas pelo empregado, e remuneração por desempenho individual, devendo ser dada bastante atenção aos limites da negociação relativa à remuneração por produtividade, que poderá abranger as formas de seu cálculo e de seu pagamento, e respectiva periodicidade. Quanto às gorjetas, tecemos considerações na Parte I desta obra (Capítulo XIV, n. 10);

X – modalidade de registro de jornada de trabalho, ou seja, a negociação coletiva poderá cuidar apenas dos mecanismos de registro, mas jamais da eliminação do registro de jornada;

XI – troca do dia de feriado, tratando-se, a nosso ver, de medida altamente salutar, porque proporcionará o ajuste dos chamados *feriados prolongados*, atendendo, também, os interesses do trabalhador, sendo, em caso de trabalho em dia feriado, garantido o direito de compensação;

XII – enquadramento do grau de insalubridade e prorrogação de jornada em locais insalubres, incluída a possibilidade de contratação de perícia, afastada a licença prévia das autoridades competentes do Ministério do Trabalho, desde que respeitadas, na integralidade, as normas de saúde, higiene e segurança do trabalho previstas em lei ou em normas regulamentadoras do Ministério do Trabalho, que tem essa redação a partir da MP n. 808/17. Da forma como se apresenta, cuida da possibilidade de perícia, mesmo afastando licença prévia do M.Tb., preservando, o que é relevante, o respeito às regras que cuidam do trabalho saudável, inclusive as NRs do Ministério do Trabalho. Ademais, face à revogação do inciso XIII, continua a ser necessária a licença prévia do M.Tb., para prorrogação de jornada em ambientes insalubres, nos termos do *caput* do art. 60 da CLT, superando-se, então, a aparente ofensa à Convenção n. 155 da OIT, que o Brasil ratificou.

XIV – prêmios de incentivo em bens ou serviços, eventualmente concedidos em programas de incentivo, que são liberalidades patronais, conforme examinados acima (v. Parte I, Capítulo XIV, n. 3.6);

XV – participação nos lucros ou resultados da empresa. Trata-se de direito constitucional (art. 7º, n. XI), que apareceu na Constituição de 1946 e somente foi regulamentado pela Lei n. 10.101/2000, e que acreditamos poderá ter mais êxito se decorrer de negociação coletiva do que por disposição legal.

São esses os direitos que podem, exemplificativamente, ser objeto de negociação coletiva, considerando a expressão *dentre outros*, que aparece no *caput* do art. 611-A.

Algumas considerações sobre alcance do que pode ser negociado nos levam, de plano, ao § 2º do art. 611-A, com a seguinte redação:

> § 2º A inexistência de expressa indicação de contrapartidas recíprocas em convenção coletiva ou acordo coletivo de trabalho não ensejará sua nulidade por não caracterizar um vício do negócio jurídico.

A interpretação deste dispositivo remete ao princípio da intervenção mínima na autonomia da vontade coletiva, que iremos apreciar mais adiante. No § 3º do art. 8º, é referido o art. 104 do Código Civil, onde se encontram os elementos de validade do ato jurídico (agente capaz; objeto lícito, possível, determinado ou determinável; e, forma prescrita ou não defesa em lei), os únicos que podem ser invocados para nulificar cláusula de norma coletiva. No entanto, é bem de ver que é impossível admitir cláusula violadora da dignidade humana ou que consagre um comportamento claramente ilícito. Mais tarde, retomaremos este tema.

No § 3º do art. 611-A, está previsto que, negociada cláusula que contemple redução de salário ou de jornada, também deve existir regramento destinado à proteção dos empregados contra dispensa imotivada durante o prazo de vigência do instrumento coletivo, sendo criado, assim, um mecanismo temporário de garantia do emprego.

O § 4º do art. 611-A dispõe:

> § 4º Na hipótese de procedência de ação anulatória de cláusula de convenção coletiva ou de acordo coletivo de trabalho, quando houver a cláusula compensatória, esta deverá ser igualmente anulada, sem repetição do indébito.

Enquanto o § 2º do art. 611-A refere à ausência de cláusula compensatória, o § 4º trata da sua existência. E traz uma regra de reciprocidade: anulada uma cláusula, aquela compensatória terá o mesmo destino, destacando-se que os efeitos da anulação não são retroativos.

Por fim, o § 5º, na redação dada pela MP n. 808/17, determina que, em ação coletiva, cujo objeto seja anular cláusula de norma coletiva, os sindicatos que a negociaram participam, na condição de litisconsortes necessários. Em ação individual, no entanto, o dispositivo considera vedada a apreciação de matéria visando à anulação de cláusula desses instrumentos. Entendemos que se trata de impedir ao trabalhador, individualmente considerado, de buscar a proteção da Justiça contra determinado item de uma norma coletiva que lhe seja, por alguma razão, prejudicial. A vedação, a nosso ver, vai frontalmente contra o acesso ao juízo natural, previsto no art. 5º, n. XXXV, da Constituição.

3. O QUE *EXPRESSAMENTE* NÃO PODE MUDAR

O *caput* do art. 611-B possui a seguinte redação:

> Art. 611-B. Constituem objeto ilícito de convenção coletiva ou de acordo coletivo de trabalho, exclusivamente, a supressão ou a redução dos seguintes direitos:

Basicamente, repete os direitos consagrados nos arts. 7º, 8º e 9º, da Constituição, somando 30 direitos. O perigo, que tem passado aparentemente desapercebido, é a palavra *exclusivamente* que se encontra no dispositivo, que poderia ser, como opina boa parte da doutrina, por *taxativamente*, como se a enumeração fosse no sentido de que tais direitos não podem nem devem sofrer qualquer tipo de alteração, ou, como dispõe a norma, *supressão* ou *redução*. Porém, como nada ocorre por mero acaso, parece-nos possível admitir a existência de algum temor no uso desnecessário dessa expressão *exclusivamente*.

A razão do perigo é que a nulidade somente ocorre se constatada a pura e simples supressão ou redução de direitos. *Modus in rebus*, se houver alguma compensação inexistirá nulidade a proclamar.

Com efeito, ao examinar o art. 611-A constatamos, nos §§ 2º e 4º, duas regras interessantes. No § 2º, ausente cláusula compensatória não significa que a cláusula inquinada seja nula, salvo de violar o art. 104 do Código Civil. No § 4º, se uma cláusula for anulada, aquela que concedeu compensação também deverá ser, contemplando o critério da reciprocidade.

Quando o art. 611-B foi redigido, retirando a palavra *exclusivamente,* teríamos exatamente o seguinte: *Constituem objeto ilícito de convenção coletiva ou de acordo coletivo de trabalho a supressão ou a redução dos seguintes direitos....* Traduzindo: nenhum dos direitos enumerados no art. 611-B poderia ser objeto de norma coletiva autônoma, porque a clausula que contemplasse qualquer deles de modo diverso seria nula, porque ilegal.

Porém, a inserção desse advérbio *exclusivamente* altera completamente o sentido da oração. Pode significar que é ilícito suprimir ou reduzir direitos, salvo se alguma compensação for oferecida em troca dessa supressão ou redução.

Considerando a existência do advérbio no *caput* do art. 611-B e vendo a gravidade de seu alcance, devemos considerar como direitos sujeitos à legislação, mas não *exclusivamente* a ela, os seguintes elencados no dispositivo em apreço:

> I – normas de identificação profissional, inclusive as anotações na Carteira de Trabalho e Previdência Social;
>
> II – seguro-desemprego, em caso de desemprego involuntário;
>
> III – valor dos depósitos mensais e da indenização rescisória do Fundo de Garantia do Tempo de Serviço (FGTS);
>
> IV – salário mínimo;
>
> V – valor nominal do décimo terceiro salário;
>
> VI – remuneração do trabalho noturno superior à do diurno;
>
> VII – proteção do salário na forma da lei, constituindo crime sua retenção dolosa;
>
> VIII – salário-família;
>
> IX – repouso semanal remunerado;
>
> X – remuneração do serviço extraordinário superior, no mínimo, em 50% (cinquenta por cento) à do normal;
>
> XI – número de dias de férias devidas ao empregado;
>
> XII – gozo de férias anuais remuneradas com, pelo menos, um terço a mais do que o salário normal;
>
> XIII – licença-maternidade com a duração mínima de cento e vinte dias;
>
> XIV – licença-paternidade nos termos fixados em lei;

XV – proteção do mercado de trabalho da mulher, mediante incentivos específicos, nos termos da lei;

XVI – aviso-prévio proporcional ao tempo de serviço, sendo no mínimo de trinta dias, nos termos da lei;

XVII – normas de saúde, higiene e segurança do trabalho previstas em lei ou em normas regulamentadoras do Ministério do Trabalho;

XVIII – adicional de remuneração para as atividades penosas, insalubres ou perigosas;

XIX – aposentadoria;

XX – seguro contra acidentes de trabalho, a cargo do empregador;

XXI – ação, quanto aos créditos resultantes das relações de trabalho, com prazo prescricional de cinco anos para os trabalhadores urbanos e rurais, até o limite de dois anos após a extinção do contrato de trabalho;

XXII – proibição de qualquer discriminação no tocante a salário e critérios de admissão do trabalhador com deficiência;

XXIII – proibição de trabalho noturno, perigoso ou insalubre a menores de dezoito anos e de qualquer trabalho a menores de dezesseis anos, salvo na condição de aprendiz, a partir de quatorze anos;

XXIV – medidas de proteção legal de crianças e adolescentes;

XXV – igualdade de direitos entre o trabalhador com vínculo empregatício permanente e o trabalhador avulso;

XXVI – liberdade de associação profissional ou sindical do trabalhador, inclusive o direito de não sofrer, sem sua expressa e prévia anuência, qualquer cobrança ou desconto salarial estabelecidos em convenção coletiva ou acordo coletivo de trabalho;

XXVII – direito de greve, competindo aos trabalhadores decidir sobre a oportunidade de exercê-lo e sobre os interesses que devam por meio dele defender;

XXVIII – definição legal sobre os serviços ou atividades essenciais e disposições legais sobre o atendimento das necessidades inadiáveis da comunidade em caso de greve;

XXIX – tributos e outros créditos de terceiros;

XXX – as disposições previstas nos arts. 373-A, 390, 392, 392-A, 394, 394-A, 395, 396 e 400 desta Consolidação, que basicamente são relativas ao trabalho da mulher.

Acrescenta ainda o parágrafo único do art. 611-B um estranho comando pelo qual *regras sobre duração do trabalho e intervalos não são consideradas como normas de saúde, higiene e segurança do trabalho para os fins do disposto* no *caput* do artigo, o que é evidente contrassenso, considerando que jornada excessiva e ausência de intervalos mínimos representam inegável dano à pessoa do trabalhador.

É importante ressaltar que todos os itens referidos no art. 611-B não podem ser objeto de negociação. É ilícito os interlocutores sociais tencionarem modificá-los. Porém, retomamos o advérbio *exclusivamente* e teremos que imaginar a possibilidade de, em havendo contrapartida, é possível suprimir ou reduzir qualquer um desses direitos.

O decorrer do tempo, com a vigência dessas mudanças, indicará o caminho que as relações coletivas de trabalho irão seguir no Brasil.

4. OS MEIOS DE INTERPRETAÇÃO DAS NORMAS NEGOCIADAS

É importantíssimo o mecanismo de interpretação das normas coletivas negociadas autonomamente. Para as partes (empregador e trabalhadores) significa o *modus vivendi* do seu cotidiano. Para o Ministério Público, a fiscalização de não existirem práticas que vulnerem, sobretudo, o respeito à dignidade da pessoa humana. Para a Justiça do Trabalho, a obrigação de dizer o sentido do direito que as partes negociaram, indicando sua correta aplicação, corrigindo seus equívocos, anulando disposições que violem os princípios que informam o Direito do Trabalho.

É assim que tem sido desde sempre, porém, ante os novos termos do § 3º do art. 8º da CLT, identifica-se claros indícios de contrariedade ao que sempre foi feito e, o pior, simplesmente o legislador ordinário rompeu com os postulados mínimos do Direito do Trabalho, fazendo cair no esquecimento os princípios que, internacionalmente, sempre serviram de fundamento a esse ramo do Direito e à atuação mesma do Poder Judiciário.

Dispõe esse § 3º do art. 8º:

Art. 8º ....

....

§ 3º No exame de convenção coletiva ou acordo coletivo de trabalho, a Justiça do Trabalho analisará exclusivamente a conformidade dos elementos essenciais do negócio jurídico, respeitado o disposto no art. 104 da Lei n. 10.406, de 10 de janeiro de 2002 (Código Civil), e balizará sua atuação pelo princípio da intervenção mínima na autonomia da vontade coletiva.

O que quer dizer a nova regra de hermenêutica é que, em havendo qualquer espécie de questionamento de uma cláusula de convenção coletiva de trabalho ou acordo coletivo de trabalho, a atuação da Justiça do Trabalho ficará limitada apenas e *exclusivamente* ao exame dos elementos essenciais do negócio jurídico. Ou seja, seu papel é tão somente verificar se os elementos que validam o negócio jurídico: agente capaz; objeto lícito, possível, determinado ou determinável; e, forma prescrita ou não defesa em lei. Fora isso, deve observar com máximo rigor o princípio da intervenção mínima na autonomia da vontade coletiva.

Ora, qual o sentido dessa intervenção mínima? Parece que a intenção é no sentido de o Poder Judiciário não interferir mesmo na vontade das partes. O mínimo referido é o mesmo que escrever sem interferência alguma. Mas, é inegável que a Justiça do Trabalho não poderá ficar inerte a eventuais denúncias de violação dos direitos humanos, dos princípios fundantes da República brasileira: a dignidade da pessoa humana e os valores sociais do trabalho e da livre-iniciativa (art. 1º, ns. III e IV, da Constituição de 1988).

Percebe-se, ademais, que se o Judiciário invalidar norma coletiva violadora desses princípios, não estará decidindo *contra legem*, ou seja, ofendendo o final do § 3º em comento. Estará, sim, observando rigorosamente o disposto no art. 104 do Código Civil, que refere a *objeto lícito*. Cláusula que viole esses princípios contemplará justamente objeto ilícito, e, portanto, irremediavelmente deve ser tornada nula.

Capítulo VI

SOLUÇÃO JURISDICIONAL DE CONFLITOS COLETIVOS: DISSÍDIO COLETIVO

1. CONSIDERAÇÕES GERAIS

Quando os ânimos não permitem uma solução extrajudicial para as divergências coletivas, o Judiciário pode ser acionado, e aí surge a figura do dissídio coletivo, que passamos a examinar.

Trata-se de uma ação típica do Direito Coletivo do Trabalho e deve ser ajuizado perante a Justiça do Trabalho, nos Tribunais Regionais ou no Tribunal Superior, caso a questão envolva mais de uma região trabalhista. Possuem legitimidade para ajuizar dissídio coletivo: as entidades sindicais patronais e de trabalhadores; as empresas; e o Ministério Público do Trabalho. Das entidades gremiais brasileiras, as centrais sindicais, consoante a jurisprudência dominante, não possuem legitimidade, restrita apenas aos sindicatos, e, à falta deles, às federações e às confederações (art. 8º, III, da Constituição). Reitere-se, todavia, o disposto no art. 14 da Convenção n. 98 da OIT e a necessidade de ser revista essa posição. Assim, como apontado acima (v., nesta Parte, Capítulo II, n. 2.4), a nosso ver, essa legitimidade já existe, bastando que o entendimento jurisprudencial seja modificado e admitida a participação das centrais sindicais.

Aos conflitos coletivos do trabalho, a Constituição, que, nos incisos II e III do art. 114 cuidou de greve e de representação sindical, respectivamente, dedica os §§ 1º a 3º do mesmo dispositivo. O preceito afirma o seguinte:

> Art. 114. _Omissis_
>
> § 1º Frustrada a negociação coletiva, as partes poderão eleger árbitros.
>
> § 2º Recusando-se qualquer das partes à negociação coletiva ou à arbitragem, é facultado às mesmas, de comum acordo, ajuizar dissídio coletivo de natureza econômica, podendo a Justiça do Trabalho decidir o conflito, respeitadas as disposições mínimas legais de proteção ao trabalho, bem como as convencionadas anteriormente.
>
> § 3º Em caso de greve em atividade essencial, com possibilidade de lesão do interesse público, o Ministério Público do Trabalho poderá ajuizar dissídio coletivo, competindo à Justiça do Trabalho decidir o conflito.

Existem, em nosso país, diversas espécies de dissídios coletivos, embora as três mais conhecidas sejam de natureza econômica, de natureza jurídica, e, mais recente, de greve. A rigor, encontramos sete, cada qual com natureza jurídica diversa e finalidade específica.

De acordo com o Regimento Interno do TST, aprovado pela Resolução Administrativa n. 1.937/2017, de 20.11.2017, a Seção VI cuida dos dissídios coletivos, e o art. 241 enumera cinco modalidades, dispondo:

> Art. 241. Os dissídios coletivos podem ser:
>
> I – de natureza econômica, para a instituição de normas e condições de trabalho;
>
> II – de natureza jurídica, para interpretação de cláusulas de sentenças normativas, de instrumentos de negociação coletiva, acordos e convenções coletivas, de disposições legais particulares de categoria profissional ou econômica e de atos normativos;

III – originários, quando inexistentes ou em vigor normas e condições especiais de trabalho, decretadas em sentença normativa;

IV – de revisão, quando destinados a reavaliar normas e condições coletivas de trabalho preexistentes que se tornarem injustas ou ineficazes pela modificação das circunstâncias que as ditaram;

V – de declaração sobre a paralisação do trabalho decorrente de greve.

A CLT apresenta mais uma, que é o de extensão, *ex vi* dos arts. 868 a 871, destacando o *caput* do art. 868:

Art. 868. Em caso de dissídio coletivo que tenha por motivo novas condições de trabalho e no qual figure como parte apenas uma fração de empregados de uma empresa, poderá o Tribunal competente, na própria decisão, estender tais condições de trabalho, se julgar justo e conveniente, aos demais empregados da empresa que forem da mesma profissão dos dissidentes.

A sétima forma, que é uma especificidade em relação àquele tratado no inciso V do art. 220 do Regimento Interno do TST, é a decorrente do entendimento do constituinte derivado, através da Emenda Constitucional n. 45/2004, inserindo o § 3º no art. 114 da Constituição da República, onde se lê:

Art. 114. *Omissis.*

§ 1º *Omissis.*

§ 2º *Omissis.*

§ 3º Em caso de greve em atividade essencial, com possibilidade de lesão do interesse público, o Ministério Público do Trabalho poderá ajuizar dissídio coletivo, competindo à Justiça do Trabalho decidir o conflito.

Existem, em nosso país, diversas espécies de dissídios coletivos, embora as três mais conhecidas sejam de natureza econômica, de natureza jurídica, e, mais recente, de greve. A rigor, encontramos sete, cada qual com natureza jurídica diversa e finalidade específica.

De acordo com o Regimento Interno do TST, aprovado pela Resolução Administrativa n. 1.937/2017, de 20.11.2017, a Seção VI cuida dos dissídios coletivos, e o art. 241 enumera cinco modalidades, dispondo:

Art. 241. Os dissídios coletivos podem ser:

I – de natureza econômica, para a instituição de normas e condições de trabalho;

II – de natureza jurídica, para interpretação de cláusulas de sentenças normativas, de instrumentos de negociação coletiva, acordos e convenções coletivas, de disposições legais particulares de categoria profissional ou econômica e de atos normativos;

III – originários, quando inexistentes ou em vigor normas e condições especiais de trabalho, decretadas em sentença normativa;

IV – de revisão, quando destinados a reavaliar normas e condições coletivas de trabalho preexistentes que se tornarem injustas ou ineficazes pela modificação das circunstâncias que as ditaram;

V – de declaração sobre a paralisação do trabalho decorrente de greve.

A CLT apresenta mais uma, que é o de extensão, ex vi dos arts. 868 a 871, destacando o caput do art. 868:

Art. 868 - Em caso de dissídio coletivo que tenha por motivo novas condições de trabalho e no qual figure como parte apenas uma fração de empregados de uma empresa, poderá o Tribunal competente, na própria decisão, estender tais condições de trabalho, se julgar justo e conveniente, aos demais empregados da empresa que forem da mesma profissão dos dissidentes.

Para este, ademais, existe lei própria a regê-lo que é a Lei n. 7.783, de 28 de junho de 1989, cujas regras podem ser, por analogia e excepcionalmente, aplicadas às demais espécies de greve.

Assim, então, os dissídios coletivos possíveis são: de natureza econômica, de natureza jurídica, originários, de revisão, de greve em geral, de extensão e de greve em serviços ou atividades essenciais.

2. TIPOS DE DISSÍDIOS COLETIVOS

2.1. DISSÍDIO COLETIVO DE NATUREZA JURÍDICA

O dissídio coletivo de natureza jurídica, também chamado de dissídio de direito, destina-se à interpretação de norma preexistente. Isto é, negociada uma norma coletiva, e havendo dúvida sobre sua aplicação e seu alcance, qualquer das partes pode ajuizar este tipo de dissídio coletivo pedindo que o Tribunal interprete a cláusula. É uma espécie de ação declaratória.

2.2. DISSÍDIO COLETIVO DE NATUREZA ECONÔMICA

O dissídio coletivo de natureza econômica ou de interesse é a própria essência do poder normativo da Justiça do Trabalho. Nele, o Tribunal cria norma, age como se fosse o próprio legislador. É uma espécie de ação constitutiva (sua natureza jurídica é constitutiva), criando novos direitos, em favor dos trabalhadores que apresentam suas reivindicações. Buscam, geralmente, criação de normas e a obtenção de melhores condições de trabalho, incluindo salários, meio ambiente de trabalho, flexibilização de jornada, condições de gozo de vantagens, participação na vida sindical, dentre outras, dependendo, sempre, da concordância de demandante e demandado para que possa tramitar. É a essência mesma do espetacular poder normativo da Justiça do Trabalho, que reputamos como um dos mais importantes momentos da atividade judiciária trabalhista brasileira, não podendo ser simplesmente suprimido de nosso ordenamento jurídico, ante a triste realidade sindical vivida em nosso país.

A legitimidade para o ajuizamento de dissídio coletivo de natureza econômica é das entidades sindicais (todas elas, inclusive das Centrais Sindicais, a teor da Convenção n. 98 da OIT), que representam as categorias profissional ou econômica, nos expressos termos do art. 857 da CLT.

A EC n. 45, de 08.12.2004, promoveu mudança, a nosso ver altamente danosa para a sobrevivência do poder normativo. Consoante a nova redação do § 2º do art. 114 da Constituição, o dissídio coletivo de natureza econômica somente poderá ser ajuizado se, esgotada a negociação coletiva direta e recusando-se as partes à arbitragem, procurarem elas, *de comum acordo*, a Justiça do Trabalho. A hipótese do acordo para o ajuizamento do dissídio coletivo de natureza econômica é, então, praticamente nenhuma.

Afinal, haverá uma decisão da Justiça do Trabalho que contrariará os interesses das partes, sobretudo do patronado, porquanto geralmente fixa-se reajuste salarial ou criam-se benefícios para os trabalhadores, que significam ônus para a outra parte. O *de comum acordo* inviabilizará esse tipo de dissídio.

2.2.1. *Poder normativo e o de comum acordo*

O que temos, a rigor, com a dicção *de comum acordo* inserida no Texto Constitucional, é uma lamentável restrição ao poder normativo da Justiça do Trabalho. Sabemos, e isso não é segredo para ninguém de bom senso, que muita gente quer acabar com esse poder excepcional do Judiciário Trabalhista. João José Sady faz severas críticas:

> os seus limites terminam por ser limites políticos situados local e historicamente em razão da natureza e extensão do conflito enfrentado, assim como, da visão dos agentes na aferição da conveniência e oportunidade(158).

Poder atípico é verdade, mas que, por fatores diversos, que vão desde o enfraquecimento do sindicalismo brasileiro até a demora na elaboração de leis que disciplinem as relações de trabalho, ainda é indispensável para a tranquilidade social.

Pois bem! Como acabar de uma só vez ficaria muito complicado, difícil de explicar ao povo, sobretudo ao trabalhador enfraquecido, o que fez o constituinte derivado? Manteve incólume o dissídio coletivo de natureza jurídica, de papel meramente interpretativo, e, a rigor, de importância menor para os verdadeiros interesses dos trabalhadores.

No entanto, quando tratou de dissídio coletivo de natureza econômica, justamente o que interessa mais vivamente ao obreiro, porque, regra geral, costuma tratar de alteração salarial, criou o constituinte derivado um estranhíssimo *de comum acordo* para o seu ajuizamento. Ou seja, se não houver esse *de comum acordo* das partes litigantes, impossível ao Tribunal (Regional ou Superior, conforme o caso) examiná-lo, devendo o processo ser *extinto sem resolução do mérito*.

Se, como diz o dito popular, *para bom entendedor meia palavra basta*, a Constituição da República registra uma dicção completa e induvidosa: é facultado às mesmas [partes], *de comum acordo, ajuizar dissídio coletivo de natureza econômica*. A intenção não é obscura. É claríssima: acabar com o poder normativo da Justiça do Trabalho.

E aí? Aí alguma coisa precisa ser feita, considerando a realidade do sindicalismo brasileiro, pulverizado e fraco, salvo raríssimas exceções, todas praticamente no sul-sudeste do Brasil.

O que se vê são três caminhos:

1) sem a observância do *de comum acordo*, pura e simplesmente extingue-se o processo de dissídio coletivo sem resolução do mérito;

---

(158) SADY, João José. *Curso de direito sindical*. São Paulo: LTr, 1998. p. 58.

2) considerando violado o art. 5º, XXXV, da Constituição, declara-se inconstitucional a famigerada dicção, porque viola cláusula pétrea do Diploma, qual a negação do acesso ao juízo natural, e aprecia-se normalmente o dissídio coletivo; e,

3) considerar superada a matéria, se o demandado apenas se limitar a impugnar as cláusulas apresentadas pelo demandante, na proposta-base, ficando silente quanto ao de comum acordo, decidindo-se sobre a pretensão dos trabalhadores.

O que não se pode, nem se deve, e exigir esse tal *de comum acordo*, ou invocar *ex officio* o dispositivo constitucional. Se é faculdade, apesar de inconstitucional, deve-se tê-la como tal. Se a parte que poderia invocá-la, não o fez, aceitou tacitamente a jurisdição trabalhista, não podendo fazê-lo ulteriormente, porque estamos diante de uma hipótese de preclusão do direito.

Foi com esse espírito que, em setembro de 2017, o TRT da 8ª Região declarou a inconstitucionalidade incidental da *dicção de comum acordo*, em decisão histórica e vanguardista, abrindo espaço para a apreciação das cláusulas econômicas de um dissídio coletivo que, anteriormente, não havia sido solucionado nem mediante a interferência do Judiciário, na fase conciliatória, nem antes do ajuizamento, nas tratativas de negociação direta, todas infrutíferas. Suscitamos essa inconstitucionalidade perante a Seção Especializada I, órgão fracionado daquela Corte, e o Tribunal Pleno, por maioria, entendeu por proclamar sua inconstitucionalidade(159).

2.3. DISSÍDIO COLETIVO ORIGINÁRIO

Considera-se originário o dissídio coletivo quando inexistem normas coletivas anteriormente fixadas por sentença normativa, consoante prescreve o art. 867, parágrafo único, *a*, CLT.

2.4. DISSÍDIO COLETIVO DE REVISÃO

Esta espécie de dissídio coletivo ocorre quando existe necessidade de rever normas preexistentes que se tornaram injustas, inaplicáveis ou ineficazes, face a *rebus sic stantibus*. Encontra-se regulado pelos arts. 873 a 875, da CLT.

Consoante preceituado, após um ano de vigência, as normas que fixem condições de trabalho podem ser revistas, quando demonstrada uma mudança fundamental de circunstâncias, tornando as condições que lhe derem origens injustas ou inaplicáveis, conforme o art. 873 da CLT.

Poderá promover essa revisão o próprio Tribunal prolator do decisório, ou mediante provocação do Ministério Público do Trabalho, das entidades sindicais, de empregador ou de empregado que tenha interesse em seu cumprimento, devendo, nas duas primeiras hipóteses (tribunal prolator ou Ministério Público do Trabalho), as associações sindicais, empregadores ou empregados interessados serem ouvidos em trinta dias. Se a iniciativa de revisão couber a um dos interessados, o outro será ouvido em igual prazo (art. 874 e parágrafo único da CLT).

2.5. DISSÍDIO COLETIVO DE EXTENSÃO

Quando se pretende aplicar uma sentença normativa a outros trabalhadores, desde que preenchidos certos requisitos, consoante preveem os arts. 868 e 871 da CLT, é necessário que se aprecie dissídio coletivo de extensão.

Existem duas modalidades dessa modalidade de dissídio coletivo.

A primeira hipótese ocorre quando apenas uma parte dos empregados de uma empresa ajuíza o dissídio coletivo e o Tribunal competente, consoante seus critérios de conveniência, tem a faculdade de estender as condições de trabalho aos demais empregados, e essa nova terá vigência de até quatro anos (art. 868 e parágrafo único da CLT).

A segunda espécie aparece quando o Tribunal competente resolve estender as regras constantes da decisão a todos os empregados da mesma categoria profissional dentro da sua jurisdição (art. 869).

---

(159) Trata-se do Proc. TRT-8-SE1-DC-0010197-11.2016.5.08.0000, de 04.09.2017 (Sindicato dos Trabalhadores no Comércio do Município de Castanhal – SINTCOMC vs. Sindicato das Empresas do Comércio de Supermercados e Auto-Serviços do Estado do Pará. Rel.: Desa. Francisca Oliveira Formigosa). O acórdão prolatado no Tribunal Pleno, acerca da inconstitucionalidade em questão é de nossa lavra, nos mesmos autos.

Para que ocorra este tipo de extensão (a todos os empregados da mesma categoria), é mister que um ou mais empregadores, ou qualquer sindicato patronal solicite; ou que um ou mais sindicatos de empregados faça o pedido; ou que o faça o Ministério Público do Trabalho, além da própria extensão de ofício pelo Tribunal competente (alíneas *a* a *d* do mesmo art. 869).

Ademais, deve ser observada a concordância de 3/4 de empregadores e de empregados, ou seus sindicatos, para que ocorra essa extensão (art. 870 da CLT).

2.6. DISSÍDIO COLETIVO DE GREVE

Introduziu, claramente, a EC n. 45 o dissídio coletivo de greve, que ocorre mediante ajuizamento de ação proposta pelo Ministério Público do Trabalho em caso de paralização de algum serviço essencial, que são aqueles previstos na Lei n. 7.783/1989, que é a lei de greve brasileira, em sendo verificada a possibilidade de lesão do interesse público. Dentre estes encontram-se os serviços de saúde (hospitais, ambulatórios, pronto-socorros), telecomunicações (telefonia), abastecimento de água, fornecimento de energia elétrica, transporte coletivo (ônibus). E toda a matéria de greve é da competência da Justiça do Trabalho (art. 114, II, da Constituição).

O art. 856 da CLT cuida da possibilidade de instauração *ex officio* da instância, por iniciativa do Presidente do Tribunal, em caso de suspensão do trabalho. Além dele, também a entidade sindical interessada e o Ministério Público detém essa prerrogativa. Entendemos que, em caso de greve, qualquer um dos elencados podem – e devem, considerando o grau de gravidade do movimento – iniciar o dissídio coletivo dessa espécie.

Sua natureza jurídica é declaratória, representando a manifestação do Poder Judiciário, a fim de resguardar os direitos da sociedade, dos trabalhadores e das empresas, sem, contudo, impedir que o movimento paredista se realize, a fim de, pela via autônoma, ser obtido o instrumento negociado da composição do conflito.

São legitimados para o dissídio coletivo de greve qualquer das partes e o Ministério Público do Trabalho (art. 8º da Lei n. 7.783/89) e, na nossa percepção, o próprio Presidente do Tribunal (art. 856 da CLT).

É importante ressaltar, aqui, um aspecto, por vezes equivocadamente invocado por alguns: para o ajuizamento de dissídio coletivo de greve não é necessária a observância da dicção *de comum acordo*, porque essa exigência da Constituição é exclusivamente para os dissídios coletivos de natureza econômica. A jurisprudência do TST, no particular, é uníssona reconhecendo essa desnecessidade, ainda que o conteúdo do movimento possa ser econômico.

O entendimento fixado por aquela Corte é claro:

> DISSÍDIO COLETIVO DE NATUREZA ECONÔMICA. AJUIZAMENTO. COMUM ACORDO. NOVA REDAÇÃO DO § 2º DO ART. 114 DA CONSTITUIÇÃO ATUAL APÓS A PROMULGAÇÃO DA EMENDA CONSTITUCIONAL N. 45/2004. A Seção Especializada em Dissídios Coletivos deste Tribunal Superior do Trabalho firmou jurisprudência no sentido de que a nova redação do § 2º do art. 114 da Constituição Federal estabeleceu o pressuposto processual intransponível do mútuo consenso das partes para o ajuizamento do dissídio coletivo de natureza econômica. A EC n. 45/2004, incorporando críticas a esse processo especial coletivo, por traduzir excessiva intervenção estatal em matéria própria à criação de normas, o que seria inadequado ao efetivo Estado Democrático de Direito instituído pela Constituição (de modo a preservar com os sindicatos, pela via da negociação coletiva, a geração de novos institutos e regras trabalhistas, e não com o Judiciário), fixou o pressuposto processual restritivo do § 2º do art. 114, em sua nova redação. Nesse novo quadro jurídico, apenas havendo "mútuo acordo" ou em casos de greve, é que o dissídio de natureza econômica pode ser tramitado na Justiça do Trabalho. Ressalvadas, contudo, as situações fáticas já constituídas, a teor do art. 6º, § 3º, da Lei n. 4.725/65. Recurso ordinário provido[160].

Entendemos, em que pesem as muitas opiniões divergentes[161], que permanece a regra do art. 856 consolidado, inclusive pela necessidade, superior a tudo, do atendimento ao interesse comum, como prevê o art. 8º da CLT.

(160) Trata-se do Proc. n. TST-RO-47000-19.2007.5.04.0000, de 9.4.2012 (Sindicato do Comércio Varejista de Gêneros Alimentícios dos Vales do Rio Pardo e Taquari *vs*. Federação dos Trabalhadores no Comércio do Estado do Rio Grande do Sul – FECOSUL e outros). Rel.: Mauricio Godinho Delgado. Disponível em: <file:///C:/Users/Microsoft/Downloads/45463_2011_1334916000000.pdf>. Acesso em: 20 abr. 2013.

(161) Alice Monteiro de Barros entende que o dispositivo consolidado foi derrogado pelo art. 8º da Constituição, que assegura a liberdade sindical no Brasil, e pelo art. 8º da Lei n. 7.783/1989, que cuida de greve nos serviços essenciais (*in Curso*... cit., 6. ed., p. 1.281).

Por vezes, é a sensibilidade do magistrado que dirige o Tribunal que se apresenta para salvaguardar o interesse e as preocupações da sociedade, que, em certas ocasiões, pode ser a grande vítima de paralisações temporárias realizadas sem nenhuma atenção às necessidades mínimas e carências mais imediatas da população. É razão suficiente para admitir a possibilidade da instauração da instância por inicial do magistrado.

Em alguns casos, o Judiciário tem entremeado o exame de dois dissídios (natureza econômica e de greve) num mesmo julgado. Seria um dissídio coletivo de natureza *mista*(162). Raimundo Simão de Melo, aliás, aponta nesse sentido(163), no pensamento de que a pretensão econômica é a principal e não haveria razão de ser de entendimento inverso.

No entanto, como doutrina Jorge Boucinhas Filho,

> a solução proposta apresenta um inconveniente de ordem formal. Sendo diferentes os requisitos para o ajuizamento de dissídio coletivo de greve e de dissídio coletivo de natureza econômica, o julgamento daquele como se fosse este possibilitaria que empregados suscitassem dissídio de greve apenas para conseguir uma sentença normativa outorgada do comum acordo pela parte contrária(164).

Ressaltando que esse aspecto pode ser superado, desde que as partes, expressamente, aceitem, *de comum acordo*, o dissídio coletivo de natureza econômica, como prevê o art. 114, § 3º da Constituição, que não cuidaremos amiúde neste estudo, embora, como já sustentamos diversas vezes, constata-se se tratar de uma exigência inconstitucional.

Impende assinalar que, examinando o Regimento Interno do TST e o Texto Constitucional, podem ser identificadas duas espécies de dissídios coletivos de greve: (1) o *de declaração sobre a paralisação do trabalho decorrente de greve* (art. 241, V, do Regimento Interno do TST) e, (2) o *de greve em atividade essencial* (art. 114, § 3º, da Constituição).

As atividades essenciais são apenas aquelas expressa e taxativamente enumeradas no art. 10 da Lei n. 7.783/89, não abrangendo nenhuma outra e, portanto, o tratamento exigido a elas é necessariamente mais rigoroso que às demais.

A partir desses dispositivos, devemos entender a existência de duas destinações a esses tipos de dissídios coletivos de greve: o de atividades normais, quando será regido pelo comando regimental (art. 241, V, do Regimento Interno do TST); e o de atividades essenciais, quando a regência é o regramento contido na Norma Fundamental (art. 114, § 2º) e na Lei n. 7.783/89.

O proponente de um dissídio que é ao mesmo tempo de natureza jurídica e de greve, com objetivos diversos e inconfundíveis, pretende ou o melhor de dois mundos, ou não quer mundo algum.

Não existe referência expressa a esse novo gênero de dissídio coletivo, em nenhum diploma do Direito positivo brasileiro: *a natureza mista*. Ressalvamos, como referido, menção doutrinária e a incidência de postulações duplas, sem, contudo, consignar esse caráter *misto*.

Ou queremos criar normas e buscar melhores condições de trabalho, e estaremos em um dissídio coletivo de natureza econômica, ou buscaremos apreciar a realização de um movimento paredista e seus efeitos sem prejuízos para as partes e a sociedade, observando, quando for o caso, a situação específica de que se trata de uma atividade essencial, e o dissídio coletivo para esse fim é o de greve, cujo alcance é limitado apenas ao caráter de legalidade, ou não, e de abusividade, ou não, da manifestação profissional, o que resultaria no desconto, ou não, dos dias de paralisação.

Não encontramos mecanismo legal no ordenamento positivo brasileiro para agrupar em uma só figura jurídica dois institutos com natureza jurídica completamente distinta. Escreve-se a respeito do dissídio coletivo de natureza mista apenas conjeturando meios de solução de conflito, quando, a rigor, a parte quer ver resolvida a greve, e não as razões econômicas que a ensejaram. O que querem (os trabalhadores) é o pagamento dos dias de paralisação para permanecerem no movimento até que o empregador ceda e aceite negociar as cláusulas econômicas. É essa a realidade que não podemos olvidar.

Pensar de forma diversa e decidir dessa maneira é romper o ordenamento jurídico vigente no Brasil. Existem, sim, formalidades que não podem, nem devem ser desprezadas, pena de se gerar insegurança jurídica aos jurisdicionados.

---

(162) Essa referência é expressamente feita por Ives Gandra da Silva Martins Filho (*Processo coletivo do trabalho*. 4. ed. São Paulo: LTr, 2009. p. 76).

(163) MELO, R. S. de. *Ob. cit.*, p. 170.

(164) BOUCINHAS FILHO, Jorge. *Direito de greve e democracia*. São Paulo: LTr, 2013. p. 222.

3. PRINCÍPIOS DO PROCESSO COLETIVO

Além dos princípios comuns a todos os processos, encontramos cinco princípios específicos do processo coletivo.

Começamos pelo (1) princípio da participação, segundo o qual deve ser garantida – e estimulada – a participação popular, inclusive, por meio de audiências públicas, quando podem ser apreciadas e discutidas situações de grande repercussão, complexidade e interesse social. No Direito Coletivo do Trabalho, o que caracteriza a participação é a fase anterior ao ajuizamento de dissídio coletivo, nas diversas assembleias gerais sindicais que debatem questões de interesse das respectivas categorias.

Em seguida, temos o (2) princípio da prioridade na tramitação. Observo que este princípio também se aplica a hipóteses outras que não as coletivas. Assim o caso de prioridade para processos de idoso, de pessoas com deficiência, de enfermos graves. No Direito do Trabalho, o processo coletivo tem que ter andamento preferencial sobre as ações individuais. Não tem previsão legal expressa, mas é corolário do alcance do resultado da demanda, porquanto existe um grande número de pessoas (os integrantes das categorias envolvidas) que serão afetadas com o decisório.

Outro é o (3) princípio da indisponibilidade da demanda coletiva, porque esta independe da vontade das partes, porque prevalece o interesse comum, de grupo ou categoria, ou mesmo o interesse público (caso de greve, *v.g.*). Com efeito, examinando esse princípio, temos que o art. 5º, § 3º, da LACP, prevê que se a parte desistir da ação, o Ministério Público assumirá na condição de ativo. Caso, todavia, o desistente vier a ser o próprio *parquet*, ocorrerá extinção do processo sem resolução do mérito, utilizando-se do art. 267, III e VIII do CPC, o que não gera coisa julgada material, permitindo ajuizamento de nova ação. Há outros exemplos. Na greve, especialmente em serviços essenciais, trata da Lei n. 7783, de 28.6.1989, o Ministério Público do Trabalho é legitimado para propor dissídio coletivo de greve (art. 114, § 3º, da Constituição), da mesma forma como entendemos que permanece em plena vigência o art. 856 da CLT, que permite a instauração da instância em dissídio coletivo *ex officio* pelo Presidente de Tribunal regional.

O (4) princípio do microssistema encontra sua base legal especialmente na LACP e no CDC, que voltaremos a tratar adiante, e permite a aplicação de todo um microssistema legislativo para que encontre a solução de dado conflito, mediante normas de reenvio dos arts. 21 e 90 desses dois diplomas, respectivamente.

Derradeiramente, encontramos o (5) princípio da normatização coletiva, fundamentado no art. 114, § 2º, da Constituição, que dispõe:

> § 2º – Recusando-se qualquer das partes à negociação coletiva ou à arbitragem, é facultado às mesmas, de comum acordo, ajuizar dissídio coletivo de natureza econômica, podendo a Justiça do Trabalho decidir o conflito, respeitadas as disposições mínimas legais de proteção ao trabalho, bem como as convencionadas anteriormente.

Trata-se do poder normativo da Justiça do Trabalho, única instituição judiciária brasileira a deter essa competência para *legislar ultra partes*. Quer dizer que o Poder Judiciário pode criar normas e condições gerais e abstratas, mediante sentenças normativas, com reflexos nos contratos individuais de trabalho dos trabalhadores envolvidos.

4. PROCEDIMENTO

De acordo com o Regimento Interno do TST, se for infrutífera a negociação coletiva, pode ser ajuizada ação de dissídio coletivo (art. 240, *caput*).

4.1. PETIÇÃO INICIAL

Para esse fim, a petição inicial deve vir instruída de elementos fundamentais à regular representação. As indicações abaixo são decorrentes do exame feito das várias orientações jurisprudenciais da SDC do TST, após a revogação da Instrução Normativa n. 4/1993, que resultou em documento apresentado perante o Colégio de Presidentes e Corregedores da Justiça do Trabalho, e por este aprovado, na condição de Corregedor Regional da Justiça do Trabalho da 8ª Região. São os seguintes documentos:

– **Edital de convocação**

Trata-se do documento que convocou a Assembleia Geral da Categoria para finalidade específica de, constatada a impossibilidade da negociação coletiva, ajuizar o dissídio correspondente. É exigência da OJ n. 29 da SDC do TST:

OJ N. 29 – EDITAL DE CONVOCAÇÃO E ATA DA ASSEMBLEIA GERAL. REQUISITOS ESSENCIAIS PARA INSTAURAÇÃO DE DISSÍDIO COLETIVO. O edital de convocação da categoria e a respectiva ata da AGT constituem peças essenciais à instauração do processo de dissídio coletivo.

– **Ata da assembleia geral**

A ata é ainda previsão da OJ n. 29 transcrita acima. Deverá ser documento assinado por aqueles que possuem poderes para tal, nos termos do estatuto do sindicato, e deve ser acompanhada da lista com nomes e assinaturas de todos os presentes, que tenham participado das votações.

– **Pauta de reivindicações**

É, no nosso entendimento, o mais fundamental documento que deve ser encaminhado ao Tribunal. Na pauta, estão as diversas cláusulas aprovadas na assembleia geral, e que devem constar, uma a uma, da ata respectiva, pena de extinção do processo, conforme preconiza a OJ n. 8 da SDC:

OJ N. 8 – SDC – DISSÍDIO COLETIVO. PAUTA REIVINDICATÓRIA NÃO REGISTRADA EM ATA. CAUSA DE EXTINÇÃO. A ata da assembleia de trabalhadores que legitima a atuação da entidade sindical respectiva em favor de seus interesses deve registrar, obrigatoriamente, a pauta reivindicatória, produto da vontade expressa da categoria.

– **Representação inicial com proposta-base clausulada**

Trata-se da peça de ingresso, da *petição inicial*, do dissídio coletivo. Além da ata da assembleia sindical consignar todas as cláusulas aprovadas, a inicial devera contê-las e, em cada uma, registrar seus fundamentos. É o que contém a OJ n. 32 da SDC:

OJ N. 32 – SDC – REIVINDICAÇÕES DA CATEGORIA. FUNDAMENTAÇÃO DAS CLÁUSULAS. NECESSIDADE. APLICAÇÃO DO PRECEDENTE NORMATIVO N. 37 DO TST. É pressuposto indispensável à constituição válida e regular da ação coletiva a apresentação em forma clausulada e fundamentada das reivindicações da categoria, conforme orientação do item VI, letra "e", da Instrução Normativa n. 4/93.

– **Prova do registro sindical para dar legitimidade *ad processum***

O que pretende a OJ n. 15 da SDC é que o sindicato autor faça a demonstração de possuir personalidade sindical, ou seja, estar regularmente inscrito como entidade sindical representativa da categoria cujos interesses e direitos pretende defender pela via do dissídio coletivo perante o M.Tb. Diz a OJ n. 15:

OJ N. 15 – SDC – SINDICATO. LEGITIMIDADE "*AD PROCESSUM*". IMPRESCINDIBILIDADE DO REGISTRO NO MINISTÉRIO DO TRABALHO – A comprovação da legitimidade "*ad processum*" da entidade sindical se faz por seu registro no órgão competente do Ministério do Trabalho, mesmo após a promulgação da Constituição Federal de 1988.

Provar o registro sindical regular é, para o ajuizamento do dissídio coletivo, a prova mesma da existência e da legitimidade do sindicato.

4.2. CONCILIAÇÃO

Recebida e protocolizada a representação, instruída pelas peças elencadas acima, o Presidente do Tribunal designará, no prazo de dez dias, audiência de conciliação, notificadas as partes, conforme o *caput* do art. 860 consolidado.

O parágrafo único desse dispositivo cuida da instauração *ex officio* da instância. Admitindo que se trate de dissídio coletivo de natureza econômica, pensamos que o dispositivo teve sua derrogação parcial, em virtude do § 3º do art. 114 da Constituição, que exige o *de comum acordo* das partes para ser ajuizado. Assim, embora discordando a exigência introduzida pela EC n. 45/2009, o parágrafo único do art. 860 da CLT assemelha-se incompatível com o novo texto constitucional.

Não há, nesse aspecto, qualquer antinomia com o que foi registrado acima, ao referirmos à instauração *ex officio* da instância em caso de dissídio coletivo de greve (art. 856 da CLT). Aqui estamos tratando de dissídio coletivo sem que exista paralisação do trabalho.

Nos casos em que o dissídio ocorrer fora da sede do Tribunal, poderá ser delegada competência ao juiz de primeiro grau da localidade a fim de desenvolver as atribuições dos arts. 860 e 862 da CLT, isto é, realizar em dez dias audiência de conciliação.

Sendo infrutífera essa conciliação, o magistrado devolverá o processo ao Tribunal competente, acompanhado de exposição circunstanciada dos fatos e apontando a solução que entende mais conveniente, conforme consta do art. 866 da CLT.

À audiência de conciliação deverá estar presente o sindicato ou empresa demandada por seu representante legal, bem como o representante do sindicato de trabalhadores. Impossível de haver acordo, conforme a proposta-base apresentada pelo demandante, o Presidente deverá propor a solução que lhe pareça mais adequada. Havendo composição do litígio, será submetido à homologação do Tribunal na primeira sessão seguinte. São as regras dos arts. 861 e 863 da CLT.

4.3. FASE CONTENCIOSA

Inexistindo acordo, passa-se à fase contenciosa do processo, e o suscitado deverá apresentar sua defesa, mediante impugnação das cláusulas da proposta-base, uma a uma. Em seguida, o Ministério Público do Trabalho emitirá parecer, que, se possível, poderá ser oral, a fim de agilizar o processamento do feito, dadas suas repercussões. O mesmo procedimento será aplicado quando ausente uma das partes, tudo conforme o art. 864 consolidado.

Julgado o dissídio, as partes serão notificadas por via postal e mediante publicação no Diário Oficial (art. 867, da CLT).

4.4. SENTENÇA NORMATIVA

A decisão tomada pelo Tribunal, no julgamento de um dissídio coletivo, resulta em uma sentença normativa, que tem natureza constitutiva, não condenatória, e que deverá ser proferida com a brevidade necessária.

Os prazos de vigência começam a contar na forma prevista no parágrafo único do art. 867 da CLT:

> a) a partir da data de sua publicação, quando ajuizado o dissídio após o prazo do art. 616, § 3º, ou, quando não existir acordo, convenção ou sentença normativa em vigor, da data do ajuizamento;
>
> b) a partir do dia imediato ao termo final de vigência do acordo, convenção ou sentença normativa, quando ajuizado o dissídio no prazo do art. 616, § 3º.

4.5. AÇÃO DE CUMPRIMENTO

Finalmente, um breve comentário acerca da ação de cumprimento.

Como verificado acima, há prazo para a sentença normativa iniciar sua vigência, ou seja, a partir da data fixada as regras ali contempladas devem ser observadas.

Não sendo, caberá a qualquer empregado prejudicado ou ao sindicato correspondente, juntando certidão da decisão, ajuizar reclamação perante a Vara do Trabalho competente para pedir o cumprimento da sentença. Igual procedimento deve ocorrer se a norma descumprida por convenção ou acordo coletivo de trabalho.

É proibido, ademais, que sejam questionadas quaisquer matérias de fato e de direito que a decisão cujo cumprimento está sendo pretendido já tenha apreciado.

Trata-se da regra expressa claramente no parágrafo único do art. 872 da CLT, que dispõe sobre a ação de cumprimento.

Note-se, por outro lado, que, apesar do disposto na CLT, o art. 7º, § 6º, da Lei n. 7.701/1988 dispensa o trânsito em julgado da decisão e autoriza o ajuizamento da ação de cumprimento a partir do 20º dia do julgamento pelo tribunal. É igualmente a regra contemplada na Súmula n. 246 do TST.

Por fim, o sindicato ao ingressar com a ação de cumprimento estará agindo como substituto processual, sendo desnecessária a outorga de poderes por parte dos empregados substituídos, bastando a sua nomeação e qualificação, conforme recorda Ives Gandra Martins Filho[165].

---

(165) MARTINS FILHO, I, G. da S.. *Processo coletivo do trabalho* cit.. 1994. p. 156.

Capítulo VII

O FUTURO DAS RELAÇÕES COLETIVAS

1. ORIGENS DO FUTURO

O que é futuro? Passado? Presente? Muitas vezes, perguntamos a nós mesmos se existem diferenças entre essas situações. Concluímos que o passado é infinito, que o futuro é o presente, e que o presente não existe.

Expliquemos: no momento em que falamos no presente, ele, que antes era futuro, imediatamente passou a passado. Logo, o presente é apenas a menor parte de um milésimo de segundo que apenas serve de comunicação entre o que foi (o passado) e o que será (o futuro). Não sabemos o começo do passado como não sabemos o final do futuro. Sabemos o que é o passado, mas apenas podemos supor o que será o futuro. Podemos presumir sobre o que vem, e afirmar sobre o que foi. Num mesmo instante, vivemos a transposição do futuro em passado: este instante é o presente.

Por isso, vivendo estes primeiros tempos de uma profunda reforma trabalhista no Brasil, cuidemos do sentido do futuro, do que vem agora para tentar alinhavar pontos e identificar a possível capacidade de transição que temos nesses instantes de profundas alterações.

Em 1943, quando foi aprovada a CLT, foram reunidos os diversos textos legais esparsos que existiam no Brasil. A comissão responsável garimpou a legislação que estava vigendo e a sistematizou de modo a facilitar seu entendimento e sua aplicação pela sociedade.

Logo começaram a surgir mudanças e não demorou para termos, como temos ainda hoje, uma fartíssima legislação trabalhista extravagante que se confunde com a CLT e, o pior, confunde quem quer aplicar a CLT.

É costume ser dito que a CLT é anacrônica, superada, em descompasso com os tempos modernos, uma colcha de retalhos sem rumo, e que o que está nela precisa ser revisto.

Diziam que a CLT era uma cópia da *Carta del Lavoro* da Itália porque um documento corporativista. Uma falácia. Pelo menos em tamanho a CLT está na frente: tem, na sua origem, 910 artigos. O diploma italiano possui apenas trinta artigos (menos de 4% da CLT).

De uns tempos para cá, muita coisa mudou nas relações trabalhistas. A modernização dos meios de produção, a facilidade da comunicação, a melhor formação profissional trouxeram profundas alterações na vida do trabalho, mas a legislação reguladora permaneceu inerte e acabou apresentando sinais de superação. Isto foi demonstrado ao longo desta obra.

Diversas tentativas de mudança legislativa foram feitas. Todas foram infrutíferas. Nada deu certo porque devemos acreditar que tenha faltado coragem parlamentar e discussões estéreis foram realizadas e não levaram a nada.

Em 2008, quando presidente da Academia Brasileira de Direito do Trabalho, designamos comissão presidida pelo saudoso mestre Amauri Mascaro Nascimento e composta pelos juristas Nelson Mannrich e Luiz Carlos Amorim Robortella, que elaborou um alentado anteprojeto de Lei de Relações Individuais do Trabalho. Igualmente não deu resultado e não passou de mais um documento para discussões em nível acadêmico.

Quando assumiu o Governo Michel Temer, em um crescente maremoto, que a globalização transformou em *tsunami*, de crise, um projeto minúsculo, o PL n. 6.787, de 2016, foi encaminhado pela Mensagem n. 688/16 ao Congresso Nacional. Basicamente propunha alterar regras sobre multas administrativas, trabalho a tempo parcial, representação de trabalhadores nas empresas, supremacia das normas negociadas sobre a legislação em exatos treze itens, e critérios para contagem de prazos, além de mudanças na lei do trabalho temporário.

Dos debates no Parlamento, o PL n. 6.787/16 passou a ser o PL n. 38/17, no Senado, e, o que era *nanico*, transformou-se em um *mastodonte*, e, agora, é o que vale: transformou-se na Lei n. 13.467, de 13 de julho de 2017. E pronto. E basta. Basta, e começou a vigorar em 11 de novembro de 2017. Passadas as primeiras 72 horas de sua vigência, o mundo brasileiro do trabalho foi surpreendido com a *reforma da reforma*, através da edição da MP n. 808, de 14 seguinte.

Muita coisa foi mudada. Bem mudadas algumas. Mal mudadas outras. Caberá aos interlocutores sociais os ajustes e sobretudo à Justiça do Trabalho corrigir os erros para não violar mais ainda os princípios que, arduamente, foram conquistados pela sociedade e que informam o Direito do Trabalho, sem descurar, todavia, a necessidade de alinhar o Brasil com o resto do mundo dito civilizado. Sequer sabemos, no momento presente da vida do país, se outras alterações serão processadas.

Em pinceladas, esta é a origem do *futuro* de tudo que envolve o trabalho em nosso país. É diante dele, do futuro, que nos encontramos. Então, vejamos o que ele nos reserva.

2. FUTURO DO TRABALHO

Temos muitas coisas a considerar a partir de agora, e ainda é cedo para admitir que tudo está absorvido pela doutrina, pela jurisprudência e, sobretudo, pela sociedade.

Devemos lançar uma visão prospectiva sobre o possível futuro do trabalho. Não se fala mais no trabalho subordinado nos modelos do século XX (Taylorismo, Fordismo, Toyotismo, Volvismo, Gatismo etc). Devemos cogitar do trabalho para o restante do século XXI e para os séculos que hão de vir.

Tempos atrás, circulou nas redes sociais um texto sobre novos e velhos empregos. Dizia: *Não é o mais forte e não é o mais inteligente que irá sobreviver no mercado. Mas sim, quem se adaptar mais rápido às grandes mudanças no mercado.* E, a partir daí demonstrava quatorze momentos dessas mudanças: *o MP3 faliu as gravadoras. O Netflix faliu as locadoras. O Booking complicou as agências de turismo. O Google faliu a Listel – Páginas Amarelas e as enciclopédias. O Airbnb está complicando os hotéis. O WhatsApp está complicando as operadoras de telefonia. As mídias sociais estão complicando os veículos de comunicação. O Uber está complicando os taxistas. A OLX acabou com os classificados de jornal. O celular acabou com as revelações fotográficas e com as câmeras amadoras. O Zip Car está complicando as locadoras de veículos. A Tesla está complicando a vida das montadoras de automóveis. O e-mail e a má gestão complicaram os correios. O Marketing de Rede mudou a forma de comércio. O mundo evoluiu, e com ele também a maneira de se viver e ganhar dinheiro... Quanto mais atrasada a nossa visão mais caro pagaremos por isso. Antecipe-se.*

Este é um alerta temeroso. Lamentavelmente, não é possível aprofundar estudos a esse respeito neste livro. Afinal, a *bola de cristal* da doutrina não permite, ainda, posições conclusivas e fechadas. Porém, precisamos considerar que as alterações tecnológicas mudaram a forma de trabalhar. Existe o teletrabalho, que, bem ou mal, as novas regras pretendem regular. Haverá, nesse aspecto, que serem procedidos a ajustes que, no entanto, irão surgir a partir das dificuldades da implementação de alguns comandos legais.

Temos a Educação a Distância (EAD), que é uma forma nova e diferente de ensinagem e diferente de aprendizado. E o professor, que é trabalhador, está atravessando um modo diverso de convivência com o alunado.

Existem trabalhos que teremos que nos adaptar: trabalho intermitente, dentre outros, que pode representar formas de precarização do trabalho humano. Na mesma linha, a terceirização, a quarteirização e a pejotização, que, lamentavelmente, acabarão sendo acolhidas e adotadas na sua plenitude.

Olhando este *novo mundo* nos deparamos com três palavras que caíram no gosto (ou desgosto) popular. Bauman dizia sobre duas delas: flexibilização é o *nome politicamente correto da frouxidão de caráter*[166], e desregula-

(166) BAUMAN, Zigmunt. *Capitalismo parasitário*. Trad. Eliana Aguiar. Rio de Janeiro: Zahar, 2010. p. 34.

mentação é *a palavra da hora e o princípio estratégico louvado e praticamente exibido pelos detentores do poder*(167). A terceira é precarização que parece ser o destino do futuro do trabalho humano, fruto do desemprego estrutural, da oferta de mão de obra crescente em contrapasso com a redução dos postos de trabalho, da ampliação do mercado informal, do subemprego e do desemprego.

Nesse meio de tanto dissabor, surgem os empregos verdes, que podem ser, pelo menos, uma forma de salvar o planeta da sua autodestruição.

Ademais, poderão as empresas (grandes, médias, pequenas, micro, individuais) sobreviver sem trabalhadores? E devem ser todos os trabalhadores considerados subordinados, e, portanto, empregados?

Precisamos repensar esses temas. Olhar para além das nossas fronteiras geográficas e acompanhar como andam os outros países. Vendo no exterior: em março de 2017, 22,5% da população da Grécia estavam desempregados, e, na Espanha, eram 18,75%. Em maio, o Brasil tinha 13,3% de desempregados em sua população, e os Estados Unidos registravam 4,5%(168). E, da mesma forma como o desemprego aumenta, assim também crescem as mazelas do mundo: quase oitocentos milhões de desnutridos, mais de seiscentos milhões sem acesso a água potável, aproximadamente quatro milhões de crianças morrendo por ano antes de completar cinco anos de idade, e, dentro de pouco mais de dezesseis mil dias (menos de 44 anos) acabará o petróleo do planeta(169). Em meio a isso tudo, o Brasil é o décimo país mais desigual do mundo, de acordo com o Programa das Nações Unidas para o Desenvolvimento (PNUD).

É neste quadro temeroso e temerário que se apresenta o futuro do trabalho.

3. O FUTURO DO DIREITO DO TRABALHO

Passa o Direito por grandes mudanças. A tutela do Estado vem sendo pedida para ser afastada. A sociedade não está mais confiando no que o Estado (os três Poderes) pode lhe proporcionar.

Campeia a insegurança e a desordem. O Executivo pouco faz e vive às voltas com crescentes denúncias de malfeitos públicos. O Legislativo de há muito esqueceu de ser legislador, sua missão principal, e caminha em um pantanal de indícios pouco recomendáveis. O Judiciário, por força das leis malfeitas, arrasta-se lentamente sem atender à celeridade que a Constituição precisou dizer que deve existir, e, ainda assim, defronta-se com uma legislação processual que modifica a forma de contagem dos prazos para exclusivamente considerar os dias úteis.

A grande pregação de hoje é no sentido de fortalecer a autonomia privada coletiva. Esse, aliás, é o mote principal do atual modelo legislativo trabalhista adotado no Brasil.

Mas não é novo. Vem desde 1988 e passou desapercebido, em meio aos louvores festejando uma constituição promulgada por uma Constituinte original. Lamentavelmente, muita coisa passou para a Constituição vigente quando deveria, no máximo, figurar em lei ordinária. Outras tantas constaram como norma programática, e continuam constando da mesma forma. São direitos que existem mas que, sob reserva legal, não podem ser exercidos na sua plenitude. Veja-se, como exemplo, o direito de greve dos servidores públicos, que depende de lei específica e que é regido, a partir de decisão da Suprema Corte, por uma lei de greve em atividades essenciais, *no que couber*.

A negociação coletiva figurava na CLT desde 1943. Permaneceu até os dias correntes e ganhou foros especiais, quando o TST aprovou a Instrução Normativa n. 4/1993, que exigia o esgotamento das instâncias extrajudiciais para o ajuizamento de dissídio coletivo. Revogada a Instrução, readquiriu a Justiça do Trabalho seu poder normativo, a nosso ver, um dos momentos mais fenomenalmente importantes do Judiciário trabalhista, considerando a realidade sindical que os opositores a esse poder insistem em entender como questão de menor importância.

Sobreveio a Emenda Constitucional n. 45, de 2004, e foi incluída a dicção *de comum acordo* no § 2º do art. 114 da Constituição, para os dissídios coletivos de natureza econômica. A partir daí, enfraqueceu-se, novamente, o poder normativo, e os processos dessa espécie passaram a ser extintos sistematicamente, sem resolução do mérito. Debalde isso, a negociação coletiva não foi em frente. Apenas uma decisão isolada, do TRT da 8ª Região, declarou a inconstitucional incidental desse *de comum acordo*.

(167) BAUMAN, Z.. *Comunidade: a busca por segurança no mundo atual*. Trad. Plínio Dentzien. Rio de Janeiro: Zahar, 2003. p. 42.

(168) Disponível em: <https://pt.tradingeconomics.com/country-list/unemployment-rate>. Acesso em: 30.06.2017.

(169) Disponível em: <http://www.worldometers.info/br/>. Acesso em: 30.06.2017.

Agora, os arts. 611-A e 611-B da Lei n. 13.467/17 cuidam da prevalência da norma negociada sobre as disposições legais em vigor. Isto é bom, porque, ao cabo, é fortalecida a autonomia privada coletiva, e capital e trabalho ficam *em pé de igualdade*. O problema não é *ficar em pé*. A questão é a *igualdade*, que, todos sabemos, não existe.

Por que não existe? A razão é simples: os sindicatos brasileiros de trabalhadores são muitos, demasiadamente pulverizados, e exageradamente fracos, salvo umas pouquíssimas exceções que não chegam a representar nem 5% dos quase 17.000 regularmente registrados no M.Tb.

No Pará, por exemplo, raros são os sindicatos realmente fortes e representativos: urbanitários, trabalhadores em transportes coletivos, comerciários, e talvez mais uns dois ou três. O resto não tem poder de pressão para obter conquistas adequadas em uma negociação direta.

Os direitos do art. 611-A da CLT podem ser livremente negociados (*entre outros*), por isso poderia ser chamado esse dispositivo de *negociado*, e são direitos que constam da legislação e que, também por lei, poderão ser negociados.

O § 2º desse artigo prevê que a inexistência de expressa indicação de contrapartidas recíprocas em convenção coletiva ou acordo coletivo de trabalho não ensejará sua nulidade por não caracterizar um vício do negócio jurídico, na linha do que, anteriormente, acenara o STF (RE 895.759, Rel.: Min. Teori Zavaski; RE 590.415-SC, Rel.: Min. Luiz Roberto Barroso; ADPF 323-DF, Rel.: Min. Gilmar Mendes). Ademais, se procedente a anulação de uma cláusula negociada, a compensatória seguirá o mesmo caminho, sem repetição do indébito (§ 4º).

O art. 611-B é o legislado, o que, em tese, não pode ser negociado, repetindo, basicamente, os direitos consagrados nos arts. 7º, 8º e 9º, da Constituição, somando aproximadamente três dezenas de direitos. O perigo, que não tem sido percebido por muitos, é a palavra *exclusivamente* que aparece no dispositivo, cujo teor, na íntegra, é:

> Art. 611-B. Constituem objeto ilícito de convenção coletiva ou de acordo coletivo de trabalho, <u>exclusivamente</u>, a supressão ou a redução dos seguintes direitos: (grifamos).

A razão do perigo é que a nulidade somente ocorre se constatada a pura e simples supressão ou redução de direitos. *Modus in rebus*, se houver alguma compensação inexistirá nulidade a proclamar.

Acreditamos que, nesse aspecto, a Justiça do Trabalho terá muito trabalho para corrigir as violações aos princípios informadores do Direito do Trabalho, em decorrência da *exclusividade* que aparece no art. 611-B.

Uma coisa, porém, parece indesmentível: o Direito do Trabalho será, agora e, sobretudo, o que as partes criarem. É o resultado da conjugação de seus interesses, onde patrões e empregados coloquem suas dificuldades, seus sucessos, suas razões, suas vontades, suas ideias e seus ideais. Negociem livremente e encontrem os pontos de concordância que existem no seu *modus vivendi* e elaborem os documentos que irão reger sua convivência harmônica por um lapso temporal.

Assim, nosso Direito do Trabalho, menos que um código de leis elaborado pelo Estado, terá uma compilação de acordos coletivos de trabalho e convenções coletivas de trabalho e de acordos individuais também (porque existe previsão até para isso), e serão essas as regras que, primordialmente, irão reger as relações de convivência entre trabalhadores e patrões no Brasil.

As normas heterônomas, todavia, não devem ser consideradas supletivas dessas autônomas. Terão papel de contrapeso, de fiel da balança, para equilibrar as diferenças que demonstrarem a desigualdade entre as partes. Não procedendo dessa forma, estaremos rompendo com tudo o que existe no mundo do Direito do Trabalho. É importante que os seus princípios basilares continuem a ser observados, sem exageros, mas com equilíbrio, serenidade e seriedade, inclusive, e especialmente, no momento em que as normas que vierem a surgir estiverem sendo negociadas.

4. O FUTURO DA JUSTIÇA DO TRABALHO

A instituição *Justiça do Trabalho* foi criada na Constituição de 1934, como órgão do Poder Executivo, e somente em 1946 passou a integrar o Poder Judiciário. Dos antigos oito Conselhos Regionais do Trabalho, hoje este segmento do Poder Judiciário espraia-se em 24 Tribunais Regionais do Trabalho. Na Amazônia, na que costumamos chamar de *Justiça Amazônica do Trabalho*, em que pese sua dimensão continental, possuímos apenas três TRTs (dois de médio porte, o da 8ª com 23 desembargadores (Pará e Amapá) e o da 11ª com 14 desembargadores

(Amazonas e Roraima) e um de pequeno porte, o da 14ª Região com oito desembargadores (Rondônia e Acre), com um total de 45 desembargadores (dos 567 existentes no Brasil) e, nessas três regiões estão apenas 120 Varas do Trabalho (56 na 8ª, 32 na 11ª e 32 na 14ª), das 1.587 Varas que funcionam no Brasil (101 Juízes na 8ª, 64 na 11ª e 63 na 14ª, perfazendo 228, dos 3.361 juízes trabalhistas brasileiros). Existe o Estado do Tocantins, que, todavia, está sob jurisdição do TRT da 10ª Região (Distrito Federal). O fato que queremos ressaltar é que, salvo quatro Estados da Amazônia (Amapá, Acre, Roraima e Tocantins), todos os demais possuem os seus próprios tribunais do trabalho. Esquecida sempre, esqueceram que aqui existem trabalhadores humanos que querem ter acesso à Justiça.

Como vivemos num mundo atingido pelo vírus da estatística, devemos considerar a importância da Justiça do Trabalho como fonte de arrecadação. De janeiro a maio de 2017, as 24 regiões trabalhistas brasileiras arrecadaram para os cofres públicos R$-12.894.245,05, referentes a custas, emolumentos, contribuições previdenciárias e Imposto sobre a Renda, e, no mesmo período, receberam um total de 415.557 processos, um aumento de 8,9% em relação ao mesmo período do ano passado quando foram recebidos 381.766 processos(170), atendidos, no 1º grau, por 1.564 Varas do Trabalho.

Segundo o Conselho Nacional de Justiça, o assunto mais recorrente na Justiça brasileira que é examinado pela Justiça do Trabalho é o que trata de rescisão contratual e pagamento de verbas rescisórias, temas que somaram quase cinco milhões de ações em 2015(171).

Acreditamos que esses poucos dados servem para demonstrar a importância da Justiça do Trabalho, que, apesar disso, tem sido objeto de inúmeras críticas, algumas razoáveis, outras desprovidas de qualquer azo de verdade.

Tem sido muito comentado que, com as novas regras trabalhistas, a Justiça do Trabalho irá gradualmente perdendo sua importância e sua necessidade.

É certo que toda mudança causa transtorno e dificuldade iniciais. Precisamos fazer ajustes e reajustes. Rever entendimentos. Compreender a realidade do mundo daqui e do mundo lá fora. No Direito do Trabalho, muita coisa mudou e novos institutos surgiram. A própria noção de subordinação foi modificada. As formas de contratação ganharam outro viés.

O Poder Judiciário não pode, então, ficar alheio a essas alterações comportamentais, donde precisamos reavaliar o entendimento que temos das coisas e dos institutos que temos que gerir.

Devemos admitir que, dentre outras medidas, os magistrados trabalhistas precisam repensar seu nível de compreensão com a realidade. Afinal, o que mais importa para o trabalhador: ter garantida a sua subsistência com dignidade, ou ingressar no mundo marginal e acabar com o mínimo de felicidade que poderia ter para si e sua família?

É imperioso admitir que os juízes do trabalho precisam reavaliar seu entendimento, devem se alinhar com a realidade do mundo exterior, necessitam assumir uma postura mais moderna, considerando a irrefreável tendência do mercado mundial. São aspectos extremamente complexos e que temos grande dificuldade em admitir, compreender e aceitar.

Por outro lado, os dados estatísticos referidos antes preocupam a todos. E a Justiça do Trabalho precisa lançar seu olhar também sobre esses aspectos. Quem sente a dor do calo no sapato apertado são, cada qual a sua maneira, o empregado e o patrão. Ninguém tem o direito de ficar no lugar de nenhum deles.

A representação classista, tão criticada por perder suas características originais, tornou-se um fardo demasiadamente oneroso para o Estado, deixou de existir e, com ela, a aproximação do magistrado togado dos parceiros sociais. Os fatos ficaram mais distantes do juiz.

A Justiça do Trabalho era uma justiça simples, rápida, desburocratizada. Seu processo era ligeiro, célere. Numa única assentada de audiência resolvia-se a pendência. Predominava a oralidade, a concentração e a simplicidade. Em poucos meses, os recursos interpostos tinham percorrido todas as instâncias e iniciava-se uma execução sem dificuldades,

---

(170) Movimentação processual – Tribunais Regionais do Trabalho. Disponível em: <http://www.tst.jus.br/documents/10157/6dc49263-8903-97cb-797e-88ea10fb210e>. Acesso em: 29.06.2017.

(171) Cf. *Justiça em números 2016*. Disponível em: <http://www.cnj.jus.br/files/conteudo/arquivo/2016/10/b8f46be3dbbff344931a933 79915488.pdf>. Acesso em: 29.06.2017.

A agilidade trabalhista foi copiada pelos Juizados Especiais. Todos os vícios e males do processo civil, antes mera fonte subsidiária e pouco usada na Justiça do Trabalho, passaram a incorporar-se ao seu dia a dia. O criador (a Justiça do Trabalho) acabou engolido pela criatura representada especialmente pelos juizados especiais e muitas normas do novo processo civil. Não se pedem mais as parcelas comuns (aviso-prévio, férias, 13º salário), inovam-se com postulações complexas, buscando tirar mais alguma coisa do patronato. Este, a seu turno, não apresenta defesa direta, deve ou não deve, fez ou não fez. Nada disso. Desenvolve longo arrazoado, repleto de citações tipo *control C; control V*, suscita defesas indiretas, argui preliminares, requer provas de difícil produção. O simples virou complexo e o rápido passou a ser lento. É a cara da Justiça do Trabalho de agora, que carece, urgentemente, de um código de processo do trabalho a fim de que seja definitivamente mandado às estantes o código de processo civil, e que o art. 769 da CLT volte a ser lido com o mesmo espírito com que foi inserido na texto consolidado em 1943: fonte subsidiária, supletiva, inferior, menor.

Fruto das dificuldades propostas para a Justiça do Trabalho atualmente, com essas novas regras que não são originalmente suas, serão fortificados os mecanismos extrajudiciais de solução de conflitos, como a mediação e a arbitragem, inclusive individual que, a nosso ver, nunca foi proibida.

As demandas trabalhistas terão, num primeiro momento, seu número elevado. Após, haverá uma retração. E, por fim, acalmados os ânimos, as ações serão ajuizadas com mais cautela por ambos os lados, considerando, inclusive, os dispositivos sobre dano patrimonial, os que envolvem a litigância de má-fé, e os honorários de sucumbência, que farão repensar o ajuizamento de lides verdadeiramente temerárias que, dia a dia, se avolumam nas Varas do Trabalho e nos tribunais, e que transformaram institutos sérios, como o do dano moral (o extrapatrimonial), em fonte inesgotável de ações, muitas absolutamente despropositadas.

É importante destacar este aspecto: exigência de postura ética dos litigantes. Os dados estatísticos revelam a elevação gradual das demandas. Por que isso ocorria? Três fatores, pelo menos: 1) pedidos sem qualquer espécie de fundamentação razoável; 2) concessão de gratuidade sem critérios mais rígidos; 3) inexistência de condenação em honorários de sucumbência do vencido ainda que parcial. A regra, antes da reforma de 2017 era: "não importa o absurdo do pedido; perder não custa nada". E tanto é verdade que é de todos sabido que existem petições iniciais que o rol de postulações supera as letras do alfabeto (de A a Z e depois AA, BB, CC, e por aí vai). Aos nobres advogados caberá a observância rigorosa das postulações para evitar que seus clientes (os trabalhadores) incorram em condenações ao pagamento de honorários sucumbências, justamente pela incúria nos pedidos formulados. Trata-se, ao cabo, de aplicar a regra contida no art. 5º do CPC. Todo cuidado e toda cautela, então, são recomendáveis.

Juízes e advogados, que são peças indispensáveis à boa justiça, necessitam, cada qual na sua área de atuação, agir com prudência. Assim, avaliando os fatos, numa perspectiva mais moderna do direito, sem descurar dos princípios basilares do Direito do Trabalho contemporâneo, que importa, necessariamente, na compreensão da realidade socioeconômica mundial, irão, nos seus respectivos territórios, fazer com que a Justiça do Trabalho continue a ser o principal instrumento de controle da paz social no Brasil.

Ao decidir, o juiz deverá, no nosso entendimento, avaliar profundamente os efeitos de seu provimento, a fim de, resolvendo uma questão individual, não danificar toda a estrutura de um empreendimento e, com isso, causar danos à sociedade e ao bem comum. Cabe aos magistrados agir sempre com o olhar lançado aos arts. 5º da LINDB, e 8º, *caput*, da CLT: sempre o interesse coletivo, comum, público deve prevalecer sobre o individual.

É uma nova tarefa que o futuro aponta para a Justiça do Trabalho em nosso país. E nada de atitudes extremas que não levam a lugar bom algum. Afinal, todo excesso é condenável.

Alain Supiot destaca que o mundo hoje vive em busca de *regulação* e não de *regulamentação*(172). Isto é o que foi feito no Brasil agora. Serão os interlocutores sociais os responsáveis por essa regulamentação. O mínimo está garantido pela regulação estatal, sobretudo pelas regras constitucionalmente consagradas.

O importante neste momento, então, é fortalecer os sindicatos e os trabalhadores devem ter consciência disso. As normas negociadas somente não irão ser prejudiciais se os sindicatos forem atuantes e os trabalhadores são os responsáveis por tudo isso.

---

(172) SUPIOT, Alain. *Crítica do direito do trabalho*. Trad. António Monteiro Fernandes. Lisboa: Fundação Calouste Gulbenkian, 2016. p. XVIII

Lamentavelmente, a Lei n. 13.467/17 é uma criação açodada demais. Surgiu de um mini-projeto e se transformou em uma maxi-reforma. Os interlocutores sociais não foram ouvidos. As principais instituições de estudo do Direito do Trabalho sequer foram chamadas a opinar. A MP n. 808/17 seguiu o mesmo caminho. Agora, resta recolher as sobras e tentar reconstruir tudo, sobretudo o fortalecimento dos sindicatos de trabalhadores que precisam assumir seu papel altamente responsável, e a Justiça do Trabalho, que deverá, reavaliando-se, adaptar-se ao mundo moderno das relações de trabalho.

Com efeito, mudados os paradigmas, os sindicatos passarão a viver a sua fase de mais importância: não serão fonte de arrecadação do Estado, nem seus dirigentes representarão postuladores de vagas de funções públicas. Estes serão os representantes dos interesses e dos direitos dos trabalhadores, mister que deverão desenvolver com extrema eficiência, tendo a garantia do seu próprio emprego como a mola propulsora da sua correta atividade.

Ninguém pensa que, debalde os atropelos dessa reforma, ela não sairia. Seria aprovada e sancionada, sim. E sê-lo-ia em qualquer situação e qualquer circunstância, pouco importando as ideologias que eventualmente ocupassem o poder. É o resultado de uma evolução da humanidade e fruto dessa globalização meio desordenada que estamos vivendo. Nós estamos assistindo e participando ativamente da mudança de uma fase da vida do mundo, onde o papel de entidades associativas ganha destaque indiscutível. Enfim, acabou o tempo do Estado paternal. Agora é a hora do sindicato dinâmico.

As dificuldades com a reforma das leis trabalhistas não devem ser motivo de desesperança nem de sentirmos que está ruindo o edifício da democracia e que a classe patronal será a opressora e os trabalhadores estão retornando à senzala.

Devemos ter firme esperança de que esses percalços serão todos superados, e o mundo do trabalho será de paz e felicidade para todos. O *nosso* futuro será de permanente construção de dias melhores para as gerações que hão de vir.

Referências Bibliográficas

ALMEIDA, Isis de. *Terminação do Contrato de Trabalho. In:* BARROS, Alice Monteiro de (coord.). *Curso de Direito do Trabalho* (estudos em memória de Célia Goyatá) [II]. São Paulo: LTr, 1993.

AMIRANTE, Carlo. *Introduzione. In* DENNINGER, Erhard. *Diritto dell'uomo e legge fondamentale.* Trad. Riegert & Amirante. Turim, G. Giappichelli, 1994.

ARAUJO, Luiz Alberto David & NUNES JUNIOR, Vidal Serrano. *Curso de direito constitucional.* 5. ed. São Paulo: Saraiva, 2001.

ARAÚJO, Francisco Rossal de. *A boa-fé no contrato de emprego.* São Paulo: LTr, 1996.

ARENDT, Hannah. *A promessa da política.* Trad. Jerome Kohn. 3. ed. Rio de Janeiro: Difel, 2010.

ARISTOTELES. *Ética a Nicômaco.* Trad. Edson Bini. 3. ed. Bauru: Edipro, 2009.

BACHOF, Otto. *Normas constitucionais inconstitucionais?.* Trad. José Manuel M. Cardoso da Costa. São Paulo: Almedina, 2009.

BARACAT, Eduardo Milléo. *A boa-fé no direito individual do trabalho.* São Paulo: LTr, 2003.

BARROS, Alice Monteiro de (coord.). *Curso de Direito do Trabalho* (estudos em memória de Célia Goyatá). São Paulo: LTr, 1993.

__________. *A mulher e o Direito do Trabalho.* São Paulo: LTr, 1995.

__________. *Proteção à intimidade do empregado.* São Paulo: LTr, 1997.

__________. Lei Pelé. *In: Revista do Direito Trabalhista.* Brasília, 5(12), dez. 1999.

__________. *As relações de trabalho no espetáculo.* São Paulo: LTr, 2003.

__________. *Curso de direito do trabalho.* São Paulo: LTr, 1. ed. 2005, 6. ed. 2010.

__________. *Contratos e regulamentações especiais de trabalho.* 5. ed. São Paulo: LTr, 2012.

BARROS, Glauce de Oliveira. *Alterações no Capítulo IV – Convenção n. 132 – CLT. In* Revista do Direito Trabalhista, Brasília, v. 6, n. 8, agosto de 2000.

BARROS JÚNIOR, Cássio de Mesquita (coord.). *Tendências do direito do Trabalho contemporâneo (homenagem a A. F. Cesarino Júnior)* (3 vols.). São Paulo: LTr, 1980.

__________. *Fundação e registro de sindicato. In:* ROMITA, Arion Sayão (coord.). *Curso de direito constitucional do trabalho* (homenagem ao Prof. Amauri Mascaro Nascimento) (II). São Paulo: LTr, 1991.

BARROSO, Fábio Túlio. *Manual de direito coletivo do trabalho.* São Paulo: LTr, 2010.

BASTOS, Celso Ribeiro & MARTINS, Ives Gandra da Silva. *Comentários à Constituição do Brasil (I).* São Paulo: Saraiva, 1988.

BAUMAN, Zygmunt. *Globalização*: as consequências humanas. Trad. Marcus Penchel. Rio de Janeiro: Zahar, 1999.

__________. *Comunidade*: a busca por segurança no mundo atual. Trad. Plínio Dent-zien. Rio de Janeiro, Zahar, 2003.

__________. *Tempos líquidos.* Trad. Carlos Alberto Medeiros. Rio de Janeiro: Zahar, 2007.

__________. *Capitalismo parasitário.* Trad. Eliana Aguiar. Rio de Janeiro: Zahar, 2010.

BELMONTE, Alexandre Agra. *Danos morais no Direito do Trabalho.* 3. ed. Rio de Janeiro: Renovar, 2007.

__________. *Tutela da composição dos danos morais nas relações de trabalho.* São Paulo: LTr, 2014.

BELTRAN, Ari Possidônio. *Direito do trabalho e direitos fundamentais.* São Paulo: LTr, 2002.

BEVILÁQUA, Clóvis. *Teoria Geral do Direito Civil*. 2. ed. Rio de Janeiro: Francisco Alves, 1929.

BEZERRA LEITE, Carlos Henrique. *Manual de direitos humanos*. 3. ed. São Paulo: Atlas, 2014.

BOBBIO, Norberto. *Elogio da serenidade*. Trad. Marco Aurélio Nogueira. São Paulo: Unesp, 2002.

BOTELHO MONIZ, Carlos. *L'égalité juridique entre hommes et femmes en droit portugais, Separata de L'égalité juridique entre hommes et femmes dans la Communauté Européenne; Actes du Colloque Européen*, Louvain-la-Neuve, Presses Universitaires, 1986.

BOUCINHAS FILHO, Jorge. *Direito de greve e democracia*. São Paulo, LTr, 2013.

BRASIL. MINISTÉRIO DO TRABALHO. *O problema do trabalho forçado no Brasil contemporâneo (subsídios ao informe da Delegação do Governo do Brasil à 80ª Conferência Internacional do Trabalho, junho. 1993)*. Brasília, s.c.p., 1993.

BRITO FILHO, José Claudio Monteiro de. *Direito Sindical: análise do modelo brasileiro de relações coletivas de trabalho à luz do Direito Comparado e da doutrina da OIT: proposta de inserção da comissão de empresa*. São Paulo: LTr, 2000.

__________. *Trabalho decente*. 3. ed. São Paulo: LTr, 2013.

__________. *Trabalho escravo: caracterização jurídica*. São Paulo: LTr, 2014.

CAMARGO, Thaísa Rodrigues de Lustosa e MELO, Sandro Nahmias. *Princípios de direito ambiental do trabalho*. São Paulo, LTr, 2013.

CANTARO Antonio. *Il secolo lungo: lavaro e diritti social nella storia europea*. Roma, Ediesse, 2006.

CARDOSO NETO, Francisco Silva. DJ – necessidade de regulamentar a profissão de operador de aparelhagem de som. *In: Revista de Direito do Trabalho*. São Paulo, 39(149), jan./fev. 2013.

CARINCI, Franco. *Lo sciopero nei servizi pubblici essenziali: dall'autoregolamentatione alla legge 12 giugno 1990, n. 146*. Separata da *Rivista Giuridica del Lavoro e de la Previdenza Sociali, XLI(61), 1990*.

CARRION, Valentin. *Comentários à Consolidação das Leis do Trabalho*. São Paulo: Saraiva, 23. ed. 1998, 38. ed. 2013.

CASELLA, Paulo Borba & RAMOS, André de Carvalho. *Direito Internacional: homenagem a Adherbal Meira Mattos*. São Paulo: Quartier Latin, 2009.

CASSAR, Vólia Bonfim. *Direito do Trabalho*. 7. ed. Rio de Janeiro: Forense, São Paulo: Método, 2012.

CASTELO, Jorge Pinheiro. Dano moral trabalhista. Competência. *In: Trabalho & Doutrina*. São Paulo, (10):44, set. 1966.

CATHARINO José Martins.*Tratado jurídico do salário*. Ed. Fac-similada, São Paulo: LTr, 1994.

CESARINO JÚNIOR, Antônio Ferreira. *Direito Social*. São Paulo: LTr, 1980.

COLLOR, Lindolfo. *Exposição de motivos*. Separata de Legislação social trabalhista. Rio de Janeiro: 1933.

COLUMBU, Francesca. O trabalho intermitente na legislação laboral italiana e brasileira. In: *Revista dos Tribunais*. São Paulo, 106(984):277-201, out. 2017.

COMTE-SPONVILLE, André. *Pequeno Tratado das Grandes Virtudes*. São Paulo, Martins Fontes, 2004.

COSTA, Orlando Teixeira da. *Direito coletivo do trabalho e crise econômica*. São Paulo: LTr, 1991.

__________. Trabalho rural e trabalho forçado. *In: Revista do TRT da 8ª Região*. Belém, 26(51), jul./dez. 1993.

__________. Da ação trabalhista sobre dano moral. *In: Trabalho & Doutrina*. São Paulo, (10), set. 1996.

__________. *O Direito do Trabalho na sociedade moderna*. São Paulo: LTr, 1999.

COUTURIER, Gérard. *Droit du travail*. Paris: Presses Universitaires, 1990.

DALLEGRAVE NETO, José Affonso. *Responsabilidade civil no direito do trabalho*. 2. ed. São Paulo: LTr, 2007.

DELGADO, Mauricio Godinho. *Curso de direito do trabalho*. São Paulo: LTr, 2002. 11. ed. 2012.

DE LA CUEVA, Mario. *El nuevo derecho mexicano del trabajo* (2 vols). México, Pórrua, (I) 6. ed. 1980, (II), 1979.

DE LUCA, Angelo. *Il mobbing*: conoscerlo per difendersi. Manfredonia: Andrea Pacilli Editore. 2015.

DESPAX, Michel. *Droit du travail*. 5. ed. Paris: Presses Universitaires, 1981.

DINIZ, Maria Helena. *Conflito de normas*. 4. ed., São Paulo, Saraiva, 2001.

__________. *Lei de introdução às normas do direito brasileiro comentada*. 18. ed., São Paulo, Saraiva, 2013.

DOMINGOS DAMAS, Joaquim Augusto. O princípio da igualdade na relação jurídica do trabalho. *In: Revista Jurídica do Trabalho, I(1)*, Salvador-Lisboa, abr./jun. 1988.

DONATO, Messias Pereira. Liberdade sindical. *In: Curso de direito do trabalho em homenagem a Mozart Victor Russomano (Coord.: Octavio Bueno Magano)*. São Paulo: Saraiva, 1985.

DUTRA, Maria Zuíla Lima. *Meninas domésticas, infâncias destruídas*. São Paulo: LTr, 2007.

ERMIDA URIARTE, Oscar. *Liberdade sindical: normas internacionais, regulação estatal e autonomia. In:* TEIXEIRA FILHO, João de Lima. *Relações coletivas de trabalho (estudos em homenagem ao Min. Arnaldo Sussekind)*. São Paulo: LTr, 1989.

FERRARI, Irany. *Cooperativas de trabalho*. São Paulo: LTr, 1999.

__________ & MARTINS, Melchíades Rodrigues. *Dano moral: múltiplos aspectos nas relações de trabalho*. 3. ed. São Paulo: LTr, 2008.

FERREIRA, Aurélio Buarque de Holanda. *Novo dicionário da língua portuguesa*. 2. ed. 32. impr. Rio de Janeiro: Nova Fronteira, 1986.

FERREIRA, Abner *et alii* (orgs.). *Direito e cristianismo*. Vol. 2 – Novos desafios. Rio de Janeiro: Betel, 2017.

FERREIRA FILHO, Manoel Gonçalves. *Curso de direito constitucional*. 18. ed. São Paulo: Saraiva, 1990.

FERREIRA PRUNES, José Luiz. *As gorjetas no direito brasileiro do trabalho*. São Paulo: LTr, 1982.

FIORILLO, Celso Antônio Pacheco & RODRIGUES, Marcelo Abelha. *Manual de direito ambiental e legislação aplicável*. São Paulo: Max Limonad, 1997.

FLORINDO, Valdir. *Dano moral e direito do trabalho*. 4. ed. São Paulo: LTr, 2002.

FORRESTER, *Viviani. Horror econômico*. Trad. Álvaro Lorencini. São Paulo: Unesp, 1997.

FRANCO, Carolina M. S. S. *As possibilidades do podcast como ferramenta midiática na educação*. Dissertação de Mestrado. São Paulo: Universidade Presbiteriana Mackenzie, 2008.

FRANCO FILHO, Georgenor de Sousa. *Imunidade de jurisdição trabalhista dos entes de direito internacional público*. São Paulo: LTr, 1986.

__________. *A arbitragem e os conflitos coletivos de trabalho no Brasil*. São Paulo: LTr, 1990.

__________. Da fixação da contribuição confederacional. *In: Repertório IOB de Jurisprudência*. São Paulo, 2ª quinzena out.1990, 2/4321; *In*: Advocacia Trabalhista (ADT-COAD), Informativo Semanal. Rio de Janeiro, 24(45), nov.1990.

__________. A importância da primeira "Lei dos Sindicatos". *In: Revista do Tribunal Superior do Trabalho*. Brasília, 59/90.

__________ (coord.). *Direito do trabalho e a nova ordem constitucional*. São Paulo, LTr. 1991.

__________. *Liberdade sindical e direito de greve no direito comparado*. São Paulo: LTr, 1992.

__________. *Relações de trabalho na Pan-Amazônia: a circulação de trabalhadores*. São Paulo: LTr, 1996.

__________. *A nova lei de arbitragem e as relações de trabalho*. São Paulo: LTr, 1997.

__________. *Competência Internacional da Justiça do Trabalho*. São Paulo: LTr, 1998.

__________. *Globalização & desemprego: mudanças nas relações de trabalho*, São Paulo: LTr, 1998.

__________. *O servidor público e a reforma administrativa*. São Paulo, LTr, 1998.

__________. *Negociação coletiva transnacional. In:* FRANCO FILHO, Georgenor de Sousa (coord.). *Curso de Direito coletivo do trabalho (estudos em homenagem ao Ministro Orlando Teixeira da Costa)*. São Paulo: LTr, 1998.

__________ (coord.). *Curso de Direito coletivo do trabalho (estudos em homenagem ao Ministro Orlando Teixeira da Costa)*. São Paulo: LTr, 1998.

__________. *Globalização do trabalho: rua sem saída*. São Paulo: LTr, 2001.

__________. *Ética, Direito & Justiça*. São Paulo: LTr, 2004.

__________. *Direito do Trabalho no STF (II)*. São Paulo: LTr, 1999, 5, 2002; 10, 2007; 12, 2009.

__________. *Contrato de trabalho por prazo determinado. A garantia de emprego da gestante. In:* FRANCO FILHO, Georgenor de Sousa (coord.). *Trabalho da Mulher (homenagem a Alice Monteiro de Barros)*. São Paulo: LTr, 2009.

__________ (coord.). *Trabalho da Mulher (homenagem a Alice Monteiro de Barros)*. São Paulo: LTr, 2009.

__________. *Os tratados sobre direitos humanos e a regra do art. 5º, § 3º, da Constituição do Brasil. In:* CASELLA, Paulo Borba & RAMOS, André de Carvalho. *Direito Internacional: homenagem a Adherbal Meira Mattos*. São Paulo: Quartier Latin, 2009.

__________. O trabalho intelectual na era da informação. *In: Revista do Direito Trabalhista*, Brasília, 17(6), jun. 2011.

__________. *Avaliando o direito do trabalho*. São Paulo: LTr, 2010.

__________. Os novos direitos do doméstico segundo a OIT. *In: Repertório de Jurisprudência IOB*, São Paulo, (2), 2012; *Jornal Trabalhista*, Brasília, (28), 2011. *Revista Síntese Trabalhista e Previdenciária*, São Paulo, (23), 2011; *LTr. Suplemento Trabalhista*, São Paulo, (100), 2011.

__________. Novas tecnologias e uma parte do novo mundo do trabalho. *In: Jornal Trabalhista Consulex*, Brasília, (38), 2011; e, *in LTr. Suplemento Trabalhista*, São Paulo, (69), 2011.

__________. *Direito do trabalho no STF* (18). São Paulo: LTr, 2015.

__________ & MAZZUOLI, Valério de Oliveira (org.). *Direito internacional do trabalho. O estudo da arte sobre a aplicação das convenções internacionais da OIT no Brasil.* São Paulo, LTr, 2016.

FRANCO NETO, Georgenor de Sousa. Os refugiados ambientais: o caso de Tuvalu. In: *Revista do Programa de Pós-Graduação em Direito da Universidade da Amazônia* – UNAMA. Belém:4(4):197-223, 2003

FREITAS, Alexandre Teixeira de. O Contrato de Trabalho Permanece Intacto. *In*: *No Mérito*. Rio de Janeiro, fev. 1996.

FOLEY, Michael. *A era da loucura*. Trad. Eliana Rocha. São Paulo: Alaúde, 2011

GAGLIANO, Pablo Stolze & PAMPLONA FILHO, Rodolfo. *Novo curso de Direito Civil (contratos em espécie)* (4-II). 7. ed. São Paulo: Saraiva, 2014.

GALANTINO, Luisa. *Diritto del lavoro*. 11. ed. Torino: G. Giappichelli, 2001.

GARCIA, Gustavo Felipe Barbosa. *Curso de direito do trabalho*. Rio de Janeiro: Forense, 5. ed. 2011, 8. ed. 2014.

__________. *Manual de direito do trabalho*. 4. ed. São Paulo: Método, 2011.

GIGLIO, Wagner D. *Justa causa*. 3. ed. São Paulo: LTr, 1992.

GIUGNI, Gino. A liberdade sindical na Constituição italiana. *In*: BARROS JÚNIOR, Cássio de Mesquita (coord.). *Tendências do direito do Trabalho contemporâneo (homenagem a A. F. Cesarino Júnior)* (II). São Paulo: LTr, 1980.

__________. *Direito Sindical*. Trad. Eiko Lucia Itioka. São Paulo: LTr, 1991.

GIUSTINA, Beatriz Della. A reparação do dano moral decorrente da relação de emprego. *In*: *Revista LTr*. São Paulo, 59(10), out.1995.

GOMES, Orlando & GOTTSCHALK, Elson. *Curso de Direito do Trabalho*. 5. ed. Rio de Janeiro: Forense, 1972.

GONÇALVES, Simone Cruxên. *Limites do* jus variandi *do empregador*. São Paulo: LTr, 1997.

GUEDES, Márcia Novaes. *Terror psicológico no trabalho*. 3. ed. São Paulo: LTr, 2008.

HAESBAERT DA COSTA, Rogério. *O mito da desterritorialização: do 'fim dos territórios' à multiterritorialização*. 6ª ed., Rio de Janeiro: Bertrand, 2011.

HUSEK, Carlos Roberto. O fim do passe. *In*: *Magistratura & trabalho*. São Paulo, IX(39), fev.mar.2011, p. 11.

JAVILLIER, Jean-Claude. *Manual de direito do trabalho*, Trad. Rita Asdine Bozaciyan. São Paulo: LTr, 1988.

JORGE NETO, Francisco Ferreira & CAVALCANTE, Jouberto de Quadros Pessoa. *Responsabilidade e as relações do trabalho*. São Paulo: LTr, 1998.

__________. *Direito do Trabalho*. 6. ed. São Paulo: Atlas, 2012.

KEELEY, Brian. *Les migrations internationals: le visage humain de la mondialisation*. Trad. Emmanuel Dalmanesche. Paris: OCDE, 2009.

KELSEN, Hans. *Principios de derecho internacional público*. Trad. Caminos & Hermida. Buenos Aires: El Ateneo, 1965.

KOURY, Suzy Elizabeth Cavalcante. *A desconsideração da personalidade jurídica* (disregard doctrine) *e os grupos de empresas*. 2. ed. Rio de Janeiro: Forense, 2003.

__________. Recuperação de empresas e sucessão trabalhista. *In*: *Revista LTr*. São Paulo, 76(09), set. 2012.

KROTOSCHIN, Ernesto. *Manual de derecho del trabajo*. 3. ed. Buenos Aires: Depalma, 1977.

LASSALLE, Ferdinand. *O que é uma Constituição?*. São Paulo: Leme, 2016.

LATOUCHE, Serge. *Pequeno tratado do decrescimento sereno*. Trad. Claudia Berliner. São Paulo: Martins Fontes, 2009.

LEÃO XIII. Encíclica *Rerum Novarum*. *In*: *Textos & documentos*. Brasília, 2(5), mai.1980.

LE BIHAN-GUÉNOLÉ, Martine. *Droit du travail*. Paris: Hachette, 1999.

LIPOVSTSKY, Gilles. *A era do vazio*. Trad. Therezinha Monteiro Deutsch. Barueri: Manolo, 2005.

__________. *A felicidade paradoxal: ensaio sobre a sociedade do hiperconsumismo*. Trad. Maria Lúcia Machado. São Paulo: Companhia das Letras, 2007.

LYON-CAEN, Gérard & LYON-CAEN, Antoine. *Droit social international et européen*. 5. ed. Paris: Dalloz, 1980.

__________& PÉLISSIER, Jean. *Droit du travail*. 14. ed. Paris: Dalloz, 1988.

MAGANO, Octavio Bueno. *Organização sindical brasileira*. São Paulo: RT, 1981.

__________ (coord.). *Curso de direito do trabalho em homenagem a Mozart Victor Russomano*. São Paulo: Saraiva, 1985.

__________. *Manual de direito do trabalho*. São Paulo: LTr, (I) 4. ed. 1991; (II) 2. ed. 1988; (III), 2. ed. 1990; (IV), 1986.

MALLET, Estevão, *Temas de direito do trabalho*. São Paulo: LTr, 1998.

__________*O princípio constitucional da igualdade e trabalho da mulher*. *In:* FRANCO FILHO, Georgenor de Sousa (coord.). *Trabalho da Mulher (homenagem a Alice Monteirode Barros)*. São Paulo: LTr, 2009.

MANCEBO, François. *Développement durable*. 2. ed., Paris: Armand Colin, 2013.

MANNRICH, Nelson. *A modernização no contrato de trabalho*. São Paulo: LTr, 1998.

__________. *Fiscalização do trabalho*. *In:* RODRIGUES PINTO, José Augusto, MARTINEZ, Luciano & MANNRICH, Nelson (coords.). *Dicionário brasileiro de direito do trabalho*. São Paulo: LTr, 2013.

MANSUETI, Hugo Roberto. El 'mobbing' y el derecho. *In: Revista do Programa de Pos-Graduação em Direito da Universidade da Amazônia*. Belém, 2(2), nov. 2006.

MANUS, Pedro Paulo Teixeira. *Despedida arbitrária ou sem justa causa*. São Paulo: Malheiros, 1996.

MARQUES, Christiani. *O contrato de trabalho e a discriminação estética*. São Paulo: LTr, 2002.

MARTINEZ CARRERA, Luciano. *Curso de direito do trabalho*. São Paulo: Saraiva, 2010; 5. ed. 2014.

MARTINEZ, Wladimir Novaes. *Comentários à Lei Básica da Previdência Social* (II). São Paulo: LTr, 1992.

MARTINS, Sérgio Pinto. *Contribuição confederativa*. São Paulo: LTr, 1996.

__________. *Contribuições sindicais*. 3. ed. São Paulo: Atlas, 1998.

__________. *Comentários à CLT*. 4. ed. São Paulo: Atlas, 2001.

__________. *Cooperativas de trabalho*. 2. ed. São Paulo: Atlas, 2006.

__________. *Direito do trabalho*. São Paulo: Atlas, 26. ed. 2010; 29. ed. 2013.

MARTINS FILHO, Ives Gandra da Silva. *Processo coletivo do trabalho*. São Paulo: LTr, 1994; 4. ed., 2009.

MAXIMILIANO, Carlos. *Comentários à Constituição de 1946*. *In*: RANGEL, Leyla Castello Branco *et alii* (org.). *Direito de greve*. Brasília: Serviço de Informação Legislativa do Senado Federal, 1964.

MAZZELLA, Sylvie. *Sociologie des migrations*. Paris: Presses Universitaires de France, 2014.

MAZZUOLI, Valério de Oliveira. *Interação das convenções e recomendações internacionais da OIT no Brasil e sua aplicação sob a perspectiva do princípio 'pro homine'*. In: Revista de Direito do Trabalho. São Paulo, (152):11-35, 2013.

__________. *Curso de direitos humanos*. 2. ed. São Paulo: Método, 2015.

MEDAUAR, Odete. *Direito administrativo moderno*. 9. ed. São Paulo: RT, 2005.

MEIRA, Sílvio Augusto de Bastos. *Instituições de direito romano*. 3. ed. São Paulo: Max Limonad, 1968.

MEIRELES, Edilton. Férias e a Convenção n. 132 da OIT. *In: Revista de Direito Trabalhista*, Brasília, 17(801), fev. 2000.

MELO, Raimundo Simão de. *A greve no direito brasileiro*. 3. ed. São Paulo: LTr, 2011.

MONTEIRO JUNIOR, Francisco José. *Trabalho da mulher: o art. 384 da CLT e a Lei Maria da Penha e seus aspectos trabalhistas*. *In:* FRANCO FILHO, Georgenor de Sousa (coord.). *Trabalho da Mulher (homenagem a Alice Monteiro de Barros)*. São Paulo: LTr, 2009.

MONTERO DE SAN VICENTE, Osvaldo. *Derecho del trabajo de los países del Mercosur*. Montevideo, Fundación de Cultura Universitária, 1996.

MORAES FILHO, Evaristo de. A organização sindical perante o Estado. *In: Revista LTr*, São Paulo, 52(11), nov. 1988.

__________. *A justa causa na rescisão do contrato de trabalho*. 3. ed. fac-similada. São Paulo: LTr, 1996.

MORAIS, Océlio de Jesus Carneiro. *Teoria da prescrição das contribuições sociais da decisão judicial trabalhista*. São Paulo, LTr, 2013.

MURGAS TORRAZZA, Rolando. *La terminación de la relación de trabajo en el derecho panameño*. *In:* PASCO C., Mario. *La extención de la relación laboral*. Lima: AELE, 1987.

NAHAS, Thereza Christina. *Novo Direito do Trabalho. Institutos fundamentais. Impactos da reforma trabalhista*. São Paulo: RT, 2017.

NASCIMENTO, Amauri Mascaro. *Curso de direito do trabalho*. São Paulo: Saraiva, 7. ed. 1989; 24. ed. 2009.

__________. *Direito sindical*. São Paulo: Saraiva, 1990.

__________. *Comentários às leis trabalhistas* (I). São Paulo: LTr, 1991.

__________. *Compêndio de direito sindical*. 2. ed. São Paulo: LTr, 2000.

__________. *Iniciação ao direito do trabalho*. 33. ed. São Paulo: LTr, 2007.

NASCIMENTO, Sônia Mascaro. *Assédio moral*. São Paulo: Saraiva, 2009.

NASSAR, Rosita de Nazaré Sidrim. Aposentadoria por Tempo de Serviço. Efeito sobre o Contrato de Trabalho. *In: Revista do Tribunal Regional do Trabalho da 8ª Região*. Belém, 28 (55), jul./dez.1995.

NICOLINI, Giovanni. *Compendio di diritto del lavoro*. Pádua, CEDAM, 2004.

NIPPERDEY, H. C. *El derecho de la huelga en Alemania*. Trad. Ernesto Krotoschin. *In:* Diversos. *La huelga* (II). Santa Fé, s.c. 1951.

OIT. *Liberté syndicale et negociation collective: etude d"ensemble (rapport de la Comission d'Experts pur l'aplication des conventions et recommendations)*. Genebra: RIT, 1983.

__________. *El trabajo infantil; lo intolerable en el punto de mira*. Genebra: OIT, 1996.

__________. *Liberdade sindical*. Brasilia: OIT, 1997.

__________. *Trabajo decente en las Americas: una agenda hemisférica,* 2006-2015. Informe del Director General. Brasília, OIT, 2006.

OLIVEIRA, Edmundo. *A ONU e o tráfico de pessoas*. Orlando: USPIT, 2013.

OLIVEIRA, Oris de. *Unidade e pluralidade sindical*. *In:* ROMITA, Arion Sayão (coord.). *Curso de direito constitucional do trabalho (estudos em homenagem ao Prof. Amauri Mascaro Nascimento)* (II). São Paulo: LTr, 1991.

OLIVEIRA, Sebastião Geraldo de. *Proteção jurídica à saúde do trabalhador*. 4. ed. São Paulo: LTr, 2002.

OSLZAK, Norbert. *Histoire du droit du travail*. Paris: Economica, 2011.

OUAISSI, Haïba. *Le travail de demain: rénovation ou révolution?*. Paris: Lextenso, 2014.

PAMPLONA FILHO, Rodolfo. *O dano moral na relação de emprego*. 2. ed. São Paulo: LTr, 1999.

__________& ANDRADE JÚNIOR, Luiz Carlos Vilas Boas. A torre de Babel das novas adjetivações do dano. *In: Revista LTr*. São Paulo, 78(5):554-63, maio 2014.

PASCO COSMÓPOLIS, Mário. *La extinción de la relación laboral*. Lima: AELE, 1987.

PEREZ DEL CASTILLO, Salvador. *O direito de greve*. Trad. Irany Ferrari. São Paulo: LTr, 1994.

PINHO PEDREIRA, Luiz de Pinho. *Principiologia de direito do trabalho*. Salvador: Contraste, 1996.

PINTO, Mário. *Sobre a liberdade sindical no direito português*. *In:* TEIXEIRA FILHO, João de Lima. *Relações coletivas de trabalho (estudos em homenagem ao Ministro Arnaldo Süssekind)*. São Paulo: LTr, 1989.

PIO XI. Encíclica *"Quadragésimo Anno"*. *In: Textos & Documentos*, II (6), Brasília, jun. 1980.

PLÁ RODRIGUEZ, Américo. *Princípios de direito do trabalho*. Trad. Wagner D. Giglio. São Paulo: LTr, 1993.

PONTES DE MIRANDA, Francisco Cavalcante. *Comentários à Constituição de 1946* (V). 2. ed. São Paulo: Max Limonad, 1953.

PONTIER, Jean-Marie. *Droits fundamentaux et libertés publiques*. 4. ed. Paris: Hachette, 2010.

PRADO, Roberto Barretto. O direito de greve em face da Constituição de 5/10/1988. *In: Revista LTr*. São Paulo, 52(11), nov. 1988.

__________. *Curso de direito coletivo do trabalho*. 2. ed. São Paulo: LTr, 1991.

RANGEL, Leyla Castello Branco *et alii* (org.). *Direito de greve*. Brasília, Serviço de Informação Legislativa do Senado Federal, 1964.

REID, Elizabeth. Los derechos de la mujer en punto muerto: necessidad de un cambio radical. *In*: *Revista Internacional del Trabajo*, Genebra, 91 (6), jan. 1975.

RIVA, Severino. *Compendio di diritto del lavoro*. 16. ed. Nápoles: Simone, 2012.

RIVERO, Jean & SAVATIER, Jean. *Droit du Travail*, 11. ed. Paris: Presses Universitaires, 1989.

ROBORTELLA, Luiz Carlos Amorim. *O moderno Direito do Trabalho*. São Paulo: LTr, 1994.

__________. Aposentadoria e contrato de trabalho. *In: Trabalho & Processo*. São Paulo, (6), set.1995.

RODRIGUES Pinto, José Augusto. Aposentadoria e Continuidade Executiva do Contrato Individual de Trabalho. *In: Genesis*. Curitiba, 7[41], maio 1996.

__________. *Curso de direito individual do trabalho*. 4. ed. São Paulo: LTr, 2000.

__________. *Direito sindical e coletivo do trabalho*. 2. ed. São Paulo: LTr, 2002.

__________, MARTINEZ, Luciano & MANNRICH, Nelson (coords.). *Dicionário brasileiro de direito do trabalho*. São Paulo: LTr, 2013.

__________. *Parassubordinação*. *In:* RODRIGUES PINTO, José Augusto, MARTINEZ, Luciano e MANNRICH, Nelson. *Dicionário brasileiro de direito do trabalho*. São Paulo: LTr, 2013. p. 313.

ROMITA, Arion Sayão. *Efeitos da Aposentadoria sobre o Contrato de Trabalho [parecer]*.*In*: Revista Genesis. Curitiba, 28, 1995.

__________ (coord.). *Curso de direito constitucional do trabalho (Estudos em homenagem ao Prof. Amauri Mascaro Nascimento)* (2 vols.). São Paulo: LTr, 1991.

RUPRECHT, Alfredo J. *Os princípios do direito do trabalho*. Trad. Edilson Alkimin Cunha. São Paulo: LTr, 1995.

__________. *Relações coletivas de trabalho*. Trad. Edilson Alkmin Cunha. São Paulo: LTr, 1995.

RUSSOMANO, Mozart Victor. *Comentários à CLT*. 9. ed. Rio de Janeiro: Forense, 1982.

__________. *O empregado e o empregador no direito brasileiro*. 7. ed. Rio de Janeiro: Forense, 1984.

SAAD, Eduardo Gabriel. *Comentários à CLT.* 36. ed. São Paulo: LTr, 2003.

SADY, João José. *Curso de direito sindical.* São Paulo: LTr, 1998.

SALVADOR, Sérgio Henrique & AGOSTINHO, Theodoro Vicente. *Desaposentação – aspectos teóricos e práticos.* 2. ed. São Paulo: LTr, 2014.

SANSEVERINO, Luisa Riva. *La huelga en el ordenamento juridico italiano.* Trad. Mario L. Deveali. *In:* Diversos. *La huelga* (II). Santa Fé, s.c.p., 1951.

SANTORO-PASSARELLI, Francesco. *Nozioni di diritto del lavoro.* 35. ed. Nápoles: Eugenio Jovene, 1987.

SANTOS, Antônio Sérgio Figueiredo. *Prática desportiva.* Belo Horizonte: Inédita, 2001.

SANTOS, Enoque Ribeiro dos. *O dano moral na dispensa do empregado.* São Paulo: LTr, 2. ed. 2000, 3. ed. 2002.

SANTOS, Roberto Araújo de Oliveira. *História econômica da Amazônia (1800-1920).* São Paulo: T. A. Queiroz, 1980.

__________. O desenvolvimento da Amazônia e seus reflexos sobre as relações de trabalho: campesinato e conflito na Amazônia oriental. *In: Revista do TRT da 8ª Região.* Belém, 21(41), jul./dez. 1988.

__________. A greve dita abusiva e a 'cláusula da comunidade'. *In: Revista do TRT da 8ª Região*, 45 (89), jul/dez. 2012.

SCHOPENHAUER, Arthur. *A arte de ser feliz.* Trad. Marion Fleischer *etalii.* São Paulo: Martins Fontes, 2005.

SHIEBER, Benjamin M. *Iniciação ao direito trabalhista norte-americano.* São Paulo: LTr, 1988.

SINAGRA, Vicenzo. *Istituzioni di diritto del lavoro.* Palermo: Palumbo, 1955.

SILVA, José Afonso. *Curso de direito constitucional positivo.* 26. ed. São Paulo: Malheiros, 2006.

SILVA, Luis Osiris. *A luta pela Amazônia.* São Paulo: Fulgor, 1962.

SILVA NETO, Manoel Jorge e. *Proteção constitucional dos interesses trabalhistas: difusos, coletivos e individuais homogêneos.* São Paulo: LTr, 2001.

__________. *Curso de direito constitucional.* Rio de Janeiro: Lumen Juris, 2006.

SILVAGNA, Lucia. I "nuovi danni" alla persona nel rapporto del lavoro. Il dano da mobbing: la Fattispecie. *In: Revista do Programa de Pós-Graduação em Direito da Universidade da Amazônia.* Belém, 2(2), nov. 2006.

SIMÃO, Aziz. *O sindicato e o Estado (suas relações na formação do proletariado de São Paulo).* São Paulo: Ática, 1981.

SODERO, Fernando Pereira. *Contrato de aviamento no direito agrário brasileiro. In*: Revista do Iterpa. Belém, (4), 1976.

SOUTO MAIOR, Jorge Luiz. *O direito do trabalho com instrumento de justiça social.* São Paulo: LTr, 2000.

SOUZA, Ronald Amorim e. *Greve e locaute: aspectos jurídicos e econômicos.* Coimbra: Almedina, 2004.

SOUZA JÚNIOR, Antônio Umberto *et alii. Reforma trabalhista*: análise e crítica da Lei n. 13.467/2017. São Paulo: Rideel, 2017.

SPINOZA. *Ética.* Trad. Tomaz Tadeu. 3. ed. Belo Horizonte: Autentica, 2010.

SUPIOT, Alain. *Crítica do direito do trabalho.* Trad. António Monteiro Fernandes. Lisboa: Fundação Calouste Gulbenkian, 2016.

SÜSSEKIND, Arnaldo Lopes. *Conflito de leis trabalhistas.* Rio de Janeiro: Freitas Bastos, 1979.

__________. Organização sindical: categoria e registro. *In: Jornal Trabalhista.* Brasília, IX(387), jan. 1992.

__________. Alterações na legislação de férias. *In Revista de Direito Trabalhista*, Brasília, 17(800), fev. 2000.

__________. *Direito internacional do trabalho.* 3. ed. São Paulo: LTr, 2000.

__________. *Curso de direito do trabalho.* 2. ed. Rio de Janeiro: Renovar, 2004.

__________ *et alii. Instituições de direito do trabalho.* São Paulo: LTr, 16. ed. 1996, 21. ed. 2003, 22. ed. 2005; (2 vols.)

TEIXEIRA FILHO, João de Lima. *Relações coletivas de trabalho (estudos em homenagem ao Ministro Arnaldo Süssekind).* São Paulo: LTr, 1989.

TOMAZ, Carlos Alberto Simões de. *Direito à felicidade.* Belo Horizonte: Folium, 2010.

TRUEBA URBINA, Alberto. Proceso histórico de la huelga en Mexico. *In: Diversos.* La huelga *(III).* Santa Fé, s.c.p., 1951.

__________& TRUEBA BARRERA, Jorge. *Ley Federal del Trabajo; comentarios, prontuario, jurisprudencia y bibliografia.* 67. ed. México: Porrúa, 1991.

TUMA, Márcio Pinto Martins. *Aplicação do intervalo intrajornada*: um dano existencial. São Paulo: LTr, 2016.

VALLADÃO, Haroldo Teixeira. *Direito Internacional privado* (III). Rio de Janeiro: Freitas Bastos, 1978.

VALTICOS, Nicolas. *Derecho internacional del trabajo.* Trad. Maria Jose Triviño. Madrid: Technos, 1977.

VASQUEZ VIALARD, Antonio. *El sindicato en el derecho argentino.* Buenos Aires: Astrea, 1981.

WACHSMANN, Patrick. *Les droits de l'homme.* 5. ed. Paris: Dalloz, 2008.

ZAINAGHI, Domingos Sávio. *Os atletas profissionais de futebol no direito do trabalho.* São Paulo: LTr, 1998.

Índice Alfabético Remissivo

D

Principais Obras do Autor

DE AUTORIA EXCLUSIVA

1. *Direito do Mar*. Belém, Imprensa Oficial do Estado do Pará, 1974 (esgotado).

2. *A proteção internacional aos direitos humanos*. Belém: Imprensa Oficial do Estado do Pará, 1975 (esgotado).

3. *O Pacto Amazônico: idéias e conceitos*. Belém: Falângola, 1979 (esgotado).

4. *Imunidade de jurisdição trabalhista dos entes de Direito Internacional Público* (Prêmio "Oscar Saraiva" do Tribunal Superior do Trabalho). São Paulo: LTr, 1986 (esgotado).

5. *Na vivência do Direito Internacional*. Belém: Cejup, 1987 (esgotado).

6. *Na Academia: imortal por destino. Mosaico cultural* (em colaboração). Belém: Falângola, 1987 (esgotado).

7. *Guia prático do trabalho doméstico*. Belém: Cejup, 1989 (esgotado).

8. *A arbitragem e os conflitos coletivos de trabalho no Brasil*. São Paulo: LTr, 1990 (esgotado).

9. *Liberdade sindical e direito de greve no direito comparado (lineamentos)*. São Paulo: LTr, 1992.

10. *Relações de trabalho na Pan-Amazônia: a circulação de trabalhadores* (Tese de Doutorado na Faculdade de Direito da Universidade de São Paulo). São Paulo: LTr, 1996.

11. *A nova lei de arbitragem e as relações de trabalho*. São Paulo: LTr, 1997.

12. *Globalização & desemprego: mudanças nas relações de trabalho*. São Paulo: LTr, 1998.

13. *Direito do Trabalho no STF (1)*. São Paulo: LTr, 1998.

14. *Competência Internacional da Justiça do Trabalho*. São Paulo: LTr, 1998.

15. *O servidor público e a reforma administrativa*. São Paulo: LTr, 1998.

16. *Direito do Trabalho no STF (2)*. São Paulo: LTr, 1999.

17. *Tratados internacionais*. São Paulo: LTr, 1999.

18. *Direito do Trabalho no STF (3)*. São Paulo: LTr, 2000.

19. *Globalização do trabalho: rua sem saída*. São Paulo: LTr, 2001.

20. *Direito do Trabalho no STF (4)*. São Paulo: LTr, 2001.

21. *Direito do Trabalho no STF (5)*. São Paulo: LTr, 2002.

22. *Direito do Trabalho no STF (6)*. São Paulo: LTr, 2003.

23. *Direito do Trabalho no STF (7)*. São Paulo: LTr, 2004.

24. *Ética, Direito & Justiça*. São Paulo: LTr, 2004.

25. *Direito do Trabalho no STF (8)*. São Paulo: LTr, 2005.

26. *Direito do Trabalho no STF (9)*. São Paulo: LTr, 2006.

27. *Trabalho na Amazônia: a questão dos migrantes*. Belém, Unama, 2006.
28. *Direito do Trabalho no STF (10)*. São Paulo: LTr, 2007.
29. *Direito do Trabalho no STF (11)*. São Paulo: LTr, 2008.
30. *Direito do Trabalho no STF (12)*. São Paulo: LTr, 2009.
31. *Avaliando o Direito do Trabalho*. São Paulo: LTr, 2010.
32. *Direito do Trabalho no STF (13)*. São Paulo: LTr, 2010.
33. *Direito do Trabalho no STF (14)*. São Paulo: LTr, 2011.
34. *Direito do Trabalho no STF (15)*. São Paulo: LTr, 2012.
35. *Direito do Trabalho no STF (16)*. São Paulo: LTr, 2013.
36. *Direito do Trabalho no STF (17)*. São Paulo: LTr, 2014.
37. *Curso de Direito do Trabalho*. 1. ed. São Paulo: LTr, 2015.
38. *Direito do Trabalho no STF* (18). São Paulo, LTr, 2015.
39. *Curso de Direito do Trabalho*. 2. ed. São Paulo: LTr, 2016.
40. *Direito do Trabalho no STF* (19). São Paulo: LTr, 2016.
41. *Intimidade e privacidade do trabalhador (Direito Internacional e Comparado)*. São Paulo: LTr, 2016.
42. *Direito do Trabalho no STF (20)*. São Paulo: LTr, 2017
43. *Curso de Direito do Trabalho*. 3. ed. São Paulo: LTr, 2017.

OBRAS COORDENADAS

1. *Direito do trabalho e a nova ordem constitucional*. São Paulo: LTr, 1991. Da distinção entre atos de império e de gestão e seus reflexos sobre os contratos de trabalho celebrados com entes de Direito Internacional Público. p. 29-54

2. *Curso de direito coletivo do trabalho (Estudos em homenagem ao Ministro Orlando Teixeira da Costa)*. São Paulo: LTr, 1998. Negociação coletiva transnacional. p. 291-307 – ISBN 85-7322-366-9

3. *Presente e futuro das relações de trabalho (Estudos em homenagem ao Prof. Roberto Araújo de Oliveira Santos)*. São Paulo: LTr, 2000. Globalização, a Amazônia e as relações de trabalho. p. 242-257 – ISBN 857322858X

4. *Direito e processo do trabalho em transformação* (em conjunto com os Ministros Ives Gandra da Silva Martins Filho e Maria Cristina Irigoyen Peduzzi e os Drs. Ney Prado e Simone Lahorgue Nunes). São Paulo: Campus/Elsevier, 2007. Relações de trabalho passíveis de apreciação pela Justiça do Trabalho. p. 145-155. ISBN 978-85-352-2432-0

5. *Trabalho da mulher (Estudos em homenagem a jurista Alice Monteiro de Barros)*. São Paulo: LTr, 2009. *Contratos de trabalho por prazo determinado. A garantia do emprego da gestante*, p. 177-184. ISBN 978-85-361-1364.7

6. *Temas atuais de direito*. Rio de Janeiro: GZ, 2013. *Deslocalização interna e internacional*, p. 29-38.ISBN 978-85-62027-21-5

7. *As lendas da Amazônia e o Direito*. Rio de Janeiro: GZ, 2014. *Prefácio explicativo*. p. VII-VIII; *Lendas, mitos, fábulas e contos populares*, p. 1-3. ISBN 978-85-62027-39-0

8. *Temas atuais de direito (volume II)*. Rio de Janeiro: GZ, 2014. *Danos ao trabalho e necessidade de reparação*. p. 77-96. ISBN 978-85-62027-54-3

9. *Direito Internacional do Trabalho. O estado da arte sobre a aplicação das convenções internacionais da OIT no Brasil* (coorganizador: Valério de Oliveira Mazzuoli). São Paulo: LTr, 2016. Incorporação e aplicação das convenções internacionais da OIT no Brasil, pp. 15-23 (coautoria: Valério de Oliveira Mazzuoli). ISBN 978-85-361-8711-2

OBRAS EM COAUTORIA

1. *Estudos de direito do trabalho (homenagem ao Prof. Júlio Malhadas)* (Coordenação: Profª Anna Maria de Toledo Coelho). Curitiba: Juruá, 1992. *Imunidade das organizações internacionais. Um aspecto da competência internacional da Justiça do Trabalho*. p. 294-303, sem ISBN

2. *Processo do trabalho (homenagem ao Prof. José Augusto Rodrigues Pinto)* (Coordenação: Dr. Rodolfo Pamplona Filho). São Paulo: LTr, 1997. *A nova sistemática do agravo de petição.* p. 369-378 – ISBN 85-7322-305-7

3. *Estudos de direito do trabalho e processo do trabalho (homenagem ao Prof. J. L. Ferreira Prunes)* (Coordenação: Drs. Juraci Galvão Júnior e Gelson de Azevedo). São Paulo: LTr, 1998. *O princípio da dupla imunidade e a execução do julgado contrário a ente de Direito Internacional Público.* p. 80-92 ISBN 85-3722-385-5

4. *Manual de direito do trabalho (homenagem ao Prof. Cássio Mesquita Barros Júnior)* (Coordenação: Dr. Bento Herculano Duarte Neto). São Paulo: LTr, 1998. *Suspensão do Trabalho – Suspensão e interrupção.* p. 325-336 – ISBN 85-7322-380-4

5. *Direito internacional no Terceiro Milênio (homenagem ao Prof. Vicente Marotta Rangel)* (Coordenação: Profs. Luiz Olavo Baptista e J. R. Franco da Fonseca). São Paulo: LTr, 1998. *Considerações acerca da Convenção Internacional sobre a Proteção do Trabalhador Migrante.* p. 653-665 – ISBN 85-7322-417-7

6. *Direito do Trabalho (homenagem ao Prof. Luiz de Pinho Pedreira da Silva)* (Coordenação: Drs. Lélia Guimarães Carvalho Ribeiro e Rodolfo Pamplona Filho). São Paulo: LTr, 1998. *Importância do direito internacional para o direito do trabalho.* p. 71-77 – ISBN 85-7233-545-9

7. *Estudos de Direito (homenagem ao Prof. Washington Luiz da Trindade)* (Coordenação: Drs. Antônio Carlos de Oliveira e Rodolfo Pamplona Filho). São Paulo: LTr, 1998. *Imunidade de jurisdição dos entes de direito público externo.* p. 448-455 – ISBN 85-7322-539-4

8. *Direito sindical brasileiro (homenagem ao Prof. Arion Sayão Romita)* (Coordenação: Dr. Ney Prado). São Paulo: LTr, 1998. *Contribuições sindicais e liberdade sindical.* p. 144-152 – ISBN 85-7322-543-2

9. *Ordem econômica e social (homenagem ao Prof. Ary Brandão de Oliveira)* (Coordenação: Dr. Fernando Facury Scaff). São Paulo: LTr, 1999. *Trabalho infantil.* p. 139-143 – ISBN 85-7322-632-3

10. *Fundamentos do direito do trabalho(homenagem ao Ministro Milton de Moura França)* (Coordenação: Drs. Francisco Alberto da Motta Peixoto Giordani, Melchíades Rodrigues Martins e Tárcio José Vidotti). São Paulo: LTr, 2000. *Unicidade, unidade e pluralidade sindical. Uma visão do Mercosul.* p. 122-130 – ISBN 85-7322-857-1

11. *Temas relevantes de direito material e processual do trabalho (homenagem ao Prof. Pedro Paulo Teixeira Manus)* (Coordenação: Drs. Carla Teresa Martins Romar e Otávio Augusto Reis de Sousa). São Paulo: LTr, 2000. *Execução da sentença estrangeira.* p. 66-73 – ISBN 85-7322-883-0

12. *Os novos paradigmas do Direito do Trabalho (homenagem ao Prof. Valentin Carrion)* (Coordenação: Drª Rita Maria Silvestre e Prof. Amauri Mascaro Nascimento). São Paulo: Saraiva, 2001. *A legislação trabalhista e os convênios coletivos.* p. 281-287 – ISBN 85-02-03337-9

13. *O direito do trabalho na sociedade contemporânea* (Coordenação: Dras. Yone Frediani e Jane Granzoto Torres da Silva). São Paulo: Jurídica Brasileira, 2001. *A arbitragem no direito do trabalho.* p. 140-148 – ISBN 85-8627-195-0

14. *Estudos de direito constitucional (homenagem ao Prof. Paulo Bonavides)* (Coordenação: Dr. José Ronald Cavalcante Soares). São Paulo: LTr, 2001. *Identificação dos direitos humanos.* p. 119-126 – ISBN 85-361-163-6

15. *O direito do trabalho na sociedade contemporânea (II)* (Coordenação: Profa. Yone Frediani). São Paulo: Jurídica Brasileira, 2003. *A Convenção n. 132 da OIT e seus reflexos nas férias.* p. 66-73 – ISBN 85-7538-026-5

16. *Constitucionalismo social (homenagem ao Ministro Marco Aurélio Mendes de Farias Mello)* (Coordenação: EMATRA-2ª). São Paulo: LTr, 2003. *Os tratados internacionais e a Constituição de 1988.* p. 171-180 – ISBN 85-3610-394-9

17. *Recursos trabalhistas (homenagem ao Ministro Vantuil Abdala)* (Coordenação: Drs. Armando Casimiro Costa e Irany Ferrari). Sao Paulo: LTr, 2003. *Recurso extraordinário.* p. 55-65 – ISBN 85-3610-491-0

18. *Relações de Direito Coletivo Brasil-Itália* (Coordenação: Yone Frediani e Domingos Sávio Zainaghi). São Paulo: LTr, 2004. *Organização sindical.* p. 175-180 – ISBN 85-3610-523-2

19. *As novas faces do direito do trabalho (em homenagem a Gilberto Gomes)* (Coordenação: *João Alves Neto*). Salvador: Quarteto, 2006. *O triênio de atividade jurídica e a Resolução n. 11 do CNJ.* p. 143-155 – ISBN 85-8724-363-2

20. *Curso de Direito Processual do Trabalho (em homenagem ao Ministro Pedro Paulo Teixeira Manus, do Tribunal Superior do Trabalho)* (Coordenação: Hamilton Bueno). São Paulo: LTr, 2008 *Recursos trabalhistas* p. 205-215 – ISBN 97-8853-6111-21

21. *Jurisdição – crise, efetividade e plenitude institucional (volume 2)* (Coordenação: Luiz Eduardo Günther). Curitiba: Juruá, 2009. *Das imunidades de jurisdição e de execução nas questões trabalhistas*. p. 491-501 – ISBN 978-85-362-275-9

22. *Direito internacional: estudos em homenagem a Adherbal Meira Mattos* (Coordenação: Paulo Borba Casella e André de Carvalho Ramos). São Paulo: Quartier Latin, 2009. *Os tratados sobre direitos humanos e a regra do art. 5º, § 3º, da Constituição do Brasil*. p. 523-532 – ISBN 85-7674-423-6

23. *Meio ambiente do trabalho* (Coordenação: Elida Seguin e Guilherme José Purvin de Figueiredo). Rio de Janeiro: GZ Ed., 2010. *Atuação da OIT no meio ambiente do trabalho; a Convenção n. 155*. p. 199-207 – ISBN 978-85-624-9048-4

24. *Jurisdição – crise, efetividade e plenitude institucional (volume 3)* (Coordenação: Luiz Eduardo Günther, Willians Franklin Lira dos Santos e Noeli Gonçalves Gunther). Curitiba: Juruá, 2010. *Prisão do depositário infiel na Justiça do Trabalho*. p. 529-540 – ISBN 978-85-362-3197-6

25. *Contemporaneidade e trabalho (aspectos materiais e processuais; estudos em homenagem aos 30 anos da Amatra 8)* (Coordenação: Gabriel Velloso e Ney Maranhão). São Paulo: LTr, 2011. *Direito social ao lazer: entretenimento e desportos*. p. 17-23 -ISBN 878-85-361-1640-2

26. *Atualidades do direito do trabalho (anais da Academia Nacional de Direito do Trabalho)* (Coordenação: Nelson Mannrich *et alii*). São Paulo: LTr, 2011. *O problema das prestadoras de serviço para financeiras e grupos econômicos bancários*. p. 229-233 – ISBN 978-85-361-2108-6

27. *Dicionário Brasileiro de Direito do Trabalho* (Coordenação: José Augusto Rodrigues Pinto, Luciano Martinez e Nelson Mannrich). São Paulo: LTr, 2013. Verbetes: *Adicional de penosidade, Auxílio-alimentação, Aviamento, Cônsul, Contrato de trabalho em tempo parcial, Contrato internacional de trabalho, Deslocalização, Direito ao lazer, Direito à felicidade, Direito comparado, Entes de direito internacional público externo, Estrangeiro, Licença-paternidade, Licença-prêmio, Missão diplomática, Missão especial, Organismo internacional, Paternidade, Pejotização, Penosidade, Quarteirização, Repartição consular, Representação comercial estrangeira, Representante diplomático, Salário retido, Serviço militar obrigatório, Termo prefixado, Trabalho em tempo integral, Trabalho em tempo parcial, Trabalho no exterior, Tratado internacional, Vale-transporte*. ISBN: 978 -85-381-2589-3

28. *Conciliação: um caminho para a paz social* (Coordenação: Luiz Eduardo Gunther e Rosemarie Diedrichs Pimpão). Curitiba: Juruá, 2013. *A arbitragem nas relações de trabalho*. p. 457-465. ISBN: 978-85-362-4056-5

29. *Estudos aprofundados Magistratura Trabalhista* (Coordenação: Élisson Miessa e Henrique Correia). Salvador: Juspodivm, 2013. *Globalização... E depois???*. p. 115-123 – ISBN 857-76-1688-6

30. 25 anos da Constituição e o Direito do Trabalho (Coodenação: Luiz Eduardo Gunther e Silva Souza Netto Mandalozzo). Curitiba: Juruá, 2013. *Sindacalismo no Brasil*, p. 237-250 – ISBN 978-85-362-4460-0

31. *Direitos fundamentais: questões contemporâneas* (Organização: Frederico Antônio Lima de Oliveira e Jeferson Antônio Fernandes Bacelar). Rio de Janeiro: GZ, 2014. *O direito social à felicidade*, p. 141-155 – ISBN 978-85-62027-44-4

32. *Estudos aprofundados Magistratura Trabalhista* (volume 2) Coordenação: Élisson Miessa e Henrique Correia). Salvador: Juspodivm, 2014. *Deslocalização interna e internacional*. p. 187-197 – ISBN 854-42-0028-1

33. *Os desafios jurídicos do século XXI: em homenagem aos 40 anos do curso de direito da UNAMA*. (Coordenação: Cristina Sílvia Alves Lourenço, Frederico Antonio Lima Oliveira e Ricardo Augusto Dias da Silva). São Paulo: PerSe, 2014. *Recortes de um mundo globalizado*, p. 142-150 – ISBN 978-85-8196-820-9

34. *Ética e direitos fundamentais (estudos em memória do Prof. Washington Luís Cardoso da Silva)*. Rio de Janeiro, LMJ Mundo Jurídico, 2014. *Refúgios e refugiados climáticos*, p. 137-143 – ISBN 978-85-62027-57-4

35. *Doutrinas essenciais dano moral (Vol. I – Teoria do dano moral e direitos da personalidade)*. (Organizador: Rui Stoco). São Paulo: Revista dos Tribunais, 2015. *O direito de imagem e o novo Código Civil*, pp. 315-328 – ISBN 978-85-203-6180-1

36. *Doutrinas essenciais dano moral (Vol. IV – Questões diversas sobre dano moral)*. (Organizador: Rui Stoco). São Paulo: Revista dos Tribunais, 2015. *A prescrição do dano moral trabalhista*, pp. 999-1012 – ISBN 978-85-203-6183-2

37. *Estudos aprofundados da Magistratura Trabalhista* (volume 2)Coordenação: Élisson Miessa e Henrique Correia). 2. ed. Salvador: Juspodivm, 2015. *Globalização... e depois?*. pp. 107-114; e, *A Emenda Constitucional n. 81/2014 e trabalho forçado no Brasil*. pp. 363-375 – ISBN 978-85-442-0527-3

38. *Direito ambiental do trabalho. Apontamentos para uma teoria geral (vol. 2)* (Coordenadores: Guilherme Guimarães Feliciano, João Urias, Ney Maranhão e Valdete Souto Severo). São Paulo: LTr, 2015. *Greve ambiental trabalhista*, pp. 203-209 – ISBN 978-85-361-8600-9

39. *Principiologia (estudos em homenagem ao centenário de Luiz de Pinho Pedreira da Silva)* (Coordenadores: Rodolfo Pamplona filho e José Augusto Rodrigues Pinto). São Paulo: LTr, 2016. *Princípios de Direito Internacional do Trabalho*, pp 99-104 – ISBN 978-85-361-8998-7

40. *Direitos humanos e meio ambiente do trabalho* (Coordenação: Luiz Eduardo Gunther e Rúbia Zanotelli de Alvarenga). São Paulo: LTr, 2016. *Greve ambiental trabalhista*, pp. 51-55 – ISBN 978-85-361-8827.0

41. *Ciência e interpretação do direito (homenagem a Daniel Coelho de Souza)*. (Coordenadores: Zeno Veloso, Frederico A. L. Oliveira e Jeferson A. F. Bacelar). Rio de Janeiro: Lumen Juris, 2016. *Legitimidade das centrais sindicais*, pp. 197-209 – ISBN 978-85-8440-836-8

42. *Direitos humanos dos trabalhadores* (Organizadora: Rúbia Zanotelli de Alvarenga). São Paulo: LTr, 2016. *Direitos humanos dos trabalhadores*, pp. 17-24 – ISBN 978-85-361-9051-8

43. *Terceirização de serviços e direitos sociais trabalhistas* (Organizadores: Gustavo Felipe Barbosa Garcia e Rúbia Zanotelli de Alvarenga). São Paulo: LTr, 2017. *Quarteirização*, pp. 21-24 – ISBN 978-85-361-9138-6

44. *O mundo do trabalho no contexto das reformas* (Coordenadores: Ney Maranhão e Pedro Tourinho Tupinambá). São Paulo: LTr, 2017. *Reforma trabalhista*: o futuro do trabalho, do Direito do Trabalho e da Justiça do Trabalho, pp. 9-15 – ISBN 978-85-361-9417-2

45. *Direitos humanos e relações sociais trabalhistas* (Coordenadoras: Renata de Assis Calsing e Rúbia Zanotelli de Alvarenga). São Paulo, LTr, 2017. *Antecedentes históricos, fundamentos e princípios do Direito Internacional do Trabalho*, pp. 85-88, e *A Organização Internacional do Trabalho e os instrumentos internacionais de proteção ao trabalhador*, pp. 89-93 – ISBN 978-85-361-9492-9.

PREFÁCIOS

1. *Limites do jus variandi do empregador*, da Profª Simone Crüxen Gonçalves, do Rio Grande do Sul (São Paulo, LTr, 1997)

2. *Poderes do juiz do trabalho: direção e protecionismo processual*, do Juiz do Trabalho da 21ª Região Bento Herculano Duarte Neto, do Rio Grande do Norte (São Paulo: LTr, 1999)

3. *O Direito do Trabalho na sociedade moderna* (obra póstuma), do Ministro Orlando Teixeira da Costa, do Tribunal Superior do Trabalho, de Brasília (São Paulo: LTr, 1999)

4. *Direito Sindical*, do Procurador do Trabalho José Cláudio Monteiro de Brito Filho, do Pará (São Paulo: LTr, 2000)

5. *As convenções da OIT e o Mercosul*, do Professor Marcelo Kümmel, do Rio Grande do Sul (São Paulo: LTr, 2001)

6. *O direito à educação e as Constituições brasileiras*, da Professora Eliana de Souza Franco Teixeira, do Pará (Belém: Grapel, 2001)

7. *Energia elétrica: suspensão de fornecimento*, dos Professores Raul Luiz Ferraz Filho e Maria do Socorro Patello de Moraes, do Pará (São Paulo: LTr, 2002)

8. *Discriminação no trabalho*, do Procurador do Trabalho José Cláudio Monteiro de Brito Filho, do Pará (São Paulo: LTr, 2002)

9. *Discriminação estética e contrato de trabalho*, da Professora Christiane Marques, de São Paulo (São Paulo: LTr, 2002)

10. *O poeta e seu canto*, do Professor Clóvis Silva de Moraes Rego, ex-Governador do Estado do Pará (Belém, 2003)

11. *O direito ao trabalho da pessoa portadora de deficiência e o princípio constitucional da igualdade*, do Juiz do Trabalho da 11ª Região Sandro Nahmias Mello, do Amazonas (São Paulo: LTr, 2004)

12. *A prova ilícita no processo do trabalho*, do Juiz Togado do TRT da 8ª Região Luiz José de Jesus Ribeiro, do Pará (São Paulo: LTr, 2004)

13. *Licença maternidade à mãe adotante: aspectos constitucionais*, do Juíza Togada do TRT da 2ª Região e Professora Yone Frediani, de São Paulo (São Paulo: LTr, 2004)

14. *Ventos mergulhantes*, do poeta paraense Romeu Ferreira dos Santos Neto (Belém: Pakatatu, 2007)

15. *Direito Sindical, 2ª edição*, do Procurador do Trabalho da 8ª Região, Prof. Dr. José Claudio Monteiro de Brito Filho (São Paulo: LTr, 2007)

16. *A proteção ao trabalho penoso*, da Profa. Christiani Marques, da PUC de São Paulo (São Paulo: LTr, 2007)

17. *Regime próprio da Previdência Social*, da Dra. Maria Lúcia Miranda Alvares, Assessora Jurídica do TRT da 8ª Região (São Paulo: Editora NDJ, 2007)

18. *Meninas domésticas, infâncias destruídas*, da Juíza do Trabalho da 8ª Região e Profa. Maria Zuíla Lima Dutra (São Paulo: LTr, 2007)

19. *Curso de Direito Processual do Trabalho (em homenagem ao Ministro Pedro Paulo Teixeira Manus, do Tribunal Superior do Trabalho)*(Coordenação: Hamilton Bueno). São Paulo: LTr, 2008

20. *Competências constitucionais ambientais e a proteção da Amazônia*, da Profa. Dra. Luzia do Socorro Silva dos Santos, Juiza de Direito do Pará e Professor da Unama (Belém: Unama, 2009)

21. *Extrajudicialização dos Conflitos de Trabalho*, do Prof. Fábio Túlio Barroso, da Universidade Federal de Pernambuco (São Paulo: LTr, 2010)

22. *Polêmicas trabalhistas*, de Alexei Almeida Chapper, Advogado no Estado do Rio Grande do Sul (São Paulo: LTr, 2010)

23. *Teoria da prescrição das contribuições sociais da decisão judicial trabalhista*, do Juiz do Trabalho da 8ª Região Océlio de Jesus Carneiro Morais (São Paulo: LTr, 2013)

24. *Estudos de direitos fundamentais*, obra coletiva organizada pela Profª Andreza do Socorro Pantoja de Oliveira Smith (São Paulo: Perse, 2013)

25. *Direito e processo do trabalho contemporâneos*, do Prof. Gustavo Felipe Barbosa Garcia (São Paulo: LTr, 2016)

26. *Direitos humanos dos trabalhadores*, obra coletiva organizada pela Profa. Rúbia Zanotelli de Alvarenga (São Paulo: LTr, 2016)

27. *Direito sindical*, do Prof. José Claudio Monteiro de Brito Filho (6. ed. São Paulo: LTr, 2017)

28. *Terceirização de serviços e direitos sociais trabalhistas*, obra coletiva organizada pelos Profs. Gustavo Felipe Barbosa Garcia e Rúbia Zanotelli de Alvarenga (São Paulo: LTr, 2017)

29. *Reforma trabalhista* (análise comparativa e crítica da Lei n 13.467/2017), dos Juízes do Trabalho Antônio Umberto de Souza Júnior (10ª Região), Fabiano Coelho de Souza (18ª Região), Ney Stany Morais Maranhão (8ª Região) e Platon Teixeira da Azevedo Neto (18ª Região). (São Paulo: Rideel, 2017)